Landesrecht
Nordrhein-Westfalen

Öffentliches Recht in Nordrhein-Westfalen

Verfassungsrecht
Kommunalrecht
Polizei- und Ordnungsrecht
Öffentliches Baurecht

Eine prüfungsorientierte Darstellung

von

Univ.-Prof. Dr. iur. Johannes Dietlein
Heinrich-Heine-Universität Düsseldorf

Univ.-Prof. Dr. iur. Martin Burgi
Ludwig-Maximilians-Universität München

Univ.-Prof. Dr. iur. Johannes Hellermann
Universität Bielefeld

5. Auflage

Verlag C. H. Beck München 2014

www.beck.de

ISBN 978 3 406 65315 5

© 2014 Verlag C.H. Beck OHG
Wilhelmstr. 9, 80801 München
Druck und Bindung: Nomos Verlagsgesellschaft
In den Lissen 12, 76547 Sinzheim

Satz: ES-Editionssupport, Berlin/München

Gedruckt auf säurefreiem, alterungsbeständigem Papier
(hergestellt aus chlorfrei gebleichtem Zellstoff)

Vorwort zur fünften Auflage

Erneut haben die Verfasser für die freundliche Aufnahme der Vorauflage dieses Werkes zu danken, das seit 2006 einen festen Platz in der Ausbildungsliteratur für Studierende sowie für Rechtsreferendarinnen und Rechtsreferendare in Nordrhein-Westfalen einnimmt.

Mit der nunmehr fertig gestellten fünften Auflage wird das Werk wiederum auf den neuesten Stand gebracht.

Gestattet sei an dieser Stelle der Hinweis auf das als Ergänzung zu diesem Werk konzipierte „Klausurenbuch Öffentliches Recht in Nordrhein-Westfalen", das die zentralen Themen dieses Lehrbuchs klausurenmäßig aufbereitet und vertieft.

Der Dank der Verfasser für tatkräftige Unterstützung bei der Erstellung der Neuauflage gilt namentlich Herrn wiss. Mit. *Sascha Peters* (Universität Düsseldorf), Frau stud. iur. *Veronika Kufner* (München) sowie Frau *Kathrin Beines* und Herrn *Ali Kilic* (Universität Bielefeld).

Sollte die Freude am Öffentlichen Recht, die alle an der Entstehung und Aktualisierung des Buches Beteiligten motiviert und mitgetragen hat, auf unsere Leser überspringen, wäre das der schönste Lohn unserer Arbeit.

Düsseldorf, München, Bielefeld, im Juli 2013

Prof. Dr. J. Dietlein
Prof. Dr. M. Burgi
Prof. Dr. J. Hellermann

Aus dem Vorwort zur ersten Auflage

Anders als das Strafrecht und das Zivilrecht ist das Öffentliche Recht in weitem Umfange landesrechtlich geprägt. Dies gilt namentlich für die verwaltungsrechtlichen Pflichtfächer Kommunalrecht, Polizei- und Ordnungsrecht sowie öffentliches Baurecht. Länderübergreifende Darstellungen können den landesstaatlichen Eigenheiten naturgemäß nur bedingt Rechnung tragen. Für die Studierenden ergeben sich hieraus zusätzliche Schwierigkeiten bei der Erschließung der einschlägigen Rechtsgebiete. Mit dem vorliegenden Lehrbuch soll die skizzierte Problematik in der Lehrbuchliteratur überwunden und den Studierenden an den nordrhein-westfälischen Hochschulen eine auf ihre spezifischen Lernbedürfnisse zugeschnittene Darstellung der zentralen Fach- und Prüfungsgebiete des öffentlichen Rechts an die Hand gegeben werden.

Besonderer Wert wurde dabei auf eine verständliche und übersichtliche Aufbereitung des Stoffes sowie auf eine reiche Fallanschauung gelegt. Weiterführende Hinweise am Ende eines jeden Abschnitts ermöglichen eine rasche Erschließung spezieller Problembereiche. Zahlreiche Kontrollfragen mit beigefügten Antworten geben Aufschluss über den konkreten Lernstand und verhelfen so zu einer gezielten Behebung noch vorhandener Wissenslücken.

Konzipiert wurde das Buch zur vorlesungsbegleitenden Mitarbeit sowie zur systematischen Vorbereitung auf die erste juristische Staatsprüfung im Lande Nordrhein-Westfalen. Zugleich ermöglicht es aber auch den Rechtsreferendarinnen und Rechtsreferendaren in Nordrhein-Westfalen eine schnelle Wiederholung der zentralen Lerngebiete des Öffentlichen Rechts.

Inhaltsübersicht

Inhaltsverzeichnis	IX
Abkürzungsverzeichnis	XXIX
§ 1. Verfassungsrecht *(Dietlein)*	1
§ 2. Kommunalrecht *(Burgi)*	121
§ 3. Polizei- und Ordnungsrecht *(Dietlein)*	283
§ 4. Öffentliches Baurecht *(Hellermann)*	469
§ 5. Anhang: Verwaltungsprozessuale Probleme in der Fallbearbeitung *(Dietlein)*	611
Sachverzeichnis	631

Inhaltsverzeichnis

Abkürzungsverzeichnis XXIX

§ 1. Verfassungsrecht *(J. Dietlein)*

A. Verfassungsgeschichtliche Grundlagen 1
   I. Bund und Länder nach dem Zusammenbruch des Reiches 1
   II. Zur Entstehung des Landes Nordrhein-Westfalen 2
   III. Zur Entstehung der Landesverfassung Nordrhein-Westfalens 3
      1. Verfassungsberatungen vor Inkrafttreten des Grundgesetzes 4
      2. Verfassungsberatungen nach Inkrafttreten des Grundgesetzes 4
   IV. Anhang 5
B. Verfassungsrechtliche Grundlagen 5
   I. Staatsqualität und Verfassungshoheit im Föderalstaat 5
   II. Verfassungshoheit und verfassunggebende Gewalt 6
   III. Grundgesetzliche Bindungen des landesstaatlichen Verfassunggebers . 7
      1. Die Homogenitätsregel des Art. 28 Abs. 1 GG 7
      2. Homogenität im Bereich der Grundrechte 8
      3. Art. 31 GG als allgemeine Kollisionsnorm 9
      4. In das Landesverfassungsrecht „hineinwirkendes" Bundesverfassungsrecht 10
   IV. Anhang 11
C. Die Grundrechte 11
   I. Das Verhältnis von Bundes- und Landesgrundrechten 11
   II. Art. 4 Abs. 1 LV als „dynamische Rezeption" 12
   III. Inhaltliche Reichweite der Rezeptionsanordnung 15
   IV. Die einzelnen Grundrechte 17
      1. Schutz der Persönlichkeit 17
         a) Menschenwürde 17
         b) Schutz von Leben, Gesundheit und Freiheit der Person 18
         c) Freie Persönlichkeitsentfaltung 18
      2. Kommunikationsgrundrechte 19
         a) Die Grundrechte des Art. 4 Abs. 1 LV i.V.m. Art. 5 Abs. 1 GG . 19
         b) Versammlungs- und Vereinigungsfreiheit 19
         c) Brief-, Post- und Fernmeldegeheimnis 19
      3. Wirtschaftsgrundrechte (Berufs- und Eigentumsfreiheit) 20
      4. Religiöse und kulturelle Rechte 20
         a) Religions- und Gewissensfreiheit 21
         b) Wissenschaftsfreiheit 21
      5. Personale Rechtsstellung und personales Umfeld 22
         a) Ehe und Familie 22
         b) Schule 22
         c) Freizügigkeit 22
         d) Unverletzlichkeit der Wohnung 23
         e) Auslieferung, Ausbürgerung, Asyl 23

6. Gleichheitsrechte 24
7. Justizielle und staatsbürgerliche Rechte 24
8. Grundrechtsverwirkung 24
V. „Soziale Grundrechte" und „Lebensordnungen" in der Landesverfassung 25
1. Zur Kategorie der sozialen Grundrechte 25
2. Lebensordnungen und Staatsziele 26
   a) Familie, Schule und Erziehung 26
   b) Staat und Kirche 28
   c) Wissenschaft, Kunst und Kultur 31
   d) Arbeit und Umwelt 31
VI. Anhang 32

D. Strukturprinzipien der nordrhein-westfälischen Landesverfassung 34
I. Bedeutung des Art. 28 Abs. 1 GG 34
1. Das republikanische Prinzip 35
2. Das demokratische Prinzip 35
   a) Direktdemokratische Elemente 35
   b) Ausländerwahlrecht 36
   c) Arbeitnehmermitbestimmung 36
   d) Wahlprüfung 37
3. Das Sozialstaatsprinzip 37
4. Das Rechtsstaatsprinzip 37
5. Das bundesstaatliche Prinzip 38
II. Strukturprinzipien der nordrhein-westfälischen Landesverfassung ... 38
III. Anhang 39

E. Die Verfassungsorgane 39
I. Der Landtag 40
1. Der Landtag im Verfassungsgefüge 40
2. Wahl des Landtages 41
   a) Wahlrechtsgrundsätze 41
   b) Wahlsystem 41
   c) Wahlprüfung 43
   d) Wahlkampfkosten 43
   e) Wahlverbote 43
3. Die Landtagsabgeordneten 44
   a) Das freie Mandat 44
   b) Flankierende Rechte zum Schutz des freien Mandats 44
      aa) Das Behinderungsverbot 44
      bb) Indemnität und Immunität 45
      cc) Abgeordnetenentschädigung 47
   c) Parlamentarische Mitwirkungsrechte 49
4. Die Fraktionen 49
   a) Fraktionszwang – Fraktionsdisziplin 50
   b) Der Fraktionsausschluss 50
5. Die Opposition 51
6. Die Ausschüsse 51
   a) Beteiligung fraktionsloser Abgeordneter 52
   b) Untersuchungsausschüsse 52
7. Präsidium – Landtagspräsident 55

Inhaltsverzeichnis XI

II. Die Landesregierung 56
    1. Wahl des Ministerpräsidenten 57
    2. Misstrauensvotum 58
    3. Beendigung des Amtes 58
III. Der Verfassungsgerichtshof 59
IV. Anhang 59

F. Die legislativen und exekutiven Staatsfunktionen (Staatsleitung) 60
   I. Gesetzgebung 60
      1. Gesetzgebungsverfahren 61
      2. Verfassungsändernde Gesetze 61
      3. Haushaltsgesetzgebung 62
      4. Verordnungsgebung 64
        a) Ermächtigungsadressaten 65
        b) Verordnungsermächtigung 66
        c) Verordnung 67
        d) Notstandsverordnungen 68
      5. Satzungsgebung 69
   II. Exekutive Staatsfunktionen 69
      1. Der Funktionsbereich der Exekutive 69
      2. Informelles Regierungshandeln (Öffentlichkeitsarbeit) 70
      3. Der Landesrechnungshof 72
      4. Der Datenschutzbeauftragte 73
   III. Anhang 74

G. Plebiszitäre Elemente in der Landesverfassung 75
   I. Die Volksinitiative 75
   II. Das Verfahren der Volksgesetzgebung 76
      1. Volksbegehren 76
      2. Volksentscheid 77
   III. Volksentscheid auf Antrag der Landesregierung 78
   IV. Verfassungsänderungen im Wege der Volksgesetzgebung 78
   V. Anhang 79

H. Verfassungsrechtliche Garantie der kommunalen Selbstverwaltung 80
   I. Bundesrechtliche Vorgaben und ideengeschichtliche Grundlagen 80
   II. Der Gewährleistungsgehalt der Art. 78 f. LV 80
      1. Institutionelle Rechtssubjektsgarantie 81
      2. Objektive Rechtsinstitutionsgarantie 83
        a) Gemeinden 84
          aa) Schutzbereich 84
            (1) Angelegenheiten der örtlichen Gemeinschaft 84
            (2) Eigenverantwortlichkeit 86
          bb) Ausgestaltungs- und Begrenzungsvorbehalt 86
          cc) Verfassungsrechtliche Legitimation 87
            (1) „Kernbereich" und „Randbereich" kommunaler Selbstverwaltung 87
            (2) Klausurenschwerpunkt „Aufgabenhochzonung" 89
              (a) Legitimes Gemeininteresse 89
              (b) Verhältnismäßigkeitsgrundsatz 89
            (3) Sonderkonstellation: Überbürdung staatlicher Aufgaben ... 90
        b) Gemeindeverbände 91

Inhaltsverzeichnis

3. Subjektive Rechtsstellungsgarantie	92
III. Keine Grundrechtsberechtigung der Gemeinden und Gemeindeverbände	93
IV. Finanzverfassungsrechtliche Garantien zugunsten der Gemeinden	93
1. Steuern	94
2. Finanzausgleich nach Art. 79 S. 2 LV	95
a) Festsetzung der Finanzausgleichsmasse	95
b) Verteilung der Finanzausgleichsmasse auf die Gemeinden	96
3. Kostendeckung für Aufgabenzuweisungen	96
V. Anhang	98
I. Die Verfahren vor dem Verfassungsgerichtshof	**99**
I. Verhältnis von bundes- und landesverfassungsgerichtlichen Verfahren	99
II. Die einzelnen Verfahrensarten	101
1. Das Organstreitverfahren (Art. 75 Nr. 2 LV)	102
a) Zulässigkeit	102
aa) Verfahrensbeteiligte	102
bb) Verfahrensgegenstand	103
cc) Antragsbefugnis	103
dd) Form und Frist	103
b) Begründetheit	103
c) Prüfungsschema	104
2. Die abstrakte Normenkontrolle (Art. 75 Nr. 3 LV)	105
a) Zulässigkeit	105
aa) Antragsberechtigung	105
bb) Verfahrensgegenstand	105
cc) Zweifel oder Meinungsverschiedenheiten	106
dd) Form und Frist	106
b) Begründetheit	106
c) Prüfungsschema	107
3. Die konkrete Normenkontrolle (Art. 100 GG)	108
a) Zulässigkeit	109
aa) Vorlageberechtigung	109
bb) Vorlagegegenstand	109
cc) Entscheidungserheblichkeit	109
dd) Überzeugung von der Verfassungswidrigkeit	110
ee) Form und Frist	110
b) Begründetheit	110
c) Prüfungsschema	110
4. Die Kommunalverfassungsbeschwerde (Art. 75 Nr. 4 LV)	111
a) Zulässigkeit	111
aa) Beteiligte	112
bb) Beschwerdegegenstand	112
cc) Beschwerdebefugnis	113
dd) Rechtswegerschöpfung	113
ee) Form und Frist	113
b) Begründetheit	113
c) Prüfungsschema	114
5. Sonstige Verfahrensarten	115
III. Exkurs: Einführung einer Landesverfassungsbeschwerde?	115
IV. Anhang	116

Inhaltsverzeichnis

J. Antworten zu den Kontrollfragen 117

§ 2. Kommunalrecht *(Burgi)*

A. Einführung und Standortbestimmung 122
   I. Kommunalrecht in Nordrhein-Westfalen 122
     1. Kommunen in Praxis und Wissenschaft 122
     2. Normenbestand 123
     3. Anhang 125
   II. Der Verwaltungsorganisationstyp (kommunale) Selbstverwaltung ... 125
     1. Die Kommunen im Staat 125
     2. Begriff und Funktion der Selbstverwaltung 126
     3. Anhang 127
   III. Kommunen und Europarecht 127
     1. Aufgabenebene: Europäisierung des zu vollziehenden Rechts 128
     2. Europäisierung auf der Ebene der Verwaltungsorganisation 129
     3. Rechtsstellung im Primärrecht 129
     4. Anhang 129
   IV. Kreise und weitere kommunale Träger 130
     1. Die Kreise 130
       a) Bestand und Rechtsstellung 130
       b) Aufgaben 131
       c) Finanzierung 133
       d) Kreisorgane 134
         aa) Der Kreistag 134
         bb) Der Landrat 135
         cc) Der Kreisausschuss 135
     2. Die Landschaftsverbände 136
       a) Bestand und Rechtsstellung 136
       b) Aufgaben 136
       c) Organe 137
     3. Die kommunale Gemeinschaftsarbeit 138
       a) Zweckverbände 139
       b) Öffentlich-rechtliche Vereinbarungen 139
     4. Anhang 140
B. Die Rechtsstellung der Gemeinden im Staat 140
   I. Im Überblick: Die Verfassungsgarantien der kommunalen Selbstverwaltung 140
     1. Art. 28 II GG und Art. 78 LV 141
     2. Die Selbstverwaltungsgarantie des Art. 28 II GG 142
       a) Rechtsnatur 142
       b) Gewährleistungsbereich und Gewährleistungsgehalte 143
       c) Schranken 145
     3. Übersicht: Prüfung eines Gesetzes am Maßstab des Art. 28 II GG (zugleich: Begründetheitsprüfung innerhalb einer Kommunalverfassungsbeschwerde nach Art. 93 I Nr. 4b GG) 147
     4. Anhang 147
   II. Bestand und Finanzen 148
     1. Begriff und Rechtsstellung 148
     2. Gemeindegebiet 150

Inhaltsverzeichnis

    3. Gemeindeinterne Gliederung 150
    4. Finanzielle Situation und Haushaltswesen 150
    5. Anhang 154
  III. System der gemeindlichen Aufgaben und Staatsaufsicht 154
    1. Überblick und Relevanz 154
        a) Normebenen 154
        b) Selbstverwaltungsangelegenheiten und staatliche Auftrags-
           angelegenheiten 155
    2. Monismus in NRW 156
        a) Freiwillige und pflichtige Aufgaben 157
        b) Pflichtaufgaben zur Erfüllung nach Weisung 157
    3. Sonderfälle 160
        a) Staatliche Auftragsangelegenheiten kraft Bundesrecht 160
        b) Organleihe 160
    4. Staatsaufsicht 161
        a) Begriff und Funktion 161
        b) Arten der Staatsaufsicht 162
           aa) Rechtsaufsicht 162
           bb) Sonderaufsicht 163
        c) Instrumente und Rechtmäßigkeitsvoraussetzungen der
           Rechtsaufsicht 163
           aa) Präventive Instrumente 163
           bb) Repressive Instrumente 164
    5. Anhang 166
  IV. Rechtsschutz im Verhältnis zwischen Gemeinde und Staat 166
    1. Verfassungsgerichtlicher Rechtsschutz 167
    2. Verwaltungsgerichtlicher Rechtsschutz 168
        a) Statthafte Klageart 168
        b) Beteiligten-/Prozessfähigkeit 169
        c) Klagebefugnis 169
        d) Vorverfahren 171
    3. Amtshaftungsansprüche 171
        a) Allgemeine Grundsätze des Staatshaftungsanspruchs 172
        b) Verletzung des kommunalen Selbstverwaltungsrechts 172
    4. Anhang 173

C. Die Binnenorganisation der Gemeinden 174
  I. Strukturen und Entwicklungen 174
    1. Struktur der Binnenorganisation in Nordrhein-Westfalen 174
    2. Geschichtliche Entwicklung in Nordrhein-Westfalen 175
        a) Bis 1945 175
        b) Seit 1945 177
    3. Modernisierungsbestrebungen 178
        a) Verwaltungsmodernisierung 179
        b) Bürgergesellschaft auf kommunaler Ebene 180
    4. Anhang 180
  II. Wahlen und andere Beteiligungsformen für Einwohner und Bürger .. 181
    1. Einwohner und Bürger 181
        a) Begriff und Rechtsstellung des Einwohners 181
        b) Begriff und Rechtsstellung des Bürgers 183
    2. Wahlen auf Gemeindeebene 184

Inhaltsverzeichnis XV

      a) Überblick 184
      b) Aktives und passives Wahlrecht 184
      c) Wahlverfahren und Wahlgrundsätze 185
      d) Rechtsschutz 189
   3. Bürgerbegehren und Bürgerentscheid 189
      a) Einführung und Überblick 189
      b) Zulässigkeit des Bürgerbegehrens 190
         aa) Bürgerbegehrensfähige Angelegenheit 190
         bb) Form 191
         cc) Einleitungsquorum 191
         dd) Frist 191
      c) Weitere Behandlung des Bürgerbegehrens 191
      d) Rechtsschutz 192
   4. Anhang 194
III. Der Rat und seine Sitzungen 194
   1. Der Rat als Organisation 195
      a) Die Zusammensetzung des Rates 195
      b) Ausschüsse 195
      c) Fraktionen 197
   2. Die Kompetenzen des Rates 199
      a) Ausschließliche Kompetenzen für bestimmte Materien 200
      b) Weitere materienbezogene Kompetenzregeln 200
      c) Rechtsfolgen von Kompetenzverstößen 201
   3. Verfahren und Beschlüsse 201
      a) Ablauf der Gemeinderatssitzung und Beschlussfassung 201
      b) Rechtsfolgen von Verfahrensverstößen 202
   4. Die Rechtsstellung des einzelnen Ratsmitglieds 203
      a) Mitgliedschaftlicher Status 203
      b) Ordnungs- und Hausrechtsmaßnahmen 204
      c) Mitwirkungsverbot wegen Befangenheit 205
      d) Das kommunalrechtliche Vertretungsverbot 207
   5. Anhang 209
IV. Der Bürgermeister und die Vertretung der Gemeinde nach außen 209
   1. Das Organ Bürgermeister und die Gemeindeverwaltung 210
   2. Die Kompetenzen des Bürgermeisters 212
      a) Geschäftsleitungs- und Organisationsgewalt 213
      b) Vorbereitung und Durchführung von Ratsbeschlüssen 213
      c) Heranziehung des Bürgermeisters im Wege der Organleihe 214
      d) Materienbezogene Kompetenzen, insbesondere Geschäfte der laufenden Verwaltung 215
   3. Vertretung der Gemeinde nach außen 215
      a) Vertretung der Gemeinde bei den verschiedenen Handlungsformen 216
      b) Fehlerfolgenrecht bei Außenvertretung ohne erforderlichen Ratsbeschluss 216
      c) Vertretung der Gemeinde bei Verpflichtungserklärungen 217
   4. Anhang 220
V. Rechtsschutz im Innenrechtsverhältnis (Kommunalverfassungsstreit) . 220
   1. Erscheinungsformen 220
   2. Problematik 221

3. Besonderheiten in der Zulässigkeitsprüfung 223
　　　　a) Klageart 223
　　　　b) Beteiligten-/Prozessfähigkeit; passive Prozessführungsbefugnis . 223
　　　　c) Klagebefugnis 224
　　　4. Anhang 225
D. Handlungsformen und Instrumente 226
　I. Satzungen 226
　　　1. Begriff und Bedeutung 226
　　　2. Satzungen und andere Handlungsformen 227
　　　3. Inhalt und Aufbau 228
　　　4. Formelle Anforderungen 229
　　　　a) Kompetenz 229
　　　　b) Verfahren 230
　　　　c) Fehlerfolgenrecht 231
　　　5. Materielle Anforderungen 232
　　　　a) Vorrang des Gesetzes 232
　　　　b) Materielle Verfassungsmaßstäbe 232
　　　　c) Vorbehalt des Gesetzes 233
　　　6. Rechtsschutz 234
　　　　a) Unmittelbare Kontrolle 234
　　　　b) Inzidente Kontrolle 235
　　　　c) Übersicht: Prüfung der Rechtmäßigkeit einer Gemeindesatzung 236
　　　7. Anhang 236
　II. Öffentliche Einrichtungen 236
　　　1. Begriff und Abgrenzung 237
　　　2. Organisationsformen 238
　　　　a) Öffentlich-rechtliche Organisationsformen 239
　　　　b) Privatrechtliche Organisationsformen 239
　　　3. Zulassungsanspruch der Einwohner 240
　　　　a) Anspruchsberechtigung 241
　　　　b) Im Rahmen des geltenden Rechts 242
　　　　　aa) Kapazität 242
　　　　　bb) Verfassungswidrigkeit? 242
　　　　　cc) Ordnungsrechtliche Aspekte i.w.S. 243
　　　　c) Rechtsschutz 244
　　　4. Andere Anspruchsgrundlagen 245
　　　　a) Notwendigkeit und Überblick 245
　　　　b) Der Anspruch auf ermessensfehlerfreie Entscheidung über eine
　　　　　 Sonderbenutzung 246
　　　5. Das Benutzungs- und Entgeltverhältnis 247
　　　　a) Bei öffentlich-rechtlicher Organisationsform 248
　　　　b) Bei privatrechtlicher Organisationsform 249
　　　　c) Kombinationsmöglichkeiten und Rechtsfolgen 249
　　　6. Anschluss- und Benutzungszwang 250
　　　　a) Begriff und Anwendungsbereich 250
　　　　b) Voraussetzungen 251
　　　　c) Vereinbarkeit mit höherrangigem Recht 252
　　　　d) Benutzungs- und Entgeltverhältnis 252
　　　7. Anhang 253

III. Wirtschaftstätigkeit und Privatisierung 253
  1. Problematik kommunaler Wirtschaftsbetätigung 254
     a) Die kommunalrechtliche Dimension 255
     b) Gemeinden und Kreise als Nachfrager: Vergaberecht 256
  2. Überblick: Der allgemeine Rechtsrahmen 257
     a) Statthaftigkeit (Ob) 257
     b) Handlungsmaßstäbe (Wie) 258
        aa) Europarecht 258
        bb) Verfassungsrecht 259
        cc) Wettbewerbsrecht 259
  3. Kommunalrechtliche Statthaftigkeit 260
     a) Der Tatbestand einer wirtschaftlichen Betätigung 260
     b) Schrankentrias 262
        aa) Öffentliche Zwecksetzung 262
        bb) Leistungsfähigkeit 263
        cc) Subsidiaritätsklausel 263
     c) Sonderfall überörtliche Wirtschaftsbetätigung 264
     d) Wichtige Felder wirtschaftlicher Betätigung 265
  4. Konkurrentenrechtsschutz 265
     a) Rechtsweg 265
     b) Klageart 266
     c) Klagebefugnis 266
     d) Begründetheit 267
  5. Privatisierung und Organisationsformenwahl 267
     a) Die verschiedenen Privatisierungsformen 268
     b) Organisationsformenwahl 270
        aa) Grundsatz der Wahlfreiheit 270
        bb) Öffentlich-rechtliche Organisationsform 270
        cc) Privatrechtliche Organisationsformen 271
     c) Organisationsprivatisierung (§ 108 GO) 272
        aa) Gegenstand und Ergebnis 272
        bb) Überblick: Allgemeiner Rechtsrahmen 272
        cc) Kommunalwirtschaftsrechtliche Anforderungen 273
  6. Anhang 274
E. Antworten zu den Kontrollfragen 275

§ 3. Polizei- und Ordnungsrecht NRW *(Dietlein)*

A. Gefahrenabwehr als zentrale Staatsfunktion 283
  I. Staatsphilosophische Grundlagen 283
  II. Gefahrenabwehr als Verfassungspflicht 284
  III. Notwehrrechte im Konzept des staatlichen Gewaltmonopols 286
  IV. Gefahrenabwehrrechtliche Kompetenzverteilung nach dem Grundgesetz 287
     1. Sicherheitsgesetzgebung 287
     2. Verwaltungszuständigkeiten 289
     3. Polizeirecht und Europa 290
     4. Ergebnis 291
  V. Anhang 291

B. Polizei- und Ordnungsgesetzgebung in Nordrhein-Westfalen 292
I. Die Polizeiverwaltung und ihre Behördenstruktur 293
II. Die Ordnungsverwaltung und ihre Behördenstruktur 294
III. Die Kompetenzverteilung im Einzelnen 295
1. Grundsatz der Subsidiarität (§ 1 Abs. 1 S. 1 und 3 PolG) 295
2. Vorbeugende Bekämpfung von Straftaten – Abgrenzung von der Strafverfolgung 297
3. Schutz privater Rechte 300
4. Spezialzuständigkeiten 301
5. Sonstige Zuständigkeiten 301
IV. Grenzüberschreitende Einsätze 302
V. Anhang 303

C. Grundlagen der polizeilichen Eingriffsverwaltung 304
I. Allgemeines 304
II. Befugnisnormen des Polizei- und Ordnungsrechts 305
III. Die polizei- und ordnungsbehördliche Generalklausel 307
IV. Anhang 309

D. Der Gefahrenbegriff als zentrale tatbestandliche Eingriffsvoraussetzung . 309
I. Öffentliche Sicherheit 310
1. Schutz der Individualrechtsgüter 310
2. Schutz der Unversehrtheit der objektiven Rechtsordnung 311
3. Schutz des Bestandes und der Veranstaltungen des Staates 312
II. Das Schutzgut der öffentlichen Ordnung 312
III. Der Gefahrenbegriff 315
1. Gefahr – Belästigung 315
2. Notwendigkeit einer „abgestuften" Gefahrenschwelle 316
3. Notwendigkeit einer Prognose aus der ex-ante-Betrachtung 318
4. Gefahrenvarianten 320
IV. Anhang 322

E. „Verantwortlichkeit" – Die Adressatenproblematik bei Gefahrenabwehrmaßnahmen 323
I. Die Handlungsverantwortlichkeit 324
1. Begriff der „Ursächlichkeit" 324
2. Haftung für das Verhalten Dritter 328
II. Die Zustandsverantwortlichkeit 329
1. Gefahrverursachung durch ein Tier oder eine Sache 330
2. Adressaten 331
3. Grenzen der Zustandsverantwortlichkeit 333
III. Der „Nichtstörer" im polizeilichen Notstand 336
IV. Der Anscheins- und Verdachtsstörer 338
1. Notwendigkeit eines Verursachungsbeitrages? 338
2. Durchgriff auf den wirklichen Verursacher? 340
V. Rechtsnachfolge in die polizei- und ordnungsrechtliche Verantwortlichkeit 341
1. Verantwortlichkeit als individuelle Pflichtenposition 341
2. Nachfolgefähigkeit 342
3. Nachfolgetatbestand 342
VI. Der Staat als Adressat von Gefahrenabwehrmaßnahmen 344
VII. Anhang 345

Inhaltsverzeichnis XIX

F. Das Opportunitätsprinzip – Ermessen 346
   I. Ebenen der Ermessensausübung 346
      1. Entschließungsermessen 346
      2. Störerauswahlermessen 348
      3. Handlungsermessen (Auswahlermessen in sachlicher Hinsicht) ... 349
   II. Ermessensfehler 352
      1. Ermessensnichtgebrauch 353
      2. Ermessensfehlgebrauch 353
      3. Ermessensüberschreitung 354
   III. Anhang 355

G. Die klassische „Polizeirechtsklausur" – Prüfungsschema der Generalklausel 356
   I. Eingriffsermächtigung 356
   II. Formelle Rechtmäßigkeit 357
   III. Materielle Rechtmäßigkeit 357
   IV. Anhang 359

H. Der Anspruch auf polizeiliches Einschreiten 359
   I. Dogmatische Begründung 359
   II. Reichweite des Anspruchs 361
   III. Anhang 362

I. Die polizei- und ordnungsbehördlichen „Standardmaßnahmen" 362
   I. Grundlagen 362
   II. Platzverweisung (§ 34 Abs. 1 PolG) 364
      1. Anwendungsbereich 364
      2. Tatbestandliche Voraussetzungen 366
      3. Verfahrensrechtliche Aspekte 367
   III. Aufenthaltsverbot (§ 34 Abs. 2 PolG) 367
      1. Anwendungsbereich 368
      2. Tatbestandliche Voraussetzungen des § 34 Abs. 2 PolG 369
      3. Vollziehung 370
   IV. Wohnungsverweisung (§ 34 a PolG) 370
      1. Anwendungsbereich 370
      2. Tatbestandliche Voraussetzungen 371
      3. Schutz des Opfers und vollstreckungsrechtliche Fragen ... 371
   V. Ingewahrsamnahme (§§ 35 ff. PolG) 372
      1. Anwendungsbereich 373
      2. Tatbestandliche Voraussetzungen 374
         a) Der „Schutzgewahrsam" (§ 35 Abs. 1 Nr. 1 PolG) 374
         b) Der „Präventiv- oder „Unterbindungsgewahrsam" (§ 35 Abs. 1 Nr. 2 PolG) 375
         c) Der „Durchsetzungsgewahrsam" (§ 35 Abs. 1 Nr. 3 und 4 PolG) 376
         d) Die Ingewahrsamnahme zum Schutz privater Rechte (§ 35 Abs.1 Nr. 5 PolG) 377
         e) Die Sondertatbestände des § 35 Abs. 2 und 3 PolG 377
      3. Besondere verfahrensrechtliche Voraussetzungen 378
   VI. Durchsuchung (§§ 39 ff. PolG) 379
      1. Die Durchsuchung von Personen 380
         a) Tatbestandliche Voraussetzungen der Durchsuchung 380

   b) Verfahrensrechtliche Aspekte 381
  2. Die Durchsuchung von Sachen 382
  3. Die Wohnungsdurchsuchung 383
   a) Betreten und Durchsuchung 383
   b) Tatbestandliche Voraussetzungen für das Betreten und Durchsuchen von Wohnungen 384
   c) Grenzen des Betretungs- und Durchsuchungsrechts 385
   d) Der „Richtervorbehalt" 386
 VII. Sicherstellung (§ 43 f. PolG) 386
   a) Tatbestandliche Voraussetzungen der Sicherstellung 389
   b) Fragen der Verhältnismäßigkeit 391
   c) Verfahrensfragen, Kostenfragen und Herausgabepflicht 392
   d) Verwertung/Vernichtung 392
 VIII. Anhang 393

J. Datenschutzrechtliche Befugnisnormen 394
 I. Verfassungsrechtlicher Hintergrund 394
 II. Systematik der informationellen Befugnisnormen 395
 III. Die wichtigsten informationellen Standardermächtigungen 396
  1. Vernehmung (§ 9 PolG) 396
   a) Tatbestandliche Voraussetzungen 397
   b) Fragen der Verhältnismäßigkeit und der Vollstreckung 397
  2. Vorladung/Vorführung (§ 10 PolG) 398
   a) Tatbestandliche und verfahrensrechtliche Voraussetzungen 398
   b) Zur Geltung des § 136 a StPO 398
  3. Identitätsfeststellung (§ 12 PolG) 399
  4. Erkennungsdienstliche Behandlung (§ 14 PolG) 400
  5. Besondere Formen der Datenerhebung und -verwendung 401
   a) Datenerhebung in besonderen Situationen 401
   b) Datenerhebung mit besonderen Mitteln 402
   c) Datenverwendung und Datenübermittlung 403
  6. Rasterfahndung (§ 31 PolG) 404
   a) Begriff und Verfassungsmäßigkeit der Rasterfahndung 404
   b) Verfahrensrechtliche Anforderungen 405
   c) Materiell-rechtliche Fragestellungen 405
 IV. Anhang 406

K. Ordnungsbehördliche Verordnungen 406
 I. Zuständigkeitsfragen 407
 II. Form- und Verfahrensfragen 408
 III. Materielle Rechtmäßigkeitsfragen 409
  1. Die „abstrakte Gefahr" 409
  2. Sonstige Rechtmäßigkeitsvoraussetzungen 410
 IV. Anhang 412

L. Grundlagen des Verwaltungszwangs 413
 I. Allgemeines 413
  1. Vorbehalt des Gesetzes 413
  2. Trennung von Verwaltungszwang und Sanktion 414
 II. Die Zwangsmittel 415
  1. Zwangsgeld und Ersatzzwangshaft 415
  2. Ersatzvornahme 416

Inhaltsverzeichnis XXI

    3. Unmittelbarer Zwang 417
    4. Abgrenzungsprobleme am Beispiel des Abschleppens von PKW ... 418
  III. Das gestufte Verfahren 419
    1. Androhung des Zwangsmittels 420
    2. Festsetzung des Zwangsmittels 420
    3. Anwendung des Zwangsmittels 422
    4. Das Klausurenschema 422
  IV. Der „sofortige Vollzug" 424
  V. Spezialprobleme des Abschleppens von Fahrzeugen 425
  VI. Kostenrecht 428
  VII. Anhang 432

M. Polizeiliches Haftungsrecht 433
  I. Schadensersatz für rechtswidrige Handlungen 434
    1. Der Amtshaftungsanspruch des § 839 BGB i.V.m. Art. 34 GG ... 434
      a) Der haftungsrechtliche Beamtenbegriff 435
      b) Handeln in öffentlich-rechtlicher Form 435
      c) Amtspflichtverletzung – Drittbezug – Kausalität 436
      d) Verschulden 436
      e) Sonstige Beschränkungen der Amtshaftung 437
      f) Anspruchsberechtigter 437
      g) Anspruchsgegner 438
      h) Geltendmachung des Anspruchs 438
    2. Der Schadensersatzanspruch des § 39 Abs. 1 lit. b OBG 439
      a) Ausschluss von Unterlassungen 439
      b) Haftungsausschluss 440
      c) Begrenzung der Haftungsfolgen 440
      d) Der Begriff der Rechtswidrigkeit: Handlungs- oder Erfolgsunrecht? 441
      e) Haftung für legislatives Unrecht? 441
  II. Entschädigung für rechtmäßige Beeinträchtigungen 442
    1. Inanspruchnahme nach § 19 OBG 443
    2. Ausschlussgründe 444
    3. Haftungsumfang 444
  III. Der Folgenbeseitigungsanspruch 445
  IV. Der Regress (§ 42 Abs. 2 OBG) 447
  V. Anhang 449

N. Versammlungsrechtliche Bezüge des Polizeirechts 449
  I. Begriff der „öffentlichen Versammlung" 450
  II. Eingriffsmöglichkeiten des Versammlungsgesetzes 452
    1. Anmeldepflicht 452
    2. Versammlungsverbot und Auflagen 453
    3. Auflösung und „Minusmaßnahmen" 456
    4. Möglichkeiten und Grenzen eines Rückgriffs auf das Polizeirecht . 458
    5. Möglichkeiten und Grenzen eines Rückgriffs auf das Zivilrecht ... 459
    6. Versammlung in geschlossenen Räumen 460
  III. Anhang 461

O. Antworten zu den Kontrollfragen 461

§ 4. Öffentliches Baurecht *(Hellermann)*

A. Einführung	470
I. Das öffentliche Baurecht in NRW in Ausbildung und Prüfung	470
II. Grundlagen: Das Rechtsgebiet des öffentlichen Baurechts in NRW	470
1. Funktion des öffentlichen Baurechts	470
2. Historische Entwicklung des öffentlichen Baurechts	471
3. Gesetzgebungszuständigkeiten nach dem GG	472
4. Rechtsgrundlagen	473
a) Bauplanungsrecht	473
b) Bauordnungsrecht	475
5. Anhang	475
III. Konzeption und Gang der Darstellung	476
B. Bauleitplanung	477
I. Grundlagen	477
1. Aufgabe und Eigenart der Bauleitplanung	477
2. Die Bauleitplanung im System raumbezogener Planung	479
3. Bauleitplanung als gemeindliche Aufgabe	480
4. Zweistufiges System der Bauleitplanung	481
5. Rechtliche Eigenart, Inhalt und Gestalt insbesondere von Bebauungsplänen	482
6. Anhang	484
II. Das Verfahren der Bauleitplanung	484
1. Zuständigkeit	484
2. Verfahren der Planaufstellung, insbesondere der Aufstellung von Bebauungsplänen	485
3. Änderung, Aufhebung, Außerkrafttreten	488
a) Anwendung des Aufstellungsverfahrens	488
b) Außerkrafttreten durch Gewohnheitsrecht	488
4. Anhang	488
III. Materiellrechtliche Anforderungen an Bauleitpläne, insbesondere Bebauungspläne	489
1. Erforderlichkeit	489
2. Planungsleitsätze	490
a) Gebot äußerer Planeinheit	490
b) Gebot konkreter Planung	490
c) Gebot positiver Planung	491
3. Entwicklungsgebot	491
4. Bindung an andere Planungen	492
a) Horizontale Abstimmung mit nachbargemeindlicher Bauleitplanung	492
b) Vertikale Abstimmung mit überörtlichen Planungsträgern	493
aa) Raumordnung und Landesplanung	493
bb) Verhältnis zur Fachplanung	494
5. Numerus clausus der möglichen bauplanungsrechtlichen Festsetzungen	495
6. Abwägungsgebot (§ 1 VII BauGB)	497
a) Abwägungsfehlerlehre	498
b) Inhaltliche Anforderungen des Gebots gerechter Abwägung	501

Inhaltsverzeichnis

aa) Die Zusammenstellung des Abwägungsmaterials	501
bb) Abwägungsgrundsätze	502
7. Anhang	504
IV. Rechtsfehler in der Bauleitplanung und Fehlerfolgen	505
1. Bauplanungsrechtliche Fehler und Fehlerfolgenregelung	505
a) Unbeachtlichkeit von Fehlern (§ 214 I–III BauGB)	506
aa) Verfahrens- und Formfehler	506
bb) Materielle Fehler	506
b) Behebbarkeit von Fehlern	507
c) Rügepflichtigkeit/Unbeachtlichwerden von Fehlern	508
2. Exkurs: Kommunalrechtliche Fehler und Fehlerfolgenregelung	508
3. Anhang	509
V. Rechtsschutz gegen Bauleitpläne	509
1. Flächennutzungsplan	509
2. Bebauungsplan	510
a) Normenkontrolle	510
b) Verwaltungsgerichtliche Inzidentkontrolle	512
c) Verfassungsbeschwerde	512
3. Anhang	512
C. Bauplanungsrechtliche Zulässigkeit von Einzelvorhaben	**513**
I. Überblick	513
II. Anwendungsbereich der §§ 30 ff. BauGB	515
1. Ausgrenzung sog. privilegierter Fachplanungen (§ 38 BauGB)	515
2. Vorhaben i. S. v. § 29 I BauGB	515
a) Begriff der baulichen Anlage	516
b) Errichtung, Änderung, Nutzungsänderung	517
c) Irrelevanz der Genehmigungsbedürftigkeit	517
3. Anhang	517
III. Vorhaben im beplanten Innenbereich (§ 30 I, II BauGB)	518
1. Anwendungsbereich	518
2. Zulässigkeitsvoraussetzungen	518
a) Vereinbarkeit mit den Festsetzungen des Bebauungsplans	518
aa) Art der baulichen Nutzung (§§ 1 bis 15 BauNVO)	519
bb) Sonstige Festsetzungen	522
b) Ausnahmen und Befreiungen (§ 31 BauGB)	522
aa) Ausnahmen (§ 31 I BauGB)	522
bb) Befreiungen (§ 31 II BauGB)	523
3. Anhang	524
IV. Vorhaben im nicht (qualifiziert) beplanten Innenbereich (§ 34 BauGB)	525
1. Anwendungsbereich	525
a) Kein qualifizierter Bebauungsplan i. S. v. § 30 I BauGB	525
b) Im Zusammenhang bebauter Ortsteil	525
aa) Auslegung des gesetzlichen Tatbestandsmerkmals	525
bb) Innenbereichssatzungen (§ 34 IV BauGB)	526
2. Zulässigkeitsvoraussetzungen	526
a) Einfügen in die Eigenart der näheren Umgebung	527
aa) § 34 II BauGB	528
bb) § 34 I 1 BauGB	528
b) Gesunde Wohn- und Arbeitsverhältnisse/Ortsbild	529

Inhaltsverzeichnis

      c) Auswirkungen auf zentrale Versorgungsbereiche 530
    3. Anhang 531
 V. Vorhaben im Außenbereich (§ 35 BauGB) 531
    1. Zulässigkeit von Außenbereichsvorhaben gemäß § 35 I, II BauGB 532
      a) Privilegierte Vorhaben (§ 35 I BauGB) 532
        aa) Die einzelnen Privilegierungstatbestände 532
        bb) Kein Entgegenstehen öffentlicher Belange 534
        cc) Schonungsgebot und Rückbauverpflichtung 535
      b) Sonstige (nicht privilegierte) Vorhaben (§ 35 II BauGB) 536
        aa) Beurteilung nach § 35 II, III, V 1 BauGB 536
        bb) Außenbereichssatzung (§ 35 VI BauGB) 537
    2. Sonderregelungen für bestehende Anlagen 537
      a) Aktiver Bestandsschutz kraft Art. 14 GG 537
      b) Begünstigte/teilprivilegierte Vorhaben (§ 35 IV BauGB) 538
    3. Anhang 539
 VI. Zulässigkeit von Vorhaben während der Planaufstellung (§ 33 BauGB) 540
    1. Anwendungsbereich 540
    2. Zulässigkeitsvoraussetzungen 541
    3. Anhang 542
 VII. Weitere, übergreifende Zulässigkeitsvoraussetzungen 542
    1. Erschließung 542
    2. Gemeindliches Einvernehmen (§ 36 BauGB) 543
      a) Funktion und Anwendungsbereich 543
      b) Die gemeindliche Entscheidung über das Einvernehmen 545
      c) Folgen eines (rechtswidrig) verweigerten gemeindlichen Einvernehmens 546
        aa) Rechtsschutz des Bürgers 546
        bb) Kommunalaufsichtliches Einschreiten 546
        cc) Ersetzung gemäß § 36 II 3 BauGB 546
    3. Anhang 548
D. Sicherung und Verwirklichung der Bauleitplanung/ Kooperation mit Privaten 549
 I. Sicherung der Bauleitplanung 549
    1. Veränderungssperre und Zurückstellung 549
      a) Veränderungssperre (§§ 14, 16 ff. BauGB) 549
      b) Zurückstellung (§ 15 BauGB) 552
    2. Grundstücksteilung (§ 19 BauGB) 552
    3. Vorkaufsrecht (§§ 24 ff. BauGB) 553
    4. Anhang 553
 II. Verwirklichung der Bauleitplanung (einschließlich Kooperation mit Privaten) 553
    1. Erschließung (§§ 123 ff. BauGB) 554
    2. Umlegung (§§ 45 ff. BauGB) 554
    3. Städtebauliche Gebote (§§ 175 ff. BauGB) 555
    4. Städtebauliche Enteignung (§§ 85 ff. BauGB) 555
    5. Zusammenarbeit mit Privaten 556
      a) Städtebauliche Verträge (§ 11 BauGB) 557
      b) Vorhabenbezogener Bebauungsplan (§ 12 BauGB) 558

Inhaltsverzeichnis XXV

    6. Anhang 559
E. Materielles Bauordnungsrecht 560
  I. Allgemeine Vorschriften 560
    1. Anwendungsbereich der BauO 560
    2. Allgemeine Anforderungen (§ 3 BauO) 561
    3. Abweichungen (§ 73 BauO) 562
    4. Anhang 563
  II. Ausgewählte, einzelne bauordnungsrechtliche Anforderungen 563
    1. Verunstaltungsverbot (§ 12 BauO) 563
    2. Werbeanlagen (§ 13 BauO) 564
    3. Örtliche Bauvorschriften (§ 86 BauO) 565
    4. Stellplatzpflicht (§ 51 BauO) 565
    5. Abstandflächenregelung (§ 6 BauO) 566
    6. Anhang 567
F. Formelles Bauordnungsrecht 568
  I. Organisation der Bauaufsicht 568
    1. Bauaufsichtsbehörden (§ 60 BauO) 568
    2. Zuständigkeitsverteilung 569
  II. Bauordnungsrechtliche Instrumentarien 569
    1. Baulast (§ 83 BauO) 569
    2. Instrumente präventiver Rechtmäßigkeitskontrolle 570
      a) Baugenehmigung 570
        aa) Genehmigungsbedürftigkeit 570
        bb) Verfahrensrechtliche Voraussetzungen bzw. Anforderungen 573
        cc) Materielle Rechtmäßigkeits- bzw. Anspruchsvoraussetzungen 574
        dd) Rechtswirkungen und Rechtsbeständigkeit 577
      b) Bauvorbescheid und Teilbaugenehmigung 579
    3. Eingriffsrechte der Baurechtsbehörden 580
      a) Die Ermächtigungsgrundlage des § 61 I 2 BauO 580
      b) Anwendung auf bestimmte (Standard-)Maßnahmen 582
        aa) Stilllegungsverfügung 582
        bb) Nutzungsuntersagung 583
        cc) Abrissverfügung 583
    4. Anhang 586
G. Rechtsschutz in bauaufsichtlichen Streitigkeiten 587
  I. Rechtsschutz des Bauherrn 587
    1. Vorgehen mit dem Ziel einer antragsgemäßen Baugenehmigung .. 588
      a) Verpflichtungsklage auf Erteilung einer Baugenehmigung 588
      b) Vorgehen gegen Nebenbestimmungen 589
    2. Vorgehen gegen Eingriffsmaßnahmen 590
    3. Anhang 590
  II. Verwaltungsgerichtlicher Nachbarschutz 590
    1. Begriff des Nachbarn 591
    2. Nachbarschützende baurechtliche Normen 592
      a) Gebot der Rücksichtnahme 593
      b) Einzelne bauplanungsrechtliche Regelungen und Festsetzungen . 594
      c) Materielles Bauordnungsrecht 596
      d) Verfahrensrechte 596

e) Grundrechte	597
3. Vorgehen gegen eine Baugenehmigung	598
a) Nachbarklage	598
b) Vorläufiger Rechtsschutz	599
4. Vorgehen mit dem Ziel bauaufsichtlichen Einschreitens	600
5. Anhang	601
H. Antworten auf die Kontrollfragen	**602**

§ 5. Anhang: Verwaltungsprozessuale Probleme in der Fallbearbeitung
(Dietlein)

A. Das Hauptsacheverfahren	**611**
I. Zulässigkeit einer verwaltungsgerichtlichen Klage	612
1. Verwaltungsrechtsweg	612
a) Aufdrängende Sonderzuweisung	612
b) Generalklausel	612
aa) Öffentlich-rechtliche Streitigkeit	613
bb) Streitigkeit nichtverfassungsrechtlicher Art	613
cc) Keine abdrängende (Sonder-)Zuweisung zu einem anderen Gericht	613
2. Statthafte Klageart	614
a) Anfechtungsklage	614
b) Verpflichtungsklage	614
c) Fortsetzungsfeststellungsklage	615
d) Allgemeine Leistungsklage	615
e) Feststellungsklage	616
3. Klagebefugnis	616
4. Vorverfahren	617
5. Klagefrist	618
6. Klagegegner	619
7. Beteiligtenfähigkeit	620
8. Prozessfähigkeit	620
9. Zuständiges Gericht	621
10. Rechtsschutzbedürfnis	621
11. Objektive Klagehäufung	621
II. Begründetheit einer verwaltungsgerichtlichen Klage	622
1. Anfechtungsklage	622
2. Verpflichtungsklage	622
3. Fortsetzungsfeststellungsklage	622
4. Allgemeine Leistungsklage	623
5. Feststellungsklage	623
B. Das „Aussetzungsverfahren" (80 V-er Verfahren)	**623**
I. Zulässigkeit des Antrags	624
1. Verwaltungsrechtsweg	624
2. Statthafte Antragsart	624
3. Antragsbefugnis	625
4. Antragsgegner	625
5. Beteiligten- und Prozessfähigkeit	625
6. Rechtsschutzbedürfnis	625

    7. Antragsfrist 625
  II. Begründetheit des Antrags 626
    1. Antrag auf Anordnung oder Wiederherstellung der
       aufschiebenden Wirkung gem. § 80 Abs. 5 S. 1 VwGO 626
    2. Antrag auf Feststellung der aufschiebenden Wirkung gem.
       § 80 Abs. 5 S. 1 VwGO analog 626
  III. Annexantrag auf (vorläufige) Vollzugsfolgenbeseitigung,
     § 80 Abs. 5 S. 3 VwGO 627

C. Die einstweilige Anordnung nach § 123 VwGO 627
  I. Zulässigkeit des Antrags 627
    1. Verwaltungsrechtsweg 627
    2. Statthaftigkeit des Antrags 628
    3. Antragsbefugnis 628
    4. Antragsgegner 628
    5. Beteiligten- und Prozessfähigkeit 629
    6. Zuständiges Gericht 629
    7. Rechtsschutzbedürfnis 629
  II. Begründetheit des Antrags 629
    1. Darlegung und Glaubhaftmachung des Anordnungsanspruchs ... 629
    2. Glaubhaftmachung des Anordnungsgrundes 630
    3. Gerichtliche Entscheidung 630

Sachverzeichnis 631

Abkürzungsverzeichnis

a. A.	anderer Ansicht
aaO, a. a. O.	am angegebenen Ort
Abb.	Abbildung
AbfG	Abfallgesetz
Abl. EG	Amtsblatt der Europäischen Union
Abs.	Absatz
AEG	Allgemeines Eisenbahngesetz
a. F.	alte Fassung
AfK, AFK	Archiv für Kommunalwissenschaften
AG	Amtsgericht, Aktiengesellschaft
AGBAföG	Ausführungsgesetz zum BAföG
AGTierSchG	Ausführungsgesetz zum Tierschutzgesetz
AGVwGO	Ausführungsgesetz zur Verwaltungsgerichtsordnung
AktG	Aktiengesetz
Alt.	Alternative
a. M.	am Main
Anm.	Anmerkung
AöR	Archiv für öffentliches Recht
Art.	Artikel
Aufl.	Auflage
AVBEltV	Verordnung über die Allgemeinen Bedingungen für die Elektrizitätsversorgung von Tarifkunden
Bad.-Württ.	Baden-Württemberg
BAföG	Bundesgesetz über individuelle Förderung der Ausbildung
BauGB	Baugesetzbuch
BauGB-AG	Gesetz zur Ausführung des Baugesetzbuches in Nordrhein-Westfalen
BauGB-MaßnahmeG	Maßnahmengesetz zum Baugesetzbuch
BauGB DVO	Verordnung zur Durchführung des Baugesetzbuches
BauNVO	Baunutzungsverordnung
BauO	Bauordnung
BauPrüfVO	Bauprüfungsverordnung
BauR	Zeitschrift für das gesamte öffentliche und zivile Baurecht
BayObLG	Bayerisches Oberstes Landesgericht
BayVBl.	Bayerische Verwaltungsblätter
BayVerfGH	Bayerischer Verfassungsgerichtshof
BayVGH,	Bayerischer Verwaltungsgerichtshof
BBG	Bundesbeamtengesetz
BbgVerfGH	Verfassungsgericht des Landes Brandenburg
BBodSchG	Bundesbodenschutzgesetz
Bd.	Band
BDSG	Bundesdatenschutzgesetz
BeckRS	Beck-Online elektronische Entscheidungssammlung
ber.	berichtigt
BerlVerfGH	Berliner Verfassungsgerichtshof
BesVerwR	Besonderes Verwaltungsrecht
BGB	Bürgerliches Gesetzbuch

Abkürzungsverzeichnis

BGBl.	Bundesgesetzblatt
BGH	Bundesgerichtshof
BGHZ	Entscheidungssammlung des Bundesgerichtshofs in Zivilsachen
BImSchG	Bundes-Immissionsschutzgesetz
BImSchV	Verordnung zur Durchführung des Bundes-Immissionsschutzgesetzes
BRAO	Bundesrechtsanwaltsordnung
BRRG	Beamtenrechtsrahmengesetz
BRS	Baurechtssammlung
BSHG	Bundessozialhilfegesetz
BT-Drs.	Drucksache des Bundestags
BtMG	Gesetz über den Verkehr mit Betäubungsmitteln
BVerfG	Bundesverfassungsgericht
BVerfGE	Entscheidungssammlung des Bundesverfassungsgerichts
BVerfGG	Bundesverfassungsgerichtsgesetz
BVerwG	Bundesverwaltungsgericht
BVerwGE	Entscheidungssammlung des Bundesverwaltungsgerichts
BVWPr	Baden-Württembergische Verwaltungspraxis
BW	Baden-Württemberg
bzw.	beziehungsweise
CDU	Christlich-Demokratische Union
DAR	Deutsches Autorecht
DDR	Deutsche Demokratische Republik
ders.	derselbe
DFK	Deutsche Zeitung für Kommunalwissenschaften
DGO	Deutsche Gemeindeordnung
d. h.	das heißt
Diss.	Dissertation
DJT	Deutscher Juristentag
DÖV	Die öffentliche Verwaltung
DRiG	Deutsches Richtergesetz
Drs.	Drucksache
DSchG	Denkmalschutzgesetz
DV	Deutsche Verwaltung
DVBl.	Deutsches Verwaltungsblatt
DVO-BauGB	Verordnung zur Durchführung des Baugesetzbuchs
EAG Bau	Europarechtsanpassungsgesetz Bau
ebda.	ebenda
EDV	Elektronische Datenverarbeitung
EEWärmeG	Gesetz zur Förderung Erneuerbarer Energien im Wärmebereich (Erneuerbare Energien-Wärmegesetz)
EG	Europäische Gemeinschaft; EGV
EGBGB	Einführungsgesetz zum Bürgerlichen Gesetzbuch
EGGVG	Einführungsgesetz zum Gerichtsverfassungsgesetz
EGMR	Europäischer Gerichtshof für Menschenrechte
EGV	Vertrag zur Gründung der Europäischen Gemeinschaft
EMRK	Europäische Menschenrechtskonvention
EnWG	Energiewirtschaftsgesetz
ESVGH	Entscheidungen des Hessischen Verwaltungsgerichtshofs und des Verwaltungsgerichtshofs Baden-Württemberg mit Entscheidungen der Staatsgerichtshöfe der beiden Länder
etc.	et cetera

Abkürzungsverzeichnis

EU	Europäische Union
EuGH	Europäischer Gerichtshof
e.V.	eingetragener Verein
EWG	Europäische Wirtschaftsgemeinschaft
f.	folgende
F.D.P., FDP	Freie Demokratische Partei
ff.	fortfolgende
FFH-Richtlinie	Flora-Fauna-Habitat Richtlinie
FG	Festgabe
FGO	Finanzgerichtsordnung
Fn.	Fußnote
FS	Festschrift
FSHG	Feuerschutzhilfeleistungsgesetz
FStrG	Fernstraßengesetz
G	Gesetz
GarVO	Garagenverordnung
GebG	Gebührengesetz
gem.	gemäß
GewArch	Gewerbearchiv
GewO	Gewerbeordnung
GG	Grundgesetz
ggf.	gegebenenfalls
GKG	Gerichtskostengesetz
GkG	Gesetz über kommunale Gemeinschaftsarbeit
GmbH	Gesellschaft mit beschränkter Haftung
GmbHG	Gesetz betreffend die Gesellschaften mit beschränkter Haftung
Gms-OBG	Gemeinsamer Senat der obersten Gerichtshöfe des Bundes
GoA	Geschäftsführung ohne Auftrag
GO	Gemeindeordnung
GO-LT	Geschäftsordnung des Landtags
GRUR	Zeitschrift für gewerblichen Rechtsschutz und Urheberrecht
GS	Gedächtnisschrift
GVBl.	Gesetz- und Verordnungsblatt
GVG	Gerichtsverfassungsgesetz
GWB	Gesetz gegen Wettbewerbsbeschränkungen
Hbg.	Hamburg
HdbKWP	Handbuch der kommunalen Wissenschaft und Praxis
HdbPolR	Handbuch des Polizeirechts
HdbStR	Handbuch des Staatsrechts
Hess.	Hessische(r)
HessVGH	Hessischer Verwaltungsgerichtshof
HG	Hochschulgesetz
Hg.	Herausgeber
h.M.	herrschende Meinung
HochhVO	Hochhausverordnung
Hrsg.	Herausgeber
Hs.	Halbsatz
i.d.F.d.B.v.	in der Fassung der Bekanntmachung vom
i.e.	im Einzelnen
IFG	Informationsfreiheitsgesetz
inkl.	inklusive

iS.	im Sinne
i. S. d.	im Sinne des / dieser
i. S. v.	im Sinne von
i. Ü.	im Übrigen
i. V. m.	in Verbindung mit
i. w. S.	im weiteren Sinne
JA	Juristische Arbeitsblätter
JAG	Juristenausbildungsgesetz
JhbÖffSich	Jahrbuch öffentliche Sicherheit
JhbUTR	Jahrbuch für Umwelt- und Technikrecht
JMBl.	Justizministerialblatt
JöR	Jahrbuch des öffentlichen Rechts
JR	Juristische Rundschau
JURA	Juristische Ausbildung
JuS	Juristische Schulung
JustG	Justizgesetz
JZ	Juristenzeitung
K	Kammerentscheidung
KAG	Kommunalabgabengesetz
KfZ	Kraftfahrzeug
KGSt	Kommunale Gemeinschaftsstellung
Komm.	Kommentar
KommJur	KommunalJurist
KostenO	Kostenordnung
krit.	kritisch
KritV	Kritische Vierteljahresschrift für Gesetzgebung und Rechtswissenschaft
KrO	Kreisordnung
KrW-/AbfG	Kreislaufwirtschafts- und Abfall-Gesetz
KVR	Kommunalverband Ruhr
KWahlG	Kommunalwahlgesetz
KWahlO	Kommunalwahlordnung
LAbfG	Landesabfallgesetz
LBG	Landesbeamtengesetz
LG	Landgericht; Landschaftsgesetz
LHO	Landeshaushaltsordnung
LHundeVO	Landeshundeverordnung
LImschG	Landes-Immissionsschutzgesetz
lit.	littera
LKV	Landes- und Kommunalrecht
LOG	Landesorganisationsgesetz
LPlG	Landesplanungsgesetz
LReg	Landesregierung
LSA	Land Sachsen-Anhalt
Lsbl.	Loseblattsammlung
LT	Landtag
LT-Drs.	Drucksachen des Landtags
LV	Landesverfassung
LVerbO	Landschaftsverbandsordnung
LZG	Landeszustellungsgesetz
m.	mit
m. E.	meines Erachtens
MG	Meldegesetz

Abkürzungsverzeichnis XXXIII

Mrd.	Milliarden
MRRG	Melderechtsrahmengesetz
MV	Mecklenburg-Vorpommern
mwN	mit weiteren Nachweisen
NachbG	Nachbarrechtsgesetz
NdsOVG	Niedersächsisches Oberverwaltungsgericht
NdsVBl	Niedersächsisches Verwaltungsblatt
n. F.	neue Fassung
NGO	Non Governmental Organization
NJ	Neue Justiz
NJW	Neue Juristische Wochenschrift
NJW-RR	Neue Juristische Wochenschrift-Rechtsprechungsreport
NordÖR	Zeitschrift für öffentliches Recht in Norddeutschland
Nr.	Nummer
NRW	Nordrhein-Westfalen
NSDAP	Nationalsozialistische Deutsche Arbeiterpartei
NuR	Natur und Recht
NVwZ	Neue Zeitschrift für Verwaltungsrecht
NVwZ-RR	Neue Zeitschrift für Verwaltungsrecht-Rechtsprechungsreport
NW	Nordrhein-Westfalen
NWVBl.	Nordrhein-westfälische Verwaltungsblätter
NZBau	Neue Zeitschrift für Baurecht und Vergaberecht
NZV	Neue Zeitschrift für Verkehrsrecht
OBG	Ordnungsbehördengesetz
o. g.	oben genannt
OLG	Oberlandesgericht
ÖPNV	Öffentlicher Personennahverkehr
OVG	Oberverwaltungsgericht
OVGE	Entscheidungen der Oberverwaltungsgerichte für das Land Nordrhein-Westfalen in Münster sowie für die Länder Niedersachsen und Schleswig-Holstein in Lüneburg
OWiG	Ordnungswidrigkeitengesetz
Oz.	Ordnungsziffer
ParteienG	Parteiengesetz
PBefG	Personenbeförderungsgesetz
PlanzV	Planzeichenverordnung
POG	Polizeiorganisationsgesetz
PolG	Polizeigesetz des Landes Nordrhein-Westfalen
PresseG	Pressegesetz
PreußGO	Preußische Gemeindeordnung
prK	Preußisches Konkordat
PrOVGE	Entscheidungssammlung des preußischen Oberverwaltungsgerichts
PsychKG	Gesetz über Hilfe und Schutzmaßnahmen bei psychischen Krankheiten
PUAG	Gesetz zur Regelung des Rechts der Untersuchungsausschüsse des Deutschen Bundestages (Untersuchungsausschussgesetz)
RdE	Recht der Energiewirtschaft
Rdnr.	Randnummer
RGZ	Entscheidungen des Reichsgerichts in Zivilsachen
Rh.-Pf.	Rheinland-Pfalz

RiStBV	Richtlinien für das Strafverfahren und das Bußgeldverfahren
Rn.	Randnummer
ROG	Raumordnungsgesetz
Rspr.	Rechtsprechung
RVR	Regionalverband Ruhr
RVRG	Gesetz über den Regionalverband Ruhr
S.	Satz; Seite
s.	siehe
Saarl.VerfGH	Verfassungsgerichtshof des Saarlandes
Sachsen-Anh.	Sachsen-Anhalt
SachsAnhVerfG	Landesverfassungsgericht Sachsen-Anhalt
Sächs.	Sächsische(r)
SächsOVG	Sächsisches Oberverwaltungsgericht
SächsVBl.	Sächsische Verwaltungsblätter
SchulVG	Schulverwaltungsgesetz
scil.	scilicet (nämlich)
SGB	Sozialgesetzbuch
SGG	Sozialgerichtsgesetz
Sitzg.	Sitzung
Slg.	Sammlung der Rechtsprechung des EuGH
sog.	sogenannt(e/en/er/es)
SoldatenG	Soldatengesetz
SparkassenG	Sparkassengesetz
SPD	Sozialdemokratische Partei Deutschlands
st.	ständig(e)
Sten.-Ber.	Stenographische Berichte
StGB	Strafgesetzbuch
StGH	Strafgerichtshof
StPO	Strafprozessordnung
str.	streitig
StrWG	Straßen- und Wegegesetz
StuGR	Städte- und Gemeinderat
StVG	Straßenverkehrsgesetz
StVO	Straßenverkehrsordnung
StVollzG	Gesetz über den Vollzug der Freiheitsstrafe und der freiheitsentziehenden Maßregeln der Besserung und Sicherung
StVZO	Straßenverkehrszulassungsordnung
sub	unten
TA Lärm	Technische Anleitung zum Schutz gegen Lärm
Thür.	Thüringer
ThürOVG	Thüringisches Oberverwaltungsgericht
ThürVBl.	Thüringer Verwaltungsblätter
u. a.	unter anderem
u. ä.	und ähnliches
UAG	Untersuchungsausschussgesetz
UmwRG	Gesetz über ergänzende Vorschriften zu Rechtsbehelfen in Umweltangelegenheiten nach der EG-Richtlinie 2003/35/EG
u.ö.	und öfter
UPR	Umwelt- und Planungsrecht, Zeitschrift für Wissenschaft und Praxis
u. U.	unter Umständen

UVPG	Gesetz über die Umweltverträglichkeitsprüfung
UVP-Richtlinie	Umweltverträglichkeitsprüfungs-Richtlinie
UWG	Gesetz gegen den unlauteren Wettbewerb
Var.	Variante
v.	von; vom
v. a.	vor allem
VA	Verwaltungsakt
VBlBW	Verwaltungsblätter für Baden-Württemberg
Verf	Verfassung des Landes Nordrhein-Westfalen
VerfGH	Verfassungsgerichtshof
VerfGHG	Gesetz über den Verfassungsgerichtshof
VersG	Versammlungsgesetz
VerwArch	Verwaltungsarchiv
VG	Verwaltungsgericht
VGH	Verwaltungsgerichtshof
vgl.	vergleiche
VgV	Vergabeverordnung
VIVBVEG	Gesetz über das Verfahren bei Volksinitiative, Volksbegehren und Volksentscheid
VO	Verordnung
VOB/A	Verdingungsordnung für Bauleistungen, Teil A
VOF	Verdingungsordnung für freiberufliche Leistungen
VOL/A	Verdingungsordnung für Leistungen, Teil A
Vorbem.	Vorbemerkung(en)
VR	Verwaltungsrundschau
VVDStRL	Veröffentlichungen der Vereinigung der Deutschen Staatsrechtslehrer
VwGO	Verwaltungsgerichtsordnung
VwVfG	Verwaltungsverfahrensgesetz
VwVG	Verwaltungsvollstreckungsgesetz
VwZG	Verwaltungszustellungsgesetz
WahlG	Wahlgesetz
WahlPrüfG	Wahlprüfungsgesetz
WaStrG	Bundeswasserstraßengesetz
WHG	Wasserhaushaltsgesetz
WiVerw	Wirtschaft und Verwaltung
WRV	Weimarer Reichsverfassung
WuW	Wirtschaft und Wettbewerb
ZAR	Zeitschrift für Ausländerrecht und Ausländerpolitik
z. B.	zum Beispiel
ZfBR	Zeitschrift für deutsches und internationales Bau- und Vergaberecht
ZfWG	Zeitschrift für Wett- und Glücksspielrecht
ZG	Zeitschrift für Gesetzgebung
ZHR	Zeitschrift für das gesamte Handels- und Wirtschaftsrecht
ZParl.	Zeitschrift für Parlamentsfragen
ZPO	Zivilprozessordnung
ZRP	Zeitschrift für Rechtspolitik
zw.	zweifelhaft

§ 1. Verfassungsrecht

Literaturhinweise: *Bertrams* (Hrsg.), Verfassungsgerichtsbarkeit in Nordrhein-Westfalen, Festschrift zum 50-jährigen Bestehen des VerfGH NRW, 2002; *v. Coelln,* Anwendung von Bundesrecht nach Maßgabe der Landesgrundrechte?, 2001; *Dästner,* Die Verfassung des Landes Nordrhein-Westfalen, 2. Aufl. 2002; *J. Dietlein,* Die Verfassungsentwicklung in NRW in den vergangenen 25 Jahren, in: JöR 2003, S. 343 ff.; *Geller/Kleinrahm* (Hrsg.), Die Verfassung des Landes NRW, Lsbl., 3. Aufl., 2. El. 1994; *Grawert,* Verfassung für das Land NRW, 3. Aufl. 2012; *Grimm/Papier* (Hrsg.), Nordrhein-Westfälisches Staats- und Verwaltungsrecht, 1986; *Heusch/Schönenbroicher* (Hrsg.), Die Landesverfassung NRW, Kommentar, 2010; *Jacobi,* Die Verfassung des Landes NRW, 1950; *Der Präsident des Landtags Nordrhein-Westfalen* (Hrsg.), Kontinuität und Wandel – 40 Jahre Landesverfassung NRW, 1990; *ders.,* Konflikt und Konsens – 50 Jahre Landesverfassung, 2000; *Löwer/Tettinger* (Hrsg.), Kommentar zur Verfassung des Landes NRW, 2002; *Menzel,* Landesverfassungsrecht, 2002; *Sachs,* Zur Entwicklung des Landesverfassungsrechts in NRW, NWVBl. 1997, 161 ff.; *Storr,* Verfassunggebung in den Ländern, 1995; *Teipel,* Die Rechtsprechung des Verfassungsgerichtshofs für das Land NRW, NWVBl. 2002, 92 ff.; *Traumann,* Die Verfassung des Landes NRW, 1951; *Vogels,* Die Verfassung für das Land NRW, 1951; *Zuck,* Grundgesetz für die Bundesrepublik Deutschland und Verfassung des Landes NRW, 6. Aufl. 1985.

A. Verfassungsgeschichtliche Grundlagen

I. Bund und Länder nach dem Zusammenbruch des Reiches

An der Wiege des Grundgesetzes standen die Länder. Sie waren es, die lange vor der Reorganisation des deutschen Gesamtstaates in den Jahren 1946/47 neu gebildet wurden. Sie waren es auch, die von den westlichen Alliierten in den sog. **Frankfurter Dokumenten** zur Einberufung einer verfassunggebenden Versammlung auf Bundesebene aufgefordert wurden und über ihre Landtage Abgeordnete in den Parlamentarischen Rat entsandten, bevor dieser dann am 08.05.1949 in Bonn das Grundgesetz für die Bundesrepublik Deutschland beschloss. Der maßgebliche Beitrag der Länder an der Reorganisation des deutschen (Gesamt-)Staates darf freilich nicht dahingehend missverstanden werden, dass die Länder gleichsam die „Gründungsväter" der Bundesrepublik Deutschland gewesen seien. Denn der Zusammenbruch des Deutschen Reiches im Mai 1945 hatte keineswegs den Untergang des deutschen Staates zur Folge. Vielmehr hatten die vier alliierten Siegermächte mit der Besetzung des Territoriums des Deutschen Reiches zugleich treuhänderisch für das deutsche Volk die oberste Gewalt im Staate übernommen und hierdurch vermieden, dass mit dem Fortfall jeglicher deutscher Staatsgewalt ein konstitutives Element der Staatlichkeit (vgl. die sog. „Drei-

1

§ 1. Verfassungsrecht des Landes Nordrhein-Westfalen

Elemente-Lehre"): Staatsvolk, Staatsgebiet, Staatsgewalt) entfallen wäre. Insofern kann hinsichtlich der staatlichen Kontinuität nicht von einer „Stunde Null" gesprochen werden. Der deutsche Staat konnte zwar als „handlungsunfähig" angesehen werden, war aber durch die bedingungslose Kapitulation am 08.05.1945 nicht als Staats- und Völkerrechtssubjekt untergegangen (so bereits BVerfGE 6, 309, 338). Folgerichtig sah auch der Parlamentarische Rat das neu zu organisierende Gemeinwesen in der **staats- und völkerrechtlichen Kontinuität des Reiches**. Die Länder waren damit aber bereits vor der Konstituierung des Grundgesetzes Gliedstaaten eines – vorübergehend handlungsunfähigen – deutschen (Gesamt-)Staates. Ihr Zusammenwirken im Rahmen der Verfassunggebung des Bundes war kein Akt originärer Staatengründung, sondern Mitwirkung an der Reorganisation des seit Bismarcks Reichsgründung (1871 bzw. 1866 in Gestalt des „Norddeutschen Bundes") fortdauernden deutschen Staates.

2   Eine abweichende Entwicklung nahm freilich die **Sowjetische Besatzungszone**, deren Länder sich im Jahre 1949 zu der – zunächst gleichfalls föderal strukturierten – Deutschen Demokratischen Republik (DDR) zusammenschlossen. Denn anders als die Bundesrepublik Deutschland sah sich die DDR – nach anfänglichem Schwanken – zumindest seit 1950 explizit als staatliche „Neugründung", leugnete also jegliche Kontinuität mit dem Deutschen Reich, aber auch jede Haftung für die Schulden des Reiches (hierzu bes. das Oberste Gericht der DDR, NJ 1951, 222). Die mit dieser Staatsdoktrin angestrebte Sezession und Dismembration der DDR vom (gesamt-) deutschen Staat wurde indessen von Anfang an durch die fortdauernde „Vier-Mächte-Verantwortung" der Alliierten über Deutschland als Ganzes staats- und völkerrechtlich blockiert. Noch vor dem **beitrittsbedingten Untergang der DDR** am 03.10.1990 wurde der Sezessionsversuch abgebrochen, spätestens mit dem Ersten Staatsvertrag zur Währungs-, Wirtschafts- und Sozialunion vom 18.05.1990 (hierzu BVerfGE 77, 137 ff.).

II. Zur Entstehung des Landes Nordrhein-Westfalen

3   Die Gründung des Landes Nordrhein-Westfalen erfolgte noch vor der Reorganisation des deutschen Gesamtstaates durch Dekret der britischen Besatzungsmacht (Verordnung Nr. 46 vom 23.08.1946). Unter dem Decknamen *„operation marriage"* vollzog die Besatzungsmacht zunächst die Vereinigung der im Juni 1945 in ihrer Zone gebildeten Provinzen Nordrhein und Westfalen zu dem neuen Land NRW. Durch Verordnung Nr. 77 wurde schließlich das Land Lippe-Detmold mit Wirkung vom 21.01.1947 in das neu gebildete Land eingegliedert.

Über die Motive für die Gründung eines einheitlichen Flächenstaates innerhalb der britischen Zone ist viel diskutiert worden. Sie dürften vorrangig außenpolitischer Natur gewesen sein. Mit der Bildung Nordrhein-Westfalens sollte den namentlich von Frankreich und der UdSSR entfachten Bestrebungen um eine Abtrennung und „Internationalisierung" des Ruhrgebietes entgegengetreten werden. Zugleich verfolgten die Briten das Ziel, den befürchteten Zugriff der kommunistischen Machthaber auf den deutschen Gesamtstaat mit der Bildung eines großen und bevölke-

A. Verfassungsgeschichtliche Grundlagen

rungsstarken Landes als starkes Gegengewicht abzuwehren. Wohl nicht zu Unrecht ist das Land NRW in der Literatur denn auch als „ein Kind des Kalten Krieges" bezeichnet worden (*Nonn*, Geschichte Nordrhein-Westfalens, 2009, S. 69).

Auch wenn die deutsche Politik einen zunächst eher geringen Einfluss auf die Gründung des neuen Landes besaß, bleibt zu beachten, dass die Grundentscheidung für ein großes Land im Westen durchaus auch in Deutschland entschiedene Befürworter gefunden hatte. Zu erwähnen sind insbesondere die Entwürfe des nordrheinischen Oberpräsidenten *Robert Lehr* sowie des Münsteraner Oberstadtdirektors *Karl Zuhorn*, aber auch die Denkschrift des Kölner Oberbürgermeisters *Hermann Pünder* vom 25.05.1946. Auf wenig Gegenliebe stieß die Entscheidung der Briten allerdings bei dem Chef des Oberpräsidiums Westfalen und späteren ersten Ministerpräsidenten des Landes, *Rudolf Amelunxen*, der – ebenso wie *Kurt Schumacher (SPD)* – eine Fusion des nördlichen Rheinlandes mit Westfalen bis zuletzt zu verhindern suchte. Immerhin aber bot sich mit den Planungen der Briten die Gelegenheit, die Geschicke des Landes zumindest teilweise wieder in die eigene Hand nehmen zu können. Echte Begeisterung kam freilich nicht auf, als *Ameluxen* am 2.10.1946 im Düsseldorfer Opernhaus die erste Sitzung des Landtages eröffnete. Die Einwohner des neuen, noch immer weithin in Trümmern liegenden Landes hatten ohnehin andere Sorgen – es waren die letzten Tage vor Einbruch des eisigen Notwinters 1946/47, in dessen Verlauf der Kölner Kardinal *Frings* die Plünderung von Kohletransporten durch das frierende Volk für gerechtfertigt erklären sollte.

III. Zur Entstehung der Landesverfassung Nordrhein-Westfalens

„Am Anfang stand die Ohnmacht!" (*K. Fischer*). Über nahezu vier Jahre hinweg blieb NRW ein Land ohne Verfassung. Bis zu den ersten freien Wahlen am 20.04.1947 fungierten 200 von der Militärbehörde auf Vorschlag der Parteien ernannte Volksvertreter als Abgeordnete des Landtages, je 100 aus der Nordrhein-Provinz und aus der Provinz Westfalen. Deren eher dürftige Kompetenzen bestimmten sich nach einer von der Militärregierung erlassenen Verordnung über die „Befugnisse der Regierungen und gesetzgebenden Körperschaften in der britischen Zone" (VO Nr. 57 vom 01.12.1946), der faktisch die Funktion einer provisorischen Landesverfassung zukam. Gesetze konnte der Landtag aus eigener Kompetenz nicht erlassen, sondern bedurfte hierzu jeweils der Zustimmung durch die Militärregierung. Bestimmte Sachbereiche blieben – unter offensichtlicher Anlehnung an die föderalen Kompetenzabgrenzungen der Art. 6–11 der Weimarer Reichsverfassung – von vornherein der zonalen Militärregierung vorbehalten. Auch die von der Militäradministration ernannten Kabinettsmitglieder besaßen Exekutivgewalt lediglich in den Grenzen der Anordnungen der Militärregierung. Für den weiteren Auf- und Ausbau des Landes war somit die Erarbeitung einer Landesverfassung eine zentrale Aufgabe, auch wenn die Vorschaltrechte der Militärregierung rechtlich bis zum Inkrafttreten des Deutschlandvertrages am 05.05.1955 fortdauerten. Die Arbeiten an der Landesverfassung zerglie-

§ 1. Verfassungsrecht des Landes Nordrhein-Westfalen

derten sich dabei in eine vorgrundgesetzliche (Rn. 5) und eine nachgrundgesetzliche Phase (Rn. 6).

1. Verfassungsberatungen vor Inkrafttreten des Grundgesetzes

5 Spätestens mit Erlass der Verordnung Nr. 57, die ihrerseits auf die baldige Erarbeitung einer Landesverfassung drängte, begannen verstärkte Vorbereitungen auf Landesebene.

Noch in der ersten Legislaturperiode des (ernannten) Landtages legte Ministerpräsident *Amelunxen* den von Innenminister *Walter Menzel* (SPD) erarbeiteten Entwurf eines „**Vorläufigen Landesgrundgesetzes für das Land NRW**" vor (LT-Drs. I/50), der indessen in der laufenden Legislaturperiode nicht mehr zum Abschluss gebracht werden konnte. Ebenfalls auf Vorarbeiten Menzels ging der in der zweiten Legislaturperiode bzw. der ersten Wahlperiode unter dem nunmehrigen Ministerpräsidenten *Karl Arnold* (CDU) im November 1947 in den Landtag eingebrachte Verfassungsentwurf (LT-Drs. II/166) zurück. Er unterschied sich insofern maßgeblich von dem ursprünglichen Entwurf eines „Vorläufigen Landesgrundgesetzes", als es sich nicht lediglich um ein sog. „Organisationsstatut" handelte, sondern um eine „**Vollverfassung**" mit einem eigenständigen Grundrechtsteil und einer Ordnung des Gemeinschaftslebens.

Auch dieser zweite Anlauf zur Verfassunggebung blieb zumindest zunächst ohne den erhofften Erfolg, sondern verlor sich im Sog der anlaufenden Verfassungsberatungen auf Bundesebene. Nicht nur mit Blick auf die personelle Einbindung namhafter Landespolitiker wie *Konrad Adenauer* (CDU), *Walter Menzel* (SPD) und *Hermann Höpker-Aschoff* (FDP) in die bundespolitische Diskussion, sondern auch und vor allem zum Zwecke der inhaltlichen Abstimmung beschlossen Landtag und Landesregierung, die eigenen Verfassungsberatungen auszusetzen, um die bundesrechtlichen Vorgaben abzuwarten.

2. Verfassungsberatungen nach Inkrafttreten des Grundgesetzes

6 Mit Abschluss der Verfassunggebung auf Bundesebene trat die Verfassunggebung in NRW in ihre zweite, entscheidende Phase. Erneut war es Innenminister *Walter Menzel*, der einen neuen Entwurf als Kabinettsvorlage erstellte, ohne allerdings die Unterstützung des Koalitionspartners CDU, insbesondere des amtierenden Ministerpräsidenten *Karl Arnold* zu gewinnen. Meinungsverschiedenheiten entzündeten sich namentlich hinsichtlich der **Grundrechte**, deren Normierung *Menzel* für entbehrlich hielt, aber auch im Hinblick auf Fragen des **Schulwesens**, der **Wirtschaftsordnung** und des **Staatsaufbaus**, namentlich des seinerzeit heftig diskutierten Subsidiaritätsprinzips. Unter Mitwirkung der späteren Staatssekretäre *Karl Mohr* und *Wilhelm Loschelder* sowie des ersten Präsidenten des Oberverwaltungsgerichts und Verfassungsgerichtshofs NRW *Paul van Husen* arbeitete *Arnold* schließlich einen **eigenen Verfassungsentwurf** (LT-Drs. II/1359) aus, der gemeinsam mit dem Entwurf *Menzels* in den Landtag eingebracht wurde. Die

textliche Verbindung der beiden Entwürfe veranlasste den FDP-Fraktionsvorsitzenden *Middelhauve* zu der berühmt gewordenen Bezeichnung der Vorlage als „siamesischen Zwilling" (Sten.-Ber., 117. Sitzg. v. 14.12. 1949, S. 3690). In den Landtagsberatungen konnte sich der sog. Mehrheitsentwurf *Arnolds* nach zahlreichen Modifikationen am 06.06.1950 mit 110 gegen 97 Stimmen durchsetzen. Mit gleicher Mehrheit entschied der Landtag, die für den 18.06.1950 anstehenden Landtagswahlen mit einer Volksabstimmung über die Landesverfassung zu verbinden. Mit 3,6 Mio. Ja-Stimmen gegen 2,2 Mio. Nein-Stimmen nahm die Landesverfassung auch diese letzte Hürde und konnte am 10.07.1950 im Gesetzes- und Verordnungsblatt des Landes verkündet werden. Seither hat sich die Landesverfassung mit 20 Verfassungsänderungen in 63 Jahren als äußerst stabil erwiesen. Nachdem der Landtag mit Beschluss vom 9.7.2013 die Einsetzung einer Kommission zur Reform der Landesverfassung vorgenommen hat (LT-Drs. 16/3428), dürfte in absehbarer Zeit mit einer Modernisierung des Verfassungswerkes zu rechnen sein.

IV. Anhang

Literatur: *Dästner*, Nordrhein-Westfalens Verfassung: Entstehung – Profil – Entwicklung, in: Konflikt und Konsens, hrsg. vom Präsidenten des Landtags NRW, 2000, S. 11 ff.; *Christ*, Verfassung und Verfassungsentwicklung in Nordrhein-Westfalen, Diss. Köln 1951; *Hüttenberger*, Nordrhein-Westfalen und die Entstehung seiner parlamentarischen Demokratie, 1973; *Kleinrahm*, Verfassung und Verfassungswirklichkeit in Nordrhein-Westfalen, in: JöR n.F. Bd. 11 (1962), S. 313 ff.; *Köhler*, Die Entstehung der Landesverfassung, in: 30 Jahre Verfassung Nordrhein-Westfalen, hrsg. vom Minister für Wissenschaft und Forschung NRW, 1980, S. 9 ff.; *Kringe*, Machtfragen. Die Entstehung der Verfassung für das Land Nordrhein-Westfalen 1946–1950, 1988; *Lange*, Vor 40 Jahren: Geformt aus dem territorialen Erbe Preußens – Die Entstehung der Länder der britischen Zone und ihrer Verfassungen, Das Parlament 36 (1986), Nr. 40/41, S. 9 f.; *Meyer-Heitmann*, Die Entstehung des Landes und der Landesverfassung von Nordrhein-Westfalen, 1965; *Peters*, Die Verfassung von Nordrhein-Westfalen, DVBl. 1950, 449 ff.; *Pfetsch*, Die Verfassungspolitik der westlichen Besatzungsmächte in den Ländern nach 1945, Aus Politik und Zeitgeschichte 1986, B 22 S. 3 ff.; *ders.* (Hrsg.), Verfassungsreden und Verfassungsentwürfe, Länderverfassungen 1946–1953, 1986.

B. Verfassungsrechtliche Grundlagen

I. Staatsqualität und Verfassungshoheit im Föderalstaat

Wesensmerkmal des Bundesstaates ist es, dass sowohl dem Gesamtstaat als auch den **Gliedstaaten** (Ländern) **Staatsqualität** zukommt (zweigliedriger Bundesstaatsbegriff). Hierdurch unterscheidet sich der Bundesstaat zum einen von einem bloßen Staatenbund, der zwar von einzelnen Staaten getragen wird, für sich genommen aber keine Staatsqualität aufweist, zum anderen aber auch von einem sog. Zentral- oder Einheitsstaat, der selbst zwar Staatsqualität besitzt, aber keinerlei Untergliederungen mit eigener Staatsqualität kennt. Das Grundgesetz konstituiert in Art. 20 Abs. 1 GG einen Gesamtstaat mit einer bundesstaatlichen Ordnung. Nicht nur der Bund besitzt somit Staatlichkeit mit allen hierfür erforderlichen Elementen (Staatsvolk, Staatsgebiet, Staatsgewalt), sondern ebenso jeder seiner Gliedstaaten, die das Grundgesetz kurz als „**Länder**" bezeichnet (Art. 28 Abs. 1 GG). Das Land Nordrhein-Westfalen bekennt sich in Art. 1 Abs. 1 S. 1 Landesverfassung (LV) ausdrücklich zu seinem „gliedstaatlichen" Charakter, womit zugleich die Eigenstaatlichkeit des Landes herausgestellt wird.

9   Das aus heutiger Sicht weithin selbstverständliche Bekenntnis zu den Ländern als „Staaten mit eigener, nicht vom Bund abgeleiteter, sondern von ihm anerkannter staatlicher Hoheitsmacht" (BVerfGE 1, 14, 34) darf freilich nicht darüber hinweg täuschen, dass die These von zwei Staaten auf ein und demselben Territorium in den vorangegangenen Jahrhunderten Gegenstand **erbitterter Theorienstreitigkeiten** war. Namentlich der bedeutende bayerische Staatsrechtslehrer *M. von Seydel* (1846–1901) hatte – ähnlich wie vor ihm bereits *S. von Pufendorf* (1632–1694) – die Teilbarkeit staatlicher Souveränität grundsätzlich in Frage gestellt und die Auffassung vertreten, dass „alle staatlichen Gebilde, die man mit dem Namen Bundesstaat zu bezeichnen pflegt, [...] entweder einfache Staaten oder Staatenbünde sein [müssen]". Eine dogmatisch befriedigende Lösung der von *von Seydel* zutreffend erkannten Widersprüchlichkeit der sog. Souveränitätslehre lieferte erst sein großer „Gegenspieler" *P. Laband* (1838–1918). Dieser entkoppelte den Staatsbegriff von tradierten Souveränitätsvorstellungen und „rettete" den Staatscharakter der Länder, indem er sie für „nicht souverän" befand. Seine Lehre mündete in die moderne Erkenntnis, dass das Verhältnis zwischen Bund und Ländern **staatsrechtlicher, nicht** aber **völkerrechtlicher Natur** ist. Die Länder besitzen im Rahmen der grundgesetzlichen Ordnung Staatsqualität, weil und soweit das Grundgesetz diese anerkennt.

10 Aus der staatsrechtlichen Fundierung der Gliedstaatlichkeit der Länder ergibt sich zugleich, dass den Ländern eine uneingeschränkte „äußere" (völkerrechtliche) Souveränität nicht zukommen kann. Diese nämlich richtet sich allein nach völkerrechtlichen Regeln, denen zufolge im Interesse der Rechtsklarheit allein der Gesamtstaat als uneingeschränkt souverän gilt. Immerhin gesteht das Grundgesetz den Ländern in gewissem Umfang zu, mit anderen Staaten völkerrechtliche Vereinbarungen zu treffen (Art. 24 Abs. 1a, Art. 32 Abs. 3 GG).

II. Verfassungshoheit und verfassunggebende Gewalt

11 Maßgebliche Konsequenz der Eigenstaatlichkeit der Länder ist deren **Verfassungshoheit**, gelegentlich abschwächend auch als „Verfassungsautonomie" bezeichnet. Die Länder besitzen mithin eine originäre, von den Bindungen der Art. 70 ff. GG freigestellte Kompetenz, ihre verfassungsmäßige Ordnung nach eigenen Vorstellungen zu gestalten, ohne dass diese mit den Ordnungsvorstellungen des Grundgesetzes in allen Punkten synchron laufen müsste. Aufgrund ihrer prinzipiellen Organisationsautonomie können die Länder

B. Verfassungsrechtliche Grundlagen

insbesondere eine eigene (Landes-)Verfassungsgerichtsbarkeit ins Leben rufen, um die landesstaatliche Verfassungsordnung – im Grundsatz unabhängig von den Zuständigkeiten des BVerfG – zu gewährleisten. In der Logik des grundgesetzlichen Modells der Bundesstaatlichkeit liegt es somit, dass die **Verfassungsräume des Bundes und der Länder** einander grundsätzlich **selbständig** gegenüber stehen (BVerfGE 22, 267, 270; 96, 345, 368).

Das grundsätzliche Nebeneinander der Verfassungsräume des Bundes und der Länder darf freilich nicht dahin missverstanden werden, dass die Verfassunggebung auf Landesebene – ebenso wie jene auf Bundesebene – Ausfluss einer originären verfassunggebenden Gewalt (*pouvoir constituant*) ist. Denn während die gesamtstaatliche Verfassunggebung in der Tat dem rechtlich ungebundenen *pouvoir constituant* der Nation entspringt, erweist sich die gliedstaatliche Verfassunggebung in vielfacher Hinsicht als eingebunden in die gesamtstaatliche Verfassungsordnung (vgl. hierzu unten Rn. 69 ff.). Namentlich Art. 1 Abs. 3 und Art. 28 Abs. 1 GG setzen der verfassunggebenden Gewalt in den Ländern rechtliche Grenzen, die jene zu überspringen nicht in der Lage ist. Hinter der Verfassungshoheit der Länder verbirgt sich somit letztlich eine **verfassunggebende Gewalt „sui generis"**, die zwar gewisse Eigenschaften des *pouvoir constituant* besitzt, sich aber durch die notwendige Einbindung in die gesamtstaatliche Ordnung zugleich grundlegend von jenem unterscheidet.

III. Grundgesetzliche Bindungen des landesstaatlichen Verfassunggebers

1. Die Homogenitätsregel des Art. 28 Abs. 1 GG

Zentrale bundesrechtliche Bindungsnorm für die gliedstaatliche Verfassunggebung ist Art. 28 Abs. 1 S. 1 GG. Das hier verankerte Homogenitätsprinzip verpflichtet die Länder, im Rahmen ihrer Verfassunggebung „den Grundsätzen des republikanischen, demokratischen und sozialen Rechtsstaates im Sinne dieses Grundgesetzes" zu entsprechen. Als „Normativbestimmung" mit Richtliniencharakter gilt Art. 28 Abs. 1 GG nicht „in" den Ländern, sondern „für" die Länder (BVerfGE 1, 208, 236; 6, 104, 111; 22, 180, 204). Die Homogenitätsregel ist folglich nicht selbst normativer Bestandteil oder – für den Fall defizitärer Umsetzung – subsidiärer Inhalt der Landesverfassungen, sondern lediglich eine an die Adresse primär der Landesverfassunggebung, aber auch der sonstigen Landesgesetzgebung (s. insbes. S. 2–4) gerichtete **Pflichtenregelung**. Eine pauschale Rezeption der Homogenitätsbindungen etwa durch Art. 1 Abs. 1 S. 1 LV kann nicht angenommen werden (a. A. VerfGH NRW, NWVBl. 1999, 176, 177; 2009, 185, 186). Die Begrenzung der inhaltlichen Bindung auf „Grundsätze" verdeutlicht den zumal im staatsorganisatorischen Bereich bewusst weit gehaltenen Gestaltungsspielraum des Landesverfassunggebers. Nicht Uniformität, sondern lediglich ein **Mindestmaß an Gleichgerichtetheit** im Grundsätzlichen ist das Ziel der Bestimmung. Als „negative Kompetenzvorschrift" impliziert die Regelung zugleich die Nichtigkeitssanktion hinsichtlich „ultra vires" (in

Überschreitung der Befugnisse) erlassener Verfassungsregelungen auf Landesebene. Eines Rückgriffs auf Art. 31 GG bedarf es insoweit richtigerweise nicht (so wohl auch BVerfGE 36, 342, 362).

14 Zu beachten bleibt, dass Art. 28 Abs. 1 GG inzident eine **Pflicht** der Länder **zur Verfassunggebung** statuiert. Dies gilt umso mehr, als das Vorhandensein geschriebener Verfassungen heute zu den zentralen Grundsätzen der Rechtsstaatlichkeit gerechnet werden muss. Eine dem Art. 28 Abs. 1 GG entsprechende landesrechtliche Bindungsnorm findet sich seit 2002 in Art. 69 Abs. 1 S. 2 LV, der Änderungen der Landesverfassung verbietet, die den Grundsätzen des republikanischen, demokratischen und sozialen Rechtsstaates i. S. d. Grundgesetzes widersprechen (unten Rn. 131).

2. Homogenität im Bereich der Grundrechte

15 Eine weniger auffällige, in der Sache allerdings kaum minder bedeutsame Bindung der landesstaatlichen Verfassunggeber normiert Art. 1 Abs. 3 GG speziell zur Wahrung der **grundrechtlichen Homogenität** im Bundesstaat. Hiernach binden die Grundrechte des Grundgesetzes „Gesetzgebung, vollziehende Gewalt und Rechtsprechung" nicht nur des Bundes, sondern auch der Länder. Entsprechend der Regelungsintention des Art. 1 Abs. 3 GG, alle unter der „Herrschaft des Grundgesetzes" stehende Gesetzgebung dem grundrechtlichen Verbindlichkeitsanspruch zu unterwerfen, erfasst die Vorschrift als **unmittelbare „Durchgriffsnorm"** auch die Verfassunggebung der Länder, ohne dass es hierzu eines weiteren Transformationsaktes bedarf. Ungeachtet dieser Durchgriffswirkung hindert Art. 1 Abs. 3 GG die Länder nicht daran, eigene landesstaatliche Grundrechte zu gewähren, die – auch im Falle einer Rezeption der Bundesgrundrechte (Art. 4 Abs. 1 LV) – keine mit dem Bundesgrundrecht „identischen" Gewährleistungen verbürgen, sondern eigenständiges „genuines" Landesrecht darstellen (nachfolgend Rn. 21 ff.).

16 Bis heute nicht abschließend geklärt ist die Frage, ob und inwieweit das Grundgesetz der Grundrechtshoheit der Länder über die Durchgriffsregelung des Art. 1 Abs. 3 GG hinaus Grenzen setzt. Die Lösung dieser Problematik wird gemeinhin in der **Sonderregelung des Art. 142 GG** gesucht. Nach dieser Regelung, die entgegen ihrer systematischen Stellung nach h. M. nicht lediglich als „Übergangsrecht" anzusehen ist, bleiben Bestimmungen der Landesverfassungen ungeachtet der Vorschrift des Art. 31 GG auch insoweit in Kraft, als sie **in Übereinstimmung mit den Art. 1 bis 18 GG Grundrechte gewähren.** Die Regelung des Art. 142 GG ist seit langem Gegenstand kontroverser Betrachtung. Ihr lässt sich zunächst lediglich entnehmen, dass eine inhaltliche Übereinstimmung bundes- und landesstaatlicher Regelungen – entgegen einer in der Weimarer Zeit verbreiteten Rechtsauslegung – zumindest im grundrechtlichen Bereich kein Anlass für eine Derogation des Landesverfassungsrechts durch das Bundesverfassungsrecht sein soll. Sinn dieser Klarstellung war es – und insoweit rechtfertigt sich die Kodifikation der Norm im Abschnitt „Übergangsrecht" –, den Fortbestand der vorgrundgesetzlichen Grundrechtsverbürgungen auf Landesebene einschließlich ihrer

B. Verfassungsrechtliche Grundlagen

prozessualen Absicherungen vor einer möglichen Derogation nach Art. 31 GG durch gleichlautende Gewährleistungen des Bonner Grundgesetzes zu bewahren. Heute wird Art. 31 GG allerdings ohnehin insofern restriktiv ausgelegt, als dass diese Norm keine Anwendung findet, wenn Bundesrecht und Landesrecht bei der Regelung desselben Sachverhalts zu gleichen Ergebnissen kommen. Somit kommt der Bestimmung des Art. 142 GG in Bezug auf inhaltlich übereinstimmende Grundrechte **kein eigentlicher „Ausnahmecharakter"** mehr zu. Nicht ohne Grund wurde denn auch vielfach deren Streichung empfohlen. Das BVerfG hat den Anwendungsbereich des Art. 142 GG dagegen **tendenziell eher ausgeweitet** und sieht die Norm als zentrale Kollisionsregel im Bereich der Grundrechte an: Landesgrundrechte treten danach über Art. 142 GG nicht außer Kraft, wenn ein Konflikt mit Bundesgrundrechten nicht besteht. Dies ist einerseits der Fall, wenn die Landesverfassung mit dem Grundgesetz **„inhaltsgleiche"** Grundrechte gewährt, andererseits dann, wenn Landesgrundrechte einen gegenüber den entsprechenden Bundesgrundrechten **weitergehenden oder geringeren Schutz** verbürgen, das jeweils engere Grundrecht aber als bloße Mindestgarantie zu verstehen ist (BVerfG, NJW 1998, 1299, 1295). Jenseits des Art. 142 GG bleiben in diesem Falle aber etwaige Regelungskollisionen des Landesgrundrechts mit sonstigem, insbesondere einfachem Bundesrecht zu prüfen (Art. 31 GG).

3. Art. 31 GG als allgemeine Kollisionsnorm

Losgelöst von ihren grundrechtlichen Facetten bleibt die allgemeine homogenitätsichernde Funktion der **Kollisionsnorm** des **Art. 31 GG** hervorzuheben. Ihre verfassungsrechtliche Bedeutung wird deutlich, wenn man sich vergegenwärtigt, dass Normenkollisionen zwischen Bundes- und Landesverfassungsrecht auch außerhalb des Bereichs der Grundrechte oder der durch Art. 28 Abs. 1 GG abgesicherten Staatsstrukturprinzipien auftreten können. Auch die nordrhein-westfälische Landesverfassung wirft – namentlich im Kontext der sog. „Staatszielbestimmungen" – vereinzelt die Frage nach ihrer Vereinbarkeit mit der Bundesverfassung auf; so etwa mit dem Sozialisierungsgebot des Art. 27 Abs. 1 LV, dem Recht auf Arbeit in Art. 24 Abs. 1 S. 3 LV, nach der umstrittenen Kruzifix-Entscheidung des BVerfG (BVerfGE 91, 1 – hierzu unten Rn. 58 f.) aber auch mit dem Erziehungsziel der „Ehrfurcht vor Gott" in Art. 7 Abs. 1 LV. Dürften die beiden letztgenannten Bestimmungen durchaus einer bundes(verfassungs)rechtskonformen Auslegung zugänglich sein, wird man entsprechendes für die Regelungsanordnung des Art. 27 Abs. 1 LV nicht mehr ohne Weiteres annehmen können.

Ohne ein entsprechendes Konfliktpotential sind dagegen die zahlreichen Staatszielbestimmungen im Bereich des Kulturwesens, die – wie etwa die Kultur- und Sportförderung (Art. 18 LV) – besonderer Ausdruck der eigenstaatlichen Identität des Landes sind.

4. In das Landesverfassungsrecht „hineinwirkendes" Bundesverfassungsrecht

18 Ein besonderes Phänomen der Verfassunggebung im Bundesstaat stellt das von Teilen des Schrifttums, aber auch der verfassungsgerichtlichen Rechtsprechung (z. B. HessStGH, ESVGH 32, 20 ff.; BerlVerfGH, NJW 1993, 515) wiederholt angenommene partielle Hinausgreifen des Bundesverfassungsrechts in den Bereich der Landesverfassung dar, in dessen Folge das Bundesrecht „Bestandteil" des Landesverfassungsrechts werden soll (sog. „Bestandteilstheorie"). So wurden namentlich die Gewährleistungen der Art. 21 und 5 Abs. 1 GG vom BVerfG aufgrund „ihrer fundamentalen Bedeutung" als Teile der in die Landesverfassung hineinwirkenden Bundesverfassung bezeichnet (BVerfGE 13, 54, 80; 60, 52, 60). Bei Lichte besehen stellt die „Bestandteilstheorie" eine **unverhüllte Zweckkonstruktion** zur Erweiterung der landesverfassungsgerichtlichen Kontrollbefugnisse dar, die weder mit den Grundprinzipien der Rechtsquellenlehre noch mit dem Grundsatz der getrennten Verfassungsräume von Bund und Ländern in Einklang zu bringen ist. Zwar trifft es zu, dass die politischen Grundentscheidungen der verfassten Gliedstaatlichkeit nicht allein in den jeweiligen Landesverfassungen, sondern auch und zumal durch das Grundgesetz getroffen werden. Diese partielle „Durchgriffswirkung" der gesamtstaatlichen Verfassung darf freilich nicht iS. einer Metamorphose fehlgedeutet werden, die den Bundesverfassunggeber in die Lage versetzte, genuines Landesrecht zu setzen. Gerade darin liegt die wesentliche Konsequenz der Eigenstaatlichkeit der Länder, dass diesen die originäre Kompetenz zukommt, „je ihre eigene, von ihnen selbst bestimmte Verfassung" zu besitzen (BVerfGE 36, 342, 360). Die gesamtstaatliche Verfassung mag daher verbindliche Vorgaben oder auch Detailentscheidungen für die Verfassungsordnung der jeweiligen Gliedstaaten treffen, allein diese materielle Wirkung bundesverfassungsrechtlicher Normen bewirkt indessen nicht deren Transformation in Landes(verfassungs)recht.

19 Unberührt von dieser grundsätzlichen Trennung der Verfassungsräume des Bundes und der Länder bleibt die auch vom nordrhein-westfälischen Verfassunggeber mehrfach (vgl. Art. 4 Abs. 1, Art. 8 Abs. 4 S. 1 sowie Art. 22 LV) genutzte Möglichkeit, bundesrechtliche Regelungen kraft eigener Entscheidung zu rezipieren und damit einer zusätzlichen normativen Absicherung als Landesverfassungsrecht zu unterziehen. Die vom VerfGH NRW vorgenommene Deutung des landesverfassungsrechtlichen Bekenntnisses zur Gliedstaatlichkeit des Landes (Art. 1 Abs. 1 S. 1 LV) im Sinne einer Rezeptionsklausel, die die wesentlichen Grundentscheidungen des Grundgesetzes (z. B. Art. 21 Abs. 1, Art. 70 ff. GG) zugleich zu Normen der Landesverfassung erhebe (vgl. VerfGH NRW, NWVBl. 1994, 453, 454; NVwZ 1993, 57 ff.), dürfte sich freilich bereits im Grenzbereich einer zulässigen Normauslegung bewegen. Umgekehrt jedenfalls dürfte wohl zu Recht niemand auf die Idee kommen, das Bekenntnis des Grundgesetzes zur Bundesstaatlichkeit (Art. 20 Abs. 1 GG) als Rezeptionsanordnung hinsichtlich der Verfassungsnormen der Länder zu interpretieren.

IV. Anhang

Literatur: *Böckenförde/Grawert,* Kollisionsfälle und Geltungsprobleme im Verhältnis von Bundesrecht und Landesverfassung, DÖV 1971, 119 ff.; *J. Dietlein,* Zum Verhältnis von Bundes- und Landesverfassungsrecht, in: FS VerfGH NRW, 2002, S. 203 ff.; *Grawert,* Die Bedeutung gliedstaatlichen Verfassungsrechts in der Gegenwart, NJW 1987, S. 2329 ff.; *Hufen,* Die Bedeutung gliedstaatlichen Verfassungsrechts in der Gegenwart, BayVBl. 1987, S. 513 ff.; *Jutzi,* Landesverfassungsrecht und Bundesrecht, 1982; *Krause,* Grenzen der Verfassungsautonomie der Länder, JuS 1975, S. 160 ff.; *Kühne,* Ehrfurchtsgebot und säkularer Staat – verfassungswidriges Verfassungsrecht?, NWVBl. 1991, 253 ff.; *März,* Bundesrecht bricht Landesrecht, 1989; *v. Mutius,* Zum Verhältnis von gleichlautendem Bundes- und Landesverfassungsrecht, VerwArch. Bd. 66 (1975), S. 161 ff.; *v. Pestalozza,* Art. 142 GG. Landesverfassungsbeschwerde nach Karlsruher Regie?, in: Macke (Hrsg.), Verfassung und Verfassungsgerichtsbarkeit auf Landesebene, 1998, S. 245 ff.; *Sachs,* Die Bedeutung gliedstaatlichen Verfassungsrechts in der Gegenwart, DVBl. 1987, S. 857 ff.; *ders.,* Das Staatsvolk in den Ländern, AöR Bd. 108 (1983), S. 68 ff.; *Starke,* Aufhebung von Landesgesetzen durch Landesverfassungsgerichte wegen fehlender Gesetzgebungskompetenz?, SächsVBl. 2004, 49 ff.; *Storr,* Das Grundgesetz als „mittelbare Landesverfassung"? – Zum Prüfungsmaßstab der Landesverfassungsgerichte, ThürVBl. 1997, 121 ff.; *ders.,* Verfassunggebung in den Ländern, 1995; *Graf Vitzthum,* Die Bedeutung gliedstaatlichen Verfassungsrechts in der Gegenwart, VVDStRL Heft 46 (1988), S. 7 ff.

Kontrollfragen:
1. Worin liegt das Wesensmerkmal des Bundesstaates?
2. Worin unterscheiden sich die verfassunggebende Gewalt des Bundes und des Landes NRW?
3. Welche Bindungen legt das Grundgesetz der Verfassunggebung in den Ländern auf?

C. Die Grundrechte

I. Das Verhältnis von Bundes- und Landesgrundrechten

Das grundsätzliche Nebeneinander der Verfassungsräume des Bundes und der Länder bringt es mit sich, dass Grundrechte nicht nur durch die Bundesverfassung, sondern ebenso durch die Landesverfassungen garantiert werden. Lediglich beiläufig klingt das Selbstverständliche in Art. 142 GG an, dem zufolge Bestimmungen der Landesverfassungen ungeachtet des Art. 31 GG auch insoweit in Kraft bleiben, als sie in Übereinstimmung mit den Art. 1 bis 18 GG Grundrechte gewähren. Mag die Bestimmung auch, wie der systematische Standort verrät, zunächst als bloße „Übergangsvorschrift" für die vorgrundgesetzlichen Grundrechtsverfassungen wie namentlich jene Bayerns und Hessens konzipiert worden sein, spiegelt sich in ihr doch zugleich das Bekenntnis der Väter und Mütter des Grundgesetzes zugunsten einer „**vertikalen Grundrechtskonkurrenz**" zwischen Bund und Ländern einschließlich ihrer verfassungsprozessualen Konsequenzen wider.

22 Ungeachtet dieses grundsätzlichen Entscheidungsgehalts des Art. 142 GG wirft dessen rechtsdogmatische Erfassung nicht unerhebliche Schwierigkeiten auf. Diese ergeben sich aus der Intention des Art. 142 GG, eine Verdrängung von Landesgrundrechten durch gleichlautende Bundesgrundrechte zu verhindern. Denn nachdem eine Anwendung des Art. 31 GG auf Fälle der inhaltlichen Übereinstimmung von Bundes- und Landesrecht nach heute einhelliger Rechtsauslegung ohnehin nicht in Betracht kommt (oben Rn. 16), hat sich der Regelungszweck des Art. 142 GG in der Sache erledigt. Eine Streichung des Art. 142 GG wäre insoweit durchaus konsequent. Angesichts der dogmatischen Konstruktion des **Art. 142 GG** als „**lex specialis**" gegenüber Art. 31 GG kann es gleichwohl nicht überzeugen, die Bestimmung bereits de lege lata für unwirksam zu erklären. Umgekehrt dürfte es aber auch zu weit gehen, Art. 142 GG – wie vom BVerfG angenommen (BVerfGE 96, 345, 365) – als abschließende Kollisionsnorm für das Verhältnis von Bundes- und Landesgrundrechten zu qualifizieren. Denn nach dem eindeutigen Wortlaut der Bestimmung soll die in Art. 142 GG angeordnete Rechtsfolge des „In-Kraft-Bleibens" nur für solche Landesverfassungsnormen gelten, die „in Übereinstimmung mit den Art. 1 bis 18 dieses Grundgesetzes Grundrechte gewährleisten". Das Schicksal derjenigen Landesverfassungsbestimmungen, die nicht in inhaltlicher Übereinstimmung mit den Art. 1 bis 18 GG Grundrechte gewährleisten, also neuartige oder weitergehende Rechte gewährleisten, regelt sich folglich nach der allgemeinen Kollisionsregel des Art. 31 GG (*J. Dietlein*, JURA 1994, 57, 60). Umstritten ist lediglich die Behandlung solcher Landesgrundrechte, die hinter dem Schutzniveau des Grundgesetzes zurückbleiben. Sah die vormals h. M. – ebenso wie der Parlamentarische Rat – in den Grundrechten des Grundgesetzes eine „**Mindestgarantie**", deren Unterschreiten zur Verfassungswidrigkeit des entsprechenden Landesgrundrechts führt, will das BVerfG in derartigen Fällen einen Normenkonflikt nicht mehr ohne Weiteres erkennen (BVerfGE 96, 345, 365 f.; krit. hierzu *J. Dietlein*, JURA 2000, 19, 24).

II. Art. 4 Abs. 1 LV als „dynamische Rezeption"

23 Während die frühen vorgrundgesetzlichen Landesverfassungen wie jene Bayerns oder Hessens – ähnlich übrigens wie die nach 1990 in Kraft gesetzten Verfassungen der neuen Länder – reiche Kataloge an Landesgrundrechten formulierten, fallen die Grundrechtsaussagen der frühen nachgrundgesetzlichen Landesverfassungen aus verständlichen Gründen eher spärlich aus. Zu dominant wirkte die Bundesverfassung mit ihren Grundrechtsaussagen, als dass sich daneben ein hinreichender Platz für ein wirkliches „Eigenleben" landesstaatlicher Grundrechte abgezeichnet hätte. Die Verfassung des Landes NRW verzichtet dementsprechend auf einen selbständigen Grundrechtsteil und erklärt stattdessen „die im Grundgesetz für die Bundesrepublik Deutschland in der Fassung vom 23.05.1949 festgelegten Grundrechte und staatsbürgerlichen Rechte" zum „**Bestandteil dieser Verfassung**" und zu unmittelbar geltendem Landesrecht (Art. 4 Abs. 1 LV). Die en-bloc-Über-

nahme der Bundesgrundrechte stellt eine historisch nachvollziehbare Kompromisslösung dar: Einerseits sichert sie den Charakter der Landesverfassung als echter „Vollverfassung", andererseits vermeidet sie potentielle Regelungskonflikte mit den Bundesgrundrechten.

Trotz ihrer scheinbar klaren Regelungsaussage waren Sinn und Funktionsweise der landesverfassungsrechtlichen Übernahmeklauseln in der Vergangenheit wiederholt Gegenstand kontroverser Auffassungen. Teilweise herrschte die Vorstellung, mittels der Übernahmeanordnung sollten die Bundesgrundrechte in ihrer Gestalt als Bundesrecht – also gleichsam als bundesrechtliche Regelungsenklave – in die Landesverfassungen integriert werden. Andere Autoren gingen davon aus, dass die Übernahmeklauseln angesichts der bereits über Art. 1 Abs. 3 GG vermittelten Grundrechtsbindung aller (bundes- und landes-) staatlichen Gewalt lediglich als „juristisch leerlaufende Deklarationen" verstanden werden könnten oder aber zumindest juristisch wirkungslos seien, da es jenseits der Kompetenzen des Landesverfassunggebers liege, die Bundesgrundrechte ihrer bundesrechtlichen Gestalt zu entkleiden und in Landesrecht zu überführen. Alle diese Interpretationen haben sich heute als nicht tragfähig herausgestellt. Ziel der landesverfassungsrechtlichen Übernahmeklauseln ist nicht eine (deklaratorische) Verweisung auf die Grundrechte des Grundgesetzes und deren ohnehin umfassende Verbindlichkeit, sondern die **Schaffung von Landesverfassungsrecht**. Entgegen früherer Interpretationen hat die Übernahmeanordnung der Landesverfassung erst recht keine Auswirkungen auf den in Bezug genommenen Normenbestand des Bundesverfassungsrechts. Dieser wird – schon aus kompetenzrechtlichen Gründen – weder im Sinne einer Transformation „in Landesrecht überführt" noch sonst wie verändert oder reduziert. Vielmehr werden die normativen Verbürgungen der Bundesverfassung unter Beibehaltung des grundgesetzlichen Normenbestandes grundsätzlich in eben einer solchen Weise als Landesverfassungsrecht nachgebildet oder reproduziert, als wenn der Text der einzelnen Bundesgrundrechte in der Landesverfassung insgesamt wörtlich wiederholt würde. Die Übernahme der Bundesgrundrechte durch Landesverfassungsrecht bewirkt damit gleichsam eine „**Verdoppelung**" **des Grundrechtsschutzes**, indem das jeweilige Rechtsgut nunmehr sowohl bundes- als auch landesverfassungsrechtlich einen eigenständigen Schutz erfährt.

Besondere Schwierigkeiten wirft die Rezeptionsklausel der Landesverfassung freilich insoweit auf, als diese explizit auf das „Grundgesetz der Bundesrepublik Deutschland in der Fassung vom 23.05.1949" Bezug nimmt. Angesichts dieser ausdrücklichen zeitlichen Eingrenzung des zu rezipierenden Normenbestandes stellt sich die Frage, ob spätere Änderungen des Grundgesetzes – wie etwa im Bereich des Asylgrundrechts – überhaupt auf die Landesverfassung „durchschlagen" konnten. Gegen ein „dynamisches Verständnis" der Rezeptionsklausel wird ferner ins Feld geführt, dass es dem Demokratie- und Bundesstaatsprinzip des Grundgesetzes widerspräche, dem Bundesverfassunggeber durch eine antizipierende Normenübernahme den Zugriff auf den Normenbestand des Landesverfassungsrechts zu eröffnen. Im Ergebnis freilich kann die **rein statische Auslegung** der verfassungsrechtlichen Rezeptionsklausel des Art. 4 Abs. 1 LV **nicht überzeugen**. Die Rezeptionsanordnung war und ist von der Intention getragen, ein höchstmögliches Maß an inhaltlicher Übereinstimmung zwischen den Grundrechtsaussagen des Bundes- und Landesverfassungsrechts sicherzustellen. Mit der Anknüpfung an den Zeitpunkt der Verkündung des Grundgesetzes sollte demgegenüber lediglich sichergestellt werden, dass eine kurzfristige wiedervereinigungsbedingte Aufhebung des Grundgesetzes oder seines Grundrechtskataloges nicht zu einem ersatzlosen Wegfall des durch die Rezeption entstandenen Landesgrundrechtsbestandes führt. Dieser historische Konnex legt es nahe, die unzweifelhaft vorhandenen statischen Elemente der Rezeptionsklausel einschränkend im Sinne eines **Wiedervereinigungsvorbehalts** auszulegen, der lediglich für den Fall einer – kurzfristigen – einigungsbedingten Aufhebung der Bundesgrundrechte den Mindeststandard von 1949 sicherstellen sollte, im Übrigen aber einer dynamischen Anpassung des Landesgrundrechtsbestandes nicht entgegensteht. Auch verfassungsrechtliche Gründe zwingen nicht dazu, eine dynamische Interpretation der landesverfassungsrechtlichen Rezeptionsklauseln zu verwerfen oder gar von der Rechtsfigur der dynamischen Rezeption insgesamt Abschied zu nehmen. Denn natürlich verbleibt dem jeweiligen Normgeber stets die Möglichkeit, seine Rezeptionsanordnung zurückzunehmen und den eigenen Kompetenzbereich so gegenüber unerwünschten Normrezeptionen abzuschirmen.

26 Bundesverfassungsrechtliche Beschränkungen der Verfassungs- und Grundrechtshoheit des Landesverfassunggebers ergeben sich abgesehen von den insoweit nicht einschlägigen Bestimmungen der Art. 1 Abs. 3 GG und Art. 31 GG grundsätzlich nur aus der Homogenitätsregel des Art. 28 Abs. 1 GG, der die Landesverfassunggeber auf die Einhaltung der Grundsätze des republikanischen, demokratischen und sozialen Rechtsstaates im Sinne des Grundgesetzes verpflichtet. Diese „Grundsätze", die begriffsnotwendig die Freiheit zur Modifikation einschließen, werden durch die Wahl des gesetzgebungstechnischen Mittels der dynamischen Rezeption von Bundesgrundrechten nicht in Frage gestellt – dies umso weniger, als das Bestreben um eine weitgehende Harmonisierung der Grundrechtsbestände von Bund und Ländern letztlich der „Kollisionsvermeidung" und damit dem Erhalt der durch die Kollisionsvorschrift des Art. 31 GG existenziell bedrohten Landesgrundrechte dient. Der Gesichtspunkt der Kollisionsvermeidung erscheint insbesondere deshalb hervorhebungsbedürftig, weil sich das Landesverfassungsrecht durch die Abkoppelung von Änderungen des Bundesgrundrechtsbestandes allzu leicht in einen geltungsvernichtenden Widerspruch zu den Regelungsanordnungen des Bundesverfassungsrechts stellen würde (Art. 31 GG). Der „dynamischen" Interpretation der landesverfassungsrechtlichen Rezeptionsklausel ist daher bereits unter dem Gesichtspunkt der geltungserhaltenden **„bundesrechtskonformen Auslegung"** des **Landesverfassungsrechts** der Vorrang einzuräumen.

27 Die Landesverfassung zielt damit letztlich auf eine „dynamische" Rezeption der Bundesgrundrechte. Unabhängig hiervon behalten die rezipierten Grundrechte uneingeschränkt ihre normative Eigenständigkeit als

C. Die Grundrechte

Landesrecht. Ihre Auslegung wird durch die Auslegung der parallelen Bundesgrundrechte rechtlich nicht präjudiziert, mag eine Synchronisation der Auslegung auch faktisch nahe liegen. Jedenfalls unterliegt das Landesverfassungsgericht bei einer abweichenden Auslegung eines rezipierten Bundesgrundrechts nicht der Pflicht zur Divergenzvorlage nach Art. 100 Abs. 3 GG. Dass sich das Landes(grund)recht bei alledem nicht in Widerspruch zu dem Bundes(grund)recht stellen darf (Art. 31 GG), ist selbstverständlich.

III. Inhaltliche Reichweite der Rezeptionsanordnung

Eine parallele Gewährleistung als Landesverfassungsrecht ordnet Art. 4 Abs. 1 LV für alle im Grundgesetz festgelegten Grundrechte und staatsbürgerlichen Rechte an. Hiermit erfasst sind in jedem Falle die als **subjektivöffentliche Rechte** ausgestalteten Gewährleistungen des Grundgesetzes, gleichviel, ob diese im Grundrechtskatalog des Grundgesetzes verankert sind oder nicht (vgl. auch Art. 93 Abs. 1 Nr. 4a GG). Auch die **justiziellen Grundrechte** der Art. 101, 103 und 104 GG zählen somit zum Bestand der rezipierten Grundrechte. Zu den als Landesrecht geltenden grundrechtlichen Gewährleistungen gehören auch die akzessorischen Verfassungsbindungen für gesetzliche Grundrechtseingriffe (sog. „Schranken-Schranken"), namentlich also das Zitiergebot des Art. 19 Abs. 1 S. 2 GG, das Verbot von Einzelfallgesetzen nach Art. 19 Abs. 1 S. 1 GG oder die Wesensgehaltsgarantie des Art. 19 Abs. 2 GG. 28

Scheinbare Doppelungen und Überschneidungen ergeben sich dort, wo die Landesverfassung zusätzlich zu den durch Rezeption geschaffenen Landesgrundrechten weitere subjektiv-öffentliche Abwehrrechte des Bürgers formuliert. Entsprechendes ergibt sich etwa im Bereich des Datenschutzes, wo neben dem allgemeinen Recht auf informationelle Selbstbestimmung aus Art. 4 Abs. 1 LV i.V.m. Art. 2 Abs. 1, Art. 1 Abs. 1 GG (BVerfGE 65, 1, 41) das originäre Datenschutzgrundrecht des Art. 4 Abs. 2 LV steht, aber auch im Bereich des elterlichen Erziehungsrechts (vgl. hierzu Art. 8 Abs. 1 S. 2 LV bzw. Art. 4 Abs. 1 LV i.V.m. Art. 6 Abs. 2 S. 1 GG). Auflösen lässt sich diese offensichtlich sinnwidrige Parallelität genuin landesstaatlicher Grundrechtsverbürgungen, indem der Anwendungsbereich der Rezeptionsklausel entsprechend dem Umfang der spezialgesetzlichen Verbürgungen der Landesverfassung teleologisch reduziert wird. 29

Einer „maßstäblichen Verkleinerung" der durch Rezeption kreierten Landesgrundrechte bedarf es schließlich dort, wo das betreffende Grundrecht – wie etwa im Rahmen des Art. 11 GG – seine Freiheitsverbürgungen auf das gesamte Bundesgebiet erstreckt. Im landesstaatlichen Kontext kann es hier nur um die Freizügigkeit im Gebiet des Landes Nordrhein-Westfalen gehen, da entsprechende Freiheitsgewährleistungen jenseits der Grenzen des Gliedstaates ultra vires (in Überschreitung der Befugnisse) erlassen und daher nichtig wären. Immerhin aber wird man davon ausgehen müssen, dass die als „Deutschengrundrechte" formulierten Bundesgrundrechte auch nach ihrer landesverfassungsrechtlichen Rezeption als „Deutschengrundrechte" 30

§ 1. Verfassungsrecht des Landes Nordrhein-Westfalen

gelten sollen, also nicht nur – wie auch immer zu erfassende – Staatsangehörige des Landes berechtigen.

31 Von der Rezeptionsanordnung des Art. 4 Abs. 1 LV erfasst werden neben der abwehrrechtlichen „Urfunktion" der Grundrechte auch deren **objektiv-rechtliche Grundrechtsgehalte** wie Einrichtungsgarantien (Art. 14 GG), Organisations- und Verfahrensgarantien sowie die grundrechtlichen Schutzpflichten des Staates. Dies gilt umso mehr, als diesen sog. „objektiven" Grundrechtsgehalten nach heute herrschender Auffassung ihrerseits subjektiv-rechtliche Elemente innewohnen (z. B. „Grundrecht auf Sicherheit" als Ausfluss der staatlichen Schutzpflichten). Entsprechendes gilt im Ergebnis auch für den **Grundrechtsverwirkungstatbestand** des Art. 18 GG, der freilich insoweit besondere Probleme aufwirft, als weder die Landesverfassung noch das Verfassungsgerichtshofsgesetz des Landes ein Verwirkungsverfahren vor dem Landesverfassungsgericht explizit erwähnen (hierzu unten Rn. 52).

32 Die Prüfung der Vereinbarkeit von Landesgesetzen mit den Grundrechten der Landesverfassung erfolgt traditionell in drei Schritten, wie sie auch für Grundrechtsprüfungen im Bereich des Bundesverfassungsrechts geläufig sind: Zunächst ist festzustellen, ob ein Eingriff in den Schutzgegenstand der Grundrechtsgewährleistung vorliegt. Hieran anschließend erfolgt die Rechtfertigungsprüfung, die zunächst bei der Frage anzusetzen hat, ob das Grundrecht einen (einfachen, qualifizierten oder „verfassungsimmanenten") Begrenzungsvorbehalt aufweist. Abschließend ist die formelle und materielle Verfassungsmäßigkeit des Eingriffsgesetzes zu prüfen. Im Zentrum der materiellen Verfassungsmäßigkeitsprüfung steht dabei die Frage der Verhältnismäßigkeit des Eingriffs. Die Prüfung erfolgt indes weit weniger „statisch", als dies in Klausurbearbeitungen oft zu lesen ist. Denn dem Gesetzgeber wird speziell bei der Frage der Geeignetheit und Erforderlichkeit einer Maßnahme ein weiter Einschätzungs- und Prognosespielraum zuerkannt, der erst dort endet, wo die Erwägungen des Gesetzgebers „so offensichtlich fehlsam sind, dass sie vernünftigerweise keine Grundlage für gesetzgeberische Maßnahmen abgeben können" (BVerfGE 77, 84, 106 ff.). Die hier vorzunehmende Verhältnismäßigkeitsprüfung hebt sich insoweit deutlich von jener bei Maßnahmen der Verwaltungsbehörden ab (unten § 3 Rn. 132). Insgesamt ergibt sich für die Grundrechtsprüfung damit folgendes Prüfungsschema:

Prüfung legislativer Grundrechtseingriffe:

1.) Liegt ein Eingriff in den Schutzbereich bzw. Schutzgegenstand eines Grundrechts vor?
– Konturierung des Schutzbereichs (Was schützt z. B. die „Berufsfreiheit"?)
– Liegt ein Eingriff in den Schutzbereich vor?
  = Zielgerichteter – finaler – Eingriff?
  = Mittelbarer Eingriff?

2.) Enthält das Grundrecht einen Begrenzungs- oder Gesetzesvorbehalt?
– Keinerlei Beschränkungsmöglichkeit für den Schutz der Menschenwürde nach Art. 4 Abs. 1 LV i.V.m. Art. 1 Abs. 1 GG („unantastbar"); Folge: Jeder Eingriff ist verfassungswidrig!

- Gesetzliche Eingriffsmöglichkeit bei Grundrechten mit allgemeinem oder qualifiziertem Begrenzungsvorbehalt (Art. 4 Abs. 1 LV i.V.m. Art. 2 Abs. 1 GG – „Schrankentrias")
- Bei sog. „vorbehaltslos" gewährleisteten Grundrechten (z. B. Religionsfreiheit nach Art. 19 LV) gesetzliche Beschränkungen nur zulässig zum Schutz kollidierender Verfassungsgüter

3.) **Ist das Eingriffsgesetz verfassungskonform**
- Formelle Verfassungsmäßigkeit
  = Gesetzgebungskompetenz des Landes
  = Zitiergebot/Verbot des Einzelfallgesetzes
- Materielle Verfassungsmäßigkeit
  = Legitimer Zweck
  = Wahrung der Verhältnismäßigkeit, also Geeignetheit, Erforderlichkeit und Zumutbarkeit des Gesetzes (unter Wahrung von Einschätzungs- und Prognosespielräumen des Gesetzgebers)

IV. Die einzelnen Grundrechte

Als Folge der Rezeptionsanordnung des Art. 4 Abs. 1 LV gelten die in Bezug genommenen Bundesgrundrechte zusätzlich als Landesnormen so, als seien sie in ihren grundgesetzlichen Formulierungen in der Landesverfassung wörtlich bzw. in maßstäblicher Verkleinerung wiederholt. Die Notwendigkeit einer Anpassung an landesspezifische Eigenheiten ergibt sich dabei zum einen insoweit, als Bindungsadressat der Landesgrundrechte allein die Landesstaatsgewalt sein kann und dementsprechend auch die Freiheitsgarantien auf den landesstaatlichen Rahmen zurückgeführt werden müssen (z.B. Art. 11 Abs. 1 GG i.V.m. Art. 4 Abs. 1 LV: Freizügigkeit im ganzen „Landesgebiet"). Zum anderen können Auslegungsmodifikationen dort notwendig werden, wo die Landesverfassung bestimmte Ausprägungen der Bundesgrundrechte ausnahmsweise spezialgesetzlich normiert hat (z. B. die informationelle Selbstbestimmung in Art. 4 Abs. 2 S. 1 LV). Im Einzelnen stellt sich der Grundrechtsbestand der Landesverfassung damit wie folgt dar:

1. Schutz der Persönlichkeit

a) Menschenwürde

Ebenso wie das Grundgesetz verbürgt auch die Landesverfassung die Unantastbarkeit der Menschenwürde als echtes Grundrecht. Angesichts des absoluten Geltungsanspruchs der Menschenwürde („unantastbar") ist dem Grundrecht zudem eine **unmittelbare Drittwirkung** beizumessen. Dem Absolutheitsanspruch der Menschenwürdegarantie entspricht ferner, dass staatliche Eingriffe in den Schutzbereich des Grundrechts a priori verfassungswidrig sind. Die bei anderen Grundrechten mögliche und erforderliche Rechtfertigungsprüfung entfällt mithin (zum Streit um die sog. „Rettungsfolter", die entgegen teilweise vertretener Auffassung ebenfalls mit der Menschenwürdegarantie unvereinbar sein dürfte, s. § 3 Rn. 244). Die

§ 1. Verfassungsrecht des Landes Nordrhein-Westfalen

Konturierung des Begriffs der Menschenwürde erfolgt traditionell vom Verletzungsvorgang her. Eine ansatzweise Begriffsdefinition enthält die von G. *Dürig* entwickelte „**Objektformel**", der zufolge die Menschenwürde dann verletzt ist, wenn der Mensch zum Objekt, zur vertretbaren Größe degradiert wird. Nach der Rechtsprechung des BVerfG zu Art. 1 GG soll dies nur dort der Fall sein, wo die Subjektqualität des einzelnen prinzipiell in Frage gestellt wird (BVerfGE 30, 1, 26). Entsprechendes hat das BVerfG zuletzt etwa für den Fall des Abschusses von gekaperten und als Waffe gegen terrestrische Ziele verwendeten Verkehrsflugzeugen angenommen (NJW 2006, 751). Dagegen wird im Falle des sog. „finalen Rettungsschusses" (s. § 3 Rn. 244) die Subjektqualität des betroffenen Angreifers nach h. M. nicht in Frage gestellt.

35 Anders als das Grundgesetz enthält die Landesverfassung NRW keine dem Art. 79 Abs. 3 GG vergleichbare „Ewigkeitsgarantie" zugunsten des Schutzes der Menschenwürde. Insbesondere erfasst die Rezeptionsklausel des Art. 4 Abs. 1 LV nicht die Ewigkeitsgarantie des Art. 79 Abs. 3 GG. Unberührt hiervon bleibt die durch das Grundgesetz auch für die Länder unwiderruflich festgeschriebene Pflicht zur Achtung der Menschenwürde. Auch die durch Art. 69 Abs. 1 S. 2 LV neu eingefügte Grenze für Verfassungsänderungen entspricht materiell-rechtlich gesehen den durch Art. 28 Abs. 1 GG ohnehin vorgegebenen Schranken gliedstaatlicher Verfassunggebung (unten Rn. 69 ff.).

b) Schutz von Leben, Gesundheit und Freiheit der Person

36 Als Landesverfassungsrecht rezipiert werden auch die grundrechtlichen Gewährleistungen von Leben, körperlicher Unversehrtheit und persönlicher Freiheit, die damit zugleich dem Begrenzungsvorbehalt aus Art. 4 Abs. 1 LV i.V.m. Art. 2 Abs. 2 S. 3 GG unterstehen. Beschränkungen der grundrechtlichen Freiheiten sind daher auf landesgesetzlicher Grundlage möglich, soweit legitime Gründe bestehen und die Verhältnismäßigkeit gewahrt bleibt. Solchermaßen gerechtfertigt ist etwa der nach nordrhein-westfälischem Polizeirecht zulässige „**finale Rettungsschuss**" (siehe § 3 Rn. 244). Im Falle der Entziehung der persönlichen Freiheit gelten die besonderen Rechtfertigungsvoraussetzungen des Art. 4 Abs. 1 LV i.V.m. Art. 104 GG.

c) Freie Persönlichkeitsentfaltung

37 Von der Rezeptionsanordnung erfasst wird auch das Grundrecht auf freie Entfaltung der Persönlichkeit (Art. 2 Abs. 1 GG), das, auch wenn eine inhaltliche Präjudizierung durch die Rechtsprechung des BVerfG nicht besteht, hier ebenfalls iS. einer „allgemeinen Handlungsfreiheit" zu interpretieren ist. Über das „**subsidiäre Auffanggrundrecht**" der allgemeinen Handlungsfreiheit schafft somit auch die Landesverfassung ein System des lückenlosen Grundrechtsschutzes, das etwa zugunsten von Ausländern dort greift, wo bestimmte Grundrechte nur deutschen Staatsangehörigen vorbehalten bleiben (zur besonderen Problematik der Gleichstellung von EU-Ausländern: *Bauer/Kahl*, JZ 1995, 1077). Mit dem weiten Schutzgegenstand des Landesgrundrechts korreliert eine entsprechend weite Beschränkbarkeit durch formell und materiell verfassungsgemäße Gesetze. Zu beachten bleibt, dass das

C. Die Grundrechte

vom BVerfG als Derivat der Art. 1 Abs. 1 und Art. 2 Abs. 1 GG entwickelte **Recht auf informationelle Selbstbestimmung** (BVerfGE 65, 1, 41 ff.) in der Landesverfassung **spezialgesetzlich** geregelt ist (Art. 4 Abs. 2 LV). Auch für die Auslegung des Art. 4 Abs. 2 LV entfaltet die Rechtsprechung des BVerfG zwar keine unmittelbare präjudizielle Wirkung, kann aber immerhin als Interpretationshilfe herangezogen werden.

2. Kommunikationsgrundrechte

a) Die Grundrechte des Art. 4 Abs. 1 LV i. V. m. Art. 5 Abs. 1 GG

Eine uneingeschränkte parallele Verbürgung als Landesverfassungsrecht erfahren über Art. 4 Abs. 1 LV weiter die Kommunikationsgrundrechte des Art. 5 Abs. 1 GG, namentlich also
– das Grundrecht der Meinungsfreiheit,
– das Grundrecht der Informationsfreiheit,
– das Grundrecht der Pressefreiheit sowie
– das Grundrecht der freien Berichterstattung durch Rundfunk und Film.
Soweit das BVerfG in der sog. „Wunsiedel-Entscheidung" vom 4.11.2009 aus Art. 5 Abs. 1 und 2 GG einen (ungeschriebenen) grundgesetzimmanenten Vorbehalt für meinungsbeschränkende Regelungen abgeleitet hat, die der propagandistischen Gutheißung der nationalsozialistischen Gewalt- und Willkürherrschaft Grenzen setzen (BVerfGE 124, 300 – hierzu auch § 3 Rn. 301), wird man diese Auslegung auch auf das adaptierte Landesgrundrecht erstrecken können, so dass entsprechende Regelungsmöglichkeiten auch dem Landesgesetzgeber zukommen. Kein eigenständiges Grundrecht, sondern eine bloße Schranke des Begrenzungsvorbehalts aus Art. 5 Abs. 2 GG (sog. „Schranken-Schranke") enthält dagegen das Zensurverbot des Art. 5 Abs. 1 S. 3 GG (offen lassend BVerfGE 27, 88, 102), das im Ergebnis freilich ebenfalls von der Rezeptionsanordnung des Art. 4 Abs. 1 LV erfasst wird.

b) Versammlungs- und Vereinigungsfreiheit

Zu den durch Art. 4 Abs. 1 LV rezipierten Kommunikationsgrundrechten des Grundgesetzes sind daneben auch die Versammlungs- sowie die Vereinigungsfreiheit zu zählen. Soweit diese Grundrechte im Grundgesetz als sog. „Deutschengrundrechte" gewährleistet werden, kommt eine maßstäbliche Verkleinerung des Kreises der Grundrechtsberechtigten speziell auf die Bürger Nordrhein-Westfalens mangels formeller Landesstaatsangehörigkeit nicht in Betracht. Vielmehr hat die nordrhein-westfälische Staatsgewalt die Grundrechtsbindungen gegenüber allen Deutschen zu beachten.

c) Brief-, Post- und Fernmeldegeheimnis

Als Kommunikationsgrundrechte gleichermaßen parallel verbürgt sind schließlich
– das Briefgeheimnis,
– das Postgeheimnis und
– das Fernmeldegeheimnis.

§ 1. Verfassungsrecht des Landes Nordrhein-Westfalen

Eine randscharfe Trennung der Schutzbereiche dieser speziellen Kommunikationsgrundrechte ist nicht immer möglich. Überschneidungen ergeben sich namentlich zwischen dem objektbezogenen Briefgeheimnis und dem Postgeheimnis, das die Übermittlung der **individuellen Kommunikation** betrifft. Ähnliche Probleme ergeben sich für die Zuordnung schriftlicher Kommunikation mit den Mitteln moderner Übertragungstechnik (E-Mail, Telefax). Da es sich hierbei um eine „unkörperliche" Übertragung individueller Kommunikation handelt, erscheint deren Einbeziehung in den Schutzgegenstand des Fernmeldegeheimnisses folgerichtig (s. auch BVerfG, NJW 2009, 2431, 2432). Im Bereich der klassischen Telefonie hat das Bundesverfassungsgericht die Fernmeldefreiheit insbesondere gegenüber einer zu undifferenzierten **Vorratsspeicherung von Verbindungsdaten** in Stellung gebracht (BVerfGE 125, 260). Abseits des Zugriffs auf die Individualkommunikation wird die **Vertraulichkeit und Integrität informationstechnischer Systeme** wie etwa moderner Smartphones und PCs nach der neueren Rechtsprechung des BVerfG als Bestandteil des allgemeines Persönlichkeitsrechts nach Art. 2 Abs. 1 i.V.m. Art. 1 Abs. 1 GG geschützt (BVerfGE 120, 274).

3. Wirtschaftsgrundrechte (Berufs- und Eigentumsfreiheit)

41 Im Wege der Rezeption landesverfassungsrechtlich gewährleistet sind weiter die Berufsfreiheit (Art. 4 Abs. 1 LV i.V.m. Art. 12 GG) sowie die Eigentumsfreiheit (Art. 4 Abs. 1 LV i.V.m. Art. 14 GG). Während die parallelen Grundrechte auf Bundesebene mangels spezieller „Wirtschaftsverfassung" die entscheidenden Koordinaten für das wirtschaftspolitische Handeln des Bundes darstellen, stehen die betreffenden Landesgrundrechte in einem inneren Verbund mit speziellen Verfassungsbestimmungen zur Ordnung des Wirtschaftslebens (Art. 24 ff. LV; hierzu Rn. 66 ff.). Die dem Grundgesetz vielfach zugeschriebene „wirtschaftspolitische Neutralität" (zu Recht krit. dagegen *Kloepfer*, JURA 1993, 583 f.) gilt für die nordrhein-westfälische Landesverfassung nicht ohne weiteres. Allerdings unterliegen die landesverfassungsrechtlichen Regelungen dem Erfordernis einer den Konflikt mit Bundesrecht vermeidenden „bundesrechtskonformen" Auslegung (vgl. Art. 31 GG), so dass die landesstaatlichen „Eigengewächse" überwiegend dem Unitarisierungsdruck des Bundesrechts zum Opfer gefallen sind. Dies gilt namentlich für das **Sozialisierungsgebot** des Art. 27 LV (unten Rn. 66). Eine Überarbeitung dieses in weiten Teilen veralteten Verfassungsabschnittes erschiene allemal angezeigt.

4. Religiöse und kulturelle Rechte

42 Eine deutliche (teleologische) Reduktion erfährt die Rezeptionsanordnung des Art. 4 Abs. 1 LV hinsichtlich der religiösen und kulturellen Grundrechte des Grundgesetzes. Eine Übernahme der Bundesgrundrechte kommt hier unter systematischen Aspekten nur insoweit in Betracht, als die Landesver-

fassung, wie etwa im Bereich der Kunstfreiheit, keine autonomen Festlegungen trifft.

a) Religions- und Gewissensfreiheit

Eine sondergesetzliche Garantie findet die Religionsfreiheit (Art. 19 LV). Auch wenn die Bestimmung ihrem Wortlaut nach lediglich „die Freiheit der Vereinigung zu Kirchen und Religionsgemeinschaften" gewährleistet, dürfte die ungestörte Religionsausübung ebenfalls Teil der Garantie sein. Der Schutz der Gewissensfreiheit jenseits kirchlich-religiöser Betätigungen wird dagegen über Art. 4 Abs. 1 LV i. V. m. Art. 4 Abs. 1 GG abgesichert. 43

b) Wissenschaftsfreiheit

Ebenfalls einen eher „korporativen Ansatz" zeigt die Selbstverwaltungsgarantie zugunsten der Universitäten und ihnen „gleichstehender" Hochschulen (Art. 16 LV). Für die „akademische" Selbstverwaltungsgarantie iS. des Art. 16 Abs. 1 LV lassen sich – ähnlich zur kommunalen Selbstverwaltungsgarantie aus Art. 78 LV (unten Rn. 174 ff.) – drei grundlegende Garantieebenen unterscheiden: 44

– Die **institutionelle Rechtssubjektsgarantie** sichert den institutionellen Bestand der Hochschule als staatliche Einrichtung verfassungsrechtlich ab. Allerdings sind einzelne Hochschulen in ihrer individuellen Existenz nicht geschützt, so dass die Auflösung oder der Zusammenschluss mit anderen universitären Einrichtungen grundsätzlich möglich bleibt.

– Die **objektive Rechtsinstitutionsgarantie** schützt die eigenverantwortliche Selbstverwaltung in eigenen Angelegenheiten. Der Gesetzgeber ist damit zur Schaffung normativer Organisationsstrukturen verpflichtet, die eine eigenverantwortliche Erfüllung der akademischen Aufgaben durch die Mitglieder der Hochschule ermöglichen. Namentlich dem „Senat" der Hochschulen in NRW muss damit von Verfassungs wegen eine starke Position zukommen. Die Etablierung eines überwiegend mit auswärtigen Mitgliedern zu besetzenden „Hochschulrates" wird überwiegend als vereinbar mit der landesverfassungsrechtlichen Selbstverwaltungsgarantie angesehen (für Bayern s. BayVerfGH, BayVBl. 2008, 592; a. A. für NRW aber *Sieweke*, NWVBl. 2009, 205 ff.). Nach der zu Recht kritischen Entscheidung des BVerfG vom 20.7.2010 (BVerfGE 127, 87) zum Hamburgischen Hochschulgesetz wird diese Frage allerdings nochmals gründlich zu prüfen sein. Mit dem Selbstverwaltungsrecht der Hochschulen korrespondierte die Beschränkung der Aufsichtskompetenz des Landes auf die bloße Rechtsaufsicht.

– Mit der **subjektiven Rechtsstellungsgarantie** erhält die Hochschule eine subjektive Rechtsposition, die es ihr erlaubt, ungerechtfertigte Eingriffe in das Selbstverwaltungsrecht gerichtlich abzuwehren. Allerdings sieht das nordrhein-westfälische Recht für die Hochschulen im Vergleich zu kommunalen Selbstverwaltungskörperschaften weder eine Individualverfassungsbeschwerde noch einen der Kommunalverfassungsbeschwerde entsprechenden verfassungsgerichtlichen Rechtsbehelf vor, was einem unmittelbaren Rechtsschutz der betroffenen Hochschule vor dem

VerfGH NRW entgegensteht. Möglich bleibt – bei Ausdehnung des Schutzbereichs von Art. 5 Abs. 3 GG auf den korporationsrechtlichen Status – immerhin die Verfassungsbeschwerde zum BVerfG.
Der Schutz von Forschung und Lehre wird unabhängig hiervon jedenfalls über Art. 4 Abs. 1 LV i.V.m. Art. 5 Abs. 3 GG auch individuell gewährleistet. Eine (objektive) Staatszielbestimmung der Wissenschaftsförderung enthält Art. 18 LV.

5. Personale Rechtsstellung und personales Umfeld

a) Ehe und Familie

45 Im Bereich Ehe und Familie trifft die LV zahlreiche eigenständige Regelungen (Art. 5 und 8), die innerhalb des durch sie geordneten Bereiches einer Rezeption der Bundesgrundrechte entgegenstehen. Dies gilt etwa für den besonderen Schutzanspruch von Ehe und Familie nach Art. 5 Abs. 1 S. 2 LV oder den Schutz des elterlichen Erziehungsrechts gem. Art. 8 Abs. 1 S. 2 LV. Ob und inwieweit Ehe und Familie in Art. 5 Abs. 1 S. 1 LV einen über die Schutzgarantie des Art. 6 Abs. 1 GG hinausgehenden Schutzstatus dadurch erfahren, dass sie hier als „die Grundlagen der menschlichen Gesellschaft anerkannt" werden, ist nicht abschließend geklärt. Namentlich in Abgrenzung zu den rechtlich verfestigten gleichgeschlechtlichen Lebenspartnerschaften ist zu beachten, dass das Bundesverfassungsgericht eine (jedenfalls vermögensrechtliche) Privilegierung der Ehe nicht mehr ohne Weiteres zulässt, sondern von hinreichend gewichtigen Rechtfertigungsgründen abhängig macht, um eine gleichheitsrechtlich problematische Anknüpfung der Gesetzgebung an die sexuelle Orientierung zu verhindern (BVerfGE 124, 199, 222). Art. 5 Abs. 1 LV wird sich dem Unitarisierungsdruck des Bundesgrundrechts kaum entziehen können. Soweit Art. 5 LV hinter den familienspezifischen Gewährleistungen des Grundgesetzes zurückbleibt, werden die grundgesetzlichen Verbürgungen uneingeschränkt von der Landesverfassung rezipiert. Dies gilt etwa für den Schutz vor zwangsweiser Trennung von Kindern und Eltern (Art. 6 Abs. 3 GG) oder das Gleichstellungsgebot für eheliche und nichteheliche Kinder (Art. 6 Abs. 5 GG).

b) Schule

46 Eigenständige landesverfassungsrechtliche Regelungen finden sich namentlich für den Bereich der Schule einschließlich des Religionsunterrichtes (Art. 7 ff. LV). Soweit die betreffende Materie eine landesverfassungsrechtliche Ausnormierung gefunden hat, bleibt eine Anwendung der Rezeptionsklausel des Art. 4 Abs. 1 LV ausgeschlossen.

c) Freizügigkeit

47 Eine maßstäbliche Verkleinerung erfährt das Grundrecht der Freizügigkeit, das in seinem landesrechtlichen Kontext allein die Freizügigkeit innerhalb des Landes NRW gewährleistet und die Grundrechtsberechtigung auf die im Lande NRW lebenden bzw. sich dort aufhaltenden Deutschen beschränkt.

C. Die Grundrechte

Dem Gedanken der **maßstäblichen Verkleinerung** entspricht es, dass der freie Zug von NRW in ein anderes Land zwar in den Schutzbereich des Bundesgrundrechts nach Art. 11 GG, nicht aber in den Schutzbereich des Landesgrundrechts aus Art. 4 Abs. 1 LV i.V.m. Art. 11 GG fällt (anders wohl *Dästner*, Art. 4 Rn. 54). Einschlägig wäre insoweit aber das Landesgrundrecht der freien Persönlichkeitsentfaltung (allgemeine Handlungsfreiheit). Dem Landesgesetzgeber sind nach Maßgabe des Begrenzungsvorbehalts aus Art. 4 Abs. 1 LV i.V.m. Art. 11 Abs. 2 GG Beschränkungen des Grundrechts möglich. Ungeachtet des (missverständlichen) Art. 73 Abs. 1 Nr. 3 GG sind derlei **Grundrechtsbeschränkungen** auch im Kompetenzbereich des Landesgesetzgebers denkbar, so namentlich etwa **im Bereich des Polizei- und Ordnungsrechts** (z.B. Aufenthaltsverbote nach § 34 Abs. 2 PolG, hierzu unten § 3 Rn. 163 ff.).

d) Unverletzlichkeit der Wohnung

Das Grundrecht der Unverletzlichkeit der Wohnung (Art. 4 Abs. 1 LV i.V.m. **48** Art. 13 GG) erfasst ebenso wie das parallele Bundesgrundrecht alle privat und gewerblich genutzten **Wohn- und Betriebsräume** von privaten (unmittelbaren) Besitzern. Der Schutz der Wohnungsfreiheit erstreckt sich dabei auch auf **Laden- und Verkehrsräume**. Parallel zu Art. 13 GG ist zwischen Durchsuchungen (Art. 4 Abs. 1 LV i.V.m. Art. 13 Abs. 2 GG) und sonstigen „Eingriffen und Beschränkungen" (Art. 4 Abs. 1 LV i.V.m. Art. 13 Abs. 7 GG) zu differenzieren, die hiernach zugleich unterschiedlichen Legitimationsanforderungen unterliegen. Soweit das BVerfG für ein Betreten von Ladenlokalen während der Öffnungszeit einen Eingriffscharakter iS. des Art. 13 Abs. 7 GG verneint und das Betreten einzig am Maßstab der allgemeinen Handlungsfreiheit prüfen will (BVerfGE 32, 54, 76 f.), vermag dies kaum zu überzeugen. In Anbetracht der dynamischen Interpretation des Art. 4 Abs. 1 LV zählen auch die nachträglich in das Grundgesetz eingefügten Regelungen zur **Wohnraumüberwachung** (Abs. 3 und 4) zum Bestand der Landesgrundrechte. Insoweit ist allerdings zugleich von der Verbindlichkeit der restriktiven Norminterpretation durch das Bundesverfassungsgericht (BVerfGE 109, 279 ff.) auszugehen.

e) Auslieferung, Ausbürgerung, Asyl

Eine primär gesamtstaatliche Dimension weisen die Grundrechte nach **49** Art. 16, 16a GG auf, weshalb das „Ob" und „Wie" ihrer Rezeption durch Art. 4 Abs. 1 LV nicht eindeutig erscheint. Dies gilt namentlich für das in Art. 16 Abs. 1 GG normierte **Schutzrecht gegen Ausbürgerung**, das mangels förmlicher Landesstaatsangehörigkeit einer maßstäblichen Verkleinerung richtigerweise nicht zugänglich ist. Auch das **Asylgrundrecht** dürfte einer maßstäblichen Verkleinerung in dem Sinne, dass politisch Verfolgte stets einen Anspruch auf Asyl in NRW besäßen, nicht ohne weiteres zugänglich sein. Dies gilt umso mehr, als eine derartige Auslegung mit einfachgesetzlichen Bestimmungen des Bundesrechts kollidierte und insoweit gem. Art. 31 GG zur Nichtigkeit eines entsprechenden Landesgrundrechts führte. Eine unmittelbare Anwendung als Landesverfassungsrecht kommt dagegen für das **Auslieferungsverbot** des Art. 4 Abs. 1 LV i.V.m. Art. 16 Abs. 2 GG in Betracht, dessen Schutz auch auf solche Deutsche zu beziehen ist, die ihren Wohnsitz außerhalb von NRW haben.

6. Gleichheitsrechte

50 Gegenstand der Rezeptionsklausel des Art. 4 Abs. 1 LV sind ferner die allgemeinen und besonderen Gleichheitsbindungen des Art. 3 GG, namentlich also der allgemeine Gleichheitssatz des Art. 3 Abs. 1 GG, der dann verletzt ist, wenn eine Norm zwischen Adressatengruppen differenziert, obwohl zwischen den Gruppen keine solchen Unterschiede vorliegen, dass sie nach Art oder Gewicht die ungleiche Behandlung rechtfertigen könnten (sog. „neue Formel", vgl. etwa BVerfGE 55, 72, 88). Immerhin finden sich autonome Regelungen für den Bereich der **Gleichstellung von Mann und Frau**. So verbürgt Art. 5 Abs. 2 LV, auch wenn der Norm eher die Qualität einer Staatszielbestimmung als die einer echten Gleichheitsgewährleistung zukommen dürfte, die Gleichwertigkeit von Familien- und Erwerbsarbeit sowie die gleichberechtigte Teilhabe an der Familien- und Erwerbsarbeit. Art. 24 Abs. 2 S. 3 LV schließlich normiert das Gebot der Lohngleichheit für Männer, Frauen und Jugendliche.

7. Justizielle und staatsbürgerliche Rechte

51 Von der Rezeptionsanordnung erfasst werden schließlich auch die justiziellen Rechte, insbesondere also
– das Recht auf den gesetzlichen Richter (Art. 4 Abs. 1 LV i.V.m. Art. 101 Abs. 1 S. 2 GG),
– der Anspruch auf rechtliches Gehör,
– das Verbot des „*ne bis in idem*" (keine doppelte Bestrafung),
– das Prinzip „*nulla poena sine lege*" (keine Strafe ohne Gesetz)
sowie im Bereich der staatsbürgerlichen Rechte
– das Widerstandsrecht des Art. 20 Abs. 4 GG und
– die speziellen Gleichheitsrechte des Art. 33 GG.
Hinsichtlich der Rechtsschutzgarantie des Art. 19 Abs. 4 GG bleibt zu beachten, dass die Landesverfassung in Art. 74 LV zumindest die Inanspruchnahme **verwaltungsgerichtlichen Rechtsschutzes** autonom gewährleistet, sodass die Reichweite der Rezeptionsanordnung entsprechend zu reduzieren ist. Ebenfalls gesondert geregelt ist die **Wahlrechtsfreiheit** (Art. 31 LV), sodass eine Rezeption des – ohnehin im landesrechtlichen Kontext gegenstandslosen – Art. 38 GG entfällt.

8. Grundrechtsverwirkung

52 Bislang nicht abschließend geklärt ist die Frage, ob und inwieweit der Verwirkungstatbestand des Art. 18 GG von der Rezeptionsklausel des Art. 4

Abs. 1 LV erfasst wird. Berücksichtigt man, dass der Verwirkungstatbestand die Reichweite der Grundrechte mitprägt, erscheint die Annahme seiner Rezeption als Landesverfassungsrecht durchaus folgerichtig (hiergegen aber *Dästner*, Art. 4 Rn. 77). Allerdings kann der **Verwirkungsausspruch** aufgrund der getrennten Verfassungsräume des Bundes und der Länder insoweit richtigerweise **allein vom Landesverfassungsgericht**, nicht aber vom BVerfG ausgehen (*J. Dietlein*, AöR 120 (1995), S. 1, 16 f.). Auch wenn ein entsprechendes Verfahren vor dem VerfGH NRW bislang weder in der Landesverfassung noch im VerfGHG kodifiziert ist, wird man über Art. 4 Abs. 1 LV i.V.m. Art. 18 GG doch von einer kraft Rezeption entstandenen Zuständigkeit des Verfassungsgerichtshofs NRW ausgehen müssen.

V. „Soziale Grundrechte" und „Lebensordnungen" in der Landesverfassung

1. Zur Kategorie der sozialen Grundrechte

Wie die meisten Landesverfassungen kennt auch die nordrhein-westfälische Verfassung neben den „klassischen" Freiheitsverbürgungen zahlreiche Gewährleistungen, die nach herkömmlichem Begriffsverständnis der dogmatisch schillernden Kategorie der sog. „sozialen Grundrechte" zugeordnet werden. Hierzu zählt etwa das in Art. 24 Abs. 1 S. 3 LV normierte „**Recht auf Arbeit**", aber auch der durch Art. 8 Abs. 1 S. 1 LV verbürgte „**Anspruch auf Bildung**". Die rechtliche Problematik dieser Verbürgungen liegt darin, dass sie entgegen ihrem Wortlaut keine (einklagbaren) subjektiven Leistungsrechte gewähren, sondern sich in lediglich objektiv-rechtlich verbindlichen „**Staatszielbestimmungen**" erschöpfen.

53

> **Beispiel:** Unter Berufung auf Art. 24 Abs. 1 S. 3 LV klagt der Arbeitslose A vor dem Verwaltungsgericht auf Gewährung eines Arbeitsplatzes. Mangels „doppelter Verfassungsunmittelbarkeit" (unten § 5 Rn. 7) läge zwar womöglich eine öffentlich-rechtliche Streitigkeit nichtverfassungsrechtlicher Art vor (§ 40 Abs. 1 S. 1VwGO, str.). Da die geltend gemachte Anspruchsnorm indes keine individuell einklagbaren Rechte vermittelt, sondern lediglich eine „objektive" Politikverpflichtung enthält, wird das VG die Klage mangels Klagebefugnis als unzulässig abweisen.

Auch die inhaltliche Steuerungskraft sozialer Grundrechte bleibt regelmäßig von eher geringer Bedeutung, wie sich namentlich im Hinblick auf das umstrittene „Recht auf Arbeit" zeigt. Denn in einer freiheitlichen Verfassungsordnung, in der sich Produktionsmittel und Arbeitsplätze weitgehend in privater Hand befinden, fehlen dem Staat von vornherein die rechtlichen und tatsächlichen Möglichkeiten, jedem Einwohner einen Arbeitsplatz zu gewähren. Aufgabe des sozialen Grundrechtsstaates kann es somit nur sein, die rechtlichen Rahmenbedingungen für eine günstige soziale und wirtschaftliche Entwicklung des Gemeinwesens zu schaffen, um drohenden Fehlentwicklungen entgegen zu wirken. Mag daher das „Recht auf Arbeit" –

§ 1. Verfassungsrecht des Landes Nordrhein-Westfalen

entgegen früher vorherrschender Auffassung – auch mehr sein als ein unverbindlicher „Programmsatz", erschöpft sich seine Bindungskraft letztlich doch in dem lediglich höchst eingeschränkt justiziablen **Auftrag** an die Landesstaatsgewalt, insbesondere den Landesgesetzgeber, das vorgegebene Ziel nach Kräften anzustreben. Hinsichtlich der **Wahl der Mittel** hat der Gesetzgeber einen kaum überprüfbaren Beurteilungsspielraum. Soziale Grundrechte sind dementsprechend gerade so viel wert, wie die jeweilige parlamentarische Mehrheit aus ihnen macht. Angesichts des **politischen Gehalts** derartiger Umsetzungsentscheidungen bleibt die Möglichkeit einer verfassungsgerichtlichen Intervention bei mangelhafter Umsetzung sozialer Grundrechte von eher theoretischer Natur.

2. Lebensordnungen und Staatsziele

54 Neben den klassischen sozialen Grundrechten widmet sich die Landesverfassung ferner zentralen Lebensbereichen des Gemeinwesens, hinsichtlich derer konkrete „Lebensordnungen" konzipiert werden. Solche Lebensordnungen bilden geradezu einen Schwerpunkt der nordrhein-westfälischen Landesverfassung und eröffnen zugleich einen „tiefen Einblick in die weltanschaulich-politische Werkstatt des Verfassungsgebers" (*Peters*, DVBl. 1950, 449, 450). Zu nennen sind namentlich die Bereiche Familie, Schule und Erziehung (Rn. 55 ff.), Staat und Kirche (Rn. 61 ff.), Wissenschaft, Kunst und Kultur (Rn. 65) sowie Arbeit und Umwelt (Rn. 66).

a) Familie, Schule und Erziehung

55 Bereits erwähnt wurden die besonderen Unterschutzstellungen von Ehe und Familie als die „Grundlagen der menschlichen Gesellschaft" (Art. 5 Abs. 1 S. 2 LV – oben Rn. 45). Ausdrücklich garantiert die Landesverfassung dabei die **Gleichstellung von Mann und Frau**, die „entsprechend ihrer Entscheidung an Familien- und Erwerbsarbeit gleichberechtigt beteiligt [sind]" (Art. 5 Abs. 2 S. 2 LV). Mit der auf eine Verfassungsänderung aus dem Jahre 1989 (GVBl. NRW, S. 428) zurückgehenden Formulierung adaptiert die Verfassung zumal die Judikatur des BVerfG, das die Entscheidung über die Aufgabenverteilung in der Ehe zur grundrechtlich geschützten Freiheit der Eheleute erklärt hatte (BVerfGE 6, 55, 81 f.; 53, 257, 296; u. ö.). Ein grundsätzliches Bekenntnis zur **Gleichwertigkeit von Familien- und Erwerbsarbeit** formuliert Art. 5 Abs. 2 S. 1 LV. Ihm wird als Staatszielbestimmung die Verpflichtung des Landes entnommen, diejenigen Rechtsstrukturen zu schaffen, die für die gleichberechtigte Beteiligung von Frauen und Männern am Erwerbsleben erforderlich sind. Auch insoweit griff die Landesverfassung somit dem erst im Jahre 1994 im Grundgesetz verankerten Gleichstellungsgebot des Art. 3 Abs. 2 S. 2 GG zeitlich voraus.

56 Ihre inhaltliche Abrundung finden die familienbezogenen Schutzgewährleistungen in den erst seit dem Jahre 2002 in dieser Form verbürgten sog. „**Kinderrechten**" des Art. 6 LV – einer Regelung, die unter systematischen Aspekten eine nicht unbedenkliche Verquickung von Abwehrrechten, Schutz-

C. Die Grundrechte

und Förderpflichten aufweist. Der in der Literatur gegen die Neuregelung erhobene Vorwurf einer „selbst für Landesverfassungsnormen ungewöhnlichen ‚Geschwätzigkeit'" (so *Müller-Terpitz*, in: Löwer/Tettinger, LV NRW, 2002, Art. 6 Rn. 7) ist allerdings nach Form und Inhalt nicht akzeptabel.

Als eine der klassischen Domänen des Landesrechts widmet sich die Landesverfassung in ausführlicher Weise dem Schulwesen. Besondere Bedeutung kommt hierbei der durch Art. 9 Abs. 1 LV gewährleisteten **Schulgeldfreiheit** zu, aber auch der **institutionellen Garantie von Grundschulen**. Die früher in der Landesverfassung enthaltene Garantie der **Hauptschule** als notwendige Elemente der Volksschule (Art. 12 LV a. F.) wurde auf der Grundlage des sog. „Schulkonsenses für Nordrhein-Westfalen" (LT-Drs. 15/2428) zwischenzeitlich gestrichen. Mit dieser Verfassungsänderung hat sich das bislang aus Art. 12 LV herausgelesene Verbot an die Adresse des Landesgesetzgebers erledigt, die Hauptschulen in andere Schulformen zu überführen und damit abzuschaffen (so noch VerfGH NRW, OVGE 37, 203 ff.: Gesamtschule). Über Art. 8 Abs. 4 LV i.V.m. Art. 7 Abs. 4 und 5 GG werden schließlich die **Privatschulen** landesverfassungsrechtlich (institutionell) abgesichert. Darüber hinaus räumt Art. 8 Abs. 4 S. 3 LV den Privatschulen ein subjektiv-öffentliches Recht auf Förderung in Form von öffentlichen Zuschüssen zu den Gesamtkosten ein, deren konkreter Umfang freilich durch einfaches Recht näher zu bestimmen ist. 57

Ein besonders sensibler Bereich liegt traditionell in der Festlegung der **Erziehungsziele**. Als zentrale Erziehungsziele benennt Art. 7 Abs. 1 LV „**Ehrfurcht vor Gott, Achtung vor der Würde des Menschen und Bereitschaft zum sozialen Handeln**". Die verfassungsrechtlichen Vorgaben richten sich primär an die schulische Erziehung einschließlich der privaten Ersatzschulen, beanspruchen nach der systematischen Stellung des Art. 7 LV Geltung aber auch für die elterliche Erziehung, ohne dass insoweit ein Verstoß gegen Art. 6 Abs. 2 S. 1 GG anzunehmen wäre. Als problematisch mit Blick auf das Grundgesetz hat sich – zumal nach dem umstrittenen Kruzifix-Beschluss des BVerfG vom 16.05.1995 (BVerfGE 93, 1) – freilich das sog. „Ehrfurchtsgebot" erwiesen, das zweifellos in einem gewissen Spannungsverhältnis zu der grundgesetzlich begründeten Neutralitätspflicht des Staates steht (krit. etwa *Tomuschat*, FS Menzel, 1975, S. 21, 31). Berücksichtigt man, dass das Ehrfurchtsgebot nicht mit Konfessionalität gleichgesetzt werden kann, also keine Parteinahme für eine bestimmte Konfession enthält, Bundes- und Landesverfassung zudem ein ausdrückliches Bekenntnis zum Religionsunterricht als ordentlichem Lehrfach enthalten (Art. 7 Abs. 3 GG; Art. 14 Abs. 1 S. 1 LV), lässt sich eine Verletzung der durch Bundesrecht vorgegebenen Neutralitätspflicht nicht belegen (hierzu auch *Kühne*, NWVBl. 1991, 253, 256). Insbesondere darf die Neutralitätspflicht des Staates nicht mit einer laizistischen Distanz des Staates gegenüber den religiösen Bindungen seiner Bürger gleichgesetzt werden, die eine „Privatisierung des Religiösen" beabsichtigte. Im Gegenteil zielen Grundgesetz und Landesverfassung – wie das Beispiel Religionsunterricht oder der öffentlich-rechtliche Status der Großkirchen belegen – auf eine nachhaltige **Kooperation zwischen dem Staat und den großen Religionsgemeinschaften**. Dieser Kooperationsbereitschaft liegt die 58 nach wie vor zutreffende Erkenntnis zugrunde, dass der Staat von Voraussetzungen lebt, die er nicht selbst garantieren kann (*E.-W. Böckenförde*).

59 Dass namentlich der **Kruzifix-Beschluss** des BVerfG die Sensibilität des Grundgesetzes nicht hinreichend erfasst, ist im Schrifttum deutlich herausgestellt worden (vgl. *Merten*, FS Stern, 1997, S. 987 ff.). Weniger deutlich erkannt worden sind demgegenüber die negativen Auswirkungen der Entscheidung auf die **föderative Schulhoheit**. Beispielhaft kann insoweit auf Art. 12 Abs. 6 LV rekurriert werden, der – ähnlich wie die schulrechtlichen Regelungen anderer Länder auch – zwischen Gemeinschaftsschulen, Bekenntnisschulen und Weltanschauungsschulen differenziert. Der entscheidende Unterschied zwischen den verschiedenen Schultypen liegt dabei in der divergierenden Bindung an religiöse Bekenntnisse: Während „in Gemeinschaftsschulen [...] Kinder auf der Grundlage christlicher Bildungs- und Kulturwerte in Offenheit für die christlichen Bekenntnisse und für andere religiöse und weltanschauliche Überzeugungen gemeinsam unterrichtet und erzogen [werden]" und in Bekenntnisschulen Kinder nach den Grundsätzen des Bekenntnisses einer bestimmten Religionsgemeinschaft unterrichtet und erzogen werden, ermöglicht die sog. Weltanschauungsschule die Erziehung in einer beliebigen, auch bekenntnisfreien Weltanschauung (sog. „bekenntnisfreie Schule"). Betrachtete man aber im Sinne des BVerfG jegliche Hinwendung einer staatlichen Pflichtschule zu den Bekenntnissen oder auch nur Symbolen einer Religionsgemeinschaft als Verletzung der staatlichen Neutralitätspflicht, würde dies in letzter Konsequenz bedeuten, dass als verfassungskonforme Ausgestaltung nur jener Schultyp verbliebe, dessen Erziehungsauftrag die geringsten, wenn nicht sogar überhaupt keine religiösen Bezüge aufweist, nämlich die sog. bekenntnisfreie Schule. Der Kruzifix-Beschluss des BVerfG übersieht somit nicht nur die positive, auf Kooperation ausgerichtete Grundhaltung des Staates gegenüber den großen Religionsgemeinschaften, sondern schwächt mit seinen schulrechtlichen Nivellierungen die föderative Ordnung an einem für die Länderstaatlichkeit besonders sensiblen Punkt. Bemerkenswert ist in diesem Kontext im Übrigen, dass die Große Kammer des **Europäischen Gerichtshofs für Menschenrechte** in einer jüngsten Entscheidung keine grundrechtlichen Bedenken gegenüber der Anbringung von Kruzifixen in Klassenzimmern geltend machte (NVwZ 2011, 737). Der Gerichtshof sah – im Gegensatz zum BVerfG – insbesondere keine Anhaltspunkte, „die für einen möglichen Einfluss eines religiösen Symbols an den Wänden der Klassenzimmer auf die Schüler sprechen".

60 Der Gedanke der Kooperation prägt auch die Verfassungsnormen zum **Religionsunterricht**. So verlangt Art. 14 Abs. 1 S. 2 LV eine Bevollmächtigung der Religionslehrer durch „die Kirche oder die Religionsgemeinschaft", Art. 14 Abs. 2 LV ein Einvernehmen mit „der Kirche oder Religionsgemeinschaft" bei der Bestimmung der Lehrpläne und Lehrbücher. Eine bloß staatliche oder auch konfessionsübergreifende Organisation und Inhaltsbestimmung wären demnach nicht zulässig. Dagegen wird man einen öffentlich-rechtlichen Status der betreffenden Religionsgemeinschaften nicht als unabdingbar voraussetzen dürfen (str.).

b) Staat und Kirche

61 Deutlicher noch als das Bonner Grundgesetz sichert die Landesverfassung den besonderen Status sowie die besondere Stellung der **Kirchen** und **Religionsgemeinschaften** im staatlichen Gemeinwesen. Dies gilt nicht nur für den

Kernbereich des eigenverantwortlichen Wirkens der Kirchen (vgl. Art. 19 Abs. 2 LV, Art. 22 LV i.V.m. Art. 140 GG i.V.m. 136–139, 141 WRV), sondern ebenso für vermeintliche **Randbereiche** wie etwa jenen der **Familienpflege** und **Jugendfürsorge**, für die Art. 6 Abs. 4 LV ausdrücklich ein Mitwirkungsrecht der Kirchen und Religionsgemeinschaften vorsieht. Daneben enthält die Landesverfassung noch weitere, über das Grundgesetz hinausgehende staatskirchenrechtliche Regelungen, die die Schulen (Art. 7 ff. LV), Universitäten (Art. 16 LV), Anstaltsseelsorge (Art. 20 LV), Staatsleistungen an die Kirchen (Art. 21 LV) und den Schutz der Sonn- und Feiertage (Art. 25 LV) betreffen.

„Als geltendes Recht anerkannt" werden durch Art. 23 LV schließlich die Bestimmungen der Verträge mit der Katholischen Kirche und der Evangelischen Kirche der Altpreußischen Union, die im früheren Freistaat Preußen Geltung hatten. Hierbei handelt es sich namentlich um das Preußische Konkordat (prK) mit dem Heiligen Stuhl vom 14.06.1929 sowie den Preußischen Staatskirchenvertrag mit den Evangelischen Landeskirchen in Preußen von 1931 (vgl. v. Hippel/Rehborn, Oz. 85, 87). 62

Rechtsdogmatisch sind Verträge mit dem Heiligen Stuhl regelmäßig als (quasi-)völkerrechtliche Verträge einzuordnen; demgegenüber sind Verträge mit den Evangelischen Landeskirchen als Staatsverträge sui generis bzw. aufgrund des Abgrenzungscharakters zwischen staatlichem und kirchlichem Bereich als Verträge zu qualifizieren, die weder das Staats- noch das Völkerrecht betreffen.

In territorialer Hinsicht wird die (Fort-) Geltung der betreffenden Verträge freilich auf jene Gebiete des Landes beschränkt, die vormals dem Freistaat Preußen zugehörten, was insbesondere für Lippe nicht der Fall ist. Zu beachten ist ferner, dass die verfassungsrechtliche Anerkennung den betreffenden Verträgen nicht selbst Verfassungsrang verleiht. Immerhin aber untersagt Art. 23 Abs. 2 LV als Ausprägung des allgemeinen Rechtsgrundsatzes *„pacta sunt servanda"* ein einseitiges gesetzgeberisches Abweichen von den in Abs. 1 genannten Verträgen. Art. 23 Abs. 2 LV ordnet für die Änderung dieser Kirchenverträge und den Abschluss neuer Verträge außer der Zustimmung der Vertragspartner das Erfordernis eines Landesgesetzes an. Dasselbe Verfahren muss schließlich für mögliche Änderungen neu abgeschlossener Verträge gelten, auch wenn sich Art. 23 Abs. 2 LV insoweit nur auf Altverträge iS. des Abs. 1 bezieht. Auch neu abgeschlossene Verträge genießen Vorrang vor einfachem Gesetzesrecht.

Namentlich innerhalb des Verfahrens zur Bestellung von Diözesan(-erz-)bischöfen treten einzelne Fragen zur Vereinbarkeit des Konkordatsrechts mit dem Landes- und Bundesverfassungsrecht zu Tage. Dabei ruft insbesondere die sog. politische Klausel des § 6 Abs. 1 S. 3 prK, wonach der Heilige Stuhl niemanden zum Bischof bestellt, gegen den seitens der Landesregierung „Bedenken politischer Art" bestehen („Vetorecht"), verfassungsrechtliche Bedenken im Hinblick auf Art. 19 Abs. 2 S. 2 LV bzw. Art. 140 GG i.V.m. Art. 137 Abs. 3 S. 2 WRV (auch i.V.m. Art. 22 LV) hervor. Danach hat die Ämterverleihung „ohne Mitwirkung des Staates" zu erfolgen. Lässt sich auf der Ebene der Landesverfassung eine etwaige Unvereinbarkeit mit Art. 19 Abs. 2 S. 2 und Art. 22 LV womöglich noch durch die Anerkennung des preußischen Konkordats als geltendes Recht gemäß Art. 23 Abs. 1 LV rechtfertigen, wird man Entsprechendes in Bezug auf das Grundgesetz nicht mehr 63 ohne Weiteres annehmen können. Da sich ein mögliches Vetorecht der Landesregierung auf die Verhinderung der Amtsvergabe selbst bezieht, liegt insoweit ein Eingriff in den Schutzbereich des Art. 140 GG i.V.m. Art. 137 Abs. 3 S.2 WRV vor. Für die verfassungsrechtliche Rechtfertigung ist hierbei fraglich, ob eine vertragliche Vereinbarung wie das preußische Konkordat das Recht auf freie Ämterverleihung überhaupt in zulässiger Weise einschränken kann. Insofern wird im Schrifttum kontrovers diskutiert, ob die Kirche nach dem Grundsatz „volenti non fit iniuria" befugt ist, in die Beschränkung ihrer eigenen Rechte einzuwilligen oder ob ein solcher Verzicht unzulässig ist. Gegen eine Verzichtbarkeit spricht, dass das Recht auf freie Ämterverleihung nicht nur dem individuellen Interesse der Kirche, sondern auch dem allgemeinen Interesse an der „Neutralität" des Staates dient.

64 Die besondere Anerkennung der genannten Kirchenverträge in Art. 23 Abs. 1 LV darf freilich nicht zu der Annahme verleiten, das nordrhein-westfälische Staatskirchenrecht basiere auf einer einseitigen Hinwendung zu den großen christlichen Konfessionen. Vielmehr ergeben sich relevante Rechtsbeziehungen zu zahlreichen kirchlichen Gemeinschaften und Organisationen. Insbesondere existiert eine Vielzahl sonstiger Religionsgemeinschaften, denen durch Landesgesetz oder ministerielle Entscheidung der Status einer **Körperschaft des öffentlichen Rechts** verliehen wurde (vgl. Art. 137 Abs. 5 WRV sowie v. *Hippel/Rehborn*, Oz. 89, 89a). Mit Verleihung dieses **Rechtsstatus** sind die Kirchen und Religionsgemeinschaften allerdings **lediglich formal, nicht aber materiell-rechtlich** der staatlichen Sphäre zugeordnet, insbesondere sind sie keine Körperschaften im verwaltungsrechtlichen Sinn. Ein grundsätzlich materiell-öffentlicher Gesamtstatus, der namentlich sakrales Handeln, öffentliche Äußerungen und karitative Tätigkeiten dem öffentlichen Recht zuordnet, lässt sich folgerichtig nicht begründen. Insbesondere sind Religionsgemeinschaften, auch soweit ihnen der Status einer öffentlich-rechtlichen Körperschaft zukommt, grundsätzlich nicht Grundrechtsverpflichtete, sondern Grundrechtsberechtigte. Sie üben insbesondere keine Staatsgewalt aus. Kritische kirchliche Äußerungen – etwa gegenüber sog. Jugendreligionen – bedürfen mithin keiner gesetzlichen Ermächtigung. Immerhin aber eröffnet der Status einer Körperschaft des öffentlichen Rechts weitreichende öffentlich-rechtliche Konstruktionsmöglichkeiten z. B. im Bereich des Dienst- und Disziplinarrechts sowie des Steuerrechts. Auch spricht bei öffentlich-rechtlich organisierten Religionsgemeinschaften eine Vermutung für den öffentlich-rechtlichen Charakter ihres Handelns, so dass sich Unterlassung- und Haftungsklagen nach den einschlägigen öffentlich-rechtlichen Normen bestimmen (str.).

> **Beispiel:** Die Äußerungen eines kirchlichen Sektenbeauftragten sind amtliche Äußerungen der Kirche, die dem öffentlichen Recht zuzuordnen sind. Unterlassungsansprüche können lediglich auf der Grundlage des öffentlich-rechtlichen Unterlassungsanspruchs vor den Verwaltungsgerichten geltend gemacht werden. Das Recht der Kirchen zu kritischen und auch überspitzten Äußerungen in religiösen Angelegenheiten ergibt sich aus dem Grundrecht der Religionsfreiheit (BayVGH, NVwZ 1994, 787).

C. Die Grundrechte 31

Gesellschaftspolitisch verhindert der Körperschaftsstatus eine Abdrängung von Religion und Religionsgemeinschaften in den rein privaten Sektor.

c) Wissenschaft, Kunst und Kultur

Die durch Art. 4 Abs. 1 LV i.V.m. Art. 5 Abs. 3 GG normierten Freiheits- 65 rechte im Bereich Kunst und Wissenschaft (vgl. oben Rn. 44) finden eine objektiv-rechtliche Ergänzung in den **Staatszielbestimmungen** des Art. 18 Abs. 1 LV. Diese verpflichten Land und Gemeinden zu einer aktiven Pflege und Förderung von Kultur, Kunst und Wissenschaft. Ein konkreter Förderungsumfang oder gar subjektive Förderungsansprüche lassen sich aus den Staatszielbestimmungen nicht ableiten. Die Umsetzung der Staatszielbestimmungen unterliegt vielmehr in weitem Umfang politischer Einschätzung und Entscheidung. Eine Verletzung der Staatszielbestimmungen lässt sich erst im Falle einer evidenten Untätigkeit der Verpflichtungsadressaten annehmen („Untermaßverbot"). Als **Unterformen der Kulturpflege** können auch die in Art. 18 Abs. 2 und Abs. 3 LV normierten Verfassungspflichten zugunsten des **Denkmalschutzes** und der **Sportförderung** interpretiert werden. Zu beachten ist, dass Art. 18 LV teilweise unterschiedliche Verpflichtungsadressaten benennt. So werden durch Art. 18 Abs. 1 und 3 LV allein das Land und die Gemeinden in die Pflicht genommen, während die Zielbestimmung des Art. 18 Abs. 2 LV auch an die Gemeindeverbände adressiert ist. Ob die Nichterwähnung der Gemeindeverbände im Rahmen der allgemeinen Kunst-, Kultur-, Wissenschafts- und Sportförderung als bloßes Redaktionsversehen gewertet werden kann, erscheint in Anbetracht des differenzierten Aufgabenbereiches der Kreise (s. Rn. 194) eher fraglich.

d) Arbeit und Umwelt

„Außerordentlich ambitionierte Formulierungen" (*D. Grimm*) prägen das 66 Bild der landesverfassungsrechtlichen Regelungen zur Ordnung des Wirtschaftslebens im Lande NRW. In ihnen spiegelt sich der **historische Streit um die „Wirtschaftsverfassung"** des Bundes und der Länder wider, das lange Ringen um eine privatwirtschaftliche oder gemeinwirtschaftliche Gestaltung der Wirtschaft – ein Ringen, das im Zuge der Grundrechtsentfaltung durch das Bundesverfassungsgericht, aber auch durch die europäische Integration mit ihrem Bekenntnis zugunsten einer **„offenen Marktwirtschaft"** heute eindeutig zugunsten einer freiheitlichen Wettbewerbsordnung gelöst ist. Angesichts des grundlegenden Wandels der rechtlichen und tatsächlichen Ausgangslage muten einige der im Kontext der Wirtschaftsordnung zu lesenden Staatszielbestimmungen freilich etwas „verstaubt" an. Dies gilt etwa für die Förderung des Kleingartenwesens (Art. 29 Abs. 3 LV), aber auch das Sozialisierungsgebot des Art. 27 Abs. 1 LV, das aufgrund seiner eindeutigen Präferenz für eine Sozialisierung von „Großbetrieben der Grundstoffindustrie" sowie bedeutsamen Unternehmen mit monopolartiger Stellung kaum mit Bundesverfassungs- und Europarecht zu vereinbaren sein dürfte. Da überdies die angesprochenen Regelungsbereiche weithin durch Bundesrecht sowie europäisches Gemeinschaftsrecht determiniert sind, erscheint eine **Revision**

§ 1. Verfassungsrecht des Landes Nordrhein-Westfalen

der einschlägigen Regelungen und deren zeitgemäße Neukonturierung dringend **geboten**.

67 Immerhin weist die Landesverfassung im Rahmen der Ordnung des Wirtschaftslebens durchaus auch sehr **moderne Zielvorgaben** aus, so etwa das **Gebot der gleichen Entlohnung von Mann und Frau** (Art. 24 Abs. 2 S. 2 und 3 LV) oder das **Gebot der Mittelstandsförderung** gem. Art. 28 S. 1 LV. Besonders hervorzuheben ist auch die Unterschutzstellung der **natürlichen Lebensgrundlagen** durch Art. 29a Abs. 1 LV, der bereits im Jahre 1985 (GVBl. NRW S. 255) und damit nahezu zehn Jahre vor der Normierung des Umweltschutzes im Grundgesetz (Art. 20a GG) Eingang in die Landesverfassung fand. Die auf den ersten Blick eher ungewöhnliche Platzierung des Art. 29a LV in dem zuvor mit dem Titel „Arbeit und Wirtschaft" überschriebenen Abschnitt der Landesverfassung soll den engen sachlichen Zusammenhang von Ökonomie und Ökologie hervorheben (LT-Drs. 9/3628, S. 3). Dass die Landesverfassung das Ziel des Umweltschutzes gleichwohl nicht auf den Bereich des Wirtschaftslebens beschränken will, belegt Art. 7 Abs. 2 LV, der die Verantwortung des Einzelnen für die Erhaltung der natürlichen Lebensgrundlagen zu einem der vorrangigen Erziehungsziele erklärt. Ebenfalls noch vor der entsprechenden Erweiterung der Bundesverfassung wurde in Art. 29a LV auch der Tierschutz als Staatsziel verankert (Gesetz vom 22.06.2001, GVBl. NRW S. 456). Gleichzeitig wurde der Tierschutz – wie zuvor der Umweltschutz – in den Kanon der Erziehungsziele nach Art. 7 Abs. 2 LV aufgenommen. Mit der Normierung des Staatszieles Tierschutz sollte zugleich den seinerzeit stockenden Reformbestrebungen auf Bundesebene neuer Schub verliehen werden, wo schließlich im Jahre 2002 eine parallele Regelung in Art. 20a GG aufgenommen wurde. Wesentliche verfassungsrechtliche Folge der Staatszielbestimmungen des Umwelt- und Tierschutzes ist die Zulässigkeit einer gesetzlichen Beschränkung sog. „vorbehaltlos gewährleisteter Grundrechte" wie insbesondere der Religions- und Forschungsfreiheit (Art. 4 Abs. 1 LV i.V.m. Art. 4 und 5 Abs. 3 GG) aufgrund eines „verfassungsimmanenten Begrenzungsvorbehalts" (oben Rn. 32). Nicht zuletzt entfaltet das Staatsziel Tierschutz Folgewirkungen auch für die Verordnungsgebung, indem die Missachtung einfachrechtlicher (tierschutzgesetzlicher) Vorgaben für die Verordnungsgebung dort als Verstoß zugleich gegen das Staatsziel zu betrachten sind, wo die betreffenden einfachrechtlichen Regelungsvorgaben das Zustandekommen materiell tierschutzgerechter Verordnungen sicherstellen sollen (BVerfG, NVwZ 2011, 289).

VI. Anhang

68 **Literatur: Zu I:** *Bethge,* Die Grundrechtssicherung im föderativen Bereich, AöR Bd. 110 (1985), S. 169 ff.; *Jutzi,* Grundrechte der Landesverfassungen und Ausführung von Bundesrecht, DÖV 1983, S. 836 ff.; *ders.*, Landesverfassungsrecht und Bundesrecht, 1982; *v. Olshausen,* Landesverfassungsbeschwerde und Bundesrecht, 1980; *Sachs,* Die Grundrechte im Grundgesetz und in den Landesverfassungen, DÖV 1985, S. 469 ff.; *Tjarks,* Zur Bedeutung der Landesgrundrechte, 1999; *Wahl,*

Grundrechte und Staatszielbestimmungen im Bundesstaat, AöR Bd. 112 (1987), S. 26 ff.: *Wermeckes,* Der erweiterte Grundrechtsschutz in den Landesverfassungen, 2000.
Zu II und III: *J. Dietlein,* Die Rezeption von Bundesgrundrechten durch Landesverfassungsrecht, AöR Bd. 120 (1995), S. 1 ff.; *ders.,* Landesgrundrechte im Bundesstaat, JURA 1994, 57 ff.; *Martina,* Die Grundrechte der nordrhein-westfälischen Landesverfassung im Verhältnis zu den Grundrechten des Grundgesetzes, 1999; *Winkelmann,* Das Verhältnis der religionsrechtlichen Bestimmungen der nordrhein-westfälischen Landesverfassung zu den Regelungen des Grundgesetzes, DVBl. 1991, 791 ff.
Zu IV: *Bernhard,* Zu den verfassungsrechtlichen Grenzen staatlicher Sparmaßnahmen bei der Privatschulfinanzierung, DVBl. 1983, 299; *M. Dietlein,* Föderative Schulhoheit und Religionsfreiheit in der Schule – zur Auslegung des Art. 12 Abs. 6 Landesverfassung NRW, in: FS Stern, 1997, S. 443 ff.; *Emenet,* Verstößt die „islamische Unterweisung" in NRW gegen die Verfassung?, NWVBl. 2004, 214 ff.; *Franzke,* Die Bestellung von Diözesanbischöfen in Nordrhein-Westfalen, NWVBl. 2002, 459 ff.; *Kriele,* Zur Amtshaftung der Kirchen, NJW-Sonderheft für H. Weber, 2001, 28 ff.; *Kühne,* 45 Jahre Landesverfassung Nordrhein-Westfalen – Jubiläumsbemerkungen besonders zu ihrem Kulturstaatsteil, NWVBl. 1996, 325 ff.; *ders.,* Zum Vollzug landesverfassungsrechtlicher Erziehungsziele am Beispiel Nordrhein-Westfalen, DÖV 1991, 763 ff.; *ders.,* Ehrfurchtsgebot und säkularer Staat – verfassungswidriges Landesverfassungsrecht?, NWVBl. 1991, 253 ff.; *Oebbecke,* Reichweite und Voraussetzungen der grundgesetzlichen Garantie des Religionsunterrichts, DVBl. 1996, 336; *Pottmeyer,* Schule und Hochschule in der Rechtsprechung des Verfassungsgerichtshofs, in: FS VerfGH NRW, 2002, S. 245 ff.; *Schwarze,* Das Grundrecht auf Datenschutz in der Verfassung des Landes Nordrhein-Westfalen, 1989; *Stern,* Verfassungsrechtliche und verfassungspolitische Grundfragen zur Aufnahme des Sports in die Verfassung des Landes Nordrhein-Westfalen, in: FS Thieme, 1993, S. 269 ff.; *Stock,* Folgenreflexion in Hochschulen und Studentenschaften: Ein Grundsatzurteil des VerfGH NRW über Wissenstransfer, Folgenverantwortung und „politisches Mandat", NWVBl. 2000, 325 ff.; *Tomuschat,* Der staatlich geplante Bürger. Verfassungsrechtliche Bemerkungen zu den Richtlinien für den Politik-Unterricht des Landes Nordrhein-Westfalen, in: FS Menzel, 1975, S. 21 ff.

Klausurbearbeitung: *Hermes/Leimkühler,* Schulschließung und Schulaufnahme, JURA 1996, 34 ff.

Kontrollfragen:

1. In welchem Verhältnis stehen Bundes- und Landesgrundrechte zueinander?
2. Worauf zielt die sog. „Rezeptionsklausel" des Art. 4 Abs. 1 LV und wie wirken sich spätere Änderungen des Grundgesetzes auf den Normenbestand der Landesverfassung aus?
3. Auf welche inhaltlichen Gewährleistungen des Grundgesetzes bezieht sich die Rezeptionsklausel?
4. Sind das in Art. 24 Abs. 1 S. 3 LV normierte „Recht auf Arbeit" oder der durch Art. 8 Abs. 1 S. 1 LV verbürgte „Anspruch auf Bildung" (einklagbare) subjektive Leistungsgrundrechte?
5. Welche eigenständigen Schwerpunkte kodifiziert die nordrhein-westfälische Landesverfassung für die zentralen Lebensbereiche des Gemeinwesens?

D. Strukturprinzipien der nordrhein-westfälischen Landesverfassung

I. Bedeutung des Art. 28 Abs. 1 GG

69 Natürliche Konsequenz der Eigenstaatlichkeit der Länder ist deren Verfassungshoheit. Diese Verfassungshoheit wird durch Art. 28 Abs. 1 GG nicht eigentlich „begründet", sondern von diesem inhaltlich „vorausgesetzt" (oben Rn. 11 f.). Die Länder besitzen folglich die Kompetenz, ihre verfassungsrechtliche Ordnung grundsätzlich nach eigener Vorstellung zu gestalten, ohne hierbei notwendig in allen Punkten mit den Ordnungsvorstellungen des Grundgesetzes synchron laufen zu müssen. Gerade im Bereich der grundlegenden Staatsstrukturentscheidungen wird die Verfassungshoheit der Länder freilich durch die Bundesverfassung, namentlich Art. 28 Abs. 1 GG, erheblich eingeengt. Denn um der inneren Einheit des Ganzen willen, zur Vermeidung eines Auseinanderdriftens des Bundes und seiner Gliedstaaten, ist die **Einigkeit im Grundsätzlichen** unerlässlich. Die Vorgabe dieser fundamentalen Grundsätze des bundesstaatlichen Miteinanders ist aber naturgemäß Aufgabe der Bundesverfassung, die hiermit zugleich die Verfassungsordnung der Länder entscheidend mitprägt, ohne freilich dadurch selbst den Rang von Landesrecht einzunehmen. Gleichwohl lässt sich plastisch formulieren, dass die **Grundordnung der Länder** sowohl **durch die Landesverfassung** als auch **durch die Bundesverfassung** gestaltet wird. Diese spezifische Einbindung der Verfassunggebung der Länder in die Strukturvorgaben der Bundesverfassung ist – wie oben Rn. 11 f. dargestellt – der Grund dafür, weshalb die Verfassungshoheit der Länder von dem originären, in keiner Weise gebundenen *pouvoir constituant* des Gesamtstaates strikt differenziert werden muss.

70 Was die durch das Grundgesetz konkret vorgegebenen Staatsstrukturprinzipien angeht, verpflichtet Art. 28 Abs. 1 GG die Landesverfassunggebung auf die Wahrung der „Grundsätze des republikanischen, demokratischen und sozialen Rechtsstaates im Sinne dieses Grundgesetzes". Auffallend an dieser Formulierung ist zunächst, dass nicht die einzelnen Prinzipien „als solche" verbindlich vorgeschrieben werden, sondern lediglich die Wahrung von „Grundsätzen". Juristischem Sprachgebrauch entsprechend impliziert Art. 28 Abs. 1 GG damit zugleich die **Freiheit zur „Modifikation"** der genannten Prinzipien. Die Landesverfassungen sollen also keine „Blaupause" des Grundgesetzes sein, sondern – ungeachtet der notwendigen Einheit „im Grundsätzlichen" – auch eigene Wege zur Gestaltung und Umsetzung der gemeinsamen Strukturprinzipien einschlagen dürfen. Auffallend an der Formulierung des Art. 28 Abs. 1 GG ist weiterhin, dass sich die Bindung auf die Grundsätze des republikanischen, demokratischen und sozialen Rechtsstaates „im Sinne dieses Grundgesetzes" bezieht. Sinn dieser „Einschwörung" auf das Prinzipienverständnis des Grundgesetzes ist es nicht, die durch die

D. Strukturprinzipien der nordrhein-westfälischen Landesverfassung 35

Beschränkung des Art. 28 Abs. 1 GG auf „Grundsätze" bewirkten Freiräume der Landesverfassunggebung gleichsam „durch die Hintertür" wieder zu beseitigen. Vielmehr geht es darum, einer interpretatorischen Aushöhlung der einzelnen Strukturprinzipien wie etwa des bis heute höchst unterschiedlich interpretierten Demokratieprinzips nachhaltig entgegen zu wirken. Im Einzelnen stellen sich die Homogenitätsbindungen des Grundgesetzes wie folgt dar:

1. Das republikanische Prinzip

Das republikanische Prinzip bildet historisch betrachtet den Gegenbegriff 71
zum sog. „monarchischen Prinzip", wie es bis zur Revolution im Jahre 1918 im Deutschen Reich Verbindlichkeit beanspruchte. Unzulässig und nichtig wären somit landesverfassungsrechtliche Bestimmungen, die eine Rückkehr zur Monarchie enthielten, gleichviel, ob es sich um eine Erb- oder Wahlmonarchie handelte. Da das Wesen der Republik darin liegt, das Staatsoberhaupt auf Zeit zu wählen, wird man unabhängig von der Begrifflichkeit jede Form der zeitlich unlimitierten Ausübung von Staatsgewalt für unvereinbar mit dem republikanischen Prinzip ansehen. Aus grundgesetzlicher Sicht unproblematisch wäre dagegen etwa die Einführung eines Landes- oder Staatspräsidenten nach dem Vorbild des Bundespräsidenten. Entsprechende Überlegungen wurden anfangs im Freistaat Bayern angestellt, später aber wieder fallen gelassen.

2. Das demokratische Prinzip

Besondere Bedeutung kommt dem demokratischen Prinzip zu, das in sei- 72
nem Kern die legitimatorische Rückbindung aller staatlichen Gewalt an das Volk (Art. 20 Abs. 2 GG) verlangt. Das Erfordernis der demokratischen Legitimation hat dabei zugleich Rückwirkungen auf das Wahlverfahren. In dieser Hinsicht verlangt der VerfGH NRW etwa, dass zwischen der Wahl und der Konstituierung neu gewählter Gremien – auch auf kommunaler Ebene – maximal drei Monate liegen dürfen (NWVBl. 2009, 185). Die Verpflichtung der Länder auf die demokratischen Grundsätze „im Sinne dieses Grundgesetzes" (Art. 28 Abs. 1) formuliert zugleich eine klare Absage an die staatstheoretischen Konzepte einer Räte- und Volksdemokratie kommunistischer Prägung.

a) Direktdemokratische Elemente

Ob die Länder durch die Festlegung auf das Prinzipienverständnis des 73
Grundgesetzes zugleich auf das **repräsentative parlamentarische Regierungssystem** des Bundes („repräsentative Demokratie") festgelegt und „basisdemokratische" Ordnungen also a priori ausgeschlossen werden, ist bislang nicht abschließend geklärt. Spricht einerseits die Regelung des Art. 28 Abs. 1 S. 2 GG gegen die Zulässigkeit einer Entbindung der Länderparlamente von zentralen Funktionen der Staatsleitung, bleibt andererseits zu beachten, dass

Art. 20 Abs. 2 S. 2 GG mit dem Begriff der „Abstimmungen" durchaus **auch direktdemokratische Elemente** als mögliche Legitimationsform staatlicher Willensbildung für zulässig erachtet. Vor diesem Hintergrund dürfte es zu weit gehen, Art. 28 Abs. 1 GG als absolute Sperre gegen direktdemokratische Elemente auf Landesebene zu deuten. Umgekehrt freilich lässt sich namentlich aus Art. 28 Abs. 1 S. 2 GG die bundesrechtliche Entscheidung zugunsten einer zumindest grundsätzlichen Vorrangstellung der Länderparlamente ableiten. Volksabstimmungen dürfen daher auch auf Landesebene letztlich stets nur punktueller Natur sein, das Modell der repräsentativen Demokratie also nicht grundsätzlich unterlaufen (vgl. *J. Dietlein*, FS VerfGH NRW, 2002, S. 203, 210; Hbg. VerfGH, NJW 2005, 285, 287).

74   Zu den verbindlichen „Grundsätzen" des demokratischen Prinzips sind somit vor allem die **Sicherstellung der Volkssouveränität** über eine **frei gewählte Volksvertretung**, das **Mehrheitsprinzip** sowie die Garantie einer **effektiven Opposition** zu rechnen. Überschneidungen mit dem republikanischen Prinzip ergeben sich dabei insoweit, als auch das Demokratieprinzip von dem Gedanken der „Macht auf Zeit" getragen ist und daher einer zeitlich unlimitierten Ausübung von Staatsgewalt entgegen steht.

b) Ausländerwahlrecht

75   Weitreichende Folgen hat das BVerfG dem demokratischen Prinzip darüber hinaus für die Frage der **Teilnahme von Ausländern an den Wahlen** für Volksvertretungen auf Landes- und Kommunalebene entnommen. Unter Hinweis darauf, dass die in Art. 20 Abs. 2 S.1 GG verankerte Volkssouveränität allein das deutsche Volk als Legitimationssubjekt benenne, erklärte das Gericht, dass auch „die den Bundesländern zukommende Staatsgewalt (...) nur von denjenigen getragen werden (kann), die Deutsche im Sinne des Art. 116 Abs. 1 GG sind" (BVerfGE 83, 37, 53). Ausdrücklich sah das Gericht dabei die Souveränitätsvorgaben des Art. 20 Abs. 2 GG als durch Art. 28 Abs. 1 S.1 GG auch gegenüber dem Landesverfassunggeber als verbindlich festgeschrieben an. Eine Entschärfung hat der Streit durch die Änderung des Art. 28 Abs. 1 GG durch Gesetz vom 21.12.1992 (BGBl. I S.2086) erfahren. Mit der Einführung des heutigen Satzes 3 wurde die Grundlage für die Teilnahme von EU-Ausländern an den Wahlen und Abstimmungen (s. BayVerfGH, Urt. vom 12.6.2013) in Kreisen und Gemeinden geschaffen. Die Teilnahme von Ausländern aus Nicht-EU-Ländern an Kommunalwahlen, aber auch die Teilnahme von Ausländern an den Landtagswahlen, scheitert dagegen auch weiterhin an den auch für den Landesverfassunggeber verbindlichen Strukturvorgaben der Art. 20 Abs. 2, Art. 28 Abs. 1 GG.

c) Arbeitnehmermitbestimmung

76   Ein über lange Zeit hinweg heftig umstrittenes Thema betrifft die Vereinbarkeit **arbeitnehmerischer Mitbestimmung** in staatlichen und kommunalen Unternehmenseinheiten mit dem Demokratieprinzip, insbesondere soweit es um die Bestellung von Mitgliedern in staatlichen oder kommunalen Gremien geht. Hatte namentlich der VerfGH NRW anfänglich eine Beteiligung demokratisch nicht legitimierter Personen insbesondere an Wahlentscheidun-

D. Strukturprinzipien der nordrhein-westfälischen Landesverfassung 37

gen zur Besetzung von Sparkassengremien pauschal für verfassungswidrig erachtet (DVBl. 1986, 1196), votiert das BVerfG in neueren Entscheidungen für eine differenzierende Betrachtung, die – zumindest in bestimmten Abstufungen – Raum für eine Beteiligung der Beschäftigten an der Wahrung ihrer Belange und zur Mitgestaltung ihrer Arbeitsbedingungen belässt (BVerfGE 93, 37, 66 ff.). Auch bei der Bestellung eines Amtsträgers dürfte dabei die Mitwirkung von Arbeitnehmern nicht grundsätzlich ausgeschlossen sein, wenn und soweit die die Entscheidung tragende Mehrheit aus einer Mehrheit unbeschränkt demokratisch legitimierter Mitglieder des Kreationsorgans besteht (BVerfG aaO., S. 68). Noch weiter gehende Beschränkungen ergeben sich für den Bereich der sog. „funktionellen Selbstverwaltung", deren demokratische Legitimation sich mangels eines „Verbandsvolkes" iS. des Art. 20 Abs. 2 GG primär über die gesetzliche Steuerung sowie über die Aufsicht durch personell demokratisch legitimierte Amtsträger vollzieht (BVerfG, NVwZ 2003, 974, 977).

d) Wahlprüfung

Die besondere Bedeutung des demokratischen Prinzips hat das BVerfG zumal im Rahmen seiner Entscheidung zum Hessischen Wahlprüfungsgericht hervorgehoben, in der das Gericht aus Art. 28 Abs. 1 GG eine Pflicht der Länder ableitete, „ein Verfahren zur **Prüfung ihrer Parlamentswahlen** einzurichten". Verstieße es danach einerseits gegen das grundgesetzliche Homogenitätsprinzip, schwerwiegende Verstöße insbesondere gegen die Grundsätze der Freiheit und Gleichheit der Wahl sanktionslos zu belassen, verbiete es das Erfordernis des Bestandsschutzes einer gewählten Volksvertretung andererseits, Wahlbeeinflussungen einfacher Art und ohne jedes Gewicht zu Wahlungültigkeitsgründen zu erheben (BVerfG, NJW 2001, 1048 ff.).   77

3. Das Sozialstaatsprinzip

Eine gegenüber dem Demokratieprinzip eher schwache Bindungswirkung entfaltet die Verpflichtung der Länder auf die Grundsätze der Sozialstaatlichkeit. Die Ursache dieser geringen Determinierung liegt in der „**Situationsoffenheit**" und **Unbestimmtheit des Sozialstaatsprinzips** begründet. Immerhin dokumentiert die Aufnahme des Sozialstaatsprinzips in den Katalog der Strukturvorgaben für die Landesverfassunggebung, dass das Grundgesetz das Streben nach sozialer Gerechtigkeit als unentbehrliches Element des gedeihlichen Zusammenlebens und maßgebliches Bindeglied zwischen Bund und Ländern ansieht.   78

4. Das Rechtsstaatsprinzip

Eine erhebliche Bindungskraft entfaltet neben dem Demokratieprinzip auch das Prinzip der Rechtsstaatlichkeit, das zugleich eine inhaltliche Affinität zum demokratischen Prinzip aufweist. Kernelement des sog. materiellen Rechtsstaates iS. des Grundgesetzes ist das Streben nach materieller Gerech-   79

tigkeit. Zu den für den Landesverfassunggeber bindenden Einzelausprägungen der Rechtsstaatlichkeit dürften dabei zu rechnen sein
– das Erfordernis einer geschriebenen Landesverfassung;
– die Wahrung des Grundsatzes der Gewaltenteilung sowie
– die Sicherstellung der Gesetzmäßigkeit der Verwaltung (Vorrang des Gesetzes/Vorbehalt des Gesetzes).
Aus der unmittelbaren Durchgriffswirkung des Grundgesetzes etwa im Bereich der Grundrechte (oben Rn. 15 ff.), aber auch der Rechtsschutzgarantie (Art. 19 Abs. 4 GG) oder der Staatshaftung (Art. 34 GG) ergibt sich dabei, dass die Landesverfassungen einer selbständigen Normierungspflicht dort nicht unterliegen, wo das Grundgesetz rechtsstaatliche Postulate auch mit Wirkung gegenüber den Ländern bereits festgelegt hat. Insbesondere eine generelle Pflicht der Länder zur umfassenden Positivierung eigener Landesgrundrechte wird sich vor diesem Hintergrund nicht annehmen lassen (str.).

5. Das bundesstaatliche Prinzip

80 Von Art. 28 Abs. 1 S. 1 GG nicht gesondert erwähnt, gleichwohl ohne Weiteres vorausgesetzt ist das bundesstaatliche Prinzip. Es verpflichtet den Landesverfassunggeber zur Beachtung des gliedstaatlichen Charakters der Länder, so dass etwa landesverfassungsrechtliche „Sezessionsoptionen" ultra vires (in Überschreitung der Befugnisse) erlassen und damit nichtig wären.

II. Strukturprinzipien der nordrhein-westfälischen Landesverfassung

81 Die Verfassung des Landes Nordrhein-Westfalen folgt in ihren strukturellen Grundentscheidungen uneingeschränkt den Vorgaben des Art. 28 Abs. 1 GG. Ausdrücklich bekennt sich das Land zu seiner Gliedstaatlichkeit und damit zu seiner unlösbaren Verbindung mit dem Gesamtstaat Bundesrepublik Deutschland (Art. 1 Abs. 1 LV). Der Grundsatz der Volkssouveränität als zentrale Forderung des republikanischen und demokratischen Prinzips ist in Art. 2 LV verankert und geschützt durch Art. 69 Abs. 1 S. 2 LV, der Änderungen der Verfassung untersagt, die den Grundsätzen des republikanischen, demokratischen und sozialen Rechtsstaats im Sinne des Grundgesetzes der Bundesrepublik Deutschland widersprechen. Explizit gewährleistet werden zudem die demokratisch-rechtsstaatlichen Postulate der Gewaltenteilung (Art. 3 LV), der Gesetzmäßigkeit der Verwaltung (Art. 77 LV), der Unabhängigkeit der Gerichte (Art. 3 Abs. 3 LV) sowie der Vertretung des Volkes durch das Parlament (Art. 3 Abs. 1, Art. 30 LV). Bezüglich des letztgenannten Punktes ist freilich zu beachten, dass die Landesverfassung – anders als das Grundgesetz – im Bereich der Gesetzgebung in nicht unerheblichem Umfang **direktdemokratische Elemente** („Volksgesetzgebung") realisiert (hierzu ausführlich unten Rn. 162 ff.). Diese Offenheit gegenüber plebiszitären Elementen, die vor Inkrafttreten der Landesverfassung bereits einfachgesetzlich verbürgt waren (Gesetz über das Verfahren bei Volksbegehren und

Volksentscheid vom 27.07.1948, GVBl. NRW S. 241), geht freilich nicht soweit, dass durch sie die Bedeutung und die Stellung des Landtages ernstlich gefährdet würde. Auch insoweit bleibt die Landesverfassung mithin innerhalb der demokratietheoretischen Vorgaben des Art. 28 Abs. 1 S. 1 GG. Die sozialstaatliche Grundausrichtung der Landesverfassung zeigt sich schließlich in den auf die Wahrung sozialer Gerechtigkeit ausgerichteten „Lebensordnungen" (oben Rn. 54 ff.), namentlich in den Bereichen Familie (Art. 5 f.), Bildung, Religion und Kultur (Art. 7 ff.) sowie Arbeit, Wirtschaft und Umwelt (Art. 24 ff.).

III. Anhang

Literatur: *Barley,* Das Kommunalwahlrecht für Ausländer nach der Neuordnung des Art. 28 Abs. 1 S. 3 GG, 1999; *Görisch,* Die Inhalte des Rechtsstaatsprinzips, JuS 1997, 988 ff.; *Fischer,* Kommunalwahlrecht für Unionsbürger, NVwZ 1995, 455 ff.; *Leisner,* Schwächung der Landesparlamente durch grundgesetzlichen Föderalismus, DÖV 1968, S. 389 ff.; *Schoenemann,* Zusammenlegung von Kommunal- und Europawahlen in NRW, NWVBl. 2009, 165 ff.

Klausurbearbeitung: *Mückl,* Das ruhende Mandat, JURA 2001, 704 ff.

Kontrollfragen:

1. Welche Staatsstrukturprinzipien hat die Verfassungsgebung auf Länderebene zu beachten?
2. Inwieweit ist die Teilnahme von Ausländern bei Kommunal- und Landtagswahlen zulässig?

E. Die Verfassungsorgane

Wie jede juristische Person handelt auch das Land Nordrhein-Westfalen, das juristisch eine Gebietskörperschaft des öffentlichen Rechts darstellt, durch „Organe" (vgl. *órganon* [gr.] bzw. *organum* [lat.]: Werkzeug). Unter ihnen kommt den sog. **Verfassungsorganen** besondere Bedeutung zu. Ihre herausgehobene Stellung ergibt sich daraus, dass es sich bei den Verfassungsorganen um die in der Verfassung selbst vorgesehenen und eben dort mit speziellen Befugnissen ausgestatteten, obersten Staatsorgane handelt. Zu den im dritten Teil der Landesverfassung NRW behandelten Verfassungsorganen zählen der **Landtag**, die **Landesregierung** sowie der **Verfassungsgerichtshof für das Land Nordrhein-Westfalen**. Die organisatorische Struktur der Landesverfassung ist insoweit wesentlich überschaubarer als jene des Bonner Grundgesetzes. Insbesondere verzichtet das Land, wie im Übrigen alle sonstigen Länder der Bundesrepublik Deutschland auch, auf die – durch Art. 28 Abs. 1 GG durchaus eröffnete – Möglichkeit eines eigenständigen Staatsoberhaupts. Keine Erwähnung in der Landesverfassung finden auch die politischen Parteien, die zwar als gesellschaftlich fundierte Gruppierungen keine eigentlichen „Staatsorgane" darstellen, gleichwohl für die „Rückkoppelung

§ 1. Verfassungsrecht des Landes Nordrhein-Westfalen

zwischen Staatsorganen und Volk" eine entscheidende Bedeutung besitzen (BVerfGE 91, 262, 268). Ihr besonderer Status wird freilich durch die Bundesverfassung umfassend sichergestellt, ohne dass es eines vermeintlichen „Hineinwirkens" des einschlägigen Art. 21 GG in die Landesverfassung bedürfte (oben Rn. 18 f.). Mit der ausdrücklichen Einbeziehung des VerfGH in den Kreis der Verfassungsorgane hebt sich die Landesverfassung zudem deutlich von der insoweit etwas unklaren Konzeption des Grundgesetzes ab. Immerhin hat das BVerfG selbst seinen Status als „Verfassungsorgan" im Rahmen seiner Rechtsprechung deutlich herausgestellt (BVerfGE 7, 1, 14; 65, 152, 154). Nur folgerichtig wird denn auch das BVerfG allgemein dem Kreis der Verfassungsorgane des Bundes zugerechnet (vgl. auch § 1 Abs. 1 BVerfGG: „allen übrigen Verfassungsorganen gegenüber").

I. Der Landtag

1. Der Landtag im Verfassungsgefüge

84 Der Landtag ist gem. Art. 3 Abs. 1, 30 Abs. 1 LV die Vertretung des Volkes und als solche das oberste Organ demokratischer Willensbildung. In ihm verkörpert sich das durch Art. 28 Abs. 1 GG im „Grundsatz" vorgegebene **System der repräsentativen Demokratie** (oben Rn. 72 ff.). Nur folgerichtig ordnet die Verfassung dem Landtag die zentrale Rolle im Rahmen der Gesetzgebung des Landes zu (Art. 65 ff. LV). Ihm allein obliegt die Feststellung des Haushalts als einer der „klassischen" Hoheiten des Parlaments (Budgethoheit), vgl. Art. 81 ff. LV. Über die zwingenden Homogenitätsbindungen des Art. 28 Abs. 1 GG hinausgehend misst die Landesverfassung dem Landtag ferner die entscheidende **Vermittlungsfunktion für die demokratische Legitimation** der übrigen Verfassungsorgane bei, namentlich also der Landesregierung (Art. 52 LV) und des Verfassungsgerichtshofs (Art. 76 Abs. 1 LV: Wahl der „gekorenen" Mitglieder). Jenseits der Verfassungsorgane erfolgt auch für die Mitglieder des Landesrechnungshofes (Art. 87 Abs. 2 LV) und den Landesbeauftragten für den Datenschutz (Art. 77a Abs. 1 LV) die erforderliche demokratische Legitimation durch den Landtag.

Die – auch über die reguläre Wahl des Ministerpräsidenten hinaus fortdauernde (Art. 61 LV) – Bindung der Landesregierung an das Vertrauen des Landtages ist dabei zugleich Ausdruck des durch die Landesverfassung realisierten sog. **„parlamentarischen Regierungssystems"** als Gegenbegriff zu dem sog. „Präsidialsystem", in dem die Regierung ein zweites vom Volk gewähltes und vom Vertrauen des Parlaments weithin freigestelltes Verfassungsorgan darstellt (vgl. *Stern*, Staatsrecht I, § 22 II 3). Anders als die Bundesverfassung räumt die Verfassung Nordrhein-Westfalens dem Parlament ein Recht zur Selbstauflösung ein (Art. 35 Abs. 1 LV). Erforderlich hierfür ist lediglich die Zustimmung der Mehrheit der gesetzlichen Mitglieder („absolute Mehrheit"), also nicht etwa das in anderen Ländern übliche Quorum einer 2/3-Mehrheit. Die Auflösung des Landtages kann sich ferner als Folge eines Volksentscheides nach Art. 68 Abs. 3 LV ergeben, wenn die Landesregierung ein von ihr eingebrachtes, vom Landtag jedoch abgelehntes Gesetz erfolgreich zur Entscheidung bringt (hierzu unten Rn. 168).

2. Wahl des Landtages

Die Wahlperiode des Landtages beträgt fünf Jahre (Art. 34 S. 1 LV). Die Abgeordneten des Landtages werden „vom Volke" gewählt (Art. 30 Abs. 1 LV). Entsprechend den zwingenden Vorgaben des Demokratieprinzips (oben Rn. 72 ff.) unterfallen dem Volksbegriff nur die im Land ansässigen deutschen Staatsangehörigen (§ 1 WahlG). Das aktive Wahlrecht beginnt gem. Art. 31 Abs. 2 S. 1 LV mit Vollendung des 18. Lebensjahres, das passive Wahlrecht („Wählbarkeit") mit dem Eintritt der ebenfalls an das 18. Lebensjahr geknüpften Volljährigkeit. 85

a) Wahlrechtsgrundsätze

Die Wahl der Abgeordneten erfolgt in allgemeiner, gleicher, unmittelbarer, geheimer und freier Wahl (Art. 31 Abs. 1 LV). 86
- Der Grundsatz der **Allgemeinheit der Wahl** verlangt, dass das Wahlrecht grundsätzlich allen Bürgern zusteht.
- Die **Gleichheit der Wahl** verlangt, dass jede Stimme – im Rahmen des jeweiligen Wahlsystems – das gleiche Gewicht hat.
- Das **Unmittelbarkeitspostulat** verbietet die Zwischenschaltung eines weiteren Wahlgangs zwischen der Stimmabgabe des Wahlberechtigten und der Ermittlung des Abgeordneten (vgl. „Wahlmännersysteme").
- Der Grundsatz der **Geheimheit der Wahl** untersagt jede offene oder gar öffentliche Stimmabgabe, gleichviel, ob sie freiwillig oder durch Zwang erfolgt.
- **Freiheit der Wahl** bedeutet schließlich, dass jeder Wahlberechtigte seine Stimme ohne fremde Einflussnahme oder Kontrolle in eigener Entscheidung abgeben kann (was eine gesetzlich angeordnete Wahlpflicht – auch wenn sie auf Bundes- und Landesebene nicht besteht – keineswegs ausschließen würde!).

b) Wahlsystem

Keine eigene Entscheidung trifft die Landesverfassung hinsichtlich des anzuwendenden **Wahlsystems**. Dieses wird gem. Art. 31 Abs. 4 LV durch einfaches Recht geregelt, namentlich durch das Gesetz über die Wahl zum Landtag des Landes NRW (Landeswahlgesetz) und das Gesetz über die Wahlkreiseinteilung für die Wahl zum Landtag NRW (Wahlkreisgesetz). Weitere Regelungsvorgaben finden sich im Gesetz über die Prüfung von Wahlen zum Landtag des Landes NRW sowie in der vom Landesinnenminister erlassenen Landeswahlordnung. Ähnlich wie auf Bundesebene sehen die einschlägigen Regelungen des Landeswahlgesetzes dabei ein Mischsystem aus Persönlichkeits- bzw. Mehrheitswahl und Verhältniswahl (sog. „**personalisierte Verhältniswahl**") vor, das freilich nach bisher geltendem Recht die Akzente etwas in Richtung des personalen Elements verschob. So kannte 87

§ 1. Verfassungsrecht des Landes Nordrhein-Westfalen

das Landeswahlgesetz bislang keine „Zweitstimme", sondern gewährte jedem Wähler lediglich eine Stimme, die er für einen der jeweiligen Wahlkreisbewerber sowie – falls es nicht ausnahmsweise um einen parteiunabhängigen Einzelbewerber ging – für die von ihm repräsentierte Partei abgeben konnte (§ 26 Abs. 1 S. 1 WahlG). Ein „Stimmensplitting", wie es das Bundesrecht durch die Einräumung von Erst- und Zweitstimme ermöglicht, entfiel somit bisher auf Landesebene.

88 Mit Gesetz vom 20.12.2007 (GVBl. 2008, 2) wurde nunmehr ein Zwei-Stimmen-Wahlrecht eingeführt. Die Änderung ist zum 9.1.2008 in Kraft getreten.

89 Zunächst erhalten die in den 128 Wahlkreisen mit relativer Mehrheit gewählten Bewerber unmittelbar einen Sitz im Landtag (§§ 13 Abs. 1, 32 Abs. 1 WahlG). Das Element der Verhältniswahl kommt erst bei den Landeslisten zur Anwendung. Unter Zugrundelegung einer Parlamentsstärke von 181 Abgeordneten (§ 14 Abs. 2 S. 2 WahlG) werden die noch zu vergebenden Sitze entsprechend dem landesweiten Proporz der Zweitstimmen auf die am Verhältnisausgleich teilnehmenden Parteien verteilt (§ 33 WahlG). Hat eine Partei durch die (Direkt-) Wahl von Wahlkreisbewerbern mehr Abgeordnete, als ihr nach Maßgabe ihres Zweitstimmenanteils zustehen (sog. „Überhangmandate"), sieht § 33 Abs. 5 WahlG eine Erhöhung der Parlamentssitze vor, bis sämtliche Parteien entsprechend dem Wählervotum im Parlament vertreten sind. Bei der Zuteilung von Sitzen auf die Landeslisten bleiben insgesamt solche Parteien unberücksichtigt, die weniger als 5 vom Hundert der Zweitstimmenzahl erhalten haben (sog. 5 %-Klausel, § 33 Abs. 2 S. 2 und 3 WahlG). Allerdings behalten Wahlkreisbewerber ihr direkt gewonnenes Mandat auch dann, wenn ihre Partei an der 5 %-Hürde scheitert. Die 5 %-Klausel enthält einen nicht unerheblichen Eingriff in das Grundrecht der gleichen Wahl (Art. 31 Abs. 1 LV). Gerechtfertigt wird dieser Eingriff nach h. M. indes durch das Ziel, den mit einer Zersplitterung der Parteienlandschaft verbundenen Gefahren für die Funktionsfähigkeit des Parlaments entgegenzuwirken (vgl. etwa BVerfGE 82, 322, 338 f.).

Beachte: Die Erforderlichkeit einer Sperrklausel darf nicht auf unabsehbare Zeit abstrakt und schematisch beurteilt werden, sondern ist – jedenfalls soweit eine Überprüfungsbedürftigkeit erkennbar wird – darauf zu kontrollieren, ob sich die Verhältnisse so wesentlich geändert haben, dass eine Korrektur erforderlich wird. Auf kommunaler Ebene hatte der Gesetzgeber die Fortführung der Sperrklausel nach dem Wechsel des Gemeindeverfassungssystems (unten § 2 Rn. 185 ff.) nicht mehr hinreichend begründet, was der VerfGH NRW zu Recht beanstandete (DVBl. 1999, 1271). Eine entsprechend restriktive Betrachtung hat der VerfGH NRW schließlich auch in Bezug auf sog. „faktische Sperrklauseln" auf kommunaler Ebene an den Tag gelegt, bei denen durch eine Modifikation des Sitzzuteilungsverfahrens vergleichbare Wirkungen erzielt werden sollen (NVwZ 2009, 449).

E. Die Verfassungsorgane

c) Wahlprüfung

Weitgehend der Landesgesetzgebung überantwortet wird in Art. 33 Abs. 4 **90** LV auch der Bereich der **Wahlprüfung**, die in Abs. 1 immerhin als „Sache des Landtags" institutionell abgesichert ist (hierzu auch oben Rn. 77). Soweit das BVerfG früher den Schutz speziell der (subjektiven) Wahlrechtsgleichheit parallel zu Art. 28 Abs. 1 Satz 2 GG durch Art. 3 Abs. 1 GG gewährleistet und insoweit die Möglichkeit der Individualverfassungsbeschwerde – etwa auch gegen Wahlprüfungsentscheidungen des VerfGH NRW – für gegeben sah (NVwZ 1992, 257), hat das Gericht diese Rechtsprechung zwischenzeitlich aufgegeben (BVerfGE 99, 1). Ob das damit allein verbleibende Wahlprüfungsverfahren als hinreichender Schutz der individuellen Wahlrechtsgleichheit angesehen werden kann, ist zweifelhaft (krit. *Löwer*, in: Löwer/Tettinger, LV NRW, 2002, Art. 33 Rn. 15). Jedenfalls für den Bereich der kommunalen Wahlen ist der vollständige Ausfall verfassungsgerichtlicher Rechtsschutzmöglichkeiten für den Einzelnen zu bedauern (s. *Ehlers*, FS VerfGH, 2002, S. 273, 274).

d) Wahlkampfkosten

Zu den ewigen Streitthemen des Staatsrechts gehört neben der Abgeord- **91** netenentschädigung und der Parteienfinanzierung auch die Frage der Wahlkampfkostenerstattung; dies freilich nicht zuletzt deshalb, weil sich die Wahlkampfkostenerstattung im Laufe der Zeit zu einer teilweisen Basisfinanzierung der Parteien entwickelt hat. Unzweifelhaft erfüllen die Parteien durch die Mitwirkung an Wahlen eine zentrale verfassungsmäßige Aufgabe, so dass es durchaus folgerichtig erscheint, wenn ihre Landtagswahlkosten zu einem erheblichen Teil aus öffentlichen Mitteln finanziert werden. Auch nach der grundlegenden Karlsruher Rechtsprechungswende zugunsten einer zumindest partiellen staatlichen Finanzierung der Parteien (BVerfGE 85, 264, 286) dürfen freilich die konkreten Wahlerfolge bei der Bemessung der Kostenerstattung nicht ausgeblendet werden. Zu Recht hat der VerfGH NRW daher – in Übereinstimmung mit der Rechtsprechung des BVerfG (a. a. O.) – sog. „Sockelbeträge", die jede Partei mit einer Mindestanzahl von Wählerstimmen als Bestandteil der Wahlkostenerstattung erhielt, für unzulässig erklärt (VerfGH NRW, NWVBl. 1992, 275 ff.). Der Landesgesetzgeber hat dieser Entscheidung – ebenso wie dem dortigen Verdikt der überhöhten Pauschalbeträge pro Wählerstimme – inzwischen durch eine Neufassung der Gesetze Rechnung getragen.

e) Wahlverbote

Von praktisch nur geringer Bedeutung bleibt schließlich das durch Art. 32 LV **92** verfassungsrechtlich festgelegte **Wahlverbot** für „Vereinigungen und Personen, die es unternehmen, die staatsbürgerlichen Freiheiten zu unterdrücken oder gegen Volk, Land oder Verfassung Gewalt anzuwenden". Der Wahlverlust, der das aktive wie das passive Wahlrecht betrifft, bedarf der (konstitutiven) **Entscheidung des Verfassungsgerichtshofes**. Antragsberechtigt ist neben der Landesregierung eine parlamentarische Minderheit von fünfzig Abgeordneten. Dieses geringe Quorum zeigt die Entschlossenheit der Landesverfassung im Kampf um die Freiheit („wehrhafte Demokratie"). Zu beachten bleibt, dass das Verbot nicht auf politische Parteien erstreckt werden darf. Denn diese werden durch Art. 21 GG einem besonderen Schutz (Parteienprivileg) unterstellt, der zugleich spezielle Anforderungen an ein Parteiverbotsverfahren stellt (Art. 21 Abs. 2 GG i.V.m. § 13 Nr. 2, §§ 43 ff. BVerfGG).

3. Die Landtagsabgeordneten

a) Das freie Mandat

93 Art. 30 Abs. 2 LV gewährt den Landtagsabgeordneten ein sog. „freies Mandat". Danach stimmen die Abgeordneten „nach ihrer freien, nur durch die Rücksicht auf das Volkswohl bestimmten Überzeugung; sie sind an Aufträge nicht gebunden". Das freie Mandat ignoriert und leugnet nicht die vielfältigen faktischen Abhängigkeiten der Abgeordneten insbesondere von den durch sie ebenfalls mitvertretenen politischen Parteien. Es gewährt ihnen aber die Freiheit, den eigenen politischen Standort mit Blick auf das Gemeinwohl stets neu zu justieren und zu definieren. Es enthält die **Absage** an jedwede Form eines **„imperativen Mandats"**, sei es in der „klassischen" Form der Rätedemokratie oder auch der ständischen Vertretung, sei es in modernen Formen eines **„Fraktions-"** oder **„Koalitionszwangs"**. Selbst die Vereinbarungen eines **„Koalitionsvertrages"** reichen angesichts der verfassungsrechtlichen Entscheidung zu Gunsten des freien Mandats nicht über bloße politische Absichtserklärungen hinaus. Sie gewähren insbesondere kein Recht der Parteien oder Fraktionen, „widerspenstige" Abgeordnete ihres Mandates zu entheben. Unberührt hiervon bleibt die Möglichkeit des Fraktions- oder Parteiausschlusses, der indes – ebenso wie der von Seiten des Abgeordneten erklärte Austritt – keinen Einfluss auf den Fortbestand des Abgeordnetenmandats hat (vgl. unten Rn. 107 f.).

b) Flankierende Rechte zum Schutz des freien Mandats

94 Abgeschirmt und ergänzt wird die verfassungsrechtliche Entscheidung zugunsten des freien Mandats durch eine Reihe flankierender Regelungen, zu denen namentlich das Behinderungsverbot des Art. 46 LV, die Grundsätze der Indemnität und Immunität nach Art. 47 f. LV sowie der Anspruch auf Entschädigung gem. Art. 50 LV zählen.

aa) Das Behinderungsverbot

95 Gemäß Art. 46 Abs. 1 LV dürfen Abgeordnete an der Übernahme und Ausübung ihres Mandates nicht gehindert oder hierdurch in ihrem Amt oder Arbeitsverhältnis benachteiligt werden. Insbesondere verbietet es die Verfassung, Abgeordnete aus diesem Grund zu entlassen oder ihnen zu kündigen. Das Behinderungsverbot greift bereits mit der Bewerbung um ein Mandat, wobei ohne Bedeutung bleibt, ob ein Direktmandat oder ein Listenplatz angestrebt wird. Nicht ohne Weiteres anwendbar ist die Schutzregelung auf freiberuflich tätige Bewerber oder Mandatsinhaber, deren Gesellschaftsverträge somit u. U. gekündigt werden können (so auch *Dästner*, Art. 46

Rn. 1). Die Regelung des Art. 46 Abs. 1 LV entfaltet unmittelbare Drittwirkung. Aufgrund ihrer Verankerung im formellen Verfassungsrecht bestehen kompetenzielle Bedenken gegen diese Regelung nicht (oben Rn. 11 f.).

bb) Indemnität und Immunität

Ebenfalls in engem thematischem Bezug zum freien Mandat des Abgeordneten steht der Grundsatz der Indemnität, der darüber hinaus zugleich die Arbeits- und Funktionsfähigkeit des gesamten Parlaments sichern soll. Er verhindert, dass ein Abgeordneter „zu irgendeiner Zeit wegen seiner Abstimmung oder wegen Äußerungen in Ausübung seines Mandats gerichtlich oder dienstlich verfolgt oder sonst außerhalb der Versammlung zur Verantwortung gezogen werden" kann (Art. 47 LV). Als geschützte Äußerungsformen kommen auch nonverbale Meinungskundgaben in Betracht, nicht dagegen bloße Tätlichkeiten. 96

> **Beispiel:** Der Wurf eines Farbbeutels auf einen Soldaten auf der Zuschauertribüne **kann nicht als konkludente Äußerung des wütenden Abgeordneten gewertet werden** (s. BVerwGE 83, 1, 16), wohl aber dessen demonstratives Sitzenbleiben beim Empfang eines hochkarätigen Staatsgastes im Parlament.

Ausgenommen vom Indemnitätsschutz bleiben allein verleumderische Beleidigungen. Anders als das Grundgesetz (Art. 46 GG) hat die Landesverfassung bewusst von einer räumlichen Begrenzung des Indemnitätsschutzes auf das Plenum und die Ausschüsse abgesehen. Entscheidend ist demnach allein der **funktionelle Bezug zur parlamentarischen Arbeit**, so dass der landesverfassungsrechtliche Schutz etwa auch Presseerklärungen zu landespolitischen Angelegenheiten zuteil wird. Keinen Schutz genießen nach h. M. dagegen Äußerungen in Fernsehsendungen (z. B. Talkshows). Zu beachten ist, dass der **Indemnitätsschutz** zwar mit dem Erwerb des Mandats beginnt, jedoch **nicht mit dem Mandatsverlust endet**. Auch blockiert die Indemnität nicht allein **strafrechtliche Sanktionen** (vgl. § 36 StGB), sondern jede (außerparlamentarische) beeinträchtigende staatliche Maßnahme einschließlich **zivilgerichtlicher Maßnahmen** (Unterlassungsklagen etc.). Die Indemnität schützt dagegen nicht vor innerparlamentarischen Maßnahmen, die der Landtagspräsident in Ausübung seiner Ordnungsgewalt ausspricht. Im Gegensatz zum Grundgesetz, das die Indemnität lediglich für Äußerungen „im Bundestag oder in einem seiner Ausschüsse" gewährleistet (Art. 46 Abs. 1 S. 1 GG), besteht nach Art. 47 Abs. 1 S. 1 LV umfassender Indemnitätsschutz für Abstimmungen und Äußerungen **„in Ausübung des Mandats"**. Mit dieser bewusst weitreichenden Formulierung können folglich auch Äußerungen außerhalb der reinen Parlamentstätigkeit, etwa auf Partei- und Wahlkreisveranstaltungen, vom Normzweck umfasst sein.

Nach wohl h. M. soll der Schutz der Indemnität allerdings nicht greifen bei Äußerungen, die ein Abgeordneter in Ausübung eines parallel wahrgenommenen Ministeramtes getätigt hat (OVG NRW, DVBl. 1967, 51, 53). Die praktische Durchführbarkeit der hiernach erforderlichen **„funktionsbezogenen Qualifizierung"** der jeweiligen Äußerung erscheint allerdings nicht unproblematisch.

§ 1. Verfassungsrecht des Landes Nordrhein-Westfalen

> **Beispiel:** Der Abgeordnete A hat sich dem Kampf gegen religiöse Verführungen der Jugend verschrieben. Im Parlament ruft er mehrfach dazu auf, einzelnen namentlich benannten „Jugendsekten das Handwerk zu legen". Nach seiner Ernennung zum zuständigen Ressortminister wiederholt er diese Äußerungen in einer Presseeklärung und wird von einer der genannten Gemeinschaften auf Unterlassung verklagt. Der Indemnitätsschutz greift gegenüber den ministeriellen Äußerungen nicht mehr; das Gericht gibt der Unterlassungsklage statt (OVG NRW, NVwZ 1985, 123).

97 Der Abwehranspruch gegen verleumderische Beleidigungen durch einen Abgeordneten kann vom Betroffenen grundsätzlich als Unterlassungsanspruch nach §§ 823 Abs. 2, 1004 BGB analog geltend gemacht werden. Da die betreffenden Äußerungen eines Abgeordneten dem öffentlich-rechtlichen Funktionskreis zuzuordnen sind, ist der Anspruch richtigerweise im Wege der allgemeinen Leistungsklage vor den Verwaltungsgerichten durchzusetzen.

98 Der **Immunitätsschutz** nach Art. 48 Abs. 1 LV besagt, dass kein Abgeordneter ohne Genehmigung des Landtags während der Wahlperiode wegen einer mit Strafe bedrohten Handlung zur Untersuchung gezogen, festgenommen oder verhaftet werden darf, es sei denn, er wird auf frischer Tat oder im Laufe des nächstfolgenden Tages ergriffen. Im Gegensatz zu Art. 46 Abs. 2 GG fallen auch hier verleumderische Beleidigungen nicht unter die Sonderregelung. Über den bundesrechtlichen „Transmissionsriemen" des § 152a StPO ist die Beachtung der landesverfassungsrechtlichen Immunitätsregel auch den übrigen Ländern sowie dem Bund zur Pflicht gemacht. Schon die **Einleitung zielgerichteter Ermittlungen** unterliegt dem Immunitätsschutz, wobei jedoch Ermittlungen, die vorbereitend der Feststellung dienen, ob die Genehmigung des Landtages, also die „Aufhebung der Immunität" zu beantragen ist (sog. „Vorermittlungen"), richtigerweise außer Betracht zu bleiben haben.

99 Nach heute h. M. besteht Immunitätsschutz auch für solche Strafverfahren, die zeitlich vor der Erlangung des Abgeordnetenstatus eingeleitet worden sind (sog. **„mitgebrachte" Verfahren**). Da der Wortlaut der Verfassungsnorm eine strafbare Handlung voraussetzt, erfasst der Immunitätsschutz dagegen nicht die zivilgerichtlich angeordnete Verwirkung einer Vertragsstrafe bzw. die Auferlegung eines Ordnungsgeldes gem. § 890 Abs. 1 ZPO. Immerhin unterliegt die Anordnung der Ordnungshaft als Beschränkung der persönlichen Freiheit dem Erlaubnisvorbehalt des Art. 48 Abs. 2 LV. Ob der Immunitätsschutz auch die Verfolgung von Ordnungswidrigkeiten und die Durchführung beamtenrechtlicher Disziplinarverfahren blockiert, erscheint angesichts des Wortlauts von Art. 48 Abs. 1 LV („wegen einer mit Strafe bedrohten Handlung") zweifelhaft. Immerhin aber unterfallen Disziplinarstraftatbestände dem Begriff der strafbaren Handlung, so dass ein darauf gerichtetes Disziplinarverfahren vor Aufhebung der Immunität blockiert ist (BVerfGE 42, 312, 326; teilw. anders BVerwGE 83, 1 – wenig überzeugend).

E. Die Verfassungsorgane

Nach tradierter Rechtsauffassung handelt es sich bei dem Schutz der Immunität ebenso wie bei der Indemnität nicht um ein genuin (subjektives) Recht des einzelnen Abgeordneten, sondern **vornehmlich** um ein sog. „**Parlamentsrecht**" (BVerfG, DVBl. 2002, 193 ff.; so auch § 82 Abs. 2 GO-LT i.V.m. Anlage 7 Ziff. 4). Richtigerweise weist der Immunitätsschutz neben dem objektiv-institutionellen Element des Erhalts der Arbeits- und Funktionsfähigkeit des Parlaments indes zugleich einen engen Bezug zur Freiheit der Mandatsausübung auf, so dass Art. 48 Abs. 1 LV eine auch **subjektiv-rechtliche Komponente** beizumessen ist. In diese Richtung tendiert nunmehr auch das BVerfG, das zwar weiterhin in erster Linie auf das Parlamentsrecht rekurriert, dem einzelnen Abgeordneten aber immerhin einen Anspruch darauf einräumt, dass das Parlament bei der Entscheidung über die Aufhebung der Immunität den repräsentativen Status des Abgeordneten berücksichtigt und sich nicht von sachfremden, willkürlichen Motiven leiten lässt (vgl. BVerfG, DVBl. 2002, 193 ff. m. Bespr. *Wiefelspütz*, ebda., S. 1229 ff., diese Frage offenlassend VerfGH NRW, NWVBl. 2006, 12 ff.). Letzteres ergibt sich für das Land Nordrhein-Westfalen aus Art. 47, 48 i.V.m. Art. 30 Abs. 2 LV. Ob die im (politischen) Ermessen des Parlaments liegende, zur Strafverfolgung erforderliche Genehmigungserteilung den verfassungsrechtlichen Anforderungen genügt, kann dementsprechend von dem betroffenen Abgeordneten im Wege des **Organstreitverfahrens vor dem Landesverfassungsgericht** zur Prüfung gestellt werden.

100

cc) Abgeordnetenentschädigung

Ein politisch wie verfassungsrechtlich besonders sensibles Gebiet ist das der Abgeordnetenbezüge bzw. – tradiertem Sprachgebrauch entsprechend – der Abgeordnetenentschädigung. Die gilt für das Landesverfassungsrecht ebenso wie für das Bundesverfassungsrecht. Folgt man der Rechtsprechung des BVerfG, gelten die Kerninhalte der grundgesetzlichen Entschädigungsregel (Art. 48 Abs. 3 GG) über die Vermittlungsnorm des Art. 28 Abs. 1 GG mittelbar auch für die Länder. Denn das Gericht zählt die Autonomie des Parlaments, in eigener Sache über die Entschädigung der Abgeordneten zu entscheiden, zu den „Essentialen des demokratischen Prinzips" (BVerfGE 40, 296, 319). Richtig an dieser Überlegung ist, dass die Freiheit des Mandats auch der **Absicherung gegenüber wirtschaftlichen Abhängigkeiten** des Abgeordneten bedarf (VerfGH NRW, DVBl. 1995, 921). Richtig ist auch, dass es in einer parlamentarischen Demokratie keine wirkliche Alternative zu einer autonomen Festlegung der Abgeordnetenentschädigung durch das Parlament gibt. Einer genauen Prüfung bedarf aber, ob und inwieweit die auf der Bundesebene entwickelten Grundsätze zur Abgeordnetenentschädigung auf die Landesebene übertragen werden können. Dies gilt namentlich im Hinblick auf das für die Abgeordneten des Deutschen Bundestages mit der Diätenentscheidung des BVerfG vom 18.06.1975 angenommene Gebot der angemessenen „Vollalimentation" (BVerfGE 40, 296, 315 f.; deutlich zurückhaltender BVerfGE 76, 256, 341 ff.). Ihm zugrunde liegt die Vorstellung eines „*Full-time*-Mandats" – eine Vorstellung, die in Bezug auf Landtagsmandate bisweilen als „Mär" bezeichnet wird (vgl. *v. Arnim*, ZRP 2005, 77). Unge-

101

§ 1. Verfassungsrecht des Landes Nordrhein-Westfalen

achtet dieser scharfen Zuspitzung ist zu konstatieren, dass der über die vergangenen Jahrzehnte zu verzeichnende Anstieg der Abgeordnetenentschädigung auf Länderebene in einem gewissen Kontrast zu den schwindenden Zuständigkeiten der Länderparlamente steht. Auch die Föderalismusreform hat eine Trendwende bislang nicht bewirkt. Die zunehmende Angleichung der Entschädigung von Landtagsabgeordneten an jene der Abgeordneten des Deutschen Bundestages ist daher nicht unproblematisch. Stets zu bedenken ist dabei, dass die Entschädigung nicht im Sinne eines **arbeitsrechtlichen Entlohnungsanspruchs** missdeutet werden darf. Denn der Abgeordnete schuldet keine „Dienste", sondern nimmt ein Mandat wahr (BVerfGE 40, 296, 316). Aus dem gleichen Grund verbietet sich auch eine Angleichung der Entschädigung an den herkömmlichen Aufbau eines Beamtengehalts (BVerfG, a. a. O.).

102 Im Ergebnis wird die Akzeptanz der vorrangig politischen Entscheidung über die Bemessung der Entschädigung ganz wesentlich von der **Offenheit und Transparenz des Entscheidungsverfahrens** abhängen. In der Vergangenheit hatte die Festsetzung der Entschädigung, die aus einer Grundalimentation bestand und durch ein kaum mehr durchschaubares System von pauschalierten Aufwandsentschädigungen, Übergangsgeldern und Versorgungsansprüchen ergänzt wurde, dazu wenig beigetragen. Insoweit waren die von der sog. Diätenkommission des Landtages im März 2002 vorgelegten und am 17.03.2005 vom Landtag verabschiedeten Vorschläge zur Reform des Entschädigungsrechts nachdrücklich zu begrüßen (hierzu *Geerlings*, NWVBl. 2003, 129 ff.). Getragen von den Leitmotiven „Transparenz, Gleichbehandlung, Angemessenheit und Nachvollziehbarkeit" wurden insbesondere die steuerpflichtigen Bezüge und steuerfreien Aufwandsentschädigungen zusammengefasst, die Übergangsgelder beschränkt und die bisherige staatliche Altersversorgung abgeschafft. Zum Ausgleich dafür war eine spürbare Erhöhung der steuerpflichtigen Abgeordnetenbezüge auf zunächst 9.500 Euro vorgesehen. Das Land erhoffte sich durch diesen grundlegenden Systemwechsel Einsparungen in Höhe von ca. 2 Millionen Euro jährlich. Zunächst wurde entsprechend der gesetzlichen Regelung eine jährliche Anpassung der Abgeordnetenbezüge durch Parlamentsgesetz aufgrund eines auf Daten des Landesamtes für Datenverarbeitung und Statistik basierenden Angemessenheitsberichts vorgenommen. Nach Maßgabe des im Jahre 2008 neu gefassten § 15 AbgeordnetenG erfolgt nunmehr eine automatische jährliche Anpassung der Abgeordnetenbezüge nach einem „verobjektivierten" Verfahren auf der Grundlage einer Erhebung des Landesamtes für Datenverarbeitung und Statistik über die allgemeine Lohn- und Gehaltsentwicklung, sowie die Lebenshaltungskosten und Einzelhandelspreise im vorausgegangenen Jahr. Nach der letzten Anpassung am 1.3.2012 beträgt die Entschädigung derzeit 10.726,- Euro. Mit Gesetz vom 20.6.2013 wurde die jährliche Anpassung der Abgeordnetenbezüge für die Jahre 2013 und 2014 ausgesetzt (vgl. den neu in das Gesetz eingefügten § 15 Abs. 4 AbgeordnetenG).

E. Die Verfassungsorgane

c) Parlamentarische Mitwirkungsrechte

Ebenso wie das Grundgesetz verzichtet die nordrhein-westfälische Landesverfassung – anders als andere Landesverfassungen – auf eine gesonderte Normierung der **parlamentarischen Mitwirkungsrechte** der einzelnen Abgeordneten. Gleichwohl ist unbestritten, dass Art. 30 Abs. 2 LV ein Bündel nicht ausdrücklich benannter Parlamentsrechte voraussetzt, die in der Summe den verfassungsrechtlichen Status des Abgeordneten definieren. Hierzu gehört namentlich das aus dem allgemeinen Gedanken des Parlamentsrechts abzuleitende **Stimm-, Rede-** und **Beteiligungsrecht** (VerfGH NRW, NVwZ-RR 2000, 265, 266), aber auch das Recht, **parlamentarische Anfragen** einzubringen. Letzterem korrespondiert eine grundsätzliche Antwortpflicht der Regierung, die ihre Grenze in der Aufrechterhaltung der Funktions- und Arbeitsfähigkeit der Landesregierung findet (VerfGH NRW, NVwZ 1994, 678).

103

> **Beispiel:** Bei thematischer Übereinstimmung einer Anfrage mit dem Untersuchungsauftrag eines kurz bevorstehenden parlamentarischen Untersuchungsverfahrens ist der Verweis auf die dort stattfindenden Aufklärungsmaßnahmen grundsätzlich zulässig, um einen doppelten Arbeitsaufwand der Landesregierung zu vermeiden (VerfGH, a. a. O.).

Ihre nähere Ausformung erfahren die parlamentarischen Mitwirkungsrechte der Abgeordneten in der **Geschäftsordnung des Landtags**, die nach h. M. die Rechtsqualität einer **autonomen Satzung** besitzt. Namentlich das Rederecht der Abgeordneten findet hier – unter Auffächerung in die Gesamtredezeit, die Fraktionsredezeit sowie die individuelle Redezeit – eine detaillierte Regelung (§§ 26 ff. GO-LT NRW). Die z.T. recht rigiden Beschränkungen der individuellen Redezeit sind verfassungskonform und rechtfertigen sich aus der Befugnis des Parlaments, jederzeit den Schluss einer Debatte beschließen zu können. „Ohne dieses Recht kann kein Parlament auf Dauer arbeitsfähig bleiben, weil es sonst der Obstruktion jeder Minderheit und selbst einzelner Abgeordneter ausgeliefert wäre" (BVerfGE 10, 4, 13). Allerdings darf die eigentliche Aufgabe des Parlaments, „Forum für Rede und Gegenrede" zu sein, durch die Regelungen der Geschäftsordnung nicht preisgegeben werden (BVerfG, a. a. O.).

104

4. Die Fraktionen

Keine Erwähnung in der Landesverfassung finden die Fraktionen, die als notwendige Einrichtungen des Verfassungslebens in einer Parteiendemokratie gleichwohl anerkannt und vorausgesetzt sind (BVerfGE 10, 4, 14 – st. Rspr.). Als (partei-) politische Gliederungen des Landtages sind die Fraktionen in die organisierte Staatlichkeit integriert und daher mehr als ein bloß zivilrechtlicher Verbund einzelner Abgeordneter. Mit Blick auf die in der Geschäftsordnung des Landtages verbürgten Rechte der Fraktionen erscheint es nur folgerichtig, diesen eine **rechtliche Doppelnatur** – einerseits als Organteil des

105

§ 1. Verfassungsrecht des Landes Nordrhein-Westfalen

Landtags, andererseits als selbständige Vereinigung des Zivilrechts – beizumessen. In diese Richtung tendiert nunmehr auch § 1 FraktionsG, der Fraktionen als mit eigenen Rechten und Pflichten ausgestattete Vereinigungen im Landtag definiert, die am allgemeinen Rechtsverkehr teilnehmen. Entsprechend den einschlägigen Regeln der Geschäftsordnung des Landtags müssen Fraktionen die Stärke von mindestens 5 % **der Mitglieder des Landtages** aufweisen (§ 11 Abs. 1 S. 1 GO-LT). Eine gemeinsame parteipolitische Zuordnung ist rechtlich nicht gefordert, entspricht aber der parlamentarischen Praxis. Zu den wesentlichen Organrechten, die den Fraktionen durch die Geschäftsordnung des Landtages gewährt werden und die diese ggf. im Organstreitverfahren vor dem VerfGH durchsetzen können, zählen namentlich
– die Bestimmung der Ausschussmitglieder (§ 48 Abs. 2 GO-LT),
– die Antragsrechte auf namentliche Abstimmung (§ 43 Abs. 1 GO-LT), Sitzungsunterbrechung (§ 37 Abs. 2 GO-LT), Durchführung einer dritten Lesung (§ 68 Abs. 2 GO-LT) und Durchführung einer aktuellen Stunde (§ 90 Abs. 2 iVm. Anlg. 2 GO-LT) sowie
– die Berechtigung zur Einbringung großer Anfragen (§ 85 Abs. 2 GO-LT).
Von besonderer Klausurenrelevanz sind Fragen des Fraktionszwangs und der Fraktionsdisziplin (a) sowie die Problematik des Ausschlusses einzelner Abgeordneter aus der Fraktion (b).

a) Fraktionszwang – Fraktionsdisziplin

106 Wie oben Rn. 93 dargestellt, steht das Prinzip des freien Mandates jedweden rechtsverbindlichen Aufträgen oder Weisungen an die Abgeordneten entgegen. Die Freiheit des Mandats besteht dabei auch und zumal gegenüber der eigenen Fraktion des Abgeordneten. Einen „**Fraktionszwang**" im rechtlichen Sinn kann es somit nicht geben, es handelt sich also verfassungsrechtlich gesehen um ein „Scheinproblem". Unabhängig hiervon besteht ein berechtigtes Interesse der Fraktionen, ihre Mitglieder auf einer gemeinsamen politischen Linie zu halten. Zu diesem Zweck darf die Fraktion bestimmte Verfahrens- und Verhaltensregeln für ihre Mitglieder aufstellen (BVerfGE 10, 4, 14). Zwar erzeugt die von den Fraktionen insoweit legitimerweise eingeforderte „**Fraktionsdisziplin**" keine rechtlich durchsetzbaren Verhaltenspflichten der Abgeordneten. Wohl aber kann die Fraktion berechtigt sein, auf ein Ausscheren einzelner Parlamentarier aus der Fraktionslinie zu reagieren, etwa durch einen **Fraktionsausschluss** oder die Abberufung eines Abgeordneten aus einem Parlamentsausschuss. Umstritten ist die verfassungsrechtliche Zulässigkeit eines „Ausschussrückrufs" trotz Beibehaltung der Fraktionsmitgliedschaft. Immerhin spricht § 48 Abs. 2 S. 1 GO-LT, demzufolge die Fraktionen in freier Entscheidung die Ausschussmitglieder bestimmen, für die Zulässigkeit des Rückrufs.

b) Der Fraktionsausschluss

107 Schärfste und letzte Form der Sanktionierung eines Abgeordneten ist dessen – gerichtlich überprüfbarer – Ausschluss aus der Fraktion. Angesichts der eher begrenzten Einzelrechte der Abgeordneten (hierzu vor allem Rn. 103) bedeutet der Fraktionsausschluss eine erhebliche Minderung der parlamen-

tarischen Mitwirkungsmöglichkeiten des Betroffenen, zumal dem Fraktionsausschluss regelmäßig die Abberufung aus den Ausschüssen, denen der Abgeordnete angehört, nachfolgt (BVerfGE 80, 188, 233). Zu Recht gehen Rechtsprechung und Literatur dementsprechend davon aus, dass ein Fraktionsausschluss nur bei Vorliegen **besonders gravierender Umstände** erfolgen kann, namentlich soweit der Fraktion ein weiterer **Verbleib** des betreffenden Abgeordneten in ihren Reihen **nicht zuzumuten** ist.

Das Parlamentsmandat des Abgeordneten wird durch den Fraktionsausschluss ebenso wenig berührt wie durch einen Parteiausschluss oder auch einen freiwilligen Austritt aus Partei und Fraktion. Dies gilt auch dann, wenn der Abgeordnete im Vorhinein einen Mandatsverzicht schriftlich oder mündlich zugesagt hat. Entsprechende Vereinbarungen sind wegen Verstoßes gegen das freie Mandat nichtig. Dagegen kann der Ausschluss von Abgeordneten für die Fraktion u. U. den Verlust der Fraktionsstärke zur Folge haben. 108

5. Die Opposition

In der Landesverfassung nicht erwähnt ist auch die Opposition, die freilich – anders als eine Fraktion – keine eigentliche organisatorische Untergliederung darstellt, sondern als politischer Begriff die Gesamtheit jener Abgeordneten erfasst, die nicht im „Regierungslager" stehen. Besondere Schwierigkeiten bereitet die Konturierung des Oppositionsbegriffs im Falle sog. „Minderheitsregierungen", die von Abgeordneten mitgetragen werden, die formal nicht im Regierungslager stehen (VerfGH Sachsen-Anh., LKV 1998, 101 ff.). Obgleich die fundamentale Bedeutung einer Opposition im parlamentarischen Regierungssystem unbestritten ist, liegt deren rechtliches Potential letztlich in den (Minderheits-) Rechten, die den Fraktionen und Abgeordneten zukommen. Nur folgerichtig wird der in einigen Landesverfassungen gewährte Anspruch auf Chancengleichheit teilweise nicht abstrakt auf die Opposition, sondern unmittelbar auf die Oppositionsfraktionen bezogen (Art. 59 Abs. 2 LV Thüringen). 109

6. Die Ausschüsse

In der parlamentarischen Praxis spielen die Ausschüsse traditionell eine bedeutende Rolle. Ihre wesentliche Funktion liegt in der Entlastung des Plenums bei gleichzeitiger Arbeitsteilung, namentlich im Gesetzgebungsverfahren (unten Rn. 129 ff.). Traditionell werden die Ausschüsse den Ressortzuschnitten der Landesregierung „nachgebildet". Die in die Ausschüsse berufenen Abgeordneten **reflektieren** hinsichtlich ihrer politischen Ausrichtung die **Machtverteilung im Plenum** („Plenum im Kleinen"), was nicht ausschließt, dass Minderheitsfraktionen bei kleineren Ausschüssen im Einzelfall unberücksichtigt bleiben (BVerfGE 70, 324, 364). Ausnahmsweise können in sog. „Enquêtekommissionen" (§ 57 GO-LT) auch externe Mitglieder berufen werden, die dort die gleichen Rechte haben wie Abgeordnete. 110

§ 1. Verfassungsrecht des Landes Nordrhein-Westfalen

111 Die nordrhein-westfälische Landesverfassung behandelt in den Art. 40–42 den **ständigen Ausschuss** (gem. § 47 Abs. 3 GO-LT ist dies der sog. „Ältestenrat") und den **Petitionsausschuss** als sog. „Pflichtausschüsse" sowie die bei der Aufdeckung von Missständen fakultativ einsetzbaren **Untersuchungsausschüsse**. Die Art. 40–42 LV enthalten keinen abschließenden Katalog möglicher Landtagsausschüsse. Vielmehr folgt aus der Geschäftsordnungsautonomie des Landtages, dass dieser nach Bedarf auch weitere Ausschüsse einzurichten befugt ist (z. B. **Haushalts-** und **Finanzausschuss**, **Rechtsausschuss, Sportausschuss** usw.).

a) Beteiligung fraktionsloser Abgeordneter

112 Von erheblicher Klausurenrelevanz ist die Frage der Ausschussbeteiligung fraktionsloser Abgeordneter (z. B. nach einem Fraktionsausschluss). Entspräche es einerseits dem Grundsatz der „Spiegelbildlichkeit" der Ausschüsse gegenüber dem Plenum, lediglich fraktionsgebundene Abgeordnete in die Ausschüsse zu entsenden, kann andererseits fraktionslosen Abgeordneten der Zugang zu den politisch hoch bedeutsamen Ausschüssen doch nicht völlig verschlossen bleiben (vgl. BVerfGE 80, 188 ff.). Das BVerfG geht daher vermittelnd davon aus, dass jeder Abgeordnete zwar einen **Anspruch auf Mitwirkung in einem Ausschuss** mit Rede- und Antragsrecht hat, ihm zur Wahrung des Proporzes allerdings ein darüber hinausgehendes Stimmrecht verwehrt werden kann. Die Zuweisung fraktionsloser Abgeordneter zu einem Ausschuss erfolgt durch Entscheidung des Ältestenrates.

b) Untersuchungsausschüsse

113 Besondere politische Bedeutung unter den Ausschüssen kommt den nach Art. 41 LV einzusetzenden Untersuchungsausschüssen zu, deren konkretere Ausgestaltung sich gemäß Art. 41 Abs. 1 S. 6 LV nach einfachem Recht richtet (UntersuchungsausschussG [UAG]). Wiewohl über ihr Beweiserhebungsrecht (Art. 41 Abs. 1 S. 2 LV) scheinbar staatlichen Gerichten angenähert, handelt es sich bei den Untersuchungsausschüssen doch keinesfalls um Organe der Rechtspflege oder gerichtsähnliche Einrichtungen, sondern um **Instrumente der politischen, parlamentarischen Auseinandersetzung** (OVG NRW, DVBl. 1987, 610: „Hilfsorgane des Landtags"). Dementsprechend unterliegen die Ausschussmitglieder keinen wie auch immer gearteten Neutralitätspflichten. Zudem sind die Beschlüsse der Ausschüsse gerichtlicher Kontrolle entzogen (Art. 41 Abs. 4 S. 1 LV).

114 Rechtshistorisch geht Art. 41 LV in wesentlichen Zügen auf die Weimarer Reichsverfassung und die Verfassung des Freistaats Preußen vom 30.11. 1920 zurück. In Übereinstimmung mit den dortigen Regelungen ist das Recht der Untersuchungsausschüsse auch im Land Nordrhein-Westfalen vor allem als ein **Minderheitenrecht** konzipiert. So hat der Landtag auf Antrag von einem Fünftel der gesetzlichen Zahl seiner Mitglieder die Pflicht, einen entsprechenden Ausschuss einzusetzen (sog. **„Minderheitsenquête"**). Mit dem Antragsquorum von einem Fünftel der gesetzlichen Zahl seiner Mitglieder bleibt die Landesverfassung unter dem vom Grundgesetz (Art. 44 GG), aber auch von anderen Landesverfassungen (z. B. Art. 79 LV Saarl.;

E. Die Verfassungsorgane

Art. 35 LV Bad.-Württ.) festgelegten Schwellenwert von einem Viertel der Parlamentsmitglieder.

Erforderlich für einen solchen Einsetzungsbeschluss ist dabei, dass der Untersuchungsauftrag hinreichend bestimmt ist (vgl. §§ 2 Abs. 1, 3 Abs. 1 UAG) und sich zusätzlich auf einen zulässigen Untersuchungsgegenstand bezieht. Die gängige Unterscheidung verschiedener Untersuchungsgegenstände (Kontroll- und Missstandsenquêten, Gesetzgebungs-, Kollegial- und Skandalenquêten) verdeutlicht zwar durchaus anschaulich die möglichen tatsächlichen Betätigungsfelder für Untersuchungsausschüsse, bleibt aber rechtlich ohne Gewinn. In jedem Fall darf sich der Untersuchungsausschuss nur mit Angelegenheiten befassen, die den **Aufgabenbereich des Landtags** betreffen (sog. „Korollartheorie", vgl. BVerfGE 77, 1, 44). Außerhalb des zulässigen Betätigungsfeldes von Untersuchungsausschüssen des Landtages bleiben damit Angelegenheiten, die in den ausschließlichen Kompetenzbereich des Bundes bzw. eines anderen Bundeslandes (Bundesstaatsprinzip) oder in den alleinigen Kompetenzbereich eines anderen Verfassungsorgans des Landes (Gewaltenteilungsprinzip) fallen. Mit Blick auf das Gewaltenteilungsprinzip kommt namentlich der Landesregierung ein „Kernbereich exekutivischer Eigenverantwortung" zu, der einen nicht ausforschbaren Initiativ-, Beratungs- und Handlungsbereich umfasst. 115

Beispiel: Unzulässig wäre die Einsetzung eines parlamentarischen Untersuchungsausschusses mit dem Ziel, eine ständige Überwachung der Exekutive herbeizuführen, denn hiermit würde die grundsätzliche Selbständigkeit der Exekutive gegenüber dem Parlament ausgehöhlt. Da sich die Kontrollkompetenz des Landtages lediglich auf bereits abgeschlossene Vorgänge erstreckt, ist ein Untersuchungsausschuss ferner nicht befugt, in laufende Verhandlungen und Entscheidungsvorbereitungen einzugreifen.

Keinen zulässigen Untersuchungsgegenstand bilden auch solche Angelegenheiten, an deren parlamentarischer Behandlung nicht wenigstens ein öffentliches Interesse von einigem Gewicht besteht (BVerfGE 67, 100, 139 f.). Dementsprechend setzt auch § 1 UAG voraus, dass die Sachverhaltsaufklärung im öffentlichen Interesse liegen muss. Allein der Wille zur Bekämpfung des politischen Gegners genügt diesen Voraussetzungen nicht. Ein solches Aufklärungsinteresse fehlt aber auch dort, wo der Sachverhalt bereits offenkundig ist (BayVerfGH, NVwZ 1986, 822, 824). Auch für die Untersuchung von Missständen im privaten bzw. gesellschaftlichen Bereich kann im Einzelfall zweifelhaft sein, ob ein öffentliches Interesse besteht. Insgesamt verbleibt dem Parlament bei der Bewertung des öffentlichen Interesses gleichwohl eine weitreichende Einschätzungsprärogative. 116

Fehlt es an einer der genannten Voraussetzungen, hat der Landtag die Einsetzung des Ausschusses abzulehnen. Hält der Landtag einen Minderheitenantrag für teilweise unzulässig, kann er diesen grundsätzlich **nur in seiner Gesamtheit ablehnen,** darf ihn also nicht gegen den Willen der Minderheit abändern oder ihm teilweise stattgeben (VerfGH NRW, NWVBl. 2001, 12 ff.; teilweise anders nunmehr § 2 Abs. 3 PUAG-Bund). Untersagt ist es dem Landtag ebenso, dem Minderheitenantrag durch **thematische Verän-** 117

derungen gegen den Willen der Antragsteller eine andere Zielrichtung zu geben. Grundsätzlich zulässig bleiben solche Ergänzungen, die den Untersuchungsgegenstand im Kern unverändert lassen und lediglich einer umfassenderen Aufklärung dienen (BVerfGE 49, 70, 87 f.). Allerdings darf durch die Erweiterung des Untersuchungsauftrages keine wesentliche Verzögerung des Verfahrens provoziert werden (§ 3 Abs. 3 UAG).

118 In seiner (parteipolitischen) Zusammensetzung spiegelt der Untersuchungsausschuss – wie jeder Landtagsausschuss – den Proporz des Plenums wider (§ 4 Abs. 1 S. 4, 5 UAG, Art. 41 Abs. 1 S. 5 LV – „Verhältniswahl"). Die antragstellende Minderheit verbleibt daher regelmäßig auch innerhalb des Ausschusses in der Minderheit, wird allerdings mit besonderen Rechten ausgestattet (Art. 41 Abs. 1 S. 2 LV, §§ 7 Abs. 1 S. 2, 13 Abs. 2, 16 Abs. 2 UAG). Eine Einschränkung dieses Minderheitenschutzes findet sich in Art. 41 Abs. 1 S. 3 LV, sowie in § 9 Abs. 2, 4 und 5 UAG, die für einige verfahrensleitende Entscheidungen eine zwei Drittel Mehrheit vorsehen. Insbesondere hat die Minderheit keinen Anspruch auf Übernahme des Ausschussvorsitzes. Die Beschränkung des § 4 Abs. 1 S. 3 UAG, wonach nur Mitglieder des Landtages dem Untersuchungsausschuss angehören können, ergibt sich auch ohne ausdrückliche verfassungsrechtliche Verankerung unmittelbar aus der Verfassung selbst (str.).

119 Ebenso wie die Einsetzung richten sich die Befugnisse und das Verfahren der Untersuchungsausschüsse im Wesentlichen nach dem nordrhein-westfälischen Untersuchungsausschussgesetz. Danach kann der Untersuchungsausschuss innerhalb der Beweiserhebung (§§ 13 ff. UAG) etwa
– Zeugen und Sachverständige vernehmen und ggfs. vereidigen (§§ 19 f. UAG),
– die Festsetzung bestimmter Zwangsmittel gegen Zeugen und Sachverständige beim zuständigen Gericht beantragen (§ 16 i. V. m. § 27 UAG),
– die Anordnung anderer Beweismittel (Beschlagnahme, Durchsuchung) beim zuständigen Gericht beantragen (§ 21 i. V. m. § 27 UAG),
– von der Landesregierung, den Landesbehörden und anderen öffentlichen Rechtsträgern den Zutritt zu den entsprechenden öffentlichen Einrichtungen, die Erteilung von Aussagegenehmigungen und die Vorlage von Akten verlangen (§ 14 UAG).
Insbesondere bei der Zeugenbefragung können Konflikte mit dem Bundesstaatsprinzip zu Tage treten, etwa bei der Vernehmung einerseits von außerhalb des Landes wohnhaften Personen und andererseits von Funktionsträgern des Bundes bzw. eines anderen Bundeslandes. In Bezug auf den erstgenannten Personenkreis lässt sich die Zeugnispflicht damit begründen, dass die Betroffenen als „Bundesbürger" zu einem einheitlichen Bundesstaat gehören (BVerwGE 79, 339, 342). Demgegenüber ist die Zeugenvernehmung der genannten Funktionsträger differenzierter zu beurteilen und nur unter der Voraussetzung zulässig, dass sie der Aufklärung eines Sachverhalts mit spezifischem Landesbezug dient (vgl. BVerwG, NJW 2000, 160 ff.). Die dem Ausschuss eingeräumten sehr weitreichenden Befugnisse (vgl. etwa § 20 UAG: Vereidigung) erscheinen angesichts des rein politischen Charakters der Ausschussarbeit bzw. der fehlenden Unbefangenheit

E. Die Verfassungsorgane 55

und Neutralität der Ausschussmitglieder rechtsstaatlich keineswegs unbedenklich. Durch die Einsetzung eines parlamentarischen Untersuchungsausschusses werden parallele staatsanwaltschaftliche oder gerichtliche Verfahren nicht blockiert.

7. Präsidium – Landtagspräsident

Besondere Bedeutung als Organteil des Landtags kommt dem durch Wahl bestimmten Präsidium zu, an dessen Spitze der Landtagspräsident steht. Der **Landtagspräsident beruft den Landtag ein** (Art. 38 Abs. 3 LV) und **leitet dessen Sitzungen** (Art. 39 Abs. 3 LV i.V.m. § 21 Abs. 1 GO-LT). Er übt das Hausrecht und die Polizeigewalt im Landtagsgebäude aus (Art. 39 Abs. 2 S. 3 LV), wobei das Prinzip der Öffentlichkeit der Parlamentssitzungen (Art. 42 LV) nicht mittels des Hausrechtes unterlaufen werden darf. Werden Parlamentssitzungen durch Zuhörer gestört, greift allein die Sitzungsgewalt des Landtagspräsidenten (Art. 39 Abs. 3 LV i.V.m. § 38 GO-LT). Für die Ausübung des Hausrechtes verbleiben damit idR. Störungen außerhalb der Sitzungen.

120

> **Beispiel:** Während einer laufenden Landtagssitzung pöbelt Zuhörer Z von der Tribüne aus Mitglieder der Landesregierung an. Der Landtagspräsident kann Z in Ausübung seiner Sitzungsgewalt aus dem Plenarsaal entfernen lassen. Randaliert Z anschließend in der Kantine des Landtages, kann ihn der Präsident unter Inanspruchnahme des Hausrechtes aus dem Landtag verweisen.

Soweit zur Erhaltung der Sicherheit und Ordnung im Gebäude erforderlich, können neben „Externen" auch Abgeordnete und Fraktionen Adressat von Maßnahmen des Hausrechts sein.

> **Beispiel:** Der Abgeordnete A hängt von seinem Dienstzimmer aus ein Plakat an die Außenwand des Landtages, auf dem der Präsident eines befreundeten Landes massiv beleidigt wird. Der Landtagspräsident betritt das Zimmer, um das Plakat zu entfernen.

Schließlich überträgt Art. 39 Abs. 2 LV dem Landtagspräsidenten die Leitung der Landtagsverwaltung, die zwar nicht im eigentlichen (organisatorischen) Sinne (Exekutiv-)Verwaltung ist, wohl aber eine Behörde im funktionellen Sinne. In Rechtsgeschäften und Rechtsstreitigkeiten der Landtagsverwaltung vertritt der Landtagspräsident das Land (Art. 39 Abs. 1 LV). Eine entsprechende rechtsgeschäftliche und prozessuale Vertretung obliegt dem Präsidenten ebenso in Bezug auf den Landtag selbst. Namentlich im Hinblick auf verfassungsrechtliche Streitigkeiten des Landtages ist in Ermangelung einer speziellen Verfassungsregelung die allgemeine Regel des Art. 39 Abs. 1 S. 1 LV entsprechend anzuwenden. Einer besonderen „Bestellung" der Präsidenten bedarf es somit nicht. Der Landtagspräsident unterliegt bei seiner Amtsführung der **Pflicht zur Unparteilichkeit**. Hierdurch werden sein Abgeordnetenstatus sowie seine Fraktionszugehörigkeit nicht in

§ 1. Verfassungsrecht des Landes Nordrhein-Westfalen

Frage gestellt. Aus Gründen der Gewaltenteilung dürfte die parallele Wahrnehmung eines Regierungsamtes dagegen ausgeschlossen sein.

II. Die Landesregierung

121 An die Spitze der Exekutive stellt die Landesverfassung in Art. 51 ff. LV die Landesregierung. Diese bzw. der Ministerpräsident vertritt zugleich das Land Nordrhein-Westfalen nach außen (Art. 57 LV). Die Landesregierung besteht aus dem aus der Mitte des Landtags gewählten **Ministerpräsidenten** und den von diesem ernannten **Ministern** (Art. 51 f. LV). An der Auswahl und Ernennung der Landesminister ist der Landtag nicht beteiligt; immerhin aber obliegt dem Ministerpräsidenten die Pflicht zur unverzüglichen Information des Landtages (Art. 52 Abs. 3 LV), auch wenn die Wahrung dieser Informationspflicht keine Wirksamkeitsvoraussetzung für die Ernennungen ist. In der Landesregierung führt der Ministerpräsident den Vorsitz. Er leitet deren Geschäfte und gibt bei Stimmengleichheit den Ausschlag (Art. 54 LV). Der Ministerpräsident bestimmt die Richtlinien der Politik und trägt dafür die Verantwortung („**Richtlinienkompetenz**"), während die Minister innerhalb dieser Richtlinien ihren jeweiligen Geschäftsbereich selbständig und unter eigener Verantwortung leiten („**Ressortprinzip**"), vgl. Art. 55 LV. Die Richtlinienkompetenz beschränkt sich nicht auf die Festlegung allgemeiner Rahmen- oder Zielvorgaben, sondern rechtfertigt im Einzelfall auch konkrete, formlos erteilbare Weisungen an die Adresse der zuständigen Minister.

> **Beispiel:** Nach einer heftigen öffentlichen Debatte um die vorläufige Suspendierung eines hohen Landesbeamten weist der Ministerpräsidenten den betroffenen Minister an, den nachweislich zu Unrecht verdächtigten Beamten zu rehabilitieren und mit der Wiederaufnahme seiner Amtsgeschäfte zu betrauen.

122 Die Bedeutung der Richtlinienkompetenz des Ministerpräsidenten liegt freilich weniger in ihrer rechtlichen als vielmehr in ihrer politischen Kraft. Eine rechtliche Unterstützung findet sie in der Befugnis des Ministerpräsidenten zur (jederzeitigen) Entlassung der Minister (Art. 52 Abs. 3 S. 1 LV). Die in der Befugnis zur Ernennung und Entlassung der Minister zum Ausdruck kommende „**Personalgewalt**" des Ministerpräsidenten umfasst nach einer kontrovers diskutierten Entscheidung des VerfGH NRW nicht von vornherein eine umfassende „**Organisationsgewalt**" des Ministerpräsidenten zur Festlegung der Geschäftsbereiche der Landesregierung (DVBl. 1999, 714, 716). Zumindest jenseits des „Kernbereichs" der Organisationsgewalt der Regierung besteht danach zum einen ein mögliches (fakultatives) Zugriffsrecht des Landesgesetzgebers, zum anderen unterliegen bestimmte „wesentliche" Organisationsentscheidungen von vornherein dem Vorbehalt parlamentsgesetzlicher Regelung. Eine solche „Wesentlichkeit" nahm der VerfGH speziell für eine vom Ministerpräsidenten angeordnete Zusammenlegung der Ressorts Inneres und Justiz an, da hierdurch der Grundsatz der Gewaltentei-

lung, die Unabhängigkeit der Gerichte sowie das Rechtsstaatsprinzip berührt würden (VerfGH, a. a. O.; krit. *Brinktrine*, JURA 2000, 123, 131).

> **Beispiel:** Die Oppositionsfraktion als „Organteil" des Landtages (§ 43 VerfGHG) wehrt sich im Wege des Organstreitverfahrens vor dem VerfGH gegen die vom Ministerpräsidenten durch Organisationserlass verfügte Fusion des Innen- und Justizministerien. Der VerfGH wertet den Organisationsakt als Verletzung von Vorbehaltsrechten des Parlamentes („Vorbehalt des Gesetzes"), da eine solche Entscheidung aufgrund ihrer „Wesentlichkeit" nur vom Parlament hätte angeordnet werden dürfen. Die Organklage hat Erfolg (VerfGH NRW, a. a. O.).

Insgesamt dürfte die Anwendbarkeit der Wesentlichkeitslehre bei Organisationsakten des Ministerpräsidenten allerdings eine seltene Ausnahme bleiben, da zwischen der politisch-personellen Zusammensetzung des Kabinetts und der Organisation der Ministerien ein unmittelbarer thematischer Zusammenhang besteht. Hiervon unberührt bleibt, dass die Schaffung oder Zusammenlegung von Ressorts entsprechende Einzelpläne im Haushaltsplan erforderlich macht. Die Organisationsgewalt des Ministerpräsidenten steht insoweit unbestreitbar stets in einer gewissen Abhängigkeit zum Parlament.

Die Landesregierung als Kollegialorgan hat schließlich die Befugnis zur **123** **Gesetzesinitiative** (Art. 65 LV), die Zuständigkeit zur **Ausfertigung und Verkündung von Gesetzen** (Art. 71 LV) und die Befugnis, gegen ein vom Landtag beschlossenes Gesetz innerhalb von zwei Wochen Bedenken zu erheben (Art. 67 Abs. 1 LV). Des Weiteren entscheidet das Kollegium über Ressortstreitigkeiten (Art. 55 Abs. 3 LV), über den Erlass von Notverordnungen (Art. 60 LV) und Ausführungsverordnungen (Art. 56 Abs. 2 LV), die Zulässigkeit von Volksbegehren und die Durchführung von Volksentscheiden (Art. 68 LV). Schließlich ernennt die Landesregierung – mit Subdelegationsbefugnis – die Beamten (Art. 58 LV) und richtet die Verwaltungsbehörden nach Maßgabe der allgemeinen Verwaltungsorganisation ein (Art. 77 LV).

1. Wahl des Ministerpräsidenten

Der Ministerpräsident wird gem. Art. 52 Abs. 1 LV in geheimer Wahl und **124** ohne Aussprache aus der Mitte des Landtages gewählt. Im Vergleich zum Grundgesetz und zu allen anderen Landesverfassungen weist die nordrhein-westfälische Landesverfassung die Besonderheit auf, dass der Abgeordnetenstatus notwendige Voraussetzung für die Wählbarkeit zum Ministerpräsidenten ist. Für die Ernennung zum Landesminister existiert eine derartige verfassungsrechtliche Vorbedingung dagegen nicht. Im ersten Wahlgang bedarf es zur Wahl zum Ministerpräsidenten einer Mehrheit der gesetzlichen Mitglieder des Parlamentes, während im Falle eines erforderlichen zweiten und dritten Wahlganges die Mehrheit der abgegebenen Stimmen hinreicht. Standen sich in einem erfolglosen dritten Wahlgang mindestens zwei Kandidaten gegenüber, gestattet die Verfassung gleichsam als vierten Wahlgang eine Stichwahl zwischen den beiden Kandidaten mit der höchsten Stimmenzahl (Art. 52 Abs. 2 LV). Gewählt ist in diesem Falle, wer die höhere Stimmenzahl erhält. Bei Stimmengleichheit (Pattlage) muss das Wahlverfahren erneut aufgerollt werden.

2. Misstrauensvotum

125 Ebenso wie auf Bundesebene kann das Parlament dem Regierungschef nur dadurch das Misstrauen aussprechen, dass es einen anderen Abgeordneten zu seinem Nachfolger wählt (Art. 61 Abs. 1 LV – sog. „**konstruktives Misstrauensvotum**"). Anders als bei Art. 67 GG reicht für die Wahl eines Nachfolgers allerdings bereits die (einfache) Mehrheit der abgegebenen Stimmen. Einen Misstrauensantrag gegen einzelne Minister sieht die Landesverfassung nicht vor. Allerdings kann der Landtag nach h. M. durch einen schlichten Missbilligungsbeschluss, der die Amtsführung eines Ministers betrifft, dem Ministerpräsidenten die Entlassung des Ministers nahe legen. Diesem Beschluss kommt freilich keine rechtliche Bindungswirkung, sondern lediglich eine politische Wirkungskraft zu. Eine **Vertrauensfrage** des Ministerpräsidenten, wie sie Art. 68 GG für den Bundeskanzler normiert, sieht die Landesverfassung nicht vor (vgl. aber zum Selbstauflösungsrecht des Landtages oben Rn. 84).

3. Beendigung des Amtes

126 Ungeachtet der Möglichkeit eines konstruktiven Misstrauensvotums (oben Rn. 125) endet das Amt des Ministerpräsidenten und der Minister (spätestens) mit dem **Zusammentritt eines neuen Landtages** (Art. 62 Abs. 2 LV). Bedeutungslos ist dabei, ob der Landtag bei seinem ersten Zusammentritt bereits einen Nachfolger wählt oder nicht. Unabhängig hiervon können der Ministerpräsident gegenüber dem Landtag und die Minister gegenüber dem Ministerpräsidenten – also jeweils gegenüber dem zuständigen „Ernennungsorgan" – ihren **Rücktritt** erklären (Art. 62 Abs. 1 LV). Den zwingenden Rücktritt der gesamten Landesregierung sieht Art. 68 Abs. 3 S. 2 LV im Fall eines von der Regierung eingebrachten, durch Volksentscheid abgelehnten Gesetzes vor (hierzu unten Rn. 168). Der Amtsverlust kann schließlich auch Folge einer Anklage des Ministerpräsidenten oder eines Ministers vor dem VerfGH des Landes sein (Art. 63 LV). Dagegen führt der Verlust des Abgeordnetenmandats richtigerweise nicht automatisch zur Beendigung des Amtes des Ministerpräsidenten, da der Abgeordnetenstatus nach Art. 52 Abs. 1 LV Voraussetzung lediglich für die Wählbarkeit zum Ministerpräsidenten ist (str.). Mit der Erledigung des Amtes des Ministerpräsidenten endet stets zugleich das Amt seiner Minister (Art. 62 Abs. 2 LV). In jedem Fall der Amtsbeendigung haben sowohl der Ministerpräsident als auch die einzelnen Minister die Amtsgeschäfte vorläufig bis zur Amtsübernahme des Nachfolgers weiterzuführen (Art. 62 Abs. 3 LV).

E. Die Verfassungsorgane

III. Der Verfassungsgerichtshof

Ebenfalls den Rang eines höchsten Verfassungsorgans nimmt der VerfGH ein. Das siebenköpfige Richterkollegium setzt sich zusammen aus drei gesetzlichen („geborenen") und vier vom Landtag für die Dauer von sechs Jahren gewählten („gekorenen") Mitgliedern, von denen die Hälfte die Befähigung zum Richteramt oder zum höheren Verwaltungsdienst haben muss. Zu den „geborenen" Mitgliedern des Verfassungsgerichtshofs zählen der Präsident des OVG NRW sowie die beiden lebensältesten OLG-Präsidenten des Landes. Als Präsident des VerfGH fungiert gem. § 2 Abs. 2 VerfGHG der jeweilige Präsident des OVG. Die Einzelheiten für die Wahl und die Zusammensetzung des Gerichts regelt das VerfGHG. Ferner gibt sich der VerfGH gem. § 10 VerfGHG eine Geschäftsordnung, die im Gesetzes- und Verordnungsblatt des Landes zu veröffentlichen ist. Zu den Verfahrensarten vor dem VerfGH siehe unten Rn. 209 ff.

127

IV. Anhang

Literatur: Zu I: *Geiger*, Der Abgeordnete und sein Beruf, ZParl. 1978, 522 ff.; *Kühne*, Die Frage- und Kontrollrechte des Landtags und seiner Abgeordneten in der Rechtsprechung des Verfassungsgerichtshofs, in: FS VerfGH NRW, 2002, S. 355 ff.; *Kunig*, Fragen zu den Wahlrechtsgrundsätzen, JURA 1994, 554 ff.; *Ockermann*, Zum Umfang der Wahlprüfung, NVwZ 1991, 1150 ff.; *Schlink*, Verfassungsrechtlicher Rechtsschutz bei der Vorbereitung und Durchführung von Wahlen und Volksbegehren in Nordrhein-Westfalen, in: FS VerfGH NRW, 2002, S. 137 ff.; *Walter*, Indemnität und Immunität (Art. 46 GG) im Überblick, JURA 2000, 496 ff.; *Wiefelspütz*, Die Immunität des Abgeordneten, DVBl. 2002, 1229 ff.; *ders.*, Untersuchungsausschuss und öffentliches Interesse, NVwZ 2002, 10 ff.
Zu II: *Birke*, Das konstruktive Misstrauensvotum in den Verfassungsverhandlungen der Länder und des Bundes, ZParl. 1977, S. 77 ff.; *Blasius*, Staatliche Ressourcen für Parteien und Fraktionen, NWVBl. 1993, 1 ff.; *Böckenförde*, Organisationsgewalt und Gesetzesvorbehalt, NJW 1999, 1235 f.; *Brinktrine*, Organisationsgewalt der Regierung und der Vorbehalt des Gesetzes – zur Reichweite der „Wesentlichkeitstheorie" am Beispiel der Zusammenlegung von Justiz- und Innenministerium in Nordrhein-Westfalen, JURA 2000, 123 ff.; *Butzer*, Die Rechte des nordrhein-westfälischen Ministerpräsidenten bei der Regierungsbildung, NWVBl. 1996, 208 ff.; *Dünchheim*, Die Organisationsgewalt im Kraftfeld zwischen parlamentarischer Steuerung und exekutivischer Eigenverantwortung, in: Gedächtnisschrift Burmeister, 2005, S. 125 ff.; *Erbguth*, Die Ressortierung der Justiz und der Gesetzesvorbehalt, NWVBl. 1999, 365 ff.; *Goerlich*, Neue Handlungsformen, staatliche Umweltratschläge und Chancengleichheit im Wahlkampf, NWVBl. 1992, 159 ff.; *Menzel*, Die Organisationsgewalt der Verfassungsrichter im Bereich der Regierung, NWVBl. 1999, 201 ff.; *Niedobitek*, Die Landesregierung in den Verfassungen der deutschen Länder, Festschrift für K. König, 2004, S. 355 ff.; *Sendler*, Vom schönen Schein des bösen Scheins – Oder: Alle Macht den Richtern!, NJW 1999, 1232 ff.
Zu III: *Bertrams*, Status, Organisation und Zuständigkeiten des Verfassungsgerichtshofs, in: FS VerfGH NRW, 2002, S. 33 ff.; *Bilda*, Die Zusammensetzung des

128

§ 1. Verfassungsrecht des Landes Nordrhein-Westfalen

Verfassungsgerichtshofs, in: FS VerfGH NRW, 2002, S. 57 ff.; *Dästner*, Die Entstehung und Entwicklung der nordrhein-westfälischen Verfassungsgerichtsbarkeit, in: FS VerfGH NRW, 2002, S. 13 ff.; *Harms-Ziegler*, Verfassungsrichterwahl in Bund und Ländern, in: Macke (Hrsg.), Verfassung und Verfassungsgerichtsbarkeit auf Landesebene, 1998, S. 191 ff.

Klausurbearbeitung: *Hendler*, Ausschluss aus der Franktion, in: Staatsorganisationsrecht, 2. Aufl. 2003, S. 127 ff.; *Kirste*, Stasi-Unterlagen im Untersuchungsausschuss?, JuS 2003, 61 ff.; *Kotzur*, Parteifreund auf Abwegen, JuS 2001, 54 ff.; *Schoch*, Streit um die Organisationsgewalt des Ministerpräsidenten, in: Übungen im Öffentlichen Recht I, 2000, S. 327 ff.

Kontrollfragen:

1. Was sind Verfassungsorgane und welche existieren im nordrhein-westfälischen Verfassungsgefüge?
2. Welches Wahlsystem gilt für die Wahl des nordrhein-westfälischen Landtags und inwiefern ergeben sich Unterschiede zum Wahlsystem bei den Bundestagswahlen?
3. Wie wirkt sich die Wahrnehmung des „freien Mandats" der Landtagsabgeordneten auf Weisungen und Zwänge ihrer Fraktion aus und welche rechtlichen Sanktionsmöglichkeiten haben die Fraktionen bei etwaiger Zuwiderhandlung?
4. Durch welche verfassungsrechtlichen Regelungen wird das sog. „freie Mandat" flankiert?
5. Wo findet sich in der Landesverfassung eine Regelung über die Fraktionen im Landtag? Unter welchen Umständen ist ein Fraktionsausschluss eines Abgeordneten möglich?
6. Wie werden fraktionslose Abgeordnete in den Ausschüssen beteiligt?
7. Woraus wird die Konzeption der parlamentarischen Untersuchungsausschüsse als Minderheitenrecht besonders deutlich?

F. Die legislativen und exekutiven Staatsfunktionen (Staatsleitung)

I. Gesetzgebung

129 Der Erlass förmlicher Gesetze („Parlamentsgesetze") ist das natürliche Recht des Parlaments. Art. 66 S. 1 LV bestätigt dieses Recht, das in NRW freilich durch die Möglichkeit einer „Volksgesetzgebung" jenseits des klassischen Gesetzgebungsverfahrens modifiziert wird (hierzu Rn. 164 ff.). Kompetenziell erstreckt sich die Gesetzgebungszuständigkeit auf sämtliche Lebensbereiche, die nicht durch das Grundgesetz dem Bund überwiesen wurden (Art. 70 GG). Der Landesgesetzgebung entzogen sind damit der Bereich der ausschließlichen Gesetzgebung des Bundes (Art. 71, 73 GG) sowie die Bereiche der konkurrierenden Gesetzgebung (Art. 72, 74 GG), soweit der Bund dort von seiner Kompetenz in verfassungsgemäßer Weise Gebrauch gemacht hat und ein Abweichungsrecht der Länder gem. Art. 72 Abs. 3 GG nicht besteht. Nach nicht unproblematischer Rechtsprechung des VerfGH NRW ist der Kompetenzkatalog der Art. 70 ff. GG kraft Rezeption durch Art. 1

F. Die legislativen und exekutiven Staatsfunktionen (Staatsleitung) 61

Abs. 1 LV zugleich Bestandteil der Landesverfassung und damit Kontrollmaßstab des Landesverfassungsgerichts (NVwZ 1993, 57 ff.). Der VerfGH NRW ist demnach befugt, kompetenzwidrig erlassene Landesgesetze in den gesetzlich vorgesehenen Normenkontrollverfahren für nichtig zu erklären (zum Problem zuletzt *Starke*, SächsVBl. 2004, 49 ff.).

1. Gesetzgebungsverfahren

Gem. Art. 65 LV werden die **Gesetzentwürfe** von der Landesregierung (oben Rn. 121 ff.) oder aus der Mitte des Landtages eingebracht. Die Einzelheiten des parlamentarischen Verfahrens regelt die Geschäftsordnung des Landtags (GO-LT). Hiernach unterteilt sich die Beratung in grundsätzlich zwei Lesungen, für Verfassungsänderungen, Haushalts- und Finanzausgleichsgesetze in drei Lesungen. 130

> **Beachte:** Eine mögliche Missachtung von Regeln der Geschäftsordnung des Landtages berührt die Verfassungsmäßigkeit beschlossener Gesetze nur dann, wenn die betreffenden Geschäftsordnungsregeln zugleich Ausdruck zwingender Verfassungsrechtssätze sind. Dies ist bei den Bestimmungen der GO-LT über die Anzahl der Lesungen nicht der Fall, da die Landesverfassung diesbezüglich keinerlei Vorgaben trifft. Sofern der innerparlamentarische Willensbildungsprozess daher sichergestellt ist, bleibt ein Abweichen von der vorgesehenen Zahl der Lesungen ohne Folgen für die Wirksamkeit des Gesetzes.

Die vom Landtag **beschlossenen Gesetze** werden gem. Art. 71 LV unverzüglich von der Landesregierung **ausgefertigt** und im Gesetz- und Verordnungsblatt **verkündet**. Ein materielles Prüfungsrecht, wie es auf Bundesebene in eingeschränkter Form dem Bundespräsidenten bei der Ausfertigung von Gesetzen zukommt, steht der Landesregierung dabei nicht zu. Dagegen hat sie die Ausfertigung eines nicht im ordnungsgemäßen Verfahren zustande gekommenen Gesetzes zu verweigern (eingehend *Blome/Grosse-Wilde*, DÖV 2009, 615). Eine Besonderheit stellt das in Art. 67 LV geregelte Recht der Landesregierung dar, gegen ein vom Landtag beschlossenes Gesetz „Bedenken" zu erheben. Den binnen zwei Wochen nach dem Gesetzesbeschluss geltend zu machenden Bedenken kommt keinerlei Suspensiveffekt zu. Insbesondere entscheidet der Landtag nur über die jeweiligen Bedenken der Landesregierung, nicht aber erneut über das ganze Gesetz. Die Interventionsregelung bleibt damit deutlich hinter dem etwa durch Art. 119 der hessischen Landesverfassung normierten „Einspruchsrecht" der Landesregierung gegenüber vom Landtag beschlossenen Gesetzen zurück und ist in der Praxis weitgehend bedeutungslos geblieben.

2. Verfassungsändernde Gesetze

Qualifizierten Anforderungen unterliegen traditionell Änderungen der Verfassung. Gem. Art. 69 Abs. 2 LV bedarf es hierzu insbesondere einer **Mehr-** 131

§ 1. Verfassungsrecht des Landes Nordrhein-Westfalen

heit von **zwei Dritteln** der gesetzlichen Mitgliederzahl des Landtages. Ferner bedarf jede Verfassungsänderung einer **Änderung oder Ergänzung des Verfassungswortlauts** (Art. 69 Abs. 1 S. 1 LV). Ebenso wie das Grundgesetz (Art. 79 Abs. 1 S. 1 GG) verbietet die Landesverfassung somit Verfassungsdurchbrechungen, die außerhalb der Verfassungsurkunde dokumentiert werden. Eine dem Art. 79 Abs. 3 GG vergleichbare **„Ewigkeitsgarantie"** enthält der durch verfassungsänderndes Gesetz vom 05.03.2002 (GVBl. NRW, S. 108) neu in die Landesverfassung aufgenommene Art. 69 Abs. 1 S. 2 LV. Dieser verbietet „Änderungen der Verfassung, die den Grundsätzen des republikanischen, demokratischen und sozialen Rechtsstaates im Sinne des Grundgesetzes [...] widersprechen". Auch wenn die Vorschrift in der Sache lediglich die nach Art. 28 Abs. 1 GG ohnehin bestehenden Bindungen wiederholt, kommt ihr eine eigenständige Bedeutung jedenfalls insoweit zu, als verfassungsändernde Gesetze nunmehr auch vom VerfGH NRW auf die Beachtung der genannten Grundsätze überprüft werden können. Seit der Neufassung des Art. 69 LV können Verfassungsänderungen schließlich auch im Verfahren der Volksgesetzgebung beschlossen werden (unten Rn. 169 f.).

3. Haushaltsgesetzgebung

132 Zumindest formal der Gesetzgebung zuzurechnen ist auch das dem Landtag nach Art. 81 Abs. 1 und 3 S. 1 LV als ausschließliches Recht zugeordnete **„Budgetrecht"** (Etathoheit). Es enthält das Recht und die Pflicht des Parlaments, den Haushaltsplan zur Verwendung der Staatsfinanzen durch Gesetz festzusetzen. Obgleich im Verfassungstext nicht erwähnt, liegt das Initiativrecht zur Haushaltsgesetzgebung in Abweichung zu Art. 65 LV allein bei der Landesregierung (vgl. für die Bundesebene Art. 110 Abs. 3 GG), die ihren Gesamthaushaltsentwurf auf der Grundlage von Einzelplänen der Landesministerien, der Staatskanzlei sowie des Landtages erstellt. Korrespondierend hiermit kann der Haushalt vom Landtag nur als Ganzes beschlossen werden. Dem Landtag steht es also nicht zu, Teile des Haushalts abzulehnen und den verbleibenden Rest zu billigen. Eine abschließende Teilablehnung kommt daher einer Gesamtablehnung gleich. Die Landesregierung hat ihren Entwurf zeitig in das Parlament einzubringen, damit das Gesetzgebungsverfahren – wie von Art. 81 Abs. 3 LV verlangt – vor Beginn des Haushaltsjahres abgeschlossen werden kann (VerfGH NRW, NVwZ 2013, 503, sog. Vorherigkeitsgebot). Aufgabe des Landtages ist es, alle voraussehbaren Ausgaben des Landes zu erfassen und zugleich auf bestimmte Zwecke zu spezialisieren. Dem Gebot der sachlichen Spezialisierung, das in § 45 Abs. 1 LHO eine einfachgesetzliche Ausformung gefunden hat, kommt angesichts seiner grundlegenden Bedeutung für eine wirksame Steuerung des Finanzgebarens der Regierung Verfassungsrang zu (VerfGH NRW, DÖV 1995, 1003, 1004). Bei der Durchführung des Haushaltsplanes ist die Regierung grundsätzlich an den mit der Bewilligung des Landtages gem. Art. 81 LV vorgegebenen Finanzrahmen gebunden. Eng begrenzte **Ausnahmen** hiervon sehen Art. 82 **(Haushaltseilkompetenz der Regierung)** sowie Art. 85 LV (über- und außer-

F. Die legislativen und exekutiven Staatsfunktionen (Staatsleitung)

planmäßige Ausgaben) vor. Die nach Art. 85 Abs. 1 LV erforderliche Zustimmung für über- und außerplanmäßige Ausgaben darf vom zuständigen Finanzminister nur „im Falle eines unvorhergesehenen und unabweisbaren Bedürfnisses" erteilt werden (S. 2).

> **Beachte:** Während die Bejahung eines „Bedürfnisses" weitgehend politischer Einschätzung unterliegt, nimmt der VerfGH für die Frage der Unvorhersehbarkeit sowie der Unabweisbarkeit dieses Bedürfnisses ein umfassendes Prüfungsrecht für sich in Anspruch (VerfGH NRW, NWVBl. 1992, 129, 131).

Inhaltliche Vorgaben für die Haushaltsgesetzgebung ergeben sich vor allem aus den verfassungsrechtlichen Geboten der Vollständigkeit und Einheitlichkeit des Haushaltsplans (Art. 81 Abs. 2 S. 1 LV) sowie den Grundsätzen des Haushaltsausgleichs (Art. 81 Abs. 2 S. 3 LV) und der Haushaltswahrheit. Als finanzrechtliche Ausprägung des dem nordrhein-westfälischen Landesverfassungsrecht immanenten Verhältnismäßigkeitsgrundsatzes entfaltet schließlich das sog. **Wirtschaftlichkeitsgebot** Rechtsbindungen für die Haushaltsgesetzgebung: Es verpflichtet den Haushaltsgesetzgeber „bei allen Maßnahmen die günstigste Relation zwischen dem gesteckten Ziel und den eingesetzten Mitteln anzustreben" (VerfGH NRW, NVwZ 2011, 805, 807). Hierzu zählt namentlich, Spielräume zur Verschuldensbegrenzung oder -rückführung zu nutzen, die sich entsprechend den Erfordernissen des gesamtwirtschaftlichen Gleichgewichts eröffnen. **133**

> **Beispiel:** Die Bildung kreditfinanzierter Rücklagen zur Deckung eines Finanzbedarfs in künftigen Haushaltsjahren widerspricht im Regelfall dem Wirtschaftlichkeitsgebot i.V.m. Art. 81 Abs. 3, 83 S. 2 LV (VerfGH NRW, NVwZ 2004, 217).

Soweit speziell die Ermächtigung zur Kreditaufnahme in Rede steht, unterliegt diese im Normalfall einer doppelten Einschränkung: Zum einen ist sie begrenzt auf das Maß dessen, was in Wahrung der Erfordernisse des gesamtwirtschaftlichen Gleichgewichts geboten erscheint, zum anderen darf im konkreten Haushaltsjahr nicht mehr an Kreditaufnahmen in den Haushalt eingestellt werden, als Ausgaben für Investitionen veranschlagt werden (Art. 83 S. 2 LV). Zukunftsbelastende Einnahmen sind also zum Schutz künftiger Generationen zu kompensieren durch zukunftsbegünstigende Ausgaben. Eine Überschreitung der investitionsabhängigen Obergrenze ist nach Art. 83 S. 2 LV i.V.m. § 18 Abs. 1 LHO lediglich zur Abwehr einer Störung des gesamtwirtschaftlichen Gleichgewichts möglich. Eine solche Störung liegt vor, wenn einzelne oder mehrere der in § 1 S. 2 des Gesetzes zur Förderung der Stabilität und des Wachstums der Wirtschaft (StWG) genannten Ziele **134**
– Stabilität des Preisniveaus,
– hoher Beschäftigungsstand,
– außenwirtschaftliches Gleichgewicht sowie
– stetiges und angemessenes Wirtschaftswachstum

ernsthaft und nachhaltig beeinträchtigt werden oder ein solcher Zustand droht.

Hinsichtlich der Frage, ob eine Störungslage in genanntem Sinne vorliegt, kommt dem Haushaltsgesetzgeber ein gewisser Einschätzungs- und Beurteilungsspielraum zu, der sich an den in den einzelnen Daten zum Ausdruck kommenden Entwicklungstendenzen auszurichten hat. Diesem Einschätzungsspielraum entspricht eine besondere Darlegungslast des Gesetzgebers (§ 18 Abs. 1 S. 2 LHO). Der Gesetzgeber ist verpflichtet, offen zu legen, aus welchen Gründen, in welcher Weise und mit welchem Ziel er von dieser Befugnis Gebrauch machen will (zu den Details zuletzt VerfGH NRW, NVwZ 2011, 805). Die Unbestimmtheit des materiellen Maßstabes findet also eine teilweise Kompensation in den verfahrensrechtlichen Anforderungen.

> **Beachte:** Entgegen vielfacher Literaturstimmen dürfte die Inanspruchnahme der Sonderkompetenz zur Abwehr einer Störung des gesamtwirtschaftlichen Gleichgewichts nicht von einer vorausgehenden Parallelfeststellung auf Bundesebene abhängen. Namentlich trifft die als Argument herangezogene Verpflichtung des Art. 109 Abs. 2 GG Bund und Länder jeweils selbständig!

Zu beachten ist schließlich, dass eine durch Störung des gesamtwirtschaftlichen Gleichgewichts begründete erhöhte Kreditaufnahme darüber hinaus final auf die Abwehr eben dieser Störung bezogen sein muss (BVerfGE 79, 311, 339).

4. Verordnungsgebung

135 Zu den Gesetzen im materiellen Sinne zählen aufgrund ihres abstrakt-generellen Inhalts auch die Rechtsverordnungen. In Abgrenzung zu Satzungen und Verwaltungsvorschriften handelt es sich weder um Vorschriften, die von autonomen Körperschaften im Wege der Selbstverwaltung erlassen werden, noch um Vorschriften, die nur internes Verwaltungshandeln ohne unmittelbare Außenwirkung betreffen (BVerfGE 32, 346, 361; 100, 249, 258).

136 Als „abgeleitete" exekutive Normsetzung finden Rechtsverordnungen ihre Legitimationsgrundlage in einer durch Art. 70 LV zugelassenen **Übertragung (Delegation) von Rechtssetzungsbefugnissen** des Parlaments auf die Exekutive. Die exekutive Kompetenz zur Verordnungsgebung ist somit nicht originärer, sondern derivativer Natur. Die Verordnungsgebung unterliegt nach dem eindeutigen Verfassungswortlaut zugleich einem **„Totalvorbehalt des Gesetzes"**. Die Übertragung von Rechtssetzungsbefugnissen auf die Exekutive zielt vor allem auf eine Entlastung des Parlaments, zugleich aber auch auf eine Beschleunigung und Vereinfachung des Normsetzungsverfahrens. Über das Bestimmtheits- bzw. Vorhersehbarkeitserfordernis des Art. 70 S. 2 LV (unten Rn. 141 f.) soll auf der anderen Seite der Gefahr entgegengewirkt werden, dass Rechtssetzungsbefugnisse pauschal auf die Exekutive delegiert und damit Möglichkeiten einer „Selbstentmachtung" des Parlaments eröffnet werden. Von praktischer Relevanz ist die Verordnungsgebung zumal im

F. Die legislativen und exekutiven Staatsfunktionen (Staatsleitung) 65

Umwelt- und Technikrecht, da hier neben die parlamentarischen Grundentscheidungen eine Vielzahl von anwendungsbezogenen Verordnungen tritt, deren konkrete Ausgestaltung aufgrund der raschen technischen Entwicklung nicht selten kurzfristig anzupassen ist.

Nicht in den Anwendungsbereich des Art. 70 LV fallen Rechtsverordnungen, die von der Landesregierung auf der Grundlage einer bundesgesetzlichen Verordnungsermächtigung erlassen werden. Einschlägig ist hier, da es sich um Delegation seitens des Bundesgesetzgebers handelt, Art. 80 GG. Unabhängig hiervon sind die von der Landesregierung erlassenen Rechtsverordnungen uneingeschränkt dem Landesrecht zuzuordnen (BVerfGE 18, 407, 414 ff.). 137

a) Ermächtigungsadressaten

Anders als die bundesrechtliche Parallelvorschrift des Art. 80 GG enthält Art. 70 LV keine nähere Bestimmung der potentiellen Ermächtigungsadressaten. Möglich ist daher nicht nur die Delegation der Normsetzungsbefugnis auf die **Landesregierung** oder einzelne (oder mehrere) **Minister**, sondern ebenso eine Ermächtigung **anderer Behörden** oder **Landesverwaltungen** (z. B. örtliche Ordnungsbehörden, vgl. § 25 ff. OBG). Sofern sich die Verordnungsermächtigung ausdrücklich nur auf ein bestimmtes Ministerium bezieht, aber gleichwohl der Sachbereich eines anderen Ministeriums thematisch berührt ist, lassen sich Meinungsverschiedenheiten der betroffenen Minister nicht unter Zuhilfenahme des Kollegialprinzips iS. von Art. 55 Abs. 3 LV beseitigen. Denn die Verordnungsgebung betrifft allein den Geschäftsbereich des als Ermächtigungsadressaten benannten Ministeriums. Demgegenüber lassen sich Meinungsverschiedenheiten durch das Minister-Kollegium beilegen, wenn die Verordnungsermächtigung ausdrücklich mehrere Minister gleichzeitig erfasst, da insofern mehrere Geschäftsbereiche tangiert sind. 138

Verfassungsrechtlich brisant sind Verordnungsermächtigungen der Exekutive unter Mitwirkungsvorbehalt des Landtages, da durch sie die Trennungslinie zwischen legislativer und exekutiver Normsetzung verwischt wird (str.). Traditionell wird differenziert zwischen unterschiedlich rechtsintensiven Mitwirkungsformen: So haben die parlamentarischen Mitwirkungsrechte bei sog. „**Kenntnisverordnungen**" (Vorlagepflicht) und „**Konsultationsverordnungen**" (Anhörungspflicht) keinen unmittelbaren Einfluss auf das Zustandekommen oder den rechtlichen Bestand der Verordnung. Die betreffenden Mitwirkungsrechte sind lediglich politischer Natur, so dass eine verfassungswidrige Vermengung der Handlungsformen von Gesetz- und Verordnungsgebung zumeist verneint wird. Schwieriger stellt sich die Rechtslage bei genuinen Mitwirkungsrechten dar (sog. **Beteiligungsverordnungen**). Mag hier ein Recht des Parlaments auf Zustimmung, Genehmigung oder Einspruch noch hinnehmbar erscheinen, stellen sich autonome Mitgestaltungsbefugnisse des Parlamentes, insbesondere als Änderungsvorbehalte, nach hier vertretener Auffassung bereits als „Formenmissbrauch" dar, da die Verfassung dem Parlament einzig das Gesetz als legitime Handlungsform eigener Normsetzung zuweist (unten Rn. 141 f.). Dem steht nicht entgegen, dass das Parlament eine Verordnung nach deren Erlass abändern kann. 139

Denn die Abänderung einer Verordnung geschieht durch Parlamentsgesetz, auch wenn der geänderten Verordnung danach insgesamt Verordnungsqualität zukommt (unten Rn. 144). Als verfassungsrechtlich bedenklich wäre weiterhin die Einräumung genuiner Mitwirkungs- bzw. Zustimmungsrechte zugunsten einzelner Landtagsausschüsse (vgl. etwa § 130 Abs. 1 GO) einzustufen, da diesen – im Gegensatz zum parlamentarischen Plenum – keine Rechtssetzungskompetenz zusteht (krit. auch VG Aachen, NWVBl. 2006, 344).

140 Grundsätzlich möglich ist demgegenüber die Weiterübertragung der Normsetzungskompetenz durch die primär ermächtigte Stelle auf eine andere staatliche, nicht jedoch private Stelle („**Subdelegation**"). Die Subdelegation muss freilich in dem zugrunde liegenden Parlamentsgesetz ausdrücklich gestattet worden sein und bedarf zusätzlich der formalen Einkleidung in eine Rechtsverordnung der primär ermächtigten Stelle (Art. 70 S. 4 LV). Da die beiden Voraussetzungen kumulativ vorliegen müssen, ist eine vorgreifliche Subdelegation durch das Parlamentsgesetz unzulässig. Die Subdelegation kann inhaltlich nicht über die primäre Ermächtigung hinausgehen, jedoch unter Berücksichtigung von Art. 70 S. 2 LV (unten Rn. 141 f.) dieser gegenüber beschränkt werden.

b) Verordnungsermächtigung

141 Die Ermächtigung zum Erlass von Rechtsverordnungen kann nur durch ein **formelles Parlamentsgesetz** erteilt werden (Vorbehalt des Gesetzes, Art. 70 S. 1 LV). Die Verordnungsermächtigung muss im Zeitpunkt des Erlasses der Verordnung Gültigkeit erlangt haben; ihr späterer Wegfall bleibt für die Wirksamkeit der Verordnung grundsätzlich ohne Belang. Umgekehrt freilich kann das Fehlen der erforderlichen Verordnungsermächtigung nicht durch deren nachträglichen Erlass „geheilt" werden. Als besondere Ausprägung des Bestimmtheitsgebots muss das Gesetz den **Inhalt**, den **Zweck** und das **Ausmaß** der erteilten Ermächtigung bestimmen (Art. 70 S. 2 LV). Eine „Blankoermächtigung" der Exekutive durch das Parlament ist damit verfassungsrechtlich unterbunden. Hinreichend ist allerdings, dass sich Inhalt, Zweck und Ausmaß der Ermächtigung durch die Auslegung des Gesetzes oder durch die Ausfüllung unbestimmter Rechtsbegriffe nach allgemein gültigen Auslegungsmethoden ermitteln lassen. Die Zielsetzung, der Sinnzusammenhang und die Vorgeschichte des Gesetzes sind hierbei regelmäßig besonders bedeutsam. Nach dem Verfassungswortlaut ist insbesondere nicht verlangt, dass sich Inhalt, Zweck und Ausmaß der Ermächtigung unmittelbar aus der Ermächtigungsnorm selbst ergeben müssen; vielmehr reicht eine Bestimmung in dem jeweiligen „Gesetz" aus. Die Anforderungen an die Bestimmtheit der Verordnungsermächtigung steigen mit der Bedeutung der zu regelnden Materie.

142 Unabhängig von den in Art. 70 LV explizit formulierten Beschränkungen der Verordnungsgebung endet die Delegationsbefugnis des Parlamentes schließlich nach allgemeinen Grundsätzen des Verfassungsrechts (Demokratieprinzip/Rechtsstaatsprinzip) dort, wo es um für das Gemeinwesen „**wesentliche**" Fragen geht („**allgemeiner Gesetzesvorbehalt**"). Wesentliche Fra-

gestellungen darf somit allein das Parlament regeln. Eine solche „Wesentlichkeit" ergibt sich namentlich in besonders grundrechtssensiblen Bereichen (sog. „Grundrechtswesentlichkeit"), kann im Einzelfall aber auch jenseits grundrechtlich relevanter Themenbereiche anzunehmen sein (VerfGH NRW, DVBl. 1999, 714: Organisationsgewalt des Ministerpräsidenten). Ob der Verordnungsgeber von einer ihm zulässigerweise erteilten Ermächtigung Gebrauch macht, steht grundsätzlich in seinem Entschließungsermessen; nur ausnahmsweise kann sich eine Rechtspflicht zum Erlass der Verordnung aus dem Wortlaut oder aus Sinn und Zweck der Ermächtigung ergeben.

c) Verordnung

Art. 70 S. 3 LV verlangt zwingend die Angabe der Rechtsgrundlage (Verordnungsermächtigung) in der Verordnung (**Zitiergebot**). Dieses besondere Formerfordernis soll die Prüfung erleichtern, ob sich der Verordnungsgeber beim Erlass der Verordnung im Rahmen der ihm erteilten Ermächtigung gehalten hat. Die Missachtung des Zitiergebots hat die Nichtigkeit der Verordnung zur Folge. Stützt sich eine Rechtsverordnung auf mehrere Ermächtigungen gleichzeitig (sog. **Sammelverordnung**), müssen sämtliche Ermächtigungen genannt werden; es bedarf allerdings keiner Zuordnung der einzelnen Verordnungsbestimmungen zu den jeweiligen Ermächtigungen (BVerfGE 101, 1, 42). Zu ihrem Inkrafttreten müssen Rechtsverordnungen von der Stelle, die sie erlässt, ausgefertigt und im Gesetz- und Verordnungsblatt verkündet werden (Art. 71 Abs. 2 LV). 143

Die Berechtigung des Verordnungsgebers zu einer Änderung oder Aufhebung einer von ihm erlassenen Verordnung folgt regelmäßig bereits aus der Verordnungsermächtigung bzw. dem der Verordnung zugrunde liegenden Entschließungsermessen. Eine unter Mitwirkungsvorbehalt des Landtags erlassene Verordnung bedarf zu ihrer Aufhebung keiner erneuten Mitwirkung des Landtags. Umgekehrt kann das Parlament Verordnungen, die auf der Grundlage einer von ihm erlassenen Ermächtigung ergangen sind, jederzeit aufheben und durch eigene (parlaments-) gesetzliche Regelungen ersetzen (Vorrang des Gesetzes!). Nicht zulässig ist dagegen richtigerweise eine parlamentarische Abänderung von Rechtsverordnungen im Wege der Verordnungsgebung. Soweit der Wortlaut einer Rechtsverordnung durch Parlamentsgesetz geändert wird, soll nach Auffassung des BVerfG auch den solchermaßen veränderten Teilen der Verordnung Verordnungsqualität zukommen (NVwZ 2006, 322, 323)! Die Verordnung steht damit in allen Teilen zur Prüfung durch jedes damit befasste Gericht. Art. 100 Abs. 1 GG ist nicht anwendbar; eine konkrete Normenkontrolle ist unzulässig. 144

Sofern der Landtag lediglich die Verordnungsermächtigung außer Kraft setzt, bleibt die Verordnung weiterhin bestehen (BVerfGE 14, 245, 249). Nur ausnahmsweise tritt auch die Verordnung außer Kraft; so etwa, wenn sie mit dem Ermächtigungsgesetz eine funktionale, den Sinnzusammenhang verständlich machende Einheit bildet. Die Verfassungsmäßigkeit von Verordnungen kann vom VerfGH des Landes NRW sowie vom BVerfG im Rahmen der abstrakten Normenkontrolle (Art. 75 Nr. 3 LV: Vereinbarkeit 145

§ 1. Verfassungsrecht des Landes Nordrhein-Westfalen

mit der Landesverfassung bzw. Art. 93 Abs. 1 Nr. 2 GG: Vereinbarkeit mit dem Grundgesetz) überprüft werden. Denkbar ist auch eine inzidente Normenkontrolle im Rahmen verwaltungsgerichtlicher Streitverfahren, wobei den Fachgerichten neben der Prüfungskompetenz zugleich die Verwerfungskompetenz über Rechtsverordnungen (und Satzungen) zukommt. Ein verwaltungsgerichtliches Normenkontrollverfahren für Rechtsverordnungen nach § 47 Abs. 1 Nr. 2 VwGO sieht das nordrhein-westfälische Landesrecht nicht vor.

d) Notstandsverordnungen

146 Eine besondere Kategorie von Rechtsverordnungen bilden die in Art. 60 LV vorgesehenen Notstandsverordnungen, denen die Verfassung explizit „Gesetzeskraft" zuerkennt. Die Vorschrift bezieht sich auf den sog. „**Staatsnotstand**", bei dem aufgrund äußerer Einflüsse wie Katastrophen, Aufruhr oder elementarer Störung der öffentlichen Sicherheit und Ordnung die Staats- und Verfassungsorgane an der Funktionsausübung gehindert sind. Der in Art. 60 LV geregelte Staatsnotstand ist zu unterscheiden vom sog. „**Gesetzgebungsnotstand**" iS. des Art. 81 GG. Letzterer meint eine (politische) Blockade der Gesetzgebung, die darauf zurückzuführen ist, dass eine die Regierung tragende Parlamentsmehrheit aufgrund einer Koalitions- oder Fraktionskrise zerfällt und damit eine hinreichende Mehrheit für die gesetzgeberische Tätigkeit fehlt.

147 Der Erlass von Notstandsverordnungen ist an strenge formelle und materielle Voraussetzungen geknüpft. In materieller Hinsicht (Abs. 1) erforderlich ist zunächst die Verhinderung eines Zusammentritts des Landtages durch höhere Gewalt. Die Versammlung darf also auch nicht an einem anderen Ort als dem regulären Landtagsgebäude abgehalten werden können. Die Verhinderung des Landtags ist durch Mehrheitsbeschluss des Landtagspräsidenten und seiner Stellvertreter (engeres Landtagspräsidium – Art. 38 Abs. 1 S. 1 LV) festzustellen. Als Rechtsfolge sieht Art. 60 Abs. 1 LV vor, dass die Landesregierung zur Aufrechterhaltung der öffentlichen Ruhe und Ordnung oder zur Beseitigung eines Notstands Verordnungen erlassen kann, die der Verfassung nicht widersprechen. Um einen möglichen Missbrauch von Art. 60 LV aufgrund der weitgehend dehnbaren Begriffe zu verhindern, ist eine **restriktive Auslegung der Norm** erforderlich. Aus der Vorgabe, dass die Verordnung nicht im Widerspruch zur Verfassung stehen darf, ergibt sich, dass eine Verfassungsänderung im Wege der Verordnung unzulässig ist; die Änderung oder Aufhebung von formellen und/oder materiellen Gesetzen bleibt dagegen zulässig.

148 In formeller Hinsicht zuständig zum Verordnungserlass ist allein die Landesregierung als Kollegialorgan, die hierbei der Zustimmung des Hauptausschusses oder zumindest der Gegenzeichnung des Landtagspräsidenten (und seiner Stellvertreter) bedarf (Abs. 2 und 3). Notstandsverordnungen bedürfen zu ihrem Inkrafttreten ebenso wie sonstige Verordnungen der **Ausfertigung** und **Verkündung** im Gesetz- und Verordnungsblatt. Sie sind, sofern sie sich nicht zuvor zeitlich erledigen (Abs. 4), dem Landtag bei dessen nächster Sitzung zur Genehmigung vorzulegen. Wird die Genehmigung versagt, ist

F. Die legislativen und exekutiven Staatsfunktionen (Staatsleitung) 69

die Verordnung durch Bekanntmachung im Gesetz- und Verordnungsblatt unverzüglich außer Kraft zu setzen (Abs. 5).

5. Satzungsgebung

Keine Erwähnung in der Landesverfassung findet die ebenfalls der exekutiven Normsetzung zuzuordnende Satzungsgebung. Obgleich es sich bei der Satzungsgebung ebenso wie bei der Verordnungsgebung um eine abgeleitete Rechtssetzung handelt, findet **Art. 70 LV** auf sie **keine Anwendung**. Der Grund hierfür liegt in der grundlegend unterschiedlichen Rechtsqualität von Satzungs- und Verordnungsgebung. Während die Verordnungsgebung auf der Weiterleitung originärer Kompetenzen des Parlaments beruht, ist die Satzung Ausfluss einer dem Normgeber verfassungs- oder einfachrechtlich zuerkannten Autonomie (Recht auf Selbstverwaltung). Die Satzungshoheit kommt somit von Verfassungs wegen namentlich den Gemeinden und Gemeindeverbänden (Art. 78 LV), den Hochschulen (Art. 16 LV) und den Kirchen (Art. 22 LV) zu. Auch die Satzungshoheit der Selbstverwaltungsträger unterliegt den Schranken der „Wesentlichkeitslehre". Eingriffe in Grundrechte sind durch Satzung nur insoweit möglich, als sich der Satzungsgeber hierbei auf eine formalgesetzliche Grundlage stützen kann („Vorbehalt des Gesetzes"). Das Grundprinzip der Nichtigkeit rechtswidriger Satzungen wird im einfachen Recht vielfach durchbrochen (z. B. § 7 Abs. 6 GO). 149

II. Exekutive Staatsfunktionen

1. Der Funktionsbereich der Exekutive

Im Gegensatz zu der gesetzgebenden Funktion des Parlaments und der rechtsprechenden Funktion der Gerichtsbarkeit bleiben die Konturen der exekutiven Staatsfunktionen gemeinhin eher unscharf. Nach der traditionellen, historisch begründeten „Substraktionsmethode" wird als Exekutive jene Staatstätigkeit bezeichnet, die nicht Gesetzgebung oder Rechtsprechung ist. Nach des Wortes eigentlicher Bedeutung liegt die Aufgabe der Exekutive im „Vollzug". Hierzu zählt zunächst und vor allem der Vollzug von Gesetzen. Vollzug iS. der Verfassung meint darüber hinaus allerdings auch die politische Gestaltung des staatlichen und gesellschaftlichen Lebens. Nur so ist zu erklären, weshalb Art. 55 Abs. 1 LV dem Ministerpräsidenten die Befugnis zur Bestimmung der Richtlinien „der Politik" überweist. Dem verfassungsrechtlich nur eingeschränkt determinierten Bereich politischer Gestaltung sind namentlich zuzuordnen 150
– die Führung und Organisation der Exekutivorgane,
– die staatliche Planung, insbes. die Haushaltsplanung (oben Rn. 132 ff.),
– das Gesetzesinitiativrecht (Art. 65 LV),
– die Befugnis zum Abschluss von Staatsverträgen (mit Zustimmung des Landtags, Art. 66 S. 2 LV),
– das Begnadigungsrecht des Ministerpräsidenten (Art. 59 LV) sowie

70   § 1. Verfassungsrecht des Landes Nordrhein-Westfalen

– der Erlass von Rechtsverordnungen und Verwaltungsvorschriften.
Hinzu treten die durch die Bundesverfassung vorgegebenen Aufgaben der Länderexekutive etwa hinsichtlich der Vertretung des Landes im Bundesrat (Art. 51 Abs. 1 GG: sog. „Exekutivföderalismus") oder der Durchführung von Bundesgesetzen (Art. 83 ff. GG).

2. Informelles Regierungshandeln (Öffentlichkeitsarbeit)

151 Besondere Klausurenrelevanz hat in neuerer Zeit der Themenbereich des informellen Regierungshandelns, namentlich in Gestalt **regierungsamtlicher Warnungen**, erlangt. Hierzu gilt als Grundsatz, dass informelle Handlungsformen keiner gesetzlichen Grundlage bedürfen, solange sie die grundrechtliche Freiheitssphäre des Bürgers unberührt lassen. Wann freilich staatliche Informationen die Freiheitssphäre insbesondere des Grundrechts der Berufsfreiheit tangieren, ist zumal nach der „Glykolwein-Entscheidung" des BVerfG (BVerfGE 105, 252 sowie ebda., S. 279 – „Jugendsekten") umstrittener denn je.

> Beispiel: Der Bundesgesundheitsminister hatte über den Rundfunk vor dem Konsum konkret benannter kontaminierter Weine gewarnt. Als Folge der Warnungen ging der Weinabsatz auch hinsichtlich der nicht genannten Weine drastisch zurück. Das BVerfG ging davon aus, dass der Veröffentlichung von Listen gesundheitsgefährdender Weine von vornherein „Eingriffsqualität nicht zukommt" (ebda. S. 273) zukomme, wenn und soweit die Regierung gewisse Grenzen des Informationshandelns beachte. Sofern Aufgaben der Regierung oder der Verwaltung mittels öffentlicher Information wahrgenommen werden könnten, liege in der Aufgabenzuweisung zudem grundsätzlich auch eine Ermächtigung zum Informationshandeln. Konsequenterweise bedürfe es einer gesonderten Ermächtigungsgrundlage insoweit nicht.

152 Die Entscheidung des BVerfG muss bereits wegen ihres diffusen dogmatischen Ansatzes auf Kritik stoßen. So ist kaum verständlich, weshalb das Gericht auf Fragen der Zuständigkeit oder der Eingriffsermächtigung eingeht, wenn gleichzeitig ein Eingriff verneint wird. Auch im Ergebnis kann der Verneinung eines Grundrechtseingriffs angesichts der finalen Ausrichtung staatlicher Warnungen kaum beigepflichtet werden (in diese Richtung nunmehr auch BVerwG, NJW 2006, 1303). Die Behauptung, dass es sich bei wettbewerbsbezogenen Informationen des Staates um Rahmenbedingungen des Wettbewerbs handele, widerlegt den Eingriffscharakter derartiger Interventionen jedenfalls nicht. Richtigerweise muss die Lösung des Problems daher nach wie vor auf der Rechtfertigungsebene gesucht werden (ebenso *Murswiek*, NVwZ 2003, 1 ff.). Während das Schrifttum bislang überwiegend eine gesonderte Ermächtigungsgrundlage verlangt hat, ergibt sich nach Auffassung der Verwaltungsgerichte die erforderliche Rechtsgrundlage für regierungsamtliche Warnungen unmittelbar aus der Verfassung selbst (für das Landesverfassungsrecht etwa Art. 55 Abs. 2 LV; vgl. zur Problematik BVerwG, JZ 1989, 997 mit abl. Anm. *Gusy*). Ungeachtet der diffizilen Vor-

behaltsproblematik unterliegen grundrechtsbeschränkende Äußerungen jedenfalls den Bindungen des Übermaßverbotes. Namentlich überzogen scharfe Äußerungen sind damit regelmäßig rechtswidrig und können im Wege der Unterlassungsklage von den Betroffenen abgewehrt werden (*J. Dietlein/Heyers*, NWVBl. 2000, 77 ff.).

Ein weiteres klassisches Problemfeld bietet die **Öffentlichkeitsarbeit der Regierung** speziell im Vorfeld von Wahlen. Was zunächst regierungsamtliche Öffentlichkeitsarbeit im Allgemeinen angeht, ist deren Zulässigkeit und Notwendigkeit namentlich vom BVerfG schon früh ausdrücklich und mit Blick darauf anerkannt worden, dass das demokratische Gemeinwesen auf einen stets neu zu erringenden Grundkonsens der Bürger angewiesen ist (BVerfGE 44, 125, 147). Voraussetzung für eine legitime Öffentlichkeitsarbeit bleibt dabei freilich, dass sich die Regierung im Rahmen des ihr von der Verfassung zugewiesenen Kompetenz- und Aufgabenbereichs hält, die betreffenden Äußerungen insbesondere also keine offene oder versteckte Werbung für einzelne der miteinander konkurrierenden politischen Parteien oder sonstige an der politischen Meinungsbildung beteiligten Gruppen enthalten. Indizien dafür, dass die Grenze von der zulässigen Öffentlichkeitsarbeit zur verfassungswidrigen „parteinehmenden" Einwirkung auf den Wahlkampf überschritten ist, können sich dabei aus der äußeren Form, der Aufmachung oder dem Inhalt der jeweiligen Äußerungen ergeben. Bringt die Regierung etwa klar die Position zum Ausdruck, „im Amt bleiben zu wollen", wird dies regelmäßig die Grenze zulässiger Öffentlichkeitsarbeit überschreiten. Auch die massive Unterrichtung der Öffentlichkeit über die eigene Politik bzw. die politischen Erfolge der Regierung (Faltblätter, Anzeigen, Broschüren etc.) wird von der Verfassungsjudikatur zu Recht als unzulässige Wahlwerbung sanktioniert. Namentlich mit Beginn der „heißen Phase" eines Wahlkampfes tritt die Befugnis der Regierung zur Öffentlichkeitsarbeit zunehmend hinter das Gebot zurück, die Willensbildung des Volkes vor den Wahlen nach Möglichkeit von staatlicher Einflussnahme freizuhalten.

Nach umstrittener, im Ergebnis gleichwohl überzeugender Rechtsprechung des VerfGH erfasst dieses Verdikt freilich nur die *„Öffentlichkeitsarbeit über Politik"*, nicht dagegen die *„Politik durch Öffentlichkeitsarbeit"* (NWVBl. 1992, 14, 15). Die Verfolgung politischer oder gar normativ vorgegebener Sachziele mit medialen Mitteln – insbesondere durch Empfehlungen oder Appelle – ist folglich auch in Zeiten des Wahlkampfes zulässig, solange sie nicht bloß den Vorwand für wahlwerbende Aktionen darstellt.

Beispiel: Der Landesumweltminister schaltet in Zeiten des Wahlkampfes eines rund 2,5 Mio. Euro teure Anzeigenkampagne, die das Thema Müllvermeidung und Abfallverwertung („Müllspartipps") zum Gegenstand hat. Es handelt sich nicht um „Information über Politik", sondern um „Politik durch Information". Soweit eine konkrete Missbrauchsabsicht nicht nachweisbar ist, bleibt die Maßnahme auch in Wahlzeiten rechtlich unbeanstandet (VerfGH NRW a. a. O.; a.A. *Schürmann*, NVwZ 1992, 852).

155 Von der Öffentlichkeitsarbeit der Regierung zu unterscheiden ist die Öffentlichkeitsarbeit der im Landtag vertretenen Fraktionen. Zwar dürfte eine derartige Öffentlichkeitsarbeit im Grundsatz zu den legitimen Aufgaben von Landtagsfraktionen gehören; soweit hierbei staatliche Finanzzuschüsse eingesetzt werden, muss der Bezug zur parlamentarischen Arbeit freilich erkennbar bleiben; bloße „Parteienwerbung" ist unzulässig (vgl. VerfGH Rh.-Pf., NJW 2003, 1111 – L; zur Öffentlichkeitsarbeit von Parlamentsfraktionen zuletzt VerfGH NRW, Beschl. v. 16.7.2013, VerfGH 17/12).

3. Der Landesrechnungshof

156 Einen besonderen Status innerhalb der Landesexekutive gewährt die Landesverfassung dem Landesrechnungshof (Art. 87 LV), der die Rechnungskontrolle im Land NRW wahrnimmt (Art. 86 Abs. 2 LV). Als „selbständige, nur dem Gesetz unterworfene oberste Landesbehörde" ist er vom Anwendungsbereich des Art. 77 LV (Verwaltungsorganisation) nicht erfasst und unterliegt damit insbesondere keinerlei ministeriellen Weisungen. Seine Mitglieder genießen den Schutz **richterlicher Unabhängigkeit**. Die Unabhängigkeit der Rechnungsprüfung wird dadurch garantiert, dass sowohl der Landesrechnungshof als Institution vor Einwirkungs- und Weisungsmöglichkeiten von außen als auch der einzelne Amtswalter in persönlicher und sachlicher Hinsicht vor administrativen Einflüssen durch den Dienstvorgesetzten geschützt sind. Damit ist freilich die Zuordnung der Behörde zur Exekutive nicht in Frage gestellt („**ministerialfreie Exekutive**").

157 Ungeachtet seiner institutionellen Verankerung in der Landesverfassung ist der Landesrechnungshof kein Verfassungsorgan, da ihm keine eigenen, außenwirksamen Entscheidungsbefugnisse, sondern bloß interne Prüfungs-, Kontroll- und Beanstandungskompetenzen zukommen (OVG NRW, DVBl. 1979, 431 f.). Nach einer jüngeren Entscheidung des VerfGH NRW kommt dem Landesrechnungshof gleichwohl eine Antragsbefugnis im Organstreitverfahren nach Art. 75 Nr. 2 LV zu (NVWBl. 2012, 107 ff.; s. auch *Tettinger*, in: Löwer/Tettinger, LV NRW, 2002, Art. 87 Rn. 9), da er jedenfalls „anderer Beteiligter" iS. des Art. 75 Nr. 2 LV sei.

158 Der Prüfungsauftrag des Landesrechnungshofes wird in Art. 86 Abs. 2 LV näher definiert. Die Bestimmung wurde im Rahmen der Novellierung im Jahr 1972 dem Art. 114 GG nachgebildet. Danach prüft der Landesrechnungshof „die Rechnungen sowie die Ordnungsmäßigkeit und Wirtschaftlichkeit der Haushalts- und Wirtschaftsführung". Die Kontrollweite korreliert mit dem Budgetrecht des Parlaments. Gegenstand der Kontrolle sind demzufolge die Ausführung des Haushaltsplanes einschließlich der Buchführung und der Einzelrechnung, aber auch die gesamte wirtschaftliche Betätigung des Landes einschließlich seiner Landesbetriebe und Sondervermögen (vgl. § 88 Abs. 1 S. 1 LHO), aus denen eine Finanzierungsverantwortung des Landes entsteht. Innerhalb der unmittelbaren Landesverwaltung existieren somit **keine „prüfungsfreien Räume"**. Aber auch die Tätigkeit der Stellen außerhalb der unmittelbaren Landesverwaltung wird unter den genannten Voraussetzungen erfasst, etwa die von landesmittelbaren juristischen Perso-

F. Die legislativen und exekutiven Staatsfunktionen (Staatsleitung) 73

nen des öffentlichen Rechts (VerfGH NRW, NWVBl. 2012, 107: NRW-Bank). Die Einzelheiten der Prüfungszuständigkeiten, aber auch der Zusammensetzung des Landesrechnungshofes hat der Gesetzgeber in dem auf der Grundlage von Art. 87 Abs. 3 LV erlassenen „Gesetz über den Landesrechnungshof Nordrhein-Westfalen" geregelt. Das Ergebnis seiner Prüfung fasst der Landesrechnungshof in einem **jährlichen Bericht an den Landtag** zusammen (Art. 86 Abs. 2 S. 2 LV). Der Prüfungsbericht dient dem Landtag als Informationsgrundlage für die nach Art. 86 Abs. 1 LV zu treffende Entscheidung über eine „Entlastung" der Landesregierung. Der Bericht entfaltet allerdings keinerlei rechtliche Bindungswirkung (OVG NRW, DVBl. 1979, 431; zu presserechtlichen Auskunftspflichten des Landesrechnungshofs OVG NRW, NWVBl. 2013, 183 ff.). Die Entlastung bleibt vielmehr eine primär politische Entscheidung. Die Frage, ob neben dem Landesrechnungshof auch dem Bundesrechnungshof Kontrollbefugnisse – z.B. für die ordnungsgemäße Verwendung von Mitteln des Bundes – in den Ländern zuerkannt werden dürfen, war Gegenstand einer neueren Entscheidung des BVerfG (E 127, 165 ff.). Mit Blick auf die Selbständigkeit und Unabhängigkeit der Haushaltswirtschaft der Länder und Kommunen sah das Gericht insoweit nur begrenzte Befugnisse für die Bundesgesetzgebung.

4. Der Datenschutzbeauftragte

Ebenfalls Teil der Landesexekutive ist der Landesbeauftragte für den Datenschutz, der auf Vorschlag der Landesregierung vom Landtag gewählt wird (Art. 77a Abs. 1 LV). Sein spezifischer Auftrag liegt in der Überwachung der Verarbeitung persönlicher Daten durch die Träger öffentlicher Stellen im Land. Die Institutionalisierung des Datenschutzbeauftragten dient damit der **Absicherung des Datenschutzgrundrechts** aus Art. 4 Abs. 2 LV. Auch er ist in Ausübung seines Amtes gegenüber Regierung und Landtag **unabhängig** und **nur dem Gesetz unterworfen** (Art. 77a Abs. 2 S. 1 LV). Verfassungsrechtlich verbürgt ist sein Recht, sich jederzeit an den Landtag zu wenden, was umgekehrt eine grundsätzliche „Befassungspflicht" der Landtages impliziert (str.). Ein Beamtenstatus des Datenschutzbeauftragten wird durch die Landesverfassung nicht zwingend eingefordert, wenngleich Art. 77a Abs. 1 HS 2 LV sowie Art. 33 Abs. 4 GG einen derartigen Status („Beamtenverhältnis auf Zeit") nahe legen. Konkretisierungen zur Rechtsstellung sowie zu den Aufgaben und Befugnissen des Datenschutzbeauftragten enthalten die §§ 21 ff. Datenschutzgesetz NRW (DSG NRW). Zur Stärkung der Unabhängigkeit des Datenschutzbeauftragten sieht § 21 Abs. 2 S. 1 DSG NRW eine Amtszeit von acht Jahren vor, wobei keine Möglichkeit zu dessen Abwahl besteht. Die verfassungsrechtliche Verankerung der Unabhängigkeit zieht in sachlich-rechtlicher Hinsicht eine **generelle Weisungsfreiheit** nach sich. Somit kann auch die organisatorische Angliederung an das Innenministerium und die damit einhergehende Dienstaufsicht (§ 21 Abs. 3 DSG NRW), die sich in formal dienstrechtlichen Belangen erschöpft, den unabhängigen Status des Datenschutzbeauftragten nicht einschränken.

159

74   § 1. Verfassungsrecht des Landes Nordrhein-Westfalen

Mit der verfassungsrechtlich verbürgten Unabhängigkeit des Datenschutzbeauftragten nicht ohne Weiteres vereinbar ist dessen (faktische) Weisungsunterworfenheit nach § 22 Abs. 6 DSG NRW. Die Weisungsunterworfenheit bezieht sich auf Amtshandlungen, die der Datenschutzbeauftragte in Wahrnehmung seiner Funktion als Aufsichtsbehörde nach § 38 Bundes-DSG vornimmt (Kontrolle nichtöffentlicher Stellen sowie öffentlich-rechtlicher Wettbewerbsunternehmen des Bundes und der Länder – § 27 Abs. 1 S. 1 Ziff. 1, 2 Bundes-DSG). § 22 Abs. 6 S. 6 DSG NRW versucht den Verfassungskonflikt durch den zweifelhaften „Trick" zu lösen, dass die Anweisung an den Vertreter des Datenschutzbeauftragten zu adressieren ist, der insoweit von entgegenstehenden Weisungen des Landesbeauftragten freigestellt wird.

160   Ungeachtet der institutionellen Sicherung des Amtes des Datenschutzbeauftragten in der Landesverfassung handelt es sich bei diesem weder um ein oberstes Landesorgan noch um einen sonstigen „Beteiligten", der durch die Landesverfassung oder in der Geschäftsordnung eines obersten Landesorgans mit eigenen Rechten ausgestattet ist. Der Datenschutzbeauftragte besitzt dementsprechend keine Beteiligungsfähigkeit für ein Organstreitverfahren nach Art. 75 Nr. 2 LV.

III. Anhang

161   **Literatur:** Zu I: *Birk,* Das Budgetrecht des Parlaments in der Rechtsprechung des VerfGH, in: FS VerfGH NRW, 2002, S. 339 ff.; *Blome/Grosse-Wilde,* Zur „Prüfungs"-Kompetenz bei der Ausfertigung von Landesgesetzen, DÖV 2009, 615 ff.; *v. Danwitz,* Rechtsverordnungen, JURA 2002, 93 ff.; *Gumboldt,* Die Verfassungsmäßigkeit kreditfinanzierter Rücklagen in öffentlichen Haushalten, NVwZ 2005, 36 ff.; *Tappe,* Kreditfinanzierte Rücklagen im Haushaltsrecht, NWVBl. 2005, 209 ff.; *Tuschl,* Das Urteil des VerfGH zur Rechnungshofkontrolle der NRW-Bank, NWVBl. 2012, 107 ff.
Zu II: *Bertrams,* 50 Jahre Landesrechnungshof NRW, NWVBl. 1999, 1 ff.; *Hückstädt,* Öffentlichkeitsarbeit der Regierung und ihre Beschränkungen im Vorfeld einer Wahl, in: Macke (Hrsg.), Verfassung und Verfassungsgerichtsbarkeit auf Landesebene, 1998, S. 13 ff.; *Palm,* Die Öffentlichkeitsarbeit der Landesregierung vor dem VerfGH, in: FS VerfGH NRW, 2002, S. 319 ff.; *Schoch,* Staatliche Informationspolitik und Berufsfreiheit, DVBl. 1991, 667 ff.; *Schürmann,* Regierungsamtliche Öffentlichkeitsarbeit im Wahlkampf – Kritische Anmerkungen zu den Müllkampagnen-Urteilen des NRWVerfGH, NVwZ 1992, 852 ff.

Klausurbearbeitung: *Höfler,* Staatliche Äußerungen zur Osho-(Bhagwan)Bewegung, VBlBW. 2004, 196 f., 234 ff.; *Hushahn,* Änderung einer Rechtsverordnung durch den parlamentarischen Gesetzgeber, JA 2007, 276 ff.; *Pleyer,* Die gesetzesändernde Änderungsverordnung, JA 2001, 226.

Kontrollfragen:

1. Enthält die LV eine dem Art. 79 Abs. 3 GG entsprechende Ewigkeitsgarantie?
2. Worin liegen Sinn und Zweck der Delegation von Rechtssetzungsbefugnissen auf die Exekutive iS. des Art. 70 LV und welchen Anforderungen unterliegt die Verordnungsermächtigung?
3. Ist Öffentlichkeitsarbeit der Regierung im Vorfeld von Wahlen zulässig?

G. Plebiszitäre Elemente in der Landesverfassung

Anders als das Grundgesetz hat sich die Verfassung des Landes Nordrhein- **162**
Westfalen in nicht unerheblichem Umfang für „direktdemokratische" oder
„plebiszitäre" Mitwirkungsmöglichkeiten der Bürger geöffnet (hierzu bereits
oben Rn. 73, 81).

> **Beachte:** Zwar sieht Art. 20 Abs. 2 GG auch für die Bundesebene neben
> „Wahlen" die Möglichkeit von „Volksabstimmungen" und damit von ple-
> biszitären Elementen vor. Nach h. M. werden hierdurch aber allein die im
> Grundgesetz selbst vorgesehenen Volksabstimmungen legitimiert. Solche
> plebiszitären Elemente sieht das Grundgesetz indes nur für das (in prakti-
> scher Hinsicht kaum bedeutsame) Verfahren der Neugliederung des Bundes-
> gebietes nach Art. 29 GG vor – wobei selbst hier nicht wirklich das Bundes-
> volk iS. des Art. 20 Abs. 2 GG, sondern lediglich bestimmte Bevöl-
> kerungsteile zur Abstimmung gerufen werden. Die Ermöglichung weiterer
> Volksabstimmungen durch (einfaches) Bundesgesetz wäre demgegenüber
> verfassungswidrig. Dieser restriktiven Haltung des Grundgesetzes liegt ein
> offensichtliches Misstrauen der Verfassungsväter und -mütter gegenüber
> Volksabstimmungen zugrunde, die nach einem berühmten, gleichwohl inhalt-
> lich eher streitbaren Wort des ersten Bundespräsidenten der Bundesrepublik
> Deutschland, Theodor Heuss, als *„Prämie für jeden Demagogen"* und gar als
> *„Belastung für die Demokratie"* angesehen wurden (JöR N. F. 1 [1951],
> S. 620 f.). Dass diese negative Betrachtung durch die historischen Erfahrun-
> gen zumal in der Weimarer Republik nicht unbedingt bestätigt wird, haben
> neuere Forschungen nachdrücklich belegt. Möglicherweise waren denn auch
> besondere Zeitumstände – wie etwa die demonstrative Durchführung von
> Volksentscheiden in der damaligen Sowjetischen Besatzungszone (SBZ) –
> mitursächlich für die prononciert antiplebiszitäre Haltung der Verfassungsvä-
> ter und -mütter (*Wehr*, JuS 1998, 411, 413).

Die in diesem Punkte deutlich unbefangenere Sicht der nordrhein-west-
fälischen Landesverfassung zeigt sich bereits in der ausdrücklichen Erwäh-
nung des (Landes-) Volkes als Gesetzgeber neben dem Parlament (Art. 3
Abs. 1 LV). Die Einzelheiten des hiermit grundgelegten Verfahrens der
„Volksgesetzgebung" regelt Art. 68 LV i.V.m. dem auf seiner Grundlage er-
gangenen *„Gesetz über das Verfahren bei Volksinitiative, Volksbegehren und
Volksentscheid (VIVBVEG)"* vom 30.04.2002 (*Hippel/Rehborn* Oz. 14).
Erweitert wird dieses Instrumentarium durch die seit dem Jahre 2002 in der
Landesverfassung verankerte Möglichkeit der **„Volksinitiative"** gem. Art. 67a
LV, die ebenfalls in o. g. Gesetz (§§ 1-5) konkretisiert wurde.

I. Die Volksinitiative

Ziel der Volksinitiative (Art. 67a LV) ist die Befassung des Landtages mit **163**
bestimmten Gegenständen der politischen Willensbildung, die nicht notwen-

dig die Gesetzgebung betreffen müssen. Allerdings gestattet Art. 67a Abs. 1 S. 2 LV auch, einen mit Gründen versehenen Gesetzentwurf zum Gegenstand der Volksinitiative zu machen. Stets erforderlich ist dabei allerdings, dass sich die Initiative im Rahmen der **Entscheidungszuständigkeit des Landtages** hält. Die Volksinitiative ist erfolgreich, wenn sie von mindestens 0,5 vom Hundert der Wahlberechtigten mitgetragen und unterzeichnet wird (Art. 67a Abs. 2 S. 1 LV). Die Einzelheiten des Verfahrens zur Volksinitiative unterliegen gem. Art. 67a Abs. 3 LV der einfachgesetzlichen Regelung. Die Volksinitiative ist bei materieller Betrachtung weniger als „Volksabstimmung" iS. des Art. 20 Abs. 2 GG denn als besondere Form der Petition einzustufen (hierzu *J. Dietlein*, in: Stern, Staatsrecht IV/2, 2011, S. 244, str.).

II. Das Verfahren der Volksgesetzgebung

164 Für den eigentlichen Akt der Volksgesetzgebung sieht Art. 68 LV ein **zweistufiges Verfahren** vor: Auf der ersten Stufe steht das sog. **Volksbegehren**. Dessen primäres Ziel ist der Erlass, die Änderung oder die Aufhebung eines (Parlaments-) Gesetzes durch den Landtag. Soweit dies nicht gelingt, ist sekundäres Ziel die Herbeiführung eines **Volksentscheides** als eigentlichem Akt der originären Volksgesetzgebung. Der Volksentscheid findet also nur statt, wenn der Landtag dem zulässigen, von einer hinreichenden Mehrheit der Bevölkerung getragenen Volksbegehren nicht Folge leistet.

1. Volksbegehren

165 Gem. Art. 68 Abs. 1 S. 2 LV muss dem Volksbegehren ein ausgearbeiteter und mit Gründen versehener **Gesetzentwurf** zugrunde liegen. Den bundesstaatlichen Bindungen gliedstaatlicher Gesetzgebung entsprechend ist das Begehren nur auf solchen Gebieten zulässig, die der Gesetzgebungsgewalt des Landes unterliegen (Satz 3). Daneben kann auch der Grundsatz der Bundestreue eine – ungeschriebene – Schranke für die Zulässigkeit eines Volksbegehrens sein, so etwa, wenn das geplante Gesetz erhebliche Auswirkungen über die Landesgrenze hinaus zeitigt (vgl. VerfGH NRW, NVwZ 1982, 188 f.: Ausländeranteil). Kraft autonomer Entscheidung der Landesverfassung ist ein Volksbegehren ferner **unzulässig** über **Finanzfragen**, **Abgabengesetze** und **Besoldungsordnungen** (Satz 4; hierzu *Birk/Wernsmann*, DVBl. 2000, 669).

> **Beispiel:** Unter den Begriff der Abgabengesetze fallen Regelungen über Steuern, Gebühren und Beiträge, aber auch über mögliche „Sonderabgaben" (hierzu BVerfGE 91, 186). Der Begriff der Besoldungsordnungen betrifft die Vergütung (einschl. Zulagen) von Beamten im statusrechtlichen Sinne, nicht mehr allerdings Fragen der Beihilfe oder der beamtenrechtlichen Versorgung.

„Finanzfragen" sind nicht bereits dann gegeben, wenn ein Gesetz bloß finanzielle Folgewirkungen zeitigt, da derartige mittelbare Auswirkungen neuen Gesetzen vielfach immanent sind. Erforderlich ist vielmehr, dass der

G. Plebiszitäre Elemente in der Landesverfassung

inhaltliche Schwerpunkt des Gesetzentwurfs in der Anordnung von Einnahmen und Ausgaben liegt, die den Staatshaushalt wesentlich beeinflussen.

> **Beispiel:** Das dem Volksbegehren zugrunde liegende Gesetz sieht flankierend zu seiner materiellen Zielsetzung die Schaffung einer neuen Behörde vor. Die mit der Einrichtung einer Behörde verbundenen Kosten rechtfertigen nicht die Qualifizierung des Gesetzes als ein solches über „Finanzfragen".

Zu beachten ist ferner, dass das Begehren so differenziert wie möglich sein muss, damit der Bürger ein **Höchstmaß an Abstimmungsfreiheit** besitzt. „Paketlösungen" sind im Verfahren der Volksgesetzgebung daher unzulässig (BayVerfGH, NJW 2001, 3771). Über die Zulässigkeit des Begehrens entscheidet die Landesregierung (Satz 5). Hierzu ist der Gesetzentwurf dem Innenminister zur Prüfung vorzulegen. Gegen eine ablehnende Entscheidung ist die Anrufung des Verfassungsgerichtshofs möglich (Art. 68 Abs. 1 S. 6 LV i.V.m. § 12 Nr. 4 VerfGHG). Wirksam ist das Volksbegehren, wenn es von **mindestens acht vom Hundert der Stimmberechtigten** getragen wird. In diesem Fall ist das Volksbegehren von der Landesregierung unverzüglich dem Landtag zu unterbreiten. Der Landtag kann dem Begehren nach freier Entscheidung entsprechen oder nicht entsprechen. Entspricht er dem Begehren nicht, ist binnen zehn Wochen ein Volksentscheid herbeizuführen. Dies gilt auch dann, wenn der Landtag dem Volksbegehren deshalb nicht entspricht, weil er es – anders als die Landesregierung – für unzulässig erachtet. Bezüglich der rechtlichen Beurteilung des Begehrens als zulässig oder unzulässig ist der Landtag mithin an die Entscheidung der Landesregierung gebunden. Nicht entsprochen ist dem Begehren auch dann, wenn der Landtag anstelle des begehrten Gesetzes ein anderes Gesetz beschließt oder aber gar keine Beschlussfassung über das Volksbegehren vornimmt (vgl. auch § 22 VIVBVEG: Ablehnungsfiktion nach 2 Monaten). Nicht eindeutig geregelt ist die Frage, ob der Landtag dem Begehren auch teilweise entsprechen kann. Während der Wortlaut des Art. 68 Abs. 2 S. 2 LV eher für die Notwendigkeit einer einheitlichen Gesamtentscheidung spricht, dürften Sinn und Zweck der Vorschrift eine Teilstattgabe jedenfalls dann nahe legen, wenn eine inhaltliche Trennung des Begehrens möglich und nicht sinnentstellend ist. Zur Durchsetzung des unerfüllten Teils des Begehrens muss dann freilich der Volksentscheid offen stehen. Wichtig ist, dass das Volksbegehren nicht der Diskontinuität des Landtages unterliegt, also ggf. von einem neuen Landtag aufgegriffen bzw. fortgeführt werden muss.

2. Volksentscheid

Ziel des Volksentscheides ist die Herbeiführung eines Gesetzesbeschlusses des Volkes anstelle des Parlaments. Der erfolgreiche Volksentscheid ersetzt somit den Gesetzesbeschluss des Landtages. Das zum Entscheid gestellte Gesetz kommt zustande, wenn es die **Mehrheit der abgegebenen Stimmen** auf sich vereinigt und diese Mehrheit **mindestens 15 vom Hundert der Stimmberechtigten** beträgt (Art. 68 Abs. 4 S. 2 LV). Das so beschlossene Gesetz ist von der

§ 1. Verfassungsrecht des Landes Nordrhein-Westfalen

Landesregierung auszufertigen und im Gesetz- und Verordnungsblatt zu verkünden (Art. 71 Abs. 1 LV). Hatte der Landtag anstelle des begehrten Gesetzes ein anderes beschlossen, ist im Rahmen des Volksentscheides zugleich zu klären, ob das begehrte Gesetz neben oder an die Stelle des vom Landtag beschlossenen Gesetzes treten soll. Entscheidet die Mehrheit gegen den Fortbestand des Gesetzes, ist dieses kraft Volksentscheid aufgehoben. Die Einzelheiten des Verfahrens zur Volksgesetzgebung werden durch Gesetz geregelt. Keine Regelung trifft die Verfassung zur Frage der parlamentsgesetzlichen Abänderbarkeit volksbeschlossener Gesetze (zu dieser Frage *Borowski*, DÖV 2000, 481). Eine „Sperre" für die Parlamentsgesetzgebung besteht richtigerweise nicht, da die vom Volk unmittelbar beschlossenen Gesetze keinen anderen Geltungsrang besitzen als konventionelle „Parlamentsgesetze". Es gilt mithin der lex-posterior-Grundsatz mit der Folge, dass der Landtag das durch Volksentscheid zustande gekommene Gesetz sogleich wieder aufheben oder abändern könnte (zuletzt Hbg.VerfGH, NVwZ 2005, 685; ebenso Saarl. VerfGH, NVwZ 1988, 245, 249). Verfassungspolitisch erscheint diese Indifferenz angesichts des nahe liegenden Spannungsverhältnisses zwischen der Volksgesetzgebung und der Parlamentsgesetzgebung nicht unbedingt befriedigend, so dass verfassungspolitisch die Kodifikation eines dem § 26 Abs. 8 GO vergleichbaren zeitweiligen Aufhebungsverbots zu erwägen wäre.

III. Volksentscheid auf Antrag der Landesregierung

168 Auch die Landesregierung hat das Recht, ein von ihr eingebrachtes, vom Landtag aber abgelehntes Gesetz zum Volksentscheid zu stellen (Art. 68 Abs. 3 LV). Allerdings verbindet die Verfassung ein entsprechendes Vorgehen der Landesregierung mit recht drastischen Folgewirkungen. Scheitert nämlich der Volksentscheid, muss die Regierung zurücktreten. Obsiegt die Landesregierung dagegen, kann sie den Landtag auflösen. Angesichts des hohen politischen Risikos ist die Regelung damit kaum geeignet, politische Zerwürfnisse zwischen Parlament und Regierung aufzulösen.

IV. Verfassungsänderungen im Wege der Volksgesetzgebung

169 Bis in die jüngste Zeit hinein heftig umstritten war die Frage einer möglichen Verfassungsänderung im Verfahren der Volksgesetzgebung. Ihre Ursache hatten die vielfältigen Unsicherheiten in dem Umstand, dass einerseits Art. 68 LV allgemein von „Gesetzen" sprach, ohne zwischen Parlamentsgesetzen und verfassungsändernden Gesetzen zu differenzieren, andererseits Art. 69 LV gleichwohl eine prinzipielle Trennung beider Gesetzesformen durch die Verfassung erkennen ließ. Durch eine **Änderung der Landesverfassung** hat das Parlament die Streitfrage zwischenzeitlich entschieden. So legt Art. 69 Abs. 3 S. 2 LV fest, dass die Verfassung „auch durch Volksentscheid aufgrund eines Volksbegehrens nach Art. 68 geändert werden" kann. Die Bindungen des Homogenitätsprinzips können auch im Verfahren der Volks-

gesetzgebung nicht überwunden werden. Als wesentliches Element des gewaltengeteilten Rechtsstaates ist dabei namentlich das Budgetrecht des Parlaments vor einer Aushöhlung im Rahmen der verfassungsändernden Volksgesetzgebung geschützt (ThürVerfGH, LKV 2002, 83).

Das verfassungsändernde Gesetz ist angenommen, wenn mindestens die **Hälfte der Stimmberechtigten** sich an dem Volksentscheid beteiligt und mindestens **zwei Drittel der Abstimmenden** dem Gesetzentwurf zustimmen (Art. 69 Abs. 3 S. 3 LV). Diese gegenüber dem „konventionellen" Volksentscheid deutlich erhöhten Quoren gelten ebenso, wenn der Volksentscheid über eine Verfassungsänderung durch den Landtag oder die Landesregierung initiiert wird. Ein solches Recht gesteht Art. 69 Abs. 3 LV Landtag und Landesregierung dann zu, wenn eine von ihnen begehrte Verfassungsänderung nicht die erforderliche Mehrheit gefunden hat (oben Rn. 131). Die in Art. 68 Abs. 3 LV normierten Sanktionsfolgen für den Fall des Scheiterns eines Volksentscheides gelten im Kontext verfassungsändernder Gesetze richtigerweise nicht.

V. Anhang

Literatur: *Abelein,* Plebiszitäre Elemente in den Verfassungen der Bundesländer, ZParl 1971, S. 187 ff.; *v. Danwitz,* Plebiszitäre Elemente in der staatlichen Willensbildung, DÖV 1992, S. 601 ff.; *H. Dreier,* Landesverfassungsänderungen durch quorenlosen Volksentscheid aus der Sicht des Grundgesetzes, BayVBl. 1999, 531 ff.; *Gensior/Krieg/Grimm,* Volksbegehren und Volksentscheid in Nordrhein-Westfalen, 3. Aufl. 1987; *Jung,* Direkte Demokratie in der Weimarer Republik, 1989; *ders.,* Volksbegehren auf Verfassungsänderung in Hessen und Nordrhein-Westfalen, KritV 1993, 14 ff.; *ders./Knemeyer,* Im Blickpunkt: Direkte Demokratie, 2001; *Krieg,* Volksbegehren und Volksentscheid nach Art. 68 LV, StuGR 1974, 1 ff.; *Mann,* Änderung der Landesverfassung durch Volksbegehren und Volksentscheid?, NWVBl. 2000, 445 ff.; *Neumann,* Reform der sachunmittelbaren Demokratie in der Verfassung des Landes Nordrhein-Westfalen, NWVBl. 2003, 1 ff.; *Schlink,* Verfassungsrechtlicher Rechtsschutz bei der Vorbereitung und Durchführung von Wahlen und Volksbegehren in Nordrhein-Westfalen, in: FS VerfGH NRW, 2002, S. 137 ff.; *Tillmanns,* Verfassungsänderung durch Volksgesetzgebung, DÖV 2000, 269 ff.; *ders.,* Zum Mehrheitserfordernis bei Abstimmungen über verfassungsändernde Volksentscheide, NVwZ 2002, 54 ff.; *Weber,* Direkte Demokratie im Landesverfassungsrecht, 1985, 178 ff.; *Wehr,* Direkte Demokratie von der Weimarer Verfassung zum Grundgesetz, JuS 1998, 411 ff.; *Wolff,* Unmittelbare Gesetzgebung durch Volksbegehren und Volksentscheid in den Verfassungen der Bundesrepublik Deutschland, 1993.

Klausurbearbeitung: *Brinktrine/Sarcevic,* Die umstrittene Volksbefragung, in: Fallsammlung zum Staatsrecht, 2004; *Hendler,* Volksbefragung zum Straßenbau, in: Staatsorganisationsrecht, 2. Aufl. 2003, S. 118 ff.

Kontrollfragen:

1. Welche Formen plebiszitärer Elemente benennt die Landesverfassung NRW?
2. Worin bestehen die Besonderheiten für Verfassungsänderungen im Rahmen der Volksgesetzgebung?

H. Verfassungsrechtliche Garantie der kommunalen Selbstverwaltung

I. Bundesrechtliche Vorgaben und ideengeschichtliche Grundlagen

172 Als eine auch für das Land verbindliche Regelungsvorgabe legt Art. 28 Abs. 2 S. 1 GG fest, dass den Gemeinden das Recht gewährleistet sein muss, alle Angelegenheiten der örtlichen Gemeinschaft im Rahmen der Gesetze in eigener Verantwortung zu regeln. Nach Satz 2 dieser Bestimmung haben auch die Gemeindeverbände im Rahmen ihres gesetzlichen Aufgabenbereiches nach Maßgabe der Gesetze das Recht auf Selbstverwaltung. Parallel hierzu findet sich eine eigenständige verfassungsrechtliche Gewährleistung der kommunalen Selbstverwaltung in den Art. 78 f. LV.

173 Ideengeschichtlich ist die Institution der kommunalen Selbstverwaltung ein Kind der preußischen Reformen zu Beginn des 19. Jahrhunderts (s. § 2 Rn. 152 ff.). Im Angesicht der militärischen Niederlagen gegen *Napoleon* (Jena und Auerstedt, 1806) sowie der zumal durch den Absolutismus bedingten politischen Lethargie der Bevölkerung zielte die Entwicklung der kommunalen Selbstverwaltung in Preußen vor allem darauf ab, die Bürgerschaft selbstverantwortlich an der öffentlichen Verwaltung zu beteiligen, um so das politische Interesse und vor allem den Gemeinsinn der Bürger zu beleben. Untrennbar verbunden ist die Entstehung der kommunalen Selbstverwaltung mit dem Namen und der Person des *Reichsfreiherrn vom und zum Stein* (1757-1831), unter dessen Führung die preußische Städteordnung von 1808 erstellt wurde. Dieses Jahr gilt, auch wenn der Begriff der kommunalen Selbstverwaltung erst etwa ein halbes Jahrhundert später etabliert wurde, bis heute als „Geburtsstunde" der kommunalen Selbstverwaltung.

II. Der Gewährleistungsgehalt der Art. 78 f. LV

174 Nach tradierter Verfassungsauslegung handelt es sich bei den Selbstverwaltungsgarantien von Bundes- und Landesverfassung um sog. einrichtungsrechtliche oder **institutionelle Gewährleistungen**, die auf eine landesgesetzliche Ausfüllung angelegt sind (**Gesetzgebungsauftrag**). Dieser Betrachtung ist insoweit zuzustimmen, als Gemeinden und Gemeindeverbände sowohl ihrer äußeren Existenz als auch ihrer inneren Ordnung nach auf eine gesetzliche Konstituierung bzw. Ausgestaltung angewiesen sind. Auch überantwortet zumindest Art. 28 Abs. 2 S. 2 GG die Zuweisung konkreter Aufgaben an Gemeindeverbände explizit der gesetzgeberischen Entscheidung (Rn. 194 f.). Umgekehrt ist indes nicht zu übersehen, dass Art. 28 Abs. 2 S. 1 GG zugleich eine verfassungsunmittelbare und „abwehrrechtlich" ausgerichtete Gewährleistung der gemeindliche Regelungszuständigkeit für sämtliche Angelegenheiten der örtlichen Gemeinschaft enthält (so zuletzt auch BVerfG, NVwZ 2008, 183 Rz. 116). Insofern erscheint es überzogen, Art. 28 Abs. 2

H. Verfassungsrechtliche Garantie kommunaler Selbstverwaltung 81

GG vollumfänglich im Sinne einer gesetzlich zu konkretisierenden (Einrichtungs-) Garantie zu interpretieren (s. auch *Ehlers*, DVBl. 2000, 1301 ff.). Entsprechendes dürfte auch im Hinblick auf Art. 78 f. LV anzunehmen sein.

Unbeschadet dieser Differenzierung werden in Anlehnung an die zu Art. 28 Abs. 2 GG entwickelte Dogmatik auch in Bezug auf Art. 78 LV traditionell drei grundlegende Garantieebenen unterschieden (vgl. auch § 2 Rn. 68): die sog. institutionelle Rechtssubjektsgarantie (Rn. 175 ff.), die objektive Rechtsinstitutionsgarantie (Rn. 178 ff.) sowie die auf beide vorgenannten (objektiven) Gewährleistungen bezogene subjektive Rechtsstellungsgarantie (Rn. 196). Dieses Drei-Ebenen-Modell verdeutlicht, dass Art. 78 LV kein Grundrecht oder grundrechtsgleiches Recht, sondern primär ein objektives Staatsaufbauprinzip darstellt. Dem entspricht es, das Selbstverwaltungsrecht der Kommunen als ein „pflichtiges Recht" einzustufen, das insbesondere nicht der freien Dispositionsbefugnis der Kommunen untersteht (zu eng allerdings BVerwG, NVwZ 2009, 1305: Verbot der vollständigen Privatisierung eines kommunalen Weihnachtsmarktes). Zumal die Ausübung kommunaler Kompetenzen außerhalb des eigenen Hoheitsgebietes ist daher, sofern nicht spezielle gesetzliche Ausnahmetatbestände vorliegen (z. B. § 107 Abs. 3 und 4 GO oder § 1 Abs. 2 GKG), richtigerweise unzulässig, gleichviel ob die betreffende Gemeinde in öffentlich-rechtlicher oder privatrechtlicher Form handelt (sehr str.; zur Gemeindewirtschaft unten § 2 Rn. 381 ff.; OVG NRW, NWVBl. 2008, 418).

> **Beachte:** Organisationsrechtlich sind die mit eigener Rechtspersönlichkeit ausgestatteten Kommunen insgesamt, also auch in Ansehung ihrer jeweiligen Repräsentationskörperschaften (Gemeinderat, Kreistag, Landschaftsversammlung), der Exekutive des Landes zuzuordnen. Ungeachtet der geläufigen Redewendung von „Bund, Ländern und Kommunen" können die Kommunen somit keinesfalls auf eine Stufe mit Bund und Ländern gestellt werden, zumal letztgenannten Gebietskörperschaften – anders als den kommunalen Körperschaften – eigene Staatlichkeit zukommt.

1. Institutionelle Rechtssubjektsgarantie

Die institutionelle Rechtssubjektsgarantie sichert die Existenz von Gemeinden und Gemeindeverbänden als notwendigen „Baustein" des staatlichen Organisationsgefüges. Der gesetzliche Verzicht auf Gemeinden und Gemeindeverbände als Glieder des Staatsaufbaus wäre somit verfassungsrechtlich unzulässig. Hinsichtlich der konzeptionellen Ausgestaltung der Gemeinden und Gemeindeverbände belassen Art. 28 Abs. 2 GG sowie Art. 78 Abs. 1 LV dem Gesetzgeber einen nicht unerheblichen Spielraum. Immerhin wird man zu den **typusbestimmenden Konstitutionselementen** namentlich einer Gemeinde insbesondere deren gebietskörperschaftliche Struktur, das Prinzip der „Betroffenenmitwirkung" sowie die Leitidee einer territorialen Verbundenheit oder „Fühlnähe" der Einwohner zu zählen haben, ohne die eine „örtliche Gemeinschaft" iS. des Art. 28 Abs. 2 S. 1 GG nicht existieren kann. Denn die Gemeinden können ihre Aufgabe als funktionsfähige und integra-

175

tionsfähige Selbstverwaltungskörperschaften nur erfüllen, wenn die Einwohner die örtlichen Angelegenheiten noch als **eigene Angelegenheiten** erkennen und wahrnehmen können (s. auch § 15 GO). Größere Spielräume verbleiben insoweit im Hinblick auf die Gemeindeverbände, so dass auch höhere Kommunalverbände wie die Landschaftsverbände den diesbezüglichen Anforderungen genügen. Auch für Gemeindeverbände bleibt die Wahrung integrationsfähiger Einheiten freilich eine wesentliche Zielvorgabe, die etwa für den Themenbereich der „Einkreisung kreisfreier Städte" von nicht geringer Bedeutung ist. Denn jedenfalls die politische Dominanz einzelner Städte erschiene mit dem Prinzip der gemeindeverbandlichen Selbstverwaltung nicht ohne weiteres kompatibel.

176 Zu beachten bleibt, dass die verfassungsrechtlichen Verbürgungen aus Art. 78 LV (Art. 28 Abs. 2 GG) die Gemeinden nach traditionellem Verständnis nur **„institutionell"**, nicht aber **„individuell"** gewährleisten (BVerfGE 86, 90, 107). Insbesondere gewährleisten die Verfassungsbestimmungen keinen absoluten „Traditionsschutz" zugunsten der jeweils bestehenden Gemeinden. Die gesetzliche Beseitigung einzelner Gemeinden im Rahmen sog. Neugliederungen oder auch Änderungen der Gemeindegrenzen sind daher verfassungsrechtlich durchaus möglich. Immerhin ergeben sich für den legislativen Zugriff auf einzelne Gemeinden nicht unerhebliche formelle und materielle Voraussetzungen. So darf in den **Bestand einer Gemeinde** nach der Rechtsprechung des Verfassungsgerichtshofs NRW nur nach (ergebnisoffener) Anhörung der betreffenden Gemeinde eingegriffen werden. In materieller Hinsicht ist die gesetzliche Beseitigung einer Gemeinde nur aus Gründen des öffentliches Wohles sowie unter Berücksichtigung des Übermaß- und Willkürverbotes sowie des Willens der Bevölkerung zulässig (st. Rspr., s. VerfGH NRW, OVGE 31, 284; 28, 291 f., vgl. auch § 17 GO). Da es hierbei letztlich um nur begrenzt nachprüfbare Planungsentscheidungen geht, verlangt die Rechtsprechung neben der Entwicklung ordnungsgemäßer (Planungs-) Leitlinien vor allem, dass der zugrunde liegende Sachverhalt vollumfänglich ermittelt sowie die Vor- und Nachteile der gesetzlichen Regelung in die vorzunehmende Abwägung eingestellt wurden. Dagegen sind die gesetzgeberischen (Entwicklungs-) Prognosen einer verfassungsgerichtlichen Beanstandung lediglich insoweit zugänglich, als diese offensichtlich und eindeutig widerlegbar sind bzw. der verfassungsrechtlichen Ordnung widersprechen. Immerhin aber muss der Gesetzgeber das von ihm entwickelte Konzept systemgerecht umgesetzt haben. Weist eine Neugliederungsmaßnahme in diesem Sinne verfassungsrechtlich relevante Planungsdefizite auf, ist sie verfassungswidrig und kann im Wege der kommunalen Verfassungsbeschwerde (unten Rn. 242 ff.) angegriffen werden. Vor diesem Hintergrund erscheint es durchaus vertretbar, von einer auch **„beschränkt individuellen Rechtssubjektgarantie"** *(E. Schmidt-Aßmann)* der Gemeinden zu sprechen.

> **Beispiel:** Die Gemeinde G wurde ohne vorherige Anhörung und aufgrund einer evident fehlerhaften Entwicklungsprognose durch Gesetz aufgelöst und der Gemeinde Z zugeschlagen. G kann mit der kommunalen Verfassungsbeschwerde (unten Rn. 242 ff.) gegen das Gesetz vorgehen. Ihre Beteiligtenfä-

H. Verfassungsrechtliche Garantie kommunaler Selbstverwaltung 83

higkeit wird ungeachtet der Begründetheit der Kommunalverfassungsbeschwerde unterstellt. Ob dies auch dann noch gilt, wenn Vertreter der Gemeinde G erst nach Jahren gegen die Auflösung vorgehen, ist streitig (hiergegen mit guten Gründen Saarl.VerfGH, DÖV 1993, 910). Ist die dem Neugliederungsgesetz zugrunde liegende Prognose ordnungsgemäß erstellt worden, wird die Verfassungsmäßigkeit des Gesetzes nicht dadurch in Frage gestellt, dass sich die spätere Entwicklung ungünstiger gestaltet als ursprünglich angenommen (a. A. wohl *Grupp*, FS K. Stern, 1997, S. 1099 ff.).

Entsprechende Erwägungen gelten für den legislativen Zugriff auf die gem. Art. 78 Abs. 1 LV geschützten Gemeindeverbände (hierzu zuletzt LVerfG MV, DVBl. 2007, 1102 ff.). Unter den verfassungsrechtlichen Begriff des Gemeindeverbandes fallen dabei allerdings, anders als im kommunalrechtlichen Sprachgebrauch, nur **Gebietskörperschaften** des öffentlichen Rechts, die sich ihrerseits aus Gemeinden bzw. Gemeindeverbänden zusammensetzen und in größerem Umfang kommunale Aufgaben von Gewicht als Selbstverwaltungsaufgaben wahrnehmen. Das nordrhein-westfälische Recht kennt mit den Kreisen und den beiden Landschaftsverbänden Rheinland und Westfalen-Lippe, denen besondere Aufgaben vor allem im sozialen und kulturellen Bereich zugewiesen sind, zwei unterschiedliche Formen von Gemeindeverbänden, die damit beide von Art. 78 LV erfasst werden. Während die Kreise als kommunale Rechtssubjekte zusätzlich in Art. 28 Abs. 1 S. 2 GG genannt sind, findet sich für die Landschaftsverbände eine spezielle Erwähnung weder in der Bundes- noch in der Landesverfassung. Hieraus wird teilweise gefolgert, dass die Landschaftsverbände zur Disposition des Gesetzgebers stünden. Richtig dürfte sein, dass eine Bestandsgarantie nach dem Verfassungstext generell nur für den gesetzlich auszuformenden Typus des „Gemeindeverbandes" als solchen besteht (hierzu auch VerfGH NRW, NWVBl. 2001, 340). Immerhin aber wird man für die nach geltendem Recht ausgeformten Gemeindeverbände einen relativen Bestandsschutz insoweit anzunehmen haben, als die Beseitigung einer der Gemeindeverbandsebenen durch legitime Gemeinwohlbelange gerechtfertigt werden müsste (str.). Als bloße **„Verbandskörperschaften"** des öffentlichen Rechts fallen kommunale **Zweckverbände**, auch wenn diese in der kommunalrechtlichen Terminologie ebenfalls als „Gemeindeverbände" bezeichnet werden (§ 5 Abs. 2 GkG NRW), nicht unter den Schutz der institutionellen Rechtssubjektsgarantie des Art. 78 LV. 177

2. Objektive Rechtsinstitutionsgarantie

Anders als die institutionelle Rechtssubjektsgarantie, die sich auf die „physische" Existenz der Institutionen von Gemeinden und Gemeindeverbänden als Teile des Staatsaufbaus erstreckt, bezieht sich die objektive Rechtsinstitutionsgarantie auf die Einrichtung der kommunalen Selbstverwaltung als Prinzip der dezentralen und eigenverantwortlichen Aufgabenerledigung. Soweit auch die verfassungsunmittelbare Aufgabenzuweisung der örtlichen Angelegenheiten an die Gemeinden überwiegend als Teil der objektiven In- 178 stitutionsgarantie erfasst wird, kann dies nicht uneingeschränkt überzeugen (hierzu unten Rn. 184). Inhalt und Umfang der objektiven Rechtsinstitutionsgarantie bedürfen insoweit – entgegen dem scheinbar nivellierenden Wortlaut des Art. 78 Abs. 2 LV – einer differenzierenden Betrachtung je nachdem, ob es um das Selbstverwaltungsrecht der Gemeinden (Rn. 179 ff.) oder der Gemeindeverbände (Rn. 194 ff.) geht. Was das Verhältnis von Art. 28 Abs. 2 GG auf der einen sowie Art. 78 f. LV auf der anderen Seite angeht, so können die inhaltlichen Vorgaben des Art. 28 Abs. 2 GG weitgehend in die Gewährleistung des Art. 78 LV „hineingelesen" werden (so auch *Ehlers*, NWVBl. 1990, 44, 45 m. w. N.).

a) Gemeinden

179 Hinsichtlich des Selbstverwaltungsrechts der Gemeinden wird der Typus der objektiven Rechtsinstitutionsgarantie durch die Merkmale der **„Territorialität"** (Bindung an den räumlichen Wirkungskreis) sowie der **„Universalität"** (Allzuständigkeit) bestimmt. Alle Angelegenheiten der örtlichen Gemeinschaft unterliegen danach unmittelbar kraft Verfassungsrechts der eigenverantwortlichen Wahrnehmung durch die nach Maßgabe des Landesrechts (Gemeindeordnung NRW) gebildeten Gemeinden (sog. **gemeindliche Verbandskompetenz**). Zugleich bleibt die demokratische Legitimationskraft der Gemeindebürger auf den örtlichen Verbund begrenzt, so dass ein Verwaltungshandeln jenseits dieser Grenzen verfassungsrechtlich nicht legitimiert ist (was insbesondere die Zulässigkeit grenzüberschreitender Wirtschaftstätigkeit in Frage stellt). Die Verbandskompetenz ist damit notwendig eine räumlich und sachlich beschränkte Zuständigkeit, die keine Grundlage für grenzüberschreitendes Handeln oder für allgemein-politische Betätigungen (insbesondere allgemein-politische Äußerungen) bietet. Ähnlich wie bei Grundrechtseingriffen wird die Verfassungsmäßigkeit legislativer Eingriffe in die Rechtsinstitutionsgarantie der kommunalen Selbstverwaltung danach bemessen, ob (1.) der Schutzbereich der Verfassungsgarantie betroffen ist und (2.) die festgestellte Verkürzung von Selbstverwaltungsrechten eine hinreichende verfassungsrechtliche Legitimation findet.

aa) Schutzbereich

180 Als Schutzgegenstand der objektiven Rechtsinstitutionsgarantie definiert Art. 78 Abs. 3 LV das Recht der Gemeinden, in ihrem Gebiet die alleinigen Träger der öffentlichen Verwaltung zu sein. Die Aufgabengarantie des Art. 78 Abs. 2 LV bezieht sich dabei auf die in Art. 28 Abs. 2 S. 1 GG genannten „Angelegenheiten der örtlichen Gemeinschaft" (Rn. 181 f.), die von den Gemeinden „eigenverantwortlich" (Rn. 183) wahrzunehmen sind.

(1) Angelegenheiten der örtlichen Gemeinschaft

181 Bis heute nicht abschließend geklärt ist die Frage, ob und inwieweit die durch die Selbstverwaltungsgarantie geschützten „Angelegenheiten der örtlichen Gemeinschaft" präzise definiert und von anderen Staatsaufgaben abgegrenzt werden können. Der früher herrschenden **„historischen"** Bestimmung hat das BVerfG eine – wenn auch eher vorsichtige – Absage erteilt. So kon-

H. Verfassungsrechtliche Garantie kommunaler Selbstverwaltung 85

statiert das Gericht angesichts der divergierenden gesellschaftlichen und wirtschaftlichen Strukturen der einzelnen Gemeinden derart unterschiedliche und wandelbare Bedürfnisse und Interessen, dass die Angelegenheiten der örtlichen Gemeinschaft „keinen ein für allemal feststehenden Aufgabenkreis bilden" (BVerfGE 79, 127, 152). Freilich vermag auch die vom BVerfG vorgeschlagene Begriffsdefinition keine abschließende Klarheit zu verschaffen. Hiernach sind unter den Angelegenheiten der örtlichen Gemeinschaft diejenigen Bedürfnisse und Interessen zu verstehen, „**die in der örtlichen Gemeinschaft wurzeln** oder auf sie einen **spezifischen Bezug** haben" (BVerfGE 79, 127, 151 f.). Überschritten wird dieser Aufgabenkreis jedenfalls dort, wo eine Gemeinde Angelegenheiten der allgemeinen Politik an sich ziehen will, da es insofern an dem spezifisch örtlichen Bezug fehlt. Ein „allgemeinpolitisches Mandat" der Gemeinden besteht also nicht.

> **Beispiel:** Als verfassungswidrige Aufgabenüberschreitung war danach etwa der – für sich genommen gewiss honorige – gemeindliche „Lastenausgleich" für jedes in der Gemeinde geborene Kind zugunsten junger Familien anzusehen (OVG NRW, NWVBl. 1995, 170), aber auch die Erklärung von Gemeinden zu sog. „atomwaffenfreien Zonen" (OVG NRW, DVBl. 1994, 155) oder das in einer Friedhofssatzung normierte Verbot zur Aufstellung von Grabsteinen, die durch Kinderarbeit in Steinbrüchen gewonnen wurden (OVG Rh.-Pf., DÖV 2009, 259 L; a. A. aber BayVGH, NVwZ-RR 2012, 50 ff.; die Landesregierung will den Gemeinden eine diesbezügliche Regelungsbefugnis nunmehr spezialgesetzlich eröffnen, vgl. LT-Drs. 16/2723).

Abweichende Beurteilungen können sich freilich ergeben, wenn entsprechenden Beschlussfassungen spezifisch regionale Anknüpfungspunkte zugrunde liegen (sog. „Gemengelagen").

> **Beispiel:** Als Angelegenheit der örtlichen Gemeinschaft wird man insoweit noch die gemeindliche Gewährung eines „Patenschaftsgeschenks" zur Geburt eines neuen Gemeindemitglieds, aber auch das Votum gegen eine erwogene Atomwaffenstationierung wegen regionaler Erdbebengefahr ansehen müssen (sehr weitgehend Bad.-Württ. VGH, DVBl. 1984, 729, wonach eine Stationierung lediglich „im Bereich des Möglichen" liegen muss, konkrete Standortplanungen aber nicht erforderlich sind).

Zu den klassischen örtlichen Angelegenheiten der Gemeinde zählt die Rechtsprechung etwa die Befugnis zur Errichtung und zum Betrieb kommunaler Sparkassen (sog. „**Sparkassenhoheit**"). Eine Gemeinde kann sich auch ohne einen ausdrücklichen Kompetenztitel neuer, noch unbesetzter Aufgaben der örtlichen Gemeinschaft annehmen, was regelmäßig im Falle von **Städtepartnerschaften** zum Tragen kommt („Recht der Spontaneität"). Im Übrigen erkennt die Rechtsprechung dem Gesetzgeber bei der Bestimmung einer Aufgabe als örtlich oder überörtlich einen Einschätzungsspielraum zu, der einer nur begrenzten Vertretbarkeitskontrolle unterliegt. Diese ist freilich umso intensiver, je mehr die Selbstverwaltung der Gemeinde als Folge der gesetzlichen Regelung an Substanz verliert (VerfGH NRW, DVBl. 1991, 488 f.).

§ 1. Verfassungsrecht des Landes Nordrhein-Westfalen

(2) Eigenverantwortlichkeit

183 Die Gemeinden haben die Angelegenheiten der örtlichen Gemeinschaft in eigener Verantwortung zu regeln. Sie können damit ihre Aufgaben grundsätzlich weisungsfrei von anderen staatlichen Institutionen und nach ihrem eigenen Ermessen erfüllen. Der konkrete Umfang der Eigenverantwortlichkeit erstreckt sich für den Regelfall der freiwilligen Selbstverwaltungsangelegenheiten (z. B. Bau und Betrieb von Schwimmbädern oder Museen) auf das „Ob" und „Wie" der Aufgabenwahrnehmung. Rechtfertigungsbedürftige Beschränkungen der gemeindlichen Eigenverantwortlichkeit ergeben sich, soweit der Gesetzgeber gem. Art. 78 Abs. 3 LV vormals freiwillige Selbstverwaltungsaufgaben pflichtig stellt (sog. „**pflichtige Selbstverwaltungsaufgaben**", z. B. die Errichtung von Schulen gem. § 10 Abs. 1 SchulVG) oder sich gar gem. Art. 78 Abs. 4 LV eigene Weisungsrechte im Bereich kommunaler Pflichtaufgaben vorbehält (sog. „**Pflichtaufgaben zur Erfüllung nach Weisung**", z. B. die Ordnungsverwaltung nach § 3 OBG – konzeptionell z. T. anders *Burgi*, unten § 2 Rn. 98 und 67). Die verfassungsrechtliche Gewährleistung einer eigenverantwortlichen Aufgabenwahrnehmung schützt die Gemeinden schließlich auch vor einer ungerechtfertigten **Überwälzung staatlicher Aufgaben** auf die Kommunen (vgl. Rn. 191). Dem zugrunde liegt die Erkenntnis, dass das Selbstverwaltungsrecht der Gemeinden auch durch deren Inanspruchnahme als staatliche Vollzugsorgane „erstickt" werden kann (VerfGH NRW, DVBl. 1993, 197, 198).

bb) Ausgestaltungs- und Begrenzungsvorbehalt

184 Die in Art. 78 LV formulierte Gewährleistung der kommunalen Selbstverwaltung bedarf zwar nicht in allen (oben Rn. 179), wohl aber in durchaus wesentlichen Teilen der gesetzlichen Ausgestaltung (z. B. durch die Bildung von Gemeinden sowie die Festlegung der inneren „Gemeindeverfassung"), aber auch der gesetzlichen Beschränkung (z. B. Konkretisierung staatlicher Kontrollrechte). Ein entsprechender **Ausgestaltungsvorbehalt** ist der Verfassungsgewährleistung der kommunalen Selbstverwaltung insoweit immanent und entspricht dem Typus der verfassungsrechtlichen Einrichtungsgarantie. Zu den ausgestaltenden Gesetzen in diesem Sinn gehören alle **formellen Gesetze**, aber auch **Rechtsverordnungen, Satzungen, Raumordnungsprogramme**, sofern sie auf einer hinreichenden Ermächtigung beruhen, und nach der – allerdings nicht unproblematischen – Rechtsprechung des VerfGH auch das **Gewohnheitsrecht** (DÖV 1983, 28 ff.). Zugleich enthält Art. 78 Abs. 2 HS 2 LV, ebenso wie Art. 28 Abs. 2 Satz 1 („im Rahmen der Gesetze") aber auch einen expliziten **Begrenzungsvorbehalt** hinsichtlich der den Gemeinden verfassungsunmittelbar zugewiesenen örtlichen Aufgaben (Rn. 179). Eingriffe in diesen verfassungsrechtlich vorgegebenen gemeindlichen Aufgabenbestand sind nur auf formalgesetzlicher Grundlage zulässig (Vorbehalt des Gesetzes) und unterliegen erhöhten verfassungsrechtlichen Rechtfertigungsanforderungen (Rn. 185 ff.).

H. Verfassungsrechtliche Garantie kommunaler Selbstverwaltung

cc) Verfassungsrechtliche Legitimation

Aus der Tradition der einrichtungsrechtlichen Betrachtung der kommunalen Selbstverwaltungsgarantie hat sich eine differenzierende Bewertung von Beschränkungen der objektiven Rechtsinstitutionsgarantie entwickelt, die darauf abstellt, ob eine Maßnahme den Kernbereich der Garantie trifft (Rn. 186) oder aber im sog. Randbereich der Garantie verbleibt. Sind danach Eingriffe in den Kernbereich von vornherein verfassungswidrig, bleiben Eingriffe im Randbereich zulässig, soweit sie durch hinreichende Gemeinwohlzwecke gerechtfertigt werden.

(1) „Kernbereich" und „Randbereich" kommunaler Selbstverwaltung

Die **Kernbereichsgarantie** weist offensichtliche Parallelen zu der für grundrechtliche Garantien geltenden „Wesensgehaltsgarantie" des Art. 19 Abs. 2 GG auf. Die inhaltliche Abgrenzung des (unantastbaren) „Kernbereichs" der kommunalen Selbstverwaltung von dem gesetzlich regulierbaren „Randbereich" erweist sich freilich in der Praxis als nur bedingt durchführbar, weshalb die „Kernbereichsformel" eine insgesamt nur geringe praktische Bedeutung gewonnen hat. Weder existiert eine exakte Umschreibung des Kernbereichs, noch findet sich in den Art. 28 Abs. 2 S. 1 GG, Art. 78 LV eine begriffliche Abgrenzung von Rand- und Kernbereich der Selbstverwaltungsgarantie. Nach einer berühmt gewordenen Formulierung *K. Sterns* unterfallen dem Kernbereichsschutz jene „Essentiale, die man aus einer Institution nicht entfernen kann, ohne deren Struktur und Typus zu verändern" (AfK 1964, 87). Entscheidend sind hiernach die **typusbestimmenden Bestandteile**, die essentiell, nicht akzidentiell für die Selbstverwaltungsgarantie der Gemeinde sind. Insoweit wird traditionell auf die sog. klassischen „**Gemeindehoheiten**" Bezug genommen, die damit allerdings keineswegs in allen Details Kernbereichsschutz für sich in Anspruch nehmen können.

Differenziert wird dabei im Einzelnen (s. auch § 2 Rn. 70) zwischen:
– der „**Planungshoheit**" als der Befugnis, das Gemeindegebiet – zumal in baurechtlicher Hinsicht – zu ordnen und zu gestalten;
– der „**Rechtssetzungshoheit**" als der Befugnis, eigenständige (Satzungs-) Regeln aufzustellen;
– der „**Finanzhoheit**" als der Befugnis zur eigenverantwortlichen Einnahmen- und Ausgabenpolitik einschließlich der Haushaltsführung im Rahmen der Gesetze;
– der „**Personalhoheit**" als der Befugnis, das Gemeindepersonal auszuwählen, einzustellen, zu befördern oder zu entlassen;
– der „**Organisationshoheit**" als der Befugnis zur eigenverantwortlichen Gestaltung der inneren Gemeindeorganisation (a. A. VerfGH S-Anh., LKV 2000, 32, 33).
– Hinzugefügt werden könnte ferner die sog. „**Kooperationshoheit**" als die Befugnis zur Zusammenwirkung mit anderen kommunalen Selbstverwaltungsträgern (BVerfGE 119, 331, 362).

Wollte der Gesetzgeber also eine dieser Hoheiten ersatzlos verabschieden, dürfte dies regelmäßig den Kernbereich der Selbstverwaltungsgarantie tangieren.

> **Beispiel:** Das gesetzliche Verbot einer eigenständigen Haushaltsführung durch die Gemeinden und deren Unterwerfung unter eine staatliche Finanzpolitik wären mit den tragenden Grundsätzen der objektiven Rechtsinstitutionsgarantie unvereinbar und als verfassungswidriger Übergriff in den Kernbereich der kommunalen Selbstverwaltung zu qualifizieren.

Jenseits des Kernbereichs beginnt dagegen der für legislative Ausgestaltungen grundsätzlich eröffnete „**Randbereich**" der kommunalen Selbstverwaltung. Nach heute überwiegender Auffassung besitzt der Gesetzgeber in diesem Randbereich allerdings ebenfalls keine umfassenden Handlungsbefugnisse, sondern unterliegt den allgemeinen Rechtfertigungsanforderungen etwa der Verhältnismäßigkeit und des Willkürverbotes (str.; zur Gegenmeinung s. *Burgi*, unten § 2 Rn. 74). Eingriffe in den Randbereich der kommunalen Selbstverwaltungsgarantie müssen danach einem **legitimen Zweck** dienen, zur Zweckverfolgung **geeignet** und **erforderlich** (kein „milderes, gleich geeignetes Mittel") sowie „**angemessen**" in Bezug auf den erstrebten Zweck sein. Ebenso wie im grundrechtlichen Kontext belässt diese Formel zugleich hinreichende Spielräume für gesetzgeberische Prognosen, die der verfassungsgerichtlichen Prüfung nur eingeschränkt zugänglich sind. Die Fallbearbeitung weicht also auch insoweit nicht erheblich ab von allgemeinen „Eingriffsprüfungen".

188 Nicht ganz einfache Fragen wirft in diesem Zusammenhang freilich der Aspekt der **Organisationshoheit** auf, da die hiervon erfassten Gemeindebefugnisse richtigerweise erst jenseits der verfassungsrechtlich vorausgesetzten Ausgestaltungskompetenz des Landesgesetzgebers (oben Rn. 184) Geltung beanspruchen können. Sieht man das Selbstverwaltungsrecht der Gemeinden solchermaßen den organisationsrechtlichen Strukturvorgaben des Landesgesetzgebers unterworfen, greifen landesgesetzliche Organisationsvorgaben, z. B. die Pflicht zur **Bestellung hauptamtlicher Gleichstellungsbeauftragter**, formal gesehen gar nicht in den Schutzgegenstand der kommunalen Selbstverwaltungsgarantie ein (in diese Richtung BVerfGE 91, 228, 236 ff.; für einen – gerechtfertigten – Eingriff dagegen VerfGH NRW, NWVBl. 2002, 101). Immerhin aber wird man an die Verfassungsmäßigkeit legislativer Ausgestaltungen im Wesentlichen parallele Legitimationskriterien anlegen müssen. Die Problematik ähnelt insoweit der legislativen Inhaltsbestimmung von Eigentumsrechten iS. des Art. 14 Abs. 1 S. 2 GG, auch wenn es sich bei der Selbstverwaltungsgarantie selbstverständlich nicht um eine Grundrechtsgewährleistung handelt. Immerhin lässt die Rechtsprechung bei legislativen Ausgestaltungen der gemeindlichen Organisationsstrukturen auch die Verwirklichung von Zielen der Verwaltungsvereinfachung sowie der Wirtschaftlichkeit der Verwaltung zu (BVerfGE 91, 228, 240).

H. Verfassungsrechtliche Garantie kommunaler Selbstverwaltung 89

(2) Klausurenschwerpunkt „Aufgabenhochzonung"

Anders als klassische „Ausgestaltungen" der Selbstverwaltung bzw. ihrer **189** Funktionsbedingungen stellt die Entziehung örtlicher Aufgaben und deren „Hochzonung" auf höhere Einheiten (einschließlich der Kreise!) einen klassischen (finalen) Eingriff in das Selbstverwaltungsrecht der Gemeinden aus Art. 78 Abs. 2 LV (Art. 28 Abs. 2 GG) dar. Mag insoweit die Beibehaltung des Konzepts eines „unantastbaren" Kernbereichs an Aufgaben auch unproblematisch sein, erscheint jenseits dieses – ohnehin eher theoretischen – Segments eine strikt abwehrrechtliche Prüfung angezeigt. Von dem formalen Erfordernis einer **parlamentsgesetzlichen Grundlage** abgesehen, ist dabei neben der Wahrung des **Verhältnismäßigkeitsgrundsatzes** und des **Willkürverbots** (VerfGH NRW, NWVBl. 2002, 101, 103, str.) das Vorliegen eines „**Gemeininteresses**" unabdingbar.

(a) Legitimes Gemeininteresse

Dieses legitime Gemeininteresse darf nach der „Rastede"-Rechtsprechung des BVerfG nicht allein in dem Ziel der Verwaltungsvereinfachung oder Kostenersparnis liegen (vgl. BVerfGE 79, 127, 153). Die auf den ersten Blick überraschende Tabuisierung von Zwecken der Verwaltungsvereinfachung sowie der Kostenreduktion rechtfertigt sich aus der Erwägung, dass dezentrale Formen der Aufgabenzuordnung mit gewissen Einbußen an Effizienz und Wirtschaftlichkeit verbunden sein können, wenngleich eine entsprechende Regelvermutung – entgegen der Auffassung des BVerfG – nicht begründbar erscheint (eingehend *J. Dietlein*, Gemeinde und Stadt Beilage 6/2009, S. 1, 5). Der durch die Verfassung selbst festgelegte grundsätzliche Vorrang kommunaler Selbstverwaltung vor den Prinzipien der Verwaltungsvereinfachung und -ökonomie soll dementsprechend nicht aufgrund ökonomischer Erwägungen in sein Gegenteil verkehrt werden.

> **Beispiel:** Unzulässig wäre daher etwa, die auf den örtlichen Wirkungskreis bezogene Befugnis der Gemeinden (und Gemeindeverbände) zur Errichtung und zum Betrieb kommunaler Sparkassen mit der Begründung auf das Land „hochzuzonen", dass ein Betrieb von Sparkassen unmittelbar durch das Land NRW wirtschaftlich „günstiger" und „effizienter" ist (problematisch insoweit VerfGH Sachsen, LKV 2001, 216).

Immerhin aber hat das BVerfG eine ökonomische Rechtfertigung der Verlagerung gemeindlicher Aufgaben auf höhere Einheiten ausnahmsweise dort für zulässig erklärt, wo „ein Belassen der Aufgabe bei den Gemeinden zu einem unverhältnismäßigen Kostenanstieg führen würde" (BVerfGE 79, 127, 153).

(b) Verhältnismäßigkeitsgrundsatz

Eine generelle Schranke für legislative Aufgabenhochzonungen stellt der **190** Verhältnismäßigkeitsgrundsatz dar. Dieser zielt als grundlegendes Verfassungsprinzip nicht nur auf den Grundrechtsschutz ab, sondern beeinflusst richtigerweise auch die Grundsätze der Staatsorganisation (str.). Anders als der nordrhein-westfälische VerfGH (NWVBl. 1997, 333, 336) hat das BVerfG die Anwendbarkeit des Verhältnismäßigkeitsgrundsatzes im Rahmen der kommunalen Selbstverwaltungsgarantie zunächst nicht explizit erwähnt (vgl. BVerfGE 79, 127 ff. – Rastede). In dieser Entscheidung hielt indes auch das BVerfG einen Aufgabenentzug nur dann für zulässig, wenn „die den Aufgabenentzug tragenden Gründe gegenüber dem verfassungsrechtlichen Aufgabenverteilungsprinzip überwiegen" (BVerfGE 79, 127, 154), was de facto eine verschärfte Proportionalitätsprüfung bedeutet. In einer neueren Entscheidung zur kommunalen Planungshoheit (BVerfGE 95, 1, 27 – Südumfahrung Stendal) wird sodann ausdrücklich die Verhältnismäßigkeit des Eingriffs angesprochen. Von einer Unanwendbarkeit des Verhältnismäßigkeitsgrundsatzes im Kontext der kommunalen Selbstverwaltung kann daher auch nach der Rechtsprechung des BVerfG nicht die Rede sein (a. A. aber z. B. *Burgi*, unten § 2 Rn. 74). Im Gegenteil spricht alles dafür, dass das Gericht seine Ausführungen in der Rastede-Entscheidung als eine Verschärfung der allgemeinen Verhältnismäßigkeitsprüfung verstanden wissen wollte. An diesem selbstverwaltungsfreundlichen Ansatz sollte konsequent festgehalten werden.

(3) Sonderkonstellation: Überbürdung staatlicher Aufgaben

191 Wie oben dargestellt, kann das gemeindliche Selbstverwaltungsrecht nicht nur durch einen Aufgabenentzug („Hochzonung"), sondern auch durch die Überbürdung von „**Fremdaufgaben**" auf die Gemeinde bedroht werden (BVerfG, NVwZ 2008, 183 f.). Ob die Übertragung spezifisch landesstaatlicher Aufgaben auf die Gemeinden überhaupt mit Art. 78 Abs. 3 LV vereinbar ist, war lange Zeit umstritten, wird aber heute überwiegend bejaht (so auch inzident vorausgesetzt vom VerfGH NRW, NWVBl. 2001, 340, 345). Entsprechende Aufgabenverlagerungen werden gerade in neuerer Zeit unter dem Stichwort „**Kommunalisierung**" intensiv diskutiert (*Burgi*, in: ders./Palmen [Hrsg.], Die Verwaltungsstrukturreform des Landes NRW, 2008, S. 73 ff.).

> **Beispiel:** Ein Landesgesetz verpflichtet die Kommunen zur Aufnahme von Flüchtlingen (hierzu VerfGH NRW, OVGE 46, 262 ff.). Das Landeswahlgesetz überträgt kommunalen Stellen bestimmte Mitwirkungspflichten bei der Durchführung der Landtagswahlen.

Allerdings hat die Verfassungsgerichtsbarkeit der **Überbürdung landesstaatlicher Aufgaben** zugleich klare Grenzen gesetzt (hierzu VerfGH NRW, NVwZ-RR 1993, 486, 487). Demnach hat der Gesetzgeber den Verhältnismäßigkeitsgrundsatz, den unantastbaren Kernbereich sowie – außerhalb dessen – das verfassungsrechtliche Aufgabenverteilungsprinzip ebenso zu beachten wie bei unmittelbaren Eingriffen etwa in Gestalt eines Aufgabenentzugs. Durch die Etablierung des (strikten) Konnexitätsprinzips in Art. 78 Abs. 3 S. 2–5 LV haben die einzelnen Kommunen nunmehr zugleich einen justiziablen Anspruch auf Kostenausgleich für wesentliche Belastungen, was umgekehrt dazu führt, dass Aufgabenüberbürdungen in der Regel hinnehm-

H. Verfassungsrechtliche Garantie kommunaler Selbstverwaltung

bar sein werden. Anderes ergibt sich allerdings dort, wo das Selbstverwaltungsrecht der Gemeinde durch die Inanspruchnahme für Fremdaufgaben zu ersticken droht (VerfGH NRW, DVBl. 1993, 197, 198).

Nach Auffassung des VerfGH NRW (NWVBl. 2001, 340, 345) werden landesstaatliche Aufgaben durch ihre Übertragung auf die Kommunen nicht ohne Weiteres in kommunale Aufgaben umgewandelt. Folgt man diesem Ansatz, kann die Selbstverwaltungsgarantie nicht gegen eine spätere **Rückverlagerung** dieser Aufgaben auf den Staat in Stellung gebracht werden. Entsprechendes würde damit auch für den Fall der Beendigung einer staatlichen „Organleihe" bei den Kommunen gelten. 192

Gegenüber **Aufgabenüberbürdungen durch den Bund** können die landesverfassungsrechtlichen Bindungen nicht in Stellung gebracht werden. So bindet die Landesverfassung lediglich die Landesstaatsgewalt, nicht aber die Staatsgewalt des Bundes. Anwendbar ist insoweit freilich das neue Aufgabenübertragungsverbot des Art. 84 Abs. 1 S. 7 sowie des Art. 85 Abs. 1 S. 2 GG (hierzu i. E. *Engelken*, VBlBW 2008, 457 ff.; vgl. für Altregelungen Art. 125a Abs. 1 GG). Die Festlegung neuer kommunaler Zuständigkeiten bleibt somit vollumfänglich der Landesgesetzgebung vorbehalten, die hierbei dem strikten Konnexitätsprinzip unterliegt (s. Rn. 204 ff.). Ob Art. 84 Abs. 1 S. 7 GG auch die Änderung oder Erweiterung bereits nach Bundesrecht bestehender kommunaler Zuständigkeiten erfasst, ist streitig, dürfte aber zu bejahen sein (a. A. *Engelken*, ebda.). Fraglich ist immerhin die Anwendbarkeit der Norm auf kostenneutrale Inpflichtnahmen bzw. auf die Veränderung bloßer „Standards" zur Wahrnehmung bestehender Aufgaben. Als eine die kommunale Selbstverwaltungsgarantie mitprägende Norm kann die Beachtung des Art. 84 Abs. 1 S. 7 GG richtigerweise auch im (bundes-)verfassungsgerichtlichen Verfahren der kommunalen Verfassungsbeschwerde geltend gemacht werden. 193

b) Gemeindeverbände

Als grundlegend anders strukturiert erweist sich die objektive Rechtsinstitutionsgarantie in Bezug auf die Gemeindeverbände iS. des Art. 78 LV (oben Rn. 177). Gem. Art. 28 Abs. 2 S. 2 GG besitzen die Gemeindeverbände ein Recht zur Selbstverwaltung lediglich „nach Maßgabe der Gesetze" und lediglich „im Rahmen ihres gesetzlichen Aufgabenbereiches". Das bedeutet, dass die Universalität des Wirkungskreises („Allzuständigkeit") trotz des insoweit missverständlichen Wortlauts des Art. 78 Abs. 2 LV kein konstituierendes Merkmal der Gemeindeverbände ist (ebenso VerfGH NRW, NWVBl. 2001, 340, 343). Die bundesverfassungsrechtliche Selbstverwaltungsgarantie zu Gunsten der Kreise reduziert sich insoweit auf die Selbstverwaltung innerhalb eines „**gesetzesgeformten**" Aufgabenbereichs – eines Aufgabenbereichs also, der verfassungsrechtlich nicht a priori definiert wird (deutlich BVerfG, NVwZ 2008, 183, 184). Die grundgesetzliche objektive Rechtsinstitutionsgarantie wird dementsprechend erst dort verletzt, wo Gemeindeverbände gleichsam aufgabenlos gestellt werden oder aber in ihrer Aufgabenwahrnehmung jeglicher Selbstverantwortung beraubt werden. „Außerhalb eines solchen Mindestbestandes an echten Selbstverwaltungs- 194 aufgaben", so die äußerst rigide Rechtsprechung des BVerfG, „schützt Art. 28 Abs. 2 S. 2 GG gegen Aufgabenentziehungen und -zuweisungen nicht" (NVwZ 2008, 183, 184). Soweit Art. 78 Abs. 2 LV – über die „Mindestgarantie" des Art. 28 Abs. 2 S. 2 GG hinausgehend – die Gemeindeverbände zum grundsätzlich alleinigen Träger der öffentlichen Verwaltung in ihrem Gebiet erklärt, wird dies für die Kreise teilweise als grundsätzliche Aufgabengarantie für alle auf das Kreisgebiet beschränkten **überörtlichen** (sog. „**kreiskommunalen**") **Aufgaben** interpretiert. Angesichts der Fokussierung der Verfassungsnorm auf abstrakte „Gemeindeverbände" erscheint diese Auslegung freilich nicht überzeugend (ablehnend denn auch VerfGH NRW, NWVBl. 1996, 426 f.: keine „bestimmten" Aufgaben). Zumal für die den Kreisen vielfach zugeschriebenen „Ausgleichs- und Ergänzungsaufgaben" wird man eine verfassungsunmittelbare Aufgabenzuweisung nicht annehmen können (s. auch Thür.OVG, ThürVBl. 1999, 40).

195 Als „gesetzesgeformt" ist auch der Aufgabenbestand der Landschaftsverbände anzusehen, die ebenfalls Gemeindeverbände iS. des Art. 78 LV darstellen und damit – ungeachtet der Erwähnung der Kreise in Art. 28 Abs. 2 S. 2 GG – keinen geringeren Verfassungsgarantien unterliegen als die Kreise. Ob und inwieweit die Landschaftsverbände durch Art. 78 Abs. 2 LV gegen einen gesetzlichen Aufgabenentzug geschützt werden, ist bislang nicht abschließend geklärt. Keinen Schutz gewährt Art. 78 Abs. 2 LV nach der umstrittenen Rechtsprechung des VerfGH NRW jedenfalls insoweit, als es um die Entziehung genuin staatlicher, also nicht-kommunaler Aufgaben und deren Rückführung auf staatliche Funktionseinheiten geht (vgl. oben Rn. 192; krit. *Ehlers*, DVBl. 2001, 1601 ff.). Dagegen wird man einen verfassungsrechtlichen Rechtfertigungszwang für den Entzug des den Gemeindeverbänden einmal zugewiesenen kommunalen Aufgabenbestandes – einschließlich des hierauf bezogenen Verwaltungsvermögens – richtigerweise nicht verneinen können (enger aber wohl BVerfG, NVwZ 2008, 183, 184, s. Rn. 194).

3. Subjektive Rechtsstellungsgarantie

196 Unter der „subjektiven Rechtsstellungsgarantie" als der dritten und letzten Garantieebene des Art. 78 LV ist schließlich die im Wege der Auslegung vollzogene „Versubjektivierung" der primär objektiv-rechtlichen Garantien aus Art. 78 LV (Art. 28 Abs. 2 GG) zu verstehen. Die subjektive Rechtsstellungsgarantie verschafft den Gemeinden und Gemeindeverbänden mithin die Möglichkeit, ungerechtfertigte **Eingriffe** in das Selbstverwaltungsrecht notfalls **gerichtlich abzuwehren**. Über dieses „Abwehrelement" hinaus gewährt die Versubjektivierung vielschichtige Formen von **Schutz-, Leistungs-** und **Teilhabeansprüchen**, z. B. solchen auf Anhörung, auf Mitwirkung bei Planungsprozessen oder auf gemeindefreundliches Verhalten. Die kommunale Selbstverwaltungsgarantie wird damit zu einer wehrfähigen Rechtsposition. Als statthafte Rechtsschutzform gegen legislative Beschränkungen steht der betroffenen Kommune namentlich die sog. Kommunalverfassungsbeschwerde

H. Verfassungsrechtliche Garantie kommunaler Selbstverwaltung

nach Art. 75 Nr. 4 LV i.V.m. §§ 12 Nr. 8, 52 VerfGHG zur Verfügung (vgl. unten Rn. 242 ff.). Wehrt sich eine Gemeinde gegen ihre – bereits wirksam gewordene – gesetzliche Auflösung, wird der Fortbestand der kommunalen Körperschaft im Rahmen eines Auflösungsstreits fingiert, solange ein unmittelbarer zeitlicher Zusammenhang mit dem Auflösungsakt besteht (Saarl. VerfGH, DÖV 1993, 910). Sowohl das Bundes- als auch das Landesverfassungsrecht räumen den Kommunen insoweit allerdings lediglich die Möglichkeit von Abwehrklagen (Normenkontrollklagen) gegen bereits erlassene Gesetze ein; Normerlassklagen etwa auf Neu- oder Rückgliederung sind also nicht möglich.

III. Keine Grundrechtsberechtigung der Gemeinden und Gemeindeverbände

Aus der Zuordnung der Gemeinden und Gemeindeverbände zur Exekutive des Landes Nordrhein-Westfalen ergibt sich, dass die kommunalen Gebietskörperschaften Grundrechtsverpflichtete sind (Art. 4 Abs. 1 LV i.V.m. Art. 1 Abs. 3 GG) und daher nicht zugleich Träger von (Bundes- oder Landes-) Grundrechten sein können. Für das Bundesgrundrecht der Eigentumsfreiheit hat das BVerfG diesen Gedanken auf die berühmte Formel gebracht, dass Art. 14 GG *„nicht das Privateigentum, sondern das Eigentum Privater"* schütze (BVerfGE 61, 82, 109). Für die durch Rezeption der Bundesgrundrechte entstandenen Landesgrundrechte gilt insoweit nichts anderes. Berufen können sich die Gemeinden und Gemeindeverbände dagegen nach st. Rspr. des BVerfG (a. a. O., S. 104) auf die sog. Justizgrundrechte der Art. 101 Abs. 1 S. 2 GG und Art. 103 Abs. 1 GG, die über Art. 4 Abs. 1 LV ebenfalls als Landesgrundrechte gewährleistet sind (oben Rn. 51). So enthalten die dortigen Gewährleistungen keine klassischen „Individualrechte" iS. der Art. 1 bis 17 GG, sondern objektive Verfahrensgrundsätze, die für jedes gerichtliche Verfahren gelten und daher auch jedem zu Gute kommen müssen, der nach dem jeweiligen Verfahrensrecht parteifähig ist. Die insoweit denkbare Möglichkeit einer Individualverfassungsbeschwerde gegen gerichtliche Entscheidungen ist freilich nur zum BVerfG eröffnet (Art. 93 Abs. 1 Nr. 4a GG), da das Landesrecht eine Individualverfassungsbeschwerde nicht vorsieht (unten Rn. 253).

IV. Finanzverfassungsrechtliche Garantien zugunsten der Gemeinden

Flankiert und ergänzt werden die kommunalen Selbstverwaltungsgarantien des Landesverfassungsrechts durch spezifische finanzverfassungsrechtliche Gewährleistungen. Denn indem eigenverantwortliches Handeln eine entsprechende finanzielle Leistungsfähigkeit voraussetzt, schließt die kommunale Selbstverwaltungsgarantie einen gegen das Land gerichteten Anspruch auf angemessene Finanzausstattung mit ein.

1. Steuern

199 Ausdrücklich erwähnt wird in Art. 79 S. 1 LV das Recht der Gemeinden „auf Erschließung eigener Steuerquellen" zur Erfüllung ihrer Aufgaben. Da die Gemeindeverbände vom Wortlaut ausgenommen sind, gilt für diese lediglich der Gewährleistungsgehalt des allgemeinen Finanzausgleichs bzw. des Konnexitätsprinzips iS. des Art. 78 Abs. 3 LV (dazu unten Rn. 206). Art. 79 S. 1 LV normiert **kein eigentliches „Steuerfindungsrecht"** der Gemeinden, sondern räumt diesen lediglich einen Anspruch gegen den (Landes-) Gesetzgeber ein, gemeindliche Steuerquellen auf formalgesetzlichem Weg zu erschließen. Diese Auslegung des Art. 79 S. 1 LV ergibt sich schon aus Art. 79 S. 2 HS 1 LV, aber auch daraus, dass die Gemeinden als Teil der Landesexekutive gar nicht in der Lage sind, die erforderlichen formalgesetzlichen Grundlagen (Vorbehalt des Gesetzes!) für autonome Besteuerungseingriffe herzustellen. Der Gesetzgeber schuldet hierbei keine umfassende Eröffnung von örtlichen Steuerquellen; vielmehr hat er dem Anspruch der Gemeinden lediglich „Rechnung zu tragen" (Art. 79 S. 2 HS 1 LV). Die Einführung und der Fortbestand bestimmter Steuern oder gar die Garantie eines bestimmten Steueraufkommens können daher nicht beansprucht werden, so dass etwa die jüngst beschlossene Abschaffung der Jagdsteuer (s. unten) verfassungsrechtlich ohne Bedenken bleibt. In jedem Fall haben die Gemeinden die Möglichkeit, vom (Landes-) Gesetzgeber **eröffnete Steuerquellen auszuschöpfen** oder auf deren Ausschöpfung zu verzichten.

200 Der gemeindliche Anspruch auf Erschließung eigener Steuerquellen wird bedingt und begrenzt durch die steuerlichen Gesetzgebungskompetenzen des Landes. Im Zentrum des Interesses stehen dabei die **örtlichen Verbrauch- und Aufwandsteuern**, bezüglich derer Art. 105 Abs. 2a GG eine grundsätzliche Landeszuständigkeit vorsieht. Der nordrhein-westfälische Landesgesetzgeber hat den Gemeinden über § 3 KommunalabgabenG (KAG) NRW die Möglichkeit eröffnet, derartige Steuern zu erheben. Dabei können die Gemeinden eigene Lenkungsziele verfolgen, dürfen sich allerdings nicht in Widerspruch zu materiellen Regelungen des zuständigen Sachgesetzgebers setzen (BVerfG, NJW 1998, 2341). Zu den anerkannten örtlichen Verbrauch- und Aufwandsteuern zählen etwa die Hundesteuer (inkl. Kampfhundesteuer), die Vergnügungsteuer, die Zweitwohnungsteuer oder neuerdings die umstrittene „Kulturförderabgabe" (im Volksmund: „Bettensteuer") für Hotelübernachtungen. Der üppig sprießende „Wildwuchs" an kommunalen Verbrauchs- und Aufwandsteuern wirft seit jeher gleichheitsrechtliche Fragen auf. Letztlich finden die betreffenden Steuern ihre gleichheitsrechtliche Rechtfertigung erst in den verfolgten Nebenzwecken (so auch *Gern*, Kommunalrecht, 3. Aufl. 2003, Rn. 1042).

> **Beispiel:** Um der vermehrten Hundehaltung im Gemeindegebiet Herr zu werden, beschließt der Rat der Gemeinde eine Hundesteuersatzung, die die Haltung von Hunden besteuert und bestimmte enumerativ aufgelistete Kampfhunderassen mit einem 10-fach erhöhten Steuersatz belegt. Die erfor-

H. Verfassungsrechtliche Garantie kommunaler Selbstverwaltung

derliche gesetzliche Grundlage für diese Aufwandsteuer findet sich in den §§ 2 f. KAG NRW. Die Verfolgung ordnungsrechtlicher Aspekte (sog. „Lenkungssteuer") bleibt ohne Relevanz, solange es auch um die Erzielung von Einnahmen geht. Im Gegenteil bildet der Lenkungszweck hier zugleich die gleichheitsrechtliche Rechtfertigung der Steuer. Die Normierung von Rasselisten ist gleichheitsrechtlich nicht zu beanstanden (str.; vgl. hierzu etwa BVerwG, NVwZ 2000, 929).

Den Kreisen wurde in NRW nach Maßgabe des einfachen Rechts zuletzt allein die Erhebung einer „Jagdsteuer" zugestanden, die nach § 3 Abs. 1 S. 2 KAG NRW zum 31.12.2012 endgültig ausgelaufen ist. Soweit § 3 Abs. 1 S. 3 KAG die Erhebung einer Steuer auf die Erlangung einer Erlaubnis zum Betrieb eines Gaststättengewerbes ausschließt, dürfte es sich ohnehin nicht um eine Verbrauch- und Aufwandsteuer handeln, sondern um eine (unzulässige) Konzessionsabgabe.

2. Finanzausgleich nach Art. 79 S. 2 LV

Gem. Art. 79 S. 2 HS 2 LV ist das Land ferner verpflichtet, „im Rahmen seiner finanziellen Leistungsfähigkeit einen übergemeindlichen Finanzausgleich zu gewährleisten". Art. 79 S. 2 HS 2 LV kanalisiert und konkretisiert die allgemeinen gemeindlichen Finanzierungsansprüche, wie sie sich zum einen unmittelbar aus Art. 78 LV (Anspruch auf angemessene Finanzausstattung), zum anderen aus dem grundgesetzlichen System der kommunalen Finanzierung (Art. 106 GG) ergeben. Der übergemeindliche Finanz- und Lastenausgleich wird in Nordrhein-Westfalen alljährlich durch das sog. **Gemeindefinanzierungsgesetz** (GFG – „Gesetz zur Regelung der Zuweisungen des Landes Nordrhein-Westfalen an die Gemeinden und Gemeindeverbände") vorgenommen.

a) Festsetzung der Finanzausgleichsmasse

Weder Art. 78 LV noch Art. 79 LV legen den Umfang der zuzuweisenden Mittel präzise fest. Demgemäß kommt dem Landesgesetzgeber bei der Bemessung der zuzuweisenden Mittel ein **weiter Ermessens- und Gestaltungsspielraum** zu, der vom VerfGH NRW nur unter dem Gesichtspunkt der Sachgerechtigkeit zu überprüfen ist. Ein Anspruch der Kommunen auf Fortbestand des einmal erreichten Standards besteht nicht, so dass veränderte Rahmenbedingungen, neue Erkenntnisse und gewandelte Präferenzvorstellungen in jedem aktuellen Gemeindefinanzierungsgesetz berücksichtigt werden können (VerfGH NRW, OVGE 43, 252, 255). Auch die finanzielle **Leistungsfähigkeit des Landes** ist nach der Rechtsprechung des VerfGH NRW hierbei mit in Ansatz zu bringen (VerfGH NRW, OVGE 47, 249, 252). Allerdings dürfen etwaige Einsparnotwendigkeiten nicht einseitig auf die Kommunen übergewälzt werden, sondern sind iS. einer Verteilungsgerechtigkeit von allen Beteiligten aufzufangen. Schließlich darf eine **finanzielle Mindestausstattung** zur Erfüllung der Selbstverwaltungsaufgaben nicht unterschritten werden. Darüber hinaus bemisst sich die Angemessenheit der zugewiesenen Finanzausgleichsmasse nach der Aufgabenverteilung zwischen dem Land und den Gemeinden bzw. Gemeindeverbänden.

b) Verteilung der Finanzausgleichsmasse auf die Gemeinden

203 Auch hinsichtlich der Verteilung der Finanzausgleichsmasse auf die einzelnen Gemeinden hat der Gesetzgeber verfassungsrechtliche Vorgaben zu beachten, insbesondere das aus der kommunalen Selbstverwaltungsgarantie folgende **Gebot interkommunaler Gleichbehandlung** sowie das hieraus abgeleitete **Nivellierungsverbot** für bestehende gemeindliche Finanzkraftunterschiede. Der VerfGH NRW hatte wiederholt die Vereinbarkeit von Verteilungsregelungen des nordrhein-westfälischen Gemeindefinanzierungsgesetzes mit diesen verfassungsrechtlichen Vorgaben zu untersuchen (vgl. NVwZ-RR 1999, 81; DVBl. 1993, 1205 u. a.). Bei der Verteilung der Finanzausgleichsmasse ist danach zu berücksichtigen, dass der übergemeindliche Finanzausgleich die zwischen den verschiedenen Gemeinden aus (infra-)strukturellen, sozialen und wirtschaftlichen Gründen bestehenden Ungleichheiten nicht vollkommen einebnen, sondern nur durch Vermeidung krasser Niveauunterschiede abmildern darf.

3. Kostendeckung für Aufgabenzuweisungen

204 Ein weiteres Instrument zur Sicherung der finanziellen Leistungsfähigkeit der Kommunen stellt das sog. **Konnexitätsprinzip** des Art. 78 Abs. 3 LV dar. Dieses bildet eine von der Finanzkraft der Kommune losgelöste Ausgleichsregelung, die neben den allgemeinen Regeln zur Erhebung kommunaler Abgaben und dem kommunalen Finanzausgleich steht. Gem. Art. 78 Abs. 3 S. 1 LV kann das Land die Gemeinden und Gemeindeverbände durch Gesetz oder Rechtsverordnung nur dann zur Übernahme und Durchführung bestimmter öffentlicher Aufgaben verpflichten, „wenn dabei gleichzeitig Bestimmungen über die **Deckung der Kosten** getroffen werden". Die Bestimmung zielt darauf ab, die eigenverantwortliche Selbstverwaltung aus Art. 78 Abs. 1 und 2 LV finanziell abzusichern und gleichzeitig zu verhindern, dass die Kommunen durch eine weitreichende Übertragung staatlicher bzw. eine Pflichtigstellung kommunaler Aufgaben ihren Spielraum für wirkliche *Selbst*verwaltung aus finanziellen Gründen einbüßen.

205 Nach der vormaligen Rechtsprechung des VerfGH wurden durch die Verbürgung des **Art. 78 Abs. 3 LV a. F.**, der weitgehend dem heutigen Art. 78 Abs. 3 S. 1 LV entsprach, **Form, Methode und Modalität** der erforderlichen Kostenregelung **nicht vorgegeben**. Die Kostenregelung konnte danach auch innerhalb des auf die Aufgabenübertragung folgenden allgemeinen Finanzausgleichs erfolgen, wobei selbst ein gesonderter Ansatz der Kostenpauschale von Verfassungs wegen nicht zwingend gefordert war (z. B. VerfGH NRW, NWVBl. 1987, 16 ff.; st. Rspr.). Ähnliche Großzügigkeit zeigte der VerfGH NRW hinsichtlich des scheinbaren Junktims einer „gleichzeitigen" Kostendeckungsregelung. So bedeutete „Gleichzeitigkeit" nach Auffassung des VerfGH NRW nicht, dass eine Kostenregelung jeweils im entsprechenden Gesetz der Aufgabenübertragung vorgenommen werden musste. Viel-

H. Verfassungsrechtliche Garantie kommunaler Selbstverwaltung

mehr sollte eine Kostenregelung innerhalb des jährlichen Gemeindefinanzierungsgesetzes hinreichend sein. Der dem Gesetzgeber für den Umfang der Finanzausstattung zustehende Ermessens- und Gestaltungsspielraum ging demnach so weit, dass eine angemessene Kostenerstattung auch in typisierender und pauschalierender Form getroffen werden konnte (VerfGH NRW, NWVBl. 1997, 129, 131). Im Rahmen dieser „einheitlichen Finanzgarantie" hielt es der VerfGH NRW überdies für zulässig, die Gemeinden und Gemeindeverbände auch mit eigenen Einnahmen an den Kosten der Aufgabenwahrnehmung zu beteiligen (DVBl. 1985, 685, 688).

Im Schrifttum war diese Verfassungsauslegung überwiegend auf **Kritik** gestoßen, da sie die Schutzfunktion des Art. 78 Abs. 3 LV weitgehend leer laufen ließ (hierzu zuletzt *Wieland*, FS VerfGH NRW, 2002, 415, 418). Als Reaktion auf die vielfältige Kritik wurde Art. 78 Abs. 3 LV mit Wirkung zum 01.07.2004 neu gefasst. Kernelement der Neuregelung ist die Einführung des sog. **„strikten Konnexitätsprinzips"**. Gemäß Art. 78 Abs. 3 S. 2 LV n. F. bedarf es danach eines durch Gesetz oder Rechtsverordnung zu gewährenden, finanziellen Ausgleichs für die entstehenden durchschnittlichen Aufwendungen, wenn und soweit die Übertragung neuer oder die Veränderung bestehender und übertragbarer Aufgaben zu einer wesentlichen Belastung der davon betroffenen Gemeinden und Gemeindeverbände führt. Hiervon miterfasst ist auch die landesrechtliche Zuweisung bereits bestehender, bislang staatlicher Aufgaben an die Kommunen sowie die Schaffung einer neuen, landesgesetzlichen Grundlage für eine schon vorher von den Kommunen kraft Bundesrechts wahrgenommene Aufgabe (zu letztgenannter Konstellation VerfGH NRW, NWVBl. 2011, 54, 57).

Beispiel: Durch Bundesgesetz waren die Kreise und kreisfreien Städte als Träger der öffentlichen Jugendhilfe verpflichtet worden, Tageseinrichtungen für Kinder unter drei Jahren vorzuhalten. Nach einer Gesetzesänderung wurde die Festlegung der Zuständigkeit der Landesgesetzgebung überantwortet, die in NRW an der Zuständigkeit der Kreise und kreisfreien Städte als Träger der öffentlichen Jugendhilfe festhielt. Es handelt sich gleichwohl um eine konnexitätsrelevante Verpflichtung, da nunmehr erstmals nach Maßgabe des Landesrechts eine entsprechende Zuständigkeit besteht (VerfGH, aaO.).

Auch bloße **inhaltliche Änderungen bereits übertragener Aufgaben** können eine konnexitätsrelevante Wirkung entfalten, wenn sich hierdurch den Vollzug prägende besondere Anforderungen an die Aufgabenerfüllung ändern (VerfGH NRW, aaO.). Bei der Prüfung der „Wesentlichkeit" der Belastung („Bagatellvorbehalt") sowie der Berechnung des Ausgleichs hat die Haushaltssituation des Landes außer Betracht zu bleiben. Grundlage des pauschal zu leistenden (Voll-)Kostenersatzes ist eine (abstrakte) Kostenfolgeschätzung, die gegebenenfalls veränderten Bedingungen anzupassen ist. Einzelheiten des Aufwendungsersatzes werden in dem nach Maßgabe des Art. 78 Abs. 3 S. 5 LV erlassenen Konnexitätsausführungsgesetz geregelt. Die neuen Bestimmungen des Art. 78 Abs. 3 LV formulieren nicht bloß eine Kostenregelungspflicht, sondern eine **umfassende Kostenerstattungspflicht**, die die Kommunen künftig vor einer Aufgabenübertragung oder -veränderung ohne "entsprechenden" (Voll-) Ausgleich schützen sollen (VerfGH NRW, NWVBl. 2011, 54, 56). Zugleich wurde mit der Neufassung des Art. 78 Abs. 3 LV die Wende zu einem **dualistischen Modell der kommunalen Finanzgarantie** vollzogen. Regelungen zur Kostenerstattung können fortan nicht mehr im jährlichen Finanzausgleichsgesetz getroffen werden, wenngleich andererseits auch keine gleichzeitige Verankerung der Kostenregelung im Sinne eines Junktims im betreffenden Aufgabengesetz notwendig ist. In der Gesamtschau stellen sich Art. 79 und 78 Abs. 3 LV mithin nunmehr als zwei voneinander unabhängige Finanzgarantien dar.

207 Fehlt die nach Art. 78 Abs. 3 S. 2 LV erforderliche **Kostendeckungsregelung** oder wird sie den verfassungsrechtlichen Vorgaben inhaltlich nicht gerecht, **schlägt** dies auch **auf die Verfassungsmäßigkeit der Aufgabenübertragung oder -veränderung durch.** Auch diese ist als verfassungswidrig einzustufen (VerfGH NRW, NWVBl. 2011, 54). Allerdings beschränkt sich der VerfGH in diesem Fall i.d.R. auf die Feststellung der Unvereinbarkeit mit der Landesverfassung (§ 52 Abs. 3 i.V.m. § 49 S. 1 Var. 1 VGHG), sodass die Aufgabenübertragung oder -veränderung fortgilt. Im Ergebnis besteht damit (nur) eine verfassungsrechtliche Verpflichtung des Landes, eine den Anforderungen des Art. 78 Abs. 3 LV genügende Regelung zu treffen. Dies kann durch Erlass einer den Anforderungen des Konnexitätsprinzips genügenden Kostendeckungsregelung (einschließlich Ausgleichs wesentlicher Mehrbelastungen) erfolgen, aber auch durch eine Aufhebung der Aufgabenübertragung durch den Landesgesetzgeber.

> **Beispiel:** In dem oben genannten Fall waren die Kreise und kreisfreien Städte ohne Kostenregelung zur Vorhaltung von Kindertageseinrichtungen verpflichtet worden. Die mangelnde Wahrung des Konnexitätsprinzips qualifizierte der VerfGH nicht als "legislatives Unterlassen", sondern als aufgrund ihrer Unvollständigkeit mit der Landesverfassung unvereinbare Aufgabenübertragung. Letztlich hatte die Aufgabenübertragung aber trotz ihrer Unvereinbarkeit mit der Landesverfassung Bestand; der Landesgesetzgeber wurde aber vom VerfGH dazu verpflichtet, "alsbald" eine den Anforderungen des Konnexitätsprinzips gerecht werdende Regelung zu treffen.

V. Anhang

208 Literatur: Zu I: *Dieckmann,* Kommunale Selbstverwaltung, Festgabe BVerwG, 2003, S. 815 ff.; *J. Dietlein,* Die Zukunft der kommunalen Selbstverwaltung, in: Gemeinde und Stadt (GStB RLP), Beilage 6/2009, S. 1 ff.; *Dietlein/Thiel,* 200 Jahre Preußische Städteordnung von 1808, Festschrift Steenbock, 2008, S. 21 ff.; *Ehlers,* Die verfassungsrechtliche Garantie der kommunalen Selbstverwaltung, DVBl. 2000, 1301 ff.; *Frenz,* Recht auf kommunale Selbstverwaltung für Gemeinden und Kreise, JA 2010, 39 ff.; *Katz/Ritgen,* Bedeutung und Gewicht der kommunalen Selbstverwaltung, DVBl. 2008, 1525 ff.; *Magen,* Die Garantie kommunaler Selbstverwaltung, JuS 2006, 404 ff.; *Püttner,* Die Zukunft der kommunalen Selbstverwaltung in Deutschland, Gedächtnisschrift Burmeister, 2005, S. 301 ff.; *Schmehl,* Zur Bestimmung des Kernbereichs der kommunalen Selbstverwaltung, BayVBl. 2006, 325 ff.; *Schoch,* Der verfassungsrechtliche Schutz der kommunalen Selbst-

verwaltung, JURA 2001, 121 ff.; *Tettinger*, Art. 78 LV als sog. Aufgabenverteilungsprinzip in der Rechtsprechung des VerfGH, FS VerfGH NRW, 2002, S. 461 ff.
Zu II: *Burgi*, Die Landschaftsverbände am Beginn einer neuen Verwaltungsreform, NWVBl. 2004, S.131 ff; *Dietlein/Lotz*, Ergänzungs- und Ausgleichsaufgaben in NRW, Gedächtnisschrift Tettinger, 2007, S. 215 ff.; *Ehlers*, Die Ergänzungs- und Ausgleichsaufgaben der Kreise und ihre Finanzierung, DVBl. 1997, S.225 ff.; *Görisch*, Landschaftsverbandliche Aufgaben(wahrnehmung) im Lichte des kommunalen Selbstverwaltungsrechts, NWVBl. 2002, 418 ff.; *Henneke*, Verfassungsrechtlicher Schutz der Gemeindeverbände vor gesetzlichem Aufgabenentzug im dualistischen und monistischen Aufgabenmodell, ZG 2002, 72 ff.; *Kenntner*, Zehn Jahre nach „Rastede" – Zur dogmatischen Konzeption der kommunalen Selbstverwaltung im Grundgesetz –, DÖV 1998, 701 ff.; *Stern*, Die Kreise in Nordrhein-Westfalen – Bedeutung und Perspektiven kommunaler Selbstverwaltung, NWVBl. 1997, 361 ff.
Zu III: *Bethge*, Grundrechtsschutz von kommunalem Eigentum?, NVwZ 1985, 402 ff.
Zu IV: *Buschmann/Freimuth*, Das Prinzip der strikten Konnexität im neuen Art. 78 Abs. 3 der Landesverfassung von NRW, NWVBl. 2005, 265; *Durner*, Konnexitätsprinzip und Aufgabenprivatisierung, in: Burgi/Palmen (Hrsg.), Die Verwaltungsstrukturreform in NRW, 2008, S. 119 ff.; *Jäger*, Und wer zahlt den Belastungsausgleich bei Aufgabenübertragungen durch Bundes-, Europa- und Völkerrecht?, NWVBl. 2013, 121 ff.; *v. Kraack*, Die Gretchenfrage „Konnexität" – Zwei grundlegende Punkte geklärt, NWVBl. 2011, 41 ff.; *Schink*, Wer bestellt, bezahlt – Verankerung des Konnexitätsprinzips in der Landesverfassung NRW, NWVBl. 2005, 85; *Wieland*, Die Gemeindefinanzierung in der Rechtsprechung des Verfassungsgerichtshofs, in: FS VerfGH NRW, 2002, S. 415 ff.

Klausurbearbeitung: *Bethge/Rozek*, Ein kommunaler Neugliederungsstreit, JURA 1993, 545 ff.; *Krumm/Schäfers*, Die ungerechte Vergnügungssteuersatzung, NWVBl. 2011, 32 ff.

Kontrollfragen:

1. Welche grundlegenden Garantieebenen enthält Art. 78 LV mit Blick auf das kommunale Selbstverwaltungsrecht und was sagen die Gewährleistungen inhaltlich aus?
2. Was versteht man unter den „Angelegenheiten der örtlichen Gemeinschaft"?
3. Was fällt in den „Kernbereich" der kommunalen Selbstverwaltung?
4. Sind die Gemeinden grundrechtsberechtigt?

I. Die Verfahren vor dem Verfassungsgerichtshof

I. Verhältnis von bundes- und landesverfassungsgerichtlichen Verfahren

Von der Verfassungshoheit der Länder mitumfasst ist deren Befugnis zur Errichtung einer selbständigen Verfassungsgerichtsbarkeit, deren Kontrollkompetenz freilich nur die Träger der Landesstaatsgewalt unterliegen. Das Grundgesetz selbst setzt das Bestehen von Landesverfassungsgerichten in Art. 100 Abs. 1 und 2 GG explizit voraus.

Die verbreitete Charakterisierung des **Nebeneinanders der verfassungsgerichtlichen Verfahren** des Bundes und der Länder mit dem Begriff des „doppelten Gerichtsschutzes" ist dabei freilich wenig präzise und genau genommen irreführend. Denn die Kontrollkompetenz der Landesverfassungsgerichte bezieht sich speziell auf den Schutz und die Wahrung der Landesverfassung, während Kontrollmaßstab des BVerfG allein das Grundgesetz ist. Parallelen Verfahren vor den betreffenden Verfassungsgerichten liegen somit, selbst wenn die Kontrollgegenstände (z. B. Landesgesetze im Rahmen der abstrakten Normenkontrolle) übereinstimmen, stets **unterschiedliche Streitgegenstände** zugrunde. „Divergierende" Entscheidungen kann es somit im rechtlichen Sinne grundsätzlich nicht geben. Begriffe wie die der „Verfassungsmäßigkeit" und der „Verfassungswidrigkeit" hoheitlicher Maßnahmen gelten im bundesstaatlichen Gefüge der Bundesrepublik Deutschland also nicht „absolut", sondern stets nur „relativ", d.h. bezogen auf die Verfassungsordnung des Bundes oder eines Landes. Hiermit einher geht zugleich die grundsätzliche Befugnis zu einer „autonomen" Auslegung der Landesverfassung durch die Landesverfassungsgerichte. Sie besteht auch dort, wo die Landesverfassung in ihren Gewährleistungen mit jenen der Bundesverfassung wörtlich übereinstimmen, namentlich also bei den durch Rezeption entstandenen Landesgrundrechten (teilweise enger BVerfGE 96, 345). Denn auch in diesem Fall handelt es sich um selbständiges Landesrecht und nicht bloß die „doppelte" Absicherung ein und desselben (vorstaatlichen) Rechts (offenlassend BVerfG a. a. O., S. 368). Dass eine allzu großzügige Annahme von Rezeptionsanordnungen, etwa die vom VerfGH vertretene Deutung der Art. 70 ff. GG als Bestandteil auch der Landesverfassung, in einem nicht unerheblichen Spannungsverhältnis zu dem Grundprinzip der getrennten Verfassungsräume des Bundes und der Länder steht, wurde bereits an anderer Stelle dargelegt. Ungeachtet der grundsätzlichen Spielräume bleibt freilich zu beachten, dass sich das Landesverfassungsgericht bei der Auslegung der Landesverfassung nicht in Widerspruch zu Bundesrecht (jedweden Ranges) setzen (Art. 31 GG) und insbesondere nicht die Grundrechte der Bürger (Art. 1 Abs. 3 GG) verletzen darf. Soweit das Landesverfassungsgericht zu diesen oder sonstigen Zwecken (ausnahmsweise) das Grundgesetz auszulegen hat, bedürfen Abweichungen von der Judikatur des BVerfG oder anderer Landesverfassungsgerichte einer (zustimmenden) Entscheidung durch das BVerfG (sog. „Divergenzvorlage").

211 Eine **partielle Unterordnung der Landesverfassungsgerichte** unter die Judikatur des BVerfG ergibt sich schließlich aus der Befugnis des BVerfG zur Kontrolle und Kassation landesverfassungsgerichtlicher Entscheidungen im Rahmen der Urteilsverfassungsbeschwerde nach Art. 93 Abs. 1 Nr. 4a GG (vgl. *Schumann*, FS BayVerfGH, 1997, S. 201 ff.). Sie ist Folge des Umstandes, dass die Landesverfassungsgerichte, wie alle Träger von Landesstaatsgewalt, nicht nur der Landesverfassung, sondern zugleich auch der Bundesverfassung unterworfen sind (Art. 1 Abs. 3 GG). Insbesondere stellen die Entscheidungen der Landesverfassungsgerichte Akte der öffentlichen Gewalt iS. des Art. 93 Abs. 1 Nr. 4a GG dar, die damit potentieller Angriffsgegenstand der Verfassungsbeschwerde zum BVerfG sind.

212 Zurückhaltung lässt das BVerfG immerhin insoweit walten, als es um die Beachtung grundrechtsgleicher Rechte (etwa Art. 101 Abs. 1 S. 2, Art. 103 Abs. 1 GG) in landesverfassungsgerichtlichen Entscheidungen geht, die sich inhaltlich mit Materien beschäftigen, die nach der Konzeption der Landes-

I. Die Verfahren vor dem Verfassungsgerichtshof

verfassung einer abschließenden Entscheidung durch das Landesverfassungsgericht überantwortet sind (BVerfGE 96, 231 ff.). So würde namentlich die durch Art. 93 Abs. 1 Nr. 4 GG für landesinterne Streitigkeiten anerkannte Unantastbarkeit der Landesverfassungsgerichtsbarkeit zumindest partiell beseitigt, wenn das BVerfG kontrollieren müsste, ob die Landesverfassungsgerichte im Verfahren dieser Verfassungsstreitigkeiten die grundrechtsgleichen Gewährleistungen beachtet haben. Dementsprechend belässt das BVerfG den Landesverfassungsgerichten „das letzte Wort", solange die Länder das Homogenitätsprinzip beachten und ihre Verfassungsgerichte mit unabhängigen Richtern iS. von Art. 97 Abs. 1 GG besetzen.

Da das nordrhein-westfälische Recht eine Individualverfassungsbeschwerde zum Landesverfassungsgericht nicht kennt, ist die Problematik hier allerdings kaum von Relevanz. Für die insoweit allein denkbare Konstellation einer auf Art. 38 GG gestützten (Bundes-)Verfassungsbeschwerde gegen wahlrechtliche Entscheidungen des Landesverfassungsgerichts (§ 10 WahlPrüfG) hat sich eine deutliche Entschärfung dadurch ergeben, dass das BVerfG den Kontrollumfang für den Bereich wahlrechtlicher Entscheidungen der Landesverfassungsgerichte deutlich zurückgefahren hat. Namentlich ein subjektiver verfassungsgerichtlicher Schutz des aktiven und passiven Wahlrechts besteht danach fortan nur noch im Rahmen des jeweiligen Landesrechts (BVerfGE 99, 1 ff.). 213

Verfassungsprozessuale Bindungen des Bundesrechts ergeben sich für die Landesverfassungsgerichte dagegen uneingeschränkt insoweit, als sie entscheidungserhebliche Normen der Landesverfassung, die mit Bundesrecht nicht zu vereinbaren sind, gem. Art. 100 Abs. 1 GG dem BVerfG vorzulegen haben. Entsprechende Konfliktlagen werden sich in der Praxis freilich regelmäßig durch eine bundesrechtskonforme Auslegung des Landesrechts (Art. 31 GG!) vermeiden lassen. Eine entsprechende **Vorlagepflicht** besteht zudem richtigerweise dort nicht, wo der Konflikt mit dem Bundesrecht durch eine landesgesetzliche Regelung verursacht wird, die selbst Gegenstand einer Normenkontrolle vor dem Landesverfassungsgericht ist (hierzu unten Rn. 224 ff.). Denn der Kontrollauftrag der Verfassungsgerichte geht nicht dahin, die generelle Wirksamkeit einer Norm zu prüfen, sondern allein deren Vereinbarkeit mit dem jeweiligen Bundes- oder Landesverfassungsrecht. Ob die Kontrolle auf den Bereich des Bundes- oder Landesverfassungsrechts beschränkt bleiben oder aber umfassend erfolgen soll, entscheidet der jeweilige Antragsteller. Entscheidungserheblich iS. des Art. 100 Abs. 1 GG können aus Sicht des Landesverfassungsrechts nach alledem nur die Normen der Landesverfassung – mithin der „Kontrollmaßstab" – sein, nicht aber die zu prüfenden Normen, also der „Kontrollgegenstand" (*J. Dietlein*, FS VerfGH NRW, 2002, 203, 221 f.). 214

II. Die einzelnen Verfahrensarten

Ebenso wie für die Verfahren vor dem BVerfG gilt auch für die landesverfassungsgerichtlichen Verfahren das sog. **Enumerationsprinzip**. Die statthaften Verfahrensarten sind in der Landesverfassung sowie dem Verfassungsgerichtshofsgesetz des Landes (VerfGHG) grundsätzlich abschließend aufge- 215 gliedert (Art. 75 LV i.V.m. § 12 VerfGHG). Folgende Verfahrensarten verdienen besondere Hervorhebung:

1. Das Organstreitverfahren (Art. 75 Nr. 2 LV)

216 Das Organstreitverfahren als staatsorganisationsrechtlicher „Innenrechtsstreit" findet seine Regelungsgrundlage in Art. 75 Nr. 2 LV i.V.m. §§ 12 Nr. 5, 43 ff. VerfGHG (eingehend *Pieroth*, FS VerfGH NRW, 2002, 103 ff.). Die Prüfung der Erfolgsaussichten eines Organstreitverfahrens untergliedert sich in die Prüfung der verfahrensrechtlichen Zulässigkeit des Antrags sowie die materiell-rechtliche Prüfung der Begründetheit.

a) Zulässigkeit

217 Die einzelnen Zulässigkeitsvoraussetzungen des Organstreitverfahrens stellen sich wie folgt dar:

aa) Verfahrensbeteiligte

218 Der Organstreit stellt ein sog. „kontradiktorisches" Verfahren dar, an dem allein die **obersten Landesorgane** oder „**andere Beteiligte**" beteiligt sein können, die durch die Landesverfassung oder in der Geschäftsordnung eines obersten Landesorgans mit eigenen Rechten ausgestattet sind (Art. 75 Nr. 2 LV). Letztere sind Rechtsträger, die nach Rang und Funktion den obersten Landesorganen insofern gleichstehen, als auch sie verfassungsrechtliche Rechte und Pflichten haben und dadurch wie die obersten Landesorgane berufen sind, an der Bildung des Staatswillens mitzuwirken (VerfGH NRW, OVGE 24, 296, 305). Die in § 43 VerfGHG vorgenommene Bezeichnung dieser „anderen Beteiligten" als „Organteile" greift insoweit zu kurz, als namentlich die **Parlamentsabgeordneten** – anders als der Landtagspräsident, Ältestenrat, Fraktionen und Ausschüsse – zwar keine Organteile (so auch BVerfGE 90, 286, 342 f.), wohl aber andere durch die Verfassung mit eigenen Rechten ausgestattete Beteiligte darstellen (vgl. klarstellend § 14 Abs. 2 S. 3 UAG für parlamentarische Untersuchungsausschüsse). Zu Letztgenannten gehören im Einzelfall auch **politische Parteien** und deren Landesverbände; dies allerdings nur insoweit, als es um die Durchsetzung von Verfassungsnormen geht, die deren besondere Stellung im Verfassungsgefüge begründen (wie z. B. das Demokratieprinzip, hierzu oben Rn. 72 ff.). Mit Blick auf den in Art. 21 GG auf Bundesebene verankerten Verfassungsstatus kommt dafür nach Auffassung des BVerfG und des VerfGH NRW auch das Recht der politischen Parteien auf Chancengleichheit in Betracht. Dabei geht das BVerfG gemeinhin von einem unmittelbaren „Hineinwirken" des Art. 21 GG in die Landesverfassung aus (sog. „Bestandteilstheorie"), während der VerfGH NRW von einer Rezeption zumal der tragenden grundgesetzlichen Wahlrechtsgrundsätze (etwa Art. 28 Abs. 1 S. 2 GG) durch Art. 1 Abs. 1 LV ausgeht (hierzu eingehend oben Rn. 18 f.).

Der den Parteien jenseits ihrer besonderen Statusrechte auf Bundesebene ansonsten zustehende Rechtsbehelf der Individualverfassungsbeschwerde existiert auf Landesebene nicht.

I. Die Verfahren vor dem Verfassungsgerichtshof

bb) Verfahrensgegenstand

Gemäß § 44 VerfGHG kann jede „Maßnahme oder Unterlassung" Gegenstand eines Organstreites sein. Das beanstandete Verhalten muss allerdings rechtserheblich sein. Dies ist etwa bei Unterlassungen nur dann der Fall, wenn eine Rechtspflicht zum Handeln bestand.

cc) Antragsbefugnis

§ 44 VerfGHG statuiert das Erfordernis einer Antragsbefugnis. Danach muss der Antragsteller geltend machen und geltend machen können, dass er oder das Organ, dem er angehört, durch die angegriffene Maßnahme oder Unterlassung in seinen ihm **durch die Verfassung übertragenen Rechten und Pflichten** verletzt oder unmittelbar gefährdet ist. Da die Abgeordneten keine Organteile iS. der Norm sind, können sie nur die Verletzung ihrer eigenen Abgeordnetenrechte geltend machen, nicht aber die Rechte des Landtags. Beruft sich der Antragsteller auf die Verletzung **einfachgesetzlicher** oder **sublegaler Normen** (z.B. Geschäftsordnung des Landtages), ist zu beachten, dass derlei Bestimmung im Einzelfall durchaus verfassungsrechtliche Rechte und Pflichten konkretisieren und präzisieren können (z.B. Rederechte, Anfragen etc.), insoweit also durchaus im Rahmen eines Organstreitverfahrens verteidigt werden können. Gewähren die einfachrechtlichen oder sublegalen Regelungen freilich mehr Rechte, als die Verfassung gebietet, ist die Antragsbefugnis insoweit zu verneinen.

dd) Form und Frist

Gemäß § 44 Abs. 3 VerfGHG ist der Antrag schriftlich (§ 18 Abs. 1 VerfGHG) binnen sechs Monaten zu stellen, nachdem die beanstandete Maßnahme oder Unterlassung dem Antragsteller bekannt geworden ist. Hierbei handelt es sich um eine **Ausschlussfrist**. Die Frist beginnt mit dem Zeitpunkt, in dem der Antragsteller die Maßnahme tatsächlich zur Kenntnis genommen hat; der Zeitpunkt der Wahrnehmung ihrer rechtlichen Bedeutung ist mithin unerheblich (VerfGH NRW, OVGE 44, 325). Im Unterschied zu § 64 Abs. 2 BVerfGG, der eine exakte Bezeichnung der betroffenen Verfassungsnorm voraussetzt, ist nach § 44 Abs. 2 VerfGHG die Maßnahme oder Unterlassung, durch die der Antragsgegner gegen die Verfassung verstoßen haben soll, lediglich „näher darzulegen". Eine Falschbezeichnung schadet damit nicht, sofern nur der Vortrag des Antragstellers den Verfassungsverstoß hinreichend präzisiert (VerfGH NRW, OVGE 44, 289, 292).

b) Begründetheit

Der Antrag ist (inhaltlich) begründet, wenn und soweit die beanstandete Maßnahme die verfassungsmäßigen Rechte des Antragstellers verletzt. Ist dies der Fall, stellt der VerfGH den Verstoß in seiner Entscheidung fest (§ 46 Abs. 1 VerfGHG). Die im VerfGHG vorgesehene Entscheidungskompetenz des VerfGH steht in einem gewissen Spannungsverhältnis zu Art. 75 Nr. 2 LV, der dem VerfGH lediglich die Entscheidung über die „Auslegung der Verfassung aus Anlass von Streitigkeiten" überantwortet. Dennoch dürfte es zu weit gehen, aus der festzustellenden Divergenz auf eine Verfassungswid-

§ 1. Verfassungsrecht des Landes Nordrhein-Westfalen

rigkeit des § 46 Abs. 1 VerfGHG zu folgern. Vielmehr entspricht es (noch) dem Wesen des Organstreits als kontradiktorisches Verfahren, eine Entscheidung (auch) über die konkret angefochtene Maßnahme oder Unterlassung zu treffen. In seiner Entscheidungsformel kann das Gericht – in Übereinstimmung mit Art. 75 Nr. 2 LV – zugleich diejenige für die Auslegung der Verfassungsnorm erhebliche Rechtsfrage entscheiden, von der die Feststellung abhängt (§ 46 Abs. 2 VerfGHG). Die Entscheidung des VerfGH hat gem. §§ 26 Abs. 2, § 12 Nr. 5 VerfGHG Gesetzeskraft.

c) Prüfungsschema

223 Für die Prüfung der Erfolgsaussichten eines Organstreitverfahrens gilt demnach folgendes Schema:

ORGANSTREITVERFAHREN

Rechtsgrundlage: Art. 75 Nr. 2 LV i.V.m. §§ 12 Nr. 5, 43 ff. VerfGHG

1. Zulässigkeit

a) Verfahrensbeteiligte
Antragsteller bzw. Antragsgegner: oberste Landesorgane bzw. sonstige Beteiligte, die durch die Landesverfassung bzw. die Geschäftsordnung eines obersten Landesorgans mit eigenen Rechten ausgestattet sind, Art. 75 Nr. 2 LV.
Beachte das Spannungsverhältnis zu § 43 VerfGHG, der nicht von sonstigen Beteiligten spricht, sondern nur Organteile einbezieht. Art. 75 Nr. 2 LV ist als Verfassungsnorm aber vorrangig, so dass auch einzelne Abgeordnete bzw. politische Parteien (mit Einschränkung) am Organstreitverfahren beteiligt sein können.

b) Verfahrensgegenstand
Jede rechtserhebliche Maßnahme oder Unterlassung des Antragsgegners, § 44 Abs. 1 VerfGHG.

c) Antragsbefugnis
Grundsätzlich erforderlich gem. § 44 Abs. 1 VerfGHG.
Prozessstandschaft von Organteilen ist möglich. Abgeordnete können demgegenüber – da keine Organteile iS. der Norm – nur eigene Rechte geltend machen.
Die Verletzung einfachgesetzlicher bzw. sublegaler Normen kann nur geltend gemacht werden, soweit diese die LV konkretisieren oder präzisieren, nicht aber bei Gewährung weitergehender Rechte.

d) Form und Frist
Schriftform des Antrags (§ 18 Abs. 1 VerfGHG) unter näherer Darlegung der Maßnahme oder Unterlassung des Antragsgegners (§ 44 Abs. 2 VerfGHG). Keine exakte Normbenennung erforderlich!
Die Frist beträgt sechs Monate nach Bekanntwerden der beanstandeten Maßnahme beim Antragsteller in tatsächlicher Hinsicht (§ 44 Abs. 3 VerfGHG).

I. Die Verfahren vor dem Verfassungsgerichtshof

2. Begründetheit

Der Antrag ist begründet, wenn und soweit die beanstandete Maßnahme verfassungsmäßige Rechte des Antragstellers verletzt. Die Entscheidung kann sich auf die Auslegung der Verfassung sowie über den Wortlaut von Art. 75 Nr. 2 LV hinaus auf die Feststellung des konkreten Verfassungsverstoßes beziehen, vgl. § 46 VerfGHG (Spannungsverhältnis ist zu beachten!).

2. Die abstrakte Normenkontrolle (Art. 75 Nr. 3 LV)

Anders als das Organstreitverfahren ist die abstrakte Normenkontrolle, die ihre Rechtsgrundlagen in Art. 75 Nr. 3 LV i.V.m. § 12 Nr. 6, §§ 47 ff. VerfGHG findet, kein kontradiktorisches Verfahren. Beteiligt ist allein der Antragsteller, einen Antragsgegner gibt es nicht. Allerdings können Landtag und Landesregierung, sofern sie nicht ohnehin Antragsteller sind, dem Verfahren jederzeit beitreten (§ 48 VerfGHG).

a) Zulässigkeit

Die folgenden Zulässigkeitsvoraussetzungen sind bei der abstrakten Normenkontrolle zu beachten:

aa) Antragsberechtigung

Der Antrag kann gem. Art. 75 Nr. 3 LV i.V.m. § 47 VerfGHG nur von der **Landesregierung** oder einem **Drittel der Mitglieder des Landtages** gestellt werden. Auch hier lässt ein etwaiger Wechsel der Landesregierung oder ein Mandatsverlust einzelner Abgeordneter den Fortgang des gerichtlichen Verfahrens unberührt. Da es sich nicht um ein kontradiktorisches Verfahren handelt, kann auch die Zurücknahme eines Antrags auf Durchführung der abstrakten Normenkontrolle das Verfahren jedenfalls dann nicht beenden, wenn ein öffentliches Interesse an der Sachentscheidung weiterhin besteht (BVerfGE 1, 396, 414; 79, 255).

bb) Verfahrensgegenstand

Als möglichen Prüfungsgegenstand benennt Art. 75 Nr. 3 LV das „**Landesrecht**". Im Gegensatz zur konkreten Normenkontrolle werden hiervon nicht nur nachkonstitutionelle, förmliche Gesetze erfasst, sondern auch **vorkonstitutionelle Gesetze** und sämtliche **untergesetzliche Rechtsnormen** auf Landesebene. Zu Letzteren gehören Rechtsverordnungen, Satzungen und andere Rechtsnormen, die mit dem Anspruch auf Verbindlichkeit tatsächlich gelten, von der staatlichen Autorität garantiert werden und Außenwirkung haben (z. B. GO-LT). Rechtsverordnungen der Landesregierung, die auf bundesrechtlicher Grundlage (Art. 80 GG) ergangen sind, zählen zum Landesrecht (str.). Für die Zulässigkeit des Antrags ist nicht das Inkrafttreten der Vorschrift, sondern allein deren Verkündung im Landesgesetzblatt (GVBl. NRW) maßgeblich. Verwaltungsvorschriften mit lediglich interner Bindungswirkung stellen keinen zulässigen Prüfungsgegenstand dar. Die Normen der Landesverfassung sind ebenfalls keiner Überprüfung durch den VerfGH zugänglich, sondern bilden gerade den Entscheidungsmaßstab der Normenkontrolle. Immerhin ergibt sich im Fall einer angenommenen und entscheidungsrelevanten Grundgesetzwidrigkeit von Normen der Landesverfassung eine Verpflichtung des VerfGH, die betreffende Landesverfassungsnorm nach Art. 100 Abs. 1 GG dem BVerfG zur Prüfung vorzulegen. Entsprechendes gilt für eine angenommene Unvereinbarkeit von Landesverfassungsrecht mit sonstigem Bundesrecht.

cc) Zweifel oder Meinungsverschiedenheiten

228 Bei der abstrakten Normenkontrolle handelt es sich um ein objektives „Klarstellungsverfahren". Die Behauptung der Verletzung eigener Rechte ist vom Antragsteller daher nicht darzulegen. Art. 75 Nr. 3 LV spricht lediglich von **„Meinungsverschiedenheiten oder Zweifeln"** über die Vereinbarkeit von Landesrecht mit der Landesverfassung. Wie bereits im Kontext des Organstreitverfahrens (oben Rn. 216 ff.) treten freilich auch in diesem Zusammenhang Divergenzen zu den inhaltlich korrespondierenden Regelungen des VerfGHG zutage: So muss nach § 47 VerfGHG der Antragsteller die Rechtsnorm wegen ihrer förmlichen oder sachlichen Unvereinbarkeit mit der Landesverfassung für „nichtig halten" (lit. a) oder aus dem gleichen Grund muss ein Gericht, eine Behörde oder ein (sonstiges) Organ des Landes die Vorschrift nicht angewendet haben (lit. b). Das VerfGHG geht demnach über die nach Art. 75 Nr. 3 LV zu stellenden Anforderungen an „Meinungsverschiedenheiten oder Zweifeln" weit hinaus. Mögliche Auslegungsdivergenzen sind auch hier nach Maßgabe des „Vorrangs des Gesetzes" zu lösen. Art. 75 LV genießt als höherrangiges Recht **Geltungsvorrang,** so dass an das objektive Klärungsinteresse nicht der strenge Maßstab des § 47 VerfGHG anzulegen ist.

dd) Form und Frist

229 Der Antrag ist schriftlich zu stellen (§ 18 Abs. 1 VerfGHG). Eine Frist ist nicht einzuhalten, was die Bedeutung der abstrakten Normenkontrolle für die Wahrung bzw. Wiederherstellung des Rechtsfriedens unterstreicht.

b) Begründetheit

230 Der Antrag ist begründet, wenn die beanstandete Norm gegen die Landesverfassung verstößt. Auch soweit sich die Prüfung auf Rechtsverordnungen oder Satzungen bezieht, können diese allein an der Landesverfassung gemessen werden, wohingegen formelle Landesgesetze richtigerweise keinen Prüfungsmaßstab für die unter ihr stehenden Normen bilden (str.). Eine doppelte Prüfung vorgelegter Gesetze am Maßstab sowohl der Landesverfassung als auch des Grundgesetzes ist – entgegen der Rechtsprechung des VerfGH NRW (NVwZ 1993, 57; ebenso BVerfG, BayVBl. 1985, 239) – nicht möglich. Insbesondere berechtigt oder verpflichtet die (konkrete) Normenkontrollvorlagenorm des Art. 100 Abs. 1 GG den VerfGH **nicht** zur **„Weitervorlage"** eines zwar mit der Landesverfassung zu vereinbarenden, aber von den Richtern für grundgesetzwidrig befundenen Parlamentsgesetzes. Denn die Vorlagepflicht des Art. 100 Abs. 1 GG bezieht sich richtigerweise lediglich

auf den Kontrollmaßstab, nicht aber den Kontrollgegenstand. Sie soll allein die Anwendung eines grundgesetzkonformen Prüfungsmaßstabes sicherstellen; zielt also auf eine Vorfragen-, nicht aber eine Hauptfragenprüfung (hierzu *J. Dietlein*, FS VerfGH NRW, 2002, S. 203, 221 f.). Potentieller Adressat der Vorlagepflicht aus Art. 100 Abs. 1 GG ist ein Landesverfassungsgericht somit allein im Hinblick auf die Grundgesetzmäßigkeit der streitentscheidenden Landesverfassungsnorm.

> **Beispiel:** Im Landtag ist Streit über die Vereinbarkeit kommunaler Telekommunikationsangebote (§ 107 Abs. 1 Nr. 3 GO) mit der Verfassungsentscheidung des Art. 87f Abs. 2 S. 1 GG aufgekommen, der die „Privatwirtschaftlichkeit" des Telekommunikationssektors festschreibt (zur Streitfrage etwa *Pünder*, DVBl. 1997, 1353). Unter den Kritikern des § 107 GO wird die Frage aufgeworfen, ob der VerfGH des Landes im Falle einer dorthin angestrengten abstrakten Normenkontrolle neben der Vereinbarkeit der Gemeindeordnung mit der Landesverfassung auch deren Vereinbarkeit mit der Grundgesetzbestimmung des Art. 87f GG prüfen und das Gesetz ggf. an das BVerfG „weiterleiten" wird. Die Frage ist richtigerweise zu verneinen. Der VerfGH NRW hat allein die Vereinbarkeit eines vorgelegten Gesetzes mit der Landesverfassung zu prüfen. Ob das vorgelegte Gesetz mit dem GG vereinbar ist, entzieht sich der Zuständigkeit des VerfGH. Eine weitergehende Prüfung können die Antragsteller durch eine (wegen der unterschiedlichen Streitgegenstände auch parallele) Befassung des BVerfG sicherstellen (str.).

Ist ein Normenkontrollantrag nach Art. 75 Nr. 3 LV i.V.m. § 47 VerfGHG **231** begründet, so stellt der VerfGH die Nichtigkeit oder die Unvereinbarkeit der Rechtsnorm mit der Landesverfassung in seiner Entscheidung fest (§ 49 S. 1 VerfGHG). Mangels zwingender Vorgaben ist davon auszugehen, dass die Entscheidung über den Ausspruch der **Nichtigkeit** oder lediglich der **Unvereinbarkeit** der Norm in der Entscheidungsfreiheit des VerfGH liegt. Eine bloße Unvereinbarkeitserklärung wird insbesondere dort nahe liegen, wo mit der sofortigen Nichtigerklärung ein Zustand einträte, der der verfassungsgemäßen Ordnung noch ferner stünde als der bislang bestehende (BVerfGE 93, 165, 178). Gem. § 49 S. 2 VerfGHG kann das Gericht den Unvereinbarkeits- oder Nichtigkeitsausspruch auch auf das gesamte zugrunde liegende Gesetz ausdehnen, soweit es aus denselben Gründen mit der Verfassung unvereinbar oder nichtig ist.

Der Entscheidung im Rahmen der abstrakten Normenkontrolle kommt gem. § 26 Abs. 2 S. 1, § 12 Nr. 6 VerfGHG Gesetzeskraft zu; die Entscheidungsformel ist im Gesetz- und Verordnungsblatt zu veröffentlichen, § 26 Abs. 2 S. 2 VerfGHG.

c) Prüfungsschema

Das Prüfungsschema der abstrakten Normenkontrolle stellt sich damit wie **232** folgt dar:

§ 1. Verfassungsrecht des Landes Nordrhein-Westfalen

ABSTRAKTE NORMENKONTROLLE

Rechtsgrundlage: Art. 75 Nr. 3 LV i.V.m. §§ 12 Nr. 6, 47 ff. VerfGHG

1. Zulässigkeit

a) Verfahrensbeteiligte
Antragsteller: Landesregierung oder ein Drittel der Mitglieder des Landtages.
Kein Antragsgegner, da kein kontradiktorisches Verfahren.

b) Verfahrensgegenstand
Landesrecht im materiellen Sinn, auch vorkonstitutionelles Recht.

c) Zweifel oder Meinungsverschiedenheiten
Subjektive Überzeugung von der Nichtigkeit der Rechtsnorm (§ 47 VerfGHG) ist nicht erforderlich, da Art. 75 Nr. 3 LV insoweit vorrangig ist. Zweifel an der Verfassungsmäßigkeit müssen beim Antragsteller oder den in § 47 lit. b) VerfGHG genannten Rechtsanwendern vorliegen. Meinungsverschiedenheiten müssen zwischen dem ursprünglichen Normgeber und dem Antragsteller bzw. Rechtsanwender vorhanden sein. § 47 VerfGHG ist dabei als Auslegungshilfe heranzuziehen.

d) Form und Frist
Schriftform des Antrags (§ 18 Abs. 1 VerfGHG), keine Frist.

2. Begründetheit

Der Antrag ist begründet, wenn und soweit die beanstandete Norm gegen die Landesverfassung verstößt.
Prüfungsmaßstab ist allein die Landesverfassung; dies gilt auch für Rechtsverordnungen oder Satzungen (str.).

3. Die konkrete Normenkontrolle (Art. 100 GG)

233 Als ein durch die Bundesverfassung vorgegebenes Verfahren findet die konkrete Normenkontrolle zum VerfGH des Landes NRW ihre Rechtsgrundlage in Art. 100 Abs. 1 GG i.V.m. § 12 Nr. 7, §§ 50 f. VerfGHG. Anders als bei der abstrakten Normenkontrolle muss die Frage der Vereinbarkeit einer Rechtsnorm mit der Landesverfassung für die Entscheidungsfindung in einem fachgerichtlichen Verfahren von Bedeutung sein. Die Verpflichtung des Fachgerichts zur Vorlage ist Konsequenz des Verwerfungsmonopols der Verfassungsgerichte in Bezug auf nachkonstitutionelle Parlamentsgesetze. Die konkrete Normenkontrolle ist als objektives Beanstandungsverfahren kein kontradiktorisches Verfahren.

I. Die Verfahren vor dem Verfassungsgerichtshof

a) Zulässigkeit

Die Zulässigkeitsvoraussetzungen der konkreten Normenkontrolle stellen sich wie folgt dar: 234

aa) Vorlageberechtigung

Vorlageberechtigt sind gemäß Art. 100 Abs. 1 GG **staatliche Gerichte** jeder Instanz. Gericht im Sinne des Art. 100 Abs. 1 GG sind nicht nur Spruchkörper, die der Rechtsweggarantie des Art. 19 Abs. 4 GG genügen, sondern alle Spruchstellen, die sachlich unabhängig, in einem formell gültigen Gesetz mit den Aufgaben eines Gerichts betraut und als Gerichte bezeichnet sind (BVerfGE 6, 55, 63). Auch Berufs- und Ehrengerichte können daher vorlageberechtigt sein (BVerfGE 48, 300, 315 f.), nicht jedoch Rechtspfleger, Kirchen- oder private Schiedsgerichte. 235

bb) Vorlagegegenstand

Art. 100 Abs. 1 GG spezifiziert – ebenso wie § 50 VerfGHG – den Vorlagegegenstand nicht näher, sondern verwendet allgemein den Begriff des „Gesetzes". Wichtig ist dabei zunächst, dass sich die Prüfungskompetenz des VerfGH NRW insoweit nur auf **Landesgesetze** erstrecken kann, da nur bei diesen eine Verletzung der Landesverfassung denkbar ist. Eine weitere Einschränkung ergibt sich aus dem Schutzzweck der Norm. Ziel des Verfahrens ist die Wahrung der Autorität des Gesetzgebers (vgl. BVerfGE 97, 117, 122). Diese würde unterlaufen, stünde die Anwendung von Parlamentsgesetzen im Belieben eines jeden Gerichts. Vorlagefähig zur Prüfung vor dem VerfGH sind daher nur **„förmliche" Gesetze** des Landes, die somit zwar der Prüfungs-, nicht aber der Verwerfungskompetenz der Fachgerichte unterliegen. Verordnungen und Satzungen werden dementsprechend von Art. 100 Abs. 1 GG, § 50 VerfGHG nicht erfasst. Über sie kann sich das Fachgericht bei erkannter Verfassungswidrigkeit aus eigener Machtvollkommenheit hinwegsetzen. Da Art. 100 Abs. 1 GG den Willen des konstitutionellen Landesgesetzgebers schützt, unterliegen vorkonstitutionelle Gesetze ebenfalls nicht dem Verwerfungsmonopol der Verfassungsgerichte, es sei denn, der nachkonstitutionelle Gesetzgeber hat diese ausdrücklich – etwa durch wesentliche Änderung oder Verweisung – in seinen Willen aufgenommen. 236

cc) Entscheidungserheblichkeit

Bei der Entscheidung des vorlegenden Gerichts muss es auf die Gültigkeit der vorgelegten Norm ankommen, § 50 Abs. 1, 2 VerfGHG. Dies ist dann der Fall, wenn das Gericht im Falle der Gültigkeit der Norm anders zu entscheiden hätte als im Falle ihrer Nichtigkeit. Maßgebend ist hierbei grundsätzlich allein die **Tenorierung des Urteils**, während die Entscheidungsgründe ohne Bedeutung bleiben. Eine Ausnahme besteht dort, wo sich bei Verfassungswidrigkeit der Norm trotz gleicher Tenorierung unterschiedliche Rechtskraftwirkungen einstellen würden. Die Frage der Entscheidungserheblichkeit kann in Prüfungsarbeiten die Einbruchstelle für eine umfassende Prüfung einfachrechtlicher Rechtsfragen bilden. 237

§ 1. Verfassungsrecht des Landes Nordrhein-Westfalen

dd) Überzeugung von der Verfassungswidrigkeit

238 Das vorlegende Gericht muss von der Verfassungswidrigkeit der Norm **überzeugt** sein. Bloße Zweifel genügen nicht. An die Auffassung anderer Gerichte, auch solcher höherer Instanzen, ist es, mit Ausnahme an jene des Bundes- bzw. Landesverfassungsgerichts, nicht gebunden. Die Überzeugung von der Verfassungswidrigkeit setzt überdies voraus, dass das vorlegende Gericht die **Möglichkeit einer verfassungskonformen Auslegung** geprüft und im Ergebnis verneint hat. Sofern die einschlägigen Normen der Landesverfassung inhaltsgleich mit solchen des Grundgesetzes sind, hat das Fachgericht nach überwiegender Auffassung die Wahl, ob es dem BVerfG oder dem VerfGH vorlegt. Richtigerweise wird das Fachgericht bei anhaltenden Zweifeln über die Bundes- und Landesverfassungsgemäßheit der Norm eine Entscheidung sowohl des Landes- als auch des BVerfG einzuholen haben (Doppelvorlage).

ee) Form und Frist

239 Die Einleitung des Verfahrens erfolgt durch Aussetzungs- und Vorlagebeschluss des Gerichts. Dieser muss gem. § 50 Abs. 2 VerfGHG aus sich heraus erkennen lassen, gegen welche Norm das Gesetz nach Auffassung des Gerichts verstößt und weshalb die Gültigkeit der Norm für den Rechtsstreit von Bedeutung ist. Das Verfahren ist an keine Frist gebunden.

b) Begründetheit

240 Der Antrag ist begründet, wenn und soweit das vorgelegte Gesetz gegen Vorschriften der Landesverfassung verstößt. Ebenso wie bei der abstrakten Normenkontrolle bleibt die Vereinbarkeit des vorgelegten Gesetzes mit der Bundesverfassung außer Betracht. Eine Pflicht zur „Weitervorlage" trifft den VerfGH NRW nicht; wohl aber kann das vorlegende Fachgericht bei fortdauernder Überzeugung von der Verfassungswidrigkeit des Gesetzes gezwungen sein, nach oder parallel zur Vorlage an das Landesverfassungsgericht auch eine Vorlage an das BVerfG auf den Weg zu bringen (hierzu oben Rn. 238).

c) Prüfungsschema

241 Damit gilt folgendes Schema für die Prüfung der Erfolgsaussichten einer konkreten Normenkontrolle:

KONKRETE NORMENKONTROLLE

Rechtsgrundlage: Art. 100 Abs. 1 GG i.V.m. § 12 Nr. 7, §§ 50 f. VerfGHG

1. Zulässigkeit

a) Vorlageberechtigung
Grundsätzlich staatliche Gerichte jeder Instanz.

I. Die Verfahren vor dem Verfassungsgerichtshof

b) Vorlagegegenstand
Gesetze, die dem Verwerfungsmonopol des Verfassungsgerichts unterliegen, also grundsätzlich nur nachkonstitutionelle, förmliche Landesgesetze, nicht aber Satzungen und Verordnungen.
Vorkonstitutionelle Gesetze nur, wenn der an die Landesverfassung gebundene Landesgesetzgeber diese in seinen Willen aufgenommen hat, etwa durch wesentliche Änderung oder Verweisung.

c) Entscheidungserheblichkeit
Prinzipiell nur gegeben, wenn bei Verfassungswidrigkeit der vorgelegten Norm das vorlegende Gericht zu einer anderen Tenorierung käme als bei Anwendung der Norm. Eine Ausnahme besteht, wenn die Verfassungswidrigkeit der Norm bei gleicher Tenorierung zu unterschiedlichen Rechtskraftwirkungen führt.

d) Überzeugung des vorlegenden Gerichts von der Verfassungswidrigkeit
Bloße Zweifel genügen nicht. Verfassungskonforme Auslegung ist vorrangig.

e) Form und Frist
Einleitung des Verfahrens durch Aussetzung- und Vorlagebeschluss, keine Frist.

2. Begründetheit

Der Antrag ist begründet, wenn und soweit das vorgelegte Gesetz gegen Vorschriften der Landesverfassung verstößt.

4. Die Kommunalverfassungsbeschwerde (Art. 75 Nr. 4 LV)

Die in praktischer Hinsicht bedeutsamste Verfahrensart vor dem Landesverfassungsgericht stellt die Kommunalverfassungsbeschwerde gem. Art. 75 Nr. 4 LV i.V.m. § 12 Nr. 8, § 52 VerfGHG dar. Anders als die Bezeichnung „Verfassungsbeschwerde" nahe legt, handelt es sich inhaltlich um ein Normenkontrollverfahren mit begrenzter Antragsbefugnis (**Rechtssatzbeschwerde**) und damit ebenfalls um ein nicht-kontradiktorisches Verfahren. Die Kommunalverfassungsbeschwerde dient einzig dem Schutz der Selbstverwaltungsgarantie der Landesverfassung. 242

a) Zulässigkeit
Folgende Voraussetzungen für die Zulässigkeit der Kommunalverfassungsbeschwerde sind zu beachten: 243

aa) Beteiligte

244 Als mögliche Antragsteller benennt § 52 VerfGHG die „**Gemeinden und Gemeindeverbände**". Der personellen Reichweite der verfassungsrechtlichen Selbstverwaltungsgarantie entsprechend erfasst der Begriff der Gemeindeverbände auch hier nur die Gebietskörperschaften iS. von Art. 78 LV (vgl. oben Rn. 175 ff., 194 f.). Zweckverbände als sog. „Verbandskörperschaften" sind somit nicht antragsbefugt. Sofern die Auflösung einer antragsbefugten Selbstverwaltungskörperschaft im Rahmen kommunaler Neugliederungsmaßnahmen in Streit steht, gilt die Körperschaft zur Geltendmachung ihrer Verteidigungsrechte auch nach Inkrafttreten des Neugliederungsgesetzes als fortbestehend (VerfGH NRW, OVGE 26, 270, 271 u. ö.).

bb) Beschwerdegegenstand

245 Beschwerdegegenstand kann **sämtliches Landesrecht** mit Ausnahme der Landesverfassung sein. Als materielle Gesetze sind auch Rechtsverordnungen in den Anwendungsbereich der Kommunalverfassungsbeschwerde einbezogen. Entsprechendes gilt für Satzungen und andere untergesetzliche Normen, da ansonsten durch die (zielgerichtete) Wahl eines bestimmten Normtyps Rechtsschutzlücken entstehen könnten. Dabei sind unter den Begriff des Landesrechts auch solche sublegalen Normen zu subsumieren, die von einer anderen Kommune (Gemeinde oder Kreis) erlassen wurden (so auch VerfGH NRW, NVwZ 2003, 982). Rechtsverordnungen der Landesregierung, die auf bundesrechtlicher Grundlage (Art. 80 GG) ergangen sind, zählen ebenfalls zum Landesrecht (str.).

Umstritten ist, ob dem Begriff des Landesrechts iS. von § 52 Abs. 1 VerfGHG auch Gewohnheitsrecht und richterliche Rechtsfortbildungen zuzuordnen sind. Mit guten Gründen qualifiziert der VerfGH zumindest das **Gewohnheitsrecht** als Landesrecht iS. von § 52 Abs. 1 VerfGHG, da vom Schutzzweck der Vorschrift alle Rechtsnormen umfasst sind, die mit dem „Anspruch auf Verbindlichkeit tatsächlich gelten und von der staatlichen Autorität garantiert werden" (VerfGH NRW, DVBl. 1982, 1043). In jedem Fall unzulässig ist dagegen eine Kommunalverfassungsbeschwerde, die gegen bloß **innenwirksame Ministerialerlasse** (Verwaltungsvorschriften) gerichtet ist (VerfGH NRW, NWVBl. 1994, 265 f.). Dies gilt umso mehr, als hinreichender Rechtsschutz vor den Verwaltungsgerichten zur Verfügung steht. Ebenfalls keinen zulässigen Beschwerdegegenstand stellt **legislatives Unterlassen** dar; insofern kann der Begriff „Landesrecht" selbst bei weiter Auslegung nicht im Sinne seiner Negation, des Unterbleibens einer Regelung, verstanden werden (VerfGH NRW, NWVBl. 2000, 335, 338 f.; a. A. *Grupp*, FS Stern, 1997, S. 1099).

246 Soweit eine Gemeinde oder ein Gemeindeverband das Selbstverwaltungsrecht durch Normen des Bundesrechts verletzt sieht, liegt kein zulässiger Beschwerdegegenstand vor mit der Folge, dass allein eine Kommunalverfassungsbeschwerde zum BVerfG in Betracht kommt (Art. 93 Abs. 1 Nr. 4b GG). Dementsprechend wird dieses gegenüber landesrechtlichen Rechtsbehelfen subsidiäre Verfahren (Art. 91 S. 2 BVerfGG) durch die nach § 12 Nr. 8 VerfGHG statthafte Kommunalverfassungsbeschwerde zum VerfGH keineswegs vollständig verdrängt.

I. Die Verfahren vor dem Verfassungsgerichtshof 113

cc) Beschwerdebefugnis

Die antragstellende Kommune muss geltend machen (können), durch das 247
angegriffene Gesetz **selbst, gegenwärtig** und **unmittelbar** in ihrer Selbstverwaltungsgarantie gem. Art. 78 f. LV **verletzt** zu sein. Allerdings gilt das Erfordernis der *unmittelbaren* Betroffenheit im Vergleich zur Individualverfassungsbeschwerde in erheblich abgeschwächter Form (*Guckelberger*, JURA 2008, 819, 824). Namentlich die Beschränkung auf selbstvollziehende Normen gilt hier nicht. Ansonsten wäre der verfassungsgerichtliche Rechtsschutz für die Kommunen erheblich geschwächt, da fachgerichtliche Entscheidungen gegen administrative Umsetzungsakte – anders als bei der Individualverfassungsbeschwerde – nicht mit der kommunalen Verfassungsbeschwerde angegriffen werden können. An einer unmittelbaren Betroffenheit fehlt es daher lediglich dann, wenn das angegriffene Gesetz seinerseits noch der Konkretisierung durch eine untergesetzliche, ihrerseits mit der Kommunalverfassungsbeschwerde angreifbare Rechtsnorm bedarf (VerfGH NRW, NVwZ 2003, 982; z. T. anders BVerfGE 25, 124, 128 f.). Und selbst hier wird man ein „Abwarten" der Verordnung nicht verlangen können, wenn und soweit das formelle Gesetz eine Pflicht zur Verordnungsgebung in bestimmten Fällen normiert (BVerfGE 34, 165, 179).

dd) Rechtswegerschöpfung

Anders als die Kommunalverfassungsbeschwerde zum BVerfG unterliegt die 248
Kommunalverfassungsbeschwerde zum VerfGH des Landes nicht dem Erfordernis der Rechtswegerschöpfung. Namentlich das Verfahren des § 47 VwGO eröffnet daher keinen vorrangig zu erschöpfenden Rechtsweg.

ee) Form und Frist

Das Verfahren ist schriftlich mit Begründung zu beantragen, § 18 Abs. 1 249
VerfGHG. Die Frist beträgt gem. § 52 Abs. 2 VerfGHG ein Jahr ab Inkrafttreten der Rechtsvorschrift. Sofern man das Gewohnheitsrecht und richterliche Rechtsfortbildungen als Landesrecht iS. des § 52 Abs. 1 VerfGHG begreift, sind diese Rechtsnormen freilich vom Fristerfordernis auszunehmen, da der Zeitpunkt ihres Inkrafttretens in der Regel ungenau bleibt.

b) Begründetheit

Die Kommunalverfassungsbeschwerde ist begründet, wenn und soweit die 250
beanstandete Rechtsnorm gegen Art. 78 f. LV verstößt. Über den Wortlaut des § 52 Abs. 1 VerfGHG hinaus („**Recht der Selbstverwaltung**") dienen dem Landesverfassungsgericht als Prüfungsmaßstab neben der kommunalen Selbstverwaltungsgarantie und dem ihr immanenten Gebot interkommunaler Gleichbehandlung auch diejenigen Verfassungsvorschriften, die ihrem Inhalt nach das verfassungsrechtliche Bild der Selbstverwaltung mitzubestimmen geeignet sind (st. Rspr. seit BVerfGE 1, 161, 181). Damit können auch allgemeine Verfassungsgrundsätze wie das aus dem Rechtsstaatsprinzip resultierende **Willkürverbot** oder das **Demokratieprinzip** als Prüfungsmaßstab herangezogen werden (VerfGH NRW, OVGE 39, 292, 293 ff.; 39, 315,

§ 1. Verfassungsrecht des Landes Nordrhein-Westfalen

317; weitergehend wohl *K. Stern,* BK-GG, Art. 93 Rn. 813). Legt man die Rechtsprechung des VerfGH NRW zur Rezeption bundesverfassungsrechtlicher Normen zugrunde (oben Rn. 19), kommt auch eine Kontrolle von Landesrecht am Maßstab der (primär bundes-) verfassungsrechtlichen **Kompetenznormen** in Betracht (Art. 1 Abs. 1 LV i.V.m. Art. 70 ff. GG). Richtet sich die Kommunalverfassungsbeschwerde gegen sublegale (untergesetzliche) Normen, sind zusätzlich deren **einfachgesetzliche Vorgaben als Kontrollmaßstab** heranzuziehen, soweit diese selbst Ausprägung der kommunalen Selbstverwaltungsgarantie oder der sie mitprägenden Verfassungsgrundsätze sind (hierzu *M. Dietlein,* NWVBl. 1992, 1 ff.). Im Rahmen von **Neugliederungsstreitigkeiten** sind die konkreten Neugliederungsgesetze ferner auf die systemkonforme Umsetzung im Vorfeld ergangener abstrakter Neugliederungsleitlinien und -leitbilder hin zu überprüfen, die damit de facto ihrerseits zum Prüfungsmaßstab avancieren (z. B. ThürVerfGH, NVwZ-RR 1997, 639 ff.). Die Entscheidung des VerfGH im Kommunalverfassungsstreit hat Gesetzeskraft und ist im Gesetz- und Verordnungsblatt des Landes zu verkünden, § 26 Abs. 2 VerfGHG.

c) Prüfungsschema

251 Das Schema für die Prüfung der Erfolgsaussichten einer kommunalen Verfassungsbeschwerde stellt sich daher wie folgt dar:

KOMMUNALE VERFASSUNGSBESCHWERDE

Rechtsgrundlage: Art. 75 Nr. 4 LV i.V.m. § 12 Nr. 8, § 52 VerfGHG

1. Zulässigkeit

a) Beteiligte
Antragsteller: ausschließlich Gemeinden und Gemeindeverbände.
Kein Antragsgegner, da kein kontradiktorisches Verfahren.

b) Beschwerdegegenstand
Sämtliches „Landesrecht" mit Ausnahme der LV, also auch Rechtsverordnungen, Satzungen und sublegale Rechtsnormen. Umstritten für Gewohnheitsrecht und richterliche Rechtsfortbildung. Legislatives Unterlassen und Ministerialerlasse sind keine geeigneten Beschwerdegegenstände.

c) Beschwerdebefugnis
Verletzung der Art. 78 f. LV muss nach dem Vortrag des Antragstellers zumindest möglich sein.
Unmittelbare Betroffenheit liegt nur dann nicht vor, wenn das Gesetz noch der Konkretisierung durch Rechtsverordnung bedarf.

d) Rechtswegerschöpfung
Nicht erforderlich. Namentlich § 47 VwGO ist damit nicht vorrangig.

I. Die Verfahren vor dem Verfassungsgerichtshof

e) **Form und Frist**
Schriftlich begründeter Antrag binnen eines Jahres ab Inkrafttreten des Gesetzes (§§ 18 Abs. 1, 52 Abs. 2 VerfGHG). Fristerfordernis gilt jedenfalls nicht bei Beschwerdegegenständen des Gewohnheitsrechts bzw. der richterlichen Rechtsfortbildung.

2. Begründetheit

Die Kommunalverfassungsbeschwerde ist begründet, wenn und soweit das angegriffene Gesetz gegen Art. 78 f. LV verstößt.

Als Prüfungsmaßstab sind neben der kommunalen Selbstverwaltungsgarantie auch das Gebot interkommunaler Gleichbehandlung sowie allgemeine Verfassungsprinzipien zu berücksichtigen, soweit sie die Selbstverwaltungsgarantie mit prägen.

5. Sonstige Verfahrensarten

Neben den genannten Verfahrensarten eröffnet das nordrhein-westfälische Recht eine Zuständigkeit des VerfGH nach Art. 75 Nr. 1 LV für die Entscheidung über
– den Ausschluss von Vereinigungen und Personen von der Beteiligung an Wahlen und Abstimmungen (Art. 32 LV i. V. m. § 12 Nr. 1 VerfGHG),
– Wahlprüfungsbeschwerden (Art. 33 LV i. V. m. § 12 Nr. 2 VerfGHG),
– Ministeranklagen bzw. Ministerpräsidentenanklagen (Art. 63 LV i. V. m. § 12 Nr. 3 VerfGHG).
Ungeachtet des Art. 75 LV obliegt dem VerfGH – als unmittelbare verfassungsrechtliche Zuständigkeit – auch die Überprüfung der Entscheidung der Landesregierung zur Zulässigkeit von Volksbegehren (Art. 68 Abs. 1 S. 6 LV i.V.m. § 12 Nr. 4 VerfGHG). Im Zusammenhang mit den plebiszitären Verfassungselementen statuiert Art. 75 Nr. 4 LV i.V.m. § 12 Nr. 9 VerfGHG noch weitere Zuständigkeiten des VerfGH für sonstige durch (einfaches) Gesetz zugewiesene Fälle (vgl. §§ 20 Abs. 2, 23 Abs. 2, 28 Abs. 2 des „Gesetzes über das Verfahren bei Volksinitiativen, Volksbegehren und Volksentscheiden"). Eine ungeschriebene Zuständigkeit ergibt sich schließlich für die Entscheidung des VerfGH NRW über eine mögliche Verwirkung von Landesgrundrechten (hierzu oben Rn. 52).

III. Exkurs: Einführung einer Landesverfassungsbeschwerde?

Im Gegensatz zum Bund sowie den inzwischen meisten Ländern der Bundesrepublik Deutschland besteht in Nordrhein-Westfalen nicht die Möglichkeit einer **Individualverfassungsbeschwerde** zum VerfGH des Landes. Den Landesgrundrechten kommt somit für das landesverfassungsgerichtliche Verfahren lediglich im Rahmen der abstrakten und konkreten Normenkontrolle Bedeutung zu.

> **Beachte:** Natürlich verbleibt dem Bürger stets die Möglichkeit, die Landesgrundrechte vor den Fachgerichten geltend zu machen. Stellt das Fachgericht die Grundrechtswidrigkeit einer hoheitlichen Maßnahme (Verwaltungsakt) fest, wird sie diese aufheben. Geht das Gericht von der (Landes-)Grundrechtswidrigkeit eines streitentscheidenden Landesgesetzes aus, wird es dieses dem Landesverfassungsgericht zur Prüfung vorlegen (Art. 100 Abs. 1 GG i.V.m. § 12 Nr. 2 VerfGHG).

Die mit dem Verzicht auf eine Individualverfassungsbeschwerde verbundene Schwächung der normativen „Durchschlagskraft" der Landesgrundrechte hat in der Vergangenheit wiederholt zu Diskussionen über eine Einführung dieses außerordentlichen Rechtsbehelfs geführt. Zusätzlicher Diskussionsbedarf stellt sich, seit das BVerfG die Kontrollbefugnisse der Landesverfassungsgerichte durch Beschluss vom 15.10.1997 deutlich ausgeweitet und auch auf die Auslegung und Anwendung von Bundes-(verfahrens-)recht durch die Landesgerichte erstreckt hat (BVerfGE 96, 345). Gegen diese Entscheidung ergeben sich erhebliche dogmatische Bedenken. Insbesondere bleibt unklar, inwieweit sich das einfache Bundesrecht der Einstrahlung durch das Landesverfassungsrecht öffnen sollte. Das aus dem „Vorrang des Gesetzes" abzuleitende Bild der Ausstrahlung von Normen der Bundesverfassung auf das einfache Bundesrecht lässt sich – zumal mit Blick auf Art. 31 GG – jedenfalls nicht bruchlos auf das Verhältnis zwischen Landesverfassungsrecht und einfachem Bundesrecht übertragen (vgl. *J. Dietlein*, JURA 2000, 19 ff.). Sollte das BVerfG den in dieser Entscheidung eingeschlagenen Weg in Richtung einer zunehmenden „Arbeitsteilung" zwischen Bundes- und Landesverfassungsgerichten fortsetzen, könnte hieraus gleichwohl ein faktischer Zwang zur Einführung der Landesverfassungsbeschwerde resultieren. Die andere und bessere Möglichkeit wäre, dass die Landesverfassungsgerichte ihrerseits Abstand nehmen von einer Kontrolle der Auslegung und Anwendung einfachen Bundesrechts und diese dort belassen, wo sie hingehört: nämlich beim BVerfG.

IV. Anhang

254 Literatur: Zu I: *Bertrams,* Verfassungsgerichtliche Grenzüberschreitungen, in: FS Stern, 1997, S. 1027 ff.; *Dietlein/Thiel/Manns/Höhlein,* Zwangsfusion von Gemeinden, 2013; *Huber,* Die Landesverfassungsgerichtsbarkeit zwischen Anspruch und Wirklichkeit, ThürVBl. 2003, 734 ff.; *F. Kirchhof,* Die Rolle der Landesverfassungsgerichte im deutschen Staat, VBlBW 2003, 137 ff.; *Leisner,* Landesverfassungsgerichtsbarkeit als Wesenselement des Föderalismus, FS BayVerfGH, 1972, S. 183 ff.; *Mann,* Fünfzig Jahre Landesverfassungsgerichtsbarkeit in NRW, NWVBl. 2002, 85 ff.; *v. Olshausen,* Landesverfassungsbeschwerde und Bundesrecht, 1980; *Schäfer,* Das Verhältnis zwischen Bundes- und Landesverfassungsgerichtsbarkeit, JZ 1951, 199 ff.; *Starck/Stern* (Hrsg.), Landesverfassungsgerichtsbarkeit, Bd. 1–3, 1983; *Starke,* Aufhebung von Landesgesetzen durch Landesverfassungsgerichte wegen fehlender Gesetzgebungskompetenz?, SächsVBl.

2004, 49 ff.; *Storr*, Das Grundgesetz als „mittelbare Landesverfassung"? – Zum Prüfungsmaßstab der Landesverfassungsgerichte, ThürVBl. 1997, 121 ff.
Zu II: *Brox*, Rechtskraft und Gesetzeskraft von Entscheidungen des Verfassungsgerichtshofs, in: FS VerfGH NRW, 2002, S. 149 ff.; *M. Dietlein*, Kommunale Verfassungsbeschwerden vor dem Verfassungsgerichtshof, in: FS VerfGH NRW, 2002, S. 117 ff.; *Guckelberger*, Verfassungsbeschwerden kommunaler Gebietskörperschaften, JURA 2008, 819; *Lünterbusch*, Normenkontrollverfahren vor dem Verfassungsgerichtshof, in: FS VerfGH NRW, 2002, S. 75 ff.; *Pieroth*, Organstreitverfahren vor dem Verfassungsgerichtshof, in: FS VerfGH NRW, 2002, S. 103 ff.; *Schlink*, Verfassungsrechtlicher Rechtsschutz bei der Vorbereitung und Durchführung von Wahlen und Volksbegehren in Nordrhein-Westfalen, in: FS VerfGH NRW, 2002, S. 137 ff.; *Wernsmann*, Die Diskontinuität des Parlaments im verfassungsgerichtlichen Organstreit, JURA 2000, 344 ff.
Zu III: *J. Dietlein*, Die Kontrollbefugnis der Landesverfassungsgerichte, JURA 2000, 19 ff.; *ders.*, Landesverfassungsbeschwerde und Einheit des Bundesrechts, NVwZ 1994, 6 ff.; *Klein/Haratsch*, Die Landesverfassungsbeschwerde – Ein Instrument zur Überprüfung der Anwendung von Bundesrecht?, JuS 2000, 209 ff.

Klausurbearbeitung: *Schoch*, Streit um die Organisationsgewalt des Ministerpräsidenten, Übungen im Öffentlichen Recht I, 2000, S. 327 ff.

Kontrollfragen:
1. Wie verhält sich die Kontrollkompetenz der einzelnen Landesverfassungsgerichte zu der des BVerfG?
2. Welche Verfahrensarten vor dem Verfassungsgerichtshof kennt das nordrhein-westfälische Landesrecht?
3. Welche Defizite ergeben sich aus dem Fehlen der Individualverfassungsbeschwerde zum VerfGH NRW?

J. Antworten zu den Kontrollfragen

I. Abschnitt B.

1. Wesensmerkmal des Bundesstaates ist, dass sowohl dem Gesamtstaat als auch den einzelnen Gliedstaaten (den Ländern) Staatsqualität zukommt.
2. Die Verfassungsgebung auf Bundesebene entspringt dem originären, rechtlich ungebundenen *„pouvoir constituant"* der Nation und unterscheidet sich hierdurch maßgeblich von dem an die Vorgaben der Bundesverfassung (Art. 28 Abs. 1 GG) gebundenen Verfassunggeber auf Landesebene.
3. Bindungen ergeben sich insbesondere aus dem Homogenitätsprinzip des Art. 28 Abs. 1 S. 1 GG. Für den Bereich der Grundrechte entfaltet zudem Art. 1 Abs. 3 GG unmittelbare Durchgriffswirkung auf die Verfassunggebung der Länder, hindert diese aber nicht daran, eigene landesrechtliche Grundrechte zu gewähren. Schließlich ist Art. 31 GG als allgemeine Kollisionsnorm – etwa im Bereich der sog. Staatszielbestimmungen – zu beachten.

II. Abschnitt C.

1. Die Grundrechte des Bundes und der Länder stehen grundsätzlich unabhängig nebeneinander („vertikale Grundrechtskonkurrenz"). Landesgrundrechte dürfen

§ 1. Verfassungsrecht des Landes Nordrhein-Westfalen

über Bundesgrundrechte hinausgehen, sich aber nicht in Widerspruch zu Bundesrecht begeben (Art. 31 GG). Umstritten ist, ob Landesgrundrechte hinter dem Schutzniveau der Bundesgrundrechte zurückbleiben dürfen. Während der Parlamentarische Rat dies noch verneinte, geht das BVerfG von der grundsätzlichen Zulässigkeit solcher Mindergewährleistungen aus.
2. Durch Art. 4 Abs. 1 LV werden eigenständige Landesgrundrechte nach dem Bild der Bundesgrundrechte begründet. Spätere Änderungen der Bundesgrundrechte werden richtigerweise durch die Landesverfassung adaptiert („dynamische Rezeption").
3. Die Rezeptionsanordnung des Art. 4 Abs. 1 LV bezieht sich auf die als subjektiv-öffentliche Rechte ausgestalteten Grundrechtsgewährleistungen, die justiziellen Grundrechte, die objektiv-rechtlichen Grundrechtsgarantien sowie den Grundrechtsverwirkungstatbestand.
4. Entgegen ihrem Wortlaut stellen die sog. „sozialen Grundrechte" lediglich objektiv-rechtliche Staatszielbestimmungen ohne subjektiv-rechtliche Komponente dar.
5. Die LV setzt eigene Regelungsschwerpunkte in den zentralen Lebensbereichen von Familie, Schule und Erziehung (Art. 5–8 LV), Staat und Kirche (insb. Art. 19–23 LV), Wissenschaft, Kunst und Kultur (Art. 18 LV) sowie Arbeit und Umwelt (insb. Art. 24, 28, 29a LV).

257 III. Abschnitt D.

1. Art. 28 Abs. 1 GG verpflichtet die Länder, die Grundsätze des republikanischen, demokratischen und sozialen Rechtsstaates im Sinne des Grundgesetzes zu beachten. Nicht ausdrücklich erwähnt, gleichwohl vorausgesetzt, wird die Beachtung des Grundsatzes der Bundesstaatlichkeit.
2. Die Strukturvorgaben der Art. 20 Abs. 2, Art. 28 Abs. 1 GG verbieten Ausländern die Teilnahme an Landtagswahlen. Dagegen berechtigt Art. 28 Abs. 1 S. 3 GG EU-Ausländer zur aktiven und passiven Teilnahme an Kommunalwahlen.

258 IV. Abschnitt E.

1. Verfassungsorgane sind die in der Verfassung selbst vorgesehenen und dort mit speziellen Befugnissen ausgestatteten obersten Staatsorgane. Die LV zählt zu den Verfassungsorganen den Landtag, die Landesregierung und den VerfGH.
2. Die Entscheidung hinsichtlich des anwendbaren Wahlsystems obliegt gem. Art. 31 Abs. 4 LV dem einfachen Recht. Das Landeswahlgesetz sieht – wie auf Bundesebene – eine sog. „personalisierte Verhältniswahl" vor. Zur Landtagswahl im Jahre 2010 wurde nunmehr ein Zwei-Stimmen-Wahlrecht eingeführt.
3. Das „freie Mandat" (Art. 30 Abs. 2 LV) erteilt jeglichen Formen des „imperativen Mandats" eine Absage. Die Freiheit des Mandates kann nicht durch individuelle Verpflichtungserklärungen aufgehoben werden. In gravierenden Fällen „widerspenstiger" Abgeordneter ist eine Sanktionierung (Fraktionsdisziplin) mit den Mitteln des Fraktions- oder Parteiausschlusses denkbar, die allerdings beide gerichtlich überprüfbar sind und keinen Einfluss auf den Forbestand des Mandates haben.
4. Hervorzuheben sind insbesondere das Behinderungsverbot (Art. 46 LV), die Grundsätze der Indemnität und Immunität (Art. 47 f. LV) und der Anspruch auf Entschädigung (Art. 50 LV).
5. Die Fraktionen sind in der Landesverfassung nicht erwähnt, aber in der Parteiendemokratie anerkannt und vorausgesetzt. Ein Abgeordneter kann nur dann

aus seiner Fraktion ausgeschlossen werden, wenn der Fraktion ein weiterer Verbleib des Abgeordneten in ihren Reihen nicht zuzumuten ist.
6. Nach der Rspr. des BVerfG kann fraktionslosen Abgeordneten der Zugang zu den Ausschüssen nicht völlig verschlossen bleiben. Deshalb hat jeder Abgeordnete einen Anspruch auf Mitwirkung in einem Ausschuss mit einem Rede- und Antragsrecht; zur Wahrung des Proporzes ist ihm allerdings ein darüber hinausgehendes Stimmrecht verwehrt.
7. Diese Konzeption als Minderheitenrecht zeigt sich insbesondere an dem niedrigen Antragsquorum von 20 % der gesetzlichen Mitglieder des Landtags sowie am Verbot einer Änderung des Untersuchungsthemas durch die Landtagsmehrheit. Zudem kann die Minderheit die Erhebung bestimmter Beweise verlangen. Weitere Minderheitenrechte ergeben sich neben Art. 41 Abs. 1 S. 2 LV aus dem UAG (§§ 7 Abs. 1 S. 2, 13 Abs. 2, 16 Abs. 2 UAG).

V. Abschnitt F. 259

1. Art. 69 Abs. 1 S. 2 LV verbietet Verfassungsänderungen, die den Grundsätzen des republikanischen, demokratischen und sozialen Rechtsstaates im Sinne des Grundgesetzes widersprechen. Der Schutz der Menschenwürde wird nicht ausdrücklich festgeschrieben. Allerdings gilt insoweit die durch das Grundgesetz auch für die Länder unwiderruflich vorgegebene Pflicht zur Achtung der Menschenwürde.
2. Die Übertragung von Rechtsetzungsbefugnissen auf die Exekutive zielt vor allem auf die Entlastung des Parlaments und auf eine Beschleunigung und Vereinfachung des Normsetzungsverfahrens. Durch das Bestimmtheits- bzw. Vorhersehbarkeitserfordernis gem. Art. 70 S. 2 LV soll der Gefahr entgegengewirkt werden, dass Rechtsetzungsbefugnisse pauschal auf die Exekutive delegiert werden und damit die Möglichkeit der „Selbstentmachtung" des Parlaments eröffnet wird.
3. Die Regierung darf – zumal im Vorfeld von Wahlen – keine offene oder versteckte Werbung für bestimmte politische Parteien machen. Indizien für unzulässige Wahlwerbung können sich aus der äußeren Form, der Aufmachung oder dem Inhalt regierungsamtlicher Äußerungen ergeben. Allerdings ist diese „Öffentlichkeitsarbeit über Politik" von der stets zulässigen „Politik durch Öffentlichkeitsarbeit" (z. B. Müllspartipps) abzugrenzen.

VI. Abschnitt G. 260

1. Die LV sieht als plebiszitäre Mitwirkungsrechte die Volksinitiative (Art. 67a), das Volksbegehren und den Volksentscheid (Art. 68) vor.
2. Auch Verfassungsänderungen im Verfahren der Volksgesetzgebung (Art. 69 Abs. 3 S. 2 LV) können die Bindungen des Homogenitätsprinzips (Art. 28 Abs. 1 GG) nicht überwinden und dürfen das parlamentarische Budgetrecht nicht aushöhlen. Die Abstimmungsquoren sind im Verhältnis zum konventionellen Volksentscheid deutlich erhöht (vgl. Art. 69 Abs. 3 S. 3 LV).

VII. Abschnitt H. 261

1. Art. 78 LV enthält drei grundlegende Gewährleistungsebenen. Die institutionelle Rechtssubjektsgarantie sichert die (institutionelle, nicht aber die individuelle) Existenz von Gemeinden und Gemeindeverbänden. Die objektive Rechtsinstitutionsgarantie bezieht sich auf die Einrichtung der kommunalen Selbstverwaltung als Prinzip der dezentralen und eigenverantwortlichen Aufgabenerledigung. Die

§ 1. Verfassungsrecht des Landes Nordrhein-Westfalen

subjektive Rechtsstellungsgarantie schließlich verschafft den Gemeinden und Gemeindeverbänden die Möglichkeit, ungerechtfertige Eingriffe in das Selbstverwaltungsrecht notfalls gerichtlich abzuwehren.

2. Unter Angelegenheiten der örtlichen Gemeinschaft (Art. 28 Abs. 2 S. 1 GG) versteht man diejenigen Bedürfnisse und Interessen, die in der örtlichen Gemeinschaft wurzeln oder auf sie einen spezifischen Bezug haben.

3. Darunter fallen jene „Essentiale, die man aus einer Institution nicht entfernen kann, ohne deren Struktur und Typus zu verändern". Dies sind namentlich die klassischen „Gemeindehoheiten": Personalhoheit, Planungshoheit, Rechtsetzungshoheit, Finanzhoheit, Organisationshoheit und auch die Sparkassenhoheit.

4. Aus der Zuordnung der Gemeinden zur Exekutive des Landes ergibt sich, dass sie Grundrechtsverpflichtete sind (Art. 4 Abs. 1 LV i.V.m. Art. 1 Abs. 3 GG) und deshalb nicht zugleich Träger von Grundrechten sein können. Davon unberührt bleibt die ihnen offen stehende Möglichkeit, sich auf die sog. Justizgrundrechte der Art. 101 Abs. 1 S. 2 GG und Art. 103 Abs. 1 GG zu berufen, die zudem auch über Art. 4 Abs. 1 LV geschützt sind.

262 VIII. Abschnitt I.

1. Die Kontrollkompetenz der Landesverfassungsgerichte bezieht sich speziell auf den Schutz und die Wahrung der Landesverfassung, während für das BVerfG das Grundgesetz der alleinige Kontrollmaßstab ist. Parallelen Verfahren vor den betreffenden Verfassungsgerichten liegen damit stets unterschiedliche Streitgegenstände zugrunde.

2. Zu nennen sind das Organstreitverfahren (Art. 75 Nr. 2 LV), die abstrakte (Art. 75 Nr. 3 LV) und konkrete (Art. 100 GG) Normenkontrolle sowie die Kommunalverfassungsbeschwerde (Art. 75 Nr. 4 LV). Weitere Verfahrensarten ergeben sich aus Art. 75 Nr. 1 LV (Ausschluss von Vereinigungen und Personen von der Beteiligung an Wahlen und Abstimmungen, Wahlprüfungsbeschwerden, Minister- und Ministerpräsidentenanklagen). Zudem bestehen Zuständigkeiten des Verfassungsgerichtshofs im Zusammenhang mit plebiszitären Verfassungselementen (vgl. Art. 75 Nr. 4 LV i.V.m. § 12 Nr. 9 VerfGHG i.V.m. Art. 68 Abs. 1 S. 6 LV; §§ 20 Abs. 2, 23 Abs. 2, 28 Abs. 2 des „Gesetzes über das Verfahren bei Volksinitiativen, Volksbegehren und Volksentscheiden"). Eine ungeschriebene Zuständigkeit ergibt sich richtigerweise für die Entscheidung über eine mögliche Verwirkung von Landesgrundrechten.

3. Das Fehlen einer Individualverfassungsbeschwerde führt zu einer gewissen Schwächung der normativen „Durchschlagskraft" der Landesgrundrechte. Der einzelne Bürger kann eine Verletzung seiner Landesgrundrechte aber vor den Fachgerichten (ggf. mit der Folge einer konkreten Normenkontrolle nach Art. 100 Abs. 1 GG) geltend machen.

§ 2. Kommunalrecht

Literaturhinweise: Darstellungen mit **bundesweitem Anspruch**: *Burgi*, Kommunalrecht, 4. Aufl. 2012; *Erlenkämper/Zimmermann* (Hrsg.), Rechtshandbuch für die kommunale Praxis, 2010; *Geis*, Kommunalrecht, 2. Aufl. 2010; *Gern*, Deutsches Kommunalrecht, 3. Auflage 2003; *Kluth*, Grundlagen der kommunalen Selbstverwaltung, in: Wolff/Bachof/Stober/Kluth, Verwaltungsrecht III, 7. Aufl. 2010, S. 682; *Mann/Püttner* (Hrsg.), Handbuch der kommunalen Wissenschaft und Praxis (HdbKWP), 3. Aufl., Band I, 2007; *Muckel*, Klausurenkurs zum Besonderen Verwaltungsrecht, 4. Aufl. 2009; *v. Mutius*, Kommunalrecht, 2. Auflage, 2000; *Schmidt*, Kommunalrecht, 2011 sowie als „Prüfe dein Wissen", 2013; *Schmidt-Aßmann/Röhl*, Kommunalrecht, in: Schmidt-Aßmann (Hrsg.), Besonderes Verwaltungsrecht, 15. Auflage 2013; *Tettinger/Erbguth/Mann*, Besonderes Verwaltungsrecht – Kommunalrecht, Polizei- und Ordnungsrecht, Baurecht, 11. Auflage 2012; *Vogelgesang/Lübking/Ulbrich*, Kommunale Selbstverwaltung, 3. Auflage 2005; speziell auf die **Rechtslage in NRW** bezogen sind die folgenden Lehr- bzw. Handbücher: *Bätge*, Kommunalrecht NRW, 2009; *Bösche*, Kommunalverfassungsrecht in Nordrhein-Westfalen, 2012; *Buhren*, Allgemeines Kommunalrecht Nordrhein-Westfalen, 7. Auflage 2004; *Erichsen*, Kommunalrecht des Landes Nordrhein-Westfalen, 2. Auflage 1997; *Hofmann/Theisen/Bätge*, Kommunalrecht in Nordrhein-Westfalen: Fachbuch mit Übungsaufgaben und Lösungen, 15. Auflage 2013; *Niedzwicki*, Kommunalrecht in Nordrhein-Westfalen, 2. Aufl. 2008; *Schneider*, Handbuch Kommunalpolitik Nordrhein-Westfalen, 2. Aufl. 2009; *Stüer*, Kommunalrecht Nordrhein-Westfalen in Fällen, 1997; *Zacharias*, Nordrhein-Westfälisches Kommunalrecht, 2004; als aktuelle **Kommentare** zur Gemeindeordnung seien genannt: *Articus/Schneider*, Gemeindeordnung für das Land Nordrhein-Westfalen, 4. Auflage 2012; *Dünchheim*, Kommunalrecht NRW, 2008; *Held u.a.*, Kommunalverfassungsrecht Nordrhein-Westfalen, Stand 2012; *Held/Winkel* (Hrsg.), GO NRW, 2. Auflage 2009; *Rehn/Cronauge/v.Lennep*, Gemeindeordnung für das Land Nordrhein-Westfalen, 2. Auflage, Stand März 2012; neben den allgemeinen öffentlich-rechtlichen **Zeitschriften** gibt es verschiedene Periodika, die sich schwerpunktmäßig mit dem Kommunalrecht befassen, sei es wiederum bundesweit (Stadt und Gemeinde; Der Städtetag; Deutsche Zeitschrift für Kommunalwissenschaften [DfK, früher Archiv für Kommunalwissenschaften, AfK]; KommunalJurist [KommJur]; Der Landkreis), sei es auf der Ebene des Landes Nordrhein-Westfalen (Nordrhein-Westfälische Verwaltungsblätter; Eildienst Landkreistag NRW; Städte- und Gemeinderat).

§ 2. Kommunalrecht

A. Einführung und Standortbestimmung

I. Kommunalrecht in Nordrhein-Westfalen

1 Gemäß § 11 II Nr. 13b JAG NRW v. 11.3.2003 (GVBl., 135), zuletzt geändert am 21.4.2009 (GVBl., 224) ist das „Kommunalrecht" („außer Kommunalwahl- und Kommunalabgabenrecht") Bestandteil des Pflichtstoffes für das Erste juristische Staatsexamen. Die folgende Darstellung ist vornehmlich an Studierende zur Vor- und Nachbereitung der Vorlesung im Kommunalrecht und zur Examensvorbereitung gerichtet. Es folgt durchgehend der systematischen Methode, konzentriert auf das **Examensnotwendige**. In Kleindruck-Absätzen finden sich Beispiele, am Ende der mit römischen Ziffern bezeichneten Abschnitte ausgewählte aktuelle Literaturhinweise sowie veröffentlichte Falllösungen mit NRW-Bezug in den Ausbildungszeitschriften. Besonderer Wert wird auf die Überschneidungen und Verknüpfungen mit anderen Rechtsgebieten gelegt.

2 Im ersten Abschnitt (A) geht es um den für alle Kommunen geltenden Rahmen. An seinem Ende werden gebündelt die Besonderheiten bei den Gemeindeverbänden, insbesondere den Kreisen, knapp skizziert; es empfiehlt sich, diesen Teilabschnitt (A IV) erst nach Abschluss der Gesamtlektüre durchzunehmen. Im Interesse der größeren Übersichtlichkeit widmet sich die Darstellung in den Abschnitten B, C und D dann ausschließlich der **Rechtslage der Gemeinden**. Denn deren Recht steht im Mittelpunkt von Studium und Examen und die Gesetze über die Kreise und Landschaftsverbände verweisen auf das Gesetz über die Gemeinden (die Gemeindeordnung), und nicht umgekehrt.

1. Kommunen in Praxis und Wissenschaft

3 Zahlreiche Vorgänge des täglichen Lebens werden von den Kommunen gestaltet, vom Betrieb des Krankenhauses, über die Bebauung der Grundstücke, die Entsorgung von Abfall und Abwasser, die Trägerschaft an Schulen und kulturellen Einrichtungen, die Gestaltung der „Energiewende" bis hin zu den Friedhöfen. Das, was aus der Perspektive des Staatsorganisationsrechts, der Grundrechte und auch des Allgemeinem Verwaltungsrechts als „**Staat**" bezeichnet worden ist, stellt sich im Alltag der Bevölkerung zumeist als politisches Gestalten und Handeln von Kommunen dar. Allerdings handelt es sich bei ihnen nicht schlicht um Behörden auf der untersten Ebene des Staates, weil sie infolge des Art. 28 II GG, 78 LV eine geschützte Rechtspersönlichkeit besitzen und sich nach Binnenorganisation und Aufgabenkreis grundlegend von allen übrigen staatlichen Stellen unterscheiden.

4 In Nordrhein-Westfalen gibt es 396 Gemeinden. Zwischen ihnen bestehen nach Einwohnerzahl, Haushaltsvolumen, Beschäftigtenzahl und politischer

A. Einführung und Standortbestimmung

Bedeutung selbstverständlich erhebliche Unterschiede. Außer der Rechtswissenschaft befassen sich **weitere wissenschaftliche Disziplinen** mit dem Kommunalwesen, teilweise nur im Hinblick auf einzelne Aspekte (Stadtforschung, Agrar- und Forstwirtschaft, Stadtgeographie), teilweise auch in der ganzen Breite des Gegenstands. So analysiert die Politikwissenschaft die in den Städten und Gemeinden stattfindenden Prozesse und fragt nach Möglichkeiten und Grenzen bürgerschaftlichen Engagements. Die Verwaltungswissenschaft (oder auch Verwaltungslehre) hat sich in den letzten Jahren vor allem auf die Modernisierung der Verwaltungsorganisation auf allen Ebenen des Staates und somit auch auf die Ebene der Kommunen konzentriert (vgl. noch Rn. 12, 162 ff.).

Gegenstand des Kommunalrechts als rechtswissenschaftliche Disziplin und 5 als in der Praxis gepflegtes Rechtsgebiet sind alle Rechtssätze, die sich auf die Rechtsstellung der Kommunen innerhalb des Staates (Abschnitt B), die Organisation innerhalb der Kommunen (Abschnitt C) sowie auf die Handlungsformen und Instrumente der Kommunen (Abschnitt D) beziehen. Ein Teil dieser Rechtssätze gehört als Teil des Verwaltungsorganisationsrechts auf den Innenbereich des Staates, ein anderer Teil betrifft das Staat-Bürger-Verhältnis auf der kommunalen Ebene und gehört somit zum Außenrecht. Intensive **Verknüpfungen** bestehen mit dem Verfassungs- und dem Europarecht, dem Allgemeinen Verwaltungsrecht sowie mit dem Baurecht, dem Polizei- und Ordnungsrecht und überdies mit dem Wirtschaftsverwaltungsrecht. Im Verwaltungsprozessrecht bestehen verschiedene Besonderheiten, auf die jeweils gesondert hingewiesen wird.

2. Normenbestand

In Nordrhein-Westfalen existieren zahlreiche Gesetze und Verordnungen für 6 das Kommunalwesen. Die wichtigsten werden im Folgenden mit den in den folgenden Abschnitten sodann durchgehend verwendeten Abkürzungen dokumentiert:
– **Verfassung des Landes NRW (LV)** v. 28.6.1950 (GVBl., 127), zuletzt geändert durch G. v. 25.10.2011 (GVBl., 499);
– **Gemeindeordnung (GO)** v. 14.7.1994 (GVBl., 666), zuletzt geändert durch G. v. 9.4.2013 (GVBl., 194). Die Novellierung im Jahr 2007 durch das Gesetz zur Stärkung der kommunalen Selbstverwaltung v. 20.9.2007 (GVBl., 380) hat z.T. erhebliche Veränderungen im Verhältnis Rat/Bürgermeister, innerhalb des Rates, bei der bürgerschaftlichen Mitwirkung und v.a. im Recht der kommunalen Wirtschaftsbetätigung bewirkt (vgl. zu den politischen Überlegungen *Winkel*, Eildienst NRW 2007, 196 ff.; zu den Inhalten im Überblick *v. Lennep/Wellmann*, KommJur 2007, 401; *Köster*, NWVBl. 2008, 49; *Dünchheim*, Kommunalrecht NRW (Kurzkommentar zur GO-Reform), 2008), die durch die seit 2010 amtierende Regierung aus SPD und Bündnis 90/Die Grünen teilweise wieder zurückgenommen wurden, worauf an den jeweils relevanten Stellen gesondert hingewiesen wird;

§ 2. Kommunalrecht

- **Kreisordnung (KrO)** v. 14.7.1994 (GVBl., 646), zuletzt geändert durch G. v. 9.4.2013(GVBl., 194);
- **Landschaftsverbandsordnung** (LVerbO) v. 14.7.1994 (GVBl., 657), zuletzt geändert durch G. v. 3.10.2012 (GVBl., 474);
- **Gesetz über kommunale Gemeinschaftsarbeit (GkG)** v. 1.10.1979 (GVBl., 621), zuletzt geändert durch G. v. 23.10.2012 (GVBl., 474);
- **Gesetz über die Kommunalwahlen (KWahlG)** v. 30.6.1998 (GVBl., 454), zuletzt geändert durch G. v. 9.4.2013 (GVBl., 194);
- **Kommunalwahlordnung (KWahlO)** v. 31.8.1993 (GVBl., 532), zuletzt geändert durch 9.ÄndVO v. 9.4.2013 (GVBl., 194);
- **Kommunalabgabengesetz (KAG)** v. 21.10.1969 (GVBl., 712), zuletzt geändert durch G. v. 13.12.2011 (GVBl. 687);
- **Gesetz über die Organisation der Landesverwaltung (Landesorganisationsgesetz; LOG)** v. 10.7.1962 (GVBl., 421), zuletzt geändert durch G. v. 18.11.2008 (GVBl., 706).

7 Nach der Kompetenzverteilungsregel des Art. 70 I GG besitzt der Bund für ein bestimmtes Gebiet nur dann die Gesetzgebungskompetenz, wenn sie ihm durch das Grundgesetz ausdrücklich verliehen worden ist. Dies ist im Bereich des Kommunalrechts dann der Fall, wenn die Voraussetzungen des **Art. 84 I GG** vorliegen, ansonsten fällt das Kommunalrecht in die Gesetzgebungskompetenz des Landes. Art. 84 I GG ist eine eng auszulegende Ausnahmebestimmung, die den wichtigen Bereich des Vollzugs von Bundesgesetzen durch die Länder (einschließlich der Kommunen) betrifft. Wichtige Beispiele bilden der Vollzug des BauGB oder der Grundsicherungsgesetze des Bundes, wobei die Grundsicherung für Arbeitslose („Hartz IV") auf der Grundlage des im Juli 2010 neu in das Grundgesetz eingefügten Art. 91e GG mit der Möglichkeit von sog. Jobcentern als Sonderfall einer Mischverwaltung aus Bundesagentur für Arbeit und Kommunen organisiert ist (dazu *Zieglmeier*, KommJur 2010, 441; zur Alternative der Aufgabenerfüllung durch sog. Optionskommunen vgl. *Henneke*, DÖV 2012, 165). Auch hierfür sind nach ausdrücklicher Bestimmung der Vorschrift grundsätzlich die Länder zuständig. Bis zur Föderalismusreform 2006 konnten „Bundesgesetze mit Zustimmung des Bundesrates" aber ausnahmsweise „etwas anderes bestimmen", u.a. im Hinblick auf die „Einrichtung der Behörden". Dazu gehörte auch die Zuweisung von vielfach kostenträchtigen Aufgaben (Zuständigkeiten) an bestimmte Behörden, etwa die Gemeinden. Die am 1.9.2006 in Kraft getretene **Föderalismusreform I** (BGBl. I, 2034; allg. hierzu *Ipsen,* NJW 2006, 2801; aus kommunaler Sicht: *Söbbeke,* KommJur 2006, 402) unterbindet diesen „Bundesdurchgriff", indem Art. 84 I GG in einem neuen Satz 7 erklärt: „Durch Bundesgesetz dürfen Gemeinden und Gemeindeverbänden Aufgaben nicht übertragen werden." Entsprechendes gilt für den Bereich der Bundesauftragsverwaltung (Art. 85 I 2 GG), während Art. 125a I GG die Fortgeltung der bereits bestehenden Aufgabenübertragungstatbestände anordnet. Die Übertragung neuer Aufgaben kann künftig mithin nur noch durch die Länder erfolgen, die dafür dann auch die Kosten zu tragen haben (Rn. 84). Neuer Streit ist bereits darüber entbrannt, ob auch die Erweiterung bestehender Aufgaben oder inhaltliche Veränderungen an bestehende Aufgabengesetze künftig ausgeschlossen sind.

A. Einführung und Standortbestimmung

Beispiel: Das Verbraucherinformationsgesetz des Bundes sollte (u.a.) die Kommunen dazu verpflichten, Informationsbegehren von Verbrauchern im Zusammenhang z.B. mit bestehenden Aufgaben der Lebensmittelüberwachung zu prüfen und zu bescheiden. Darin hat der Bundespräsident einen Verstoß gegen Art. 84 I 7 GG erblickt und seine Prüfungskompetenz in formeller Hinsicht (fehlende Gesetzgebungskompetenz) ausgeübt (vgl. hierzu Burgi, DVBl. 2007, 70 [77]; *Schoch*, DVBl. 2007, 261).

3. Anhang

Literatur: *Wollmann*, Kommunalpolitik: Politisches Handeln in den Gemeinden, 1999; *Bogumil/Holtmann*, Kommunalpolitik und Kommunalverwaltung. Eine policyorientierte Einführung, 2006; *Henneke*, Die Kommunen in der Föderalismusreform, DVBl. 2006, 867; *Försterling*, Das Aufgabenübertragungsverbot nach Art. 84 Abs. 1 Satz 7 GG, Der Landkreis 2007, 56; *Ingold*, Das Aufgabenübertragungsverbot aus Art. 84 Abs. 1 Satz 7 GG als Hindernis für die bauplanungsrechtliche Gesetzgebung des Bundes?, DÖV 2010, 134; *Mann*, Die Stellung der Kommunen in der deutschen föderalistischen Ordnung, in: *Härtel* (Hrsg.), Handbuch Föderalismus, 2012, § 32.

8

II. Der Verwaltungsorganisationstyp (kommunale) Selbstverwaltung

Die Kommunen sind die wichtigsten Erscheinungsformen von Selbstverwaltung (neben den Kammern, Sozialversicherungsträgern etc.). Ihre Existenz ist Ausdruck von **Dezentralisation** (= Vorhandensein mehrerer Verwaltungsträger). Dabei gibt es neben der Selbstverwaltung in den Kommunen andere Formen der Selbstverwaltung. Die Gemeinsamkeiten und Unterschiede sind genauso wichtig wie die Gegenüberstellung zur Staatsverwaltung.

9

1. Die Kommunen im Staat

Die kommunale Selbstverwaltung (Gemeinden und Gemeindeverbände) bildet einen wichtigen Teil im Verwaltungsaufbau des Staates. In Deutschland ist die Staatlichkeit zwischen dem Bund und den Ländern aufgeteilt (vgl. insbes. Art. 106 IX GG sowie Art. 1 I 2 LV), wobei die Kommunen Teil der Verwaltungsorganisation auf Landesebene sind. Sie bilden also keine eigenständige dritte Ebene.

10

Allerdings entsteht durch die Mitwirkung der Bürger in den demokratisch gewählten Organen (vgl. § 1 I 2 GO) eine sog. „dritte Entscheidungsebene" unterhalb von Bund und Land, weswegen zutreffend vom „Prinzip der gestuften oder gegliederten Demokratie" (BVerfGE, 52, 95 [112]) gesprochen wird. Die Entscheidung zugunsten einer kommunalen Ebene mit Selbstverwaltung impliziert eine Erweiterung der Entscheidungs- und Machtzentren innerhalb des Staates.

Sowohl auf Bundes- als auch auf Landesebene ist zwischen der unmittelbaren und der mittelbaren Staatsverwaltung zu differenzieren. Zur **unmittelbaren**

11

Staatsverwaltung gehören diejenigen Verwaltungseinheiten, die nicht selbst Verwaltungsträger sind, sondern als Organe eines Verwaltungsträgers dessen Aufgaben erfüllen (d.h. Ministerien, staatliche Mittel- und Unterbehörden). Die **mittelbare Staatsverwaltung** umfasst dagegen diejenigen Verwaltungseinheiten, die selbst Verwaltungsträger sind und daher einem Hauptverwaltungsträger (hier: dem jeweiligen Land, vgl. Art. 1 I 2 LV) nur „mittelbar" zuzurechnen sind (vor allem die Körperschaften, Anstalten und Stiftungen des öffentlichen Rechts, vgl. im Einzelnen *Burgi*, in: Erichsen/Ehlers [Hrsg.], Allgemeines Verwaltungsrecht, 14. Aufl. 2010, § 8 Rn. 10 ff.). Die Kommunen sind dabei als Körperschaften des öffentlichen Rechts Teil der mittelbaren Staatsverwaltung (vgl. BVerwG, NVwZ 1984, 176, 177; kritisch *Forsthoff*, Allgemeines Verwaltungsrecht I, 10. Aufl. 1973, S. 478 f.).

12 Die Zuordnung der zahlreichen Verwaltungsaufgaben zu den unmittelbaren Landesbehörden oder den Kommunen ist nicht ein für alle Mal festgelegt, sondern immer wieder Gegenstand von Reformvorstößen (sog. Funktionalreformen). So hatte die von 2005 bis Anfang 2010 amtierende Landesregierung aus CDU und FDP die „Kommunalisierung" bisheriger staatlicher Aufgaben in ihrem Programm (zum Umsetzungsstand: *Palmen/Schönenbroicher*, NVwZ 2008, 1173; *Burgi/Palmen* (Hrsg.), Die Verwaltungsstrukturreform des Landes NRW, 2008; weiterführend-analytisch *Burgi*, DV 42 [2009], 155; *Attendorn*, KommJur 2012, 206). Diese Aktivitäten betrafen v.a. die Umwelt- und die Versorgungsverwaltung und schlossen die Überleitung von Beamten des Landes ein (im Hinblick auf die Versorgungsverwaltung beanstandet durch OVG NRW, DVBl. 2010, 1572). Zum Verständnis sei die gegenwärtige **Struktur der unmittelbaren Landesverwaltung** skizziert, die sich aus dem Landesorganisationsgesetz (LOG) ergibt. Hier ist zwischen der Oberstufe (oberste Landesbehörden [Ministerien] und obere Landesbehörden), der Mittelstufe (Sonderverwaltungs- und allgemeine Verwaltungsbehörden, in NRW die Bezirksregierungen) und der Unterstufe (untere Landesbehörden) zu differenzieren. Die Unterstufe ist mehrfach mit der kommunalen Ebene verzahnt, worauf bei B III (Rn. 94 ff., 107 ff.) zurückzukommen ist.

2. Begriff und Funktion der Selbstverwaltung

13 Innerhalb der mittelbaren Staatsverwaltung ist danach zu unterscheiden, ob der betreffende Verwaltungsträger mit Selbstverwaltungsbefugnissen ausgestattet ist oder nicht. Als **Mindestvoraussetzungen** für eine Zuordnung zum Organisationstyp „Selbstverwaltung" muss es sich handeln um
– die Erfüllung von Verwaltungsaufgaben (d.h. Wahrnehmung durch Stellen des Staates i.w.S., nicht durch gesellschaftliche Träger bzw. Träger der Wirtschaft),
– in öffentlich-rechtlicher Trägerschaft,
– unter Mitwirkung der von der Aufgabenerfüllung Betroffenen (die bei der kommunalen Selbstverwaltung durch die Zugehörigkeit zu einem bestimmten räumlichen Gebiet abgegrenzt sind),
– in Eigenverantwortung (für das Ob und Wie der Aufgabenerfüllung).

Die **politischen Gründe** hinter der kommunalen Selbstverwaltung bestehen 14
in den Zielen der Dezentralisation und der Staatsentlastung einerseits, den
Zielen der Vernetzung mit der Gesellschaft und der demokratischen Partizipation (insbesondere durch Bildung einer Volksvertretung in „allgemeiner, unmittelbarer, freier, gleicher und geheimer Wahl", vgl. Art. 28 I 2 GG) andererseits. Als Nachteile werden teilweise ins Felde geführt die u.U. geringere Effizienz und die Gefahr von Steuerungs- und Kontrollverlusten.

Neben der staatsorganisationsrechtlichen Verfassungsgarantie des Art. 28 15
II GG (vgl. dazu und zum Landesverfassungsrecht Rn. 54 ff.; § 1 Rn. 172 ff.)
sind auf der Ebene des **Grundgesetzes** von Bedeutung das Demokratieprinzip
in Art. 20 I, II GG („Aufbau der Demokratie von unten nach oben"), das
Prinzip der horizontalen Gewaltenteilung aus Art. 20 III GG (kommunale
Tätigkeit zählt zur Exekutive, daher sind Rat bzw. Gemeinderat Verwaltungsorgane und keine „echten" Parlamente [BVerfGE 78, 344, 348;
BVerwG, NVwZ 1993, 375]) sowie die Grundrechte („Stadtluft macht frei").

3. Anhang

Literatur: *Hendler*, Grundbegriffe der Selbstverwaltung, in: HdbKWP, Band I, 16
2007, 3; *Oebbecke* bzw. *Burgi*, Selbstverwaltung angesichts von Europäisierung
und Ökonomisierung, VVDStRL 62 (2003), 366 ff., bzw. 405 ff; *Burgi*, in: Erichsen/Ehlers (Hrsg.), Allgemeines Verwaltungsrecht, 14 Aufl. 2010, §§ 7 ff.; *Henkel*,
Die Kommunalisierung von Staatsaufgaben, 2010; *Schmidt-Aßmann*, Geht es mit
der Selbstverwaltung der Gemeinden immer weiter bergab?, in: Böhm/Schmehl
(Hrsg.), Verfassung, Verwaltung, Umwelt, 2010, 9.

Kontrollfragen:
1. Gehört die kommunale Selbstverwaltung zur mittelbaren Staatsverwaltung?
2. Wodurch ist „Selbstverwaltung" gekennzeichnet?

III. Kommunen und Europarecht

Der Gedanke an Europa löst insbesondere in Deutschland oftmals Sorgen 17
um die Zukunft der kommunalen Selbstverwaltung aus. Ein Blick auf die
Verfassungen anderer Mitgliedstaaten zeigt, dass nur in wenigen anderen
Staaten (z.B. Österreich und Spanien) die kommunale Selbstverwaltung ähnlich stark ausgebildet ist. Entwicklungsanstöße des Gemeinschaftsrechts und
europarechtliche Regelungen betreffen heute nahezu alle Bereiche des Verwaltungsrechts und damit auch die kommunale Ebene. Sie gehen zum einen
von dem Recht der Europäischen Union (EU), und dort vom Primärrecht
(bestehend aus dem EU-Vertrag und seit Inkrafttreten des Lissabonner Vertrages Ende 2009 aus dem AEU-Vertrag) und von den oftmals unmittelbar
wirksamen Vorschriften des Sekundärrechts (insbesondere den Verordnungen und Entscheidungen, unter bestimmten Voraussetzungen sogar den
Richtlinien) aus. Dabei wird das Verhältnis von europäischem Recht und
nationalem Recht durch den Anwendungsvorrang des Unionsrechts bestimmt. Kollidieren mithin die Bestimmungen beider Rechtsordnungen, geht

das Unionsrecht (primäres wie sekundäres) vor (vgl. EuGH, Slg. 1964, 1253; BVerfGE 37, 271 ff. [Solange-I]; BVerfGE 73, 339 ff. [Solange-II]; BVerfGE 89, 155 ff. [Maastricht]). Damit wäre im Konfliktfall auch die Verfassungsgarantie der kommunalen Selbstverwaltung der Art. 28 II GG, 78 LV nicht „europafest". Auch in Art. 23 I 1 GG ist sie nicht explizit erwähnt.

Auf der Ebene des Europarates ist auf die „Europäische Charta der kommunalen Selbstverwaltung" aus dem Jahre 1988 hinzuweisen (BGBl. II 1987, 65; vgl. zu ihr *Schaffarzik*, Handbuch der Europäischen Charta der kommunalen Selbstverwaltung, 2002).

18 Die nordrhein-westfälischen Kommunen als Akteure innerhalb des **europäischen Verwaltungsraumes** sind dabei in zweifacher Weise betroffen. Zum einen auf der Ebene des materiellen, von ihnen anzuwendenden Rechts (vgl. 1), zum anderen auf der Ebene der Organisation, d.h. in ihrer Eigenschaft als Selbstverwaltungsträger (vgl. 2). Im Hinblick auf die starke Stellung der Kommunen in Deutschland stellt sich zudem die Frage, ob es vielleicht auch auf europäischer Ebene, insbesondere nach Inkrafttreten des Lissaboner Vertrages, Aussagen zugunsten der kommunalen Selbstverwaltung gibt (vgl. 3).

1. Aufgabenebene: Europäisierung des zu vollziehenden Rechts

19 Die Kommunen sind als „Verwaltungsstellen der Mitgliedstaaten" (EuGH, NVwZ 1990, 649) ebenso wie die Verwaltungsbehörden des Bundes und der Länder an die europarechtlichen Vorgaben gebunden. Entsprechend verringern sich die Spielräume für eigenverantwortliches Handeln und Entscheiden auf kommunaler Ebene. Dabei unterscheidet man den direkten Vollzug des Unionsrechts (durch die EU-Behörden) vom **indirekten Vollzug** des Unionsrechts (durch mitgliedstaatliche Behörden). Unmittelbar wirksame Vorschriften des Unionsrechts haben die Kommunen ohne weiteres anzuwenden; Vorschriften, die der Umsetzung durch Gesetze des Bundes oder der Länder bedürfen, sind von ihnen unionsrechtskonform auszulegen.

Beispiele: Europäisierung der kommunalen Planungstätigkeit (Aufstellen von Bebauungsplänen, Verkehrsplanung etc.) durch die UVP-Richtlinie Nr. 85/337/EWG (ABl. EG 1985 L 175/49) und die Flora-Fauna-Habitat (FFH)-Richtlinie 92/43/EWG (ABl. EG 1992 L 206/7; dazu EuGH, EuZW 2010, 222 [Stadt Papenburg]); Europäisierung der kommunalen Wirtschaftstätigkeit durch das europäische Beihilfenrecht (vgl. Art. 107 f. AEUV) und das europäische Vergaberecht; Europäisierung der kommunalen Vollzugstätigkeit im Ausländer- und Asylbereich (vgl. Freizügigkeitsgarantie der Art. 45 ff. AEUV und entsprechende Verordnungen/Richtlinien); Europäisierung der Bereiche Energie und Nahverkehr sowie Betroffenheit des kommunalen Sparkassenwesens und des kommunalen Versicherungswesens (vgl. noch Rn. 392, 394 ff.).

A. Einführung und Standortbestimmung

2. Europäisierung auf der Ebene der Verwaltungsorganisation

Das Unionsrecht lässt den bundesstaatlichen Aufbau und sein Kompetenzgefüge unberührt. Den EU-Organen fehlt die nach dem Grundsatz der begrenzten Einzelermächtigung (vgl. Art. 5 I UV) erforderliche Kompetenz zum Erlass entsprechender Regelungen. Entscheidend ist aus europäischer Sicht allein, dass die Bundesrepublik u. a. durch ihre Verwaltungsorganisationseinheiten ihre Vertragspflichten zu erfüllen vermag. Daher ist die administrative Durchführung des Unionsrechts grundsätzlich Sache der Mitgliedstaaten (sog. **Grundsatz der verfahrensmäßigen und organisatorischen Autonomie** der Mitgliedstaaten). Mithin ist auch die kommunale Selbstverwaltung als solche durch die Europäisierung nicht bedroht. Dennoch sind Teilbereiche der Binnenorganisation der Kommunen europarechtlichen Einflüssen ausgesetzt. Wichtigstes Beispiel ist die Einführung des Wahlrechts für EU-Ausländer (vgl. noch Rn. 178 ff.) im Rahmen der Unionsbürgerschaft (vgl. Art. 18 f. AEU-Vertrag, ferner Art. 40 EU-Grundrechte-Charta). [20]

3. Rechtsstellung im Primärrecht

Das Recht der kommunalen Selbstverwaltung war auf der europäischen Ebene bis Ende 2009 weder im Primär- noch im Sekundärrecht verankert. Dies war u.a. der Heterogenität der Verwaltungsstrukturen in den einzelnen Mitgliedstaaten geschuldet. Bis zur Verwirklichung der lange Zeit unrealistisch erscheinenden Forderung nach der Aufnahme einer Schutzgarantie in die Gemeinschaftsverträge bleiben die Kommunen daher auf die Mitwirkung bei der innerstaatlichen Willensbildung hinsichtlich der deutschen Positionierung in Europa beschränkt. Der beratend-unterstützend tätige **Ausschuss der Regionen** (Art. 300 ff. AEU-Vertrag) repräsentiert nicht nur die Länder, sondern auch die lokalen Gebietskörperschaften. [21]

In dem Ende 2009 in Kraft getretenen **Lissabonner Vertrag** findet sich in Art. 4 II 1 EU-Vertrag n.F. die Verpflichtung zur Achtung der nationalen Identität der Mitgliedstaaten, die in deren grundlegender politischen und verfassungsrechtlichen Struktur „einschließlich der regionalen und kommunalen Selbstverwaltung zum Ausdruck kommt". Ferner wird im Rahmen der Bestimmungen über das „Subsidiaritätsprinzip" betont, dass die Union nur handeln dürfe, wenn ein Ziel nicht ausreichend von den Mitgliedstaaten einschließlich deren „regionaler oder lokaler Ebene" verwirklicht werden könne (in Art. 5 III EU-Vertrag n.F.). [22]

4. Anhang

Literatur: *Hoffschulte*, Kommunale Selbstverwaltung im Entwurf des EU-Verfassungsvertrages, DVBl. 2005, 202; *Meyer*, Kommunen als Objekte und wehrlose Verwalter Europas?, NVwZ 2007, 20; *Schmidt-Eichstaedt*, Kommunale Selbstverwaltung in der EU, KommJur 2009, 249; *Ehlers*, Verwaltung und Verwaltungs- [23]

recht im demokratischen und sozialen Rechtsstaat, in: Erichsen/Ehlers (Hrsg.), Allgemeines Verwaltungsrecht, 14. Aufl. 2010, § 3 Rn. 53 ff.; *Gabriel/Müller-Graff/Steger* (Hrsg.), Kommunale Aufgaben im europäischen Binnenmarkt, 2010; *Häberle*, Kommunale Selbstverwaltung unter dem Stern des Gemeineuropäischen Verfassungsrechts, JöR n.F. 58 (2010), 301; *Burgi*, Europa und die Kommunen: Herausforderung und Chancen, in: Schuster/Murawski (Hrsg.), Die regierbare Stadt, 2. Aufl. 2010, 22; *Burgi/Hölbling*, in: Streinz (Hrsg.), EUV/AEUV, 2. Aufl. 2011, Art. 300 ff.

Kontrollfragen:

1. Inwiefern sind die Kommunen von der Europäisierung betroffen?
2. Ist die kommunale Selbstverwaltung im Primärrecht verankert?

IV. Kreise und weitere kommunale Träger

1. Die Kreise

a) Bestand und Rechtsstellung

24 Die Kreise sind Verwaltungsträger in Form von **Gebietskörperschaften**, die sich aus mehreren Gemeinden zusammensetzen, § 1 II KrO. Sie nehmen übergemeindliche, ausgleichende und ergänzende Aufgaben wahr. Damit dienen sie der Unterstützung weniger leistungsstarker Gemeinden, deren eigene Wahrnehmungskompetenz aber nicht in Frage gestellt wird (BVerfGE 79, 127 [152] – „Rastede"). Das Kreisgebiet besteht aus der Gesamtheit der zum Kreis gehörenden Gemeinden (§ 15 KrO), deren Einwohner auch die Einwohner des Kreises bilden (§ 20 KrO).

25 Als Gemeindeverbänden garantiert **Art. 28 II 2 GG** den Kreisen das Recht der kommunalen Selbstverwaltung. Insoweit wirkt Art. 28 II 2 GG als Rechtsinstitutionsgarantie (vgl. noch Rn. 68; § 1 Rn. 178 ff.). Allerdings ist der Gewährleistungsgehalt dieser Bestimmung schwächer als der des Art. 28 II 1 GG. Den Kreisen ist keine Allzuständigkeit für Angelegenheiten der örtlichen Gemeinschaft garantiert. Die Zuweisung eines Aufgabenbereichs obliegt allein dem Gesetzgeber, der aber den Kreisen bestimmte Aufgaben als Selbstverwaltungsaufgaben zuweisen muss. Auf diese Aufgaben erstreckt sich die Selbstverwaltungsgarantie des Art. 28 II 2 GG, für die insoweit grundsätzlich nichts anderes gilt als für die Gemeinden nach Art. 28 II 1 GG (BVerfGE 83, 363 [383]; NVwZ 2008, 183, Rn. 116 ff., u. krit. hierzu *Schoch*, DVBl. 2008, 937 [939 f.]). Art. 28 II 2 GG wirkt abgesehen davon als institutionelle Rechtssubjektsgarantie, d. h., dass u. U. zwar einzelne Kreise beseitigt werden könnten, stets aber Gebilde, die als Kreise zu qualifizieren sind, fortexistieren müssen. Im Verhältnis zu den Gemeinden sind die Kreise ebenso wie Bund und Land Adressaten der Verpflichtungen der Selbstverwaltungsgarantie. Ebenso wie Art. 28 II 2 GG gewährleistet auch Art. 78 I LV den Kreisen das Recht der kommunalen Selbstverwaltung (VerfGH, NWVBl. 1997, 332 [336]). Er geht durch die Erwähnung der Wahl der Organe sogar über die grundgesetzliche Garantie hinaus. Zusätzlich bestimmt Art. 78 II LV, dass vorbehaltlich anderweitiger gesetzlicher

A. Einführung und Standortbestimmung

Regelungen auch die Kreise in ihrem Gebiet die alleinigen Träger der öffentlichen Verwaltung sind (vgl. Rn. 55 und § 1 Rn. 194 f.).

b) Aufgaben

Der Wirkungsbereich der Kreise erstreckt sich vorbehaltlich anderweitiger gesetzlicher Regelungen auf die auf ihr Gebiet begrenzten überörtlichen Angelegenheiten. Das Kriterium der **Überörtlichkeit** dient der Abgrenzung gegenüber dem Wirkungsbereich der kreisangehörigen Gemeinden. Die Aufgaben des Kreises gliedern sich in originäre Kreisaufgaben, Ergänzungsaufgaben und Ausgleichsaufgaben (zu den beiden letzteren vgl. *Dietlein/Lotz*, in: Ennuschat u.a., GS Tettinger, 2007, 215). 26

Originäre Kreisaufgaben sind Aufgaben, die sich notwendig auf den Verwaltungsraum des Kreises und die gemeinsamen Bedürfnisse der Kreiseinwohner beziehen. Sie setzen sich zusammen einerseits aus Existenzaufgaben und andererseits aus kreisintegralen Aufgaben. Existenzaufgaben sind diejenigen Aufgaben, die den Bestand und die Funktionsfähigkeit des Kreises an sich gewährleisten. Diese Aufgaben sind von ihrer Natur her an die Existenz des jeweiligen Kreises gekoppelt. Demgegenüber sind kreisintegrale Aufgaben auf den typisch größeren Gebietszuschnitt des Kreises bezogen. Sie entstehen in einem überkommunalen Raum und können daher – unabhängig von deren organisatorischer und finanzieller Leistungsfähigkeit – nicht von einer einzelnen kreisangehörigen Gemeinde wahrgenommen werden. 27

> **Beispiele:** Existenzaufgaben sind etwa die Organisations- und Personalverwaltung, die Vermögensverwaltung, die Datenverarbeitung etc. Kreisintegrale Aufgaben sind u. a. der Bau und die Instandhaltung von Kreisstraßen, der öffentliche Personennahverkehr, die Landschaftsplanung sowie die regionale Wirtschafts- und Tourismusförderung.

Die **Ergänzungsaufgaben** werden bestimmt durch die Leistungsfähigkeit der kreisangehörigen Gemeinden. Ergänzungsaufgaben sind diejenigen Aufgaben, die die kreisangehörigen Gemeinden mangels der erforderlichen Verwaltungs- und Finanzkraft in eigener Verantwortung nicht zureichend bewältigen können. In diesem Fall darf subsidiär anstelle der Gemeinden der Kreis tätig werden. Vor dem Hintergrund von Art. 28 II 1 GG unterliegt die Beurteilung der Leistungskraft der einzelnen kreisangehörigen Gemeinden strengen Maßstäben. Allein Wirtschaftsüberlegungen oder das Bestreben, ein einheitliches Leistungs- und Kostenniveau zu erzielen, rechtfertigen ein Erstarken zur ergänzenden Aufgabe des Kreises nicht. Vorrangig gegenüber einem Aufgabenzugriff des Kreises ist nach § 2 I 3 KrO die Aufgabenwahrnehmung im Wege kommunaler Gemeinschaftsarbeit (Rn. 50 ff.). Kann die Gemeinde die Aufgabe wieder eigenständig wahrnehmen, entfällt die Ergänzungszuständigkeit des Kreises. 28

In der Kategorie der Ergänzungsaufgaben folgt damit aus der Eigenschaft der Aufgabe nicht zwangsläufig die ergänzende Zuständigkeit des Kreises. Vielmehr kann grundsätzlich jede kommunale Aufgabe zur ergänzenden Kreisaufgabe werden, soweit sie die Leistungsfähigkeit der einzelnen Gemeinde übersteigt. Da der Ergänzungsfall regelmäßig keine das gesamte Gebiet des Kreises umfassende Kompetenz begründet, kann der Bestand an Ergänzungsaufgaben innerhalb eines Kreises variieren. Was in das Leistungsvermögen einer großen kreisangehörigen Gemeinde fällt, mag im Einzelfall für kleinere Gemeinden desselben Kreises faktisch nicht mehr zu bewältigen sein. In diesem Zusammenhang ist u. a. die Staffelung von bestimmten Aufgaben nach der Gemeindegröße in § 4 GO (vgl. Rn. 78) zu sehen.

> **Beispiele:** Ergänzende Aufgaben sind in der Praxis oftmals der Betrieb von Gesundheitseinrichtungen (v. a. Krankenhäuser), Abfallbeseitigungsanlagen etc., aber auch die ergänzende Subventionierung privater Dritter innerhalb einer kreisangehörigen Gemeinde durch den Kreis (BVerwG, NVwZ 1998, 63 [65]).

29 Auch die **Ausgleichsaufgaben** haben die subsidiäre Unterstützung der kreisangehörigen Gemeinden zum Gegenstand. Können die Gemeinden bestimmte, ihnen obliegende Angelegenheiten der örtlichen Gemeinschaft nicht wahrnehmen, weil ihre Verwaltungs- oder Finanzkraft dazu nicht ausreicht, dürfen die Kreise auf landesrechtlicher Grundlage den Gemeinden ausgleichend administrative oder finanzielle Hilfe gewähren. Die Wahrnehmung der jeweiligen gemeindlichen Aufgabe, auf die die Hilfe des Kreises bezogen ist, verbleibt dabei in der Kompetenz der einzelnen Gemeinde. Die Ausgleichsaufgaben stellen die eigene Aufgabenwahrnehmung der Gemeinde nicht in Frage, sondern setzen sie voraus und kommen ihr – jedenfalls im Grundsatz – zugute.

> **Beispiele:** Gewährung von Zuschüssen an die kreisangehörigen Gemeinden (BVerwG, NVwZ 1998, 63 [65]); Unterstützung der Gemeinden im baurechtlichen Bodenordnungsverfahren (§ 9 II 1 DVO-BauGB) oder bei der Brandschau (§ 6 II 4 FSHG NRW).

30 Zur Erfüllung ihrer Aufgaben stehen den Kreisen sämtliche **Handlungsformen** (Verwaltungsakte, Verwaltungsverträge etc.) einschließlich des Rechts zum Satzungserlass (§ 5 KrO) zur Verfügung (vgl. hierzu Rn. 286 ff.). Zur Erfüllung von Leistungsaufgaben können sie u. a. öffentliche Einrichtungen gründen (vgl. §§ 6, 7 KrO). Auch dies ist nach identischen Grundsätzen wie im Gemeindebereich (vgl. Rn. 89 ff.) zu beurteilen. Vom **Aufgabentypus** her ist wie bei den Gemeinden (vgl. B III) auch auf Kreisebene zwischen freiwilligen und weisungsfreien pflichtigen Selbstverwaltungsaufgaben, Pflichtaufgaben zur Erfüllung nach Weisung und Auftragsangelegenheiten zu differenzieren. Von Bedeutung sind überdies die Fälle der Organleihe.

31 **Freiwillige Selbstverwaltungsaufgaben** sind Aufgaben, bei denen „Ob" und „Wie" der Wahrnehmung in das Ermessen des Kreises gestellt sind. Dem Kreis steht insoweit ein Aufgabenfindungsrecht zu. Beispiele: Archive und Kultureinrichtungen.

32 Kennzeichnend für **weisungsfreie pflichtige Selbstverwaltungsaufgaben** ist, dass die Kreise gesetzlich zwar zur Wahrnehmung bestimmter Aufgaben verpflichtet sind, ihnen aber das „Wie" der Wahrnehmung grundsätzlich überlassen bleibt (vgl. § 2 II 1 u. 2 KrO). Beispiele: Örtliche Sozialhilfe (§ 3

II 1 SGB XII) sowie unter den Voraussetzungen des § 78 IV 4 SchulG NRW die Errichtung von Realschulen, Gesamtschulen und Gymnasien.

Bei den **Pflichtaufgaben zur Erfüllung nach Weisung** hat sich das Land gemäß Art. 78 III 2 LV ein Weisungsrecht vorbehalten. Beispiele: Aufgaben des allgemeinen Ordnungsrechts (§§ 3 I Hs. 1, 9 OBG) sowie des Sonderordnungsrechts (z. B. die Bauaufsicht; §§ 3 I Hs. 2, 9 OBG i. V. m. § 60 I Nr. 3 lit. b) BauO NRW). Hinsichtlich der **Auftragsangelegenheiten** (vgl. § 64 KrO) ist auf die Darstellungen zur Rechtslage bei den Gemeinden (Rn. 92 f., 102 ff.) zu verweisen. 33

Das Rechtsinstitut der sog. **Organleihe** (vgl. Rn. 105 f.) findet sich vor allem auf der Kreisebene. Es ist dadurch gekennzeichnet, dass ein Organ des Kreises damit beauftragt wird, Aufgaben des Landes wahrzunehmen, weil es dem Land hierfür auf der entsprechenden Verwaltungsebene an einem eigenen Organ fehlt. Das „entliehene Kreisorgan" wird – ohne dass es zu einer Zuständigkeitsveränderung kommt – als Organ (bzw. „verlängerter Arm") des Landes tätig, dessen Fach- und Dienstaufsicht es unterliegt (§§ 11 ff. LOG). Die von ihm getroffenen Maßnahmen sind dem Land zuzurechnen. Im Wege der Organleihe tätig wird auf Kreisebene insbesondere der Landrat, der gemäß § 58 I KrO neben dem Kreisausschuss die Aufgaben der unteren staatlichen Verwaltungsbehörde wahrnimmt. 34

Bei der Erfüllung ihrer Aufgaben sind die Kreise der **Staatsaufsicht** unterworfen. Dies beurteilt sich nach den bei den Gemeinden darzustellenden Grundsätzen (Rn. 89 ff.); vgl. § 52 III KrO. Dabei ist zu differenzieren zwischen der allgemeinen Aufsicht (§ 57 I KrO) und der Sonderaufsicht (§ 57 II KrO). Dem Landrat selbst kommt als untere staatliche Verwaltungsbehörde gemäß § 58 I KrO im Wege der Organleihe die Aufsicht über die kreisangehörigen Gemeinden zu. 35

c) Finanzierung

Neben den allgemeinen, im Abschnitt über die Gemeinden (Rn. 84 ff.) skizzierten kommunalen Finanzierungsquellen ist die Vorschrift des § 56 I KrO von Bedeutung. Hiernach sind die Kreise ermächtigt, von den kreisangehörigen Gemeinden eine jährlich neu festzusetzende **Kreisumlage** zu erheben. Diese ursprünglich als Restfinanzierungsmittel für Spitzenbedarfe gedachte Kreisumlage hat sich in den letzten Jahrzehnten faktisch zur bedeutendsten Einnahmequelle der Kreise entwickelt. Die Folge ist ein oftmals spannungsgeladenes Verhältnis zwischen kreisangehörigen Gemeinden und ihren Kreisen (vgl. *Schink*, DVBl. 2003, 417; *Thormann*, NWVBl. 2011, 168; nach OVG NRW, NWVBl. 2005, 431, steht den Gemeinden ein Unterlassungsanspruch zu, wenn der Kreis auf ihre Kosten rechtswidrig Aufgaben wahrnimmt; OVG NRW, NWVBl. 2011, 19, hat die diesbezüglichen Beteiligungsrechte der kreisangehörigen Gemeinden nach § 55 KrO konkretisiert und BVerwG, DVBl 2013, 651, hat eine finanzielle Grenze zulasten der Kreisumlage im Anspruch auf finanzielle Mindestausstattung der Gemeinden gesehen). Für die Haushalts- und Wirtschaftsführung der Kreise, insbesondere die wirtschaftliche Betätigung (Rn. 381 ff.), gelten gemäß § 53 I GO die Vorschriften des 8. bis 11. Teils der GO entspre- 36

§ 2. Kommunalrecht

chend. An der Aufstellung der Haushaltssatzung sind die Gemeinden zu beteiligen; §§ 54 f. KrO.

d) Kreisorgane

37 Anders als auf die Gemeindeordnung, die als kommunale Vertretungsorgane lediglich den Rat und den Bürgermeister vorsieht (vgl. Rn. 202, 241), kennt die Kreisordnung drei vollwertige Organe: den Kreistag, den Landrat und den Kreisausschuss.

aa) Der Kreistag

38 Der Kreistag ist das demokratisch gewählte Vertretungsorgan der Bürgerschaft i.S.v. Art. 28 I 2 GG. Die **Organkompetenzen** des Kreistags sind normiert in § 26 KrO. Gemäß § 26 I 2 KrO ist der Kreistag ausschließlich zuständig u.a. für die Festlegung allgemeiner Grundsätze der Verwaltung des Kreises, die Wahl der Mitglieder des Kreisausschusses und den Erlass von Satzungen. Gemäß § 26 I 4 KrO kann die Erledigung von Geschäften i.S.v. lit. j) und lit. k) an den Kreisausschuss delegiert werden. Nicht vorgesehen ist hingegen die Übertragung von Zuständigkeiten auf Ausschüsse des Kreistags oder auf den Landrat (vgl. demgegenüber § 41 II 1 GO und hierzu Rn. 211, 257). Soweit die KrO keine anderweitige Zuständigkeitsregelung enthält, ist der Kreistag gemäß § 26 I 1 Alt. 1 KrO überdies zuständig in allen Angelegenheiten, die ihrer Bedeutung nach seiner Entscheidung bedürfen. Diese Bestimmung bleibt in ihrem Gewährleistungsgehalt hinter § 41 I GO zurück, wonach grundsätzlich eine Allzuständigkeit des Rates begründet wird (vgl. Rn. 217 ff.). Der Kreistag kann mittels (Satzungs-)Beschluss zudem auf die Kompetenzen der anderen Kreisorgane zugreifen, soweit dies nicht im Widerspruch zu den der KrO normierten Organkompetenzen steht, § 26 I 1 Alt. 2 KrO. Schließlich obliegt dem Kreistag nach § 26 II 1 Hs. 2 KrO die Kontrolle der Durchführung seiner Beschlüsse sowie des Ablaufs der Verwaltungsangelegenheiten. Zu diesem Zweck gewährt ihm die KrO gegenüber dem Landrat bestimmte Unterrichtungs- und Akteneinsichtsrechte (§§ 26 II 1 Hs. 1, 2 KrO).

39 Die **Binnenorganisation** des Kreistags ist vergleichbar mit derjenigen des Rates (Rn. 204 ff.). Den Vorsitz im Kreistag führt der Landrat (§ 25 II 1 KrO), der aber, ebenso wie der Bürgermeister (Rn. 241 ff.), seit 2007 auch Mitglied des Kreistags ist (§ 25 I KrO). Gemäß § 25 II 3 KrO hat der Landrat grundsätzlich das gleiche Stimmrecht wie die anderen Kreistagsmitglieder. Nach § 36 I KrO steht ihm die Ausübung der Ordnung in den Sitzungen sowie des Hausrechts zu (Rn. 229 ff.). Die Bildung von Fraktionen (Rn. 213 ff.) erfolgt nach § 40 KrO, die Bildung von Ausschüssen (Rn. 207 ff.) des Kreistags auf der Grundlage von § 41 KrO. An die Stelle des kommunalen Haupt- und Finanzausschusses tritt der Kreisausschuss als eigenständiges, vollwertiges Kreisorgan. Das Verfahren der Beratung und Beschlussfassung (Rn. 221 ff.) im Kreistag richtet sich nach den §§ 32 ff. KrO. Die Mitglieder des Kreistags werden auf die Dauer von fünf Jahren gewählt (§ 27 I 1 KrO). Das Wahlverfahren bestimmt sich gemäß § 27 I 2 KrO nach dem KWahlG (Rn. 176 ff.). Die Rechts- und Pflichtstellung der

A. Einführung und Standortbestimmung

Kreistagsmitglieder ist grundsätzlich identisch mit derjenigen der Ratsmitglieder; §§ 28 ff. KrO (Rn. 227 ff.).

bb) Der Landrat

Der Landrat bildet das dem Bürgermeister der Kommune vergleichbare Organ des Kreises. Ihm kommt eine **Doppelfunktion** zu, indem er einerseits Aufgaben des Kreises und andererseits im Wege der Organleihe staatliche Aufgaben wahrnimmt (Rn. 105 f.). Vor diesem Hintergrund wird der Landrat als „Mittler zwischen Staatsverwaltung und kommunaler Selbstverwaltung" bezeichnet. In seiner Eigenschaft als Kreisorgan erfüllt der Landrat nicht nur eine repräsentative Funktion (§ 25 II 2 KrO), sondern ist zugleich – seit der Abschaffung der ursprünglich auch auf Kreisebene anzutreffenden Doppelspitze (Rn. 159) aus Oberkreisdirektor und Landrat als Inhaber eines Ehrenamtes – Leiter der Kreisverwaltung und damit Dienstvorgesetzter aller Mitarbeiter der Kreisverwaltung (§ 49 I KrO). Ihm ist gemäß § 42 KrO die Führung der sogenannten Geschäfte der laufenden Verwaltung (lit. a)), die Leitung und Verteilung der Geschäfte (lit. g)) sowie die Vorbereitung und Durchführung der Beschlüsse des Kreistags und des Kreisausschusses (lit. c)) ausschließlich vorbehalten, ferner obliegt ihm grundsätzlich die gesetzliche Vertretung des Kreises in Rechts- und Verwaltungsgeschäften (lit. e)) und die Erledigung der vom Kreisausschuss übertragenen Angelegenheiten (lit. b)). Anders als der Bürgermeister wird der Landrat insoweit aus eigenem Recht tätig, eine der Vorschrift des § 41 III GO (Rn. 257) vergleichbare Fiktion kennt die KrO nicht. Die Wahl des Landrats erfolgt gemäß § 44 KrO i. V. m. §§ 46b ff. KWahlG (Rn. 181) unmittelbar durch die Bürgerschaft. Mit dem Gesetz zur Wiedereinführung der Stichwahl v. 3.5.2011 (GVBl., 237) ist das zuvor eingeführte reine Mehrheitswahlsystem ebenso wie bei den Bürgermeistern (Rn. 181) wieder abgeschafft worden; wer künftig im ersten Wahlgang nicht schon mehr als die Hälfte der gültigen Stimmen erzielt, muss in eine Stichwahl mit dem bislang zweitstärksten Mitbewerber.

cc) Der Kreisausschuss

Der Kreisausschuss bildet als einziger **Pflichtausschuss** des Kreistags das dritte Organ der Kreise. Sein kreisinterner Aufgabenbereich ist vergleichbar mit dem des gemeindlichen Hauptausschusses, zusätzlich sind ihm durch die KrO weitere Kompetenzen zugewiesen. Im Außenverhältnis nimmt er – neben dem Landrat – die Aufgaben der unteren staatlichen Verwaltungsbehörde wahr, § 58 I KrO. In der Praxis wird er nach dem Kreistag als das wichtigste politische Leitungsorgan des Kreises angesehen (*Buhren*, S. 124).

> **Beispiel:** Entscheidungen des Landrats im Rahmen der allgemeinen Aufsicht über kreisangehörige Gemeinden sowie deren Körperschaften, Anstalten und Stiftungen bedürfen gemäß § 59 I 2 KrO der Zustimmung des Kreisausschusses als untere staatliche Verwaltungsbehörde.

Im Innenverhältnis gegenüber den anderen Kreisorganen begründet § 50 I 1 KrO eine Auffangzuständigkeit des Kreisausschusses. Der Kreisausschuss

§ 2. Kommunalrecht

beschließt über alle Angelegenheiten, die nicht dem Kreistag oder dem Landrat zur Wahrnehmung zugewiesen sind. Eine Einschränkung erfährt diese **Kompetenzregelung** durch das in § 26 I 1 Alt. 2 KrO vorgesehene Zugriffsrecht des Kreistags (Rn. 38). § 50 IV KrO gewährt dem Kreisausschuss abgesehen davon ein Delegationsrecht an den Landrat. Gemäß § 50 I 2 Alt. 1 KrO obliegt dem Kreisausschuss die Vorbereitung und Durchführung der Beschlüsse des Kreistags. Die Kreisordnung geht insoweit nicht von einem Konkurrenzverhältnis zwischen Landrat und Kreisausschuss aus, sondern von einem arbeitsteiligen Zusammenwirken. Nach § 50 I 2 Alt. 2 KrO überwacht der Kreisausschuss die Geschäftsführung des Landrats, gemäß § 50 II KrO entscheidet er über die Planungen des Landrats in besonders bedeutsamen Verwaltungsangelegenheiten, dem Landrat kommt insoweit eine Unterrichtungspflicht zu. § 50 III KrO schließlich erklärt den Kreisausschuss in Dringlichkeitsangelegenheiten des Kreistags für zuständig. Die Zusammensetzung des Kreisausschusses ist in § 51 KrO geregelt (vgl. dazu OVG NRW, NWVBl. 2005, 135).

2. Die Landschaftsverbände

a) Bestand und Rechtsstellung

43 Die Landschaftsverbände („Rheinland" mit Sitz in Köln und „Westfalen-Lippe" mit Sitz in Münster) dienen der Ermöglichung von **Selbstverwaltung** auf der regionalen Ebene, d. h. zwischen der örtlichen bzw. der kreislichen und der staatlichen Ebene (ausführlich zu Genese, Bedeutung und Zukunft *Burgi/Ruhland*, Regionale Selbstverwaltung durch die Landschaftsverbände in Nordrhein-Westfalen im Spiegel von Rechtsprechung und Rechtsliteratur, 2003). Sie setzen sich als mitgliedschaftlich verfasste Gebietskörperschaften aus den Kreisen und kreisfreien Städten ihres Gebietes zusammen. Der VerfGH hat in einem Grundsatzurteil vom 26. Juni 2001 klargestellt, dass Landschaftsverbände Gemeindeverbände i. S. d. Art. 78 LV sind (NWVBl. 2001, 340; kritisch: *Ehlers*, DVBl. 2001, 160; *Görisch*, NWVBl. 2002, 418). Das Selbstverwaltungsrecht unterscheidet sie von den staatlichen Bezirksregierungen und sichert ihnen einen vertragsrechtlichen Mindestschutz gegenüber etwaigen Veränderungen ihres Aufgabenbereichs bis hin zur Auflösung; entsprechende Diskussionen gibt es immer wieder im Hinblick auf eine Neuordnung der Mittelinstanzen (neben den Landschaftsverbänden die Bezirksregierungen) in NRW (vgl. hierzu *Burgi*, NWVBl. 2004, 131; *Oebbecke*, in: ders. u. a. [Hrsg.], Kommunalverwaltung in der Reform, 2004, S. 42 ff.; *Erichsen*, in: Butzer/Kaltenborn/Meyer, FS Schnapp, 2008, 613); aktuell ist aber kein Reformwille erkennbar.

b) Aufgaben

44 Der Aufgabenbereich der Landschaftsverbände ist abschließend bestimmt in § 5 LVerbO. Ihnen steht demnach keine Allzuständigkeit im Sinne des freien Zugriffs auf regionale Aufgaben zu (anders als den Gemeinden; Rn. 95). Hiernach sind die Landschaftsverbände insbesondere überörtliche Träger

A. Einführung und Standortbestimmung

der Sozialhilfe (I lit. a) Nr. 1); hierbei handelt es sich um menschlich wie ökonomisch höchst bedeutsame Aufgaben. Ferner obliegt ihnen die landschaftliche Kultur- und Denkmalpflege (I lit. b) Nr. 1–4) sowie die Gewährträgerschaft bestimmter Landesanstalten, die Beteiligung an Versorgungs- und Verkehrsunternehmen mit regionaler Bedeutung und die Geschäftsführung der kommunalen Versorgungskassen (I lit. c) Nr. 1–4). Neue Aufgaben können den Landschaftsverbänden nur durch Gesetz oder aufgrund eines Gesetzes übertragen werden, das gleichzeitig die Finanzierung dieser neuen Aufgaben zu regeln hat, § 55 V LVerbO.

Durch das Zweite Modernisierungsgesetz vom 9.5.2000 (GVBl., 462) 45 wurde neben verschiedenen anderen Maßnahmen die bisher von den Landschaftsverbänden wahrgenommenen Aufgaben im Bereich der **Straßenbauverwaltung** in die Trägerschaft des Landes übergeleitet (auf den „Landesbetrieb Straßenbau"). Auf die hiergegen erhobenen Kommunalverfassungsbeschwerden beider Landschaftsverbände hat der VerfGH in dem o. g. Grundsatzurteil (Rn. 43) entschieden, dass es sich hierbei um eine „nichtkommunale" Aufgabe gehandelt habe, gegen deren Entzug Art. 78 LV (vgl. allg. Rn. 54 ff.; § 1 Rn. 174 ff.) keinen Schutz bieten könne (kritisch *Burgi*, NWVBl. 2004, 131 [133]).

c) Organe

Wie die Kreise haben auch die Landschaftsverbände drei vollwertige Organe: 46 die Landschaftsversammlung, der Direktor des Landschaftsverbandes und der Landschaftsausschuss:

Die **Landschaftsversammlung** (§§ 7 ff. LVerbO) ist das oberste Organ des 47 Landschaftsverbandes. Sie ist gemäß § 7 LVerbO zuständig insbesondere für die Wahl der weiteren Organe des Landschaftsverbandes (I lit. b) und c)), den Erlass von Satzungen (lit. d)) und das Budgetrecht (lit. e)). Abgesehen davon verfügt die Landschaftsversammlung gemäß § 7 II LVerbO über ein dem Recht des Kreistags aus § 26 I 1 Alt. 2 KrO (Rn. 38, 42) vergleichbares Zugriffsrecht auf Angelegenheiten des Landschaftsausschusses. Anders als Rat und Kreistag wird die Landschaftsversammlung nicht direkt, sondern durch die Vertretungen der Mitgliedskörperschaften gewählt, § 7b LVerbO, was noch den Anforderungen des Gebots demokratischer Legitimation entspricht (BVerwG, NVwZ 2009, 644). Auf jede Mitgliedskörperschaft entfällt abhängig von der Einwohnerzahl mindestens ein Mitglied.

Die Rechtsstellung des **Direktors des Landschaftsverbandes** ist vergleich- 48 bar mit derjenigen des Landrates in seiner Eigenschaft als Kreisorgan (Rn. 40). Dem Direktor des Landschaftsverbandes obliegt gemäß § 17 LVerbO die Vorbereitung und Ausführung der Beschlüsse des Landschaftsausschusses (I lit. a)) und damit – allerdings nur mittelbar – auch derjenigen der Landschaftsversammlung (§ 11 I lit. a) LVerbO). Da er weder Mitglied noch Vorsitzender der Landschaftsversammlung ist, fehlt ihm die Kompetenz, den Landschaftsverband politisch repräsentativ zu vertreten. Gewählt wird der Direktor des Landschaftsverbandes gemäß §§ 7 I lit. c) Alt. 1, 20 II 1 LVerbO von der Landschaftsversammlung für eine Dauer von acht Jahren.

49 Der **Landschaftsausschuss** bildet das dritte vollwertige Organ des Landschaftsverbandes. Ihm wird durch § 11 I 1 LVerbO eine Auffangzuständigkeit für alle nicht der Landschaftsversammlung und dem Direktor des Landschaftsverbandes vorbehaltenen Angelegenheiten eingeräumt. Nach § 11 I 2 LVerbO hat er insbesondere die Beschlüsse der Landschaftsversammlung vorzubereiten und durchzuführen (lit. a)), die Tätigkeit der Ausschüsse zu koordinieren und zu kontrollieren (lit. b)) und die Verwaltungsführung des Direktors des Landschaftsverbandes zu überwachen (lit. c)).

3. Die kommunale Gemeinschaftsarbeit

50 Gemeinden und Gemeindeverbände können Aufgaben (zum Sonderfall der aufgabenunabhängigen interkommunalen Zusammenarbeit vgl. Rn. 79), zu deren Erfüllung sie berechtigt oder verpflichtet sind, gemeinsam wahrnehmen. Die Befugnis hierzu ist Bestandteil der durch Art. 28 I GG, 78 I LV geschützten Eigenverantwortlichkeitsgarantie (sog. Kooperationshoheit; vgl. BVerfG, NVwZ 1987, 123 [124]). Dies kann gemäß § 1 II des Gesetzes über kommunale Gemeinschaftsarbeit (GkG) in Form von Arbeitsgemeinschaften ohne eigene Rechtspersönlichkeit (§§ 2, 3 GkG), Zweckverbänden sowie (im Falle der wirtschaftlichen Betätigung; vgl. Rn. 424) in „gemeinsamen Kommunalunternehmen" in der Form der Anstalt des öffentlichen Rechts (a) und öffentlich-rechtlichen Vereinbarungen (b) erfolgen. Insoweit besteht Typenzwang. In allen drei Fällen wird eine Durchbrechung der ansonsten festen Zuständigkeitsverteilung ermöglicht. Da es sich mithin um verwaltungsorganisatorische Vorgänge handelt, überzeugten Entscheidungen, die im Abschluss öffentlich-rechtlicher Vereinbarungen einen dem **Vergaberecht** unterfallenden (Konsequenz: Ausschreibungspflicht) Beschaffungsvorgang sehen wollten (OLG Düsseldorf, NZBau 2004, 398; OLG Frankfurt a. M., NZBau 2004, 692), nicht (vgl. *Burgi*, NZBau 2005, 208, u. auch OLG Düsseldorf, NZBau 2006, 662;). Mit Urt. v. 9.6.2009 in Sachen „Stadtreinigung Hamburg" (EuZW 2009, 529, u. dazu *Pielow*, in: Henneke [Hrsg.], Kommunalrelevanz des Vergaberechts, 2009, 34) hat der EuGH anerkannt, dass es eine ungeschriebene Ausnahme von der Anwendbarkeit des Vergaberechts zugunsten der „interkommunalen Zusammenarbeit" gibt, jedenfalls wenn bestimmte Voraussetzungen erfüllt sind, was bei öffentlich-rechtlichen Vereinbarungen nach dem GkG NRW in der Regel der Fall sein dürfte. Kraft besonderer gesetzlicher Ermächtigung sind zudem öffentlich-rechtliche Spezialverbände geschaffen worden. Wichtigstes Beispiel ist der **Regionalverband Ruhr**.

Der Regionalverband Ruhr (RVR) ist der älteste Zusammenschluss von Kommunen im Bundesgebiet. Er wurde 1920 als Siedlungsverband Ruhrkohlebezirk gegründet und 1979 in den Kommunalverband Ruhrgebiet (KVR) umgewandelt. 2004 wurde er durch das Gesetz über den Regionalverband Ruhr (RVRG) grundlegend neugestaltet (GVBl., 96, 644), zuletzt geändert durch G. v. 23.10.2012 (GVBl., 212). Hauptaufgaben des RVR sind die Erstellung von (Raum-)Planungs- und Entwicklungskonzepten für das Verbandsgebiet (sog. Masterpläne, vgl. § 6 RVRG), die regionale Kultur- und Wirtschaftsförderung sowie die Sicherung und

A. Einführung und Standortbestimmung

Weiterentwicklung der sog. Verbandsgrünflächen (§ 4 RVRG). Organe des RVR sind die Verbandsversammlung, der Vorstand und der Geschäftsführer (§§ 8 ff. RVRG).

a) Zweckverbände

Zweckverbände sind nach § 4 I Hs. 1 GkG grundsätzlich freiwillige Zusammenschlüsse von Gemeinden und Gemeindeverbänden sowie juristischer und natürlicher Personen i. S. v. § 4 II GkG, um einzelne Aufgaben gemeinsam zu erfüllen, zu deren Wahrnehmung die Mitglieder berechtigt oder verpflichtet sind (sog. Freiverband). Die zur Finanzierung von den Mitgliedern erhobene Umlage kann unter bestimmten Voraussetzungen eine Beihilfe i.S.v. Art. 107 AEU-Vertrag sein (BVerwG, EuZW 2011, 269). Ein besonders populäres Beispiel bildet der mit Nahverkehrsaufgaben betraute Verkehrsverband Rhein-Ruhr. Im Ausnahmefall ist zur Erfüllung von Pflichtaufgaben auch ein zwangsweiser Zusammenschluss zulässig, §§ 4 I Hs. 2, 13 GkG (sog. Pflichtverband). Gemäß § 5 I 1 GkG bilden die Zweckverbände Körperschaften des Öffentlichen Rechts, d. h. sie sind **Verwaltungsträger** und können selbstständig hoheitliche Befugnisse wahrnehmen. Allerdings sind sie keine Gemeindeverbände i. S. v. Art. 28 II 2 GG, Art. 78 I LV. Daher ist ihr Zuständigkeitsbereich eingegrenzt, überdies bekommen sie ihre Aufgaben erst von den ihnen angehörigen Kreisen und Gemeinden zugewiesen (§§ 6 f., 9 ff. GkG). Die Gründung eines Zweckverbandes erfolgt durch Vereinbarung einer Verbandssatzung durch einen sogenannten koordinationsrechtlichen, d. h. zwischen Verwaltungsträgern geschlossenen öffentlich-rechtlichen Vertrag (Gründungsvereinbarung), § 9 GkG. Beispiele: Zwecksparkassenverbände (§ 27 I Var. 1 SparkassenG NRW); Schulverbände (§ 78 VIII SchulG NRW). Im Raum Aachen ist durch G.v. 26.2.2008 (GVBl., 162) als Rechtsnachfolgerin des Kreises Aachen (und mit der Rechtsstellung eines Kreises) die „Städteregion Aachen" entstanden, bestehend aus der Stadt Aachen und den früheren kreisangehörigen Gemeinden.

51

b) Öffentlich-rechtliche Vereinbarungen

Die öffentlich-rechtliche Vereinbarung ist gemäß § 23 I GkG ein koordinationsrechtlicher öffentlich-rechtlicher Vertrag (§ 54 VwVfG) mit dem Inhalt, dass einer der Beteiligten einzelne Aufgaben der übrigen Beteiligten in seine Zuständigkeit übernimmt (delegierende Vereinbarung) oder sich verpflichtet, solche Aufgaben für die übrigen Beteiligten durchzuführen (mandatierende Vereinbarung). Ein wichtiges Beispiel bildet die in § 102 II GO vorgesehene Wahrnehmung der Aufgabe der örtlichen Rechnungsprüfung durch das Rechnungsprüfungsamt des Kreises für die angeschlossenen Gemeinden gegen Kostenerstattung. Vertragsparteien können ausschließlich Gemeinden und Gemeindeverbände sein. Ein neuer Rechtsträger wird durch die öffentlich-rechtliche Vereinbarung nicht geschaffen, es tritt lediglich im Außenverhältnis ein Beteiligter für die übrigen Beteiligten auf. Im Falle der **delegierenden Vereinbarung** geht die Zuständigkeit vollständig auf den übernehmenden Beteiligten (Delegatar) über, § 23 II 1 GkG. Die **mandatierende Vereinbarung** hingegen überträgt lediglich (aber immerhin) die Zustän-

52

digkeit für die Aufgabendurchführung; hier tritt der verpflichtete Beteiligte (Mandatar) im Namen seiner und mit Wirkung für seine Mandanten auf.

4. Anhang

Literatur: *Beckmann*, Die Wahrnehmung von Ausgleichs- und Ergänzungsaufgaben durch die Kreise und ihre Finanzierung über die Kreisumlage, DVBl. 1990, 1193; *Schoch*, Aufgaben und Funktionen der Landkreise, DVBl. 1995, S. 1047; *Schwarz*, Zum Verhältnis der Landkreise und kreisangehörigen Gemeinden, NVwZ 1996, 1182; *Stern*, Die Kreise in Nordrhein-Westfalen – Bedeutung und Perspektiven kommunaler Selbstverwaltung, NWVBl. 1997, 361; *Burgi*, Die Landschaftsverbände am Beginn einer neuen Verwaltungsreform, NWVBl. 2004, 131; *Oebbecke/Ehlers/Schink/Diemert* (Hrsg.), Kommunalverwaltung in der Reform, 2004; *Schneider* (Hrsg.), Handbuch Interkommunale Zusammenarbeit, 2005; *Oebbecke*, Kommunale Gemeinschaftsarbeit, in: HdbKWP, Band 1, 2007, 843; *Schliesky*, Stadt-Umland-Verbände, in: HdbKWP, Band 1, 2007, 873; *Hörster*, Höhere Kommunalverbände, in: HdbKWP, Band 1, 2007, 901; *Henneke*, Entwicklungen der inneren Kommunalverfassung am Beispiel der Kreisordnungen, DVBl. 2007, 87; *ders.*, Das verfassungsrechtliche Verhältnis zwischen Städten, Gemeinden und Kreisen, Der Landkreis 2008, 172; *Oebbecke*, Kommunale Umlagen, DV 42 (2009), 247; *Tepe*, Verfassungsrechtliche Vorgaben für Zuständigkeitsverlagerungen zwischen Gemeindeverbandsebenen, 2009; *Henneke/Ritgen*, Die Direktwahl der Landräte, DÖV 2010, 665; *Müller*, Die Entwicklung der Zweckverbände in Nordrhein-Westfalen, DÖV 2010, 931.

Kontrollfragen:
1. Wie sieht die Aufgabenstruktur des Kreises aus?
2. Welche Organe hat der Kreis? Sind die Kreisorgane vergleichbar mit den Organen der Gemeinde?
3. Sind die Landschaftsverbände Gemeindeverbände i. S. d. Art. 78 LV?
4. Welche Formen der kommunalen Gemeinschaftsarbeit sieht das GkG vor?

B. Die Rechtsstellung der Gemeinden im Staat

I. Im Überblick: Die Verfassungsgarantien der kommunalen Selbstverwaltung

Das Recht der kommunalen Selbstverwaltung ist sowohl auf Bundesebene (vgl. Art. 28 II GG) als auch auf Landesebene (vgl. Art. 78 LV; § 1 Rn. 174 ff.) verfassungsrechtlich geschützt. Die **Fallrelevanz** beider Bestimmungen ist erheblich, da sich aus ihnen die politischen Spielräume kommunalen Handelns ergeben. Sie kommen sowohl beim Rechtsschutz gegen administrative wie auch gegen gesetzgeberische Maßnahmen von Bund und Land im Rahmen von verwaltungsgerichtlichen Klagen, aber auch im Wege der sog. Kommunalverfassungsbeschwerde zum Tragen, entweder vor dem BVerfG (vgl. Art. 93 I Nr. 4b GG) oder dem VerfGH.

B. Die Rechtsstellung der Gemeinden im Staat

Mit Wirkung sowohl gegenüber dem Bund als auch gegenüber dem Land Nordrhein-Westfalen (einschließlich der anderen Kommunen, nicht aber gegen die eigene Kommune, BVerwG, NVwZ 2007, 584) bestimmt **Art. 28 II 1 GG**, dass den Gemeinden das Recht gewährleistet sein muss, „alle Angelegenheiten der örtlichen Gemeinschaft im Rahmen der Gesetze in eigener Verantwortung" wahrzunehmen. Diesem als Mindestgarantie formulierten „Gewährleistungsauftrag" ist der nordrhein-westfälische Landesverfassungsgeber in **Art. 78, Art. 79 LV** und in der Gemeindeordnung nachgekommen und dabei zum Teil sogar über den grundgesetzlichen Schutzstandard hinausgegangen. In Art. 78 I LV heißt es: „Die Gemeinden und Gemeindeverbände sind Gebietskörperschaften mit dem Recht der Selbstverwaltung durch ihre gewählten Organe"; Abs. 2 legt fest, dass die Gemeinden und Gemeindeverbände „in ihrem Gebiet die alleinigen Träger der öffentlichen Verwaltung" sind, „soweit die Gesetze nichts anderes vorschreiben". An diese Vorgaben ist allein das Land Nordrhein-Westfalen (einschließlich der anderen Kommunen) gebunden, nicht hingegen der Bund. 55

Art. 78 und Art. 79 LV sind oben ausführlich dargestellt worden (vgl. § 1 Rn. 174 ff.). Daher soll in diesem Abschnitt das Verhältnis der Landesverfassungsgarantien zu Art. 28 II GG (vgl. 1) und dessen Inhalt (vgl. 2) im Mittelpunkt stehen. Statt Kontrollfragen wird eine Übersicht für die Prüfung staatlicher Maßnahmen am Maßstab des Art. 28 II GG vorgeschlagen (3).

1. Art. 28 II GG und Art. 78 LV

Die Bundes- und Landesverfassungsgarantie unterscheiden sich zum Teil in ihrem Inhalt, so dass deren Verhältnis zueinander in den Blick genommen werden muss. Das Grundgesetz normiert eine **Mindestgarantie,** welche von den jeweiligen Landesverfassungen näher ausgeformt wird. Keine Probleme ergeben sich mithin, soweit die jeweilige landesverfassungsrechtliche Gewährleistung mit Art. 28 II GG übereinstimmt. Würde die nordrhein-westfälische Verfassungsnorm im Umfang hinter den grundgesetzlichen Anforderungen des Art. 28 II GG zurückbleiben, dann wäre sie im Wege bundesverfassungskonformer Auslegung entsprechend „aufzufüllen" (vgl. BbgVerfGH, DVBl. 1994, 857). Der Anwendung der allgemeinen Kollisionsvorschriften der Art. 31, 142 GG bedarf es insoweit nicht. 56

Da Art. 28 II GG als Mindestgarantie anzusehen ist, ist es unschädlich, ja sogar wünschenswert, wenn eine landesverfassungsrechtliche Selbstverwaltungsgarantie im **Gewährleistungsumfang** über Art. 28 II GG hinausgeht (näher *Schönenbroicher,* in: Heusch/Schönenbroicher [Hrsg.], Kommentar zur Landesverfassung Nordrhein-Westfalen, 2010, Art. 78 Rdnr. 6). Dies ist bei Art. 78 LV der Fall. So geht der Gewährleistungsbereich über die „Angelegenheiten der örtlichen Gemeinschaft" hinaus, indem Art. 78 II LV die Gemeinden „in ihrem Gebiet" zu „alleinige(n) Träger(n) der öffentlichen Verwaltung" macht. Zudem sieht Art. 78 LV keinen umfassenden Gesetzesvorbehalt vor und garantiert den Kommunen das Selbstverwaltungsrecht „durch ihre gewählten Organe" (vgl. Art. 78 I LV). Namentlich in der Erklärung zu Trägern aller öffentlicher Aufgaben auf der gemeindlichen Ebene 57

(Art. 78 II LV) liegt die Entscheidung zugunsten des monistischen Modells der Aufgabenverteilung (vgl. dazu Rn. 94 ff.) bereits auf der landesverfassungsrechtlichen Ebene (ausführlich *Erichsen,* Kommunalrecht, S. 364 ff.; *Tettinger,* in: Präsident des VerfGH NRW (Hrsg.), FS VerfGH NRW, 2002, 461 [464]). Hierdurch wird freilich nicht der Gewährleistungsbereich des Art. 28 II GG erweitert.

58 Dennoch ist auch in Nordrhein-Westfalen der Gewährleistungsgehalt des Art. 28 II GG von Bedeutung und zwar in dreifacher Hinsicht. Erstens, als **Muster** für den dogmatischen Umgang mit einer verfassungsrechtlichen Selbstverwaltungsgarantie vor dem VerfGH NRW. Dieser ist anzurufen gegen Gesetze des Landes (vgl. § 1 Rn. 242 ff.), Maßstab ist dann ausschließlich die landesverfassungsrechtliche Garantie des Art. 78 LV (vgl. noch Rn. 75; § 1 Rn. 242 ff.). Die Kommunalverfassungsbeschwerde vor dem BVerfG ist in diesem Fall gemäß Art. 93 I Nr. 4b Hs. 2 GG verdrängt.

59 Zweitens ist Art. 28 II GG, wenn es gegen **Gesetze des Bundes** (und zwar ausschließlich vor dem BVerfG gemäß Art. 93 I Nr. 4b GG) geht, alleiniger Prüfungsmaßstab und drittens kommt die grundgesetzliche Garantie des Art. 28 II GG im Rahmen des **verwaltungsgerichtlichen Rechtsschutzes** mit zum Zuge, sofern die betroffene Aufgabenwahrnehmung nicht außerhalb seines Gewährleistungsbereichs liegt (wie bei den Pflichtaufgaben nach Weisung [vgl. Rn. 96 ff.], welche keine Selbstverwaltungsangelegenheiten im bundesrechtlichen Sinne sind).

2. Die Selbstverwaltungsgarantie des Art. 28 II GG

a) Rechtsnatur

60 Art. 28 II GG ist ebenso wie Art. 78 LV eine **institutionelle Garantie** und kein Grundrecht (vgl. BVerfGE 1, 167 [174]; BVerfGE 76, 107 [119]; BVerfGE 79, 127 [143]). Die von den Grundrechten her bekannte Prüfungsreihenfolge (Schutzbereich, Eingriff, Rechtfertigung einschließlich Verhältnismäßigkeitsprüfung) kann demnach nicht ohne weiteres übertragen werden. Institutionelle Garantien sind darauf angelegt, vom Gesetzgeber ausgestaltet und konkretisiert zu werden, wobei ihm freilich durch die Verfassungsgarantie Grenzen gezogen sind. Sie sind im Gegensatz zu den Grundrechten auf die Verteilung von Kompetenzen innerhalb des Staates im weiten Sinne (Bund, Länder, Kommunen) gerichtet. Art. 28 II GG bildet somit die Basis der Entwicklung spezifischer Strukturen auf der kommunalen Ebene und verpflichtet zur Rechtfertigung aller staatlichen Maßnahmen, die den jeweils bestehenden Rechtszustand zu Lasten der Kommunen verändern.

61 **Verpflichtungsadressaten** sind zunächst die Länder („muss das Recht gewährleistet sein"), aber auch der Bund. Ferner sind die jeweils anderen Kommunen (v. a. die Kreise) Verpflichtungsadressaten. Für eine Gemeinde ist dies z. B. dann relevant, wenn eine andere Gemeinde auf ihrem Gebiet wirtschaftlich tätig werden will (Beispiel: Ausdehnung einer kommunalen Energieversorgung auf das Gebiet der Nachbargemeinde) und bei Planungsent-

B. Die Rechtsstellung der Gemeinden im Staat 143

scheidungen, die ihre planerische Entwicklung hemmen können. Das sog. kommunale Abstimmungsgebot des § 2 II BauGB hat hierin eine verfassungsrechtliche Basis.

Die Verfassungsgarantie des Art. 28 II GG schützt die Kommunen überdies gegen sich selbst. Maßnahmen, die auf eine Aushöhlung oder gar Abschaffung der Selbstverwaltung innerhalb einer Kommune hinausliefen, wären daher verfassungswidrig (Beispiel: Privatisierung der gesamten gemeindlichen Leistungsverwaltung). Nicht als Verpflichtungsadressaten kommen Private in Betracht, d. h. Art. 28 II GG entfaltet keine unmittelbare Drittwirkung. Staatliche, d. h. gesetzgeberische oder administrative Maßnahmen, die die Aufgabenverteilung zu Lasten der Kommunen und zugunsten der **Privatwirtschaft** verändern (Beispiel: Abbau kommunaler Monopolstellungen in der Energie- oder der Wasserversorgung; Verschärfung der Anforderungen an die Statthaftigkeit kommunaler Wirtschaftsbetätigung [vgl. noch Rn. 386 ff., 408], sind nur insoweit an Art. 28 II GG zu messen, als durch den Staat eine Verschlechterung der gegenwärtigen Rechtsstellung der Kommunen bewirkt wird; ein materiellrechtliches Aufgabenverteilungsprinzip (ähnlich wie im Verhältnis zu den Gemeindeverbänden; vgl. Rn. 26 ff., 44) greift insoweit nicht.

62

Im Hinblick auf die kommunale Wirtschaftsbetätigung (vgl. Rn. 381 ff.) ist teilweise versucht worden, der Selbstverwaltungsgarantie Aussagen legitimierenden oder gar privilegierenden Charakters zu entnehmen (vgl. *Wieland/Hellermann*, DVBl. 1996, 401 [407 ff.]; *Hellermann*, Örtliche Daseinsvorsorge und gemeindliche Selbstverwaltung, 2000, S. 153 ff., 182 ff., 204 ff.; *Pagenkopf*, GewArch 2000, 177). Dies würde eine Differenzierung zwischen der Wirtschaftsbetätigung und den übrigen kommunalen Aktivitäten voraussetzen, für die es in der Verfassung keine Anhaltspunkte gibt. Vielmehr ist zu betonen, dass die Kommunen auch bei einer wirtschaftlichen Betätigung alle Bindungen der Verfassung (Grundrechte, Demokratieprinzip etc.), eben als Teile des Staates, zu beachten haben. Insbesondere vermittelt Art. 28 II GG keine Befugnis zu Grundrechtseingriffen (vgl. VerfGH Rh.-Pf., DVBl. 2000, 992; *Löwer*, VVDStRL 60 [2000], 416 [434 ff.]; *Ehlers*, Gutachten zum 64. DJT [2002], E 1 bis E 199).

b) Gewährleistungsbereich und Gewährleistungsgehalte

Indem Art. 28 II 1 GG die Verfassungsgarantie (zugunsten der Gewährleistungsträger „Gemeinden" und „Gemeindeverbände") auf „alle Angelegenheiten der örtlichen Gemeinschaft" bezieht, begründet er die gemeindliche Kompetenz und legt zugleich deren Grenzen fest. Für ein Tätigwerden außerhalb dieser sog. **Verbandskompetenz** fehlt der Gemeinde die erforderliche Rechtsfähigkeit; sie hat kein allgemeinpolitisches Mandat.

63

> **Beispiele:** Keine Statthaftigkeit allgemeiner Warnungen vor Jugendsekten (vgl. *Dietlein/Heyers*, NWVBl. 2000, 77); anders dagegen bei konkreter Gefährdung von Jugendlichen bzw. aus Anlass von Projekten in der Gemeinde (vgl. Bay VGH, NVwZ 1995, 502; BayVGH, NVwZ 1998, 391; OVG NRW, NWVBl. 2006, 32: Kritische Äußerungen über für verfassungsfeindlich angesehene Aktivitäten in einer Tagungsstätte); zahlreiche Beispiele sog. kommunaler Alleingänge sind dokumentiert und erörtert bei *Burgi*, Verw-

§ 2. Kommunalrecht

> Arch 90 (1999), 70. Möglich ist auch das Verbot der Aufstellung von Grabsteinen mit Ausgangsmaterialien, die unter Einsatz schlimmster Formen der Kinderarbeit hergestellt worden sind, in einer Satzung über die kommunale Einrichtung „Friedhof" (BayVerfGH, GewArch 2012, 160; vgl. noch Rn. 325 ff.)

64 **Angelegenheiten der örtlichen Gemeinschaft** sind „diejenigen Bedürfnisse und Interessen, die in der örtlichen Gemeinschaft wurzeln oder auf sie einen spezifischen Bezug haben, die also den Gemeindeeinwohnern gerade als solchen gemeinsam sind, indem sie das Zusammenleben und -wohnen der Menschen in der (politischen) Gemeinde betreffen" (vgl. BVerfGE 79, 127 [151 f.]; BVerfGE 83, 37 [50 f.]). Dabei kann ein Wandel in den sozialen, wirtschaftlichen, technischen oder ökologischen (dazu *Glaser*, DV 41 [2008], 483) Rahmenbedingungen und zugleich der historisch anerkannte Bestand berücksichtigt werden.

> **Beispiel:** So war die kommunale Elektrizitätsversorgung zwar herkömmlich eine typische Aufgabe der örtlichen Gemeinschaft. Die Liberalisierung des Strommarktes und die daraus resultierenden überörtlichen Verflechtungen haben jedoch dazu geführt, dass die Elektrizitätsversorgung nicht mehr durchgehend als eine solche Aufgabe anzusehen ist. Im Gefolge der sog. Energiewende aus Anlass des Ausstiegs aus der Atomkraftnutzung schlägt das Pendel nun wieder zurück, dezentrale Formen der Energieerzeugung (u.a. in kommunalen Windparks) werden forciert (*Longo*, Neue örtliche Energieversorgung als kommunale Aufgabe, 2010).

65 Auch eine Orientierung an der jeweiligen Gemeindegröße ist möglich. Auf die Verwaltungskraft der jeweiligen Gemeinde kommt es dagegen nicht an (vgl. BVerfGE 79, 127, 151 ff.).

66 Örtliche Aufgaben werden entweder autonom durch die Gemeinden wahrgenommen oder aber der Gesetzgeber weist sie explizit als Pflichtaufgaben den Gemeinden zu (vgl. Rn. 95 ff.). Bei der Zuordnung der betreffenden Aufgabe als „örtliche Angelegenheit" kommt dem Gesetzgeber ein **Typisierungs- und Einschätzungsspielraum** zu. Dabei kann bei größeren Aufgaben in Gemengelage auch nur ein Teil der Aufgabe als örtlich gewertet werden, d. h. die Aufgabe wird zerteilt. Das BVerfG beschränkt sich in allen Fällen auf eine Vertretbarkeitskontrolle.

67 Alle Aufgaben, die nicht zu den „örtlichen Angelegenheiten" zählen, sind staatliche Aufgaben und somit Fremdaufgaben. Diese sind von der Verfassungsgarantie nicht erfasst. Im Bereich dieser Aufgaben (in NRW vor allem die Pflichtaufgaben zur Erfüllung nach Weisung; vgl. Rn. 96 ff.) tritt damit der Unterschied zwischen Bundes- und Landesverfassung besonders deutlich zutage.

68 Art. 28 II GG liegt ebenso wie Art. 78 LV (ausführlicher § 1 Rn. 174 ff.) ein dreifacher Gewährleistungsgehalt zugrunde: Zunächst eine **institutionelle Rechtssubjektsgarantie** (1), die den Bestand der Institution „Gemeinde" als solcher, also nicht jede einzelne Gemeinde, schützt und insbesondere im Rahmen von Gebietsreformen relevant wird (vgl. Rn. 82; § 1 Rn. 175 f.).

B. Die Rechtsstellung der Gemeinden im Staat

Sodann eine **objektive Rechtsinstitutionsgarantie** (2), die bezogen auf die kommunale Selbstverwaltung wiederum zwei Teilelemente schützt:

Auf der einen Seite einen bestimmten, vom jeweiligen Schutzobjekt abhängigen **Aufgabenbestand**. Nach ständiger Rechtsprechung des BVerfG beinhaltet Art. 28 II 1 GG die Befugnis der Gemeinden, „bislang unbesetzte Aufgaben in ihren Bereich an sich zu ziehen" (BVerfGE 79, 127 [146; Rastede]; BVerfG, NVwZ 2003, 850 [851]). Dieser „Grundsatz der Allzuständigkeit" wird als identitätsbestimmendes Merkmal der Selbstverwaltung verstanden. Er bedeutet, dass die Gemeinden auf alle Aufgaben, die als „örtliche Angelegenheiten" im oben (Rn. 64 ff.) umschriebenen Sinne zu verstehen sind, zugreifen können. Das beinhaltet ein Recht zur Spontaneität. Die denkbare Alternative hierzu, nämlich ein Katalog von enumerativ aufgezählten Aufgaben, entspräche daher nicht dem verfassungsrechtlichen Leitbild. Neben dem Prinzip der Allzuständigkeit enthält diese Garantie einen Schutz gegen Aufgabenentzug und gegen die zwangsweise Aufgabenüberbürdung (vgl. hierzu *Remmert*, VerwArch 94 [2003], 459, 468 ff.; *Meier/Greiner*, VerwArch 97 [2006], 293, und jetzt BVerfG, NVwZ 2008, 183). 69

Auf der anderen Seite ist das Recht zu eigenverantwortlichem Handeln gewährleistet. Die ausdrücklich im Verfassungstext genannte Befugnis zur „eigenverantwortlichen" Aufgabenwahrnehmung betrifft das „Wie" der Aufgabenerfüllung. Dabei sind verschiedene sog. **Gemeindehoheiten** anerkannt, z. B. die Personal- und Organisationshoheit, die Planungshoheit (dazu jüngst VerfGH NRW, DVBl. 2009, 1305 [NRW-Landesentwicklungsprogramm]; VerfGH NRW, NWVBl. 2012, 103 [Braunkohlepläne]; OVG NRW, DVBl. 2009, 1985 [E.ON Kraftwerk Datteln]), die Finanzhoheit sowie die Kooperationshoheit oder die Satzungshoheit. Die Befugnis zu eigenverantwortlicher Aufgabenerfüllung bezieht sich bei Art. 28 II GG auf die örtlichen Aufgaben, nicht hingegen auf die den Gemeinden überdies übertragenen Fremdaufgaben. Die in neueren Entscheidungen des BVerfG (BVerfGE 83, 363 [382]; BVerfGE 91, 228, 239 ff., 245; BVerfGE 119, 331 [362]) enthaltene Formulierung, wonach sich die Garantie der Eigenverantwortlichkeit „nicht nur bezüglich bestimmter Sachaufgaben, sondern für die gesamte Verwaltung" ergebe (ebenso *Knemeyer/Wehr*, VerwArch 92 [2001], 317 f.; näher *Burgi*, DV 42 [2009], 155), ist zu begrüßen. 70

Als Klammer zu diesen beiden Elementen besteht eine **subjektive Rechtsstellungsgarantie** (3), welche es den Gemeinden als Schutzsubjekten der Verfassungsgarantien ermöglicht, die staatsorganisationsrechtlichen Gewährleistungen der Verfassungsgarantien vor den Verwaltungsgerichten (vgl. Rn. 128 ff.) oder im Rahmen einer sog. Kommunalverfassungsbeschwerde vor dem Bundesverfassungsgericht bzw. dem VerfGH NRW (vgl. Rn. 75, 125; § 1 Rn. 242 ff.) durchzusetzen. 71

c) Schranken

Das Recht der Selbstverwaltung untersteht in vollem Umfang einem **Vorbehalt des Gesetzes**: In Art. 28 II 1 GG ist ausdrücklich festgelegt, dass alle staatlichen Maßnahmen durch Gesetz oder aufgrund eines Gesetzes erfolgen 72 müssen. Hierbei sind dem Gesetzgeber Schranken gezogen, wobei die Grenze des jeweiligen Handelns nach der Eingriffsrichtung zu bestimmen ist.

73 Gänzlich unantastbar, d. h. auch nicht durch Abwägung überwindbar, ist lediglich der sog. **Kernbereich**. Dieser Schutz wirkt allerdings nur in Extremsituationen und ist daher in der Praxis sowie in der Fallbearbeitung nur äußerst selten anzunehmen. Beispiele: Beseitigung aller existierenden Gemeinden, Entzug aller freiwilligen Aufgaben.

74 Der Gesetzgeber ist aber auch im sog. **Randbereich** nicht völlig frei. Dabei haben sich spezifische, d. h. nicht unmittelbar mit der Grundrechtsdogmatik vergleichbare Grundsätze herausgebildet. **Gebietsänderungen** einschließlich die Abschaffung einzelner Gemeinden sind unter Berücksichtigung bestimmter formeller (Anhörung) und materieller (Gründe des öffentlichen Wohls) Voraussetzungen (vgl. BVerfG, NVwZ 2003, 850, 854; VerfGH, OVGE 31, 290; VerfGH, DVBl. 1997, 1107; vgl. auch Rn. 82) statthaft. In Bezug auf den gemeindlichen **Aufgabenbestand** ist immer das verfassungsrechtliche Aufgabenverteilungsprinzip (vgl. BVerfGE 79, 127, 150 f.; BVerfG, NVwZ 2003, 850, 852) zu berücksichtigen, welches zugunsten der Gemeinden ein Regel-Ausnahme-Verhältnis konstituiert. Hiernach darf der Gesetzgeber nur aus Gründen des Gemeininteresses örtliche Aufgaben entziehen, vor allem dann, wenn anders die ordnungsgemäße Aufgabenerfüllung nicht sicherzustellen wäre. Entscheidend ist damit immer, dass Gründe des Gemeinwohls für den Eingriff streiten. Diese müssen von der jeweiligen Aufgabe her bestimmt werden; Ziele wie „Verwaltungsvereinfachung" oder „Zuständigkeitskonzentration" reichen wegen der dezentralen Aufgabenansiedlung des Grundgesetzes nicht aus. Im Rahmen der **Eigenverantwortlichkeit** muss den Gemeinden ein „hinreichender Spielraum" bei der Aufgabenwahrnehmung verbleiben (vgl. BVerfGE 83, 363, 387; BVerfGE 91, 228, 241). Darüber hinaus ist bei allen Maßnahmen eine Vertretbarkeitsprüfung vorzunehmen. Einen vorsichtigen Schritt zur Stärkung der kommunalen Eigenverantwortlichkeit bildet das Standardbefreiungsgesetz NRW v. 17.10.2006 (GVBl., 458), das den Gemeinden Abweichungen von Vorgaben für die Art und Weise der Aufgabenerfüllung ermöglicht (nach Anzeige gegenüber dem zuständigen Ministerium).

Das BVerfG unternimmt – im Gegensatz zum VerfGH NRW (vgl. § 1 Rn. 187) – keine Verhältnismäßigkeitsprüfung (andere Einschätzung bei *Dietlein*, § 1 Rn. 187). Es spricht aber nichts dagegen, sich im Prüfungsaufbau am Verhältnismäßigkeitsgrundsatz zu orientieren (öffentlicher Belang – Geeignetheit – Erforderlichkeit [Übermaßverbot] – Angemessenheit), solange man sich nur bewusst macht, dass die Rolle des Staates hier eine andere ist (nämlich die des Gestalters) als im Hinblick auf die Grundrechte. Daher ist auch die gerichtliche Kontrolldichte zugunsten des Entscheidungsspielraums des staatlichen Gesetzgebers eingeschränkt.

B. Die Rechtsstellung der Gemeinden im Staat

3. Übersicht: Prüfung eines Gesetzes am Maßstab des Art. 28 II GG (zugleich: Begründetheitsprüfung innerhalb einer Kommunalverfassungsbeschwerde nach Art. 93 I Nr. 4b GG)

Übersicht:	
1. *Gewährleistungsanspruch* a) Gemeinde oder Gemeindeverband? b) Angelegenheiten der örtlichen Gemeinschaft?	
2. *Verpflichtungsadressat und Schutzwirkung*	
3. *Berührter Gehalt der staatsorganisationsrechtlichen Gewährleistung* a) Rechtssubjektsgarantie: Schutz der Gemeinde als Institution oder b) Rechtsinstitutionsgarantie: Schutz der kommunalen Selbstverwaltung	
Aufgabenbestand betroffen durch Entzug oder Überbürdung?	*Eigenverantwortlichkeit betroffen (sog. Gemeindehoheiten)?*
4. *Verfassungsrechtliche Anforderungen an das Gesetz* a) Gesetzesvorbehalt: Erfordernis der Vereinbarkeit mit den formellen Verfassungsbestimmungen (Gesetzgebungskompetenz und Gesetzgebungsverfahren) b) Kernbereichsschutz oder Randbereichsschutz? c) Rechtfertigung	
Im Kernbereich: Keine Rechtfertigung möglich, da unantastbar	*Im Randbereich (nur Vertretbarkeitskontrolle):* aa) *Rechtssubjektsgarantie: Anhörung und Gründe des Gemeinwohls?* bb) *Aufgabenentzug bzw. Aufgabenüberbürdung: Beachtung des Aufgabenverteilungsprinzips* cc) *Eigenverantwortlichkeit: Verbleibt hinreichender Spielraum?*

4. Anhang

Literatur: *Schmidt-Aßmann*, in: Badura/Dreier (Hrsg.), FS BVerfG II, 2001, 801; *Knemeyer/Wehr*, Die Garantie der kommunalen Selbstverwaltung nach Art. 28 Abs. 2 GG in der Rechtsprechung des Bundesverfassungsgerichts, VerwArch 92 (2001), 317; *Schoch* u. *Schmidt-Aßmann*, in: Henneke/Meyer (Hrsg.), Kommunale Selbstverwaltung zwischen Bewahrung, Bewährung und Entwicklung (FS Schlebusch), 2006, 11 ff., 59 ff.; *Magen*, Die Garantie kommunaler Selbstverwaltung, JuS 2006, 404; *Katz/Ritgen*, DVBl. 2009, 1525; *Waechter*, Verfassungsrechtlicher Schutz der gemeindlichen Selbstverwaltung gegen Eingriffe durch Gesetz, AöR 135 (2010), 327; *Schönenbroicher*, in: Heusch/Schönenbroicher (Hrsg.), Landesverfassung NRW, 2010, Art. 78 Rn. 29 ff.; *Burgi*, Kommunalrecht, § 6.

Klausurfälle: *Grawert*, NWVBl. 1997, 235; *Halbig*, JuS 1999, 468; *Helbig*, NWVBl. 1999, 156; *Ingerowski*, Jura 2009, 303.

Kontrollfragen:
Vgl. bei § 1 Rn. 208.

§ 2. Kommunalrecht

II. Bestand und Finanzen

1. Begriff und Rechtsstellung

77 Gemeinden sind Verwaltungsträger, d.h. verselbständigte rechtsfähige Verwaltungseinheiten, mit Selbstverwaltung (vgl. bereits Rn. 54 ff.) und gehören innerhalb dieser Gruppe zu den Gebietskörperschaften (vgl. § 1 II GO). Als Körperschaften des öffentlichen Rechts sind sie mitgliedschaftlich organisiert (Mitglieder sind alle Personen mit Wohnsitz in der Gemeinde) und verfügen über **Gebietshoheit** (d.h. die Befugnis zur Erledigung bestimmter Verwaltungsaufgaben in ihrem Gebiet). § 1 I GO betont den Charakter der Gemeinde als „Grundlage des demokratischen Staatsaufbaus", durch die „das Wohl der Einwohner in freier Selbstverwaltung durch ihre von der Bürgerschaft gewählten Organe" gefördert wird. § 1 I 3 GO betont seit der GO-Reform 2007 zudem die „Verantwortung für die zukünftigen Generationen".

78 Ungeachtet der erheblichen Unterschiede in Größe und Struktur (etwa zwischen Köln, Münster und Sundern im Sauerland) konstituiert die GO die Einheitsgemeinde. Innerhalb der Einheitsgemeinde gibt es aber verschiedene **Gemeindekategorien.** Die wichtigste Trennlinie verläuft zwischen den kreisangehörigen Gemeinden, die einem Kreis eingegliedert sind und in deren Gebiet verschiedene Aufgaben durch den Kreis erledigt werden, und den kreisfreien Städten (welche der großen Städte hierunter fallen, ist in Einzelgesetzen über die Neugliederung der Regionen [z.B. Köln – Gesetz vom 5.11.1974, GVBl., 1072, berichtigt 1975, 130] festgelegt). Innerhalb der kreisangehörigen Gemeinden ist gemäß § 4 GO zu unterscheiden zwischen den Großen kreisangehörigen Städten (mehr als 60.000 Einwohner bzw. auf Antrag ab 50.000 Einwohner), den Mittleren kreisangehörigen Städten (mehr als 25.000 Einwohner bzw. auf Antrag ab 20.000 Einwohner) und allen übrigen Gemeinden.

79 Die Zugehörigkeit zu einer bestimmten Gemeindekategorie ist von Bedeutung für die Zuständigkeit für bestimmte Verwaltungsaufgaben (so fungieren nur die kreisfreien Städte, die Großen und die Mittleren kreisangehörigen Städte gemäß § 60 I Nr. 3 BauO als „untere Bauaufsichtsbehörden"), bei der Bestimmung der jeweiligen Aufsichtsbehörde (kreisfreie Städte: Bezirksregierung gemäß § 120 II GO; kreisangehörige Gemeinden: der Landrat gemäß § 117 I GO) und bei der gemeindeinternen Gliederung (vgl. sogleich). Ferner führt der Bürgermeister in kreisfreien Städten die Bezeichnung Oberbürgermeister (vgl. § 40 II 3 GO). Neben der Herabsenkung der Schwellenwerte für die Zuordnung zu den Großen bzw. den Mittleren kreisangehörigen Städten hat der Gesetzgeber in § 4 VIII eine Eröffnungsklausel zugunsten einer aufgabenunabhängigen interkommunalen Zusammenarbeit eingefügt. Danach können Gemeinden, die für sich gesehen mit ihrer Einwohnerzahl den für die Wahrnehmung bestimmter Aufgaben geforderten Schwellenwert nicht überschreiten, „additiv", d.h. durch die Summe ihrer Einwohnerzahlen die Aufgabenwahrnehmungszuständigkeit erreichen. Des weiteren ist (in XIII lit. b)) die Möglichkeit einer Vereinbarung mit dem Kreis vorgesehen,

B. Die Rechtsstellung der Gemeinden im Staat   149

dass dieser eine oder mehrere Aufgaben übernimmt (die Einzelheiten sind geschildert bei *Dünchheim*, Kommunalrecht NRW, Kurzkommentar, 2008, S. 39 f.).

Die Gemeinden sind **rechtsfähig**, d. h. sie können Träger von Rechten und Pflichten sein, was aus ihrer Eigenschaft als juristische Personen des öffentlichen Rechts folgt. Dies führt dazu, dass sie im Privatrechtsverkehr Verträge abschließen können (Beispiel: Anmietung eines Gebäudes für das Rathaus). Die Rechtsfähigkeit wird begrenzt durch die sog. Verbandskompetenz, welche nach Art. 28 II GG auf die „Angelegenheiten der örtlichen Gemeinschaft" bzw. nach Art. 78 II LV auf das eigene „Gebiet" beschränkt ist. Verwaltungsakte außerhalb dieses Wirkungskreises sind wegen fehlender „Zuständigkeit" als rechtswidrig anzusehen (beachte aber §§ 44 II Nr. 3, III; 46 VwVfG), während Verwaltungsverträge anhand des Fehlerfolgenrechts des § 59 VwVfG zu beurteilen sind. Privatrechtliche Handlungen sind nach der bislang herrschenden sog. ultra-vires-Lehre (ausführlich *Ehlers*, Die Lehre von der Teilrechtsfähigkeit juristischer Personen des öffentlichen Rechts und die Ultra-vires-Doktrin des öffentlichen Rechts, 2000) als nicht existent anzusehen. Keine Besonderheiten bestehen im Hinblick auf die (Amts-)Haftung, die Handlungs-, Partei-, Prozess- bzw. Beteiligten- und die Dienstherrenfähigkeit. 80

Wichtig für die mitgliedschaftliche Verbundenheit der Einwohner ist der **Name** der Gemeinde. Er ist verfassungsrechtlich geschützt. § 13 I GO enthält Vorschriften über die Namensbestimmung und die Namensänderung. Abwehransprüche wegen Anmaßung bzw. Nichtbeachtung eines Gemeindenamens durch andere Hoheitsträger können daher auf der Grundlage der Selbstverwaltungsgarantie vor den Verwaltungsgerichten geltend gemacht werden. Gegenüber Privaten fungiert § 12 BGB als Grundlage von Unterlassungs- und Beseitigungsansprüchen. § 13 II GO regelt ferner die Führung von „Bezeichnungen" („Stadt", „Kreisstadt"), § 14 GO die Führung von Dienstsiegeln, Wappen und Flaggen. Seit 2011 sind Bezeichnungen möglich, die auf geschichtliche Ereignisse (z.B. „Stadt des Westfälischen Friedens") oder auf Eigenschaften (z.B. „Spargel-Stadt") hinweisen (nach § 13 III GO). 81

> **Beispiele:** Namensgebrauch im Internet (LG Mannheim, NJW 1996, 2736); Versagung der Zustimmung zur Namensänderung durch den Staat (BVerfGE 59, 216, 228 f.: zumindest Anhörung notwendig); Anspruch auf Umbenennung eines Bahnhofs? (BVerwGE 4, 351); Beseitigung der Möglichkcit, bei der Abstemplung von amtlichen Kennzeichen nach StVZO ein Stadtwappen auf der Plakette anzubringen (BVerfG, NVwZ 2001, 317: nicht verfassungswidrig). Neben der Benennung von Ortsteilen obliegt den Gemeinden auch die Benennung der öffentlichen Straßen und Wege (§ 4 II 3 StrWG). Gegen den entsprechenden Verwaltungsakt, der ausnahmsweise (vgl. näher C IV, Rn. 252) Außenwirkung schon aus sich heraus entfaltet („self-executing") und vom Bürgermeister lediglich bekannt zu geben ist, kann zur Durchsetzung des Anspruchs auf ermessensfehlerfreie Berücksichtigung der Anliegerinteressen Anfechtungsklage erhoben werden (vgl. OVG NRW, KommJur 2008, 336).

2. Gemeindegebiet

82 Eine Gemeinde existiert als Gebietskörperschaft nur durch das ihr zugewiesene Gebiet. Das Gemeindegebiet besteht aus Grundstücken, die nach geltendem Recht zu den Gemeinden gehören, vgl. § 16 GO. Nach § 15 GO sind bei der Abgrenzung die örtliche Verbundenheit der Einwohner und die Leistungsfähigkeit der Gemeinde ausschlaggebend. Grundsätzlich gehören alle Grundflächen zu einer bestimmten Gemeinde (sog. gemeindefreie Gebiete, v. a. Truppenübungsplätze, bilden die Ausnahme). §§ 17 ff. GO enthalten Regelungen über die Statthaftigkeit von **Gebietsänderungen**. In den 60er und 70er Jahren erfolgte in NRW eine Reduzierung von 2334 auf 396 Gemeinden! Gebietsänderungen können nur erfolgen nach Anhörung der betroffenen Gemeinden (dazu BVerfG, NVwZ 2003, 850 [854]). In materieller Hinsicht sind „Gründe des öffentlichen Wohls" (§ 17 I GO) erforderlich. Die in Einzelfällen relevanten Vorgaben sind der Rechtsprechung des VerfGH zu entnehmen, der einen Prognose- und Entscheidungsspielraum des Landes respektiert.

Vgl. VerfGH NW, OVGE 31, 290; VerfGH NW, NWVBl. 1991, 187; VerfGH NW, DVBl. 1997, 1107 (Garzweiler II); *Tettinger*, in: Löwer/Tettinger, Verf NRW, 2002, Art. 78 Rn. 52 ff.; *Schönenbroicher*, in: Heusch/Schönenbroicher (Hrsg.), Kommentar zur Landesverfassung NRW, 2010, Art. 78 Rn. 45; vgl. ferner § 1 Rn. 176). Unter Beachtung der §§ 18 u. 19 GO können Gebietsänderungen auch freiwillig, durch koordinationsrechtlichen Vertrag nach § 54 VwVfG, erfolgen.

3. Gemeindeinterne Gliederung

83 Die kreisfreien Städte sind gem. § 35 GO verpflichtet, das gesamte Stadtgebiet in Bezirke aufzuteilen und in diesen eine gewählte Bezirksvertretung, einen Bezirksvorsteher (vgl. §§ 36 f. GO; *optional „Bezirksbürgermeister"*) und eine Bezirksverwaltungsstelle zu bilden (vgl. § 38 GO). In den kreisangehörigen Gemeinden besteht die Möglichkeit, das Gebiet in „Bezirke (Ortschaften)" zu gliedern (§ 39 GO), wobei dann entweder „Bezirksausschüsse" zu bilden oder ein „Ortsvorsteher" (*optional „Ortsbürgermeister"*) zu wählen ist (§ 39 II GO). All diese Verwaltungseinheiten sind Untergliederungen der Gemeinde, keine selbstständigen Verwaltungsträger. Streitigkeiten zwischen ihnen und den Gemeinden (u. a. über die Kompetenzabgrenzung, vgl. § 37 GO) sind daher Innenrechtsstreitigkeiten (sog. Kommunalverfassungsstreitverfahren, vgl. Rn. 272 ff.; als Beispiel aus der Rechtsprechung: Reduzierung der Zahl der Stadtbezirke; VG Düsseldorf, NWVBl. 2009, 445).

4. Finanzielle Situation und Haushaltswesen

84 Die kommunale Selbstverwaltung kann nur gedeihen, wenn sie hinreichend mit Finanzmitteln ausgestattet ist. Dies zeigt die seit langem bestehende Kri-

B. Die Rechtsstellung der Gemeinden im Staat 151

sensitutation bei den Haushalten zahlreicher Kommunen, welche sich durch die Finanzmarktkrise weiter verschärft hat. Zugleich wurden die kommunalen Haushalte als Instrument der Krisenbekämpfung durch Nachfrage nach Bau- und Unterhaltungsleistungen wahrgenommen. Der Bund hat die Kommunen hierbei im Rahmen des sog. Konjunkturpakets II unterstützt (vgl. hierzu *Meyer/Freese*, NVwZ 2009, 609). Die Eigenverantwortlichkeit in finanzieller Hinsicht wird verfassungsrechtlich als „Kerngarantie" gewährleistet; vgl. Art. 78 I LV (sog. Finanzhoheit, vgl. § 1 Rn. 189). Zur finanziellen Eigenverantwortlichkeit zählen der Erwerb und die Verwaltung des Gemeindevermögens (alle im Eigentum der Gemeinde stehenden Sachen und ihr zustehende Rechte inkl. Kredite und Entgelte bei privatrechtsförmigem Handeln; vgl. §§ 89, 90 GO), eigene Einnahmen aus Abgaben und im Wege des Finanzausgleichs sowie eine eigene Ausgabenwirtschaft (Verwendung des zur Verfügung stehenden Finanzvolumens), die Haushaltsplanung und eine eigene Rechnungsführung. Der angespannten Haushaltslage soll mit der im Jahre 2004 bewirkten Verschärfung des in Art. 78 III LV enthaltenen **Konnexitätsprinzips** entgegen getreten werden. Es erachtet Aufgabenübertragungen auf die Gemeinden nur in Verbindung mit entsprechenden Kostenregelungen für zulässig (vgl. hierzu *Schink*, NWVBl. 2005, 85; *Meier/Greiner*, NWVBl. 2005, 92; *Buschmann/Freimuth*, NWVBl. 2005, 365; *Bruns*, Die Aufgabenverlagerung des Landes NRW auf die Kommunen und die Frage der Finanzierungsfolgen, 2006; *Durner*, in: Burgi/Palmen [Hrsg.], Verwaltungsstrukturreform NRW, 2008, S. 119 ff.). Der VerfGH NRW hatte sich im Jahre 2010 hiermit aus Anlass der Kommunalisierung der früheren Versorgungsverwaltung (NWVBl. 2010, 269, und hierzu *Engels*, VerwArch 102 [2011], 285) und in Bezug auf das Kinderförderungsgesetz (DVBl. 2010, 1561, und hierzu *von Kraack*, NWVBl. 2011, 41) zu befassen und dabei die tatbestandlichen Voraussetzungen (wann liegt eine konnexitätsrelevante Änderung bestehender Aufgaben vor?) und die Rechtsfolgen konkretisiert. Aktuell wird über die Konnexitätsanforderungen aus Anlass der Aufgabe, das gemeinsame Lernen von behinderten und nicht behinderten Kindern in einer Schule in einem weiteren Umfang zu ermöglichen, diskutiert (sog. Inklusion; vgl. *Schwarz*, NWVBl. 2013, 81; *Jäger*, NWVBl. 2013, 121). Darüber hinaus sichert Art. 79 LV den Kommunen zur Erfüllung ihrer Aufgaben das Recht auf Erschließung eigener Steuerquellen. Diese Grundelemente haben ihre einfachgesetzliche Konkretisierung im kommunalen Finanzsystem und im Haushaltsrecht gefunden.

Die finanzielle Absicherung beruht auf drei Säulen. Zunächst erfolgt sie 85 originär durch (Verwaltungs- und Benutzungs-)**Gebühren** und **Beiträge** für Leistungen bzw. öffentliche Einrichtungen (unter Beachtung des sog. Kostendeckungs- und des sog. Äquivalenzprinzips) sowie durch Steuern (vgl. Art. 28 II 3 Hs. 2 GG; Art. 79 S. 1 LV sowie Art. 106 V–VIII GG). Bei den **Steuern** (vgl. Art. 79 S. 1 LV; hierzu § 1 Rn. 199 f.) sind zu unterscheiden Realsteuern (vgl. Art. 106 VI 1 1. Hs. GG), zu denen auch die neue „Gemeindewirtschaftssteuer" (früher: Gewerbesteuer) zählt, der Gemeindeanteil an der Einkommensteuer gemäß Art. 106 V GG und an der Umsatzsteuer gemäß Art. 106 V a GG sowie die örtliche Verbrauch- und Aufwandsteuer (vgl. Art. 106 VI 1 2. Hs. GG). Die Gesetzgebungsbefugnis über diese örtliche Steuer (z.B. Vergnügungssteuer, Hundesteuer [zuletzt OVG NRW, NWVBl. 2011, 154], Übernachtungssteuer [BVerwG, NVwZ 2012, 1407] sowie die gerade für Studierende relevante Zweitwohnungsteuer [BVerwG, NVwZ 2009, 1437) liegt bei den Ländern, solange keine Gleichartigkeit mit bundesgesetzlich geregelten Steuern anzunehmen ist, vgl. Art. 105 II a GG. In diesem Zusammenhang hat das BVerfG (NJW 1998, 2341) mit Blick auf die „Verpackungssteuer" ausgeführt, dass Lenkungswirkungen in einem nichtsteuerlichen Kompetenzbereich zwar grundsätzlich zulässig seien, allerdings nur, soweit hierdurch kein Widerspruch zur Regelung der jeweiligen Sachmaterie erfolge. Im Falle der Verpackungssteuer sei diese aufgrund Widerspruchs zum Abfallrecht unzulässig. Darüber hinaus kommt den Gemeinden kein Steuererfindungsrecht zu; die in § 7 GO vorgesehene Generalermächtigung zum Erlass von Satzungen genügt dem hier greifenden Parlamentsvorbehalt nicht (vgl. noch Rn. 313 ff.). Schließlich erwachsen den Kommunen privatrechtliche Einnahmen, z. B. aus ihrer Wirtschaftstätigkeit (vgl. Rn. 381 ff.), aus privatrechtlichen Leistungsentgelten bzw. Konzessionsabgaben und über Sponsoringmaßnahmen (dazu *Burgi* [Hrsg.], Sponsoring der öffentlichen Hand, 2009). In diesem Zusammenhang ist auf die vieldiskutierten Leasing-Transaktionen (Beispiel: Sog. Cross-Border-Leasingvertrag über das gemeindeeigene Abwassernetz mit einem US-Investor) hinzuweisen (vgl. hierzu VG Gelsenkirchen, NWVBl. 2004, 115; OVG NRW, NWVBl. 2007, 110, und zu den Auswirkungen der Finanzmarktkrise *Rietdorf*, KommJur 2008, 441; *Rahm*, NVwZ 2010, 288). Diese Verträge unterliegen dem Informationszugangsanspruch nach dem InformationsfreiheitsG NRW (OVG NRW, NWVBl. 2010, 479).

86 Zweitens erfolgt die Finanzierung durch Zuweisungen im Rahmen des **allgemeinen Finanzausgleichs**, Art. 79 S. 2 LV (vgl. auch Art. 106 VII 2 GG, und § 1 Rn. 198 ff.). Art und Höhe werden jeweils in den jährlich neu zu erlassenden Gemeindefinanzierungsgesetzen festgelegt, wobei den Gemeinden kein Anspruch auf eine bestimmte Höhe an Zuweisungen zusteht, sondern eine Garantie an Mindestausstattung. Aktuelle Urteile des VerfGH NRW betreffen den „Vorbehalt der finanziellen Leistungsfähigkeit des Kindes" (DVBl. 2011, 1155) und die für verfassungswidrig erklärten Finanzierungsbeteiligungen der Gemeinden an den Lasten der Deutschen Einheit (DVBl. 2012, 837). Zudem gewährt der Bund Zuweisungen im Falle von Sonderbelastungen (vgl. Art. 106 VIII GG) sowie unter bestimmten Voraussetzungen Finanzhilfen für besonders bedeutsame Investitionen (vgl. Art. 104 a GG). Drittens findet eine finanzielle Absicherung im Wege der **Kostenerstattung** aus Anlass der Übertragung von neuen Aufgaben statt: Art. 78 III LV i.V.m. § 3 IV GO verpflichten das Land bei einer Zuweisung neuer Aufgaben an die Gemeinden, gleichzeitig festzulegen, wie die entstehenden Kosten gedeckt werden (vgl. bereits Rn. 84, und § 1 Rn. 204 ff.).

87 Der rechtliche Rahmen, innerhalb dessen die Kommunen ihre Einnahmen- und Ausgabenhoheit auszuüben haben, ist das **Haushaltsrecht**, bestehend aus dem haushaltsrechtlichen Abschnitt der GO (vgl. §§ 75 ff.) und der Gemeindehaushaltsverordnung v. 16.11.2004 (GVBl., 644, ber. GVBl. 2005,

B. Die Rechtsstellung der Gemeinden im Staat 153

15), zuletzt geändert durch VO v. 8.12.2009 (GVBl., 837). Aufgabe des Haushaltsrechts ist es, „eine wirkungsvolle Planung, Verwaltung, Verwendung und Kontrolle der öffentlichen Finanzen zu ermöglichen". Die Kernaussage zum gemeindlichen Haushalt trifft § 75 GO: Danach hat die Haushaltswirtschaft der stetigen Erfüllung der gemeindlichen Aufgaben unter Berücksichtigung der Erfordernisse des gesamtwirtschaftlichen Gleichgewichts, insbesondere den Grundsätzen der Sparsamkeit und Wirtschaftlichkeit sowie der Ausgeglichenheit, zu dienen. Rechtliche Grundlage der Haushaltswirtschaft ist die für jedes Kalenderjahr gem. § 78 GO als Pflichtsatzung (vgl. Rn. 297) zu erlassende Haushaltssatzung. Diese enthält die Festsetzung des Haushaltsplanes unter Angabe des Gesamtbetrages der Einnahmen und Ausgaben sowie des Höchstbetrages an Kassenkrediten und der jährlich neu festzusetzenden Steuersätze. Nach Ablauf des Haushaltsjahres unterliegt die Ausführung des Haushaltsplans sowohl einer gemeindeinternen (vgl. §§ 95 f. GO) als auch einer überörtlichen Prüfung (vgl. § 105 GO). Grundlage der internen Prüfung ist die vom (Gemeinde- oder Stadt-)Kämmerer gem. § 95 GO innerhalb von drei Monaten zu erstellende Jahresrechnung. Diese wird nach Maßgabe des § 101 GO durch den Rechnungsprüfungsausschuss geprüft, welcher sich bei kreisfreien Städten sowie Großen und Mittleren Gemeinden (vgl. § 102 I 1 GO) des entsprechenden Rechnungsprüfungsamtes bedient (vgl. § 101 VIII GO; zu dessen Unterworfenheit unter das InformationsfreiheitsG NRW vgl. OVG NRW 2006, 292; zur Rechtstellung der Leitungen der örtlichen Rechnungsprüfung in NRW, vgl. *Oebbecke/Desens*, 2011). Bei den sonstigen Gemeinden besteht ein solches Amt bei Bedarf (vgl. § 102 I 2 GO). Die geprüfte Jahresrechnung wird gem. § 96 I GO sodann vom Rat beschlossen. Zugleich wird der Bürgermeister entlastet; Beschluss und Entlastung werden unverzüglich der Aufsichtsbehörde mitgeteilt und öffentlich bekannt gemacht (vgl. § 96 II GO). Darüber hinaus unterliegt das gemeindliche Haushaltswesen einer überörtlichen Prüfung, welche sowohl die Einhaltung des Haushaltsplanes als auch die erfolgte örtliche Prüfung einer Gesetzmäßigkeitskontrolle unterzieht. Sie wird gem. § 105 I GO als Teil der allgemeinen Aufsicht des Landes über die Gemeinden von der Gemeindeprüfungsanstalt durchgeführt. Diese ist gem. § 105 II GO bei der Prüfung unabhängig und an Weisungen nicht gebunden. Das Prüfungsergebnis wird gem. § 105 IV GO insbesondere der Aufsichtsbehörde sowie bei Betroffenheit auch der Fachaufsichtsbehörde mitgeteilt. Mehr als 40 % der Kommunen in NRW unterliegen der Pflicht zur Aufstellung eines sog. Haushaltssicherungskonzepts, gem. § 76 GO (vgl. hierzu die gleichnamige Arbeit von *Diemert*, 2005); in der Folge müssen z.B. Finanzierungslücken in Kindertagesstätten vorrangig durch höhere Elternbeiträge statt durch Steuern oder Kredite abgedeckt werden (OVG NRW, NWVBl. 2007, 347; vgl. ferner OVG NRW, DVBl. 2009, 1181). Auch in diesem Bereich (vgl. ferner Rn. 12, 162 ff.) finden vermehrt Modernisierungsprozesse statt (vgl. *Pünder*, Haushaltsrecht im Umbruch, 2003); Stichwort: Neues Kommunales Finanzmanagement (NKF) infolge des NKF-Einführungsgesetzes v. 16.11.2004 (GVBl., 644). Teilweise wird versucht, Sparvorschläge aus der Bürgerschaft zu mobilisieren, indem über ein moderiertes Verfah-

§ 2. Kommunalrecht

ren ein sog. Bürgerhaushalt (ohne unmittelbare rechtliche Relevanz) erarbeitet wird.

5. Anhang

88 **Literatur:** *Sensburg*, Die finanzielle Ausstattung der Bezirksvertretungen in Nordrhein-Westfalen, KomJur 2005, 212; *Kasper*, Kommunale Steuern, 2006; *Henneke/Pünder/Waldhoff* (Hrsg.), Recht der Kommunalfinanzen, 2006; *Henneke/Strobl/Diemert* (Hrsg.), Recht der kommunalen Haushaltswirtschaft, 2008; *Siegel*, Einleitung in das Kommunalabgabenrecht, JuS 2008, 1071; *Bernhardt/Mutschler/Schwingeler*, Kommunales Finanz- und Abgabenrecht NRW, 12. Aufl. 2010; *Schwarting*, Der kommunale Haushaltsplan, 4. Aufl. 2010; *Bertrams*, Der Schutz der kommunalen Finanzhoheit durch das Konnexitätsprinzip der nordrhein-westfälischen Landesverfassung, in: Sachs/Siekmann (Hrsg.), FS Stern, 2012, 3; *Sarnighausen/Gatanis*, Fragen der kommunalen Finanzausstattung in der Rechtsprechung des VerfGH NRW und des OVG NRW, NWVBl. 2013, 236.

Klausurfall: *Krumm/Schäfers*, NWVBl. 2011, 32, *Stumpf*, Jura 2012, 543 (Straßenumbenennung)

Kontrollfragen:

1. Kann die Stadt Düsseldorf in München Verwaltungsakte erlassen bzw. Mietverträge abschließen?
2. Spielt es eine Rolle, ob Abwehransprüche wegen Nichtbeachtung eines Gemeindenamens gegen andere Hoheitsträger oder gegen Private geltend gemacht werden?
3. Welche Anforderungen sind bei zwangsweise herbeigeführten Gebietsänderungen zu beachten?

III. System der gemeindlichen Aufgaben und Staatsaufsicht

1. Überblick und Relevanz

a) Normebenen

89 Bei der Beschäftigung mit den gemeindlichen Aufgaben zeigt sich, dass es **verschiedene Aufgabenkategorien** gibt. So trifft man in Nordrhein-Westfalen auf sog. freiwillige und pflichtige Selbstverwaltungsangelegenheiten (mit oder ohne staatlichem Weisungsrecht), aber auch auf Auftragsangelegenheiten und Fälle der sog. Organleihe. Art. 28 II 1 GG kennt allerdings nur zwei Kategorien, nämlich die Selbstverwaltungsaufgaben (= Angelegenheiten der örtlichen Gemeinschaft, d. h. des eigenen Wirtschaftskreises) und die staatlichen Auftragsangelegenheiten (= Fremdaufgaben im übertragenen Wirkungskreis). Die Erledigung der Selbstverwaltungsangelegenheiten wird durch Art. 28 II GG geschützt, während die Erledigung der staatlichen Auftragsangelegenheiten außerhalb von dessen Gewährleistungsbereich liegt.

90 Der juristische Umgang mit diesen Aufgabenkategorien bereitet große Schwierigkeiten. Es ist **Sache des Landesgesetzgebers**, für die rechtliche Umsetzung bzw. Weiterentwicklung der Mindestgarantien des Art. 28 II GG zu sorgen. Hierbei kann der für das Kommunalrecht zuständige Landesgesetz-

B. Die Rechtsstellung der Gemeinden im Staat

geber (vgl. Rn. 6) Aussagen über die Zuordnung von Aufgaben zu einer bestimmten Aufgabenkategorie vornehmen, weswegen sich in den einzelnen Bundesländern verschiedene Ausgestaltungen ergeben haben. Im Verlaufe einer langen Entwicklung hat sich so eine Unterscheidung zwischen Ländern mit dualistischem und Ländern mit monistischem (einheitlichem) Aufgabenmodell herausgebildet.

Der nordrhein-westfälische Gesetzgeber hat sich gegen eine dualistische Ausgestaltung und für den sog. **Monismus** entschieden. Das monistische Aufgabenmodell lässt sich konzeptionell zurückführen auf den im Jahre 1948 von einer Konferenz der Innenminister und der kommunalen Spitzenverbände erarbeiteten sog. Weinheimer Entwurf (abgedruckt bei *Pagenkopf*, Kommunalrecht I, 2. Aufl. 1975, 168). Danach soll es einen einheitlichen Begriff der Verwaltungsaufgaben auf kommunaler Ebene geben, deren Erfüllung grundsätzlich den Gemeinden obliegt. Dieser Bereich ist mithin nicht allein auf die örtlichen Angelegenheiten beschränkt, sondern geht darüber hinaus. In NRW ist dieses Modell jedenfalls auf der einfachgesetzlichen Ebene verankert worden, und zwar in §§ 2, 3 GO (zur diesbezüglichen Bedeutung des Art. 78 LV vgl. *Burgi*, NWVBl. 2004, 131 [132]; § 1 Rn. 174 ff.). 91

b) Selbstverwaltungsangelegenheiten und staatliche Auftragsangelegenheiten

Die Zuordnung einer bestimmten gemeindlichen Aufgabe zu der einen oder anderen Kategorie ist keineswegs akademischer Natur, sondern sie erweist sich in zahlreichen wichtigen Situationen in Klausur und Praxis als relevant. Dabei bleibt die durch das Grundgesetz vorgegebene Ausgangslage als solche, d.h. im Hinblick auf den grundgesetzlichen und den bundes- bzw. landesverfassungsgerichtlichen Schutz (vgl. Rn. 54 ff.; § 1 Rn. 172 ff.) unverändert. Der Umfang der Verfassungsgarantie des Art. 28 II 1 GG kann weder durch die Landesverfassungen noch durch die einfachen Landesgesetze erweitert werden. Veränderungen und teilweise erhebliche Unterschiede ergeben sich aber im Hinblick auf verschiedene einfachrechtliche Konsequenzen; weitere Konsequenzen bestehen im Hinblick auf die Befugnis zum Erlass von Satzungen bzw. Rechtsverordnungen (vgl. dazu Rn. 286 ff., 294 f.) sowie im Hinblick auf die Verteilung der Kosten für die Erledigung der betreffenden Aufgaben. 92

Übersicht: Rechtsfolgen bei Selbstverwaltungsangelegenheiten bzw. bei staatlichen Auftragsangelegenheiten 93

Selbstverwaltungsangelegenheiten	*Staatliche Auftragsangelegenheiten*
Problemkreis 1: Schutz der Gemeinde gegen den Staat (Staatsaufsicht, Verwaltungsakte bzw. Widerspruchsbescheide gegenüber privaten Dritten [z.B.: staatliche Behörde hebt nach Widerspruch eines Bürgers eine gemeindliche Anordnung auf]):	Kein Verwaltungsakt wegen fehlender Außenwirkung (wenn Auftragsangelegenheit fälschlicherweise behauptet wird bzw. wenn Maßnahme primär an privaten Dritten adressiert ist, dann Verwaltungsakt; Rn. 131 f.).

– Außenwirkung gegeben, daher Verwaltungsakt bei Vorliegen der übrigen Voraussetzungen (§ 35 VwVfG) zu bejahen. – Klagebefugnis für Anfechtungsklage bzw. andere Klagearten gem. § 42 II VwGO (analog) zu bejahen, da rechtfertigungsbedürftiger staatlicher Eingriff in subjektive Position der Gemeinde (Selbstverwaltungsrecht). – Aufsichtsmaßstab: Rechtmäßigkeit („allgemeine Aufsicht" gemäß § 119 I GO; vgl. Rn. 110 ff.)	– Klagebefugnis gem. § 42 II VwGO (analog): grundsätzlich zu verneinen; außer wenn – fälschlicherweise Einordnung als Auftragsangelegenheit, – infolge der Intensität der staatlichen Maßnahme zugleich die gemeindlichen Selbstverwaltungsaufgaben beeinträchtigt sind, – Personal- oder Organisationshoheit beeinträchtigt (vgl. Gern, Deutsches Kommunalrecht, 3. Aufl. 2003, Rn. 242; Vietmeier, DVBl. 1993, 192), – ausnahmsweise qua Fachgesetz über die Schutznormtheorie (vgl. Rn. 136 ff.).
– Aufsichtsmaßstab: Rechtmäßigkeit („allgemeine Aufsicht" gemäß § 119 I GO; vgl. Rn. 110 ff.)	– Aufsichtsmaßstab: Rechts- und Fach- bzw. Sonderaufsicht (vgl. § 119 II GO; vgl. Rn. 113 f.)
Problemkreis 2: *Schutz des Bürgers gegen die Gemeinde* – *Gemeindliche Ausgangsbehörde auch Widerspruchsbehörde gem. § 73 I 2 Nr. 3 VwGO.* – *Gemeindeinterne Zuständigkeitsverteilung (Rat/Bürgermeister) nach allgemeinen Regeln (vgl. Rn. 217 ff., 250 ff.).*	**Problemkreis 2**: *Schutz des Bürgers gegen die Gemeinde* – *Bestimmung der zuständigen Widerspruchsbehörde nach § 73 I 3 VwGO i.V.m. § 111 JustG NRW.* – *Gemeindeinterne Zuständigkeitsverteilung: Spezielle Bestimmungen (vgl. Rn. 217 ff., 250 ff.).*

2. Monismus in NRW

94 In Nordrhein-Westfalen (ebenso u. a. in Baden-Württemberg und Schleswig-Holstein) ist ein **einheitlicher Begriff** aller öffentlichen Aufgaben zugrunde zu legen, wobei die Verantwortung für die Erfüllung dieser Aufgaben grundsätzlich bei den Gemeinden liegt. Sonderfälle (vgl. sogleich 3) bilden die staatlichen Auftragsangelegenheiten kraft Bundesrecht und die Organleihe. Seit dem Inkrafttreten von Landesverfassung und GO werden Aufgaben nicht mehr als **Auftragsangelegenheiten** auferlegt. Gemäß Art. 78 IV 2 LV., § 3 II GO werden stattdessen sog. Pflichtaufgaben nach Weisung statuiert. Die bereits zu diesem Zeitpunkt bestehenden Auftragsangelegenheiten bleiben als solche bestehen (§ 129 GO), sind aber ebenfalls nicht von der Verfassungsgarantie des Art. 78 LV erfasst. Auf sie wird nachfolgend nicht mehr eingegangen. Innerhalb des nachkonstitutionellen Aufgabenbestands ist nun zu unterscheiden zwischen freiwilligen und pflichtigen Selbstverwaltungsangelegenheiten sowie Pflichtaufgaben zur Erfüllung nach Weisung.

B. Die Rechtsstellung der Gemeinden im Staat   157

a) Freiwillige und pflichtige Aufgaben

Innerhalb der Selbstverwaltungsangelegenheiten ist zwischen den freiwilligen 95
und den pflichtigen Aufgaben zu unterscheiden. Soweit es den Gemeinden
überlassen bleibt, welche Aufgaben sie wahrnehmen wollen, spricht man
von **freiwilligen Aufgaben;** jede Gemeinde kann über „Ob" und „Wie" entscheiden (sog. Aufgabenfindungsrecht). Angesichts der finanziellen Situation
der meisten Gemeinden ist der Kreis dieser Aufgaben sehr klein geworden.
Sind die Gemeinden zur Wahrnehmung bestimmter Aufgaben gesetzlich
verpflichtet, bleibt ihnen aber die Art und Weise der Wahrnehmung im
Rahmen der Gesetze (das „Wie") überlassen, spricht man von **pflichtigen –
weisungsfreien – Selbstverwaltungsaufgaben.** Beide Aufgabenkategorien
fallen als „öffentliche Aufgaben" in den Geltungsbereich des Art. 78 LV
(bzw. als „örtliche Angelegenheiten" unter Art. 28 II GG) und lösen die
oben (Rn. 93) in der linken Spalte genannten Rechtsfolgen aus.

Freiwillige Aufgaben sind zahlreiche Einrichtungen der sog. Daseinsvorsorge
(Sportplätze, Badeanstalten, Museen, Theater etc.) sowie die Wirtschaftsförderung
im örtlichen Bereich und die Sparkassen (vgl. § 1 SparkassenG NRW). Zu den
pflichtigen Aufgaben gehören dagegen z.B. die Errichtung von Grund- und Hauptschulen sowie (nach Bedürfnis) von Realschulen und Gymnasien (vgl. § 78 SchulG
NRW), die Bauleitplanung (vgl. § 1 III BauGB), die Erschließung von Bauland
(vgl. § 123 BauGB) oder der Bau von Gemeindestraßen (vgl. § 47 StrWG NRW).

b) Pflichtaufgaben zur Erfüllung nach Weisung

Kraft Landesrechts gibt es keine neuen Auftragsangelegenheiten mehr 96
(Rn. 57, § 1 Rn. 183). Nach Art. 78 IV 2 LV kann sich das Land aber bei
Pflichtaufgaben ein Weisungs- und Aufsichtsrecht nach näherer gesetzlicher Bestimmung vorbehalten, vgl. § 3 II GO. Die staatliche Weisungsbefugnis folgt hier nicht aus dem Charakter als staatliche Aufgabe, sondern
muss in jedem Einzelfall auf eine **gesetzliche Grundlage** zurückgeführt
werden können, welche Grenzen und Befugnisse der Aufsichtsbehörde
eindeutig festlegt.

Die Gemeinden sind hierbei mit der Verwaltungsorganisation auf der un- 97
teren Ebene des Landes (vgl. Rn. 105 f.) in der Weise verzahnt, dass diejenigen Aufgaben, die das Land nicht mit eigenen unteren Verwaltungsbehörden
wahrnehmen will, als Pflichtaufgaben nach Weisung ausgestaltet worden
sind. Diese Ausgestaltung kann als „Kommunalisierung" bezeichnet werden.
Sie tritt neben den sogleich vorzustellenden Sonderfall der Organleihe
(Rn. 105 f.). Die Landesregierung hat im Jahre 2007 in zwei großen Verwaltungsbereichen kommunalisiert: Bei der Versorgungsverwaltung (durch das
Zweite Gesetz zur Straffung der Behördenstruktur v. 30.10.2007 [GVBl.,
482]; hierdurch wurden Aufgaben nach dem Schwerbehinderten- und nach
dem Elterngeld- und Elternteilzeitgesetz als Pflichtaufgaben zur Erfüllung
nach Weisung auf die Kreise und kreisfreien Städte übertragen) sowie im
Bereich der Umweltverwaltung durch das Gesetz zur Kommunalisierung von
Aufgaben des Umweltrechts (GVBl., 662); diese Aufgaben wurden als
Pflichtaufgaben ohne Weisung übertragen, was so wichtige Gesetze wie das

BImSchG oder das Landeswassergesetz betrifft. Dies zielt zum einen auf den Abbau von Verwaltungsstellen beim Land und zum anderen auf eine Stärkung der als orts- und bürgernäheren eingeschätzten kommunalen Ebene. Die Intentionen und die einzelnen Maßnahmen sind eingehend dargestellt bei *Palmen/Schönenbroicher*, NVwZ 2008, 1173, sowie unter verschiedenen Aspekten erörtert in dem von *Burgi/Palmen* hrsg. Tagungsband „Die Verwaltungsstrukturreform des Landes NRW", 2008 (vgl. *Schönenbroicher*, in: Heusch/Schönenbroicher [Hrsg.] Verf NRW, 2010, Art. 78 Rn. 66 ff.). Mittelfristig dürften sich durch Maßnahmen dieser Reichweite die Beziehungen zwischen den Kommunen und dem Land verändern, woraus sich verschiedene Reformanstöße für das Organisations- wie für das Kommunalrecht ergeben könnten (ausführlich *Burgi*, DV 42 [2009], 155; *Henkel*, Die Kommunalisierung von Staatsaufgaben, 2010).

> Ein wichtiges **Beispiel** einer Pflichtaufgabe nach Weisung bildet die allgemeine Gefahrenabwehr durch die Ordnungsbehörden auf der Grundlage des OBG; vgl. §§ 3, 9 OBG NRW. Zudem sind diejenigen Angelegenheiten Pflichtaufgaben zur Erfüllung nach Weisung, die den Gemeinden als „(Sonder-)Ordnungsbehörde" zugewiesen sind (vgl. § 12 OBG), so z.B. die Angelegenheiten der Bauaufsicht (§ 60 I, II BauO NRW), der Abfallüberwachung (§ 35 AbfG NRW) und der Denkmalbehörden (§ 20 III DSchG NRW).

98 Problematisch ist die **Zuordnung** der Pflichtaufgaben zur Erfüllung nach Weisung innerhalb der durch Art. 28 II GG vorgegebenen Unterscheidung von Selbstverwaltungsangelegenheiten und staatlichen Auftragsangelegenheiten. Hier besteht im Gegensatz zu den Selbstverwaltungsaufgaben neben einer Rechtsaufsicht, gerichtet auf die Rechtmäßigkeit, auch eine (beschränkte, vgl. Rn. 110 ff.) Fachaufsicht (= Sonderaufsicht), gerichtet auf die Zweckmäßigkeit (vgl. § 119 II GO). Es greift aber kein uneingeschränktes Weisungsrecht wie im Falle der Auftragsangelegenheiten, vielmehr bestehen Weisungsbefugnisse nur nach Maßgabe einer konkreten gesetzlichen Regelung (vgl. etwa die nach dem Weisungsmaßstab differenzierende Regelung in § 7 OBG NRW). Fest steht, dass es sich bei den Pflichtaufgaben zur Erfüllung nach Weisung nicht um „örtliche Angelegenheiten" i.S.d. Art. 28 II GG handelt, so dass auf Bundesebene kein verfassungsrechtlicher Schutz gegeben ist.

99 Mit Blick auf die Landesebene soll es sich nach klassischer Auffassung infolge der bestehenden Weisungsrechte um Auftragsangelegenheiten (*Scheerbarth*, DVBl. 1953, 261; *Brohm*, DÖV 1986, 397 [398]; *Vietmeier*, DVBl. 1992, 413 [420]; *Schmitt-Kammler*, in: Burmeister u.a. (Hrsg.), FS Stern, 1997, 763 ff. m.w.N.), handeln. Demgegenüber setzt sich mehr und mehr (teilweise auch in der Rechtsprechung) die Auffassung durch, dass es sich um Selbstverwaltungsangelegenheiten handle, weil es in der Konsequenz des monistischen Aufgabenverständnisses (nach dem sog. Weinheimer Entwurf) liege, nur noch einen einheitlichen kommunalen Aufgabenkreis anzunehmen (*Erichsen*, Kommunalrecht NW, S. 69 ff.; *Riotte/Waldecker*, NWVBl. 1995, 401 ff.; zu Art. 78 II LV: VerfGH NW, DVBl. 1985, 685 (687); pauschal für Einordnung als „Selbstverwaltung" mit der Konsequenz der Qualifizierung

B. Die Rechtsstellung der Gemeinden im Staat

einer Weisung als Verwaltungsakt (mit Außenwirkung): OVG NW, NWVBl. 1995, 300 (301); von „Selbstverwaltungsangelegenheiten in abgeschwächter Form spricht BbgVerfG, NVwZ-RR 1997, 352). Eine vermittelnde Ansicht will die Pflichtaufgaben nach Weisung in einem Zwischenbereich ansiedeln und hält sie für „unechte, nur formelle Selbstverwaltungsangelegenheiten" (*Maurer*, Allgemeines Verwaltungsrecht, 18. Aufl. 2011, § 23 Rn. 16; wohl auch *Schmidt-Aßmann/Röhl*, in: Schmidt-Aßmann/Schoch, BesVerwR, Rn. 39, die zu Recht auf die Notwendigkeit der Interpretation jeder einzelnen landesgesetzlichen Bestimmung jenseits von Pauschalzuordnungen hinweisen).

Richtigerweise ist das Bewusstsein für die jeweilige **Normebene** ausschlaggebend. Im Sinne des Grundgesetzes und des einfachen Bundesrechts kann es sich bei diesen Aufgaben, deren Zuordnung eine Kreation der Landesgesetzgebung bildet, nicht um Selbstverwaltungsaufgaben handeln. Selbstverständlich ist aber der bundesrechtliche Selbstverwaltungsbegriff kein exklusiver, zumal der Begriff der „Selbstverwaltung" nur Mindestanforderungen enthält (vgl. Rn. 54 ff.; § 1 Rn. 172 ff.). Diese Mindestanforderungen (Betroffenenmitwirkung und Eigenverantwortlichkeit) sind aber auch bei den Pflichtaufgaben zur Erfüllung nach Weisung erfüllt: Mit der Zuweisung jener Pflichtaufgaben wird der gegenständliche Bereich kommunalen eigenverantwortlichen Agierens erweitert. Weisungen sind zwar möglich, aber nur unter bestimmten Voraussetzungen. Sie bilden die rechtfertigungsbedürftige Durchbrechung der Zuordnung zu einem einheitlichen kommunalen Aufgabenbereich. 100

Da es sich jedoch nicht um Selbstverwaltungsangelegenheiten i. S. d. Art. 28 II GG handelt, können die **Rechtsfolgen** nicht ohne weiteres anhand der obigen Übersicht (Rn. 93) bestimmt werden. Vielmehr ist wie folgt zu differenzieren: 101
– Den Weisungen kommt Außenwirkung i. S. d. § 35 LVwVfG zu, da auch hier die Gemeinde als selbständiges Rechtssubjekt auftritt; sie sind daher bei Vorliegen der übrigen Voraussetzungen Verwaltungsakte.
– Die Klagebefugnis gem. § 42 II VwGO ist gegeben. Das geltend gemachte subjektiv-öffentliche Recht ergibt sich aus der Landesverfassung und/oder aus dem einfachen Recht (nicht jedoch aus Art. 28 II GG). Daneben können die in der obigen Übersicht in der rechten Spalte genannten weiteren Ausnahmen die Klagebefugnis jedenfalls begründen. Gemeindliche Klagen gegen Weisungen können demnach erfolgreich sein, wenn dargelegt ist, dass das gesetzlich eingeräumte Weisungsrecht entweder gar nicht besteht oder überschritten worden ist.
– Zuständige Widerspruchsbehörde bei Widersprüchen der Bürger wäre von Bundesrechts wegen nicht die Gemeinde als Ausgangsbehörde, da es sich aus bundesrechtlicher Sicht nicht um Selbstverwaltungsangelegenheiten handelt (vgl. § 73 I 2 Nr. 3 VwGO). Der nordrhein-westfälische Landesgesetzgeber hat allerdings von der Ermächtigung des § 73 I 3 VwGO Gebrauch gemacht und bestimmt, dass auch in diesen Fällen die Ausgangsbehörde (d.h. die Gemeinde) den Widerspruchsbescheid erlässt (vgl. § 73 I 3 VwGO i.V.m. § 111 S. 1 JustG NRW).

§ 2. Kommunalrecht

- Hinsichtlich der gemeindeinternen Zuständigkeit bestehen Abweichungen von der allgemeinen Zuständigkeitsverteilung (vgl. hierzu Rn. 217 ff., 250 ff.).
- Den Aufsichtsbehörden ist neben der Rechtsaufsicht eine auf die Zweckmäßigkeit ausgedehnte, vor allem per Weisung zu realisierende (beschränkte) Fachaufsicht eröffnet (= Sonderaufsicht; vgl. § 119 II GO [Rn. 113 f.]).

3. Sonderfälle

a) Staatliche Auftragsangelegenheiten kraft Bundesrecht

102 Da es auf der unteren Ebene in den meisten Aufgabenfeldern keine unmittelbaren Landesbehörden gibt (vgl. Rn. 11), werden die Kommunalbehörden auch zur Erfüllung staatlicher Aufgaben kraft Bundesrecht eingesetzt. Dadurch erlangt das Bundesrecht einen Einfluss auf die Aufgabenzuordnung. Dabei sind die Gemeinden (ausnahmsweise) entweder bereits in dem betreffenden Bundesgesetz als Aufgabenträger bestimmt (vgl. z.B. § 2 I BauGB [Aufstellung der Bauleitpläne]), oder das Land hat sie einem Ausführungsgesetz zu einem Bundesgesetz zum Aufgabenträger bestimmt (vgl. z.B. § 1 AGBAföG NRW).

103 Handelt es sich um Aufgaben, die die Länder bzw. die Gemeinden nach Art. 84 GG als „eigene Angelegenheit" ausführen, so gelten grundsätzlich keine Besonderheiten im Vergleich zum Vollzug von Landesrecht, d.h. diese Aufgaben werden in NRW nach den oben 2) geschilderten Grundsätzen ausgestaltet werden. Dies gilt etwa für die früher (vgl. zur Rechtslage nach der Föderalismusreform Rn. 7) durch Bundesgesetz zugewiesenen Aufgaben im Bereich der Sozialhilfe nach § 3 SGB XII sowie der Bauleitplanung nach § 2 BauGB.

104 In allen Ländern **zwingend als Auftragsangelegenheit** auszugestalten (mit der Konsequenz der Nichteröffnung von Art. 28 II GG) sind diejenigen Aufgaben, in denen gem. Art. 84 V GG „Einzelweisungen" vorgesehen sind. Hier müssen die Länder die Durchsetzbarkeit dieser die Zweckmäßigkeit der Aufgabenerfüllung (also nicht nur Rechts-, sondern auch Fachaufsicht) einschließenden Weisungen garantieren. Dies ist aber nur möglich, wenn die betreffende Aufgabe als Auftragsangelegenheit ausgestaltet ist. Das gleiche gilt im Bereich der in Art. 85 GG geregelten Bundesauftragsverwaltung (vgl. Art. 85 III 1, IV GG) i.V.m. Spezialgesetzen (z.B. § 39 BaföG) und wird durch § 16 I LOG ausdrücklich geregelt. Die Aufsichts- und Weisungsbefugnisse sind freilich auf die Sachentscheidung begrenzt, so dass den Gemeinden hinsichtlich der Organisation und des Personals Spielräume zur eigenverantwortlichen Gestaltung eröffnet sind.

b) Organleihe

105 Ferner ist auf der unteren Ebene der Verwaltungsorganisation (vgl. Rn. 11 f.) zudem die sog. Organleihe zu finden. Hierbei bedient sich der Staat eines einzelnen Organs einer kommunalen Körperschaft (Landrat, Bürger-

B. Die Rechtsstellung der Gemeinden im Staat

meister). Dieses wird nicht als Kommunalorgan, sondern ohne Rückbindung an den Kreis bzw. die Gemeinde per Gesetz in die staatliche Verwaltungsorganisation eingegliedert. Es erfüllt sodann im Rahmen dieser Tätigkeit staatliche Aufgaben als **untere staatliche Verwaltungsbehörde**. Aus diesem Grund spricht man auch vom „verlängerten Arm" des Staates (BVerwG, NVwZ-RR 1990, 44 [46]; ausführlich hierzu *Erichsen*, Kommunalrecht NW, S. 148 f.). Der wichtigste Fall einer Organleihe in NRW ist auf der Landkreisebene im Rahmen der Tätigkeit des Landrates als „untere staatliche Verwaltungsbehörde" nach § 59 KrO zu finden. Richtiger Klagegegner in Fällen dieser Art ist das Land als „Rechtsträger" i.S.d. § 78 I Nr. 1 (OVG NRW, NWVBl. 2011, 269). Auf Gemeindeebene liegt ein solcher Fall seltener vor (vgl. aber § 122 I GO).

Bei der Organleihe kommt staatlichen Aufsichts- und Weisungsmaßnahmen infolge der Einschaltung in die staatliche Organisation **keine Außenwirkung** zu. Es handelt sich allein um verwaltungsinterne Maßnahmen, eine Betroffenheit in Selbstverwaltungsrechten ist ausgeschlossen. Neben der Fachaufsicht besteht die auf den jeweiligen Amtswalter bezogene Dienstaufsicht. **106**

4. Staatsaufsicht

Sowohl in der Praxis als auch in Klausuren rückt die Staatsaufsicht vor allem dann in den Mittelpunkt, wenn sich die Gemeinde gegen eine Maßnahme der staatlichen Aufsichtsbehörde zur Wehr setzen will. Dann muss man sich innerhalb der Zulässigkeitsprüfung mit Fragen der Qualifizierung dieser Maßnahme als Verwaltungsakt sowie mit der Klagebefugnis auseinandersetzen (vgl. noch Rn. 128 ff.). Innerhalb der Begründetheitsprüfung geht es um Zuständigkeit und Reichweite. Verwaltungsrechtlich betrachtet ist die Staatsaufsicht ein Steuerungsmittel mit langer historischer und aktueller Bedeutung. **107**

a) Begriff und Funktion

Die Staatsaufsicht im hier relevanten engeren Sinne betrifft rechtsfähige Träger mittelbarer Staatsverwaltung und damit auch die Kommunen. Als notwendiges Korrelat der Dezentralisierung ist sie im Grundsatz demokratisch-rechtsstaatlich zwingend; Art. 78 IV LV sieht sie ausdrücklich vor. Selbstverwaltung begreift „nach ihrem inneren Sinn eine Beteiligung des Staates im Wege der Kommunalaufsicht ... in sich" (VerfGH NW, OVGE 9, 74, 83). Die Reichweite der Staatsaufsicht richtet sich danach, ob eine Gemeinde im Rahmen von (freiwilligen und pflichtigen) Selbstverwaltungsangelegenheiten handelt (dann Rechtsaufsicht; vgl. Rn. 95), oder ob sie Pflichtaufgaben und Weisungen erledigt (dann Sonderaufsicht, vgl. Rn. 96 ff.). Die Staatsaufsicht findet innerhalb der Exekutive statt, ist also **Eigenkontrolle**. Ergänzt wird sie durch das verwaltungsinterne Rechtsbehelfsverfahren (nach § 79 VwVfG, §§ 68 ff. VwGO) sowie durch die gemeindeinterne Kontrolle des Bürgermeisters gegenüber dem Rat (durch **108**

Widerspruchsrecht gemäß § 54 GO; vgl. hierzu Rn. 253). Die Bürger der Gemeinde haben keine klagbaren Rechte darauf, dass die ausschließlich im öffentlichen Interesse liegende Staatsaufsicht ausgeübt wird.

109 Weder um Kontrolle noch um Staatsaufsicht geht es bei zahlreichen anderen staatlichen Maßnahmen, die die Gemeinde bei ihrem Tätigwerden betreffen und gegen die sie nach allgemeinen Grundsätzen vorgehen kann. So kann sie sich im Rahmen einer Klage gegen den Bau eines Flughafens auf die durch Art. 28 II GG, Art. 78 LV gestützte Planungshoheit berufen. Es kommt auch vor, dass die Gemeinde nicht als der Staatsaufsicht unterworfene Verwaltungsträgerin, sondern als polizeipflichtige Verantwortliche für Störungen der öffentlichen Sicherheit in Streitigkeiten involviert wird (zur Anordnung der staatlichen Immissionsschutzbehörde gegenüber einer Gemeinde, für die Einhaltung der Lärmgrenzwerte in einer gemeindlichen Einrichtung zu sorgen, vgl. BVerwG, NVwZ 2003, 346; allg. zum Problem der sog. Polizeipflichtigkeit von Hoheitsträgern, *Schoch*, in: Schmidt-Aßmann/Schoch, BesVerwR, Rn. 125 m.w.N).

b) Arten der Staatsaufsicht

aa) Rechtsaufsicht

110 Die Rechtsaufsicht (vgl. Art. 78 IV 1 LV, §§ 11, 119 I GO) wacht darüber, dass die Kommunen bei der Erledigung von **freiwilligen Aufgaben** und bei **Pflichtaufgaben ohne Weisung** in rechtmäßiger Weise handeln. Daneben kommt ihr die Funktion zu, die Kommunen zu schützen und zu beraten (vgl. § 11 GO). Damit zielt sie auf die Einhaltung des formellen und materiellen europäischen Rechts, des Bundes- und des Landesrechts ab.

> **Beispiel:** Lediglich der Rechtsaufsicht unterliegt etwa die Einstellung von Beamten durch die Gemeinde. Sofern die Aufsichtsbehörde von der Gemeinde einen HIV-Test als Einstellungsvoraussetzung verlangt, ist dies nicht mehr von den Rechtsaufsichtsbefugnissen gedeckt (vgl. BayVGH, NJW 1989, 790).

111 Ist der Gemeinde beim Erlass von Verwaltungsakten Ermessen eingeräumt (vgl. § 40 VwVfG), beschränkt sich die staatliche Aufsicht auf die Einhaltung der allgemeinen Ermessensgrenzen. Der Maßstab entspricht hierbei dem der Verwaltungsgerichte bei der Kontrolle von Ermessensentscheidungen (vgl. § 114 VwGO).

112 Die **Zuständigkeitsverteilung** bei der Rechtsaufsicht knüpft an die Gemeindekategorie (Rn. 78) an. Über kreisangehörige Gemeinden führt der Landrat im Wege der Organleihe (vgl. Rn. 105) als untere staatliche Verwaltungsbehörde die Aufsicht (vgl. § 120 I GO), obere Aufsichtsbehörde ist die Bezirksregierung (§ 120 III GO). Dagegen führt die Aufsicht über kreisfreie Städte die Bezirksregierung (vgl. § 120 II GO), obere Aufsichtsbehörde ist hier das Innenministerium (vgl. § 120 III GO). Als oberste Aufsichtsbehörde fungiert stets das Innenministerium (vgl. § 120 IV GO).

bb) Sonderaufsicht

Nach Art. 78 IV 2 LV i. V. m. § 3 II GO kann das Land den Gemeinden **113** Pflichtaufgaben auferlegen und sich hierbei ein besonderes Weisungs- und Aufsichtsrecht gesetzlich vorbehalten. Diese sog. Sonderaufsicht (vgl. § 119 II GO) umfasst eine **Zweckmäßigkeitsaufsicht** nach Maßgabe der jeweiligen gesetzlichen Festlegung, d. h., es treten Gesichtspunkte der Effektivität der Durchsetzung politischer Zielvorstellungen hinzu. Die Sonderaufsicht ist inhaltlich konkret durch Gesetz festzulegen (vgl. so z. B. in §§ 9, 3 I OBG). Weisungsbefugnisse bestehen nur bei den Pflichtaufgaben zur Erfüllung nach Weisung, nicht indes bei den freiwilligen und den Pflichtaufgaben ohne Weisung. Dort entstehen vielmehr sog. weisungsfreie Räume. Ein verfassungsrechtlich zu problematisierendes Demokratiedefizit ist hierin allerdings nicht zu sehen, wird eine Legitimation doch über die kommunale Selbstverwaltungsgarantie nach Art. 78 LV erreicht. Diese verschafft der Gemeindeverwaltung mittels Wahlen durch das Gemeindevolk (als Teil-Staatsvolk) ein hinreichendes Maß an zusätzlicher demokratischer Legitimation. Die Zuständigkeit der Sonderaufsichtsbehörden bestimmt sich nach § 11 GO i. V. m. den jeweiligen Fachgesetzen (z. B. § 7 OBG).

Die Sonderaufsichtsbehörden verfügen im Gegensatz zu den Behörden der **114** Rechtsaufsicht (vgl. Rn. 110 f.) nicht über repressive Instrumente, um gegen eine Gemeinde, die Weisungen missachtet, vorgehen zu können. Zur Durchsetzung ihrer Weisungen mit den Eingriffsmitteln der GO sind sie nicht befugt (vgl. § 127 GO). An dieser Stelle besteht nun eine **Verknüpfung** von Sonderaufsicht und Rechtsaufsicht, indem sich die jeweilige Sonderaufsichtsbehörde an die zuständige Rechtsaufsichtsbehörde wenden kann. Diese kann sodann mit ihren Instrumenten (vgl. sogleich Rn. 115 ff.), z. B. durch Beanstandung oder Ersatzvornahme, für die Durchsetzung der Weisung sorgen (explizit: § 11 OBG). In der Nichtbeachtung einer Weisung ist angesichts der diesbezüglichen Verpflichtung der Gemeinden ein die Rechtsaufsicht auslösender Rechtsverstoß zu sehen. Gegenüber einer solchen rechtsaufsichtlichen Maßnahme ist in gleicher Weise Rechtsschutz eröffnet, wie allgemein gegenüber der Rechtsaufsicht (vgl. Rn. 128 ff.). Allerdings ist im Rahmen der Begründetheitsprüfung zu berücksichtigen, dass nicht „durch die Hintertür" die fachaufsichtliche Weisung als solche beanstandet werden kann, sondern dass sich der Rechtsschutz allein auf den Einsatz des fraglichen repressiven Rechtsaufsichtsinstruments bezieht.

c) Instrumente und Rechtmäßigkeitsvoraussetzungen der Rechtsaufsicht

Zu unterscheiden sind die Instrumente der präventiven Aufsicht von den **115** Instrumenten der repressiven Aufsicht. Dem modernen Verständnis entsprechend bedeutet Aufsicht nicht so sehr punktuell-korrigierendes, sondern immer mehr handlungsbegleitend-steuerndes Handeln.

aa) Präventive Instrumente

Präventive Aufsichtsmittel dienen der Vermeidung von Fehlentwicklungen **116** im Vorfeld kommunalen Handelns, bergen indes den Nachteil in sich, dass die kommunale Selbstverwaltung schon im Ansatz erstickt zu werden droht. Aus diesem Grund bedürfen Aufsichtsmittel, die den Kommunen verbindlich ein künftiges Verhalten vorschreiben wollen, einer klaren gesetzlichen Grundlage. „Die Beratung" der Gemeinde im Vorfeld kommunalen Agierens ist die wichtigste Form der präventiven Aufsicht (vgl. BVerfGE 58, 177, 195). Darüber hinaus sind bloße Anzeige- oder Vorlagepflichten (vgl. z. B. § 115 GO) von besonderen **Genehmigungsvorbehalten** zu unterscheiden. Sie finden sich als Erfordernisse aufsichtsbehördlicher Genehmigung, Zustimmung oder Bestätigung z. B. bei Gebietsänderungen (vgl. § 18 II GO) und für bestimmte Satzungen (vgl. § 7 I GO) sowie in Fachgesetzen, man denke allein an die gemeindliche Bebauungsplanung (vgl. § 10 II BauGB) oder die Genehmigung von Flächennutzungsplänen (vgl. § 6 BauGB). Bei der Interpretation der fachgesetzlichen Regelungen muss Art. 78 IV 1 LV Rechnung getragen werden. Dieser beschränkt die Staatsaufsicht außerhalb von Weisungsaufgaben explizit auf eine Rechtmäßigkeitsprüfung, so dass die entsprechenden landesgesetzlichen Bestimmungen verfassungskonform zu reduzieren sind.

> **Beispiel:** So bildet etwa die Genehmigung einer Abgabensatzung eine Maßnahme der präventiven Rechtsaufsicht, da der Satzungserlass zum weisungsfreien Bereich der gemeindlichen Finanzhoheit gehört (vgl. zur Zweitwohnungssteuer einer bayerischen Gemeinde BayVerfGH, NVwZ 1989, 551).

bb) Repressive Instrumente

117 Im Ermessen der Aufsichtsbehörde liegt es, ob und mit welchem Aufsichtsinstrument sie nachträglich einschreitet (Opportunitätsprinzip). Hierfür spricht neben dem Wortlaut der einschlägigen Vorschriften (zumeist „kann") auch die kommunale Selbstverwaltungsgarantie sowie die ebenfalls bestehende Schutzfunktion der Aufsicht (vgl. auch § 11 GO). Die tatbestandlichen Voraussetzungen der einzelnen Instrumente sowie die Art und Weise des aufsichtlichen Handelns sind gesetzlich vorgegeben.

118 Die **tatbestandlichen Voraussetzungen** für den Einsatz des jeweiligen Aufsichtsinstruments haben von ihren Spezifika abgesehen gemeinsam, dass das gemeindliche Handeln rechtswidrig gewesen sein muss. Innerhalb des Rechtsschutzes gegen Aufsichtsmaßnahmen hängt deren Rechtmäßigkeit von der Rechtswidrigkeit des kommunalen Handelns ab, so dass die Rechtmäßigkeit des nach Außen gerichteten kommunalen Handelns inzident geprüft werden muss. Der Maßstab der Rechtmäßigkeit kann zum Teil nahe an die Grenzen der Zweckmäßigkeit heran rücken, wenn es um die Beachtung eines konkretisierungsbedürftigen Tatbestandsmerkmals geht. So ist z. B. ein aufsichtsbehördliches Eingreifen im Rahmen der „Wirtschaftlichkeit und Sparsamkeit" der kommunalen Haushaltswirtschaft nach § 75 II GO erst dann gerechtfertigt, wenn die von der Kommune gewählte Handlungsoption eindeutig unwirtschaftlich ist. Eine solche Feststellung bereitet indes angesichts der unterschiedlichen Auffassungen und oftmals nur schwer nachprüfbarer Einschätzungen erhebliche Schwierigkeiten (vgl. VG Köln, NWVBl. 2005, 111).

B. Die Rechtsstellung der Gemeinden im Staat

Die Auswahl der Aufsichtsinstrumente ist am **Übermaßverbot** zu orientieren, d. h. nach der Eingriffsintensität zu staffeln. Neben den sogleich genannten formalen Instrumentarien spielen zunehmend auch informelle Kontakte bis hin zur durchgehenden Kooperation eine Rolle.

Es existieren folgende Aufsichtsinstrumente in Nordrhein-Westfalen:
- **Unterrichtungsrecht** mittels Aktenvorlage, Berichterstattung bzw. Einsichtnahme (vgl. § 121 GO).
- **Beanstandungsrecht** gegenüber dem Rat hinsichtlich Anordnungen des Bürgermeisters, die das geltende Recht verletzen (vgl. § 122 II 1 GO); diese Beanstandung hat gemäß § 122 II 3 GO aufschiebende Wirkung. Falls der Rat indes die Anordnung des Bürgermeisters billigt, kann die Aufsichtsbehörde sodann die Anordnung aufheben (vgl. § 122 II 4 GO).
- **Anweisungsrecht** gegenüber dem Bürgermeister bei rechtswidrigen Beschlüssen des Rates und der Ausschüsse, diese gem. § 54 II, III GO zu beanstanden (vgl. § 122 I 1 GO); der Bürgermeister ist hier im Rahmen der sog. Organleihe tätig (vgl. Rn. 105 f.). Nach erfolgter Beanstandung durch den Bürgermeister und erneuter Beratung im Rat bzw. Ausschuss kann die Aufsichtsbehörde solche Beschlüsse aufheben (§ 122 I 2 GO).
- **Anordnungsrecht** (vgl. § 123 I GO), wenn die Gemeinde die ihr kraft Gesetz obliegenden Pflichten oder Aufgaben nicht erfüllt. Im Unterschied zum Beanstandungsrecht greift die Möglichkeit der Anordnung also im Falle eines gemeindlichen Unterlassens ein.
- **Ersatzvornahme** (vgl. § 120 II GO); sie besteht in der Durchführung der notwendigen Maßnahmen anstelle und auf Kosten der Gemeinde durch die Aufsichtsbehörde (näher *Müller*, NWVBl. 2012, 414). Dies setzt voraus, dass die Gemeinde einer Beanstandung bzw. Anordnung nicht nachgekommen ist. Die Ersatzvornahme hat eine Doppelnatur. Sie ist gegenüber der Gemeinde ein Verwaltungsakt mit Regelungsgehalt (auf „Duldung") und enthält zugleich den jeweils ersatzweise vorgenommenen Akt (dies kann z. B. ein Verwaltungsakt oder ein Vertragsabschluss sein). Einer vorherigen Festsetzung ähnlich dem Vorgehen bei Zwangsmitteln nach § 44 VwVG NRW bedarf es nicht (OVG NRW, NWVBl. 2011, 104).

Darüber hinaus gibt es **Instrumente, die nicht von der zuständigen Aufsichtsbehörde** eingesetzt werden. So kann das Innenministerium einen Beauftragten bestellen (sog. Staatskommissar), wenn und solange die Befugnisse der Aufsichtsbehörde nicht ausreichen (vgl. § 124 GO). Der Beauftragte nimmt sodann in der Stellung eines Organs der Gemeinde alle oder einzelne Aufgaben der Gemeinde auf ihre Kosten wahr. Schließlich kann das Innenministerium durch Beschluss der Landesregierung ermächtigt werden, einen Rat aufzulösen, wenn er dauernd beschlussunfähig ist oder wenn eine ordnungsgemäße Erledigung der Gemeindeaufgaben aus anderen Gründen nicht gesichert ist (vgl. § 125 GO). Innerhalb von drei Monaten nach Bekanntgabe der Auflösung ist eine Neuwahl durchzuführen.

5. Anhang

122 Literatur: *Erichsen*, Kommunalrecht NW, S. 67 ff., 349 ff.; *Vietmeier*, Die staatlichen Aufgaben der Kommunen und ihre Organe, 1992; *Kahl*, Die Staatsaufsicht, 2000; *Knemeyer*, Staatsaufsicht über Kommunen, JuS 2000, 521; *Oebbecke*, Kommunalaufsicht – Nur Rechtsaufsicht oder mehr?, DÖV 2001, 406; *Groß*, Was bedeutet Fachaufsicht?, DVBl. 2002, 793; *Schoch*, Die staatliche Rechtsaufsicht über Kommunen, Jura 2006, 188; *ders.*, Die staatliche Fachaufsicht über Kommunen, Jura 2006, 358; *Knemeyer*, Die Staatsaufsicht über die Gemeinden und Kreise (Kommunalaufsicht), in: HdbKWP I, 2007, 217; *Brüning/Vogelgesang*, Die Kommunalaufsicht, 2. Aufl. 2009; *Burgi*, in: Erichsen/Ehlers (Hrsg.), Allgemeines Verwaltungsrecht, 14. Aufl. 2010, § 8 Rn. 39 ff. m.w.N.

Klausurfälle: *Schnapp/Rawert*, JuS 1986, 631; *Schnapp/Mühlhoff*, NWVBl. 2000, 271; *Burgi*, 8. Klausur, in: Dietlein/Burgi/Hellermann, Klausurenbuch Öffentliches Recht in NRW, 2009, 99.

Kontrollfragen:

1. In welchen Situationen wirkt sich der Unterschied zwischen Selbstverwaltungs- und Auftragsangelegenheiten aus?
2. Wie werden die Pflichtaufgaben zur Erfüllung nach Weisung in das monistische Aufgabensystem eingeordnet und welche Konsequenzen ergeben sich hieraus?
3. In welchen Funktionen kann ein Landrat in Nordrhein-Westfalen tätig werden?
4. Wie unterscheiden sich Rechts- und Fachaufsicht?
5. Was kann die zuständige Aufsichtsbehörde unternehmen, wenn auf Gemeindeebene rechtswidrig gehandelt wird bzw. wenn die Gemeinde (rechtswidrig) nicht handelt?

IV. Rechtsschutz im Verhältnis zwischen Gemeinde und Staat

123 Sowohl im Verfassungsrecht (B I) als auch auf der Ebene des einfachen Rechts (B III) sind subjektive Positionen zugunsten der Gemeinden begründet, zu deren Durchsetzung Rechtsschutz gesucht wird. Die soeben erörterten Fragen des gemeindlichen Aufgabensystems und der Staatsaufsicht sind in der Klausur zumeist in ein Klageverfahren eingebettet. In der **Begründetheitsprüfung** steht entweder die Vereinbarkeit von Gesetzen mit der bundes- oder landesverfassungsrechtlichen Selbstverwaltungsgarantie (Verfassungsgerichtsprozess) oder die Rechtmäßigkeit staatlicher Verwaltungsmaßnahmen (Verwaltungsgerichtsprozess) auf dem Prüfstand. Im folgenden werden die Möglichkeiten des Primärrechtsschutzes vor den Verfassungsgerichten (1) und vor den Verwaltungsgerichten (2) beleuchtet (**Zulässigkeitsprüfung**). Abschließend wird ein Blick auf die Ebene des Sekundärrechtsschutzes geworfen (3), wo es um die Durchsetzung von Amtshaftungsansprüchen der Gemeinde gegen den Staat geht.

B. Die Rechtsstellung der Gemeinden im Staat

1. Verfassungsgerichtlicher Rechtsschutz

Bei Maßnahmen des **Bundes** können die Gemeinden ausschließlich Rechtsschutz vor dem BVerfG suchen (vgl. Art. 93 I Nr. 4b Hs. 1 GG). Allerdings können sie mangels Grundrechtsfähigkeit keine Verfassungsbeschwerde gem. Art. 93 I Nr. 4a GG erheben. Durch Art. 93 I Nr. 4b Hs. 1 GG ist ihnen aber die Möglichkeit einer auf „die Verletzung des Rechts auf Selbstverwaltung nach Art. 28 GG" gerichteten eigenen Form der Verfassungsbeschwerde eröffnet (sog. **Kommunalverfassungsbeschwerde**). 124

Die Zulässigkeit entsprechender Anträge beurteilt sich nach Art. 93 I Nr. 4b Hs. 1 GG i. V. m. §§ 13 Nr. 8a, 91 ff. BVerfGG. Ein Antrag kann sich dabei nur gegen ein Gesetz des Bundes richten, nicht gegen Maßnahmen der Verwaltung. Erfasst sind alle **Gesetze im materiellen Sinne**, d. h. Parlamentsgesetze, Verordnungen und Satzungen. Darüber hinaus muss der Antragsteller (Gemeinde oder Gemeindeverband) behaupten, in seinem Recht auf Selbstverwaltung aus Art. 28 II GG verletzt zu sein. Hierbei ist er an eine Jahresfrist gebunden (vgl. § 93 III BVerfGG). Begründet ist eine Kommunalverfassungsbeschwerde, wenn eine Verletzung der kommunalen Selbstverwaltungsgarantie aus Art. 28 II GG durch das angegriffene Gesetz festgestellt werden kann. Dabei ist im Unterschied zur Grundrechts-Verfassungsbeschwerde nicht die Vereinbarkeit mit sämtlichen Bestimmungen des Grundgesetzes zu prüfen. Vielmehr gehören neben Art. 28 II GG „nur" solche Normen zum Prüfungsmaßstab, die geeignet sind, „das verfassungsrechtliche Bild der Selbstverwaltung zu bestimmen" (vgl. BVerfGE 1, 167, 183; BVerfGE 56, 298, 310 f.). Dies gilt für Art. 3 I GG (Willkürverbot), Art. 20 I GG (Demokratieprinzip) und die Gesetzgebungskompetenzbestimmungen der Art. 70 ff. GG. 125

Bei gesetzgeberischen Maßnahmen der **Länder** ist in Nordrhein-Westfalen ausschließlich der Verfassungsgerichtshof anzurufen; vgl. Art. 75 Nr. 4 LV i. V. m. §§ 12 Nr. 8, 52 VGHG (vgl. § 1 Rn. 242 ff.). Rechtsschutz vor dem Bundesverfassungsgericht ist insoweit ausgeschlossen; vgl. Art. 93 I Nr. 4b Hs. 2 GG (sog. **Subsidiaritätsklausel**). Der Begriff des Landesrechts i. S. d. § 52 I VGHG ist angesichts der Intention, Gemeinden und Gemeindeverbänden einen lückenlosen Rechtsschutz zu gewähren, weit auszulegen. Daher sind nicht nur formelle Gesetze und Rechtsverordnungen, sondern alle Rechtsnormen, die mit dem Anspruch auf Verbindlichkeit tatsächlich gelten, von der staatlichen Autorität garantiert werden und denen Außenwirkung zukommt, erfasst (Gesetze im materiellen Sinne). Unzulässig ist dagegen eine Verfassungsbeschwerde gegen einen ministeriellen Erlass, der auch (mittelbar) vor den Verwaltungsgerichten überprüft werden könnte, so dass ausreichender Rechtsschutz besteht (vgl. VerfGH, VR 1995, 31). 126

Der Antragsberechtigte muss innerhalb einer Frist von einem Jahr (vgl. § 52 II VGHG) behaupten, in seinem Recht auf Selbstverwaltung verletzt zu sein, und zwar selbst, unmittelbar und gegenwärtig. Keine unmittelbare Betroffenheit liegt vor, wenn das angefochtene Gesetz erst im Zusammenwirken mit einer weiteren Norm (z. B. einer konkretisierenden Satzung) auf 127

§ 2. Kommunalrecht

das Selbstverwaltungsrecht einwirkt (VerfGH, NWVBl. 2003, 99). **Prüfungsmaßstab** ist die Landesverfassungsgarantie nach Art. 78 I, II LV (§ 52 I VGHG). Daneben kommen auch hier u. U. diejenigen Grundsätze in Betracht, die ihrem Inhalt nach „das verfassungsrechtliche Bild der Selbstverwaltung" mitzubestimmen geeignet sind.

2. Verwaltungsgerichtlicher Rechtsschutz

128 Gegen Maßnahmen der staatlichen Verwaltung von Bund und Ländern ist der **Rechtsweg** zu den Verwaltungsgerichten eröffnet, da es sich um „öffentlich-rechtliche Streitigkeiten" i. S. v. § 40 I 1 VwGO handelt. Auch liegt regelmäßig eine Streitigkeit „nichtverfassungsrechtlicher Art" vor: Zwar sind die Verfassungsnormen der Art. 28 II GG, 78 I, II LV Grundlage der geltend gemachten subjektiven Position der Gemeinde, diese ist aber nicht unmittelbar am Verfassungsleben beteiligt, sondern vielmehr als Verwaltungsträger betroffen. § 123 GO, der ausdrücklich auf die Rechtsschutzmöglichkeiten der VwGO hinweist, ist mithin deklaratorischer Natur.

129 Dabei sind zwei Konstellationen zu unterscheiden. In der Abwehrsituation wehrt sich eine Gemeinde gegen eine Maßnahme der Staatsaufsicht, in der Verpflichtungssituation will eine Gemeinde die erforderliche Mitwirkung einer staatlichen Behörde erzwingen (z. B. Erteilung einer aufsichtsbehördlichen Genehmigung). Im folgenden sollen diejenigen Zulässigkeitsvoraussetzungen einer verwaltungsgerichtlichen Klage hervorgehoben werden, bei denen sich **Besonderheiten** gegenüber der sonst im Vordergrund stehenden Klage eines Bürgers gegen staatliche Verwaltungsmaßnahmen ergeben.

130 Keine Besonderheiten bestehen, wenn es nicht um staatliche Aufsichtsmaßnahmen einschließlich Weisungen geht, sondern die Gemeinde z. B. als Planungs- oder Einrichtungsträgerin gegen bestimmte Verwaltungsmaßnahmen (etwa: Beeinträchtigung eines gemeindlichen Seebades durch eine wasserrechtliche Erlaubnis für eine Fischzucht [OVG MV, NVwZ-RR 1996, 197]) oder als Adressatin polizeilicher Maßnahmen gegen diese vorgehen will. Nicht möglich ist die Berufung auf Rechtspositionen der Gemeindeeinwohner (z. B. auf Abwehrrechte der Grundstückseigentümer gegen die staatliche Genehmigung eines Bergbauvorhabens). Hier mangelt es an der erforderlichen Klagebefugnis (vgl. § 42 II VwGO), da die Gemeinde nicht als Treuhänderin oder Sachwalterin auftreten kann.

a) Statthafte Klageart

131 Die Klageart richtet sich nach dem Begehren der Gemeinde (§ 88 VwGO). In einer Abwehrsituation will die Gemeinde die Aufhebung einer belastenden Maßnahme (durch Anfechtungsklage, vgl. § 42 I Hs. 1 VwGO), im Rahmen einer Verpflichtungssituation will sie den Erlass eines Verwaltungsaktes (z. B. einer Genehmigung) erreichen (durch Verpflichtungsklage; vgl. § 42 I Hs. 2 VwGO). In beiden Konstellationen ist die Qualifizierung der betreffenden staatlichen Maßnahme als **Verwaltungsakt** im Hinblick auf das Merkmal „Außenwirkung" (vgl. § 35 VwVfG) problematisch (anders als bei Maßnahmen des Staates gegenüber dem Bürger). Hier wirkt sich nun die in der tabellarischen Übersicht zu B III (Rn. 93) illustrierte Differenzierung

B. Die Rechtsstellung der Gemeinden im Staat

zwischen Selbstverwaltungsangelegenheiten und staatlichen (Bundes-)Auftragsangelegenheiten aus:

Bei **Selbstverwaltungsaufgaben** ist die Gemeinde immer als selbständiger Rechtsträger von einer staatlichen Aufsichtsmaßnahme betroffen. Ist sie dagegen bei der Erledigung einer staatlichen **Auftragsangelegenheit** kraft Bundesrecht tätig, so fehlt es hieran. Hier kann nur ausnahmsweise eine Betroffenheit in Selbstverwaltungsangelegenheiten (und damit eine Außenwirkung) angenommen werden, und zwar wenn in Wahrheit gar keine Auftragsangelegenheit, sondern eine Selbstverwaltungsangelegenheit vorliegt. Gegen Maßnahmen, die an den Bürgermeister oder Landrat im Bereich einer **Organleihe** (vgl. Rn. 105 f.) gerichtet sind, kann die Kommunalkörperschaft (die Gemeinde bzw. der Kreis) nicht einschreiten, da solche Maßnahmen den staatlichen Innenbereich, in den das „entliehene" Organ einbezogen ist, nicht überschreiten. 132

Bei der Erledigung von **Pflichtaufgaben zur Erfüllung nach Weisung** ist aus den oben genannten Gründen (Rn. 96 ff.) von einer Gleichstellung mit den Selbstverwaltungsaufgaben und damit auch von einer Außenwirkung staatlicher Aufsichtsmaßnahmen, d.h. von deren Verwaltungsaktsqualität, auszugehen. 133

Ein Verwaltungsakt liegt jedenfalls, d.h. ungeachtet der Aufgabenqualität und der hierzu vertretenen Auffassung, vor, wenn die Gemeinde durch eine Maßnahme betroffen ist, die **gegenüber einem Privaten** erlassen worden ist und sämtliche Merkmale des § 35 VwVfG erfüllt. Beispiel: Die Gemeinde verfügt einen Verwaltungsakt, gegen den ein Bürger Widerspruch erhebt. Die staatliche Widerspruchsbehörde gibt dem Widerspruch statt und hebt den gemeindlichen Verwaltungsakt auf (einmal Verwaltungsakt, immer Verwaltungsakt; vgl. BVerwG, DVBl. 1994, 1194; BVerwG, NVwZ 2002, 1254). Allerdings ist sodann die Klagebefugnis der Gemeinde zu thematisieren (vgl. c).

Fehlt es der streitgegenständlichen Maßnahme am Verwaltungsaktcharakter, so kann bei Vorliegen der sonstigen Voraussetzungen entweder die allgemeine Leistungsklage (vgl. § 42 II 1 VwGO) oder die allgemeine Feststellungsklage (vgl. § 43 I VwGO) erhoben werden. Das Ob der Rechtsschutzgewähr ist mithin nicht vom Vorliegen eines Verwaltungsaktes abhängig. 134

b) Beteiligten-/Prozessfähigkeit

Die Beteiligtenfähigkeit der Gemeinde folgt aus § 61 Nr. 1 VwGO („juristische Person"), seit Inkrafttreten des JustG NRW auch bei der Anfechtungs- und Verpflichtungsklage (vgl. auch Rn. 252, 260). Die Prozessfähigkeit beurteilt sich stets nach § 62 III VwGO i.V.m. § 63 I 1 GO (Vertretung der Gemeinde durch den Bürgermeister, vgl. noch Rn. 259 ff.). 135

c) Klagebefugnis

Unabhängig davon, wie eine staatliche Maßnahme zu qualifizieren ist, muss bei allen Klagearten, d.h. sowohl bei einer Anfechtungs- und Verpflichtungsklage als auch bei einer allgemeinen Leistungs- sowie einer Feststellungsklage die Klagebefugnis (§ 42 II VwGO bzw. § 42 II VwGO analog) 136 gegeben sein. Eine Klage ist nur zulässig, wenn die klagende Gemeinde behauptet (das tatsächliche Vorliegen gehört in die Begründetheitsprüfung), in „ihren Rechten verletzt zu sein". Als **Rechte** in diesem Sinne kommen die Selbstverwaltungsgarantien nach Art. 28 II GG, Art. 78 I, II LV, ggf. i. V. m. einfachgesetzlichen Normen (z.B. § 3 II GO oder § 9 II OBG, wenn die Voraussetzungen für eine Einzelweisung nicht vorliegen) in Betracht. Zwar handelt es sich wegen fehlender Grundrechtsqualität nicht um „Rechte" i. S. d. Art. 19 IV GG (sog. Rechtsschutzgarantie). Das schließt aber nach ganz h. A. nicht aus, die Selbstverwaltungsgarantien als Grundlage von „Rechten" i. S. d. § 42 II VwGO anzusehen (zu den Einzelheiten vgl. *Wahl*, in: Schoch/Schmidt-Aßmann/Pietzner [Hrsg.], VwGO, Stand Mai 2010, Vorbem. § 42 II Rn. 118 f.).

137 Auch hier muss wieder nach der Art der betroffenen Aufgabe unterschieden werden. Im Rahmen von **Selbstverwaltungsangelegenheiten** kann sich die Gemeinde ohne weiteres auf subjektive Positionen berufen. Dagegen beurteilen sich die Dinge anders, wenn die Gemeinde **staatliche Auftragsangelegenheiten** kraft Bundesrecht wahrnimmt. Hier ist die Klagebefugnis mangels Betroffenheit von Selbstverwaltungsbefugnissen grundsätzlich zu verneinen, es sei denn, der Staat ist fälschlicherweise von einer Auftragsangelegenheit ausgegangen oder es wird aufgrund der Intensität der staatlichen Maßnahme zugleich der Selbstverwaltungsbereich beeinträchtigt. Auch kann eine Klagebefugnis angenommen werden, wenn die Gemeinde bei einer an sich staatlichen Auftragsangelegenheit in ihrer Entscheidung über den Einsatz von Personal bzw. der Gestaltung ihrer Organisation beeinträchtigt wird (sog. Personal- und Organisationshoheit; vgl. bereits Übersicht, § 1, Rn. 188 f.).

138 Ausnahmsweise ist darüber hinaus eine Klagebefugnis anzunehmen, wenn ein gegenüber einem Privaten erlassener Widerspruchsbescheid im Rahmen von Auftragsangelegenheiten finanzielle Interessen der Gemeinde beeinträchtigt (z.B. durch die Auferlegung der Kosten für die gem. § 80 III 1 VwVfG zu erstattenden Aufwendungen, vgl. BVerwG, NVwZ 2002, 1254). Eine weitere (seltene) Ausnahme liegt dann vor, wenn die Interpretation der zugrunde liegenden materiellrechtlichen Vorschriften in Anwendung der sog. Schutznormtheorie ergibt, dass diese auch den Interessen der Gemeinde zu dienen bestimmt sind. Dies wird für § 45 Ib Nr. 5 StVO angenommen, wonach die (staatlichen) Straßenverkehrsbehörden ermächtigt sind, Anordnungen zur Unterstützung einer „geordneten städtebaulichen Entwicklung" zu treffen. Damit werde eine Förderung auch gemeindlicher Verkehrskonzepte ermöglicht und zugleich den zum Selbstverwaltungsbereich gehörenden Planungs- und Entwicklungsbelangen Rechnung getragen. Dies kann sich wie folgt auswirken: Hebt die Widerspruchsbehörde eine von einer Gemeinde als Straßenverkehrsbehörde erlassene Anordnung auf Widerspruch eines Privaten hin auf, dann verfügt die Gemeinde aus § 45 Ib Nr. 5 StVO (nicht aus der Selbstverwaltungsgarantie!) über eine Klagebefugnis nach § 42 II VwGO (vgl. BVerwG, DVBl. 1994, 1194), ebenso wie gegenüber einer fachaufsichtlichen Weisung, die die staatliche höhere Straßenverkehrsbehörde ihr gegenüber erlässt (vgl. BVerwG, DVBl. 1995, 744; vgl. zum ganzen ferner *Steiner*, NZV 1995, 209).

B. Die Rechtsstellung der Gemeinden im Staat

Bei den **Pflichtaufgaben zur Erfüllung nach Weisung** ergibt sich die Klagebefugnis aus Art. 78 I, II LV i. V. m. Art. 78 IV 2 LV und (z. B.) §§ 3 II GO oder § 9 II OBG, da insoweit (im Gegensatz zu Art. 28 II GG) subjektive Positionen bestehen. Hier muss geltend gemacht werden, dass die angegriffene staatliche Weisung auf einem fälschlicherweise behaupteten Weisungsrecht beruhe oder dass ein bestehendes Weisungsrecht überschritten worden sei. **139**

d) Vorverfahren

Das gem. § 68 I 1, II VwGO im Falle einer Anfechtungs- bzw. einer Verpflichtungsklage durchzuführende Vorverfahren kann im Rahmen einer Klage einer Gemeinde **entbehrlich** sein. Dies ist zum einen der Fall, wenn die Gemeinde durch einen Widerspruchsbescheid (im Verhältnis zu einem privaten Widerspruchsführer) „erstmalig" betroffen ist (vgl. § 68 I 2 Nr. 2 VwGO; vgl. auch den bei Rn. 138, skizzierten Beispielsfall). Zum anderen ist ein Vorverfahren bei Anfechtungsklagen gegen Aufsichtsmaßnahmen gemäß §§ 121–125 GO nach der expliziten Anordnung in § 126 GO entbehrlich (vgl. § 68 I 2 Hs. 1 VwGO). Schließlich kann die Durchführung eines Vorverfahrens nach § 110 JustG NRW entbehrlich sein. **140**

3. Amtshaftungsansprüche

Gem. § 839 BGB i. V. m. Art. 34 GG haftet der Staat (Bund, Länder, Kommunen) anstelle seiner Amtswalter für deren Fehlverhalten. Als Schadensersatzanspruch befindet sich der Amtshaftungsanspruch auf der Ebene des sog. **Sekundärrechtsschutzes** und ist zu unterscheiden vom oben aufgezeigten sog. Primärrechtsschutz, welcher auf die Durchsetzung von Abwehr-, Unterlassungs- und Folgenbeseitigungs- oder Leistungsansprüchen gerichtet ist. Typischerweise werden Amtshaftungsansprüche von Bürgern gegen Staat oder Gemeinde geltend gemacht. Denkbar ist aber auch eine Haftung für Schäden, die nicht bei den Bürgern, sondern bei einem anderen Verwaltungsträger (hier: einer Gemeinde), entstanden sind. **141**

Die umgekehrte Konstellation, dass der Staat eine Gemeinde haftbar machen will, ist ebenfalls denkbar. Im Verhältnis von Bund und Ländern ist zudem Art. 104a V GG zu beachten, wonach Bund und Länder „im Verhältnis zueinander für eine ordnungsgemäße Verwaltung" haften (vgl. hierzu BVerwGE 96, 45).

Zur Begründung eines Amtshaftungsanspruches müssen folgende Voraussetzungen erfüllt sein: Ausübung eines öffentlichen Amtes (1), Verletzung einer einem Dritten gegenüber bestehenden Amtspflicht (2), Verschulden (3) und Kausalität der Amtspflichtverletzung für den Schaden (4). Zudem darf keine Haftungsbeschränkung bzw. kein Haftungsausschluss (vgl. § 839 I 2, III BGB) vorliegen (5). Problematisch im hier interessierenden Verhältnis ist das Merkmal des „Dritten", der von dem Schutzbereich der Amtspflicht erfasst sein muss. So sind Bund bzw. Land und Gemeinde zwar formal verschiedene Rechtsträger, sie erscheinen jedoch im Außenverhältnis zum Bürger als Teil des Staates i. w. S. und erfüllen gemeinsam Verwaltungsaufgaben. **142**

a) Allgemeine Grundsätze des Staatshaftungsanspruchs

143 In der Rechtsprechung wird bei der Beurteilung von Amtshaftungsansprüchen zwischen zwei Verwaltungsträgern wie folgt differenziert: Eine rein formale Sichtweise des „Dritten" ist an dieser Stelle nicht ausreichend. Vielmehr kommt es auch hier darauf an, ob in materieller Hinsicht eine Außenwirkung vorliegt. Daran fehle es, wenn zwei Verwaltungsträger gleichgerichtet zu dem Zwecke **zusammenwirken**, eine gemeinsame Aufgabe zu erfüllen. In diesem Fall seien sie funktionell miteinander verbunden, so dass kein Amtshaftungsanspruch entstehen könne (vgl. BGHZ 85, 121, 126; BGHZ 116, 312, 315; BGH, DVBl. 2001, 1609 mit Anm. *Quantz*).

144 Dagegen ist ein **Gegenüberstehen** zweier Verwaltungsträger eindeutig dann gegeben (mit der Konsequenz der Annahme eines Außenverhältnisses und damit auch eines Amtshaftungsanspruchs), wenn das schädigende Fehlverhalten des fremden Amtswalters nicht in unmittelbarem Zusammenhang mit der Erledigung öffentlicher Aufgaben steht. Beispiele: Ein Polizeifahrzeug stößt mit dem Omnibus der Stadtwerke zusammen (vgl. BVerwG, Buchholz 232 Nr. 18 zu § 78 BBG); Bauschäden einer Gemeinde an ihrem Bürgerhaus, das die staatliche Baubehörde trotz fehlerhafter statischer Berechnung genehmigt hatte (vgl. BGHZ 39, 358; sog. Fiskalschäden).

b) Verletzung des kommunalen Selbstverwaltungsrechts

145 Die entscheidende Frage ist nun, ob nach diesen Grundsätzen eine Haftung für Schäden in Betracht kommt, die bei einer Gemeinde im Zusammenhang mit der Erledigung ihrer Aufgaben entstehen, wenn der Staat ihr hierbei als Träger der **Staatsaufsicht** gegenübertritt. Grundsätzlich hat man es hier mit einem gleichgerichteten Zusammenwirken bei der Erfüllung von Aufgaben gegenüber einem Bürger zu tun. Damit wäre ein Amtshaftungsanspruch abzulehnen.

146 Allerdings verfügen die Gemeinden auf der Ebene des Primärrechtsschutzes bei der Erledigung von **Selbstverwaltungsaufgaben** sowie von **Pflichtaufgaben zur Erfüllung nach Weisung** über subjektive Positionen, um staatliche Übergriffe abwehren zu können. Diese Tatsache wirkt sich auch bei der Beurteilung von Amtshaftungsansprüchen auf der Sekundärebene aus, bilden diese Rechte doch die finanzielle Fortführung des Primärrechtsschutzes im Falle seines Scheiterns. Subjektive Positionen der Gemeinden gegenüber dem Staat anzuerkennen, bedeutet daher auch, ihnen insofern den Zugang zum Sekundärrechtsschutz zu eröffnen. Daher sind bei Vorliegen der sonstigen Voraussetzungen in diesen Fällen Amtshaftungsansprüche gegeben.

> **Beispiele:** Einrichtung eines Feuerwehrstützpunktes gegen den Willen der Gemeinde, jedoch in Vollzug der Anordnung der Kommunalaufsicht (vgl. NdsOVG, NdsVBl. 1997, 9); Nutzlose Aufwendungen für einen Flächennutzungsplan infolge deutlich sinkender Baulandpreise, während ein frühzeitigeres Inkrafttreten des Flächennutzungsplanes durch die Verweigerung der staatlichen Genehmigung vereitelt wurde (BVerwGE 34, 301). Nicht erfasst ist dagegen der finanzielle Schaden (Überschwemmung), den die Unachtsamkeit eines

beim Land bediensteten Lehrers im Zeichensaal des gemeindlichen Schulträgers verursacht hat (vgl. BGHZ 60, 371), weil die Tätigkeit als Schulträger zwar eine Selbstverwaltungsangelegenheit ist, das Selbstverwaltungsrecht durch das Fehlverhalten des Lehrers indes nicht verletzt worden ist; die Beeinträchtigung hat allein das bei der Erfüllung der Selbstverwaltungsaufgaben eingesetzte Inventar betroffen.

In einer Klausur empfiehlt es sich, den jeweiligen Fall zunächst auf der Ebene des Primärrechtsschutzes zu überdenken, bevor auf den Sekundärrechtsschutz eingegangen wird. Überdies ist immer zu beachten, dass in zahlreichen Fällen ein Amtshaftungsanspruch wegen des **Vorrangs des Primärrechtsschutzes** gemäß § 839 III BGB ausgeschlossen ist: Diejenigen Schäden, die bereits durch Widerspruch oder Klage hätten vermieden werden können, lassen sich nicht durch eine Amtshaftungsklage vor einem ordentlichen Gericht geltend machen (kein „Dulde und liquidiere").

Ausgehend von diesen Grundsätzen überzeugt das vieldiskutierte (vgl. *Meyer*, NVwZ 2003, 818; *v. Mutius/Groth*, NJW 2003, 1278) Urteil des BGH v. 12.12.2002 (DVBl. 2003, 400) nicht. Der BGH hatte einen Amtshaftungsanspruch zugunsten einer Gemeinde, die ein riskantes Kommunalleasinggeschäft (vgl. dazu Rn. 85) zur Finanzierung einer Sporthalle unternommen hatte, bejaht. Die angeblich missachtete Schutzpflicht der Aufsichtsbehörde wurde darin gesehen, dass diese (auf Antrag der Gemeinde!) die Leasing-Finanzierung im Rahmen der präventiven Aufsicht genehmigt hatte. Die Rechtsaufsicht bei der Erledigung der betreffenden gemeindlichen Selbstverwaltungsangelegenheit habe auch den Zweck, die Gemeinde in diesem Bereich vor vermeidbaren Schädigungen zu bewahren. Dabei wird übersehen, dass auf der Primärrechtsebene mangels Eingriffs kein Abwehrrecht der Gemeinde bestanden hätte und dass ihr als eigentlich Verantwortliche für das Leasing-Geschäft jedenfalls ein Mitverschulden in erheblichem Umfang anzulasten war. Indem der BGH dies mit zivilistisch geprägten Überlegungen negiert, leistet sein Urteil letztlich einer Schwächung der kommunalen Eigenverantwortlichkeit Vorschub.

4. Anhang

Literaturhinweise: *Hoppe*, Probleme des verfassungsgerichtlichen Schutzes der Kommunalen Selbstverwaltung, DVBl. 1995, 179; *von Komorowski*, Amtshaftungsansprüche von Gemeinden gegen andere Verwaltungsträger, VerwArch 93 (2002), 62; *Scholz*, Der Rechtsschutz der Gemeinden gegen fachaufsichtliche Weisungen, 2002; *Ogorek*, Der Kommunalverfassungsstreit im Verwaltungsprozess, Jura 2009, 511.

Kontrollfragen:

1. Welchen Rechtsschutz können Gemeinden gegen Gesetze des Bundes bzw. des Landes geltend machen?
2. Wie sehen die Prüfungsgegenstände aus?
3. Kann eine Gemeinde gegen Maßnahmen der staatlichen Verwaltung eine Verletzung ihres Rechts auf Selbstverwaltung vor den Verwaltungsgerichten geltend machen?

§ 2. Kommunalrecht

4. An welcher Stelle der Zulässigkeitsprüfung einer verwaltungsgerichtlichen Klage gegen eine staatliche Aufsichtsmaßnahme und inwiefern wirkt sich der Aufgabencharakter der von den Gemeinden wahrzunehmenden Aufgaben aus?
5. Mit welcher Problematik sieht man sich im Rahmen eines Amtshaftungsanspruches zwischen zwei Verwaltungsträgern konfrontiert? Welche Rolle spielt hier die Einordnung der von den Gemeinden zu erfüllenden Aufgaben?

C. Die Binnenorganisation der Gemeinden

I. Strukturen und Entwicklungen

149 Als ein mit dem Recht der Selbstverwaltung ausgestatteter Teil der mittelbaren Staatsverwaltung auf Landesebene (vgl. Rn. 11) benötigen die Gemeinden zur Erledigung ihrer Aufgaben eine spezifische Organisationsstruktur. Diese ist geregelt im sog. Gemeindeverfassungsrecht. Das Gemeindeverfassungsrecht des Landes NRW legt fest, welche Organe es gibt, wie diese Organe gebildet werden bzw. wie sie zusammengesetzt sind und welche Zuständigkeiten sie in Abgrenzung gegenüber anderen Organen besitzen. Die Struktur der Binnenorganisation in NRW soll im Folgenden dargelegt werden. Zum besseren Verständnis der gemeinderechtlichen Bestimmungen werden darüber hinaus die geschichtliche Entwicklung und die aktuellen Modernisierungsbestrebungen skizziert.

1. Struktur der Binnenorganisation in Nordrhein-Westfalen

150 Art. 28 I 2 GG schreibt vor, dass das „Volk" (auch) in Kreisen und Gemeinden eine „Vertretung" haben muss, „die aus allgemeinen, unmittelbaren, freien, gleichen und geheimen Wahlen hervorgegangen ist". Überdies muss die verfassungsmäßige Ordnung in den Ländern – und damit auch in den Gemeinden – gemäß Art. 28 I 1 GG „den Grundsätzen des republikanischen, demokratischen und sozialen Rechtsstaates" im Sinne des Grundgesetzes entsprechen. Daraus folgt, dass es auf Gemeindeebene jedenfalls ein von den Bürgern der Gemeinde gewähltes **Repräsentativorgan** geben muss, das u. a. Repräsentations-, Kontroll- (sowohl retrospektiv als auch begleitend im Sinne einer umfassenden Steuerung der Prozesse) und Rechtsetzungsaufgaben (v.a. durch kommunale Satzungen; vgl. Rn. 286 ff.) wahrnimmt. Diese Funktion erfüllt in NRW der Rat der Gemeinde (§§ 40 ff. GO). Daneben hat der nordrhein-westfälische Landesgesetzgeber auf der Grundlage seiner Gestaltungsfreiheit als weiteres Hauptorgan den „Bürgermeister" geschaffen und diesen mit der Leitung der Verwaltung und mit einem Teil der politischen Führungsarbeit betraut (§§ 62 ff. GO).

151 Im Vergleich der Gemeindeverfassungen der Bundesländer in ihrer historischen Entwicklung sind **vier Typen** von Gemeindeverfassungen zu unterscheiden: Die lange Zeit auch in Preußen bestehende **Magistratsverfassung** ging auf die Städteordnung des *Freiherrn vom und zum Stein* (1808) zurück. Die gewählte Gemein-

C. Die Binnenorganisation der Gemeinden 175

devertretung bestellte als zweites Leitungsorgan einen Magistrat aus hauptamtlichen und ehrenamtlichen Beigeordneten unter Vorsitz des Bürgermeisters. Französische Einflüsse sind vor allem in der **Bürgermeisterverfassung** erkennbar, die ab 1945 in Rheinland-Pfalz und im Saarland verwirklicht worden war. Hier obliegt die Verwaltungsleitung dem lediglich von der Gemeindevertretung und nicht unmittelbar von den Bürgern gewählten Bürgermeister. Die seit Jahrzehnten in Baden-Württemberg und Bayern geltende **Süddeutsche Ratsverfassung** ist dadurch gekennzeichnet, dass sowohl der Gemeinderat wie auch der Bürgermeister direkt von den Bürgern gewählt werden. Dem Bürgermeister kommt eine Schlüsselstellung zu, da er den Vorsitz im Gemeinderat führt und gleichzeitig die Verwaltung leitet. Die **Norddeutsche Ratsverfassung** wurde von der Britischen Besatzungsmacht in Niedersachsen und Nordrhein-Westfalen eingeführt. Sie sah neben einem vom Rat gewählten ehrenamtlichen Bürgermeister als Repräsentanten einen hauptamtlichen Stadtdirektor als ausführenden Verwaltungschef vor. Hinter diesem Modell steckte die britische Konzeption einer politisch-parlamentarischen Führung und einer unpolitisch-loyalen Verwaltung auch auf Gemeindeebene. Mit der Abschaffung der Doppelspitze im Jahre 1999 (vgl. Rn. 159) entspricht nunmehr auch die nordrhein-westfälische Gemeindeordnung weitgehend dem Modell der „Süddeutschen" Ratsverfassung.

2. Geschichtliche Entwicklung in Nordrhein-Westfalen

a) Bis 1945

Die Idee der kommunalen Selbstverwaltung hat ihre geschichtlichen Wurzeln 152 im frühen 19. Jahrhundert. Die Aufklärung, das Ende des Absolutismus und die damit einhergehenden liberalen Bestrebungen, die sich in der Französischen Revolution (1789) und im Zerfall des Heiligen Römischen Reichs Deutscher Nation (1806) manifestierten, blieben nicht ohne Einfluss auf die Städte. Die dortige Entwicklung wurde ganz wesentlich durch den preußischen Staatsminister *Freiherr vom und zum Stein* (1757–1831) mit der von ihm entwickelten „Selbstverwaltungsidee" bestimmt. Die durch ihn im Jahre 1808 etablierte **Preußische Städteordnung** hatte das Ziel, die Gemeinden von der Bevormundung des Staates zu befreien und ihnen die Verwaltung in eigenen Angelegenheiten zu eigener Zuständigkeit zu übertragen – und zwar im Interesse einer leistungsfähigen Verwaltung („Selbstverwaltung von oben"). Zu diesem Zweck wurden die Gemeinden und ihre Autonomie in Angelegenheiten des eigenen Wirkungskreises gesetzlich anerkannt, zur Wahrnehmung gemeindlicher Aufgaben (neben dem sog. Magistrat) ein aus der Mitte der Bürgerschaft gewähltes Repräsentativorgan – der Rat – vorgesehen, die Steuerhoheit der Gemeinden wiederhergestellt und die Staatsaufsicht beschränkt.

In Folge der mit dem Wiener Kongress (1815) einsetzenden restaurativen Bestrebungen wurde die Preußische Städteordnung im Jahre 1831 revidiert und wurden die Einflussmöglichkeiten des Staates wieder deutlich ausgeweitet. Diese neue Städteordnung galt in der Provinz Westfalen zunächst durch Verleihung an größere Städte, später allgemein durch Verleihung in Gemeinden über 2.500 Einwohnern.

§ 2. Kommunalrecht

153 Allen restaurativen und reaktionären Tendenzen zum Trotz war die national-liberale Bewegung im Vormärz nicht mehr zu unterdrücken. Sie gipfelte schließlich in der Märzrevolution von 1848/1849. Die daraus hervorgegangene – nie in Kraft getretene, aber für alle späteren demokratischen Verfassungen Deutschlands richtungsweisende – **Paulskirchenverfassung** von 1849 räumte den Gemeinden die demokratische „Wahl ihrer Vorsteher" ebenso wie die „selbständige Verwaltung ihrer Gemeindeangelegenheiten ein" (§ 184 Paulskirchenverfassung). Dabei wurden die Gemeinden als Grundrechtsträger, und damit nicht als Teil des Staates, sondern vielmehr als Teil der Gesellschaft angesehen („Selbstverwaltung von unten"). Auch in Preußen wurde unter dem Druck der Revolution eine einheitliche Gemeindeordnung erlassen, die den Gemeinden ausdrücklich das Recht zur Selbstverwaltung zusprach (§ 6 PreußGO). Diese Gemeindeordnung wurde jedoch in Folge des Widerstandes der Großgrundbesitzer, die sich ihrer Privilegien beraubt sahen, im Jahre 1853 wieder aufgehoben. Preußen erließ daraufhin für seine Provinzen Städteordnungen, die regelmäßig **Magistratsverfassungen** (Rn. 151) vorsahen. Nur in den Rheinprovinzen wurde die aus französischem Recht entwickelte **Bürgermeisterverfassung** übernommen. Für die Provinz Westfalen galt die Städteordnung vom 9. März 1856, für das Rheinland die Rheinische Städteordnung vom 15. Mai 1856.

154 Beide Ordnungen galten auch unter der **Verfassung von Weimar** (11. August 1918) fort. Diese enthielt in Art. 127 eine institutionelle Garantie der kommunalen Selbstverwaltung und wies den Gemeinden endgültig ihren bis heute bestehenden Status als öffentlich-rechtliche Institution innerhalb des Staates (vgl. RGZ 126, Anhang S. 22) zu. Zudem wurde das Dreiklassenwahlrecht nunmehr auch für Gemeindewahlen durch das allgemeine, unmittelbare, freie, gleiche und geheime Wahlrecht ersetzt (Art. 17 WRV).

155 Die Krise der kommunalen Selbstverwaltung als Teil der allgemeinen Akzeptanzprobleme der Demokratie begünstigte nach der Machtergreifung der Nationalsozialisten 1933 den Austausch der gewählten kommunalen Vertreter durch linientreue Mitglieder der NSDAP. Am 22.5.1933 erfolgte die Gleichschaltung der kommunalen Spitzenverbände durch deren Zusammenschluss im Deutschen Gemeindetag, an dessen Spitze ebenfalls ein Parteimitglied stand. Im Januar 1935 wurde schließlich die **Deutsche Gemeindeordnung (DGO)** erlassen, die eine Vereinheitlichung des Gemeinderechts vollzog, dabei allerdings die Selbstverwaltung weitgehend außer Kraft setzte – trotz der Berufung auf das Werk des *Freiherrn vom Stein* in der Präambel. So bestimmte § 1 II 2 DGO zwar, dass die Gemeinden sich selbst unter eigener Verantwortung verwalten sollten. Daran anschließend ordnete S. 3 jedoch sogleich die Bindung an die Gesetze und die „Ziele der Staatsführung" an.

156 In der Binnenorganisation wurden dem Bürgermeister ausschließliche und umfassende Verwaltungsbefugnisse verliehen. Ihm wurde ein **Gauleiter** an die Seite gestellt, durch dessen Mitwirkung die Verwirklichung der Parteivorstellungen sichergestellt werden sollte. Gemäß § 48 II DGO kam ihm etwa die Aufgabe zu, die Gemeinderäte zu ernennen. Deren Wahl war nicht mehr vorgesehen. § 106 DGO stellte überdies sicher, dass der Staat die Um-

C. Die Binnenorganisation der Gemeinden

setzung der Parteivorgaben überwachen konnte. Die immer umfassenderen staatlichen Aufsichtsbefugnisse führten schließlich zum vollständigen Erliegen der kommunalen Selbstverwaltungsbefugnisse. Den Gemeinden wurden die demokratische Legitimation sowie jegliche Rechtsetzungsbefugnisse genommen, so dass sich fortan ihre Aufgaben auf das Exekutieren der zentral aufgestellten Vorgaben beschränkten.

Die DGO enthielt allerdings neben den nationalsozialistisch geprägten Elementen auch Bausteine modernen Gemeinderechts. § 67 DGO etwa gestattete das Errichten von wirtschaftlichen Unternehmen durch die Gemeinde nur unter den Voraussetzungen, dass der öffentliche Zweck das Unternehmen rechtfertigt, dass das Unternehmen nach Art und Umfang in einem angemessenen Verhältnis zu der Leistungsfähigkeit der Gemeinde und zum voraussichtlichen Bedarf steht und dass der Zweck nicht besser und wirtschaftlicher durch einen anderen erfüllt wird oder erfüllt werden kann. Diese Erfordernisse sind heute, unter freilich veränderten wettbewerblichen Vorzeichen, aktueller denn je (vgl. Rn. 405).

b) Seit 1945

Nach dem Zusammenbruch 1945 fanden die Besatzungsmächte auf Gemeindeebene Verwaltungseinheiten vor, an deren Funktionieren vor dem Kriege angeknüpft werden konnte. In der Britischen Besatzungszone galt zunächst die sog. revidierte Deutsche Gemeindeordnung vom 1. April 1946, der das am britischen Kommunalrecht angelehnte Modell der Norddeutschen Ratsverfassung (vgl. Rn. 151) zugrunde lag. Am 23. August 1946 wurde durch die britische Militärregierung aus dem nördlichen Teil der ehemals preußischen Rheinprovinz und der ebenfalls ehemals preußischen Provinz Westfalen das **Bundesland Nordrhein-Westfalen** gegründet. Die Dichotomie zwischen (Ober-)Bürgermeister und (Ober-)Stadtdirektor wurde schließlich in der Gemeindeordnung des Landes Nordrhein-Westfalen vom 28. Oktober 1952 übernommen.

Nach erfolgreichen Jahrzehnten des Wiederaufbaus und der Konsolidierung kam es mit der Zusammenlegung bzw. Eingemeindung zahlreicher Kommunen im Rahmen der im März 1967 einsetzenden **Gebietsreform** zu einer drastischen Verringerung der Zahl der Gemeinden in Nordrhein-Westfalen. Die Folgen der kommunalen Gebietsreform für die ehemals selbständigen Städte, die zu Stadtteilen heruntergestuft wurden, sollten durch das „Gesetz zur Änderung der Gemeindeordnung, der Kreisordnung und anderer kommunalverfassungsrechtlicher Vorschriften des Landes Nordrhein-Westfalen" v. 29.10.1974 (GVBl., 1050; Neubekanntmachung der Gemeindeordnung durch GVBl., 1975, 91) kompensiert werden. Maßgebliche Neuerungen waren die Verpflichtung, das gesamte Stadtgebiet in Bezirke aufzuteilen, die Bildung von Bezirksvertretungen, die Errichtung von Bezirksverwaltungsstellen, die Einführung eines verpflichtenden Aufgabenkataloges sowie die Regelung des Wahlmodus der Bezirksvertretungsmitglieder (§ 36 I GO). Nachdem das Bundesverfassungsgericht 1978 den Wahlmodus der Bezirksvertretungen für nichtig erklärt hatte (BVerfGE 47, 253), wurde durch eine Änderung des Kommunalwahlgesetzes mit Wirkung vom 20.12.1978 die unmittelbare Wahl der Bezirksvertreter eingeführt. Weitere

§ 2. Kommunalrecht

Änderungen im Gemeindeverfassungsrecht erfolgten durch das „Gesetz zur Änderung der Gemeindeordnung, der Kreisordnung und anderer Kommunalverfassungsgesetze des Landes Nordrhein-Westfalen" vom 29. Mai 1984 (GVBl., 314; Neubekanntmachung der Gemeindeordnung durch GVBl., 475 und 497).

159 Die bislang letzte und wohl bedeutsamste größere Reform der Gemeindestrukturen erfolgte durch das „Gesetz zur Änderung der Kommunalverfassung" v. 17.5.1994 (GVBl., 270; Neubekanntmachung der Gemeindeordnung durch GVBl., 666). Dieses Gesetz führte zur **Abschaffung der Doppelspitze** aus ehrenamtlichem (Ober-)Bürgermeister und hauptamtlichem (Ober-)Stadtdirektor und zur **Direktwahl des Ober-Bürgermeisters** (vgl. Rn. 181).

Damit reagierte der Gesetzgeber auf eine zunehmend von den Vorstellungen der Gemeindeordnung von 1952 abweichende Kommunalverfassungswirklichkeit. War die Gemeindeverwaltung ursprünglich als unpolitisch und der Rat als maßgeblicher Entscheidungsträger gedacht, gingen die maßgeblichen Ratsentscheidungen faktisch auf Initiativen der Verwaltung zurück, d. h., dass die (Ober-)Stadtdirektoren vielfach gestaltend statt ausführend tätig gewesen sind. Die (Ober-)Bürgermeister reklamierten für sich Kompetenzen, die oft über ihre repräsentativen Verpflichtungen hinaus gingen und in der Aufgabenverteilung zwischen Rat, Bürgermeister und Gemeindedirektor gab es zahlreiche Überschneidungen und Reibungsverluste.

160 In der **politikwissenschaftlichen Analyse** der Auswirkungen der Direktwahl des (Ober-)Bürgermeisters zeigt sich, dass dieser nicht nur mehr politische Nähe zu den Einwohnern der Gemeinde, sondern vor allem auch ein bedeutend größeres Gewicht gegenüber den ebenfalls gewählten Ratsmitgliedern hat. Er ist diesen gegenüber unabhängiger, weil er nicht in gleichem Maße auf eine bestimmte Ratsfraktion angewiesen ist. Darin liegt die Chance auf ein Weniger an Parteipolitik zugunsten von mehr Sachpolitik.

161 **Weitere Neuerungen** betrafen die plebiszitären Elemente (u. a.: Bürgerbegehren und Bürgerentscheid; vgl. Rn. 188 ff.), die Stärkung der Budgetverantwortung der Bezirksvertretungen, die gesetzliche Regelung des Rechts der Fraktionen, die Modernisierung des kommunalen Haushaltsrechts, die Stärkung der Steuerungsmöglichkeiten des Rates im Bereich des kommunalen Wirtschaftsrechts, die Aufnahme einer sog. Experimentierklausel (vgl. sogleich Rn. 162) sowie die gesetzliche Einrichtung von Ausländerbeiräten. Das GO-ReformG 2007 ist oben (Rn. 6) bereits vorgestellt und ebenso wie die seit 2010 bewirkten Einzeländerungen inhaltlich in dieser Auflage verarbeitet worden.

3. Modernisierungsbestrebungen

162 In den Kommunen sind seit einiger Zeit – und noch vor Bund und Land – Modernisierungsprojekte in Gang gekommen. Dabei geht es nicht um einzelne, bereichsbezogene Veränderungen, sondern um **ganzhafte Konzepte** zum Verwaltungsaufbau und den Verwaltungsabläufen, einschließlich der haushalts- und personalbezogenen Aspekte (vgl. zu den zumeist das Allgemeine Verwaltungsrecht betreffenden Entwicklungen *Burgi*, in: Erich-

sen/Ehlers (Hrsg.), Allgemeines Verwaltungsrecht, 14. Aufl. 2010, § 10 Rn. 2 f. mwN). Die Gründe hierfür sind vielfältig: Finanznot, zahlreicher und komplexer werdende Aufgaben, neue Maßstäbe wie Wirtschaftlichkeit und Effizienz sowie ein gewachsenes Bewusstsein von der Notwendigkeit einer neuen Aufgabenverteilung zwischen Staat und Gesellschaft (im Sinne einer aktivierenden statt einer leistenden Kommune).

Um den Modernisierungsbestrebungen mehr Raum zu geben, hat Nordrhein-Westfalen im Jahre 1994 eine sog. Experimentierklausel (§ 129) in seine Gemeindeordnung aufgenommen. Diese ermöglicht der einzelnen Gemeinde die zeitlich begrenzte Befreiung von bestimmten (ansonsten zwingenden) organisations- bzw. haushaltsrechtlichen Vorschriften. Zahlreiche nordrhein-westfälische Kreise, Städte und Gemeinden haben hiervon bereits Gebrauch gemacht (vgl. hierzu *Brüning*, DÖV 1997, 278).

a) Verwaltungsmodernisierung

Auf Initiative der „Kommunalen Gemeinschaftsstelle (KGSt)" werden in den Kommunen seit einigen Jahren Elemente des sog. **Neuen Steuerungsmodells** umzusetzen versucht. Dieser auch als „Tilburger Modell" bezeichnete Ansatz versucht, betriebswirtschaftliche Management-Methoden in der öffentlichen Verwaltung einzuführen. Traditionell werden öffentliche Verwaltungen über Aufgaben-Befugnisnormen und finanzielle Ermächtigungen gesteuert und im Hinblick auf die Einhaltung von Grenzen überwacht. Der neue Ansatz verwendet als Schlüsselbegriff das „Produkt" als Ergebnis des Verwaltungshandelns und ordnet ihm konkrete Kosten zu. Ein zweiter wichtiger Baustein des Neuen Steuerungsmodells ist die Zusammenführung von Aufgaben- und Ressourcenverantwortung an einer Stelle. Im herkömmlichen Verwaltungsaufbau ist eine Facheinheit für die eigentliche Aufgabe verantwortlich, welche die hierfür benötigten Ressourcen (Personal, Finanzmittel etc.) von einer zentralen Verwaltungseinheit zugewiesen bekommt. Durch die Zuordnung der Ressourcenverantwortung zur Fachebene soll ein flexibleres Reagieren auf die Sachprobleme ermöglicht werden. Damit eng verknüpft ist eine leistungsfähige Kostenrechnung, die es der Fachebene ermöglichen soll, ihre Aufgabenerfüllung wirtschaftlich zu steuern. Weitere Stichworte lauten: Kontraktmanagement, Budgetierung und Controlling (vgl. zum Ganzen *Otting*, Neues Steuerungsmodell und rechtlicher Betätigungsspielraum der Kommunen, 1997; eine empirisch fundierte Bilanz ziehen *Bogumil u.a.*, Zehn Jahre Neues Steuerungsmodell, 2006; vgl. ferner *Holtkamp*, DÖV 2008, 94). **163**

Freilich darf die Verwaltungsmodernisierung nicht darauf hinaus laufen, dass die Gemeinde nur noch als eine Art „Wirtschaftsunternehmen" und die vom Verwaltungshandeln Betroffenen als „Kunden" verstanden werden. Auch in Zukunft erwartet der Adressat eines Sozialhilfebescheides oder einer Ausweisungsverfügung zu Recht, dass er ausschließlich nach rechtsstaatlichen Maßstäben behandelt wird; als „Kunde" dürfte er sich kaum empfinden.

Ein weiteres Problemfeld des Neuen Steuerungsmodells stellt die Abgrenzung von **Verwaltungsmanagement und Kommunalpolitik** dar. Das Verhältnis von Politik (Rat) und Verwaltung (Bürgermeister) wird im Modell als **164**

§ 2. Kommunalrecht

Auftraggeber-Auftragnehmer-Beziehung verstanden. Der Rat soll sich auf das „Was" beschränken und der Verwaltung das „Wie" überlassen. Dies kann nur funktionieren, wenn einerseits das Informationsmanagement zwischen Verwaltung und Rat verbessert wird. Der Rat muss fundierte, steuerungsgerechte Informationen erhalten. Herkömmliche Vorlagen der Verwaltung werden diesem Ziel in den meisten Fällen nicht gerecht. Zum anderen ist darauf zu achten, dass die in der Gemeindeordnung teilweise zwingend vorgegebene Zuständigkeitsverteilung zwischen Rat und Bürgermeister eingehalten wird. Eine äußerste Grenze der Delegation von Entscheidungsbefugnissen an die Verwaltung wird durch die Stellung des Rates als Repräsentativorgan gezogen. Jede Schwächung des Rates bringt tendenziell eine Schwächung der kommunalen Selbstverwaltung mit sich (eine diesbezügliche politikwissenschaftliche Analyse findet sich bei *Bogumil*, VerwArch 93 [2002], 129; kritisch *Burgi*, VVDStRL 62 (2003), S. 405 [447 f.]). Das GO-Reformgesetz 2007 (Rn. 6) zielte auf „ein noch besseres Verhältnis der beiden Organe" und will u.a. die Legitimation des Bürgermeisters (durch längere Amtszeit, vgl. noch Rn. 242) einerseits, die Kontrollrechte des Rates andererseits (vgl. noch Rn. 217) ausbauen.

b) Bürgergesellschaft auf kommunaler Ebene

165 Neben den Modernisierungsbestrebungen, die von den Kommunen selbst ausgehen, sind insbesondere in den letzten Jahren bürgerschaftliche Reformbewegungen zu beobachten, die unter dem Leitbild der „Bürgergesellschaft" zusammengefasst werden können. Dies zeigt die Vision einer aktiven Gesellschaft an, in der die Bürger sich politisch einmischen; es steht aber auch für das reale bürgerschaftliche Engagement. **Partizipation** und **Gemeinwohleffizienz** können in Foren wie der auf die Rio-Konferenz zurückgehenden Lokalen Agenda, durch die systematische Einbindung von relevanten Nichtregierungsorganisationen (NGOs), Vereinen und Verbänden sowie Institutionen der Wirtschaft verbessert werden (vgl. *Knemeyer*, DVBl. 2000, 876; *Hill*, BayVBl. 2002, 321).

4. Anhang

166 Literatur: *Oebbecke*, Verwaltungssteuerung im Spannungsfeld von Rat und Verwaltung, DÖV 1998, 853; *Thiel*, Gemeindliche Selbstverwaltung und kommunales Verfassungsrecht im neuzeitlichen Preußen (1648–1947), DV 35 (2002), 25; *Ipsen/Oebbecke* (Hrsg.), Kommunalverfassung im Zeichen der Eingleisigkeit – eine erste Bilanz, 2002; *Oebbecke* u.a. (Hrsg.), Kommunalverwaltung in der Reform, 2004; *Rau*, Betriebswirtschaftslehre für Städte und Gemeinden, 2. Aufl. 2007; *Henneke/Ritgen*, Aktivierung bürgerschaftlicher Selbstverwaltung in Städten, Kreisen und Gemeinden, DVBl. 2007, 1253; *Ipsen*, Die Entwicklung der Kommunalverfassung in Deutschland, in: HdbKWP I, 2007, 565; *Schuster/Morawski* (Hrsg.), Die regierbare Stadt, 2. Aufl. 2010; *Bogumil/Ebinger/Holtkamp*, Verwaltung und Management, 2011, 169.

C. Die Binnenorganisation der Gemeinden

Kontrollfragen:

1. Welche Anforderungen stellt Art. 28 I 1 und 2 GG an die Organisation der Kreise und Gemeinden?
2. Worin liegen die geschichtlichen Wurzeln der kommunalen Selbstverwaltung?
3. Was sind die wesentlichen Kernelemente des sog. „Neuen Steuerungsmodells"?

II. Wahlen und andere Beteiligungsformen für Einwohner und Bürger

Das nordrhein-westfälische Kommunalrecht kennt verschiedene Beteiligungsformen für die Einwohner bzw. die Bürger der Gemeinde. Am wichtigsten sind die Berechtigung zur Teilnahme an Kommunalwahlen und das Bürgerbegehren (§ 26 GO). **167**

1. Einwohner und Bürger

Im Hinblick auf die Rechte und Pflichten der Bewohner einer Gemeinde unterscheidet die Gemeindeordnung zwischen „Einwohnern" und „Bürgern". Während der Rechtsbegriff der „Einwohner" die Gesamtheit aller Gemeindebewohner beschreibt, bildet die Gruppe der „Bürger" einen Ausschnitt hiervon. **168**

a) Begriff und Rechtsstellung des Einwohners

Einwohner ist nach § 21 I GO, „wer in der Gemeinde wohnt". Der Begriff der „Wohnung" ist in den §§ 15 Meldegesetz NRW (MG), 11 V Melderechtsrahmengesetz des Bundes (MRRG) definiert und erfasst danach insbesondere „jeden umschlossenen Raum, der zum Wohnen oder Schlafen benutzt wird" (S. 1). Die konkrete Form der Benutzung muss durch objektive Umstände nachgewiesen sein. Die deutsche Staatsangehörigkeit ist zur Wohnsitzgründung nicht erforderlich. Wer über mehrere **Wohnungen** in der Bundesrepublik Deutschland verfügt, ist Einwohner aller Gemeinden, in denen seine Wohnungen liegen. In diesem Fall ist die vorwiegend benutzte Wohnung seine Hauptwohnung (§§ 16 II 1 MG, 12 II 1 MRRG). Insoweit ist nicht auf den Aufenthalt in der Wohnung selbst abzustellen, sondern (rein quantitativ) auf den Aufenthalt an dem Ort, in dem sich die Wohnung befindet. Unerheblich ist der Eintrag im Melderegister. **169**

> **Beispiel:** Ein Studierender, der sich vier Tage pro Woche in der Wohnung seiner Eltern in Köln und die restlichen Wochentage an seinem Studienort Trier aufhält, ist Einwohner beider Gemeinden. Er hat seine Hauptwohnung in Köln, auch wenn seine Wohnung in Trier von der zuständigen Meldebehörde als Hauptwohnung registriert wurde. Das Melderegister ist diesbezüglich zu berichtigen (BVerwG, NJW 1992, 1121; zuletzt zum Begriff des Wohnens VGH BW, VBlBW 2006, 388).

Die GO gewährt den Einwohnern eine Vielzahl an **Rechten**. Gemäß § 8 II Hs. 1 GO sind alle Einwohner im Rahmen des geltenden Rechts berechtigt, **170**

§ 2. Kommunalrecht

öffentliche Einrichtungen der Gemeinde wie z. B. Parkanlagen, Museen und Bäder zu benutzen (vgl. Rn. 335 ff.). § 22 GO verpflichtet die Gemeinden grundsätzlich, ihren Einwohnern bei der Stellung von Anträgen im Verwaltungsverfahren behilflich zu sein. Den Einwohnern steht überdies ein Anspruch auf Unterrichtung in allen bedeutsamen Angelegenheiten der Gemeinde zu (§ 23 GO). Diesem Anspruch kommen die Gemeinden in der kommunalen Praxis unter anderem durch Einwohnerfragestunden im Rat oder Sprechstunden beim Bürgermeister nach. § 24 GO gewährt allen Einwohnern ein Anregungs- und Beschwerderecht (sog. „kommunales Petitionsrecht"). Zur Bearbeitung der Beschwerden der Einwohner richtet der Rat oftmals einen eigenen Beschwerdeausschuss ein. Vor dem Hintergrund von Bürgerbegehren und Bürgerentscheid (§ 26 GO; vgl. Rn. 188 ff.) von nur geringer praktischer Bedeutung ist die Vorschrift des § 25 GO, wonach Einwohner unter bestimmten Voraussetzungen die Beratung und Entscheidung des Rates über eine bestimmte Angelegenheit erzwingen können (sog. „Einwohnerantrag"). Schließlich können Einwohner gemäß § 58 IV GO als sog. „sachkundige Einwohner" vom Rat zu Ausschussmitgliedern mit beratender Stimme gewählt werden.

Neben die Unterrichtung der Einwohner nach § 23 GO tritt seit Januar 2002 das allgemeine Informationsrecht nach § 4 I IFG NRW (Gesetz über die Freiheit des Zugangs zu Informationen für das Land Nordrhein-Westfalen – Informationsfreiheitsgesetz; GVBl. 2001, 806, zuletzt geändert durch G. v. 8.12.2009; GVBl., 765). Hiernach hat grundsätzlich jede natürliche Person Anspruch auf Zugang zu den bei öffentlichen Stellen des Landes vorhandenen amtlichen Informationen. Eine Unterrichtung ohne vorhergehenden Antrag kennt das IFG NRW im Unterschied zu § 23 GO nicht.

171 Ausländische Einwohner haben unter den Voraussetzungen des § 27 GO das Recht, einen sog. **„Integrationsrat"** zu bilden (dazu *Wellmann*, NWVBl. 2009, 470). Die Mitglieder des Integrationsrats werden für jeweils eine Ratsperiode gewählt. Ihnen kommt die Aufgabe zu, die kommunalen Organe in den die Migrantinnen und Migranten besonders betreffenden Angelegenheiten zu beraten und die Interessen dieser Einwohner entsprechend zu artikulieren. Zu diesem Zweck räumt § 27 GO dem Integrationsrat umfangreiche Informations- und Mitwirkungsrechte ein, deren Ausübung gegenüber dem Rat in der Praxis vielfach ungeklärt ist. In auffälligem Gegensatz zur bundesweiten Zunahme der Integrations- bzw. Ausländerbeiräte steht die kontinuierliche Abnahme der Beteiligung an den Wahlen für dieses Gremium (*Hoffmann*, ZAR 2003, 53). Die Einrichtung von Kinder- und Jugendräten ist nicht gesetzlich vorgesehen, aber auf der Grundlage der Organisationshoheit (vgl. § 1 Rn. 189) möglich.

172 Den Rechten der Einwohner stehen bestimmte **Pflichten** gegenüber, die teilweise wiederum Beteiligungsmöglichkeiten eröffnen. Dies gilt insbesondere für die Pflicht zur Übernahme von ehrenamtlichen Tätigkeiten i. S. d. § 28 I GO (z. B.: als Wahlhelfer oder Schöffe). Verweigert ein Einwohner die Übernahme oder Ausübung einer ehrenamtlichen Tätigkeit ohne wichtigen Grund, kann vom Rat auf der Grundlage von § 29 III GO durch Verwal-

C. Die Binnenorganisation der Gemeinden

tungsakt ein Ordnungsgeld von bis zu 500 Euro verhängt werden. Ob ein wichtiger Grund vorliegt, entscheidet grundsätzlich der Rat (§ 29 II GO). § 8 II Hs. 2 GO verpflichtet die Einwohner, diejenigen (finanziellen) Lasten zu tragen, die sich aus ihrer Zugehörigkeit zur Gemeinde ergeben. Dabei kommt es nicht auf die tatsächliche Inanspruchnahme bestimmter Einrichtungen an.

b) Begriff und Rechtsstellung des Bürgers

Die Gruppe der Bürger bildet eine Teilmenge der Einwohner. Bürger ist, wer zu den **Gemeindewahlen berechtigt** ist (§ 21 II GO). Diese Voraussetzung erfüllt nach § 7 KWahlG, wer am Wahltag Deutscher i. S. v. Art. 116 I GG ist oder – dies im Unterschied zu Landtags- und Bundestagswahlen – die Staatsangehörigkeit eines Mitgliedstaats der Europäischen Union besitzt (vgl. noch Rn. 177 ff.), das sechzehnte Lebensjahr (!) vollendet hat und mindestens seit dem 16. Tag vor der Wahl im betreffenden Wahlgebiet seine Wohnung, bei mehreren Wohnungen seine Hauptwohnung, hat. **173**

Mit dem Bürgerstatus verbindet sich eine im Verhältnis zum Einwohner erheblich verbesserte **Rechts**stellung. Zusätzlich zu den Einwohnerrechten und der Berechtigung zur Teilnahme an Kommunalwahlen (sog. „aktives Wahlrecht"), genießen die Bürger, soweit sie volljährig sind, bei Kommunalwahlen insbesondere das „passive Wahlrecht", d. h. sie sind wählbar (§ 12 I KWahlG). Außer zu Mitgliedern des Rates können sie zu sog. sachkundigen Bürgern gewählt werden. Sachkundige Bürger unterscheiden sich von den „sachkundigen Einwohnern" durch uneingeschränktes Stimmrecht in dem Ausschuss des Rates, dem sie angehören. § 26 GO schließlich eröffnet den Bürgern die plebiszitäre Mitentscheidungsbefugnis des Bürgerbegehrens (ausführlich 3). **174**

Auch Bürger sind zur Übernahme von ehrenamtlichen Tätigkeiten und überdies von Ehrenämtern **verpflichtet** (§ 28 II GO). Im Rahmen der Ausübung von solchen Tätigkeiten bzw. Ämtern erlangen §§ 29 ff. GO besondere Bedeutung. Hiernach besteht in bestimmten Angelegenheiten eine Verschwiegenheitspflicht (§ 30 GO), § 33 S. 1 GO gewährt Anspruch auf Ersatz der notwendigen Auslagen und des Verdienstausfalls. Ferner von Bedeutung ist ein Mitwirkungsverbot bei Befangenheit (§ 31 GO) und generell die Verpflichtung zur Treue gegenüber der Gemeinde (§ 32 I 1 GO). Hierauf ist ebenso wie auf das in § 32 I 1 normierte „kommunalrechtliche Vertretungsverbot" im Rahmen der Darstellung des „Rates" zurückzukommen (vgl. Rn. 202 ff.), weil die Tätigkeit als Ratsmitglied den praktisch wichtigsten Anwendungsfall dieser Vorschriften darstellt (vgl. § 43 II GO). **175**

2. Wahlen auf Gemeindeebene

a) Überblick

176 Die verfassungsrechtliche Grundlage des Kommunalwahlrechts ist Art. 28 I 2 GG, wonach „das Volk" auch in den Kreisen und Gemeinden eine Vertretung haben muss, „die aus allgemeinen, unmittelbaren, freien, gleichen und geheimen Wahlen hervorgegangen ist". Damit wird an die in Art. 38 I 1 GG statuierten Grundsätze für die Wahl der Mitglieder des Bundestages angeknüpft. In Abgrenzung zum Bundestag ist der Rat allerdings kein Legislativ-, sondern ein **Exekutivorgan**. „Vertretung" meint sowohl die Mitglieder des Rates als auch den in Nordrhein-Westfalen direkt gewählten Bürgermeister (§ 40 II 1 GO). Einfachrechtliche Bestimmungen zur Durchführung von Kommunalwahlen finden sich in den §§ 35 ff. GO, im KWahlG sowie in der KWahlO. Details müssen die Studierenden nicht wissen (vgl. § 11 II Nr. 13b JAG NRW). Mit Gesetz vom 3.10.2007 (GVBl., 374) ist das KWahlG in größerem Umfang geändert worden (hierzu *v. Lennep/Wellmann*, NWVBl. 2008, 98; *Bätge*, Wahlen und Abstimmungen in NRW, 2008). Neben einer Reihe eher formaler Punkte betraf dies: die Reduzierung und Einschränkung der Gründe für eine Unvereinbarkeit von Amt und Mandat, die Möglichkeit gemeinsamer Wahlvorschläge für die Wahl der Bürgermeister und Landräte und – vielleicht am wichtigsten – der Wegfall der Stichwahl bei der Wahl der Bürgermeister und Landräte (zur Wahl des Bürgermeisters vgl. sogleich Rn. 181, ferner noch Rn. 242 f.). Letzteres ist mit dem Gesetz zur Wiedereinführung der Stichwahl v. 3.5.2011 (GVBl., 237) wieder rückgängig gemacht worden, d.h. seither findet nach § 46c KWahlG wieder eine Stichwahl statt.

b) Aktives und passives Wahlrecht

177 Wahlberechtigt und damit Träger des **aktiven Wahlrechts** sind gemäß § 7 KWahlG alle Deutschen i. S. v. Art. 116 I GG sowie alle EU-Ausländer, jeweils nach Vollendung des sechzehnten Lebensjahres und einer (Haupt-) Wohnsitzdauer von nur noch mindestens 16 Tagen im Wahlgebiet (= alle Bürger). Die Regelung des § 12 KWahlG über das **passive Wahlrecht**, d. h. das Recht gewählt zu werden, knüpft hieran an, sieht jedoch ein höheres Lebensalter vor (Volljährigkeit).

178 Die aktive und passive Wahlberechtigung für **EU-Ausländer** beruht auf der Umsetzung der Richtlinie 94/80/EG des Rates vom 19.12.1994 (ABl. EG Nr. L 368, S. 38) und findet ihre primärrechtliche Grundlage mittlerweile in Art. 20 II 2 lit. b) i.V.m. Art. 22 I AEU. Europarechtlich gesehen bildet sie einen wichtigen Bestandteil der mit dem Vertrag von Maastricht (v. 7. Februar 1992) eingeführten sog. Unionsbürgerschaft (Art. 20 ff. AEU). Sie ist ferner in in Art. 40 der Charta der Grundrechte der EU verankert (vgl. auch Rn. 173). Verfassungsrechtlich ist das Wahlrecht für EU-Ausländer nunmehr durch Art. 28 I 3 GG abgesichert. Diesbezüglich war eine Grundgesetzänderung erforderlich, da das die Staatsgewalt vermittelnde „Volk" (Art. 20 II 1 GG) nach der Grundkonzeption der Verfassung lediglich von den deutschen

C. Die Binnenorganisation der Gemeinden 185

Staatsangehörigen und den ihnen nach Art 116 I GG gleichgestellten Personen gebildet wird (vgl. BVerfGE 83, 37; BVerfGE 88, 60). Dass die EU-Ausländer darüber hinaus auch in NRW bei einem Bürgerentscheid abstimmen (*Schmülling*, DVBl. 1998, 365) können (§§ 26 I, 21 II GO, 7 I KWahlG) ist verfassungsgemäß, da Art. 28 I 3 GG im Zusammenspiel mit Art. 20 II 2 Hs. 1 GG so zu lesen ist, dass über den Gesetzeswortlaut hinaus („Wahlen") auch „Abstimmungen" erfasst sind (str., a. A. *Schröder*, in: Achterberg/Püttner/Würtenberger, Besonderes Verwaltungsrecht II, Rn. 55).

Von nicht geringer praktischer Bedeutung ist die Vorschrift des § 13 **179** KWahlG, wonach Beamte und Angestellte im öffentlichen Dienst in bestimmten Fällen nicht einer Vertretungskörperschaft (v. a.: dem Rat) angehören dürfen (**Inkompatibilität**). Der Amtsträger kann sich zwar als Wahlbewerber aufstellen lassen, gewählt werden und die Wahl annehmen; die Ausübung des Mandats ist allerdings abhängig von einer Beendigung des Amtsträgerverhältnisses. Die Trennung von Amt und Mandat hat ihren verfassungsrechtlichen Ursprung in Art. 137 I GG, dessen Zweck im Schutz der organisatorischen Gewaltenteilung vor Gefahren liegt, die durch die Kombination von Exekutivamt und Wahlmandat entstehen können. Vor diesem Hintergrund sollen insbesondere Mitarbeiter der Verwaltung nicht derjenigen Vertretungskörperschaft angehören, der die Kontrolle über ihre Behörde obliegt (BVerfG NJW 1981, 2047 [2048]).

> **Beispiele:** Ein Verwaltungsangestellter des städtischen Friedhofsamtes kann nicht zugleich ein Ratsmandat ausüben. Dagegen liegt kein Verstoß gegen die Inkompatibilitätsregelung des § 13 I 1 lit. b) KWahlG vor, wenn ein in einer kreisfreien Stadt in NRW wohnendes Ratsmitglied zugleich als vollzeitbeschäftigter leitender Angestellter im Ministerium für Schule, Wissenschaft und Forschung des Landes NRW tätig ist (OVG NRW, NWVBl. 2002, 464).

c) Wahlverfahren und Wahlgrundsätze

Das Verfahren zur Durchführung der Kommunalwahlen ist detailliert im **180** **KWahlG** und in der **KWahlO** geregelt. Diese Vorschriften betreffen insbesondere das Wahlgebiet, die Wahlvorbereitung, den Wahlvorgang an sich, das Wahlsystem und die Verteilung der Sitze, die Wahlprüfung sowie das Ausscheiden und den Ersatz von Mandatsträgern. Zahlreiche Einzelfragen zu diesen Regelungsbereichen bieten in der kommunalen Praxis immer wieder Anlass zu Rechtsstreitigkeiten.

So befand sich in den letzten Jahren nicht zuletzt (erneut) das Erfordernis der Beibringung von Unterschriften für einen Wahlvorschlag auf dem Prüfstand. § 15 II 3 KWahlG sieht vor, dass Wahlvorschläge von Parteien, Wahlgruppen und Einzelbewerbern abhängig von der Einwohnerzahl der Gemeinde von bis zu zwanzig Wahlberechtigten unterzeichnet sein müssen. In anderen Bundesländern sind wesentlich mehr Unterschriften erforderlich. Ein solches Unterschriftenquorum wird von der höchstrichterlichen Rechtsprechung grundsätzlich anerkannt, mit der Begründung, es diene dem legitimen Ziel, nur solche Wahlvorschläge zuzulassen, von denen vermutet werden könne, dass hinter ihnen eine politisch ernst zu nehmende Gruppe stehe, die sich mit diesem Vorschlag am Wahlkampf beteiligen

§ 2. Kommunalrecht

wolle (ThürOVG, LKV 2001, 317 [318]). Durch eine „Vorauswahl" würden solche Kandidaten von der Wahl ausgeschlossen werden, die objektiv erkennbar keinerlei Chancen hätten. Wer durch die Vorlage von Unterschriften belegen könne, dass eine bestimmte Anzahl von Wählern mit seiner Kandidatur einverstanden sei, begründe dadurch die Vermutung, dass er bei der Wahlhandlung überhaupt Stimmen auf sich ziehen könne (SachsAnhVerfG, DÖV 2001, 557 [557 f.]).

181 Der **Bürgermeister** wird mittlerweile wieder nach einem Mischsystem gewählt. Das ÄnderungsG zum KommwahlG aus Oktober 2007 hatte die zuvor geltende Stichtagsregelung bei nicht erzielter absoluter Mehrheit im ersten Wahlgang aufgehoben. Der VerfGH hat diese Neuregelung mit Urteil vom 26.5.2009 (NVwZ 2009, 1096) für mit der Landesverfassung vereinbar erklärt. Die Direktwahl in einem Wahlgang mit relativer Mehrheit trage auf der Basis der vom Gesetzgeber zugrunde gelegten tatsächlichen und normativen Grundlagen dem Erfordernis demokratischer Legitimation ausreichend Rechnung. Weder werde der Grundsatz der Wahlgleichheit noch der Grundsatz der Chancengleichheit im politischen Wettbewerb und auch nicht der Grundsatz der unmittelbaren Wahl verletzt. Allerdings wurde dem Gesetzgeber eine Beobachtungspflicht dahingehend auferlegt, ob das bestehende Wahlsystem den erforderlichen Gehalt der demokratischen Legitimation auch künftig zu vermitteln vermag. Durch das Gesetz zur Wiedereinführung der Stichwahl v. 3.5.2011 (GVBl., 237) ist nun wieder eine Stichwahl durchzuführen, und zwar nach § 46c KWahlG grundsätzlich am zweiten Sonntag nach dem Wahlgang, in dem keine absolute Mehrheit erzielt werden konnte. Bei Stimmengleichheit entscheidet das Los.

182 Der **Rat** wird im Wege einer Verhältniswahl mit vorgeschalteter Mehrheitswahl gewählt. Die Ratsmandate werden grundsätzlich hälftig einerseits über Direktmandate (§ 32 KWahlG) in den Wahlbezirken und andererseits über eine sog. Reserveliste (§ 33 KWahlG) vergeben. Jeder Wähler hat eine Stimme. Mit ihr wählt er zugleich einen Kandidaten im Wahlbezirk und, falls dieser Bewerber von einer Partei oder einer Wählergruppe aufgestellt ist, die von ihr für das Wahlgebiet festgelegte Reserveliste, § 31 S. 1 und 2 KWahlG. Die Anzahl der Listenplätze einer jeden Partei oder politischen Gruppierung wird seit der letzten Reform nach dem sog. Divisorverfahren mit Standardrundung (Sainte-Laguë/Schepers) berechnet. Die danach auf jede Partei oder Wählergruppe zu vergebende Anzahl an Ratsmandaten verringert sich um die Anzahl der jeweils erzielten Direktmandate (§ 33 VI KWahlG). Hat eine Partei oder Wählergruppe in den Wahlbezirken mehr Direktmandate errungen als ihr nach der Reserveliste zustehen ("Überhangmandate"), so behält sie diese Direktmandate. Den anderen Parteien werden dann aber – anders als etwa bei Bundestagswahlen – sog. „Ausgleichsmandate" zugeteilt (§ 33 IV KWahlG). Durch diese „Aufstockung" wird ein alle Parteien bzw. Wählergruppen einschließender Verhältnisausgleich erzielt.

183 Bei der Durchführung der Kommunalwahlen (und der Landtagswahlen) sind gemäß Art. 28 I 2 GG die Wahlrechtsgrundsätze zu beachten, die nach Art. 38 I 1GG auch für die Wahl der Abgeordneten des Deutschen Bundestages gelten: Die Vertretung des Volkes muss aus allgemeinen, unmittelbaren, freien, gleichen und geheimen Wahlen hervorgegangen sein. Jenseits der

C. Die Binnenorganisation der Gemeinden

Homogenitätsvorgaben von Art. 28 I 1 GG verpflichtet Art. 28 I 2 GG zur Beachtung der „grundsätzlichen demokratischen Vorgaben". Dazu gehört nach Auffassung des VerfGH NRW (DVBl. 2009, 516) auch eine Terminierung der Kommunalwahl dahingehend, dass zwischen der Wahl und der Konstituierung neu gewählter Gremien äußerstenfalls 3 Monate liegen dürfen. Die ursprünglich vorgesehene Zusammenlegung der Kommunalwahlen 2009 mit den Europawahlen 2009 an ein- und demselben Tag wurde daher für verfassungswidrig erklärt, weil zwischen dem Tag der Europawahlen am 24. Juni 2008 und der am 21.10.2009 beginnenden neuen Kommunalwahlperiode ein zu langer Abstand liege (krit. hierzu *Waldhoff*, JZ 2009, 144; zur Situation ab 2014 *Schoenemann*, NWVBl. 2009, 165). In dem sich hieran anschließenden weiteren Klageverfahren hat der VerfGH sodann festgestellt, dass die durch den Innenminister vorgenommene Terminierung der Kommunalwahlen auf Ende August 2009 (und somit nur wenige Wochen vor, und insbesondere getrennt von der Bundestagswahl im September 2009) hingegen nicht verfassungsrechtliche Vorgaben verletze. Der Gesetzgeber sei grundsätzlich frei in seiner Entscheidung, ob er mit einer Zusammenlegung von Wahlterminen auf eine Erhöhung der Wahlbeteiligung hinwirken wolle oder ob es ihm stärker darum gehe, die Kommunalwahl in der gesteigerten öffentlichen Aufmerksamkeit der Bundestagswahl nicht gleichsam untergehen zu lassen (Urt. vom 26.5.2009, NWVBl. 2009, 309: Qualifizierung als „staatsorganisatorischer Akt mit Verfassungsfunktion", durch den weder gegen das Recht auf Chancengleichheit der politischen Parteien noch gegen das Willkürverbot verstoßen worden sei).

Nach dem **Grundsatz der freien Wahl** muss der Wähler seine Wahlentscheidung in einem freien und offenen Prozess der Meinungsbildung ohne jede unzulässige Beeinflussung von staatlicher oder nichtstaatlicher Seite finden können. Daraus folgt eine Neutralitätspflicht staatlicher und gemeindlicher Organe insbesondere im Kommunalwahlkampf. Beispiel: Gegen den Grundsatz der freien Wahl wird verstoßen, wenn ein Bürgermeister in amtlicher Eigenschaft Wahlempfehlungen (z. B. in Form von Zeitungsanzeigen) zugunsten einer Partei oder eines Wahlbewerbers abgibt (BVerwG, NVwZ 1997, 1220). In Dortmund haben im Frühjahr 2010 unzutreffende bzw. fehlende Berichte über die Haushaltslage zur Wahlwiederholung geführt, wodurch bundesweit das Bewusstsein für das „Recht auf Wahrheit" (*Beckmann/Wittmann*, NWVBl. 2010, 89; vgl. nun in der gleichen Rechtssache OVG NRW DVBl. 2012, 588, und BVerwG, NVwZ 2012, 1117. Zu den Konsequenzen *Drossel/Suck*, NWVBl. 2012, 215) gestärkt worden sein dürfte. Kein Fall der amtlichen (hierzu *Oebbecke*, NVwZ 2007, 30), sondern allenfalls der „unter besonderem Druck vorgenommenen" privaten Wahlbeeinflussung kann im Verhalten von Parteien und auch von Fraktionen (OVG NRW, NVwZ 2006, 363) liegen.

Der Grundsatz der **Gleichheit der Wahl** besagt, dass jeder Wahlberechtigte sein aktives und passives Wahlrecht in formal möglichst gleicher Weise ausüben können soll. Die Stimme eines jeden Wählers muss den gleichen Zählwert haben. Im Verhältniswahlsystem muss darüber hinaus (jedenfalls im Grundsatz) ein gleicher Erfolgswert gewährleistet sein. Regeln der Gesetzgeber den Bereich der politischen Willensbildung bei Wahlen in einer Weise, welche die Chancengleichheit der politischen Parteien und Wählervereinigungen beeinträchtigen kann, sind seinem Entscheidungsspielraum besonders enge Grenzen gesetzt. Differenzierungen bedürfen auch in diesem Bereich stets eines „zwingenden Grundes". Diskutiert wurde die Wahlrechtsgleichheit in den letzten Jahren vor allem im Zusammenhang mit der sog. **„Sperrklausel"** („Fünf-Prozent-Hürde"), die namentlich in NRW bei einem Wahlergebnis einer Partei oder einer politischen Gruppierung von weniger als fünf Prozent der Gesamtstimmenzahl einen Einzug in den Rat verhindert hatte (§ 33 KWahlG a. F.). Das Bundesverfassungsgericht hält eine Sperrklausel dieser Höhe im Hinblick auf die staatspolitischen Gefahren einer übermäßigen Parteienzersplitterung auch im Kommunalrecht für verfassungsrechtlich grundsätzlich zulässig (BVerfGE 47, 253 [277]), wird aber zunehmend strenger (BVerfG, DVBl. 2008, 443, zu Schleswig-Holstein; hierzu *Krajewski*, DÖV 2008, 345).

186 Auch der **VerfGH** erachtet eine Sperrklausel als rechtmäßig, soweit die Funktionsfähigkeit der Kommunalvertretungen gefährdet ist. Allerdings - reiche für eine hinreichende Prognose die theoretische Möglichkeit der in Rede stehenden Gefahren nicht aus. In Anbetracht der Einführung der Direktwahl des Bürgermeisters (vgl. Rn. 181) habe der nordrhein-westfälische Gesetzgeber seine Entscheidung, die Sperrklausel beizubehalten, nicht hinreichend begründet. Sie sei daher verfassungswidrig (VerfGH, NWVBl. 1999, 383). Im Dezember 2008 hat der VerfGH entschieden, dass die gleichen Beurteilungsgrundsätze auch im Hinblick auf die bis dahin im KWahlG geregelte Modifizierung im Berechnungssystem (sog. Mindestsitzklausel) anwendbar seien; danach sind Parteien und Wählergruppen bei der Sitzzuteilung unberücksichtigt geblieben, die nicht mindestens eine Zahl von 1,0 für einen einzigen Sitz erreicht hatten. Der VerfGH hält die dadurch bewirkte Ungleichgewichtung der Wählerstimmen für im Ergebnis nicht rechtfertigungsfähig. In der Folge dieser Entscheidung hat die in vielen Städten bestehende Furcht vor zersplitterten Ratsgremien neue Nahrung bekommen. Eine u.U. in der nächsten Legislaturperiode angegangene Veränderung in diesem Bereich hängt letztlich von der nur empirisch möglichen Beantwortung der Frage ab, ob tatsächlich die Funktionsfähigkeit der Kommunalvertretungen gefährdet ist. Wie der VerfGH in der letztgenannten Entscheidung erneut betont hat, genügt der durchaus plausible Hinweis auf die „Schwerfälligkeit in der Meinungsbildung" nicht. Explizit heißt es: „Nicht jeder Konflikt und nicht jede politische Auseinandersetzung in den Kommunalvertretungen kann als Störung der Funktionsfähigkeit angesehen werden" (weiterführend *Dietlein/Riedel*, Zugangshürden im Kommunalwahlrecht, 2012).

Den politischen Parteien (i. S. d. Art. 21 GG) wahlrechtlich gleichgestellt sind parteiungebundene örtliche Wählergemeinschaften (grundsätzlich zu ihnen zuletzt *Morlok/Merten*, DÖV 2011, 125). Diese werden wegen ihres ausschließlich lokalen Bezugs auch „Rathausparteien" genannt. Das Recht auf Chancengleichheit ist beispielsweise verletzt, wenn kommunale Wählervereinigungen und ihre Dachverbände zur Körperschafts- und Vermögenssteuer herangezogen werden, Parteien und deren Untergliederungen dagegen nicht (BVerfGE 99, 69).

C. Die Binnenorganisation der Gemeinden

d) Rechtsschutz

Werden subjektive Rechte einzelner Wahlbewerber oder Wahlberechtigter verletzt, ist gemäß Art. 19 IV GG grundsätzlich Rechtsschutz zu gewähren. Das Wahlprüfungsverfahren ist in den §§ 39 ff. KWahlG geregelt. Hierbei handelt es sich nicht um ein Klageverfahren eigener Art, sondern um eine Form der Verpflichtungsklage (§ 42 I Alt. 2 VwGO), gerichtet auf die verbindliche Feststellung der Ungültigkeit der Wahl (so ausdrücklich OVG NRW, OVGE 35, 144 [145]; a. A. VG Dessau LKV 2000, 554, das insoweit von einer Kombination aus Anfechtungs- und Verpflichtungsklage ausgeht). Gemäß § 39 KWahlG ist zuvor binnen eines Monats Einspruch beim Wahlleiter zu erheben, ein Vorverfahren nach dem 8. Abschnitt der VwGO entfällt (§ 41 I 2 KWahlG i. V. m. § 68 I 2 VwGO). Über den Einspruch sowie über die Gültigkeit der Wahl entscheidet gemäß § 40 I KWahlG nach Vorprüfung durch einen hierfür gewählten Ausschuss der Rat. Gegen dessen Beschluss kann dann gemäß § 41 I 1 KWahlG binnen eines Monats Klage vor dem Verwaltungsgericht erhoben werden (vgl. OVG NRW, NWVBl. 2011, 190).

3. Bürgerbegehren und Bürgerentscheid

a) Einführung und Überblick

Im Gegensatz zum Grundgesetz, das Abstimmungen i. S. d. Art. 20 II 1 GG nur einen geringen Stellenwert einräumt (vgl. Art. 29, 146 GG), haben **plebiszitäre Elemente** sowohl in die Landesverfassung (Art. 2 LV) als auch in die Gemeindeordnung vermehrt Einzug erhalten. Auf kommunaler Ebene spielen sie eine große Rolle. So sind seit 1994 in NRW weit über 200 Bürgerbegehren formuliert worden. Mit dem Bürgerbegehren können die „Bürger" (Rn. 173 ff.) beantragen, dass sie an Stelle des Rates über eine Angelegenheit der Gemeinde selbst entscheiden. Diese Entscheidung ist der sog. Bürgerentscheid (§ 26 GO). Hierdurch werden Identifikation und Engagement auf Gemeindeebene gestärkt und der Politikverdrossenheit entgegengewirkt. Im Interesse des Leitbildes der repräsentativen (d. h. über die Ratsmitglieder vermittelten) Demokratie (vgl. Art. 20 II 2, 28 I GG) ist die Zulässigkeit des Bürgerbegehrens an ein bestimmtes Quorum in Form von Unterschriften (§ 26 IV GO) geknüpft. Das GO-Reformgesetz 2007 (Rn. 6) hat zusätzlich die Möglichkeit eines sog. Ratsbürgerentscheids eröffnet (Bürgerentscheid nach Beschluss einer Mehrheit von zwei Dritteln der Ratsmitglieder; § 26 I 2 u. 3 GO). Mit dem Gesetz zur „Stärkung der Bürgerbeteiligung" v. 13.12.2011 (GVBl. 2011, 683) sind weitere Änderungen herbeigeführt worden: Vornahme der Kostenschätzung (Rn. 193) durch die Gemeindeverwaltung, Modifizierungen im Katalog der bürgerbegehrensfähigen Angelegenheiten (Rn. 191) und Erleichterungen bei den Quoren (Rn. 196).

Nicht zu den durch die Gemeindeordnung eröffneten plebiszitären Elementen gehört die politisch durchaus bedeutsame Option der Gründung einer Bürgerinitiative. In ihr schließen sich typischerweise Personen zusammen, die von einer bestimmten Entscheidung (z. B. Schließung einer Schule; Bau einer Umgehungsstraße) betroffen sind. Verfassungsrechtliche Grundlage dieser Aktivitäten ist die Vereinigungsfreiheit des Art. 9 I GG i. V. m. der Meinungsfreiheit des Art. 5 I 1 Alt. 1 GG.

b) Zulässigkeit des Bürgerbegehrens

190 Hinsichtlich der in § 26 GO normierten Zulässigkeitsvoraussetzungen des Bürgerbegehrens gibt es keine feststehende Prüfungsreihenfolge. Insbesondere ist die etwa bei der Prüfung von Klagen übliche Unterteilung in formelle und materielle Prüfungsbestandteile unzweckmäßig. Im Einzelnen hat sich die Prüfung an den nachstehenden Punkten zu orientieren.

aa) Bürgerbegehrensfähige Angelegenheit

191 Grundvoraussetzung für ein Bürgerbegehren ist, dass „eine Angelegenheit der Gemeinde" zur Entscheidung gestellt werden soll (§ 26 I GO), d. h. ein Gegenstand vorliegt, der in den kommunalen Zuständigkeitsbereich fällt. Allgemeine bundes- oder landespolitische Fragen sind vom Anwendungsbereich des Bürgerbegehrens ausgenommen. In Form eines „**Negativkatalogs**" schließt § 26 V GO sodann bestimmte Bereiche vom Bürgerbegehren aus. Hierbei handelt es sich im Kern um Finanz-, Haushalts- und Personalangelegenheiten der Gemeinde. Ebenfalls unzulässig sind Bürgerbegehren über umweltrelevante Vorhaben, Planfeststellungsverfahren und Angelegenheiten der Bauleitplanung (vgl. aber § 26 V Nr. 5, wonach die Entscheidung über die Einleitung des Bauleitplanverfahrens bürgerbegegrebsfähig ist). Nicht zuletzt muss das Bürgerbegehren im Hinblick auf Art. 20 III GG (Vorrang des Gesetzes) ein gesetzmäßiges Ziel verfolgen.

> **Beispiele:** Ein Bürgerbegehren, das sich gegen den Beschluss des Rates richtet, im Innenstadtbereich der Gemeinde eine entgeltliche Parkraumbewirtschaftung durch Aufstellen von Parkautomaten einzuführen, ist gemäß § 26 V Nr. 3 GO unzulässig. Unter kommunalen Abgaben i. S. dieser Vorschrift sind sämtliche Geldleistungen zu verstehen, die von den Gemeinden und Gemeindeverbänden erhoben werden können (VG Köln, NVwZ-RR 2000, 455 [456]). Nach § 26 V Nr. 5 GO unzulässig ist auch ein Bürgerbegehren, das sich auf eine Änderung des Abfallwirtschaftskonzepts einer Gemeinde dahingehend richtet, die bisherige thermische Abfallbehandlung durch eine mechanisch-biologische Abfallbehandlung zu ersetzen (OVG NRW, NVwZ-RR 2003, 448); weitere Beispiele bei *Oebbecke*, DV 37 (2004), 105. Im Hinblick auf den Wortlaut des § 26 I GO muss ein Bürgerbegehren überdies darauf gerichtet sein, eine Entscheidung der Bürger „an Stelle des Rates" herbeizuführen. Ziel eines Bürgerbegehrens kann es daher nicht sein, dem Rat lediglich Vorgaben für eine von ihm zu treffende Entscheidung zu machen (OVG NRW, NVwZ-RR 2003, 448 [449]).

192 Die Palette der in den vergangenen Jahren durchgeführten Bürgerbegehren ist ein Spiegelbild der jeweiligen **kommunalpolitischen Schwerpunkte**. So werden, teilweise unterstützt durch überregionale Gruppierungen, seit einigen Jahren vermehrt Bürgerbegehren über die Statthaftigkeit von Privatisierungen (etwa der Stadtwerke; zur Privatisierung vgl. Rn. 418 ff.), zum Fi-

C. Die Binnenorganisation der Gemeinden

nanzierungsinstrument des sog. „Cross-Border-Leasing" (vgl. Rn. 85) und zu Verkehrsberuhigungskonzepten durchgeführt. Neuerdings thematisieren Bürgerbegehren die Schließung von öffentlichen Einrichtungen (Schwimmbäder, Museen etc.; vgl. Rn. 325 ff.).

bb) Form

Gemäß § 26 II GO ist das Bürgerbegehren schriftlich einzureichen. Der Antrag muss eine Frage sowie eine Begründung enthalten (S. 1) sowie bis zu drei vertretungsberechtigte Personen benennen (S. 2). Die gewünschte Sachentscheidung ist so genau zu bezeichnen, dass über sie nur mit „Ja" oder „Nein" abgestimmt werden kann (§ 26 VII 1 GO). Dies verfolgt den Zweck, Sachfragen, die wegen ihrer Komplexität regelmäßig nur mit spezifischem Sachverstand zu beurteilen sind, aus dem Anwendungsbereich des Bürgerbegehrens herauszunehmen. Entgegen dem Wortlaut des § 26 II 1, VI 1 GO muss es sich nicht unbedingt um eine Frage handeln, zur Abstimmung gestellt werden kann auch eine Aussage. Soweit zur Klarstellung erforderlich, kann die Frage bzw. Aussage aus mehreren Sätzen bestehen (zu weiteren Einzelheiten jüngst OVG NRW, NWVBl. 2008, 269; NWVBl. 2009, 442; NWVBl. 2010, 357). Ein Kostendeckungsvorschlagist seit Ende 2011 nicht mehr erforderlich, vielmehr hat gem. § 26 II 5 nun die Verwaltung eine „Kostenschätzung" zu erstellen. Die Vertretungsberechtigten müssen nach § 26 II 2 GO Bürger der jeweiligen Gemeinde sein.

cc) Einleitungsquorum

Das Bürgerbegehren muss von einer bestimmten Anzahl an Bürgern (Rn. 173 ff.) unterzeichnet sein (sog. Einleitungsquorum). § 26 IV GO gibt ein abgestuftes Quorum vor, das um je einen Prozentpunkt sinkt, je größer die Kommune ist. Im Höchstfall beträgt das Quorum für Gemeinden mit bis zu 10.000 Einwohnern 10 %, für Gemeinden mit über 500.000 Einwohnern beläuft sich das Quorum auf 3 %. Alle Unterschriftslisten müssen die Abstimmungsfrage, eine Begründung, einen Kostendeckungsvorschlag und die Vertretungsberechtigten ausweisen. Sie müssen neben den Unterschriften die Vor- und Zunamen, die Adressen und das Geburtsdatum der Unterzeichner enthalten.

dd) Frist

Bei der Durchführung eines Bürgerbegehrens, das sich gegen einen Ratsbeschluss richtet (sog. **kassatorisches Bürgerbegehren**), sind die Fristen des § 26 III GO zu beachten. Hiernach muss das Bürgerbegehren grundsätzlich sechs Wochen nach der Bekanntmachung des Ratsbeschlusses eingereicht sein (S. 1). Bei dem **initiierenden Bürgerbegehren**, das alle übrigen Fälle umfasst, sind dagegen keine Fristen zu beachten.

c) Weitere Behandlung des Bürgerbegehrens

Ist ein Bürgerbegehren eingereicht worden, so entscheidet der Rat gemäß § 26 VI 1 GO über die Zulässigkeit. Erklärt der Rat das Bürgerbegehren für unzulässig, so kann kein Bürgerentscheid durchgeführt werden. Den Vertre-

§ 2. Kommunalrecht

tern des Bürgerbegehrens bleibt lediglich die Möglichkeit, Rechtsschutz zu suchen (vgl. sogleich). Stellt der Rat dagegen die Zulässigkeit des Bürgerbegehrens fest, ist in einer Ratssitzung darüber zu entscheiden, ob dem Bürgerbegehren inhaltlich entsprochen werden soll. Die Vertreter des Bürgerbegehrens sollen in der Ratssitzung angehört werden. Fällt diese Entscheidung negativ aus, ist innerhalb von drei Monaten ein **Bürgerentscheid** durchzuführen (§ 26 VI 3 GO). Die Gemeinde übernimmt alle anfallenden Kosten, etwa für die Abstimmungsbenachrichtigung, den Druck der Stimmzettel und die Entschädigung der Wahlhelfer. Die den Bürgern vorgelegte Frage ist in dem Sinne entschieden, in dem sie von der Mehrheit der gültigen Stimmen beantwortet wurde, sofern diese Mehrheit einem Anteil von 20 % der Bürgerschaft entspricht (Abstimmungsquorum; seit Ende 2011 bei Gemeinden mit über 50 000 Einwohnern nur 12% und bei Gemeinden mit über 100 000 Einwohnern nur 10%). Bei Stimmgleichheit gilt die Frage als mit „Nein" beantwortet (§ 25 VII 2–3 GO).

Gemäß § 26 VIII 1 GO hat der Bürgerentscheid die Rechtsnatur eines Ratsbeschlusses. Damit unterliegt er der Kommunalaufsicht (§§ 119 ff. GO; vgl. Rn. 187 ff.), mit der Besonderheit, dass in diesem Zusammenhang kein Beanstandungsrecht des Bürgermisters (vgl. hierzu Rn. 254 f.) besteht. Der Rat kann den Bürgerentscheid erst nach einer Sperrfrist von zwei Jahren abändern. Davor besteht gemäß § 26 III 2 GO lediglich die Möglichkeit, den Bürgerentscheid durch einen erneuten Bürgerentscheid zu verändern.

d) Rechtsschutz

197 Rechtsschutzbegehren können im Zusammenhang mit der Durchführung von Bürgerbegehren bzw. Bürgerentscheiden in verschiedenen Stadien formuliert werden. Ganz im Vordergrund von Klausur und Praxis steht dabei der Rechtsschutz gegen die Entscheidung des Rates, das Bürgerbegehren für unzulässig zu erklären. Nachzugehen ist ferner der Frage, ob den Vertretern des Bürgerbegehrens Rechtsschutzmöglichkeiten eröffnet sind, wenn die Gemeindeverwaltung vollendete Tatsachen schafft.

198 Gegen die Entscheidung des Rates, ein Bürgerbegehren für unzulässig zu erklären, ist die **Verpflichtungsklage** (§ 42 I Alt. 2 VwGO) statthaft, da diese Entscheidung ein Verwaltungsakt ist. Die nach § 35 S. 1 VwVfG erforderliche Außenwirkung liegt vor, da der Rat mit seiner Entscheidung gegenüber den Vertretern des Bürgerbegehrens verbindlich und abschließend feststellt, ob die Voraussetzungen für die Durchführung des Bürgerentscheides vorliegen. Entgegen einer teilweise in Rechtsprechung und Literatur vertretenen Ansicht betrifft die Entscheidung des Rates keine (im Wege des sog. Kommunalverfassungsstreits [Rn. 272 ff.] geltend zu machende) verteidigungsfähige Innenrechtsposition (so aber OVG Rh.-Pf., NVwZ-RR 1995, 411; Nds-OVG, NdsVBl 1998, 96; *Fügmann* DVBl. 2004, 343 [352]), sondern ein „normales" subjektiv-öffentliches Recht der Bürger. Diese handeln nicht organschaftlich, sie machen vielmehr eine Position des Außenrechts geltend. Der Gesetzgeber setzt in § 26 VI 2 GO, wonach die Vertreter des Bürgerbegehrens gegen die Entscheidung des Rates „Widerspruch" (i. S. d. §§ 68 ff. VwGO) erheben können, voraus, dass es sich um einen Verwaltungsakt

C. Die Binnenorganisation der Gemeinden

handelt (so explizit OVG NRW, NVwZ-RR 2003, 448; BayVGH, NVwZ-RR 1999, 137). Auf Grund des § 110 IV JustG ist allerdings bis 31.10.2012 kein Widerspruchsverfahren mehr durchzuführen!

Das die **Klagebefugnis** (§ 42 II Alt. 2 VwGO) begründende Recht besteht in dem Anspruch auf Durchführung des Bürgerbegehrens. **Kläger** sind die nach § 26 II 2 GO zu benennenden Vertreter des Bürgerbegehrens, denen durch § 26 VI 2 GO eine eigenständige Rechtsposition zugewiesen wird. Als natürliche Personen sind sie beteiligungsfähig gemäß § 61 Nr. 1 Alt. 1 VwGO und prozessfähig gemäß § 62 I Nr. 1 VwGO. Richtiger Beklagter ist gemäß § 78 I Nr. 1 VwGO die Gemeinde als Rechtsträgerin des Rates. Die Klage ist begründet, wenn der gemachte Anspruch auf einen Bürgerentscheid bestand, d. h., wenn das Bürgerbegehren zulässig war (§ 113 V 1 VwGO).

Zwischen dem Beginn der Unterschriftensammlung für ein Bürgerbegehren, der Entscheidung über die Zulässigkeit des Bürgerbegehrens und dem Bürgerentscheid vergehen regelmäßig mehrere Monate. Während dieser Zeit besteht die Gefahr der **Schaffung vollendeter Tatsachen**, d. h., dass die **Gemeindeverwaltung** Entscheidungen trifft, die von den Unterzeichnern des Bürgerbegehrens nicht gewollt und zum Zeitpunkt des Bürgerentscheides auch nicht mehr rückgängig zu machen sind. Die nordrhein-westfälische Gemeindeordnung hatte für diesen Fall keinerlei Vorschriften, insbesondere keine Sperrwirkung vorgesehen. Damit konnten ursprünglich gegenläufige Vollzugshandlungen der Gemeindeorgane nicht verhindert werden. Die Annahme einer aufschiebenden Wirkung, die prozessual im Wege einer Sicherungsanordnung nach § 123 VwGO durchgesetzt werden kann, war allenfalls in Ausnahmefällen des Rechtsmissbrauchs möglich.

> **Beispiel:** Unmittelbar nachdem der Gemeinderat ein Bürgerbegehren für zulässig erklärt hat, schließt der Kämmerer der Gemeinde den durch das Bürgerbegehren in Frage gestellten Cross-Border-Leasingvertrag ab (vgl. Rn. 85). Wenn die Vertreter des Bürgerbegehrens keinerlei rechtliche Möglichkeit hätten, den Abschluss des Vertrages zu verhindern, würde der schließlich stattfindende Bürgerentscheid in Anbetracht der finanziellen Risiken einer Vertragsauflösung – soweit diese überhaupt möglich ist – kaum mehr Erfolg versprechen.

Hier hat nun das GO-Reformgesetz 2007 (Rn. 6) Abhilfe geschaffen. Seither ist in § 26 VI 6 GO eine „Sperrwirkung des zulässigen Bürgerbegehrens" statuiert, abgesehen vom Fall des Bestehens rechtlicher Verpflichtungen (im Beispiel: der Leasingvertrag, wenn er vor der Zulässigkeitserklärung abgeschlossen worden wäre). Bürgerbegehren auf der Bezirksebene können gegenüber Ratsbeschlüssen weiterhin keine Sperrwirkung entfalten (OVG NRW, NWVBl. 2009, 116).

4. Anhang

201 **Literatur:** *Oebbecke*, Der Grundsatz der gleichen Wahl im Kommunalwahlrecht, DV 31 (1998), 219; *Pieroth/Schmülling*, Die Umsetzung der Richtlinie des Rates zum Kommunalwahlrecht der Unionsbürger in den deutschen Ländern, DVBl. 1998, 365; *Wagner*, Der Ausländerbeirat, 2000; *Huber*, Die Vorgaben des Grundgesetzes für kommunale Bürgerbegehren und Bürgerentscheide, AöR 126 (2001), 167; *Engelken*, Der Bürgerentscheid im Rahmen des Verfassungsrechts, DÖV 2002, 977; *Hofmann*, Ausländerbeiräte in der Krise, ZAR 2002, 63; *Meyer*, Rechtsschutz bei kommunalen Bürgerbegehren und -entscheiden, NVwZ 2003, 183; *Ritgen*, Die Zulässigkeit von Bürgerbegehren – Rechtspraxis und rechtspolitische Desiderate, NWVBl. 2003, 87; *Fügemann*, Die Gemeindebürger als Entscheidungsträger, DVBl. 2004, 343; *von Lennep*, Bürgerbegehren und Bürgerentscheid kommen gut an, Städte- und Gemeinderat 2005, 6; *Mann*, Die Rechtsstellung von Bürgern und Einwohnern, in: HdbKWP I, 2007, 353; *Neumann*, Bürgerbegehren und Bürgerentscheid, in: HdbKWP I, 2007, 353.

Klausurfälle: *Schliesky*, JA 1999, 399; *Goos*, NWVBl. 2006, 113; *Burgi*, 11. Klausur, in: Dietlein/Burgi/Hellermann, Klausurenbuch Öffentliches Recht in NRW, 2009, 144; *Funke/Papp*, JuS 2009, 246; *Lohse*, JuS 2012, 1014.

Kontrollfragen:

1. Wie unterscheidet sich der Rechtsbegriff des „Einwohners" von dem des „Bürgers"? Welche wichtigen kommunalen Mitwirkungsrechte stehen lediglich den Bürgern zu?
2. Von welchen Voraussetzungen ist die Zulässigkeit eines Bürgerbegehrens abhängig? Welchen Verlauf nimmt ein für zulässig erklärtes Bürgerbegehren?
3. Welcher Rechtsbehelf ist statthaft gegen die Feststellung des Rates, ein Bürgerbegehren sei unzulässig? Wer ist Kläger?

III. Der Rat und seine Sitzungen

202 § 40 II 1 GO weist dem Rat die Funktion zu, die Bürgerschaft zu vertreten. Der Rat geht aus allgemeinen, unmittelbaren, freien, gleichen und geheimen Wahlen hervor (§ 42 I 1 GO; vgl. Rn. 182) und fasst die wichtigsten Beschlüsse (§ 41 GO). Damit ist er das **Repräsentativorgan** der Gemeinde i. S. v. Art. 28 I 2 GG. Neben den Rat tritt dem Modell der Süddeutschen Ratsverfassung (Rn. 151) entsprechend als weiteres Repräsentativorgan der hauptamtliche Bürgermeister (§ 40 II 1 GO), welcher gemäß § 40 II 2 GO in kreisfreien Städten die Bezeichnung „Oberbürgermeister" führt.

203 Kraft seiner Selbstorganisationshoheit ist der Rat berechtigt, sich eine **Geschäftsordnung** zu geben. Diese enthält in der Regel detaillierte Bestimmungen über die innere Organisation des Rates und seiner Ausschüsse, den Ablauf der Meinungs- und Willensbildung dieser Gremien, die Mitwirkung von Rats- und Ausschussmitgliedern sowie die Ordnung in den Sitzungen (§§ 51 II 1 GO, 36 V 1, VI 4 GO, 47 II 1, 47 II 2, 48 II 2, 56 IV 2 und 3, 57 IV 2, 58 I 1 und 4 Hs. 2 GO). Die Geschäftsordnungsautonomie gewährleistet zum einen die Unabhängigkeit und Selbständigkeit des Rates und damit die

C. Die Binnenorganisation der Gemeinden

unbeeinflusste Verwirklichung des Volkswillens. Indem sie die Gestaltung der internen Organisations- und Verfahrensregelungen den daran unmittelbar Beteiligten überlässt, fördert sie zudem die Funktionalität. Geschäftsordnungen können als Satzungen oder als schlichte Ratsbeschlüsse erlassen werden.

Verstöße gegen die Geschäftsordnung eines Rates führen grundsätzlich nicht zur Unwirksamkeit des davon betroffenen Ratsbeschlusses, auch wenn dieser einen Rechtsetzungsakt zum Gegenstand hat (anders aber OVG NRW, NVwZ-RR 1997, 184 [185]). Dies folgt aus einem argumentum a maiore ad minus zu § 7 VI 1 GO (vgl. noch Rn. 307): Wenn schon die Verletzung gesetzlicher Verfahrens- und Formvorschriften unbeachtlich sein kann, dann muss dies für einen Geschäftsordnungsverstoß erst recht gelten.

1. Der Rat als Organisation

Der Rat ist ein Organ der Gemeinde, welche als Gebietskörperschaft ein 204 Verwaltungsträger ist (vgl. Rn. 11). Entgegen seiner häufigen Bezeichnung als Kommunalparlament stellt er keine parlamentarische Institution im Sinne eines Gesetzgebungsorgans wie Bundestag und Landtag, sondern ein Verwaltungsorgan dar (vgl. bereits Rn. 150). Dies gilt selbst dann, wenn er Recht setzt. Im Unterschied zum Bürgermeister ist er nicht ein monokratisches, sondern ein **Kollegialorgan**, d. h. seine Zuständigkeiten werden durch mehrere gleichberechtigte natürliche Personen wahrgenommen.

a) Die Zusammensetzung des Rates

Der Rat setzt sich zusammen aus den Ratsmitgliedern und (seit dem GO- 205 ReformG 2007) als „Mitglied kraft Gesetzes" (§ 40 II 2 GO) dem Bürgermeister. Nach § 40 II S. 4 GO führt der Bürgermeister den **Vorsitz im Rat**. In § 40 II sind verschiedene Situationen geregelt, in denen der Bürgermeister nicht mitstimmen darf. Die Mitglieder des Rates wurden für die Dauer von fünf Jahren gewählt, der Bürgermeister seit dem GO-ReformG 2007 für die Dauer von sechs Jahren (vgl. Rn. 181 f.) Durch das „Gesetz zur Stärkung der kommunalen Demokratie" v. 9.4.2013 (GVBl., 193) wurden die Wahltermine zusammengelegt, und zwar durch eine einmalige Verlängerung der Amtszeiten der Räte und eine dauerhafte Verkürzung der Amtszeiten der Bürgermeister (vgl. § 65 I 1 GO).

Die **Anzahl** der Ratsmitglieder einer Gemeinde bestimmt sich gemäß § 3 206 KWahlG anhand ihrer Einwohnerzahl. So sind in Gemeinden mit weniger als 5.000 Einwohnern mindestens 20, in Gemeinden mit über 700.000 Einwohnern mindestens 90 Ratsmitglieder zu wählen. Schon im Hinblick auf die mit einem jedem Ratsmitglied verbundenen Kosten (vgl. Rn. 228) wird diese Mindestzahl in aller Regel nicht überschritten.

b) Ausschüsse

Der überwiegende Teil der inhaltlichen Arbeit des Rates wird nicht vom Rat 207 in seiner Gesamtheit, sondern in den Ausschüssen geleistet. Die Ausschüsse

§ 2. Kommunalrecht

sind keine eigenen kommunalen Organe, sondern lediglich **Organteile** des Rates. Grundlage für die Bildung von Ausschüssen ist § 57 GO. Für den Ablauf der Ausschusssitzungen gelten im Wesentlichen die für die Ratssitzung aufgestellten Regeln (vgl. 3).

Abzugrenzen von den Ausschüssen des Rates sind die sog. Beiräte. Diese sind teilweise explizit in der Gemeindeordnung vorgesehen (so der Integrationsrat bzw. -ausschuss § 27 GO; vgl. bereits Rn. 171), teilweise werden sie lediglich auf der Grundlage eines Ratsbeschlusses eingerichtet (etwa ein Behindertenbeirat, ein Frauenbeirat, ein Seniorenbeirat und neuerdings zunehmend ein Integrationsrat). Die Beiräte bestehen in der Regel aus Einwohnern und wirken mit ihrer Sachkunde beratend an der Erstellung von Beschlussvorlagen mit (zur Zulässigkeit solcher Beiräte vgl. *Gern,* VBlBW 1993, 127).

208 Die **fakultativen Ausschüsse** sind regelmäßig an bestimmten Sachmaterien orientiert, wobei das Spektrum vom Personalausschuss über den Stadtentwicklungs-, den Kultur-, den Schul- und einen Sportausschuss bis zum Umweltausschuss etc. reichen kann. Praktisch wird jedoch oftmals der Diskussions- und Entscheidungsprozess vorweggenommen. Die einzelnen Beschlussempfehlungen der Ausschüsse spiegeln die Ansichten der Mehrheitsfraktion(en) wieder, die vom Rat lediglich noch – regelmäßig ohne weiteren Diskussionsprozess – durch einen entsprechenden Beschluss bestätigt („abgenickt") werden. Auf diese Weise wird der Rat als Gesamtorgan entlastet und die jeweilige Sachkunde der einzelnen Ratsmitglieder konzentriert.

209 Neben die fakultativen Ausschüsse treten die nach § 57 II GO zu bildenden **Pflichtausschüsse** (auch: „ständige Ausschüsse"). Hierbei handelt es sich um den Hauptausschuss (vgl. dazu *Kremer,* VR 2004, 303), den Finanzausschuss und den Rechnungsprüfungsausschuss (S. 1), wobei der Hauptausschuss und der Finanzausschuss zu einem Ausschuss zusammengefasst werden können (S. 2). Die Aufgaben dieser Ausschüsse werden durch die §§ 59, 60 I 1 GO exakt bestimmt.

210 Die **Zusammensetzung** der Ausschüsse wird gemäß § 58 I 1 GO vom Rat festgelegt. Dies erfolgt in der kommunalrechtlichen Praxis in der Regel durch (einfachen) Ratsbeschluss. § 50 III GO bestimmt die Anforderungen an die Wahl der Ausschussmitglieder. Aus dem Prinzip der repräsentativen Demokratie folgt, dass die Ausschüsse grundsätzlich als „verkleinerte Abbilder" (Sitz-Spiegelbildlichkeit) des Rates dessen Zusammensetzung und das darin wirksame politische Meinungs- und Kräftespektrum wiederspiegeln müssen. Sie dürfen nicht unabhängig von dem Stärkeverhältnis der Fraktionen besetzt werden, über das die Bürger der Gemeinde bei der Wahl der Ratsmitglieder entschieden haben.

Beispiel: Unzulässig ist ein gemeinsamer Vorschlag mehrerer Ratsfraktionen zur Besetzung der Ratsausschüsse, wenn diese Fraktionen dadurch insgesamt mehr Ausschusssitze erlangen würden als ihnen in der Summe bei einem jeweils eigenem Vorschlag zugestanden hätte (BVerwG, DVBl. 2004, 439 m. Anm. *Krüper,* NWVBl. 2005, 97; a. A. noch OVG NRW, NWVBl. 2003, 267). Das Verfahren zur Besetzung der Ausschussvorsitze ist so auszugestalten, dass eine Fraktion Gelegenheit enthält, den ihr nach dem Gesetz zustehenden Vorsitz auch tatsächlich zu besetzen (OVG NRW, NWVBl. 2009, 66). Unabhängig von einer Ausschuss-Mitgliedschaft gewährt § 58 I 4 GO allen Ratsmitgliedern das Recht, als Zuhörer auch an nichtöffentlichen Ausschusssitzungen teilzunehmen. Fraktionen, die in einem Ausschuss nicht vertreten sind, sind gemäß § 58 I 7 GO berechtigt, für diesen Ausschuss ein Ratsmitglied oder einen sachkundigen Bürger mit beratender Stimme zu bestellen.

Gemäß § 41 II 1 Alt. 1 GO kann der Rat ihm zustehende Entscheidungskompetenzen grundsätzlich auf die Ausschüsse übertragen. Voraussetzung hierfür ist, dass die zur Entscheidung gestellte Angelegenheit erstens nicht nach § 41 I 2 GO ausschließlich dem Rat vorbehalten ist und zweitens von diesem „bestimmt", d. h. zumindest gattungsmäßig genau eingegrenzt wird. Kraft Gesetz auf den Hauptausschuss bzw. den Finanzausschuss delegiert werden Entscheidungskompetenzen in den Fällen der §§ 59 II, 60 I 1 und 61 I 1 GO. Die Durchführung von Ausschussbeschlüssen solcher Ausschüsse mit Entscheidungsbefugnissen unterliegt den Voraussetzungen des § 57 IV 2 GO. Hiernach ist sie erst dann möglich, wenn innerhalb einer durch die Geschäftsordnung festzulegenden Frist weder vom Bürgermeister noch von einem Fünftel der (stimmberechtigten) Ausschussmitglieder Einspruch eingelegt worden ist. Über den Einspruch entscheidet gemäß § 57 IV 3 GO der Rat. 211

Zu den Mitgliedern der fakultativen Ausschüsse können gemäß § 58 III 1 GO neben den Mitgliedern des Rates auch vollberechtigte sachkundige Bürger bestellt werden. Diese werden von den Fraktionen, denen Ausschusssitze zustehen, vorgeschlagen und nehmen ihr Mandat nach ihrer Wahl durch den Rat für diese Fraktionen wahr. Die Anzahl der Ratsmitglieder, die einer Fraktion in einem Ausschuss zustehen, vermindert sich demgemäss um die Zahl der von ihr für diesen Ausschuss benannten sachkundigen Bürger. Dabei gebietet das Prinzip der repräsentativen Demokratie, dass die Gesamtzahl der Mitglieder des Rates die Gesamtzahl der sachkundigen Bürger pro Ausschuss überschreitet. Dieses Gebot findet seinen einfach-rechtlichen Niederschlag in § 58 III 3 GO. Allerdings gilt ein Ausschuss auch bei einem Verstoß gegen dieses Quorum als beschlussfähig, solange nicht seine Beschlussunfähigkeit (auf Antrag) ausdrücklich festgestellt worden ist, § 58 III 5 GO. 212

c) Fraktionen

Fraktionen des Rates sind freiwillige Vereinigungen aus mindestens zwei, in Gemeinden mit einem größeren Rat aus mindestens drei bzw. vier Mitgliedern des Rates (§ 56 I GO); hiergegen bestehen trotz Wegfalls der 5 %-Sperrklausel (Rn. 185 f.) keine Bedenken (OVG NRW, NWVBl. 2007, 25). In der kommunalrechtlichen Praxis handelt es sich hierbei typischerweise um diejenigen Ratsmitglieder, die für eine Partei oder Wählergruppe ein Direktmandat im Wahlbezirk errungen haben bzw. über die Reserveliste in den Rat gewählt wurden (vgl. Rn. 182). Nach Einschätzung des OVG NRW (DVBl. 2005, 651; im Anschluss an BVerwG, NVwZ 1993, 375) ist eine 213

§ 2. Kommunalrecht

„grundsätzliche politische Übereinstimmung ihrer Mitglieder zwingend". Rein taktisch motivierte Bündnisse von Personen aus entgegengesetzten politischen Lagern können daher nicht als Fraktion anerkannt werden. Das GO-Reformgesetz 2007 (Rn. 6) hat dies nunmehr explizit statuiert (in § 56 I). Im politischen Sinne fungieren die Fraktionen daher als **„Parteien (bzw. Wählergruppen) im Parlament"**; sie versuchen politische Programmatik in staatliche Willensbildung umzusetzen (vgl. § 56 II 1 GO). Im Rechtssinne dient die Bildung von Fraktionen dem Zweck, das Geschehen im Rat zu ordnen und steuern, die Aufgabenbewältigung arbeitsteilig zu organisieren, integrierend zwischen den einzelnen Fachpolitiken zu wirken und damit insgesamt die Funktionsfähigkeit des Rates zu sichern.

Fraktionen des Rates sind zu unterscheiden von sog. Gruppen, d. h. Vereinigungen von Ratsmitgliedern unterhalb der Fraktionsstärke. Welche Rechtsfolgen mit dem Zusammenschluss zu einer Gruppe des Rates verbunden sind, hängt von dem jeweiligen Ortsrecht ab. Regelmäßig werden beispielsweise nur den Fraktionen Zuwendungen für hauptberuflich tätige Mitarbeiter gewährt. Gleichwohl ist der Rat nicht gehindert, auch den Gruppen Zuwendungen für ihre Tätigkeit im Rat zu bewilligen (VG Düsseldorf, NWVBl. 2001, 279). Das GO-Reformgesetz 2007 (Rn. 6) erstreckt das Erfordernis grundsätzlicher politischer Übereinstimmung auch auf Gruppen (§ 56 I 3, zu den Einzelheiten OVG NRW, NWVBl. 2009, 28) und statuiert einen Anspruch auf finanzielle Zuwendungen für sie und auch für einzelne Ratsmitglieder ohne Zugehörigkeit zu einer Fraktion oder einer Gruppe (§ 56 III 2).

214 Obwohl die Fraktionen politisch den (privatrechtlichen) Parteien und Wählergruppen eng verbunden sind, handelt es sich bei ihnen – anders als bei den Parteien und Wählergruppen – um **öffentlich-rechtliche** Organisationseinheiten (vgl. OVG NRW, NVwZ 1993, 399 [400]; NWVBl. 2003, 309 [309 f.]; a. A. BayVGH, NJW 1988, 2754, der von einem privatrechtlichen Zusammenschluss ausgeht), weil sie auf den öffentlich-rechtlichen Status (vgl. noch Rn. 227 f.) der einzelnen Ratsmitglieder gegründet sind. Durch diesen Zusammenschluss sollen deren Mitgliedschaftrechte effektuiert und zusätzliche Rechte (bestimmte Haushaltsmittel [§ 56 III 1 GO]; die Einberufung einer Ratssitzung [§ 47 I 4 GO] oder die Erzwingung von Tagesordnungspunkten [§ 48 I 2 GO] erworben werden. Bei der Festlegung der den Fraktionen nach § 56 III GO zu gewährenden Zuwendungen ist die Gemeinde an den allgemeinen Gleichheitssatz gebunden, der jenseits von Art. 3 I GG als objektivrechtliches Rechtsprinzip und Ausfluss der Chancengleichheit Geltung für die Rechtsbeziehungen zwischen kommunalen Organen und Organteilen beansprucht. Der Grundsatz der Chancengleichheit verbietet nicht, die Höhe der Zuwendungen an Fraktionen in Abhängigkeit von deren Mitgliederzahl zu staffeln (OVG NRW, NWVBl. 2003, 309 [311]); die äußerste Grenze bildet das Ziel, die Arbeit einer Fraktion nicht unzumutbar zu erschweren (OVG NRW, NWVBl. 2010, 315). Die Verteilung von Haushaltsmitteln für Stadtratsfraktionen ist am allgemeinen Gleichheitssatz des Art. 3 I GG und nicht am formalisierten Gleichheitssatz aus Art. 28 I 2 GG zu messen. (BVerwG, NVwZ 2013, 442). Einzelmandatsträger erhalten Zuwendungen nach Maßgabe des § 56 III 6 GO (OVG NRW, NWVBl. 2010, 316).

C. Die Binnenorganisation der Gemeinden

Die **innere Ordnung** der Fraktionen muss demokratischen und rechtsstaatlichen Grundsätzen entsprechen (§ 56 II 2 GO). § 56 II 3 GO gewährt den Fraktionen diesbezüglich weitgehende Regelungsautonomie. Mit dem Beitritt zu einer Fraktion unterwerfen sich die Ratsmitglieder bestimmten Loyalitätspflichten gegenüber der Fraktion, die mit dem Begriff „Fraktionsdisziplin" umschrieben werden. Der Entschluss zur Mitarbeit in einer Fraktion gründet sich auf erhoffte Vorteile tatsächlicher Art, wofür die Ratsmitglieder im Gegenzug eine Beschränkung der ihnen rechtlich zustehenden Handlungsmöglichkeiten in Kauf nehmen müssen. Gleichwohl unzulässig und unwirksam ist hingegen die rechtliche Einwirkung auf ein Ratsmitglied, mit dem Ziel, dieses zu einem bestimmten Abstimmungsverhalten zu bewegen (sog. „Fraktionszwang"). Derartige Maßnahmen verstoßen gegen den Grundsatz des freien Mandats.

215

Bei schwerwiegenden Verstößen gegen die Fraktionsdisziplin kommt ein **Fraktionsausschluss** des entsprechenden Mitglieds in Betracht. Rechtsgrundlage hierfür ist das Selbstorganisationsrecht der Fraktion, welches wiederum in den Mitwirkungsrechten der der Fraktion angehörenden Ratsmitglieder wurzelt. Die Rechtsprechung macht den Fraktionsausschluss in NRW vom Vorliegen der folgenden Voraussetzungen abhängig (vgl. zuletzt OVG NRW, NVwZ 1993, 399): In formeller Hinsicht muss der Ausschließung zunächst eine Anhörung des betroffenen Fraktionsmitglieds vorausgehen, ferner müssen zu der Sitzung, in der über den Ausschluss befunden werden soll, sämtliche Fraktionsmitglieder eine Ladung unter Benennung dieses Punktes in der Tagesordnung erhalten. Weitere Vorgaben stellt die nordrhein-westfälische Gemeindeordnung nach § 56 II 3 in die Dispositionsfreiheit der einzelnen Fraktionen. Materiell erfordert der Fraktionsausschluss einen wichtigen Grund. Nicht hinreichend sind die bloß einmalige Abweichung von einem vorgegebenen Abstimmungsverhalten, gelegentliche Meinungsverschiedenheiten oder gar persönliche Animositäten. Die materielle Beweislast für den Ausschlussgrund liegt bei der Fraktion (vgl. zum Ganzen auch *Schmidt-Jortzig/Hansen*, NVwZ 1994, 116). Gegen den Ausschluss aus einer Fraktion ist **Rechtsschutz** im Wege eines sog. Kommunalverfassungsstreitverfahrens (vgl. Rn. 272 ff.) statthaft.

216

2. Die Kompetenzen des Rates

Der Rat ist für alle Angelegenheiten der Gemeindeverbandskompetenz zuständig, soweit nicht die Zuständigkeit gemeindeintern einem anderen Organ der Gemeinde zugewiesen ist (**Organkompetenz**); § 41 I 1 GO. Am wichtigsten ist die Kompetenzabgrenzung im Verhältnis zum Bürgermeister, Abgrenzungsprobleme können sich aber auch im Verhältnis zu Ausschüssen (vgl. soeben) oder zu Organen auf der Ebene der gemeindeinternen Gliederung (v. a. Bezirksvertretung; vgl. Rn. 83) ergeben. Dem Charakter nach sind die dem Rat zugewiesenen Kompetenzen in zwei zentrale Gruppen zu unterteilen. In die erste Gruppe fallen die Kreationskompetenzen (z. B. § 41 I 2 lit. b) und c) GO: Wahl von Ausschussmitgliedern und Beigeordneten) und die

217

Kompetenz zur Kontrolle des Bürgermeisters. Zur Ausübung der Kontrolle steht dem Rat beispielsweise ein Anspruch auf Unterrichtung in allen wichtigen Angelegenheiten der Gemeinde (§ 55 I GO) und ein Auskunfts- und Akteneinsichtsrecht zu (§ 55 II–IV GO). Das GO-Reformgesetz 2007 (Rn. 6) hat Auskunfts- und Akteneinsichtsrechte einer Fraktion sowie einzelner Ratsmitglieder eingeführt (dazu *Teuber*, NWVBl. 2008, 249 [254 f.]). Die zweite Gruppe umfasst die Kompetenzen für bestimmte Sachmaterien (a) und (b)). Dabei wirkt sich die Stellung des Rates als das zentrale politische Steuerungsorgan auf Gemeindeebene aus, d.h., er muss durchgehend die Steuerungskompetenz besitzen. Die Kompetenzbeteiligung sieht im einzelnen wie folgt aus:

a) Ausschließliche Kompetenzen für bestimmte Materien

218 § 41 I 2 GO weist dem Rat als Gesamtorgan für bestimmte Angelegenheiten die ausschließliche (Organ-)Kompetenz zu, d.h. die Entscheidung über diese Angelegenheiten ist allein dem Rat vorbehalten. Teilweise findet sich hierfür deshalb auch die Bezeichnung „Vorbehaltsaufgaben". Typische Beispiele für Vorbehaltsaufgaben sind die Wahl der Beigeordneten (lit. c)), Gebietsänderungen (lit. e)), der Erlass von Satzungen (lit. f)), insbesondere über die Flächennutzung (lit. g)) und den Gemeindehaushalt (lit. h)), sowie die Schaffung und Unterhaltung gemeindlicher Einrichtungen (lit. l)).

Unabhängig von der ausschließlichen Entscheidungskompetenz des Rates werden die entsprechenden Beschlussvorlagen in der kommunalrechtlichen Praxis regelmäßig – teilweise nach Beauftragung durch den Rat – von Bürgermeister und Gemeindeverwaltung vorbereitet (vgl. § 62 II 1 GO). Die Beschlussvorlagen werden sodann in den Fachausschüssen beraten, von der Verwaltung ggf. korrigiert und nach der Beschlussempfehlung der Ausschüsse vom Rat beschlossen. Durchgeführt werden sie dann wiederum von der durch den Bürgermeister geleiteten Verwaltung (vgl. noch Rn. 252).

b) Weitere materienbezogene Kompetenzregeln

219 Über den Vorbehaltskatalog in S. 2 hinaus begründet § 41 I GO in S. 1 eine Allzuständigkeit des Rates in Angelegenheiten der Gemeinde, soweit die GO nicht im Ausnahmefall Sonderregelungen (insbesondere zugunsten des Bürgermeisters; vgl. Rn. 250 ff.) enthält. Ferner kann der Rat die Entscheidung über bestimmte Angelegenheiten seines Zuständigkeitsbereichs gemäß § 41 II 1 GO auf Ausschüsse oder auf den Bürgermeister übertragen, soweit die Entscheidung nicht Vorbehaltsaufgaben i.S.d. § 41 I 2 GO betrifft; die „Geschäfte der laufenden Verwaltung" gelten gem. § 41 III GO als übertragen (Rn. 257). Eine übertragene Angelegenheit muss zumindest gattungsmäßig genau eingegrenzt sein, was in der kommunalrechtlichen Praxis regelmäßig im Rahmen des Beschlusses der Hauptsatzung geschieht. Will der Rat die Delegation von Entscheidungskompetenzen rückgängig machen, so ist dies jederzeit möglich. Insoweit ist entsprechend der Form der Übertragung entweder ein einfacher Ratsbeschluss oder eine Satzungsänderung erforderlich.

C. Die Binnenorganisation der Gemeinden

c) Rechtsfolgen von Kompetenzverstößen

Fasst der Rat einen Beschluss in einer Angelegenheit, für die der Bürgermeister zuständig gewesen wäre, so ist dieser Beschluss formell rechtswidrig und damit vom Bürgermeister im Wege des sog. Kommunalverfassungsstreits (Rn. 272 ff.) angreifbar. Im **Außenverhältnis** gegenüber den Einwohnern bzw. Bürgern ist nach der konkreten Maßnahme zu differenzieren. Erlässt der Bürgermeister eine **Satzung**, wofür gemäß § 41 I 2 lit. f) ausschließlich der Rat zuständig ist, ist diese Satzung nichtig. Da in Nordrhein-Westfalen mangels einer Ausführungsnorm i. S. v. § 47 I Nr. 2 VwGO ein Normenkontrollantrag gegen Satzungen außerhalb des Baurechts nicht statthaft ist, ist der Kläger auf eine inzidente Überprüfung der Wirksamkeit der Satzung im Wege einer Feststellungsklage verwiesen (vgl. Rn. 320 ff.). Ein ohne die erforderliche Mitwirkung des Bürgermeisters geschlossener **öffentlich-rechtlicher Vertrag** ist gemäß §§ 59 I VwVfG, 177 I BGB schwebend unwirksam. Da der öffentlich-rechtliche Vertrag ein Rechtsverhältnis i. S. v. § 43 I Alt. 1 VwGO begründet, ist insoweit ebenfalls die Feststellungsklage statthaft. Auf einen entsprechend fehlerhaft abgeschlossenen **privatrechtlichen Vertrag** findet schließlich § 177 I BGB unmittelbar Anwendung, hierfür ist der Zivilrechtsweg gegeben. Ein vom Gemeinderat ohne kompetenzielle Grundlage erlassener **Verwaltungsakt** (ein sog. self-executing-Beschluss; vgl. dazu Rn. 252) ist formell rechtswidrig und nach § 42 I Alt. 1 VwGO mit der Anfechtungsklage anzugreifen. Davon zu unterscheiden ist der weitaus häufigere Fall, dass ein Ratsbeschluss über den Erlass eines Verwaltungsakts ohne Durchführungsaktivitäten des Bürgermeisters schlicht „liegen bleibt"; ohne Bekanntgabe gem. § 43 I 1 VwVfG bleibt dieser „Akt" ein Nicht-Verwaltungsakt.

3. Verfahren und Beschlüsse

Das Verfahren der Beratung und Beschlussfassung im Rat ist in den §§ 48 ff. GO geregelt und wird jeweils durch die Geschäftsordnung des Rates konkretisiert. Modifikationen für den Erlass von Satzungen finden sich in § 7 GO. Überdies können spezialgesetzliche Vorschriften zu beachten sein, wie etwa bei der Verabschiedung eines Bebauungsplans (§§ 1 ff. BauGB).

a) Ablauf der Gemeinderatssitzung und Beschlussfassung

Der Rat ist gemäß § 47 I 3 GO nach Geschäftslage, wenigstens jedoch alle zwei Monate einzuberufen. Einzelheiten hierzu sind nach § 47 II GO grundsätzlich in der Geschäftsordnung zu regeln. Die **Tagesordnung** wird gemäß § 48 I GO durch den Bürgermeister festgesetzt (S. 1), wobei Fraktionen ebenso wie ein Fünftel der Ratsmitglieder die Aufnahme eines bestimmten Tagesordnungspunktes erzwingen können (S. 2; dazu OVG NRW, NWVBl. 2013, 146). Insoweit verfügt der Bürgermeister über kein inhaltliches Vorprüfungsrecht. Grundsätzlich ist die Tagesordnung allen Ratsmitgliedern in hinreichendem zeitlichen Abstand vor der einberufenen Ratssitzung mitsamt

§ 2. Kommunalrecht

den Beschlussvorlagen zu übermitteln. Für Angelegenheiten von äußerster Dringlichkeit sieht § 48 I 5 GO eine Ausnahme vor.

> **Beispiel:** Die Ratsfraktion S hat formgemäß den Beschlussantrag eingereicht, dass in keinem Mitgliedstaat der Europäischen Union Atomwaffen produziert werden dürfen. Der Bürgermeister hat diesen Beschlussantrag in die Tagesordnung aufzunehmen, obgleich sich der Rat wegen Überschreitung der kommunalen Verbandskompetenz (vgl. Rn. 63) mit den Vorschlägen sachlich nicht befassen darf (vgl. OVG NRW, NVwZ 1984, 325).

223 Die Sitzungen des Rates sind nach § 48 II GO grundsätzlich öffentlich (S. 1). Mit der **Öffentlichkeit** wird ein Stück Volkssouveranität hergestellt. Gleichwohl besteht die Möglichkeit, die Öffentlichkeit auf Antrag des Bürgermeisters oder eines Ratsmitglieds auszuschließen (S. 2 u. 3). Konsequenz daraus ist auch die Verpflichtung der Ratsmitglieder zur Verschwiegenheit nach § 30 I GO (OVG NRW, NWVBl. 2010, 237; OVG NRW, NWVBl. 2011, 346). Hiervon wird regelmäßig beim Umgang mit personenbezogenen Daten Gebrauch gemacht (§ 48 III GO). Beispiel: Die Öffentlichkeit kann von einer Ratssitzung ausgeschlossen werden, wenn in der Sitzung das prozesstaktische Vorgehen in einem von der Gemeinde geführten Rechtsstreit erörtert werden soll (vgl. OVG NRW, NVwZ-RR 2002, 135), oder wenn es um Grundstücksverträge geht, bezüglich derer die Verhandlungsposition geschwächt zu werden droht (OVG NRW, NWVBl. 2009, 221). In der Praxis setzt der Bürgermeister schon mit der Einladung einen öffentlichen und einen nichtöffentlichen Teil der Ratssitzung fest. Bei der wirksamen Entscheidung über einen Antrag muss der Rat beschlussfähig sein. Detailregelungen des Geschäftsgangs in den Sitzungen, insbesondere zur Wortmeldung, zur Worterteilung und zur Form der Rede, finden sich regelmäßig in den Geschäftsordnungen des Rates.

224 **Beschlüsse** werden grundsätzlich nur mit Stimmenmehrheit gefasst (§ 50 I 1 GO); für Wahlen (etwa der Beigeordneten) gilt § 50 II GO (dazu *Maas*, NWVBl. 2012, 297). Über die Beschlüsse ist nach § 52 I GO eine Niederschrift anzufertigen. Sie sind grundsätzlich vom Bürgermeister durchzuführen (vgl. Rn. 252).

b) Rechtsfolgen von Verfahrensverstößen

225 Beschlüsse, die mit einem Verfahrensmangel behaftet sind, sind formell rechtswidrig (vgl. Rn. 223). Hinsichtlich der Fehlerfolgen ist zum einen nach der Art des Verfahrensmangels und zum anderen nach dem Gegenstand des Beschlusses zu differenzieren: Beschlüsse, die unter Verstoß gegen eine **Geschäftsordnungsvorschrift** (Rn. 203) zustande gekommen sind, sind grundsätzlich wirksam, d.h. die formelle Rechtswidrigkeit ist unbeachtlich. Anknüpfungspunkt für die Wesentlichkeit ist der Schutzzweck der betreffenden Verfahrensvorschrift. Danach liegt die Annahme von Wesentlichkeit nahe, wenn die Verfahrensregel abstrakt geeignet ist, die materielle Richtigkeit des Entscheidungsergebnisses zu fördern. Die Geringfügigkeit eines Verfahrensfehlers wird demgegenüber etwa bei Verfahrensvorschriften angenommen,

C. Die Binnenorganisation der Gemeinden   203

die weder für den grundsätzlichen Verfahrensablauf noch für die Entscheidung relevant sind (vgl. ThürOVG, LKV 2002, 534 [535]).

Bei Vorliegen eines wesentlichen Verfahrensmangels ist wie folgt zu differenzieren: Beschlüsse, die lediglich das organschaftliche Verhältnis innerhalb der Gemeinde betreffen, sind nichtig. Rechtsschutz kann im Wege des sog. Kommunalverfassungsstreitverfahrens erlangt werden (vgl. Rn. 272 ff.). Die Wirksamkeit von formell rechtswidrigen Verwaltungsakten des Rates (self-executing-Beschlüsse) beurteilt sich anhand der §§ 44 ff. VwVfG, während bei Satzungen das dort dargestellte Fehlerfolgenregime eingreift (Rn. 286 ff.). Erst im Abschnitt über den Bürgermeister (Rn. 241 ff.) wird das Fehlerfolgenregime für den Regelfall, in dem der Bürgermeister den fraglichen Ratsbeschluss (Verwaltungsakt, Verwaltungsvertrag) durchführt, dargestellt. 226

4. Die Rechtsstellung des einzelnen Ratsmitglieds

a) Mitgliedschaftlicher Status

Die Mitglieder des Rates sind als Teile eines Exekutivorgans nur bedingt mit Abgeordneten des Deutschen Bundestages bzw. eines Landtags vergleichbar. Beispielsweise können sie sich weder auf Immunität noch auf Idemnität berufen. Zur Sicherung ihrer Rolle bei der Erfüllung der Funktionen des Rates gewährt ihnen die Gemeindeordnung aber doch einen eigenen mitgliedschaftlichen Status, bestehend aus einem Kanon aus Rechten und Pflichten, der im Wege des sog. Kommunalverfassungsstreitverfahrens (Rn. 272 ff.) gerichtlich durchgesetzt werden kann. 227

Die Rechtsstellung der einzelnen Ratsmitglieder wird zentral geprägt durch die Freiheit ihres Mandats (§ 43 I GO), weswegen der BGH sie zutreffend nicht als „Amtsträger" i.S.d. § 11 I Nr. 2 StGB ansieht (NJW 2006, 2050). Die Mitglieder des Rates bilden in ihrer Gesamtheit die Vertretung der Bürgerschaft (§ 40 II 1 GO). Sie sind weder Vertreter ihrer Partei noch der Bürger ihres Wahlkreises oder anderer partikularer Gruppen. Im übrigen kann unterschieden werden zwischen **Mitgliedschaftsrechten**, die sich auf die Mandatsausübung als solche beziehen und solchen, die die eigentliche Mitwirkung im Rat betreffen. Der erstgenannten Gruppe lassen sich etwa der durch das „Gesetz zur Stärkung des kommunalen Ehrenamts und zur Änderung weiterer kommunalverfassungsrechtlicher Vorschriften" v. 18.9.2012 (GVBl. 436) ausgebaute Anspruch auf Freistellung durch den Arbeitgeber (§ 44 GO) oder auf Entschädigung zurechnen (§ 45 GO; zum dazu gehörenden Sitzungsgeld OVG NRW, NWVBl. 2006; ausgeweitet und verbessert durch das GO-ReformG 2007). Zu den Mitwirkungsrechten im engeren Sinne zählt insbesondere das Recht auf aktive Teilnahme an den Sitzungen, welches unter anderem das Recht auf Einladung zu den Ratssitzungen (§ 47 GO), das Recht auf Teilnahme an Rats- und Ausschusssitzungen (§ 58 I 4 GO), das regelmäßig in der Geschäftsordnung des Rates konkretisierte Rede- und Antragsrecht, das Recht auf Unterrichtung durch den Bürgermeister (§ 55 I GO, näher OVG NRW, NWVBl. 2010, 482) nebst neuem Aktenein- 228 sichtsrecht gemäß § 55 V GO sowie das Recht auf Mitgliedschaft in einer Fraktion (§ 56 GO) beinhaltet. Hinzu treten Rechte, die einer Fraktion (vgl. Rn. 213 ff.) oder einem Fünftel der Ratsmitglieder zustehen. Hervorzuheben sind insbesondere das Recht auf Einberufung einer Ratssitzung (§ 47 I 4 GO), das Recht zur Erzwingung eines Tagesordnungspunktes (§ 48 I 2 GO) sowie das Recht auf Akteneinsicht (§ 55 IV GO).

Die **Pflichten** der Ratsmitglieder bestimmen sich – da die Ausübung des Ratsmandats als ehrenamtliche Tätigkeit zu qualifizieren ist – nach § 43 II i. V. m. §§ 30 bis 32 GO. Von besonderer praktischer Bedeutung ist die Frage der Möglichkeit einer vorzeitigen Niederlegung des Ratsmandats. Diese beurteilt sich anhand der §§ 37 Nr. 1, 38 KWahlG, die als „actus contrarius" zum Erwerb der Mitgliedschaft im Rat Spezialvorschriften gegenüber § 29 GO darstellen. In formeller Hinsicht muss der Verzicht auf ein Ratsmandat dem Wahlleiter (§ 2 II KWahlG) oder einem von ihm Beauftragten zur Niederschrift erklärt werden (§ 38 S. 1 KWahlG). Materiell lässt jedenfalls der Wortlaut der §§ 37 Nr. 1, 38 KWahlG keine Voraussetzungen erkennen. Gleichwohl stellt sich die Frage, ob nicht das Erfordernis eines „wichtigen Grundes" i. S. v. § 29 GO als ungeschriebenes Tatbestandsmerkmal in § 37 Nr. 1 KWahlG hineinzulesen ist. Hierfür spricht, dass diese Voraussetzung im Interesse der Funktionsfähigkeit der kommunalen Organe an sich die kontinuierliche und gewissenhafte Wahrnehmung der ehrenamtlichen Tätigkeit bzw. des Ehrenamtes sicherstellen soll. Setzt vor diesem Hintergrund bereits die Verweigerung der Ausübung eines allgemeinen Ehrenamtes einen „wichtigen Grund" voraus, so muss dieses Erfordernis erst recht für den Verzicht auf ein Ratsmandat gelten.

b) Ordnungs- und Hausrechtsmaßnahmen

229 Im Interesse eines geordneten Sitzungsverlaufs und damit der Funktionsfähigkeit des Rates ist dem Bürgermeister durch § 51 I Fall 2 GO die **Ordnungsgewalt** zugewiesen. Der Begriff der „Ordnung" umfasst – in Abgrenzung zu dem Begriff der „öffentlichen Ordnung" im Ordnungsrecht (vgl. § 14 I OBG) – zunächst die den Verfahrensablauf regelnden normativen Bestimmungen der GO, der kommunalen Satzungen und der kommunalen Geschäftsordnungen und darüber hinaus auch den Gesamtbestand der (ungeschriebenen) innerorganisatorischen Verhaltensregeln, die für einen reibungslosen Geschäftsablauf erforderlich sind.

230 Zum unabdingbaren Bestand dieser Verhaltensregeln gehört insbesondere das „Gebot der gegenseitigen Rücksichtnahme", welches dem Zweck dient, die jeweiligen Mitwirkungsinteressen der Ratsmitglieder untereinander auszugleichen und auf diesem Wege jedem einzelnen Ratsmitglied die angemessene Einbringung seiner Zielvorstellungen zu ermöglichen. Dem korrespondiert ein **„innerorganisatorischer Störungsbeseitigungsanspruch"**, den das einzelne Ratsmitglied als wehrfähige Innenrechtsposition gegenüber dem Bürgermeister geltend machen kann. Dieser Störungsbeseitigungsanspruch erfordert in formeller Hinsicht lediglich die Geltendmachung einer Störung beim Bürgermeister. Materielle Anspruchsvoraussetzungen sind zum einen das objektive Vorliegen einer ebensolchen Störung und darüber hinaus deren Erheblichkeit. Im Rahmen einer Abwägung ist festzustellen, welches Ausmaß an Störung einerseits bzw. Rücksichtnahme andererseits den Betroffenen nach Lage der Dinge billigerweise zugemutet werden kann (grundle-

gend: OVG NRW, DVBl. 1983, 53). Rechtsschutz im Zusammenhang mit Ordnungsmaßnahmen i.S.v. § 51 I Fall 2 GO kann im Wege des sog. Kommunalverfassungsstreitverfahrens (vgl. Rn. 272 ff.) erlangt werden. Maßnahmen zur Herstellung der Ordnung in den Ratssitzungen betreffen die Ratsmitglieder jedenfalls unmittelbar „nur" in ihrem mitgliedschaftlichen Status (nicht in ihrem Grundrecht); sie sind daher keine Verwaltungsakte i.S.v. § 35 S. 1 LVwVfG. Beides zusammen kann nicht behauptet werden, d.h. entweder Mitgliedschaftsrecht oder Grundrecht.

> **Beispiele:** Dem Gebot gegenseitiger Rücksichtnahme zuwider läuft das Rauchen (ebenso die Benutzung von Handys) in Rats- und Ausschusssitzungen, sofern es auch nur von einem Ratsmitglied als Belästigung geltend gemacht wird. Dem belästigten Ratsmitglied steht insoweit ein (innerorganisatorischer) Störungsbeseitigungsanspruch gegen den Bürgermeister zu. Dieser Anspruch kann im Wege des Kommunalverfassungsstreitverfahrens verwaltungsprozessual durchgesetzt werden (OVG NRW, DVBl. 1983, 53). Ebenfalls eine Störung der Ordnung in den Ratssitzungen stellt das wiederholte Tragen von Aufklebern mit personenbezogenem-provozierendem Inhalt dar. Das betroffene Ratsmitglied kann sich insoweit nicht auf die ihm als Privatperson zustehende Meinungsfreiheit berufen. Eine Klage auf Feststellung eines Rechts zum Tragen des Aufklebers, mit der Begründung, Art. 5 I 1 Fall 1 GG werde durch § 51 I Fall 2 GO nicht wirksam eingeschränkt, ist daher unbegründet (BVerwG, NVwZ 1988, 837).

Von Maßnahmen der Ordnungsgewalt in den Sitzungen zu unterscheiden ist **231** die in § 51 I Fall 3 GO vorgesehene Ausübung des **Hausrechts** durch den Bürgermeister. Diese gegenüber § 51 I Fall 2 GO subsidiäre Regelung ermächtigt den Bürgermeister als Vorsitzenden des Rates in den Ratssitzungen zur Beseitigung von Störungen durch Externe und durch per Ordnungsgewalt vom Sitzungs- in den Zuschauerraum verwiesene Ratsmitglieder. Gegen ein hierauf gestütztes Hausverbot bzw. gegen weniger belastende Maßnahmen ist Rechtsschutz in Form von Widerspruch und Anfechtungsklage statthaft, weil das Hausverbot einen Verwaltungsakt darstellt, auch wenn es gegenüber einzelnen Ratsmitgliedern ausgesprochen wird. Beispiel: Der Ratsvorsitzende untersagt Pressevertretern die Tonbandaufzeichnung der Ratssitzung in Ausübung seines Hausrechts (vgl. BVerwG, NJW 1991, 118). Aus § 51 I GO ergibt sich keine Befugnis für die Erteilung von Hausverboten für das Rathaus außerhalb des Sitzungsraumes. Hierfür steht das öffentlich-rechtliche Hausrecht des Bürgermeisters nach den allgemeinen Grundsätzen des öffentlichen Sachenrechts zur Verfügung (vgl. *Papier*, in: Erichsen/Ehlers [Hrsg.], Allgemeines Verwaltungsrecht, 14. Auflage 2010, § 39 Rn. 50 ff.).

c) Mitwirkungsverbot wegen Befangenheit

Das in § 31 GO niedergelegte Mitwirkungsverbot wegen Befangenheit soll **232** gewährleisten, dass die zu ehrenamtlicher Tätigkeit oder in ein Ehrenamt Berufenen bei Erfüllung ihrer insoweit bestehenden Pflichten ausschließlich nach dem Gesetz sowie nach ihrer freien, nur durch Rücksicht auf das öffentliche Wohl bestimmten Überzeugung handeln. Verwaltungsentscheidungen sollen nicht von Personen getroffen werden, die wegen eines unmittelbaren Eigeninteresses am Ausgang des Verfahrens oder wegen enger Beziehungen zu einem Verfahrensbeteiligten nicht die Gewähr für eine unbefangene, am Gemeinwohl orientierte Entscheidung bieten. Ihren Hauptanwendungsbereich haben die Befangenheitsregeln in der kommunalrechtlichen Praxis gegenüber Ratsmitgliedern (über die **Verweisungsnorm** des § 43 II Nr. 4 GO).

233 § 31 GO macht das Vorliegen des Befangenheitstatbestandes von den folgenden **Voraussetzungen** abhängig: Ein zu ehrenamtlicher Tätigkeit oder in ein Ehrenamt Berufener muss beratend oder entscheidend an einer Entscheidung mitgewirkt haben (1). Die Entscheidung kann einer der in § 31 I 1 Nrn. 1–3, II Nrn. 1–3 GO bezeichneten Personen einen Vorteil oder Nachteil bringen (2); eine Legaldefinition des „Angehörigen" i.S.v. § 31 I Nr. 2 GO nimmt dabei § 31 V GO vor. Zwischen der Entscheidung und dem möglichen Vor- bzw. Nachteil besteht eine Unmittelbarkeitsbeziehung i.S.v. § 30 I S. 2 GO (3). Hiermit gemeint ist eine direkte Kausalbeziehung. Diese soll verhindern, dass allein der „böse Schein" zum Ausschluss des Mitwirkenden führt (vgl. zuletzt OVG NRW, NVwZ-RR 2003, 667). Schließlich darf keiner der Ausnahmegründe des § 31 III GO eingreifen (4); am wichtigsten ist die Regelung des Abs. 3 Nr. 1, wonach es nicht ausreicht, dass jemand einer „Berufs- oder Bevölkerungsgruppe" (z.B. Bauunternehmer) angehört, die insgesamt Vorteile erwarten kann. Der Vorteil muss sich also auf das betreffende Ratsmitglied zuspitzen.

> **Beispiele:** Befangenheit wurde angenommen bei Mitwirkung eines sachkundigen Bürgers, der im Gebiet eines zu beschließenden Bebauungsplans Gewerberäume anmieten will, im Planungsausschuss, ebenso wie bei Mitwirkung eines Ratsmitglieds, dessen Ingenieurbüro mit Aufträgen im Zusammenhang mit der Verwirklichung des Bebauungsplans rechnen konnte (OVG NRW, NVwZ 1984, 667). Dagegen ist der Befangenheitstatbestand nicht erfüllt, wenn ein Ratsmitglied, das seine Anwaltspraxis in einer Straße betreibt, deren spätere Verkehrsberuhigung zwar durch den Bau eines innerstädtischen Straßenbauvorhabens ermöglicht wird, für die es aber noch an einer eindeutigen Konzeption darüber fehlt, in welchem Umfang Verkehrsbeschränkungen erfolgen sollen, über den das Straßenbauvorhaben betreffenden Bebauungsplan mitentscheidet. Ebenfalls nicht befangen i.S.v. § 31 GO ist ein ratsangehöriger Ingenieur, bei dem die bloße Möglichkeit besteht, im Falle des Beschlusses zugunsten des Straßenbauvorhabens als Subunternehmer einen Teilauftrag zu erhalten. In beiden Fällen fehlt es an der Unmittelbarkeitsbeziehung zwischen der (Mit-)Entscheidung und dem möglichen Vorteil (VGH Bad.-Württ., NVwZ 1997, 183).

234 Für den Fall der Befangenheit statuiert § 31 IV GO eine Offenbarungspflicht. Der Betroffene hat den Ausschließungsgrund unaufgefordert dem Rat anzuzeigen und bei nichtöffentlichen Sitzungen den Sitzungsraum zu verlassen (S. 1). Im Streitfalle wird die **Entscheidung über das Vorliegen** eines Befangenheitstatbestandes bei Mitgliedern eines Kollegialorgans (dem Rat)

C. Die Binnenorganisation der Gemeinden

von diesem (S. 3), übrigenfalls vom Bürgermeister getroffen (S. 2). Rechtsschutz gegen diese Entscheidung kann im Wege des Kommunalverfassungsstreitverfahrens (Rn. 272 ff.) begehrt werden.

In der Klausursituation ist das Mitwirkungsverbot wegen Befangenheit **235** innerhalb der **formellen Rechtmäßigkeit** der in Frage stehenden Verwaltungsmaßnahme zu prüfen. Ein unter Mitwirkung eines befangenen Ratsmitgliedes getroffener Ratsbeschluss ist rechtswidrig (Verwaltungsakte) bzw. nichtig (Satzungen). Wie aus dem allgemeinen Verwaltungsrecht bekannt (vgl. § 46 VwVfG) kann ein solcher Verfahrensfehler jedoch ausnahmsweise unbeachtlich sein. Dies ist im Umkehrschluss zu § 31 VI GO dann der Fall, wenn die Mitwirkung des wegen Befangenheit Betroffenen für das Abstimmungsergebnis nicht „entscheidend", d. h. nicht kausal war. Darüber hinaus kennt die nordrhein-westfälische Gemeindeordnung mit § 54 IV eine Präklusionsvorschrift. Hiernach kann die Verletzung des Mitwirkungsverbotes wegen Befangenheit grundsätzlich ein Jahr nach der Entscheidung (bzw. – soweit erforderlich – nach der öffentlichen Bekanntmachung; vgl. auch den bei Satzungsbeschlüssen maßgeblichen § 7 VI GO) nicht mehr geltend gemacht werden. Schließlich können spezialgesetzliche Unbeachtlichkeits- und Präklusionsvorschriften eingreifen (früher: § 215a BauGB; §§ 214, 215 BauGB betreffen hingegen nur die Formvorschriften nach dem BauGB).

d) Das kommunalrechtliche Vertretungsverbot

§ 32 GO (auf den für die Ratsmitglieder wiederum § 43 II GO verweist) **236** sieht vor, dass Inhaber eines Ehrenamts (I 2) oder einer ehrenamtlichen Tätigkeit (II 1) grundsätzlich „Ansprüche anderer gegen die Gemeinde nicht geltend machen" dürfen (Beispiel: Rechtsanwalt X, der zugleich Ratsmitglied ist, klagt die Kaufpreisforderung eines Mandanten gegen die Gemeinde ein). Dieses sog. kommunalrechtliche (auch: kommunale) Vertretungsverbot dient dem Zweck, die **objektive, unparteiische und einwandfreie** Führung der Geschäfte der Gemeinde zu gewährleisten. Es soll verhindern, dass die Einwohner den Einfluss von kommunalen Mandatsträger ihrer Gemeinde für ihre persönlichen Interessen ausnutzen und dass rechtsgeschäftlich bestellte Vertreter, die zugleich Mandatsträger sind, durch diese Doppelfunktion in einen Interessenwiderstreit geraten.

Obwohl § 32 GO in der Praxis vor allem Ratsmitglieder betrifft, die von **237** Beruf Rechtsanwälte sind, stellt die Vorschrift – rechtlich betrachtet – eine typische kommunalrechtliche Lauterkeitsnorm und nicht eine Regelung auf dem Gebiet des Rechts der Rechtsanwaltschaft dar. Der Landesgesetzgeber war mithin nach Art. 70 I GG zum Erlass des kommunalrechtlichen Vertretungsverbots befugt und hieran nicht dadurch gehindert, dass der Bund mit der BRAO von der konkurrierenden Gesetzgebungskompetenz nach Art. 74 I Nr. 1 GG Gebrauch gemacht hatte. Dagegen ist die Frage, ob das Vertretungsverbot in den **Schutzbereich von Art. 12 I GG** eingreift, in Rechtsprechung und Literatur bislang noch nicht abschließend geklärt. Das BVerfG hat dies – entgegen zahlreicher Stimmen in der Literatur – zwar bislang ausdrücklich offen gelassen, allerdings schließt es eine objektiv berufsregelnde Tendenz nicht von vornherein aus (richtigerweise, denn die primär lauterkeitsrechtliche Landesvorschrift greift mittelbar-faktisch eben in das Berufsfreiheitsrecht des Anwalts ein). Das Gericht hat jedenfalls eine Rechtfertigungsprüfung anhand der Drei-Stufen-Theorie durchgeführt, mit dem Ergebnis, dass das Vertretungsverbot als verfassungsrechtlich gerechtfertigt anzusehen ist. Ebenfalls nicht verletzt seien Art. 3 I sowie Art. 33 II GG (BVerfG, NJW 1988, 694 m. w. N.).

238 **Tatbestandlich** erstreckt sich das kommunalrechtliche Vertretungsverbot sowohl auf die Vertretung in zivilrechtlichen als auch in öffentlich-rechtlichen Streitigkeiten, im letzteren Falle unabhängig davon, ob es sich um eine Selbstverwaltungsangelegenheit handelt oder nicht. Der hohen Anforderung, die Verwaltung von jeglichen Einflüssen freizuhalten, die ihre Objektivität und Unparteilichkeit gefährden könnten, würde es nicht gerecht werden, zwischen Selbstverwaltungsaufgaben und Aufgaben zur Erfüllung nach Weisung zu unterscheiden (so zuletzt VG Schleswig, NVwZ-RR 2002, 596). Nicht erfasst ist dagegen die Vertretung eines Ratsmitglieds in einem sog. Kommunalverfassungsstreitverfahren (vgl. Rn. 272 ff.), weil hierbei nicht Ansprüche „gegen die Gemeinde", sondern nur gegen ein Organ der Gemeinde – den Rat bzw. den Bürgermeister – geltend gemacht werden (OVG NRW, NVwZ 1985, 843). Das Vertretungsverbot erstreckt sich ferner nicht auf die Sozien oder die in Bürogemeinschaften verbundenen Rechtsanwälte in der Kanzlei des Ratsmitglieds.

239 Zu den **Rechtsfolgen**: Ob die Voraussetzungen des kommunalrechtlichen Vertretungsverbots vorliegen, entscheidet nach § 32 II 2 GO im Falle von Ratsmitgliedern der Rat (Hs. 1), anderenfalls der Bürgermeister (Hs. 2). Die Entscheidung ergeht in Form eines Verwaltungsakts (als sog. self-executing-Beschluss des Rates, vgl. Rn. 252) und kann daher mit der Anfechtungsklage (§§ 42 I Alt. 1, 113 I 1 VwGO) vor dem Verwaltungsgericht angegriffen werden. Der Adressat dieses Verwaltungsakts ist der in seinem Grundrecht aus Art. 12 I GG Betroffene.

Umstritten ist, ob ein ratsangehöriger Rechtsanwalt, der ungeachtet des kommunalrechtlichen Vertretungsverbots im Wege des verwaltungs- oder zivilgerichtlichen Verfahrens Ansprüche gegen die Gemeinde geltend macht, durch das Verwaltungs- bzw. das Zivilgericht (auf der Grundlage der §§ 67 III 1 VwGO bzw. 79 III 1 ZPO), unmittelbar auf der Grundlage von § 32 II 2 GO vom Verfahren ausgeschlossen werden „kann". Die herkömmliche höchstrichterliche Rechtsprechung bejaht dies. § 32 II 2 GO entfalte nicht lediglich im gemeindlichen Innenverhältnis Rechtswirkung, sondern sei als Rechtsgrundlage für den Ausschluss des Rechtsanwalts heranzuziehen (BVerfGE 52, 42 [54 ff.]). Hiergegen spricht, dass die im konkreten Fall zugrunde liegende Sachmaterie gemäß Art. 72, 74 I Nr. 1 GG dem Bereich der konkurrierenden Gesetzgebung zuzuordnen ist und der Bund mit §§ 3 II, 45, 46 BRAO (vgl. auch § 3 Berufsordnung der Rechtsanwälte) von seiner (vorrangigen) Gesetzgebungszuständigkeit Gebrauch gemacht hat. Das legt es nahe, § 32 II 2 GO einschränkend dahingehend auszulegen, dass nur kommunalrechtliche Sanktionen in Betracht kommen (in diese Richtung, aber letztlich noch offen lassend, BVerfG, NJW 1988, 694; vgl. zum Ganzen *Schoch*, JuS 1989, 531 [553 f.]).

5. Anhang

Literatur: *Schnapp*, Der Streit um die Sitzungsöffentlichkeit im Kommunalrecht, VerwArch 78 (1987), 407; *Schneider*, Der verfahrensfehlerhafte Ratsbeschluss – Zur Dogmatik der Verfahrensfehlerfolgen, NWVBl. 1996, 89; *Schwerdtner*, Das Mitwirkungsverbot wegen Befangenheit als Rechtsproblem, VBlBW 1999, 81; *Müller-Franken*, Der unberechtigte Ausschluss eines Mitglieds des Gemeinderates wegen persönlicher Beteiligung, BayVBl. 2001, 136; *Zilkens/Elschner*, Der Schutz personenbezogener Daten in nicht-öffentlichen Sitzungen der kommunalen politischen Vertretung am Beispiel der GO NRW, DVBl. 2002, 163; *Rothe*, Über die Ausschüsse der Gemeinde, Verwaltungsrundschau 2003, 55; *Kremer*, Der gemeindliche Hauptausschuss im Land Nordrhein-Westfalen, 2003; *Franz*, Der Anspruch der Ratsfraktionen auf die Neubesetzung von Ausschüssen, LKV 2004, 497; *Werres*, Rechtliche Anforderungen an die Zusendung von Sitzungsunterlagen im Kommunalrecht, NWVBl. 2004, 294; *Brüning*, Haftung der Gemeinderäte, Hauptverwaltungsbeamten und Beigeordneten, 2006; *Ehlers*, Die Gemeindevertretung, in: HdbKWP I, 2007, § 21; *Rabeling*, Die Öffentlichkeit von Gemeinderatssitzungen in der Rechtsprechung, NVwZ 2010, 411; *Kim,* Die individuellen Mitwirkungsrechte des Gemeinderats, DVBl. 2011, 734. 240

Klausurfälle: *Lange*, JuS 1994, 296; *Hellermann*, JURA 1995, 145; *Menzel/Schumacher*, JURA 1998, 156; *Suerbaum/Brüning*, JuS 2001, 992; *Lange*, VR 2004, 67; *Günther*, NWVBl. 2007, 33; *Ennuschat/Siegel*, NWVBl. 2008, 119; *Burgi*, 10. Klausur, in: Dietlein/Burgi/Hellermann, Klausurenbuch Öffentliches Recht in NRW, 2009, 132; *Heckel*, JuS 2011, 166.

Kontrollfragen:

1. Welche Funktion kommt dem Rat zu?
2. Was meint der Begriff „Geschäftsordnungsautonomie" des Rates?
3. Was ist der Unterschied zwischen „Fraktionen" und „Gruppen" im Rat?
4. Welche Arten von Ausschüssen sieht die GO vor?
5. Wem ist kraft welcher Vorschrift die Ordnungsgewalt in Ratssitzungen zugewiesen und welcher Anspruch des einzelnen Ratsmitglieds korrespondiert dem Gebot gegenseitiger Rücksichtnahme im Rat?
6. Was sind die Voraussetzungen des „Mitwirkungsverbotes wegen Befangenheit" bei einem Ratsmitglied?
7. Was bedeutet das „kommunalrechtliche Vertretungsverbot" für ein Ratsmitglied?

IV. Der Bürgermeister und die Vertretung der Gemeinde nach außen

Der Bürgermeister bildet neben dem Rat das zweite Vertretungsorgan der Bürgerschaft (§ 40 II 1 GO). In kreisfreien Städten (vgl. Rn. 78) führt er die Bezeichnung Oberbürgermeister (§ 40 II 3 GO). Seit der Abschaffung der kommunalen Doppelspitze stellt der Bürgermeister nicht nur die politische Leitfigur dar, ihm obliegt zudem die Leitung der Verwaltung. Das Organ des (Ober-)Stadtdirektors wurde im Zuge der Kommunalreform 1994 abgeschafft, seine Administrativbefugnisse auf den Bürgermeister übertragen. Eine zusätzliche Stärkung erfuhr die Stellung des Bürgermeisters durch die 241

§ 2. Kommunalrecht

mit seiner Direktwahl verbundene unmittelbare demokratische Legitimation (vgl. Rn. 159, 181). Im Unterschied zum Rat ist der Bürgermeister ein **monokratisches Organ**, d. h. nur eine Person fungiert als Organwalter. Er trägt die volle Verantwortung für das Funktionieren und die Einheitlichkeit des Verwaltungsvollzugs (OVG NRW, OVGE 17, 225 [227 f.]). Die einzelnen Dezernate und Ämter im „Rathaus" sind lediglich unselbständige Untergliederungen (vgl. noch Rn. 244 ff.). Rein zahlenmäßig bilden sie aber einen Gesamtkomplex mit oftmals mehreren tausend Bediensteten.

1. Das Organ Bürgermeister und die Gemeindeverwaltung

242 Der Bürgermeister ist gemäß §§ 62 I 1 GO, 119 II 1 LBG kommunaler **Wahlbeamter** auf Zeit. Er wird nach den Grundsätzen des § 65 GO i. V. m. §§ 46b ff. KWahlG (künftig wieder; vgl. Rn. 205) für eine Dauer von fünf Jahren und am Tag der Ratswahl gewählt (§ 65 I 1 GO); im Anschluss an einen zumeist sehr kostenintensiven Wahlkampf (zu den sich hieraus u.U. ergebenden Abhängigkeiten *Oebbecke*, ZRP 2007, 227) und neuerdings u.U. wieder nach einer Stichwahl (vgl. Rn. 176). Gibt es nur einen Kandidaten, ist weiterhin (trotz verfassungsrechtlicher Bedenken *Oebbeckes*, NWVBl. 2010, 333: Verstoß gegen die Wahlrechtsgleichheit) neben der Mehrheit der Wähler auch die Erreichung eines Quorums von 25 % der Wahlberechtigten erforderlich (§ 46c II 3 GO). Die Amtszeit beginnt grundsätzlich mit der Annahme der Wahl (§ 119 III 1 LBG) und endet mit Ablauf der Wahlzeit (§ 119 III 2). Eine Abwahl des Bürgermeisters vor Ablauf seiner Amtszeit ist möglich unter den Voraussetzungen des § 66 GO, die durch Gesetz v. 24.5.2011 (GVBl. 269) verändert worden sind. Seither kann ein Abwahlverfahren nicht nur aus dem Rat heraus, sondern auch von einem bestimmten Prozentsatz der Bürger eingeleitet werden, was in Duisburg (wegen der tragischen Ereignisse bei der sog. Love-Parade) praktiziert worden ist.

243 Die **Wählbarkeitsvoraussetzungen** sind geregelt in § 65 2 GO und § 119 LBG. Danach ist weder eine besondere fachliche Qualifikation erforderlich, noch – anders als bei den Bewerbern für den Rat (Rn. 177 ff.) – ein dreimonatiger Wohnsitz im Gemeindegebiet. Nach § 65 II 1 GO müssen Bürgermeisterkandidaten allerdings das 23. Lebensjahr vollendet haben und gemäß § 119 I LBG die für die Berufung in ein Beamtenverhältnis erforderlichen allgemeinen Voraussetzungen erfüllen, d. h. insbesondere ein Mindestmaß an gesundheitlicher Eignung mitbringen. EU-Ausländer können ohne weiteres Bürgermeister werden. Altersgrenze für die Ausübung des Bürgermeisteramtes war gemäß § 195 IV 1 LBG a.F. bis 2007 das vollendete 68. Lebensjahr, mit Inkrafttreten des GO-ReformG ist die Altersgrenze weggefallen (vgl. § 119 IV 1 LBG).

Die Höchstaltersgrenze für die Ausübung des Bürgermeisteramtes war bis zu einer Entscheidung des BVerfG im Jahre 1997 (NVwZ 1997, 1207; zuletzt VerfGH Rh.-Pf., DÖV 2007, 117) stark umstritten. Das Verfassungsgericht hat eine Verletzung des (bei wahlbezogenen Entscheidungen formalisierten) allgemeinen Gleichheitssatzes (Art. 3 I GG) abgelehnt, mit der Begründung, eine angemessene Höchstaltersgrenze sei ein zulässiges Differenzierungskriterium, um den nach der Lebenswahrscheinlichkeit altersbedingt zu befürchtenden Beeinträchtigungen einer kontinuierlichen und effektiven Amtsführung entgegenzutreten – der Gesetzgeber hat nun Bedenken dieser Art eine Absage erteilt.

Zur Unterstützung des Bürgermeisters können nach den Vorgaben des § 71 GO **Beigeordnete** (auch: Dezernenten) bestellt werden. In der kommunalen Praxis wird v. a. in größeren Gemeinden regelmäßig von dieser Möglichkeit Gebrauch gemacht. Für kreisfreie Städte schreibt § 71 IV GO verpflichtend die Bestellung eines Beigeordneten als Stadtkämmerer (d. h. als „Schatzmeister" der Gemeinde) vor. **244**

> **Beispiel:** Die kreisfreie Stadt Hagen verfügt neben dem unmittelbaren Vorstandsbereich des Oberbürgermeisters über fünf Dezernate. Jedes Dezernat wird durch einen Beigeordneten (Dezernenten) geführt. Das erste Dezernat umfasst u. a. das Rechnungsprüfungsamt, das zweite die Stadtkämmerei und das Kulturamt, das dritte das Schulverwaltungsamt, das Sportamt und den Fachbereich Jugend und Soziales, das vierte das Amt für öffentliche Sicherheit, Verkehr und Personenstandswesen, das Umweltamt sowie die zentrale Steuerung und das fünfte Dezernat umfasst den Fachbereich Stadtentwicklung und Stadtplanung, das Bauordnungsamt etc.

Die Beigeordneten sind kommunale Wahlbeamte, deren Amtszeit acht Jahre beträgt (§ 71 I GO). Ihr Geschäftskreis („Dezernat") kann gemäß § 73 I GO vom Rat (jedoch nur „im Einvernehmen" mit dem Bürgermeister) festgelegt werden. Sie sind nicht mit eigenen Verwaltungszuständigkeiten gegenüber den Gemeindebürgern ausgestattet (weiterführend: *Knirsch*, VR 2003, 10; *Jordans*, KommJuR 2004, 49; *Jaeckel*, VerwArch 97 [2006], 220; *Smith*, NWVBl. 2012, 6). **245**

Zusammen mit dem Bürgermeister bilden die Beigeordneten den **Verwaltungsvorstand** (§ 70 I 1 GO). Wichtigste Aufgabe des Verwaltungsvorstandes ist die Sicherstellung der Einheitlichkeit der Verwaltungsführung (§ 70 III GO). Der Einfluss des Bürgermeisters auf den gesamten Verwaltungsablauf soll gestärkt werden. Gemäß § 70 II GO wirkt der Verwaltungsvorstand insbesondere mit bei den Grundsätzen der Organisation der Verwaltungsführung (lit. a)), bei der Planung von Verwaltungsfragen mit grundlegender Bedeutung (lit. b)), bei der Aufstellung des Haushaltsplans (lit. c)) sowie bei den Grundsätzen der Personalführung und -Verwaltung (lit. d)). Als kollegiales Führungsgremium kommt ihm dabei lediglich eine koordinierende Funktion zu, ein Gemeindeorgan ist er nicht. Den Vorsitz führt der Bürgermeister (§ 70 I 2 GO), dem nach § 70 IV 1 GO auch die Letztentscheidungskompetenz zukommt. **246**

Die Vertretung des Bürgermeisters erfolgt zum einen durch ehrenamtliche Stellvertreter (§ 67 GO), zum anderen durch die Beigeordneten (§ 68 GO). Die ehrenamtlichen Stellvertreter (sog. **ehrenamtliche Bürgermeister**) vertreten den Bürgermeister bei der Leitung der Ratssitzungen und bei der Repräsentation (§ 67 I 2 GO). Sie werden ohne Aussprache vom Rat aus seiner Mitte gewählt. Größere kreisfreie Gemeinden haben teilweise zwei bis vier **247** ehrenamtliche Bürgermeister, die aus den verschiedenen Ratsfraktionen (Rn. 213 ff.) stammen.

248 Die Vertretung nach § 68 I, II GO durch die Beigeordneten (sog. Vertretung im Amt) betrifft ausschließlich die innere Organisation der Gemeindeverwaltung. Die gesetzliche Vertretung der Gemeinde nach Außen steht nach § 63 I 1 GO allein dem Bürgermeister zu (Rn. 259 ff.). Aus § 68 I 1 GO ergibt sich allerdings die Verpflichtung des Rates, einen der Beigeordneten zum „allgemeinen Vertreter" des Bürgermeisters zu bestellen (sog. erster Beigeordneter). Die **allgemeine Vertretung** umfasst die ständige Vertretung des Bürgermeisters in allen Dienstgeschäften. Sie ist nicht auf den Verhinderungsfall beschränkt. Im Außenverhältnis kann diese Vertretungsmacht weder vom Bürgermeister noch vom Rat begrenzt werden. Handlungen entgegen dem erkennbaren Willen des Bürgermeisters können daher, abgesehen von beidseitig vorsätzlichen Missbrauchsfällen, lediglich innerdienstliche Folgen, insbesondere disziplinarischer oder haftungsrechtlicher Art (etwa nach § 81 LBG) auslösen. Im übrigen vertreten die Beigeordneten den Bürgermeister jeweils in ihrem Arbeitsgebiet (§ 68 II GO).

249 Neben dem allgemeinen Vertreter und ggf. den Beigeordneten kann der Bürgermeister gemäß § 68 III 1 GO sog. Beauftragte mit der Erledigung bestimmter Einzelangelegenheiten betrauen. Davon zu unterscheiden ist die Schaffung von **Beauftragtenstellen**, die darauf abzielt, bestimmte Aufgaben mit besonderem Handlungsbedarf aus der klassischen Ämterverwaltung auszugliedern und auf eine sachkundige, teilweise unabhängige Stelle zu übertragen. Sie ist ihrer Rechtnatur nach kein Auftrag i. S. d. § 662 BGB, sondern stellt als Ausfluss des allgemeinen Organisationsrechts des Bürgermeisters einen öffentlich-rechtlichen, verwaltungsinternen Organisationsakt dar (weiterführend *Gern*, Deutsches Kommunalrecht, Rn. 373 f.). In den letzen Jahren hat die Beauftragung einen Bedeutungszuwachs erfahren. So wurden in vielen Gemeinden Ausländer- bzw. Integrationsbeauftragte für die Wahrung der Rechte ausländischer Mitbürger und Bürgerbeauftragte als Ansprechpartner für die Gemeindebürger eingerichtet. Verpflichtend sieht § 5 II GO in größeren Gemeinden die Bestellung (typischerweise) einer hauptamtlich tätigen Gleichstellungsbeauftragten vor.

Nach der Einführung des § 5 II GO wurde kontrovers diskutiert, ob der hiermit verbundene Eingriff in die Organisations- und Personalhoheit den Kernbereich der kommunalen Selbstverwaltungsgarantie (Art. 28 II GG; vgl. Rn. 73 ff.; § 1 Rn. 188 ff.) verletzt. Dies ist vom BVerfG (DVBl. 1995, 290) verneint worden, mit der Begründung, den Gemeinden verbleibe weiterhin ein hinreichend großer Organisationsbereich zur eigenverantwortlichen Regelung; auch der Randbereich der Selbstverwaltungsgarantie werde nicht verletzt (vgl. ferner VerfGH, NVwZ 2002, 1505).

2. Die Kompetenzen des Bürgermeisters

250 Während der Rat das zentrale Steuerungsorgan ist (Rn. 150), liegt der Schwerpunkt der Kompetenzen des Bürgermeisters im administrativen Bereich. Dies bedeutet erstens, dass er den Geschäftsgang der gesamten Ver-

C. Die Binnenorganisation der Gemeinden 213

waltung leitet und beaufsichtigt (a) und die Gemeinde nach außen vertritt (3). Sodann obliegt ihm die Vorbereitung und Durchführung von Ratsbeschlüssen (b) und er kann im Wege der Organleihe tätig werden (c). Zweitens besitzt er bestimmte materienbezogene Kompetenzen, d. h. er bereitet dann Beschlüsse nicht nur vor oder vollzieht sie, sondern er trifft sie selbst (d).

a) Geschäftsleitungs- und Organisationsgewalt

Als Leiter der Gemeindeverwaltung stehen dem Bürgermeister zentrale innerorganisatorische Kompetenzen zur ausschließlichen Wahrnehmung zu. Er verfügt gemäß § 62 I 2 und 3 GO über die Geschäftsleitungs- und Organisationsgewalt, womit er die volle und alleinige Verantwortung für das Funktionieren der Verwaltung trägt. Umfasst von der Geschäftsleitungs- und Organisationsgewalt sind insbesondere das Recht zur Entscheidung über die Verwaltungsgliederung in Dezernate, Ämter und sonstige Stellen, die Befugnis zur Verteilung der Dienstgeschäfte auf diese Stellen (zumeist durch einen Geschäftsverteilungsplan) sowie das Recht zum Einsatz der sächlichen Verwaltungsmittel. Gemäß § 73 II GO ist der Bürgermeister Dienstvorgesetzter der Beamten, Angestellten und Arbeiter der Gemeinde. 251

b) Vorbereitung und Durchführung von Ratsbeschlüssen

Gemäß § 62 II 1 GO bereitet der Bürgermeister die Beschlüsse des Rates, der Bezirksvertretungen sowie der Ausschüsse vor. Dies erfolgt in der kommunalen Praxis regelmäßig in Form von Verwaltungsvorlagen der intern zuständigen Dezernate bzw. Ämter, die einen Beschlussvorschlag und eine umfassende Begründung einschließlich einer Kostenvorgabe enthalten. Gemäß § 40 II 4 GO führt der Bürgermeister sodann den Vorsitz im Rat (Einberufung, Tagesordnung, Sitzungsleitung etc.; vgl. Rn. 205, 221 ff., 229 ff.). § 60 I 2, II 1 GO gibt dem Bürgermeister die Kompetenz, Dringlichkeitsentscheidungen zu treffen (zusammen mit einem Rats- bzw. Ausschussmitglied; vgl. hierzu OVG NRW, NWVBl 1996, 441; OVG NRW, NVWBl. 2011, 467). Die vom Rat getroffenen Beschlüsse führt der Bürgermeister (ebenso wie die Weisungen im Rahmen der Erledigung von Pflichtaufgaben nach Weisung gemäß §§ 62 II 2, 3 II, 132 GO, vgl. Rn. 96 ff.) unter der Kontrolle des Rates aus (§ 62 II 2 GO). Daraus ergibt sich, dass der Bürgermeister regelmäßig als **Behörde** im funktionalen Sinne (gemäß § 1 IV VwVfG; vgl. hierzu *Burgi*, in: Erichsen/Ehlers [Hrsg.], Allgemeines Verwaltungsrecht, 14. Auflage 2010, § 8 Rn. 29) anzusehen ist. Hingegen sind die einzelnen Dezernate und Ämter nicht mit eigenen Zuständigkeiten für nach außen wirkende Verwaltungstätigkeiten ausgestattet. Dies bedeutet, dass beispielsweise Gebührenbescheide, die intern durch das Amt für öffentliche Ordnung erlassen werden, als Verwaltungsakte des Bürgermeisters anzusehen sind. Der Rat tritt nur in Ausnahmefällen (sog. self-executing-Beschlüsse) als Behörde i. S. d. § 1 IV VwVfG in Erscheinung. 252

> **Beispiele:** Als Verwaltungsakte (i. S. v. § 35 VwVfG) in Gestalt von self-executing-Beschlüssen sind die Benennung einer Straße durch den Rat (NdsOVG, DVBl. 1969, 317, vgl. Rn. 81) bzw. eine Bezirksvertretung (OVG NRW, NJW 1987, 2695), die Zusammenlegung zweier Schulen (OVG NRW, DVBl. 1992, 448), die Entscheidung über die Zulässigkeit eines Bürgerbegehrens (vgl. Rn. 188 ff.) sowie die Festsetzung eines Ordnungsgeldes nach § 29 III 1 GO (vgl. Rn. 172) anzusehen.

253 § 54 GO gewährt dem Bürgermeister das Recht, Ratsbeschlüssen zu widersprechen (Abs. 1) bzw. sie zu beanstanden (Abs. 2 sowie § 122 I GO: Beanstandung auf Anweisung der Aufsichtsbehörde, ein Fall der Organleihe, vgl. Rn. 105 f.). Der **Widerspruch** ist möglich („kann"), wenn der Bürgermeister durch einen Ratsbeschluss das „Wohl der Gemeinde" gefährdet sieht. Widersprüche sind form- und fristgerecht (§ 54 I 1 GO) beim Rat einzulegen und haben aufschiebende Wirkung (§ 54 I 2 GO). Der Rat hat innerhalb der Frist des § 54 I 3 GO erneut über die Angelegenheit zu beschließen.

> **Beispiel:** Trifft der Rat den Beschluss, einer bestimmten Person das Ehrenbürgerrecht zu verleihen (§ 41 I 2 lit. d)), und sieht der Bürgermeister hierdurch das Ansehen und damit das Wohl der Gemeinde gefährdet, so ist er berechtigt, spätestens am dritten Tag nach der Beschlussfassung einen schriftlich begründeten Widerspruch beim Rat einzulegen. Der Rat beschließt sodann erneut über die Angelegenheit.

254 Die **Beanstandung** setzt demgegenüber voraus, dass ein Ratsbeschluss (Abs. 2) bzw. ein Ausschussbeschluss (Abs. 3) „das geltende Recht" verletzt. Hierbei sind die formellen Voraussetzungen des § 54 II 3 GO zu beachten. Zum „geltenden Recht" i. S. d. § 54 II und III GO zählt neben dem Bundes- und Landesrecht auch das gesamte Ortsrecht der Gemeinde, einschließlich der Geschäftsordnung des Rates. Beispiel: Keine Verbandskompetenz für Erklärung zur „gentechnikfreien Zone" (vgl. Rn. 63).

255 Die Beurteilung, ob insoweit ein Verstoß vorliegt, trifft der Bürgermeister nach pflichtgemäßem Ermessen; auf der Basis dieser Einschätzung ist er dann aber zur Beanstandung verpflichtet („hat"). Auch die Beanstandung hat aufschiebende Wirkung (§ 54 II 2 GO). Bleibt der Rat bei seinem Beschluss, so hat der Bürgermeister unverzüglich die Entscheidung der Aufsichtsbehörde einzuholen (§ 54 II 3 GO). Die von den jeweiligen Beschlüssen möglicherweise in ihren Rechten betroffenen Bürger haben keinen Anspruch darauf, dass der Bürgermeister beanstandet; die Beanstandung dient ausschließlich dem öffentlichen Interesse an der Gesetzmäßigkeit des Gemeindehandelns (Art. 20 III GG; grundlegend OVG NRW, OVGE 18, 227 [228 f.]).

c) Heranziehung des Bürgermeisters im Wege der Organleihe

256 Die Organleihe hat auf der Ebene der Gemeinden (anders als bei den Kreisen; vgl. Rn. 34) geringere Bedeutung. Durch sie wird (v. a.) der Bürgermeister nicht als kommunales Organ, sondern als Organ des Landes tätig, dessen Weisungen er unterworfen ist und dem die getroffenen Entscheidungen zugerechnet werden (vgl. bereits Rn. 105 f.).

C. Die Binnenorganisation der Gemeinden

> **Beispiele:** Der Bürgermeister wird im Wege der Organleihe tätig, wenn er aufgrund einer Anordnung der Kommunalaufsichtsbehörde nach § 122 I GO einen Ratsbeschluss beanstanden (Rn. 254 f.) muss, ferner im Fall des § 9 IV OBG (Durchführung von Weisungen der Aufsichtsbehörden „zur Erledigung einer bestimmten ordnungsbehördlichen Aufgabe im Einzelfall" [vgl. auch § 62 III GO]).

d) Materienbezogene Kompetenzen, insbesondere Geschäfte der laufenden Verwaltung

Der Bürgermeister ist zunächst für solche Angelegenheiten zuständig, die 257 ihm der Rat gemäß § 41 II 1 GO „übertragen" hat (vgl. Rn. 219). Von praktisch noch größerer Bedeutung ist sodann § 41 III GO, wonach „Geschäfte der laufenden Verwaltung" als im Namen des Rates übertragen „gelten". Dem Rat steht insoweit allerdings ein Rückholrecht zu. Was im Einzelfall unter diesen unbestimmten Rechtsbegriff fällt, lässt sich nicht in eine für alle Gemeinden gültige Definition fassen, sondern ist abhängig von der Größe, der Finanzkraft und der Einwohnerzahl der Gemeinde sowie der konkret zu bearbeitenden Angelegenheit. Die Rechtsprechung stellt darauf ab, dass „die Sache nach Regelmäßigkeit und Häufigkeit zu den üblichen Geschäften gehört", wesentliches Merkmal sei „die Erledigung nach festgefahrenen Grundsätzen auf eingefahrenen Gleisen" (OVG NRW, OVGE 25, 186 [193]). Beispiel: Über die Erteilung einer Sondernutzungserlaubnis für einen Infostand nach § 18 StrWG kann der Bürgermeister entscheiden, während die Erarbeitung einer „Standordnung für die Fußgängerzone" wegen ihrer Grundsätzlichkeit kein „Geschäft der laufenden Verwaltung" mehr ist.

Eine gewisse Indizwirkung kommt nach allgemein anerkannter Ansicht 258 den finanziellen Auswirkungen des Geschäfts zu.

> **Weitere Beispiele:** Während Aufträge in Höhe von 50.000 Euro und mehr für Instandhaltungsarbeiten an städtischen Gebäuden in einer Großstadt durchaus zur täglichen Praxis gehören und damit Geschäfte der laufenden Verwaltung darstellen können, sind derartige Angelegenheiten und Ausgaben bei dörflichen Gemeinden regelmäßig eher außergewöhnlich und damit nicht unter den Begriff des Geschäfts der laufenden Verwaltung zu fassen. In nahezu allen Gemeinden unter den Begriff des Geschäfts der laufenden Verwaltung fällt etwa die Ausstellung von Personalausweisen, der Erlass von Gaststättenbetriebserlaubnissen, die Bescheidung von Bauanträgen, die Beschaffung von Mobiliar, Schreib- und Büromaterial etc.

3. Vertretung der Gemeinde nach außen

Von der repräsentativen Vertretung (Empfänge, Veranstaltungen) zu unter- 259 scheiden ist die Vertretung der Gemeinde in Rechts- und Verwaltungsgeschäften. Sie obliegt gemäß § 63 I 1 GO – „unbeschadet der dem Rat und seinen Ausschüssen zustehenden Entscheidungsbefugnisse" – grundsätzlich

§ 2. Kommunalrecht

allein dem Bürgermeister. Anders als die repräsentative Vertretung beinhaltet sie die Befugnis, für die Gemeinde rechtswirksam nach außen tätig zu werden. Hierbei handelt es sich nicht um eine rechtsgeschäftliche Vertretungsmacht i. S. d. §§ 164 ff. BGB, sondern um organschaftliche Befugnisse. Sie sind differenziert anhand der verschiedenen Handlungsformen zu entfalten (a). Kontrovers diskutiert wird die rechtliche Behandlung von Außenvertretungsakten des Bürgermeisters ohne einen zugrundeliegenden, aber erforderlichen Ratsbeschluss (b). Probleme wirft ferner die Vertretung der Gemeinde bei Verpflichtungserklärungen i. S. d. § 64 GO auf (c). Für Klausuren wichtig ist schließlich die Vertretung der Gemeinde vor Gericht (davon zu unterscheiden ist das Auftreten des Bürgermeisters als Organ im Rahmen des sog. Kommunalverfassungsstreits; vgl. dazu Rn. 272 ff.). Maßgeblich sind hierbei die §§ 61, 62 und 78 VwGO (vgl. hierzu den Anhang).

a) Vertretung der Gemeinde bei den verschiedenen Handlungsformen

260 Kommunale Satzungen und Verordnungen (vgl. Rn. 286 ff.) werden stets vom Rat beschlossen und sodann durch den Bürgermeister ausgefertigt und bekannt gemacht. Erlassbehörde von Verwaltungsakten i. S. v. § 35 LVwVfG ist regelmäßig der Bürgermeister, dem auch die Bekanntgabe nach § 41 LVwVfG obliegt. Ohne Dazutun des Bürgermeisters kann der Rat also einen Verwaltungsakt grundsätzlich gar nicht erlassen. Ein auf den Erlass eines Verwaltungsaktes abzielender Ratsbeschluss bildet bis zu seiner Durchführung durch den Bürgermeister einen sog. Nicht-Akt. Nur in Ausnahmefällen (sog. self-executing-Beschlüsse) tritt der Rat selbst als Behörde in Erscheinung (vgl. Rn. 252). Verwaltungsverträge und privatrechtliche Verträge werden – erforderlichenfalls auf der Grundlage von Ratsbeschlüssen (vgl. b) – ausschließlich durch den Bürgermeister abgeschlossen.

b) Fehlerfolgenrecht bei Außenvertretung ohne erforderlichen Ratsbeschluss

261 Die rechtliche Behandlung von Außenvertretungsakten des Bürgermeisters ohne einen zugrundeliegenden, aber nach den Grundsätzen über die Kompetenzverteilung (Rn. 217 ff., 250 ff.) erforderlichen Ratsbeschluss wirft erhebliche Probleme auf. Im gemeindlichen Innenverhältnis kann der Rat die Maßnahme des Bürgermeisters im Wege des Kommunalverfassungsstreitverfahrens angreifen (vgl. Rn. 272 ff.). Im Hinblick auf die Wirksamkeit im Außenverhältnis ist wie folgt zu differenzieren:
– Eine vom Bürgermeister ohne ordnungsgemäßen Satzungsbeschluss ausgefertigte und verkündete **Satzung** ist nichtig. Heilungsmöglichkeiten bestehen nicht.
– **Verwaltungsakte**, die ohne bzw. gegen einen die erforderlichen Ratsbeschluss ergangen sind, sind formell rechtswidrig und können deshalb unter den Voraussetzungen des § 48 LVwVfG zurückgenommen bzw. gemäß § 42 Abs. 1 Alt. 1 VwGO erfolgreich angefochten werden. Die Umgehung des Rates stellt keinen Zuständigkeits-, sondern einen Verfahrensfehler dar, weil eine notwendige Mitwirkungshandlung fehlt (dies übersieht m.E. *Warg*, NWVBl. 2011, 214 [215]). Genehmigt der Rat den

C. Die Binnenorganisation der Gemeinden

Verwaltungsakt nach Erlass, kommt eine Heilung des Verfahrensmangels analog § 45 I Nr. 4 LVwVfG in Betracht.
– Die Wirksamkeit von **Verwaltungsverträgen** beurteilt sich nach § 59 LVwVfG. Gemäß § 59 I LVwVfG finden die allgemeinen zivilrechtlichen Nichtigkeitsgründe Anwendung. Insbesondere sind danach Vertragserklärungen des Bürgermeisters nach § 59 I LVwVfG i. V. m. § 138 I BGB im Falle der Kollusion, d. h. einem rechtlich zu missbilligenden Zusammenwirken mit dem Vertragspartner, nichtig. Ist der Vertragspartner nicht schutzwürdig, z. B. weil er den Mitwirkungsmangel kannte oder hätte kennen müssen, kommt die Erhebung der Arglisteinrede (exceptio doli) gemäß § 59 I LVwVfG i. V. m. § 242 BGB in Betracht. Subordinationsrechtliche Verträge i. S. v. § 54 S. 2 LVwVfG sind zudem nichtig bei Vorliegen der Voraussetzungen des § 59 II Nr. 2 VwVfG.

Im Hinblick auf **privatrechtliche Verträge** wird insbesondere vom BGH die Ansicht vertreten, die Umgehung des Rates berühre nicht die Vertretungsmacht des Bürgermeisters, sondern nur dessen von der Außenvertretung zu trennende Pflichtenbindung im gemeindlichen Innenverhältnis. Deshalb seien Willenserklärungen des Bürgermeisters für die Gemeinde verbindlich, obwohl sie der Kompetenzverteilung zwischen Rat und Bürgermeister widersprechen (BGH, NJW 1998, 3056). Das BayObLG will dagegen in dieser Situation die zivilrechtlichen Regeln über die Vertretung ohne Vertretungsmacht (§§ 177 ff. BGB) anwenden (BayVBl 1998, 122 [123]). Danach wäre ein entsprechender Vertrag schwebend unwirksam (§ 177 BGB). **262**

Dies ist nicht auf das nordrhein-westfälische Gemeinderecht übertragbar. § 63 I 1 GO stellt ausdrücklich klar, dass der Bürgermeister (im Außenverhältnis) gesetzlicher Vertreter unbeschadet der dem Rat und seinen Ausschüssen (im Innenverhältnis) zustehenden Entscheidungsbefugnisse ist. Die strikte Trennung zwischen Innen- und Außenverhältnis wird unter Verweis auf den Grundsatz der Gesetzesbindung der vollziehenden Gewalt (Art. 20 III Var. 2 GG) sowie die Bedeutung, die das Grundgesetz in Art. 28 I 2 GG dem Rat als gemeindlichem Hauptorgan zumisst, teilweise zwar für bedenklich gehalten (*Lange*, in: Krebs (Hrsg.), Liber Amicorum Hans-Uwe Erichsen, 2004, S. 107 [117]). Für sie sprechen aber die dem Rechtsstaatsprinzip (Art. 20 III, 28 I 1 GG) zu entnehmenden Gebote der Rechtssicherheit und des Vertrauensschutzes. Privatrechtliche Verträge sind daher durch eine entsprechende Erklärung des Bürgermeisters grundsätzlich wirksam zustande gekommen. Etwas anderes gilt nur bei Vorliegen eines der allgemeinen zivilrechtlichen Nichtigkeitsgründe (v. a. Sittenwidrigkeit und Arglisteinrede). **263**

c) Vertretung der Gemeinde bei Verpflichtungserklärungen

Gemäß § 64 I 1 GO bedürfen sog. Verpflichtungserklärungen grundsätzlich der **Schriftform**. Verpflichtungserklärungen sind Erklärungen, durch welche die Gemeinde unmittelbar eine rechtliche Verpflichtung gegenüber einer anderen Person übernimmt. Hierbei kann es sich um eine auf Abschluss eines Vertrags gerichtete Erklärung, aber auch um ein einseitiges Rechtsgeschäft handeln. Gleichgültig ist, ob die Erklärung öffentlich-rechtlicher oder privatrechtlicher Natur ist. Das Schriftformerfordernis ist gewahrt, wenn die **264**

§ 2. Kommunalrecht

Erklärung schriftlich abgegeben und vom Bürgermeister oder seinen Stellvertreter (Rn. 247 f.) handschriftlich unterzeichnet wird. Nicht vorgeschrieben, aber in der kommunalrechtlichen Praxis üblich, sind die Beifügung des Gemeindesiegels und die Angabe des der Verpflichtungserklärung zugrundeliegenden Ratsbeschlusses. Ausnahmen von dem Schriftformerfordernis des § 64 I 1 GO gelten nach § 64 II GO für Geschäfte der laufenden Verwaltung sowie für Geschäfte i. S. d. § 64 III GO.

> **Beispiele:** Erklärungen, die auf den Abschluss eines Kauf-, Werk- oder Mietvertrags, aber auch auf Abschluss eines Auftrags gerichtet sind, ebenso Bürgschaftserklärungen. Öffentlich-rechtliche Verpflichtungserklärungen sind etwa die Ausübung eines gesetzlichen Vorkaufsrechts sowie Zusicherungen i. S. v. § 38 LVwVfG.

265 Gemäß § 64 I 2 GO sind Verpflichtungserklärungen überdies entweder vom Bürgermeister oder von seinem allgemeinen Vertreter (vgl. Rn. 248) **zu unterzeichnen**. Die Beifügung des Zusatzes „in Vertretung" ist allerdings entbehrlich (OLG Düsseldorf, KommJur 2004, 298 [299]). Ausnahmen gelten auch hier gemäß § 64 II GO für Geschäfte der laufenden Verwaltung (vgl. Rn. 257 f.) sowie für Geschäfte i. S. d. § 64 III GO.

266 Die rechtliche **Behandlung von Verstößen** gegen § 64 I S. 1 oder S. 2 GO ist abhängig von der konkreten Handlungsform. Vergleichsweise unproblematisch ist die Beurteilung von **Verwaltungsakten** und **Verwaltungsverträgen**. Sie sind bei Verstößen gegen § 64 I 1 und/oder § 64 I 2 GO gemäß § 64 IV GO nichtig.

267 Ungeklärt und schwer zu bestimmen ist das Fehlerfolgenrecht bei **privatrechtlichen Verpflichtungsverträgen**. Der BGH charakterisiert sowohl § 64 I S. 1 als auch S. 2 GO als „materielle Vorschriften über die Beschränkung der Vertretungsmacht" (BGH, NJW 2001, 2626 [zur Parallelvorschrift des § 54 I, II GO Bad.Württ.]; vgl. zuletzt BGHZ 178, 192 m. Anm. *Köster*, KommJur 2009, 416). Konsequenterweise würden im Falle eines Verstoßes gegen **§ 64 I 2 GO** grundsätzlich die §§ 177 ff. BGB einschließlich der für die Rechtsinstitute der Duldungs- und Anscheinsvollmacht entwickelten Grundsätze (OLG Celle, NJW 2001, 607) entsprechend anzuwenden sein; der Bürgermeister haftete für den Vertretungsmangel persönlich nach § 179 BGB. Verstöße gegen das Schriftformerfordernis des **§ 64 I 1 GO** können nach Ansicht des BGH (aaO, S. 2628) dagegen, „wie dies auch bei einer nach § 125 BGB formnichtigen Erklärung der Fall ist, nur durch Neuvornahme unter Einhaltung der Förmlichkeiten" beseitigt werden. Die analoge Anwendung der §§ 177 ff. BGB sei nicht sachgerecht, da die Nichtbeachtung des Schriftformerfordernisses dann gemäß § 179 BGB eine persönliche Haftung des Bürgermeisters begründen und folglich der Vertragsgegner bei einem Vertragsschluss mit einer Gemeinde besser gestellt sein würde als bei einem entsprechenden Verstoß im Falle eines Vertragsschlusses mit einer natürlichen oder juristischen Person des Privatrechts (§§ 125, 126 BGB). Ein Verstoß gegen das Schriftformerfordernis führe aber auch nicht zur Nichtigkeit nach § 125 BGB, da § 64 I 1 GO keine Formvorschrift sein könne, und

C. Die Binnenorganisation der Gemeinden

zwar deswegen, weil privatrechtliche Vorschriften der Landesgesetze mit dem Inkrafttreten des BGB gemäß Art. 55 EGBGB außer Kraft getreten seien und dem Landesgesetzgeber die Kompetenz zur Einführung solcher Vorschriften fehle (BGH, aaO, S. 2626). Was genau nun mit den entsprechenden Verträgen geschehen soll, bleibt unklar.

Bei nüchterner Betrachtung sind § 64 I S.1 und 2 GO als **Formvorschriften** anzusehen (ebenso *Erichsen*, Kommunalrecht NW, S.126). Dies folgt aus dem Wortlaut des § 64 I 1 GO („Schriftform"), der Gesetzessystematik (§ 64 IV GO spricht ausdrücklich von „Formvorschriften") sowie dem Zweck des § 64 I GO, das Vertretungsorgan „Bürgermeister" vor der unüberlegten Begründung folgenschwerer Verpflichtungen abzuhalten und zugleich der Klarstellungs- und Beweisfunktion Rechnung zu tragen. Die inhaltlich durchaus zutreffenden kompetenziellen Umstände können m.E. nicht dazu führen, eine eindeutige Formvorschrift in eine Vertretungsvorschrift umzuinterpretieren. Der Gesetzgeber der Gemeindeordnung war und ist nicht daran gehindert, Formvorschriften für das Tätigwerden der Gemeindeorgane festzulegen. Er ist aber daran gehindert, mit diesen Vorschriften auf das Zustandekommen und die Wirksamkeit privatrechtlicher Verträge Einfluss zu nehmen. Dies folgt daraus, dass der Bund mit dem BGB erschöpfend von der ihm durch Art. 74 I Nr. 1 GG eingeräumten konkurrierenden Gesetzgebungskompetenz für das „Bürgerliche Recht" Gebrauch gemacht hat, was Art. 55 EGBGB zum Ausdruck bringt. 268

Die in § 64 IV GO vorgesehene Nichtigkeitsfolge bei Verstößen gegen § 64 I 1 u. 2 GO kann mithin bei privatrechtlichen Verpflichtungserklärungen (im Unterschied zu Verpflichtungserklärungen per Verwaltungsakt oder Verwaltungsvertrag; vgl. Rn. 266) nicht eingreifen. Auch § 125 BGB kommt als Grundlage der Nichtigkeitsfolge nicht in Betracht, da die Formvorschriften des § 64 I GO ja nun gerade keine durch Privatrecht begründeten Formvorschriften sind. In dieser Situation bietet sich die analoge Anwendung der §§ 177, 178 und 180 BGB (in Einklang mit dem BGH nicht auch § 179 BGB), d.h. die Anwendung des Fehlerfolgenrechts für Vertretungsmängel auf die Fehlerfolgen nach Verstoß gegen eine öffentlich-rechtliche Formvorschrift an. Demnach sind privatrechtliche Verpflichtungsverträge bis zur Genehmigung durch den Rat grundsätzlich schwebend unwirksam und bei einer Verweigerung der Genehmigung nichtig. 269

Eine **Haftung** des Bürgermeisters für Schäden des Vertragspartners infolge einer Missachtung der Formvorschriften des § 64 I GO kommt lediglich aus § 839 BGB (nicht nach Amtshaftungsgrundsätzen, da ja nicht öffentlich-rechtlich gehandelt wird) sowie aus §§ 280 III, 282, 311 II, 31, 89 BGB (culpa in contrahendo) in Betracht. Ausnahmsweise kann § 242 BGB eine Berufung auf den Formmangel entgegenstehen. 270

§ 2. Kommunalrecht

4. Anhang

271 **Literatur:** *Faber*, Die Außenvertretung der Gemeinde, VR 2001, 231; *Knemeyer*, Rechtsfragen zur Vertretung von Kommunen bei Rechtsgeschäften, in: Deutsche notarrechtliche Vereinigung e.V. (Hrsg.), Notarielle Vertragsgestaltung für Kommunen, 2003, S.108; *Stelkens*, Vom Dienstsiegel zur elektronischen Signatur: 100 Jahre Streit um kommunalrechtliche Formvorschriften!, VerwArch 94 (2003), 48; *Lange*, Die Vertretung der Gemeinde, in: Krebs (Hrsg.), Liber Amicorum Hans Uwe Erichsen, 2004, S.107; *Schrameyer*, Das Verhältnis von Bürgermeister und Gemeindevertretung, 2006; *Stumpf*, Kommunalrechtliche Form- und Vertretungsregelungen im Privatrechtsverkehr, BayVBl. 2006, 103; *Oebbecke*, Der hauptamtliche Bürgermeister als Beamter, in: Magiera u.a. (Hrsg.), FS Siedentopf, 2008, 451; *Leisner*, „Geschäfte der laufenden Verwaltung" im Kommunalrecht, VerwArch 100 (2009), 161.

Klausurfälle: *Kutter*, VR 1998, 393; *Lange*, VR 1999, 290; *Brüning/Suerbaum*, JuS 2001, 992; *Lange*, VR 2004, 67; *Pielow/Finger*, JURA 2005, 351.

Kontrollfragen:
1. Was sind „Geschäfte der laufenden Verwaltung"? Wer ist zuständig?
2. Was ist der Unterschied zwischen Widerspruch und Beanstandung eines Ratsbeschlusses?
3. Was ist die Fehlerfolge eines Verwaltungsakts, der ohne einen erforderlichen Ratsbeschluss ergangen ist?

V. Rechtsschutz im Innenrechtsverhältnis (Kommunalverfassungsstreit)

272 In den Abschnitten über den Rat bzw. den Bürgermeister sind viele potenzielle Streitfragen innerhalb der Gemeindeorganisation behandelt worden: Wer besitzt die Kompetenz für eine bestimmte Angelegenheit? Ist ein bestimmtes Verfahren nach den Vorschriften der Gemeindeordnung durchgeführt worden? Ist ein Ratsmitglied zu Recht oder zu Unrecht aus dem Sitzungsraum verwiesen worden? Lässt sich ein solchermaßen entstandener Streit nicht mehr einvernehmlich lösen, dann sind die **Verwaltungsgerichte** gefordert, wenn eine entsprechende Rechtsschutzmöglichkeit zur Verfügung steht; dass es sich ggf. um „öffentlich-rechtliche Streitigkeiten" i.S.d. § 40 I VwGO handeln würde, steht angesichts des Charakters der betroffenen gemeinderechtlichen Vorschriften als „Sonderrecht" außer Frage.

1. Erscheinungsformen

273 Ein sog. Kommunalverfassungsstreit kann bestehen
– zwischen den Organen der Gemeinde, v.a. zwischen Bürgermeister und Rat (sog. **Interorganstreit**). Beispiele bilden der Streit über die Kompetenzverteilung bzw. über das Verhalten des Bürgermeisters bei der Einberufung des Rates (§ 47 GO) oder bei der Festsetzung der Tagesordnung (§ 48 I GO). Hingegen handelt es sich beim Streit zwischen der

Gemeinde und dem Bürgermeister über die Höhe von dessen Bezügen um einen ganz normalen Streit im Außenverhältnis (zwischen Gemeinde und Gemeindeorgan, nicht zwischen Gemeindeorganen). Denkbar sind auch Streitigkeiten zwischen einem Organ (z. B. Bürgermeister) und einem Teil eines anderen Organs (z. B. einzelnen Mitgliedern des Rates, die sich gegen eine Maßnahme des Bürgermeisters wenden);
– innerhalb eines Organteils (sog. **Intraorganstreit**). Das wichtigste Beispiel hierfür bilden Auseinandersetzungen zwischen dem Rat und einzelnen Ratsmitgliedern, zwischen dem Bürgermeister in seiner Eigenschaft als Ratsvorsitzendem und einzelnen Ratsmitgliedern sowie zwischen Ratsmitgliedern untereinander; hierher gehören auch die Streitigkeiten um die Bildung und Betätigung von Fraktionen sowie über den Fraktionsausschluss (vgl. dazu Rn. 216; § 1 Rn. 107).

Bei der Beschäftigung mit der Thematik des Kommunalverfassungsstreits sind von vornherein auseinanderzuhalten die materielle Ebene (auf der der Streit angesiedelt ist; die diesbezüglichen Rechtsfragen sind in den Abschnitten C III und C IV dargestellt worden) und die prozessuale Ebene, auf der der Streit in ein Streitverfahren (einen Prozess) mündet. 274

2. Problematik

Historisch wurden Staat und Gemeinden lange Zeit als festgefügte Blöcke betrachtet und hat man viel Mühe darauf verwendet, sie jeweils als juristische Personen zu konstruieren. Dabei herrschte die Auffassung vor, dass der Staat bzw. jede einzelne Gemeinde ein rechtlich ungegliedertes Rechtssubjekt sei (sog. Impermeabilitätslehre). Innerhalb dieses Rechtssubjekts gab es Aufgaben und Kompetenzen, nicht aber subjektive Positionen. Unter dem Grundgesetz war diese Beurteilung nicht mehr haltbar (vgl. zu den Hintergründen *Schnapp*, AöR 105 [1980], 245). Vielmehr ist spätestens seither auch der Innenbereich von Staat und Gemeinde als **rechtlich geordneter Raum** anzusehen; das Innenrecht ist im Verhältnis zum Außenrecht kein Recht minderer Qualität. Auf der kommunalen Ebene entstammt es der als Landesgesetz beschlossenen Gemeindeordnung, den Gemeindesatzungen oder auch den Geschäftsordnungen (vgl. zu ihnen Rn. 203). 275

Die Organisation der Gemeinden ist, wie in den vorherigen Abschnitten ausführlich geschildert, nicht hierarchisch gegliedert. Vielmehr bestehen zwei grundsätzlich gleichwertige Organe (der Rat und der Bürgermeister), welchen überdies **verschiedene Interessen** zur Wahrnehmung zugewiesen sind; insoweit kann man sie treffend auch als „Kontrastorgane" (*Kisker*, Insichprozeß und Einheit der Verwaltung, 1968, 38 ff.; *Ruffert*, DÖV 1998, 897, spricht von „Interessenausgleich") bezeichnen. Entsprechendes ist übrigens von den Organen auf Bundesebene her bekannt, wo es in Gestalt des Art. 93 I Nr. 1 GG denn auch ein explizit geregeltes Verfahren zur Durchsetzung organschaftlicher Positionen, nämlich das Organstreitverfahren, gibt. Das gemeindliche Organ „Rat" ist überdies kollegial organisiert, indem es aus verschiedenen, jeweils demokratisch gewählten Mitgliedern und einem 276

Vorsitzenden besteht. Auseinandersetzungen zwischen den Organen bzw. innerhalb der Organe sind daher eigentlich Teil des Programms.

277   Man nennt sie zutreffend „Kommunalverfassungsstreitverfahren", wobei klar ist, dass es sich um „nichtverfassungsrechtliche Streitigkeiten" i. S. v. § 40 I 1 VwGO handelt; der Begriff „Verfassung" steht im vorliegenden Zusammenhang nicht für die rechtliche Grundordnung des gesamten Gemeinwesens (GG oder LV), sondern für die Regeln über die kommunale Binnenorganisation. Der **Kommunalverfassungsstreit** ist lediglich eine, wenn auch besonders wichtige, Erscheinungsform des „Innenrechtsstreits", den man auch in anderen Bereichen der Verwaltungsorganisation findet; zwar nicht innerhalb der hierarchisch geordneten unmittelbaren Landesverwaltung, wohl aber innerhalb der anderen Selbstverwaltungsträger (z. B. zwischen den Organen einer Handelskammer; vgl. BVerwG, GewArch 2004, 331). Zu eng sind demgegenüber die Bezeichnungen „Organstreitigkeiten" bzw. „Insichprozesse"; letzterer, da es zunächst nur um die materielle Ebene geht, ersterer, weil nicht nur Streitigkeiten zwischen Organen sondern auch solche innerhalb der Organe erfasst sein müssen.

278   Erkennt man an, dass es innerhalb der gemeindlichen Organisation unterschiedliche rechtlich geordnete Positionen gibt, dann muss es ein Forum zur Durchsetzung der Positionen und zur Klärung entstandener Streitigkeiten geben. Dieses Forum kann nach Lage der Dinge nur der Verwaltungsprozess sein. Dessen legitimatorische Basis, die Rechtsschutzgarantie des Art. 19 IV GG, greift zwar nicht ein, da sie nach ganz h. M. nur personale Rechtsstellungen (v. a. die Grundrechte) umfasst. Dies schließt es aber nicht aus, auf der Begründungsebene des einfachen Rechts Positionen auch jenseits des Außenverhältnisses der Grundrechte und des Art. 28 II GG (zu den diesbezüglichen Rechtsschutzmöglichkeiten vgl. Rn. 123 ff.; § 1 Rn. 242 ff.) zu versubjektivieren. Dann handelt es sich bei den entsprechenden Positionen um **subjektive Rechte** i. S. d. § 42 II VwGO. Zur Realisierung darauf gestützter Rechtsschutzbegehren müssen die Klagearten der VwGO zur Verfügung gestellt sein, obwohl diese eigentlich nur auf Streitigkeiten im Außenrechtsverhältnis zugeschnitten ist. Hierdurch wird es den betreffenden Organisationseinheiten ermöglicht, eine externe Verwaltungskontrolle in Gang zu setzen und ihre subjektiven Positionen durchzusetzen.

279   Da aber die VwGO auf Innenrechtsstreitigkeiten nicht zugeschnitten ist, kommt es zu Problemen bei verschiedenen Positionen innerhalb der Zulässigkeitsprüfung verwaltungsgerichtlicher Klagen. Eine eigene Klageart bildet das „Kommunalverfassungsstreitverfahren" aber nicht (vgl. noch sogleich), weswegen es hierfür auch keines eigenen Schemas bedarf. In der **Begründetheit** geht es darum, ob die jeweils angegriffene Maßnahme rechtswidrig ist und den Kläger in seinen organschaftlichen Rechten verletzt. Die Kosten eines solchen Prozesses hat, wie im Regelfall auch, der Unterlegene zu tragen (vgl. § 154 I VwGO), im Innenverhältnis übernimmt aber die Gemeinde, deren Organe den Streit eingeleitet haben, die Kosten (OVG NRW, NWVBl. 2009, 363).

C. Die Binnenorganisation der Gemeinden

3. Besonderheiten in der Zulässigkeitsprüfung

a) Klageart

Anfechtungs- bzw. Verpflichtungsklage stehen eindeutig nicht zur Verfügung, weil die streitgegenständlichen Maßnahmen anderer Gemeindeorgane bzw. Organteile keine „Außenwirkung" entfalten und daher nicht als Verwaltungsakte i. S. v. § 35 VwVfG qualifiziert werden können. Deswegen wurde früher erwogen, von einer „Klage sui generis" auszugehen (so noch OVG NRW, OVGE 27, 25 [26]; vgl. mittlerweile OVG NRW, DVBl. 2001, 1281). Dazu besteht kein Anlass, weil die allgemeine Leistungsklage und die Feststellungsklage nach § 43 VwGO sämtliche in Betracht kommenden Rechtsschutzbegehren abdecken können. Die **allgemeine Leistungsklage** ist dann zu erheben, wenn sich das Begehren auf ein bestimmtes Tun oder Unterlassen der Gegenseite richtet; Beispiel: Gewährung von Akteneinsicht (OVG NRW, NWVBl. 1998, 110). Soll dagegen, was häufiger der Fall ist, das Rechtsverhältnis zwischen zwei Organen bzw. innerhalb eines Organs in Bezug auf eine bestimmte Thematik einer grundsätzlichen Klärung zugefügt werden, dann ist die **Feststellungsklage** nach § 43 VwGO vorzuziehen. Sie ist auch dann die richtige Klageart, wenn (was häufig der Fall ist) sich der zugrundeliegende Vorfall bereits durch Zeitablauf u. ä. erledigt hat. Der Einwand der Subsidiarität der Feststellungsklage gemäß § 43 II S. 1 VwGO kann mit dem Hinweis darauf überwunden werden, dass die anderen Klagearten zur Durchsetzung des Rechtsschutzbegehrens ja nicht zur Verfügung stehen. Die Aufhebung einer bestimmten angegriffenen Maßnahme kann allerdings weder mit der allgemeinen Leistungsklage noch mit der Feststellungsklage erreicht werden (so aber BayVGH, BayVBl 1976, 753), weil es sich, im Unterschied zur Anfechtungsklage, nicht um sog. Gestaltungsklagen handelt. Der Klagegegner kann lediglich dazu verpflichtet werden, eine bestimmte Maßnahme zu unterlassen bzw. aufzuheben, wobei an der Bereitschaft, verwaltungsgerichtliche Urteile zu respektieren, innerhalb der Verwaltungsorganisation auch kaum gezweifelt werden kann.

280

b) Beteiligten-/Prozessfähigkeit; passive Prozessführungsbefugnis

Hier ist wie folgt zu differenzieren:
– Die **Beteiligtenfähigkeit** ergibt sich weder aus § 61 Nr. 1 („natürliche und juristische Personen") noch aus § 61 Nr. 3 VwGO („Behörden, sofern das Landesrecht dies bestimmt"), weil die einzelnen Organe bzw. Organteile nicht in ihrer personalen Rechtsstellung verletzt sind und auch nicht als Behörden für den Rechtsträger Gemeinde agieren. In Betracht kommt daher allein § 61 Nr. 2 VwGO („Vereinigungen, soweit ihnen ein Recht zustehen kann"). Diese Vorschrift leitet die Beteiligtenfähigkeit aus der Fähigkeit zur Inhaberschaft des geltend gemachten Rechtes ab und vermag damit genau das auszudrücken, worum es beim Kommunalverfassungsstreit nach den oben zu 2 dargestellten Grundsätzen geht. In Bezug auf das monokratische Organ Bürgermeister bzw. auf einzelne klagende bzw. beklagte Organteile (z. B. das einzelne

281

§ 2. Kommunalrecht

Ratsmitglied) ist die Vorschrift analog anzuwenden (so wohl OVG NRW, DVBl. 1983, 53; undifferenzierter OVG NRW, NVwZ-RR 1993, 263).
– Die **Prozessfähigkeit** ergibt sich durchgehend aus § 62 III VwGO wonach „für Vereinigungen ... ihre gesetzlichen Vertreter, Vorstände oder besonders Beauftragte" handeln. Dies bedeutet, dass das jeweilige Organ im Prozess durch den Organwalter vertreten wird (Beispiel: das Organ „Bürgermeister" durch den Bürgermeister; das Organ „Rat" durch den Ratsvorsitzenden), während eine Gruppe von Ratsmitgliedern oder auch eine Fraktion für den Einzelfall eine Prozessvollmacht an ein als Vertreter zu bestimmendes Mitglied erteilen muss.
– Der **richtige Klagegegner** ist nicht nach § 78 VwGO zu ermitteln, welcher unmittelbar nur für die Anfechtungs- bzw. Verpflichtungsklage gilt. Auch das hinter dieser Vorschrift stehende allgemeine Rechtsträgerprinzip ist nicht anwendbar, weil es ja gerade nicht um die Rechte und Pflichten des Rechtsträgers Gemeinde, sondern um die Rechte und Pflichten von deren Organen geht. Passiv prozessführungsbefugt ist daher das jeweils verklagte Organ bzw. der jeweils verklagte Organteil unmittelbar.

c) Klagebefugnis

282 Die gemäß § 42 II VwGO (analog) erforderliche Klagebefugnis ist dann gegeben, wenn der jeweilige Kläger geltend machen kann, in einem **organschaftlichen Recht,** d. h. in einer subjektiven Position des Innenrechts, verletzt zu sein. Solche Positionen können sich ergeben aus der Gemeindeordnung sowie aus Satzungen bzw. Geschäftsordnungen auf der Ebene der jeweiligen Gemeinde. Die Grundrechte scheiden ebenso wie einfachgesetzliche Bestimmungen des Außenrechts als Grundlage von organschaftlichen Rechten aus (vgl. bereits Rn. 124). Daher können weder der Rat noch der Bürgermeister noch einzelne Ratsmitglieder klären lassen, ob Maßnahmen bzw. Beschlüsse des jeweils anderen Organs bzw. Organteils materiell rechtmäßig sind (VGH Bad.-Württ., NVwZ-RR 1992, 373); dies kann im Wege eines „normalen" verwaltungsgerichtlichen Verfahrens nur auf Klagen von Bürgern bzw. im Zusammenhang mit einem Vorgehen der Staatsaufsicht geklärt werden. Schließlich kann sich das einzelne Organ nur auf die jeweils eigenen organschaftlichen Rechte berufen, die sog. Prozessstandschaft (z. B.: Ein Ratsmitglied macht Rechte des Rates, etwa betreffend die Vorbereitung von Ratsbeschlüssen durch den Bürgermeister geltend; vgl. OVG NRW, NWVBl. 2008, 65) ist ausgeschlossen.

283 In Orientierung an den in den Abschnitten C III und C IV dargestellten materiellrechtlichen Grundsätzen können organschaftliche Positionen insbesondere entstehen im Zusammenhang mit der Bildung und Besetzung von Ausschüssen (vgl. Rn. 207 ff.), von Fraktionen (insbesondere im Hinblick auf den Fraktionsausschluss; vgl. Rn. 213 ff.) und bei der Kompetenzabgrenzung zwischen Bürgermeister und Rat (vgl. Rn. 250 ff. bzw. Rn. 217 ff.). Praktisch wichtig sind ferner Streitigkeiten
– im Zusammenhang mit der Aufstellung der **Tagesordnung** (vgl. Rn. 222); insoweit kann „ein Fünftel der Ratsmitglieder oder eine Frak-

tion" verlangen, dass Vorschläge durch den Bürgermeister aufgenommen werden (§ 48 I S. 2 GO);
- über die Beachtung der Vorschriften zur **Öffentlichkeit** von Ratssitzungen (vgl. Rn. 223). Dabei ist mit dem VGH Bad.-Württ. (DVBl. 1992, 981) und entgegen dem OVG NRW (DVBl. 2001, 1281) davon auszugehen, dass jene Vorschriften nicht unmittelbar dem Interesse der einzelnen Ratsmitglieder oder des Rates in seiner Gesamtheit zu dienen bestimmt sind. Dass sich bei einer zu Unrecht nicht öffentlich abgehaltenen Sitzung die Verschwiegenheitenpflicht des § 30 GO ergibt, reicht nicht aus, um die unmittelbare Beeinträchtigung einer organschaftlichen Position annehmen zu können;
- aus Anlass der Anordnung von **Ordnungsmaßnahmen** seitens des Bürgermeisters, insbesondere unter Geltendmachung des sog. innerorganisatorischen Störungsbeseitigungsanspruchs (vgl. Rn. 230). Hier ist auf eine genaue Abgrenzung zu grundrechtlichen Streitigkeiten zu achten (vgl. bereits Rn. 282).

Beispielsweise betrifft die Entscheidung für oder gegen das Aufhängen eines Kreuzes im Sitzungssaal die sich dadurch beeinträchtigt fühlenden Ratsmitglieder m. E. in ihrem Grundrecht der negativen Glaubensfreiheit des Art. 4 I GG. Weder kann die Frage nach dem betroffenen Recht offen gelassen werden (so aber HessVGH, NJW 2003, 2471; NJW 2006, 1227), noch darf gleichzeitig von einem Kommunalverfassungsstreitverfahren und einer Betroffenheit im Grundrecht auf negative Bekenntnisfreiheit ausgegangen werden (so aber VG Darmstadt, NJW 2003, 455, in der Ausgangsentscheidung).

- über die Rechtmäßigkeit eines Ausschlusses wegen Befangenheit (vgl. Rn. 232), wohingegen keine organschaftliche Position zur Durchsetzung des Ausschlusses eines angeblich befangenen anderen Ratsmitgliedes anzuerkennen ist (OVG NRW, NVwZ 1985, 283).

4. Anhang

Literatur: *Lorenz*, Verwaltungsprozessrecht, 2000, § 25; *Roth*, Verwaltungsrechtliche Organstreitigkeiten, 2001; *Diemert*, Der Innenrechtsstreit im öffentlichen Recht und im Zivilrecht, 2002; *Meister*, Der Kommunalverfassungsstreit, JA 2004, 414; *Franz*, Der Kommunalverfassungsstreit, JURA 2005, 156; *Bethge*, Der Kommunalverfassungsstreit, in: HdbKWP I, 2007, 817; *Ogorek*, Der Kommunalverfassungsstreit im Verwaltungsprozess, JuS 2009, 511; *Schoch*, Verwaltungsgerichtlicher Organstreit, in: Ehlers/Schoch (Hrsg.), Rechtsschutz im öffentlichen Recht, 2009, § 28.

284

Klausurfälle: Vgl. *Penker*, JA 2009, 518; ferner die Nachweise zu C III und C IV.

Kontrollfragen:

1. Handelt es sich beim „Kommunalverfassungsstreitverfahren" um eine eigene Klageart nach der VwGO?
2. Welche Rechte können in einem Kommunalverfassungsstreitverfahren von den Verwaltungsgerichten durchgesetzt werden?

D. Handlungsformen und Instrumente

285 Im letzten Teil werden typische Aspekte des kommunalen Handelns erfasst: Der Erlass von Satzungen (I), das Instrument der öffentlichen Einrichtung (II) und der Modus der wirtschaftlichen Betätigung (III).

I. Satzungen

1. Begriff und Bedeutung

286 Satzungen sind ein zentrales und typisches Instrument der gemeindlichen **Selbstverwaltung**. Durch sie können die Gemeinden das notwendige Regelwerk im Rahmen ihrer Aufgabenwahrnehmung schaffen und sich so ein Stück weit selbst programmieren. Satzungen dienen der Verkürzung des „Abstandes zwischen Normgeber und Normadressat" (BVerfGE 10, 20 [48 f.]; BVerfGE 33, 125 [155]); indem die von der Aufgabenwahrnehmung Betroffenen über den Rat per Satzung ihr eigenes Verhalten determinieren. Durch sie kommt in vielfältiger Weise der kommunalpolitische Gestaltungswille zum Ausdruck, sei es bei der Gestaltung einer Zulassungs- und Benutzungsordnung für eine neu errichtete gemeindliche Einrichtung (Badezentrum, Bibliothek etc.), bei der Begründung eines sog. Anschluss- und Benutzungszwanges (vgl. Rn. 369 ff.), bei der Begründung von Abgabenpflichten, bei der Organisation der gemeindeinternen Abläufe oder bei der Aufstellung von Bebauungsplänen (vgl. § 10 I BauGB).

287 Als Satzungen bezeichnet man allgemein
 – **Rechtsvorschriften**, die Maßstäbe für Verfahren, Verhalten bzw. Organisation enthalten,
 – von einem **Verwaltungsträger** (d.h. als Ergebnis einer Dezentralisation)
 – im Rahmen der diesem verfassungs- oder zumindest einfachgesetzlich eingeräumten Befugnis (sog. **Autonomie**)
 – mit Wirksamkeit für die ihm (hier: der Gemeinde) **angehörigen und unterworfenen** Personen erlassen worden sind.

288 Die Befugnis zum Erlass von Satzungen ist den Gemeinden bereits per Verfassung durch die kommunale Selbstverwaltungsgarantie des Art. 28 II GG verliehen worden. Die sog. Satzungshoheit gehört zum Gewährleistungsgehalt der **Eigenverantwortlichkeit** (vgl. Rn. 74) und ist Bestandteil des unantastbaren Kernbereichs der Selbstverwaltung (obgleich das BVerfG noch keine Gelegenheit hatte, dies festzustellen!). Eine zusätzliche Autonomiegrundlage bildet Art. 78 LV. Dabei ist die Rechtsetzungsbefugnis der Gemeinden vom Staat (d.h. vom Land Nordrhein-Westfalen) abgeleitet. Auch hier bleiben die Gemeinden Teil der Verwaltung. Satzungsgebung ist (ebenso wie der Erlass von Rechtsverordnungen durch die Gemeinden; vgl. sogleich) exekutivische Rechtsetzung. Der Rat ist kein Parlament!

D. Handlungsformen und Instrumente

Dies bedeutet, dass alle Vorschriften des einfachen Rechts, die in formeller oder materieller Hinsicht Anforderungen an die Satzungsgebung stellen, als rechtfertigungsbedürftige Beeinträchtigungen der Selbstverwaltungsgarantie(n) anzusehen sind. Umgekehrt führt dies aber auch dazu, dass Satzungen, mit denen sich nicht zugleich ein Eingriff in die Grundrechte verbindet (vgl. Rn. 313 ff.), keiner Ermächtigungsgrundlage im einfachen Recht bedürfen; die Selbstverwaltungsgarantie ist hier Rechtsgrundlage genug. Dementsprechend ist die Satzungsklausel in § 7 GO deklaratorischer Natur. **289**

Art. 80 GG, der im Falle des Erlasses von Rechtsverordnungen durch die Bundes- oder eine Landesregierung spezifische Anforderungen an die gesetzliche Ermächtigung stellt (Bestimmtheit nach „Inhalt, Zweck und Ausmaß"), ist auf den Erlass von Satzungen nicht anwendbar. Der Unterschied zwischen Rechtsverordnung und Satzung besteht darin, dass erstere auf Dekonzentration, letztere auf Dezentralisation zurückzuführen ist (vgl. noch sogleich).

2. Satzungen und andere Handlungsformen

Satzungen sind Gesetze im materiellen Sinne (ebenso wie Rechtsverordnungen, jedoch im Unterschied zu den Parlamentsgesetzen, die als formelle Gesetze bezeichnet werden). Als solche gehören sie ebenso wie Rechtsverordnungen und inneradministrative Rechtssätze zu den **abstrakt-generellen Regelungen**. Den Gegensatz bilden die konkret-individuellen Handlungsformen Verwaltungsakt, Verwaltungsvertrag (vgl. § 54 LVwVfG) sowie das schlicht-hoheitliche Handeln (vgl. § 35 LVwVfG). **290**

Während Satzungen und Rechtsverordnungen Außenwirkung zukommt, d. h. Rechte und Pflichten anderer Rechtsträger (v. a. der Bürger) begründet werden, wirken die **inneradministrativen Rechtssätze** als eine Art Handbuch für innergemeindliche Betriebsabläufe. Sie können als Interpretationshilfe dienen, so z. B. wenn die Benutzung einer gemeindlichen öffentlichen Einrichtung nicht durch Satzung geregelt ist. Als wichtigstes Beispiel sind die aus dem allgemeinen Verwaltungsrecht bekannten sog. Verwaltungsvorschriften zu nennen, die das Verwaltungshandeln zwischen dem Rathaus und den einzelnen Ämtern steuern. Weitere Beispiele für inneradministrative Rechtssätze bilden die Geschäftsordnungen der Kollegialorgane (Rat, Ausschüsse; vgl. Rn. 203) und die sog. schlichten Anstaltsordnungen in öffentlichen Einrichtungen; vgl. Rn. 325 ff. **291**

Die Gemeinden können nicht nur Satzungen, sondern auch Rechtsverordnungen (unter den Voraussetzungen des Art. 80 I 4 GG bzw. Art. 70 I LV) erlassen, um bestimmte Aufgabenbereiche zu regeln. Zwischen der gewählten Handlungsform und dem Charakter der jeweils betroffenen Aufgabe besteht ein Zusammenhang: **292**

Während **Satzungen** typischerweise bei der Erledigung von (freiwilligen und pflichtigen) Selbstverwaltungsangelegenheiten anzutreffen sind, hat man es im Bereich der Pflichtaufgaben zur Erfüllung nach Weisung zumeist mit Rechtsverordnungen zu tun. Allerdings besteht kein zwingender rechtlicher Zusammenhang zwischen Aufgabe und Handlungsform, so dass es dem Gesetzgeber auch bei **Pflichtaufgaben zur Erfüllung nach Weisung** möglich wäre, die Gemeinden bei deren Erfüllung zum Erlass von Satzungen zu er- **293** mächtigen. In diesem Fall reichten allerdings weder die verfassungsrechtlichen Selbstverwaltungsgarantien noch die einfachgesetzliche Verankerung der Satzungsautonomie als Rechtsgrundlage aus. Vielmehr bedürfte es jeweils einer ausdrücklichen gesetzlichen Ermächtigung unter Beachtung des analog anwendbaren Art. 80 GG.

294 **Rechtsverordnungen** sind Ausdruck von Dekonzentration, indem der staatliche Gesetzgeber einen Teil seiner Rechtsetzungsmacht delegiert. So kann gem. Art. 80 I 4 GG, 70 S. 4 LV per Gesetz vorgesehen werden, dass die der Regierung bzw. einem Minister eingeräumte Ermächtigung zum Erlass von Rechtsverordnungen „weiter übertragen werden kann". Davon ist vielfach zugunsten der Gemeinden Gebrauch gemacht worden. Der Erlass von Rechtsverordnungen durch die Gemeinden ist nicht durch Art. 28 II GG, Art. 78 LV gedeckt, sondern bedarf stets einer ausdrücklichen gesetzlichen Ermächtigung.

295 Zumeist enthalten die Ermächtigungsgrundlagen spezifische Verfahrensregelungen (z.B. §§ 27 ff. OBG; § 1 AGTierSG) und Aussagen zur Reichweite des staatlichen Zugriffs (Genehmigungspflichten, Weisungsbefugnisse). Materiell-rechtlich müssen die gemeindlichen Rechtsverordnungen dem Vorrang des Gesetzes entsprechen. In Nordrhein-Westfalen besteht kein unmittelbarer Rechtsschutz gegen Rechtsverordnungen nach § 47 I Nr. 2 VwGO. Die Rechtmäßigkeit einer Verordnung kann daher nur inzident, d.h. im Rahmen einer Klage gegen einen auf sie gestützten Verwaltungsakt, geprüft werden.

> **Beispiele:** Der wichtigste Anwendungsbereich gemeindlicher Rechtsverordnungen ist das Polizei- und Ordnungsrecht. Nach § 27 OBG können die Gemeinden Verordnungen erlassen, die das Verhalten in der Öffentlichkeit, z.B. die Einhaltung der Nachtruhe zum Schutz vor Belästigungen und Störern von Anwohnern, regeln.
> **Merke:** Während das Verhalten im öffentlichen Raum (auf öffentlichen Plätzen und Wegen) durch gemeindliche Rechtsverordnung reglementiert wird, werden die Verhaltensmaßstäbe innerhalb von gemeindlichen öffentlichen Einrichtungen durch Satzung in Erledigung von Selbstverwaltungsangelegenheiten festgelegt.
> **Also:** Leinenzwang für Hunde und Rauchverbote auf öffentlichen Straßen durch Rechtsverordnung nach OBG; Leinenzwang in den städtischen Parkanlagen und in der Stadthalle durch Satzung nach §§ 7 I, 8 II GO.

3. Inhalt und Aufbau

296 Satzungen können vielfältige Rechtsbereiche regeln. Typischerweise anzutreffende **Satzungsgegenstände** sind z.B. die gemeindlichen öffentlichen Einrichtungen und ihre Rechtsbeziehungen zu den Benutzern (vgl. § 8 GO), die Bebauungsplanung (§ 10 I BauGB) und nebengeschaltet die sog. Ortsbausatzungen (vgl. § 86 BauO), die Kalkulation und Festsetzung von Abgaben (vgl. § 2 I 1 KAG; Beispiel: Hundesteuersatzung; OVG NRW, NWVBl. 2005, 179) und das Haushaltsrecht (der Haushalt ist durch Satzung festzulegen;

vgl. § 77 GO). Neuerdings werden Versuche lokaler Klimaschutzpolitik (z. B. per Pflicht zum Einbau von Solaranlagen) unternommen, die aber oftmals außerhalb der Verbandskompetenz (wegen der Überörtlichkeit des Ziels) liegen und mit der Regel zum Vorbehalt des Gesetzes (vgl. Rn. 314) kollidieren können (näher *Funke/Papp*, JuS 2010, 395; vgl. noch Rn. 374).

Es muss unterschieden werden zwischen freiwilligen Satzungen, die die Gemeinden aufgrund ihrer Autonomie im Rahmen ihrer Angelegenheiten jederzeit erlassen können, bedingten und unbedingten Pflichtsatzungen. Während **bedingte Pflichtsatzungen** nur unter bestimmten Umständen erlassen werden müssen (z. B. wenn in einer öffentlichen Einrichtung Benutzungsgebühren erhoben werden sollen; vgl. §§ 3 I 1, 6 I 1 KAG), ist die Gemeinde zum Erlass von **unbedingten Pflichtsatzungen** stets verpflichtet. So müssen die Gemeinden eine Hauptsatzung (§ 7 III GO) betreffend die innere Gemeindeverfassung und eine Haushaltssatzung (§ 77 I GO) erlassen. 297

Der **Aufbau** von gemeindlichen Satzungen ist in der Praxis intensiv typisiert: Sie beginnen mit einer Überschrift, ihrer konkreten Bezeichnung (z. B. „Friedhofssatzung") und einer Eingangsformel. Anschließend folgen Angaben zur sachlichen, räumlichen, personellen und zeitlichen Geltung und der einzelnen Inhalte. Vielfach sind sodann Sanktionsregelungen für fehlerhaftes Verhalten bis hin zu Bußgeldandrohungen (sog. Bewehrungen) zu finden. Zeichnungen, Pläne etc. können als Anlage einbezogen werden und sind als solche rechtlicher Bestandteil der Satzung. 298

Während Satzungen vom Aufbau also weitaus intensiver gestaltet sind als Gesetze und Verordnungen, greifen hinsichtlich der Geltung, des Inkraft- und Außerkrafttretens sowie etwaiger Rückwirkungen von Satzungen die aus dem Bereich der Gesetz- und Verordnungsgebung bekannten Regeln.

4. Formelle Anforderungen

Sie ergeben sich für jede einzelne Satzung aus § 7 GO, den allgemeinen Verfahrensvorschriften der GO sowie u. U. aus dem jeweils einschlägigen Fachrecht (z. B. dem Abgabenrecht, dem Baurecht etc.). Die nachfolgenden Anforderungen sind im Rahmen der formellen Rechtmäßigkeit einer Satzung zu prüfen, wenn der konkrete Fall entsprechende Anhaltspunkte enthält. 299

a) Kompetenz

Der **Rat** ist gem. § 41 I lit. f) GO für den Erlass von Satzungen zuständig. Hier dürfte sein vielleicht wichtigster Aufgabenbereich liegen. Infolge der Grundsätzlichkeit der Entscheidung handelt es sich weder um ein „Geschäft der laufenden Verwaltung" (vgl. Rn. 257 f.), noch können Eilentscheidungen getroffen werden. Eine Zuständigkeit des Bürgermeisters ist daher auszuschließen. 300

Gemäß § 114a II u. IV GO kann das Recht zum Erlass von Satzungen einer gemeindlichen Anstalt des öffentlichen Rechts i. S. v. § 114a I GO übertragen werden (z. B. der für Abwasserbeseitigung zuständigen Anstalt, die dann auch Abwasser- 301 gebühren festsetzen kann; vgl. OVG NRW, NWVBl. 2005, 66, u. noch Rn. 360 ff.). Aus dem Übertragungsverbot des § 41 I lit. f) GO ergeben sich Grenzen für die **Verweisung** auf Rechtsnormen anderer Urheber (z. B. auf Landesgesetze). Während sog. statische Verweisungen, die auf die externe Rechtsnorm in einer bestimmten Fassung verweisen, statthaft sind, bereiten dynamische Verweisungen (auf eine externe Rechtsnorm „in der jeweils geltenden Fassung") Probleme, ebenso Verweisungen auf private Regelwerke (OVG NRW, NWVBl. 2006, 461). Das OVG NRW (NWVBl. 2005, 179) nimmt jedenfalls dann einen Verstoß gegen das Übertragungsverbot an, wenn weder aus der verweisenden Satzungsnorm selbst, noch aus der Struktur der Regelungen, auf die verwiesen wird, eine für den Rat erkennbare Begrenzung der potenziellen Rückwirkungen von Änderungen der externen Rechtsnorm gewonnen werden kann (Beispiel: Verweisung in der Hundesteuersatzung auf eine Hundeliste in der LHundeVO NRW).

b) Verfahren

302 Der Schwerpunkt des Verfahrens liegt in der **Sitzung des Rates,** so dass die entsprechenden allgemeinen Regelungen zu beachten sind (vgl. Rn. 217 ff., 221 ff.). Es greifen die Regeln über Ladung (§ 47 II GO), Beschlussfähigkeit (§ 49 GO), Öffentlichkeit (§ 48 II GO), Befangenheit (§ 43 II i. V. m. § 31 GO), Ordnung während der Sitzungen (§ 51 GO) und über Beschlussfassung (§ 51 I GO). Teilweise ergeben sich darüber hinaus Verfahrensanforderungen aus den jeweils einschlägigen **Fachgesetzen**.

> **Beispiel:** So sind bei einem nach § 10 I BauGB aufzustellenden Bebauungsplan spezifische Verfahrensanforderungen in den §§ 2, 3 und § 4 BauGB vorgesehen. Im Mittelpunkt steht die Beteiligung der Bürger durch Auslegung und Einsichtnahme des Bebauungsplanentwurfes.

303 Satzungen bedürfen der **Ausfertigung.** Dies folgt mangels ausdrücklicher Regelung in Nordrhein-Westfalen aus dem Rechtsstaatsprinzip. Denn die Ausfertigung dient der Dokumentation der Übereinstimmung des textlichen und ggf. zeichnerischen Inhalts der Satzung mit dem politischen Willen der rechtsetzenden Körperschaft (dem Rat) sowie der Sicherstellung der Einhaltung der Verfahrensvorschriften. Die Ausfertigung erfolgt durch handschriftliche Unterzeichnung durch den Bürgermeister unter Angabe des Datums und Bestätigung der Authentizität des Satzungsinhalts und der Korrektheit des Verfahrens. Häufig bereiten die Einzelheiten der Ausfertigung in der Praxis Probleme. Mängel in diesem Bereich sind stets beachtlich und werden nicht vom spezifischen Fehlerfolgenrecht (vgl. Rn. 306 ff.) erfasst.

304 Die ausgefertigte Satzung ist **öffentlich bekannt zu machen** (§ 7 IV 1 GO). Dies erfasst den gesamten Inhalt der Satzung. Die öffentliche Bekanntmachung kann in verschiedenen Formen erfolgen: Entweder durch das Einstellen in das gemeindliche Amtsblatt oder durch Veröffentlichung in einer oder mehreren hierfür bestimmten Tageszeitungen (hierzu BVerwG, NVwZ 2007, 216). Die Bekanntmachung durch Anschlag an der Bekanntmachungstafel hat das OVG NRW (NWVBl. 2009, 21 m. Anm. *Ley,* NWVBl. 2009, 9) für größere Gemeinden als ungeeignete Form der Bekanntmachung erachtet. Einzelheiten sind in der „Verordnung über die öffentliche Bekanntmachung

von kommunalem Ortsrecht" vom 26.8.1999 (GVBl., 516), zuletzt geändert durch VO v. 5.8.2009 (GVBl., 442), geregelt (auf der Grundlage des § 7 V GO); vgl. ferner *Wahlhäuser*, NWVBl. 2007, 338.

Hinsichtlich der Fehlerfolgen ist zu differenzieren: Unterbleibt eine öffentliche Bekanntmachung, hat man es mit einer Nicht-Satzung, d. h. lediglich mit einem Satzungsentwurf zu tun. Wird die Satzung dagegen nicht ordnungsgemäß, d. h. fehlerhaft bekannt gegeben, greift das allgemeine Fehlerfolgenregime (vgl. Rn. 306 ff.).

Beim Erlass von Satzungen ist in unterschiedlichem Umfang eine Mitwirkung der **staatlichen Aufsichtsbehörden** vorgesehen. Die stärkste Form der Mitwirkung, die Genehmigung, kann gemäß § 7 I 2 GO nur verlangt werden, wenn das jeweilige Fachgesetz dies vorschreibt (z. B. ist beim Erlass eines Bebauungsplans unter den Voraussetzungen des § 10 II BauGB die Genehmigung der höheren Verwaltungsbehörde erforderlich). 305

c) Fehlerfolgenrecht

Grundsätzlich führt die Missachtung formeller Anforderungen zur **Nichtigkeit** einer Satzung. Dieser Grundsatz birgt die Gefahr, dass die Effektivität der gemeindlichen Rechtsetzungstätigkeit und die Realisierung des kommunalpolitischen Willens erheblich erschwert werden. Zwar entspricht es dem **Grundsatz der Gesetzmäßigkeit** und dem Rechtsschutzgebot nach Art. 19 IV GG, wenn ein um einen Tag zu wenig ausgelegter Bebauungsplan (vgl. § 3 II 1 BauGB) durch die Bürger vor Gericht zu Fall gebracht werden kann. In der Sache selbst führt dies allein zu Zeitverzögerungen, da die Gemeinde den betreffenden Fehler korrigieren und voraussichtlich eine Satzung mit identischem Inhalt einige Monate später erneut verabschieden wird. 306

In diesem Spannungsverhältnis hat der Gesetzgeber bestimmte **Unbeachtlichkeits- und Heilungsvorschriften** beschlossen. Diese ergeben sich teilweise aus dem entsprechenden Fachrecht (§§ 214, 215 BauGB) und stets (bei Vorliegen der Voraussetzungen) aus § 7 VI GO. Dabei ist Nordrhein-Westfalen wie fast alle anderen Bundesländer dem sog. Rügemodell gefolgt: Hiernach sind Verfahrensfehler gemachten Ausnahmen unbeachtlich (Ausnahmefälle: § 7 VI lit. a) bis d) GO), wenn sie nicht innerhalb eines Jahres geltend gemacht werden. Auf diese Rechtsfolge ist im Rahmen der öffentlichen Bekanntmachung hinzuweisen (vgl. § 7 VI 2 GO). Unterbleibt eine Rüge, so ist die Satzung zwar rechtswidrig, aber nicht mehr angreifbar. Liegt der formelle Fehler in der Mitwirkung eines befangenen Ratsmitgliedes (Rn. 232), so sind die spezielleren Vorschriften der §§ 54 IV, 31 VI GO (vgl. Rn. 252 ff.) anwendbar. 307

Ist ein formeller Fehler unbeachtlich bzw. geheilt, hat dies zur Konsequenz, dass die in formeller Hinsicht rechtswidrige Satzung nicht rechtsunwirksam (nichtig) wird, sondern Bestand hat. Materielle, d. h. inhaltliche Fehler führen dagegen immer zur Nichtigkeit einer Satzung! 308

5. Materielle Anforderungen

309 Das Ausmaß der kommunalpolitischen Gestaltungsmöglichkeit hängt von Anzahl und Dichte der materiellen Anforderungen an die Satzungsgebung ab. Sie entscheiden über den Spielraum der Gemeinden. Denn jede zusätzliche materielle Vorgabe sichert zwar einen einheitlichen materiellen Standard über die Gemeindegrenzen hinweg, schwächt jedoch die politische Gestaltungskraft auf der jeweiligen Ortsebene.

a) Vorrang des Gesetzes

310 Grundsätzlich ist die Gemeinde innerhalb ihrer Verbandskompetenz autonom, d. h. sie besitzt grundsätzlich das Recht, „auf eigene Kosten Dummheiten zu machen" (*Ernst Reuter*). Allerdings gilt auch hier der Vorrang des Gesetzes, d. h. die Gemeinden müssen die gesetzlichen Vorgaben beachten. Dies gilt gleichermaßen für unmittelbar wirksame europarechtliche Vorgaben wie für Gesetze und Rechtsverordnungen des Bundes und des Landes Nordrhein-Westfalen, vorausgesetzt, diese sind wiederum mit den kommunalen Verfassungsgarantien vereinbar. Beispiel: § 13 I 1 KrW-/AbfG steht einer Abfallsatzung entgegen, die einen Einwohner zur Benutzung einer Biotonne zwingt, obwohl dieser seine Bioabfälle ordnungsgemäß selbst kompostiert (OVG NRW, NVwZ 1999, 91).

311 Vereinzelt haben sich in der **Dogmatik fachgesetzlicher Vorgaben** spezifische Anforderungen an Abwägungsvorgang und -ergebnis beim Erlass gemeindlicher Satzungen entwickelt. Das wichtigste Beispiel findet sich im Recht der Bauleitplanung. Nach § 1 VII BauGB sind die Gemeinden bei der Aufstellung der Bauleitpläne verpflichtet, „alle öffentlichen und privaten Belange gegeneinander und untereinander gerecht abzuwägen". Dies bedeutet, dass eine Abwägung überhaupt stattfinden muss, dass alle relevanten (öffentlichen und privaten) Belange in die Abwägung eingestellt werden, dass ihre Bedeutung nicht verkannt wird und dass schließlich ein gerechter Ausgleich zwischen ihnen vorgenommen wird (st. Rspr.; vgl. nur BVerwGE 45, 309).

312 Zudem sind die Gemeinden infolge der vorrangigen Gesetzesbindung gehindert, ihre Haftung nach **Amtshaftungsgrundsätzen** (Art. 34 GG i. V. m. § 839 BGB) zu begrenzen. Dagegen kann die Haftung aus öffentlich-rechtlichem Schuldverhältnis bzw. aus Vertrag (bei privatrechtsförmiger Ausgestaltung von Benutzungsverhältnissen) auf Vorsatz und grobe Fahrlässigkeit beschränkt werden.

b) Materielle Verfassungsmaßstäbe

313 Der Umstand, dass eine bestimmte Materie anstatt durch Gesetz oder Rechtsverordnung durch Satzung geregelt wird, kann keine Absenkung der durch das Grundgesetz normierten Standards bewirken. Die Bürger können sich darauf verlassen, dass auch bei Erlass einer Satzung die grundrechtlichen und rechtsstaatlichen Anforderungen (Bestimmtheitsgebot) sowie die finanzverfassungsrechtlichen Vorgaben **ohne Abstriche** gelten.

D. Handlungsformen und Instrumente 233

Art. 12 und Art. 14 GG schützen vor allem die Gewerbetreibenden, bei Privatleuten sind etwa Art. 13, 14 und Art. 2 I GG einschlägig. Im Bereich der Leistungsverwaltung greift insbesondere der allgemeine Gleichheitsgrundsatz nach Art. 3 I GG. Hinsichtlich der Rechtfertigung etwaiger Eingriffe durch eine gemeindliche Satzung gelten die allgemeinen Grundsätze der Grundrechtsdogmatik (Schutzbereich – Eingriff – Eingriffsrechtfertigung), namentlich der Grundsatz der Verhältnismäßigkeit.

c) Vorbehalt des Gesetzes

Bei der Satzungsgebung ist auch die Regel vom Vorbehalt des Gesetzes gültig. Hiernach dürfen „Eingriffe in Freiheit und Eigentum" (so die klassische Formulierung) nur auf gesetzlicher Grundlage erfolgen. Dies bedeutet, dass eine Satzungsbestimmung, die einen Grundrechtseingriff beinhaltet oder hierzu ermächtigt, einer parlamentsgesetzlichen oder zumindest per Verordnung begründeten **Ermächtigungsgrundlage** bedarf. Weder Art. 28 II GG bzw. Art. 78 LV noch die einfachgesetzliche Satzungsklausel nach § 7 GO vermögen hieran etwas zu ändern. Enthält eine Satzung eine Bußgeldandrohung für den Fall des Zuwiderhandelns, bedarf es einer speziell hierauf bezogenen gesetzlichen Ermächtigung, die zugleich den Anforderungen aus Art. 103 II GG („keine Strafe ohne Gesetz") genügen muss. 314

Beispiele: Anordnung des Anschluss- und Benutzungszwangs gemäß § 9 GO (vgl. noch Rn. 369 ff.); Erhebung von Kommunalabgaben gemäß § 2 KAG; Verbot von Einwegverpackungen.

Freilich dürfen die Anforderungen an die **Reichweite** einer gesetzlichen Ermächtigung für Grundrechtseingriffe nicht überstrapaziert werden. Zumeist werden in der Rechtsprechung in Anlehnung an die Facharztentscheidung des BVerfG (BVerfGE 33, 125) die gleichen Bestimmtheitsanforderungen aufgestellt wie bei Gesetzen und Rechtsverordnungen. Das BVerfG hatte festgestellt, dass sich aus dem Demokratiegebot und dem Rechtsstaatsprinzip die Verpflichtung des parlamentarischen Gesetzgebers ergebe, seine Befugnisse nicht einem Selbstverwaltungsträger (konkret: der Ärztekammer) zur freien Verfügung zu überlassen. Allerdings darf eine völlige Gleichstellung mit den in der Facharztentscheidung zur *funktionalen* Selbstverwaltung festgelegten Grundsätze in Bezug auf die *kommunale* Selbstverwaltung nicht erfolgen. 315

Zwar weist auch die kommunale Selbstverwaltung die strukturellen Defizite einer nicht-parlamentarischen Rechtsetzung auf, nämlich eine schwächere Legitimation und eine geringere Distanz zu den berührten Partikularbelangen, nichtsdestotrotz darf der verfassungsrechtlich verfestigte Mehrwert der kommunalen Selbstverwaltung nicht durch eine völlige Gleichstellung negiert werden.

Immerhin besteht bei den Gemeinden eine ergänzende demokratische Legitimation qua Kommunalwahlen (vgl. Art. 28 I 2 GG) und ihre personale Grundlage findet sich eben nicht in der Zugehörigkeit zu einem bestimmten Beruf, sondern zu einem ganzen Gebiet. Außerdem ist die Gefahr der Verflechtungen in Partikularinteressen geringer. Richtigerweise geht daher von 316 der **Eigenverantwortlichkeitsgarantie** (vgl. Art. 28 II GG) eine Tendenz zur Absenkung der Bestimmtheitsanforderungen aus. Infolge der den Gemeinden eingeräumten Satzungshoheit ist der staatliche Gesetzgeber verpflichtet, ihnen einen Teil seiner Rechtsetzungsgewalt in bestimmten Bereichen zu überlassen. Es genügt daher, wenn die etwaigen Grundrechtseingriffe nach Art und Intensität determiniert sind, wenn also betroffener Personenkreis und sachlicher Rahmen der Beeinträchtigungen durch den Parlamentsgesetz- bzw. Verordnungsgeber festgelegt werden.

> **Beispiel:** Die gesetzliche Ermächtigung zum Betrieb einer gemeindlichen öffentlichen Einrichtung (§ 8 GO; vgl. noch Rn. 325 ff.) legitimiert zugleich zum Erlass von Satzungsbestimmungen über das Verhalten der Einrichtungsbenutzer (Abfallvermeidungspflicht, Alkoholverbot, Badekappenpflicht [VGH Bad.-Württ., BVWPr. 1975, 227] bis hin zum späteren Ausschluss von der Benutzung [beispielsweise aus einem gemeindlichen Chor, vgl. OVG NW, DÖV 1995, 515]). Die Ermächtigung zum Anschluss- und Benutzungszwang (§ 9 GO) deckt m. E. auch Maßnahmen, mit denen die Einhaltung der Benutzungsbedingungen auf den angeschlossenen Grundstücken überwacht werden soll (vgl. ausführlich *Burgi*, VerwArch 90 [1999], 70, 92 ff.; a. A. BVerwG, DVBl. 1994, 761). Instruktiv ferner *Kaltenborn/Reit*, NVwZ 2012, 925, zur Reichweite der bestehenden friedhofsrechtlichen Satzungsregelungen gegenüber Verboten der Aufstellung von Grabsteinen aus Kinderarbeit.

6. Rechtsschutz

317 Im Rahmen des Rechtsschutzes gegen gemeindliche Satzungen ist die unmittelbare (vgl. a) von der inzidenten Kontrolle zu unterscheiden (vgl. b).

a) Unmittelbare Kontrolle

318 Jeder Einzelne kann unter den Voraussetzungen des Art. 93 I Nr. 4a GG vor dem BVerfG **Verfassungsbeschwerde** erheben, indem er sich auf die Grundrechte beruft. Dies ist auch möglich, wenn behauptet wird, dass eine gemeindliche Satzung „unmittelbar" die Grundrechte verletzt, weil sie Pflichten statuiert, deren Missachtung ohne weiteres bußgeldbewehrt ist. Da in NRW im allgemeinen keine sog. prinzipale Normenkontrolle möglich ist (vgl. sogleich), kann die „Erschöpfung des Rechtsweges" in einer solchen Situation nicht verlangt werden.

319 Die sog. **prinzipale Normenkontrolle** vor dem Oberverwaltungsgericht ist in § 47 VwGO geregelt. Der Bundesgesetzgeber hat neben der Möglichkeit der Überprüfung baurechtlicher Satzungen (typischerweise Bebauungspläne) in § 47 I Nr. 1 VwGO des weiteren bestimmt, dass „andere(n) im Rang unter Landesgesetz stehende(n) Rechtsvorschriften, sofern das Landesrecht dies bestimmt", überprüft werden können (vgl. § 47 I Nr. 2 VwGO). Im Erfolgsfalle wird die betroffene Satzung durch das OVG für nichtig erklärt (§ 47 V 2 VwGO), und zwar allgemeinverbindlich und unter Bekanntmachung. Der nordrhein-westfälische Landesgesetzgeber hat von dieser Ermächtigung bislang keinen Gebrauch gemacht. Eine hierdurch entstehende Rechtsschutzlü-

cke im Hinblick auf gemeindliche Satzungen kann u. U. mit Hilfe der allgemeinen Feststellungsklage gemäß § 43 VwGO geschlossen werden (vgl. BVerwG, NVwZ 2004, 1131; OVG NRW, NVwZ 2001, 731; näher *Pietzcker*, in: Schoch/Schmidt-Aßmann/Pietzner [Hrsg.], VwGO, Stand September 2011, § 43 Rn. 25). Die umgekehrte Situation einer Klage auf Erlass einer Satzung ist nur ganz ausnahmsweise bei Bestehen eines Anspruches im Rahmen einer allgemeinen Leistungsklage oder einer allgemeinen Feststellungsklage denkbar (vgl. ausführlich *Sodan*, NVwZ 2000, 601).

b) Inzidente Kontrolle

Alle Arten von Satzungen können inzident vor allem im Rahmen einer Anfechtungsklage gegen einen auf die Satzung gestützten Verwaltungsakt überprüft werden. Allerdings ist auf diesem Wege keine allgemeinverbindliche Nichtigerklärung erreichbar. Bei der inzidenten Überprüfung gemeindlicher Satzungen ist (ebenso wie bei der Überprüfung von baurechtlichen Satzungen nach § 47 I Nr. 1 VwGO) freilich die **Kontrolldichte** der Verwaltungsgerichte eingeschränkt, da Satzungen das Ergebnis eines verfassungsrechtlich abgesicherten Rechtsetzungsvorgangs sind. 320

Das BVerwG (NVwZ 2002, 1123) hat aus Anlass einer Entscheidung über eine gemeindliche Abgabensatzung die „Kontrollrestriktion" mit dem Bestehen von „Prognosespielräumen" im materiellen Recht begründet und auf die durch Art. 28 II GG geschützte Eigenverantwortlichkeitsgarantie verwiesen. Überdies entspreche es keiner „sachgerechten Handhabung" des verwaltungsgerichtlichen Amtsermittlungsgrundsatzes, wenn durch den Verwaltungsrichter, gleichsam ungefragt, auch solche Rechtsfehler aufgespürt werden, die der klagende Bürger gar nicht gerügt hat (zustimmend *Oebbecke*, NVwZ 2003, 1313; diff. *Wiesemann*, DVBl. 2007, 873). 321

Neben den Möglichkeiten der Staatsaufsicht (vgl. Rn. 107 ff.) und der Kontrollbefugnisse des Bürgermeisters (vgl. Rn. 52 ff.) ist eine **Normprüfungs- und -verwerfungskompetenz der (Gemeinde-)Verwaltung** im Hinblick auf die vom Rat verabschiedeten Satzungen in Betracht zu ziehen. Hierbei ist zu differenzieren. Während eine *Prüfungs*kompetenz sowohl der Gemeindeverwaltung als auch der mit der Satzung ggf. konfrontierten staatlichen Verwaltung anerkannt ist, wird eine Norm*verwerfungs*kompetenz zugunsten der (gemeindlichen oder staatlichen) Verwaltung grundsätzlich verneint. 322

Dies hat rechtsstaatliche (Rechtssicherheit) und demokratierechtliche (Wahl der Ratsmitglieder) Gründe. Art. 100 GG bildet dagegen kein Argument, da er nur im Hinblick auf Parlamentsgesetze ein Verwerfungsmonopol des BVerfG statuiert. Im Rahmen der zuerkannten *Prüfungs*kompetenz ist die *Gemeinde*verwaltung gehalten, den Rat zur Aufhebung der gemeindlichen Satzung zu bewegen. Darüber hinaus kann sie den vom Satzungsvollzug betroffenen Bürger auf etwaige Fehler aufmerksam machen. Die Bediensteten der *staatlichen* Verwaltungsstellen können staatsaufsichtliche Maßnahmen bzw. ein Normkontrollverfahren nach § 47 II 1 VwGO als Behörde – im Falle des § 47 I Nr. 1 VwGO – einleiten.

§ 2. Kommunalrecht

> **Beispiel:** Die um die Erteilung einer Baugenehmigung angegangene staatliche Baubehörde hält den zugrundeliegenden Bebauungsplan für rechtswidrig und nichtig. Darauf hat sie den Bauherrn hinzuweisen. Ferner kann sie ein staataufsichtsbehördliches Einschreiten sowie ein Normenkontrollverfahren nach § 47 II VwGO einleiten. Dagegen kann sie die Erteilung der beantragten Baugenehmigung nicht unter Hinweis auf den ihres Erachtens rechtswidrigen Bebauungsplan ablehnen (BVerwGE 75, 142). In einer neueren Entscheidung hat das BVerwG allerdings einen Schritt in Richtung der Anerkennung einer Verwerfungskompetenz unternommen (BVerwGE 112, 373, 381 f.; vgl. zum Ganzen *Engel*, NVwZ 2000, 1258).

c) Übersicht: Prüfung der Rechtmäßigkeit einer Gemeindesatzung

323   1. Formelle Rechtmäßigkeit
    a) Kompetenzverteilung
    b) Verfahren
    c) Unbeachtlichkeits- bzw. Heilungsvorschriften?
2. Materielle Rechtmäßigkeit
    a) Verbandskompetenz bzw. Vorhandensein einer spezifischen Rechtsgrundlage
    b) Vereinbarkeit mit allen einschlägigen Gesetzen
    c) Beachtung einschlägiger materieller Verfassungsmaßstäbe einschließlich (u.U.) des grundrechtlichen Eingriffsvorbehalts

7. Anhang

324   **Literatur:** *Schmidt-Aßmann*, Die kommunale Rechtsetzung im Gefüge der administrativen Handlungsformen und Rechtsquellen, 1981; *Morlok*, Die Folgen von Verfahrensfehlern am Beispiel von kommunalen Satzungen, 1988; *Maurer*, Rechtsfragen kommunaler Satzungsgebung, DÖV 1993, 184; *Ipsen*, Soll das kommunale Satzungsrecht gegenüber staatlicher und gerichtlicher Kontrolle gestärkt werden?, JZ 1990, 789; *Möstl*, Normative Handlungsformen, in: Erichsen/Ehlers (Hrsg.), Allgemeines Verwaltungsrecht, 14. Aufl. 2010, §§ 19 u. 20.

Klausurfälle: *Herrmann*, JURA 2010, 149.

Kontrollfragen:

1. Wie unterscheiden sich Satzungen und Rechtsverordnungen voneinander?
2. Bedürfen gemeindliche Satzungen in jedem Fall einer einfachgesetzlichen Grundlage?
3. Führt jeder Verfahrensfehler zur Nichtigkeit einer Satzung?

II. Öffentliche Einrichtungen

325   In § 1 I 2 GO ist vorgesehen, dass die Gemeinden „das Wohl der Einwohner" fördern. Näher konkretisiert wird diese Pflicht in § 8 I GO. Dort heißt es: „Die Gemeinden schaffen innerhalb der Grenzen ihrer Leistungsfähigkeit die für die wirtschaftliche, soziale und kulturelle Betreuung ihrer Einwohner er-

D. Handlungsformen und Instrumente

forderlichen öffentlichen Einrichtungen". Damit sind öffentliche Einrichtungen das wichtigste kommunale Instrument der sog. **Daseinsvorsorge** (vgl. zu diesem Begriff Rn. 381). Sie stellen durch dauerhafte organisatorische Vorkehrungen eine kontinuierliche Leistungserbringung sicher, gleichgültig, ob es um „existenznotwendige" Leistungen (wie die der Abwasserbeseitigung) oder „nur" um Kommunikation und Unterhaltung geht (Mehrzweckhallen, Bibliotheken, Wiesen und Plätze, auf denen Feste und Märkte stattfinden können; zum Münchener Oktoberfest vgl. BayVGH, NVwZ 1982, 120).

Zu den öffentlichen Einrichtungen zählen ferner Kindertagesstätten (vgl. VG Düsseldorf, NWVBl. 2004, 33), Zirkusplätze (vgl. VGH Bad.-Württ., GewArch 2003, 486) und die Linkliste auf einer Gemeinde-Homepage (vgl. hierzu *Ott/Ramming*, BayVBl. 2003, 454 ff., sowie zur Qualifizierung kommunaler Internetangebote als öffentliche Einrichtungen *Frey*, DÖV 2005, 411).

Durch öffentliche Einrichtungen wird den Bedürfnissen der Bürger entsprochen. Es besteht aber keine Pflicht zur Schaffung, Aufrechterhaltung oder Erweiterung einer öffentlichen Einrichtung, es sei denn, in einem speziellen Gesetz ist eine darauf gerichtete kommunale Pflichtaufgabe statuiert (z. B. im Hinblick auf die Einrichtungen der Hausmüllentsorgung; vgl. § 15 I KrWG. Die Gemeinden entscheiden vielmehr im Rahmen ihrer kommunalpolitischen Prioritäten über die Erforderlichkeit der jeweiligen Einrichtung. 326

Subjektive Rechte auf **Schaffung, Aufrechterhaltung** oder **Erweiterung** (vgl. OVG NRW, NWVBl. 2004, 387) einer öffentlichen Einrichtung bestehen nicht. Allerdings können subjektive Rechte im Hinblick auf die Zulassung zu einer bestehenden Einrichtung und im Zusammenhang mit der Benutzung einer bestehenden Einrichtung existieren, womit übrigens eine Lastentragungspflicht der Gemeindeeinwohner einhergeht (vgl. § 8 II GO). Die Durchsetzung subjektiver Rechte im Zusammenhang mit der Zulassung oder der Benutzung einer bestimmten öffentlichen Einrichtung bildet einen Problemschwerpunkt der kommunalrechtlichen Praxis und Klausur. 327

1. Begriff und Abgrenzung

Der Begriff der „öffentlichen Einrichtung" umfasst 328
– eine Zusammenfassung personeller Kräfte und sächlicher Mittel (geringe Anforderungen sind an das Vorhandensein einer technischen Substanz zu stellen), die
– von der Gemeinde zu Zwecken der Daseinsvorsorge
– durch Widmung (vgl. sogleich) bereit gestellt und sodann unterhalten wird, und zwar
– zum Zwecke der bestimmungsgemäßen Nutzung (jedenfalls) durch die Einwohner.

Die unterschiedlichsten „Einrichtungen" werden dadurch zu öffentlichen Einrichtungen, dass sie von der Gemeinde gewidmet werden. Durch die Widmung wird die Art der Nutzung der öffentlichen Einrichtung bestimmt. Die **Widmung** kann auf verschiedene Weise erfolgen. Sie ergeht zumeist durch schlichten Ratsbeschluss oder durch andere förmliche Akte (z. B. Sat- 329 zung oder Allgemeinverfügung). In Betracht kommt aber auch eine schlichte Bereitstellung (Paradebeispiel: der Sprung des Bürgermeisters in das somit bereitgestellte Becken), wobei auf Indizien abgestellt werden muss. Hierbei spielt die ständige Verwaltungspraxis (u. a. auf der Basis einer schlichten, d. h. nicht mit Außenrechtswirkung ausgestatteten Benutzungsordnung) die wichtigste Rolle.

Davon zu unterscheiden ist die Situation, dass ein förmlich festgelegter Widmungsrahmen durch ständige Verwaltungspraxis erweitert wird, z. B. zugunsten von Nicht-Einwohnern (vgl. Rn. 169 ff.). Allgemein ist die Widmungserweiterung ebenso wie die Teilentwidmung oder die vollständige Entwidmung der betreffenden Einrichtung als actus contrarius, d. h. in der Form, in der die Widmung erfolgt ist, möglich.

330 Öffentliche Einrichtungen sind zu unterscheiden von:
- den **öffentlichen Sachen im Gemeingebrauch** (wichtigstes Beispiel: die Straßen und Wege im Gemeingebrauch nach dem FStrG und dem nordrhein-westfälischen StrWG), bei denen es keiner Zulassung bedarf, sondern gleichsam ein dinglicher Zugriff durch die Straßenbenutzer erfolgt. Der Adressatenkreis beschränkt sich hier nicht auf die Einwohner;
- den **öffentlichen Sachen im Verwaltungsgebrauch** (z. B. Rathaus), die nicht zur Nutzung durch die Öffentlichkeit zur Verfügung stehen;
- den Sachen im **Finanzvermögen** der Gemeinde (v. a. Grundstücke, die freilich ebenfalls als Mittel der Kommunalpolitik eingesetzt werden können, wie z. B. bei der Verwirklichung sog. Einheimischenmodelle, welche den Gemeindeeinwohnern zu günstigem Bauland verhelfen sollen; vgl. hierzu BVerwGE 92, 56; *Burgi*, JZ 1999, 873; *Brohm*, JZ 2000, 321; strenger jüngst EuGH, B. v. 8.5.2013, Rs. C- 197/11 u.a.).

Auf einer anderen Ebene als der Begriff der öffentlichen Einrichtung liegt der Anstaltsbegriff, obwohl vielfach – zu Unrecht – zur Charakterisierung der Benutzung öffentlicher Einrichtungen von „Anstaltsnutzung" gesprochen wird. Einzelne Bestandteile einer Anstalt können zwar als öffentliche Einrichtung gewidmet sein (z. B. die Mensa eines Studentenwerks) und als solche dann benutzt werden, die Anstalt selbst kann indes nicht „benutzt" werden. Sie ist dem Bereich der Verwaltungsorganisation zugehörig, wo Anstalten von Körperschaften und Stiftungen (jeweils als Erscheinungsformen der mittelbaren Staatsverwaltung; Rn. 11) abzugrenzen sind. Daher sollte man von „öffentlichen Sachen im Einrichtungsgebrauch", statt von öffentlichen Sachen im „Anstaltsgebrauch" sprechen (vgl. auch *Laubinger*, in: Geis/Lorenz [Hrsg.], FS Maurer, 2001, S. 641 [658 ff.])

2. Organisationsformen

331 Öffentliche Einrichtungen können unterschiedlich organisiert sein. Im rechtlich unproblematischsten Fall betreibt die Gemeinde eine öffentliche Einrichtung unmittelbar durch eine Behörde. Dies stößt auf praktische Schwierigkeiten, wenn die betreffende Einrichtung eine bestimmte Dimension überschreitet und sich äußerlich nicht mehr von einem Unternehmen der freien Wirtschaft unterscheidet. In dieser Situation gehen die Gemeinden dazu über, ihre Einrichtung durch einen **verselbstständigten Rechtsträger** zu verwalten. Dieser

D. Handlungsformen und Instrumente

kann entsprechend den im allgemeinen Verwaltungsrecht anerkannten Grundsätzen öffentlich-rechtlich oder privatrechtlich organisiert sein, d.h. die Gemeinden verfügen (unter bestimmten Voraussetzungen) über eine **Wahlfreiheit** innerhalb der Grenzen des kommunalen Wirtschaftsrechts (vgl. dazu Rn. 422). In diesen Konstellationen sind Existenz und Durchsetzbarkeit des Benutzungsanspruchs der Einwohner problematisch (vgl. sogleich Rn. 335 ff.).

a) Öffentlich-rechtliche Organisationsformen

Wird eine öffentlich-rechtliche Organisationsform gewählt, ist die Zurechnung zur Gemeinde und die Qualifizierung als gemeindliche öffentliche Einrichtung unproblematisch. In Betracht kommt eine Ausgestaltung als 332
- **Regie- oder Eigenbetrieb** (vgl. Rn. 424), d. h. als rechtlich unselbstständiger, jedoch teilweise in organisatorischer bzw. haushaltsmäßiger Hinsicht verselbstständigter Teil der Gemeindeverwaltung oder als
- **Anstalt des öffentlichen Rechts**, d. h. als juristische Person des öffentlichen Rechts (als Teil der mittelbaren Staatsverwaltung).

b) Privatrechtliche Organisationsformen

Die Gemeinde kann sich aber auch für eine private Organisationsform entscheiden, v. a. für die Form der GmbH bzw. der AG (z. B. Stadthallen-GmbH). Eine Zurechnung der von einem privaten Rechtsträger geführten Einrichtung zur Gemeinde (und damit die Qualifizierung als öffentliche Einrichtung) ist in den folgenden Fällen gegeben: 333
- beim Betrieb einer nach Organisationsprivatisierung entstandenen **Eigengesellschaft**;
- beim Betrieb eines von der Gemeinde (mehrheitlich) beherrschten **gemischtwirtschaftlichen** Unternehmens (ebenfalls nach Organisationsprivatisierung);
- bei der Einschaltung eines **Verwaltungshelfers** nach funktionaler Privatisierung in die Durchführung der zahlreichen Aufgaben beim Bau, der Finanzierung und beim Betrieb von öffentlichen Einrichtungen;
- bei der Einschaltung eines **Dienstleistungskonzessionärs**, der unmittelbar auch das Benutzungsentgelt bei den Benutzern erhebt.

Entscheidend ist immer, ob die Gemeinde einen maßgeblichen Einfluss auf die Führung der Einrichtung behält. Der Einfluss muss sich in durchsetzbaren **Mitwirkungs- und Entscheidungsbefugnissen** äußern. Solche bestehen in der Regel in den Fällen der Organisationsprivatisierung und der funktionalen Privatisierung. Dagegen fehlt es bei einer Aufgabenprivatisierung, d. h. bei einem vollständigen Rückzug einer Gemeinde von den Aufgaben des Baus und des Betriebs einer öffentlichen Einrichtung, an entsprechenden Mitwirkungs- und Weisungsbefugnissen, weswegen eine Zurechnung nicht möglich ist. Es handelt sich dann um eine private Einrichtung, für die die nachfolgenden Grundsätze nicht eingreifen. 334

3. Zulassungsanspruch der Einwohner

335 § 8 II GO bestimmt, dass „alle Einwohner einer Gemeinde ... im Rahmen des geltenden Rechts berechtigt (sind), die öffentlichen Einrichtungen der Gemeinde zu benutzen ...". Hierdurch wird ein nach Tatbestand und Rechtsfolge ausgestalteter Anspruch auf einfachgesetzlicher Ebene geschaffen. Es handelt sich um einen **gebundenen Anspruch**, d. h. bei Vorliegen der Voraussetzungen muss der jeweilige Einwohner zur Benutzung zugelassen werden. § 8 II GO ist eine der wichtigsten Anspruchsgrundlagen in der öffentlich-rechtlichen Klausur.

336 Bei Rechtsstreitigkeiten im Zusammenhang mit öffentlichen Einrichtungen muss zwischen zwei Stufen unterschieden werden. Auf der ersten Stufe bewegt sich der Streit um die **Zulassung** zu einer öffentlichen Einrichtung (um das „Ob"). Auf einer zweiten, der Zulassung nachfolgenden Stufe sind Streitigkeiten um die **Benutzung** einer öffentlichen Einrichtung angesiedelt (um das „Wie", z. B. um die Höhe des Benutzungsentgelts, um die Art und Weise der Benutzung, um die Verantwortung für entstandene Schäden etc.).

337 **Adressat** des kommunalrechtlichen Zulassungsanspruchs ist ausschließlich die Gemeinde. Ist die Gemeinde selbst Trägerin der öffentlichen Einrichtung, ist dies unproblematisch. Im Falle der Einschaltung eines verselbstständigten Rechtsträgers wandelt sich der Zulassungsanspruch in einen Verschaffungsanspruch, der ebenfalls gegenüber der Gemeinde geltend zu machen ist. Gegenüber jenen (öffentlich-rechtlichen oder privatrechtlichen) verselbstständigten Einrichtungsbetreibern selbst besteht kein kommunalrechtlicher Zulassungsanspruch. Vielmehr ist dann die Gemeinde dazu verpflichtet, auf „ihren" Einrichtungsträger dahingehend einzuwirken, dass er dem entsprechenden Anspruchsteller im Rahmen der Widmung und des geltenden Rechts Zugang zur öffentlichen Einrichtung verschafft. Dies bedeutet, dass die Gemeinde innerhalb des Innenrechts (wenn öffentlich-rechtliche Organisationsform) oder über die Mechanismen des Gesellschaftsrechts (wenn privater Rechtsträger) aktiv werden muss. Dies kann vom Antragsteller per allgemeiner Leistungsklage erzwungen werden. Beispiel: Eine Partei erstrebt zur Abhaltung ihres Parteitages die Überlassung eines gemeindeeigenen Veranstaltungssaals, der durch eine privatrechtliche Gesellschaft betrieben wird (vgl. BVerwG, NJW 1990, 134).

338 Die **tatbestandlichen Voraussetzungen** für den kommunalrechtlichen Zulassungsanspruch lauten:
- Personelle Berechtigung (a);
- im Rahmen der Widmung (vgl. bereits Rn. 329; demnach kann beispielsweise die Nutzung einer zum Schwimmen gewidmeten Halle für Partyveranstaltungen nicht auf den kommunalen Zulassungsanspruch gestützt werden);
- im Rahmen des geltenden Rechts (b).

a) Anspruchsberechtigung

Die Anspruchsberechtigung natürlicher Personen ergibt sich entweder aus 339
ihrer Eigenschaft als **Einwohner** oder als sog. Forensen. Nach § 21 I GO ist
Einwohner, „wer in der Gemeinde wohnt" (vgl. B II Rn. 169 ff.). Die Eigenschaft eines „Bürgers" ist mithin nicht erforderlich.

Unter **Forensen** (lat.: „forensis", d. h. zum Markt gehörend) werden die 340
Grundbesitzer und Gewerbetreibende verstanden (vgl. § 8 III GO), die zwar
nicht in der Gemeinde wohnen, aber infolge ihrer Besitzerstellung bzw. weil
sie ein Gewerbe betreiben ebenfalls zur Benutzung der öffentlichen Einrichtungen in gleicher Weise berechtigt sein sollen. Allerdings kommt es hier
immer auf einen sachlichen Bezug zwischen Einrichtung und Grundbesitz
bzw. Gewerbebetrieb an (Abwasserentsorgungseinrichtungen ja, Schwimmbäder nein).

Für „**juristische Personen und Personenvereinigungen**" gelten die Vor- 341
schriften entsprechend (vgl. § 8 IV GO). Sie müssen mithin ihren Sitz in der
Gemeinde haben. Damit gehören ohne weiteres die auf Gemeindeebene bestehenden Vereine zum Kreis der Anspruchsberechtigten. Probleme ergeben
sich, wenn eine juristische Person oder Personenvereinigung zwar als Anspruchsberechtigter auftritt, die Veranstaltung aber ein weit über die Gemeindegrenzen hinausweisendes Gepräge hat.

> **Beispiel:** Bundesparteitag, den der Ortsverband der Partei im Gemeindesaal
> ausrichten möchte. Das OVG NRW hat allein den Sitz im Gemeindegebiet
> ausreichen lassen (vgl. NJW 1976, 820 [822]). Dagegen hat der VGH Bad.-
> Württ. versucht, das Tatbestandsmerkmal „Sitz im Gemeindegebiet" dahingehend zu erweitern, dass die Veranstaltung selbst ein örtliches Gepräge
> aufweisen müsste (vgl. NVwZ-RR 1988, 43). M. E. ist zur Vermeidung von
> Abgrenzungsschwierigkeiten und u. U. umfassenden Ermittlungen richtigerweise der Sitz im Gemeindegebiet als grundsätzlich ausreichend anzusehen.
> Nur ausnahmsweise, wenn offensichtlich ein örtlicher Bezug völlig fehlt (z. B.
> wenn ein Ortsverband mit 20 Mitgliedern eine Veranstaltung mit bundesweitem Charakter und Teilnehmern im vierstelligen Bereich organisiert), ist die
> Anspruchsberechtigung zu versagen.

Diese „**Einheimischenprivilegierung** im globalen Dorf" (vgl. *Burgi*, JZ 1999, 342
873) hält grundsätzlich den Anforderungen des Gleichheitssatzes aus Art. 3 I
GG und des gemeinschaftsrechtlichen Diskriminierungsverbotes (infolge der
Anknüpfung an die typischerweise von eigenen Staatsangehörigen erfüllte
„Ortsansässigkeit" – sog. mittelbare Diskriminierung) im Falle grenzüberschreitender Sachverhalte (speziell aus den Grundfreiheiten, Art. 43, 49
EGV, und allgemein aus Art. 18 AEUV) stand. Die Schaffung einer kommunalen Identität („unsere Mehrzweckhalle") und die Leistungsfähigkeit der
Gemeindeeinwohner, die gemeinsam die mit der öffentlichen Einrichtung
verbundenen Lasten tragen müssen (vgl. § 8 II GO), können hierbei ins Feld
geführt werden. Hat die Gemeinde ihren Einrichtungen dagegen ein überörtliches Gepräge gegeben, muss sie eine Widmungserweiterung zugunsten der
Auswärtigen vornehmen. So kann beispielsweise eine Gemeinde im Grenz-

gebiet zu den Niederlanden im Rahmen einer Ausstellung zur Förderung des deutsch-niederländischen Kulturaustausches keine niederländischen Teilnehmer ausschließen.

b) Im Rahmen des geltenden Rechts

343 Eine Anspruchsberechtigung besteht nur „im Rahmen des geltenden Rechts" (vgl. § 8 II GO). Die Grenzen dieses negativen Tatbestandsmerkmals sind oftmals schwer zu ziehen. In der Sache geht es vor allem darum, welche Argumente im Falle der Ablehnung eines Zulassungsanspruchs legitimerweise von einer Gemeinde vorgebracht werden dürfen. Die folgenden Ausführungen konzentrieren sich auf die drei wichtigsten Fallgruppen:

aa) Kapazität

344 Die Kapazität einer Einrichtung setzt der Verwirklichung von Benutzungswünschen eine Grenze. Daher ist die Zulassungsverweigerung im Falle der Kapazitätserschöpfung (sicherlich) legitim. Allerdings wäre die Zulassung letztlich dem Zufall überlassen, würde nicht eine Verteilung nach zuvor aufgestellten, gerechten Kriterien erfolgen. Eine kriterienfreie Vergabe würde der Bedeutung öffentlicher Einrichtungen für die Grundrechtsverwirklichung (Art. 3 GG i.V.m. dem jeweils berührten Freiheitsgrundrecht) nicht gerecht. In diesen Fällen wandelt sich daher der gebundene Zulassungsanspruch in einen **Anspruch auf gerechte Teilhabe** am knappen Gut „öffentliche Einrichtung". Die Gemeinde ist immer – ähnlich wie bei der Vergabe knapper Güter in anderen Bereichen (z.B. bei der Studienplatzabgabe) zur Wahrung der Verteilungsgerechtigkeit verpflichtet (klassisch: *Berg*, Der Staat 15, [1976], 1; sodann BVerfG, NJW 2002, 3691 [zur Standplatzvergabe auf einem Jahrmarkt]; *Voßkuhle*, DV 32 [1999], 21). Die maßgeblichen Verteilungskriterien müssen im Zusammenhang mit der jeweiligen Widmung (ebenso wie diese nicht unbedingt förmlich) festgelegt sein.

345 Anerkannt sind unter Berücksichtigung der jeweils bestehenden Umstände des Einzelfalls folgende **Verteilungskriterien:**
– Priorität („wer zuerst kommt, mahlt zuerst"), jedenfalls außerhalb von existenznotwendigen Einrichtungen (z.B. Krankenhäusern);
– Losverfahren (unter der gleichen Einschränkung);
– „Bekannt und bewährt"; allerdings darf dieses Kriterium nicht das einzig entscheidende sein, sondern nur neben anderen zur Geltung kommen. Überdies muss ein Korridor für Newcomer eingeräumt werden, was bei der Vergabe von Standplätzen auf Märkten eine wichtige Rolle spielt (vgl. OVG NRW, NWVBl. 1991, 116);
– Rotationsprinzip.

bb) Verfassungswidrigkeit?

346 Bisweilen berufen sich Gemeinden gegenüber Zulassungsbegehren von Parteigruppierungen an den Rändern des politischen Spektrums auf den Einwand der Verfassungswidrigkeit. Hierfür fehlt der Gemeinde allerdings die

Berechtigung, da gemäß **Art. 21 II 2 GG** ausschließlich das BVerfG „über die Frage der Verfassungsmäßigkeit" von Parteien entscheiden darf. Dadurch sind auch andere negative Schlüsse aus der vermeintlichen Verfassungswidrigkeit einer Partei (wie die Nichtzulassung zu einer Einrichtung) ausgeschlossen.

cc) Ordnungsrechtliche Aspekte i. w. S.

Falls durch die beabsichtigte Nutzung die Begehung von Straftaten bzw. Ordnungswidrigkeiten und/oder Schäden an der Einrichtung oder ihrer Umgebung bzw. ihren Benutzern zu entstehen drohen, stellt sich das Problem, dass im Vorfeld oftmals nur schwer das Ausmaß der Gefahr zu beurteilen ist. Aus dem **Polizei- und Ordnungsrecht** ist diese Situation bekannt (Stichworte: Gefahr, Anscheinsgefahr, Gefahrenverdacht, Störerbegriff, Vorgehen gegen Nichtstörer etc.). 347

Teilweise wird der Gemeinde im Rahmen der Prüfung des Zulassungsanspruchs ein Rückgriff auf Erwägungen aus dem Zuständigkeitsbereich der Polizei- und Ordnungsbehörden versagt. Gegen einen Rückgriff spreche die Intention der Zuständigkeitsordnung, bestimmte Belange speziellen Behörden anzuvertrauen sowie bei politischen Veranstaltungen das Grundrecht der Versammlungsfreiheit aus Art. 8 I GG. Dessen Wertungen seien abschließend im Versammlungsgesetz konkretisiert (vgl. *Vollmer*, DVBl. 1989, 1097 ff.). Die Rechtsprechung vertritt keine einheitliche Linie (vgl. sogleich; nachgezeichnet bei *Gassner*, VerwArch 85 [1994], 533, 549 ff.). Umfassend zum Maßnahmenarsenal zur Wahrung eines integren öffentlichen Raums *Finger*, Die offenen Szenen der Städte, 2006.

An dieser Stelle ist die Bedeutung des Selbstverwaltungsrechts, dessen Ausfluss die Bereitstellung öffentlicher Einrichtungen ist, zu berücksichtigen. Die Gemeinde hat bei der Ablehnung jedenfalls das negative Tatbestandsmerkmal des „geltenden Rechts" auf ihrer Seite. Richtigerweise fußt die konkret auf eine bestimmte Einrichtung bezogene Entscheidung der Gemeinde auf der ihr unzweifelhaft zustehenden **Einrichtungskompetenz**. Es erfolgt kein allgemeines Versammlungsverbot, sondern konkret „ihr" Ort wird zu Versammlungszwecken nicht zur Verfügung gestellt. Hierauf besteht aus Art. 8 I GG aber auch kein Anspruch. Die Gemeinde kann daher ordnungsrechtliche Aspekte im Interesse der Wahrung des Einrichtungszwecks, der Integrität (hierfür spricht zudem der haushaltsrechtliche Aspekt der Schonung der Gemeindefinanzen) und der Identität der Einrichtung bei der Ablehnung eines Zulassungsanspruches berücksichtigen. 348

Im einzelnen gilt das für den Fall, dass 349
- die von der Gemeinde selbst aufgestellte **Benutzungsordnung** missachtet zu werden droht (vgl. OVG NW, NJW 1969, 1077),
- die Begehung von **Straftaten oder Ordnungswidrigkeiten** droht (Beispiel: Aufruf zum Volkszählungsboykott [vgl. VGH Bad.-Württ., NJW 1987, 2698]; Volksverhetzung im Rahmen der Veranstaltung einer radikalen Partei [vgl. HessVGH, NJW 1993, 2331]),
- **Schäden** an der Einrichtung oder bei ihren Nutzern (d. h. den Veranstaltungsteilnehmern) drohen, welche durch die Veranstalter selbst verursacht werden. Erhöhte Anforderungen bestehen, wenn die gefürchtete

§ 2. Kommunalrecht

Beeinträchtigung nicht von den Veranstaltern selbst, sondern von Dritten (Argument der Gefahr von Gegendemonstration) ausgeht. Dann ist unter Heranziehung des aus dem Polizeirecht bekannten Notstandsgedankens (vgl. § 6 PolG; § 19 OBG) nur unter ganz engen Voraussetzungen ein Vorgehen gegen die Veranstalter als Nichtstörer möglich, d. h. ist die Ablehnung des Zulassungsanspruchs möglich. Innerhalb dieses Rahmens ist auch die Forderung nach einer „Kaution" (vgl. VGH Bad.-Württ., NJW 1987, 2697; OVG NRW, NVwZ-RR 1991, 508) bzw. einer Veranstalterhaftpflichtversicherung (BayVGH, BayVBl. 2013, 346) berechtigt. Alles weitere (v. a. Vermeiden von Schäden außerhalb der Einrichtung, Vorgehen gegen Nicht-Veranstaltungsteilnehmer) bleibt den Polizei- und Ordnungsbehörden überlassen.

c) Rechtsschutz

350   Lehnt die Gemeinde einen Zulassungs- bzw. Verschaffungsantrag ab (vgl. Rn. 335 ff.), dann ist der Rechtsweg zu den Verwaltungsgerichten (§ 40 I VwGO) eröffnet. Bei § 8 II GO handelt es sich um eine Norm, durch die ausschließlich Gemeinden verpflichtet werden, so dass im Sinne der sog. modifizierten Subjektstheorie (synonym: Sonderrechtstheorie; vgl. nur *Kopp/Schenke*, VwGO, 17. Aufl. 2011, § 40 Rn. 11) von einer öffentlich-rechtlichen Streitigkeit ausgegangen werden kann. Gleichgültig ist an dieser Stelle, ob das an die Zulassung anschließende Benutzungsverhältnis privatrechtlich ausgestaltet ist, da es sich hierbei um die Frage des „Wie" und nicht des „Ob" der Zulassung handelt. Typischerweise wird die hier relevante Unterscheidung zwischen dem „Ob" der Zulassung und dem „Wie" des Benutzungsverhältnisses mit Hilfe der sog. „Zwei-Stufen-Theorie" (BVerwG, NVwZ 1991, 59) illustriert. Danach sind Streitigkeiten über die Zulassung auf der ersten Stufe (des „Ob") dem Öffentlichen Recht zuzuordnen und der Rechtsweg zu den Verwaltungsgerichten ist eröffnet, während die Zuordnung von Streitigkeiten in Bezug auf die Art und Weise des Benutzungsverhältnisses (des „Wie") auf der zweiten Stufe von der Ausgestaltung des konkreten Benutzungsverhältnisses (privatrechtlich oder öffentlich-rechtlich) abhängt (zu den relevanten Kombinationen vgl. Rn. 368).

351   Mit der Zulassung zur öffentlichen Einrichtung wird der Erlass eines Verwaltungsaktes i. S. v. § 35 LVwVfG begehrt, so dass regelmäßig die **Verpflichtungsklage** gem. § 42 I Var. 2 VwGO die richtige Klageart ist. Soll die Zulassung dagegen durch Verwaltungsvertrag gem. § 54 LVwVfG erfolgen, so ist auf dessen Abschluss mit einer Leistungsklage hinzuwirken. Ist eine grundsätzliche – von einem konkreten Termin unabhängige – Klärung angestrebt (Beispiel: Verpflichtung der Gemeinde, ihre Mehrzweckhalle für einen bestimmten Typ von Veranstaltungen überhaupt zur Verfügung stellen zu müssen), kommt die allgemeine Feststellungsklage gem. § 43 VwGO in Betracht (Feststellungsinteresse!).

In einem solchen Fall bestünde keine Subsidiarität gegenüber der Verpflichtungsklage (§ 43 II 1 VwGO), da diese das verfolgte Ziel einer grundsätzlichen Klärung der Zulassung nicht bewirken könnte.

D. Handlungsformen und Instrumente

Wird ein Zulassungsbegehren unter Berufung auf eine (angebliche) Kapazitätserschöpfung (vgl. Rn. 344) abgelehnt, so muss die Erhebung einer Verpflichtungsklage grundsätzlich ausreichen, d.h. es muss nicht zugleich eine Anfechtungsklage gegen die Zulassung des oder der Konkurrenten (im Wege der objektiven Klagehäufung gem. § 44 VwGO) erhoben werden. Die Verpflichtungsklage wiederum kann nur auf eine Neubescheidung gerichtet sein, da das Verwaltungsgericht nicht selbst über die Verteilung der Kapazitäten entscheiden kann. Es ergeht demgemäss ein Bescheidungsurteil gegen die Gemeinde, „unter Beachtung der Rechtsauffassung des Gerichts" (§ 113 V 2 VwGO) erneut über den Antrag zu bescheiden. Um diesem Urteil entsprechen zu können, wird die Gemeinde gegen einen bereits verbeschiedenen Mitbewerber nach §§ 48, 49 LVwVfG vorgehen müssen. 352

Vorläufiger Rechtsschutz (der Erlass einer einstweiligen Anordnung) ist nach § 123 VwGO nur in engen Ausnahmefällen möglich, weil grundsätzlich die Hauptsache nicht vorweggenommen werden darf. Somit kommt der Erlass einer einstweiligen Anordnung nur dann in Betracht, wenn ansonsten ein unzumutbarer Nachteil droht und eine hohe Wahrscheinlichkeit für einen Erfolg in der Hauptsache spricht (Beispiel: Überlassung einer Stadthalle für eine bei der unmittelbar bevorstehenden Kommunalwahl kandidierende Partei, wenn kein anderer Veranstaltungsort erkennbar ist). 353

4. Andere Anspruchsgrundlagen

a) Notwendigkeit und Überblick

Die Suche nach einer Anspruchsgrundlage außerhalb des kommunalrechtlichen Zulassungsanspruchs ist dann notwendig, wenn 354
- **keine Anspruchsberechtigung** in personeller Hinsicht gegeben ist, d.h. wenn auswärtige Veranstalter mit eindeutig überörtlichen Ambitionen die Zulassung anstreben;
- der **Widmungsrahmen** überschritten wird (Beispiel: Party im Schwimmbad, Parteitag in der Sporthalle etc.);
- die **Grenzen des geltenden Rechts** überschritten sind (beispielsweise bei einer erstrebten Benutzung außerhalb der in der Benutzungsordnung festgelegten Benutzungszeiten).

Zunächst ist nach einschlägigen **Spezialvorschriften** zu suchen. Wichtige Beispiele sind § 22 PBefG (Anspruch auf Beförderung mit Nahverkehrsmitteln), § 36 I 1 EnWG (Anspruch auf Versorgung mit Energie) und vor allem § 70 GewO. Hiernach wird den Benutzern (den Standbeschickern) von sog. „festgesetzten Veranstaltungen" (v. a. Märkten) unabhängig von ihrer Eigenschaft als Einwohner ein Zulassungsanspruch eingeräumt. 355

Die Festsetzung einer Veranstaltung (durch die zuständige Gewerbebehörde) erfolgt auf Antrag der Gemeinde (vgl. HessVGH, GewArch 2004, 383; BVerwG, GewArch 2006, 164). Als Konsequenz ihrer Entscheidung, dem fraglichen Markt ein überörtliches Gepräge zu geben, muss die Gemeinde sodann auch Zulassungsansprüche ortsfremder Personen gelten lassen. Diese beruhen unmittelbar auf §§ 69, 70 GewO und nicht auf § 8 II GO.

§ 2. Kommunalrecht

b) Der Anspruch auf ermessensfehlerfreie Entscheidung über eine Sonderbenutzung

356 Außerhalb von Spezialvorschriften kann ein Anspruch auf ermessensfehlerfreie Entscheidung über eine „Sonderbenutzung" (d. h. jenseits der Normalbenutzung auf der Basis des § 8 II GO NRW) anzuerkennen sein. Diesbezüglich besteht keine einheitliche Linie. Teilweise wird unter Orientierung daran, dass es keinen Anspruch auf Schaffung und Erweiterung öffentlicher Einrichtungen gibt, vertreten, dass die Nutzungsinteressenten sich damit abfinden müssten, dass ihnen außerhalb des personellen/sachlichen Benutzungsrahmens ein Anspruch nicht zustehe (vgl. *Ehlers*, DVBl. 1986, 912 [919]; *Dietlein*, JURA 2002, 445 [449]). Auch das BVerwG hat in einem vielzitierten Urteil (zur Schleusenbenutzung) wegen des angeblichen Fehlens individualschützender Bestimmungen die Entscheidung über die Zulassung zu einer öffentlichen Einrichtung über den Widmungsrahmen hinaus als „freie" Entscheidung angesehen (BVerwGE 39, 235, 239).

357 Richtigerweise ist in diesen Fällen vom Bestehen eines Anspruchs auf ermessensfehlerfreie Entscheidung auszugehen. An öffentlichen Einrichtungen kann sowohl eine „Gemein"- als auch eine „Sonderbenutzung" bestehen. Ab Zurverfügungstellung einer Einrichtung besteht ein **Teilhabeanspruch** auf der Grundlage von Art. 3 I GG i. V. m. dem jeweils berührten Freiheitsgrundrecht. Dieser Anspruch knüpft an die Entscheidung des kommunalen Einrichtungsträgers über die Zurverfügungstellung der konkreten Einrichtung, ist also nicht unmittelbar grundrechtlich fundiert. Sein Fundament bildet die Widmungsgrundlage (Satzung, Verwaltungsvorschrift etc.) in Zusammenschau mit den grundrechtlichen Determinanten.

So spielt Art. 8 I GG bei der Nutzung einer öffentlichen Einrichtung zu Versammlungszwecken eine Rolle (vgl. so BVerwG, NJW 1993, 609 m. Anm. *Schlink*, NJW 1993, 610), während bei der Äußerung von Meinungen oder im Rahmen der Berufsausübung auf Art. 5 I GG bzw. Art. 12 I GG rekurriert wird (vgl. BayVGH, BayVBl. 1983, 374 bzw. NJW 1985, 1663; ferner VGH Bad.-Württ., NVwZ-RR 2001, 159). Solange die Gemeinde die an einer Sonderbenutzung Interessierten anhand einheitlicher Kriterien behandelt, bestehen freilich kaum einmal Erfolgsaussichten.

358 Unter ganz engen Voraussetzungen kommt eine **Ermessensreduzierung auf Null** in Betracht. Zum einen, wenn in der Widmung selbst bereits eine personelle Erweiterung über den Kreis der Einwohner hinaus festgelegt worden ist (Beispiel: Messe- oder Konzerthalle mit landes-, bundes- oder gar weltweitem Benutzerkreis), zum anderen, wenn eine bestimmte Art der Einrichtungsbenutzung in ständiger Verwaltungspraxis (Art. 3 I GG) zugelassen worden ist (Beispiel: In der den Widmungsrahmen bestimmenden Satzung ist eine gemeindliche Halle dem Sport vorbehalten, die in ständiger Praxis auch politischen Parteien für Veranstaltungen zur Verfügung gestellt worden ist).

359 Bei der Veranstaltung von **Parteitagen** in einer gemeindlichen öffentlichen Einrichtung ergibt sich folgende Rechtslage: Weist der Parteitag ein überörtliches Gepräge auf und/oder ist die Einrichtung nicht für parteipolitische Veranstaltungen gewid-

met, so scheidet ein kommunalrechtlicher Zulassungsanspruch aus. An dieser Rechtslage ändert auch § 5 ParteienG nichts. Denn er verpflichtet die „Träger öffentlicher Gewalt" allein zur Gleichbehandlung im Rahmen der Zurverfügungstellung von Leistungen im Verhältnis von Parteien untereinander, begründet aber selbst keinen Zulassungsanspruch (diese Bestimmung wirkt also nur dann zugunsten einer Partei, wenn diese eine zuvor einer anderen Partei gewährte Zulassung anstrebt, nicht dagegen, wenn allen Parteien die Zulassung verweigert wurde). In Betracht kommt in allen diesen Fällen ein Anspruch auf ermessensfehlerfreie Entscheidung aus Art. 3 I GG und Art. 21 GG i. V. m. dem Widmungsakt. Infolge ständiger Verwaltungspraxis kann sogar eine Ermessensreduzierung auf Null bestehen. Auf der prozessualen Ebene ist Sorgfalt bei der Prüfung der Beteiligtenfähigkeit nach § 61 VwGO geboten. Während die Bundes- und regelmäßig auch die Landespartei infolge von § 3 ParteienG den juristischen Personen gleichgestellt und somit nach § 61 Nr. 1 VwGO beteiligtenfähig ist, kommt Ortsgruppen nach § 61 Nr. 2 VwGO als „Vereinigungen, soweit ihnen ein Recht zustehen kann", die Beteiligtenfähigkeit zu.

5. Das Benutzungs- und Entgeltverhältnis

Auf der zweiten Stufe, betreffend das „Wie" der Benutzung, stellen sich Probleme im Zusammenhang mit der Benutzungsdauer, dem Modus der Benutzung, den Verhaltenspflichten der Benutzer, der Haftung für Schäden und dem zu entrichtenden Entgelt. 360

Die konkreten Rechte und Pflichten wurzeln in dem **individuell bestehenden Benutzungsverhältnis** und sind in der jeweiligen Benutzungsgrundlage (Vertrag, Verwaltungsakt mit Nebenbestimmung) konkretisiert. Ferner müssen die einschlägigen gesetzlichen Grundlagen wie das Abgabenrecht, das Haftungsrecht, das Mietrecht bei Abschluss eines Mietvertrages etc. eingehalten werden. Bei öffentlichen Einrichtungen mit Versorgungscharakter bestehen darüber hinaus zum Teil bundesweit einheitlich vorgegebene sog. Allgemeine Versorgungsbedingungen, die sowohl bei öffentlich-rechtlicher als auch privatrechtlicher Ausgestaltung des Benutzungsverhältnisses zum Zuge kommen. 361

> **Beispiele:** Die Verordnung über Allgemeine Bedingungen für die Versorgung mit Wasser (AVBWasserV) v. 20.06.1980 (BGBl. I, 750); die Verordnung über Allgemeine Bedingungen für den Netzanschluss und dessen Nutzung für die Elektrizitätsversorgung in Niederspannung (Niederspannungsanschlussverordnung-NAV) v. 1.11.2006 (BGBl. I, 2477). Zur rechtlichen Konstruktion der Einbeziehung vgl. *Brüning*, LKV 2000, 54. Davon zu unterscheiden sind immer die bei privatrechtlicher Ausgestaltung des Benutzungsverhältnisses in den Benutzungsvertrag einbezogenen Allgemeinen Geschäftsbedingungen, die die Gemeinde auf der Grundlage des § 305 BGB gestaltet hat.

Durchgehend sind die **Grundrechte** zu beachten, an die die Gemeinden nach Art. 1 III GG auch bei privatrechtlicher Ausgestaltung gebunden sind (heute allg. Meinung). Dabei ist immer die Regel vom Vorbehalt des Gesetzes zu beachten, wonach Grundrechtseingriffe auf einer gesetzlichen Grundlage beruhen müssen. Nicht ausreichend ist also, wenn sie lediglich 362 in der Einrichtungssatzung oder gar in einer schlichten Benutzungsordnung vorgesehen sind (vgl. Rn. 314 ff.). Allerdings kommt nicht jeder Benutzungsregelung grundrechtsbeeinträchtigender Charakter zu. Hier ist wie folgt zu differenzieren: Die meisten Beschränkungen gestalten die Benutzungsgrundlage lediglich näher aus; die Benutzer erklären sich durch die freiwillige Benutzung der Einrichtung hiermit einverstanden. Erst wenn sich nach eingehender materieller Prüfung die Beschränkungen als Grundrechtseingriff darstellen, bedürfen sie der Rechtfertigung. Diese kann gestützt werden auf den besonderen Einrichtungszweck, den Schutz der anderen Benutzer oder der übrigen Gemeindeeinwohner und vor allen Dingen auf die Integrität der jeweiligen Einrichtung.

> **Beispiel:** Der Konflikt zwischen den Grundrechten eines Kindes (Art. 4 I GG) und seinen Eltern (Art. 6 II GG) mit den Grundrechten der anderen Kinder und Eltern sowie den Erziehungszielen der Gemeinde als Trägerin eines Kindergartens ist im Hinblick auf die Teilnahme am täglichen Tischgebet in einem kommunalen Kindergarten nach dem Grundsatz der praktischen Konkordanz (Art. 4 I GG ist „vorbehaltloses Grundrecht") und unter Beachtung der einfachgesetzlichen Wertungen des Jugendhilferechts (mit einer gewissen Bandbreite von Ergebnissen, wie ein durch die Instanzen hindurch entschiedener Fall aus Hessen zeigt, vgl. VG Gießen, NJW 2003, 1265; HessVGH, NJW 2003, 2846; BVerfG, NVwZ 2003, 3468) aufzulösen.

363 Das Benutzungsverhältnis kann sowohl öffentlich-rechtlich als auch privatrechtlich ausgestaltet sein. Dabei besitzt die Gemeinde – ebenso wie bei der vorgeschalteten Wahl der Organisationsform (vgl. Rn. 331 ff.) – ein **Wahlrecht**. Freilich ist die Wahl der Handlungsform teilweise von der Wahl der Organisationsform determiniert.

a) Bei öffentlich-rechtlicher Organisationsform

364 Ist eine öffentliche Einrichtung (unmittelbar oder mittelbar; vgl. Rn. 331 ff.) öffentlich-rechtlich organisiert, so besitzt die Gemeinde nach heute herrschender Meinung ein **Wahlrecht** hinsichtlich der Handlungsformen, also der Ausgestaltung des Benutzungsverhältnisses. Sie kann sich für die öffentlich-rechtliche Handlungsform (und damit die klassischen Instrumente des Verwaltungsaktes und Verwaltungsvertrages) entscheiden, in Betracht kommt aber auch eine privatrechtliche Ausgestaltung. In diesem Fall wird typischerweise ein „Mietvertrag" mit den Benutzern abgeschlossen und ein „Mietzins" erhoben.

Ist die Handlungsform nicht eindeutig bestimmbar, so streitet eine Vermutung zugunsten der öffentlich-rechtlichen Ausgestaltung. Indizien zur näheren Bestimmung sind jeweils den Unterlagen und Verlautbarungen der Gemeinde zu entnehmen.

365 Von der konkreten Ausgestaltung des Benutzungsverhältnisses hängen verschiedene **Rechtsfolgen** ab. Bei **öffentlich-rechtlicher Ausgestaltung** finden Streitigkeiten der zweiten Stufe (des „Wie") ebenso wie solche der ersten Stufe (des „Ob") vor dem Verwaltungsgericht statt, weil es sich jeweils um „öffentlich-rechtliche Streitigkeiten" i. S. v. § 40 I VwGO handelt. Entgelte

können nur in der Form von Benutzungsgebühren auf der Grundlage von §§ 2, 6 KAG erhoben werden. Es entsteht regelmäßig ein sog. verwaltungsrechtliches Schuldverhältnis. Innerhalb dessen sind die verschiedenen Bestimmungen des BGB entsprechend anwendbar. Hiernach bestimmen sich etwaige Haftungsansprüche, wobei daneben der öffentlich-rechtliche Amtshaftungsanspruch (Art. 34 GG i.V.m. § 839 BGB) zum Tragen kommen kann (vgl. zur haftungsrechtlichen Situation *Maurer*, Allgemeines Verwaltungsrecht, 18. Aufl. 2011, § 26 Rn. 39).

Die Rechtsfolge bei Wahl der privatrechtlichen Handlungsform wird sogleich, im Zusammenhang mit der Darstellung der Situation bei privatrechtlicher Organisationsform, näher erörtert.

b) Bei privatrechtlicher Organisationsform

Entscheidet sich die Gemeinde für eine Trägerschaft in Privatrechtsform (vgl. Rn. 331 ff.), ist auf der Stufe des Benutzungsverhältnisses eine Rückkehr zum Öffentlichen Recht nicht mehr möglich. Der private Rechtsträger ist **zwingend** auf die **privatrechtliche Handlungsform** beschränkt, da die Handlungsformen des Öffentlichen Rechts allein öffentlich-rechtlich organisierten Trägern vorbehalten sind. 366

Bei Wahl der privatrechtlichen Handlungsform (sowohl bei öffentlich-rechtlicher als auch privatrechtlicher Organisationsform) ergeben sich daher die **Rechtsfolgen** aus dem Privatrecht. Über Streitigkeiten entscheiden die ordentlichen Gerichte. Zwischen der Gemeinde und den Benutzern wird ein privatrechtlicher Vertrag (typischerweise Mietvertrag) geschlossen. Die Haftung richtet sich nach den Regeln des Vertrags- bzw. Deliktsrechts (vgl. *Maurer*, Allgemeines Verwaltungsrecht, aaO, § 26 Rn. 56). Es wird ausschließlich ein privatrechtliches Entgelt erhoben (Mietzins), eine öffentlich-rechtliche Gebührenerhebung ist nicht möglich. Bei der Kalkulation der Höhe des Entgelts ist die Gemeinde allerdings nicht völlig frei, sondern unterliegt spezifischen Bindungen, die über die Vertragsklauseln der §§ 138, 242 BGB auf das Benutzungsverhältnis einwirken (sog. Verwaltungsprivatrecht). Die Grundrechtsbindung bleibt sowieso bestehen (vgl. Rn. 397). 367

c) Kombinationsmöglichkeiten und Rechtsfolgen

	Stufe der Zulassung	Stufe der Benutzung: öffentlich-rechtlich	Stufe der Benutzung: privatrechtlich
Öffentlich-rechtliche Organisationsform (unmittelbar)	Kommunalrechtlicher Zulassungsanspruch	möglich	möglich
Öffentlich-rechtliche Organisationsform (mittelbar)	Kommunalrechtlicher Verschaffungsanspruch	möglich	möglich
Privatrechtliche Organisationsform (mittelbar)	Kommunalrechtlicher Verschaffungsanspruch	nicht möglich	möglich

368

§ 2. Kommunalrecht

6. Anschluss- und Benutzungszwang

369 In Bereichen von zentraler Bedeutung für die Gesundheit, Umwelt und Hygiene basiert die Benutzung von darauf bezogenen öffentlichen Einrichtungen oftmals nicht auf einer freiwillig beantragten Zulassung, sondern auf einem sog. Anschluss- und Benutzungszwang. Nach § 9 S. 1 GO können die Gemeinden bei öffentlichem Bedürfnis durch Satzung für die Grundstücke ihres Gebiets den Anschluss an bestimmte Einrichtungen (Anschlusszwang) und die Benutzung dieser Einrichtungen (Benutzungszwang) vorschreiben. Dieses klassische kommunalrechtliche Instrument hat vielfach eine moderne Infrastruktur in den Städten erst ermöglicht und dient bis heute der geordneten Aufgabenerfüllung in gemeinwohlsensiblen Bereichen.

> **Beispiel:** Der Bereich der Abwasserbeseitigung, wo private Kloaken durch ein sämtliche Grundstücke im Gemeindegebiet umfassendes Kanalisationssystem ersetzt wurden.

370 Dem Anschluss- und Benutzungszwang korrespondiert zugleich das Verbot zum Betrieb und zur Benutzung konkurrierender privatwirtschaftlicher Einrichtungen dieser Art. Daher zieht die Begründung eines Anschluss- und Benutzungszwanges eine gemeindliche Monopolstellung nach sich.

371 Die Anordnung eines Anschluss- und Benutzungszwangs stellt einen Eingriff in die Grundrechte der Betroffenen dar, so dass nach der Regel vom **Vorbehalt des Gesetzes** allein eine Satzung als Rechtsgrundlage nicht ausreichend ist (vgl. bereits Rn. 314 ff.). Vielmehr bedarf es einer spezialgesetzlichen Grundlage. Diese ist in § 9 GO zu finden. Die Einzelheiten werden sodann durch Satzung geregelt.

Der Anordnung eines Anschluss- und Benutzungszwangs bedarf es nur, wenn in dem entsprechenden Bereich der Daseinsvorsorge keine spezialgesetzliche Regelung eine entsprechende Überlassungspflicht statuiert. In NRW ist z.B. im Abfallrecht (vgl. § 9 Ia 1 LAbfG i.V. m. § 13 KrWG eine spezialgesetzliche Überlassungspflicht vorgesehen.

a) Begriff und Anwendungsbereich

372 Ein **Anschlusszwang** ist die Verpflichtung, Maßnahmen am (innerhalb eines bestimmten Gebietes gelegenen) Grundstück zu dulden oder selbst vorzunehmen (typischerweise die Verlegung von Leitungen) und so die technische Verbindung zu der öffentlichen Einrichtung herzustellen. Ein **Benutzungszwang** muss nicht immer zwingend mit einem Anschlusszwang einher gehen. Wird er angeordnet, so ist er indes mit dem Anschlusszwang verknüpft. Er beinhaltet die Verpflichtung, die Einrichtungen auch tatsächlich zu nutzen; die Benutzung anderer ähnlicher Einrichtungen ist verboten. Mit dieser Pflicht korrespondiert zugleich ein Recht des Betroffenen auf Benutzung der entsprechenden Einrichtung.

> **Beispiel:** Klassische Beispiele sind die Abwasserentsorgungseinrichtungen (Abwasserkanäle, Klärwerke etc.), die Schlachthöfe oder die Einrichtungen der Wasserversorgung (vgl. hierzu *Fischer/Zwetkow*, NVwZ 2003, 281 ff., u. OVG NRW, NWVBl. 2009, 438), daneben aber auch die Bestattungseinrichtungen (vgl. weiterführend *Spranger*, NWVBl. 2004, 9).

b) Voraussetzungen

Nach § 9 GO setzt die Anordnung eines Anschluss- und Benutzungszwangs zweierlei voraus:
– Das Vorhandensein einer öffentlichen Einrichtung (vgl. Rn. 325 ff.; zur Vereinbarkeit dieses Erfordernisses mit Art. 28 II GG vgl. BVerwG, NVwZ 2005, 963), die die im Einzelnen genannten materiellen Voraussetzungen erfüllt (1);
– Das Vorliegen eines (näher qualifizierten) öffentlichen Bedürfnisses (2).

Zu (1): In § 9 S. 1 GO sind beispielhaft einzelne **Einrichtungen** (u. a. „Wasserleitung", „Kanalisation") aufgeführt, darunter im Gefolge einer veränderten Umwelt- und Energiepolitik auch die Einrichtungen der „Versorgung mit Fernwärme". Mangels eindeutigem Bezug zum Gesundheitsschutz auf der konkreten öffentlichen Ebene ist bei diesen Einrichtungen besonders auf das Merkmal des öffentlichen Bedürfnisses zu achten. Auch Art. 20a GG ermächtigt die Gemeinden nicht zu einem Tätigwerden ohne Bezug zur örtlichen Gemeinschaft (BVerwG, DVBl. 2006, 779). Die sich hieraus ergebenden Unsicherheiten hat der Gesetzgeber mit der neu geschaffenen Vorschrift des § 16 Erneuerbare-Energien-Wärmegesetz reduziert, die in Ergänzung der GO-Ermächtigungsgrundlagen die Anordnung eines Anschluss- und Benutzungszwangs zugunsten der Netze der Nah- und Fernwärmeversorgung erleichtern will (näher *Kahl*, VBlBW 2011, 53). Zugunsten nicht explizit genannter öffentlicher Einrichtungen kann nach § 9 S. 1 GO dann ein Anschluss- und Benutzungszwang eingerichtet werden, wenn es sich um eine „ähnliche der Volksgesundheit dienende Einrichtung" handelt. Dazu soll z.B. die Erdgasversorgung nicht gehören (vgl. VGH Bad.-Württ., DVBl. 1994, 1153). Anerkannt ist dagegen die Einbeziehung der Friedhöfe in den Anwendungsbereich eines Anschluss- und Benutzungszwangs (vgl. HessVGH, NVwZ 1988, 847).

Zu (2): Das **„öffentliche Bedürfnis"** umfasst nicht jeden beliebigen Gemeinwohlbelang, sondern muss gerade in der Erhaltung bzw. Förderung der Volksgesundheit einschließlich ihrer ökologischen Bezüge bestehen. Nur wenn dieses Erfordernis erfüllt ist, können zusätzlich Rentabilitätserwägungen einfließen. Allein aus fiskalischen Erwägungen heraus kann dagegen ein Anschluss- und Benutzungszwang nicht gerechtfertigt werden.

Das Tatbestandsmerkmal des „öffentlichen Bedürfnisses" ist ein unbestimmter Rechtsbegriff, welcher von den Verwaltungsgerichten vollumfänglich nachgeprüft werden kann und muss. Teilweise wird zwar zugunsten der Gemeinden ein Beurteilungsspielraum angenommen (vgl. OVG NRW, NVwZ 1987, 227), was jedoch angesichts der berührten Grundrechte und in Anbetracht der Rekonstruierbarkeit der gemeindlichen Entscheidungssituation anhand von Datenmaterial etc. nicht überzeugt. So wurde z.B. im Hinblick auf eine Kanalisationseinrichtung ein öffentliches Interesse in Bezug auf das Schmutzwasser, nicht jedoch auf das Niederschlagswasser angenommen (vgl. OVG NRW, NWVBl. 2003, 380 mit Anm. *Hünnekens/Kröcher*, NWVBl. 2004, 88). Vgl. zur Fernwärme ferner BGH, NJW 2002, 3779.

c) Vereinbarkeit mit höherrangigem Recht

377 Die Anordnung eines Anschluss- und Benutzungszwanges stellt regelmäßig einen Eingriff in die **Grundrechte der betroffenen Anschluss- und Benutzungspflichtigen** dar. Jedenfalls beeinträchtigt ist das Grundrecht der allgemeinen Handlungsfreiheit aus Art. 2 I GG, u. U. kann aber auch im Falle bereits vorhandener funktionsfähiger eigener Anlagen (z. B. Brunnen, Heizanlage etc.) eine Beeinträchtigung der Eigentumsgarantie aus Art. 14 GG in Betracht kommen. In allen Fällen ist grundsätzlich eine Rechtfertigung durch die erforderlichen Gründe der Volksgesundheit bei gleichzeitiger Beachtung des Verhältnismäßigkeitsgrundsatzes möglich. Die erforderliche Stilllegung bislang genutzter Eigenanlagen konkretisiert insbesondere die Sozialbindung des Eigentums, vgl. Art. 14 I 2 GG. Für Härtefälle sehen die jeweiligen Satzungen regelmäßig Ausnahme- und Befreiungsmöglichkeiten vor (vgl. § 9 S. 2 u. 3 GO sowie S. 4 für Fernwärmeeinrichtungen).

378 Die **Anbieter vergleichbarer Leistungen** verlieren mit der Anordnung eines Anschluss- und Benutzungszwangs oftmals Marktanteile in erheblichem Umfang (z. B.: nach Anschluss an die Fernwärmeversorgung geht der Heizölbedarf zurück). Da die Aussicht auf künftige Früchte wirtschaftlicher Betätigung weder vom Schutzbereich des Art. 12 I GG noch von Art. 14 GG erfasst ist und die vorhandene betriebsnotwendige Ausstattung jedenfalls nicht enteignet wird, bestehen hier nur geringe Erfolgsaussichten für ein grundrechtsgestütztes Vorgehen. Insbesondere die Rechtsprechung hält (vorbehaltlich der Besonderheiten des jeweiligen Einzelfalls) diese Beeinträchtigungen für grundsätzlich rechtfertigungsfähig. Auch hinsichtlich der Dienstleistungsfreiheit nach Art. 56 u. 57 AEU-Vertrag ist eine Beschränkung bei Vorliegen „zwingender Erfordernisse" und unter Beachtung des Verhältnismäßigkeitsgrundsatzes statthaft. Eine Diskriminierung liegt angesichts der gleichmäßigen Betroffenheit von in- und ausländischen Anbietern nicht vor.

d) Benutzungs- und Entgeltverhältnis

379 Auch im Rahmen eines Anschluss- und Benutzungszwangs stellen sich Fragen nach der konkreten Ausgestaltung des Benutzungsverhältnisses, insbesondere zur Finanzierung. Trotz der hoheitlichen Ausgestaltung der „ersten Stufe" kann das Benutzungsverhältnis auch hier privatrechtlichen Charakters sein. Das allgemein anerkannte **Wahlrecht** der Gemeinde besteht ungeachtet der Anordnung eines Anschluss- und Benutzungszwangs fort. Konkret bedeutet dies, dass auch privatrechtliche Entgelte (anstelle von Benutzungsgebühren) erhoben werden können.

So jedenfalls die überwiegende und im Ergebnis richtige Auffassung (vgl. BGH, NVwZ 1990, 388; SächsOVG, DVBl. 1997, 507, sowie *Hüting/Koch*, LKV 1999, 132; a. A. OVG LSA, LKV 1999, 150).

7. Anhang

Literatur: *v. Danwitz*, Die Benutzung kommunaler Einrichtungen – Rechtsformen, Wahl und gerichtliche Kontrolle, JuS 1995, 1; *Weiß*, Öffentliche Monopole, kommunaler Anschluss- und Benutzungszwang und Art. 12 GG, VerwArch, 89 (1999), 415; *Becker/Sichert*, Einführung in die kommunale Rechtsetzung am Beispiel gemeindlicher Benutzungssatzungen, JuS 2000, 144, 348, 552; *Dietlein*, Rechtsfragen des Zugangs zu kommunalen Einrichtungen, JURA 2002, 445; *Schmidt*, Der Anspruch der Nichteinwohner auf Nutzung kommunaler Einrichtungen, DÖV 2002, 696; *Faber*, Der kommunale Anschluss- und Benutzungszwang, 2005; *Pielow/Finger*, Der Anschluss- und Benutzungszwang im Kommunalrecht, Jura 2007, 189; *Donhauser*, Neue Akzentuierungen bei der Vergabe von Standplätzen auf gemeindlichen Volksfesten und Märkten, NVwZ 2010, 931; *Ehlen*, Rechtsprobleme der Nutzung kommunaler öffentlicher Einrichtungen, JURA 2012, 692 u. 849. 380

Klausurfälle: *Gornig/Jahn*, JuS 1992, 857; *Kelm*, JA 1999, 217; *Halbig*, JuS 1999, 468; *Winkler*, JA 2002, 145; *Sauer*, JuS 2004, 1085; *Hartmannsberger*, JuS 2006, 614; *Schönberger/Reimer*, Jura 2006, 139; *Burgi*, 9. Klausur, in: Dietlein/Burgi/Hellermann, Klausurenbuch Öffentliches Recht in NRW, 2009, 117; *Heckel*, JA 2012, 361.

Kontrollfragen:

1. Welche Charakteristika bestimmen den Begriff der „öffentlichen Einrichtung"?
2. Kann eine öffentlich-rechtliche Einrichtung auch privatrechtlich organisiert sein?
3. In welchem Rahmen besteht ein Zulassungsanspruch zu einer kommunalen öffentlichen Einrichtung?
4. Was ändert sich, wenn die Kapazität einer öffentlichen Einrichtung erschöpft ist?
5. Kann eine Kommune die Ablehnung eines Zulassungsgesuchs auf ordnungsrechtliche Gesichtspunkte stützen?
6. Wenn sich eine Kommune zur Organisation ihrer öffentlichen Einrichtung in öffentlich-rechtlicher bzw. privatrechtlicher Form entscheidet: Welche Handlungsformen stehen ihr zur Verfügung?
7. Kann ein Anschluss- und Benutzungszwang durch Satzung angeordnet werden?

III. Wirtschaftstätigkeit und Privatisierung

In vielen Bereichen agieren die Gemeinden bei ihrer Aufgabenerfüllung wie Unternehmen, d. h. sie bieten Leistungen gegen Entgelt an oder fragen Leistungen gegen Entgelt nach. Äußerlich handelt es sich dann um eine wirtschaftliche Betätigung, gleichgültig, ob eine Gewinnerzielungsabsicht besteht. Typisch ist ein solches wirtschaftliches Engagement im Bereich der **sog. Daseinsvorsorge**, d. h. bei der „Befriedigung der Bedürfnisse für eine dem jeweiligen Lebensstandard entsprechende Lebensführung". 381

Der Begriff der Daseinsvorsorge ist maßgeblich durch *Ernst Forsthoff* geprägt worden (vgl. Verwaltungsrecht I, 10. Aufl., 1973, S. 370; ferner *Ossenbühl*, DÖV 1971, 513 [516 f.]; *Hellermann*, Örtliche Daseinsvorsorge und gemeindliche Selbstverwaltung, 2000, S. 1 f.). Es handelt sich nicht um einen Rechtsbegriff, da aus ihm unmittelbar keine Rechtsfolgen abgeleitet werden können (anders zuletzt

§ 2. Kommunalrecht

wieder *Ronellenfitsch*, in: Blümel [Hrsg.], Ernst Forsthoff. Kolloquium aus Anlass des 100. Geburtstags, 2003, 53 [73 ff.]); diff. *Kersten*, Der Staat 44 [2005], 543 ff.; *Winkel*, NWVBl. 2008, 285).

382 So erledigen die Kommunen die Aufgaben der Wasserversorgung oder Abwasserbeseitigung mit Stadtwerke-GmbH's, erfüllen die Bedürfnisse des ÖPNV durch Nahverkehrsbetriebe-AG's und erbringen auch im kulturellen (Kunsthaus-GmbH) bzw. sozialen Bereich (Krankenhausgesellschaft) Leistungen innerhalb von Austauschbeziehungen. Die **Gründe** hierfür liegen – neben aufgabenspezifischen Aspekten (z. B. Fehlen privatwirtschaftlichen Engagements) – in der wachsenden Finanznot der Kommunen und der Veränderung der wirtschaftlichen und rechtlichen Rahmenbedingungen infolge voranschreitender Liberalisierungsbemühungen (v. a. in den Bereichen Energie und Telekommunikation). Hinzu kommt die bereits beschriebene (Rn. 163 f.) Ökonomisierung des Staates und damit auch der Kommunen.

383 Die wirtschaftliche Betätigung betrifft den Modus (das „Wie") der gemeindlichen Aufgabenerfüllung. Sie wird in den §§ 107 ff. GO reglementiert. Diese Vorschriften regeln allerdings nur einen Teil der kommunalwirtschaftlichen Betätigung. Darüber hinaus spielen Bestimmungen des Europarechts und des Verfassungsrechts eine Rolle, die übrigens genauso für die wirtschaftliche Betätigung auf den Ebenen in Bund und Ländern gelten. Im folgenden wird daher neben den kommunal-rechtlichen Bestimmungen auch der allgemeine Rechtsrahmen in Bezug auf das „Ob" und das „Wie" skizziert (vgl. 2) bevor es schwerpunktmäßig um die Besonderheiten der §§ 107 ff. GO (vgl. 3) und um den Rechtsschutz (vgl. 4) geht. Abschließend werden die Themen „Privatisierung und Organisationsformenwahl" behandelt, da sie vor allem im Bereich der wirtschaftlichen Betätigung berührt sind (vgl. 5). Wegen der Fülle des Materials werden die Literaturhinweise ausnahmsweise nach Abschnitten getrennt.

1. Problematik kommunaler Wirtschaftsbetätigung

384 In der Regel erfolgt die wirtschaftliche Betätigung der Gemeinden nicht durch die unmittelbare Kommunalverwaltung selbst, sondern durch eigens zu diesem Zweck gegründete sog. **„öffentliche Unternehmen"**. Diese können in öffentlich-rechtlicher aber auch in privatrechtlicher Form organisiert sein. Nach der Begriffsbestimmung der EG-Transparenzrichtlinie 2006/111/EG v. 16.11.2006 (ABl. EG L 318/17), zuletzt geändert durch Richtlinie 2009/162/EU v. 22.12.2009 (ABl. L 10/14), sind öffentliche Unternehmen all diejenigen Einheiten, auf die die öffentliche Hand (die Gemeinde) „auf Grund ihres Eigentums, finanzieller Beteiligung, Satzung oder sonstiger Bestimmungen ... einen beherrschenden Einfluss ausüben kann" (Art. 2 I lit. b); vgl. zum europäischen Unternehmensbegriff zuletzt auch EuGH, EuZW 2006, 600). Unabhängig von der Rechtsform kommt es daher immer darauf an, dass die entsprechende Einheit in ihrem Bestand der Kommune zuzurechnen ist. Das Gesetz zur Schaffung von mehr Transparenz in öffentlichen Unternehmen in NRW v. 17.12.2009 (GVBl., 950) verpflichtet (vgl. z.B. für

D. Handlungsformen und Instrumente 255

Unternehmen in Privatrechtsform seither § 108 I 1 Nr. 9 GO) zur Veröffentlichung der Bezüge von Vorstands- und Aufsichtsratsgremienmitglieder (näher *Pommer,* NWVBl. 2010, 459; krit. *Keller,* Städte- und Gemeinderat 2010, 9; *Dietlein/Riedel,* NWVBl. 2010, 453; *Kreutz,* DÖV 2012, 89) was kompetenz- (abschließende Regelung im Handelsgesetzbuch?) und grundrechtliche Fragen (Recht auf informationelle Selbstbestimmung?) aufwirft.

Viele der Aufgaben im Bereich der Daseinsvorsorge werden innerhalb von 385 „öffentlichen Einrichtungen" (vgl. Rn. 325 ff.) erfüllt. Allerdings gibt es kommunalwirtschaftliche Betätigungen auch außerhalb des Betriebs öffentlicher Einrichtungen (z.B. bei der Vermarktung von Holz aus dem Gemeindewald, welcher Bestandteil des sog. Finanzvermögens [vgl. Rn. 85, 381 f.]) ist. In § 108 I 1 Nr. 2 GO ist seit Ende 2010 klargestellt (vgl. zuvor OVG NRW, NWVBl. 2011, 149), dass bei „Einrichtungen", die in Privatrechtsform betrieben werden (näher Rn. 425 f.), ein „wichtiges Interesse" genügt, während das in § 8 I GO enthaltene Erfordernis einer „Betreuung der Einwohner" insoweit nicht eingreift. Somit können auch Einrichtungen, die nur den Eigenbedaf der Gemeinde decken sollen (z.B.: EDV-Service-Gesellschaft) als „Unternehmen" betrieben werden.

a) Die kommunalrechtliche Dimension

Die verfassungsrechtliche Selbstverwaltungsgarantie (Art. 28 II GG bzw. 386 Art. 78 LV) gewährleistet innerhalb der Eigenverantwortlichkeit (vgl. Rn. 73 f.) die Freiheit der Kommunen, auch über den Modus der Aufgabenerfüllung zu entscheiden. An dieser Stelle ist die wirtschaftliche Betätigung der Gemeinde verankert. Dabei schützt die „Rechtsinstitutionsgarantie" (Teilaspekt **Eigenverantwortlichkeit**) gegen gesetzliche Verbote und Beschränkungen sowie gegen entsprechende Verwaltungs- und Gerichtsentscheidungen. Da die grundsätzliche Entscheidung für eine wirtschaftliche Betätigung (das „Ob") zum Kernbereich der Selbstverwaltungsgarantie zählen dürfte, wäre ein vollständiges, voraussetzungsloses Verbot jeglicher kommunaler Wirtschaftstätigkeit verfassungswidrig.

Dagegen kann Art. 28 II GG kein materiell-rechtliches Aufgabenvertei- 387 lungsprinzip im **Verhältnis zur Privatwirtschaft** entnommen werden (vgl. bereits Rn. 62), d.h. er beinhaltet weder einen legitimierenden noch einen privilegierenden Charakter gegenüber privaten Leistungserbringern. Auch der bloße Hinweis auf die Notwendigkeit der Leistungserbringung für die Daseinsvorsorge rechtfertigt keine kommunale Monopolstellung. Denn dieser Begriff bringt lediglich deskriptiv zum Ausdruck, dass die staatliche bzw. kommunale Leistungserbringung in einem modernen Gemeinwesen notwendigerweise über die Gewährleistung von Sicherheit und Ordnung hinausgeht. Daher kann auch die Frage nach der Leistungstiefe, d.h. ob die öffentliche Hand besser selbst handelt oder ob die Sicherstellung privater Leistungserbringung ausreichend ist, nicht mit Hilfe dieses Begriffes beantwortet werden. Freilich geht es bei der kommunalen Wirtschaftsbetätigung um mehr als um bloße Gewinnerzielung. Im Mittelpunkt stehen bestimmte sozial-, umwelt- oder kulturpolitische Ziele, die im Wege unternehmerischen Handelns anstatt durch Ge- oder Verbote verwirklicht werden sollen. Faktoren wie Gewinn,

§ 2. Kommunalrecht

Liquidität sowie Wachstum sind lediglich Formalziele im Bereich des entsprechenden Unternehmens.

Literatur: *Hellermann,* Örtliche Daseinsvorsorge und gemeindliche Selbstverwaltung, 2000; *Schneider,* Der Staat als Wirtschaftssubjekt und Steuerungsakteur, DVBl. 2000, 1250; *Storr,* Der Staat als Unternehmer, 2001; *Löwer,* Der Staat als Wirtschaftssubjekt und Auftraggeber, VVDStRL 60 (2001), 416; *Edeling* u.a. (Hrsg.), Öffentliche Unternehmen. Entwicklung und Privatisierung, 2001 (aus verwaltungswissenschaftlicher Sicht); *Burgi,* Verwalten durch öffentliche Unternehmen im europäischen Institutionenwettbewerb, VerwArch 93 (2002), 255; *Rennert,* Der Selbstverwaltungsgedanke im kommunalen Wirtschaftsrecht, DV 35 (2002), 319; *Ehlers,* Gutachten E für den 64. DJT, in: Ständige Deputation des DJT (Hrsg.), Band I, 2002; *Britz,* „Kommunale Gewährleistungsverantwortung", DV 37 (2004), 145; *Franz,* Gewinnerzielung durch kommunale Daseinsvorsorge, 2005.

b) Gemeinden und Kreise als Nachfrager: Vergaberecht

388 Die Gemeinden nehmen am wirtschaftlichen Leben nicht nur als Anbieter von Leistungen teil, sondern treten auch als Nachfrager wirtschaftlicher Leistungen auf, indem sie Güter (von den viel zitierten Bleistiften über den Fuhrpark bis hin zu EDV-Anlagen), Bauleistungen und sonstige Dienstleistungen aller Art von Privaten beschaffen. Insgesamt umfasst die öffentliche Nachfragetätigkeit rund 16 % des Bruttoinlandsprodukts. Diese Beschaffungsverträge werden „öffentliche Aufträge" genannt. Die rechtliche Ausgestaltung des kommunalen Beschaffungsverhaltens ist im sog. Vergaberecht geregelt. Das Vergaberecht ist auf Gemeinschaftsebene entscheidend durch die EG-Vergaberichtlinien (Bau-/Liefer-/Dienstleistungsrichtlinie) geprägt worden, welche das Ziel der Binnenmarktöffnung auch für die Beschaffungsmärkte etablieren sollten. Im Jahre 2004 sind die bis dahin thematisch untergliederten Richtlinien in der einheitlichen **Vergaberichtlinie 2004/18/EG** zusammengefasst worden (Richtlinie zur Koordinierung der Verfahren zur Vergabe v. 31.03.2004 [ABl. EG L Nr. 134 v. 30.04.2004]; sog. Legislativpaket).

389 Die Vergaberichtlinien sind in Deutschland durch das Vergaberechtsänderungsgesetz v. 26.08.1998 (BGBl. I, 2512) sowie in den Jahren 2006 und 2009 durch verschiedene kleinere Anpassungen umgesetzt werden. Die allgemeinen Grundsätze der Vergabe sowie die wesentlichen verfahrensrechtlichen Bestimmungen sind seither im Vierten Abschnitt (vgl. §§ 97 ff.) des Gesetzes gegen Wettbewerbsbeschränkungen (GWB – sog. **EU-Sekundärvergaberecht** teilweise auch genannt Kartellvergaberecht) i.V.m. der Vergabeverordnung (VgV) zu finden, während weitere verfahrensrechtliche (Ausschreibungspflicht!) und materielle Anforderungen in den sog. Vergabe-(früher: Verdingungs)ordnungen (für Bauleistungen: VOB/A; für Dienstleistungen: VOL/A; für freiberufliche Leistungen: VOF) auf dem Stande von 2012 bzw. 2009 niedergelegt sind. Hierbei handelt es sich um nichtstaatliche Regelwerke, die erst durch die Verweisungsvorschriften der §§ 4 ff. VgV Rechtsnormcharakter erlangen. Gemäß § 97 VII GWB besitzt jeder „Bieter" einen Anspruch auf Einhaltung der Vergabevorschriften, welcher vor der „Vergabekammer" (§ 102 GWB) und sodann vor dem OLG durchgesetzt werden kann.

Der Anwendungsbereich der vorgenannten Bestimmungen ist erst ober- 390
halb bestimmter **Schwellenwerte** (bei Bauaufträgen rund 5 Mio. Euro; bei
Dienstleistungs- bzw. Lieferaufträgen rund 200 000 Euro) eröffnet. Auftragsvergaben unterhalb der Schwellenwerte sind bestimmten gemeindehaushaltsrechtlichen Anforderungen unterworfen, hier gibt es aber kein
explizit eingeräumtes subjektives Recht (zurückhaltend BVerfG, NJW 2006,
3701; vgl. allerdings die Mitteilung der EG-Kommission v. 1.8.2006 [ABl.
EG C Nr. 179/02] zu europarechtlich fundierten Rechten). Das BVerwG
(NVwZ 2007, 820); krit. *Burgi*, NVwZ 2007, 737, hält für diesbezügliche
Streitigkeiten den Verwaltungsrechtsweg für nicht eröffnet.

Literatur: *Hertwig*, Praxis der öffentlichen Auftragsvergabe, 4. Aufl. 2009; *Lux*,
Einführung in das Vergaberecht, JuS 2006, 969 ff.; *Burgi*, Die Zukunft des Vergaberechts, NZBau 2009, 609; *Byok*, Die Entwicklung des Vergaberechts seit 2012,
NJW 2013, 1488, *Burgi*, NJW 2013, 1488.

2. Überblick: Der allgemeine Rechtsrahmen

Der folgende Abschnitt stellt die europa- und verfassungsrechtlichen Deter- 391
minanten des „Ob" und „Wie" kommunalwirtschaftlicher Betätigung dar.
Problematisch ist die kommunale Wirtschaftsbetätigung vor dem Hintergrund, dass angesichts der Nähe dieser Unternehmen zur Gemeinde die Gefahr einer Wettbewerbsverfälschung zumindest möglich erscheint. Zudem
wird der Druck der Privaten gegenüber dieser Konkurrenz immer größer; die
Kommunalwirtschaft sieht sich verstärkt einem Rechtfertigungsdruck ausgesetzt.

a) Statthaftigkeit (Ob)

Aus dem **europäischen Primärrecht (AEU-Vertrag)** ergeben sich keine An- 392
forderungen an das „Ob" kommunaler Betätigung. Das Europarecht ist
vielmehr durch „Neutralität und Gestaltungsfreiheit" gegenüber der kommunalen Wirtschaftstätigkeit geprägt (so die EU-Kommission in ihrer Mitteilung v. 20.09.2000 [KOM [2000] 580 endg.]). Das Europarecht verpflichtet weder zur Verfolgung eines öffentlichen Zwecks noch enthält es eine
Subsidiaritätsklausel zugunsten der Privatwirtschaft. Nach Art. 345 AEU
bleiben die Eigentumsordnungen der jeweiligen Mitgliedstaaten und damit
die Zuordnung von Unternehmen zu kommunalen/privaten Trägern unberührt. Zudem gelten nach Art. 86 106 I, II AEU-Vertrag sowohl für private
wie für öffentliche Unternehmen grundsätzlich die gleichen Regeln. Zugunsten der Kommunen wird oftmals Art. 14 AEUV ins Feld geführt, wonach die
Union im Rahmen der übrigen Vertragsbestimmungen sicherstellen muss,
dass „Dienste von allgemeinem wirtschaftlichem Interesse so gestaltet sind,
dass sie ihren Aufgaben nachkommen können". Diese Bestimmungen gelten
dem „Wie" kommunalwirtschaftlicher Betätigung und verdeutlichen, dass
das Europarecht „trägerneutral" ist. Wer auch immer diese „Dienste" anbietet, muss es unter Beachtung der Spielregeln tun.

§ 2. Kommunalrecht

393 Auch das **Verfassungsrecht** enthält kein Verbot der staatlichen bzw. kommunalen Wirtschaftsbetätigung. Unter dem Grundgesetz muss aber jegliches Staatshandeln dem Gemeinwohl dienen. Das Erfordernis eines öffentlichen Zwecks ist damit verfassungsrechtlich begründet. Allein erwerbswirtschaftliche Gründe (reine Gewinnerzielungsabsicht) reichen somit nicht aus.

b) *Handlungsmaßstäbe (Wie)*

aa) *Europarecht*

394 Die kommunale Praxis ist in vielfältiger Weise von den europarechtlichen Vorgaben determiniert (vgl. Rn. 17 ff.). Am stärksten betroffen ist der Bereich der kommunalen Wirtschaftsbetätigung. In diesem Feld ist zugunsten der EU-Kommission und des EuGH ein weiter Kontrollraum eröffnet. Dies ist insbesondere im Bereich der Beihilfen zu spüren. Nach Art. 107 und Art. 108 AEUV sind Beihilfen grundsätzlich unstatthaft, sofern nicht die Kommission am Ende eines sog. Notifizierungsverfahrens (vgl. Art. 109 AEUV) die betroffene Beihilfe genehmigt. Im Bereich der kommunalwirtschaftlichen Betätigung kann eine Beihilfe zugunsten des eigenen Unternehmens vorliegen,
- wenn „ein privater Gesellschafter in vergleichbarer Lage unter Zugrundelegung der Rentabilitätsaussichten (nicht) entsprechend verfahren wäre" (sog. market-investor-test)
- und seitens des kommunalen Unternehmens keine adäquate Gegenleistung erbracht wird. Hier ist zu berücksichtigen, dass zumeist als Gegenleistung für die finanzielle Inspruchnahme eine gemeinwirtschaftliche Leistung erbracht wird (z. B. im ÖPNV); vgl. zum Beihilfetatbestand die einschlägige Rechtsprechung des EuGH (Slg. 2001, I-9067 [Ferring]; NJW 2003, 2515 [AltmarkTrans] m. Anm. *Franzius*, NJW 2003, 3029; *Pielow*, RdE 2004, 41). Der aktuelle Stand ergibt sich hier aus dem sog. Almunia-Paket; vgl. *Sonder/Bühner*, BayVBl. 2013, 296.

395 Daneben sind die Art. 101 und Art. 102 AEU (Wettbewerbsregeln) sowie die Grundfreiheitsbestimmungen zu beachten. Immer wenn ein Verstoß gegen die vorgenannten Vorschriften vorliegt, ist die Rechtfertigungsbestimmung des **Art. 106 II AEU** in den Blick zu nehmen. Hiernach können kommunale Unternehmen von diesen Bestimmungen ausgenommen sein, wenn ansonsten „die Anwendung dieser Vorschriften ... die Erfüllung der ihnen übertragenen besonderen Aufgabe rechtlich oder tatsächlich verhindert". Im Einzelnen bestehen bei der Auslegung aller Tatbestandsmerkmale Schwierigkeiten.

396 **Rechtsschutz** kann auf dieser Ebene im Wege eines gegen die Bundesrepublik Deutschland eingeleiteten Vertragsverletzungsverfahrens nach Art. 258 AEUV geltend gemacht werden, weil die Bundesrepublik für ein etwaiges kommunales Fehlverhalten einstehen muss. Darüber hinaus können privatwirtschaftliche Konkurrenten im Anschluss an ein Beihilfenotifizierungsverfahren nach Art. 2108 AEUV im Wege der Nichtigkeitsklage gemäß Art. 263 IV AEUV EG Rechtsschutz ersuchen.

bb) Verfassungsrecht

Nach Art. 1 III GG ist die Gemeinde bei unternehmerischem Handeln weiterhin an die **Grundrechte** gebunden. Diese Bindung besteht nach heute h. M. rechtsformunabhängig, d. h. auch dann, wenn privatrechtsförmig gehandelt wird (vgl. zuletzt BVerfG, NJW 2011, 1201). Umgekehrt ist den Gemeinden eine Berufung auf die Grundrechte verwehrt, d. h. es besteht auch in diesem Bereich keine Grundrechtsträgerschaft. Dies gilt ebenso für kommunal beherrschte Unternehmen in Privatrechtsform (so das BVerfG zu den Hamburgischen Elektrizitätswerken, vgl. NJW 1990, 1783; u. zuletzt RdE 2009, 252). Beachtlich sind ferner die aus dem Gebot der demokratischen Legitimation folgenden Anforderungen (vgl. Art. 20 II GG). Diese haben maßgeblichen Einfluss auf das sog. Privatisierungsfolgerecht, insbesondere nach einer Organisationsprivatisierung (vgl. Rn. 418 ff.).

397

cc) Wettbewerbsrecht

Die Anforderungen des Wettbewerbsrechts aus Art. 101, 102 AEUV (zur kartellrechtlichen Wasserpreiskontrolle BGH, NJW 2010, 2573, weiterführend *Säcker,* NJW 2012, 1105), dem GWB und dem UWG sind bei jeglicher kommunalwirtschaftlicher Betätigung zu beachten. So kann bei missbräuchlichem Ausnutzen der amtlichen Autorität oder bei Verquickung von öffentlichen und erwerbswirtschaftlichen Interessen ein unlauteres Verhalten i. S. d. § 3 UWG (früher: § 1 UWG) vorliegen.

398

> **Beispiele:** Gemeinsame räumliche Unterbringung des Bestattungsamtes und eines kommunalen Bestattungsunternehmens (vgl. OLG München, GRUR 1987, 550; BGH, DVBl. 2006, 116, bzw. irreführende Werbung [„Städtische Pietät"]; OLG Frankfurt a.M., KommJur 2008, 377). Von der Rechtsprechung für zulässig gehalten wird der Verkauf von KfZ-Schildern durch einen städtischen Betrieb in den Räumen der städtischen KfZ-Zulassungsstelle (vgl. BGH, NJW 1974, 1333; NJW 1998, 3778, und noch Rn. 399 ff.). Ein Verstoß gegen § 3 UWG kann darin liegen, dass sich mehrere Kommunen zusammenschließen, um gemeinsam Ausrüstungsgegenstände für Feuerlöschzüge (sog. Einkaufskartell) zu beschaffen (vgl. BGH, NVwZ 2003, 1012).

Literatur: *Burgi,* Die Repolitisierung der Staatswirtschaft in europäischer Perspektive, in: Eberle/Ibler/Lorenz (Hrsg.), FS Brohm, 2002, 35; *Mann,* Öffentliche Unternehmen im Spannungsfeld von öffentlichem Auftrag und Wettbewerb, JZ 2002, 819; *Papier,* Kommunale Daseinsvorsorge im Spannungsfeld zwischen nationalem Recht und Gemeinschaftsrecht, DVBl. 2003, 686; *Huber* und *Ehlers,* in: Henneke (Hrsg.), Öffentlicher Auftrag bei sich wandelnden Marktbedingungen, 2007; *Ehlers,* Verwaltung und Verwaltungsrecht, in: Erichsen/Ehlers (Hrsg.), Allgemeines Verwaltungsrecht, 14. Aufl. 2010, § 3 Rn. 71 ff. (zu den Bindungen der Kommunen beim Handeln in privatrechtlicher Form bzw. als Marktteilnehmer); *Kluth* und *Nierhaus,* in: HdbKWP II, 3 u. 35.

§ 2. Kommunalrecht

3. Kommunalrechtliche Statthaftigkeit

399 Die §§ 107 ff. GO bestimmen den Rahmen der kommunalwirtschaftlichen Betätigung in Nordrhein-Westfalen. Die klassischen Zielsetzungen bestehen in der Konzentration gemeindlichen Handelns auf das politische Gestalten und dem Schutz vor mit unternehmerischen Tätigkeiten verbundenen Risiken. Ob daneben eine wettbewerbliche Zielsetzung, gerichtet auf den Schutz privater Wettbewerber vor kommunaler Konkurrenz, besteht, ist klärungsbedürftig, und zwar im Hinblick auf einen etwaigen Rechtsschutz privatwirtschaftlicher Unternehmen (vgl. Rn. 412 ff.). Das GO-ReformG 2007 (Rn. 6) zielte auf eine „stärkere Betonung eines Vorrangs der privaten Leistungserbringung bei gleichzeitiger Konzentration auf die Kernaufgaben der öffentlichen Daseinsvorsorge" (krit. *Wellmann*, NVWVBl. 2007, 1; *Prümm*, NWVBl. 2007, 10; informierend: *Köster*, NWVBl. 2008, 49 [53 f.]; *Dünchheim/Schöne*, DVBl. 2009, 146). Seither musste die wirtschaftliche Betätigung durch einen *dringenden* öffentlichen Zweck *erfordert* sein und dieser (unter Herausnahme bestimmter nach § 107 I Nr. 3 GO privilegierter Tätigkeiten) nicht durch andere Unternehmen „ebenso gut und wirtschaftlich erfüllt werden kann". Damit galten in NRW die restriktivsten Bedingungen im Vergleich aller Bundesländer. Durch das **„Gesetz zur Revitalisierung des Gemeindewirtschaftsrechts"** v. 21.12.2010 (GVBl. 2010, 685) wurden in den §§ 107 ff. GO erneut politisch motivierte Veränderungen vorgenommen. Neben der Einführung eines neuen Tatbestandes (betreffend die „energiewirtschaftliche Betätigung"; näher Rn. 400 a.E.) und verschiedenen kleineren Veränderungen wurde § 107 I GO neu gefasst. Seither genügt wieder das Vorliegen (lediglich) eines „öffentlichen Zwecks" und die Subsidiaritätsklausel des § 107 I 1 Nr. 3 GO wurde dahingehend (in Anknüpfung an die Rechtslage bis 2007) abgeschwächt, dass eine kommunale Wirtschaftsbetätigung erst dann ausgeschlossen ist, wenn andere Unternehmen den betreffenden Zweck „besser und wirtschaftlicher" erfüllen können. Wohlgemerkt: Die Struktur der Prüfung, ob eine bestimmte kommunale wirtschaftliche Betätigung statthaft ist oder nicht, hat sich durch beide Reformgesetze nicht verändert.

Die Schrankenbestimmungen der §§ 107 ff. GO gehen auf § 67 der Deutschen Gemeindeordnung von 1936 (DGO) zurück (vgl. Rn. 155 f.), wonach die Gemeinden wirtschaftliche Unternehmen nur errichten oder wesentlich erweitern duften bei Bestehen eines öffentlichen Zwecks, wenn der Umfang zwischen der Unternehmung und der Leistungsfähigkeit der Kommune angemessen war und der Zweck nicht besser oder wirtschaftlicher durch einen anderen erfüllt werden konnte.

a) Der Tatbestand einer wirtschaftlichen Betätigung

400 Die kommunalrechtlichen Schrankenbestimmungen der §§ 107 ff. GO erfassen nicht die gesamte Betätigung der Gemeinden, sondern differenzieren seit jeher zwischen wirtschaftlicher (vgl. § 107 I 3) und nichtwirtschaftlicher Betätigung (§ 107 II GO). Letztere unterliegt nicht den darzustellenden

D. Handlungsformen und Instrumente 261

Schranken, wohl aber den bereits geschilderten verfassungsrechtlichen Bindungen. Während die wirtschaftliche Betätigung nicht positiv definiert ist (was auch gar nicht möglich wäre), ist die „nichtwirtschaftliche" Betätigung in § 107 II GO näher eingegrenzt. Danach werden öffentliche Einrichtungen zur Erfüllung von Pflichtaufgaben (Nr. 1) und solche, die sozialen und kulturellen Zwecken (Nr. 2) oder Zielen des Umweltschutzes (Nr. 3) oder bestimmten anderen gemeinwohlorientierten Belangen (Nr. 4) Rechnung tragen oder der Eigenbedarfsdeckung dienen (Nr. 5) vom Anwendungsbereich der kommunalrechtlichen Schrankenbestimmungen ausgenommen. Die Kategorisierung der einzelnen Ausnahmetatbestände ist oft nur schwer nachvollziehbar. So ist unverständlich, warum beispielsweise die „Abwasserbeseitigung" als nichtwirtschaftliche Tätigkeit i. S. v. § 107 II Nr. 4 GO eingestuft wird, nicht aber die Wasserversorgung. Auch ist die Einordnung nicht immer ganz eindeutig. Während das Recycling von Altautos beispielsweise in Auslegung des § 107 II Nr. 4 GO (§ 107 II Nr. 3 GO a. F.) von der ersten Instanz als wirtschaftliches Tätigwerden (vgl. LG Wuppertal, DVBl. 1999, 939) qualifiziert worden ist, hat das Instanzgericht hierin ein nichtwirtschaftliches Tätigwerden erblickt (OLG Düsseldorf, NVwZ 2000, 111; ebenso OVG NRW, NZBau 2005, 167, betreffend den Betrieb von Abfallentsorgungseinrichtungen).

Ebenfalls mit dem „Gesetz zur Revitalisierung des Gemeindewirtschaftsrechts" im Dezember 2010 (Rn. 399) wurde ein neuer, dritter Tatbestand mit spezifischen Rechtsfolgen eingefügt. Er betrifft die **„energiewirtschaftliche Betätigung"** (§ 107a) und ist das Produkt langjähriger politischer Auseinandersetzungen. Nach Terminologie und Grundkonzept entstammen einer umfangreichen Untersuchung, die der *Verf.* dieses Lehrbuchs (noch im Auftrag der vorherigen Landesregierung) erstattet hatte (Neuer Ordnungsrahmen für die energiewirtschaftliche Betätigung der Kommunen, 2010, Bochumer Beiträge zum Berg- und Energierecht, Bd. 55). Damit soll verschiedenen Besonderheiten der Energiemärkte Rechnung getragen werden, die durch unverändertoligopolitische Strukturen insbesondere im Bereich der Erzeugung geprägt sind und gleichzeitig durch immer neue Dienstleistungen und Produkte sowie zunehmenden Anforderungen an Umweltverträglichkeit und Effizienz einer intensiven Dynamisierung ausgesetzt sind. Neben den großen Verbundunternehmen (v.a. E.ON und RWE) sollten die kommunalen Stadtwerkeunternehmen zu leistungsfähigeren Konkurrenten heranwachsen können und insbesondere auch Kraftwerke außerhalb der Grenzen des eigenen Stadtgebiets betreiben, Kundenbeziehungen aufbauen und beispielsweise sich auch an Windparkanlagen in Nord- und Ostsee beteiligen können. Letztere Zielsetzung wird sich unter den seit Frühsommer 2011 infolge des geplanten Atomausstiegs erneut veränderten Rahmenbedingungen im Anwendungsbereich des § 107a GO erst recht verwirklichen lassen. Gegenüber dem wissenschaftlichen Vorschlag eines systematisch entwickelten neuen Ordnungsrahmens verzichtete der Gesetzgeber allerdings auf den Wegfall verschiedener rechtlich begründeter Vorteile zugunsten der Stadtwerkeunternehmen, u.a. ist es nicht verboten, vorteilhafte Kreditkonditionen und Bürgschaften der Gemeinde zugunsten des Stadtwerkeunternehmens einzusetzen (dies im Kontrast zur wirtschaftlichen Betätigung im Bereich der Telekommunikation, wo § 108 I 1 Nr. 10 Satz 2 seit jeher eine entsprechende Beschränkung vorsieht).

§ 2. Kommunalrecht

Der Tatbestand des § 107a ist erfüllt, wenn eine wirtschaftliche Betätigung in den Bereichen der „Strom-, Gas- und Wärmeversorgung" erfolgt oder „unmittelbar verbundene Dienstleistungen" (insbesondere Messdienstleistungen; sog. smart metering) betroffen sind, soweit diese den Hauptzweck fördern (§ 107a II). Dass die wirtschaftliche Betätigung in diesen Bereichen einem öffentlichen Zweck dient, wird angesichts der unbestreitbaren Gemeinwohlrelevanz der Energieversorgung vermutet. Besteht ein angemessenes Verhältnis zur Leistungsfähigkeit der Gemeinde, bedarf es keiner weiteren Voraussetzungen, d.h. die für die allgemeine wirtschaftliche Betätigung eingreifende sog. Subsidiaritätsklausel (Rn. 405 f.) gilt insoweit nicht. Die größte Bedeutung der Neuregelung besteht aber darin, dass nach § 107a III die „überörtliche energiewirtschaftliche Betätigung", d.h. die Beteiligung an Offshore-Windparks sowie an Kraftwerksprojekten im In- und Ausland unter erleichterten Voraussetzungen als sie nach § 107 III für die allgemeine wirtschaftliche Betätigung gelten (vgl. dazu Rn. 407 f.), statthaft ist. So müssen lediglich die „berechtigten Interessen" der betroffenen jeweiligen Nachbarkommunen gewahrt sein und bei einer Betätigung im Ausland bedarf es der Genehmigung der Kommunalaufsichtsbehörde. Da auch die überörtliche energiewirtschaftliche Betätigung nicht in den Schutzbereich von Art. 28 II GG fällt (vgl. noch Rn. 409), handelt es sich um eine sog. landesgesetzlich statthafte Erweiterung des kommunalen Wirkungskreises, die grundsätzlich sowohl mit den objektivrechtlichen Anforderungen der Selbstverwaltungsgarantie als auch mit dem subjektiven Selbstverwaltungsrecht der betroffenen anderen Kommunen sowie mit den Grundrechten der konkreten privatwirtschaftlichen Unternehmen vereinbar ist (ausführlich hierzu *Burgi*, aaO, 79 ff. a.A. *Attendorn/Schweitzer*, NWVBl. 2013, 13). Die erforderlichen Gründe des Gemeinwohls bestehen in der Stärkung des kommunalen Engagements auf den besonders dynamischen Energiemärkten und der Belebung des Wettbewerbsgeschehens.

b) Schrankentrias

401 Die im folgenden dargestellten drei Anforderungen an eine kommunale Wirtschaftsbetätigung (die sog. Schrankentrias) erfassen diese durchgehend, d.h. nicht nur bei der Aufnahme, sondern auch bei der Aufrechterhaltung des Betriebs. Die Schrankentrias der nordrhein-westfälischen Gemeindeordnung erfordert die ständige Kontrolle der wirtschaftlichen Betätigung durch die Gemeinde. Damit gehen die nordrhein-westfälischen Anforderungen über die Regelungen der meisten anderen Bundesländer hinaus, die allein auf die Errichtung, die Übernahme und die wesentliche Erweiterung gemeindlicher Unternehmen abzielen.

aa) Öffentliche Zwecksetzung

402 § 107 I Nr. 1 GO fordert als Grundvoraussetzung der kommunalen Wirtschaftstätigkeit einen „öffentlichen Zweck". Diese im Kern bereits im Grundgesetz verankerte Anforderung wird damit durch § 107 GO bestätigt. Der Kreis der öffentlichen Zwecke ist weit gefasst, das Merkmal daher relativ leicht zu erfüllen. Insbesondere im Dienstleistungssektor ist ein öffentlicher Zweck einfach zu begründen. Von diesem Merkmal geht damit nur ein geringer Steuerungseffekt aus, zumal das OVG NRW selbst unter der Novellierung 2007 von einer nur eingeschränkten gerichtlichen Kontrollbefugnis ausgegangen ist (NVwZ 2008, 1031, 1035). Öffentliche

D. Handlungsformen und Instrumente 263

Zwecke sind soziale Gesichtspunkte (Schaffung von Arbeitsplätzen etc.), ökologische Aspekte (Sicherung einer geordneten Abwasserbeseitigung) bis hin zu Aspekten der Versorgungssicherheit (neuerdings unter Einschluss von W-LAN; *Haack*, VerwArch 99 [2008], 197), der Erschließung von Gemeindegrundstücken etc. Das OVG NRW hat sogar die Erleichterung des Zulassungsvorgangs für die Bürger als Zweck, der die Vermietung von Räumen an ein Kfz-Schilderprägeunternehmen im Haus der Zulassungsstelle legitimieren soll, akzeptiert (NWVBl. 2005, 68). Ausschließlich der Gewinnerzielung dienende Tätigkeiten sind ausgeschlossen (etwa eine kommunale Autoproduktion oder ein Betrieb zur Pflege von Hausgärten, vgl. OLG Hamm, DVBl. 1998, 792). Die Verhältnismäßigkeit des kommunalen Eingriffs in das Marktgeschehen ist danach zu differenzieren, ob die Gemeinde selbst Güter- bzw. Dienstleistungen anbietet oder „nur" (z. B. durch Vermietung) anderen Privaten eine Betätigung am Markt eröffnet (näher OVG NRW, NWVBl. 2005, 68).

Eine zusätzliche Abschwächung dieses Merkmals erfolgt aufgrund des Umstandes, das sog. **Randnutzungen** auch ohne einen eigenen öffentlichen Zweck statthaft sind, z. B. die Vermietung eines Fitness-Studios auf einem Parkhaus mit dem Zweck seiner besseren Auslastung in schwach frequentierten Zeiten; vgl. OVG NRW, NWVBl. 2003, 462. Ein weiteres Beispiel bildet die Vermietung von Plakatflächen auf städtischen Omnibussen. 403

bb) Leistungsfähigkeit

Die Betätigung muss nach Art und Umfang in einem angemessenen Verhältnis zur Leistungsfähigkeit der Gemeinde stehen (vgl. § 107 I Nr. 2 GO). Diese Schranke soll die finanzielle und/oder politische Überforderung einer Gemeinde verhindern. Dabei fordert § 107 V 1 GO zusätzlich, dass der Rat vor seiner entsprechenden Entscheidung auf der Grundlage einer Marktanalyse über die Chancen und Risiken der jeweiligen Unternehmung zu unterrichten ist. Daneben können Haftungsbegrenzungsklauseln ein effektives Instrument zur Sicherung der Leistungsfähigkeit sein. Diese greifen allerdings nur bei der Gründung von Unternehmen in Privatrechtsform (vgl. noch Rn. 425 ff.). 404

cc) Subsidiaritätsklausel

Ein kommunalwirtschaftliches Handeln ist nur statthaft, wenn „der dringende öffentliche Zweck durch andere Unternehmen nicht besser und wirtschaftlicher" erfüllt werden kann. Dies gilt nicht für die Fälle der Energieversorgung, der Wasserversorgung, des öffentlichen Verkehrs sowie in bestimmten Bereichen der Telekommunikation. Damit steht eine Zweck-Mittel-Relation im Raume, d. h. alle relevanten Gesichtspunkte müssen zusammengestellt, richtig bewertet und schließlich gegeneinander abgewogen werden. Auch hier spielt die Marktanalyse (vgl. § 107 V GO) eine wichtige Rolle. 405

Bei Missachtung der genannten Anforderungen ist die wirtschaftliche Betätigung rechtswidrig. Das Ergebnis der Subsidiaritätsprüfung kann indes 406 nur dann zur Rechtswidrigkeit führen, wenn sich die Abwägung als „unvertretbar" erweist.

> **Beispiel:** Ein Verkauf von Backwaren ist trotz vorliegendem öffentlichem Zweck (Versorgung der Bevölkerung) nicht statthaft, da Private dies ebenso gut können. Nicht gänzlich ausgeschlossen werden kann dagegen die Statthaftigkeit eines kommunalen Windparks (hierzu *Dazert/Mahlberg*, NVwZ 2004, 158), wenn durch ihn eine günstigere Entgeltstruktur für die Einwohner ermöglicht wird.

c) Sonderfall überörtliche Wirtschaftsbetätigung

407 Besondere Probleme ergeben sich, wenn die kommunale Wirtschaftstätigkeit über die gemeindlichen Grenzen hinweg wahrgenommen werden soll (extra muros). Dies ist z.B. anzunehmen, wenn kein Bezug mehr zur eigenen Einwohnerschaft gegeben ist oder wenn der Schwerpunkt der Wertschöpfung außerhalb des eigenen Gemeindegebiets liegt.

> **Beispiele:** In einer größeren Stadt ist der Betrieb eines Flughafens nicht als überörtliche Tätigkeit anzusehen, obwohl dort natürlich auch Personen von außerhalb starten und landen. Auch ein Landschulheim in einer Gegend außerhalb des Gemeindegebietes ist infolge seiner Nutzung ausschließlich durch die Gemeindeeinwohner nicht als überörtliche Betätigung anzusehen. Wird aber gezielt ein Geschäftszweig zur Erbringung von Abwasser- bzw. Abfallentsorgungsleistungen mit Infrastruktur außerhalb des eigenen Gemeindegebiets aufgebaut, dann besteht ein erhöhter Rechtfertigungsbedarf.

408 Die **Verbandskompetenz** der Gemeinde ist ausschließlich auf die „Angelegenheiten der örtlichen Gemeinschaft" beschränkt (vgl. Art. 28 II GG). Diese Beschränkung ist auch im Rahmen ihrer wirtschaftlichen Betätigung zu beachten. Art. 28 II GG gilt unterschiedslos für hoheitliches wie unternehmerisches Handeln der Kommunen. Betätigt sich die Kommune daher überörtlich, kann sie sich dabei nicht auf die kommunale Selbstverwaltungsgarantie berufen. Vielmehr bedarf sie einer einfachgesetzlichen Grundlage.

409 Diese befindet sich in § 107 III 1 GO. Hiernach ist eine überörtliche Wirtschaftstätigkeit nur zulässig, wenn neben den Anforderungen des § 107 I GO die berechtigten Interessen der betroffenen benachbarten kommunalen Gebietskörperschaften gewahrt sind. Angesichts der veränderten Rahmenbedingungen bestehen in den Bereichen Strom und Gas insofern Einschränkungen, als dass nur bestimmte Interessen als berechtigt gelten (vgl. § 107 III 2 GO). Die wirtschaftliche Betätigung im Ausland bedarf überdies der vorherigen Genehmigung. Für nichtwirtschaftliche Betätigungen gelten modifizierte Anforderungen nach § 107 IV (vgl. dazu OVG NRW, NVwZ 2008, 1031 [1034]).

§ 107 III GO ist bei zurückhaltender Auslegung als mit der Verfassung (Art. 28 II GG) vereinbar anzusehen. Da die Wahrung der nachbargemeindlichen Interessen Zielsetzung der Erweiterungsbestimmung ist, trägt sie sowohl den institutionellen Aspekten der Selbstverwaltungsgarantie als auch dem Abwehrrecht der jeweils betroffenen Nachbargemeinde Rechnung. Auch mit den demokratischen Anforderungen (Art. 20 II, 28 I 1 GG) ist die Bestimmung noch vereinbar (strenger *Grawert*, in: Grupp/Ronellenfitsch [Hrsg.], FS Blümel, 1999, 127 ff.; *Heintzen*, NVwZ 2000, 743; *Ruffert*, VerwArch 92 [2001], 27, 34; ausführlich *Burgi*, Neuer Ordnungsrahmen für die energiewirtschaftliche Betätigung, 2010, 79 ff.).

Unabhängig davon ist es eine Frage der politischen Klugheit, den eröffneten 410 Rahmen nicht auszureizen. Der spezifische Wert der kommunalen Selbstverwaltung geht extra muros verloren, so dass eines Tages Zweifel über Notwendigkeit und Existenzberechtigung kommunaler Wirtschaftstätigkeit insgesamt aufkommen könnten.

d) Wichtige Felder wirtschaftlicher Betätigung

Wichtige Felder, auf denen neben der GO jeweils spezialgesetzliche Vorgaben 411 zu beachten sind, sind die Energieversorgung (vgl. hierzu *Burgi*, aaO, 21 ff; *Pielow*, in: HdbKWP II, 555), die Wasserversorgung und die Abwasserbeseitigung (vgl. *Kahl*, GewArch 2007, 441), der öffentliche Nahverkehr (ÖPNV; *Heiß*, VerwArch 100 [2009], 113; *Kleemeyer/Mietzsch*, in: HdbKWP II, 629) und der Betrieb von Sparkassen. Hier ist das SparkassenG NRW einschlägig (das im November 2008 grundlegend reformiert worden ist; weiterführend *Oebbecke*, Der Landkreis 2010, 187). Es bestand hier die europarechtliche Vorgabe, die Institute der Gewährträgerhaftung (Verpflichtung für die Verbindlichkeiten aufzukommen) und der Anstaltslast (Verpflichtung, die Anstalt funktionsfähig zu halten; vgl. hierzu *Kemmler*, DVBl. 2003, 100) aufzugeben bzw. neu zu überdenken (zum Ganzen vgl. *Oebbecke*, VerwArch 93 [2002], 278 ff.; *ders.*, LKV 2006, 145; *Henneke*, Der Landkreis 2004, 13).

4. Konkurrentenrechtsschutz

Betätigt sich eine Gemeinde wirtschaftlich, so werden die privatwirtschaftli- 412 chen Anbieter vergleichbarer Dienstleistungen nachteilig betroffen. Sie können ihre Marktchancen nicht unverändert realisieren. Zugleich befinden sich die Gemeinden angesichts ihrer finanziellen Leistungsfähigkeit (sie sind insolvenzunfähig) und ihrer guten Startchancen in einer bevorzugten Stellung. Aus diesem Grund kommt der Einhaltung der Schrankentrias in der Praxis erhebliche Bedeutung zu. Sofern sich die Rechtsaufsichtsbehörden im Falle eines kommunalwirtschaftlichen Tätigwerdens nicht einschalten und hiergegen vorgehen (zu deren „Reamination" *Brüning*, DÖV 2010, 553), hängt alles davon ab, ob die privaten Konkurrenten Klage erheben können.

a) Rechtsweg

Der Rechtsweg zu den Verwaltungsgerichten gemäß § 40 I 1 VwGO ist er- 413 öffnet, da die einschlägigen Vorschriften (§§ 107 ff. GO) dem Öffentlichen Recht zuzuordnen sind. Lange Zeit haben die Verwaltungsgerichte die Klagebefugnis in diesem Bereich verneint (vgl. sogleich), so dass keine Erfolgsaussichten für verwaltungsgerichtliche Klagen bestanden. Daher wurden entsprechende Konkurrentenklagen vor den ordentlichen Gerichten erhoben. Diese haben auf § 1 UWG (mittlerweile: § 3 UWG) rekurriert und in der Überschreitung kommunalrechtlicher Kompetenzschranken einen Sittenverstoß gesehen. Dieser Rechtsprechung hat der BGH nun Einhalt geboten (in Entscheidungen aus Bayern [vgl. BGH, NVwZ 2002, 1141 m. Anm. *Warneke*, JuS 2003, 958] und aus Nordrhein-Westfalen [BGH, NVwZ 2003, 246 m. Anm. *Heßhaus*, NWVBl. 2003, 173]). § 1 UWG bezwecke nicht den Erhalt bestimmter Marktstrukturen, sondern ziele auf ein bestimmtes Verhalten in einem eröffneten Markt. Es sei nicht Sinn des § 1 UWG, einen Marktzutritt unter Verstoß gegen Vorschriften des kommunalen Wirtschaftsrechts zu verbieten. Damit hat der BGH zum Ausdruck gebracht, dass die Vorschriften des kommunalen Wirtschaftsrechts keine wettbewerbsbezogene Schutzfunktion besitzen und § 1 UWG damit kein taugliches Sanktionsinstrument ist. Allein das „Wie" der gemeindlichen Betätigung unterliege dem Bereich des § 1 UWG. Daher können entsprechende Rechtsschutzbegehren nur noch vor den Verwaltungsgerichten anhängig gemacht werden.

b) Klageart

414 Bei der Wahl der richtigen Klageart muss danach unterschieden werden, ob die Gemeinde selbst tätig geworden ist, oder ob sie ein öffentliches Unternehmen eingeschaltet hat. Im ersteren Fall ist gegen die Gemeinde eine allgemeine Leistungsklage gerichtet auf Unterlassen (§ 42 I VwGO analog) zu erheben, im letzteren Fall ist eine allgemeine Leistungsklage gegen die Gemeinde, gerichtet auf Einwirkung gegenüber dem gemeindeeigenen Unternehmen, zu erheben.

c) Klagebefugnis

415 Problematisch ist, ob die privaten Konkurrenten eine Rechtsverletzung durch die kommunale Wirtschaftstätigkeit behaupten können (§ 42 II VwGO analog). Denn die Vorschriften über die kommunale Wirtschaftstätigkeit (§§ 107 ff. GO) richten sich nicht unmittelbar an die privaten Unternehmen, sondern sie adressieren Pflichten an die Gemeinden. Entscheidend ist damit, ob den §§ 107 ff. GO individualschützender Charakter zuzusprechen ist, d. h. ob sie (zumindest auch) privaten Interessen der Konkurrenten zu dienen bestimmt sind (sog. **Schutznormtheorie**). Während dies früher überwiegend mit der Begründung verneint wurde, die §§ 107 ff. GO dienten allein dem öffentlichen Interesse des Schutzes der Gemeinden vor finanzieller bzw. politischer Überforderung (vgl. BVerwG, NJW 1995, 2938; VGH Bad.-Württ., NJW 1995, 274), hat sich die Rechtsprechung mittlerweile in die entgegengesetzte Richtung bewegt. So hat das OVG NRW im Jahre 2003 „jedenfalls" dem Erfordernis eines öffentlichen Zwecks nach § 107 I 1 Nr. 1 GO die drittschützende Wirkung bescheinigt (NWVBl. 2003, 462 m. Anm. *Antweiler*, NVwZ 2003, 1466; bestätigt durch OVG NRW, NZBau 2005, 167). Der VerfGH Rh.-Pf. hatte bereits im Jahr 2000 der rheinland-pfälzischen Subsidiaritätsklausel (§ 85 GO Rh.-Pf.) drittschützenden Charakter zuerkannt (DVBl. 2000, 992 [995]).

D. Handlungsformen und Instrumente

Es ist davon auszugehen, dass dieser „Trend" sich fortsetzen wird – zu **416** recht! Lediglich hinsichtlich des dritten Erfordernisses, die „Leistungsfähigkeit" der Gemeinde, dürfte ein individualschützender Charakter nicht anzunehmen sein.

Ein Rückgriff auf die Grundrechte ist nicht erforderlich, sofern sich aus dem einfachen Recht eine Klagebefugnis ergibt. Zudem wäre er in den hier diskutierten Konkurrentenfällen angesichts der lediglich mittelbar-faktischen Grundrechtsbeeinträchtigung problematisch. Allein im Falle bestehender monopolistischer Strukturen oder bei einer schweren und unerträglichen Wettbewerbsverzerrung kann eine auf die Grundrechte gestützte Klage erfolgreich sein, denn erst dann ist ein rechtfertigungsbedürftiger Grundrechtseingriff gegeben (vgl. BVerwG, NJW 1995, 2938 [2939]; VerfGH Rh.-Pf., NVwZ 2000, 801, 802; OVG NJW, NWVBl. 2003, 462 [466]; OVG NRW, DÖV 2005, 616 [sogar bei freiwilliger kommunaler Betätigung; bei Pflichtaufgaben müsse grundsätzlich gar keine Rücksicht genommen werden]). Gegenteilige Auffassungen im Schrifttum (vgl. etwa *Pielow*, NWVBl. 1999, 369 [375]; *Löwer*, VVDStRL 60 [2001], 416 [418 ff.]; diff. *Pieroth/Hartmann*, DVBl. 2002, 421; wieder anders *Jarass*, DÖV 2002, 489, 492 ff.) konnten sich nicht durchsetzen.

d) Begründetheit

Eine allgemeine Leistungsklage (auf Unterlassen kommunalwirtschaftlicher **417** Betätigung bzw. auf Einwirken gegenüber dem kommenden Unternehmen) ist begründet, wenn ein Verstoß gegen die §§ 107 ff. GO vorliegt und der klagende private Konkurrent dadurch in seinen Rechten verletzt ist. Letzteres dürfte angesichts der neueren verwaltungsgerichtlichen Rechtsprechung zur Klagebefugnis regelmäßig anzunehmen sein. Angesichts der Weite der Schrankentrias dürfen die Erfolgsaussichten einer Klage allerdings nicht überschätzt werden.

Literatur: *Papier*, Kommunale Daseinsvorsorge im Spannungsfeld zwischen nationalem und Gemeinschaftsrecht, DVBl. 2003, 686; *Diefenbach*, § 1 UWG als Schranke wirtschaftlicher Betätigung der Kommunen, WiVerw 2003, 99; *Uhlenhut*, Wirtschaftliche Betätigung der Gemeinden außerhalb ihres Gebietes, 2004; *Wendt*, Rechtsschutz gegen wirtschaftliche Betätigung von Gemeinden, in: Ennuschat u.a., GS Tettinger, 2007, 335; *Oebbecke u. Wendt*, in: HdbKWP II, 59 u. 75.

5. Privatisierung und Organisationsformenwahl

Die Gemeinden haben die Möglichkeit, ihre Aufgaben selbst zu erfüllen oder **418** durch private Unternehmen erfüllen zu lassen. Dabei stehen ihnen verschiedene organisatorische Optionen zur Verfügung. Insbesondere können sie sich dazu entschließen, die Aufgaben in privatrechtlicher Form zu erfüllen. Im Mittelpunkt der nachfolgenden Überlegungen stehen die kommunalrechtlichen Anforderungen an die Organisationsformenwahl, namentlich an die Organisationsprivatisierung. Diese sind in §§ 108 ff. GO konkretisiert. Der allgemeine Rechtsrahmen der Organisationsformenwahl sowie die weiteren Privatisierungsmodelle werden überblickartig dargestellt. Hier gelten

§ 2. Kommunalrecht

die gleichen Grundsätze wie auf Bundes- und Landesebene, weswegen auf die ausführliche Darstellung zum Allgemeinen Verwaltungsrecht verwiesen werden kann (vgl. *Burgi*, in: Erichsen/Ehlers [Hrsg.], Allgemeines Verwaltungsrecht, 14. Aufl. 2010, § 8 und § 10). Teilweise sind nach dem Auslaufen von Verträgen mit Privaten auf Grund schlechter Erfahrungen und/oder veränderter ordnungspolitischer Einschätzungen im Gefolge der Finanzkrise Bestrebungen zur „Rekommunalisierung" im Bereich einzelner Aufgaben (etwa in der Energieversorgung oder der Abwasserbeseitigung) zu beobachten (hierzu *Brüning*, VerwArch 100 [2009], 453; *Burgi*, NdsVBl. 2012, 225; *Bauer*, DÖV 2012, 329).

a) Die verschiedenen Privatisierungsformen

419 Die nachfolgend zusammengestellten Kategorien sind juristisch relevant, während der vielfach verwendete Begriff der **„Public Private Partnership"** (vgl. hierzu *Burgi*, Gutachten D zum 67. DJT, 2008, 28 ff.) rein deskriptiver Natur ist. Er erfasst diejenigen Ausschnitte aus den nachfolgend dargestellten Organisationsformen, in denen Gemeinde und Private in einer verfestigten Kooperation gemeinsam Aufgaben erledigen (gemischtwirtschaftliches Unternehmen nach Organisationsprivatisierung; funktionale Privatisierung). Juristisch zu unterscheiden sind
- die unmittelbare Aufgabenerfüllung durch das Rathaus und die nachgeordneten Ämter. Sie spielt im Bereich der wirtschaftlichen Betätigung kaum eine Rolle;
- die Aufgabenerfüllung durch ein öffentliches Unternehmen in öffentlichrechtlicher Form;
- die Aufgabenerledigung durch ein öffentliches Unternehmen mit privatrechtlicher Rechtsform (**Organisationsprivatisierung**; näher Rn. 108 ff.). Gründe sind die Hoffnung auf größere Gestaltungsspielräume, v. a. im Hinblick auf Personal (vgl. *Lorenzen/Schuster*, Arbeitsrecht, in: Hoppe/Uechtritz/Reck [Hrsg.], Handbuch kommunale Unternehmen, 3. Aufl., 2012, S. 453 ff., § 108a GO NRW regelt seit Ende 2010 die Arbeitnehmermitbestimmung in fakultativen Aufsichtsräten), Besteuerung (vgl. *Meyer*, in: HdbKWP II, 305).
- die Übertragung der Verantwortung für Teilbeiträge der Durchführung und/oder Vorbereitung der gemeindlichen Verwaltungsaufgaben (**funktionale Privatisierung**) auf Verwaltungshelfer oder Dienstleistungskonzessionäre bzw. im Rahmen einer sog. projektbezogenen PPP. Gründe hierfür sind die zunehmende Komplexität der kommunalen Aufgaben, die Finanznot und die veränderten politischen und ökonomischen Einsichten in die Stärken und Schwächen der Akteure aus Gemeinde, Wirtschaft und Gesellschaft. Der Gedanke der Staats- bzw. Kommunalentlastung verbindet sich mit der Hoffnung auf eine Mobilisierung privatwirtschaftlicher Potenziale;
- der Rückzug aus der Aufgabe (**Aufgabenprivatisierung**). Hier sieht sich die Gemeinde entweder nicht mehr zur unmittelbaren Aufgabenerfüllung in der Lage oder die betreffende Aufgabe bedarf infolge Überflüssigkeit oder infolge leistungsfähiger privater Träger nicht mehr der gemeindli-

D. Handlungsformen und Instrumente 269

chen Erledigung (z. B. Schließung des Gemeindeschwimmbades infolge der Ansiedlung eines privat betriebenen sog. Spaßbades).

Während die funktionale Privatisierung zur Abspaltung (nur) von Teilbeiträgen einer unverändert kommunalen Aufgabe führt, bewirkt die Aufgabenprivatisierung den vollständigen Rückzug der Gemeinde von der Aufgabenerledigung. Sie ist daher bei kommunalen Pflichtaufgaben (vgl. § 8 Rdnr. 12 ff., 19 ff.) ausgeschlossen. Nach erfolgter Aufgabenprivatisierung stellen sich keine kommunalrechtlichen Probleme mehr. Die Aufgabenprivatisierung darf nicht verwechselt werden mit der **Liberalisierung**, die keinen Rückzug des Staates bzw. der Gemeinde bewirkt, sondern die Zulassung konkurrierender privatwirtschaftlicher Anbieter (wie in den vergangenen Jahren in den Bereichen Energieversorgung, Telekommunikation etc. geschehen).

Die weitgehende Ignoranz sowohl gegenüber der Dogmatik der kommunalen Selbstverwaltungsgarantie als auch der in rund 15 Jahren breit ausgearbeiteten Privatisierungsdogmatik bildete den Auslöser für eine selten heftige Kritik am Urteil des BVerwG vom 27.5.2009 betreffend die Privatisierung im Zusammenhang mit dem Betrieb eines Weihnachtsmarktes (vgl. auch § 16 Rdnr. 13); DVBl. 2009, 1382 mit Anm. *Ehlers*. Die Einschätzungen reichen von „folkloristisch anmutend" bis „ungewöhnlich realitätsfern" (*Winkler*, JZ 2009, 1169; *Schoch*, DVBl. 2009, 1533; verständnisvoller *Katz*, NVwZ 2010, 405). In diesem Urteil unterlässt es das Gericht bedauerlicherweise, zu klären, ob es sich um eine Aufgabenprivatisierung oder um eine funktionale Privatisierung handelt (ebenso BVerwG NVwZ 2012, 506). Es stellt zutreffend fest, dass im letzteren Falle Steuerungs- und Einwirkungsbefugnissse gegenüber dem mit der Vergabe der Standplätze für den Weihnachtsmarkt betrauten Privaten notwendig wären. Dann allerdings erklärt es (wie gesagt, ohne ermittelt zu haben, ob es sich überhaupt um eine Aufgabenprivatisierung handelt), dass „eine vollständige Übertragung von Aufgaben besonderer sozialer, kultureller und traditioneller Prägung wie ein Weihnachtsmarkt (!) ... nicht zulässig" sei (Rdnr. 31). Dies geschieht im vollen Bewusstsein des Charakters jener Aufgaben als Nicht-Pflichtaufgaben. Da insoweit keine einfachgesetzlichen Privatisierungsgrenzen bestehen, bemüht das Gericht unmittelbar die bundesverfassungsrechtliche Garantie der kommunalen Selbstverwaltung, mithin Art. 28 Abs. 2 GG. Diesem werden Verpflichtungen der Gemeinde „gegen sich selbst" (vgl. insoweit *Burgi*, Kommunalrecht, § 6 Rn. 10) entnommen. So berechtigt (bzw. verständlich) es sein mag, zumal nach dem Ausbruch der Finanzkrise, an bestimmte unveräußerliche Agenden von Staat und Kommunen zu erinnern, so ungeeignet ist hierfür die konkrete Aufgabe des Betriebs eines Weihnachtsmarkts, und der konkrete Fall, in dem es bei näherer Betrachtung überhaupt nicht um eine Aufgabenprivatisierung ging, und schließlich die Norm des Art. 28 Abs. 2 GG, die sich im Kern jedenfalls nicht gegen die Gemeinden selbst richtet, sondern diese gegenüber Bund und Land schützen soll.

Nicht hierher gehören die sog. Vermögensprivatisierung und die reine Privatfinanzierung gemeindlicher Aufgabenerledigung (Leasing etc.; vgl. Rn. 85). Die **Beleihung**, d. h. die Wahrnehmung von Aufgaben durch einen selbständigen, mit öffentlich-rechtlichen Befugnissen ausgestatteten Privaten, der weiterhin der öffentlichen Verwaltung zugerechnet wird, spielt bei der wirtschaftlichen Betätigung der Gemeinden keine Rolle.

420

§ 2. Kommunalrecht

b) Organisationsformenwahl

421 Hat sich eine Gemeinde dazu entschlossen, eine Aufgabe selbst zu erfüllen und sich somit gegen eine Aufgabenprivatisierung oder funktionale Privatisierung entschieden, dann muss sie in einem zweiten Schritt die Organisationsform bestimmen. Hier geht es zunächst um die Entscheidung für die Erledigung unmittelbar durch die Gemeinde selbst oder aber durch ein öffentliches Unternehmen (vgl. Rn. 384). Ab einer bestimmten Größenordnung sprechen regelmäßig die besseren Argumente für die zweite Alternative (vgl. bereits Rn. 386 f.).

aa) Grundsatz der Wahlfreiheit

422 Nicht nur die Entscheidung, ob die Gemeinde die Aufgaben selbst erledigen will oder durch ein öffentliches Unternehmen erfüllen lässt, sondern auch die Wahl der Organisationsform für dieses Unternehmen unterfällt als Ausfluss der **Eigenverantwortlichkeitsgarantie** (sog. Organisationshoheit; vgl. Rn. 73 f.) dem Schutzbereich der kommunalen Selbstverwaltungsgarantie nach Art. 28 II GG. Dies ist mittlerweile allgemein anerkannt. Allerdings können „im Rahmen der Gesetze" Vorgaben gemacht werden. Diese ergeben sich für die wirtschaftliche Betätigung aus den allgemeinen Bundes- und Landesgesetzen sowie aus der Gemeindeordnung. Daneben sind die rechtsformunabhängigen Vorgaben zu beachten, wie die Grundrechte (vgl. Art. 1 III GG) und das Demokratieprinzip. Dagegen greifen die Bestimmungen des VwVfG bei der wirtschaftlichen Betätigung in Privatrechtsform nicht ein, da sie nur für öffentlich-rechtliche Verwaltungstätigkeit gelten (vgl. § 1 I LVwVfG).

423 Entscheidet sich eine Gemeinde für die private Organisationsform, sind ihr auf der Handlungsebene die öffentlich-rechtlichen Formen abgeschnitten. Sie kann dann nur noch privatrechtsförmig handeln, unterliegt gleichzeitig aber bestimmten öffentlich-rechtlichen Bindungen, denen sie sich nicht erwehren kann (keine „Flucht ins Privatrecht"). Somit kann sie sich des Privatrechts nur im Sinne eines „technischen Normenkomplexes" (*Ehlers*, in: Erichsen/Ehlers [Hrsg.], Allg. Verwaltungsrecht, 14. Aufl. 2010, § 4 Rn. 82) bedienen. Die Privatautonomie greift zugunsten der Kommunen nicht ein. Die fortbestehende Bindung an öffentlich-rechtliche Vorschriften bei Verwendung der Privatrechtsform wird mit dem Schlagwort „Verwaltungsprivatrecht" bezeichnet (weiterführend und kritisch zum Ganzen *Burgi*, Rechtsregime, in: Hoffmann-Riem/Schmidt-Aßmann/Voßkuhle [Hrsg.], Grundlagen des Verwaltungsrechts, 2. Aufl. 2010, § 18).

bb) Öffentlich-rechtliche Organisationsform

424 Als öffentlich-rechtliche Organisationsformen kommen in Betracht:
– Der **Regiebetrieb**. Als Teil der Gemeindeverwaltung weist er keine rechtliche Selbstständigkeit auf (keine juristische Person) und ist leistungs- und haushaltsmäßig nicht verselbstständigt. Mangels eigener Organe kann er unternehmerische Autonomie nicht wahrnehmen, eignet sich aber für die Sicherung umfassender politischer Steuerung. In der Praxis spielt er keine große Rolle.

D. Handlungsformen und Instrumente

- Der **Eigenbetrieb** ist ein gemeindliches wirtschaftliches Unternehmen ohne Rechtspersönlichkeit (vgl. § 114 I GO). Als partiell verselbstständigtes kommunales Unternehmen ist er eine Art nichtrechtsfähige öffentlich-rechtliche Anstalt, welcher nach den Vorschriften der Eigenbetriebsverordnung (i.d.F.d.B.v. 16.11.2004 [GVBl., 644, ber. GVBl. 2005, 15], zuletzt geändert durch VO v. 31.08.2012 [GVBl., 296]) und der jeweiligen Betriebssatzung geführt wird. Das Eigenbetriebsrecht ermöglicht die partielle Verselbstständigung bei gleichzeitiger Kopplung an die Kommune. Trotz Führung durch eine eigene Werk- bzw. Betriebsleitung ist der Eigenbetrieb weiterhin rückgebunden an den Bürgermeister bzw. Kämmerer sowie den Werks- und Betriebsausschuss (einem besonderen Ausschuss des Rates). Vorteile bringt die finanzwirtschaftliche Selbstständigkeit als Sondervermögen der Gemeinde mit der kaufmännischen doppelten Buchführung und einem eigenen Jahresabschluss.
- Die rechtsfähige **Anstalt des öffentlichen Rechts**. Nach § 114a I GO kann die Gemeinde Unternehmen in der Form der rechtsfähigen Anstalten des öffentlichen Rechts errichten oder ehemals in der Form des Eigen- oder Regiebetriebs bzw. eigenbetriebsähnlich organisierte Einheiten in eine solche Anstalt umwandeln. Die Anstalt verfügt über Rechtsfähigkeit, wird durch Ratsbeschluss geschaffen und bedarf einer Satzung (§ 114a II GO). Daneben können der Anstalt weitere öffentlich-rechtliche Befugnisse verliehen werden. Der Gemeinde obliegt weiterhin die sog. Gewährträgerhaftung (= unbeschränkte Haftung der Gemeinde für die Verbindlichkeiten des Unternehmens; § 114a V GO) und die Anstaltslast (= Verpflichtung, die Anstalt für die gesamte Dauer ihres Bestehens funktionsfähig zu halten). Organisatorisch setzt sich die Anstalt aus einem Vorstand (§ 114a VI GO) sowie einem als Überwachungsorgan konzipierten Verwaltungsrat (§ 114a VII GO) zusammen (vgl. hierzu *Ehlers*, Das neue Kommunalwirtschaftsrecht in Nordrhein-Westfalen, NWVBl. 2000, 1). Insoweit hat das GO-ReformG 2007 (Rn. 6) verschiedene Neuerungen bewirkt. In §§ 27 und 28 GkG NRW ist die neuerdings bestehende Option des „gemeinsamen Kommunalunternehmens" (Rn. 50) näher ausgestaltet. Hierbei schließen sich mehrere Gemeinden und Kreise zur gemeinsamen Aufgabenerfüllung in der Rechtsform einer Anstalt des öffentlichen Rechts in gemeinsamer Trägerschaft zusammen.

cc) Privatrechtliche Organisationsformen

Die zur Verfügung stehenden privaten Organisationsformen ergeben sich aus dem BGB sowie dem Gesellschaftsrecht. Zu nennen sind die Gesellschaft mit beschränkter Haftung (§ 1 GmbHG), die Aktiengesellschaft (§ 1 AktG), der Verein (vgl. §§ 21 ff. BGB) und die Stiftung des privaten Rechts (vgl. §§ 80 ff. BGB).

Teilweise finden sich Konzern-Strukturen (näher *Oebbecke*, VBlBW 2010, 1), d.h. unter dem Dach eines herrschenden Unternehmens werden mehrere abhängige Unternehmen zusammengefasst (§ 18 I AktG). Dabei ist die Errichtung einer kommunalen Holding-Gesellschaft als herrschendem Mutter-Unternehmen, der

425

allein die Verwaltung der angeschlossenen Unternehmen obliegt, typisch. So verfügen z. B. die Kommunen oftmals unter dem Dach einer Stadtwerke-GmbH über angeschlossene Unternehmen, die durch im Beherrschungsvertrag festgelegte Weisungsrechte gesteuert werden.

c) Organisationsprivatisierung (§ 108 GO)

426 Die Voraussetzungen der Gründung und Beteiligung an privaten Unternehmen regelt § 108 GO. Hierbei handelt es sich um Vorgänge der Organisationsprivatisierung.

aa) Gegenstand und Ergebnis

427 Am Ende einer Organisationsprivatisierung steht die Erfüllung der gemeindlichen Aufgaben durch eine gemeindlich beherrschte juristische Person des Privatrechts, d. h. die betreffende Aufgabe bleibt weiterhin in gemeindlicher Verantwortung. Es wird aber eine juristische Person des Privatrechts als Verwaltungsträger zwischengeschaltet. Dies geschieht regelmäßig im Bereich der Versorgung (Strom, Wasser, Verkehrsleistungen etc.) und Entsorgung (Abfall, Abwasser), aber auch im sozialen oder kulturellen Bereich (z. B. Krankenhaus- oder Kunst-GmbH). Zu differenzieren ist zwischen

- **Eigengesellschaften** (Kapitalgesellschaften in alleiniger kommunaler Trägerschaft; sog. publizistische Privatrechtsvereinigungen) und
- **Gemischtwirtschaftlichen Unternehmen**. Typischerweise hält die Gemeinde in der Praxis die Mehrheit der Anteile an dem betreffenden Unternehmen. Ist die Gemeinde dagegen Minderheitsbeteiligter, erstreckt sich die kommunale Tätigkeit allein auf die Verwaltung des kommunalen Anteils. Vorteil dieser Beteiligungsform ist die Beschaffung privaten Kapitals und Know-Hows. Schwierig ist dagegen die Verwirklichung kommunalpolitischer öffentlicher Zwecke und (angesichts der privaten Mitbeteiligung) die Steuerung des Unternehmens. In der Sache handelt es sich hier schon eher um eine Erscheinungsform der funktionalen Privatisierung, wenn auch in institutionalisierter Form (näher *Burgi*, in: Erichsen/Ehlers [Hrsg.], Allgemeines Verwaltungsrecht, 14. Aufl. 2010, § 10 Rn. 14).

bb) Überblick: Allgemeiner Rechtsrahmen

428 Die Gründung oder Beteiligung von Unternehmen in privater Rechtsform unterliegt vornehmlich den Anforderungen des Kommunalrechts (vgl. §§ 108 ff. GO; vgl. sogleich). Weder auf europäischer Ebene (AEU-Vertrag und europäisches Sekundärrecht) noch auf nationaler Ebene (Grundgesetz, einfaches Bundesrecht) sind spezifische Grenzen einer Organisationsprivatisierung vorgesehen.

429 Freilich sind auch nach einer Organisationsprivatisierung die unmittelbar organisationsbezogenen Anforderungen des Grundgesetzes zu beachten. So besteht das Gebot demokratischer Legitimation (Rückführbarkeit der durch die Gemeindegewalt ausgeübten Herrschaft auf das Gemeindevolk; vgl. Art. 20 III GG) fort, wonach ein hinreichendes Legitimationsniveau sicherzustellen ist. Dies bedeutet, dass an die Stelle der bei öffentlich-rechtlicher Aufgabenerledigung bestehenden Aufsicht eine sog. Einwirkungspflicht ge-

D. Handlungsformen und Instrumente

genüber den gegründeten Unternehmen besteht. Hiernach ist die Gemeinde verpflichtet, die Durchsetzung des politischen Willens weiterhin sicherzustellen. Näher konkretisiert wird diese Einwirkungspflicht in § 108 GO.

cc) Kommunalwirtschaftsrechtliche Anforderungen

§ 108 I GO enthält allgemeine Vorschriften, die bei der Gründung oder Beteiligung eines Unternehmens in Privatrechtsform zu beachten sind. Diese kommen neben den Voraussetzungen des § 107 I 1 GO bzw. des § 107a GO zur Geltung (§ 108 I Nr. 1 GO). Die Gründung oder der Betrieb von Tochterunternehmen gemeindlicher Unternehmen (Enkelunternehmen) sind nicht reglementiert. **430**

– Die Gemeinde soll vor Haftungsrisiken bewahrt werden. Daher kommen diejenigen Rechtsformen des Unternehmens in Betracht, bei denen eine Haftungsbegrenzung möglich ist (§ 108 I Nr. 3 GO), d. h. die Aktiengesellschaft (vgl. § 1 I 2 AktG; nähere Anforderungen in § 108 III GO) oder die Gesellschaft mit beschränkter Haftung (vgl. § 13 II GmbHG; hierzu § 108 IV GO);
– übermäßige finanzielle Verpflichtungen sowie Kapitalverluste der Gemeinde sollen vermieden werden (§ 108 I Nr. 4 GO und § 108 I Nr. 5 GO);
– um den demokratischen Anforderungen zu genügen, muss die Gemeinde weiterhin in ausreichendem Maße Einfluss auf das Unternehmen ausüben können; dieser Einfluss muss rechtlich abgesichert sein (§ 108 I Nr. 6 GO); instruktiv OVG NRW, NVwZ 2007, 609.
– das Unternehmen muss auf einen öffentlichen Zweck ausgerichtet sein (§ 108 I Nr. 7 GO). Dieser wird in der Regel im Gesellschaftsvertrag festgeschrieben;
– bestimmte Vorgaben über die Aufstellung eines Wirtschaftsplanes und der Rechnungslegung sind zu beachten (§ 108 I Nr. 8 GO).

Darüber hinaus enthält § 108 II GO spezielle gemeindliche Pflichten bei bestehender Mehrheitsbeteiligung an einer Gesellschaft. In § 108 III GO ist bestimmt, dass die Form der Aktiengesellschaft gegenüber einer GmbH grundsätzlich subsidiär zur Anwendung kommt. Für die Rechtsform der GmbH sieht § 108 IV GO vor, bestimmte Einflussnahmemöglichkeiten durch Gesellschaftsvertrag festzuhalten. Insbesondere soll der Gemeinderat den bestellten oder gewählten Aufsichtsratsmitgliedern Weisungen erteilen dürfen, sofern die Bestellung eines Aufsichtsrats gesellschaftsrechtlich nicht vorgeschrieben ist (vgl. § 108 IV Nr. 2 GO; vgl. OVG NRW, NVwZ 2007, 609; BVerwG, NJW 2011, 3735; *Strobel*, DÖV 2005, 77). Durch das GO-Reformgesetz 2007 (Rn. 6) sind in den §§ 108, 111 und 113 Änderungen vorgenommen worden mit dem Ziel, die Rolle des Rates im Bereich der (mittelbaren) Beteiligungen und bei Gründungen von Betrieben zu stärken sowie jene Aktivitäten verschärften Anforderungen zu unterwerfen. **431**

Darüber hinaus bestehen bestimmte **432**
– Informations- und Prüfungsrechte sowie Berichtspflichten (dazu *Westermann/Maier*, KommJuR 2011, 169) gegenüber dem Rat (vgl. § 112 GO);

– Vertretungsregelungen der Gemeinde im Unternehmen (§ 113 GO). So vertritt ein vom Rat bestellter Vertreter die Gemeinde in den jeweiligen Gesellschaftsorganen (dazu aus gesellschaftsrechtlicher Sicht *Koch*, VerwArch 102 [2011] 1; zur Entsendung von Untervertretern vgl. *Neupert*, NWVBl. 2013, 51). Zudem muss die Gemeinde darauf hinwirken, bei Kapitalgesellschaften eines ihrer Mitglieder in den Aufsichtsrat zu entsenden. Bei ihrem Handeln unterliegen die Gemeindevertreter den inhaltlichen Bindungen der Ratsbeschlüsse;
– Anzeigepflichten gegenüber der staatlichen Aufsichtsbehörde (§ 115 GO).

In den meisten Fällen fungiert mithin das bundesgesetzlich geregelte Gesellschaftsrecht als Instrument zur Durchsetzung kommunalrechtlicher Vorgaben. Dabei können Wertungswidersprüche auftreten, wobei der Grundsatz vom Vorrang des Bundesrechts (vgl. Art. 31 GG) gilt. Können Konflikte nicht durch verfassungskonforme Auslegung der entsprechenden gesellschaftsrechtlichen Bestimmungen (verfassungsrechtliche Grundlage ist die demokratisch geforderte Einwirkungspflicht) behoben werden, muss der Einsatz der privatrechtlichen Organisationsform unterbleiben. Dann verengt sich die Wahlfreiheit der Organisationsform zur Pflicht zum Einsatz öffentlich-rechtlicher Organisationsformen.

Beispiel: Ein typischer Konfliktfall besteht im Rahmen der Informationspflichten: Nach § 113 V 1 GO sind die gemeindlichen Vertreter verpflichtet, den Gemeinderat über alle Angelegenheiten von besonderer Bedeutung zu unterrichten. Demgegenüber sieht das Aktienrecht eine Verschwiegenheitspflicht der Aufsichtsratsmitglieder vor. Ausnahmen enthalten allerdings §§ 394, 395 AktG (vgl. zur Problematik *Altmeppen*, NJW 2003, 2561; *Westermann/Maier*, KommJuR 2011, 169.).

6. Anhang

433 **Literatur:** *Burgi*, Funktionale Privatisierung und Verwaltungshilfe, 1999; *Bull*, Über Formenwahl, Formenwahrheit und Verantwortungsklarheit in der Verwaltungsorganisation, in: Geis/Lorenz (Hrsg.), FS Maurer, 2001, 545; *Strobel*, Verschwiegenheits- und Auskunftspflicht kommunaler Vertreter im Aufsichtsrat öffentlicher Unternehmen, 2002; *Will*, Die besonderen Prüfungs- und Unterrichtungsrechte der Gemeinden gegenüber ihren Kapitalgesellschaften aus §§ 53, 54 HGrG, DÖV 2002, 319; *Mann*, Die öffentlich-rechtliche Gesellschaft, 2002; *Burgi*, Neue Organisations- und Kooperationsformen im europäisierten kommunalen Wirtschaftsrecht, in: Ruffert (Hrsg.), Recht und Organisation, 2003, 55; *Heintzen* bzw. *Voßkuhle*, Beteiligung Privater an der Wahrnehmung öffentlicher Aufgaben und staatlicher Verantwortung, VVDStRL 62 (2003), 220 bzw. 266; *Kummer*, Vom Eigen- oder Regiebetrieb zum Kommunalunternehmen, 2003; *Lübbecke*, Das Kommunalunternehmen, 2004; *Burgi*, Privatisierung öffentlicher Aufgaben, Gutachten D zum 67. DJT, 2008; *Wurzel/Schraml/Becker* (Hrsg.), Rechtspraxis der kommunalen Unternehmen, Handbuch, 2. Aufl. 2010; *Fabry/Augsten* (Hrsg.), Handbuch Unternehmen der öffentlichen Hand, 2. Aufl. 2011; *Mann*, *Hoffmann* und *Gerlings*, in: HdbKWP II, 207, 379 u. 409; Hoppe/Uechtritz/Reck [Hrsg.], Handbuch kommunale Unternehmen, 3. Aufl., 2012.

Klausurfälle: *Detterbeck*, JuS 2001, 1199; *Winkler*, JA 2004, 144; *Jarass/Minker*, NWVBl. 2004, 160; *Bickenbach*, JuS 2006, 1091; *Karkaj*, JA 2007, 35; *Burgi*, 12. Klausur, in: Dietlein/Burgi/Hellermann, Klausurenbuch Öffentliches Recht in NRW, 2009, 163.

Kontrollfragen:

1. Welche Aussage trifft Art. 28 II GG hinsichtlich der kommunalen Wirtschaftsbetätigung?
2. Erläutern Sie die sog. Schrankentrias.
3. Kann eine kommunalwirtschaftliche Betätigung auch über die Grenzen des Gemeindegebiets hinaus, d. h. überörtlich, wahrgenommen werden?
4. Steht privaten Konkurrenten gegen die kommunalwirtschaftliche Tätigkeit Rechtsschutz offen?
5. Die Gemeinden haben die Wahlfreiheit, ihre Aufgaben öffentlich-rechtlich oder privatrechtlich zu erfüllen. Welcher Organisationsformen können sie sich dabei bedienen?
6. Was bedeutet Organisationsprivatisierung und wo ist sie geregelt?

E. Antworten zu den Kontrollfragen

Zu A II: 434

1. Als Körperschaften des Öffentlichen Rechts und damit als selbstständige Verwaltungsträger gehören die Träger der kommunalen Selbstverwaltung (die Kommunen) zur mittelbaren Staatsverwaltung (auf Landesebene).
2. Selbstverwaltung zeichnet sich aus durch die eigenverantwortliche Erfüllung von Verwaltungsaufgaben durch öffentlich-rechtliche Träger mit Betroffenenmitwirkung und verbindet die Ziele der Dezentralisation sowie der Staatsentlastung mit der demokratischen Partizipation.

Zu A III:

1. Die Kommunen sind in zweifacher Weise von der Europäisierung betroffen. Zum einen auf der Ebene der Verwaltungsorganisation (wobei allerdings der sog. Grundsatz der verfahrensmäßigen und organisatorischen Autonomie gilt), zum anderen im Hinblick auf die Aufgaben, bei deren Erledigung sie als Verwaltungsstellen an die europarechtlichen Vorgaben gebunden sind.
2. Früher waren weder Vorschriften im Primär- noch im Sekundärrecht verankert. Die Kommunen wurden mithin auf die Mitwirkung bei der innerstaatlichen Willensbildung beschränkt. Mit Inkrafttreten des Lissabonner Vertrages hat sich ihre Rechtsstellung verbessert.

Zu A IV:

1. Die Aufgabenstruktur des Kreises lässt sich untergliedern in originäre Kreisaufgaben, Ergänzungsaufgaben und Ausgleichsaufgaben. Dem Aufgabentypus nach ist zu unterscheiden zwischen freiwilligen und weisungsfreien pflichtigen Selbstverwaltungsaufgaben, Pflichtaufgaben zur Erfüllung nach Weisung und Auftragsangelegenheiten. Von Bedeutung sind überdies die Fälle der Organleihe.

§ 2. Kommunalrecht

2. Der Kreis hat anders als die Gemeinde drei Organe: Kreistag, Landrat und Kreisausschuss. Der Kreistag ist vergleichbar mit dem Rat, der Landrat mit dem Bürgermeister. Der Kreisausschuss ist ein eigenes, vollwertiges Kreisorgan, das kreisintern mit dem gemeindlichen Haupt- und Finanzausschuss vergleichbar ist, im Außenverhältnis aber zudem Aufgaben der unteren staatlichen Verwaltungsbehörde wahrnimmt.
3. Die Landschaftsverbände sind nach einem Grundsatzurteil des VerfGH NRW Gemeindeverbände i. S. v. Art. 78 LV.
4. Kommunale Gemeinschaftsarbeit kann gemäß § 1 II GkG NRW erfolgen in Form von Arbeitsgemeinschaften, Zweckverbänden und öffentlich-rechtlichen Vereinbarungen.

Zu B II:

1. Die Stadt Düsseldorf kann in München grundsätzlich weder Verwaltungsakte erlassen noch Mietverträge abschließen, da ihr Handeln durch die sog. Verbandskompetenz auf eigene Angelegenheiten (vgl. Art. 28 II GG) beschränkt ist.
2. Gegenüber anderen Hoheitsträgern können solche Ansprüche auf der Grundlage der Selbstverwaltungsgarantie vor den Verwaltungsgerichten geltend gemacht werden, gegenüber Privaten dient indes § 12 BGB als Grundlage für vor den ordentlichen Gerichten geltend zu machenden gesetzlichen Unterlassungs- und Beseitigungsansprüchen.
3. In formeller Hinsicht bedarf es der Anhörung der betroffenen Gemeinde sowie einer Grundlage, materiell bedarf es der Gründe des öffentlichen Wohls unter Abwägung aller Belange, wobei die Rechtsprechung einen gewissen Prognose- und Entscheidungsspielraum des Landes respektiert.

Zu B III:

1. Zum einen auf verfassungsrechtlicher Ebene in Bezug auf den Schutz der kommunalen Selbstverwaltungsgarantie (Art. 28 II GG, Art. 78 LV), zum anderen auf einfachgesetzlicher Ebene insbesondere im Hinblick auf die Zulässigkeit und Begründetheit einer gemeindlichen Klage gegen staatliche Maßnahmen.
2. Die Pflichtaufgaben zur Erfüllung nach Weisung zählen zwar nicht zu den Selbstverwaltungsaufgaben im Sinne des Bundesrechts, werden aber auf Landesebene als solche behandelt und fallen in den Schutzbereich des Art. 78 LV (nicht den des Art. 28 II GG). Es gelten bestimmte Aufsichtsbefugnisse (Sonderaufsicht, vgl. § 119 II GO) sowie von den allgemeinen Regeln abweichende gemeindliche Zuständigkeitsregelungen; vgl. § 62 II 2 GO. Den Weisungen kommt Außenwirkung i. S. d. § 35 VwVfG zu. Eine Klagebefugnis der Gemeinde ergibt sich (ähnlich wie bei Auftragsangelegenheiten) aus Landesverfassungs- bzw. einfachem Recht.
3. Zum einen kann der Landrat als Organ des Kreises gem. § 42 KrO als Selbstverwaltungskörperschaft handeln, zum anderen als untere staatliche Verwaltungsbehörde i. S. d. § 59 KrO im Wege der Organleihe.
4. Die Rechtsaufsicht betrifft die Rechtmäßigkeit des gemeindlichen Handelns, während die Fachaufsicht (Sonderaufsicht) die Zweckmäßigkeit einschließt. Die zuständige Sonderaufsichtsbehörde kann eine Weisung nicht mit den repressiven Aufsichtsmitteln durchsetzen; vgl. § 127 GO. Daher muss sie sich in diesen Fällen zur Durchsetzung an die Rechtsaufsichtsbehörde wenden.
5. Handelt der Rat rechtswidrig, kann die zuständige Rechtsaufsichtsbehörde zunächst den Bürgermeister anweisen, dies nach § 54 II, III GO zu beanstanden (vgl. § 122 I 1 GO) und falls dies nicht zum gewünschten Ergebnis führt, kann

sie den entsprechenden Beschluss aufheben (vgl. § 122 I 2 GO). Erlässt dagegen der Bürgermeister eine rechtswidrige Anordnung, so kann die Aufsichtsbehörde dieses Verhalten gegenüber dem Rat beanstanden (vgl. § 122 II 1 GO); billigt er das Verhalten des Bürgermeisters, so kann die Behörde die Anordnung aufheben (vgl. § 122 II 4 GO). Erfüllt die Gemeinde die ihr kraft Gesetz obliegenden Pflichten oder Aufgaben nicht, so kann die zuständige Behörde anordnen, dass sie innerhalb einer bestimmten Frist das Erforderliche veranlasst (vgl. § 123 I GO). Kommt die Gemeinde dieser Anordnung nicht nach, so kann die Aufsichtsbehörde die Maßnahme selbst vornehmen (vgl. § 123 II GO).

Zu B IV:

1. Gegen Gesetze des Bundes können die Gemeinden den Weg zum BVerfG beschreiten (vgl. Art. 93 I Nr. 4b Hs. 1 GG i. V. m. §§ 13 Nr. 8a, 91 ff. BVerfGG), bei Landesgesetzen ist in NRW der Rechtsschutz vor dem VerfGH eröffnet (vgl. Art. 75 Nr. 4 LV i. V. m. §§ 12 Nr. 8, 52 VGHG). In diesen Fällen ist der Rechtsschutz nach Art. 93 I Nr. 4b Hs. 2 GG vor dem BVerfG ausgeschlossen (sog. Subsidiaritätsklausel). In beiden Fällen spricht man von einer sog. Kommunalverfassungsbeschwerde.
2. Gemeinde und Gemeindeverbände können sich gegen Gesetze des Bundes bzw. des Landes richten, nicht jedoch gegen Maßnahmen der Verwaltung. Dabei ist der Begriff des Gesetzes weit zu verstehen. Er umfasst nicht nur Gesetze im formellen Sinne, sondern auch Rechtsverordnungen sowie alle Rechtsnormen, die mit dem Anspruch auf Verbindlichkeit tatsächlich gelten, von der staatlichen Autorität garantiert werden und denen Außenwirkung zukommt.
3. Bei der Geltendmachung einer Verletzung des Rechts auf Selbstverwaltung handelt es sich um eine öffentlich-rechtliche Streitigkeit nichtverfassungsrechtlicher Art i. S. v. § 40 I VwGO. Art. 78 I, II LV ist Grundlage des geltend gemachten subjektiven Rechts; die Gemeinde ist aber nicht unmittelbar am Verfassungsleben beteiligt, sondern als Verwaltungsträger betroffen.
4. Im Rahmen einer Klage gegen eine staatliche Aufsichtsmaßnahme spielt der Aufgabencharakter sowohl bei der Klageart als auch bei der Klagebefugnis eine Rolle. Werden Selbstverwaltungsangelegenheiten oder Pflichtaufgaben zur Erfüllung nach Weisung erfüllt, so handelt es sich bei der staatlichen Maßnahme um einen Verwaltungsakt (Außenwirkung ist gegeben!), so dass je nach Situation eine Anfechtungs- bzw. Verpflichtungsklage statthaft ist. Dagegen fehlt bei staatlichen Auftragsangelegenheiten kraft Bundesrecht grundsätzlich der Verwaltungsaktcharakter, so dass allein eine Leistungs- oder Feststellungsklage in Betracht zu ziehen ist. Im Rahmen der Klagebefugnis kann sich eine Gemeinde bei Selbstverwaltungsangelegenheiten und Pflichtaufgaben zur Erfüllung nach Weisung auf Art. 78 I, II LV ggf. i. V. m. Art. 78 IV LV sowie auf das einfache Recht beziehen und damit die Klagebefugnis begründen. Bei staatlichen Auftragsangelegenheiten ist die Klagebefugnis grundsätzlich zu verneinen, es sei denn, die Gemeinde macht geltend, dass fälschlicherweise eine Auftragsangelegenheit behauptet wird oder dass infolge der Intensität der staatlichen Maßnahme zugleich die gemeindlichen Selbstverwaltungsaufgaben beeinträchtigt seien.
5. Im Rahmen eines Amtshaftungsanspruches muss eine einem „Dritten" gegenüber bestehende Amtspflicht verletzt sein. Das Merkmal des „Dritten" ist hier problematisch, stehen sich doch z. B. Gemeinde und Staat von außen betrachtet nicht selbständig gegenüber, sondern erfüllen gemeinsam Aufgaben. Da dies grundsätzlich immer einen Amtshaftungsanspruch ausschließen würde, nimmt man mit Blick auf die Ebene des Primärrechtsschutzes und der hier ausgestalteten subjektiven Positionen aber an, dass im Falle eines Schadens bei der Erledi-

gung kommunaler Aufgaben infolge der Beeinträchtigung des Selbstverwaltungsrechts (bei Vorliegen der sonstigen Voraussetzungen) ein Amtshaftungsanspruch anzunehmen ist.

Zu C I:

1. Aus Art. 28 I 1 und 2 GG folgt, dass es in den Kreisen und Gemeinden ebenso wie in den Ländern eine gewählte Vertretung geben muss, die im Mittelpunkt des institutionellen Entscheidungsprozesses steht. Für die Wahl dieser Vertretung wird inhaltlich auf die in Art. 38 I 1 GG genannten Wahlrechtsgrundsätze Bezug genommen.
2. Die Idee der kommunalen Selbstverwaltung geht auf den *Freiherrn vom und zum Stein* (1757–1831) zurück. Unter dem Einfluss der liberalen Strömungen der Französischen Revolution sowie nach dem im Zerfall des Heiligen Römischen Reichs deutscher Nation manifestierten Ende des Absolutismus hatte die von ihm im Jahre 1808 erlassene Preußische Städteordnung das Ziel, die Gemeinden aus der Bevormundung des Staates zu befreien und ihnen die Verwaltung in eigenen Angelegenheiten zu übertragen, und zwar im Interesse einer Verbesserung der Verwaltung insgesamt.
3. Das Verhältnis zwischen Politik (Rat) und Verwaltung (Bürgermeister) wird als Auftraggeber-Auftragnehmer-Beziehung und das Ergebnis des Verwaltungshandelns als Produkt verstanden, dem konkrete Kosten zugeordnet werden. Aufgaben- und Ressourcenverantwortung sollen zusammen- und eine leistungsfähige Kostenrechnung eingeführt werden. Dabei darf der kommunalrechtliche Rahmen nicht überschritten werden, außer es greift die Experimentierklausel des § 129 GO ein.

Zu C II:

1. Gemäß § 21 GO ist Einwohner, wer in der Gemeinde wohnt (Abs. 1), Bürger, wer zu den Gemeindewahlen wahlberechtigt ist (Abs. 2). Die Voraussetzungen der Wahlberechtigung ergeben sich aus § 7 KWahlG. Neben dem aktiven und passiven Wahlrecht steht Bürgern im Gegensatz zu Einwohnern auch das Recht zu, einen Bürgerentscheid zu beantragen (Bürgerbegehren).
2. Voraussetzungen der Zulässigkeit des Bürgerbegehrens sind eine bürgerbegehrensfähige Angelegenheit (zu beachten ist insbesondere der Negativkatalog des § 26 V GO), die formell ordnungsgemäße Einreichung des Bürgerbegehrens (§ 26 II GO: Schriftform, Ja/Nein-Frage, Vertreter), ein hinreichendes Einleitungsquorum (§ 26 IV GO) und, bei einem kassatorischen Bürgerbegehren, die Beachtung der Frist des § 26 III GO. Nach § 26 VI GO steht dem Rat die Möglichkeit zu, einem für zulässig erklärten Bürgerbegehren zu entsprechen (S. 4). Geschieht dies nicht, ist innerhalb von drei Monaten ein Bürgerentscheid durchzuführen (S. 3).
3. Gegen die Feststellung des Rates, ein Bürgerbegehren sei unzulässig, ist die Verpflichtungsklage (§ 42 I Alt. 2 VwGO) statthaft. Die Entscheidung des Rates über die Zulässigkeit des Bürgerbegehrens erfolgt durch Verwaltungsakt. Kläger sind nicht die Gesamtheit der Unterzeichner, sondern die Vertreter des Bürgerbegehrens, denen gemäß § 26 VI 2 GO eine eigenständige Rechtsposition zugewiesen wird.

E. Antworten zu den Kontrollfragen

Zu C III:

1. Dem Rat kommt nach § 40 II Var. 1 GO die Funktion zu, die Bürgerschaft zu vertreten. Er stellt das Repräsentativorgan der Gemeinde i. S. v. Art. 28 I 2 GG dar. Entgegen seiner häufigen Bezeichnung als Kommunalparlament ist er nicht eine Gesetzgebungsinstitution, sondern vielmehr ein Verwaltungsorgan.
2. Der Begriff „Geschäftsordnungsautonomie" meint, dass der Rat berechtigt ist, sich eine Geschäftsordnung zu geben. Diese enthält in der kommunalrechtlichen Praxis regelmäßig (teilweise sogar verpflichtend) Bestimmungen über die innere Organisation des Rates und seiner Ausschüsse sowie über das Verfahren im Rat. Die Geschäftsordnungsautonomie dient dazu, die Unabhängigkeit und Selbstständigkeit des Rates zu gewährleisten.
3. Fraktionen des Rates sind freiwillige Vereinigungen aus mindestens zwei, in Gemeinden mit einem zahlenmäßig größeren Rat aus mindestens drei bzw. vier Mitgliedern des Rates, § 56 I GO. Mit der Mitgliedschaft in einer Fraktion verbinden sich bestimmte, in der GO vorgesehene Rechte und Pflichten, die Gruppen nicht zustehen. Gruppen sind lediglich Vereinigungen von Ratsmitgliedern unterhalb der Fraktionsstärke.
4. Die Gemeindeordnung kennt mit dem Hauptausschuss, dem Finanzausschuss und dem Rechnungsprüfungsausschuss Pflichtausschüsse (§ 57 II GO) und darüber hinaus fakultative Ausschüsse (§ 57 I GO). Zu Mitgliedern fakultativer Ausschüsse können gemäß § 58 III 1 GO auch sachkundige Bürger bestellt werden.
5. § 51 I Fall 2 GO weist die Ordnungsgewalt in Ratssitzungen dem Bürgermeister zu. Dem Gebot gegenseitiger Rücksichtnahme im Rat korrespondiert ein innerorganisatorischer Störungsbeseitigungsanspruch eines jeden einzelnen Ratsmitgliedes, der im Zweifel gegen den Bürgermeister im Wege des sog. Kommunalverfassungsstreitverfahrens geltend gemacht werden kann.
6. Das Mitwirkungsverbot wegen Befangenheit (§ 43 II i. V. m. § 31 GO) setzt zunächst voraus, dass das Ratsmitglied beratend oder entscheidend an einer Entscheidung mitgewirkt hat (1). Diese Entscheidung kann einer der in § 30 I 1 Nrn. 1–3, II Nrn. 1–3 GO bezeichneten Personen einen Vorteil oder Nachteil bringen (2). Zwischen der Entscheidung und dem möglichen Vor- bzw. Nachteil besteht eine Unmittelbarkeitsbeziehung (3). Schließlich darf keiner der Ausschlussgründe des § 31 III GO eingreifen (4).
7. Das kommunalrechtliche Vertretungsverbot hat zur Folge (§§ 45 II, 32 I 2 GO), dass das betroffene Ratsmitglied (typischerweise ein Rechtsanwalt) Ansprüche anderer gegen die Gemeinde nicht geltend machen darf. Hierdurch soll die objektive und unparteiische Führung der gemeindlichen Geschäfte gewährleistet werden.

Zu C IV:

1. „Geschäfte der laufenden Verwaltung" sind solche Angelegenheiten, die nach Regelmäßigkeit und Häufigkeit zu den üblichen Geschäften der Gemeinde gehören. Dies ist für jede Gemeinde unterschiedlich und abhängig von deren Größe, Finanzkraft und Einwohnerzahl sowie von der konkret zu bearbeitenden Angelegenheit. Gemäß § 41 III GO gelten die „Geschäfte der laufenden Verwaltung" als auf den Bürgermeister übertragen, dem Rat steht allerdings ein Rückholrecht zu.
2. Der Widerspruch gegen einen Ratsbeschluss steht im Ermessen des Bürgermeisters und ist nach § 54 I GO zulässig, wenn der Beschluss nach Ansicht des Bürgermeisters das Wohl der Gemeinde gefährdet. Die Beanstandung hat nach § 54 II und III GO zwingend durch den Bürgermeister zu erfolgen, wenn ein Beschluss des Rates oder eines Ausschusses geltendes Recht verletzt.

3. Ein Verwaltungsakt, der ohne einen zugrundeliegenden, aber erforderlichen Ratsbeschluss ergangen ist, ist grundsätzlich formell rechtswidrig und kann vom Adressaten nach § 42 I VwGO angefochten bzw. vom Bürgermeister unter Beachtung der Grundsätze des § 48 VwVfG zurückgenommen werden. Der Verstoß gegen das Mitwirkungserfordernis stellt einen Verfahrensfehler dar.

Zu C V:

1. Nein, es stehen aber die allgemeine Leistungsklage bzw. die Feststellungsklage nach § 43 VwGO zur Verfügung. Der Begriff bringt zum Ausdruck, dass es, anders als normalerweise im Verwaltungsprozess, nicht um die Durchsetzung von Rechten im Außenverhältnis zwischen Gemeinde und Bürger, sondern um Positionen innerhalb der Gemeindeorganisation geht.
2. Die klagenden Organe bzw. Organteile können sich nicht auf die Grundrechte, sondern ausschließlich auf organschaftliche Positionen berufen, welche aus der GO, aus Satzungen oder aus Geschäftsordnungen der Gemeinde resultieren können. In der Sache geht es entweder um die Einhaltung von Kompetenzen oder um die Beachtung von Verfahrensvorschriften, die auch dem Interesse des jeweils klagenden Organs zu dienen bestimmt sind.

Zu D 1:

1. Satzungen und Rechtsverordnungen sind beide Gesetze im materiellen Sinn mit Außenwirkung, die abstrakt-generelle Regelungen enthalten. Während Satzungen auf Dezentralisation zurückzuführen sind, sind Rechtsverordnungen Ausdruck von Dekonzentration. Die Anforderungen des Art. 80 GG bzw. Art. 70 LV sind aus diesem Grund allein bei Rechtsverordnungen zu beachten, nicht dagegen bei Satzungen. Beide Rechtsetzungsinstrumente dienen den Gemeinden zur Regelung ihrer Aufgabenwahrnehmung. Während Satzungen typischerweise bei freiwilligen und pflichtigen Selbstverwaltungsangelegenheiten anzutreffen sind, hat man es bei Pflichtaufgaben zur Erfüllung nach Weisung in der Regel mit Rechtsverordnungen zu tun. Grundsätzlich genügt Art. 28 II GG als Ermächtigungsgrundlage für Satzungen (sog. Satzungshoheit). Rechtsverordnungen bedürfen dagegen in jedem Einzelfall einer speziellen gesetzlichen Ermächtigungsgrundlage.
2. Die Befugnis zum Erlass von Satzungen resultiert bereits aus den kommunalen Selbstverwaltungsgarantien des Art. 28 II GG bzw. Art. 78 LV. Einer zusätzlichen einfachgesetzlichen Ermächtigungsgrundlage bedarf es nicht. Daher ist § 7 GO deklaratorischer Natur. Allein Satzungen, mit denen zugleich ein Eingriff in Grundrechte anderer verbunden ist, bedürfen einer speziellen Ermächtigungsgrundlage. In diesem Fall genügt § 7 GO nicht.
3. Grundsätzlich führt ein formeller Fehler zur Nichtigkeit einer Satzung. Allerdings hat der Gesetzgeber in der Gemeindeordnung (vgl. § 7 VI GO) als auch in verschiedenen Fachgesetzen (z. B. §§ 214, 215 BauGB) Unbeachtlichkeits- und Heilungsvorschriften vorgesehen.

Zu D II:

1. Der Begriff der „öffentlichen Einrichtung" wird durch die Zusammenfassung personeller und sächlicher Mittel zum Zwecke der Daseinsvorsorge, nach Bereitstellung durch Widmung zur bestimmungsgemäßen Nutzung durch die Einwohner gekennzeichnet.

E. Antworten zu den Kontrollfragen 281

2. Ja. Es ist allerdings erforderlich, dass die private Organisation noch der Gemeinde zugerechnet werden kann. Die Gemeinde muss maßgeblichen Einfluss auf die Führung der Einrichtung behalten. Dieser äußert sich typischerweise in Form von Mitwirkungs- und Entscheidungsrechten. Dies ist nicht der Fall nach einer Aufgabenprivatisierung. Dagegen ist der nötige Einfluss bei einer Eigengesellschaft, einem mehrheitlich beherrschten gemischt-wirtschaftlichen Unternehmen und nach einer funktionalen Privatisierung anzunehmen.
3. Die tatbestandlichen Voraussetzungen sind in § 8 II GO normiert.
4. Der ursprünglich gebundene Zulassungsanspruch nach § 8 II GO wandelt sich um in einen Anspruch auf fehlerfreie Ermessensentscheidung über die Zulassung.
5. Grundsätzlich ja, aufgrund des Tatbestandsmerkmals „im Rahmen des geltenden Rechts" und im Interesse der Sicherung des Einrichtungszwecks.
6. Sowohl bei der Organisationsform als auch bei der Handlungsform steht der Gemeinde eine Wahlmöglichkeit zwischen öffentlich-rechtlicher und privatrechtlicher Form zu. Entscheidet sich die Gemeinde für eine öffentlich-rechtliche Organisationsform, kann sie auf der Handlungsebene sowohl öffentlich-rechtlich als auch privatrechtlich agieren. Legt sich die Gemeinde dagegen auf eine privatrechtliche Organisationsform fest, ist sie auf der Handlungsebene zwingend auf eine privatrechtliche Ausgestaltung verwiesen.
7. Nein, weil sich damit Eingriffe in die Grundrechte verbinden und daher eine gesetzliche Grundlage (§ 9 GO) notwendig ist (Vorbehalt des Gesetzes).

Zu D III:

1. Art. 28 II GG gewährleistet innerhalb der Eigenverantwortlichkeit die Freiheit der Kommune, über den Modus der Aufgabenerfüllung zu entscheiden. Dies umfasst auch die Entscheidung, sich wirtschaftlich zu betätigen. Dagegen enthält Art. 28 II GG kein materiell-rechtliches Aufgabenverteilungsprinzip im Verhältnis zur Privatwirtschaft.
2. Zunächst muss ein öffentlicher Zweck die kommunale Wirtschaftstätigkeit stützen. Diese Anforderung folgt bereits aus dem Grundgesetz und ist in § 107 I Nr. 1 GO näher konkretisiert. Sodann muss das Verhältnis des Umfangs der Wirtschaftsbetätigung zur Leistungsfähigkeit der Kommune angemessen sein (§ 107 I Nr. 2 GO). Diese Schranke soll die finanzielle und/oder politische Überforderung einer Gemeinde verhindern. Schließlich ist ein kommunalwirtschaftliches Handeln regelmäßig nur statthaft, wenn der öffentliche Zweck nicht besser und wirtschaftlicher durch andere Unternehmen erfüllt werden kann (vgl. § 107 I Nr. 3 GO; sog. Subsidiaritätsklausel). Hier findet eine abwägungsähnliche Prüfung statt.
3. Überörtliche Wirtschaftsbetätigung ist nicht von Art. 28 II GG geschützt, aber auch nicht verboten. Der Gesetzgeber hat eine entsprechende Erweiterung in § 107 III GO statuiert und ihr gleichzeitig Grenzen gezogen. Besonderheiten gelten für die „energiewirtschaftliche Betätigung" nach § 107a GO n.F.
4. In der neueren Rechtsprechung wird den §§ 107 ff. GO in gewissem Umfang drittschützende Wirkung zuerkannt, so dass eine allgemeine Leistungsklage (auf Unterlassen oder Einwirkung gegenüber dem privatwirtschaftlichen Unternehmen) vor den Verwaltungsgerichten erhoben werden kann. Die Erhebung einer auf § 1 UWG (jetzt: § 3 UWG) gestützten Klage vor den ordentlichen Gerichten ist nicht mehr möglich.
5. Als öffentlich-rechtliche Organisationsformen kommen der Regie- und Eigenbetrieb sowie die Anstalt des öffentlichen Rechts in Betracht. Privatrechtliche Organisationsformen ergeben sich aus dem BGB und dem Gesellschaftsrecht. Klas-

sisch sind die Gesellschaft mit beschränkter Haftung, die Aktiengesellschaft, der Verein und die Stiftung des privaten Rechts.

6. Am Ende einer Organisationsprivatisierung steht die Erfüllung der Aufgabe durch eine gemeindlich beherrschte juristische Person des Privatrechts. Die Aufgabe bleibt stets in gemeindlicher Verantwortung. Zu unterscheiden ist die Eigengesellschaft und das gemischtwirtschaftliche Unternehmen. Die Voraussetzungen für die Gründung von und die Beteiligung an privaten Unternehmen sind in § 108 GO geregelt.

§ 3. Polizei- und Ordnungsrecht NRW

Literaturhinweise: Zum Polizeirecht allgemein: *Benfer*, Rechtseingriffe von Polizei und Staatsanwaltschaft, 4. Aufl. 2010; *Friauf*, in: Schmidt-Aßmann (Hg.), Bes. Verwaltungsrecht, 14. Aufl. 2008; *Götz*, Allgemeines Polizei- und Ordnungsrecht, 14. Aufl. 2008; *Gusy*, Polizei- und Ordnungsrecht, 7. Aufl. 2009; *Knemeyer*, Polizei- und Ordnungsrecht, 11. Aufl. 2007; *Kugelmann*, Polizei- und Ordnungsrecht, 2006; *Lisken/Denninger*, Handbuch des Polizeirechts, 5. Aufl. 2012; *Möller/Wilhelm*, Allgemeines Polizei- und Ordnungsrecht, 5. Aufl. 2003; *Pieroth/Schlink/Kniesel*, Polizei- und Ordnungsrecht, 6. Aufl. 2010; *Prümm/Sigrist*, Allgemeines Sicherheits- und Ordnungsrecht, 2. Aufl. 2003; *Schenke*, Polizei- und Ordnungsrecht, 6. Aufl., 2009; *Tettinger/Erbguth/Mann*, Besonderes Verwaltungsrecht, 10. Aufl. 2009; *Thiel*, Polizei- und Ordnungsrecht, 2013; **speziell zum nordrhein-westfälischen Recht:** *Kay/Böcking*, Polizeirecht NRW, 1992; *Odiges*, in: Grimm/Papier, Nordrhein-Westfälisches Staats- und Verwaltungsrecht, 1986, S. 236 ff.; *Rhein*, OBG NRW, Komm., 2004; *Schütte/Braun/Keller*, PolG NRW, Komm., 2012; *Tegtmeyer/Vahle*, Polizeigesetz NRW, 10. Aufl. 2011; *Wolffgang/Hendricks/Merz*, Polizei- und Ordnungsrecht in Nordrhein-Westfalen, 3. Aufl. 2011; **Fallsammlungen:** *Beaucamp*, Grundfälle zum Allgemeinen Polizei- und Ordnungsrecht, JA 2009, 279 ff.; *Dietlein/Burgi/Hellermann*, Klausurenbuch Öffentliches Recht in NRW, 2009; *Förster/Sander*, Fälle zum Besonderen Verwaltungsrecht, 3. Aufl. 2006; *Gornig/Jahn*, Fälle zum Polizei- und Ordnungsrecht, 3. Aufl. 2006; *Keller*, Fallsammlung zum Eingriffsrecht Nordrhein-Westfalen, 3. Aufl. 2009; *Knemeyer*, Prüfe dein Wissen: Polizei- und Ordnungsrecht, 3. Aufl. 2003; *Muckel*, Klausurenkurs zum Besonderen Verwaltungsrecht, 4. Aufl. 2009; *Schoch*, Grundfälle zum Polizei- und Ordnungsrecht, JuS 1994 (S. 391, 479, 570, 667, 754, 849, 932 und 1026), JuS 1995 (S. 30, 215, 307 und 504); *Stein/Paintner*, Fälle und Erläuterungen zum Polizei- und Ordnungsrecht, 2000

A. Gefahrenabwehr als zentrale Staatsfunktion

I. Staatsphilosophische Grundlagen

Die Gewährung von Sicherheit und Ordnung zählt seit alters her zu den klassischen Staatszwecken und damit zu den traditionellen Rechtfertigungselementen von Staatlichkeit überhaupt. Als entscheidendes Motiv der Staatenbildung und eigentliche Legitimation von Staatlichkeit findet sich die Garantie von Sicherheit namentlich in der Staatsphilosophie von *Thomas Hobbes* (1588–1679): Um den natürlichen Kriegszustand aller gegen alle zu überwinden, einigen sich die Bürger, ihre Waffen niederzulegen und sich dem „Leviathan" Staat unterzuordnen, der stärker ist als jede andere Macht, und der durch den Schrecken, der von ihm ausgeht, alle private Macht einzudämmen vermag. Der Bürgerkrieg wird durch das „Bürger-Sein" beendet: Gewaltverzicht und Gesetzesgehorsam charakterisieren den Bürger, das **staatliche Gewaltmonopol** sichert den bürgerlichen Frieden.

In dieser Hinsicht finden sich zentrale Elemente des sog. „Zero-Tolerance"-Konzepts des legendären New Yorker Bürgermeisters *Rudolph W. Giuliani* und seines Polizeichefs *William Bratton* (hierzu *Volkmann*, NVwZ 1999, 225 ff.) bereits in der Rechtsphilosophie *R. v. Iherings*: „Wenn die Willkür und Gesetzlosigkeit frech und dreist ihr Haupt zu erheben wagt, so ist dies immer ein sichtbares Zeichen, dass diejenigen, welche berufen waren, das Gesetz zu verteidigen, ihrer Pflicht nicht nachgekommen sind (Kampf ums Recht, 4. Aufl. 1874, Vorrede VII).

2 Historisch entwickelt aus einem unverhohlen „absolutistischen" Machtanspruch des Staates bzw. seiner monarchischen Führung hat der Gedanke der Unterordnung privater Gewalt unter die staatliche Gewalt zwischenzeitlich gleichwohl in republikanische, demokratische und rechtsstaatliche Bahnen gefunden. Namentlich dem englischen Freiheitsphilosophen *John Locke* (1632–1704) ist es zu verdanken, dass der Gedanke des staatlichen Gewaltmonopols dabei sein notwendiges Korrelat in dem **Postulat staatlicher Machtbegrenzung** erfahren hat. Insbesondere durch die Anerkennung von Grundrechten sowie Rechtsweggarantien des Bürgers wird der *„Leviathan"* in die notwendigen Ketten gelegt. Die Treuepflicht des Bürgers steht fortan nicht mehr allein unter der Bedingung der Gewährleistung des Schutzes durch den Staat, sondern zugleich unter der Bedingung des treuhänderischen Gebrauchs jener Macht durch den Staat. Eine weitere neuzeitliche Dimension staatlicher Schutzgewährung eröffnet sich mit der Erkenntnis, dass es nicht allein die Angst vor staatlicher, sei es auch rechtlich gebundener Gewalt sein kann, die den Frieden des Gemeinwesens sichert, sondern dass es zugleich des aktiven staatlichen und bürgerlichen Einsatzes für sozialen Frieden und sozialen Ausgleich bedarf. Nach wie vor gilt aber, dass privater Gewaltverzicht und Gesetzesgehorsam nur möglich und vermittelbar sind, wenn der Staat bereit und in der Lage bleibt, sein Gewaltmonopol zum Schutz der Bürger zur Geltung zu bringen. Das Prinzip „Sicherheit durch den Staat" wird also nicht durch das Prinzip der „Sicherheit vor dem Staat" ersetzt, sondern lediglich um dieses erweitert. Das liberale Naturrechtsdenken des *John Locke* ersetzt nicht die Sicherheitsphilosophie des *Thomas Hobbes*, sondern gründet auf dessen gedanklichem Fundament und bestätigt die Pflicht des Staates zur Sorge um die Sicherheit und den Schutz des Bürgers.

II. Gefahrenabwehr als Verfassungspflicht

3 Auch die Rechts- und Verfassungsordnung der Bundesrepublik Deutschland basiert auf dem Sicherheitskonzept des staatlichen Gewaltmonopols und der bürgerlichen Friedenspflicht. Zwar beginnt das Grundgesetz – vor dem Hintergrund der Erfahrungen des nationalsozialistischen Terrorregimes durchaus nachvollziehbar – in den Art. 1 bis 19 GG mit Fragen der grundrechtlichen Beschränkung staatlicher Macht. Die Prämissen des staatlichen Gewaltmonopols und der bürgerlichen Friedenspflicht erhält das Grundgesetz gleichwohl uneingeschränkt aufrecht. Beide Postulate sind gleichsam systemimmanente Voraussetzungen für jedwede Staatlichkeit: In diesem

A. Gefahrenabwehr als zentrale Staatsfunktion

Sinne implizieren die Regelungen zur staatlichen Gesetzgebung (Art. 70 ff. GG) eine **Gesetzesgehorsamspflicht des Bürgers**. Die Rechtsschutzgarantie (Art. 19 Abs. 4 GG), die durch einen allgemeinen Justizgewährungsanspruch ergänzt wird, verkörpert zugleich nachdrücklich das **Verbot privater Rechtsdurchsetzung** (Selbstjustiz). Auch das Widerstandsrecht des Art. 20 Abs. 4 GG belegt als Ausnahme von der Regel die **grundsätzliche Friedenspflicht des Bürgers**. Besonders erwähnt wird die Friedenspflicht des Bürgers im Grundrecht der Versammlungsfreiheit (Art. 8 GG), das unfriedliche Versammlungen von vornherein aus dem Schutzbereich des Grundrechts ausklammert. Die mit der Friedenspflicht des Bürgers korrelierende Schutzpflicht des Staates findet sich explizit formuliert in Art. 1 Abs. 1 S. 2 GG (Schutz der Menschenwürde). Sie wird heute ferner als Direktive der sog. objektivrechtlichen Grundrechtsgehalte angesehen mit der Folge, dass der Staat nicht nur – selbstverständlich – verpflichtet ist, die Grundrechte der Bürger nicht zu verletzen, sondern sich auch schützend und fördernd vor diese Rechte zu stellen und sie vor rechtswidrigen Übergriffen privater Dritter zu verteidigen hat (zu dieser **grundrechtlichen Schutzpflichtenlehre** grundlegend BVerfGE 39, 1). Adressat dieser Schutzpflichten sind dabei alle staatlichen Gewalten, neben der Legislative, die hierbei dem sog. **Untermaßverbot** verpflichtet ist (BVerfGE 88, 203, 254), insbesondere auch die Exekutive, namentlich also die Gefahrenabwehrbehörden.

Rechtsstaatliche wie grundrechtliche Grundsätze gebieten dabei, dass schutzgewährende behördliche Interventionen gegen private „Störer" auf der Grundlage formalgesetzlicher Regelungen erfolgen (Vorbehalt des Gesetzes). Die verfassungsrechtliche Legitimität einer staatlichen Schutzmaßnahme ersetzt also nicht deren einfachrechtliche Legalität. Verkannt wurde dies in der zu Recht heftig kritisierten Entscheidung des Hess.VGH vom 6.11.1989, mit der der Gerichtshof die Inbetriebnahme einer gentechnischen Anlage wegen der allgemeinen staatlichen Schutzgewährleistungspflicht als zulassungsbedürftig ansah, obgleich gesetzliche Eingriffsermächtigungen nicht vorlagen (vgl. Hess.VGH, NJW 1990, 336 ff.). Mit dieser Auslegung stellte der Gerichtshof den rechtsstaatlichen Grundsatz, wonach Freiheit die Regel und Beschränkung die Ausnahme darstellen, förmlich auf den Kopf.

Bestätigt wird diese Schutzpflichtenlehre durch die in zahlreichen grundrechtlichen Begrenzungsvorbehalten formulierten staatlichen Eingriffsmöglichkeiten zum Schutz privater Freiheiten und Güter, denen durchaus der Gedanke einer „Aktualisierungspflicht" des Gesetzgebers innewohnt.

Vgl. etwa Art. 2 Abs. 1 GG: Rechte anderer, Sittengesetz; Art. 5 Abs. 2 GG: Schutz der Jugend und der persönlichen Ehre; Art. 9 Abs. 2 GG: Schutz vor Straftaten etc.; Art. 11 Abs. 2 GG: Schutz vor Seuchen, Naturkatastrophen, Verwahrlosung, Straftaten etc.

Rückwirkungen hat dieses Schutzpflichtenmodell nicht zuletzt für die Frage des Gesetzesvollzugs, der im Lichte des Verfassungsrechts somit selbst dort obligatorisch sein kann, wo das einfache Recht ein grundsätzliches „Entschließungsermessen" der Sicherheitsbehörden vorsieht (hierzu unten Rn. 120 ff.).

III. Notwehrrechte im Konzept des staatlichen Gewaltmonopols

4 Vor dem Hintergrund des Konzepts der privaten Friedenspflicht sowie des staatlichen Gewaltmonopols wird auch die Bedeutung der einfachrechtlichen **Notwehr-, Notstands- und Selbsthilferechte** des Bürgers (§§ 226–231, 860, 904 BGB, §§ 32–35 StGB) deutlich: Rechtfertigt sich nämlich das Verbot privater Gewalt mit der staatlichen Gewährträgerschaft für die öffentliche Sicherheit, kann das Recht der privaten Gewalt dort nicht ausgeschlossen werden, wo der Staat im konkreten Einzelfall nicht in der Lage ist, sein friedenssicherndes Gewaltmonopol auszuüben. In derartigen Ausnahmefällen kann das Sicherheitsinteresse des Einzelnen nur dadurch befriedigt werden, dass ihm die Befugnis zur Ausübung privater Gewalt zurückgegeben wird. Nur zu deutlich schimmert denn auch das gedankliche Konzept des *Thomas Hobbes* durch, wenn es in § 229 BGB heißt: *„Wer zum Zwecke der Selbsthilfe eine Sache ... zerstört oder beschädigt ... oder einen Verdächtigen ... festnimmt ..., handelt nicht widerrechtlich, wenn obrigkeitliche Hilfe nicht rechtzeitig zu erlangen ist und ohne sofortiges Eingreifen die Gefahr besteht, dass die Verwirklichung des Anspruchs vereitelt oder wesentlich erschwert werde."* Mit der staatstheoretischen Fundierung privater Gewaltbefugnisse als Ausnahme zum staatlichen Gewaltmonopol wird zugleich deutlich, dass die zivil- und strafrechtlichen Notwehr- und Nothilferechte, die auf eine Kompensation fehlender Sicherheitspräsenz des Staates zielen, niemals Eingriffsgrundlage für genuine *staatliche* Maßnahmen sein können (vgl. Pewestorf, JA 2009, 43). Bestätigt wird diese Auslegung durch die Zielsetzung der jeweiligen Normen, individuelle Rechtswidrigkeits- oder Schuldvorwürfe zu verhindern. Die Erwähnung von Notwehr und Notstand in § 57 Abs. 2 PolG (*„bleiben unberührt"*) ist vor diesem Hintergrund restriktiv zu interpretieren. Gemeint sein kann hier nur das selbstverständliche **Verteidigungsrecht eines jeden Bürgers** einschließlich des uniformierten Polizeibeamten, nicht aber eine Erweiterung staatlicher Zugriffsbefugnisse. Diese Auslegung erscheint umso zwingender, als die Notwehr- und Notstandsrechte des Bürgers (*„Recht braucht dem Unrecht nicht zu weichen"*) nicht in gleicher Weise den strengen Maßstäben der Verhältnismäßigkeit unterworfen sind, wie dies für staatliche Eingriffsbefugnisse gilt (§ 2 PolG).

5 Die hier vorgenommene Differenzierung zeitigt nicht unerhebliche praktische Konsequenzen. Sie hat zunächst zur Folge, dass das vom Notwehrrecht gedeckte eigenmächtige Handeln eines Beamten zwar nicht strafbar ist, gleichwohl aber – etwa als Verstoß gegen dienstliche Weisungen – *disziplinarrechtlich* relevant sein kann (BayObLG, JR 1991, 248 m. Anm. *Spendel*). Ferner ergibt sich aus der Differenzierung, dass Notwehr- und Nothilferechte niemals Grundlage eines *organisierten* polizeilichen Einsatzes sein können, so dass namentlich dienstliche Weisungen des Vorgesetzten an den untergebenen Polizeibeamten zur Ausübung privater Nothilfebefugnisse unzulässig wären (str.).

> Beispiel: Der Polizeipräsident weist einen untergebenen Beamten an, dem festgenommenen Entführer eines nach wie vor verschwundenen Kindes den Einsatz körperlicher Gewalt zum Zwecke der Offenlegung des Aufenthalts des Kindes anzudrohen. Für die Maßnahme gibt es schon wegen der ausdrücklichen Verbotsnorm des § 55 Abs. 2 PolG (keine Zwangsmaßnahme zur Erlangung von Erklärungen) keine polizeiliche Ermächtigungsgrundlage. Denn rechtswidrige Vollstreckungsmaßnahmen können selbstverständlich auch nicht rechtmäßig angedroht werden (unten Rn. 244). Auch die Notwehrrechte des § 57 Abs. 2 PolG greifen nicht, da Notwehr (Nothilfe) niemals die Grundlage einer genuin staatlichen Maßnahme sein kann, wie sie hier aufgrund der innerdienstlichen Weisungen offenkundig vorliegt (vgl. auch Art. 104 Abs. 1 S. 2 GG). Ob private Notwehr eine „Folterandrohung" decken könnte, bedarf daher hier keiner Diskussion, dürfte aber wegen des umfassenden Schutzes der Menschenwürde („unantastbar" – Art. 1 Abs. 1 GG) ebenfalls zu verneinen sein. Das Vorgehen des Polizeipräsidenten ist rechtswidrig (in Anlehnung an LG Frankfurt a. M., NJW 2005, 692).

Ungeachtet dieser dogmatischen Verortung des polizeilichen Notwehrrechts werden Notwehrhandlungen des einzelnen Polizeibeamten nach h. M. der hoheitlichen Aufgabenwahrnehmung zugeordnet, was namentlich für Haftungs- und Regressfragen von Bedeutung ist.

IV. Gefahrenabwehrrechtliche Kompetenzverteilung nach dem Grundgesetz

Nach dem föderalen „Bauplan" des Grundgesetzes obliegen Gesetzgebung 6 und Gesetzesvollzug grundsätzlich den Ländern, soweit das Grundgesetz nicht (ausnahmsweise) etwas anderes vorsieht (Art. 70 Abs. 1, Art. 83 GG). Diese Grundregel gilt uneingeschränkt auch für Fragen der Gewährleistung der Sicherheit der Bürger. Freilich zergliedert sich der Bereich des „Sicherheitsrechts" in viele Teilsegmente, für die sowohl hinsichtlich der Gesetzgebung als auch hinsichtlich der Verwaltungszuständigkeit im Einzelnen höchst unterschiedliche Zuweisungen bestehen.

1. Sicherheitsgesetzgebung

Im Bereich der Gesetzgebung benennt das Grundgesetz zum einen zahlreiche 7 spezielle sicherheitsrechtliche Materien, die abweichend vom Grundsatz der Länderzuständigkeit (Art. 70 Abs. 1 GG) dem Bundesgesetzgeber zugewiesen werden. Darüber hinaus ist zu berücksichtigen, dass die Zuweisung bestimmter, für sich betrachtet „sicherheitsneutraler" Sachbereiche an den Bundesgesetzgeber die grundsätzliche Befugnis einschließt, die hiermit zusammenhängenden spezial-polizeilichen Regelungen zu treffen (BVerfG, NJW 2004, 751).

> **Beispiel:** Die Zuständigkeit des Bundesgesetzgebers für den Luftverkehr (Art. 73 Nr. 6 GG) umfasst zugleich die Befugnis zum Erlass von Regelungen, die sich auf die Gefahrenabwehr im Luftraum beziehen (einschränkend BVerfG, NJW 2006, 751, 754).

Der viel zitierte Grundsatz von der „**Polizeihoheit der Länder**" bedarf insofern stets einer differenzierten Handhabung. Für die zentralen Bereiche der Gefahrenabwehr ergibt sich folgende Verteilung der Gesetzgebungskompetenzen:

8 a) Eine ausschließliche Gesetzgebungskompetenz des Bundes normiert das Grundgesetz für die Gewährleistung des Zivilschutzes (Art. 73 Abs. 1 Nr. 1 GG), des Grenzschutzes (Art. 73 Abs. 1 Nr. 5 GG) sowie der Luftsicherheit (Art. 73 Abs. 1 Nr. 6 GG, hierzu BVerfG, NJW 2006, 751, sowie BVerfG, NVwZ 2012, 1239: Abschuss von Verkehrsflugzeugen), aber auch für die Garantie der äußeren Sicherheit (Art. 73 Abs. 1 Nr. 1 GG). Letztere umfasst als „Annexkompetenz" auch die Regelung eines „Sonderpolizeirechts" (BVerwGE 84, 247) sowie eines „Brandschutzrechts" (Bad.-Württ. VGH, DVBl. 1995, 365) für die Streitkräfte. Der ausschließlichen Bundeskompetenz zuzuordnen ist ferner die Gesetzgebung für die Zusammenarbeit des Bundes und der Länder in der Kriminalpolizei, dem Verfassungsschutz und dem Schutz gegen Bestrebungen im Bundesgebiet, die durch Anwendung von Gewalt oder darauf gerichtete Vorbereitungshandlungen auswärtige Belange der Bundesrepublik Deutschland gefährden. Eine ausschließliche Bundeskompetenz besteht schießlich für weite Bereiche der Bekämpfung des internationalen Terrorismus durch das BKA (Art. 73 Abs. 1 Nr. 9a GG) sowie für die Gesetzgebung zur Einrichtung eines Bundeskriminalpolizeiamtes und die internationale Verbrechensbekämpfung (Art. 73 Abs. 1 Nr. 10 GG). Ausschließliche Bundeskompetenzen mit einem Schwerpunkt im Bereich der Gefahrenvorsorge ergeben sich schließlich für das Waffen- und Sprengstoffrecht (Art. 73 Abs. 1 Nr. 12 GG) sowie für das Atomrecht (Art. 73 Abs. 1 Nr. 14 GG).

9 b) Der sog. konkurrierenden Gesetzgebung (Art. 74 Abs. 1 GG) als „Vorranggesetzgebung" des Bundes zugeordnet ist namentlich der weite Bereich der *repressiven* Gefahrenabwehr, also das Strafrecht (Nr. 1) sowie das Ordnungswidrigkeitenrecht. Landesrechtliche Regelungen bleiben hier nur insoweit möglich, als der Bund von seiner Kompetenz keinen bzw. keinen abschließenden Gebrauch gemacht hat.

Abgrenzungsprobleme zum präventiven Gefahrenabwehrrecht (Polizeirecht) ergeben sich hierbei insoweit, als die Landespolizeigesetze, wie in § 1 Abs. 1 S. 2 PolG, die vorbeugende Bekämpfung von Straftaten als legitimen Regelungsgegenstand für sich beanspruchen. Rechtfertigen lässt sich dieser Aufgabenzugriff des Landesgesetzgebers mit der Erwägung, dass das Strafrecht allein der Sanktionierung bereits *erfolgter* Straftaten dient, während der Begriff der „*vorbeugenden* Bekämpfung" den präventiven Charakter des polizeilichen Auftrages deutlich macht. Immerhin aber geht die vorbeugende Bekämpfung von Straftaten insoweit über den traditionellen Wirkbereich der Polizei hinaus, als die betreffenden Maßnahmen zumeist „Vorfeldmaßnahmen" vor dem Eintritt konkreter Gefahrensituationen darstellen und insoweit in Richtung „nachrichtendienstlicher" Tätigkeiten

A. Gefahrenabwehr als zentrale Staatsfunktion

gehen werden. Nicht ohne Grund ist daher gelegentlich von einer *„dritten Aufgabenkategorie"* neben Gefahrenabwehr und Strafverfolgung die Rede. Aus dem Gesetz gestrichen wurde die bislang ebenfalls in § 1 Abs. 1 S. 2 PolG normierte „Strafverfolgungsvorsorge", deren präventivpolizeiliche Zuordnung zweifelhaft war. Mit dieser Änderung ist klargestellt, dass polizeiliche Regelungen keine Grundlage für die Speicherung von Daten zur Strafverfolgungsvorsorge sein können.

Zur konkurrierenden Gesetzgebung ressortieren ferner spezielle sicherheitsrelevante Materien wie das Gesundheitsschutzrecht (Nr. 19), das Straßenverkehrsrecht (Nr. 22), das Recht der Abfallbeseitigung, die Lärmbekämpfung und Luftreinhaltung (Nr. 24), das Gentechnikrecht (Nr. 26), sowie das auch sicherheitsrechtlich durchdrungene Recht der Wirtschaft (Nr. 11). Bereits erwähnt wurde die Befugnis des Bundesgesetzgebers, die mit allgemeinen Sachkompetenzen zusammenhängenden Fragen der Gefahrenabwehr zu regeln. 10

c) Grundgesetzlich nicht erwähnt ist das hier zu behandelnde *allgemeine* **Sicherheits- und Ordnungsrecht,** das nach der Grundregel des Art. 70 Abs. 1 GG somit vollumfänglich der Landesgesetzgebung zugewiesen ist. Die oben genannten Sonderzuständigkeiten des Bundes bedürfen demgemäß einer restriktiven Auslegung. Namentlich der Bundesgrenzschutz (heute „Bundespolizei", s. Rn. 12) darf folgerichtig *„nicht zu einer allgemeinen, mit den Landespolizeien konkurrierenden Bundespolizei ausgebaut werden und damit sein Gepräge als Polizei mit begrenzten Aufgaben verlieren"* (BVerfGE 97, 198, 218). Die Landeszuständigkeit für das allgemeine Sicherheitsrecht gestattet im Übrigen zugleich sondergesetzliche Kodifikationen zu besonderen Bereichen des allgemeinen Sicherheits- und Ordnungsrechts, wie etwa den Erlass von Glücksspielgesetzen (z. B. Glücksspielstaatsvertrag sowie diesbezügliches AusführungsG NRW – hierzu auch Rn. 37). Alleinige Landeskompetenzen mit gefahrenvorsorgender Ausrichtung ergeben sich nach Art. 70 Abs. 1 GG neuerdings schließlich auch für das Versammlungswesen oder das Recht der „Schaustellung von Personen" (s. Art. 74 Abs. 1 Nr. 11 GG). 11

2. Verwaltungszuständigkeiten

Die Ausführung von Bundesgesetzen ist nach Art. 83 GG grundsätzlich Ländersache. Eine bundeseigene Verwaltung sieht das Grundgesetz lediglich ausnahmsweise vor. Im Bereich des Sicherheitsrechts im weiteren Sinne ist insoweit namentlich die Befugnis des Bundes zur Aufstellung und Verwaltung der **Streitkräfte** relevant (Art. 87 a, 87 b GG), die zugleich das Recht zur Aufstellung eigener Sicherheitskräfte („Feldjäger") umschließt (BVerwG, NJW 1990, 2076). Gewährleistet wird weiter die Verwaltungskompetenz für die Errichtung einer Bundesgrenzschutzbehörde (sog. **„Bundespolizei"** mit Bundespolizeipräsidium in Potsdam, hierzu *Wagner*, JURA 2009, 96), von Zentralstellen für das polizeiliche Auskunfts- und Nachrichtenwesen sowie für die Kriminalpolizei (**BKA** mit Sitz in Wiesbaden) und den (Bundes-)Nachrichtendienst (Art. 87 Abs. 1 GG). Ob und inwieweit eine Zusammen- 12 führung der aufgeführten Behörden verfassungsrechtlich zulässig ist, wird für jeden Einzelfall zu klären sein. Hinsichtlich der aktuell diskutierten Zusammenführung von Bundespolizei und BKA dürften, anders etwa als im Falle der Zusammenführung von Polizei- und Geheimdienstbehörden, grundsätzliche verfassungsrechtliche Bedenken nicht bestehen. Gefahrenabwehrrechtliche Aufgaben in bundeseigener Verwaltung werden schließlich wahrgenommen durch die Strom- und Schifffahrtspolizei für die Bundeswasserstraßen, das Luftfahrtbundesamt in Braunschweig oder das Zollkriminalamt in Hürth. Verfassungsrechtlicher „Regelfall" bleibt gleichwohl die Ausführung von Bundesgesetzen durch die Länder als deren eigene Angelegenheit (Art. 84 GG), wie dies etwa im Bereich des Straßenverkehrsrechts oder der Gewerbeüberwachung der Fall ist. Als „Selbstverständlichkeit" nicht gesondert erwähnt ist im Grundgesetz die Zuständigkeit der Länder zur Ausführung von Landesgesetzen. Diese Verwaltungszuständigkeit betrifft namentlich das hier zu behandelnde *allgemeine* Sicherheitsrecht (Polizei- und Ordnungsrecht). Eine Sonderstellung nimmt schließlich Art. 35 Abs. 2 u. 3 GG ein, der dem Bund gewisse Handlungsbefugnisse in Katastrophenfällen zuerkennt. Soweit das BVerfG den Aktionsradius der Streitkräfte hierbei zunächst auf die (landes-)polizeilichen Handlungsinstrumentarien beschränkt sah (BVerfG, NJW 2006, 751 m. Anm. *Schenke*, ebda. S. 736), hat das Gericht diesen engen Ansatz mit einem Plenumsbeschluss vom 3. Juli 2012 revidiert (NVwZ 2012, 1239). Auch der Einsatz spezifisch militärischer Mittel bleibt danach als ultima ratio verfassungsrechtlich möglich. Insgesamt ergibt sich damit ein höchst differenziertes Geflecht von Verwaltungskompetenzen. Immerhin eröffnet sich insoweit ein stimmiges inhaltliches Konzept, als die allgemeine Gefahrenabwehr als Aufgabe der Länderpolizei von den nachrichtendienstlichen Tätigkeiten des Bundes strikt getrennt bleibt. Mit diesem sog. **nachrichtendienstlichen Trennungsgebot** soll der Entstehung eines allmächtigen Überwachungsstaates entgegen gewirkt werden. *„Wer (fast) alles weiß, soll nicht alles dürfen; und wer (fast) alles darf, soll nicht alles wissen"* (*Gusy*, JhbÖffSich 2008/09, S. 177, 180). Nicht unerheblich modifiziert wird das Trennungsgebot immerhin durch die Einführung einer von Polizei und Geheimdiensten gemeinsam benutzten Antiterror-Datei (hierzu und zur parallel konzipierten Rechtsextremismus-Datei – RED – vgl. § 33 Abs. 6 PolG). Durch Urteil vom 24.4.2013 hat das BVerfG die Antiterrordatei in ihrer Grundstruktur für verfassungsgemäß erklärt, die ausgestaltenden Regelungen allerdings in zahlreichen Punkten beanstandet (NJW 2013, 1499).

3. Polizeirecht und Europa

13 Seit dem Abbau der Grenzkontrollen in der EU (*Schengener Abkommen I und II*) haben auch auf europäischer Ebene die Bemühungen um eine Zusammenarbeit zwischen den Polizeibehörden der Mitgliedstaaten konkrete Gestalt angenommen. Mit dem am 1.10.1998 in Kraft getretenen Europol-Übereinkommen wurde die Errichtung eines **Europäischen Polizeiamtes** (mit Sitz in Den Haag) vereinbart (vgl. Art. 88 AEUV), das seine Arbeit am

1.7.1999 vollumfänglich aufnehmen konnte. Im Zentrum der Tätigkeit von Europol steht die Unterstützung der Zusammenarbeit der mitgliedstaatlichen Kriminalämter zur Verhütung und Bekämpfung des Terrorismus, des Drogenhandels und anderer schwerer Formen internationaler Kriminalität. Eigene Ermittlungs- oder gar Zwangsbefugnisse stehen Europol grundsätzlich nicht zu; immerhin aber kann sich Europol seit 2002 an Ermittlungsgruppen der Mitgliedstaaten beteiligen oder zu Ermittlungen in den Mitgliedstaaten auffordern. Seit 2010 hat Europol den Status einer „Agentur". Die Ausbildung der Europäischen Polizei erfolgt über die **Euopäische Polizeiakademie** (EPA), in der nationale Ausbildungseinrichtungen der Mitgliedstaaten zusammenarbeiten (eingehend *Glombik*, VR 2010, 343 ff.). Ungeachtet des Umstandes, dass Europol gewisse strukturelle Ähnlichkeiten mit **Interpol** (International Criminal Police Organization) aufweist, handelt es sich um organisatorisch voneinander unabhängige Stellen.

4. Ergebnis

Als Fazit ergibt sich damit, dass sowohl die Normierung des allgemeinen Sicherheitsrechtes (Polizei- und Ordnungsrechtes) als auch die Ausführung der betreffenden Gesetze einschließlich der Errichtung der notwendigen Behörden Angelegenheit des jeweiligen Landes ist.

Einer gesonderten landesstaatlichen Normierung bedarf insoweit notwendigerweise auch die Zulassung eines (landes-)grenzüberschreitenden Einsatzes der Polizeibeamtinnen und -beamten anderer Bundesländer (§ 9 POG, hierzu Rn. 38).

V. Anhang

Literatur: *Glombik*, Aus dem ABC der EU: Europäisches Polizeiamt (Europol) und Europäische Polizeiakademie (EPA), VR 2010, 343 ff.; *Gramm*, Der wehrlose Verfassungsstaat?, DVBl. 2006, 653 ff.; *Hammer*, Private Sicherheitsdienste, staatliches Gewaltmonopol, Rechtsstaatsprinzip und „schlanker Staat", DÖV 2000, 613 ff.; *Papier*, Polizeiliche Aufgabenverteilung zwischen Bund und Ländern, DVBl. 1992, 1 ff.; *Pewestorf*, Die Berufung des Amtsträgers auf Jedermannrechte, JA 2009, 43 ff.; *Pitschas*, Polizeirecht im kooperativen Staat, DÖV 2002, 221 ff.; *Schoch*, Grundlagen und System des allgemeinen Polizei- und Ordnungsrechts, Jura 2006, 664 ff.; *Schulze-Fielitz*, Nach dem 11. September: An den Leistungsgrenzen eines verfassungsstaatlichen Polizeirechts?, in FS Schmitt Glaeser, 2003, S. 407 ff.; *Wagner*, Die Bundespolizei – wer ist das, was darf und was macht die?, JURA 2009, 96 ff.; *Wolff/Scheffcyk*, Verfassungsrechtliche Fragen der gemeinsamen Antiterrordatei von Polizei und Nachrichtendiensten, JuS 2008, 81 ff.

Kontrollfragen:

1. Durch welche Regelungen kommen im Grundgesetz das staatliche Gewaltmonopol und die bürgerliche Friedenspflicht zum Ausdruck?
2. Können die zivil- und strafrechtlichen Notwehr- und Nothilferechte Eingriffsgrundlagen für staatliche Maßnahmen sein?

3. Bedeutet der Grundsatz der „Polizeihoheit" der Länder, dass dem Bund keine Gesetzgebungskompetenzen für das „Sicherheitsrecht" zukommen?

B. Polizei- und Ordnungsgesetzgebung in Nordrhein-Westfalen

15 Das allgemeine Sicherheitsrecht des Landes Nordrhein-Westfalen ist geprägt durch die Trennung von Ordnungsverwaltung und Polizeiverwaltung. Regelungsgrundlage für das Handeln der Ordnungsbehörden ist das im Jahre 1957 in Kraft getretene **Ordnungsbehördengesetz** (OBG), Grundlage des Polizeihandelns das **Polizeigesetz** (PolG) sowie das **Polizeiorganisationsgesetz** (POG). Hintergrund dieser Aufspaltung des Gefahrenabwehrrechts ist vor allem das in der frühen Nachkriegszeit von den Alliierten (zurückgehend auf die *Konferenz von Jalta*, 1945), im Bereich des heutigen Landes Nordrhein-Westfalen namentlich von der dortigen britischen Besatzungsmacht vehement verfochtene Ziel einer „**Dezentralisierung**" und „**Entpolizeilichung**" des Gefahrenabwehrrechts, das sich auch in begrifflichen Änderungen (vgl. Bauaufsicht statt Baupolizei usw., vgl. § 49 OBG a.F.) niederschlägt.

16 Hervorzuheben bleibt dabei allerdings, dass sich erste Ansätze zur „Bürokratisierung" und „Entpolizeilichung" der Gefahrenabwehr bis in das 18. Jahrhundert zurückverfolgen lassen, namentlich in der Lehre *Johann Stephan Pütters*, der bereits 1770 zwischen der Polizei und Wohlfahrtspflege trennte (*„Aufgabe der Polizei ist die Sorge für die Abwendung bevorstehender Gefahren, die Wohlfahrt zu fördern, ist nicht eigentlich Aufgabe der Polizei"*). In vergleichbarer Weise beschränkte auch das Preußische Allgemeine Landrecht von 1794 den polizeilichen Aufgabenbereich – eine Errungenschaft, die das zeitlich nachfolgende Preußische Polizeiverwaltungsgesetz von 1850 nicht in gleicher Weise sicherte. Eine „Rückbesinnung" brachte insoweit freilich das berühmte *„Kreuzberg-Erkenntnis"* des Preußischen OVG aus dem Jahre 1882 (PrOVGE 9, 353; abgedruckt auch in DVBl. 1985, 219), mit dem das Gericht denkmalschutzrechtliche Fragestellungen (bauliche Beeinträchtigung der Sicht auf ein Nationaldenkmal zur Erinnerung an die Siege der Freiheitskriege) jenseits des polizeilichen Sicherheitsauftrages angesiedelt sah. Als Folge dieser Gerichtsentscheidung ergingen zahlreiche „Sonderordnungsgesetze" wie etwa Baugesetze „gegen Verunstaltungen" und ähnliches. Mit dem Preußischen Polizeiverwaltungsgesetz von 1931 wurde dann die Rechtsprechung des Preußischen OVG seit 1882 weitgehend kodifiziert.

17 Grundgedanke dieses Modells ist es, dass der Einsatz uniformierter, unmittelbar dem Land NRW zuzuordnender Polizeikräfte (unten Rn. 18 ff.) auf Eil- und Notfälle „vor Ort" beschränkt bleiben soll, während Gefahrenlagen, für die eine solche Eillage nicht besteht, der dezentralen und „bürokratischen" Bearbeitung durch die allgemeinen, vorrangig im Bereich der kommunalen Selbstverwaltungskörperschaften angesiedelten Ordnungsbehörden (unten Rn. 22) vorbehalten bleiben. Im Sinne der Dezentralität sind dabei strikt hierarchische Weisungsstränge nur innerhalb der eigentlichen staatlichen Polizeiverwaltung gegeben, während staatliche Weisungen gegenüber den kommunalen Ordnungsbehörden nur in begrenztem Umfang möglich und

ggf. gerichtlich abwehrbar sind. Komplettiert wird dieses System durch die landesgesetzliche Errichtung von sog. Sonderordnungsbehörden, denen „auf bestimmten Sachgebieten Aufgaben der Gefahrenabwehr oder in ihrer Eigenschaft als Sonderordnungsbehörden andere Aufgaben übertragen" werden können (§ 12 Abs. 1 OBG). Die in diesem Bereich vormals zu findenden Arbeitsschutz-, Umwelt- und Bergämter wurden zum 1.1.2007 in die Bezirksregierungen eingegliedert, die von ihnen wahrgenommenen Aufgaben vielfach kommunalisiert (*Palmen/Schönenbroicher*, NWVBl. 2008, 1173, 1177). Soweit die Ordnungsbehörden in neuerer Zeit zunehmend polizeivollzugsrechtliche Befugnisse an sich zu ziehen suchen („Blaulicht" für Fahrzeuge des kommunalen Ordnungsdienstes), ist dem kritisch gegenüber zu treten (ablehnend auch OVG NRW, DVBl. 2010, 131 f.).

I. Die Polizeiverwaltung und ihre Behördenstruktur

Systemprägend für den Status der Polizeiverwaltung i. e. S. ist deren uneingeschränkte Zuordnung zum Land Nordrhein-Westfalen. Lapidar formuliert § 1 POG: „**Die Polizei ist Angelegenheit des Landes**". Diese Zuordnung gilt auch insoweit, als § 2 Abs. 1 Nr. 2 POG die „Landrätinnen und Landräte" zu Kreispolizeibehörden erklärt, „soweit das Kreisgebiet nach Absatz 2 zu einem Polizeibezirk bestimmt wird". Die Landrätinnen und Landräte werden in dem betreffenden Aufgabenfeld somit nicht etwa als (kreis-)kommunale Amtsträger tätig, sondern als Funktionsträger des Landes NRW. Man spricht plastisch von einer „**Organleihe**" durch das Land. 18

Ein paralleler Fall der Organleihe findet sich in § 9 Abs. 4 OBG. Fraglich ist, ob für Amtspflichtverletzungen des „entliehenen" Organs das Land als „*Entleiher*" oder aber der Kreis haftet. Der BGH (DÖV 1981, 383) möchte insoweit auf denjenigen abstellen, der dem Amtsträger das Amt (hier des Landrates) anvertraut hat, was wegen der Wahl des Landrates durch das Kreisvolk zu einer Haftung des Kreises führte. Diese Auslegung erscheint mit dem Modell der „Organleihe" und der hieraus folgenden Einbindung des Landrates in die Weisungsstruktur der (Landes-)Polizeiverwaltung nicht ohne Weiteres vereinbar (eingehend unten Rn. 274).

Als Polizeibehörden benennt § 2 POG in seiner Fassung ab dem 01.07.2007 neben den Landrätinnen und Landräten die Polizeipräsidien, das Landeskriminalamt, das Landesamt für Zentrale Polizeiliche Dienste und das Landesamt für Ausbildung, Fortbildung und Personalangelegenheiten der Polizei (zur Zuständigkeitsverteilung im Einzelnen s. die „Verordnungen zur Umsetzung des POG sowie zur Änderung von Rechtsverordnungen" vom 2. Juli 2007, GVBl. S. 214 ff.). Die bisherige Einbeziehung der Bezirksregierungen entfällt damit.

Der homogenen Struktur der Polizei als Angelegenheit des Landes mit fester Behördenhierarchie entspricht ein hierarchisches System der **Dienst- und Fachaufsicht** (§ 5 POG). Dabei bezieht sich die Dienstaufsicht auf den Aufbau, die innere Ordnung, die allgemeine Geschäftsführung und die Personalangelegenheiten der Behörde (§ 12 LandesorganisationsG – LOG), wäh- 19 rend die Fachaufsicht die *recht*mäßige und *zweck*mäßige Wahrnehmung der Aufgaben sicherstellen soll (§ 13 LOG).

Während die Dienst- und Fachaufsicht früher in den §§ 5 und 6 POG getrennt geregelt waren, findet sich in der Fassung ab dem 01.07.2007 eine einheitliche Regelung der Aufsicht in § 5 POG. Nach Abs. 1 führt das Innenministerium die Aufsicht über alle Polizeibehörden i. S. des § 2 POG. In dienstrechtlichen Angelegenheiten unterliegen die Kreispolizeibehörden der Aufsicht des Landesamts für Ausbildung, Fortbildung und Personalangelegenheiten der Polizei (Abs. 4). Im Übrigen kann das Innenministerium gemäß Abs. 2 einer Polizeibehörde durch Rechtsverordnung für einen im Einzelnen bestimmten Aufgabenbereich die Aufsicht über andere Polizeibehörden oder Polizeieinrichtungen übertragen. Schließlich kann das Innenministerium einer Polizeibehörde für einen im Einzelnen bestimmten Aufgabenbereich die Weisungsbefugnis gegenüber anderen Polizeibehörden übertragen, soweit eine einheitliche Handhabung in diesem Aufgabenbereich erforderlich ist (Abs. 3). Insgesamt ergibt sich somit ein strikt hierarchisch durchgegliedertes System von Weisungsbefugnissen, das bis in die „Chefetage" des zuständigen Landesministeriums (Innenministers) hineinreicht.

20 Den Weisungen kommt, da sie im „Innenbereich" des Landes NRW verbleiben, keine Verwaltungsakt-Qualität im Sinne des § 35 VwVfG zu. Eine Klagebefugnis (für die allgemeine Leistungsklage analog § 42 Abs. 2 VwGO: „Verletzung eigener Rechte") steht den untergeordneten Behörden grundsätzlich nicht zu.

21 Dem polizeilichen Effizienzgedanken entspricht es schließlich, dass alle Polizeivollzugsbeamtinnen und -beamten des Landes landesweit tätig werden können, „wenn dies zur Abwehr einer gegenwärtigen Gefahr ... erforderlich ist" (§ 7 Abs. 3 POG), sowie dass bei Gefahr im Verzug jede Polizeibehörde die Aufgaben einer anderen, an sich zuständigen Polizeibehörde übernehmen kann (§ 14 Abs. 1 POG).

II. Die Ordnungsverwaltung und ihre Behördenstruktur

22 Differenzierter ist die Behördenstruktur im Bereich der Ordnungsverwaltung, die aufgrund ihrer dezentralen Konzeption an der Nahtstelle zwischen Land und Kommunen angesiedelt ist. So werden die Aufgaben der **örtlichen Ordnungsbehörden** gem. § 3 OBG von den Gemeinden, die Aufgaben der **Kreisordnungsbehörden** von den Kreisen und kreisfreien Städten als Selbstverwaltungsangelegenheit (*„Pflichtaufgabe zur Erfüllung nach Weisung"*) wahrgenommen. Als **Landesordnungsbehörde** fungieren die Bezirksregierungen, die ihrerseits (Mittel-) Behörden des Landes Nordrhein-Westfalen darstellen. Unmittelbare „Durchgriffsrechte" der (staatlichen) Aufsichtsbehörden auf die untergeordneten (kommunalen) Aufgabenträger sind hierbei schon aufgrund des Selbstverwaltungscharakters der kommunalen Ordnungsfunktion (§ 3 Abs. 1 OBG) nur in Grenzen vorgesehen.

23 Zwar können die in § 7 OBG näher benannten (landes-) staatlichen Aufsichtsbehörden

B. Polizei- und Ordnungsgesetzgebung in Nordrhein-Westfalen 295

– dabei handelt es sich um den Landrat bzw. die Landrätin als untere staatliche Verwaltungsbehörde über die örtlichen Ordnungsbehörden bzw. die Bezirksregierung über die kreisfreien Städte als örtliche Ordnungsbehörden sowie über die Kreisordnungsbehörden; als oberste Aufsichtsbehörde fungiert wiederum das zuständige Ministerium (§ 7 OBG) –

Weisungen zur Sicherung der *gesetz*mäßigen Erfüllung der ordnungsbehördlichen Aufgaben erteilen (§ 9 Abs. 1 OBG). Weisungen allein hinsichtlich einer *zweck*mäßigen Erfüllung der ordnungsbehördlichen Aufgaben dürfen die Aufsichtsbehörden indessen nur erteilen, wenn diese erforderlich sind, um eine gleichmäßige Durchführung der Aufgabe zu sichern (sog. „allgemeine Weisungen"), oder soweit diese notwendig sind, weil das Verhalten der zuständigen Ordnungsbehörde zur Erledigung ordnungsbehördlicher Aufgaben nicht geeignet erscheint oder überörtliche Interessen gefährden kann („besondere Weisungen" – § 9 Abs. 2 OBG).

> **Beispiel:** Der Oberbürgermeister der kreisfreien Stadt S kümmert sich trotz vehementer Proteste in der Öffentlichkeit sowie in den Medien nicht um eine einsturzgefährdete Felswand, die zu einem beliebten, aber gleichwohl extrem gefährlichen Kinderspielplatz geworden ist. Die Bezirksregierung kann hier besondere Weisungen erteilen, die zugleich die zweckmäßige Durchführung von Gefahrenabwehrmaßnahmen betreffen (Ziehen eines 2 m hohen Zaunes um die Felswand – vgl. Fallbesprechung bei *V. Hassel*, VR 1988, 61).

Soweit Weisungen nicht mehr durch das Gesetz gedeckt werden, verletzen sie 24 das verfassungsrechtlich geschützte Selbstverwaltungsrecht der kommunalen Aufgabenträger (Art. 28 Abs. 2 GG/Art. 78 f. LV) und können von diesen gerichtlich abgewehrt werden. Da die staatlichen Weisungen an die kommunalen Selbstverwaltungsträger „Außenwirkung" aufweisen und daher Verwaltungsakte darstellen (OVG NRW, NWVBl. 1995, 300, 301), ist insoweit die Anfechtungsklage die statthafte Rechtsschutzform (unten § 5 Rn. 10).

III. Die Kompetenzverteilung im Einzelnen

1. Grundsatz der Subsidiarität (§ 1 Abs. 1 S. 1 und 3 PolG)

Dem Ziel der „Entpolizeilichung" entspricht es, dass das nordrhein-west- 25 fälische Landesrecht hinsichtlich des Verhältnisses von Polizei- und Ordnungsverwaltung von einer prinzipiellen (Allein-)Zuständigkeit der Ordnungsbehörden für die allgemeine Gefahrenabwehr (Abwehr von Gefahren für die öffentliche Sicherheit oder Ordnung) ausgeht (§ 1 OBG). Zwar legt § 1 Abs. 1 S. 1 PolG gleichfalls die Aufgabe der Polizei fest, Gefahren für die öffentliche Sicherheit abzuwehren, schränkt die diesbezügliche Zuständigkeit in S. 3 indes jenseits der Fälle des Satzes 2 (Straftatenverhütung und vorbeugende Straftatenbekämpfung) dahingehend ein, dass ein Tätigwerden der Polizei neben anderen für die Gefahrenabwehr zuständigen Behörden, insbesondere also den allgemeinen Ordnungsbehörden, nur zulässig ist, *„soweit ein Handeln der anderen Behörden nicht oder nicht rechtzeitig möglich er-*

§ 3. Polizei- und Ordnungsrecht NRW

scheint". Im Verhältnis zu den Ordnungsbehörden ergibt sich damit eine grundsätzliche **Subsidiarität der polizeilichen Zuständigkeit**.

Auch und erst recht gilt diese Subsidiarität gegenüber speziellen Gefahrenabwehrkompetenzen anderer Behörden wie etwa dem Hausrecht von Behörden oder der „Disziplinargewalt" öffentlicher Einrichtungen (z. B. Schulen, § 26 a SchulVG).

26 Die der Polizei gem. § 1 Abs. 1 S. 3 PolG zukommende subsidiäre Zuständigkeit wird nicht selten mit den etwas missverständlichen Begriffen der **„Eilkompetenz"** oder des **„Rechts zum ersten Zugriff"** umschrieben. Richtigerweise geht es indes nicht um ein „Vorrangrecht" der Polizei, sondern darum, dass der Subsidiaritätsgedanke dann nicht greift, wenn andere – parallel zuständige – Behörden nicht rechtzeitig einschreiten können. Ein nicht rechtzeitiges Einschreiten der Ordnungsbehörden ist dabei insbesondere dort anzunehmen, wo Einsätze außerhalb der Dienstzeiten der (bürokratisch organisierten) Ordnungsbehörde notwendig sind oder eine besonders schnelle Präsenz vor Ort erforderlich ist.

> **Beispiel:** Eine hilflose Person wird nachts aufgefunden; ein aus der Obhut des Jugendamtes entwichener Jugendlicher wird am Wochenende aufgegriffen; dagegen ressortiert die Bändigung eines Schlägers zum Aufgabenbereich der Straftatenverhütung, der vom Subsidiaritätsgrundsatz ausgenommen ist (§ 1 Abs. 1 S. 3 PolG).

Aufgrund ihrer Präsenz vor Ort verbindet sich mit dem „Recht zum ersten Zugriff" durchaus ein fest umrissener Kompetenzbereich der Polizeikräfte, die regelmäßig als erste an Ort und Stelle sein werden und insoweit für Gefahrenabwehrmaßnahmen zuständig sind.

27 Eine Eilkompetenz der Polizei ergibt sich dagegen nicht automatisch dort, wo der Einsatz körperliche Gewalt gegen Personen oder Sachen (sog. unmittelbarer Zwang z.B. durch Schusswaffen- oder Wasserwerfereinsatz) notwendig ist. Zwar stehen den Ordnungsbehörden die für die Durchführung derartiger Zwangsmaßnahmen erforderlichen Waffen regelmäßig nicht selbst zur Verfügung. Zu beachten ist aber, dass die Polizeibehörden gem. § 1 Abs. 3 i.V.m. §§ 47 ff. PolG verpflichtet sind, „anderen Behörden" **Vollzugshilfe** zu leisten. Wesentlicher Inhalt dieser Aufgabe ist es, dass die Polizei der ersuchenden Behörde Vollzugshilfe in der Form unmittelbaren Zwanges (hierzu unten Rn. 244) bei der Durchführung eigener Maßnahmen leistet, wenn die betreffenden Behörden *„nicht über die hierzu erforderlichen Dienstkräfte verfügen"* (§ 47 Abs. 1 PolG; s. auch § 65 Abs. 2 VwVG).

> **Beispiel:** Die Ordnungsbehörde will den Obdachlosen O in eine freistehende Wohnung des notorisch rabiaten Vermieters V einweisen. Um die Einweisung tatsächlich durchsetzen zu können, bittet sie die Polizei um Vollzugshilfe.

B. Polizei- und Ordnungsgesetzgebung in Nordrhein-Westfalen 297

Zuständig für die betreffenden Einsätze bleibt danach die ersuchende Behörde. Die Polizei ist allein für die Art und Weise der Durchführung der Vollzugshilfe zuständig (§ 47 Abs. 2 PolG).

Zu beachten bleibt, dass die Rechtsfigur der Vollzugshilfe lediglich der Behebung 28 tatsächlicher, nicht aber rechtlicher Hindernisse der Durchsetzung von Gefahrenabwehrmaßnahmen dient. Keinesfalls können mittels der Vollzugshilfe kompetenzielle Defizite der ersuchenden Behörde kompensiert werden. Die Rechtsstellung des betroffenen Bürgers darf also nicht verschlechtert werden. Nur folgerichtig verlangt denn auch § 49 Abs. 1 PolG, dass im Falle eines Vollzugshilfeersuchens, welches eine Freiheitsentziehung zum Ziel hat, grundsätzlich die erforderliche richterliche Entscheidung über die Zulässigkeit der Freiheitsentziehung vorzulegen oder in dem Ersuchen zu bezeichnen ist (s. auch Abs. 2). Eine Sonderregelung enthält § 65 Abs. 2 VwVG, der den Katalog der im Rahmen der Vollzugshilfe zulässigen Hilfsmittel im Vergleich zu § 67 VwVG deutlich erweitert.

2. Vorbeugende Bekämpfung von Straftaten – Abgrenzung von der Strafverfolgung

a) Nicht unter den Subsidiaritätsgrundsatz fällt die polizeiliche Aufgabe der 29 Straftatenverhütung sowie die ausschließliche Zuständigkeit der Polizei zur **vorbeugenden Bekämpfung von Straftaten** (§ 1 Abs. 1 S. 2 PolG). Der hiermit angesprochene Aufgabenkreis ist ebenfalls der *Gefahrenprävention* (Bekämpfung künftiger Straftaten!) zuzuordnen und somit von den *repressiven* (strafverfahrensrechtlichen) Gefahrenabwehrfunktionen der Polizei im Bereich der Erforschung **bereits begangener Straftaten und Ordnungswidrigkeiten** strikt zu unterscheiden. So richtet sich die Mitwirkung der Polizei bei der Erforschung von bereits erfolgten Straftaten und Ordnungswidrigkeiten grundsätzlich, d. h. soweit der Bundesgesetzgeber seine Gesetzgebungskompetenz aus Art. 74 Abs. 1 Nr. 1 GG ausgeschöpft hat, allein nach den einschlägigen Regeln des Bundesrechts (Strafprozessordnung, Ordnungswidrigkeitengesetz); keinesfalls unterfallen die einschlägigen Normen der repressiven Gefahrenabwehr also dem Polizeirecht bzw. dem Polizeigesetz (eingehend Keller/Griesbaum, NStZ 1990, 416).

Gem. § 163 Abs. 1 StPO erforscht, ermittelt und verfolgt die Polizei entweder aus eigener Initiative etwaige Straftaten, wobei die Staatsanwaltschaft nachträglich informiert wird (§ 163 Abs. 2 StPO), oder aber sie wird im Rahmen staatsanwaltschaftlicher Erforschung in die Ermittlungsarbeiten eingebunden. Im Rahmen dieses strafprozessualen Aufgabenfeldes unterliegt die Polizei dem fachlichen Weisungsrecht der Staatsanwaltschaft (§ 161 S. 2 StPO), die ihrerseits einer Weisungshierarchie bis hin zum Justizminister unterliegt (§ 147 Nr. 2 GVG). Soweit Polizeibeamte zugleich Hilfsbeamte bzw. – nach neuerem gesetzlichen Sprachgebrauch – *„Ermittlungspersonen"* der Staatsanwaltschaft sind (§ 152 Abs. 2 S. 1 GVG), folgen hieraus zwar keine besonderen Weisungsrechte, die Beamten besitzen indessen zusätzliche strafprozessuale Eingriffsbefugnisse im Falle der „Gefahr im Verzug" (vgl. § 81 c Abs. 5, § 105 Abs. 1 S. 1, § 111, § 98 Abs. 1 StPO).

Klassische polizeiliche „Standard"-Maßnahmen wie etwa die Durchsu- 30 chung oder Beschlagnahme können also *repressiver* Natur und damit ausschließlich nach Maßgabe der StPO zu bewerten sein; sie können aber auch solche der präventiven Gefahrenabwehr sein und damit ausschließlich dem Polizeigesetz unterfallen. Das einschlägige Rechtsregime ist jeweils nach Maßgabe des Zweckes der Maßnahme zu ermitteln. Schwierigkeiten ergeben sich dort, wo beide Aspekte scheinbar oder tatsächlich ineinander fließen, wie dies bei sog. „doppelfunktionalen" Maßnahmen (Rn. 31) und Maßnahmen polizeilicher Eigensicherung (Rn. 32) der Fall ist.

31 b) Von „doppelfunktionalen" Maßnahmen spricht man dort, wo ein und dieselbe Maßnahme sowohl präventive als auch repressive Facetten aufweist, wie dies etwa bei der Intervention gegen akute Straftaten – etwa der Beendigung einer Geiselnahme – der Fall ist. Soweit es hier um den Schutz der Geiseln und die Beendigung der mit dem Überfall verbundenen Rechtsverletzungen geht, ist das präventive Gefahrenabwehrrecht, also das Polizeirecht (Eilkompetenz) einschlägig, soweit es um die Festnahme der Straftäter und deren Aburteilung geht, ist das repressive Gefahrenabwehrrecht, also das Straf- und Strafprozessrecht einschlägig. Hält man beide Regelungssysteme für einschlägig, sieht sich der einzelne Polizeibeamte insoweit zwei unterschiedlichen Weisungshierarchien unterworfen, die im präventiven Bereich über den Polizeipräsidenten bis hin zum Innenminister reicht, im repressiven Bereich über den Staatsanwalt bis hin zum Justizminister. Zur Vermeidung derartiger Überschneidungen wird für „doppelfunktionale Maßnahmen" gemeinhin eine exklusive Zuordnung nach Maßgabe des jeweiligen **Schwergewichts** favorisiert (BayVGH, BayVBl. 1986, 337), was dann zugleich die Frage des Rechtsschutzes präjudiziert (eingehend hierzu *W.-R. Schenke*, NJW 2011, 2838). An der Sinnhaftigkeit und Praktikabilität dieser Lösung bestehen erhebliche Bedenken, zumal unklar bleibt, ob bei der Bestimmung des „Schwerpunktes" auf die subjektive Sicht des Beamten oder auf „objektive" Kriterien abzustellen ist. Vorzugswürdig dürfte sein, die betreffenden Maßnahmen jeweils gesondert im Lichte ihres präventiven oder repressiven Kontextes zu bewerten und gerichtlich zu prüfen (zu den Folgen für den Rechtsschutz s. *Schenke*, aaO.). Die praktischen Probleme einer parallelen Anwendung der einschlägigen Rechtsregime werden gemeinhin dahingehend gelöst, dass jedenfalls die Entscheidung über das „Wann" und „Wie" eines Polizeieinsatzes allein nach Maßgabe des präventiven Gefahrenabwehrrechts beurteilt wird.

> **Beispiel:** Der zuständige Staatsanwalt kann den Polizeibeamten aus Gründen der Strafverfolgung anweisen, den Geiselnehmer in der Bank festzunehmen. Das „Wie" und „Wann" der Maßnahmen unterliegt allerdings der Entscheidung des Polizeipräsidenten. Insofern erschiene auch die zeitliche Zurückstellung einer Zugriffsanweisung des Staatsanwaltes aus nachvollziehbaren polizeitaktischen Gründen nach hiesiger Auffassung rechtmäßig. Unzulässig bleibt in jedem Fall die Anordnung eines sog. „finalen Rettungsschusses" (Rn. 244) durch den Staatsanwalt, da es sich insoweit nicht um eine Maßnahme der Strafverfolgung (Tote können nicht mehr verurteilt werden!), sondern ausschließlich um eine gefahrenpräventive Maßnahme handelt.

Die Praxis sieht für den Fall einer parallelen Anwendbarkeit des präventiven und repressiven Gefahrenabwehrrechts enge Kooperationspflichten vor (RiStBV Anlg. A, Abschnitt B. III.; abgedruckt bei *Meyer-Goßner*, StPO, 54. Aufl. 2011, Anh. 12).

c) Einer differenzierenden Betrachtung bedürfen schließlich solche Sachverhaltskonstellationen, in denen es zwar primär um die Durchführung strafprozessualer Maßnahmen geht, im Rahmen dieser strafprozessualen Maßnahmen indes zugleich **Maßnahmen der Eigensicherung** der Beamten notwendig werden. 32

> **Beispiel:** Nach einer Wirtshausschlägerei wird der schwer angetrunkene S vorläufig festgenommen. Zum Zwecke der Durchführung des Strafverfahrens soll geklärt werden, ob S bereits schuldunfähig und daher nur wegen „Vollrausches" bestraft werden kann, oder ob eine weitergehende Strafbarkeit wegen Körperverletzung in Betracht kommt. Bei der Blutentnahme nach § 81 a StPO schlägt S wild um sich. Um die Maßnahme durchführen zu können, halten vier Beamte den auf einer Liege fixierten S an Armen und Beinen fest.

Die einschlägigen strafprozessualen Normen regeln nur die konkrete strafprozessuale Maßnahme, also etwa die Blutentnahme zur Bestimmung der Blutalkoholkonzentration oder die Durchsuchung zum Zwecke des Auffindens von Beweismitteln. Sie rechtfertigen damit zwar diejenige Gewaltausübung, die mit der betreffenden Maßnahme wesensnotwendig einhergeht.

> **Beispiel:** Zur Festnahme gehört notwendig die (notfalls gewaltsame) Beschränkung der persönlichen Freiheit, zur Blutentnahme notwendig der Einstich mittels Spritze.

Eine (Annex-) Befugnis zu weitergehenden Gewalteinwirkungen lässt sich den betreffenden Regelungen indes richtigerweise nicht entnehmen (str.). Demgemäß vermittelt die strafprozessuale Eingriffsermächtigung zur Blutentnahme keine Befugnis, den Widerstand leistenden Adressaten der Maßnahme körperlich zu fixieren. Ihre Rechtfertigung finden derartige flankierende Maßnahmen im (präventiven) Gefahrenabwehrrecht, also im Polizeigesetz. Sie verfolgen nämlich den Zweck, den im Widerstand liegenden Rechtsbruch (§ 113 StGB) zu beenden sowie Eigenschäden der handelnden Beamten im Rahmen der Durchführung strafprozessualer Maßnahmen zu vermeiden, also konkrete Gefahren für die Schutzgüter Leib und Leben der Beamten abzuwehren. Derartige Eigensicherungsmaßnahmen sind somit losgelöst von dem Charakter der zugrunde liegenden Maßnahme ausschließlich am Maßstab des Polizeirechts zu messen (str., wie hier *Benfer*, NJW 2002, 2688; a. A. etwa OLG Rh.-Pf., DVBl. 2008, 1070 f.). Der scheinbar einheitliche Akt des polizeilichen Zugriffs muss somit rechtssystematisch „aufgefächert" und differenziert beurteilt werden.

d) Die Bereiche der Strafverfolgung und der vorbeugenden Bekämpfung von Straftaten stehen einander auch im Übrigen nicht „monolithisch" gegenüber. 33

§ 3. Polizei- und Ordnungsrecht NRW

Vielmehr können die an den Regeln der StPO zu bemessenden Maßnahmen der Strafverfolgung im Einzelfall das strafprozessuale Rechtsregime verlassen und im Rahmen der vorbeugenden Bekämpfung von Straftaten fortgeführt werden. Mit der „Umwidmung" der Kriminalakte ändert sich dann freilich auch der Rechtsweg (vormals § 23 EGGVG, jetzt Verwaltungsrechtsweg).

> **Beispiel:** Im Rahmen eines Ermittlungsverfahrens hat die Polizei umfangreiche Daten über den A zusammengetragen. Nachdem das Verfahren mangels öffentlichen Interesses eingestellt wurde, will die Polizei die Daten wegen zu erwartender neuer Straftaten des notorisch kriminellen A weiter speichern. Bei Bestehen einer entsprechenden gefahrenpräventiven Rechtsgrundlage (hier: § 24 Abs. 2 PolG) ist dies in den Grenzen der Verhältnismäßigkeit möglich (Bad.-Württ. VGH, DVBl. 1992, 1309).

Mit Blick auf kompetenzrechtliche Unsicherheiten wurde zuletzt die Vorsorge der Verfolgung künftiger Straftaten aus dem Aufgabenkatalog des § 1 Abs. 1 S. 2 PolG gestrichen.

3. Schutz privater Rechte

34 Ebenfalls nur der Polizei (einschl. der Bundespolizei „im Rahmen ihrer Aufgaben", § 1 Abs. 4 BPolG), nicht aber den Ordnungsbehörden, ist gem. § 1 Abs. 2 PolG die Aufgabe zugewiesen, „private" Rechte der Bürger zu sichern. Bei diesen privaten Rechten handelt es sich um Rechtspositionen, die nicht zugleich durch öffentlich-rechtliche oder strafrechtliche Normen geschützt, also ausschließlich privatrechtlicher Natur sind.

Hierbei kann es sich etwa um vertragliche Ansprüche oder sachenrechtliche Herausgabeansprüche handeln, nicht aber um die Rechte auf Leben, Gesundheit, Freiheit und Eigentum (einschl. Besitz), da diese stets zugleich durch öffentlich-rechtliche bzw. strafrechtliche Normen geschützt sind (*Schoch*, Jura 2013, 468 ff.). Kein bloß privates Recht ist betroffen, wenn eine junge Mutter zufällig den „abgetauchten" Erzeuger ihres Kindes auf der Straße wieder trifft, da insoweit der Straftatbestand des § 170 StGB (Verletzung von Unterhaltspflichten) in Rede steht. Entsprechendes gilt, wo durch rechtswidriges Parken auf einem Privatgrundstück die Nutzung eines dort abgestellten Fahrzeugs vorsätzlich ausgeschlossen wird (Nötigung, § 240 StGB) oder durch die Mitnahme von Möbeln durch sog. „Mietnomaden" das strafrechtlich geschützte Vermieterpfandrecht verletzt wird.

Stets notwendig ist, dass der Hilfesuchende glaubhaft machen kann, Inhaber des zu schützenden Rechts zu sein (OVG Nds., NdsVBl. 2009, 23, 25). Eine polizeiliche Intervention zum Schutze privater Rechte bleibt dementsprechend ausgeschlossen, soweit das Bestehen des geltend gemachten Anspruchs nicht mit einer gewissen Wahrscheinlichkeit schlüssig dargelegt ist. Im Übrigen besteht die polizeiliche Zuständigkeit nur insoweit, als „*gerichtlicher Schutz nicht rechtzeitig zu erlangen ist und wenn ohne polizeiliche Hilfe die Verwirklichung des Rechts vereitelt oder wesentlich erschwert würde*". Auch hier ist die polizeiliche Zuständigkeit also „subsidiär", wenngleich nunmehr gegenüber der primären Zuständigkeit der Gerichte.

> **Beispiel:** Student S kauft bei dem fliegenden Händler H ein Buch. Das Wechselgeld in Höhe von 2 Euro fällt dem S in eine Ritze des Verkaufswagens des H. H gibt vor, dass man an das Geld wohl nicht mehr herankomme, weigert sich aber, seinen Namen und seine Anschrift anzugeben. Zu Sicherung seines sachenrechtlichen Herausgabeanspruches kann S die Hilfe des zufällig vorbei kommenden Polizisten P in Anspruch nehmen (OLG Düsseldorf, NJW 1990, 998).

Die Eingriffsbefugnisse der Polizei werden sich im Kontext des Schutzes 35 privater Rechte regelmäßig auf die Feststellung der Identität der am Sachverhalt beteiligten Personen samt ihrer ladungsfähigen Anschrift beschränken, wodurch es den Betroffenen ermöglicht wird, eine gerichtliche Entscheidung über die geltend gemachten privaten Rechte herbeizuführen. Immerhin können im Einzelfall auch erkennungsdienstliche Maßnahmen gerechtfertigt sein (unten Rn. 221 f.).

4. Spezialzuständigkeiten

Das Polizeiorganisationsgesetz sowie das Ordnungsbehördengesetz treffen 36 schließlich Sonderzuweisungen im Hinblick auf bestimmte Spezialmaterien, insbesondere für den Bereich des Straßenverkehrs. Danach ist die Polizei, hier speziell die Kreispolizeibehörde (Landrat/Polizeipräsidium) zuständig für die Überwachung des Straßenverkehrs (§ 11 Abs. 1 Nr. 3 POG). Für die Überwachung des Straßenverkehrs auf Bundesautobahnen einschließlich der Einrichtungen und Anlagen, die zu den Bundesautobahnen gehören, sieht § 12 Abs. 1 POG ebenfalls eine polizeiliche Zuständigkeit vor. Während hier früher die Bezirksregierungen zuständig waren, ist die Autobahnpolizei nunmehr für einen Regierungsbezirks jeweils einem Polizeipräsidium angegliedert. Unbeschadet der Zuständigkeit der Polizeibehörden sieht § 48 Abs. 2 S. 1 OBG eine kumulative Zuständigkeit der (örtlichen) Ordnungsbehörden für die Überwachung des ruhenden Straßenverkehrs vor. Ebenfalls als kumulative Zuständigkeit neben der polizeilichen Zuständigkeit normiert § 48 Abs. 2 S. 2 OBG eine Zuständigkeit der Kreisordnungsbehörden und der Ordnungsbehörden der großen kreisangehörigen Städte für die Überwachung der Einhaltung zulässiger Höchstgeschwindigkeiten und der Befolgung von Lichtzeichenanlagen im Straßenverkehr an Gefahrenstellen. Derartige Überwachungen dürfen seitens der Kreisordnungsbehörden auch auf Bundesautobahnen und bestimmten autobahnähnlichen Straßen erfolgen, soweit hierbei technisches Gerät zum Einsatz kommt, das in festinstallierten Anlagen eingesetzt wird (§ 48 Abs. 2 S. 3 OBG).

5. Sonstige Zuständigkeiten

Gem. § 10 POG (siehe auch § 1 Abs. 4 PolG) hat die Polizei schließlich alle 37 diejenigen Aufgaben zu erfüllen, die ihr durch Gesetz oder Rechtsverordnung übertragen sind. Als solche kommen neben den bereits erwähnten

Aufgaben in der Strafverfolgung etwa Aufgabenzuweisungen nach dem Straßenverkehrsgesetz oder dem Versammlungsgesetz in Betracht. Auch das Ordnungsbehördengesetz sieht in § 1 Abs. 3 die Möglichkeit weitergehender Aufgabenzuweisungen an die Ordnungsbehörden vor, soweit dies durch Gesetz oder Rechtsverordnung geschieht. Derartige Aufgabenzuweisungen ergeben sich etwa aus § 18 Abs. 3 des Landes-AusführungsG zum Glücksspielstaatsvertrag (oben Rn. 11), aber auch aus dem Melderecht, dem Bau- und Gewerberecht, dem Tierseuchengesetz oder dem Immissionsschutzrecht. Die Bedeutung der Vorschrift des § 1 Abs. 3 OBG ergibt sich daraus, dass sich die Ordnungsbehörden bei der Wahrnehmung der übertragenen Aufgaben der Mittel des OBG bedienen können, soweit das einschlägige Spezialgesetz keine eigenen Bestimmungen bereithält.

IV. Grenzüberschreitende Einsätze

38 Nicht für die „bürokratisch" arbeitende Ordnungsverwaltung, wohl aber für die Tätigkeit der auf den „ersten Zugriff" hin konzipierten Polizei stellt sich die Frage, ob und inwieweit die Landesgrenzen zugleich Grenze für eigene Gefahrenabwehreinsätze sind. Aus der **Polizeihoheit der Länder** folgt grundsätzlich, dass ein Bundesland in Fragen des Polizeirechts für das andere „Ausland" ist. Die Regelungs- und Normvollzugskompetenzen der Länder enden also grundsätzlich an der jeweiligen Landesgrenze.

> **Beispiel:** Da die Fa. A über ihre Internetseite illegales Glücksspiel in NRW anbietet, verfügt die nach Landesrecht zuständige Behörde die Sperrung der Second-Level-Domain „a-p...de" am Geschäftssitz der Fa. A in Hessen. Die Maßnahme bezieht sich auf einen in einem anderen Land befindlichen Gegenstand und kann nur in diesem Land umgesetzt werden. Sie enthält damit einen Übergriff in die Verbandskompetenz des anderen Landes und ist nur zulässig, wenn das betreffende andere Land oder das Bundesrecht dies gestattet. Mangels entsprechender Gestattung ist die Maßnahme rechtswidrig (OVG NRW, NVwZ-RR 2010, 463).

In praktischer Hinsicht kann diese dogmatische Erkenntnis freilich keine abschließende Lösung sein. Nur folgerichtig sehen die Landespolizeigesetze denn auch umfängliche Regelungen für ein **grenzüberschreitendes Tätigwerden von Polizeikräften** vor. Nach der Grundregel des § 9 POG dürfen danach auch Polizeibeamte anderer Bundesländer, aber auch Beamte der Bundespolizei (Abs. 3), Amtshandlungen in Nordrhein-Westfalen vornehmen, wenn und soweit diese Amtshandlungen z. B.
– auf Anforderung oder mit Zustimmung der zuständigen Behörde erfolgen,
– der Durchführung von Gefahrentransporten dienen oder
– der Abwehr einer gegenwärtigen erheblichen Gefahr dienen und die an sich zuständige Behörde die erforderlichen Maßnahmen nicht rechtzeitig treffen kann.

> **Beispiel:** Der Geiselnehmer G rast mit seinem Fahrzeug und der Geisel S über die rheinland-pfälzische Landesgrenze nach NRW. Die Polizeibeamten des Landes Rheinland-Pfalz, die dem Fahrzeug folgen, dürfen die Verfolgung über die Landesgrenze hinweg fortsetzen, bis nordrhein-westfälische Kollegen den Einsatz übernehmen (ähnl. Konstellation OLG Rh.-Pf., DVBl. 2008, 1070 f. m. Anm. Wagner).

Die einschlägigen Handlungsermächtigungen für die auswärtigen Beamten ergeben sich allein aus nordrhein-westfälischem Polizeirecht. Ihre Amtshandlungen gelten – auch haftungsrechtlich – als Maßnahmen derjenigen Polizeibehörden, in deren sachlichem und örtlichem Zuständigkeitsbereich gehandelt wird. Zugleich unterliegen die Beamten deren Weisungen.

Für grenzüberschreitende Amtstätigkeiten nordrhein-westfälischer Polizeibeamter verlangt § 8 Abs. 1 und 2 POG, dass eine dem § 9 POG vergleichbare Regelung in dem betreffenden Bundesland besteht. Nur auf diese Weise kann die Polizeihoheit des betreffenden Bundeslandes gewahrt werden. Eine verfassungsrechtliche Sonderregelung zur Unterstützung der Landespolizei durch die Bundespolizei sowie durch die Streitkräfte trifft Art. 35 Abs. 2 und 3 GG. Soweit das BVerfG in einer früheren Entscheidung davon ausgegangen war, dass die hierbei seitens der Streitkräfte eingesetzten Hilfsmittel qualitativ nicht über die durch Landesrecht zugestandenen Mittel hinausgehen dürften, hat das Gericht diese Position in einer jüngeren Entscheidung aufgegeben (hierzu oben Rn. 12).

In § 8 Abs. 3 PolG finden sich schließlich auch Regelungen für ein die **Staatsgrenzen der Bundesrepublik Deutschland überschreitendes Tätigwerden** von Polizeibeamten des Landes, bzw. in § 9 Abs. 4 PolG Regelungen zu einem Handeln von Angehörigen auswärtiger Polizeidienste in Nordrhein-Westfalen. Die dortigen jüngsten Änderungen (LT-Drs. 16/2256) reagieren auf die Erweiterung der grenzüberschreitenden Zusammenarbeit innerhalb der Europäischen Union insbesondere in Fragen der Terrorismusbekämpfung.

V. Anhang

Literatur: *Lisken*, Über Aufgaben und Befugnisse der Polizei im Staat des Grundgesetzes, ZRP 1990, 15 ff; *Lisken/Denninger*, Handbuch des Polizeirechts, 5. Aufl. 2012, Kapitel E; *Schoch*, Der Schutz privater Rechte im Polizei- und Ordnungsrecht, JURA 2013, 468 ff.; *Vahle*, Polizeiliche Aufgaben und Subsidiaritätsgrundsatz, VR 1991, 200 ff.

Klausurbearbeitung: *Engelbrecht*, Gestörte Fußballfreude, JA 2007, 197 ff.; *Jötten/Tams*, Die Gefährderansprache, JuS 2008, 436 ff.; *Ronellenfitsch/Glemser*, Sky Marshal und unruly passenger, JuS 2008, 888.

Kontrollfragen:

1. Was verbirgt sich hinter der Formel von der „Entpolizeilichung" des Sicherheitsrechts?

2. Was besagt der Grundsatz der Subsidiarität der polizeilichen Zuständigkeit und wo ist er geregelt?
3. Was versteht man unter „doppelfunktionalen" Maßnahmen?
4. Wem obliegt im System des allgemeinen Sicherheitsrechts der Schutz privater Rechte und welche sind dies?

C. Grundlagen der polizeilichen Eingriffsverwaltung

I. Allgemeines

40 Die Polizei- und Ordnungsverwaltung ist ihrer Konzeption nach „Eingriffsverwaltung". Als solche unterliegt sie dem strikten **Vorbehalt des Gesetzes**. Eingriffe in die Freiheitssphäre des Bürgers sind also nur zulässig, wenn und soweit sie durch eine formal- bzw. parlamentsgesetzliche Grundlage (Eingriffsermächtigung, Ermächtigungsgrundlage oder Befugnisnorm) gedeckt sind. Allein das Bestehen einer sog. „Aufgabennorm", wie sie etwa in § 1 PolG oder in § 1 OBG zu finden ist, reicht als Eingriffsgrundlage nicht aus. Im Gegenteil ist zwischen **Aufgaben- und Befugnisnormen** strikt zu unterscheiden. Während die Aufgabennorm den Aufgabenbereich der Behörde festlegt, verleiht die Befugnisnorm konkrete „Ausübungsbefugnisse" zur Erfüllung der Aufgabe gegenüber grundrechtsberechtigten Dritten. Die Bindung an den Grundsatz vom Vorbehalt des Gesetzes wird auch nicht durch die grundrechtliche Schutzverpflichtung des Staates dispensiert. Denn die verfassungsrechtliche *Legitimität* des Eingriffs ersetzt nicht die einfachgesetzliche *Legalität* des Eingriffs. Unzutreffend wäre es daher, aus den grundrechtlichen Schutzpflichten ein verfassungsunmittelbares Mandat des Staates zur Intervention gegen störende Dritte abzuleiten.

Selbst soweit Störungen unterbunden werden, die nicht mehr vom Schutzgegenstand eines Grundrechts erfasst werden (z. B. Polizeimaßnahmen gegen eine grob unfriedliche Versammlung), bliebe das schutzgewährende Handeln des Staates jedenfalls unter rechtsstaatlichen und demokratischen Aspekten dem („allgemeinen") Vorbehalt des Gesetzes unterworfen. Die Frage, ob es womöglich einen generellen, über Art. 8 GG hinausgehenden „Friedlichkeitsvorbehalt" für die Wahrnehmung grundrechtlicher Freiheiten gibt, bleibt somit für die Reichweite des Gesetzesvorbehalts ohne Belang. Nicht einschlägig ist der Gesetzesvorbehalt dagegen, soweit es um Gefahrenabwehrmaßnahmen geht, die keine Freiheitsrechte Dritter berühren (z.B. Löschung eines Papierkorbbrandes in der Innenstadt oder Einfangen eines wilden Tieres).

41 Die wesentlichen Konsequenzen der strikten Geltung des Gesetzesvorbehalts bestehen namentlich darin, dass fehlende oder defizitäre gesetzliche Eingriffsermächtigungen nicht durch Analogieschlüsse oder Rechtsfortbildungen kompensiert werden dürfen (eingehend zum Streitstand *Beaucamp*, AöR Bd. 134 [2009], S. 83 ff.). Reichen die der Behörde gewährten Befugnisse zur Erfüllung der übertragenen Aufgabe nicht aus, ist es Sache des Gesetzgebers, den Befugniskatalog zu erweitern. Insbesondere praktische Erwägungen

C. Grundlagen der polizeilichen Eingriffsverwaltung

berechtigen nicht dazu, die Bindungen des Vorbehalts des Gesetzes beiseite zu schieben.

> **Beispiele:** Nach wie vor geht die Rechtsprechung davon aus, dass die durch Verwaltungsakt konkretisierte, „dingliche" Verfügung gegen eine zwischenzeitlich verstorbene Person im Wege der Erbrechtsnachfolge nach § 1922 BGB auf den Erben übergeht. Zu Unrecht! Denn als Maßnahme der Eingriffsverwaltung unterliegt die Inpflichtnahme dem Vorbehalt des Gesetzes (hierzu unten Rn. 112). § 1922 BGB erfüllt die hierdurch gestellten Voraussetzungen nicht. Da sich die Rechtsfolgenanordnung (Nachfolge) des § 1922 BGB nur auf zivilrechtliche Rechte und Pflichten bezieht, ist die Norm auf die öffentlich-rechtliche Nachfolge nicht anwendbar. Eine entsprechende Anwendung der Norm ist mit dem Gesetzesvorbehalt unvereinbar (Wittreck, JURA 2008, 534, 541).
>
> Ein ebenfalls eher negatives Beispiel für den Umgang der Rspr. mit dem Erfordernis gesetzlicher Eingriffsgrundlagen bietet die Diskussion um staatliche Warnungen. Hatte die Verwaltungsgerichtsbarkeit hierbei zunächst – wenig überzeugend – Art. 65 GG als Eingriffsermächtigung herangezogen (BVerwG, JZ 1989, 997), geht das Bundesverfassungsgericht neuerdings gar davon aus, dass derartige Warnungen (ungeachtet ihres finalen Charakters) keinerlei Eingriffscharakter besitzen und insofern auch vom Vorbehalt des Gesetzes freigestellt sind (NJW 2002, 2621). Beide Ansätze sind nicht überzeugend und verstoßen gegen den Grundsatz vom Vorbehalt des Gesetzes (siehe auch *D. Murswiek*, NVwZ 2003, 1 ff.).

II. Befugnisnormen des Polizei- und Ordnungsrechts

Der wesentliche Regelungsinhalt des Polizeigesetzes sowie des Ordnungsbehördengesetzes besteht darin, den Behörden die notwendigen Ermächtigungsgrundlagen für eine effektive Gefahrenabwehr zur Verfügung zu stellen. Dabei basieren die Gesetze gedanklich auf einer grundsätzlichen Zweiteilung des behördlichen Gefahrenabwehrhandelns, nämlich einerseits in Gestalt einer Auferlegung von Verhaltens-, Duldungs- oder Unterlassungspflichten durch sog. „**Grundverfügungen**" (§ 8 PolG, § 14 OBG) sowie andererseits in Gestalt von (**Vollstreckungs-**) **Maßnahmen** zur Durchsetzung eben jener Grundverfügungen (§§ 50 ff. PolG, für die Ordnungsbehörden geregelt im allgemeinen Verwaltungsvollstreckungsrecht, §§ 55 ff. VwVG). In einer Grauzone zwischen Grundverfügung und Vollstreckung rangieren die sog. „**Standardmaßnahmen**", insbesondere also die Platzverweisung, das Aufenthaltsverbot, die Ingewahrsamnahme, die Durchsuchung und die Sicherstellung und Wohnungsverweisung (§§ 34 ff. PolG bzw. § 24 OBG). Die genannten Standardbefugnisse sind einerseits als *spezialgesetzliche* Eingriffsermächtigung konzipiert, die der allgemeinen Befugnisnorm (Generalklausel) des § 8 PolG bzw. des § 14 OBG vorgehen sollen (so § 8 Abs. 1 letzter Hs. PolG), insoweit also grundsätzlich auf der Ebene der Grundverfügung angesiedelt; andererseits aber enthalten sie teilweise zugleich eine vollstreckungsrechtliche Komponente und sind insoweit keiner gesonderten „nachgeschal-

42

teten" Vollstreckung mehr zugänglich. Dies gilt namentlich für die Ingewahrsamnahme und die Durchsuchung, die somit gleichsam *„self-executing"* sind.

Vollstreckungsfähig und -bedürftig ist dagegen etwa die Platz- oder Wohnungsverweisung nach § 34 bzw. § 34 a PolG, die sich inhaltlich auf die bloße Normierung einer Verhaltenspflicht (Entfernungspflicht bzw. Betretungsverbot) beschränkt und insoweit ggf. zwangsweise durchgesetzt werden muss.

Zahlreiche sondergesetzliche Eingriffsermächtigungen normiert das Polizeigesetz für den Bereich der Erhebung, Verarbeitung und Speicherung von Daten (§§ 9 ff. PolG). Hintergrund dieser beinahe hypertrophen Kodifikation war vor allem das sog. „Volkszählungsurteil" des Bundesverfassungsgerichts vom 15.12.1983 (BVerfGE 65, 1), mit dem das Gericht das „Grundrecht auf informationelle Selbstbestimmung" aus der Taufe gehoben hat. Folge dieser grundrechtlichen Fundierung des Rechts an den persönlichen Daten war eine erhebliche Ausdehnung der Reichweite des Vorbehalts des Gesetzes, dem die eingefügten Bestimmungen nunmehr Rechnung tragen. Einen weiteren Normierungsschub hat nicht zuletzt die Entscheidung des BVerfG zur „Online-Durchsuchung" und die hiermit einhergehende „Erfindung" des Grundrechts auf Vertraulichkeit und Integrität informationstechnischer Systeme entfaltet (BVerfG, NJW 2008, 822 – unten Rn. 210).

43 Das gesetzliche System von Spezialnormen (Standardermächtigungen und datenschutzrechtlichen Eingriffsbefugnissen) und „allgemeinen" Eingriffsermächtigungen in Gestalt der polizei- und ordnungsbehördlichen Generalklauseln (§ 8 PolG, § 14 OBG) impliziert, dass im Bereich sondergesetzlich geregelter Eingriffsermächtigungen ein Rückgriff auf die Generalklauseln nicht in Betracht kommt (zur Frage polizeilicher Interventionen in den Bereich genuiner Berufsausübung vgl. BVerwGE 115 189, 193 f.).

Beispiel: Die Polizei erwägt, Autofahrer A in Gewahrsam zu nehmen, da mit an Sicherheit grenzender Wahrscheinlichkeit zu erwarten ist, dass er seinen PKW in Kürze erneut wieder einmal nicht ordnungsgemäß parken wird. Hier mag u. U. bereits eine unmittelbare Gefahr für die öffentliche Sicherheit iS. des § 8 PolG vorliegen. § 35 PolG verlangt für die Ingewahrsamnahme indes die „unmittelbar bevorstehende Begehung ... einer Ordnungswidrigkeit von erheblicher Bedeutung für die Allgemeinheit" (Nr. 2). Diese Voraussetzung liegt nicht vor. Die Ingewahrsamnahme kann hier nicht alternativ auf die Generalklausel gestützt werden, da die Voraussetzungen der Ingewahrsamnahme in § 35 PolG speziell geregelt sind.

44 Besondere Schwierigkeiten ergeben sich, soweit eine beabsichtigte Maßnahme nicht wirklich in der Rechtsfolgeanordnung einer Spezialermächtigung geregelt ist, einer geregelten Standardmaßnahme aber qualitativ nahe- oder gar gleichkommt. Hier kann die Sperrwirkung der Standardmaßnahme unter Umständen über die konkrete Standardbefugnis hinaus reichen und auch insoweit den Rückgriff auf die Generalklausel blockieren.

C. Grundlagen der polizeilichen Eingriffsverwaltung

Beispiel: Die Polizeibeamten haben einen Obdachlosen aufgegriffen, der gegen das im Stadtgebiet geltende Verbot des Übernachtens im Freien verstößt. Da die Zellen der Polizeiwache „ausgebucht" sind und eine klassische Ingewahrsamnahme daher nicht möglich ist, „verbringen" die Beamten den S in ein nahegelegenes Waldgebiet (sog. *„Verbringungsgewahrsam"*). Hier liegt weder eine Ingewahrsamnahme iS. des § 35 PolG (vgl. Rn. 172) noch eine Platzverweisung iS. des § 34 PolG (hierzu Rn. 157 f.) vor. Die gewählte Rechtsfolge ist also bei formaler Betrachtung nicht sondergesetzlich geregelt. Gleichwohl geht es – ebenso wie bei § 35 PolG – um eine freiheitsbeschränkende Maßnahme. Geht man davon aus, dass der Gesetzgeber die sondergesetzliche Regelung des § 35 PolG wegen der besonderen Eingriffsintensität getroffen hat, entfaltet die Norm Sperrwirkung auch im Hinblick auf ähnliche freiheitsbeschränkende Maßnahmen. Ein Rückgriff auf die Generalklausel des § 8 PolG kommt daher insoweit nicht in Betracht. Die Maßnahme erfolgt also ohne Rechtsgrundlage (LG Hamburg, NVwZ-RR 1997, 537; a. A. *Schenke*, PolR, Rn. 140).

III. Die polizei- und ordnungsbehördliche Generalklausel

Im Mittelpunkt der Eingriffsermächtigungen des Polizei- und Ordnungsrechts stehen seit jeher die polizei- und ordnungsbehördlichen Generalklauseln (§ 8 PolG bzw. § 14 OBG). Als klassische Befugnisnormen bzw. Eingriffsermächtigungen verleihen sie den Behörden die Befugnis, *„die notwendigen Maßnahmen zu treffen, um eine im einzelnen Falle bestehende Gefahr für die öffentliche Sicherheit oder Ordnung (Gefahr) abzuwehren"*. Die Generalklauseln weisen einen weitgehend „blanketthaften" Charakter auf. Die tatbestandlichen Eingriffsvorausssetzungen der Generalklausel werden im Wesentlichen durch sog. **„unbestimmte Rechtsbegriffe"** (Gefahr, öffentliche Sicherheit, öffentliche Ordnung) festgelegt, die in hohem Maße auslegungsbedürftig und auslegungsfähig sind. Dies gilt – wie zu zeigen sein wird – namentlich für den Begriff der „öffentlichen Ordnung". Mit Blick auf die Bestimmtheitsprobleme der Generalklauseln ist deren Verfassungsmäßigkeit bisweilen in Zweifel gezogen worden. Denn immerhin ist der Vorbehalt des Gesetzes vor allem ein **Vorbehalt des bestimmten Gesetzes:** Für den Bürger soll erkennbar sein, wann und unter welchen Umständen er mit staatlichen Interventionen zu rechnen hat. Gleichwohl hat sich die Rechtsprechung den Bedenken an der nötigen Bestimmtheit der Generalklauseln nicht angeschlossen. Der Grund hierfür liegt im Wesentlichen darin, dass die hier verwandten unbestimmten Rechtsbegriffe „in jahrzehntelanger Entwicklung durch Rechtsprechung und Lehre nach Inhalt, Zweck und Ausmaß hinreichend präzisiert, in ihrer Bedeutung geklärt und im juristischen Sprachgebrauch verfestigt sind" (BVerfGE 54, 143, 145). Im Übrigen behält sich die Rechtsprechung für die auf der Tatbestandsseite der Norm angesiedelten „unbestimmten Rechtsbegriffe" traditionell ein umfassendes Nachprüfungsrecht vor, so dass insbesondere ein eigenständiger, gerichtlich nicht überprüfbarer „Beurteilungsspielraum" der Behörden hier nicht besteht.

45

Insofern handelt es sich bei den außerhalb des Polizeirechts angesiedelten Konstellationen einer nicht oder nur begrenzt überprüfbaren Auslegung und Anwendung unbestimmter Rechtsbegriffe etwa im Prüfungsrecht (hierzu BVerfGE 84, 34 ff. und 59 ff.), bei der dienstlichen Beurteilung von Beamten oder bei Gremienentscheidungen (hierzu BVerwG, NJW 2007, 2790) um seltene Ausnahmefälle einer gesetzlichen Ermächtigung der Exekutive zur Letztentscheidung (sog. „Ermächtigungslehre").

46 Betrachtet man den systematischen Aufbau der Generalklauseln wie auch sämtlicher anderer Befugnisnormen, zeigt sich eine strikte Zweiteilung zwischen „Tatbestand" und „Rechtsfolge", man spricht insoweit von einer „konditionalen Programmierung". Nur „wenn" die tatbestandliche Voraussetzung einer konkreten Gefahr für die öffentliche Sicherheit vorliegt, „dann" darf die Behörde die erforderlichen Maßnahmen ergreifen („Wenn-Dann-Satz"). Der Beamte muss also zunächst prüfen, ob jene Sachverhaltskonstellation vorliegt, an die seine Befugnis zur Durchführung von Maßnahmen geknüpft ist. Erst dann wird er sich die Frage stellen, *welche* Maßnahme er zu ergreifen hat. Während sich auf der Tatbestandsseite vielfach die erwähnten „unbestimmten Rechtsbegriffe" finden, normieren die polizeilichen Eingriffsermächtigungen auf der Rechtsfolgenseite in der Regel ein sog. „Ermessen", also einen Entscheidungsspielraum der Behörden („kann Maßnahmen ergreifen"). Aufgrund der spezifischen „Koppelung" von „unbestimmten Rechtsbegriffen" auf der Tatbestandsseite der Norm mit einem Ermessensspielraum auf der Rechtsfolgenseite spricht man insoweit von einer „Koppelungsvorschrift". Entgegen dem ersten Anschein folgt aus dem behördlichen Ermessen keineswegs eine völlige behördliche Handlungsfreiheit. Vielmehr muss der Beamte sein Ermessen fehlerfrei ausüben, was die Beachtung der Grundsätze der Ermessenslehre fordert (unten Rn. 135 ff.).

Abb. 1: Eingriffsermächtigung als Konditionalprogramm („Wenn-Dann-Satz")

Wenn („Tatbestandsseite")	Dann („Rechtsfolgenseite")
Wenn im einzelnen Falle eine Gefahr für die öffentliche Sicherheit oder Ordnung besteht	Dann können die Ordnungsbehörden die notwendigen (Abwehr-)Maßnahmen treffen

47 Während die Eingriffsermächtigungen für den Polizeibeamten vor Ort „Handlungsnormen" darstellen, werden sie für den retrospektiv agierenden Richter zur „Kontrollnorm". Im Falle der gerichtlichen Klage gegen eine polizeiliche Maßnahme wird der Richter sowohl die Frage zu prüfen haben, ob die tatbestandlichen Voraussetzungen für ein polizeiliches Einschreiten vorlagen („wenn"), als auch die Frage, ob die von der Polizei- oder Ordnungsbehörde ergriffene Maßnahme innerhalb des der Behörde gewährten Handlungs- bzw. Ermessensspielraumes geblieben ist („dann"). In der gutachterlichen Prüfung hat sich der Studierende diese Sichtweise des Richters zu Eigen zu machen. Anders als etwa im Strafrecht ist daher auch die

D. Der Gefahrenbegriff als zentrale Eingriffsvoraussetzung

Rechtsfolgenseite der Befugnisnorm grundsätzlich als prüfungsbedürftig in den Blick zu nehmen. Die Gliederung der Polizeirechtsklausur (vgl. das Schema unten Rn. 146) ist damit im Grundsatz schon festgelegt.

Nach hier vertretener Auffassung ist die Tatbestandsseite des § 8 PolG bzw. des § 14 OBG dabei um die Frage der „Verantwortlichkeit" bzw. „Notstandsverantwortlichkeit" der betroffenen Person (§§ 4 ff. PolG; §§ 18 ff. OBG) zu ergänzen. Denn es geht um die Anwendung einer „Eingriffsermächtigung", die ihre besondere Qualität aus der Finalität gegen den Störer bzw. Nichtstörer gewinnt.

Abb. 2: Eingriffsermächtigungen als Kontrollnormen für die Gerichte

1. Lagen die **tatbestandlichen Voraussetzungen** für einen behördlichen Eingriff vor? Tatbestandsseite der Norm – Gefahr für die öffentliche Sicherheit oder Ordnung? – Richtiger Adressat?	2. Hält sich die Maßnahme im Rahmen der zulässigen Rechtsfolgeanordnungen (**Rechtsfolgenseite** der Norm) – Entschließungsermessen (Ob des Eingriffs) – Störerauswahlermessen (Gegen wen) – Handlungsermessen (Wie des Eingriffs)

IV. Anhang

Literatur: *Büscher*, Grundfälle zur Bestimmung der Ermächtigungsgrundlage im Polizei- und Ordnungsrecht, JA 2010, 719 ff. und 791 ff.; *Butzer*, Flucht in die polizeiliche Generalklausel, VerwArch 2002, 506 ff.; *Krane*, Das Verhältnis der polizeilichen Standardbefugnisse zueinander und zur Generalklausel, NordÖR 2004, 425 ff.; *v. Mutius*, Die Generalklausel im Polizei- und Ordnungsrecht, JURA 1986, 649 ff.

Klausurbearbeitung: *Dietlein/Burgi/Hellermann*, Klausurenbuch Öffentliches Recht in NRW, 2009, Fälle 2–7.

Kontrollfragen:

1. Worin besteht die wesentliche Konsequenz der Geltung des Vorbehalts des Gesetzes im Bereich der Polizei- und Ordnungsverwaltung?
2. In welche Stufen gliedert sich das behördliche Gefahrenabwehrhandeln?
3. Nach welchem Schema sind polizeiliche Eingriffsermächtigungen konzipiert?

D. Der Gefahrenbegriff als zentrale tatbestandliche Eingriffsvoraussetzung

Im Zentrum der tatbestandlichen Voraussetzungen für polizei- oder ordnungsbehördliche Maßnahmen steht der Begriff der „Gefahr für die öffentliche Sicherheit oder Ordnung". Er beherrscht mit mehr oder minder erheblichen Modifikationen (erhebliche Gefahr, gegenwärtige Gefahr etc.) nicht nur die polizei- und ordnungsbehördlichen Generalklauseln, sondern ebenso die sog. Standardermächtigungen (z. B. §§ 34, 43 PolG u. a.) einschl. der datenschutzrechtlichen Eingriffsermächtigungen (z. B. § 31 PolG: Rasterfahndung) sowie die vollstreckungsrechtlichen Eingriffsermächtigungen (§ 50 Abs. 2 PolG, § 55 Abs. 2 VwVG). Nach gängiger Definition ergibt sich eine Gefahr bei einem **Lebenssachverhalt, der bei ungehindertem Ablauf in absehbarer Zeit mit hinreichender Wahrscheinlichkeit zu einem Schaden an den polizeilichen bzw. ordnungsrechtlichen Schutzgütern führen wird**. Rechtssystematisch handelt es sich bei dem Gefahrenbegriff freilich um einen „unbestimmten Rechtsbegriff", unter den eine Sachverhaltssubsumtion erst nach näherer juristischer Begriffskonkretisierung möglich ist. Aufgrund seines untrennbaren Bezuges zu den zu schützenden polizeilichen Gütern der „öffentlichen Sicherheit oder Ordnung" kann der Gefahrenbegriff dabei erst vor dem Hintergrund einer präzisen Auslegung jener Schutzgüter erfasst werden, die im Folgenden darzustellen ist.

I. Öffentliche Sicherheit

50 Unzweifelhaft handelt es sich bei dem Begriff der „öffentlichen Sicherheit" um einen „Blankettbegriff". Er bedarf der Auslegung im Lichte insbesondere der staatstheoretischen Fundamente des Gemeinwesens sowie der verfassungsrechtlichen Grundentscheidungen des Grundgesetzes. Anknüpfend hieran lassen sich insgesamt **drei Ebenen** potentieller Schutzgüter der öffentlichen Sicherheit differenzieren:

1. Schutz der Individualrechtsgüter

51 Vergegenwärtigt man sich die staatstheoretische Fundierung des Polizeirechts in der dem einzelnen Bürger auferlegten Friedenspflicht und dem hiermit korrelierenden Gewaltmonopol des Staates, muss in den Begriff der öffentlichen Sicherheit zunächst notwendig der Schutz der **individuellen Güter und Rechte des Einzelnen** einbezogen werden. Denn erst wenn sich der Staat den Schutz jener Güter zu Eigen macht, kann dem Einzelnen zugemutet werden, auf die Anwendung privater Gewalt zu verzichten. Welche Güter hierbei im Einzelnen erfasst sind, macht ein Blick auf die **Grundrechte** deutlich, die insoweit in das einfache (Polizei-)Recht einstrahlen und das einfache Recht als „Medium" des grundrechtlichen Schutzauftrages (oben Rn. 3) in Anspruch nehmen. Namentlich der Schutz von Leben, Gesundheit und Freiheit des Bürgers, aber auch der Schutz des Eigentums zählen somit zu den zentralen Elementen der öffentlichen Sicherheit. Als Teil der subjektiven Rechte unterfallen schließlich auch Gemeinschaftsgüter wie die **„Volksgesundheit"** dem Begriff der öffentlichen Sicherheit. Rein privatrechtliche Ansprüche werden dagegen nur unter den besonderen Voraussetzungen des § 1 Abs. 2 PolG erfasst (oben Rn. 34).

52 Bislang nicht abschließend geklärt ist die Frage, ob und inwieweit der Schutz von Individualrechtsgütern auch dann Grundlage für Gefahrenabwehrmaßnahmen sein kann, wenn die Gefährdung vom Grundrechtsträger selbst gewollt ist. Da nicht

D. Der Gefahrenbegriff als zentrale Eingriffsvoraussetzung

nur das Recht auf freie Persönlichkeitsentfaltung (Art. 2 Abs. 1 GG), sondern auch diverse Spezialgrundrechte wie die Berufsfreiheit („Dompteur") oder die Religionsfreiheit (Pflege von Menschen mit ansteckender Krankheit) grundsätzlich auch ein Recht zur **Selbstgefährdung** einschließen, besteht eine Befugnis zum *„aufgedrängten Grundrechtsschutz"* im Grundsatz nicht. Anderes muss jedoch gelten, wenn der Grundrechtsträger zu einer freien Willensbildung nicht im Stande ist oder aber durch sein Verhalten auch Dritte gefährdet werden. Folgerichtig ist bei **Selbsttötungsversuchen** grundsätzlich von einer fehlenden Freiverantwortlichkeit und damit von einer Gefahr auszugehen. Ein **Tauchverbot** in besonders gefährlichen Seeregionen rechtfertigt sich aus dem Aspekt der (Mit-)Gefährdung nichtprofessioneller Retter (so auch Bad.-Württ. VGH, NJW 1998, 2235). Ob die in freier Selbstbestimmung eingeleitete Selbsttötung eine Gefahr im Sinne des Polizeirechts darstellt, ist hoch umstritten und wird vielfach verneint (eingehend *Schoch*, JURA 2013, 468, 474). Jedenfalls lässt sich aus den grundrechtlichen Schutzpflichten des Staates keine gegenteilige Bewertung entnehmen, da die Schutzpflichten das Bestehen einer Gefahrenlage voraussetzen, diese aber nicht selbst begründen. Besondere Probleme stellen sich beim Schutz der **Menschenwürde** (Art. 1 Abs. 1 GG), für die aufgrund der „Unantastbarkeitsklausel" ein Verfügungsrecht auch der Grundrechtsberechtigten selbst bestritten wird. Ob freilich die Menschenwürde überhaupt durch wirklich selbstbestimmtes Handeln angetastet werden kann, erscheint fraglich und dürfte allenfalls in Extremfällen zu bejahen sein (z. B. „Zwergenweitwurf", s. VG Neustadt, NVwZ 1993, 98; zur „Plastination" von Leichen etwa *Bremer*, NVwZ 2001, 167; zu Paintball und Quasar unten Rn. 57).

2. Schutz der Unversehrtheit der objektiven Rechtsordnung

Ebenfalls bereits aus allgemeinen staatstheoretischen Erwägungen heraus lässt sich die Notwendigkeit einer Durchsetzung des Geltungsanspruchs der Gesetze als Schutzgut der öffentlichen Sicherheit begründen. Denn wo die Verbindlichkeit von Gesetzen nicht mehr durchsetzbar ist, hat der Staat seine Ordnungsgewalt verloren, droht im letzten Ende Anarchie (oben Rn. 3). Zu den Schutzgütern der öffentlichen Sicherheit zählt daher weiter die **Unversehrtheit der objektiven Rechtsordnung,** womit alle Ebenen der **materiellen Gesetze** unter Schutz gestellt werden. Eine Gefährdung der öffentlichen Sicherheit stellt sich insoweit sowohl bei einer Verletzung von Verfassungsgesetzen (z. B. Art. 26 GG: Verbot des Angriffskrieges) und Parlamentsgesetzen (Strafgesetzbuch, Ordnungswidrigkeitengesetz) ein, als auch bei der Missachtung von Rechtsverordnungen (z. B. ordnungsbehördlichen Verordnungen, hierzu unten Rn. 230 ff.) oder Satzungen. Im Rahmen der zu schützenden Normen kommt namentlich dem Strafgesetzbuch (StGB) sowie dem Ordnungswidrigkeitengesetz (OWiG) besondere Bedeutung zu, deren Verhaltenspflichten somit zugleich gefahrenabwehrrechtlich durchgesetzt werden können.

53

> **Beispiel:** Ein polizei- bzw. ordnungsrechtliches Vorgehen ist insoweit etwa gegen das ungenehmigte Glücksspiel (§ 284 StGB) oder auch den „groben Unfug" (§ 118 OWiG) möglich.

Steht eine Verletzung von objektiven Normen in Rede, kommt es nicht mehr darauf an, ob hierdurch zugleich die von den verletzten Normen zu schützenden Individualrechtsgüter verletzt werden. Allein die Missachtung der Gesetze begründet die Gefahr.

> **Beispiel:** Wer nachts bei „Rot" über die Ampel fährt, verursacht eine Gefahr (Verletzung der Straßenverkehrsordnung) auch dann, wenn keinerlei Verkehrsteilnehmer konkret gefährdet werden.

3. Schutz des Bestandes und der Veranstaltungen des Staates

54 Schließlich erfasst das Schutzgut der öffentlichen Sicherheit auch den Schutz des **Staates selbst, seiner Einrichtungen und Veranstaltungen**. Denn wo der Staat sich privater Angriffe nicht erwehren darf, vermag er auch den ihm obliegenden Schutzauftrag zugunsten der Bürger nicht effektiv zu erfüllen. Dies gilt etwa auch für die Durchführung von Verkehrskontrollen zur Durchsetzung von Geschwindigkeitsbeschränkungen, die dementsprechend nach h. M. nicht durch private Dritte gestört werden dürfen.

> **Beispiel:** Rentner R postiert sich 200 m vor einer Radarkontrolle und warnt die heranfahrenden Verkehrsteilnehmer. Er behindert hiermit die Durchführung staatlicher Veranstaltungen, so dass die Beamten ihn des Platzes verweisen dürfen. Dem kann nicht entgegen gehalten werden, dass R die Verkehrsteilnehmer zu ordnungsgemäßem Verhalten auffordern wolle. Denn in Wahrheit unterläuft R das Ziel der Kontrolle, rechtwidrig handelnde Verkehrsteilnehmer – über den zeitlichen und örtlichen Wirkungsbereich der Kontrolle hinausgehend – zu einer ordnungsgsgemäßen Fahrweise anzuhalten (OVG NRW, NJW 1997, 1596; a. A. Hartmann, JuS 2008, 984 ff.).

Dass rechtswidrige Angriffe gegen den Staat und seine Veranstaltungen vielfach zugleich die Unversehrtheit der objektiven Rechtsordnung, womöglich sogar Individualrechtsgüter der beteiligten Amtsträger tangieren werden (vgl. etwa Fotoaufnahmen von Polizeieinsätzen, unten Rn. 202), bleibt insoweit ohne Bedeutung. Eine Gefährdung der öffentlichen Sicherheit kann also kumulativ unter mehreren Aspekten zu bejahen sein.

II. Das Schutzgut der öffentlichen Ordnung

55 Neben dem Schutz der öffentlichen Sicherheit zielen die Aufgaben- und Befugnisnormen sowohl des Ordnungsrechts als auch des Polizeirechts auch auf den Schutz der öffentlichen Ordnung.

> **Beachte:** Die Rechtslage in NRW hat mit Inkrafttreten des PolG-Änderungsgesetzes vom 3.2.2010 eine wesentliche Änderung erfahren: war der Schutz der öffentlichen Ordnung bis dahin allein den Ordnungsbehörden vorbehalten, besteht nunmehr eine parallele Betrauung auch der Polizeibehörden. Die Gesetzesänderung geht zurück auf den Koalitionsvertrag der von

D. Der Gefahrenbegriff als zentrale Eingriffsvoraussetzung 313

2005 bis 2010 amtierenden Landesregierung. Mit der „Neuregelung" wurde die althergebrachte Fassung der polizeilichen Generalklausel wiederhergestellt.

Unter der öffentlichen Ordnung wird in Abgrenzung zur öffentlichen Sicherheit („Sicherheit *oder* Ordnung"!) gemeinhin die **Gesamtheit der ungeschriebenen Regeln verstanden**, deren Befolgung nach den jeweils herrschenden Anschauungen als unerlässliche Voraussetzung für ein geordnetes menschliches Zusammenleben angesehen werden. Es handelt sich bei den betreffenden Regeln also letztlich um **außerrechtliche „Sozialnormen"**. Das Schutzgut der öffentlichen Ordnung wirft in verschiedener Hinsicht schwierige Fragen auf. Zunächst stellt sich die Frage der hinreichenden **Bestimmtheit** der auf das Schutzgut der öffentlichen Ordnung bezogenen Eingriffsermächtigung. Denn da der Vorbehalt des Gesetzes ein Vorbehalt des bestimmten Gesetzes ist, erscheinen wertungsoffene und wandlungsfähige Bindungen des Bürgers höchst problematisch. Die Rechtsprechung ist entsprechenden Bedenken freilich nicht gefolgt und hat die Bestimmtheit der Norm auch insoweit abgesegnet (BVerfGE 54, 143 f.). Problematisch erscheint das Schutzgut der öffentlichen Ordnung darüber hinaus aber auch mit Blick auf die Gefahr einer gesellschaftlichen **Majorisierung von Minderheiten**. Denn wenn bloße „Sozialnormen" einer Mehrheit die individuelle Persönlichkeitsentfaltung von Minderheiten verhindern können, stehen letztlich grundrechtliche Freiheitsrechte auf dem Spiel. Immerhin sind Grundrechte ihrem Wesen nach Minderheitenrechte. Insofern kann es nicht zulässig sein, außerrechtliche Sozialnormen ohne Rücksicht auf grundrechtliche Entfaltungsfreiheiten des Einzelnen für ordnungsrechtlich verbindlich zu erachten.

Beispiel: Auch wenn sich die Bevölkerung weithin gegen die katholische Lehre zur gelebten Homosexualität als Sünde wendet, kann das religiöse Bekenntnis des Einzelnen zu dieser Lehre nicht als Verstoß gegen die öffentliche Ordnung angesehen werden, da der Einzelne hierbei von seinem Recht auf Religionsfreiheit (Art. 4 Abs. 1 und 2 GG) Gebrauch macht. Auch umgekehrt gilt: Selbst wenn die Gesellschaft Homosexualität nahezu geschlossen ablehnen würde, kann hierdurch die Freiheit Homosexueller zu personaler Selbstbestimmung (Art. 2 Abs. 1 GG) nicht als Verstoß gegen die öffentliche Ordnung sanktioniert werden.

Auch das Bundesverwaltungsgericht hat sich im Rahmen seiner „Peep-Show"-Rechtsprechung gegen eine rein „demoskopische" Ermittlung der maßgeblichen Sozialnormen gewandt und bloße Umfrageergebnisse für irrelevant erklärt (NJW 1996, 1423, 1424). Zur Ermittlung des „Ethisch-Gesollten" bedarf es also stets und vor allem des Durchblicks auf die Grundrechts- und Werteordnung der Verfassung (so zu Recht BVerfG, DVBl. 2004, 237). Aus der Abstrahierung der Ordnungsvorstellungen von demoskopischen Kriterien ergibt sich zugleich, dass erst recht regionale Moralvorstellungen für die Ermittlung der maßgeblichen Sozialnormen ohne Bedeutung bleiben. Für den Hamburger Stadtteil St. Pauli können somit richtigerweise keine anderen Sozialnormen maßgeblich sein als für ein oberbayerisches Gebirgsdorf.

56 Schwierige Fragen wirft der Begriff der öffentlichen Ordnung schließlich mit Blick auf das **Demokratieprinzip** auf. So verlangt Art. 20 Abs. 2 GG, dass alle Staatsgewalt (des Bundes und der Länder) vom Volke ausgeht, wobei das Volk seine Entscheidungshoheit über Wahlen und Abstimmungen, vorrangig also über das Parlament ausübt. Das Demokratieprinzip steht damit jeglicher Ausübung oder Präjudizierung von Staatsgewalt entgegen, die nicht in der durch Art. 20 Abs. 2 GG verlangten Weise durch das Volk legitimiert wird. Eben dies aber ist möglicherweise bei der ordnungsbehördlichen Aufgabe zur Gewährleistung der öffentlichen Ordnung gegeben. Denn die hier durchzusetzenden Normen sind gerade nicht auf dem durch Art. 20 Abs. 2 GG vorgezeichneten Wege durch Wahlen oder Abstimmungen des Volkes legitimiert, sondern bilden und verändern sich gleichsam außerhalb der verfassten Rechtsordnung. Ihre „Blanko-Rezeption" durch das Ordnungsbehördengesetz erscheint insofern demokratisch höchst fragwürdig. Ungeachtet der dogmatischen Probleme bleibt der praktische Anwendungsbereich des Schutzes der öffentlichen Ordnung eher gering, weshalb teilweise ein Verzicht auf den Begriff der „öffentlichen Ordnung" gefordert wird (zuletzt *Sachs/Krings*, NWVBl. 2010, 165, 171). Die wenigen praktischen Anwendungsfälle betreffen in erster Linie Fragen der Sexualmoral und des öffentlichen Anstandes.

> **Beispiele:** Künstler K spaziert unbekleidet durch die Innenstadt und erklärt sich dabei zum Kunstwerk. Nach Auffassung des OVG NRW verstößt er hierdurch gegen die öffentliche Ordnung (NJW 1997, 1180). Obsolet dürfte die Rechtsprechung sein, die in der Anbringung von Kondom-Automaten in der Öffentlichkeit einen Verstoß gegen die öffentliche Ordnung sah (OVG NRW, OVGE 14, 69; vgl. auch BVerwGE 10, 165).

57 Einen neuen und durchaus sinnvollen Anwendungsbereich hat das Schutzgut der öffentlichen Ordnung im Bereich ausländerfeindlicher und anderer menschenverachtender Exzesse gefunden. Einwände, dass insoweit ein „Sonderrecht gegen Rechts" formuliert werde (in diese Richtung *Rühl*, NVwZ 2003, 531) greifen nicht durch. Immerhin aber bleibt die exakte Grenzziehung zum Begriff der öffentlichen Sicherheit teilweise ungelöst:

> **Beispiele:** Rentner R hisst in einem vorwiegend von Ausländern bewohnten Stadtteil der Stadt S die Reichskriegsflagge (OVG NRW, NWVBl. 1994, 384; BW VGH, NJW 2006, 635). S bietet in einer Fabrikhalle ein Kriegsspiel („Quasar") an, bei dem die Teilnehmer militärisch eingekleidet und mit (Sensor-)Waffen ausgestattet werden. Im Rahmen eines simulierten „Häuserkampfes" gewinnt diejenige Mannschaft, von der weniger Soldaten „tödlich" getroffen werden (OVG NRW, NWVBl. 2001, 94; BVerwG, GewArch. 2007, 247). In beiden Fällen sehen die Gerichte eine Gefahr für die öffentliche Ordnung, da das Menschenbild des Grundgesetzes tangiert werde (anders hinsichtlich des „Paintball"-Spiels BayVGH, ZfBR 2013, 271).

D. Der Gefahrenbegriff als zentrale Eingriffsvoraussetzung

> Nicht abschließend geklärt erscheint, ob dieser Gedanke nicht eher im Bereich der öffentlichen Sicherheit zu verorten wäre.

Überwunden ist die frühere Deutung von Nichtsesshaftigkeit als Gefahr für die öffentliche Ordnung. Richtigerweise stehen hier die Schutzgüter Leben und Gesundheit des Betroffenen auf dem Spiel, so dass das Schutzgut der öffentlichen Sicherheit betroffen ist. 58

III. Der Gefahrenbegriff

Wann aber droht nun für die besagten Schutzgüter der öffentlichen Sicherheit oder Ordnung eine Gefahr im Sinne des Polizei- und Ordnungsrechts? Reicht hierzu jedes theoretische Risiko aus, etwa die niemals auszuschließende Gefahr eines Verkehrsunfalles, oder muss der Schaden bereits eingetreten sein oder zumindest unmittelbar bevorstehen? Reicht vielleicht schon die sichere Erkenntnis, dass es – man denke an den Bau von PKWs – irgendwann und irgendwo unvermeidlich zu einem Schaden kommen wird, um polizeilich zu intervenieren? Und wie intensiv muss die drohende Beeinträchtigung sein? Reicht jede – auch nur individuelle – Spürbarkeit oder Empfindlichkeit oder bedarf es einer gewissen „Qualität" der Beeinträchtigung? Vor dem Hintergrund der komplexen Fragestellung kann es kaum verwundern, dass der Gefahrenbegriff nach wie vor Gegenstand heftiger Diskussionen ist (zuletzt *Pils*, DÖV 2008, 941). 59

1. Gefahr – Belästigung

Zunächst bleiben bloße „Belästigungen" oder subjektive Befindlichkeiten außerhalb des Gefahrenbegriffs. Notwendig sind also eine Objektivierbarkeit und eine gewisse Intensität der Beeinträchtigung individueller Güter. Dies gilt auch, soweit Einzelne eine spezielle, nicht-repräsentative Prädisposition für mögliche Schädigungen in sich tragen, ein Schadenseintritt also tatsächlich nicht ausgeschlossen werden kann. 60

> **Beispiel:** N ist mit einem äußerst schwachen Nervenkostüm ausgestattet. Als auf der benachbarten Wiese des Bauern B tagsüber Kühe grasen, denen B kleine Glocken umgehängt hat, findet sich N nachweislich am Rande eines Nervenzusammenbruchs. Gleichwohl bleiben derartige Empfindlichkeiten polizeirechtlich grundsätzlich ohne Belang und berechtigen nicht zur staatlichen Intervention. Anderes kann erst dann gelten, wenn die unentbehrliche Nachtruhe nachhaltig beeinträchtigt wird oder eine Lärmbelästigung iS. des § 117 OWiG vorliegt (Bad.-Württ. VGH, NVwZ-RR 1996, 577).

2. Notwendigkeit einer „abgestuften" Gefahrenschwelle

61 Auch jenseits der bloßen Belästigungen kann nicht jede entfernte Möglichkeit eines Schadenseintritts polizeiliche Eingriffsbefugnisse auslösen. Das Polizeirecht ersetzt nicht die langfristigen Konzepte zur Regulierung schleichender Gefährdungslagen z. B. im Umweltbereich. Der Gefahrenbegriff bedarf insoweit einer zurückhaltenden Auslegung. Nach tradiertem Rechtsverständnis ergibt sich eine **Gefahr** erst bei solchen Lebenssachverhalten, die **bei ungehindertem Ablauf in absehbarer Zeit mit hinreichender Wahrscheinlichkeit zu einem Schaden an den polizeilich bzw. ordnungsbehördlich geschützten Gütern führen**. Es geht mithin um eine **Gefahrenprognose**, bei der die Wahrscheinlichkeit des Schadenseintritts bzw. die zeitliche Nähe des möglichen Schadenseintritts, aber auch das zu erwartende Schadensausmaß in Bezug zueinander gesetzt werden. Je größer dabei das Ausmaß des möglichen Schadens ist, umso geringer werden die Anforderungen an die zeitliche Nähe bzw. Wahrscheinlichkeit des Schadenseintritts, je geringer das mögliche Schadensausmaß ist, umso höher werden die Anforderungen an Nähe und Wahrscheinlichkeit des Schadenseintritts (hierzu etwa BVerwGE 88, 348, 351).

> **Beispiel:** Das potentielle Schadensausmaß im Falle einer Verunreinigung des Trinkwassers mit den hieraus resultierenden Folgen für die Volksgesundheit wird regelmäßig so hoch anzusiedeln sein, dass die Anforderungen an die zeitliche Nähe („absehbarer Zeit") und die Wahrscheinlichkeit des Schadenseintritts nicht mehr sehr hoch angesiedelt werden müssen. Droht lediglich die Zerstörung einer Zierpflanze im Vorgarten eines Hauses durch einen Nachbarshund, wird man die Anforderungen an die Nähe und Wahrscheinlichkeit des Schadenseintritts dagegen eher hoch ansiedeln.

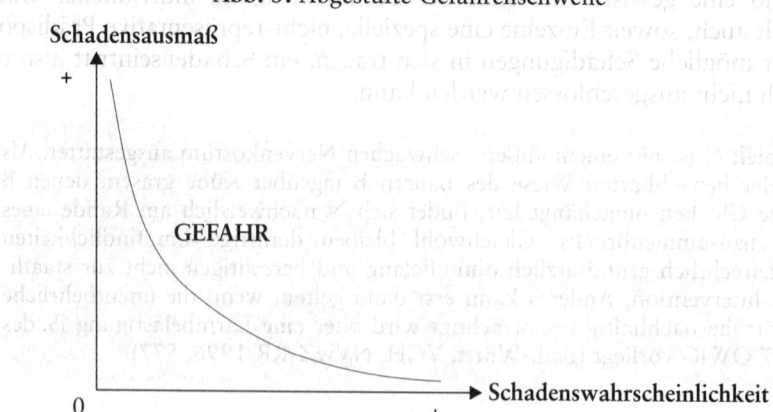

Abb. 3: Abgestufte Gefahrenschwelle

Durch das Modell der gestuften Gefahrenschwelle nicht unmittelbar beantwortet wird die Frage nach der Behandlung allgemein akzeptierter Tätigkeiten, die gleichwohl unvermeidlich erhebliche Schadensfälle zur Folge haben

D. Der Gefahrenbegriff als zentrale Eingriffsvoraussetzung

werden. Beispielhaft kann insoweit auf die Produktion von PKW verwiesen werden, die in sicher vorhersehbarer Weise allein in Deutschland jährlich viele tausend Tote zur Folge hat. Derartige Tätigkeiten werden in der Regel mit dem Begriff der „**Sozialadäquanz**" aus dem Anwendungsbereich des Polizei- und Ordnungsrechts ausgeklammert. Unstreitig außerhalb des Gefahrenbegriffs anzusiedeln ist schließlich die bloße **Gefahrenvorsorge**, die sich typischerweise jenseits einer zeitlich und räumlich eingrenzbaren Schadensprognose vollzieht (z. B. allgemeine Anforderungen an die Führung bestimmter Rassehunde, hierzu BVerwG, NVwZ 2003, 95). Solche gefahrenvorsorgenden Maßnahmen müssen somit durch spezielle Ermächtigungsgrundlagen jenseits des Polizei- und Ordnungsrechts legitimiert werden (in NRW etwa durch das Landeshundegesetz). Die Grenzziehung zwischen Gefahrenabwehr und Gefahrenvorsorge kann dabei im Einzelfall durchaus erhebliche Probleme aufwerfen.

> **Beispiele:** Durch Allgemeinverfügung verbietet die zuständige Ordnungsbehörde der rheinischen Großstadt G den Verkauf sowie das Mitführen von Glasflaschen im Straßenkarneval. Der rechtstreue Arzt Dr. A, der mit seiner vierjährigen Tochter T den Karnevalszug besuchen will, sieht in dieser Maßnahme einen nicht gerechtfertigten Grundrechtseingriff und weigert sich, seine spaßeshalber mitgeführte Bierflasche zu „entsorgen" (Fall nach OVG NRW, NVwZ-RR 2012, 470).

Da es eher unwahrscheinlich erscheint, dass speziell die Bierflasche des A Ursache für Schnittverletzungen sein wird, könnte hier eine Maßnahme der bloßen Gefahrenvorsorge vorliegen, die sich nicht auf das OBG / PolG stützen lässt (so noch VG Köln, JA 2010, 398 – *Durner*). Anders argumentiert das OVG NRW: Da aufgrund langjähriger Erfahrung davon auszugehen sei, dass es im Verlaufe des Straßenkarnevals alljährlich zu Körper- und Sachschäden durch herumliegende Scherben kommen werde, begründe das Mitführen der Glasflasche eine Gefahr im polizeilichen Sinne. Immerhin soll eine Verantwortlichkeit des A nicht ohne Weiteres unterstellt werden können, so dass seine Inanspruchnahme lediglich über den polizeilichen Notstand gerechtfertigt werde, wohingegen Verkäufer von Glasflaschen als (objektive) Zweckveranlasser anzusehen seien (OVG NRW, GewArch 2012, 265, zum Zweckveranlasser unten Rn. 80). Die auf Besonderheiten des Straßenkarnevals abstellende Rechtsprechung darf freilich nicht als pauschaler Freibrief für Glasverbote etwa in Freizeitregionen missverstanden werden (zu Recht einschränkend BWVGH, VBlBW 2013, 12 ff.) Gewiss an die äußersten Grenzen vertretbarer Rechtsauslegung geht die Rechtsprechung insoweit, als die Zuweisung von Hausnummern als Akt der Gefahrenabwehr interpretiert und auf § 14 OBG gestützt wird (OVG NRW, NVwZ-RR 2012, 541).

3. Notwendigkeit einer Prognose aus der ex-ante-Betrachtung

62 Eine zentrale Fragestellung bei der Anwendung des Gefahrenbegriffes betrifft den für die Rechtmäßigkeit der Prognose zugrunde zu legenden Zeitpunkt und Betrachtungshorizont. Denn natürlich kann sich der Erkenntnishorizont im Laufe der Zeit deutlich erweitern mit der Folge, dass sich ein im Vorhinein *(ex-ante)* als „gefährlich" beurteilter Sachverhalt im Nachhinein *(ex-post)* als völlig harmlos herausstellt. Auch mag sich die Bewertung ändern je nachdem, ob man auf die „subjektive" Erkenntnissituation „vor Ort" abstellt (subjektiver Gefahrenbegriff) oder auf einen fiktiven „Idealbetrachter", dem alle objektiv erkennbaren Tatsachen zugerechnet werden (sog. objektiver Gefahrenbegriff).

> **Beispiele:** Der vermeintliche Bombenfund am Flughafen erweist sich als harmloser Koffer, die „Trunkenheitsfahrt" des Studenten S als lediglich simuliert, die Schreie aus dem Haus als Emission des Fernsehgerätes, der Lichtschein des Einbrechers in der Wohnung des verreisten Nachbarn als Folge einer Zeitschaltuhr oder der vermeintliche Mordanschlag als Teil einer aufwändigen Filmproduktion.

Dem Wesen einer Prognoseentscheidung entspricht es, allein auf die Erkenntnismöglichkeiten „vor Ort" und zum Zeitpunkt des Einsatzes abzustellen (**ex-ante-Betrachtung**). Rechtfertigen die in diesem Zeitpunkt zur Verfügung stehenden Erkenntnismöglichkeiten die Annahme einer Gefahr, können und müssen die zuständigen Beamten von dem Vorliegen einer Gefahr ausgehen. Anders als auf der Grundlage des für sie erkennbaren Sachverhaltes können die Beamten ihren Auftrag zum Schutz der öffentlichen Sicherheit nicht erfüllen. Maßgeblicher Betrachtungshorizont ist dabei die Sichtweise eines *fähigen, sachkundigen und besonnenen Beamten*. Stellt sich eine berechtigterweise als gefährlich erachtete Situation im Nachhinein als ungefährlich heraus, spricht man von einer „Anscheinsgefahr". In der Logik des subjektiven Gefahrenbegriffs steht diese Anscheinsgefahr einer wirklichen Gefahr gleich; konkret gesprochen: sie *ist* eine Gefahr iS. der Gefahrenabwehrermächtigungen (*Poscher/Rusteberg*, JuS 2011, 984, 988).

> **Beispiel:** Auf einen telefonischen Notruf hin verschafft sich die Polizei Zugang zur Villa des berühmten Popsängers P. Entgegen aller Erwartung findet man P keineswegs von Räubern bedroht, sondern in trauter Zweisamkeit mit Freundin F. Da die Polizei ex ante von einer echten Bedrohungslage ausgehen musste, war der Einsatz rechtmäßig. Unabhängig hiervon können sich für den Betroffenen im Falle einer Anscheinsgefahr Entschädigungsansprüche ergeben (hierzu unten Rn. 285).

63 Gänzlich anders stellt sich die Situation dar, wenn die Ungefährlichkeit der Sachlage für den fähigen, sachkundigen und besonnenen Betrachter vor Ort bereits ex-ante erkennbar gewesen wäre. Entsprechende Konstellationen können sich entweder daraus ergeben, dass die Beamten den Sachverhalt im

D. Der Gefahrenbegriff als zentrale Eingriffsvoraussetzung

Rahmen der ihnen verbleibenden Möglichkeiten nicht ordnungsgemäß ausermitteln, oder aber daraus, dass sie aus dem ordnungsgemäß ermittelten Sachverhalt unhaltbare Schlussfolgerungen ziehen (z. B. konkrete Einsturzgefahr des schiefen Turms von Pisa). Nimmt der Beamte also in vorwerfbar irriger Weise eine Gefahrenlage an, spricht man von einer **„Scheingefahr" oder Putativgefahr**, die nicht mehr vom Gefahrenbegriff und damit der einschlägigen Eingriffsermächtigung gedeckt ist. Der Einsatz ist dann rechtswidrig.

> **Beispiel:** Polizist P „rettet" die von einem „Schwerverbrecher" entführte F, wobei er allerdings als einziger unter zahllosen Schaulustigen bedauerlicherweise nicht bemerkt, dass er in Wahrheit in laufende Dreharbeiten zu einem neuen Kinofilm hineinplatzt.

Lässt sich eine Gefahrenlage aufgrund vorhandener Erkenntnislücken nicht abschließend beurteilen, spricht man von einem „Gefahrenverdacht". Die Behandlung des Gefahrenverdachts ist in Rspr. und Literatur äußerst umstritten. Hierbei geht es letztlich zumeist um die Frage der Kostentragungspflicht für Maßnahmen der **Gefahrenerforschung** (z. B. Altlastenfälle). Die Rechtsprechung hat sich in der Vergangenheit vielfach äußerst „großzügig" gezeigt, wenn es um die Inanspruchnahme von Bürgern zum Zwecke der Gefahrenerforschung ging und die Gefahrenerforschung nivellierend als „Vorstufe" bzw. „notwendigen ersten Schritt zur Bekämpfung einer Gefahr" eingeordnet (vgl. etwa OVG NRW, NWVBl. 1996, 340). Dieser Ansatz führt freilich zu einer problematischen Ausweitung des Anwendungsbereichs polizeilicher Eingriffsermächtigungen (eingehend *Wapler*, DVBl. 2012, 86). Im Ergebnis dürfte folgender Einordnung zu folgen sein: Kann eine ernsthafte und zeitnahe Bedrohung wichtiger Schutzgüter nicht ausgeschlossen werden, ist der solchermaßen „qualifzierte Gefahrenverdacht" richtigerweise als Gefahr im Sinne der Eingriffsermächtigungen anzusehen (so auch BayVGH, NVwZ-RR 2004, 490, 491 f.).

> **Beispiel:** Die Bombendrohung rechtfertigt eine Räumung der Diskothek auch dann, wenn erhebliche Zweifel an der Ernsthaftigkeit des Anrufes bestehen (OLG Stuttgart, NJW 1992, 1396); nicht näher erklärbare Einstiche im Halsbereich eines Schlachtrindes rechtfertigen die vorläufige Verhinderung der Auslieferung an den Metzger auch dann, wenn andere Ursachen als eine verbotene Hormonbehandlung denkbar sind (BGHZ 117, 303). Einer gesonderten Prüfung bedarf in diesen Fällen freilich die Frage der kostenrechtlichen Inanspruchnahme des „Verantwortlichen" (hierzu unten Rn. 260 a. E.).

Besteht eine entsprechende Qualifizierung der Verdachtslage nicht, kann von einer Gefahr im polizeilichen Sinne nicht gesprochen werden. Die Behörden werden regelmäßig zu eigenen weiteren „Gefahrenerforschungsmaßnahmen" verpflichtet sein (Amtsermittlungsgrundsatz, § 24 VwVfG). Auch die Kostenlast bleibt – anders als im Falle der (weiteren) Sachaufklärung bei einer festgestellten Gefahrenlage – bei der Behörde. Soweit zum Zwecke der vorgelagerten Gefahrenerforschung Eingriffsmaßnahmen zulasten Dritter erforderlich sind (z. B. Duldungsverfügungen), bedarf es hierzu entgegen vielfach vertretener Auffassung spezieller Eingriffsermächtigungen. Solche Ermächtigungen finden sich heute in zahlreichen umweltrechtlichen Regelungen (vgl. etwa § 52 BImSchG sowie § 9 BBodSchG).

> **Beispiel:** E ist Eigentümer eines Grundstücks, auf dem vormals eine Teerdestillationsfabrik betrieben worden war. Nachdem auf dem Nachbargrundstück winzige Spuren betriebstypischer Bodenverunreinigungen gefunden wurden, die bei hoher Konzentration zu erheblichen Belastungen für die Allgemeinheit führen können, will die Behörde das Grundstück des E näher untersuchen.

Von einer Gefahr iS. des Polizeirechts kann im Beispielsfall nicht ausgegangen werden. Auf der sondergesetzlichen Grundlage des § 9 Abs. 1 S. 1 BBodSchG kann die zuständige Behörde indessen auch in dieser Situation Maßnahmen zur weiteren Gefahrenerforschung ergreifen und hierbei den E zur Duldung dieser Maßnahmen verpflichten (VG Wiesbaden, NVwZ-RR 2004, 651). Nicht zulässig wäre es allerdings, den E zur aktiven Durchführung von Gefahrenerforschungsmaßnahmen zu verpflichten.

Abb. 4: Der Gefahrenbegriff

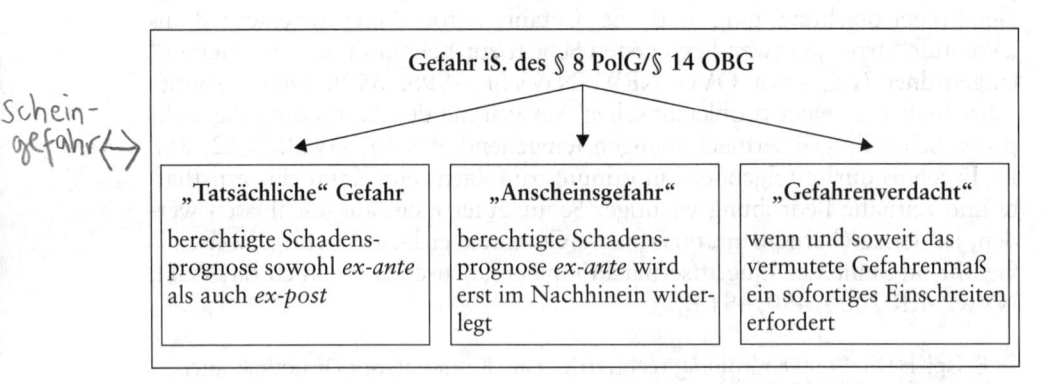

[handschriftlich: Scheingefahr ←→]

Gefahr iS. des § 8 PolG/§ 14 OBG		
„Tatsächliche" Gefahr	„Anscheinsgefahr"	„Gefahrenverdacht"
berechtigte Schadensprognose sowohl *ex-ante* als auch *ex-post*	berechtigte Schadensprognose *ex-ante* wird erst im Nachhinein widerlegt	wenn und soweit das vermutete Gefahrenmaß ein sofortiges Einschreiten erfordert

4. Gefahrenvarianten

65 Die polizei- und ordnungsbehördlichen Eingriffsermächtigungen kennen vielfältige Varianten oder Modifikationen des allgemeinen Gefahrenbegriffs. Die Rede ist hierbei etwa von der „gegenwärtigen Gefahr" (§§ 41, 43, 50 Abs. 2 PolG), der „erheblichen Gefahr" (§ 6 Abs. 1 PolG, § 19 Abs. 1 OBG), der „dringenden Gefahr" (§ 41 Abs. 3 PolG) oder der „Gefahr im Verzuge" (§ 42 Abs. 1 S.1 PolG). Die Abgrenzung dieser Gefahrenarten wirft im Detail nach wie vor nicht abschließend geklärte Fragen auf. Im Wesentlichen kann allerdings wie folgt differenziert werden:

66 a) Der Begriff der **gegenwärtigen Gefahr** verlangt eine besondere zeitliche Nähe des Schadensereignisses. Gegenwärtig ist eine Gefahr, die sich entwe-

D. Der Gefahrenbegriff als zentrale Eingriffsvoraussetzung

der bereits realisiert hat oder deren Realisierung zumindest unmittelbar bevorsteht.

> **Beispiel:** Ob nach dem 11.9.2001 die Gefahr weiterer Terroranschläge permanent „gegenwärtig" war und insofern den Einsatz der sog. „Rasterfahndung" gestattete (§ 31 PolG a.F.), ist fraglich. Das OLG Düsseldorf (NVwZ 2002, 629) bejahte dies, das OLG Frankfurt hatte (berechtigte) Zweifel (NVwZ 2002, 626). Der nordrhein-westfälische Gesetzgeber hat die Diskussion in der Weise beendet, dass er das Gegenwärtigkeitserfordernis im Zuge einer Gesetzesnovellierung kurzerhand aus dem Tatbestand der Eingriffsermächtigung entfernte (unten Rn. 225 ff.).

b) Eine **erhebliche Gefahr** liegt vor, wenn der drohende Schaden für die polizeilichen Schutzgüter nach Art oder Ausmaß besonders gravierend ist. 67

> **Beispiel:** Die Gefahr des Todes eines Bürgers rechtfertigt Notstandsmaßnahmen gegen Unbeteiligte (§ 19 OBG).

c) Schwerer zu fassen ist der Begriff der „**dringenden Gefahr**", wie er etwa 68 in § 41 Abs. 3 PolG auftaucht. Während teilweise auf die besondere Qualität des bedrohten Schutzgutes, also letztlich auf die „Erheblichkeit" des Schadens abgestellt wird, wollen andere auf die Wahrscheinlichkeit bzw. die zeitliche Nähe eines möglichen Schadenseintritts, also die Gegenwärtigkeit der Gefahr abstellen. Angesichts der offensichtlichen Überschneidungen entsprechender Auslegungen mit den Begriffen der Erheblichkeit und Gegenwärtigkeit vermag keine der beiden Auffassungen recht zu überzeugen. Eine Lösung könnte darin liegen, den Begriff der dringenden Gefahr in beide Richtungen offen zu halten, also <u>fakultativ entweder auf das zeitliche Moment oder aber auf Art und Ausmaß des drohenden Schadens abzustellen</u>. Dagegen dürfte eine Auslegung der dringenden Gefahr als einer Gefahr, die nicht nur zeitlich unmittelbar bevorsteht, sondern zudem auch ein besonders hohes Schadensausmaß befürchten lässt, im polizeilichen Kontext zu eng bleiben (restriktiver aber Art. 13 Abs. 7 GG).

d) Von einer „**Gefahr im Verzug**" spricht das Gesetz regelmäßig in Fällen, 69 in denen reguläre Verfahrenswege oder Zuständigkeiten ausnahmsweise nicht eingehalten werden können, da anderenfalls eine effektive Gefahrenabwehr nicht möglich ist. So kann etwa bei Gefahr im Verzug auf eine richterliche Anordnung für die Durchsuchung von Wohnungen verzichtet werden (§ 42 Abs. 1 PolG). Es geht also letztlich um ein zeitliches Moment, während Art und Ausmaß des drohenden Schadens keine entscheidende Bedeutung besitzen.

e) Der versammlungsgesetzliche Begriff der „**unmittelbaren Gefährdung**" 70 (§ 15 Abs. 1 VersG; s. unten Rn. 300) entspricht weitgehend jenem der gegenwärtigen Gefahr und ist dann erfüllt, wenn der Eintritt eines Schadens so nahe ist, dass er jederzeit, unter Umständen gar sofort, erfolgen kann.

71 f) Nicht eigentlich einen polizeirechtlichen Begriff stellt die in Art. 13 Abs. 4 GG vorzufindende Formel von der „**gemeinen Gefahr**" dar. Sie dürfte am besten als „allgemeine Gefahr" bzw. eine der Allgemeinheit drohende Gefahr zu interpretieren sein. Es geht mithin um eine Gefahr des Schadens für eine Vielzahl von Personen oder Sachen.

72 g) Obsolet ist heute die im Baurecht entwickelte Figur der „**latenten Gefahr**". Mit ihr wurde eine Situation beschrieben, in der eine potentiell gefahrenträchtige Handlung nur deshalb keine akute Gefährdung verursacht, weil es an einem Zutritt Dritter in die potentielle „Gefahrenzone" fehlt (Schulfall: der Schweinemäster und die von ihm hervorgerufenen „latente Gefahr" für die herannahende Bebauung). Mit den modernen Immissionsschutzgesetzen, aber auch den wertenden Verfahren zur Bestimmung von Verantwortlichkeiten hat die Figur ihren Anwendungsbereich verloren.

73 h) Einen Sonderfall stellt schließlich die Figur der „**abstrakten Gefahr**" dar, wie sie Grundlage für die Zuständigkeit zum Erlass von ordnungsbehördlichen Verordnungen ist (§§ 25 ff. OBG). Ihre Wesenseigenart besteht darin, dass es sich nicht um eine im Einzelfall bestehende (konkrete) Gefahr handelt, sondern um eine „gedachte", „hypothetische" Gefahr (hierzu unten Rn. 233). Für die abstrakte Gefahr kommt es also nicht darauf an, dass sich ein entsprechender Sachverhalt aktuell in der Realität nachweisen lässt.

> **Beispiel:** Soweit ungesicherte Fahrstühle die Gefahr eines Einklemmens der zu befördernden Personen in sich bergen, liegt hierin eine abstrakte Gefahr, die durch ordnungsbehördliche Verordnung geregelt werden kann. Kommt es tatsächlich zu einem entsprechenden Unglücksfall, liegt eine konkrete Gefahr vor (weitere Beispiele unten Rn. 233).

IV. Anhang

74 **Literatur:** *Fechner*, „Öffentliche Ordnung" – Renaissance eines Begriffs?, JuS 2003, 734 ff.; *Heckel*, Scherbenmeer im Karneval, NVwZ 2012, 88 ff.; *Kahl*, Die Konkretisierung verwaltungsrechtlicher Sittlichkeitsklauseln, VerwArch. 2008, 451 ff.; *Kugelmann*, Der polizeiliche Gefahrenbegriff in Gefahr?, DÖV 2003, 781 ff.; *Pils*, Zum Wandel des Gefahrenbegriffs im Polizeirecht, DÖV 2008, 941; *Poscher*, Eingriffsschwellen im Recht der inneren Sicherheit, Die Verwaltung 2008, 345 ff.; *Schoch*, Die Schutzgüter der polizei- und ordnungsrechtlichen Generalklausel, JURA 2003, 177 ff.; *ders.*, Die „Gefahr" im Polizei- und Ordnungsrecht, JURA 2003, 472 ff.; *Voßkuhle*, Der Gefahrenbegriff im Polizei- und Ordnungsrecht, JuS 2007, 908 ff. *Wapler*, Alles geklärt? Überlegungen zum polizeilichen Gefahrenerforschungseingriff, DVBl. 2012, 86 ff.

Klausurbearbeitung: *v. Arnauld*, Von Blindgängern und Giftfässern, JURA 2003, 53 ff.; *Aubel*, Das menschenunwürdige Laserdrome, JURA 2004, 255 ff.; *Hartmann*, Warnung vor der Radarkontrolle, JuS 2008, 984 ff.; *Kötter*, Der vermeintli-

E. Die Adressatenproblematik bei Gefahrenabwehrmaßnahmen

che Bombenkoffer, JuS 2011, 1016 ff.; *Micker*, Das „Maria-Syndrom", NWVBl. 2002, 404 ff.; *Muckel/Ogorek*, Viel Lärm um nichts, JuS 2010, 57 ff.; *Parhisi/Staufer*, Karikaturenstreit, JA 2007, 707 ff.; *Prinz*, Drogenszene, NWVBl. 2002, 482 ff.; *Rademacher/Janz*, Der Muezzin ruft, JuS 2002, 58 ff.; *Riegner*, Das Alkoholverbot am Marktplatz, JURA 2012, 646 ff.; *Scharpf*, Polizeiliche Allgemeinverfügung – Närrische Trinkgewohnheiten, JuS 2011, 528 ff.; *Unkroth*, FC-J gegen FC-E – oder „Fanorientierte" Gefahrenabwehr, JURA 2008, 464 ff.; *Wolfgang/Daraoussis*, Künstler im Eis, NWVBl. 2003, 281 ff.; *Jahndorf*, Warnung vor Radarkontrollen, NWVBl. 1999, 317 ff.

Kontrollfragen:

1. Was versteht man unter dem Begriff der „öffentlichen Sicherheit"?
2. Was versteht man unter dem Begriff der „öffentlichen Ordnung"?
3. Was versteht man unter einer Gefahr?
4. Welcher Zeitpunkt ist der Rechtmäßigkeit einer Gefahrenprognose zugrunde zu legen?
5. Was ist eine Anscheinsgefahr?
6. Wann liegt eine Scheingefahr vor?
7. Wann ist ein Gefahrenverdacht gegeben?

E. „Verantwortlichkeit" – Die Adressatenproblematik bei Gefahrenabwehrmaßnahmen

Die Generalklauseln stellen – ebenso wie die sonstigen Befugnisnormen des Polizei- und Ordnungsrechts – Eingriffsermächtigungen dar. Ihr Ziel ist nicht das adressatenneutrale Gefahrenabwehrhandeln, sondern speziell die **Intervention gegen private Dritte**. Es geht entgegen dem Wortlaut des § 8 PolG bzw. § 14 OBG nicht bloß um *„Maßnahmen"*, sondern um *„Maßnahmen gegen private Dritte"*. Die scheinbar selbständigen Regelungen zu der Frage, gegen welche Personen die Polizei- und Ordnungsbehörden ihre Maßnahmen richten dürfen (§§ **4–6 PolG** bzw. §§ **17–19 OBG**), sind somit richtigerweise – auf der Tatbestandsseite, dem „Wenn" – in die jeweils einschlägige Befugnisnorm **„hineinzulesen"** (zum Schema der **Polizeirechtsklausur** unten Rn. 141 ff.). Gefahrenabwehrmaßnahmen dürfen gegen private Dritte also nur ergriffen werden, wenn die in den einschlägigen Bestimmungen formulierten Voraussetzungen für eine polizei- oder ordnungsbehördliche Inanspruchnahme erfüllt sind. Eine Frage nicht der tatbestandlichen Eingriffsvoraussetzungen, sondern des „Ermessens" auf der Rechtsfolgenseite wäre es dagegen, ob die Behörde eine etwa vorhandene (kumulative) Verantwortlichkeit sonstiger Dritter erkannt hat und bei der Auswahl zwischen den Verantwortlichen rechtsfehlerfrei vorgegangen ist (sog. *„Störerauswahlermessen"*).

75

Hinsichtlich der potentiellen Adressaten polizei- und ordnungsbehördlicher Maßnahmen differenziert das Gesetz zwischen „Handlungsverantwortlichen" (Rn. 76 ff.), „Zustandsverantwortlichen" (Rn. 90 ff.) und dem sog. „Nichtstörer" im polizeilichen Notstand (Rn. 102 ff.). Sonderprobleme ergeben sich im Hinblick auf die Figur des „Anscheins-" und „Verdachtsstö-

§ 3. Polizei- und Ordnungsrecht NRW

rers" (Rn. 105 ff.), die Frage der Nachfolge in Störerpflichten (Rn. 109 ff.) sowie die Frage der Verantwortlichkeit von juristischen Personen des öffentlichen Rechts (Rn. 113 ff.).

I. Die Handlungsverantwortlichkeit

76 Im Zentrum der Verantwortlichkeiten steht der sog. „Handlungsverantwortliche" oder „Handlungsstörer". Plakativ heißt es hierzu in den Gesetzen: *„Verursacht eine Person eine Gefahr, so sind die Maßnahmen gegen diese Person zu richten"* (§ 4 Abs. 1 PolG; § 17 Abs. 1 OBG). Insbesondere auf Aspekte des Verschuldens bzw. der Einsichtsfähigkeit des Verantwortlichen kommt es – wie auch die Möglichkeit des Einschreitens gegen Kinder zeigt (§ 4 Abs. 2 PolG, § 17 Abs. 2 OBG) – definitiv nicht an. Auch bestehen etwaige „Ausschluss-" oder „Verjährungsfristen" für den Zugriff auf den Verantwortlichen nicht. Seine Haftung ist also gleichsam eine „Ewigkeitshaftung" (*V. Götz*, § 9 Rn. 48). „Verursachung" iS. der Gesetze setzt schließlich nicht notwendig ein *aktives* Handeln voraus. Denkbar ist auch ein bloßes *Unterlassen*, wenn und soweit eine Pflicht zum Handeln bestand. Streitig ist dabei allerdings, ob jedwede rechtliche Handlungspflicht maßgeblich sein kann, oder allein eine solche, die durch öffentlich-rechtliche Normen begründet wird (so wohl die h.M.). Die Frage wird angesichts der ohnehin nur subsidiären Zuständigkeit der Polizei zum Schutz privater Rechte regelmäßig ohne größere Bedeutung bleiben, während gravierendere Gefahrenlagen durch öffentlich-rechtliche Handlungsgebote sanktioniert sein werden.

> **Beispiele:** Mutter M lässt ihr Kleinkind verwahrlosen, so dass Todesgefahr droht (§ 212 StGB). Vater V verweigert seinen Kindern den gesetzlich gebotenen Unterhalt (§ 170 StGB).

77 Die Adressierung von Gefahrenabwehrmaßnahmen gegen die Person des Handlungsstörers ist systematisch nachvollziehbar: Dadurch, dass er die Gefahr verursacht hat, liefert er einen besonderen „Zurechnungsgrund" für seine Inanspruchnahme; zugleich entspricht es dem polizeilichen Effizienzgedanken, sich zum Zwecke der Gefahrenabwehr unmittelbar an diejenige Person zu halten, die die Gefahr ausgelöst hat. Dagegen führt allein die Inhaberschaft über ein mögliches „Gegenmittel" nicht zur Qualifikation des Inhabers als handlungsverantwortlich.

1. Begriff der „Ursächlichkeit"

78 Ungeachtet der scheinbar eindeutigen Fixierung des Handlungsverantwortlichen ergeben sich bei der Anwendung der Norm zum Teil nicht unerhebliche Schwierigkeiten: Verursacht etwa der Vermieter die Gefahr von Obdachlosigkeit und Gesundheitsschäden, wenn er den hoffnungslos zahlungsrückständigen Mieter aus dem Hause klagt und die Räumung vollziehen lässt? Ist der Popstar Verursacher einer Gefahr, wenn er durch die Großstadt S

E. Die Adressatenproblematik bei Gefahrenabwehrmaßnahmen

bummelt und durch die auf seinen Spuren pilgernde „Fangemeinde" den Verkehr zum Erliegen bringt? Oder verursacht der Kranführer eine Gefahr, wenn er im Rahmen von Bauarbeiten kontaminiertes Erdreich an die Oberfläche bringt? Es ist leicht ersichtlich, dass es zumal mit einer rein kausalen Betrachtung etwa im Sinne der *Äquivalenztheorie* („Ursächlich ist *jede* Handlung, die nicht hinweggedacht werden kann, ohne dass der Erfolg entfiele" – sog. „*conditio sine qua non*-Formel") nicht sein Bewenden haben kann. Eine solche Ursächlichkeitsprüfung mag im Strafrecht angehen, wo sie spätestens durch Rechtswidrigkeits- und Schuldaspekte relativiert wird. Im Polizeirecht führte sie offensichtlich zu inakzeptablen Ergebnissen (teilw. anders *Muckel*, DÖV 1998, 18, 21, der ein Korrektiv im Grundsatz der Verhältnismäßigkeit sieht).

> **Beispiel:** Die Geburt des Geiselnehmers G durch dessen Mutter M kann gewiss nicht hinweggedacht werden, ohne dass der „Erfolg" der Geiselnahme entfiele. Gleichwohl kommt M bereits tatbestandlich nicht als Handlungsverantwortliche im Rahmen von Polizeiaktionen zur Beendigung des Geiseldramas in Betracht.

Nicht in Betracht kommt auch die Anwendung der aus dem zivilen Deliktsrecht bekannten *„Adäquanztheorie"*, die nur solche Kausalketten berücksichtigt, die „nach dem regelmäßigen Verlauf der Dinge" zu dem eingetretenen Ergebnis führen. Einerseits ist diese Formel dort zu eng, wo es um die Abwehr von Gefahren geht, denen ein atypischer Kausalverlauf zugrunde liegt.

> **Beispiel:** Chemiker C wird auf der Straße vor seinem Labor von einem brütenden Mäusebussard angegriffen und verschüttet aus diesem Grunde eine hochgiftige Flüssigkeit. Die Polizei muss den C auch dann als Handlungsstörer in Anspruch nehmen können, wenn der Schadensverlauf völlig unerwartet und außerhalb aller Erfahrung erfolgte. Auf eine subjektive Vorwerfbarkeit kommt es ohnehin nicht an.

Andererseits ist die *Adäquanz-Formel* dort zu weit, wo aus an sich „typischen" Kausalverläufen unmittelbar auf eine Handlungsverantwortlichkeit des Verursachers gefolgert wird:

> **Beispiel:** E betrügt seine Ehefrau F, die daraufhin augenblicklich die gemeinsame Wohnung räumt und hierfür Obdachlosigkeit in Kauf nimmt. Auch wenn das Verhalten der F als nachvollziehbar und deshalb womöglich nicht mehr atypisch eingestuft werden sollte, dürfte E nicht als handlungsverantwortlich einzustufen sein, da eine freie Willensentscheidung der F dazwischen liegt.

Zum Zwecke der sinnvollen Begrenzung hat die Rechtsprechung den Begriff der „Ursächlichkeit" lange Zeit mittels der **„Theorie der unmittelbaren Verursachung"** zu erklären versucht (so bereits PrOVGE 103, 139). Handlungsverantwortlich soll danach diejenige Person sein, die durch ihr Verhalten selbst die konkrete Gefahr *unmittelbar* herbeigeführt und damit in eigener Person die Gefahrenschwelle überschritten hat. Notwendig ist dabei zunächst, dass der Verantwortliche im Sinne der Kausalitätslehre überhaupt eine Ursache für den Eintritt der Gefahrenlage gesetzt hat. Hinzutreten muss allerdings als weiteres qualifizierendes Merkmal das Kriterium der Unmittelbarkeit der Verursachung. Diese Formel wurde gemeinhin dahingehend verstanden, dass bei mehreren zusammenwirkenden Kausalfaktoren nur das letzte Glied der Kausalkette die Gefahr unmittelbar verursacht. Die Formel bietet den Vorzug leichter Handhabbarkeit bei zugleich vielfach überzeugenden Ergebnissen.

> **Beispiel 1:** A hat sein Fahrzeug unmittelbar vor dem Wagen des W abgestellt. Als B sein Fahrzeug ebenso dicht hinter dem Wagen des W abstellt, kann letzterer sein Fahrzeug nicht mehr aus der Parklücke heraus manövrieren. Hier hat B die „unmittelbare" Ursache für die Gefahrenlage gesetzt und ist daher handlungsverantwortlich (OVG NRW, NJW 1993, 2698).
>
> **Beispiel 2:** Infolge eines leichten Auffahrunfalls verursacht F einen Stau, in dessen Folge es 500 m hinter F zu einem schweren Auffahrunfall kommt, bei dem Benzin und Öl aus den Unfallfahrzeugen auslaufen. Die Gefahr der Bodenverunreinigung wird hier „unmittelbar" erst durch den weiteren Unfall ausgelöst. F ist insoweit nicht handlungsverantwortlich (Hess.VGH, DÖV 1986, 441).

Allerdings wirft die Formel von der „unmittelbaren Verursachung" aufgrund ihrer „Zeitlupenbetrachtung" auch Zweifelsfragen und sogar Unstimmigkeiten auf. Bleibt etwa die Handlungsverantwortlichkeit einer Musikkapelle, die die Melodie eines antisemitischen Liedes intoniert, außerhalb der Verantwortlichkeit, weil der letzte Schritt zur Gefahrenrealisierung im Gesang der Zuhörer liegt? Was ist weiter mit dem Kranführer, der *nolens volens* auf kontaminiertes Erdreich oder gar eine Bombe im Erdreich trifft? Und was ist schließlich mit dem Vermieter, der die Räumung der Wohnung betreibt? Rechtsprechung und Schrifttum haben durch mehr oder minder konsistente Modifikationen der Theorie der unmittelbaren Verursachung versucht, insoweit stimmige Ergebnisse zu erzielen.

80 Eine wesentliche Modifikation der Theorie der unmittelbaren Verursachung liegt in der Entwicklung der Figur des (handlungsverantwortlichen) „Zweckveranlassers" (Schoch, JURA 2009, 360). Bei ihm handelt es sich um einen „an sich" nur *mittelbaren* Verursacher der Gefahr. Da der Zweckveranlasser es jedoch mit seinem Handeln entweder zweckgerichtet auf die Gefahrenrealisierung „anlegt" (*subjektive* Zweckveranlassertheorie) oder aber er mit seinem Handeln bei objektiver Betrachtung typischerweise eine entsprechende Entwicklung in Gang setzt (*objektive* Zweckveranlassertheorie, str.), wird er als handlungsverantwortlich angesehen, was freilich zu einer mitunter kaum berechtigten „Schonung" des unmittelbaren Störers führt.

E. Die Adressatenproblematik bei Gefahrenabwehrmaßnahmen

> **Beispiele:** Stimmt die Musikkapelle in Kenntnis der Umstände die Melodie eines antisemitischen Liedes an, zielt sie auf die Verwirklichung einer Gefahr für die öffentliche Sicherheit und ist daher als (*subjektiver*) Zweckveranlasser handlungsverantwortlich (PrOVGE 80, 176 – „Borkumlied"). Veräußert ein Kioskbesitzer im Straßenkarneval Alkohol in Glasflaschen, ist er hinsichtlich der durch das spätere Herumliegen von Glasscherben bedingten Gefahren (*objektiv*) Zweckveranlasser, da er eine vorhersehbare Entwicklung in Gang gesetzt hat (OVG NRW, GewArch 2012, 265).

Eine heute spezialgesetzlich geregelte und insoweit obsolete Modifikation betraf die Figur des **latenten Störers**, mit der verhindert werden sollte, dass ein schadensträchtiges Handeln, welches erst durch das spätere Hinzutreten potentiell Betroffener virulent wurde, dem später Hinzutretenden zugerechnet wurde. 81

> **Beispiel:** Schweinemäster M hat mit seinem jenseits der Dorfbebauung gelegenen Betrieb einen idealen Nährboden für Ungeziefer jeder Art geschaffen. Mag hier eine wirkliche Gefährdung erst mit dem Herannahen der Bebauung eintreten, muss als ursächlich doch der Schweinemäster und nicht der neue Nachbar angesehen werden (hierzu OVG NRW, OVGE 11, 250).

Einer weiteren Modifikation bedarf die Theorie der unmittelbaren Verursachung hinsichtlich solcher gefahrenverursachenden Handlungen, die explizit die **Wahrnehmung eigener Rechte** zum Inhalt haben (krit. aber *Thiel*, POR, Rn. 235 ff.). Der plausible Grundgedanke lautet insoweit: Wer von seinen Rechten Gebrauch macht, kann niemals zugleich Störer sein! 82

> **Beispiel:** Der Vermieter, der seinen Mieter wegen gravierender Zahlungsrückstände aus der Wohnung klagt, kann niemals Störer sein, auch wenn dem ehemaligen Mieter als Folge der Räumung Obdachlosigkeit und damit ein Schaden an Leben und Gesundheit droht.

In seiner klarsten Form findet sich dieser Grundsatz in der Deutung der Handlungsverantwortlichkeit als Konsequenz rechtswidrigen Handelns (**Theorie der rechtswidrigen Verursachung**). So richtig dieser Grundgedanke sein mag, vermag er doch umgekehrt das Wesen der Handlungsverantwortlichkeit nicht umfassend zu erklären. Namentlich der weite Bereich von Gefahren für die öffentliche Ordnung lässt sich gerade nicht mit der Missachtung materieller Gesetze erfassen, da es um eine Bindung an bloße gesellschaftliche Normen (Sozialnormen) geht.

Die höchst unterschiedlichen Differenzierungsansätze bei der Störerbestimmung suchte zuletzt die Lehre von der Störerbestimmung nach Maßgabe von „**Pflichtwidrigkeit und Risikosphäre**" in ein schlüssiges Gesamtkonzept zu kleiden (grundlegend *Pietzcker*, DVBl. 1984, 458 ff.). Die betreffende Lehre zielt darauf ab, rechtskonformes Verhalten jenseits der Störerhaftung anzusiedeln und die polizei- und ordnungsrechtlichen Verantwortlichkeiten mit wertenden Argumenten wie jenen der Pflichtverletzung oder der Risikozuordnung zu erfassen. 83

> **Beispiele:** Der Kranführer, der auf die Bombe stößt, ist nicht handlungsverantwortlich, da er weder Normen missachtet hat, noch von Rechts wegen das Risiko entsprechender Funde zu tragen hat. Er deckt die vorhandene Gefahr gleichsam nur auf! Dagegen fällt es in die Risikosphäre des Kaufhausinhabers, wenn die Dessous-Show im Schaufenster zum Auslöser von Gefahren für den Straßenverkehr vor dem Hause wird. Auch der sog. „Schweinemästerfall" lässt sich unter Zugrundelegung dieser Lehre leicht dahin lösen, dass die Vermeidung der spezifischen Gefahren einer Intensivhaltung von Tieren allein der Risikosphäre des Züchters zuzuordnen ist.

84 Als gedanklicher Vorläufer des Modells der Störerbestimmung nach Pflichtwidrigkeit und Risikosphäre kann dabei *cum grano salis* das Konzept einer Verantwortlichkeit nach Maßgabe der „Sozialadäquanz" des jeweiligen Verhaltens gewertet werden. Bereits mit diesem Modell war der Versuch unternommen worden, die zu engen Grenzen der Rechtswidrigkeitslehre zu überwinden und die Kriterien der Verhaltensverantwortlichkeit flexibler zu halten. Insgesamt dürfte dem Ansatz einer Störerbestimmung nach den Kriterien von Pflichtwidrigkeit und Risikosphäre der Vorrang einzuräumen sein. Negative Kehrseite der hiermit verbundenen Abkehr von formalen Zuordnungskriterien bleibt freilich ein gewisses Abgleiten in die Kasuistik.

85 Für die **Fallbearbeitung** ist zu beachten, dass eine Entscheidung zwischen den verschiedenen Theorien zur Ursächlichkeit nur dort geboten und gestattet ist, wo die unterschiedlichen Ansätze zu unterschiedlichen Ergebnissen führen. Nicht selten werden die Theorien zu denselben Ergebnissen führen. In diesen Fällen werden die verschiedenen Konzepte nur kurz erwähnt und auf das überstimmende Ergebnis verwiesen, das eine nähere Erörterung unnötig macht.

> **Beispiel:** Geiselnehmer G bedroht in der Bank zwei Bankangestellte mit dem Tode. G ist nach allen Theorien handlungsverantwortlich, so dass sich eine Debatte um den Störerbegriff erübrigt.

2. Haftung für das Verhalten Dritter

86 Eine **personelle Ausweitung** der Handlungsverantwortlichkeit sehen die Gesetze für den Fall der Gefahrenverursachung durch Kinder und Verrichtungsgehilfen, aber auch für juristische Personen des Privatrechts vor (zur Verantwortlichkeit juristischer Personen des öffentlichen Rechts unten Rn. 113 ff.). Bei der Verantwortlichkeit für Dritte handelt es sich dabei um eine reine „Zusatzhaftung", die also nicht an die Stelle, sondern neben die Haftung des eigentlichen Verursachers tritt. Dessen Verantwortlichkeit ist also essentielle Voraussetzung für die Haftungserweiterung.

87 a) Ist die handlungsverantwortliche **Person noch nicht 14 Jahre** alt oder ist für sie ein Betreuer bestellt, können die behördlichen Maßnahmen auch gegen die Person gerichtet werden, die zur Aufsicht verpflichtet ist, namentlich also gegen Eltern des Kindes (§ 4 Abs. 2 PolG, § 17 Abs. 2 OBG).

Selbstverständlich kommt hierbei eine Verpflichtung etwa der Eltern nur in Betracht, soweit die betreffende Maßnahme geeignet ist, das gefahrenverursachende Handeln des Kindes zu unterbinden.

> **Beispiel:** Der 12-jährige J hantiert mit einem heimlich erworbenen Luftgewehr auf der Straße herum. Hier liegt ein Verstoß gegen das Waffengesetz vor (unerlaubtes Führen von Waffen). Die Polizei kann unmittelbar gegen J, aber auch gegen dessen Eltern vorgehen, um die Gefahr zu beenden. Selbstverständlich ist die Inanspruchnahme der Eltern nur dort ermessensfehlerfrei und zulässig, wo diese faktische Zugriffsmöglichkeiten auf das Kind haben.

b) Wird die Gefahr von einer Person, die zu einer Verrichtung bestellt ist (**Verrichtungsgehilfe**), in Ausführung der Verrichtung verursacht, können die Maßnahmen auch gegen den Geschäftsherrn, also die Person gerichtet werden, die den primär Handelnden zur Verrichtung bestellt hat (§ 4 Abs. 3 PolG, § 17 Abs. 3 OBG). Zur Verrichtung bestellt ist derjenige, dem von dem Geschäftsherrn eine bestimmte Tätigkeit übertragen wurde und der hierbei in einer gewissen Abhängigkeit zu dem Geschäftsherrn steht. Einer rechtsförmlichen Bestellung des Verrichtungsgehilfen bedarf es hierbei nicht. Erforderlich ist aber, dass die Gefahr von dem Verrichtungsgehilfen „*in Ausführung der Verrichtung*" verursacht wird. 88

> **Beispiele:** Kippt der angestellte LKW-Fahrer F die Ladung abredewidrig in einen See, anstatt sie auf die Deponie zu fahren, kann zur Gefahrenbeseitigung auch der Arbeitgeber des F in Anspruch genommen werden (OVG NRW, DVBl. 1964, 683). Zündet F „*bei Gelegenheit*" der Fahrt das zufällig an der Wegstrecke gelegene Haus der verhassten Schwiegermutter an, fehlt es dagegen an einem Handeln „in Ausführung der Verrichtung". Der Arbeitgeber kann nicht in Anspruch genommen werden.

c) Möglich ist schließlich auch eine Verantwortlichkeit von **juristischen Personen des Privatrechts** sowie **Personenhandelsgesellschaften** für das Handeln ihrer verfassungsmäßigen Vertreter. Zwar treffen Polizei- und Ordnungsrecht diesbezüglich keine eigenständigen Regelungen; anwendbar ist indes die allgemeine Bestimmung des § 11 Nr. 1 VwVfG, die eine Beteiligtenfähigkeit im Verwaltungsverfahren auch für juristische Personen vorsieht. Besonderheiten gelten für die Polizeipflicht von juristischen Personen des öffentlichen Rechts (unten Rn. 113 ff.). 89

II. Die Zustandsverantwortlichkeit

Neben der Verantwortlichkeit aufgrund gefahrenverursachenden Handelns kennen das Ordnungsbehörden- sowie das Polizeigesetz eine ebenfalls verschuldensunabhängige Verantwortlichkeit namentlich des Eigentümers sowie des Inhaber der tatsächlichen Gewalt für solche Gefahren, die von einer Sache oder einem Tier ausgehen (sog. „*Zustandsverantwortlichkeit*"). Als dogmatischer Anknüpfungspunkt dieser Zustandsverantwortlichkeit werden teilweise die Sozialbindung des Eigentums (Art. 14 Abs. 2 GG), teils der gefahrenrecht- 90 liche Effizienzgedanke genannt. Beide Begründungsansätze lassen Fragen offen. Denn stellt man allein auf die Sozialbindung des Eigentums als Zurechnungsgrund der Zustandshaftung ab, müsste der Inhaber der tatsächlichen Gewalt, der ja gerade nicht Eigentümer sein muss, im Grunde von einer Verantwortlichkeit freigehalten werden. Umgekehrt können auch reine Effizienzerwägungen die beliebige Inanspruchnahme Dritter nicht rechtfertigen, wie namentlich das Beispiel der (erschwerten) Inanspruchnahme des sog. „Nichtstörers" (§ 6 PolG, § 19 OBG) zeigt. Vielmehr bedarf jede Inanspruchnahme des Bürgers eines plausiblen Zurechnungsgrundes (VerfGH Mecklenburg-Vorpommern, DVBl. 2000, 262, 265). Sucht man nach einem Zurechnungsgrund, dürfte sich dieser vorrangig in dem Gedanken der „**Risikosphäre**" sowie der „**Nutzen-Lasten-Relation**" finden lassen. So zählt es nach wie vor zu den wesentlichen Funktionen des Polizei- und Ordnungsrechts, die Kosten der Gefahrenbeseitigung nicht der Allgemeinheit anzulasten, sondern denjenigen, die in einer besonderen Verantwortungsnähe zu der Gefahrenquelle stehen. Dies ist bei dem Eigentümer, der den wirtschaftlichen Nutzen aus einer Sache zieht, grundsätzlich ebenso der Fall wie bei dem Inhaber der tatsächlichen Gewalt über die Sache (BGH, DVBl. 1986, 360, 361). Dagegen erschiene es problematisch, die Zustandsverantwortlichkeit als „verlängerte Handlungsverantwortlichkeit" zu interpretieren. Zwar mag der Figur der Zustandsverantwortlichkeit die Intention innewohnen, dass der Eigentümer bzw. der Inhaber der tatsächlichen Gewalt der Entstehung von Gefahren durch die Sache möglichst entgegenwirkt. Gleichwohl wäre es dogmatisch nicht vertretbar, hinter jeder sich realisierenden Zustandsverantwortlichkeit zugleich eine „verdinglichte Verhaltensverantwortlichkeit" sehen zu wollen (so aber VG München, NVwZ-RR 2002, 166). Basierte nämlich die Zustandsverantwortlichkeit letztlich wiederum auf einem pflichtwidrigen personalen Verhalten des Eigentümers oder Inhabers der tatsächlichen Gewalt, wäre eine systematisch stringente Trennung beider Verantwortlichkeitskategorien kaum mehr durchzuhalten; der im Gesetz selbst angelegte Dualismus von Zustands- und Verhaltensverantwortlichkeit wäre aufgelöst.

1. Gefahrverursachung durch ein Tier oder eine Sache

91 Die Bestimmungen zur Zustandsverantwortlichkeit setzen voraus, dass die abzuwehrende **Gefahr von einer Sache oder einem Tier** ausgeht (§ 6 PolG, § 19 OBG). Die Gefahrenursache kann hierbei zum einen unmittelbar in der **Beschaffenheit** der Sache bzw. des Tieres selbst liegen, wie dies etwa bei dem Bombenfund, bei dem leckgeschlagenen Öltank oder dem tollwütigen Hund der Fall ist. Sie kann bei „an sich" ungefährlichen Sachen oder Tieren aber auch in deren „**Lage im Raum**" liegen.

> **Beispiel:** Der für sich genommen „harmlose" Ziegelstein liegt mitten auf der Autobahn. Die friedfertige Labrador-Hündin Bella geht allein auf der Landebahn des Flughafens „Gassi". Das Fahrzeug des Halters H blockiert ein anderes parkendes Fahrzeug.

E. Die Adressatenproblematik bei Gefahrenabwehrmaßnahmen

Nicht mehr von der Sache selbst, sondern von einem hinzutretenden, freiverantwortlichen Handeln Dritter gehen dagegen Terrorgefahren an Flughäfen und ähnlich gefährdeten Orten aus. Ungeachtet der heute spezialgesetzlich geregelten Aspekte etwa der Eigensicherung gegenüber den Flughafenbediensteten (§ 8 Abs. 1 Nr. 5 LuftSiG; hierzu OVG NRW, DVBl. 2008, 470 L) könnte also ein Flughafenbetreiber unter dem Blickwinkel des Polizeirechts nicht als „Zustandsverantwortlicher" angesehen werden (im Erg. auch BVerwG, DVBl. 1986, 360). Freilich ist dieser Grundansatz bei der Behandlung hinzutretender Kausalbeiträge Dritter keineswegs konsequent durchgehalten worden. So bejahen die Gerichte teilweise eine Zustandshaftung des Eigentümers eines Grundstückes, wenn Lärmemissionen durch die unbefugte Verwendung eines Grundstücks entstehen (OVG NRW, NWVBl. 2000, 306, 308: wilder Parkplatz) oder ein vermietetes Ladenlokal mit Kenntnis des Eigentümers für einen illegalen Geschäftsbetrieb genutzt wird (OVG NRW, ZfWG 2011, 125: private Wettbüros). Weitergehende Einstandspflichten des Grundstückseigentümers finden sich im Abfallrecht (§ 3 Abs. 6 i.V.m. § 27 KrW-/AbfG; hierzu Rn. 95). In jedem Falle jenseits der Verantwortlichkeit anzusiedeln ist die *rechtmäßige* Verwendung einer Sache.

92

> **Beispiel:** Die Hecke im Grenzverlauf eines Eckgrundstückes begründet auch dann keine Zustandsverantwortlichkeit des Eigentümers für etwaige Unfälle im Kreuzungsbereich, wenn durch sie der freie Blick der Autofahrer in den Kreuzungsbereich blockiert wird. Die Gefahr geht nicht von der Hecke, sondern von den Verkehrsteilnehmern aus, die ihr Fahrverhalten den Sicherverhältnissen anpassen müssen.

2. Adressaten

Als Zustandsverantwortliche benennen das Polizeigesetz sowie das Ordnungsbehördengesetz den Eigentümer sowie den Inhaber der tatsächlichen Gewalt, allein das Polizeigesetz zusätzlich „andere Berechtigte" (§ 5 Abs. 2 PolG), die – sei es auf Grund von Verträgen, sei es aufgrund gesetzlicher Bestimmungen – zum Zeitpunkt des Gefahreneintritts in vergleichbarer Weise über den Gegenstand bestimmen können (Pächter, Mieter, Nießbrauchoder Erbbauberechtigter etc.). Wer **Eigentümer** ist, richtet sich nach den Bestimmungen des Zivilrechts. Bloßes Sicherungs- und Vorbehaltseigentum reicht ebenso aus wie Wohnungseigentum oder Miteigentum, sei es nach Bruchteilen oder zur gesamten Hand. Angesichts der gemeinsamen Rechtsträgerschaft von Miteigentümern können **Maßnahmen gegen einen einzelnen Miteigentümer** – jedenfalls soweit sie auf eine nach zivilrechtlichen Regeln „konsensbedürftige" Intervention in den Eigentumsgegenstand zielen – nur dann vollstreckt werden, wenn die übrigen Miteigentümer gleichfalls verpflichtet worden sind (z. B. durch entsprechende „Duldungsverfügungen"). Das Fehlen einer parallelen Duldungsverfügung bildet freilich nur ein Vollstreckungshindernis und rechtfertigt nicht die Annahme der Rechtswidrig-

93

keit der jeweiligen Maßnahme. Als „wesensgleiches Minus" ist schließlich das Anwartschaftsrecht auch gefahrenabwehrrechtlich dem Volleigentum gleichzustellen.

94 Anders als die Eigentümerstellung bemisst sich die **Inhaberschaft der tatsächlichen Gewalt** allein nach dem konkreten (physischen) Herrschaftsverhältnis. Sie muss nicht notwendig allein bei einer Person lokalisiert sein, sondern kann auch von mehreren Personen zugleich ausgeübt werden.

> **Beispiel:** A und B führen gemeinsam den von Halter H gehaltenen Pitbull-Terrier aus, der bei dieser Gelegenheit eine Gruppe spielender Kinder anfällt.

Das Innehaben der tatsächlichen Gewalt ist keineswegs identisch mit dem „Besitz" als zivilrechtliche Kategorie. So ist Besitz auch ohne tatsächliche Einwirkungsmöglichkeit denkbar, wie dies etwa bei dem „Erbenbesitz" (§ 857 BGB) der Fall ist, von dem der Erbe nicht einmal notwendigerweise Kenntnis haben muss. Auch aus der schuldrechtlichen Stellung einer Person als „Mieter" oder „Pächter" kann keineswegs abgeleitet werden, dass die betreffende Person auch Inhaber der tatsächlichen Gewalt ist (OVG NRW, BauR 1976, 423). Immerhin werden Mieter und Pächter in der Regel als „andere Berechtigte" iS. des § 5 Abs. 2 S. 1 PolG zustandsverantwortlich sein, wodurch allerdings Zugriffsrechte der Ordnungsbehörden nicht begründet werden.

> **Beispiel:** Für die Zeit eines Auslandsaufenthaltes hat Mieter M seine Wohnung an U untervermietet. Macht die durch U's Lebensweise verursachte Belagerung der Wohnung mit Ungeziefer ein ordnungsbehördliches Eingreifen erforderlich (hier nach dem Bundes-InfektionsschutzG), scheidet eine Verantwortlichkeit des M aus.

Als Inhaber der tatsächlichen Gewalt kann schließlich auch der Insolvenzverwalter die Zustandsverantwortlichkeit für von der „Masse" ausgehende Gefahren treffen, selbst wenn die Gefahr bereits vor Eröffnung des Insolvenzverfahrens entstanden ist (BVerwG, NVwZ 2004, 1505, str.). Fraglich ist, ob es für die Inhaberschaft der tatsächlichen Gewalt auch auf einen „Besitzwillen" des Betroffenen ankommt (Stichwort *„aufgedrängter Besitz"*).

> **Beispiele:** Aufgrund eines Hochwassers werden auf das landseitig umzäunte Ufergrundstück des U mehrere Kanister mit gefährlichem Giftmüll geschwemmt. Der heimatlose Mischlingsrüde „Struppi" wählt sich den Jurastudenten J zu seinem neuen „Herrchen" und folgt ihm treuherzig auf Schritt und Tritt.

95 Zumal im Kontext abfallrechtlicher Spezialregelungen neigt die Rechtsprechung dazu, dem Besitzwillen des Betroffenen nicht notwendig eine maßgebliche Bedeutung beizumessen. Diese Betrachtungsweise dürfte sich freilich nicht ohne Weiteres auf das allgemeine Polizei- und Ordnungsrecht übertragen lassen. Sie ist lediglich für jene Konstellationen überzeugend, in denen die sich realisierende Gefahr gleichsam der „Risikosphäre" des Eigentümers zugeord-

net werden kann. Entsprechendes wurde vom BVerwG für den bei Hochwasser angeschwemmten Müll auf einem umzäunten Ufergrundstück angenommen (NJW 1998, 1004). Handelt es sich freilich um Grundstücke, die der Öffentlichkeit zugänglich sind oder gar sein müssen (Waldgrundstücke), wird man eine derartige Risikozurechnung nicht mehr durchhalten können (so denn auch OVG NRW, NWVBl. 2007, 26, 28: Beseitigung von wild entsorgten Tierkadavern). Entsprechendes gilt für den Fall des Zulaufens eines fremden Hundes. Solange der Betroffene keine Anstalten unternimmt, den Hund aufzunehmen, kann eine Zustandsverantwortlichkeit nicht angenommen werden.

Auffällig ist die gesetzliche Reihung der potentiellen Verantwortlichen. So geht das Polizeigesetz von einer primären Verantwortlichkeit des Inhabers der tatsächlichen Gewalt aus, die in Richtung des Eigentümers sowie der anderen Berechtigten gleichsam „erweitert" wird (§ 5 Abs. 2 PolG), während das Ordnungsbehördengesetz gerade umgekehrt von einer primären Haftung des Eigentümers ausgeht, die in Richtung des Inhabers der tatsächlichen Gewalt „erweitert" wird (§ 18 Abs. 2 OBG). Die unterschiedliche Schwerpunktsetzung dürfte maßgeblich durch die spezifische Art der Aufgabenwahrnehmung bedingt sein. Denn während sich die Polizei „vor Ort" regelmäßig an den tatsächlichen Gegebenheiten ausrichten muss und keine längeren Recherchen hinsichtlich der Eigentumslage durchführen kann, wird sich für die Ordnungsbehörden gerade umgekehrt die tatsächliche Gewaltenlage vor Ort kaum erschließen lassen, wohl aber die „aus den Akten" zu ersehende Eigentumslage. Eine Determinierung des sog. „Störerauswahlermessens" wird sich aus der differenzierten Formulierung daher wohl nicht ableiten lassen (str.). 96

3. Grenzen der Zustandsverantwortlichkeit

Da die Zustandsverantwortlichkeit an die Eigentümerstellung bzw. das Innehaben der tatsächlichen Gewalt anknüpft, endet sie grundsätzlich mit dem Verlust der Eigentümerstellung bzw. der tatsächlichen Gewalt über die Sache oder das Tier. Der Eigentumsverlust kann hierbei nicht nur rechtsgeschäftlicher Art sein (Veräußerung), sondern auch gesetzlicher Art (z. B. gutgläubiger Erwerb, Vermengung und Vermischung, §§ 946 ff. BGB). 97

> **Beispiel:** Nach einem Tankwagenunfall vermischt sich das ausgelaufene Öl mit dem Erdreich und dem Grundwasser. Von Gesetzes wegen tritt hier ein Eigentumsverlust ein. Mit ihm endet zugleich die (polizeirechtliche) Zustandsverantwortlichkeit des vormaligen Öleigentümers und -besitzers für die Dekontamination; zugleich beginnt die neue Haftung des Grundstückseigentümers (unten Rn. 100).

a) Eine Ausnahme von der Haftungsfreistellung mit Eigentumsverlust sieht das Gesetz für den Fall der sog. „**Dereliktion**", also der freiwilligen Eigentumsaufgabe gem. § 959 bzw. § 928 BGB (Grundstücke), vor. Sofern die Eigentumsaufgabe zur *Herrenlosigkeit* der gefahrenverursachenden Sache 98 führt, können die Maßnahmen gegen denjenigen gerichtet werden, der das Eigentum an der Sache aufgegeben hat (§ 18 Abs. 3 OBG, § 5 Abs. 3 PolG).

> **Beispiel:** Nach einem schweren Unfall erklärt Eigentümer E die Aufgabe des Eigentums an seinem völlig ausgebrannten, auf einer Kreuzung „ruhenden" Autowrack. Die Polizei kann E dennoch aus seiner fortdauernden Zustandsverantwortung in Anspruch nehmen. Anderes gilt allerdings, wenn es E gelingen sollte, das Wrack an eine dritte Person zu veräußern. Dann nämlich tritt keine Herrenlosigkeit ein, eine fortdauernde Verantwortlichkeit des vormaligen Eigentümers besteht nicht.

Allerdings ist auch insoweit dem Grundsatz der Verhältnismäßigkeit Rechnung zu tragen, so dass etwa die Inanspruchnahme des früheren Eigentümers eines herrenlosen Grundstücks für die Abwehr von Gefahren, die erst Jahre nach Aufgabe des Eigentums eingetreten sind (hier: umsturzgefährdete Bäume), nicht ohne Weiteres möglich sein wird (OVG NRW, NWVBl. 2010, 359).

99 b) Eine besondere Haftungsfreistellung speziell zugunsten des Eigentümers bzw. eines anderen Berechtigten sehen die Gesetze für den Fall vor, dass der Inhaber der tatsächlichen Gewalt diese **ohne bzw. gegen den Willen des Eigentümers** oder des Berechtigten ausübt (§ 5 Abs. 2 S. 2 PolG, § 18 Abs. 2 S. 2 OBG). Allerdings dauert die Haftungsfreistellung nach der eindeutigen Formulierung des Gesetzes zeitlich nur solange an, wie der Inhaber der tatsächlichen Gewalt diese aktuell „ausübt". Das gilt auch für die Fälle, in denen die Gefahrenlage allein durch das rechtswidrige Eingreifen des vorübergehenden Inhabers der tatsächlichen Gewalt verursacht wurde. Immerhin wird der vormalige Inhaber der tatsächlichen Gewalt in derartigen Fällen aufgrund seiner „Handlungsverantwortlichkeit" auch weiterhin in der Haftung bleiben.

> **Beispiel:** Dieb D stiehlt das Fahrzeug des F und verursacht einen schweren Unfall. Das Fahrzeug geht in Flammen auf und bleibt als Wrack auf der Kreuzung zurück. Sobald D die zu erwartende Flucht antritt, „übt" er nicht mehr die tatsächliche Gewalt aus. F kann ab diesem Zeitpunkt wieder als Zustandsverantwortlicher in Anspruch genommen werden. Immerhin bleibt D weiterhin „handlungsverantwortlich". Soweit D – fluchtbedingt – nicht greifbar ist, bleibt allerdings nur die Möglichkeit der Inanspruchnahme des F (VG Berlin, NJW 2000, 603; teilw. anders VG Hannover, DAR 1976, 167).

Nach Auffassung des OVG Hbg. (NJW 1992, 1909) soll es für ein Handeln *„gegen den Willen des Eigentümers"* (§ 18 Abs. 2 OBG) auf die Willensrichtung des Dritten in der Zeit ankommen, in der er die tatsächliche Gewalt über die Sache ausübt. Solange der Inhaber der tatsächlichen Gewalt sich daher in Übereinstimmung mit dem Eigentümer sieht, entfalle ein Handeln gegen dessen Willen (zweifelhaft).

100 c) Bislang nicht abschließend geklärt ist die Frage, ob und inwieweit der Zustandsverantwortlichkeit dadurch Grenzen zu ziehen sind, dass der Eigentümer selbst in eine Art **„Opferrolle"** gerät. So ist namentlich unter Hinweis

E. Die Adressatenproblematik bei Gefahrenabwehrmaßnahmen

auf die Grenzen der Sozialpflichtigkeit des Eigentums geltend gemacht worden, dass ein Eigentümer nicht für solche Gefahren verantwortlich gemacht werden könne, die gleichsam der „Risikosphäre" der Allgemeinheit zuzuordnen sind (grdl. *Friauf*, FS Wacke, 1972, S. 293).

> **Beispiel:** Bei einem Flugzeugabsturz wird das Grundstück des G kontaminiert. Die Behörde verlangt von G die sofortige Beseitigung des verunreinigten Erdreiches.

Die verwaltungsgerichtliche Rechtsprechung hat sich gegenüber derartigen Beschränkungen der Zustandsverantwortlichkeit bislang eher zurückhaltend gezeigt. Zwar ging namentlich das OVG Koblenz in einer älteren Entscheidung davon aus, dass eine mit erheblichen Kosten verbundene Inanspruchnahme des Eigentümers einer „wirtschaftlichen Unmöglichkeit" gleichkommen und so zur Nichtigkeit der Verfügung führen könne (OVG Rh.-Pf., AS 2 S. 1, 4 f.). Indes hat das Gericht mit diesem Ansatz keine Gefolgschaft in der Rechtsprechung gefunden. Im Gegenteil wurde seitens der Gerichte eine Zustandsverantwortlichkeit der Grundstückseigentümer zumal für den praktisch relevanten Fall der Räumung von Kampfmitteln aus dem 2. Weltkrieg bis in die jüngere Vergangenheit bejaht (OVG NRW, NWVBl. 1998, 64). Ein Umdenken hat insoweit erst in Folge der Entscheidung des Bundesverfassungsgerichts zu den Grenzen der Haftung bei Altlasten eingesetzt (NJW 2000, 2573). In seiner auf das Grundrecht der Eigentumsfreiheit gestützten Argumentation geht das Gericht davon aus, dass finanzielle Belastungen, die den Verkehrswert des Grundstücks nach dessen Sanierung übersteigen, einem gutgläubigen Grundeigentümer grundsätzlich nicht zugemutet werden können. Sein Interesse an dem privatnützigen Gebrauch des Grundstücks entfalle nämlich, wenn die Kosten der Sanierung nicht mehr durch den Wert des Grundstückes aufgewogen werden. Für ihn verliere das Eigentum dann Wert und Inhalt. Freilich soll es sich bei dieser „Verkehrswertgrenze" lediglich um einen ersten „Indikator" handeln, der eine differenzierte Bewertung nach Maßgabe der Umstände des Einzelfalles erlaube. In der verwaltungsgerichtlichen Rechtsprechung sind die Überlegungen des BVerfG auch jenseits des klassischen Altlastenrechts, namentlich etwa im Kontext der Kampfmittelräumung, fruchtbar gemacht worden (OVG Nds., NVwZ-RR 2006, 397). Ob und inwieweit sich der neue Ansatz systemkonform in das Polizei- und Ordnungsrecht einfügen lässt, ist freilich bislang nicht abzusehen. Nicht zu übersehen ist zumal, dass speziell die Verkehrswertgrenze zugleich neue ungelöste Fragen aufwirft (hierzu *Lepsius*, JZ 2001, 22).

> **Beispiele:** Kann der Eigentümer eines alten PKW-Golf, der nach dem von einem Dieb verursachten Unfall in die Zustandshaftung für das ausgebrannte Fahrzeugwrack genommen wird, entgegenhalten, dass die Kosten der Maßnahme den Wert des Wracks übersteigen? Ist es vertretbar, dass dem Halter einer ebenfalls durch Diebeshand ruinierten Luxuslimousine, deren Schrottwert immer noch höher ist als die Kosten der Beseitigungsmaßnahme, ein entsprechender Einwand verschlossen bleibt?

Immerhin verstärken sich mit der neuen Rechtsprechung Denkansätze, die eine Inanspruchnahme des „Eigentümers in der Opferposition" lediglich unter den Voraussetzungen des polizeilichen Notstandes, also im Rahmen einer Nichtstörer-Inanspruchnahme, zulassen wollen.

101 d) Ebenfalls im Kontext der Altlastenproblematik wurde in der Vergangenheit nicht selten die Frage nach der **Legalisierungswirkung von Genehmigungen** – etwa solcher zum Betrieb von Tankstellenanlagen o. ä. – diskutiert. In der Tat könnten derartige Genehmigungen einer späteren Verantwortlichkeit insofern Grenzen setzen, als „erlaubtes Verhalten" grundsätzlich keine Störerverantwortung begründen kann. Die eigentliche Frage ist freilich, ob und inwieweit die einschlägigen Genehmigungen, namentlich Betriebsgenehmigungen, zugleich von der Verantwortlichkeit für – gerade ja nicht vorhergesehene – Gefahren freistellen sollen („Erlaubnis zur Störung"). Im Regelfall wird sich eine entsprechende Legitimationswirkung von Betriebsgenehmigungen nicht nachweisen lassen.

> **Beispiel:** Die immissionsschutzrechtliche Anlagengenehmigung entfaltet keine Legalisierungswirkung hinsichtlich der Emission von Dioxinen oder Dibenzofuranen (VGH München, NVwZ 1990, 781, 783).

III. Der „Nichtstörer" im polizeilichen Notstand

102 Bisweilen ist die Abwehr von Gefahren nur durch die Inanspruchnahme von Personen möglich, die selbst weder handlungs- noch zustandsverantwortlich, also kurz gesagt „Nichtstörer" sind. Man spricht insoweit von der Situation des „polizeilichen Notstandes".

> **Beispiel:** Die Ordnungsbehörde findet kein Obdach für den in der Dezemberkälte aufgefundenen Obdachlosen O. Sie will O in einer leer stehenden Wohnung des Vermieters V unterbringen, der sich indes weigert, den O aufzunehmen.

Die Solidarpflicht der Bürger kann in derartigen Notlagen eine Inpflichtnahme auch des sog. Nichtstörers legitimieren, wie sie durch § 6 PolG bzw. § 19 OBG dem Vorbehalt des Gesetzes entsprechend kodifiziert wird. Da es in der Person des Nichtstörers an einem spezifischen „Zurechnungsgrund" für seine Inanspruchnahme fehlt, bedarf es freilich einer besonderen Gefahrenqualifikation sowie einer (finanziellen) Kompensation, wie sie in den einschlägigen Regelungen normiert wird. Zu den tatbestandlichen Anforderungen der Nichtstörerinanspruchnahme nach § 6 PolG bzw. § 19 OBG zählen namentlich
– das Vorliegen einer gegenwärtigen erheblichen Gefahr (oben Rn. 66 f.),
– die Unmöglichkeit oder Erfolglosigkeit von Maßnahmen gegen Handlungs- oder Zustandsstörer,

E. Die Adressatenproblematik bei Gefahrenabwehrmaßnahmen 337

– die Unfähigkeit der Behörde, die Gefahr selbst oder durch Beauftragte rechtzeitig abzuwehren (eine bloße „Arbeitserleichterung" durch die Nichtstörerinanspruchnahme reicht also nicht),
– sowie die Zumutbarkeit der Inpflichtnahme, die für den Nichtstörer ohne erhebliche eigene Gefährdung und ohne Verletzung höherwertiger Pflichten zu bewältigen sein muss.

Im dargestellten **Ausgangsfall** ist eine zwangsweise Einweisung des O in die Wohnung des V denkbar. So liegt aufgrund der Witterung eine gegenwärtige erhebliche Gefahr für das Leben und die Gesundheit des O vor. Maßnahmen gegen einen Handlungsstörer – hier allenfalls O selbst – sind nicht erfolgversprechend; auch ist die Behörde aus eigener Kraft nicht in der Lage, Obdach zu bieten. Schließlich ist die Wohnungseinweisung des O dem V auch zumutbar.

Ebenfalls aus dem Aspekt der Zumutbarkeit rechtfertigt sich die in § 39 OBG bzw. § 67 PolG vorgesehene **Entschädigung des Nichtstörers** für Schäden, die er durch Maßnahmen der Ordnungsbehörde erleidet (unten Rn. 284). **103**

In der Fallbearbeitung kann namentlich die Frage der Nichtstörereigenschaft des Inanspruchgenommenen schwierige Abgrenzungsprobleme aufwerfen. Dies gilt etwa für die Inanspruchnahme scheinbar „Unbeteiligter" bei Unglücksfällen. **104**

> **Beispiel:** Unmittelbar nach einem schweren Verkehrsunfall zwingt die Polizei den zufällig am Unfallort anwesenden Mediziner M zu Reanimierungsversuchen am Unfallopfer O. M ist empört und verlangt insbesondere eine Entschädigung für seinen bei der Hilfeleistung beschmutzten Anzug.

Hier ist zu vergegenwärtigen, dass nach § 323 c StGB (Strafbarkeit wegen unterlassener Hilfeleistung) jedermann zur Hilfeleistung in Unglücksfällen verpflichtet ist. Die Untätigkeit am Unfallort anwesender Personen stellt somit eine selbständige Gefahr für die öffentliche Sicherheit (Unversehrtheit der objektiven Rechtsordnung) dar, die von der Polizei durch Maßnahmen gegen den (Handlungs-)Störer abzuwehren ist.

M ist im **Beispielsfall** aufgrund unterlassener Hilfeleistung als Handlungsstörer anzusehen. Seine Inanspruchnahme ist keine Maßnahme des polizeilichen Notstandes, sondern notwendig, um die bereits eingetretene Beeinträchtigung der objektiven Rechtsordnung (§ 323 c StGB) zu beenden. Ein Entschädigungsanspruch steht dem M daher von vornherein nicht zu. Umgekehrt wird der hilfsverpflichtete Mediziner freilich insoweit „privilegiert", als das strenge Arzthaftungsrecht keine Anwendung findet (OLG München, NJW 2006, 1883).

Zu beachten bleibt schließlich, dass die mit gezielten Maßnahmen gegen Handlungsverantwortliche mitunter verbundenen Beeinträchtigungen von Rechten Dritter keine kumulative Inanspruchnahme jener „Unbeteiligten" als Nichtstörer darstellen (so auch OLG Hamm, NJW 1988, 1096 f.; a. A. aber OLG Dresden, SächsVBl. 2003, 173). Für dieses Verständnis spricht zum einen der Normwortlaut des § 6 Abs. 1 Nr. 2 PolG (§ 19 Abs. 1 Nr. 2 OBG), der die Inanspruchnahme des Nichtstörers als (subsidiäre) Alternative zur Störerinanspruchnahme sieht, zum anderen die Terminologie des § 63 Abs. 3 S. 1 PolG, in der von der Gefährdung „Unbeteiligter" durch Schusswaffeneinsatz die Rede ist.

> **Beispiel:** Dieb D flüchtet mit dem PKW des P und einer Geisel. Die Polizei drängt das Fahrzeug in den Graben und befreit die Geisel. Polizeirechtlich stellt sich die Maßnahme als unmittelbarer Zwang gegen D dar, nicht aber als (kumulative) Inanspruchnahme des P. Zu den haftungsrechtlichen Folgen unten Rn. 284 f. sowie 293 a.

Zu den Besonderheiten der Inanspruchnahme friedlicher Versammlungsteilnehmer als „Nichtstörer" zum Zwecke der Abwehr von Konflikten mit gewaltbereiten „Gegendemonstranten" s. unten Rn. 303.

IV. Der Anscheins- und Verdachtsstörer

105 Mit der Etablierung der Anscheinsgefahr (oben Rn. 62) stellt sich zugleich die Frage nach der Behandlung des „Anscheinsstörers", also des scheinbaren Verursachers einer Störung. Freilich bleibt die Figur des Anscheinsstörers nicht auf Konstellationen der Anscheinsgefahr beschränkt, da auch bei „realen" polizeilichen Gefahrenlagen Situationen denkbar sind, in denen eine Person verantwortlich zu sein scheint, die dies in Wahrheit nicht ist. Vor diesem Hintergrund wirft die Einbeziehung der Anscheinsgefahr und des qualifizierten Gefahrenverdachts in den Gefahrenbegriff der polizei- und ordnungsbehördlichen Eingriffsermächtigungen nicht selten schwierige Folgefragen auf der Ebene der potentiellen Adressaten von Gefahrenabwehrmaßnahmen auf. Einer schlichten Ausweitung des Störerbegriffs („Anscheinsstörer", „Verdachtsstörer") im Sinne der ex-ante-Betrachtung könnte dabei insbesondere entgegenstehen, dass die Regelungen zur Handlungsverantwortlichkeit eine „*Verursachung*" der Gefahr durch den Störer verlangen (Rn. 106 f.), die womöglich allein durch den „Anschein" einer Verursachung nicht gegeben ist; ferner droht eine reine ex-ante-Betrachtung diejenigen (tatsächlichen) Gefahrenverursacher zu privilegieren, deren Verursachungsbeitrag erst in der ex-post- Betrachtung deutlich wird (Rn. 108).

1. Notwendigkeit eines Verursachungsbeitrages?

106 Die Bestimmungen zur Handlungsverantwortlichkeit verlangen die „Verursachung" der Gefahr durch den Verantwortlichen. Eine solche „Verursachung" durch den (Anscheins-)Störer ist auch bei der bloßen Anscheinsgefahr denkbar.

> **Beispiel:** Student S verträgt keinen Alkohol. Um bei seinen Kommilitonen Respekt zu gewinnen, lässt er sich von der befreundeten Kellnerin K Apfelsaft in einem Bierkrug servieren. Bei mitternächtlichem Abschied täuscht S

E. Die Adressatenproblematik bei Gefahrenabwehrmaßnahmen

> Volltrunkenheit vor. Als er sein Fahrzeug besteigt, erscheint eine Polizeistreife, die ihn überprüfen will. Um sich vor seinen Freunden nicht zu blamieren, spielt S das Spiel zu Ende. Die Beamten fordern S auf, den Kfz-Schlüssel zu übergeben, was S bereitwillig tut (Fall nach *Muckel*, Klausurenkurs Bes.VwR, Fall 11).

Der Anscheinsstörer erweist sich hier als genuiner Verursacher der Gefahr, so dass sich etwa die Frage einer möglichen Entschädigung des Anscheinsstörers gleich einem Nichtstörer nicht stellt.

Umgekehrt sind freilich ebenso Konstellationen denkbar, in denen der vermeintliche Störer keinen zurechenbaren Verursachungsbeitrag für eine Gefahr oder eine Anscheinsgefahr geliefert hat.

107

> **Beispiel:** Um sich bei ihrem untreuen Freund F zu rächen, kündigt die A in absolut überzeugender Weise fernmündlich einen unmittelbar bevorstehenden Anschlag auf ein Gerichtsgebäude an und beschreibt F als potentiellen Attentäter. Vorsorglich benennt die A auch gleich eine Uhrzeit, zu der F für gewöhnlich am Gerichtsgebäude vorbeigeht. Die Dinge laufen, wie von A geplant: Der völlig überraschte F wird vor dem Gerichtsgebäude von einem Sondereinsatzkommando der Polizei in höchst unsanfter Weise überwältigt.

Hier stellt sich die Frage, ob die Einbeziehung des vermeintlichen Handlungsverantwortlichen in den Tatbestand des § 4 PolG bzw. § 17 OBG mit dem Wortlaut der Eingriffsnorm („verursacht") und damit mit dem Vorbehalt des Gesetzes zu vereinbaren ist. Verlangt man für die Verursachung einen kausalen Beitrag des Verantwortlichen iS. der Unmittelbarkeitslehre bzw. der Lehre von Pflichtwidrigkeit und Risikosphäre, ergeben sich diesbezüglich in der Tat Zweifel. Möglich bliebe dann allein, den vermeintlichen Störer als „*Nichtstörer*" zu qualifizieren, was immerhin in extremen Gefahrenlagen ein Einschreiten zulässig machte. Da freilich für die Beamten im Vorhinein kaum erkennbar sein wird, ob die als Störer in Anspruch genommene Person tatsächlich Verursacher der Gefahr oder Anscheinsgefahr ist, blieben die Einsätze mit einem erheblichen Rechtswidrigkeitsrisiko behaftet. Die Rechtsprechung und der überwiegende Teil der Lehre teilen denn auch die dargestellten Bedenken nicht und stellen hinsichtlich der Beurteilung der Verantwortlichkeit auf den Zeitpunkt des Einschreitens (ex-ante-Perspektive) ab (OVG NW, DVBl. 2013, 931, 932).

> **Beispiel:** Das Fahrzeug des F ist durch zwei später abgestellte Fahrzeuge „zugeparkt" worden. Nachdem zwei Zeugen übereinstimmend aussagen, dass das Fahrzeug des B zuletzt abgestellt worden sei und damit die Ausparkmöglichkeit versperrt habe, lassen die Beamten dessen Fahrzeug abschleppen. Tatsächlich aber hatte – wie sich später herausstellt – A sein Fahrzeug zuletzt abgestellt. Nach Auffassung des Gerichts konnte B als „Anscheinsstörer" in Anspruch genommen werden, obwohl ein Verursachungsbeitrag des rechtmäßig handelnden B nicht vorlag (OVG NRW, NJW 1993, 2698; zu den Rechtsgrundlagen von Abschleppmaßnahmen unten Rn. 245).

Insbesondere praktische Erwägungen lassen es folgerichtig erscheinen, die Zugriffsbefugnisse der Polizei durch eine potentielle Verpflichtbarkeit des sog. „Anscheinsstörers" zu vervollständigen. Eine Kompensation erscheint dann auf der sekundären – kostenrechtlichen – Ebene denkbar, indem der „schuldlose" Anscheinsstörer von den polizeilichen Kosten des Einsatzes freigestellt (s. OVG, aaO., eingehend unten Rn. 260 a. E.) und ggf. gleich einem Nichtstörer entschädigt wird (§ 39 Abs. 1 lit. a OBG/§ 67 PolG). Mit dem Vorbehalt des Gesetzes erscheint diese Auslegung dann vereinbar, wenn man den in § 4 PolG bzw. § 16 OBG verwendeten **„Verursachungsbegriff"** – ebenso wie den Gefahrenbegriff auch – nicht in einem rein „tatsächlichen" Sinne versteht, sondern als **„Rechtsbegriff"** interpretiert, der eben nicht nur „tatsächliche" Verursachungsbeiträge erfasst, sondern auch solche Situationen, die sich aus der ex-ante-Betrachtung eines besonnenen, sachkundigen und hinreichend erfahrenen Beamten als Verursachungsbeiträge im tatsächlichen Sinne darstellen.

2. Durchgriff auf den wirklichen Verursacher?

108 Eng verbunden mit der Frage des Vorgehens gegen den vermeintlichen „Anscheinsstörer" ist die Frage, ob die Polizei im „kostenrechtlichen" Sekundärzugriff auch gegen denjenigen vorgehen kann, der aus der ex-post-Perspektive den Anschein der Gefahr *tatsächlich* verursacht hat.

> **Beispiel:** Rentner R hat vor Antritt seines Urlaubes mehrere Zeitschaltuhren eingerichtet, in deren Folge nachts um drei das Fernsehgerät anläuft und gellende Schreie eines TV-Mordopfers in die nächtliche Stille entsendet. Nach dem ernüchternden Polizeieinsatz möchten die Beamten den R für die Kosten des Einsatzes in Anspruch nehmen (OLG Köln, NJW-RR 1996, 860).

Die Problematik dieser Konstellation ergibt sich aus dem Umstand, dass die Polizei bei ihrer Gefahrenabwehrmaßnahme gar nicht gegen den wirklichen Verursacher der Anscheinsgefahr vorgehen wollte. Denn aus der ex-ante-Betrachtung bestand zumal kein „Verursachungsbeitrag". Es stellt sich mithin die Frage, ob unter den Begriff des Verantwortlichen – jedenfalls im kostenrechtlichen Kontext – auch derjenige gefasst werden kann, der zwar nicht „scheinbarer Störer" war, wohl aber **objektiv** den Sachverhalt **zu verantworten** hat, der von den Beamten zu Recht als Anscheinsgefahr eingestuft wurde. Von der h. M. wird eine solche Qualifikation des objektiven Verursachers der Anscheinsgefahr bejaht (OVG NRW, NJW 1993, 2698). Freilich büßt der Verursachungsbegriff hierdurch in erheblichem Umfang seine klaren Konturen ein (hierzu auch unten Rn. 260 a. E.). Dogmatisch überzeugender wäre es insoweit, eine gesonderte Haftungsregel in das Polizeigesetz bzw. das Ordnungsbehördengesetz einzufügen.

V. Rechtsnachfolge in die polizei- und ordnungsrechtliche Verantwortlichkeit

Gesetzlich nicht normiert ist die Frage einer möglichen Nachfolge in die Störerhaftung. Sie stellt sich sowohl im Hinblick auf eine mögliche „Einzelrechtsnachfolge" (*Singularsukzession*) etwa bei der Veräußerung von „störenden" Eigentumsgegenständen, als auch im Hinblick auf eine mögliche Gesamtrechtsnachfolge (*Universalsukzession*) etwa im Falle der Erbrechtsnachfolge (§ 1922 BGB).

109

> **Beispiel:** Gegen Eigentümer E ist eine Ordnungsverfügung ergangen, mit der E zur Beseitigung einer umsturzgefährdeten Fichte verpflichtet wird. Stirbt E oder veräußert er sein Grundstück, stellt sich die Frage eines Eintritts des Erben bzw. des Erwerbers des Grundstücks in die durch die Verfügung formulierte Pflicht.

Rechtsprechung und Literatur haben – zumeist im bauordnungsrechtlichen Kontext – die unterschiedlichsten Lösungsansätze entworfen. Sie reichen von einer prinzipiellen Anerkennung der Pflichtennachfolge in Fällen der Singular- und Universalsukzession über die Anerkennung der Nachfolge allein im Falle der Gesamtrechtsnachfolge bis hin zum kompletten Verdikt jeglicher Nachfolge (ausführlich zuletzt *Wittreck*, JURA 2008, 534, 535). Dass die hierbei vorgetragenen Meinungen nicht selten von reinen Praktikabilitätserwägungen getragen werden, ist in Schrifttum zu Recht wiederholt gerügt worden (instruktiv *Zacharias*, JA 2001, 720 ff.). Bei systematischer Betrachtung sind drei Diskussionsebenen zu unterscheiden: Erstens die Frage, ob und inwieweit „Verantwortlichkeiten" überhaupt individuell zuordnungsfähige und damit letztlich „existente" Pflichtenpositionen sind, zweitens die Frage, ob es sich bei ihnen um „nachfolgefähige" Positionen handelt, sowie drittens die Frage, ob es einen konkreten „Nachfolgetatbestand" gibt oder geben muss.

1. Verantwortlichkeit als individuelle Pflichtenposition

Hinsichtlich der Frage, ob die Verantwortlichkeit überhaupt eine individuell zuzuordnende und damit „reale" Pflicht darstellt, wird man richtigerweise zwischen der **„abstrakten"**, durch Polizeiverfügung noch nicht konkretisierten Verantwortlichkeit und der durch Verwaltungsakt **konkretisierten Verantwortlichkeit** zu unterscheiden haben. Vor dem Erlass einer Polizeiverfügung besteht nicht wirklich eine „Pflicht", sondern eine bloße „Verpflichtbarkeit". Für eine Nachfolgediskussion ist insoweit kein Raum.

110

> **Beispiel:** Wäre im Ausgangsfall noch gar keine Beseitigungsverfügung gegen R ergangen, stellt sich die Frage einer Pflichtennachfolge des Erwerbers bzw. Erben nicht (a. A. aber BayVGH, NVwZ-RR 2004, 648, 649 mwN., das gleichwohl (zutreffend) von einer *„noch werdenden ... Rechtsbeziehung"* spricht).

2. Nachfolgefähigkeit

111 Aber auch soweit eine durch polizei- oder ordnungsbehördliche Verfügung „konkretisierte" Verantwortlichkeit gegeben ist, bedarf es der Prüfung, ob die hiermit begründete Pflichtenstellung ihrem Wesen nach „nachfolgefähig" ist. In Rechtsprechung und Literatur wird eine solche Nachfolgefähigkeit insbesondere für sog. **„höchstpersönliche" Pflichten** verneint, wohingegen die Pflicht zur Vornahme **„vertretbarer Handlungen"** überwiegend bejaht wird.

> **Beispiel:** Als höchstpersönliche Pflichten wären etwa Impfpflichten, die Pflicht zur Duldung einer körperlichen Untersuchung, aber auch Pflichten im Verwaltungsvollstreckungsverfahren anzusehen, während etwa die Pflicht zur Beseitigung eines umsturzgefährdeten Baumes als „vertretbar" und damit nachfolgefähig angesehen wird.

Gegen diese formale Trennung zwischen nachfolgefähigen und nicht-nachfolgefähigen Pflichten bestehen freilich grundsätzliche rechtsstaatliche Bedenken. So bleibt zu beachten, dass sich jegliche Inpflichtnahme des Bürgers durch spezifische „Zurechnungsgründe" legitimieren lassen muss (VerfGH MV, DVBl. 2000, 262, 265). Vor diesem Hintergrund aber ist eine Pflichtennachfolge nur dort rechtsstaatlich zu legitimieren, wo sich der vom Gesetzgeber gewählte Zuordnungsrund der Inpflichtnahme des Rechtsvorgängers in der Person des Nachfolgers „fortsetzt". In praktischer Hinsicht ergibt sich aus diesem Ansatz, dass speziell die Verhaltensverantwortlichkeit, die ihrem inhaltlichen Substrat nach rechtliche Sanktion eines personalen (Fehl-)Verhaltens darstellt, einer Nachfolge grundsätzlich nicht zugänglich sein kann.

> **Beispiel:** Die Verhaltensverantwortlichkeit des Rentners R, der im Vorgarten Asbestplatten schreddert, gründet sich auf dessen pflichtwidriges Tun. Dieser Zurechnungsgrund setzt sich nach dem Tode des R nicht in der Person des Sohnes S fort.

Insoweit verbleibt allenfalls die konkretisierte Zustandsverantwortlichkeit als Gegenstand einer Pflichtennachfolge, wenn und soweit ein Nachfolgetatbestand nachweisbar ist.

3. Nachfolgetatbestand

112 Unter grundrechtlichen und rechtsstaatlichen Aspekten kann schließlich die als „Pflichtennachfolge" bezeichnete derivative Inpflichtnahme des Einzelnen keinen geringeren Voraussetzungen unterliegen als dessen „originäre" (unabgeleitete) Inpflichtnahme. Für beide Formen des staatlichen Eingriffshandelns gilt uneingeschränkt der Vorbehalt des Gesetzes. Dies aber heißt nichts anderes, als dass eine Pflichtennachfolge nur angenommen werden

E. Die Adressatenproblematik bei Gefahrenabwehrmaßnahmen

kann, wenn und soweit sie formalgesetzlich angeordnet ist. Bislang fehlt es im Polizei- und Ordnungsrecht an einer entsprechenden Kodifikation. Unvermeidliche Konsequenz des Fehlens konkreter Nachfolgetatbestände ist, dass eine Pflichtennachfolge in polizei- oder ordnungsrechtlichen Verantwortlichkeiten de lege lata nicht stattfindet. Zurückzuweisen ist namentlich die in Bezug auf grundstücksbezogene Pflichten bisweilen behauptete **„Nachfolge kraft Dinglichkeit"**, die sich damit als unzulässige Umgehung des Vorbehalts des Gesetzes erweist. Ihr ist entgegen zu halten, dass die zugrunde liegende Vorstellung, derzufolge alle Rechte und Pflichten bezüglich einer Sache nur gemeinsam mit der Sache übergehen könnten, richtigerweise kein Element des geltenden Rechts ist (zutreffend *Gusy*, Polizeirecht, Rn. 286). Erst recht sind Analogieschlüsse entsprechender Art mit dem Vorbehalt des Gesetzes schlichtweg unvereinbar (unhaltbar daher OVG Hbg, NVwZ-RR 1997, 11, 12). Auch der Begriff der Universalsukzession, insbesondere nach § 1922 BGB, erweist sich bei näherer Betrachtung als ungeeignet, eine Ausweitung öffentlich-rechtlicher Pflichten auf den Erben zu begründen (offen lassend OVG NRW, NWVBl. 1997, 175 mwN.). So ist klar zu sehen, dass sich die zivilrechtliche Erbrechtsnachfolge – schon aus kompetenziellen Gründen – lediglich auf die Nachfolge in zivilrechtliche Positionen bezieht und beziehen kann. Die begriffsjuristische Gegenauffassung, derzufolge eine **„Universalsukzession"** notwendig alle zivil- und öffentlich-rechtlichen Positionen erfassen müsse, da sie ansonsten *„nicht mehr universal"* (*K.-A. Bettermann*) wäre, ist juristisch nicht zu halten. Sie ignoriert die dogmatischen Grenzen zwischen Zivilrecht und Öffentlichem Recht und unterläuft damit zugleich die Postulate des Vorbehalts des Gesetzes. Aus eben diesem Grunde kann es auch nicht angehen, die Überleitung öffentlich-rechtlicher Pflichtenpositionen im Wege einer „entsprechenden" Anwendung zivilrechtlicher Nachfolgetatbestände legitimieren zu wollen (str.). Allein das Polizei- und Ordnungsrecht ist der berufene Ort, entsprechende Inpflichtnahmen unter Berücksichtigung des Vorbehalts des Gesetzes zu formulieren. Schweigen die Gesetze hier, tritt eine Pflichtennachfolge richtigerweise nicht ein (str.).

> **Beispiel:** Im Ausgangsfall fehlt es an einer polizei- oder ordnungsrechtlichen Norm, die die Nachfolge des Grundstückserwerbers oder Erben in eine gegen den Voreigentümer ergangene Anordnung zum Fällen von Bäumen vorsieht. Der neue Eigentümer wird daher durch die gegen R ergangene Verfügung nicht gebunden (str.).

Die Behörde muss also gegen den neuen Eigentümer neu vorgehen. Immerhin rückt dieser kraft des Eigentumserwerbs in die materielle (abstrakte) Zustandsverantwortlichkeit, so dass Maßnahmen gegen ihn – auch kurzfristig – möglich bleiben.

VI. Der Staat als Adressat von Gefahrenabwehrmaßnahmen

113 Gefahren für die öffentliche Sicherheit oder Ordnung können auch von staatlichen Funktionsträgern und Sachen (Tieren) ausgehen. Zu denken ist an den bissigen Drogenspürhund, an Lärmemissionen eines Truppenübungsplatzes oder an ein brennendes Dienstfahrzeug der Bundeswehr. In Fällen dieser Art stellt sich die Frage, ob die Polizei- und Ordnungsbehörden befugt sein können, gegen andere hoheitlich handelnde Behörden und Organe vorzugehen. Hierfür könnte sprechen, dass die staatlichen Verwaltungsträger gem. Art. 20 Abs. 3 GG an „Recht und Gesetz" gebunden sind, mithin die Gesetze (einschließlich des Polizei- und Ordnungsbehördengesetzes) grundsätzlich ebenso zu beachten haben wie private Dritte. Dass auf diese Weise Bundesbehörden im Hoheitsbereich des jeweiligen Bundeslandes auf die Beachtung auch des dort gültigen Landesrechtes verpflichtet werden, ist, solange keine Regelungswidersprüche zwischen Bundes- und Landesrecht bestehen (Art. 31 GG), juristisch im Grundsatz unproblematisch (einschränkend BVerwGE 29, 52, 58: Abwägungserfordernis im Falle einer Kollision mit Fachaufgaben der Bundesbehörde). Immerhin aber bleibt zu beachten, dass die Polizei- und Ordnungsbehörden im Falle einer Intervention gegen andere Hoheitsträger regelmäßig in deren Aufgabenwahrnehmung übergreifen würden, wodurch die gesetzliche Zuständigkeitsordnung unzulässig tangiert werden könnte.

> **Beispiel:** Wenn der Bundesminister der Verteidigung die Befehls- und Kommandogewalt über die Streitkräfte hat (Art. 65a GG), kann es der Polizei nicht zustehen, konkrete Einsatzbefehle aus Gründen der Gefahrenabwehr abzuändern oder gar außer Kraft zu setzen.

114 Aus kompetenziellen Gründen müssen der Polizei- und Ordnungsverwaltung daher namentlich **Maßnahmen der Verwaltungsvollstreckung** in den öffentlich-rechtlichen Funktionsbereich anderer Behörden verwehrt bleiben (hierzu auch § 76 VwVG). Gleiches muss im Ergebnis für die bloße **Anordnung von Maßnahmen**, also den Erlass einer Grundverfügung, gelten, soweit hierdurch in den öffentlich-rechtlichen Funktionsbereich eines anderen Hoheitsträgers eingewirkt wird. Die Polizei- und Ordnungsverwaltung bleibt insoweit auf „Anregungen" beschränkt, besitzt aber keine eigentlichen Normdurchsetzungskompetenzen. Gegebenenfalls ist es Aufgabe der jeweiligen Aufsichtsbehörde, die Einhaltung der einschlägigen materiellen Rechtsbindungen durchzusetzen.

115 Die vorgenannten Grundsätze können freilich nur dort strikte Geltung beanspruchen, wo es tatsächlich um die Wahrung des *öffentlich-rechtlichen* Wirkungskreises einer Behörde geht, wobei dem genuin öffentlich-rechtlichen Handeln ein Handeln in den Formen des Verwaltungsprivatrechts gleichsteht. Umgekehrt bedeutet dies aber auch, dass polizei- und ordnungsbehördliche Interventionen insbesondere bei einer rein **fiskalischen Betätigung** eines anderen Hoheitsträgers nicht von vornherein ausgeschlossen sind.

E. Die Adressatenproblematik bei Gefahrenabwehrmaßnahmen

> **Beispiel:** Auf einem nicht zu Verwaltungszwecken genutzten (Wiesen-) Grundstück des Landschaftsverbandes L werden Kampfmittel gefunden. Die Polizei- und Ordnungsbehörden könnten hier grundsätzlich Maßnahmen der Gefahrenabwehr durchführen. Ebenfalls jenseits des klassischen öffentlich-rechtlichen Wirkungskreises ordnet der BGH die Beseitigung von Schäden durch ein liegen gebliebenes Fahrzeug der Bundeswehr ein, so dass die Befugnis der Polizei zur Abwehr von Gefahren durch versickernden Treibstoff nicht bestritten werden könne (BGH, DVBl. 1970, 499 f.).

Nicht übertragbar sind die Zugriffsschranken schließlich auf sonderpolizeiliche Befugnisse etwa der Immissionsschutzbehörden nach § 24 S. 1 BImSchG (BVerwGE 117, 1, 5). Soweit das zugrunde liegende Umweltschutzgesetz materiell nicht nur Private, sondern auch Verwaltungsträger verpflichtet, stehen der zur Normdurchsetzung berufenen Behörde gegen den betreffenden Verwaltungsträger dieselben Befugnisse zu wie gegenüber Privaten. **116**

VII. Anhang

Literatur: *Beaucamp/Seifert*, Soll der Zweckveranlasser weiterleben? JA 2007, 577 ff.; *Hartmann*, Pflichtigkeit im Polizei- und Ordnungsrecht, JuS 2008, 593 ff.; *Kirchhof*, Opferlage als Grenze der Altlastenhaftung?, in FS Oppermann, 2001, S. 639 ff.; *Kley*, Die Rechtsprechung des Bundesverwaltungsgerichts zu Ordnungspflichten in der Insolvenz, DVBl. 2005, 737 ff.; *Muckel*, Abschied vom Zweckveranlasser, DÖV 1998, 18 ff.; *Rau*, Die Rechtsnachfolge in Polizei- und Ordnungspflichten, JURA 2000, 37 ff.; *Schoch*, Störermehrheit im Polizei- und Ordnungsrecht, JURA 2012, 685 ff.; *ders.*, Polizeipflichtigkeit von Hoheitsträgern, JURA 2005, 324 ff.; *ders.*, Der Zweckveranlasser im Gefahrenabwehrrecht, JURA 2009, 360 ff.; U. Stelkens, Umweltpflicht von Verwaltungsträgern, JhbUTR 2008, 55 ff.; *Wittreck*, Altlasten-Rechtsprechung oder Rechtsprechungs-Altlasten?, JURA 2008, 534 ff. **117**

Klausurbearbeitung: *Dietlein/Kunze*, Explosive Altlasten, NWVBl. 2012, 399 ff.; *Dünchheim*, Das historische Dampfdreschfest, NWVBl. 2004, 202 ff.; *Kahl*, Der „ewige" Ärger mit der Altlast, JURA 2004, 853 ff.; *Staufer/Steinebach*, Ein Unfall mit Folgen, JA 2008, 615 ff.; *Zilkens*, Bodenkontamination durch ehemalige Tuchfabrik, JuS 2003, 688 ff.

Kontrollfragen:
1. Zwischen welchen möglichen Adressaten polizeilicher Maßnahmen differenziert das Gesetz?
2. Was besagt die „Theorie der unmittelbaren Verursachung"?
3. Wo verlaufen die Grenzen der Zustandsverantwortlichkeit?
4. Müssen bei der Inanspruchnahme scheinbar „Unbeteiligter" bei Unglücksfällen die tatbestandlichen Voraussetzungen der Nichtstörerinanspruchnahme erfüllt sein?
5. Hat der Anscheinsstörer einen Anspruch auf Entschädigung?

F. Das Opportunitätsprinzip – Ermessen

118 Die Durchführung polizei- oder ordnungsbehördlicher Maßnahmen ist regelmäßig keine „gebundene" Entscheidung, sondern eine „Ermessensentscheidung". Anders als etwa im Bereich der Strafverfolgung, wo das Einschreiten der Staatsanwaltschaften gem. § 152 Abs. 2 StPO Rechtspflicht ist („Legalitätsprinzip"), gilt für das Polizei- und Ordnungsrecht also das sog. „**Opportunitätsprinzip**": Die Behörde „kann" Maßnahmen ergreifen (§ 8 PolG/§ 14 OBG), sie „muss" es aber nicht. Diese grundsätzliche Weichenstellung zeitigt Folgewirkungen auch für die Fallbearbeitung im Polizei- und Ordnungsrecht. Bezieht sich diese nämlich – wie im Regelfall – auf die Prüfung der Rechtmäßigkeit einer durchgeführten Maßnahme, bedarf es nicht allein des Nachweises der tatbestandlichen Voraussetzungen (des „Wenn") der einschlägigen Befugnis- oder Ermächtigungsnorm. Vielmehr ist ferner zu prüfen, ob die Polizei- oder Ordnungsbehörde von dem ihr auf der Rechtsfolgenseite (dem „Dann") der Befugnisnorm regelmäßig eingeräumten Ermessen („kann") in rechtmäßiger Weise Gebrauch gemacht hat. Um hierbei einen nachvollziehbaren Prüfungsaufbau zu gewährleisten, ist es zunächst notwendig, Inhalt und Umfang des polizei- und ordnungsbehördlichen Ermessens genauer zu erschließen.

I. Ebenen der Ermessensausübung

119 Traditionell werden drei Ebenen der polizei- und ordnungsbehördlichen Ermessensausübung differenziert. So geht es (1.) um die Frage, **ob** überhaupt eingeschritten werden soll (sog. *„Entschließungsermessen"*), (2.) um die Frage, **gegen wen** eingeschritten werden soll (sog. *„Störerauswahlermessen"*), sowie (3.) um die Frage, **wie**, d.h. mit welchem Mittel eingeschritten werden soll (sog. *„Handlungsermessen"*).

1. Entschließungsermessen

120 Das Entschließungsermessen ist das eigentliche Fundament des Opportunitätsprinzips. Liegt eine Gefahr vor, besteht nicht notwendig eine Rechtspflicht der Behörde einzuschreiten. Vielmehr können sachgerechte, insbesondere kapazitäre Gründe bestehen, von einem Einschreiten abzusehen.

> **Beispiel:** Die vor Ort verfügbaren Polizeikräfte werden dringend zum Schutz einer Spontanversammlung benötigt. Die Beamten verzichten daher darauf, gegen Falschparker am Wegesrand vorzugehen.

F. Das Opportunitätsprinzip – Ermessen

Allerdings kann sich das Entschließungsermessen unter besonderen Umständen *„auf Null"* reduzieren, namentlich soweit es um die Abwehr besonders gravierender Schäden für die polizei- und ordnungsbehördlichen Schutzgüter geht. Eine solche *„Ermessensreduzierung auf Null"* liegt nach klassischer, allerdings im Grunde zirkelschlüssiger „Definition" vor, wenn jede andere Entscheidung, als diejenige einzuschreiten, rechtswidrig wäre. Behördliche Untätigkeit wäre in diesen Fällen rechtswidrig und kann Schadensersatzansprüche des geschädigten Bürgers begründen (§ 839 BGB i. V. m. Art. 34 GG). Auf die eigentlich wichtige Frage, *wann* eine solche Situation konkret vorliegt, gibt die genannte „Definition" freilich keine wirkliche Antwort. Regelmäßig wird es um die Abwehr von Straftaten gehen, aber auch um Gefahren für hochwertige, zumal zentrale grundrechtliche Schutzgüter wie Leben und Gesundheit, aber auch das Eigentum der Bürger. Eine Ermessensreduzierung auf Null wird dabei namentlich dort anzunehmen sein, wo den grundrechtlichen Schutzgütern **irreparable Schäden** drohen. Die Auslegung und Anwendung des Ermessensbegriffes („kann") wird hierbei gleichsam von der „Ausstrahlungswirkung" der Grundrechte erfasst; die grundrechtliche Schutzpflicht des Staates aktualisiert sich über das „Medium" des einfachen (Parlaments-) Gesetzes.

121

> **Beispiele:** Im Falle einer Geiselnahme (Gefährdung der Schutzgüter des Art. 2 Abs. 2 GG) wird die Polizei ein Eingreifen nicht unter Hinweis auf das Opportunitätsprinzip ablehnen können. Schwieriger zu beantworten ist allerdings bereits die Frage, ob es das Grundrecht der Eigentumsfreiheit (Art. 14 GG) gebietet, gegen eine rechtswidrige „Besetzung" von Mietshäusern vorzugehen. Zwar wird man im Grundsatz von einer Pflicht des Staates zum Schutz des Eigentums ausgehen müssen (so auch VG Freiburg, VBlBW 1987, 349 ff.), immerhin aber können es zu erwartende Ausschreitungen anlässlich der Räumung rechtfertigen, über den Zeitpunkt des Einsatzes flexibel zu entscheiden (VG Berlin, DVBl. 1981, 785).

Eine weitere typisch polizei- bzw. ordnungsrechtliche Konstellation der Ermessensreduzierung auf Null gründet sich auf den Aspekt der „Folgenbeseitigung" (hierzu unten Rn. 151). Sind grundrechtliche Güter des Bürgers speziell durch ein – rechtswidriges oder rechtmäßiges – Vorverhalten der Behörden in Gefahr geraten, hat die Behörde dies im Rahmen ihrer Ermessensausübung zu berücksichtigen und mit Blick auf diese Vorgeschichte die Gefahrenlage grundsätzlich zu beseitigen.

> **Beispiel:** Die Ordnungsbehörde hat den Obdachlosen O in eine Wohnung des Eigentümers E eingewiesen. Nach Ablauf der Einweisungszeit macht O keine Anstalten, die Wohnung zu verlassen. Die Ordnungsbehörde wird hier auf der Grundlage der Generalklausel die Räumung zu vollziehen haben, wobei sich ihr Ermessen wegen des Folgenbeseitigungsanspruchs des E grundsätzlich auf Null reduziert.

122 Zu berücksichtigen ist allerdings, dass grundrechtliche Aspekte im Einzelfall ausnahmsweise auch *gegen* ein Einschreiten sprechen und auch damit die Ermessensausübung beeinflussen oder gar vorentscheiden können.

> **Beispiel:** Im vorgenannten Fall kündigt O für den Fall der Räumung glaubhaft seine Selbsttötung an. Die Behörde wird hier die Räumung u. U. auszusetzen bzw. durch Ingewahrsamnahme und psychologische Beratung des O zu flankieren haben (BVerfG, NJW 1998, 295; Bad.-Württ. VGH, VBlBW 1997, 187).

123 Hervorzuheben bleibt freilich, dass es sich bei den Konstellationen der Ermessensreduzierung auf Null um eng umgrenzte Ausnahmefälle handelt; im Regelfall bleibt das behördliche Entschließungsermessen offen für die Abwägungen im Einzelfall. Angesichts des verfassungsrechtlichen Schutzauftrages der Polizei- und Ordnungsbehörden bedarf die behördliche Entscheidung *für* ein Einschreiten in der Regel allerdings keiner besonderen Begründung mehr. Im Schrifttum wird insoweit von einem „intendierten Ermessen" gesprochen, dessen Richtung gleichsam durch den Gesetzgeber vorgezeichnet ist (*U. Volkmann*, DÖV 1996, 282, 283). Diese dogmatische Einordnung ändert aber nichts an dem Umstand, dass auch im Rahmen der Entschließung gewisse rechtliche Grenzen zu beachten sind, die unten im Einzelnen dargestellt werden (hierzu unten Rn. 135 ff.).

2. Störerauswahlermessen

124 Nicht selten wird in einer konkreten Gefahrensituation nicht nur *eine* Person als Handlungs- oder Zustandsstörer „verantwortlich" sein. So können etwa aufgrund gemeinsamer Verursachung einer Gefahr durch mehrere Personen („Störermehrheit"), aufgrund gemeinschaftlichen Eigentums oder aufgrund des Zusammentreffens von Handlungs- und Zustandsverantwortlichkeit gleich mehrere Personen als Adressaten für polizei- und ordnungsbehördliche Maßnahmen in Betracht kommen.

> **Beispiel:** Sohn S verursacht mit dem Fahrzeug des Vaters einen Verkehrsunfall und schleudert als Folge des Unfalls in die Scheune des Bauern B, die daraufhin – ebenso wie das Fahrzeug selbst – Feuer fängt. S ist handlungsverantwortlich sowie als Inhaber der tatsächlichen Gewalt über das Fahrzeug auch zustandsverantwortlich; ferner sind der Vater als Eigentümer des Fahrzeugs sowie Bauer B als Eigentümer der Scheune und Inhaber der tatsächlichen Gewalt über die Scheune zustandsverantwortlich.

In derartigen Fällen muss die Behörde eine Auswahlentscheidung hinsichtlich des Adressaten der Maßnahme treffen. Übersieht die Behörde die Störereigenschaft weiterer Personen, handelt sie ermessensfehlerhaft, da sie ihr Ermessen nicht iS. des § 40 VwVfG „ausgeübt" hat (OVG S-Anh., NVwZ 2008, 615). Der Sache nach kann sie auch mehrere Personen in Anspruch nehmen, muss dies aber nicht. Insbesondere ist die Behörde bei einer Störermehrheit keineswegs gehalten, jeden Störer lediglich im Rahmen seines konkreten Verursachungsbeitrages in Anspruch zu nehmen. Die Rechtsfigur eines „*Nicht-So-Störers*", der partiell einem Nichtstörer gleichzustellen wäre, ist also zumindest auf der Primärebene der Gefahrenabwehr abzulehnen (so auch *H. Jochum*, NVwZ 2003, 526).

Heftig umstritten ist, ob es für die Auswahl zwischen mehreren Störern eine behördlich einzuhaltende Rangfolge gibt, die damit im Umkehrschluss das Störerauswahlermessen der Behörde beschränkte. **125**

Unterstellt wird teilweise die Pflicht zur vorrangigen Inanspruchnahme des *Handlungsstörers vor dem Zustandsstörer*, aber auch eine Pflicht zur vorrangigen Inanspruchnahme eines sog. „*Doppelstörers*" (Handlungs- und Zustandsverantwortlicher) vor dem einfachen Störer. Derartige Grobformeln überzeugen nicht (abl. auch BVerfG, NJW 2000, 2575). Sie lassen sich weder mit dem Wortlaut noch mit Sinn und Zweck der polizeilichen Befugnisnormen in Einklang bringen, deren primäre Zielsetzung stets die effiziente Gefahrenabwehr ist. Auch der Umstand, dass das OBG bei der Zustandsverantwortlichkeit zunächst den Eigentümer benennt und ihm erst in § 18 Abs. 2 OBG den Inhaber der tatsächlichen Gewalt folgen lässt, impliziert keinesfalls eine Verengung des Ermessens, sondern verdeutlicht allein die „bürokratische" Arbeitsweise der Behörde, die aus den Akten zwar die Kenntnis des Eigentümers haben wird, nicht aber die Kenntnis des Inhabers der tatsächlichen Gewalt. Gerade umgekehrt geht es der „vor Ort" präsenten Polizei, für die § 5 PolG daher konsequenterweise zunächst den Inhaber der tatsächlichen Gewalt als Zustandsverantwortlichen benennt, in Abs. 2 erst den Eigentümer folgen lässt. Gesetzliche Vorrangentscheidungen für die Ermessensausübung lassen sich diesen Gesetzesformulierungen richtigerweise nicht entnehmen. **126**

3. Handlungsermessen (Auswahlermessen in sachlicher Hinsicht)

Eine Reihe von Alternativen wird sich nicht selten im Hinblick auf die zur Gefahrenabwehr einzusetzenden Mittel, also das „Wie" der Gefahrenabwehr ergeben. Auch hier muss der Behörde grundsätzlich ein eigener Entscheidungsspielraum verbleiben. **127**

> **Beispiel:** Die durch ein ungesichertes Erdloch in der Nähe des Kinderspielplatzes verursachte Gefahr für Leib und Leben der Kinder kann etwa durch Verfüllen des Erdloches, durch Einzäunung oder durch Anbringung eines Deckels bzw. eines Gitters gesichert werden. Soweit es sich um gleichwertige und gleichermaßen „belastungsintensive" Handlungsalternativen handeln sollte, verbleibt der Behörde hinsichtlich des einzusetzenden Mittels Entscheidungsfreiheit.

Eine verbindliche Grenze für die Ausübung des Handlungsermessens statuiert allerdings der „**Verhältnismäßigkeitsgrundsatz**" (Übermaßverbot). So formuliert § 2 Abs. 1 PolG in inhaltlicher Übereinstimmung mit § 15 OBG, dass „*von mehreren möglichen und geeigneten Maßnahmen ... die Polizei diejenige zu treffen (hat), die den einzelnen und die Allgemeinheit voraussichtlich am wenigsten beeinträchtigt*". Nach Abs. 2 darf „*eine Maßnahme* **128** *nicht zu einem Nachteil führen, der zu dem erstrebten Erfolg erkennbar außer Verhältnis steht".* Die Missachtung dieser Vorgaben stellt eine Ermessensüberschreitung iS. des § 40 VwVfG dar und führt zur Rechtswidrigkeit der jeweiligen Maßnahme. Fächert man die hiermit genannten Anforderungen systematisch auf, ergibt sich eine dreistufige Prüfung dahingehend, dass die behördlicherseits gewählte Maßnahme

– **geeignet** sein muss, den Erfolg herbeizuführen bzw. ihm zumindest näher zu kommen,
– **erforderlich** sein muss, es also (unter den gleichermaßen geeigneten Mitteln) kein „milderes Mittel" gibt, sowie
– **zumutbar** in dem Sinne sein muss, dass die mit der Maßnahme verbundenen Nachteile nicht außer Verhältnis zu dem verfolgten Zweck stehen.

129 Die hiermit verbundenen Aspekte der Verhältnismäßigkeit stehen nicht selten im Zentrum der polizeilichen Fallbearbeitung und können im Detail äußerst schwierige Fragen aufwerfen.

Dies gilt bereits für die Frage der Geeignetheit einer Maßnahme, die nicht erst dann zu bejahen ist, wenn sie das Ziel vollumfänglich erreicht, sondern bereits dann, wenn sie aus der ex-ante-Betrachtung einen Schritt in die richtige Richtung darstellt.

> **Beispiele:** Um einer konkret drohenden Gewalteskalation entgegen zu wirken, verbietet die Ordnungsbehörde einer berüchtigten Rockergruppe das Tragen näher bestimmter Embleme und Abzeichen. Die Geeignetheit der Maßnahme erscheint durchaus fraglich, kann aber je nach Lage des Einzelfalles als „Schritt in die richtige Richtung" zu bejahen sein (einschränkend aber OVG Bremen, DÖV 2012, 204 L). Die Polizei verhängt gegen besonders kriminelle Mitglieder der örtlichen Drogenszene ein Aufenthaltsverbot für den Bereich des Hauptbahnhofes (heute spezialgesetzlich geregelt in § 34 Abs. 2 PolG). Die Gefahr einer Verlagerung der Szene an einen anderen Ort ist nicht völlig zu widerlegen. Dennoch ist die Maßnahme als Schritt in die richtige Richtung geeignet, die weitere Begehung von Straftaten „zu erschweren" (so zu Recht BayVGH, NVwZ 2000, 454, 456)

130 Von größerer Fallrelevanz wird regelmäßig die Frage der „Erforderlichkeit" einer Maßnahme sein, also die Frage nach alternativen und weniger eingriffsintensiven Möglichkeiten der Gefahrenabwehr.

> **Beispiele:** Zur Abwehr von Gefahren für das Grundwasser verlangt die Behörde die Beseitigung des Öltankes. Die Maßnahme ist nicht erforderlich und damit unverhältnismäßig, wenn bereits die Außerbetriebnahme und Reinigung des Tankes zur Zweckerreichung genügt hätte (OVG NRW, NJW 1980, 2216). Das Abschleppen eines PKW kann mangels Erforderlichkeit unverhältnismäßig sein, wenn der Fahrer die Handynummer zurückgelassen hat und unproblematisch kurzfristig herbeieilen könnte (str. – s. Rn. 258).

131 Nicht zuletzt können auch Fragen der Zumutbarkeit relevant werden, dies insbesondere dort, wo es um besonders eingriffsintensive Maßnahmen wie etwa den sog. *„finalen Rettungsschuss"* (hierzu unten Rn. 244) geht.

> **Beispiel:** In für ihn nahezu ausweisloser Lage droht Geiselnehmer G mit der sofortigen Tötung seiner Geiseln. Der Polizeibeamte P sieht in der gezielten Erschießung des G das einzige Mittel zur Rettung der Geiseln. Soweit Eignung und Erforderlichkeit der (Zwangs-)Maßnahme (hier nach §§ 57 ff. PolG) gegeben sind, stellt sich gleichwohl die Frage der Zumutbarkeit.

Dabei ist es zwar verfassungsrechtlich nicht zulässig, das „eine" Leben des Geiselnehmers gegen die „vielen" Leben seiner Geiseln aufzuwiegen. Immerhin aber kann die Tötung des Geiselnehmers insoweit „zumutbar" und damit verhältnismäßig sein, als dieser die abzuwehrende Gefahr für das Leben der Geiseln zurechenbar verursacht hat. In dieser Hinsicht hebt sich die Situation des „finalen Rettungsschusses" deutlich ab von der im neuen Luftsicherheitsgesetz vorgesehenen Möglichkeit des Abschusses eines gekaperten, mit (unschuldigen) Passagieren besetzen Flugzeuges (BVerfG, DVBl. 2006, 433 – Rn. 141).

Zumutbarkeitserwägungen sind freilich nicht nur bei schwerwiegenden Eingriffen in die Grundrechtssphäre des Bürgers, sondern auch bei weniger eingriffsintensiven Belastungen wie etwa polizei- oder ordnungsbehördlichen Interventionen im Straßenverkehr anzustellen. Ist etwa das Abschleppen eines auf dem Gehweg geparkten Fahrzeuges auch dann notwendig, wenn es sich um einen abgelegenen, von Fußgängern kaum frequentierten Fußweg handelt? Darf ein auf einem Anwohnerparkplatz abgestelltes Fahrzeug auch dann abgeschleppt werden, wenn hierdurch erkennbar kein Berechtigter am Parken gehindert wird? Die Rechtsprechung hält derartige Maßnahmen zur Durchsetzung von Parkverboten regelmäßig für gerechtfertigt (vgl. etwa Bad.-Württ. VGH, NJW 1990, 2270). Immerhin ergeben sich Zumutbarkeitsgrenzen im Hinblick auf die Durchsetzung nachträglich aufgestellter Verkehrsschilder („*mobile Parkverbotsschilder*"), deren Beachtung frühestens nach Ablauf einer „Schonfrist" von zwei bis drei Tagen erwartet werden kann (BVerwG, NJW 1997, 1021; zuletzt BayVGH, DVBl. 2008, 999 L).

132 Bei der Anwendung der Einzelanforderungen des Verhältnismäßigkeitsgrundsatzes bleibt schließlich darauf zu achten, dass es um polizeiliche Prognoseentscheidungen geht, die durch einen später abweichenden Ablauf der Situation oder einen erst später eintretenden Erkenntniszugewinn nicht rechtswidrig werden. Dies bedeutet freilich nicht, dass den Polizei- und Ordnungsbehörden hinsichtlich der Geeignetheit und Erforderlichkeit von Maßnahmen der Gefahrenabwehr eine autonome „Einschätzungsprärogative" zukäme, wie diese dem Parlamentsgesetzgeber bei grundrechtsbeschränkenden Legislativakten in erheblichem Umfange zugestanden wird (vgl. hierzu § 1 Rn. 32). Insofern dürfen die Maßstäbe für die Verhältnismäßigkeitsprüfung bei Gesetzen nicht unbesehen auf das Verwaltungsrecht übertragen werden.

133 Bei der Wahl des einzusetzenden Mittels hat die Behörde ferner den **Bestimmtheitsgrundsatz** zu beachten (§ 37 Abs. 1 VwVfG). Für den Bürger muss klar zu erkennen sein, welche konkrete Handlung von ihm gefordert bzw. welche Maßnahme die Behörde im Rahmen des anschließenden Vollstreckungsverfahrens ggf. zwangsweise durchsetzen wird. Fehlt es der Verfügung an der erforderlichen Klarheit, ist diese rechtswidrig. Die Behörde überschreitet mit der Anordnung der rechtswidrigen Maßnahme das ihr eingeräumte Ermessen.

> **Beispiel:** Die Behörde verbietet den wohnsitzlosen Personen, „sich im Stadtgebiet nach Art eines Land- oder Stadtstreichers herumzutreiben". Die Verfügung ist mangels hinreichender Bestimmtheit rechtswidrig (Bad.-Württ. VGH, NJW 1984, 507, für eine entsprechend formulierte Verordnung).

134 Eine Besonderheit im Rahmen der Ausübung des behördlichen Entscheidungsspielraumes ergibt sich insofern, als dem von der Maßnahme Betroffenen „auf Antrag zu gestatten (ist), ein anderes ebenso wirksames Mittel anzuwenden, sofern die Allgemeinheit dadurch nicht stärker beeinträchtigt wird" (§ 3 Abs. 2 S. 2 PolG – im Ordnungsrecht entsprechend anwendbar). Hierbei kann der Betroffene auch ein solches **„Austauschmittel"** zur Anwendung bringen, das die Behörde aus Gründen der Verhältnismäßigkeit nicht hätte einfordern dürfen.

> **Beispiel:** Der abrutschgefährdete Hang könnte durch ein einfaches Stahlnetz gesichert werden. Eigentümer E bietet gleichwohl eine erheblich kostenintensivere Grundsanierung des Hanges an.

Zu beachten bleibt, dass polizei- und ordnungsbehördliche Eingriffsbefugnisse nicht der **Verjährung** oder **Verwirkung** unterliegen (Bad.-Württ. VGH, DVBl. 2008, 1000 L). Die verzögerte Intervention rechtfertigt daher nicht die Annahme der Unzumutbarkeit einer Gefahrenabwehrmaßnahme.

II. Ermessensfehler

135 Ermessensnormen verpflichten zu einer fehlerfreien Ausübung des Ermessens. Unterläuft der Behörde bei der Ausübung des Ermessens ein Fehler, ist die getroffene Maßnahme rechtswidrig. Welche Anforderungen an eine fehlerfreie Ermessensausübung zu stellen sind, ergibt sich aus § 40 VwVfG. Hier heißt es: „Ist die Behörde ermächtigt, nach ihrem Ermessen zu handeln, hat sie ihr Ermessen entsprechend dem Zweck der Ermächtigung auszuüben und die gesetzlichen Grenzen des Ermessens einzuhalten". Die Norm benennt inzident drei mögliche Fehlertypen bei der Ausübung des Ermessens: Erstens die schlichte Nichtausübung des Ermessens (**Ermessensnichtgebrauch**), zweitens die Ermessensausübung unter Zugrundelegung gesetzesfremder Zwecke (**Ermessensfehlgebrauch**) und schließlich drittens die Überschreitung des Ermessensrahmens (**Ermessensüberschreitung**).

F. Das Opportunitätsprinzip – Ermessen

1. Ermessensnichtgebrauch

§ 40 VwVfG verpflichtet die Behörde, „ihr Ermessen ... auszuüben". Ein Ermessensfehler liegt daher vor, wenn die Behörde ihr Ermessen nicht ausübt, insbesondere wenn sie nicht erkennt, dass das Gesetz ihr Ermessen einräumt. Ein solcher Ermessensnichtgebrauch ist im polizeilichen Kontext auf allen drei Ebenen der Ermessensausübung denkbar.

Auf der Ebene des **Entschließungsermessens** ergibt sich ein derartiger Fehler dann, wenn der Ordnungsbeamte irrig davon ausgeht, bei jeder Gefahr für die öffentliche Sicherheit einschreiten zu müssen. Seine Maßnahmen sind in diesem Falle wegen Nichtausübung des Ermessens rechtswidrig.

Auf der Ebene des **Störerauswahlermessens** ergibt sich ein Ermessensnichtgebrauch dann, wenn die Behörde eine bestehende Auswahlmöglichkeit zwischen mehreren Störern nicht ausübt, etwa weil sie die korrekte Anzahl aller Verantwortlichen nicht erkennt.

Beispiel: P hat ein Ufergrundstück zum Zwecke des Weinanbaus gepachtet, das er von seinen Söhnen S und T bewirtschaften lässt. Aufgrund der Bodenarbeiten im Weinberg droht ein Abrutschen des Hanges. Die Behörde verpflichtet Sohn S zu Sicherungsmaßnahmen. Der einschlägige Bescheid lässt erkennen, dass die Behörde ihre Störerauswahl lediglich zwischen P, S und T getroffen, die Zustandsverantwortlichkeit des Eigentümers E mithin offensichtlich nicht zur Kenntnis genommen hat. Die Inanspruchnahme des S ist wegen Ermessensnichtgebrauch (hinsichtlich einer möglichen Inanspruchnahme des E) rechtswidrig.

Auf der Ebene des Handlungsermessens ergibt sich ein Ermessensnichtgebrauch dann, wenn die Behörde nicht gesehen oder berücksichtigt hat, das die Gefahr auch durch eine andere, ebenso effektive Maßnahme beseitigt werden könnte.

Beispiel: Die Ordnungsbehörde verpflichtet den Eigentümer E, ein in der Nähe des Kinderspielplatzes befindliches Erdloch durch einen Zaun abzusichern. Soweit die Behörde nicht gesehen haben sollte, dass ein Erdgitter ebenso geeignet war, die Gefahr zu beheben, wäre die angeordnete Maßnahme wegen Nichtausübung des Handlungsermessens rechtswidrig (oben Rn. 127).

2. Ermessensfehlgebrauch

Ebenfalls in der Grundregel des § 40 VwVfG mitformuliert ist die Pflicht der Behörde, dass Ermessen „entsprechend dem Zweck der Ermächtigung" auszuüben. Ermessensfehlerhaft ist also die Verfolgung anderer als der vom Gesetz verfolgten *gefahrenabwehrrechtlichen Zwecke*. Auch insoweit sind auf allen drei Ebenen der polizeilichen Ermessensausübung, insbesondere aber bei der Störerauswahl, Fehler denkbar; etwa dadurch, dass die Behörde persönliche Gründe (z. B. die Parteimitgliedschaft des Verantwortlichen oder aber einen persönlichen Nachbarstreit) zum Anlass ihres Einschreitens, zum Motiv ihrer Störerauswahl oder auch zum Motiv der Auswahl des konkreten Mittels der Gefahrenabwehr macht. Dagegen wird die Berücksichtigung *fiskalischer* oder *prozesstaktischer* Erwägungen nicht in jedem Fall jenseits der Zwecke des Polizei- und Ordnungsrechts angesiedelt werden können (str.).

> **Beispiele:** Wegen eines schwelenden Streits um die Eigentumsverhältnisse an einem abrutschgefährdeten Hanggrundstück richtet die Behörde ihre Gefahrenabwehrmaßnahme gegen den Inhaber der tatsächlichen Gewalt. Wegen der Kostenintensität notwendiger Felssicherungsmaßnahmen richtet die Ordnungsbehörde ihre Verfügung an den wohlhabenden Eigentümer E und nicht an den insolventen Pächter als Inhaber der tatsächlichen Gewalt.

3. Ermessensüberschreitung

138 Schlussendlich können Fälle eintreten, in denen die Behörde den ihr eingeräumten Ermessensspielraum überschreitet. Auch hierbei sind Verstöße theoretisch wiederum auf allen drei Ebenen der polizei- und ordnungsbehördlichen Ermessensausübung denkbar, wenngleich es de facto primär um Fehler auf der Ebene des Handlungsermessens geht.

Auf der Ebene des Entschließungsermessens ergibt sich eine derartige Konstellation lediglich ausnahmsweise dann, wenn die Behörde aufgrund einer „Ermessensreduzierung auf Null" zum Einschreiten verpflichtet ist, sich hingegen in Unkenntnis dieser Rechtslage gegen ein Einschreiten entscheidet. Ohne Relevanz bleibt die Ermessensüberschreitung nach hiesiger Rechtsauslegung auf der Ebene der Störerauswahl, da der einschlägige Fall der Inanspruchnahme eines Nichtstörers außerhalb des polizeilichen Notstandes bereits tatbestandlich nicht von der Befugnisnorm gedeckt wäre.

Bei der Ausübung des Handlungsermessens ergibt sich eine Ermessensüberschreitung insbesondere dort, wo die Behörde eine bestimmte Maßnahme unter Verletzung des Grundsatzes der Verhältnismäßigkeit anordnet. Der ungeeigneten, nicht erforderlichen oder gar unzumutbaren Maßnahme liegt daher immer ein Ermessensfehler in Gestalt der Ermessensüberschreitung zugrunde. In der Fallbearbeitung ist hier also der richtige Ort zur Prüfung des Übermaßverbotes. Auch in der (rechtswidrigen) Anordnung einer unbestimmten Maßnahme (§ 37 Abs. 1 VwVfG) liegt bei systematischer Betrachtung eine Ermessensüberschreitung, so dass diesbezügliche Fragen ebenfalls im Rahmen des Handlungsermessens abzuarbeiten wären.

139 In der Übersicht ergibt sich danach folgendes System der möglichen Ermessensfehler im Polizei- und Ordnungsrecht:

Abb. 5: Die Ermessensprüfung

Ebenen der Ermessensprüfung
Entschließungsermessen: – Ermessensnichtgebrauch durch irrige Annahme einer Pflicht zum Einschreiten – Ermessensfehlgebrauch durch sachfremde Erwägung bei der Entscheidung – Ermessensüberschreitung durch Nichteingreifen bei Ermessensreduktion auf Null
Auswahlermessen: – Ermessensnichtgebrauch bei Fehleinschätzung der Zahl der Störer – Ermessensfehlgebrauch durch sachfremde Erwägungen bei der Entscheidung – Ermessensüberschreitung bei Inanspruchnahme von Nichtverantwortlichen (bereits tatbestandlich nicht von der Eingriffsermächtigung gedeckt, s. §§ 4–6 PolG)
Handlungsermessen: – Ermessensnichtgebrauch bei Übersehen von Handlungsalternativen – Ermessensfehlgebrauch durch sachfremde Erwägungen bei der Entscheidung – Ermessensüberschreitung bei Anordnung unverhältnismäßiger oder im Gesetz nicht zugelassener Maßnahmen

III. Anhang

Literatur: *Grapatin/Wildhagen*, Die Prüfung der Verhältnismäßigkeit im öffentlichen Recht, IURRATIO 2010, 198 ff.; *Jochum*, Die polizei- und ordnungsrechtliche Störermehrheit und die beschränkte Kostentragungspflicht des „Nicht-So-Störers", NVwZ 2003, 526 ff.; *Michael*, Grundfälle zur Verhältnismäßigkeit, JuS 2001, 654 ff., 764 ff., 866 ff.; *Thilo*, Können die Kosten von Munitionsräumungsmaßnahmen dem Grundstückseigentümer auferlegt werden?, DÖV 1997, 725 ff.; *Schoch*, Das verwaltungsbehördliche Ermessen, JURA 2004, 462 ff.; *ders.*, Das „intendierte Ermessen", JURA 2010, 358 ff.

Klausurbearbeitung: *Burgi/Wienbracke*, Gefährliche Sportausübung und Allgemeines Verwaltungsrecht, NWVBl. 2002, 283 ff.; *Zilkens*, Ghostwriter, JuS 1999, 672 ff.

Kontrollfragen:

1. Zwischen welchen Ebenen der polizei- und ordnungsbehördlichen Ermessensausübung wird differenziert?
2. Wann liegt eine „Ermessenreduzierung auf Null" auf der Ebene des Entschließungsermessens vor?
3. Ist der Handlungsstörer regelmäßig vor dem Zustandsstörer in Anspruch zu nehmen? Gilt Gleiches für den sog „Doppelstörer" (Handlungs- und Zustandsstörer) vor dem einfachen Störer?
4. Zwischen welchen „Ermessensfehlern" ist zu differenzieren?
5. Wodurch wird maßgeblich das sog. „Handlungsermessen" bestimmt?

G. Die klassische „Polizeirechtsklausur" – Prüfungsschema der Generalklausel

141 Gegenstand der Polizeirechtsklausur ist regelmäßig die Beurteilung der Rechtmäßigkeit einer (bereits abgeschlossenen) Polizeimaßnahme, oft integriert in die Prüfung einer verwaltungsgerichtlichen Klage gegen die betreffende Maßnahme. Lässt man die prozessuale Einbindung (*Zulässigkeit* und *Begründetheit* der Klage) außer Betracht, erfolgt die (der Begründetheitsprüfung zuzuordnende) Rechtmäßigkeitsprüfung in **drei Stufen**: Zunächst ist – unabhängig von der rechtlichen Qualität der Maßnahme – die einschlägige *Ermächtigungsgrundlage* festzustellen.

Da selbstverständlich auch belastende Realakte (z.B. der Einsatz des Wasserwerfers) der gesetzlichen Ermächtigung bedürfen, wäre es verfehlt, vorab feststellen zu wollen, ob es sich bei der Maßnahme um einen Verwaltungsakt iS. des § 35 VwVfG handelt.

Hieran schließt sich die Prüfung der *formellen Rechtmäßigkeit* der Maßnahme an. Zuletzt erfolgt die Prüfung der *materiellen Rechtmäßigkeit* der Maßnahme, also die Prüfung, ob die Maßnahme im konkreten Fall durch die einschlägige Ermächtigungsgrundlage gedeckt wird. Dieser im Grundsatz unabhängig von der Rechtsnatur der Maßnahme für alle polizeilichen Interventionen (einschließlich des Vollstreckungsrechts) geltende Prüfungsaufbau lässt sich im Hinblick auf den „Normalfall" des Erlasses einer polizei- oder ordnungsbehördlichen Verfügung wie folgt präzisieren.

I. Eingriffsermächtigung

142 Polizei- und ordnungsbehördliche Maßnahmen bedürfen aufgrund ihres belastenden Charakters („belastender Verwaltungsakt") einer gesetzlichen Ermächtigungsgrundlage (*Vorbehalt des Gesetzes*). Das Auffinden der einschlägigen Befugnisnorm setzt zunächst die Prüfung voraus, ob dem Polizei- bzw. Ordnungsbehördengesetz im konkreten Fall womöglich spezielle Gefahrenabwehrgesetze (z.B. das Hundegesetz NRW) vorgehen. Ist dies nicht der Fall, ist weiter zu untersuchen, ob und inwieweit innerhalb des Polizei- bzw. Ordnungsbehördengesetzes spezielle Eingriffsermächtigungen (Standardermächtigungen, Vollstreckungsermächtigungen) der Generalklausel vorgehen. Die Frage der Spezialität einer Eingriffsermächtigung erschließt sich ausschließlich durch eine Analyse der Rechtsfolgenseite der Befugnisnorm (oben Rn. 46). Ergibt sich auch hier kein Vorrang spezieller Normen, ist die jeweilige Generalklausel einschlägig.

II. Formelle Rechtmäßigkeit

Bei der Prüfung der formellen Rechtmäßigkeit der Maßnahme stellt sich stets 143
und unabhängig von der Rechtsqualität der getroffenen Maßnahme die Frage
nach der Zuständigkeit der handelnden Behörde, wobei bei genuin polizeilichen Maßnahmen die Abgrenzung der Zuständigkeiten von Polizei- und
Ordnungsbehörde relevant wird. Das weitere Prüfungsprogramm richtet sich
dann nach der Qualität der Maßnahme (Realakt, Verwaltungsakt). Regelmäßig wird es sich bei Maßnahmen auf der Grundlage der Generalklausel um
Verwaltungsakte iS. des § 35 VwVfG handeln. Vorzugsweise wird die Behörde dabei *verfügende* Verwaltungsakte erlassen, die gem. § 50 Abs. 1 PolG
bzw. § 55 Abs. 1 VwVG vollstreckt werden können, denkbar sind aber *feststellende* Verwaltungsakte und sog. *„Duldungsverfügungen"*.

> **Beispiel:** Die Ordnungsbehörde teilt mit, dass sie Straßenmusik im Stadtgebiet künftig nur noch in der S- und T-Straße hinnimmt, und nennt präzise zeitliche Vorgaben. Obgleich die Behörde gerade nicht „einschreitet", handelt es sich bei der „Duldung" um eine Gefahrenabwehrmaßnahme mit Verwaltungsaktqualität (Bad.-Württ. VGH, NJW 1987, 1839).

Handelt die Behörde in der Form des Verwaltungsaktes, so sind in formeller 144
Hinsicht die spezifisch verwaltungsaktbezogenen Verfahrensvoraussetzungen
zu überprüfen. So sind – abgesehen von Fällen der Gefahr im Verzug –
Formerfordernisse zu beachten (§ 20 OBG, § 37 VwVfG) und Anhörungserfordernisse zu wahren (§ 28 VwVfG). Die polizei- oder ordnungsbehördliche Verfügung muss ferner, sofern sie schriftlich ergangen oder bestätigt
worden ist, ordnungsgemäß begründet werden (§ 39 VwVfG). Schließlich ist
stets die ordnungsgemäße Bekanntgabe eines Verwaltungsaktes notwendig
(§ 41 VwVfG), wobei bei Allgemeinverfügungen eine ortsübliche Bekanntmachung hinreicht.

> **Beispiel:** Wegen eines Banküberfalls mit Geiselnahme haben sich unzählige Schaulustige vor der Bank eingefunden. Per Megaphon ordnen die Beamten eine Platzverweisung (§ 34 Abs. 1 PolG) gegenüber der Menschenmenge an.

III. Materielle Rechtmäßigkeit

In der materiellen Rechtmäßigkeitsprüfung wird schließlich der konkrete 145
Sachverhalt unter die tatbestandlichen Voraussetzungen der Eingriffsermächtigung subsumiert. Hier erweist sich die erfolgreiche Suche nach der einschlägigen Befugnisnorm als entscheidend, da das konkrete Prüfungsprogramm durch die jeweils einschlägige Eingriffsnorm vorgegeben wird.
Handelt es sich bei der Befugnisnorm – wie im Polizei- und Ordnungsrecht
regelmäßig der Fall – um eine Ermessensnorm, hängt die Rechtmäßigkeit der
bereits durchgeführten Maßnahme ferner davon ab, dass die Behörde das ihr

eingeräumte Ermessen auf allen drei Ebenen (Entschließungs-, Störerauswahl- und Handlungsermessen) in ordnungsgemäßer Weise ausgeübt hat. Fehler in der Ermessensausübung führen also auch dann zur Rechtswidrigkeit der Maßnahme, wenn die tatbestandlichen Eingriffsvoraussetzungen vorgelegen haben.

146 Für Gefahrenabwehrmaßnahmen auf der Grundlage der polizei- oder ordnungsbehördlichen Generalklausel ergibt sich danach folgendes Prüfungsschema:

Abb. 6: Die Polizeirechtsprüfung

Rechtmäßigkeit eines Eingriffs nach § 8 PolG/§ 14 OBG
I. Ermächtigungsgrundlage
– kein Sondergesetz einschlägig (z. B. Hundegesetz NRW, § 12)
– keine Spezialermächtigung des PolG/OBG gegeben (z. B. Standardermächtigungen)
II. Formelle Rechtmäßigkeit
– Zuständigkeit
– sachlich (Abgrenzung Polizei – Ordnungsbehörde – §§ 10 ff. POG/§ 5 OBG)
– örtlich (§ 7 POG/§ 4 OBG)
– instanziell (§§ 11 ff. POG)
– soweit es sich um einen Verwaltungsakt handelt
– Form der Verfügung (§ 37 Abs. 2 VwVfG/§ 20 OBG)
– Anhörung (§ 28 VwVfG)
– Begründung (soweit schriftlicher Verwaltungsakt, § 39 VwVfG)
– Bekanntgabe (§ 41 VwVfG)
III. Materielle Rechtmäßigkeit
– Gefahr für die öffentliche Sicherheit oder Ordnung
– Schutzgut öffentliche Sicherheit
– Schutzgut öffentliche Ordnung
– Gefahrenbegriff
– Ordnungsgemäßer Adressat (§ 4–6 PolG, § 17–19 OBG)
– Handlungsverantwortlichkeit
– Zustandsverantwortlichkeit
– polizeilicher Notstand *(Nichtstörer)*
– Fehlerfreie Ermessensausübung (§ 40 VwVfG)
– Entschließungsermessen
– Störerauswahlermesssen (mit integrierter Prüfung sonstiger Verantwortlicher)
– Handlungsermessen *(Verhältnismäßigkeitsprüfung/Bestimmtheit § 37 VwVfG)*

IV. Anhang

Literatur: *Poscher/Rusteberg,* Die Klausur im Polizeirecht, JuS 2011, 888 ff., 984 ff., 1082 ff. 2012, 26 ff. *Stollmann,* Die polizeirechtliche Verfügung, VR 2003, 335 ff.; *Tettinger/Mann,* Einführung in die juristische Arbeitstechnik, 4. Aufl. 2009.

Klausurbearbeitung: *Dietlein/Burgi/Hellermann,* Klausurenbuch Öffentliches Recht in NRW, 2009, Fälle 2–7; *Stein/Paintner,* Fälle und Erläuterungen zum Polizei- und Ordnungsrecht, 2000.

Kontrollfragen:
1. Wie ist die (nachträgliche) Rechtmäßigkeitsprüfung einer Polizeimaßnahme durchzuführen?
2. Wann ist die jeweilige Generalklausel anwendbar?

H. Der Anspruch auf polizeiliches Einschreiten

Der grundrechtlichen Fundierung des präventiven Gefahrenabwehrrechts entspricht es, dass die polizei- und ordnungsrechtlichen Eingriffsermächtigungen heute durchgängig als „drittschützend" in der Weise angesehen werden, dass derjenige, dessen Schutzgüter gefährdet sind, hieraus Ansprüche gegen die Behörde geltend machen kann. In dem Dreiecksverhältnis Staat-Störer-Gefährdeter (sog. „Störerdreieck") ist der Gefährdete also nicht bloß Destinatär staatlicher „Wohltaten", sondern als „Staatsbürger" mit eigenen Ansprüchen ausgestattet, die ihm ggf. ein **Recht auf polizeiliches oder ordnungsbehördliches Einschreiten** vermitteln können.

I. Dogmatische Begründung

Betrachtet man Genese und Wortlaut namentlich der Generalklauseln, ist dieses Ergebnis freilich keineswegs so selbstverständlich, wie dies heute den Anschein hat. Noch vor wenigen Jahrzehnten etwa war es fast einhellige Auffassung in Rechtsprechung und Schrifttum, dass das bedrohte Individuum lediglich als (namenloser) „Repräsentant der Allgemeinheit" geschützt werde und daher kein subjektiv-öffentliches Recht gegen die Polizeiverwaltung geltend machen könne (OVG NRW, OVGE 6, 43, 51; Hess.VGH, VwRspr. 9, 101, 103 f.). Auch der Wortlaut der Gesetze ist bei genauer Betrachtung alles andere als eindeutig, scheint doch gerade der Schlüsselbegriff der *„öffentlichen* Sicherheit oder Ordnung" gegen eine Individualisierbarkeit der Gefahrenabwehr zu sprechen; dies umso mehr, als auch der Schutz *„privater Rechte"* allenfalls ausnahmsweise zum Aufgabenbereich der Polizei zählt (§ 1 Abs. 2 PolG). Wenn die Anerkennung einer drittschützenden Funktion der polizeilichen Eingriffsnormen heute dennoch einhellige Auffassung ist, so zum einen mit Blick auf die grundrechtliche Dimension des staatlichen Schutzauftrags (oben Rn. 3), zum anderen mit Blick auf die verwaltungsrechtliche „**Schutznormlehre**" oder „**Schutznormtheorie**". Ihr zufolge ist zwingenden Normen des objektiven Rechts ein hiermit korrespondierendes subjektiv-öffentliches Recht der durch sie faktisch begünstigten Personen grundsätzlich dann zu entnehmen, wenn die betreffenden Norm *zumindest auch* dem Schutz dieser Person zu dienen bestimmt ist. Anders gewendet bleibt ein subjektiv-öffentliches Recht grundsätzlich nur dann ausgeschlossen, wenn sich die Schutzwirkung als zufällige, gesetzlich unbeabsichtigte Nebenfolge des Gesetzes, kurzum als Rechtsreflex, einstellt.

Nach der „klassischen" Lehre handelt es sich freilich um eine dreistufige Prüfung. So ist zunächst zu prüfen, ob ein zwingender Rechtssatz des objektiven Rechts besteht; sodann fragt es sich, ob dieser Rechtssatz zumindest auch im Interesse des Einzelnen besteht. Zuletzt ist festzustellen, ob dem Einzelnen die Rechtsmacht zur Normdurchsetzung vermittelt werden soll. Letztgenannte Voraussetzung wird mit Blick auf die Regelvermutung des Art. 19 Abs. 4 GG heute zumeist nicht mehr gesondert erwähnt (hierzu in Kontext der Generalklauseln eingehend *J. Dietlein*, DVBl. 1991, 685).

Legt man diese (engen oder weiten) Kriterien der Schutznormlehre zugrunde, kann die (auch) subjektive Zielrichtung der Gefahrenabwehrnormen nicht zweifelhaft sein. Dies selbst dann nicht, wenn man das Individuum entsprechend vormaliger Polizeirechtsdoktrin lediglich als „Repräsentant der Allgemeinheit" geschützt sähe. Denn jedenfalls soweit es um den Schutz von Individualrechtsgütern geht, wäre der Einzelne auch in diesem Falle zugleich zielgerichtet in den normativ vermittelten Schutz einbezogen. Es handelte sich also bei den Schutzwirkungen des Polizeirechts in Wahrheit noch nie um bloße Rechtsreflexe, so dass der auch heute noch im Gesetz verwandte Begriff der *„öffentlichen"* Sicherheit ohne nachteilige Folgen bleibt.

> **Beachte:** Eine vergleichbare Problemlage ergibt sich mit Blick auf die Formulierung des § 45 Abs. 1 StVO (Verkehrsbeschränkungen *„aus Gründen der Sicherheit und Ordnung des Verkehrs"*). Die Rechtsprechung geht hier allerdings von einer grundsätzlich allein auf die „Allgemeinheit" bezogenen Schutzzielrichtung der Norm aus und bejaht ein subjektiv-öffentliches Recht lediglich für Straßenanlieger, nicht aber für sonstige Verkehrsteilnehmer (OVG NRW, NWVBl. 1996, 429).

150 Zu beachten bleibt allerdings, dass die individuelle Begünstigungsintention der polizeilichen Befugnisnormen auf Gefahren für die *eigenen Individualrechtsgüter* beschränkt bleibt. Ein subjektives Recht etwa auf die Abwehr von Gefahren für die Schutzgüter Dritter oder staatliche Schutzgüter besteht also nicht. Dies gilt unabhängig davon, ob das durch die objektive Norm vermittelte Ermessen im Einzelfall auf Null reduziert ist oder nicht.

> **Beispiel:** A erfährt von einem unmittelbar bevorstehenden Anschlag auf den Politiker P. Er wendet sich an die Polizei und verlangt deren sofortiges Einschreiten. Objektiv ist das (Entschließungs-)Ermessen der Behörde gewiss auf Null reduziert: die Behörde *muss* tätig werden. A hat gleichwohl, anders als

H. Der Anspruch auf polizeiliches Einschreiten

P, kein mit der objektiven Pflicht der Behörde korrelierendes subjektives Recht auf polizeiliches Einschreiten, da es nicht um den Schutz eigener Güter geht.

II. Reichweite des Anspruchs

Einer differenzierten Lösung bedarf es schließlich hinsichtlich der Frage nach der Reichweite des durch die Befugnisnormen inzident vermittelten subjektiv-öffentlichen Rechts. Der rechtsdogmatische Schlüssel zur Lösung dieser Frage liegt in der Erkenntnis, dass das subjektiv-öffentliche Recht seinem Wesen nach die Befugnis zur (notfalls gerichtlichen) Durchsetzung der Geltungsanordnung einer objektiven Norm darstellt. Das subjektiv-öffentliche Recht findet also seinen Grund sowie seine Grenzen in der objektiven Norm und kann insoweit niemals weiter reichen als die objektive Norm selbst. Handelt es sich bei der objektiven Norm aber – wie im Polizei- und Ordnungsrecht regelmäßig der Fall – um eine Ermessensnorm, beschränkt sich auch der **Anspruch** des Einzelnen notwendig **auf eine ermessensfehlerfreie Entscheidung** über ein mögliches Eingreifen. Man spricht missverständlich von einem „formellen" subjektiven Recht. Keinesfalls vermittelt die Ermessensnorm also unmittelbar einen Anspruch auf polizei- oder ordnungsbehördliches Einschreiten. Ein derartiger Anspruch auf Einschreiten besteht vielmehr erst dort, wo das Ermessen der Behörde im Einzelfall (objektiv) auf Null reduziert ist, wie dies in schweren Gefahrenlagen oder aufgrund einer besonderen Folgenbeseitigungslast der Behörde der Fall sein kann. Dabei kann je nach Lage des Einzelfalles nicht nur das Entschließungsermessen, also das „Ob" des Einschreitens, sondern auch das Störerauswahlermessen oder gar das Handlungsermessen auf Null reduziert sein.

151

> **Beispiel:** Per Allgemeinverfügung hat die örtliche Ordnungsbehörde bekannt gegeben, ungenehmigte Straßenmusik künftig nur noch zeitlich zwischen 10 und 18 Uhr sowie räumlich in der S- und der T-Straße zu dulden. Als Folge hiervon konzentrieren sich in der S- und der T-Straße Straßenmusikanten, die munter auch nach 18 Uhr ihre Künste darbieten. Unter dem Aspekt der Folgenbeseitigungslast hat Anwohner A hier einen Anspruch auf behördliches Einschreiten gegen die nächtlichen Musikanten vor seinem Schlafzimmerfenster (§ 15 i.V.m. § 10 LImSchG).

Soweit sich der Anspruch – wie im Regelfall – darauf beschränkt, dass die Behörde ermessensfehlerfrei über ein mögliches Einschreiten entscheidet, besteht dieser Anspruch solange fort, bis eine entsprechende Entscheidung erfolgt ist. Eine fehlerhafte Ermessensentscheidung führt also nicht zum Untergang des Anspruches, vielmehr kann dieser weiterhin geltend gemacht und notfalls gerichtlich durchgesetzt werden.

> **Beispiel:** Trotz eindringlicher Bitte eines Anwohners weigert sich die Behörde, gegen Straßenmusik vorzugehen, da sie in den Musikanten eine Belebung des Stadtbildes zum Nutzen der Touristik sieht. Soweit hier das Ermessen nicht wegen einer besonderen Vorgeschichte auf Null reduziert ist, wurde das Ermessen des § 15 LImSchG jedenfalls nicht entsprechend dem Zweck des Gesetzes ausgeübt; der Anspruch des Anwohners auf fehlerfreie Ermessensentscheidung besteht fort.

152 Missachtet die Polizei- oder Ordnungsbehörde ihre Pflicht zum Einschreiten, liegt hierin eine Amtspflichtverletzung, die gem. Art. 34 GG/§ 839 BGB zum Schadensersatz verpflichten kann (unten Rn. 270). Auch soweit das Entschließungsermessen der Behörde nicht auf Null reduziert ist, bleibt die fehlerhafte Ermessensausübung eine Amtspflichtverletzung, wenngleich hier ein kausaler Schaden nicht in jedem Fall nachzuweisen sein wird.

III. Anhang

153 **Literatur:** *Dietlein*, Der Anspruch auf polizei- oder ordnungsbehördliches Einschreiten – Zu den dogmatischen Grundlagen des drittschützenden Charakters der polizei- und ordnungsbehördlichen Generalklauseln, DVBl. 1991, 685 ff.; *Di Fabio*, Die Ermessensreduzierung, VerwArch 1995, 214 ff.; *Pietzcker*, Der Anspruch auf ermessensfehlerfreie Entscheidung, JuS 1982, 106 ff.

Klausurbearbeitung: *Dietlein/Burgi/Hellermann,* Klausurenbuch Öffentliches Recht in NRW, 2009, Fall 6 (S. 71 ff.).

Kontrollfrage:
Vermitteln die im Polizei- und Ordnungsrecht regelmäßig vorhandenen Ermessensnormen einen Anspruch auf polizei- oder ordnungsbehördliches Einschreiten?

I. Die polizei- und ordnungsbehördlichen „Standardmaßnahmen"

I. Grundlagen

154 Neben dem Zugriff auf der Grundlage der polizei- und ordnungsbehördlichen Generalklauseln kennen die Gesetze sog. **„Standardmaßnahmen"**, wie sie speziell durch das Polizeigesetz (§§ 9 bis 46 PolG) kodifiziert und durch § 24 OBG in weitem, wenngleich nicht in vollem Umfang in das Ordnungsbehördengesetz rezipiert worden sind. Unter polizeilichen „Standardmaßnahmen" versteht man Eingriffe, die von den Polizei- oder Ordungsbehörden auf der Grundlage von **speziellen Befugnisnormen** (sog. „Standardermächtigungen") vorgenommen werden. Die in den Standardermächtigungen formulierten Rechtsfolgeanordnungen dürfen also nicht auf der Grundlage der allgemeinen Generalklauseln angeordnet werden, sondern

I. Die polizei- und ordnungsbehördlichen „Standardmaßnahmen" 363

ausschließlich nach Maßgabe der vorrangigen Sonderermächtigungen (*lex specialis derogat legi generali*). Die **allgemeine Vorrangregel** wird in § 8 Abs. 1 PolG ausdrücklich erwähnt: Danach kann die Polizei auf der Grundlage der Generalklausel Maßnahmen ergreifen, *„soweit nicht die §§ 9 bis 46 die Befugnisse der Polizei besonders regeln"*. Entstehungsgeschichtlich kann zwischen den „traditionellen" Standardmaßnahmen wie der Platzverweisung, der Ingewahrsamnahme, der Durchsuchung und der Sicherstellung einerseits und den spezifisch „datenschutzrechtlichen" Standardmaßnahmen andererseits differenziert werden (§§ 9–33 PolG), die erst nach dem Volkszählungsurteil des Bundesverfassungsgerichts (BVerfGE 65, 1) gesetzlich fixiert wurden und in einem gesonderten Abschnitt (Rn. 210 ff.) zu behandeln sind. Systematisch lassen sich die Standardermächtigungen in solche zum Zwecke der Gefahren*aufklärung* (z.B. datenschutzrechtliche Ermächtigungen, Durchsuchung) und solche zum Zwecke der Gefahren*beseitigung* (z.B. Platzverweisung, Aufenthaltsverbot, Ingewahrsamnahme, Sicherstellung) differenzieren. Typisch für Standardermächtigungen ist das begriffliche Nebeneinander strafprozessualer und genuin polizeilicher Befugnisnormen. So können etwa die Durchsuchung oder die Sicherstellung von Gegenständen der Durchführung eines Strafverfahrens dienen und damit allein nach den Regeln der Strafprozessordnung erfolgen; sie können aber auch der *präventiven* Gefahrenabwehr dienen und damit ausschließlich polizei- bzw. ordnungsrechtlicher Natur sein. Die strikte Trennung beider Lebensbereiche ist hier für die erfolgreiche Fallbearbeitung unerlässlich (hierzu im Kontext polizeilicher Eigensicherungsmaßnahmen ausführlich oben Rn. 29 ff.). Zu beachten ist schließlich, dass einige Standardermächtigungen die Vollstreckung gleichsam „in sich tragen", wie dies etwa bei der Ingewahrsamnahme oder der Durchsuchung der Fall ist, während andere Maßnahmen, etwa die Platzverweisung oder das Aufenthaltsverbot, lediglich Verhaltensanforderungen formulieren, die nach Maßgabe eigenständiger Befugnisnormen gesondert durchzusetzen sind.

Sinn und Zweck der polizeilichen Standardermächtigungen ist es, **spezielle** 155 **Rechtsfolgeanordnungen** einer **differenzierteren tatbestandlichen Regelung** zu unterwerfen. Zumal bei eingriffsintensiven Eingriffsbefugnissen wird es regelmäßig darum gehen, die tatbestandlichen Voraussetzungen des polizeilichen Zugriffs zu erhöhen

> **Beispiel:** Die Voraussetzungen für eine Wohnungsdurchsuchung werden in § 41 PolG detailliert aufgelistet und übersteigen die Anforderungen der polizeilichen Generalklausel deutlich (z.B. Abs. 1 Nr. 4: *„gegenwärtige Gefahr für Leib, Leben und Freiheit ... oder für Sachen von bedeutendem Wert"*).

oder besondere verfahrensrechtliche Sicherungen in das Gesetz einzubauen.

> **Beispiele:** Die Wohnungsdurchsuchung bedarf grundsätzlich einer richterlichen Durchsuchungsanordnung (§ 42 PolG). Die Verwertung einer sichergestellten Sache unterliegt den Regeln des § 45 PolG.

§ 3. Polizei- und Ordnungsrecht NRW

Ausnahmsweise kann es aber auch gerade umgekehrt darum gehen, die polizeilichen Zugriffsmöglichkeiten aus besonderen Gründen zu erweitern, indem die tatbestandlichen Voraussetzungen einer Maßnahme gegenüber jenen der Generalklausel herabgesetzt werden.

> **Beispiel:** Nach § 39 Abs. 1 PolG kann eine Person, die „nach diesem Gesetz oder anderen Rechtsvorschriften festgehalten werden kann" (Nr. 1) oder die sich in hilfloser Lage befindet (Nr. 3), polizeilich durchsucht werden. Es bedarf für die Durchführung der Maßnahme also nicht des gesonderten Nachweises einer konkreten Gefahr für die öffentliche Sicherheit.

Vereinzelt finden sich schließlich – wie bei der Platzverweisung (§ 34 Abs. 1 PolG) – Befugnisnormen ohne signifikante tatbestandliche Abweichung gegenüber der Generalklausel (str.), so dass die Kodifikation der entsprechenden Standardmaßnahme letztlich ohne tieferen Sinn und Nutzen bleibt.

Als „klassische" Standardmaßnahmen sollen im Folgenden die *Platzverweisung*, das *Aufenthaltsverbot*, die *Wohnungsverweisung*, die *Ingewahrsamnahme*, die *Durchsuchung* sowie die *Sicherstellung* näher dargestellt werden.

II. Platzverweisung (§ 34 Abs. 1 PolG)

156 Die vorübergehende Verweisung von einem Ort bzw. das vorübergehende Verbot des Betretens eines Ortes sind die möglichen Rechtsfolgeanordnungen der in § 34 Abs. 1 PolG geregelten Platzverweisung. Über § 24 Nr. 13 OBG ist diese spezielle Eingriffsermächtigung zugleich als Standardermächtigung des Ordnungsbehördengesetzes „rezipiert" worden. Beide Eingriffsermächtigungen beziehen sich allein auf die präventive Gefahrenabwehr und sind von der parallelen strafprozessualen Befugnisnorm des § 164 StPO strikt zu differenzieren. Im Bereich der präventiven Gefahrenabwehr können Platzverweisungen daneben auch auf der Grundlage des Jugendschutzgesetzes oder des Straßenverkehrsrechts (§ 36 Abs. 1 StVO) ergehen. Die einschlägigen speziellen Befugnisnormen gehen dem allgemeinen Polizei- und Ordnungsrecht vor. Rechtstechnisch handelt es sich bei der Platzverweisung um einen Verwaltungsakt, so dass die diesbezüglichen Verfahrensvoraussetzungen (§§ 28, 37 ff. VwVfG) zu beachten sind.

1. Anwendungsbereich

157 Die Platzverweisung bietet zwei polizeiliche Handlungsmöglichkeiten, die in der Regel miteinander kombiniert werden, nämlich zum einen die Befugnis, eine Person des Ortes zu verweisen (*Entfernungsgebot*), zum anderen die Befugnis, einer Person das Betreten eines Ortes zu verbieten (*Betretungsverbot*). Wesentlich für die Platzverweisung ist, dass es sich lediglich um „*vorübergehende*", also kurzfristig geltende Ge- oder Verbote handeln kann. Zwar benennt das Gesetz keinen festen Zeitrahmen. Aus dem Beispielsfall

des Abs. 1 S. 2 (Behinderung von Rettungskräften) ergibt sich indes, dass es sich grundsätzlich um Maßnahmen **im Stundenbereich** handeln muss. Mehrtätige Anordnungen fallen dagegen schon mit Blick auf das Grundrecht der Freizügigkeit (Art. 11 GG) aus dem Anwendungsbereich der Platzverweisung heraus. So benennt zumindest das Ordnungsbehördengesetz Art. 11 GG nicht als eingeschränktes Grundrecht (§ 44 OBG) und bietet wegen des Zitiergebotes in Art. 19 Abs. 1 S. 2 GG insoweit auch keine Legitimationsgrundlage für eine Beschränkung der Freizügigkeit. Von der Befugnisnorm nicht erfasst werden daher längerfristige (mehrtätige) „Aufenthaltsverbote" (nunmehr geregelt in § 34 Abs. 2 PolG), aber etwa auch die Räumung „besetzter" Häuser, da es hier nicht um vorübergehende Anordnungen geht, sondern um die endgültige Exmittierung der Hausbesetzer. Dagegen dürfte eine auf die kurzfristige Räumung von Wohnungen bezogene Anwendung der Platzverweisung nicht generell an der Spezialität des § 34 a PolG scheitern, da § 34 a PolG erkennbar auf den Sonderfall häuslicher Gewalt bezogen ist (a. A. *Rhein*, OBG-Komm., § 24 i. V. m. § 34 PolG Rn. 3). Insofern kann die Räumung von Häusern etwa zur Entschärfung von aufgefundenen Kampfmitteln durchaus Gegenstand einer Platzverweisung sein, wenngleich sich aus § 34 PolG kein polizeiliches Recht auf Betreten und Durchsuchen der Wohnungen ergibt (hierzu § 41 PolG). Der sog. *„Verbringungsgewahrsam"* stellt, selbst wenn es darum geht, Personen von einem bestimmten Ort fernzuhalten, keine Platzverweisung dar. Ihm kommt ein die Platzverweisung „überschießender" Gehalt insoweit zu, als der Betroffene zugleich genötigt wird, einen bestimmten Platz *aufzusuchen*, was regelmäßig nicht Gegenstand einer Platzverweisung sein kann.

> **Beispiel:** Fotoreporter F stört durch seine exzessiven Fotoaufnahmen die Rettungsarbeiten bei einem schweren Verkehrsunfall. Der Polizeibeamte P ergreift daraufhin den F und „verbringt" ihn in ein 10 km entferntes Waldgebiet. F wurde hier nicht nur das Platzes „verwiesen", sondern genötigt, einen bestimmten Ort aufzusuchen. Es handelt sich weder um einen Platzverweis iS. des § 34 Abs. 1 PolG noch um die vollstreckungsrechtliche Durchsetzung einer solchen Maßnahme nach § 50 Abs. 1 PolG (str.).

Keine Aussage trifft das Gesetz im Hinblick auf die räumliche Bemessung des freizuhaltenden „Ortes", der keinesfalls pauschal im Sinne einer „Ortschaft" als Gemeinde interpretiert werden kann. Maßgeblich sind insoweit funktionale Aspekte der Gefahrenabwehr, so dass die Platzverweisung im Ergebnis ausnahmsweise auch größere Bereiche bis hin zu ganzen Ortschaften erfassen kann. Die „Verbringung" an die Ortsgrenzen kann in diesem Fall durchaus als Durchsetzung einer Platzverweisung gewertet werden (*Finger*, NordÖR 2006, 423). Insbesondere wegen der grundrechtlichen Garantie der Unverletzlichkeit der Wohnung (Art. 13 GG) wird eine solch umfassende Platzverweisung allerdings regelmäßig nur für auswärts wohnende Personen in Betracht kommen.

> **Beispiel:** Im Juli 1997 wollten Chaoten in Lindau am Bodensee „Chaostage" durchführten. Unter dem Titel „Bekämpfen wir diese Stadt" wurden „Chaos, Anarchie, Terror" angekündigt. Nach dem Verbot der Veranstaltung verhängte die Behörde gegen Skinhead S einen Platzverweis für die gesamte Insel Lindau (BayObLG, NVwZ 2000, 467).

159 Mit umfasst von der Standardermächtigung des § 34 Abs. 1 PolG ist die behördliche Befugnis, von dem Betroffenen die Mitnahme von Sachen oder Tieren zu verlangen. Geht es ausschließlich um die Behebung der durch eine Sache oder ein Tier begründeten Gefahr, bedarf es insoweit freilich einer sorgsamen Abgrenzung zur alternativen Standardmaßnahme der Sicherstellung nach § 43 PolG. Zu beachten ist ferner, dass die Rechtsfolge des § 34 Abs. 1 PolG allein die Statuierung einer Handlungs- bzw. Unterlassungspflicht zum Inhalt hat. Die *tatsächliche* Durchsetzung der Platzverweisung ist also von § 34 Abs. 1 PolG nicht zugleich mit gedeckt, sondern bedarf gesondert zu legitimierender Maßnahmen. Insoweit kommt zum einen ein Rückgriff auf das allgemeine Verwaltungsvollstreckungsrecht in Betracht (§ 50 Abs. 1 PolG bzw. § 55 Abs. 1 VwVG: Vollstreckung einer Verfügung), zum anderen der Einsatz des Mittels der Ingewahrsamnahme, das § 35 Abs. 1 Nr. 3 PolG ausdrücklich für anwendbar erklärt, soweit es um die Durchsetzung einer Platzverweisung geht.

2. Tatbestandliche Voraussetzungen

160 Tatbestandlich setzt § 34 Abs. 1 PolG allein das Bestehen einer Gefahr voraus, womit nach den Legaldefinitionen des § 8 Abs. 1 PolG/§ 14 Abs. 1 OBG eine Gefahr für die öffentliche Sicherheit oder Ordnung gemeint ist. Die in Abs. 2 geregelte Fallvariante der Behinderung des Einsatzes der Feuerwehr oder von Hilfs- und Rettungsdiensten stellt lediglich ein „Regelbeispiel" für abzuwehrende Gefahren dar, so dass selbstverständlich auch die Behinderung des „Ausrückens" von Rettungskräften, aber auch die Behinderung polizeilicher Geschwindigkeitskontrollen durch „Warnungen" (hierzu oben Rn. 54) eine Platzverweisung rechtfertigen kann. § 34 Abs. 1 PolG hebt sich insoweit nicht von den Eingriffsvoraussetzungen der Generalklausel ab (a. A. Bösch, JURA 2009, 650, 654: Satz 2 als Absenkung der tatbestandlichen Eingriffsvoraussetzungen).

161 Immerhin ist umstritten, ob die Frage der Verantwortlichkeit im Rahmen der Anwendung des § 34 Abs. 1 PolG einer gesonderten (tatbestandlichen) Überprüfung bedarf oder ob die Maßnahme ohne Rücksicht auf besondere Pflichtigkeiten ausgesprochen werden darf. Die Frage gewinnt namentlich für eine mögliche Inanspruchnahme von Nichtstörern außerhalb des polizeilichen Notstandes an Relevanz. Richtigerweise gibt es keinen überzeugenden Grund, im Rahmen der Platzverweisung von dem (auch verfassungsrechtlich imprägnierten) Erfordernis eines spezifischen Zurechnungsgrundes kraft Verantwortlichkeit oder polizeilichen Notstandes abzuweichen (so auch VG Schleswig, NVwZ 2000, 464, 465). Die praktischen Konsequenzen dieses Streites dürften freilich eher gering sein, da die Platzverweisung in Fällen des

polizeilichen Notstandes auch gegenüber Nichtstörern angewendet werden kann. Insgesamt erweist sich der Tatbestand des § 34 Abs. 1 PolG insoweit als deckungsgleich mit dem der Generalklausel. Die Platzverweisung ist somit lediglich bei formaler, nicht aber bei materieller Betrachtung eine Spezialregelung gegenüber § 8 PolG.

3. Verfahrensrechtliche Aspekte

Die Platzverweisung kann gegen einen Einzelnen, soweit es um die Abwehr "gemeiner" Gefahren geht aber auch gegen eine Vielzahl von Personen verhängt werden. In letzterem Falle wird die Behörde die Platzverweisung in Form einer Allgemeinverfügung anordnen (§ 35 S. 2 1. Alt. VwVfG). In diesem Fall kann die Verfügung in ortsüblicher Form, etwa mittels Lautsprecher, bekanntgemacht werden (§ 41 Abs. 4 VwVfG NRW). Sie ist dann auch für diejenigen Personen verbindlich, die die Bekanntgabe akustisch nicht mitbekommen haben. 162

> **Beispiel:** Die Polizei räumt wegen einer Bombendrohung das Fußballstadion. Zur Bekanntgabe der Verfügung wird sie sich hierbei der Lautsprecheranlage des Stadions bedienen.

III. Aufenthaltsverbot (§ 34 Abs. 2 PolG)

Neueren Datums ist das durch Gesetz vom 8.7.2003 in § 34 Abs. 2 PolG kodifizierte "Aufenthaltsverbot", dessen Anordnung vor der Normierung einer entsprechenden Standardermächtigung auf die (ordnungsbehördliche) Generalklausel gestützt wurde (OVG NRW, NWVBl. 2001, 93). Überfällig war die sondergesetzliche Kodifikation vor allem deshalb, weil das Aufenthaltsverbot – anders als die kurzfristige Platzverweisung – einen Eingriff in das **Grundrecht der Freizügigkeit** (Art. 11 GG) enthält, ohne dass das Ordnungsbehördengesetz den Anforderungen an ein schrankenziehendes Gesetz genügen konnte. So fehlt es in § 44 OBG namentlich an der von Art. 19 Abs. 1 S. 2 GG geforderten Zitierung des Art. 11 GG. In § 7 PolG wird dagegen Art. 11 GG ausdrücklich als eingeschränktes Gesetz genannt. Wenig konsistent erscheint vor dem Hintergrund des polizeilichen Subsidiaritätsgrundsatzes allerdings die Zuweisung dieser Standardmaßnahme allein an die Polizei, nicht aber an die Ordnungsbehörden (§ 24 Nr. 13 OBG), zumal es bei den betreffenden Maßnahmen nur selten um einen „ersten Zugriff" gehen wird. Auch bei dem Aufenthaltsverbot handelt es sich der Rechtsform nach um einen **Verwaltungsakt**, für den die diesbezüglichen verfahrensrechtlichen Anforderungen zu beachten sind. 163

Unberechtigt erscheinen dagegen vereinzelt laut gewordene Zweifel an der Gesetzgebungszuständigkeit des Landes (vgl. *Hecker*, NVwZ 1999, 261, 262). Zwar normiert Art. 73 Nr. 3 GG eine ausschließliche Bundeszuständigkeit für die Gesetzgebung über Fragen der „Freizügigkeit". Hiervon nicht berührt bleiben jedoch solche Beschränkungen der Freizügigkeit, die sich als notwendige Folge der dem Land zugewiesenen und auch von Art. 11 Abs. 2 GG inzident anerkannten polizeilichen Normsetzungs- und Vollzugskompetenz ergeben. So wäre eine effektive Organisation der Gefahrenabwehr ohne jegliche Eingriffe in die Freizügigkeit kaum denkbar. Dies gilt nicht nur im Hinblick auf die hier relevanten Aufenthaltsverbote, sondern ebenso für sonstige traditionelle Standardmaßnahmen wie den Präventiv- oder Unterbindungsgewahrsam. Aus diesen systematischen Erwägungen lässt sich folgern, dass personenbezogene Maßnahmen der Gefahrenabwehr, die lediglich „bei Gelegenheit" der Gefahrenprävention in die Freizügigkeit eingreifen, der Landesgesetzgebung unterstehen.

1. Anwendungsbereich

164 § 34 Abs. 2 PolG gibt der Polizei die Befugnis, einzelnen Personen das Betreten und den Aufenthalt in einem bestimmten örtlichen Bereich zu verbieten. Als örtlicher Bereich kommt dabei ein Gebietsteil innerhalb einer Gemeinde, aber auch ein Gemeindegebiet insgesamt in Betracht (S. 2), wobei es sich um den Gebietsteil handeln muss, in dem der Betroffene iS. des S. 1 „auffällig" geworden ist (*„diesen Bereich"*). Von dem Aufenthaltsverbot müssen aus Gründen der Verhältnismäßigkeit diejenigen Bereiche ausgenommen bleiben, in denen die betroffene Person ihre Wohnung (Art. 13, 14 GG) hat sowie in denen sie berechtigte Interessen wahrnimmt, also etwa einen Arzt aufsucht (Art. 2 Abs. 2 GG) oder ihrer Arbeit nachgeht (Art. 12 GG). Das Aufenthaltsverbot darf die Dauer von drei Monaten nicht überschreiten (S. 4). Die „kettenweise" Aneinanderreihung von dreimonatigen Aufenthaltsverboten ist mit Sinn und Zweck der Befristung grundsätzlich nicht vereinbar. Etwas anderes kann freilich gelten, wenn die betroffene Person nach Ablauf eines Aufenthaltsverbotes erneut in einer Weise in Erscheinung getreten ist, die die Anordnung eines Aufenthaltsverbotes rechtfertigt (so wohl auch OVG NRW, NVwZ-RR 2009, 516). Ungeachtet dieser maximalen zeitlichen und örtlichen Grenzen ist das Aufenthaltsverbot nach § 34 Abs. 2 S. 3 PolG „*auf den zur Verhütung der* (scil. mit dem Aufenthaltsverbot zu bekämpfenden, d. V.) *Straftat erforderlichen Umfang zu beschränken*". Die allgemeinen Grundsätze der Verhältnismäßigkeit finden uneingeschränkte Anwendung. Soweit dabei die „Geeignetheit" von Aufenthaltsverboten mit Blick auf eine womöglich bloße Verlagerung der „Szene" angezweifelt wurde, ist die Rechtsprechung dem zu Recht nicht gefolgt.

> **Beispiel:** Das Aufenthaltsverbot erweist sich auch bei nicht auszuschließender Verlagerung der Szene jedenfalls als Schritt in die richtige Richtung, da es zumindest geeignet ist, die weitere Begehung von Straftaten „zu erschweren" (BayVGH, NVwZ 2000, 454, 456); teilw. anders aber LG Berlin, DÖV 2001, 42, für die Ingewahrsamnahme eines Dealers.

2. Tatbestandliche Voraussetzungen des § 34 Abs. 2 PolG

Das Aufenthaltsverbot kann angeordnet werden, wenn „Tatsachen die An- 165
nahme rechtfertigen, dass eine Person in einem bestimmten örtlichen Bereich
eine Straftat begehen oder zu ihrer Begehung beitragen wird". Hierbei reicht
ein durch Tatsachen belegbarer „Verdacht". „Einfache" Gefahren für die
öffentliche Sicherheit reichen für die Anordnung eines Aufenthaltsverbotes
also ebenso wenig aus wie Gefahren für die öffentliche Ordnung.

Eine Besonderheit weist der Tatbestand des § 34 Abs. 2 PolG insoweit auf, 166
als die Person des Adressaten der Maßnahme unmittelbar in der Befugnisnorm selbst näher konturiert wird, so dass ein unmittelbarer Rückgriff auf
die Regelungen zur Verantwortlichkeit (§§ 4 ff. PolG) aus Spezialitätsgründen nicht mehr möglich ist. Als Adressaten des Aufenthaltsverbotes kommen
danach diejenigen Personen in Betracht, bei denen Tatsachen die Annahme
rechtfertigen, dass sie in dem betreffenden Bereich Straftaten begehen oder
zu deren Begehung beitragen werden. Da der Begriff der „*Begehung*" einer
Straftat auch mögliche Teilnahmeformen (Anstiftung und Beihilfe) einschließt, ist der alternative Begriff des „*Beitragens*" zur Begehung einer
Straftat untechnisch zu verstehen. Es bedarf insoweit also keiner selbständigen Strafbarkeit des Beitragenden; vielmehr reicht aus, dass durch das Verhalten des Betroffenen die Gefahr einer anderweitigen Begehung von Straftaten in zurechenbarer Weise erhöht wird.

> **Beispiel:** Wer regelmäßige Kontakte zur offenen Drogenszene eines Ortes
> pflegt, trägt hierdurch, selbst wenn er weder Drogenhändler noch Drogenkonsument ist, zur Etablierung und Verfestigung dieser Szene bei und verstärkt damit die Gefahr von Verstößen gegen das Betäubungsmittelgesetz
> (§§ 29 ff. BtMG). Ferner begünstigt er durch die Zugehörigkeit zur betreffenden Personenansammlung interne Abschirmungspraktiken der Szene und
> erschwert damit die polizeiliche Gefahrenabwehr (OVG NRW, NWVBl.
> 2001, 93, 94).

Einer etwaigen unsachgemäßen Ausweitung der Standardmaßnahme kann
hierbei durch die Übertragung der Wertungskriterien zur Verhaltensverantwortlichkeit entgegengewirkt werden. So darf eine Person, die in Wahrnehmung zuerkannter Rechte (z.B. als Sozialarbeiter oder Priester) Kontakte zu
Mitgliedern der Szene sucht, grundsätzlich auch dann nicht mit einem Aufenthaltsverbot belegt werden, wenn in ihrem „Windschatten" strafbare
Handlungen erfolgen. Ob darüber hinaus auch eine Inanspruchnahme
„nichtverantwortlicher Personen" unter dem Aspekt des polizeilichen Notstandes in Betracht kommt, erscheint angesichts der selbständigen Regelung
der Adressatenproblematik durch § 34 Abs. 2 PolG fraglich und dürfte im
Ergebnis zu verneinen sein.

3. Vollziehung

167 Aufenthaltsverbote sind nicht etwa „*self-executing*", sondern bedürfen im Falle der Nichtbefolgung polizeilicher Durchsetzung. Stets in Betracht kommt die Vollstreckung der einschlägigen Verfügung über § 50 Abs. 1 PolG bzw. (für die Ordnungsbehörden) über § 55 Abs. 1 VwVG. Ob – ebenso wie bei der klassischen Platzverweisung – auch für das Aufenthaltsverbot die Ingewahrsamnahme als Mittel der Durchsetzung in Betracht kommt, ist nach dem Gesetzeswortlaut nicht völlig eindeutig. So erwähnt § 35 Abs. 1 Nr. 3 PolG das Aufenthaltsverbot, anders als die Platzverweisung und die Wohnungsverweisung, nicht explizit. Immerhin aber spricht § 35 Abs. 1 Nr. 3 PolG generell von einer „*Platzverweisung nach § 34*", ohne zwischen den beiden Befugnisnormen der Abs. 1 und 2 zu differenzieren. Dies könnte scheinbar dafür sprechen, dass § 35 Abs. 1 Nr. 3 PolG mit dem Begriff der Platzverweisung auch das Aufenthaltsverbot in Bezug nehmen will. Entgegen zu halten ist allerdings, dass der Begriff der Platzverweisung in der Polizeirechtslehre eindeutig für kurzfristige Maßnahme belegt ist. Betrachtet man die Geltungsdauer der Aufenthaltsverbote von bis zu drei Monaten, kommt eine Durchsetzung entsprechender Verbote im Wege der Ingewahrsamnahme zudem schon zeitlich nicht in Betracht, da die Dauer des polizeilichen Gewahrsams nach § 38 Abs. 1 Nr. 3 PolG keinesfalls über das Ende des Tages nach der Ergreifung hinausreichen darf.

IV. Wohnungsverweisung (§ 34 a PolG)

1. Anwendungsbereich

168 Ebenfalls neueren Datums ist die in § 34 a PolG normierte Befugnis der Polizei, eine Person, von der eine Gefahr für eine in einer bestimmten Wohnung wohnende „*gefährdete Person*" ausgeht, „*aus der Wohnung ... sowie aus deren unmittelbaren Umgebung (zu) verweisen und ihr die Rückkehr in diesen Bereich (zu) untersagen*". Ziel der Regelung ist die Bekämpfung **häuslicher Gewalt**, in deren Folge sich das jeweilige Opfer bislang zumeist gezwungen sah, die – regelmäßig gemeinsame – Wohnung zu verlassen und sich um eine anderweitige Unterbringung zu bemühen. Die präventivpolizeiliche Regelung schließt unmittelbar an das *Gesetz zum zivilrechtlichen Schutz vor Gewalttaten und Nachstellung (Gewaltschutzgesetz)* vom 11.12.2001 (BGBl. I S. 3513) an, das ein richterliches Betretungsverbot ermöglicht, damit aber zugleich eine gewisse Schutzlücke bis zum Zeitpunkt der gerichtlichen Entscheidung belässt. Da diese Lücke im Wege der Platzverweisung, der Ingewahrsamnahme oder einer sonstigen allgemeinen Maßnahme kaum angemessen zu schließen war, hat sich der Gesetzgeber – ebenso wie in vielen anderen Bundesländern geschehen – für einen sondergesetzlichen Eingriffstatbestand entschieden. Die Konsequenzen häuslicher Gewaltakte treffen danach den Verursacher selbst, der aus der gemeinsamen

I. Die polizei- und ordnungsbehördlichen „Standardmaßnahmen"

Wohnung bzw. der unmittelbaren Umgebung dieser Wohnung verwiesen wird. Der räumliche Bereich, auf den sich Wohnungsverweisung und Rückkehrverbot beziehen, ist nach den Erfordernissen eines wirkungsvollen Schutzes des Gewaltopfers zu bemessen und genau zu bezeichnen (S. 2). Die Maßnahme bleibt von Gesetzes wegen auf maximal 10 Tage befristet, soweit die Polizei im Einzelfall nicht ohnehin ausnahmsweise eine kürzere Geltungsdauer festlegt (Abs. 5). Sucht der Betroffene nach Maßgabe des Gewaltschutzgesetzes um zivilgerichtlichen Schutz mit dem Ziel des Erlasses einer einstweiligen Anordnung nach, endet die Maßnahme auch vor Ablauf der 10 Tage mit dem Tag der gerichtlichen Entscheidung. Die neue Standardmaßnahme liegt damit in einem *Grenzbereich* zwischen präventiver Gefahrenabwehr und der bürgerlich-rechtlicher Konfliktregelung (Art. 74 Abs. 1 Nr. 1 GG). Dennoch dürfte eine landesrechtliche (polizeiliche) Gesetzgebungskompetenz noch zu bejahen sein. Eine ausschließliche Bundeszuständigkeit nach Art. 73 Nr. 3 GG dürfte schließlich aus denselben Gründen zu verneinen sein wie beim Aufenthaltsverbot nach § 34 Abs. 2 PolG (oben Rn. 163 ff.). Die Wohnungsverweisung ist ebenso wie die Platzverweisung und das Aufenthaltsverbot ein Verwaltungsakt. Eine entsprechende Geltung der Befugnisnorm für die Ordnungsbehörden sieht § 24 OBG nicht vor.

2. Tatbestandliche Voraussetzungen

Wohnungsverweisung und Rückkehrverbot können angeordnet werden, wenn und soweit von der in Anspruch genommenen Person eine gegenwärtige Gefahr für Leib, Leben oder Freiheit einer anderen, in der betreffenden Wohnung wohnenden Person ausgeht. Teilweise wird hierbei ein strafrechtlich relevantes Handeln vorausgesetzt (Bösch, JURA 2009, 650, 654). Eine besondere partnerschaftliche Bindung zwischen den beiden Personen setzt das Gesetz nicht voraus, so dass die Wohnungsverweisung etwa auch für Mitglieder einer Wohngemeinschaft ausgesprochen werden kann. Nicht ganz eindeutig ist nach dem Gesetzeswortlaut, ob es sich notwendig um eine gemeinsame Wohnung von Opfer und Täter handeln muss. So spricht etwa § 34 Abs. 1 S. 1 PolG lediglich von der „*Wohnung, in der die gefährdete Person wohnt*". Immerhin spricht für das Erfordernis einer gemeinsamen Wohnung, dass dem Betroffenen nach § 34 a Abs. 2 PolG Gelegenheit zur *Mitnahme der dringend benötigten Gegenstände des persönlichen Bedarfs* zu geben ist. Auch spricht hierfür, dass der ungebilligte Aufenthalt in einer fremden Wohnung den Straftatbestand des Hausfriedensbruches erfüllt und insofern nicht wirklich das durch § 34 a PolG geregelte Thema der „*häuslichen Gewalt*" betrifft.

169

3. Schutz des Opfers und vollstreckungsrechtliche Fragen

§ 34 a PolG statuiert zahlreiche polizeiliche Kontroll- und Beratungspflichten zum Schutz der gefährdeten Person. Insbesondere muss auf die Möglichkeiten zivilrechtlichen Schutzes hingewiesen werden (Abs. 4); ferner ist die

170

Einhaltung eines ausgesprochenen Rückkehrverbotes mindestens einmal während seiner Geltung zu überprüfen (Abs. 7). Die Durchsetzung der Wohnungsverweisung und des Rückkehrverbotes kann im Wege der konventionellen Verwaltungsvollstreckung (§ 50 Abs. 1 PolG) erfolgen. Ausdrücklich zugelassen ist daneben auch die vorübergehende (§ 38 Abs. 1 Nr. 3 PolG!) Ingewahrsamnahme als Mittel der Durchsetzung einer Wohnungsverweisung (§ 35 Abs. 1 Nr. 4 PolG). Zu beachten ist schließlich, dass die Fortgeltung der Wohnungsverweisung nach dem Gesetzestext nicht zur Disposition der gefährdeten Person steht. Diese gesetzgeberische Entscheidung vermag vor dem Hintergrund einer drohenden Erpressbarkeit des Opfers häuslicher Gewalt durchaus einzuleuchten. Allerdings wird man mit Blick auf die Grundrechte namentlich der Art. 6 und 13 GG bzw. aus Gründen der Verhältnismäßigkeit eine vorzeitige Aufhebung der Maßnahme dort für notwendig ansehen müssen, wo es erkennbar zu einer Aussöhnung der Lebenspartner und damit zu einem Ende der Gefährdungssituation gekommen ist.

V. Ingewahrsamnahme (§§ 35 ff. PolG)

171 Eine besondere grundrechtliche Relevanz weist die Ingewahrsamnahme nach §§ 35 ff. PolG auf, die bereits deshalb eine ausführliche Regelung im Katalog der polizeilichen Standardmaßnahmen erfahren musste. So greift die Ingewahrsamnahme in das Grundrecht der persönlichen Freiheit (Art. 2 Abs. 2 iVm. Art. 104 GG) ein und unterliegt als **„Freiheitsentziehung"** iS. des Art. 104 Abs. 2 GG zudem besonderen verfahrensrechtlichen Sicherungen (hierzu unten Rn. 180 ff.). Berührt ist ferner Art. 5 der *Europäischen Menschenrechtskonvention (EMRK)*, der der Freiheitsentziehung ohne richterliche Entscheidung enge Grenzen setzt (Art. 5 Abs. 1 lit. c, e und f EMRK, s. *Heinemann/Hilko*, DVBl. 2012, 1467). Dabei fließen die Vorgaben der EMRK, wie sie über durch den EGMR konkretisiert werden, über den Grundsatz der „Völkerrechtsfreundlichkeit des Grundgesetzes" sowohl in die Auslegung des einfachen Rechtes als auch in die Interpretation des Bundesgrundrechte (Art. 2 Abs. 2 iVm. Art. 104 GG) ein.

Ihrer rechtlichen Natur nach ist die Ingewahrsamnahme, auch wenn sie den Vollzug gleichsam „in sich trägt" und deshalb keiner gesonderten Vollstreckung mehr bedarf („*self-executing*"), nicht lediglich ein „Realakt" bzw. schlichthoheitliches Handeln, sondern eine Maßnahme mit Regelungswirkung und damit **Verwaltungsakt** iS. des § 35 VwVfG. Soweit möglich, bedarf es somit etwa einer Anhörung des Betroffenen (§ 28 VwVfG mit Ausnahmen in Abs. 2). Soweit die Ordnungsbehörde von der über § 24 Nr. 13 OBG (weitgehend) rezipierten Standardermächtigung Gebrauch macht, bedarf es gar grundsätzlich einer schriftlichen Anordnung (§ 20 OBG mit möglichen Ausnahmen). Zu beachten bleibt, dass die polizei- und ordnungsbehördliche Ingewahrsamnahme strikt von parallelen strafprozessualen Befugnissen (§§ 112 ff., 126 a f., 164 StPO) zu differenzieren ist. Ferner gehen im präventiv-polizeilichen Bereich spezielle Unterbringungsbefugnisse (etwa nach den §§ 10 ff. PsychKG) vor.

I. Die polizei- und ordnungsbehördlichen „Standardmaßnahmen" 373

1. Anwendungsbereich

Das Gesetz charakterisiert Form und Inhalt der Ingewahrsamnahme nicht 172
näher. Immerhin ergibt sich etwa aus § 36 Abs. 1 und 2 PolG, dass es um
ein „**Festhalten**" von Personen geht, so dass auch diejenige Gewaltanwendung, die für das schlichte „Festhalten" erforderlich ist, von der Standardermächtigung mitumfasst ist. Gemeinhin wird die Ingewahrsamnahme definiert als das (zeitlich befristete) Festhalten einer Person an einem eng
umgrenzten Ort gegen oder ohne ihren Willen. Keine Ingewahrsamnahme in
diesem Sinne ist demnach die freiwillige Unterstellung des Bürgers unter
polizeilichen Schutz (sog. „*unechter Gewahrsam*").

> **Beispiel:** Nach einer Heimniederlage des gastgebenden Fußballvereins sucht
> der von allen Seiten angefeindete Schiedsrichter S Schutz im Streifenwagen
> anwesender Polizeibeamter.

Keine Ingewahrsamnahme iS. des Gesetzes ist ferner der sog. „*Verbringungsgewahrsam*", bei der eine Person nicht festgehalten, sondern lediglich
zu einem fremden Ort „verbracht" und dort sich selbst überlassen wird (a.
A. *Thiel*, POR, Rn. 462 ff.). § 37 Abs. 3 PolG scheint für die Ingewahrsamnahme ferner vorauszusetzen, dass die festgehaltene Person von der Polizei gleichsam in eigenen Räumen „untergebracht", also etwa in einem Arrest- oder Haftraum, aber auch in einem Streifenwagen festgehalten wird.
Allerdings enthält § 37 Abs. 3 PolG keine authentische Interpretation des
Gewahrsamsbegriffes, so dass Freiheitsentziehungen auch jenseits einer gesonderten Unterbringung der Betroffenen denkbar sind, also etwa auch
durch bloßen „Hausarrest" (i. E. str.) oder die „Einkesselung" von Personen.

> **Beispiel:** Nach der polizeilichen Auflösung einer gewalttätigen Versammlung
> verbleibt ein radikaler „Kern", der unter Androhung schwerer Straftaten
> Richtung Innenstadt zieht. Die Polizei „kesselt" die Gruppe ein und nimmt
> ihr komplett die Bewegungsfreiheit. Es handelt sich um eine Ingewahrsamnahme nach § 35 PolG. Das Versammlungsgesetz ist nach Auflösung der
> Versammlung nicht mehr anwendbar (Rn. 308).

Die Ingewahrsamnahme darf gem. § 38 Abs. 1 Nr. 3 PolG maximal bis zum
Ende des Tages nach dem Ergeifen andauern, muss also unterhalb einer **48-
Stunden-Grenze** verbleiben. Ein freies Recht zur „Ausschöpfung" dieser
Frist existiert indes nicht (s. EGMR, EuGRZ 2005, 474 ff.; unten Rn. 180).
Kein „Festhalten" iS. des § 35 PolG ist dagegen das (kurzfristige) „Anhalten" einer Person, etwa zum Zwecke der Identitätsfeststellung (§ 9 Abs. 1
S. 2 PolG). Ein derartiges Anhalten einer Person enthält auch keine Freiheits*entziehung* iS. des Art. 104 Abs. 2 GG, sondern lediglich eine Freiheits*beschränkung* iS. des Art. 104 Abs. 1 GG. Gleiches gilt für sonstige (Standard-)
Maßnahmen, die lediglich „beiläufig" und unvermeidlich zu einer Freiheitsbeschränkung führen.

> **Beispiele:** Die Polizei schließt S in einen Streifenwagen ein, um ihn zum Zweck der Durchführung erkennungsdienstlicher Maßnahmen in das Polizeipräsidium zu bringen.

2. Tatbestandliche Voraussetzungen

173 Das Polizeigesetz regelt in tatbestandlicher Hinsicht fünf unterschiedliche, enumerativ aufgelistete Anwendungsfälle für den Gewahrsam. Folgende Konstellationen sind, auch hinsichtlich ihrer Übernahme durch das OBG (§ 24), zu differenzieren:

a) Der „Schutzgewahrsam" (§ 35 Abs. 1 Nr. 1 PolG)

174 Die Polizei kann eine Person in Gewahrsam nehmen, wenn dies „zum Schutz der Person gegen eine Gefahr für Leib und Leben erforderlich ist, insbesondere weil die Person sich erkennbar in einem die freie Willensbestimmung ausschließenden Zustand oder sonst in hilfloser Lage befindet". Charakteristisch für den Schutzgewahrsam ist damit das Handeln im Interesse des Betroffenen selbst. Stets zu beachten bleibt freilich, dass die Maßnahme die Grenzen der Verhältnismäßigkeit beachtet, namentlich also geeignet, erforderlich und zumutbar ist. Kann eine in hilfloser Lage befindliche Person etwa einer sorgeberechtigten Person übergeben werden, ist eine Ingewahrsamnahme nicht gerechtfertigt (hierzu *Klausurenbuch ÖffR in NRW*, 7. Fall).

Der Schutzgewahrsam gibt schließlich kein Recht, gegen erkennbar freiverantwortliche Selbstgefährdungen des Einzelnen vorzugehen, soweit hierdurch Rechte Dritter nicht tangiert werden. Denn die grundrechtlichen Freiheitsrechte implizieren grundsätzlich auch ein *„Recht auf Risiko"*. Gefahren für Leib und Leben werden somit erst dort relevant, wo der Einzelne nicht in der Lage ist, die Risiken realistisch einzuschätzen oder abzuwehren, oder aber Schutzgüter Dritter mit betroffen sind.

> **Beispiel:** Der volltrunkene V will auf der Fahrbahn der S-Straße seinen Rausch ausschlafen. Zu beachten bleibt hierbei aber, dass die Behandlung und Beförderung von Notfallpatienten nach § 2 Abs. 1 RettungsG NRW der Notfallrettung überantwortet ist. Als Notfallpatienten sind auch schwer betrunkene Personen anzusehen.

Bei akuten Selbsttötungsversuchen ist aus der *ex-ante*-Perspektive eines fachkundigen, besonnenen und erfahrenen Beamten regelmäßig von mangelnder Freiverantwortlichkeit auszugehen, so dass auch hier die Ingewahrsamnahme zulässig (und notwendig) ist (für eine generelle Zugriffsbefugnis gar VG Karlsruhe, JZ 1988, 208). Der Schutzgewahrsam ist über § 24 Nr. 13 OBG zugleich Befugnisnorm des Ordnungsbehördengesetzes.

b) Der „Präventiv- oder „Unterbindungsgewahrsam"
(§ 35 Abs. 1 Nr. 2 PolG)

Die grundrechtlichen Grenzen des sog. „Präventivgewahrsams" sind in neuerer Zeit mit Blick auf die Rechtsprechung des EGMR in den Fokus des Interesses getreten (eingehend *Hoffmann*, NVwZ 2013, 266 ff.). Allerdings sind die Wechselwirkungen zwischen Polizeigesetz und EMRK – auch in der Rechtsprechung des EGMR selbst – wohl noch nicht abschließend geklärt (äußerst restriktiv EGMR, NVwZ 2012, 1089, großzügiger aber EGMR, Urt. v. 07.03.2013, Az. 15598/08). Zulässig ist die Ingewahrsamnahme nach § 35 Abs. 1 Nr. 2 PolG dann, wenn sie „unerlässlich ist, um die unmittelbar bevorstehende Begehung oder Fortsetzung einer Straftat oder einer Ordnungswidrigkeit von erheblicher Bedeutung für die Allgemeinheit zu verhindern". Die Gefahrenprognose muss bei Einleitung der Maßnahme gerechtfertigt sein. Eine vorläufige Ingewahrsamnahme mit dem Ziel, später eine umfassende Gefahrenbewertung vorzunehmen, ist unzulässig (OLG München, NVwZ-RR 2008, 247). Das Qualifikationserfordernis einer „erheblichen Bedeutung" bezieht sich allein auf drohende oder fortdauernde Ordnungswidrigkeiten, nicht aber auf drohende oder fortdauernde Straftaten. Ob eine Straftat vorliegt oder bevorsteht, ist unter Zugrundelegung der einschlägigen Strafnormen zu ermitteln.

175

> **Beispiel:** Das sog. „Hütchenspiel" ist kein bloßes „Geschicklichkeitsspiel", sondern mangels Vorhersehbarkeit des Ergebnisses schlichtes Glücksspiel. Wer das Spiel ohne behördliche Genehmigung veranstaltet, verstößt gegen § 284 StGB und kann zum Zwecke der Gefahrenabwehr notfalls in Gewahrsam genommen werden (VG Frankfurt, NVwZ 1994, 720).

Schwieriger zu bestimmen ist, wann eine Ordnungswidrigkeit von „erheblicher Bedeutung für die Allgemeinheit" vorliegt. Richtigerweise wird es hier nicht allein auf die abstrakte Sanktion des Gesetzes (Bußgeld etc.) ankommen, sondern auf den Grad der konkreten Beeinträchtigung polizeilicher Schutzgüter. Auch marginal sanktionierte Ordnungswidrigkeiten können daher die Intervention rechtfertigen.

> **Beispiel:** Der betrunkene B grölt zu nächtlicher Stunde durch das Mehrfamilienhaus. Auch wenn nach den §§ 9, 17 LImSchG hier nur eine „überschaubare" Sanktion in Rede steht, muss von einer erheblichen Bedeutung für die Allgemeinheit ausgegangen werden.

Der Begriff der Unerlässlichkeit unterstreicht das Erfordernis einer strikten Verhältnismäßigkeitsprüfung und stellt zugleich erhöhte Anforderungen an die Sachverhaltsaufklärung (OLG Hamm, NVwZ-RR 2008, 321: bloße Vermutungen reichen nicht!). Ob dieser Prüfungspunkt aufgrund der Gesetzesformulierung auf der Tatbestandsseite oder auf der Rechtsfolgenseite zu erörtern ist, erscheint unklar. Im Ergebnis ist diese dogmatische Frage freilich nicht weiter relevant. Unzulässig ist die Ingewahrsamnahme in jedem Fall, wenn und soweit mildere Mittel zur Verfügung stehen.

> **Beispiel:** Mieter M dreht zur Nachtzeit den CD-Player auf. Hier wird es hinreichen, den CD-Player notfalls sicherzustellen. Eine Ingewahrsamnahme des M wäre nicht unerlässlich.

Als Adressat des Unterbindungsgewahrsams kommt allein der Urheber der Straftat oder der Ordnungswidrigkeit in Betracht (OVG Bremen, NVwZ 2001, 221). Eine Anwendung der allgemeinen Störervorschriften entfällt insoweit. Eine Inanspruchnahme von Nichtstörern scheitert zumal an den Vorgaben des Art. 5 Abs. 1 S. 2 lit. c EMRK, der Freiheitsentziehungen der genannten Art auf das Ziel reduziert, die *„betreffende Person"* an der Begehung einer Straftat zu hindern.

176 Nicht abschließend geklärt ist die Frage einer möglichen „Ketteningewahrsamnahme" notorischer Straftäter (ablehnend LG Berlin, NJW 2001, 162). Zwar darf die präventiv-polizeiliche Ingewahrsamnahme nicht als Instrument einer faktischen Unterbringung iS. der §§ 61 ff. StGB eingesetzt werden; andererseits wäre es nicht vertretbar, die Maßnahme nach einmaligen Einsatz als „verbraucht" anzusehen und weitere Interventionen selbst zur Vermeidung von Straftaten für unzulässig zu erachten. Insofern wird man für eine Wiederholung der Maßnahme neue tatsächliche Anhaltspunkte für einen bevorstehenden Verstoß gegen Strafnormen verlangen müssen. Der Präventivgewahrsam ist über § 24 Nr. 13 OBG zugleich Befugnisnorm des Ordnungsbehördengesetzes.

c) Der „Durchsetzungsgewahrsam" (§ 35 Abs. 1 Nr. 3 und 4 PolG)

177 Ausdrücklich benennt § 35 PolG die Ingewahrsamnahme als mögliches Mittel zur Durchsetzung einer Platzverweisung (Nr. 3) oder einer Wohnungsverweisung bzw. eines Rückkehrverbots nach § 34 a PolG (Nr. 4). Es handelt sich hierbei nicht um eine verbindliche gesetzliche Festlegung auf die Ingewahrsamnahme als einziges legitimes Mittel zur Durchsetzung entsprechender Verhaltensaufforderungen; statthaft bleibt insoweit also auch die eigentliche Verwaltungsvollstreckung nach den §§ 50 ff. PolG bzw. §§ 55 ff. VwVG. Von der Befugnisnorm nicht gedeckt ist der sog. *„Verbringungsgewahrsam"* als Mittel zur Durchsetzung einer Platzverweisung. Da er gerade nicht auf ein behördliches „Festhalten" der Person abzielt, sondern auf dessen Freisetzung an einem anderen Ort, fällt er nicht unter die zulässige Rechtsfolgeanordnung des § 35 PolG (oben Rn. 172). Ungeachtet der ungenauen Gesetzesformulierung in § 35 Abs. 1 Nr. 3 PolG dürfte der Durchsetzungsgewahrsam schon aufgrund seiner begrenzten Dauer (§ 38 Abs. 1 Nr. 3 PolG) kein statthaftes Mittel zur Durchsetzung von (längerfristigen) Aufenthaltsverboten sein (Rn. 167). Unter der gesetzlich genannten „Platzverweisung nach § 34" ist also richtigerweise nur die klassischen „Platzverweisung nach § 34 Abs. 1" zu verstehen. Der Durchsetzungsgewahrsam ist über § 24 Nr. 13 OBG lediglich im Hinblick auf die Durchsetzung von Platzverweisungen zugleich Befugnisnorm des Ordnungsbehördengesetzes. Ein paralleles Durchsetzungsrecht im Hinblick auf die (ebenfalls ausschließlich durch die Polizei anzuordnendn) Wohnungsverweisung gibt § 24 OBG nicht.

d) Die Ingewahrsamnahme zum Schutz privater Rechte
(§ 35 Abs.1 Nr. 5 PolG)

Die Ingewahrsamnahme ist schließlich zulässig zum Schutze privater Rechte, 178
wobei das Gesetz darüber hinausgehend verlangt, dass *„eine Festnahme und Vorführung der Person nach den §§ 229, 230 Abs. 3 des Bürgerlichen Gesetzbuches zulässig ist"*. Das Gesetz knüpft also an den zivilrechtlichen Tatbestand der „Selbsthilfe" an, wobei die tatbestandlichen Voraussetzungen der Norm grundsätzlich in den Tatbestand dieser Befugnisnorm „hineinzulesen" sind. Im Einzelnen müssen danach gegeben sein
- ein (gerichtlich durchsetzbarer) „**Anspruch**", wobei im Kontext der präventiven Gefahrenabwehr der glaubhafte Vortrag hinreichen muss,
- eine **Gefährdung** der Verwirklichung **des Anspruchs**, namentlich durch Flucht des Verpflichteten, sowie
- die **Unerreichbarkeit obrigkeitlicher Hilfe**, wobei es im präventivpolizeilichen Kontext naturgemäß nur um die Unerreichbarkeit gerichtlicher Hilfe gehen kann, wohingegen die Erreichbarkeit der Polizei für die Durchführung der Maßnahme unabdingbar ist.

Zu beachten ist ferner, dass gem. § 230 Abs. 3 BGB nach einer Festnahme als Mittel der Selbsthilfe der persönliche Arrest beim Amtsgericht zu beantragen ist. Hat der in seinen privaten Rechten betroffene Bürger nicht die Absicht, diesen Antrag zu stellen, ist die behördliche Ingewahrsamnahme nach § 35 Abs. 1 Nr. 5 PolG nicht zulässig. Unverhältnismäßig ist die Ingewahrsamnahme, wenn die betroffene Person Sicherheit zu leisten bereit und in der Lage ist. Die dargestellten Voraussetzungen hat die Polizei in eigener Zuständigkeit zu überprüfen.

> **Beispiel:** Spieler S hat bei einem privat organisierten Glücksspiel hohe Schulden gemacht, den Spielort dann aber fluchtartig und ohne Hinterlassung seiner Personalien verlassen. Auf der Straße trifft „Gläubiger" G den S wieder. Als S sich erneut zu entziehen sucht, bittet G den zufällig anwesenden Polizisten P um die Ingewahrsamnahme des S. P wird dies verweigern, da durch „*Spiel ... eine Verbindlichkeit nicht begründet (wird)*" (§ 762 BGB).

Der Gewahrsam als Mittel zum Schutz privater Rechte soll über § 24 Nr. 13 OBG zugleich Befugnisnorm des Ordnungsbehördengesetzes sein. Da den Ordnungsbehörden im Gegensatz zur Polizei indessen nicht die Aufgabe des Schutzes privater Rechte zugewiesen ist (§ 1 Abs. 2 PolG) erscheint diese Rezeption wenig folgerichtig.

e) Die Sondertatbestände des § 35 Abs. 2 und 3 PolG

Spezielle Befugnisse zur Ingewahrsamnahme gewährt § 35 PolG schließlich 179
mit Blick auf Minderjährige, die sich der Obhut der Sorgeberechtigten entzogen haben (Abs. 2), sowie mit Blick auf entwichene Gefangene (Abs. 3). Eines besonderen „Ersuchens" der Justizvollzugsanstalten (§ 87 StVollzG) bedarf es nicht. Nicht anwendbar ist die Bestimmung auf Personen, die zu anderen Zwecken als denen des Vollzugs von Untersuchungshaft, Freiheits-

strafe oder freiheitsentziehenden Maßnahmen der Besserung und Sicherung untergebracht waren und entwichen sind.

> **Beispiel:** Der psychisch erkrankte P, der nach Maßgabe des PsychKG NRW in einem Landeskrankenhaus untergebracht wurde, ist entwichen und wird nach Mitternacht von der Polizei im Wald aufgegriffen. Da P nicht aus den in § 35 Abs. 3 PolG genannten Gründen untergebracht war, ist seine Ingewahrsamnahme lediglich auf der Grundlage des § 35 Abs. 1 Nr. 1 oder 2 bzw. Abs. 2 PolG zulässig, nicht aber auf der Grundlage des § 35 Abs. 3 PolG.

3. Besondere verfahrensrechtliche Voraussetzungen

180 Mit Blick auf den freiheitsentziehenden Charakter der Ingewahrsamnahme bedarf diese Maßnahme einer *„unverzüglichen richterlichen Entscheidung"* über Zulässigkeit und Fortdauer der Freiheitsentziehung (§ 36 PolG, sog. „Richtervorbehalt"). Zuständig ist nach der jüngsten Polizeirechtsnovellierung (LT-Drs. 16/2256) das Amtsgericht, in dessen Bezirk die Freiheitsentziehung herbeigeführt wurde (§ 36 Abs. 2 Satz 1 PolG). Dabei sind auch von Seiten der Gerichtsbarkeit die organisatorischen Voraussetzungen für unverzügliche Entscheidungen zu schaffen (BVerfGE 105, 239, 248). Die in Art. 104 Abs. 2 S. 3 GG formulierte „letzte Grenze" für freiheitsentziehende Maßnahmen ohne richterliche Entscheidung impliziert kein „freies" Recht zur Ausschöpfung dieser Frist.

> **Beispiel:** H wurde nachmittags um 16 h in Gewahrsam genommen. Trotz ständiger Bemühungen der Beamten konnte der zuständige Amtsrichter erst am kommenden Vormittag um 10 h erreicht werden. Die Aufrechterhaltung der Ingewahrsamnahme bis 10 h war gleichwohl rechtswidrig, da eine „unverzügliche" Entscheidung nicht mehr vorliegt. Das Amtsgericht hätte sicherstellen müssen, dass ein Richter auch außerhalb der „Kernarbeitszeiten" zu erreichen ist (zu den Grenzen eines richterlichen Bereitschaftsdienstes *Fickenscher/Dingelstadt*, NJW 2009, 3473).

Einer richterlichen Entscheidung bedarf es nicht, wenn anzunehmen ist, dass die Entscheidung erst nach dem Wegfall des Grundes der Ingewahrsamnahme ergehen wird. Da das Amtsgericht nur über die Rechtmäßigkeit der An- bzw. Fortdauer der Ingewahrsamnahme zu befinden hat, nicht aber über die Rechtmäßigkeit des Polizeieinsatzes insgesamt, bleibt die Rechtmäßigkeit einer *erledigten* Ingewahrsamnahme auch nachträglich verwaltungsgerichtlich überprüfbar. Einschlägig ist die Fortsetzungsfeststellungsklage analog § 113 Abs. 1 S. 4 VwGO. Ausnahmsweise bleibt das Amtsgericht für die nachträgliche Entscheidung über die Rechtmäßigkeit einer präventivpolizeilichen Freiheitsentziehung zuständig, sofern die (zulässige) Anrufung des Gerichts noch während der Ingewahrsamnahme erfolgte (OVG NRW, NWVBl. 2012, 364, 365).

181 Verfahrensrechtliche Sicherungen trifft das Gesetz ferner in Gestalt der Pflicht zur **Bekanntgabe des Gewahrsamsgrundes** (§ 37 Abs. 1 PolG) sowie

I. Die polizei- und ordnungsbehördlichen „Standardmaßnahmen"

in Gestalt des **Benachrichtigungsgebots** des § 37 Abs. 2 PolG. Letzteres will vor allem verhindern, dass Personen spurlos im staatlichen Gewahrsam „verschwinden" (s. auch Art. 5 Abs. 2 EMRK). Das Benachrichtigungsgebot ist im Detail differenziert ausgestaltet und gibt der in Gewahrsam genommenen Person grundsätzlich ein bloßes *„Recht zur Benachrichtigung"* Dritter. Lediglich bei Minderjährigen oder betreuten Personen muss der Sorgeberechtigte zwingend behördlicherseits informiert werden. Ist eine nicht minderjährige Person nicht in der Lage, von ihrem Benachrichtigungsrecht Gebrauch zu machen, *„soll (die Polizei) die Benachrichtigung übernehmen, wenn ... die Benachrichtigung ihrem mutmaßlichen Willen nicht widerspricht"*.

> **Beispiel:** Der als gewissenhaft bekannte Familienvater F ist von der Polizei volltrunken in einem Bordell aufgegriffen worden. Die Benachrichtigung der gestrengen Ehefrau wird dem mutmaßlichen Willen des F nicht entsprechen.

Von einer Benachrichtigung Dritter kann ferner abgesehen werden, wenn hierdurch der Zweck der Freiheitsentziehung gefährdet wird (§ 37 Abs. 2 S. 1 PolG). Sobald der Richter die Freiheitsentziehung bestätigt, ist die Benachrichtigung eines Angehörigen oder einer Person des Vertrauens freilich unabdingbar (Art. 104 Abs. 4 GG).

Hinsichtlich der **Unterbringung** in Gewahrsam genommener Personen sieht § 37 Abs. 3 PolG vor, diese grundsätzlich von Straf- oder Untersuchungsgefangenen getrennt zu halten. Auch müssen Männer und Frauen zwingend getrennt untergebracht werden. Nach Maßgabe der neu in das Gesetz aufgenommenen Sätze 4 und 5 des § 37 Abs. 3 PolG ist „im Ausnahmefall", nämlich wenn dies zum Schutz der festgehaltenen Person erforderlich ist, deren offene Beobachtung durch Bild- und Tonübertragung möglich. Eine verdeckte Beobachtung oder die Aufzeichnung von Daten lässt § 37 Abs. 3 PolG nicht zu. Zu **entlassen** ist die Person, sobald der Grund für die Maßnahme weggefallen ist bzw. die Fortdauer durch den Richter für unzulässig erklärt wurde. Unabhängig hiervon muss jede Person spätestens am Ende des Tages nach der Ergreifung entlassen werden, wenn nicht vorher die Fortdauer der Freiheitsentziehung auf Grund eines anderen Gesetzes durch richterliche Entscheidung angeordnet ist. Eine Freiheitsentziehung zum Zwecke der Identitätsfeststellung darf die Dauer von 12 Stunden nicht überschreiten (§ 38 Abs. 2 PolG; s. auch Rn. 219).

VI. Durchsuchung (§§ 39 ff. PolG)

Ebenfalls aus verfassungsrechtlichen Gründen hat die Standardmaßnahme der Durchsuchung in den §§ 39 ff. PolG eine äußerst detaillierte Kodifikation erfahren. Dabei unterscheidet das Gesetz zwischen der Durchsuchung von **Personen** (§ 39), der Durchsuchung von **Sachen** (§ 40) und der mit Blick auf Art. 13 GG besonders sensiblen Durchsuchung von **Wohnungen** (§§ 41–42), wobei letzterer Eingriffstatbestand zugleich das Betreten von Wohnungen mitregelt und die betreffende Maßnahme damit speziellen Eingriffsvoraussetzungen unterwirft. Sondergesetzliche Betretungs- und Durchsuchungsrechte finden sich ferner in § 12 Abs. 2 S. 4 sowie § 20 Abs. 3 S. 1 PolG. Die einschlägigen Befugnisnormen betreffen allein die Durchsuchung zu Zwecken der Gefahrenabwehr und sind von parallelen strafprozessualen Standardmaßnahmen in den §§ 102 f., 111 StPO strikt zu differenzieren. Die Standardbefugnisse im Bereich der Durchsuchung werden durch § 24 Nr. 13 OBG für die Ordnungsbehörden rezipiert. Die Durchsuchung ist als Befugnisnorm *„self-executing"*, bedarf also keines gesonderten Vollstreckungsvorganges mehr. Dies gilt auch für die in § 41 PolG normierte Befugnis zum Betreten von Wohnungen (str.; a. A. VG Aachen, BeckRS 2007 23913).

1. Die Durchsuchung von Personen

184 Die Durchsuchung von Personen stellt inhaltlich das Absuchen der Körperoberfläche einer Person mit dem Ziel dar, bestimmte Gegenstände aufzufinden. Ebenfalls Teil der Durchsuchung einer Person sind die Durchsuchung der ohne Hilfsmittel einsehbaren Körperhöhlen (Nase, Ohren) sowie die Durchsuchung der am Körper getragenen Kleidung, nicht mehr dagegen die Durchsuchung abgelegter Kleider. Die von der h. M. vorgenommene Erstreckung der Standardmaßnahme auch auf die Durchsuchung der ohne Hilfsmittel zugänglichen Körperöffnungen (Mund, After, nicht aber weiblicher Genitalbereich, vgl. BayVGH, NVwZ-RR 1999, 310) erscheint mit Blick auf den Vorbehalt des (bestimmten) Gesetzes nicht unproblematisch (s. *Rachor*, HdbPolR F Rn. 637). In keinem Fall mehr *„Durchsuchung"* einer Person ist dessen körperliche *„Untersuchung"*, also Nachsuchen im Körperinneren bzw. in den nicht ohne Hilfsmittel zugänglichen Körperöffnungen (z. B. Ausheben des Mageninhaltes; hierzu EGMR, NJW 2006, 3117). Polizeigesetzlich zugelassen sind körperliche Untersuchungen lediglich im Rahmen erkennungsdienstlicher Maßnahmen nach § 14 PolG. Ob körperliche Untersuchungen in bestimmten Fällen unter Rückgriff auf die polizeiliche Generalklausel durchgeführt werden können, erscheint eher fraglich (str.). Durchsuchungen müssen intentional getragen sein von dem Ziel des Auffindens von Gegenständen. Die mit der Durchsuchung einer Person verbundene Freiheitsbeeinträchtigung besitzt regelmäßig nicht die Qualität einer Freiheitsentziehung iS. des Art. 104 Abs. 2 GG, so dass § 39 PolG als formalgesetzliche Grundlage der Maßnahme hinreicht.

a) Tatbestandliche Voraussetzungen der Durchsuchung

185 § 39 Abs. 1 PolG listet unterschiedliche Fallkonstellationen auf, in denen die Durchsuchung von Personen zulässig ist. Danach ist eine Durchsuchung vor allem möglich bei Personen,
– die nach dem Polizeigesetz oder anderen Rechtsvorschriften festgehalten werden dürfen, also etwa in Gewahrsam genommen werden (Nr. 1),
– hinsichtlich derer Tatsachen die Annahme rechtfertigen, dass sie Sachen mit sich führen, die sichergestellt werden dürfen (Nr. 2; hierzu auch § 43 PolG),
– die sich erkennbar in einem die freie Willensbestimmung ausschließenden Zustand befinden (Nr. 3),

I. Die polizei- und ordnungsbehördlichen „Standardmaßnahmen"

– die sich an einem sog. „verrufenen Ort" iS. des § 12 Abs. 1 Nr. 2 PolG aufhalten (Nr. 4),
– die sich in einem oder in der unmittelbaren Nähe eines gefährdeten Objektes iS. des § 12 Abs. 1 Nr. 3 PolG aufhalten, wenn ferner Tatsachen die Annahme rechtfertigen, dass in oder an Objekten dieser Art Straftaten begangen werden sollen, durch die Personen oder diese Objekte gefährdet sind (Nr. 5).

Für die verschiedenen Tatbestandskonstellationen kommt es dem Gesetzeswortlaut nach auf den gesonderten Nachweis einer konkreten („verdichteten") Gefahrenlage nicht an. Gleichwohl wird man jedenfalls bei den verdachts- und ereignisunabhängigen Eingriffstatbeständen (z. B. Nr. 4) von dem Erfordernis einer erhöhten abstrakten Gefahr ausgehen müssen. Als bloße Gefahrenerforschungseingriffe sind die betreffenden Maßnahmen damit unzulässig (vgl. BayVerfGH, NVwZ 2006, 1284). Zudem sind die als „Annexbefugnisse" zu anderen Standardmaßnahmen formulierten Durchsuchungsrechte unter dem Blickwinkel dieser anderweitigen Befugnisnormen zu lesen, so dass etwa die Durchsuchung nach Nr. 2 lediglich in Betracht kommt, um mittels Sicherstellung der Sache eine gegenwärtige erhebliche Gefahr abzuwehren (§ 43 Abs. 1 Nr. 1 PolG), um den Eigentümer oder den (rechtmäßigen) Inhaber der tatsächlichen Gewalt vor Verlust oder Beschädigung einer Sache zu schützen (§ 43 Abs. 1 Nr. 2 PolG) oder um die missbräuchliche Verwendung einer gefährlichen Sache im Rahmen des § 43 Abs. 1 Nr. 3 PolG zu verhindern.

Als Maßnahme der polizeilichen Eigensicherung gestattet § 39 Abs. 2 PolG die Durchsuchung von Personen speziell nach Waffen schließlich auch dann, wenn im Rahmen der Identitätsfeststellung oder des Transportes bzw. der Vorführung von Personen eine Gefährdung von Leib und Leben der Beamten oder sonstiger Dritter zu besorgen ist. Stets erforderlich ist hierbei, dass die zugrunde liegende Maßnahme durch eine Befugnisnorm des präventiven oder repressiven Gefahrenabwehrrechts gerechtfertigt wird.

> **Beispiel:** Auch sofern auf der Grundlage des Strafprozessrechts die Identität einer Person geklärt werden soll (§§ 163 b oder 111 StPO), ist eine auf Waffen gerichtete Durchsuchung nach § 39 Abs. 2 PolG möglich.

Die spezialgesetzlichen Regelungen über die möglichen Adressaten der Durchsuchung von Personen verdrängen die allgemeine Regelung zur Verantwortlichkeit (§§ 4–6 PolG/§§ 17–19 OBG), die in hiesigem Kontext somit nicht zur Anwendung gelangen.

b) Verfahrensrechtliche Aspekte

Die Durchsuchung einer Person darf nach § 39 Abs. 3 PolG grundsätzlich nur von einer Person gleichen Geschlechts oder aber von einem Arzt durchgeführt werden. Ist eine sofortige Durchsuchung zum Schutz gegen eine Gefahr für Leib und Leben erforderlich, kann sie auch von jeder sonstigen Person durchgeführt werden.

2. Die Durchsuchung von Sachen

188 Eine besondere Regelung für das Durchsuchen von Sachen findet sich in § 40 PolG. Die inhaltliche Reichweite dieser Befugnisnorm zeigt sich insbesondere mit Blick auf die sondergesetzliche Regelung für das „Betreten und Durchsuchen von Wohnungen" (§ 41 PolG). So ergibt sich aus der Zusammenschau beider Normen zunächst, dass Wohnungen nicht als „Sachen" iS. des § 40 PolG interpretiert werden können. Ferner ist zu beachten, dass das Gesetz ein „Betretungsrecht" lediglich für Wohnungen, nicht aber für Sachen normiert. Dies hat zur Folge, dass das Betreten solcher Sachen nicht auf die Standardermächtigung des § 40 PolG gestützt werden kann. Einschlägig wäre also insoweit die – weniger restriktive – Generalklausel.

> **Beispiel:** Der 10-jährige Ausreißer A hat sich auf einem vollbeladenen LKW des L versteckt. Die Durchsuchung des LKW wird durch § 40 Abs. 1 Nr. 2 c i.V.m. § 35 Abs. 2 PolG gedeckt, nicht aber das Betreten der Ladefläche. Es bedarf also eines Rückgriffs auf die polizeiliche Generalklausel (Duldungsverfügung verbunden mit der schlichthoheitliche Maßnahme des Betretens), die insoweit freilich nicht unerhebliche Adressatenprobleme aufwirft (Inanspruchnahme des L als Nichtstörer!).

189 Tatbestandlich ist die Durchsuchung einer Sache dann zulässig wenn
 – diese von einer Person mitgeführt wird, die nach § 39 PolG durchsucht werden darf,
 – Tatsachen die Annahme rechtfertigen, dass sich in ihr eine Person befindet, die in Gewahrsam genommen werden darf, widerrechtlich festgehalten wird oder hilflos ist,
 – Tatsachen die Annahme rechtfertigen, dass sich in ihr eine andere Sache befindet, die sichergestellt werden darf (z.B. die Bombe im Koffer!)
 – sich die Sache an einem verrufenen oder gefährdeten Ort iS. der Nr. 4 und 5 befindet,
 – es sich um ein Land-, Wasser- oder Luftfahrzeug handelt, in dem sich eine Person befindet, deren Identität nach § 12 Abs. 1 Nr. 4 PolG festgestellt werden darf.
Auch hierbei wird für ereignisunabhängige Durchsuchungen eine erhöhte abstrakte Gefahr zu verlangen sein (s. Rn. 185), die freilich nicht so konkret sein muss, dass eine Verletzung polizeilicher Schutzgüter „wahrscheinlich" ist.

190 Einer gesonderten Prüfung der Verantwortlichkeiten (§§ 4–6 PolG) bedarf es hier nicht. Immerhin aber hat der Inhaber der tatsächlichen Gewalt das Recht, bei der Durchsuchung anwesend zu sein (§ 40 Abs. 2 S. 1 PolG). Auf Verlangen ist ihm eine Bescheinigung über die erfolgte Durchsuchung und ihren Grund zu erteilen (§ 40 Abs. 2 S. 3 PolG).

3. Die Wohnungsdurchsuchung

Das Erfordernis einer besonderen Regelung von Wohnungsdurchsuchungen erschließt sich mit Blick auf Art. 13 Abs. 2 GG. Danach dürften Wohnungsdurchsuchungen *„nur durch den Richter, bei Gefahr im Verzuge auch durch die in den Gesetzen vorgesehenen anderen Organe angeordnet und nur in der dort vorgeschriebenen Form durchgeführt werden"*. Hierbei wird der Begriff der Wohnung weit ausgelegt, wobei die räumliche Abschottung sowie die Bildung einer Intimsphäre zwei zentrale Konstitutionselemente des Wohnungsbegriffes darstellen. Ihm unterfallen private Wohnflächen einschließlich der Nebenräume (Keller, Speicher) und eingefriedete Zubehörflächen (Garten) ebenso wie Geschäfts- und Betriebsräume, selbst soweit diese vom Wohnungs- bzw. Geschäftsinhaber dem Publikumsverkehr zugänglich gemacht worden sind (vgl. BVerfGE 97, 228, 265; str.). Parallel hierzu definiert § 41 Abs. 1 S. 2 PolG den Wohnungsbegriff dahingehend, dass mit ihm umfasst werden *„Wohn- und Nebenräume, Arbeits-, Betriebs- und Geschäftsräume sowie anderes befriedetes Besitztum"*. Ebenfalls unter den Wohnungsbegriff fallen Hotelzimmer, Krankenzimmer in einer Reha-Klinik (BGH, NStZ 2005, 700), Wohnwagen sowie Hausboote, aber auch unter der Regie Dritter stehende Gemeinschaftsunterkünfte wie Obdachlosenunterkünfte oder Strafvollzugsanstalten (str., a. A. BGH, NJW 1998, 3284). Allerdings ist Wohnungsinhaber in den zuletzt genannten Fällen der jeweilige Leiter der Unterkunft, nicht die in den Räumen untergebrachte Person. 191

a) Betreten und Durchsuchung

Von der Rechtsfolge her gestattet § 41 PolG sowohl das Betreten als auch das Durchsuchen von Wohnungen. Unter dem **Betreten** ist das Eindringen in die betreffenden Räume sowie das dortige Verweilen zu verstehen, womit auch das „einfache" Nach- und Umschauen abgedeckt wird. Das Betreten stellt grundrechtlich gesehen eine (nicht dem Richtervorbehalt unterliegende) Beschränkung der Wohnungsfreiheit nach Art. 13 Abs. 7 GG dar, wobei die Rechtsprechung freilich das Betreten speziell von Geschäfts-, Betriebs- und Arbeitsräumen – wenig überzeugend – nicht unter den Eingriffsbegriff des Abs. 7 subsumieren will (BVerwG, NJW 2005, 454, 455). Demgegenüber versteht man unter einer **Durchsuchung** das ziel- und zweckgerichtete Suchen staatlicher Organe nach Personen oder Sachen bzw. das Bestreben, etwas aufzuspüren, was der Inhaber der Wohnung offen zu legen nicht bereit ist (BVerwGE 47, 31, 37). Für die Durchsuchung gilt der Richtervorbehalt des Art. 13 Abs. 2 GG. Weder ein Betreten noch ein Durchsuchen stellt das gewaltsame Öffnen einer Wohnungstüre dar, die regelmäßig als Vollstreckungsmaßnahme einer Verfügung nach § 8 PolG (Aufforderung zum Öffnen der Türe, unten Rn. 243) zu werten sein wird (str.; a. A. etwa *Schenke*, Polizeirecht, Rn. 152). 192

> **Beispiel:** In der Wohnung des W verbirgt sich der Ausbrecher A. Da trotz deutlicher Aufforderung der Polizei niemand die Türe öffnet, bricht die Polizei die Wohnungstüre auf und nimmt A in Gewahrsam. Die Ingewahrsamnahme stützt sich auf § 35 Abs. 3 PolG, das Betreten und Durchsuchen der Wohnung auf §§ 41 Abs. 1 Nr. 1 PolG. Das Öffnen der Türe ist ein dem Betreten und Durchsuchen vorgelagerter Akt. Sie ist kein „Vollzugsakt" hinsichtlich des Betretens oder Durchsuchens einer Wohnung (mit dem Einschlagen der Türe hat man die Wohnung noch nicht betreten oder durchsucht!), sondern stellt die Durchsetzung der Aufforderung zum Öffnen der Türe im Wege des unmittelbaren Zwanges dar (§ 50 Abs.1 ff. PolG; a. A. *Muckel*, JA 2012, 272, 278: Ersatzvornahme).

b) Tatbestandliche Voraussetzungen für das Betreten und Durchsuchen von Wohnungen

193 § 41 Abs. 1 PolG listet **vier Sachverhaltskonstellationen** auf, unter denen das Betreten und Durchsuchen einer Wohnung zulässig sein kann. Im Einzelnen geht es um die Situation, dass

– Tatsachen die Annahme rechtfertigen, dass sich in der Wohnung eine Person befindet, die vorgeführt oder in Gewahrsam genommen werden kann (Nr. 1),

– Tatsachen die Annahme rechtfertigen, dass sich in der Wohnung eine Sache befindet, die nach § 43 Nr. 1 PolG sichergestellt werden kann (Nr. 2),

– von der Wohnung Immissionen ausgehen, die nach Art, Ausmaß oder Dauer zu einer erheblichen Belästigung der Nachbarschaft führen (Nr. 3),

– die Wohnungsdurchsuchung zur Abwehr einer gegenwärtigen Gefahr für Leib, Leben oder Gesundheit einer Person oder für Sachen von bedeutendem Wert erforderlich ist.

Zu beachten ist, dass der Durchsuchungsgrund einer möglichen Sicherstellung von Sachen allein Sicherstellungen nach § 43 Nr. 1 PolG betrifft, also solche Sicherstellungen, die der Abwehr einer gegenwärtigen Gefahr dienen. Sonstige Sicherstellungsgründe, wie etwa der Schutz des Eigentümers vor Beschädigung einer Sache, bleiben außer Betracht.

> **Beispiel:** Einbrecher E hat wertvolle Waffen des Sammlers S gestohlen. Aufgrund anonymer Hinweise dringt die Polizei in die Wohnung des E ein und durchsucht diese nach den Waffen. Zwar könnten die Waffen nach § 43 Nr. 2 PolG sichergestellt werden. Dies berechtigt gem. § 41 Abs. 1 Nr. 2 PolG jedoch nicht zum Betreten und Durchsuchen der Wohnung. Da die Waffen hier indes auch nach § 43 Abs. 1 Nr. 1 PolG sichergestellt werden können (gegenwärtige Gefahr durch unerlaubten Waffenbesitz), kommt § 41 Abs. 1 Nr. 2 PolG als Eingriffsermächtigung gleichwohl in Betracht. Je nach der Intention des Zugriffs kommen auch strafprozessuale Eingriffsermächtigungen in Betracht (§ 102 StPO: Täterergreifung und Auffinden von Beweismitteln).

Bei der Wohnungsdurchsuchung zum Zwecke der Abwehr von gegenwärtigen Gefahren für Leib, Leben und Freiheit einer Person oder Sachen von

I. Die polizei- und ordnungsbehördlichen „Standardmaßnahmen" 385

bedeutendem Wert ist nicht entscheidend, ob die Gefahr ihren Grund in der Beschaffenheit der Wohnung findet oder sonstige Ursprünge hat. Auch die Inanspruchnahme einer Wohnung, um von dort aus lebensrettende Gefahrenabwehrmaßnahmen durchzuführen, kann somit das Betreten der Wohnung rechtfertigen.

> **Beispiel:** W hat seine Wohnung unmittelbar gegenüber einer Bank. Während eines Banküberfalls beansprucht die Polizei Zutritt zur Wohnung des W, um am Fenster einen Scharfschützen zu postieren, der den Geiselnehmer notfalls erschießen soll.

Ob es insoweit einer kumulativen Prüfung der **Adressatenfrage** bedarf, erscheint mit Blick auf die „Anwendungssperre" des § 4 Abs. 4, § 5 Abs. 4 sowie § 6 Abs. 3 PolG eher fraglich. Denn § 41 PolG bestimmt inzident zugleich, dass die jeweilige Maßnahme gegen den Wohnungsinhaber zu richten ist. Die Frage nach dem Erfordernis einer kumulativen Adressatenprüfung wird freilich im Ergebnis regelmäßig von lediglich „akademischer Bedeutung" bleiben. So werden in dem genannten Fallbeispiel (Rn. 193: Wohnungseigentümer als „Nichtverantwortlicher") die Vorgaben des § 6 Abs. 1 Nr. 1 PolG unmittelbar über § 41 Nr. 4 PolG erfüllt, während die Vorgaben des § 6 Abs. 1 Nr. 2–4 PolG Ausfluss des Verhältnismäßigkeitsgrundsatzes sind und insoweit im Rahmen der Ermessensprüfung nach § 41 PolG Geltung beanspruchen. 194

c) Grenzen des Betretungs- und Durchsuchungsrechts

Enge Grenzen zieht das Gesetz sowohl für das Betreten als auch das Durchsuchen von Wohnungen zur Nachtzeit (§ 41 Abs. 2 PolG). Hierbei handelt es sich um die Zeit zwischen 21 und 4 h bzw. (von Oktober bis März) von 21 bis 6 h. In dieser Zeit sind die betreffenden Maßnahmen nur aus den in Absatz 1 Nr. 3 und 4 genannten Gründen zulässig. Die tatbestandlichen und zeitlichen Grenzen der Absätze 1 und 2 gelten für das *Betreten* nicht, wenn die Ausnahmefälle des Absatzes 3 Nr. 1 und 2 vorliegen (sog. „**verufener Ort**"), insbesondere also 195
– Tatsachen die Annahme rechtfertigen, dass in der Wohnung Straftaten von erheblicher Bedeutung verabredet, vorbereitet oder gar verübt werden,
– Tatsachen die Annahme rechtfertigen, dass sich dort Personen treffen, die gegen aufenthaltsrechtliche Strafnormen verstoßen oder sich dort gesuchte Straftäter verbergen, bzw.
– die Wohnungen der Prostitution dienen.
Eine weitere Ausnahme gilt für Arbeits-, Betriebs- und Geschäftsräume, die der Öffentlichkeit zugänglich sind oder zugänglich waren und den Anwesenden zum weiteren Aufenthalt zur Verfügung stehen (z. B. Gastronomiebetriebe). Hier ist das *Betreten* zum Zwecke der (schlichten) Gefahrenabwehr während der Arbeits-, Geschäfts- und Aufenthaltszeiten allgemein zu Zwecken der Gefahrenabwehr zulässig (§ 41 Abs. 4 PolG). Ob dieser Eingriffstatbestand mit den qualifizierten Eingriffsvoraussetzungen des Art. 13

Abs. 7 GG („*zur Verhütung dringender Gefahren für die öffentliche Sicherheit und Ordnung ...*") zu vereinbaren ist, erscheint allerdings fraglich (Rn. 192). Die Rechtsprechung hat entsprechende Betretungsrechte in reinen Arbeitsräumen zu den üblichen Arbeitszeiten freilich akzeptiert.

d) Der „Richtervorbehalt"

196 Mit Blick auf Art. 13 Abs. 2 GG dürfen Durchsuchungen nach § 42 Abs. 1 S. 1 PolG außer bei Gefahr in Verzug nur durch den Richter angeordnet werden. Durchaus in Einklang mit Art. 13 Abs. 7 GG gilt der Richtervorbehalt somit nicht für das bloße Betreten von Wohnungen einschließlich der dortigen Umschau und Nachschau. Der Ausnahmefall der „**Gefahr im Verzug**" besteht nur dort, wo der Erfolg der Maßnahme durch eine vorherige Befassung des Amtsrichters zeitlich gefährdet würde. Dabei sind strenge Maßstäbe anzuwenden (im Kontext strafprozessualer Durchsuchungen BVerfG, NJW 2001, 1121). Soweit Gefahr im Verzug ist, kann die Durchsuchung von jedem Polizeibeamten durchgeführt werden. Einen besonderen Status des Beamten etwa als „Ermittlungsperson" setzt das Gesetz nicht voraus. Die Position des Wohnungsinhabers wird ferner durch zahlreiche in § 42 Abs. 2–6 PolG niedergelegte verfahrensrechtliche Ansprüche (Anwesenheitsrecht, Informationsrecht, Aushändigung einer Niederschrift) gestärkt.

VII. Sicherstellung (§ 43 f. PolG)

197 Die in § 43 f. PolG erwähnte Standardermächtigung der Sicherstellung von Sachen bildet mit der im Regelfall durchzuführenden Inverwahrungnahme nach § 44 Abs. 1 S. 1 PolG bei fallorientierter Betrachtung einen einheitlichen Vorgang, soweit die Maßnahme nicht ausnahmsweise „adressatenneutral" ausgeführt wird (Rn. 198). So bezeichnet der Begriff der Sicherstellung den behördlichen Entzug der tatsächlichen Verfügungsmacht bzw. Sachherrschaft über eine Sache und die Begründung eines öffentlich-rechtlichen Verwahrungsverhältnisses. Fehlt es an dem Willen, einen amtlichen Gewahrsam (bzw. ein gleichwertiges Surrogat iS. des § 44 Abs. 1 Nr. 2 PolG) zu begründen, liegt keine Sicherstellung vor.

> **Beispiel:** Zur gefahrlosen Durchführung der Durchsuchung des D legt der Polizeibeamte P ein bei D gefundenes Klappmesser vorsorglich beiseite, um es ihm nach Abschluss der Durchsuchung zurückzugeben. Es liegt keine Sicherstellung vor.

Sicherstellungsfähige Sachen können sowohl **bewegliche Sachen** als auch **unbewegliche Sachen** (Wohnungen zum Zwecke der Unterbringung Dritter) sein. Unter den Begriff der „Sachen" fallen gem. § 5 Abs. 1 S. 2 PolG auch **Tiere**. Zu beachten bleibt insoweit freilich, dass die Sicherstellung als Eingriffsnorm *Rechte Dritter* an den Sachen voraussetzt. Soweit derartige Rechte Dritter nicht in Rede stehen, wie dies bei *herrenlosen* Sachen der Fall ist,

I. Die polizei- und ordnungsbehördlichen „Standardmaßnahmen" 387

liegt in ihrer Inverwahrungnahme – vom Sonderfall der Dereliktion abgesehen (§ 5 Abs. 3 PolG) keine Sicherstellung iS. der §§ 43 ff. PolG.

> **Beispiel:** Aus dem stadtnahen Gatter des E ist ein Damhirsch entkommen, der auf seiner Flucht den Straßenverkehr gefährdet. Nachdem E die Verfolgung aufgegeben hat, fängt die Polizei das Tier im Stadtgebiet ein. Es liegt keine Sicherstellung iS. des § 43 PolG vor, da E gem. § 960 Abs. 2 BGB nicht mehr Eigentümer des nunmehr herrenlosen Tieres war. Auch § 5 Abs. 3 PolG ist nicht anwendbar, da dort nur die – hier nicht einschlägige – rechtsgeschäftliche Eigentumsaufgabe geregelt ist. E bleibt allerdings handlungsverantwortlich, soweit er die Flucht des Tieres durch eine unzureichende Einzäunung des Gatter verursacht hat. Insoweit treffen ihn die Kosten des Einsatzes (Ersatzvornahme im sofortigen Vollzug im Hinblick auf die hypothetische Grundverfügung, den Hirsch „aus dem Verkehr" zu ziehen).

Potentiell beschränkt werden durch die Sicherstellung nicht nur Eigentum und Besitz, sondern womöglich auch bloße Aneignungsrechte u. ä.

Streitig ist, ob die Sicherstellung – vor allem im Falle der Nichtherausgabe **198** durch den Eigentümer oder Gewahrsamsinhaber – einer gesonderten Vollstreckung bedarf, oder ob sie die Vollstreckung gleichsam „*in sich*" trägt. Nach h. M. wird dem Betroffenen durch die Sicherstellung lediglich eine (unvertretbare) Handlung („Herausgabepflicht") auferlegt, die erforderlichenfalls mit Zwangsmitteln durchzusetzen wäre (z.B. OVG NRW, NWVBl. 1991, 338; VGH Hess., NVwZ 2008, 784). Dieser Lösungsansatz liegt auf der Linie des Begriffsverständnisses der StPO (vgl. etwa § 94 Abs.1 und 2 StPO), die freilich – anders als das PolG – zwischen der Sicherstellung und der (zwangsweisen) Beschlagnahme differenziert. Ob diese Terminologie in die Systematik des Polizeirechts übertragbar ist, erscheint eher fraglich. Sie führt insbesondere dort zu Problemen, wo Sachen in Abwesenheit des Eigentümers sichergestellt werden sollen. Dogmatisch wäre dies nur als Vollstreckungsmaßnahme (unmittelbarer Zwang) im sofortigen Vollzug (§ 50 Abs. 2 PolG) zu erklären, wodurch allerdings die Eingriffsvoraussetzungen gegenüber jenen des § 43 PolG nochmals – systemwidrig – verschärft würden („*gegenwärtige Gefahr*"). Alternativ verbliebe nur die Möglichkeit, den Tatbestand der Nr. 2 als Sonderfall der (öffentlich-rechtlichen) Geschäftsführung ohne Auftrag (GoA) zu werten und einen Zwangscharakter der Maßnahme zu verneinen.

> **Beispiel:** Nach einem schweren Verkehrsunfall bleiben Gepäckstücke mutmaßlicher Unfallbeteiligter im Straßengraben zurück. Deren Sicherstellung ist nach § 43 Nr. 2 PolG zur Vermeidung von Verlust und Beschädigung zulässig. Sieht man in der Sicherstellung indes nur die Anordnung der Herausgabe, bedurfte es mangels Anwesenheit der Betroffenen einer Vollstreckung nach § 50 Abs. 2 PolG. Die aber ist nur zulässig zur Abwehr einer „*gegenwärtigen Gefahr*", wie sie § 43 Nr. 2 PolG gerade nicht voraussetzt.

Die besseren Argumente sprechen daher dafür, die Sicherstellung bereits wesensmäßig als den „*zwangsweisen Entzug der Sachherrschaft*" (so Hess. VGH, NJW 1995, 2123, 2124) zu sehen mit der Folge, dass sich vollstreckungsrechtliche Folgeprobleme nicht stellen (vgl. *Schwabe*, NJW 1983,

369 ff.). Bei der in Abwesenheit des Betroffenen vollzogenen Sicherstellung handelt es sich dabei um einen Realakt (OVG NRW, NVwZ-RR 2000, 429: „adressatenneutrale Sicherstellung"). Soweit ein Betroffener der in seiner Anwesenheit durchgeführten Sicherstellung gewaltsam entgegen zu treten sucht, ist dies als gesonderter Akt einer Störung der öffentlichen Sicherheit zu werten, der zu einem polizeilichen Einschreiten nach § 8 PolG berechtigt.

199 Ob die Sicherstellung in jedem Falle voraussetzt, dass die Sache vollständig aus dem faktischen Einwirkungsbereich des Eigentümers herausgelöst wird, ist streitig (hierfür OVG NRW, NWVBl. 1991, 338). Entscheidend dürfte die Aufhebung der tatsächlichen Verfügungsgewalt sein, so dass etwa der polizei- oder ordnungsbehördliche Zugriff auf eine leer stehende Mietwohnung zum Zwecke der Unterbringung eines Obdachlosen durchaus im Wege der Sicherstellung und Inverwahrungnahme erfolgen kann (str.; alternativ wäre § 14 OBG heranzuziehen). Die Sicherstellung des Wohnraums ist von der „Einweisung" des Obdachlosen strikt zu trennen. Soweit letztere teilweise als weitere selbstständige, diesmal an die Person des (unfreiwillig) Obdachlosen adressierte Ordnungsverfügung nach § 14 OBG angesehen wird (*Ruder*, NVwZ 2012, 1285, 1286), kann dies kaum überzeugen. Denn die Einweisung enthält keine Eingriffswirkung zulasten der einzuweisenden Personen. Diese erlangt vielmehr lediglich einen rechtlichen Vorteil. Soweit eine Belastung daraus abgeleitet wird, dass mit der Einweisung des Obdachlosen dessen *„Anspruch auf Unterbringung ... nicht mehr besteht"* (*Ruder*, aaO.), erscheint dies mehr als konstruiert. Zu beachten ist schließlich, dass § 44 Abs. 1 S. 2 PolG eine Sicherstellung auch in Form einer **anderweitigen Aufbewahrung oder Sicherung** ermöglicht, wodurch der Behörde flexible Reaktionsmöglichkeiten eingeräumt werden. Um eine Sicherstellung (hier in Gestalt einer anderweitigen „Sicherung" nach § 44 Abs. 1 S. 2 PolG) soll es sich nach fragwürdiger Auffassung des VG Düsseldorf auch handeln, wenn die Polizei ein zerstörtes Fenster verschließen lässt, um den Wohnungseigentümer vor einem Diebstahl von Gegenständen des Hausrates zu schützen (BeckRS 2011, 45332). Richtigerweise dürfte es hier an der notwendigen Aufhebung der tatsächlichen Verfügungsgewalt des Eigentümers fehlen. Ob das **Abschleppen von PKWs** als Sicherstellung gedeutet werden kann, erscheint ebenfalls höchst fraglich. Da die Behörde die abgeschleppten PKWs grundsätzlich nicht in amtliche Verwahrung nehmen will, sprechen die besseren Gründe für eine Ersatzvornahme im sofortigen Vollzug (unten Rn. 245). Etwas anderes gilt lediglich für solche Fälle, in denen ein PKW zum Schutz vor Diebstahl abgeschleppt und in Verwahrung genommen wird (BayVGH, NJW 2001, 1960; für Unverhältnismäßigkeit aber OVG NRW, NJW 1978, 720). Die Bestimmungen zur Sicherstellung und Verwahrung werden durch § 24 Nr. 13 OBG vollumfänglich in das Ordnungsbehördengesetz integriert. Die Kosten einer Sicherstellung und Verwahrung fallen nach § 46 Abs. 3 PolG *„den nach den §§ 4 und 5 Verantwortlichen zur Last"*. Diese Verantwortlichen müssen, wie § 46 Abs. 1 PolG zeigt, nicht identisch sein mit den Adressaten der Maßnahme. Umgekehrt erübrigt sich bei einer Sicherstellung grundsätzlich die Prüfung einer Verantwortlichkeit (vgl. aber Rn. 201: Inhaberschaft über ein Gegenmittel).

I. Die polizei- und ordnungsbehördlichen „Standardmaßnahmen" 389

a) Tatbestandliche Voraussetzungen der Sicherstellung

§ 43 PolG formuliert einen Katalog verschiedener tatbestandlicher Konstellationen, in denen die Polizei von der Standardmaßnahme der Sicherstellung Gebrauch machen kann. **200**

aa) Zuvorderst ist die Sicherstellung danach möglich, *„um eine gegenwärtige* **201** *Gefahr abzuwehren"* (Nr. 1). Eine solche Situation ergibt sich insbesondere dort, wo von der Sache selbst eine gegenwärtige Gefahr ausgeht, wie dies etwa bei einem tollwütigen Hund oder aufgefundenen Kampfmitteln der Fall ist. Allerdings verlangt das Gesetz ausdrücklich nicht, dass die gegenwärtige Gefahr *notwendigerweise* von der Sache selbst ausgehen muss (str., a.A. *Thiel*, POR, Rn. 502). Denkbar ist eine Sicherstellung also auch dort, wo die Gefahr ihre „Wurzeln" an anderer Stelle hat, indessen über die Sicherstellung eines Tieres oder einer Sache am effektivsten abgewehrt werden kann. Derartige anderweitige „Gefahrenwurzeln" können etwa in dem Zustand (*Trunkenheit*!) oder den Handlungsabsichten Dritter liegen.

> **Beispiel:** Trotz mehrfacher polizeilicher Aufforderung weigert sich Radfahrer R, mit seinem („Liege-")Fahrrad auf dem Radweg zu fahren. Er geht irrig, aber beharrlich davon aus, dass sein Liegefahrrad kein Fahrrad iS. der StVO sei. Da R nicht bereit ist einzulenken, stellt die Polizei das Fahrrad sicher (Bad.-Württ. VGH, VBlBW 2001, 100; zur Radwegbenutzungspflicht zuletzt BVerwG, BeckRS 2011, 45444).

Fraglich ist, ob § 43 Nr. 1 PolG eine Sicherstellung auch von Gegenständen gestattet, die als Mittel zur Gefahrenabwehr benötigt werden. Weder der Normwortlaut noch der Zweck der Norm dürften einen pauschalen Ausschluss derartiger Sicherstellungen rechtfertigen. Allerdings sind die Voraussetzungen für eine Nichtstörerinanspruchnahme sowie der Verhältnismäßigkeitsgrundsatz zu beachten. Der Zugriff auf Sachen eines Nichtstörers kommt daher nur unter den Voraussetzungen des polizeilichen Notstandes in Betracht.

> **Beispiel:** Die Ordnungsbehörde stellt eine leer stehende Wohnung im Miets- haus des M sicher, um dort den Obdachlosen O unterzubringen (§ 24 OBG i.V.m. § 43 Nr. 1 PolG).

Streitig ist schließlich, ob § 43 Nr. 1 PolG eine Sicherstellung von Sachen (z. B. Geld) zum Zwecke des Schutzes privater Rechte zulässt. Grundsätzlich erfasst der Gefahrenbegriff der Standardermächtigung nur Gefahren für die *öffentliche* Sicherheit (Legaldefinition des § 8 Abs. 1 PolG). Da der Schutz privater Rechte unter den Voraussetzungen des § 1 Abs. 2 PolG indes ebenfalls zum Aufgabenbereich der Polizei gehört, erscheint eine parallele Auslegung des § 43 Nr. 1 PolG naheliegend und geboten. Dies gilt umso mehr, als das Polizeigesetz in derartigen Konstellationen sogar die wesentlich eingriffsintensivere Maßnahme der Ingewahrsamnahme zuließe (§ 35 Abs. 1 Nr. 5 PolG).

202 Ein Sonderproblem im Kontext des § 43 Nr. 1 PolG betrifft die Sicherstellung von **Fotoaufnahmen von Polizeieinsätzen**. Die Problematik rührt daher, dass § 22 KunstUrhG nur das Verbreiten oder öffentliche zur-Schau-Stellen, nicht aber das bloße Herstellen solcher Bilder strafrechtlich relevant ist. Die Sicherstellung von Foto- oder Filmmaterial setzt daher konkrete Anhaltspunkte dafür voraus, dass Fotos entgegen den rechtlichen Vorgaben veröffentlicht werden sollen (BVerwGE 109, 203 Rn. 27). Ob und inwieweit bereits das Erstellen derartiger Fotoaufnahmen Rückschlüsse auf eine beabsichtigte Veröffentlichung zulässt, ist eine Frage des Einzelfalles. Entsprechendes wurde bejaht bei Aufnahmen durch Fotografen der Boulevardpresse (BWVGH, NVwZ 2001, 1292), während dies für private Aufnahmen, die der Beweissicherung dienten, verneint wurde (VG Meiningen, NVwZ-RR 2012, 551). Zum Zwecke der Abklärung eines diesbezüglichen „Gefahrverdachts" hält es die Rspr. für zulässig, die Personalien von Personen festzustellen, die polizeiliche Einsätze filmen oder fotografieren (Nds. OVG, DVBl. 2013, 1066). Mit Blick auf die Spezialität der §§ 22 f. KunstUrhG wird ein weitergehender Rückgriff auf den Schutz des Persönlichkeitsrechts von Polizeibeamten abgelehnt.

203 bb) Eine Sicherstellung ist nach § 43 Nr. 2 PolG weiter zulässig, *„um den Eigentümer oder den rechtmäßigen Inhaber der tatsächlichen Gewalt vor Verlust oder Beschädigung einer Sache zu schützen"*. Hierbei geht es letztlich um den Schutz privater Rechte sowie um ein Handeln im tatsächlichen bzw. mutmaßlichen Interesse des Eigentümers oder des (rechtmäßigen) Inhabers der tatsächlichen Gewalt. Beispielhaft können insoweit die Sicherstellung von Diebesgut (VG Hannover, NVwZ-RR 2008, 616 betr. die Vermutungsregel des § 1006 Abs. 1 BGB), aber auch die Sicherstellung von Gepäckstücken einer verunglückten Person genannt werden. Eine gesonderte Prüfung der Adressatenfrage erübrigt sich für diese Fallkonstellation. Aus der Teleologie der Standardermächtigung ist abzuleiten, dass sich die Sicherstellung zur Eigentumssicherung – ebenso wie bei der klassischen GoA – ausschließlich am tatsächlichen oder mutmaßlichen Willen des Eigentümers zu orientieren hat. Insofern müssen ggf. auch bestehende Möglichkeiten der Rückfrage genutzt werden (vgl. VG Berlin, LKV 2002, 293: Halternachfrage vor Sicherstellung eines Fahrzeugs mit eingeschlagener Seitenscheibe). Ein Zugriff der Polizei auf der Grundlage der Nr. 2 wird schließlich regelmäßig unzulässig sein, wenn der Eigentümer oder Gewahrsamsinhaber die Sache in (ex-ante) erkennbarer Weise bewusst und freiverantwortlich einem erhöhten Verlust- oder Schadensrisiko aussetzt.

> **Beispiel:** Trotz mehrfacher Diebstahlsversuche hat Eigentümer E in seinem Vorgarten ein größeres Kunstwerk installieren lassen. Einen schützenden Zugriff durch die Polizei hat sich N ausdrücklich verbeten. Eine Sicherstellung des Kunstwerkes durch die Polizei ist durch § 43 Nr. 2 PolG nicht gerechtfertigt. Auch soweit eine Diebstahlsgefahr iS. des § 43 Nr. 1 PolG „konkret" geworden sein sollte, dürfte ein „aufgedrängter" Grundrechtsschutz als unverhältnismäßig einzustufen sein. Dass mit § 242 StGB zugleich eine Gefahr für die Unversehrtheit der objektiven Rechtsordnung droht, rechtfertigt jedenfalls solange keine abweichende Bewertung, als die bedrohte Norm ihrerseits speziell dem Schutz des konkret gefährdeten Eigentums dient.

I. Die polizei- und ordnungsbehördlichen „Standardmaßnahmen"

Die teilweise angenommene Subsidiarität des § 43 Nr. 2 PolG gegenüber der in Nr. 1 genannten Zugriffsvariante lässt sich systematisch nicht rechtfertigen.

cc) Schließlich ist die Sicherstellung einer Sache auch dann möglich, wenn sie von einer Person mitgeführt wird, die nach diesem Gesetz oder anderen Rechtsvorschriften festgehalten wird, und die Sache verwendet werden kann, um sich zu töten oder zu verletzen, das Leben oder die Gesundheit anderer zu schädigen, fremde Sachen zu beschädigen oder die Flucht zu ermöglichen oder zu erleichtern. Die betroffene Person muss nach dem Gesetzeswortlaut bereits vor der Sicherstellung festgehalten worden sein. Auch hier erübrigt sich eine gesonderte Prüfung der Adressatenfrage. Wichtig ist, dass es nur auf die **potentielle Verwendbarkeit** der Sache zu den genannten Zwecken ankommt, eine entsprechende *Verwendungsabsicht* also nicht bestehen oder gar nachgewiesen werden muss. Eine potentielle Eignung zur Selbsttötung oder Selbstverletzung ist vor diesem Hintergrund etwa auch Nagelfeilen und -scheren, Rasierklingen, aber auch Hosenträgern und Gürteln zu bescheinigen. Gleiches gilt für Geldmünzen, da ein Verschlucken von Münzen erhebliche Gesundheitsgefährdungen verursachen kann.

b) Fragen der Verhältnismäßigkeit

Stets zu beachten ist, dass auch die Sicherstellung den Grundsätzen der Verhältnismäßigkeit genügen muss. So wird es etwa hinreichen, einem auf dem Parkplatz vor der Gastwirtschaft aufgegriffenen angetrunkenen Fahrzeughalter lediglich die PKW-Schlüssel abzunehmen, anstatt sogleich den gesamten PKW sicherzustellen und in Verwahrung zu nehmen. Zum Schutz eines mit offenen Seitenfenstern aufgefundenen PKW wird es regelmäßig hinreichen, die Fenster zu verschließen, so dass die Sicherstellung des Fahrzeuges unverhältnismäßig wäre. Wird ein entwendetes Fahrzeug aufgefunden, wird im Regelfall eine Pflicht zur Sicherstellung nach § 43 Nr. 2 PolG zu bejahen sein (OLG Hamm, NZV 1998, 374; teilw. anders OVG NRW, NJW 1978, 720: Entfernen der Fahrzeugbatterie als ausreichende Sicherungsmaßnahme). Liegen die tatbestandlichen Voraussetzungen des § 43 Nr. 2 PolG vor, kann die Sicherstellung des Fahrzeuges gleichwohl unverhältnismäßig sein, wenn die Abschleppkosten in keiner sinnvollen Relation zum Wert des Fahrzeuges mehr stehen (Hess. VGH, NJW 1999, 3793: unverhältnismäßig, wenn Kosten die Hälfte des Wertes des Kfz ausmachen!). Im Falle einer bewusst missbräuchlichen Verwendung von Sachen und Tieren kann zudem die Anordnung einer unmittelbar verhaltenssteuernden Verfügung unter Androhung von Zwangsmitteln (Zwangsgeld) eine weniger belastende Maßnahme der Gefahrenprävention sein und damit zur Unverhältnismäßigkeit einer (fortdauernden) Sicherstellung der missbräuchlich verwendeten Sachen führen.

Beispiel: Da sich L in dem oben Rn. 201 geschilderten Fall weiterhin weigert, mit seinem Liegefahrrad die Radwege zu benutzen, hält die Polizei das sichergestellte Rad über Monate in Verwahrung. Da eine Verhaltenseinwirkung durch Androhung von Zwangsgeldern weniger eingriffsintensiv wäre, ist die Maßnahme rechtswidrig (Bad.-Württ. VGH, VBlBW 2001, 100, 102; ähnl. BayVGH, DÖV 2009, 334).

§ 3. Polizei- und Ordnungsrecht NRW

c) Verfahrensfragen, Kostenfragen und Herausgabepflicht

206 Die mit der Sicherstellung regelmäßig verbundene anderweitige Verwahrung muss nach § 44 PolG nicht zwangsläufig unter behördlicher Regie erfolgen. Vielmehr kann die Verwahrung auch einem Dritten (z. B. einem Tierheim oder einem Spezialunternehmen) übertragen werden (Abs. 1 S. 3). In Ausnahmefällen ist auch eine sonstige Aufbewahrung oder Sicherung zulässig (Abs. 1 S. 2). Die sichergestellte Sache muss in jedem Falle so verwahrt oder gesichert werden, dass Wertminderungen möglichst vorgebeugt wird. Sobald die Voraussetzungen für die Sicherstellung weggefallen sind, muss die Sache an denjenigen herausgegeben werden, bei dem sie sichergestellt wurde (§ 46 Abs. 1 PolG). Der Herausgabepflicht genügt die Behörde dadurch, dass sie die Sache zur Abholung bereithält. Die Kosten einer erbetenen Versendung muss die Behörde nicht tragen. Auch die Kosten der Sicherstellung und Verwahrung fallen den nach § 4 oder § 5 PolG Verantwortlichen zur Last (Abs. 3 S. 1), wobei sich derartige Verantwortlichkeiten allerdings allein im Rahmen einer Sicherstellung nach § 43 Nr. 1 PolG ergeben können, nicht aber in den (auf Gefahrenvorsorge bezogenen) Fällen der Nr. 2 und 3. Die Kosten können per Bescheid geltend gemacht werden (§ 46 Abs. 3 S. 3 PolG i. V. m. § 77 VwVG). Die Herausgabe der Sache kann zudem von der Zahlung der Kosten abhängig gemacht werden. Soweit über den Wortlaut des § 46 Abs. 3 S. 1 PolG hinausgehend eine Kostenpflicht auch für die von Sicherstellungen nach § 43 Nr. 2 und 3 PolG betroffenen (nichtverantwortlichen) Personen angenommen wird (so z. B. *Tegtmeyer/Vahle*, PolG NRW, 10. Aufl. 2011, § 47 Rn. 6), dürfte dies mit dem Grundsatz vom Vorbehalt des Gesetzes nicht mehr zu vereinbaren sein (s. oben Rn. 41). Die Herausgabe der sichergestellten Sache muss schließlich unterbleiben, wenn hierdurch erneut die Voraussetzungen für eine Sicherstellung eintreten würden (§ 46 Abs. 1 S. 3 PolG).

d) Verwertung/Vernichtung

207 Ist eine sachgerechte Verwahrung aus besonderen Gründen nicht möglich oder sinnvoll, kommt eine Verwertung der sichergestellten Sache in Betracht. Verwertung bedeutet die Realisierung des in der Sache verborgenen finanziellen Wertes; sie erfolgt grundsätzlich im Wege der öffentlichen Versteigerung. Eine Verwertung der sichergestellten Sache kommt nach § 45 PolG in Betracht, wenn
– ihr Verderb oder eine wesentliche Wertminderung droht (Nr. 1),
– ihre Verwahrung, Pflege und Erhaltung mit unverhältnismäßigen Kosten oder Schwierigkeiten verbunden ist (Nr. 2),
– die Verwahrung ihrerseits gefahrenträchtig ist (Nr. 3),
– die Sache auch nach 1 Jahr nicht an eine berechtigte Person herausgegeben werden kann, ohne dass die Voraussetzungen der Sicherstellung erneut eintreten würden (Nr. 4), oder
– der Berechtigte die Sache nicht abholt (Nr. 5).

Ist eine Verwertung nicht möglich oder würden die Gründe, die zur Sicherstellung berechtigten, im Falle einer Verwertung fortbestehen oder Sicherstellungsgründe erneut entstehen, kann die sichergestellte Sache unbrauchbar gemacht oder vernichtet werden, § 45 Abs. 4 PolG. Angesichts der in § 5 Abs. 1 S. 2 PolG angeordneten entsprechenden Anwendung der für Sachen geltenden Vorschriften auch auf Tiere können auch sichergestellte Tiere unter den genannten Voraussetzungen „vernichtet", also eingeschläfert werden. Entsprechende Maßnahmen verstoßen insbesondere nicht gegen § 17 Nr. 1 des Tierschutzgesetzes, da sich schon aus der polizeirechtlichen Gesetzeslage ein *„vernünftiger Grund"* für die Tötung ergibt. 208

> **Beispiel:** Die Polizei hat den schwer gestörten und durch vielfältige Attacken auffällig gewordenen Kampfhund des in jeder Hinsicht unzuverlässigen Zuhälters Z sichergestellt, den sie gemäß § 45 Abs. 1 Nr. 4 PolG zu verwerten berechtigt ist. Soweit eine wirtschaftliche Verwertung mangels Nachfrage nicht möglich ist, kann der Hund nach § 45 Abs. 4 PolG eingeschläfert werden (OVG NRW, NWVBl. 2001, 97).

Der mit der Vernichtung verbundene Eingriff in das Grundrecht der Eigentumsfreiheit ist als Ausdruck der Sozialbindung des Eigentums (Art. 14 Abs. 2 GG) entschädigungslos hinzunehmen. Es handelt sich um eine bloße Inhalts- und Schrankenbestimmung, nicht um eine (entschädigungspflichtige) Enteignung.

VIII. Anhang

Literatur: *Bösch*, Rechtswidrige polizeiliche Verweisungsmaßnahmen, JURA 2009, 650 ff.; *Finger*, Der „Verbringungsgewahrsam" und der Streit um seine rechtliche Grundlage, NordÖR 2006, 423 ff.; ders., Polizeiliche Standardmaßnahmen und ihre zwangsweise Durchsetzung, JuS 2005, 116 ff.; *Guckelberger*, Die polizeiliche Wohnungsverweisung, JA 2011, 1 ff.; *Möstl*, Standardmaßnahmen des Polizei- und Ordnungsrechts, JURA 2011, 840; *Ruder*, Die polizei- und ordnungsrechtliche Unterbringung von Obdachlosen, NVwZ 2012, 1283 ff.; *Schmitt-Kammler*, Zur Handhabung polizeilicher Standardermächtigungen, NWVBl. 1995, 166 ff.; *Storr*, Wohnungsverweisung bei häuslicher Gewalt, ThürVBl. 2005, 97 ff.; *Wuttke*, Polizeirechtliche Wohnungsverweise, JuS 2005, 779 ff. 209

Klausurbearbeitung: *Baumeister/Ruthig*, Wieder ein prügelnder Ehemann, VBlBW 2006, 367 und 403; *Cremer/Wolf/Gurzan*, Brand im Chemielabor – Wohnungseinweisung in Gefahrensituationen, JURA 2010, 773 ff.; *Krüper/Kühr*, Störung am Volkstrauertag, ZJS 2012, 785 ff.; *Lang*, Und bist du nicht willig ..., NWVBl. 2005, 154 ff.; *Löhr*, Die durchsuchten Geschäftsräume, JA 2006, 627 ff.; *Manssen/Greim*, Rudi Raser, JA 2011, 443 ff.; *Meister*, Der PKW mit den abgefahrenen Reifen, JA 2011, 359 ff.; *Schnapp/Mühlhoff*, Aufenthaltsverbote – ein rechtmäßiges Mittel zur Bekämpfung offener Drogenszenen?, NWVBl. 2003, 484 ff.; *Traulsen*, Platzverweis gegen den gewalttätigen Ehemann, JuS 2004, 414 ff.

§ 3. Polizei- und Ordnungsrecht NRW

Kontrollfragen:
1. Was versteht man unter Standardmaßnahmen? Wie lassen sie sich systematisch unterteilen?
2. Welche Handlungsmöglichkeiten offeriert die Platzverweisung? Kann ein längerfristiges Aufenthaltsverbot angeordnet werden?
3. Mit welcher Regelung kann häuslicher Gewalt entgegnet werden?
4. Was versteht man unter einer Ingewahrsamnahme?
5. Welche Konstellationen der Ingewahrsamnahme sind zu unterscheiden?
6. Was ist bei einer Wohnungsdurchsuchung unter dem „Betreten" und was unter der „Durchsuchung" zu verstehen?
7. Ist die Sicherstellung im Falle der Nichtherausgabe einer sicherzustellenden Sache einer gesonderten Vollstreckung bedürftig?

J. Datenschutzrechtliche Befugnisnormen

I. Verfassungsrechtlicher Hintergrund

210 In seinem berühmten „*Volkszählungsurteil*" vom 15. Dezember 1983 leitete das Bundesverfassungsgericht aus dem allgemeinen Persönlichkeitsrecht des Art. 2 Abs. 1 i. V. m. Art. 1 Abs. 1 GG das **Grundrecht auf „informationelle Selbstbestimmung"** ab (BVerfGE 65, 1). Das Grundrecht gewährleistet die Befugnis des Einzelnen, „grundsätzlich selbst über die Preisgabe und Verwendung seiner persönlichen Daten zu bestimmen", wobei unter dem Begriff der Daten alle Einzelangaben über persönliche oder sachliche Verhältnisse einer bestimmten oder bestimmbaren Person zu verstehen sind (so auch § 3 Abs. 1 BDSG). Einschränkungen des Rechts auf informationelle Selbstbestimmung unterwarf das BVerfG uneingeschränkt dem **Vorbehalt des Gesetzes**. In materieller Hinsicht erachtet das Gericht Beschränkungen dieses Rechtes nur im überwiegenden Allgemeininteresse für zulässig. Inhaltlich begründete das Gericht die Erweiterung des Grundrechtsschutzes mit den neuen Gefährdungslagen der modernen Informationstechnologien mit den ihnen eigenen Verarbeitungs- und Verknüpfungsmöglichkeiten. Vor diesem technischen Hintergrund gebe es schlichtweg kein „belangloses" Datum mehr. Obgleich speziell das nordrhein-westfälische Verfassungsrecht ein entsprechendes Datenschutzgrundrecht bereits im Jahre 1978 in die Verfassung aufgenommen hatte (Art. 4 Abs. 2 LV), reagierte der Landesgesetzgeber erst im Jahre 1990 auf die neue verfassungsrechtliche Ausgangslage und lieferte die erforderlichen bereichsspezifischen Befugnisnormen für die polizeiliche Datenerhebung (Gesetz vom 24.2.1990 – GVBl. S. 70). Sie finden sich in den §§ 9 bis 33 PolG. Rechtspolitisch betrachtet hat sich die Rechtsprechung des BVerfG als ambivalent erwiesen. Einerseits liegen heute die erforderlichen Befugnisnormen zwar weitgehend vor, andererseits aber hat der Gesetzgeber im Zuge der Reformarbeiten die Zugriffsmöglichkeiten der Polizeibehörden massiv ausgebaut. So ist namentlich für den Bereich der vorbeugenden Bekämpfung von Straftaten eine zunehmende Annäherung

J. Datenschutzrechtliche Befugnisnormen

der Polizeiarbeit an *nachrichtendienstliche* Tätigkeiten unverkennbar. Namentlich der Störer- sowie der Gefahrenbegriff des Polizeirechts drohen hierdurch, wie insbesondere der Streit um den Gefahrenbegriff bei der Rasterfahndung zeigt (§ 31 PolG), in Auflösung zu geraten. Eine neue Dimension haben die informationsrechtlichen Interventionen mit dem staatlichen Zugriff auf Telefon, Internetzugangs- und Email-Dienste erfahren, wie sie im Zusammenhang mit der sog. **„Vorratsdatenspeicherung"** nach § 113a TKG und diesbezüglicher Abrufnormen relevant geworden sind. Das BVerfG ist den sehr weit gefassten Eingriffsermächtigungen von Anfang an höchst kritisch entgegen getreten (NVwZ 2009, 96 und 103). Mit seiner Grundsatzentscheidung vom 2.3.2010 hat es die einschlägigen Bestimmungen des TKG schließlich für nichtig erklärt (BVerfGE 125, 260). Ausgebaut wurde die Schutzposition des Bürgers ferner durch die verfassungsgerichtliche Anerkennung eines **Grundrechts auf Vertraulichkeit und Integrität informationstechnischer Systeme** (NJW 2008, 822). Dieses Grundrecht stellt insbesondere an die Rechtfertigung sog. „Online-Durchsuchungen" hohe Anforderungen. In neuerer Zeit hat sich das Gericht nochmals grundlegend zur Frage des Datenaustauschs geäußert und festgestellt, dass die staatliche Datenabfrage einerseits sowie die Datenweiterleitung der angefragten Stelle andererseits als eigenständige korrespondierende Grundrechtseingriffe zu werten seien, die jeweils einer eigenen Ermächtigungsgrundlage bedürften. Der Gesetzgeber muss danach – bildlich gesprochen – nicht nur die Türe zur Übermittlung der Daten öffnen, sondern auch die Türe zu deren Abfrage (**„Modell der Doppeltüre"**). Allerdings können beide Rechtsgrundlagen in einer Norm zusammengefasst werden (NJW 2012, 1419). Der nordrhein-westfälische Polizeigesetzgeber hat auf diese Rechtsprechung durch den Gesetzesvorschlag eines neuen § 20a PolG reagiert (LT-Drs. 16/2256).

II. Systematik der informationellen Befugnisnormen

Das Polizeigesetz differenziert hinsichtlich der Befugnisnormen zwischen verschiedenen Etappen der Datenverarbeitung. Im Vordergrund steht hierbei die **Datenerhebung**, der als Befugnisnormen etwa die Befragung (§ 9), die Vorladung (§ 10), die Identitätsfeststellung einschließlich der Durchführung erkennungsdienstlicher Maßnahmen (§§ 12 und 14), die Datenerhebung bei öffentlichen Veranstaltungen (§ 15), die Datenerhebung durch den offenen Einsatz optisch-technischer Mittel (§ 15a), aber auch die verdeckte Datenerhebung in verschiedenen Varianten (§§ 16–21) zugeordnet sind. Wesentliche Grundregel dieses Regelungskomplexes ist die Festlegung des § 9 Abs. 5 PolG, demzufolge *„die Erhebung personenbezogener Daten zu unbestimmten oder noch nicht bestimmbaren Zwecken … unzulässig (ist)"*. Weitere Befugnisnormen betreffen den Komplex der **Datenspeicherung, Datenveränderung** und **Datennutzung** (§§ 22–25) sowie den Komplex der **Datenübermittlung** (§§ 26–30). Eine Zwischenform der genannten Komplexe bildet die **Rasterfahndung**, die in § 31 PolG geregelt ist. Abgeschlossen wird der informationelle Regelungsabschnitt durch Vorgaben zur **Berichtigung, Lö-**

211

schung und **Sperrung von Daten** (§ 32) sowie durch Vorgaben zur Sicherung des **Datenschutzes** (§ 33). Das Ordnungsbehördengesetz hat die einschlägigen Befugnisnormen nur partiell rezipiert (§ 24 Nr. 1 bis 12 OBG). Zwar gelten klassische Befugnisnormen wie die Vernehmung, Vorladung, Vorführung oder Identitätsfeststellung grundsätzlich auch für die Ordnungsbehörden, andererseits bleiben den Ordnungsbehörden weite Bereiche des informationsrechtlichen Eingriffshandelns, so etwa die erkennungsdienstliche Behandlung, die Videoüberwachung öffentlicher Plätze oder auch die Rasterfahndung, verwehrt.

III. Die wichtigsten informationellen Standardermächtigungen

212 Die nachfolgenden Darlegungen sollen darauf beschränkt bleiben, die wichtigsten Befugnisnormen im Bereich der Datenverarbeitung vorzustellen und zu erläutern.

1. Vernehmung (§ 9 PolG)

213 Die gesetzliche Normierung einer (umfassenden) Befugnisnorm betreffend die Maßnahme der Befragung erscheint auf den ersten Blick wenig plausibel. Denn mit der bloßen Befragung ist zunächst keinerlei Freiheitsbeeinträchtigung verbunden, die den Vorbehalt des Gesetzes auszulösen vermochte. Dies gilt umso mehr, als Auskünfte des Befragten gemäß Absatz 6 grundsätzlich *freiwilliger* Natur sind (*volenti non fit iniuria*). Wenn der Gesetzgeber die Befragung gleichwohl zum Gegenstand einer Standardmaßnahme macht, so deshalb, weil er hierbei eine bestimmte Form der Befragung vor Augen hatte, die besser bekannt ist unter dem Stichwort der **„Vernehmung"**. Ihr imperativer Charakter und damit ihre Eingriffqualität ergibt sich daraus, dass der Befragte die Befragung zu dulden und zu diesem Zwecke „anzuhalten" hat (§ 9 Abs. 1 S. 2 PolG). Nicht jede tatsächliche Befragung ist also eine Befragung (Vernehmung) iS. des § 9 Abs. 1 PolG. Nur letztere unterliegt dementsprechend den Voraussetzungen der Eingriffsnorm sowie den besonderen Belehrungspflichten des § 9 Abs. 6 PolG. Imperativer Charakter kommt der Vernehmung schließlich auch im Hinblick auf die in Absatz 2 normierten **Auskunftspflichten des Befragten** zu. Diese Auskunftspflichten beschränken sich freilich im Regelfall auf die Angabe des Namens, Vornamens, des Tages und Ortes der Geburt, der Wohnanschrift und der Staatsangehörigkeit. Verstöße gegen diese Pflichten sind eine Ordnungswidrigkeit nach § 111 OWiG. Zu weiteren Auskünften ist der Befragte verpflichtet, soweit gesetzliche Handlungspflichten bestehen (Abs. 2 S. 2). Derartige Handlungspflichten können sich namentlich aus der polizeilichen Generalklausel ergeben, soweit der Befragte als Störer für die Abwehr einer Gefahr verantwortlich ist. Anders als im strafrechtlichen Kontext kann der Störer eine pflichtige Auskunft nicht unter Rückgriff auf den strafprozessualen *„nemo-tenetur-Grundsatz"* verweigern.

> **Beispiel:** Auf dem Grundstück des G werden Fässer aufgefunden, aus denen eine übel riechende Flüssigkeit in ein nahe gelegenes Gewässer fließt. Die Polizei will wissen, welche Flüssigkeit sich in den Fässern befindet. G muss die Auskunft erteilen, auch wenn er sich hierdurch womöglich strafrechtlich belastet.

Weitere Auskunftspflichten können sich etwa aus § 138 StGB (Anzeigepflicht für bestimmte Straftaten), § 1626 BGB (Sorgepflicht der Eltern), § 4 Abs. 4 TollwutVO (Angabe des Verbleibs eines tollwütigen Hundes) oder § 31 Abs. 2 FSHG (Auskunft über Gerätschaften zum Feuerschutz) ergeben. Eine Auskunftspflicht kann ggf. sogar mit den Mitteln der Verwaltungsvollstreckung (Zwangsgeld) durchgesetzt werden, wobei freilich die Androhung und Anwendung unmittelbaren Zwanges ausgeschlossen ist (§ 10 Abs. 4 PolG i.V.m. § 136a Abs. 1 S. 3 StPO sowie § 55 Abs. 2 PolG; hierzu auch Rn. 244).

Die Befugnis zur Befragung nach § 9 PolG rechtfertigt als solche nicht die Vorladung des Betroffenen (§ 10 Abs. 1 Nr. 1 PolG) oder gar dessen Mitnahme zur Polizeiwache (§ 10 Abs. 3 Nr. 1 PolG). Die Befugnisnorm der Befragung wird über § 24 Nr. 1 OBG vollinhaltlich in das Ordnungsbehördengesetz übernommen.

a) Tatbestandliche Voraussetzungen

Entsprechend der eher geringen Eingriffsintensität der Befragung sind auch 214 die tatbestandlichen Voraussetzungen des § 9 Abs. 1 PolG eher niedrig gehalten. Die Befragung ist zulässig, „wenn Tatsachen die Annahme rechtfertigen, dass sie (scil. die Person) sachdienliche Angaben machen kann, die für die Erfüllung einer bestimmten polizeilichen Aufgabe erforderlich sind". Immerhin ist eine Befragung „ins Blaue hinein" damit unzulässig. Wesentlich ist, dass es bei den polizeilichen Aufgaben nur um solche *präventivpolizeilicher* Art gehen kann. Befragungen zum Zwecke der Strafverfolgung sind also von § 9 PolG nicht gedeckt. Umgekehrt bedarf es allerdings nicht notwendig einer konkreten Gefahrenlage iS. des § 8 PolG, da zu den polizeilichen Aufgaben etwa auch die vorbeugende Bekämpfung von Straftaten oder die Amts- und Vollzugshilfe zählen. Da § 9 Abs. 1 PolG von der Befragung „jeder Person" spricht, kommt eine gesonderte Prüfung der möglichen Adressaten (§§ 4–6 PolG) nicht in Betracht.

b) Fragen der Verhältnismäßigkeit und der Vollstreckung

§ 9 PolG trifft spezielle Regelungsanordnungen zur Wahrung der Verhält- 215 nismäßigkeit einer Befragung. So regelt Absatz 3 den Vorrang der Befragung des Betroffenen vor der Befragung Dritter. Absatz 4 normiert den Vorrang der „offenen" Befragung vor der verdeckten Befragung, die nur zulässig ist, wenn dies durch Gesetz zugelassen ist. Absatz 5 Satz 1 verbietet die „vorsorgliche" Datenerhebung zu nicht näher bestimmten Zwecken, während Satz 2 spezielle Vorgaben für die Erhebung besonders sensibler Daten macht. Eine besondere Belehrungspflicht normiert schließlich Absatz 6 der Norm.

Als verhaltensregelnde Maßnahme mit Verwaltungsaktqualität (str.) ist die Auskunftsanforderung grundsätzlich der Verwaltungsvollstreckung zugänglich. Zu beachten bleibt allerdings, dass § 55 Abs. 2 PolG bzw. § 62 Abs. 2 VwVG unmittelbaren Zwang zur Abgabe einer Erklärung ausschließen. Ebenfalls ausgeschlossen ist damit die Androhung entsprechender Zwangsmaßnahmen. Als Zwangsmittel kommen insoweit lediglich Zwangsgeld und Ersatzzwangshaft in Betracht. Ob in schwersten Gefahrenlagen (Kindesentführung) Zwangsmaßnahmen durch „übergesetzlichen Notstand" gerechtfertigt oder zumindest entschuldigt werden können, wird derzeit heftig diskutiert.

2. Vorladung/Vorführung (§ 10 PolG)

216 Unter der **Vorladung** nach § 10 Abs. 1 PolG ist die Aufforderung an eine Person zu verstehen, zur Klärung oder Erörterung von Tatsachen bei einer Behörde oder an einem sonstigen Ort zu erscheinen. Die Vorladung hat keine unmittelbar informationelle Relevanz, begründet also insbesondere keine eigenständige Befugnis zur Datenerhebung etwa durch Vernehmung. Als Basis für eine in ihrem Kontext durchgeführte Vernehmung o. ä. ist die Kodifikation der Vorladung im Abschnitt „Datenerhebung" gleichwohl folgerichtig. Die Vorladung ist ein Verwaltungsakt, der gem. § 10 Abs. 3 PolG im Wege der **Vorführung** durchgesetzt werden kann. Die betreffenden Standardermächtigungen werden durch § 24 Nr. 2 OBG weitgehend in das Ordnungsbehördengesetz übernommen. Ausgenommen bleibt allein der Rückgriff im Kontext erkennungsdienstlicher Maßnahmen.

a) Tatbestandliche und verfahrensrechtliche Voraussetzungen

217 Die Vorladung ist zulässig, wenn die Voraussetzungen für eine Vernehmung vorliegen, aber auch dann, wenn sie zur Durchführung erkennungsdienstlicher Maßnahmen erforderlich ist. Die Vorführung kann insbesondere durchgeführt werden, wenn die betroffene Person der Vorladung ohne hinreichenden Grund keine Folge geleistet hat und die Angaben zur Abwehr einer Gefahr für Leib, Leben oder Freiheit einer Person erforderlich sind. Ferner kommt die Vorführung in Betracht, wenn die betroffene Person einer Vorladung ohne hinreichenden Grund keine Folge geleistet hat und die Vorführung zur Durchführung erkennungsdienstlicher Maßnahmen notwendig ist. In letzterem Falle müssen also zusätzlich die Voraussetzungen zur Durchführung erkennungsdienstlicher Maßnahmen gegeben sein. Wohl zu Recht ordnet § 10 Abs. 3 S. 2 i. V. m. § 36 Abs. 1 S. 1 PolG die zwangsweise Vorführung als freiheitsentziehende Maßnahme iS. des Art. 104 Abs. 2 GG ein, die *„nur auf Grund richterlicher Anordnung erfolgen (darf), es sei denn, dass Gefahr im Verzug vorliegt"*.

b) Zur Geltung des § 136 a StPO

218 Von weitreichender praktischer Bedeutung ist die in § 10 Abs. 4 PolG angeordnete entsprechende Geltung des § 136 a StPO. Er verbietet namentlich

eine Vernehmung unter *Täuschung, Quälerei* oder *Ermüdung*, aber auch die Androhung unzulässiger Maßnahmen, also z. B. die Androhung von Folter (hierzu auch Rn. 244). Dieses Verbot gilt ohne Rücksicht auf eine mögliche Einwilligung des Betroffenen. Aussagen, die unter Verletzung dieses Verbotes zustande kommen, dürfen in einem späteren Strafverfahren auch dann nicht verwertet werden, wenn der Betroffene einer Verwertung zustimmt. Ungeachtet des systematischen Standortes der Norm in § 10 PolG (Vorladung/Vorführung) wird man die Beachtung der dort normierten Grundsätze, die letztlich eine Ausprägung der Menschenwürdegarantie des Art. 1 GG enthalten, auch und gerade im Rahmen „einfacher" Vernehmungen nach § 9 PolG für erforderlich erachten müssen.

3. Identitätsfeststellung (§ 12 PolG)

Ebenfalls eine grundrechtlich relevante Form der Datenerhebung liegt in der Identitätsfeststellung, die als informationelle Standardmaßnahme in § 12 PolG geregelt ist. Unter den Begriff der Identität fallen die einer bestimmten Person zuzuordnenden Merkmale („Personalien"), so dass etwa auch die Größe und Augenfarbe eines Menschen zu den feststellungsfähigen Daten zählen. Die Brisanz der Ermächtigung liegt allerdings weniger in der Preisgabe des betreffenden Datums als vielmehr in der gesetzlich angelegten Steigerung der möglichen Maßnahmen zur Identitätsfeststellung. So sieht § 12 Abs. 2 PolG als Mittel der Identitätsfeststellung zunächst das **Anhalten und Befragen der Person** bzw. die Aushändigung von Papieren vor. Lässt sich die Identität hierdurch nicht oder nur unter erheblichen Schwierigkeiten feststellen, kann die Person ferner **festgehalten** (S. 3) sowie samt der von ihr mitgeführten Sachen **durchsucht** werden (S. 4). Das Festhalten und Verbringen zur Wache (sog. „Sistierung") stellt eine **Freiheitsentziehung** dar, die gem. Art. 104 Abs. 2 GG i. V. m. § 36 Abs. 1 S. 1 PolG eine unverzügliche richterliche Entscheidung über die Fortdauer der Freiheitsentziehung erforderlich macht. § 38 Abs. 2 PolG begrenzt die Dauer einer Freiheitsentziehung zum Zwecke der Indentitätsfeststellung auf maximal 12 Stunden. 219

Lässt sich auch auf diesem Wege die Identität nicht oder nur unter erheblichen Schwierigkeiten feststellen, kann die Polizei **erkennungsdienstliche Maßnahmen** durchführen (§ 14 Abs. 1 Nr. 1 PolG) und den Betroffenen zu diesem Zwecke notfalls zwangsweise **vorführen** (§ 10 Abs. 3 Nr. 2 PolG). Hinsichtlich der tatbestandlichen Voraussetzungen für die Identitätsfeststellung normiert § 12 Abs. 1 PolG insgesamt vier Fallvarianten, die von der schlichten Abwehr einer Gefahr (Nr. 1) bis hin zu rein standortbezogenen Zugriffsvoraussetzungen (*verufene Orte, gefährdete Orte, Kontrollstellen*) reichen. Lediglich bei Identitätsfeststellungen zur Gefahrenabwehr (Nr. 1) finden die adressatenbezogenen Grundsätze der §§ 4–6 PolG Anwendung. Bei den letztgenannten „verdachtsunabhängigen" Maßnahmen können sich freilich Zugriffsgrenzen aus dem Grundsatz der Verhältnismäßigkeit ergeben. 220

> **Beispiel:** Nach einer Bombendrohung kontrollierte die Polizei die Identität der Passanten vor dem Gerichtsgebäude. Die hochbetagte Seniorin S hat ihren Personalausweis verlegt. Ein Festhalten und Durchsuchen der alten Dame kann u. U. unverhältnismäßig und daher rechtswidrig sein.

4. Erkennungsdienstliche Behandlung (§ 14 PolG)

221 Inhalt und Wesen der erkennungsdienstlichen Behandlung werden in § 14 PolG nur rudimentär beschrieben. Nach Absatz 4 der Bestimmung sind erkennungsdienstliche Maßnahmen „insbesondere" die *Abnahme von Finger- und Handflächenabdrücken*, die *Aufnahme von Lichtbildern*, die *Feststellung äußerer körperlicher Merkmale* oder sonstige *Messungen*. Letztlich geht es um die Feststellung der Identität einer Person durch den Vergleich von Bildern oder den Aufzeichnungen sonstiger unverwechselbarer Merkmale. Im Rahmen der erkennungsdienstlichen Behandlung sind insoweit auch Stimmvergleiche, Zahn- oder Ohrabdrücke (Ohrabdruck des Einbrechers an der Tür!) möglich. Nicht erfasst sind dagegen die Gewinnung und der Abgleich von DNA-Proben (§§ 81e–g StPO; hierzu aber § 14a PolG zur Identifikation von Leichen und hilflosen Personen). Auch begleitende Zwangsmaßnahmen wie etwa eine Fixierung während der Fotoaufnahmen sind von der Eingriffsermächtigung nicht abgedeckt (s. Rn. 32; a. A. für § 81b 2. Alt. StPO *Gerhold/Rakoschek*, JURA 2008, 895, 900). Als präventivpolizeiliche Maßnahme rechtfertigt § 14 PolG nur Maßnahmen außerhalb eines Strafverfahrens, so dass ein Überschneidungsbereich mit § 81b Alt. 2 StPO nicht besteht (OVG NRW, NJW 1999, 2689). Allerdings ist die Abgrenzung zu der strafprozessualen Parallelvorschrift im Einzelnen äußerst umstritten (OVG Schl.-Hst., NVwZ-RR 2007, 817). In tatbestandlicher Hinsicht ist eine erkennungsdienstliche Behandlung zulässig, wenn entweder eine *Identitätsfeststellung auf andere Weise nicht oder nur unter erheblichen Schwierigkeiten möglich ist* (Abs. 1 Nr. 1), oder wenn diese *zur vorbeugenden Bekämpfung von Straftaten erforderlich ist, weil die betroffene Person verdächtig ist, eine Tat begangen zu haben, die mit Strafe bedroht ist und wegen der Art und Ausführung der Tat die Gefahr der Wiederholung besteht* (Abs. 1 Nr. 2). Für die zweite Variante reicht neben der dargestellten Wiederholungsgefahr der bloße (hinreichende) „Verdacht" der Tatbegehung aus; ob die betreffende Person schuldfähig oder gar strafmündig ist, bleibt ohne Belang. Auch eine Verfahrenseinstellung oder womöglich gar ein Freispruch räumen den hier geforderten Verdacht nicht notwendig aus.

> **Beispiel:** P, der von einem Gutachter als „rückfallgefährdet" eingestuft wurde, ist von der Anklage der Vergewaltigung freigesprochen worden, da sein Geständnis wegen unzulässiger Vernehmungsmethoden der Polizei gerichtlich nicht verwertbar war (§ 136a Abs. 3 StPO). Da der Verdacht, die Straftat begangen zu haben, dennoch fortbesteht, kommt eine erkennungsdienstliche Behandlung auch nach dem Freispruch in Betracht.

Auch Strafunmündige können erkennungsdienstlich behandelt werden, wobei den Persönlichkeitsrechten des Betroffenen im Rahmen der Ermessensausübung besonders Rechnung zu tragen ist (OVG NRW aaO.).

Die betroffene Person ist bereits bei Vornahme der Maßnahme darüber zu belehren, dass sie die Vernichtung der erkennungsdienstlichen Unterlagen verlangen kann, sobald die Voraussetzungen für die weitere Aufbewahrung entfallen. Der (Folgenbeseitigungs-)Anspruch auf Vernichtung erkennungsdienstlicher Unterlagen ist prozessual im Wege der allgemeinen Leistungsklage durchzusetzen (str.; a. A. etwa Hess.VGH, DVBl. 1993, 616, für Gesundheitsakten). Sind die Maßnahmen zum Zwecke der Identitätsfeststellung ergangen, kann auch nach erfolgreicher Feststellung der Identität ihre weitere Aufbewahrung zu den in Absatz 1 Nr. 2 genannten Zwecken der Straftatenprävention zulässig sein (Abs. 2).

5. Besondere Formen der Datenerhebung und -verwendung

a) Datenerhebung in besonderen Situationen

Spezielle Befugnisnormen normieren die §§ 15 bis 15b PolG für die Datenerhebung bei *öffentlichen Veranstaltungen* (zu parallelen Eingriffen bei Versammlungen s. § 12a VersG), die Datenerhebung auf *öffentlichen Plätzen* sowie die Datenerhebung zur *Eigensicherung der Beamten*. Durchaus folgerichtig wird hierbei auch die reine (Video-)„Beobachtung" öffentlicher Plätze als rechtfertigungsbedürftiger Eingriff in das informationelle Selbstbestimmungsrecht der Bürger erkannt (§ 15a Abs. 1 PolG). So führt die Beobachtung mit technischen Mitteln zu einem **„Überwachungsdruck" mit Eingriffsqualität**, da der Betreffende nicht einschätzen kann, was weiter mit seinen Bildern geschieht. Überzeugend führte das BVerfG in seinem **Volkszählungsurteil** hierzu aus: *„Wer nicht mit hinreichender Sicherheit überschauen kann, welche ihn betreffenden Informationen in bestimmten Bereichen seiner sozialen Umwelt bekannt sind ..., kann in seiner Freiheit wesentlich gehemmt werden ... Mit dem Recht auf informationelle Selbstbestimmung wäre eine Gesellschaftsordnung ... nicht vereinbar, in der Bürger nicht mehr wissen können, wer was wann und bei welcher Gelegenheit über sie weiß"* (BVerfGE 65, 1, 43). Die Gegenauffassung, die die bloße Bildübertragung der Beobachtung durch einen Polizeibeamten gleichstellt (VG Halle, LKV 2000, 164, 165), ist daher zurückzuweisen. Auch der Einsatz bloßer Kameraattrappen wäre keineswegs grundrechtsneutral, sondern ein staatlicher Grundrechtseingriff (str.). Die Videobeobachtung öffentlicher Plätze ist gem. § 15a Abs. 1 S. 2 PolG durch geeignete Maßnahmen erkennbar zu machen, falls sie nicht ohnehin offenkundig ist. Eine Besonderheit weist speziell § 15a PolG schließlich insoweit auf, als die Norm über Abs. 5 unter ein sog. „Verfallsdatum" gestellt wurde, das nach mehrfacher Verlängerung nunmehr auf den 31.7.2018 datiert ist. Als Mittel der Gefahrenabwehr erscheint die Videoüberwachung nur glaubwürdig, wenn ein sofortiges polizeiliches Einschreiten in konkreten Gefahrenfällen gewährleistet ist. Insofern dürfte die Videoüberwachung schon unter praktischen Aspekten kaum ein Patentrezept zur Gewährleistung von Sicherheit im öffentlichen Raum sein.

b) Datenerhebung mit besonderen Mitteln

224 Als Datenerhebung mit besonderen Mitteln kennt und normiert das Polizeigesetz die (kurzfristige sowie längerfristige) **Observation** als Form der verdeckten, in Ausnahmefällen aber auch offenen („Klettentaktik") Datenerhebung (§ 16 a PolG, einschränkend hierzu zuletzt OVG NW, Urt. v. 5.7.2013, S A 607/11: keine Anwendbarkeit auf Dauerobservationen rückfallgefährdeter Sexualstraftäter; s. auch BVerfG, LKV 2013, 30), die verdeckte Anfertigung von **Bild- und Tonaufnahmen** (§ 17 PolG), die verdeckte Datenerhebung in und aus Wohnungen (§ 18 PolG) und den Einsatz von sog. „**Vertrauensmännern**"(„V-Männern"), also von *„Personen, deren Zusammenarbeit mit der Polizei Dritten nicht bekannt ist"* (§ 19 PolG), bzw. **verdeckten Ermittlern** aus den Reihen der Polizei (§ 20 PolG). Sämtliche dieser speziellen Eingriffsermächtigungen unterliegen den allgemeinen Anforderungen des § 16 PolG. Dieser verbietet namentlich die Erhebung personenbezogener Daten, die dem **Kernbereich der privaten Lebensgestaltung** zuzurechnen sind (Abs. 1); ergeben sich im Rahmen der Anwendung der speziellen Ermächtigungen tatsächliche Anhaltspunkte dafür, dass Daten, die diesem absolut geschützten Kernbereich zuzurechnen sind, erfasst werden, ist die Erhebung unverzüglich zu unterbrechen (Abs. 2; s. hierzu BVerfG, MMR 2004, 302, 304, wonach bei entsprechenden Anhaltspunkten Überwachungsmaßnahmen allerdings „von vornherein" zu unterbleiben haben). Gleichwohl erfasste Daten dürfen nicht verwendet werden; Aufzeichnungen hierüber sind zu löschen (Abs. 4.). Eine präzise inhaltliche Konturierung des „Kernbereichs" der privaten Lebensgestaltung hat das BVerfG bislang vermieden (BVerfG, NJW 2007, 2753, 2755). In der Regel wird eine Kernbereichsbetroffenheit dort zu vermuten sein, wo Menschen im Schutz der häuslichen Wohnung mit engsten Vertrauten, insbesondere dem Ehepartner, Eltern, Kindern oder Geschwistern kommunizieren, insbesondere wenn diese im selben Haushalt leben (BVerfG, aaO., 2754). Auch Selbstgespräche in der eigenen Wohnung hat der BGH dem Kernbereich zugerechnet, wobei das Gericht allerdings – entgegen § 16 Abs. 4 PolG – speziell im Rahmen der Gefahrenprävention (z. B. Kindesentführung) durchaus verfassungsrechtliche Spielräume für eine Verwertbarkeit gewonnener Erkenntnisse sah (BGH, NJW 2005, 3295, 3297). Mit Blick auf die grundrechtlichen Schutzpflichten des Staates (oben Rn. 3) erscheint der in § 16 Abs. 4 PolG insoweit formulierte Verzicht auf verfassungskonforme Handlungsoptionen durchaus problematisch. Vom Kernbereichsschutz miterfasst wird nach den polizeirechtlichen Regeln auch das durch das Berufsgeheimnis geschützte Vertrauensverhältnis zu den in §§ 53 und 53a StPO genannten **Berufsgeheimnisträgern** (§ 16 Abs. 5 PolG). Verfassungsrechtlichen Bedenken begegnet § 16 PolG insoweit, als er die Datenerhebung mit besonderen Mitteln erst dann untersagt, wenn tatsächliche Anhaltspunkte für eine Kernbereichsbetroffenheit vorliegen und damit den Beginn entsprechender Maßnahmen von einer diesbezüglichen Risikoprognose freizustellen scheint. Zweifelhaft scheint

auch, ob die in § 16 Abs. 2 S. 2 PolG gestattete Fortführbarkeit kernbereichsrelevanter Maßnahmen im Falle des Vorliegens „zwingender informations- und ermittlungstechnischer Gründe" verfassungsrechtlichen Anforderungen genügt. Denn auch wenn sich diese Ausnahmeregelung auf die (wohl nicht durchweg konsistente) Rechtsprechung des BVerfG zur sog. „Online-Durchsuchung" rückführen lässt (BVerfG, NJW 2008, 822, 834; krit. *Sachs/Krings*, NWVBl. 2010, 165 f.), bleibt offen, ob die dortigen, auf den Aspekt der „automatisierten Datenerhebung" gestützten Erwägungen uneingeschränkt auf Maßnahmen der optischen und akustischen Personenüberwachung übertragbar sind. Auch wenn § 16 PolG auf verdeckte Maßnahmen zugeschnitten ist und dort seine eigentliche Relevanz besitzen wird, dürften die dort fixierten Grundgedanken auch auf die **offene Datenerhebung** zu übertragen sein. Neuartige Fragestellungen haben sich unlängst mit Blick auf die Anwendbarkeit der Observierungsregel des § 16a PolG auf die Überwachung entlassener Straftäter ergeben (*Greve/v. Lucius*, DÖV 2012, 97). Die Verwaltungsgerichte in NRW gehen wohl von einer hinreichenden Rechtfertigung entsprechender Maßnahmen aus (vgl. VG Aachen, JA 2011, 394; vgl. aber auch BVerfG, KommJur 2013, 73).

Zu beachten ist im Kontext der §§ 17f. PolG schließlich, dass die Befugnisnormen nicht zur Überwachung oder gar Aufzeichnung von Telefongesprächen berechtigen. Immerhin soll § 20a Entw.-PolG nunmehr eine Rechtsgrundlage für die Abfrage von Telekommunikations- und Telemediendaten schaffen. Neu in das Gesetz eingefügt werden soll auch die Legalisierung des Einsatzes sog. „IMSI-Catcher" (§ 20b Entw.-PolG), mit denen der Standort sowie die Geräte- und Kartennummer (nicht aber die Rufnummer – hierzu § 20a PolG!) eines aktiv geschalteten Handys festgestellt werden kann.

c) Datenverwendung und Datenübermittlung

Zahlreiche Detailregelungen trifft das PolG schließlich zur Frage der Datenspeicherung, Datenverwendung und Datennutzung, aber auch zur Frage der Datenübermittlung an Stellen innerhalb und außerhalb des öffentlichen Bereichs (§§ 22–30 PolG). Nicht immer steht hierbei die Regelungsdichte in angemessenem Verhältnis zu der potentiellen Eingriffsintensität der jeweiligen Maßnahme. Allenfalls im Rahmen einer verfassungskonformen Auslegung erscheint insoweit die in § 29 Abs. 1 PolG normierte Befugnis der Polizei haltbar, personenbezogene Daten an Stellen außerhalb des öffentlichen Bereichs (z. B. Rundfunk- und Fernsehsender) zu übermitteln. Droht durch eine solche Datenübermittlung eine intensive und nachhaltige Beeinträchtigung von Persönlichkeitsrechten (Art. 2 Abs. 1 i.V.m. Art. 1 Abs. 1 GG), wird man über die geschriebenen Anforderungen des § 29 Abs. 1 PolG hinaus eine konkrete Gefahr für Leib, Leben, Gesundheit oder Freiheit für notwendig erachten müssen. Insbesondere das Ziel einer weiteren Sachverhaltsaufklärung kann eine Datenübermittlung in diesen Fällen nicht ohne weiteres legitimieren (so auch OVG Hamburg, NVwZ-RR 2009, 878).

> Beispiel: Bei der Polizei meldet sich Zeuge Z und gibt an, an einer Bahnhaltestelle drei junge Männer beobachtet zu haben, die einen Rucksack bei sich geführt und in arabischer Sprache davon geredet hätten, morgen vor Allah Helden zu sein. Die Polizei sichert daraufhin Videoaufzeichnungen aus der Bahn und leitet Fotos der drei Männer zum Zwecke der Aufklärung eines Terrorverdachts an die Medien. Gegen die Fahndungsmaßnahme erheben die betroffenen Jugendlichen, die sich bei ihrem Gespräch „nichts gedacht" hatten, erfolgreiche Klage vor dem VG. Die polizeiliche Maßnahme war als bloße Gefahrenerforschungsmaßnahme rechtswidrig (OVG Hamburg, aaO.).

6. Rasterfahndung (§ 31 PolG)

a) Begriff und Verfassungsmäßigkeit der Rasterfahndung

225 Größere Bedeutung unter den informationellen Standardmaßnahmen hat in jüngster Zeit namentlich die sog. Rasterfahndung nach § 31 PolG gewonnen. Die einschlägige Standardermächtigung berechtigt die Polizei, von öffentlichen Stellen und Stellen außerhalb des öffentlichen Bereichs zum Zwecke des **maschinellen Abgleichs** mit anderen Datenbeständen die Übermittlung **von personenbezogenen Daten** einer unbestimmten Anzahl von Personen zu verlangen, die bestimmte, (auch) auf Verursacher einer Gefahr iS. des § 4 PolG vermutlich zutreffende Prüfungsmerkmale erfüllen. Der Datenabgleich soll den Ausschluss von Personen bezwecken; er kann – naturgemäß – aber auch umgekehrt der Ermittlung eines Verdachts gegen Personen als mögliche Verursacher einer Gefahr sowie der Feststellung gefahrenverstärkender Eigenschaften dieser Personen dienen (§ 31 Abs. 1 S. 2 PolG). In der Praxis der Terrorbekämpfung geht es bei der Rasterfahndung vor allem um die Ermittlung sog. „Schläfer", also unauffällig lebender Personen, die sich „auf Abruf" zur Verübung terroristischer Anschläge bereithalten. Gegenüber der Verfassungsmäßigkeit der derzeitigen Gesetzeslage bestehen Bedenken. So hat das BVerfG mit der Bestätigung der Vorgängerregelung, derzufolge die Rasterfahndung nur zur Abwehr einer „gegenwärtigen" Gefahr für bestimmte höchstwertige Güter zulässig war, mittelbar die bestehende und deutlich abgeschwächte (jede Gefahr für die genannten Rechtsgüter) Bestimmung des § 31 PolG in Frage gestellt (NJW 2006, 1939; krit. Bausback, NJW 2006, 1922). Für die restriktive Sicht des BVerfG spricht, dass die Rasterfahndung als „verdachtsloser" Eingriff mit hoher Streubreite eine besonders intensive Freiheitsbeeinträchtigung darstellt. Bei den im Rahmen der Rasterfahnung abgefragten und abgeglichenen Daten handelt es sich insbesondere um Namen, Anschrift, Tag und Ort der Geburt bestimmter Personen, die beispielsweise auf bestimmten Lohnlisten, Telefonlisten, Listen von Lehrgängen (Flugschule!), Rechnungen oder in Mitgliederverzeichnissen stehen; soweit erforderlich, können aber auch andere für den Einzelfall benötigte Daten abgefragt werden. Ist eine Beschränkung der zu übermittelnden Daten aus technischen oder wirtschaftlichen Gründen nicht möglich oder zumutbar, können auch vom Übermittlungsersuchen nicht

J. Datenschutzrechtliche Befugnisnormen

erfasste personenbezogene Daten übermittelt werden. Diese Daten dürfen von der Polizei freilich nicht genutzt werden (§ 31 Abs. 2 S. 2 PolG). Ein Ersuchen im Hinblick auf Daten, die einem Berufs- oder besonderen Amtsgeheimnis unterliegen, ist nicht zulässig.

b) Verfahrensrechtliche Anforderungen

Die Durchführung einer gefahrenpräventiven Rasterfahndung ist allein der Polizei gestattet, nicht den Ordnungsbehörden (vgl. § 24 OBG). Die Maßnahme unterliegt dem **Richtervorbehalt**; zuständig ist das Amtsgericht, in dessen Bezirk die Polizeibehörde ihren Sitz hat. Den Antrag für die richterliche Anordnung einer Rasterfahndung kann nur der Behördenleiter stellen (§ 31 Abs. 4 PolG). 226

c) Materiell-rechtliche Fragestellungen

Tatbestandliche Voraussetzung der Rasterfahndung ist nach der gegenwärtigen Gesetzesfassung das Vorliegen einer Gefahr für den Bestand oder die Sicherheit des Bundes oder eines Landes oder für Leib, Leben und Freiheit einer Person. Die vormalige Anknüpfung an eine „*gegenwärtige* Gefahr" hat der Gesetzgeber nicht zuletzt wegen der uneinheitlichen Judikatur aufgegeben (vgl. einerseits OLG Düsseldorf, NVwZ 2002, 629, andererseits OLG Frankfurt ebda., S. 626). Mit Blick auf die Entscheidung des BVerfG vom 4.4.2006 (NJW 2006, 1939) wird man diese Absenkung der Gefahrenanforderungen gleichwohl verfassungskonform dahin auslegen müssen, dass eine Gefahr nur dann anzunehmen ist, wenn hinreichend fundierte konkrete Tatsachen das Bestehen einer konkreten Gefahr belegen (großzügiger noch OLG Düsseldorf, aaO.). 227

Auf der Rechtsfolgenseite bleibt zu beachten, dass an die Auswahl der „Rastermerkmale" für die angeforderten Daten aus Gründen der Verhältnismäßigkeit besondere Anforderungen zu stellen sind, damit der Umfang der abzuschöpfenden Daten so gering wie möglich bleibt.

> **Beispiel:** Mit Blick auf die Terrorgefahr einer fundamentalistischen Glaubensgruppe mit Ursprung in den Ländern L und M verlangt die Polizei von der Universität D die Übermittlung der Daten aller männlichen Studierenden, die zwischen dem 1.10.1960 und dem 1.10.1983 geboren wurden. Die Maßnahme ist, auch soweit die tatbestandlichen Voraussetzungen vorliegen sollten, unverhältnismäßig und daher rechtswidrig, da die Personenselektion erheblich hätte eingeschränkt werden können auf diejenigen Personen, die eine entsprechende Glaubenszugehörigkeit besitzen oder aus den betreffenden Ländern stammen (OLG Düsseldorf, NVwZ 2002, 631).

Ist der Zweck der Maßnahme erreicht oder zeigt sich, dass er nicht erreicht werden kann, sind die übermittelten und im Zusammenhang mit der Maßnahme zusätzlich angefallenen Daten auf den Datenträgern zu löschen und die Akten, soweit sie nicht für ein mit dem Sachverhalt zusammenhängendes Verfahren erforderlich sind, zu vernichten (§ 31 Abs. 3 PolG). Es handelt sich hierbei um einen – auch grundrechtlich imprägnierten – Folgenbeseitigungsanspruch des Bürgers gegen den Staat. Personen, gegen die nach Ab- 228 schluss der Rasterfahndung weitere Maßnahmen durchgeführt werden sollen, sind hierüber durch die Polizei zu unterrichten, sobald dies ohne Gefährdung des Zwecks der weiteren Datennutzung erfolgen kann (Abs. 5).

IV. Anhang

229 **Literatur:** *Anderheiden*, Videoüberwachung in der Fußgängerzone, JuS 2003, 438 ff.; *Becker/Ambrock*, Datenschutz in den Polizeigesetzen, JA 2011, 561 ff.; *Glaser*, Die „neue Generation" polizeirechtlicher Standardmaßnahmen, JURA 2009, 742 ff.; *Graf*, Verdachtsunabhängige Personenkontrollen, 2006; *Greve/von Lucius*, Überwachung entlassener gefährlicher Straftäter durch die Polizei, DÖV 2012, 97 ff.; *Gusy*, Gefahraufklärung zum Schutz der öffentlichen Sicherheit und Ordnung, JA 2011, 641 ff.; *ders.*, Polizeiliche Datenverarbeitung zur Gefahrenabwehr, ZJS 2012, 155 ff.; *Henrichs*, Staatlicher Einsatz von Videotechnik, BayVBl. 2006, 289 ff.; *Maske*, Die Videoüberwachung von öffentlichen Plätzen, NVwZ 2001, 1248 ff.; *Meister*, Die gefahrenabwehrrechtliche Rasterfahndung, JA 2003, 83 ff.; *Roggan*, Die Videoüberwachung von öffentlichen Plätzen, NVwZ 2001, 134 ff.; *Sachs/Krings*, Das Gesetz zur Änderung des PolG des Landes NRW, NWVBl. 2010, 165 ff.; *Schewe*, Das Ende der präventiven Rasterfahndung zur Terrorismusbekämpfung?, NVwZ 2007, 174 ff.

Kontrollfragen:

1. Was ist unter einer Befragung iS. des § 9 PolG zu verstehen? Woraus ergibt sich deren imperativer Charakter?
2. Was ist unter einer Vorladung iS. des § 10 Abs. 1 PolG zu verstehen?
3. Ist die Durchführung einer Rasterfahndung gem. § 31 PolG auch durch die Ordnungsbehörde möglich?

K. Ordnungsbehördliche Verordnungen

230 Neben der Möglichkeit *konkret-individueller* (Einzelfall-)Maßnahmen bzw. *konkret-genereller* (Allgemein-)Verfügungen gewährt das Ordnungsbehördengesetz den Ordnungsbehörden in §§ 25 ff. OBG die Befugnis zum Erlass ordnungsbehördlicher Verordnungen. Hierbei handelt es sich um die exekutive Setzung *abstrakt-genereller* Normen (materieller Gesetze), die damit für eine **unbestimmte Vielzahl von Fällen** sowie eine **unbestimmte Vielzahl von Personen** gelten. Die verfassungsrechtliche Zulässigkeit einer solchen exekutiven Normsetzung durch die Ordnungsbehörden ergibt sich aus Art. 70 LV. Im Gegensatz zu Art. 80 GG, der allein die durch *Bundes*gesetz eingeräumte Verordnungsgebung betrifft, gestattet Art. 70 LV eine Verordnungsgebung nicht nur durch die Gubernative (Bundesregierung, die Bundesminister oder die Landesregierungen), sondern auch eine Normsetzung durch untergeordnete Behörden. Ihrem Wesen nach stellt die Verordnungsgebung eine „delegierte" Normsetzung dar, die folgerichtig einem **„Totalvorbehalt" des Gesetzes** unterworfen ist (Art. 70 Abs. 1 LV: *Die Ermächtigung ... kann nur*

K. Ordnungsbehördliche Verordnungen

durch Gesetz erteilt werden). *Rechtspolitisch* betrachtet bildet die Verordnungsgebung häufig die Vorstufe zur parlamentsgesetzlichen Regelung der betreffenden Materien. Dies gilt auch und gerade für ordnungsbehördliche Verordnungen. So sind in der jüngeren Vergangenheit etwa die landesweit geltenden ordnungsbehördlichen Verordnungen zum Leichenwesen (Leichenverordnung) und die Kampfhundeverordnung des Landes in parlamentsgesetzliche Regelungen (Bestattungsgesetz NRW bzw. Hundegesetz NRW) überführt worden. Der Nutzen ordnungsbehördlicher Verordnungen besteht darin, dass mit ihnen Maßnahmen der Gefahrenabwehr losgelöst von einer Einzelfallbetrachtung durchgeführt und mittels sog. *„unselbständiger Verfügungen"* durchgesetzt werden können.

> **Beispiel:** Läuft ein Hund unangeleint durch die Innenstadt, kann – sofern keine gesetzliche Regelung besteht – gegen den Halter ordnungsbehördlich nur vorgegangen werden, wenn eine Gefährdung von Passanten bzw. des Verkehrs mit hinreichender Wahrscheinlichkeit zu erwarten ist. Je nach Zeit und Ort des Spazierganges bzw. Rasse des Hundes kann dies zweifelhaft sein. Wird durch ordnungsbehördliche Verordnung eine Anleinpflicht statuiert, bildet das unangeleinte Umherlaufen des Hundes bereits für sich genommen eine konkrete Gefahr (Unversehrtheit der objektiven Rechtsordnung). Einer Prognose hinsichtlich der Gefährdung von Passanten bedarf es nicht mehr.

I. Zuständigkeitsfragen

Entsprechend der grundsätzlichen Zuständigkeitsverteilung zwischen Polizei- und Ordnungsbehörden steht die Befugnis zur Verordnungsgebung nach nordrhein-westfälischem Recht nur den „bürokratisch" agierenden Ordnungsbehörden, nicht aber der „vor Ort" tätigen Polizei zu. Genuine *„Polizeiverordnungen"* sind dem nordrhein-westfälischen Recht also unbekannt. Innerhalb des ordnungsbehördlichen „Instanzenzugs" liegt die Zuständigkeit für die Verordnungsgebung grundsätzlich bei den **Gemeinden** als den örtlichen Ordnungsbehörden bzw. deren Repräsentativorganen (Gemeinderat, § 27 Abs. 4 i. V. m. § 3 OBG). Die **Kreise** bzw. deren Repräsentativorgane (Kreistag) dürfen als Kreisordnungsbehörde Verordnungen nur erlassen, wenn eine einheitliche Regelung für den Kreis oder für Gebiete, die mehr als nur eine Gemeinde umfassen, geboten ist (§ 27 Abs. 3 OBG). Ist eine einheitliche Regelung für den gesamten Regierungsbezirk oder für Gebiete erforderlich, die mehr als einen Kreis oder eine kreisfreie Stadt umfassen, dürfen auch die **Bezirksregierungen** als Landesordnungsbehörden eine ordnungsbehördliche Verordnung erlassen (§ 27 Abs. 2 i. V. m. § 3 Abs. 2 OBG). Ist eine einheitliche Regelung für das ganze (Bundes-)Land oder für Landesteile geboten, die mehr als einen Regierungsbezirk umfassen, dürfen auch die **Landesministerien** ordnungsbehördliche Verordnungen erlassen (§ 26 Abs. 2 OBG). Zuständig ist grundsätzlich das Innenministerium. Innerhalb ihres Geschäftsbereiches können auch die jeweiligen Landesministerien „im Benehmen" mit dem Innenministerium ordnungsbehördliche Verordnungen

231

erlassen. Das erforderliche „*Benehmen*" verlangt nicht notwendig ein „*Einvernehmen*", sondern liegt bereits vor, wenn das Fachministerium das Innenministerium vorab kontaktiert bzw. informiert hat. Die von den Ministerien erlassenen Verordnungen sind entsprechend der wenig überzeugenden Bestimmung des § 26 Abs. 3 OBG unverzüglich dem Landtag vorzulegen und sind auf dessen Verlangen aufzuheben.

II. Form- und Verfahrensfragen

232 § 30 OBG formuliert einen reichhaltigen Katalog formaler Voraussetzungen für die Abfassung einer ordnungsbehördlichen Verordnung. Erforderlich ist danach, dass die Verordnungen
– eine Überschrift tragen, die ihren Inhalt kennzeichnet (Nr. 1);
– in der Überschrift als „ordnungsbehördliche Verordnung" bezeichnet werden (Nr. 2);
– im Eingang auf die Bestimmungen des Gesetzes Bezug nehmen, auf Grund derer sie erlassen sind (Nr. 3);
– auf die Zustimmung der Stellen hinweisen, deren Zustimmung gesetzlich vorgeschrieben ist (Nr. 4);
– den örtlichen Geltungsbereich angeben (Nr. 5);
– das Datum angeben, unter dem sie erlassen sind (Nr. 6);
– die Behörde bezeichnen, die die Verordnung erlassen hat (Nr. 7).
Bei der Angabe der Ermächtigungsgrundlage (Nr. 3) sind sämtliche einschlägige Verordnungsermächtigungen zu bezeichnen. Einer Zuordnung der einzelnen Verordnungsbestimmungen zu den jeweiligen Ermächtigungsnormen bedarf es hier freilich nicht. Die Ermächtigungsnormen können auch in einer Präambel „vorangestellt" werden. Fehlt es an der Angabe der Verordnungsermächtigung, ist die Verordnung – ebenso wie bei sonstigen Formverstößen – **nichtig**. Dies gilt auch dann, wenn es eine Verordnungsermächtigung gibt (Bad.-Württ. VGH, NVwZ 1998, 764). Ein nachträgliches Außerkrafttreten der Verordnungsermächtigung bleibt für den Fortbestand der Verordnung dagegen ohne Belang. Zu beachten ist ferner, dass ordnungsbehördliche Verordnungen zu ihrem Inkrafttreten einer ordnungsgemäßen Verkündung (§ 33 OBG) bedürfen. Dabei treten die Verordnungen grundsätzlich eine Woche nach dem Tage ihrer Verkündung in Kraft (§ 34 OBG). Gemäß § 32 OBG bleibt die Geltungsdauer ordnungsbehördlicher Verordnungen schließlich auf maximal 20 Jahre beschränkt. Die maximale Geltungsdauer wird durch spätere Änderungen der Verordnung nicht tangiert bzw. verlängert (§ 32 Abs. 2 OBG). Auch die geänderten Bestimmungen unterliegen also dem Zeitablauf der ursprünglichen Regelung.

III. Materielle Rechtmäßigkeitsfragen

1. Die „abstrakte Gefahr"

Ähnlich wie die ordnungsbehördliche Generalklausel setzen die §§ 26 f. 233
OBG für verordnungsgeberische Maßnahmen eine *„Gefahr für die öffentliche Sicherheit oder Ordnung"* voraus. Allerdings verzichten die Ermächtigungsnormen hierbei notwendigerweise auf das Erfordernis einer *„im einzelnen Falle bestehende(n)"* Gefahr. Es geht also nicht um die Abwehr konkreter Gefahren, sondern um die Abwehr sog. *„abstrakter Gefahren"*. Diese abstrakten Gefahren unterscheiden sich von den konkreten Gefahren lediglich dadurch, dass ihnen ein **„hypothetischer" bzw. „gedachter" Sachverhalt** zugrunde liegt, bei dessen Eintritt mit hinreichender Wahrscheinlichkeit in absehbarer Zeit mit einem Schaden an den ordnungsbehördlichen Schutzgütern zu rechnen ist. Es geht mithin nicht um Variationen hinsichtlich des Grades der Wahrscheinlichkeit des Schadenseintritts, sondern allein um eine Änderung des Bezugspunktes der Gefahrenprognose bzw. um einen abweichenden Modus der Gefahrenermittlung.

> **Beispiel:** Wenn der bissige Kampfhund des K frei umherläuft, stellt er im einzelnen Fall eine (konkrete) Gefahr für Menschen dar. Löst man sich von den konkreten Umständen des Einzelfalles, gilt gleichwohl, dass bissige Kampfhunde, die frei umherlaufen, eine (abstrakte) Gefahr für Menschen darstellen. Der konkreten Gefahrenlage entspricht die Einzelfallregelung durch Verwaltungsakt (§ 35 VwVfG), der abstrakten Gefahrenlage das abstrakt-generelle Vorgehen mittels ordnungsbehördlicher Verordnung bzw. Parlamentsgesetz.

Umgekehrt bedeutet dies zugleich, dass der Verordnungsgeber nicht das 234
Recht hat, Sachverhalte, die keine entsprechende Gefahrenprognose rechtfertigen, mit den Mitteln der ordnungsbehördlichen Verordnung zu bekämpfen. Dies gilt namentlich für die Bekämpfung bloßer *Belästigungen* etwa durch „stilles" Betteln oder den „friedlichen" Alkoholkonsum auf öffentlichen Straßen (so zuletzt auch ThürOVG, Urt. vom 21.6.2012, 3 N 653/09; zur Frage eines Zusammenhangs zwischen öffentlichem Alkoholkonsum und Sicherheitsverstößen s. *Faßbender*, NVwZ 2009, 563;).

> **Beispiel:** Die Ordnungsbehörde verbietet per Verordnung jede Form des Bettelns. Da zumindest das „stille Betteln" keine Störung der öffentlichen Sicherheit und Ordnung darstellt, findet die Maßnahme in § 27 OBG keine Grundlage und ist daher rechtswidrig bzw. nichtig (Bad.-Württ. VGH, NVwZ 1999, 560; allg. zu Maßnahmen gegen Obdachlose *Kohl*, NVwZ 1991, 620).

Parallele Fragen ergeben sich hinsichtlich der Zulässigkeit von Glasverboten, die sich nach der Rspr. im rheinischen Straßenkarneval auf eine tragfähige Gefahrenprognose stützen lassen (s. OVG NRW, NVwZ 2012, 470, eingehend oben Rn. 61), nicht aber für Spaziergänge am Bodensee (BWVGH, VBlBW 2013, 12 ff., eingehend oben Rn. 61)). Virulent geworden ist die Problematik schließlich im Kontext sog. „Kampfhundeverordnungen". So hat namentlich das Bundesverwaltungsgericht die Tragfähigkeit einer auf bestimmte Hunderassen bezogenen Gefahrenprognose dezidiert verneint. Nach dieser durchaus streitbaren Rechtsprechung *„fehlt es ... an ausreichenden Belegen für einen kausalen Zusammenhang zwischen Rassezugehörigkeit und Schadenseintritt und somit an einer abstrakten Gefahr auf Grund der Rassezugehörigkeit"* (BVerwG, NVwZ 2003, 95, 97). Ordnet man entsprechende Regelungen somit nicht mehr der Gefahren*abwehr*, sondern der bloßen Gefahren*vorsorge* zu, muss – in den Grenzen des Art. 3 Abs. 1 GG – zumindest dem Parlamentsgesetzgeber die Möglichkeit verbleiben, Gefahrenprävention unter Rückgriff auf das Kriterium der Hunderasse zu betreiben (str.).

2. Sonstige Rechtmäßigkeitsvoraussetzungen

235 Als abstrakt-generelle Variante der Gefahrenabwehr unterliegt die Verordnungsgebung ferner den allgemeinen Regelungen der **Störerverantwortlichkeit**. Der Verordnungsgeber darf also keine Personen in die Pflicht nehmen, deren Inanspruchnahme sich nicht durch die §§ 17–19 OBG rechtfertigen lässt. Ebendas wirft nicht nur im Hinblick auf Glasflaschenverbote in Verordnungsform schwierige Abgrenzungsprobleme auf (oben Rn. 61).

> **Beispiel:** Die frühere „Leichenverordnung" NRW nahm die Geschwister eines Verstorbenen für dessen Bestattung in Anspruch. Die vom Verordnungsgeber unterstellte (Handlungs-)Verantwortlichkeit der Geschwister ließ sich allenfalls unter dem Aspekt einer Verletzung ungeschriebener Sozialnormen (öffentliche Ordnung!) rechtfertigen (hierzu *Dietlein/Jochum*, NWVBl. 1998, 493).

Ebenso wie bei Einzelfallmaßnahmen müssen die in einer Verordnung gewählten Gefahrenabwehrmaßnahmen eine **ordnungsgemäße Ermessensausübung** auf der Ebene des Entschließungs-, Störerauswahl- und Handlungsermessens erkennen lassen. Bei der Prüfung des Handlungsermessens sind die Geeignetheit, Erforderlichkeit und Zumutbarkeit der Maßnahme gesondert zu untersuchen.

> **Beispiel:** Der Rat des Kurortes K ordnet mit Rücksicht auf den Tourismus einen ganzjährigen und auf das gesamte Gemeindegebiet bezogenen Leinenzwang für Hunde an. Die Satzung ist unverhältnismäßig, da weder die zeitliche Erstreckung des Leinenzwangs auf die besucherarmen Wintermonate noch die räumliche Erstreckung der Pflicht auf das gesamte Gemeindegebiet für erforderlich erachtet werden können (OVG Lüneburg, NuR 1993, 38).

Zu beachten ist ferner, dass die Inhalte einer ordnungsbehördlichen Verordnung nicht gegen höherrangiges Recht verstoßen dürfen (*Vorrang des Geset-*

K. Ordnungsbehördliche Verordnungen

zes), nicht mit Bundesrecht kollidieren dürfen (Art. 31 GG) sowie ferner Verordnungen höherer Behörden zu beachten haben (§ 28 OBG). Zu wahren sind hierbei namentlich die Grundrechte der Bundes- bzw. der Landesverfassung, ggf. aber auch sog. „Staatszielbestimmungen" (Bad.-Württ. VGH, NVwZ-RR 2006, 398: Taubenfütterungsverbot und Art. 20a GG). Die **Bestimmtheit** als weiteres materielles Rechtmäßigkeitskriterium (§ 29 Abs. 1 OBG) ist etwa zu verneinen, wenn eine ordnungsbehördliche Verordnung die untersagte Handlung nicht präzise beschreibt (z. B. durch das Verbot, sich „*nach Art eines Landstreichers*" im Gemeindegebiet zu bewegen, vgl. Bad.-Württ. VGH, NJW 1984, 507) oder aber den räumlichen Geltungsbereich der Verordnung nicht exakt festlegt (zu unbestimmt etwa: „*auf dem Marktplatz und in der näheren Umgebung des Marktes*").

Verstöße gegen die materiellen Rechtmäßigkeitsvoraussetzungen der Verordnungsgebung führen, ebenso wie formale Mängel, zur Nichtigkeit der Verordnung. Nicht abschließend geklärt ist, ob die Behörde eine für nichtig erachtete Verordnung ohne weiteres außer Acht lassen darf (einschränkend OVG NRW, NuR 2006, 191).

In der Zusammenschau stellt sich das Prüfungsschema für die Rechtmäßigkeit einer ordnungsbehördlichen Verordnung wie folgt dar:

Abb. 7: Das Prüfungsschema für die ordnungsbehördliche Verordnung

1. Verordnungsermächtigung   – §§ 26, 27 OBG   – Verfassungsrechtliche Legitimation durch Art. 70 LV   („*Totalvorbehalt*" *des Gesetzes*)
2. Formelle Rechtmäßigkeit der Verordnung   a) Zuständigkeit (§§ 26, 27)   b) Form (§ 30)   – Überschrift „Ordnungsbehördliche Verordnung"   – Überschrift muss Inhalt kennzeichnen   – Bezugnahme auf Verordnungs-Ermächtigung   – Nennung der zustimmenden Behörden   – Angabe des örtlichen Geltungsbereichs   – Angabe des Erlass- bzw. Ausfertigungsdatums   – Nennung der Erlassbehörde   c) Ordnungsgemäße Verkündung (§ 33)
3. Materielle Rechtmäßigkeit der Verordnung   a) („abstrakte") Gefahr für die öffentliche Sicherheit oder Ordnung   – Potentielle Betroffenheit ordnungsbehördlicher Schutzgüter   – Ordnungsgemäße Gefahreneinschätzung   b) Verantwortlichkeit der Verpflichteten   – Verhaltensverantwortlichkeit   – Zustandsverantwortlichkeit   – Polizeilicher Notstand

c) Fehlerfreie Ermessensausübung
- Entschließungsermessen
- Störerauswahlermessen
- Handlungsermessen (Verhältnismäßigkeit, Wahrung der Grundrechte)
d) Wahrung des Bestimmtheitsgebotes (§ 29 Abs. 1 OBG)
e) Kein Verstoß gegen Verordnungen „höherer" Behörden (§ 28 OBG)

236a Der verwaltungsgerichtliche Rechtsschutz gegen Maßnahmen einer ordnungsbehördlichen Verordnung erfolgt mangels Einschlägigkeit des § 47 VwGO über die Feststellungsklage nach § 43 VwGO. Vorläufiger Rechtsschutz kann folgerichtig über § 123 VwGO gewährt werden. Stets möglich ist ferner die inzidente Kontrolle der ordnungsbehördlichen Verordnung im Wege des Rechtsschutzes gegen eine unselbständige Verfügung (Rn. 230), der in der Hauptsache über die Anfechtungsklage, im einstweiligen Rechtsschutz über einen Aussetzungsantrag nach § 80 Abs. 5 VwGO erfolgen wird. Wiederholt die unselbständige Verfügung eine in der Verordnung bereits verbindlich vorgegebene Handlungsanweisung, kann ein paralleles Vorgehen gegen Verordnung und Verwaltungsakt angezeigt sein (*Klausurenbuch ÖffR in NRW*, 3. Fall).

IV. Anhang

237 **Literatur:** *Faßbender*, Alkoholverbote durch Polizeiverodnung: per se rechtswidrig?, NVwZ 2009, 563 ff.; *Hamann*, Die Gefahrenabwehrverordnung – ein Gebrauchsklassiker des Ordnungsrechts?, NVwZ 1994, 669 ff.; *Kremer*, Verbot von Alkoholkonsum in der Öffentlichkeit, JuS 2012, 431 ff.; *Marsch*, Ende einer kurzen Renaissance der Polizeiverordnung in Baden-Württemberg, VBlBW 2013, 15 ff.; *Schoch*, Behördliche Untersagung „unerwünschten Verhaltens" im öffentlichen Raum, JURA 2012, 848 ff.; *ders.*, Verordnungen zur Gefahrenabwehr, JURA 2005, 600 ff.

Klausurbearbeitung: *Albers/Roetting*, Gefahrenvorsorge gegen Kampfhunde, JURA 2007, 218 ff.; *Dietlein/Burgi/Hellermann*, Klausurenbuch Öffentliches Recht in NRW, 2009, Fall 3: „Leinenzwang für Hunde", S. 28 ff.

Kontrollfragen:
1. Was ist eine ordnungsbehördliche Verordnung? Woraus ergibt sich ihre verfassungsrechtliche Zulässigkeit?
2. Worin besteht der Nutzen einer ordnungsbehördlichen Verordnung?
3. Worin unterscheidet sich die „abstrakte" von der „konkreten" Gefahr?

L. Grundlagen des Verwaltungszwangs

I. Allgemeines

Das Polizei- und Ordnungsrecht basiert auf der Grundidee einer zumindest grundsätzlichen **Zweiteilung** zwischen den „verhaltenssteuernden" polizei- und ordnungsbehördlichen „**Grundverfügungen**" (Auferlegung eines Tuns, Duldens oder Unterlassens) einerseits sowie den darauf bezogenen Vollstreckungs- bzw. **Verwaltungszwangsmaßnahmen** andererseits (zu den Sonderfällen von *„self-executing"*-Standardmaßnahmen aber z. B. Rn. 171, 183 und 198). Während dem Bürger durch die Grundverfügung ein bestimmtes Tun, Dulden oder Unterlassen als Verhaltenspflicht *auferlegt* wird (s. Rn. 252), geht es im Verwaltungsvollstreckungs- bzw. Verwaltungszwangsverfahren um die zwangsweise *Durchsetzung* eben jener Verhaltenspflicht. Das Verwaltungszwangsrecht wird somit insbesondere dort virulent, wo der Bürger den Gehorsam gegenüber polizeilichen Anordnungen verweigert, aber auch dort, wo ein unmittelbares Zugreifen der Polizei aus zeitlichen Gründen notwendig wird (sog. „sofortiger Vollzug" von Gefahrenabwehrmaßnahmen – hierzu unten Rn. 254 f.).

238

1. Vorbehalt des Gesetzes

Als selbständige Bausteine des Gefahrenabwehrrechts unterliegen Maßnahmen des Verwaltungszwanges uneingeschränkt dem **Vorbehalt des Gesetzes**. Entsprechend der Grundidee einer Zweiteilung zwischen Grundverfügung und Verwaltungszwang vermitteln also zumal die auf den Erlass der Grundverfügung bezogenen Ermächtigungsnormen keine gleichzeitige Rechtsgrundlage für deren zwangsweise Durchsetzung durch den Einsatz von Verwaltungszwangsmaßnahmen. Dies gilt umso mehr, als Zwangsmaßnahmen im Einzelfall auch ohne den vorherigen Erlass einer Grundverfügung denkbar sind (hierzu unten Rn. 254 f.). Sämtliche Maßnahmen des Verwaltungszwanges bedürfen somit einer eigenständigen parlamentsgesetzlichen Grundlage und sind selbständig auf ihre formelle und materielle Rechtmäßigkeit hin zu untersuchen (hierzu unten Rn. 253). Die entsprechenden Rechtsgrundlagen für Verwaltungsvollstreckungsmaßnahmen nordrhein-westfälischer Behörden finden sich grundsätzlich in den §§ 55 ff. des Verwaltungsvollstreckungsgesetzes NRW (VwVG). Für Zwangsmaßnahmen der Polizei kodifiziert das Polizeigesetz seit dem Jahre 1980 ein eigenständiges (spezielleres) Vollstreckungsrecht in den §§ 50 ff. des Gesetzes. Die Regelungsvorgaben der §§ 50 ff. PolG einerseits sowie der §§ 55 ff. VwVG andererseits sind in den Grundzügen parallel gestaltet, weichen gleichwohl im Detail nicht unerheblich voneinander ab (hierzu unten Rn. 246 ff.). Eine präzise Subsumtion des jeweiligen Sachverhaltes unter die einschlägigen Normen ist daher unabdingbar.

239

2. Trennung von Verwaltungszwang und Sanktion

240 Der Sache nach müssen Maßnahmen des Verwaltungszwanges stets auf die **Durchsetzung von Gefahrenabwehrmaßnahmen** gerichtet sein, mithin gefahrenpräventiven Charakter aufweisen. **Zwangsmaßnahmen sind Beugemittel und keine Strafen!** Sie bieten keine Grundlage für die (repressive) Sanktionierung von „Verwaltungsunrecht" und sind folgerichtig einzustellen, sobald der Betroffene die gebotene Handlung ausführt bzw. die zu duldende Handlung gestattet oder aber die Erfüllung der zu erzwingenden Handlung aus sonstigen Gründen unmöglich geworden ist (z.B. § 65 Abs. 3 VwVG, § 52 Abs. 2 S. 3 PolG u.ö.). Ein gleichwohl fortgeführtes Zwangsverfahren wäre schon deshalb unverhältnismäßig und daher rechtswidrig, weil die betreffende Maßnahme schlichtweg nicht (mehr) geeignet wäre, den (verwirklichten oder unerreichbaren) Zweck der Durchsetzung der Grundverfügung zu erreichen. Umgekehrt unterliegen Maßnahmen des Verwaltungszwanges nicht dem strafrechtlichen Verbot des *„ne bis in idem"*, so dass sie *„beliebig oft wiederholt werden"* können (vgl. § 57 Abs. 3, § 60 Abs. 1 S. 3 VwVG bzw. § 51 Abs. 3 PolG). Dabei wird man die erneute Androhung eines Zwangsmittels bereits nach erkennbarer Wirkungslosigkeit der vorangegangenen Zwangsmittelandrohung für zulässig erachten müssen, ohne dass das zunächst angedrohte Zwangsmittel zuvor festgesetzt und angewendet wird (s. Hess. VGH, NVwZ-RR 1996, 361). Probleme bereitet die Trennung von Prävention und Sanktion freilich bei der **Durchsetzung von Unterlassungsverfügungen**; dies insbesondere dann, wenn der Adressat einer Unterlassungsverfügung „endgültig" und „umfassend" gegen die auferlegten Unterlassungspflichten verstoßen hat.

> **Beispiel:** Die Behörde hat dem R das Schreddern von Asbestplatten verboten und ein Zwangsgeld in Höhe von 5000 Euro für den Fall der Zuwiderhandlung angedroht. Am nächsten Tag stellen die Beamten fest, dass R sämtliche Platten geschreddert hat. Der Festsetzung und Beitreibung des Zwangsgeldes hält R entgegen, dass die Fortsetzung des Verwaltungszwangsverfahrens rechtswidrig geworden sei, nachdem alle Platten geschreddert worden seien. Schließlich gebe es nichts mehr durchzusetzen. Die gleichwohl fortgesetzte Beitreibung des Zwangsgeldes sei nichts anderes als eine (repressive) Sanktionierung (Fall nach OVG Magdeburg, NJ 1996, 661).

Eine obligatorische Aussetzung des Zwangsverfahrens im Falle eines umfassenden Verstoßes gegen eine Unterlassungspflicht würde die Durchsetzbarkeit von Unterlassungspflichten massiv beeinträchtigen. Der nordrhein-westfälische Gesetzgeber hat sich daher dazu entschlossen, eine Zwangsgeldbeitreibung grundsätzlich auch dort zu ermöglichen, wo einer Duldungs- oder Unterlassungspflicht zuwider gehandelt worden ist, deren Erfüllung durch die Androhung des Zwangsgeldes erreicht werden sollte (§ 60 Abs. 3 S. 2 i.V.m. § 65 Abs. 3 S. 2 VwVG sowie § 53 Abs. 3 PolG). Dies gilt, wie § 53 Abs. 3 S. 3 2. Hs. PolG explizit klarstellt, auch dann, wenn *„weitere Zuwiderhandlungen nicht mehr zu befürchten (sind)"*. Angesichts der mög-

L. Grundlagen des Verwaltungszwangs

lichen Kostenfolgen tritt mit dem endgültigen Verstoß gegen eine Unterlassungsverfügung keine Erledigung des Verwaltungsaktes gem. § 43 Abs. 2 VwVfG ein (zuletzt OVG NRW, JuS 2012, 1151, 1152 - *Waldhoff*). Die nachträgliche Zwangsgeldbeitreibung dient dazu, einer Entwertung der Zwangsgeldandrohung entgegen zu wirken, ist also gefahrenpräventiv begründet und damit von der Gesetzgebungskompetenz für das allgemeine Sicherheitsrecht gedeckt.

II. Die Zwangsmittel

Sowohl das Polizeigesetz als auch das Verwaltungsvollstreckungsgesetz kennen **drei Arten von Zwangsmitteln**: das **Zwangsgeld** (mit Ersatzzwangshaft), die **Ersatzvornahme** sowie den **unmittelbaren Zwang**. Es handelt sich hierbei um einen abschließenden Katalog von Zwangsmitteln, wobei der unmittelbare Zwang lediglich subsidiär als *ultima ratio* Anwendung findet (§ 62 Abs. 1 VwVG bzw. § 55 Abs. 1 PolG). Soweit das Polizeigesetz darüber hinaus die Durchsetzung bestimmter Grundverfügungen wie etwa der Platz- oder Wohnungsverweisung auch über das Mittel der Ingewahrsamnahme vorsieht (§ 35 Abs. 1 Nr. 3 und 4 PolG), handelt es sich hierbei nicht um Verwaltungszwangsmaßnahmen iS. der §§ 50 ff. PolG bzw. §§ 55 ff. VwVG. Auch wenn daher die zur Durchsetzung der Platz- oder Wohnungsverweisung eingesetzte Standardmaßnahme der Ingewahrsamnahme unbestreitbar eine nicht unerhebliche „Zwangswirkung" zu Lasten des betroffenen Bürgers entfaltet, finden die besonderen Vorschriften des Verwaltungszwangsverfahrens (einschl. des § 28 Abs. 2 Nr. 5 VwVfG sowie des § 112 JustG – s. unten § 5 Rn. 21) insoweit keine Anwendung.

241

Im Einzelnen stellen sich die gesetzlichen Zwangsmittel wie folgt dar:

1. Zwangsgeld und Ersatzzwangshaft

Das **Zwangsgeld** (§ 60 VwVG bzw. § 53 PolG) sowie die **Ersatzzwangshaft** (§ 61 VwVG bzw. § 54 PolG) bilden klassische Instrumente der Willensbeugung („*vis compulsiva*"). Sie können zur Durchsetzung sowohl unvertretbarer (*höchstpersönlicher*) als auch vertretbarer Handlungen eingesetzt werden. Das Verwaltungsvollstreckungsgesetz gestattet die Verhängung von Zwangsgeldern bis zu einer Höhe von einhunderttausend Euro, wobei das Zwangsmittel „*beliebig oft wiederholt werden*" kann (§ 60 Abs. 1 VwVG). „Bescheidener" zeigt sich insoweit das Polizeigesetz, das Zwangsgelder bis zu einer Höhe von zweitausendfünfhundert Euro zulässt (§ 53 Abs. 1 PolG). In den unterschiedlichen Beträgen spiegelt sich die unterschiedliche Bedeutung des Zwangsgeldes für die ordnungsbehördliche und polizeiliche Praxis wider. So wird die „vor Ort" tätige Polizei vergleichsweise selten auf das Zwangsmittel des Zwangsgeldes zurückgreifen. Ist ein verhängtes Zwangsgeld uneinbringlich und der Pflichtige bei der Androhung des Zwangsgeldes auf die Möglichkeit der Ersatzzwangshaft hingewiesen worden, kann das Verwaltungsgericht auf Antrag die **Ersatzzwangshaft** anordnen (§ 54 PolG

242

bzw. § 61 VwVG). Auch die Ersatzzwangshaft ist – anders als die Strafhaft – kein Instrument der Sanktion, sondern ein Instrument der Willensbeugung und soll einem Leerlaufen der Zwangsgeldandrohung entgegenwirken. Sie ist auszusetzen, sobald die betroffene Person die gebotene Handlung ausführt oder die zu duldende Maßnahme gestattet. Eine Ausnahme ergibt sich gem. § 61 i. V. m. § 60 Abs. 3 S. 2 VwVG bzw. § 54 i.V.m. § 53 Abs. 3 S. 3 PolG für die Durchsetzung von Unterlassungspflichten. So bleibt hier – ebenso wie bei der Beitreibung des Zwangsgeldes (oben Rn. 240) – die Fortführung der Ersatzzwangshaft theoretisch auch dann möglich, wenn ein weiterer Verstoß gegen die Grundverfügung (z. B. ein Aufenthaltsverbot) wegen Zeitablaufs oder aus anderen Gründen nicht mehr möglich ist (so zu Recht *Bertrams*, NWVBl. 2003, 289, 294). Zu beachten bleibt freilich, dass die Ersatzzwangshaft einen äußerst schwerwiegenden Eingriff in die persönliche Bewegungsfreiheit des Vollstreckungsschuldners darstellt (Art. 2 Abs. 2 i. V. m. Art. 104 Abs. 2 GG) und daher als Beugemittel nach Erledigung einer Grundverfügung (z. B. eines Aufenthaltsverbotes) aus Gründen der Verhältnismäßigkeit nur noch ausnahmsweise, etwa zum Schutz von Leben und Gesundheit Dritter, in Betracht kommt. Die Rechtsprechung akzeptiert in diesem Sinne die nachträgliche Ersatzzwangshaft zur Durchsetzung von Aufenthaltsverboten etwa gegenüber Drogenhändlern, nicht aber gegenüber Drogenkonsumenten (OVG NRW, NVwZ-RR 2009, 516).

2. Ersatzvornahme

243 Die Ersatzvornahme (§ 59 VwVG bzw. § 52 PolG) bedeutet die Durchsetzung einer auferlegten Handlungspflicht im Wege polizei- oder ordnungsbehördlicher Selbstvornahme (einschließlich beauftragter „Fremdvornahme"). Ihr „Zwangscharakter" ergibt sich zum einen aus der einseitig-autoritativen Durchsetzung der auferlegten Handlungspflicht, zum anderen und vor allem aber aus der dem Handlungspflichtigen aufzuerlegenden Kostenlast („*auf Kosten des Betroffenen*"). Die Ersatzvornahme findet ihrem Wesen nach nur dort Raum, wo es um „*vertretbare Handlungen*" wie etwa das Ausheben kontaminierten Erdreiches o. ä. geht. Höchstpersönliche Pflichten wie etwa Impfpflichten oder die Pflicht zur Duldung einer körperlichen Untersuchung können nicht im Wege der Ersatzvornahme durchgesetzt werden. Handlungen, die der Betroffene – etwa aufgrund mangelnder Fertigkeiten – zwar nicht selbst durchführen, indes durch Dritte durchführen lassen kann, bleiben gleichwohl „vertretbare Handlungen". Wesentlich für das Vorliegen einer Ersatzvornahme ist die **vollständige Deckungsgleichheit** von auferlegter und tatsächlich durchgesetzter **Handlung** (sog. Identitätslehre). Die bloße Gleichheit „im Erfolg" reicht also nicht hin (a. A. *Muckel*, JA 2012, 272, 278).

> **Beispiel:** In der Wohnung des W befindet sich ein jugendlicher „Ausreißer". Um den Jugendlichen in Gewahrsam zu nehmen (§ 35 Abs. 2 PolG), fordert die Polizei den W auf, die Haustüre zu öffnen. Da W sich weigert, bricht die

L. Grundlagen des Verwaltungszwangs

Polizei die Türe auf. Es liegt keine Ersatzvornahme vor, da W lediglich zur Öffnung, nicht zur Zerstörung der Türe verpflichtet war. Hier handelte es sich um eine Maßnahme des unmittelbaren Zwanges (str., s. unten Rn. 244).

Neben der Befugnis zur Durchführung der Ersatzvornahme gewährt das Gesetz den Behörden die Möglichkeit, den Betroffenen im Voraus für die Kosten der Maßnahme in Anspruch zu nehmen. Obgleich nicht selbst Teil der Vollstreckung (unten Rn. 259), muss auch diese Kostenbeitreibung ausgesetzt werden, sobald der Betroffene die gebotene Handlung ausführt (§ 59 Abs. 2 VwVG bzw. § 52 Abs. 2 PolG).

3. Unmittelbarer Zwang

Als *letzte Möglichkeit* zur Durchsetzung von Polizeiverfügungen sehen die Gesetze das Zwangsmittel des „unmittelbaren Zwanges" vor (§§ 66 ff. VwVG bzw. §§ 57 ff. PolG). Er darf nur eingesetzt werden, *„wenn andere Zwangsmittel nicht in Betracht kommen oder keinen Erfolg versprechen oder unzweckmäßig sind"* (§ 62 Abs. 1 VwVG bzw. § 55 Abs. 1 PolG). Der unmittelbare Zwang wird in § 67 Abs. 1 VwVG sowie in § 58 Abs. 1 PolG legaldefiniert als *„Einwirkung auf Personen oder Sachen durch körperliche Gewalt, ihre Hilfsmittel und durch Waffen"*. Hierzu zählen auch die Fesselung von Personen (§ 62 PolG) sowie vor allem der in den §§ 63 ff. PolG/§ 74 VwVG detailliert geregelte **Schusswaffengebrauch** gegen Personen. Nach langjährigen Beratungen findet sich nunmehr auch in Nordrhein-Westfalen erstmals eine ausdrückliche Regelung des sog. *„finalen Rettungsschusses"*, also der gezielten Tötung eines Handlungsverantwortlichen als letztes Mittel zur Durchsetzungen einer Polizeiverfügung, in § 63 Abs. 2 S. 2 PolG. In der Sache dürfte sich hieraus freilich keine wirkliche Änderung der Rechtslage ergeben, da schon bislang die nach wie vor fortgeltende Regelung des § 63 Abs. 2 S. 1 PolG von der h. M. als hinreichende Rechtsgrundlage für den finalen Rettungsschuss angesehen wurde. Auch verfassungsrechtlich dürfte die grundsätzliche Zulässigkeit des finalen Rettungsschusses mit der Entscheidung des BVerfG zum Abschuss von gekaperten und als Waffen eingesetzten Flugzeugen als geklärt anzusehen sein; dies jedenfalls insoweit, als durch den Schusswaffeneinsatz nicht zugleich unschuldige Dritte ihr Leben verlieren (NJW 2006, 751, Rz. 141 und 150 – vgl. zum Ausschluss einer Gefährdung Dritter § 63 Abs. 4 PolG). Art. 102 GG findet mangels Strafcharakters des finalen Rettungsschusses ohnehin keine Anwendung auf präventivpolizeiliche Maßnahmen. Auch das Tötungsverbot des Art. 2 Abs. 2 EMRK steht der Regelung eines tödlich wirkenden Schusswaffeneinsatzes im Rahmen polizeilicher Operationen nicht entgegen, soweit dieser Einsatz – wie hier – vom staatlichen Recht zugelassen wird und zugleich angemessene Garantien gegen Willkür und den Missbrauch von Gewalt sowie hinreichende Schutzvorkehrungen gegen vermeidbare Unfälle bestehen (EGMR, NJW 2005, 3405). In tatbestandlicher Hinsicht kann die Feststellung der nach § 63 Abs. 2 S. 2 PolG erforderlichen gegenwärtigen Lebensgefahr bzw.

244

Gefahr einer schwerwiegenden Verletzung der körperlichen Unversehrtheit dagegen durchaus schwierige Probleme aufwerfen. So wird selbst im Falle einer Geiselnahme ein Schädigungsvorsatz des Geiselnehmers nicht eo ipso unterstellt werden können. Anderes gilt selbstverständlich, sobald es bereits zu Übergriffen auf Dritte gekommen ist („Amoklauf"). § 63 Abs. 3 PolG schränkt den Schusswaffeneinsatz gegen Personen, die dem äußeren Eindruck nach noch nicht 14 Jahre alt sind, ein, schließt ihn aber nicht vollständig aus.

Ausdrücklich untersagt ist die Anwendung unmittelbaren Zwanges „zur Abgabe einer Erklärung" (§ 62 Abs. 2 VwVG bzw. § 55 Abs. 2 PolG). Hinter dieser bürokratischen Formulierung steckt letztlich ein **Folterverbot**, wie es auch in Art. 3 EMRK festgeschrieben ist. Auch eine präventiv-polizeiliche „Rettungsfolter" wäre somit unzulässig (a. A. etwa *Amelung*, JR 2012, 18 ff.).

> **Beispiel:** Kindesentführer K ist verhaftet worden, weigert sich aber, den Aufenthaltsort des von ihm entführten Kindes preiszugeben. Eine körperliche Einwirkung auf K bzw. eine entsprechende Drohung mit dem Ziel, diesen zur Preisgabe des Aufenthaltsortes zu zwingen, ist polizeirechtlich unzulässig (LG Frankfurt a. M., NJW 2005, 692; EGMR, NJW 2010, 3145; zuletzt LG Frankfurt, JR 2012, 36).

Ein unzulässiges Zwangsmittel darf selbstverständlich auch nicht angedroht werden (so allgemein auch § 10 Abs. 4 PolG i.V.m. § 136a Abs. 1 S. 3 StPO), zumal die Androhung speziell von Folter regelmäßig schon für sich genommen Folter oder zumindest eine unmenschliche Behandlung iS. des Art. 3 EMRK darstellen wird.

4. Abgrenzungsprobleme am Beispiel des Abschleppens von PKW

245 Die Einordnung bestimmter Maßnahmen in das System von Standardmaßnahmen und Verwaltungsvollstreckungsmaßnahmen ist nicht immer ganz eindeutig. Ein klassisches Klausurenproblem in diesem Kontext betrifft die dogmatische Einordnung von Abschleppmaßnahmen. Diese werden teilweise als *Sicherstellung* iS. des § 43 PolG/§ 24 Nr. 13 OBG, mithin als Standardmaßnahme jenseits des Verwaltungszwanges gedeutet (so etwa BayVGH, NVwZ 1990, 180 f.), teilweise als Maßnahme des Verwaltungszwangs, wobei zwischen den Vertretern der letztgenannten Auffassung umstritten ist, ob es sich um eine *Ersatzvornahme* oder aber um *unmittelbaren Zwang* handelt. Während die Zuordnung in der gerichtlichen Praxis vielfach ohne praktische Konsequenzen bleibt und daher offen bleiben kann (vgl. OVG NRW, NWVBl. 2001, 181), bedarf es im Rahmen der gutachterlichen Prüfung einer Entscheidung. Gegen eine Sicherstellung spricht, dass die entsprechende Standardmaßnahme nach § 44 PolG auf eine Inverwahrungnahme des sichergestellten Gegenstandes zielt. Eine solche Inverwahrungnahme aber ist beim Abschleppen von PKW grundsätzlich weder beabsichtigt noch sachlich gerechtfertigt. Immerhin können im Einzelfall

besondere Gründe vorliegen, die auf eine Sicherstellung mit Inverwahrungnahme deuten.

> **Beispiel:** Der wertvolle Oldtimer des O ist entwendet worden. Die Polizei findet das Fahrzeug mit zerschlagenen Scheiben unter einer Brücke. Sie schleppt das Fahrzeug ab, um es vor erneutem Diebstahl zu bewahren. Es handelt sich um eine zulässige Sicherstellung iS. des § 43 PolG (vgl. BayVGH, NJW 2001, 1960; a.A. OVG NRW, NJW 1978, 720: Entfernen der Batterie reiche aus).

Schließt man für den „Normalfall" des Abschleppens eines PKW die Sicherstellung aus, bleibt allein eine vollstreckungsrechtliche Deutung derartiger Maßnahmen, was wiederum eine Abgrenzung zwischen der Ersatzvornahme und dem unmittelbaren Zwang erforderlich macht. Der Einordnung als Ersatzvornahme wird teilweise entgegengehalten, dass die notwendige Deckungsgleichheit zwischen auferlegter und durchgesetzter Handlung (hierzu oben Rn. 243) nicht bestehe. Während das in einem Halteverbotschild verkörperte Wegfahrgebot ein „Wegfahren" verlange, setze die Vollstreckungsbehörde mit dem Abschleppen nicht etwa ein „Wegfahren", sondern ein „Wegschleppen" durch (s. *Klenke*, NWVBl. 1994, 288, 289). Dieser Auffassung zufolge kann eine Abschleppmaßnahme allein als Maßnahme des unmittelbaren Zwanges gedeutet werden, was bei polizeilichen Abschleppmaßnahmen zu der nicht unerheblichen Konsequenz führte, dass eine Heranziehung des Vollstreckungsschuldners zu den Kosten der Maßnahme nicht möglich wäre (hierzu unten Rn. 259 ff.). Ungeachtet der gedanklichen Stringenz dieses Ansatzes erscheint die Verwerfung einer Ersatzvornahme freilich nicht zwingend. So stellt sich die erforderliche Deckungsgleichheit zwischen abverlangter und durchgesetzter Maßnahme dann ein, wenn man den Aussagegehalt des im Verkehrsschild enthaltenen „Wegfahrgebotes" im Sinne eines abstrakten *„Räumungsgebotes"* deutet, das sowohl durch ein Wegfahren als auch durch ein Wegziehen des Fahrzeuges erfüllt werden kann. Vor diesem Hintergrund erscheint es vorzugswürdig, das Abschleppen von PKW grundsätzlich als Verwaltungszwangsmaßnahme in Form der Ersatzvornahme anzusehen (zu parallelen privaten Maßnahmen s. auch BGH, NJW 2009, 2530). Die anschließende Verbringung abgeschleppter Fahrzeuge in behördliche Obhut ist danach als tatsächliches Verwaltungshandeln ohne eigenständige Regelungsqualität anzusehen.

III. Das gestufte Verfahren

Polizeigesetz wie Verwaltungsvollstreckungsgesetz sehen für den Regelfall der Verwaltungsvollstreckung das sog. *„gestufte"* bzw. *„gestreckte Verfahren"* vor (§ 50 Abs. 1 PolG bzw. § 55 Abs. 1 VwVG). Dieses Verfahren ist im Verwaltungsvollstreckungsgesetz dreistufig, im Polizeigesetz dagegen grundsätzlich nur zweistufig konzipiert (vgl. hierzu Rn. 248). Zuständig für die Durchführung des Verfahrens ist nach § 56 Abs. 1 VwVG die Behörde, die den Grundverwaltungsakt erlassen hat. Gemeinsame tatbestandliche

246

Voraussetzung sämtlicher Verfahrensschritte ist das Vorliegen einer formell bestandskräftigen bzw. sofort vollziehbaren Grundverfügung. Sämtliche Zwangsmaßnahmen stellen ferner Ermessensentscheidungen dar, so dass neben den einschlägigen tatbestandlichen Voraussetzungen auch eine ordnungsgemäße Ermessensausübung (Entschließungs-, Störerauswahl- und Handlungsermessen) vorliegen muss.

1. Androhung des Zwangsmittels

247 Das gestufte Verfahren beginnt im Regelfall mit der sog. „**Androhung**" des Zwangsmittels (§§ 56, 61 PolG bzw. §§ 63, 69 VwVG). Entgegen dem etwas missverständlichen Wortlaut ist die Androhung eines Zwangsmittels bereits **Teil des Vollstreckungsverfahrens**, mithin ein eigenständiges Mittel zur Willensbeugung. Die Androhung ist ein selbständiger belastender Verwaltungsakt. Die einschlägigen Regelungsgrundlagen im Verbund mit der Grundnorm des § 55 VwVG bzw. § 50 PolG bilden somit zugleich die Ermächtigungsgrundlage für den Erlass eines Androhungsverwaltungsaktes. Die Zwangsmittelandrohung kann bereits mit der Grundverfügung verbunden werden (§ 63 Abs. 2 VwVG bzw. § 56 Abs. 2 PolG). Für diesen Fall dispensiert das Gesetz die Zwangsmittelandrohung von dem Erfordernis der sofortigen Vollziehbarkeit oder der Unanfechtbarkeit des Grundverwaltungsaktes. Die Androhung muss nach den Regelungsvorgaben des Verwaltungsvollstreckungsgesetz NRW *stets* (§ 63 Abs. 1 S. 1), nach dem Polizeigesetz *„möglichst"* schriftlich erfolgen (§ 56 Abs. 1 S. 1). Die Abgabe eines „Warnschusses" gilt nach § 61 Abs. 1 S. 3 PolG als Androhung des Schusswaffeneinsatzes. Die Zwangsmittelandrohung muss sich auf ein *konkretes* Zwangsmittel bzw. ein Zwangsgeld in *bestimmter* Höhe beziehen und grundsätzlich eine angemessene Frist zur Erfüllung der Verpflichtung setzen. Die Notwendigkeit der Fristsetzung entfällt für die Durchsetzung von Duldungs- und Unterlassungsverfügungen. Auf die Zwangsmittelandrohung finden die für das Vollstreckungsverfahren geltenden Sonderregelungen des § 28 Abs. 2 Nr. 5 VwVfG bzw. § 112 JustG Anwendung. Es bedarf mithin nicht notwendig einer vorherigen Anhörung des Vollstreckungsschuldners; die Anfechtungsklage gegen die Androhung hat keine aufschiebende Wirkung. Soweit der Androhung besondere Umstände des Einzelfalles entgegenstehen, kann vor ihr abgesehen werden (§ 63 Abs. 1 S. 5 VwVG bzw. § 56 Abs. 1 S. 3 PolG).

2. Festsetzung des Zwangsmittels

248 Nur das Verwaltungsvollstreckungsgesetz kennt – anders als das Polizeigesetz – die *Festsetzung* des Zwangsmittels als zweite obligatorische Stufe der Verwaltungsvollstreckung (§ 64 VwVG). Ausnahmsweise ist eine Festsetzung im Polizeigesetz immerhin für das Zwangsgeld vorgesehen (§ 53 Abs. 1 PolG). Die Festsetzung enthält die Anordnung der Vollzugsbehörde, dass das Zwangsmittel nunmehr angewendet werden soll. Ebenso wie die Androhung

ist auch die Festsetzung **Teil des Vollstreckungsverfahrens**, eigenständiger (belastender) Verwaltungsakt und Mittel zur Willensbeugung. Von der Anwendung des Zwangsmittels ist somit auch nach Festsetzung grundsätzlich abzusehen, wenn der Adressat die ihm auferlegte Pflicht erfüllt. Anhörungspflicht und Suspensiveffekt entfallen folgerichtig auch hier. Ein Schriftformerfordernis sieht § 64 VwVG nicht vor. Tatbestandliche Voraussetzung für die Festsetzung des Zwangsmittels ist nach § 64 VwVG neben dem Vorliegen der allgemeinen Vollstreckungsvoraussetzungen aus § 55 Abs. 1 VwVG, dass – soweit nicht ausnahmsweise entbehrlich (Rn. 247) – eine Androhung erfolgt ist und die dem Vollstreckungsschuldner durch die Grundverfügung auferlegte Verpflichtung nicht innerhalb der mit der Androhung gesetzten Frist erfüllt wurde. Die Möglichkeit eines Verzichts auf die Festsetzung sieht das Gesetz nicht vor. Eine ohne vorangegangene Festsetzung erfolgte Zwangsmittelanwendung ist im Rahmen des Verwaltungsvollstreckungsgesetzes also stets rechtswidrig.

Umstritten ist, ob eine Festsetzung gleichwohl dann entbehrlich ist, wenn 249 der Vollstreckungsschuldner auf den durch das Festsetzungsverfahren vermittelten Schutz „verzichtet".

> **Beispiel:** Schiffskapitän S hat eine Schiffskollision verursacht, in deren Folge die betroffene Wasserstraße für den Schiffsverkehr blockiert wird. Die zuständige Behörde fordert S zur Räumung der Wasserstraße auf und droht die Ersatzvornahme an. Nachdem S erklärt, der Grundverfügung nicht Folge zu leisten, räumt die Behörde im Wege der Ersatzvornahme die Unfallstelle.

Das Bundesverwaltungsgericht geht von der Möglichkeit eines konkludenten Verzichts aus (NVwZ 1997, 381; hiergegen *Dünchheim*, NVwZ 1997, 350). Der Gesetzeswortlaut dürfte dieses Ergebnis kaum tragen, zumal § 64 VwVG eine Ausnahmeregelung allein für den Fall des sofortigen Vollzuges trifft. Insoweit kommt auch eine Anwendung des § 46 VwVfG von vornherein nicht in Betracht. Nicht zuletzt gilt die allgemeine Rechtsregel, dass selbst ein denkbarer Verzicht grundsätzlich nicht vermutet werden darf (*„renuntiatio non praesumitur"*). Gegen die Notwendigkeit einer entsprechenden Rechtsauslegung spricht schließlich, dass der Behörde jederzeit die Möglichkeit verbleibt, vom dem gestuften Verfahren in das Verfahren des sofortigen Vollzuges zu wechseln (unten Rn. 254 f.). Eine ohne Festsetzung durchgeführte Ersatzvornahme ist daher nach hiesiger Auffassung rechtswidrig; die Kosten der Maßnahme können folgerichtig nicht auf den Vollstreckungsschuldner übergewälzt werden. Umgekehrt ist mit erfolgter Festsetzung der Weg für die Durchführung der Ersatzvornahme frei, ohne dass der Vollstreckungsschuldner auf die konkret zu erwartenden Kosten hingewiesen und ihm die Möglichkeit für eine kostengünstigere Lösung eröffnet werden müsste (OVG Saarl., NVwZ 2009, 602).

Auch wenn das Polizeigesetz eine gesonderte Festsetzung nicht vorsieht, 250 wird eine derartige Maßnahme dort als *„Minus-Maßnahme"* gegenüber der sofortigen Anwendung des Zwangsmittels zumindest für zulässig erachtet (z. B. OVG Rh.-Pf., NVwZ 1986, 762). Rechtlich geboten ist eine derartige „Festsetzung" in keinem Fall. Zudem dürfte einer solchen „Festsetzung" die

§ 3. Polizei- und Ordnungsrecht NRW

Regelungswirkung nach § 35 VwVfG und damit der Verwaltungsaktcharakter fehlen. Es handelt sich um eine rein tatsächliche Maßnahme.

3. Anwendung des Zwangsmittels

251 Die letzte Etappe des gestuften Vollstreckungsverfahrens bildet die in § 55 Abs. 1 VwVG bzw. § 50 Abs. 1 PolG geregelte Anwendung des Zwangsmittels. Hierbei muss das Zwangsmittel gemäß der Festsetzung angewendet werden. Widerstand des Vollstreckungsschuldners bei der Ersatzvornahme oder der Anwendung unmittelbaren Zwangs kann gem. § 65 Abs. 2 VwVG mit Gewalt gebrochen werden, wobei die Polizei auf Verlangen der Vollzugsbehörde Vollzugshilfe leistet. Auch ohne ausdrückliche gesetzliche Grundlage ergibt sich diese Befugnis aus allgemeinen Grundsätzen, da die (rechtswidrigen) Widerstandshandlungen ihrerseits Störungen der öffentlichen Sicherheit darstellen und durch Maßnahmen der Gefahrenabwehr unterbunden werden können. Ebenso wie für die Androhung und Festsetzung müssen auch für die Anwendung des Zwangsmittels die tatbestandlichen Voraussetzungen des § 55 Abs. 1 VwVG bzw. § 50 Abs. 1 PolG gegeben sein. In verfahrensrechtlicher Hinsicht müssen zudem die Erfordernisse des gestuften Verfahrens (Androhung und Festsetzung) beachtet worden sein.

4. Das Klausurenschema

252 Soweit in einer Klausur die Rechtmäßigkeit einer Verwaltungszwangsmaßnahme zu prüfen ist, geht es im „Grundfall" des gestuften Verfahrens um eine Subsumtion des Sachverhalts unter die Eingriffsermächtigung des § 50 Abs. 1 PolG bzw. des § 55 Abs. 2 VwVG. Zu beachten ist hierbei, dass nur verfügende Verwaltungsakte („auf ein Tun, Dulden oder Unterlassen gerichtete Verwaltungsakte") der Vollstreckung zugänglich sind, nicht dagegen rechtsgestaltende oder feststellende Verwaltungsakte.

> **Beispiel:** Die Behörde entzieht dem Gastwirt G die Gaststättenkonzession und droht ihm für den Fall, dass er den Betrieb fortsetzt, ein Zwangsgeld in Höhe von 10.000 Euro an. Die Zwangsgeldandrohung ist rechtswidrig, weil es sich bei dem zugrunde liegenden Verwaltungsakt um einen rechtsgestaltenden Verwaltungsakt handelt. Die Behörde hätte G also gesondert zur Unterlassung der weiteren Betriebsführung verpflichten müssen.

Die durchzusetzende Grundverfügung muss ferner unanfechtbar (formell bestandskräftig) oder zumindest sofort vollziehbar sein, was bei (unaufschiebbaren) Polizeiverfügungen generell der Fall ist (§ 80 Abs. 2 S. 2 Nr. 2 VwGO), bei Maßnahmen der Ordnungsbehörden einer gesonderten Anordnung bedarf (§ 80 Abs. 2 S. 2 Nr. 4 VwGO). Nicht unumstritten war in der Vergangenheit, ob die Rechtmäßigkeit der Grundverfügung, zumindest soweit diese noch nicht bestandskräftig geworden ist, als „ungeschriebenes

L. Grundlagen des Verwaltungszwangs

Tatbestandsmerkmal" in die Ermächtigungsnormen des § 55 Abs. 1 VwVG bzw. § 50 Abs. 1 PolG „hineingelesen" werden muss. Die Frage dürfte heute dahin zu beantworten sein, dass es allein auf die Rechtswirksamkeit, nicht aber auf die Rechtmäßigkeit des Verwaltungsaktes ankommt (BVerwG, NVwZ 2009, 122). Ein Eingehen auf die vormals diskutierte Streitfrage wird dementsprechend heute z. T. für überholt erachtet (*Muckel*, JA 2012, 272, 277). Gleichwohl kann die Frage der Rechtmäßigkeit der Grundverfügung auch nach dieser neueren Auffassung für die Verhältnismäßigkeit einer Zwangsmaßnahme (Zumutbarkeit) relevant sein. Gegenüber den vormaligen Lösungsmodellen bietet dieser Weg den Vorteil, einen allzu verschachtelten Prüfungsaufbau zu vermeiden. Denn allein um die Frage der Relevanz des vormaligen Meinungsstreites um die Rechtmäßigkeit der Grundverfügung feststellen zu können, war eine inzidente Rechtmäßigkeitsprüfung eben jener Grundverfügung unvermeidlich. Angesichts der fortschwelenden Debatten um den „Rechtswidrigkeitszusammenhang beim Verwaltungszwang" (s. hierzu *Pietzcker*, FS W.-R. Schenke, 2011, 1045) wird man den tradierten Lösungsweg freilich nicht für falsch erachten können. Ebenso wie im Rahmen der klassischen Polizeirechtsklausur bedarf es schließlich einer sorgfältigen Ermessensprüfung. Die ordnungsgemäße Androhung und ggf. Festsetzung des Zwangsmittels können sowohl als Verfahrensvoraussetzung als auch als materielle Vollstreckungsvoraussetzung verstanden und geprüft werden. Vorzugswürdig dürfte – entgegen wohl überwiegender Übung – die Deutung der Verfahrensstufungen als formelle Rechtmäßigkeitsvoraussetzung sein.

In der Gesamtschau folgt die Prüfung der Rechtmäßigkeit einer Zwangsmittelanwendung im gestuften Verfahren somit dem in Abbildung 8 dargelegten Schema:

Abb. 8: Die Vollstreckungsrechtsklausur – „gestuftes Verfahren"

Vollstreckung im „gestuften Verfahren"
I. Ermächtigungsgrundlage – § 55 Abs. 1 VwVG bzw. § 50 Abs. 1 PolG i. V. m. der jeweils einschlägigen Zwangsmittelermächtigung

II. Formelle Rechtmäßigkeit
– Zuständigkeit der Vollstreckungsbehörde (§ 56 Abs. 1 VwVG/POG)
– Anhörung grds. entbehrlich, § 28 Abs. 2 Nr. 5 VwVfG)
– Androhung des Zwangsmittels (§ 63 VwVG/§ 56 PolG)
  – grds. schriftlich
  – grds. mit Fristsetzung (nicht bei Duldungs- und Unterlassungsverfügungen)
  – in Ausnahmefällen entbehrlich
– Festsetzung: nur im VwVG vorgesehen und dort obligatorisch

III. Materielle Rechtmäßigkeit – Vorliegen eines wirksamen Verwaltungsaktes – Verfügungscharakter des Verwaltungsaktes („Tun, Dulden oder Unterlassen")

> – Unanfechtbarkeit oder sofortige Vollziehbarkeit des Verwaltungsaktes
> – Rechtmäßigkeit des Verwaltungsaktes nach h. M. nicht zu prüfen
> – Nichtbefolgung der Verfügung
> – Fehlerfreie Ermessensausübung (§ 40 VwVfG)
>   – Entschließungsermessen
>   – Störerauswahlermesssen
>   – Handlungsermessen *(Wahl des richtigen Zwangsmittels – kann ggf. auch als eigener Punkt zu Beginn der materiellen Rechtmäßigkeit geprüft werden/ Verhältnismäßigkeitsprüfung)*

IV. Der „sofortige Vollzug"

254 Bisweilen ist es etwa aus zeitlichen, aber auch aus sonstigen Gründen nicht möglich, Zwangsmittel erst nach Ablauf des gestuften Verfahrens einzusetzen. So wird eine Unfallstelle zur Vermeidung von Folgeunfällen umgehend geräumt werden müssen; auf einem See schwimmende Giftfässer müssen geborgen werden, bevor eine entsprechende Grundverfügung gegen den Verantwortlichen erlassen wird. Für derartige Fälle einer **gegenwärtigen Gefahr** stellen die Gesetze die Möglichkeit der Anwendung von Zwangsmitteln im sofortigen Vollzug zur Verfügung (§ 55 Abs. 2 VwVG bzw. § 50 Abs. 2 PolG). Im Rahmen des sofortigen Vollzugs finden speziell die Zwangsmittel der Ersatzvornahme sowie des unmittelbaren Zwanges Anwendung. Der entscheidende Unterschied zum gestuften Verfahren besteht darin, dass der sofortige Vollzug eine Zwangsmittelanwendung „**ohne vorausgehenden Verwaltungsakt**", also ohne die eigentlich zu vollstreckende Grundverfügung, gestattet und der Zwangsmitteleinsatz zudem **weder angedroht** (§ 63 Abs. 1 S. 5 VwVG bzw. § 56 Abs. 1 S. 3 PolG) **noch gesondert festgesetzt** (§ 64 S. 2 VwVG) werden muss. Kompensiert werden diese Zugriffserleichterungen zum einen durch das Erfordernis der *Erforderlichkeit* der Maßnahme *zur Abwehr einer gegenwärtigen Gefahr* (einschränkend hierzu OVG NRW, DVBl. 2008, 803 f.) sowie zum anderen durch das Erfordernis eines behördlichen Handelns „*innerhalb ihrer Befugnisse*" (§ 55 Abs. 2 VwVG bzw. § 50 Abs. 2 PolG). Ein Handeln im Rahmen der Befugnisse liegt dann vor, wenn die Behörde zum Erlass der (nicht vorhandenen) Grundverfügung befugt gewesen *wäre*. Zu prüfen ist in diesem Kontext also die Rechtmäßigkeit einer **hypothetischen Grundverfügung**, wie sie Gegenstand der klassischen Polizeirechtsklausur ist (oben Rn. 146).

> **Beispiel:** Aus dem leckgeschlagenen Tank des auf einem Parkplatz abgestellten Fahrzeuges des F tropft Treibstoff in das Erdreich. Die vor Ort tätigen Beamten dichten den Tank ab und reinigen das Erdreich. Es handelt sich um eine zulässige Ersatzvornahme im sofortigen Vollzug. Die Maßnahme war zur Abwehr einer gegenwärtigen Gefahr erforderlich, da F nicht greifbar war. Die Behörde hat innerhalb ihrer Befugnisse gehandelt, da sie den F gem. § 8 PolG bzw. § 14 OBG zu einem Abdichten des Tanks sowie einer Reinigung des Erdreiches hätte verpflichten können.

Die Rechtsfigur des „hypothetischen Verwaltungsakts" ist bereits bei der Prüfung der Zuständigkeit nach § 56 Abs. 1 VwVG zu beachten. Wenn die Zuständigkeitsnorm auf diejenige Behörde verweist, *„die ihn* (scil.: den Grundverwaltungsakt) *erlassen hat"*, kann damit im Verfahren des sofortigen Vollzuges richtigerweise nur diejenigen Behörde gemeint sein, die zum Erlass der Grundverfügung berechtigt gewesen *wäre.* Rechtsdogmatisch wird der Sofortvollzug regelmäßig als Realakt einzustufen sein (OVG NRW, OVGE 29, 44, 47).

Aufbautechnisch folgt die Überprüfung einer Zwangsmittelanwendung im sofortigen Vollzug dem in Abbildung 9 dargelegten Schema:

Abb. 9: Die Vollstreckungsrechtsklausur – „sofortiger Vollzug"

Vollstreckung im „sofortigen Vollzug"
I. Ermächtigungsgrundlage – § 55 Abs. 2 VwVG bzw. § 50 Abs. 2 PolG i. V. m. der jeweils einschlägigen Zwangsmittelermächtigung
II. Formelle Rechtmäßigkeit – Zuständigkeit der Vollstreckungsbehörde (§ 56 Abs. 1 VwVG/POG) – Anhörung entfällt mangels VA-Qualität (str.), jedenfalls entbehrlich gem. § 28 Abs. 2 Nr. 5 VwVfG (auch soweit analoge Anwendung in Betracht kommt) – Androhung des Zwangsmittels entbehrlich (§ 63 Abs. 1 S. 5 VwVG/ § 56 Abs. 1 S. 3 PolG) – Festsetzung: gem. § 64 S. 2 VwVG entbehrlich; im PolG nicht vorgesehen

III. Materielle Rechtmäßigkeit
– Fehlen einer Grundverfügung („ohne vorausgehenden Verwaltungsakt")
– Vorliegen einer „gegenwärtigen Gefahr"
– Erforderlichkeit des sofortigen Vollzugs zur Gefahrenabwehr
– Handeln „im Rahmen der Befugnisse": Prüfung des hypothetischen Grund-VA entsprechend der Gliederung der „klassischen" Polizeirechtsklausur (oben Abb. 6)
– Ordnungsgemäße Ermessensausübung hinsichtlich des Zwangsmitteleinsatzes
  – Entschließungsermessen
  – Störerauswahlermesssen
  – Handlungsermessen *(richtiges Zwangsmittel/Verhältnismäßigkeitsprüfung)*

V. Spezialprobleme des Abschleppens von Fahrzeugen

Nach wie vor zählen die sog. „Abschleppfälle" zu den Klausurenklassikern in den juristischen Examina. Insoweit gilt es namentlich in Nordrhein-Westfalen einige Besonderheiten zu vergegenwärtigen. So ergibt sich eine beliebte Klausurenproblematik, die mit den gesetzlichen Handlungsalternativen des gestuften Verfahrens oder des sofortigen Vollzuges nicht ohne weiteres zu bewältigen ist, für den Fall ordnungsbehördlicher Abschleppmaßnahmen wegen der Missachtung von Halte- oder Parkverboten. Die Ursache des Problems liegt in dem Umstand, dass Halteverbotsschilder nach Auffassung der Rechtsprechung nicht nur das sofort vollziehbare *Verbot* formulieren, in den betreffenden Bereichen zu halten, sondern zugleich das sofort vollziehbare *Gebot*, die betreffenden Bereiche im Falle eines ordnungswidrigen Haltens zu verlassen (BVerwG, NJW 1978, 656 f.; zu kompetenziellen Folgeproblemen vgl. BW VGH, VBlBW 2004, 213 f.). Wird somit aber durch eine Abschleppmaßnahme die **im Halteverbotschild verborgene Grundverfügung** durchgesetzt, kann die betreffende Maßnahme nicht mehr als „sofortiger Vollzug" iS. des § 55 Abs. 2 VwVG gedeutet werden. Denn der sofortige Vollzug setzt begrifflich voraus, dass Verwaltungszwang *„ohne vorausgehenden Verwaltungsakt"* angewendet wird. Scheitern wird regelmäßig aber auch das „gestufte Verfahren" nach § 55 Abs. 1 VwVG, da hierfür eine vorherige Festsetzung des Zwangsmittels gem. § 64 S. 1 VwVG erforderlich, mangels Greifbarkeit des Verantwortlichen aber undurchführbar ist. Allein der Umstand, dass die Behörde statt eines „hypothetischen" einen „realen" Verwaltungsakt durchsetzt, führt also scheinbar zum Leerlaufen der vollstreckungsrechtlichen Eingriffsermächtigungen. Nach allgemeiner Auffassung bedarf dieses Ergebnis freilich der Korrektur, für die zwei Wege in Betracht kommen. Zum einen wird vorgeschlagen, der Behörde einen jederzeitigen Wechsel vom gestuften Verfahren zum sofortigen Vollzug zu gestatten, was im Ergebnis bedeutet, im Rahmen einer Anwendung des „sofortigen Vollzugs" nach § 55 Abs. 2 VwVG das Bestehen einer Grundverfügung auszublenden und auch hier allein die Rechtmäßigkeit einer (zusätzlichen) hypothetischen Grundverfügung zu prüfen (*Muckel*, JA 2012, 355, 358). Von der wohl h. M. wird demgegenüber ein **„Erst-Recht-Schluss"** dahingehend favorisiert, dass ein sofortiger Vollzug, wenn er bereits auf der Grundlage eines „hypothetischen" Verwaltungsaktes zulässig ist, erst recht auf der Grundlage eines wirksamen „realen" Verwaltungsaktes zulässig sein muss. Letztgenannter Lösungsvorschlag vermeidet den offenen Konflikt mit dem Regelungswortlaut des § 55 Abs. 2 VwVG und erscheint insoweit vorzugswürdig. Als *„argumentum a maiore ad minus"* verstößt der „Erst-Recht-Schluss" auch nicht gegen das aus dem Gesetzesvorbehalt abzuleitende Analogieverbot (oben Rn. 41). Greift man solchermaßen auf die vollstreckungsrechtliche Eingriffsermächtigung des § 55 Abs. 2 VwVG zurück, erübrigt sich zwangsläufig die Prüfung eines Handelns der Behörde „im Rahmen ihrer Befugnisse".

Führt die Polizei entsprechende Abschleppmaßnahmen durch, stellen sich die dargestellten Probleme nicht. Da im Polizeigesetz eine „Festsetzung" nicht vorgesehen, die Androhung – ebenso wie im Verwaltungsvollstreckungsgesetz – entbehrlich ist, kann die Polizei die in den Park- und Halteverbotschildern verborgene Grundverfügung auch gegenüber dem abwesenden Fahrzeugführer regulär im Wege des „gestreckten Verfahrens" nach § 50 Abs. 1 PolG durchsetzen. Soweit der BW VGH eine Vollstreckungszuständigkeit der Polizei verneint (VBlBW 2004, 213 f.), dürfte dieses Problem in NRW durch § 11 Abs. 1 Nr. 3 POG gelöst sein.

Ein weiteres beliebtes „Sonderproblem" im Kontext von „Abschleppfällen" 257
bildet der Umgang mit verdrehten oder sonst nicht unmittelbar erkennbaren
(z. B. „eingeschneiten") **Halte- oder Parkverbotszeichen**. Dogmatisch geht es
dabei um die Frage nach dem Vorliegen eines durchsetzbaren „Grundverwaltungsakts" bzw. der Zumutbarkeit von Vollstreckungsmaßnahmen. Was
zunächst die Geltung derartiger Verkehrszeichen angeht, kann ein Außerkrafttreten mit Blick auf § 43 Abs. 2 VwVfG regelmäßig nicht angenommen
werden. Fraglich bleibt allein, ob Erkennbarkeitsprobleme ein (ungeschriebenes) Vollstreckungshindernis darstellen bzw. die Verhältnismäßigkeit der
Maßnahme in Frage stellen. Die Rechtsprechung hat insoweit hohe Anforderungen an die Fahrzeugführer gestellt. Im Rahmen des ruhenden Verkehrs
hat der Fahrzeugführer hiernach sorgfältig zu prüfen, ob für den gewählten
Parkraum eine Halte- oder Parkverbot besteht.

> **Beispiel:** Fahrzeugführer F wehrt sich gegen die durchgeführte Abschleppmaßnahme mit der Begründung, das betreffende Halteverbotszeichen sei
> „verdreht" worden und von der Fahrbahn nicht sichtbar gewesen. Der Einwand greift nicht durch, da F verpflichtet gewesen wäre, den Parkraum auf
> etwaige Halte- und Parkverbote zu kontrollieren (OVG NRW, NJW 1998,
> 331).

Selbst soweit **(mobile) Halte- oder Parkverbotschilder** erst *nach* dem Abstellen eines Fahrzeugs aufgestellt wurden, sollen diese nach überwiegender
Auffassung in der Rechtsprechung gegenüber dem Fahrzeugführer wirksam
sein und jedenfalls ab dem vierten Tag nach Aufstellung auch zur Verwaltungsvollstreckung berechtigen (OVG Sachsen, NJW 2009, 2551; für 72
Stunden: BayVGH, BayVBl. 2009, 21; hierzu auch oben Rn. 131).

> **Beispiel:** Wegen eines bevorstehenden Karnevalsumzugs postieren Beamte der
> zuständigen Ordnungsbehörde fünf Tage vor dem Termin mobile Halteverbotsschilder entlang des Zugweges. Nach vier Tagen werden die in der Verbotszone parkenden Fahrzeuge abgeschleppt, darunter auch jenes des F, der
> sein Fahrzeug bereits vor der Errichtung der mobilen Schilder dort geparkt
> und sich in Urlaub begeben hatte. Die Maßnahme ist nach Auffassung des
> Bundesverwaltungsgerichts rechtmäßig (BVerwG, NJW 1997, 1023 mwN).

Soweit nach Auffassung des OVG NRW (NVwZ-RR 1996, 59) bereits eine
Frist von zwei Tagen bis zur Anwendung von Verwaltungszwang hinreichen
soll, ist dem das BVerwG (aaO.) mit überzeugenden Erwägungen entgegen
getreten. So ist gerade in Ballungsgebieten den Belangen derjenigen Verkehrsteilnehmer Rechnung zu tragen, die ihr Fahrzeug während der Arbeitstage nicht benutzen und auf öffentliche Verkehrsmittel zurückgreifen.

Durchaus von Klausurenrelevanz ist die Frage, ob eine Abschleppmaß- 258
nahme bereits deshalb als nicht erforderlich und daher unverhältnismäßig
anzusehen ist, weil der Fahrzeugführer seine **Handy-Nummer im Fahrzeug**
hinterlassen hat. Soweit eine Ermittlung und Herbeiholung des Fahrzeugsführers über die hinterlassene Nummer ohne Probleme möglich ist, wird man –
entgegen der wohl einhelligen Rechtsprechung (zuletzt etwa VG Köln,

BeckRS 2008, 30354) – von der Unverhältnismäßigkeit einer gleichwohl durchgeführten Abschleppmaßnahme ausgehen müssen. Als unverhältnismäßige Maßnahme anerkannt hat die Rechtsprechung dagegen das Abschleppen eines Fahrzeugs nach Ablauf der erlaubten Parkzeit, wenn in der Umgebung hinreichend freier Parkraum zur Verfügung steht (OVG Hamburg, JuS 2010, 279 – *Waldhoff*).

VI. Kostenrecht

259 Gemäß § 77 VwVG werden für Amtshandlungen nach dem Verwaltungsvollstreckungsgesetz von dem Vollstreckungsschuldner bzw. dem Pflichtigen Kosten (Gebühren und Auslagen) erhoben. Nähere Bestimmungen hierzu trifft die nach § 77 Abs. 1 VwVG erlassene Kostenordnung, die zwischenzeitlich in die Verordnung zum VwVG integriert wurde (Teil 4 der VO). § 77 VwVG i.V.m. § 20 Abs. 2 VO VwVG bilden damit eine eigenständige Ermächtigungsgrundlage für den Erlass eines Leistungsbescheides gegen den Vollstreckungsschuldner. Mit Blick auf die gesetzlichen Vorgaben für eine Kostenüberwälzung auf den Bürger bleibt die Geltendmachung entstandener Vollstreckungskosten über die Rechtsfigur einer *öffentlich-rechtlichen Geschäftsführung ohne Auftrag* (GoA) ausgeschlossen. Ob und inwieweit der Rückgriff auf die Regeln der öffentlich-rechtlichen GoA zulässig bleibt, wenn die Polizei- oder Ordnungsbehörde im Rahmen ihrer Eilkompetenz Gefahrenabwehrmaßnahmen im Aufgabenbereich *anderer Hoheitsträger* durchführt, ist dagegen umstritten.

Beispiel: Das Land NRW verlangt von der kreisfreien Stadt S Erstattung der Kosten für das polizeiliche Löschen eines Papierkorbbrandes. Das OVG NRW sah weder ein „objektiv fremdes Geschäft" noch ein „Handeln ohne Auftrag" und verneinte einen Erstattungsanspruch (OVG NRW, NJW 1986, 2526; anders insoweit BVerwG, NJW 1986, 2524 f., für die Beseitigung einer Ölverschmutzung auf einer Bundeswasserstraße).

Regelmäßig folgt das Verfahren der Kostenerhebung der abgeschlossenen Vollstreckung nach. Ausnahmsweise können Kosten allerdings auch im Voraus von dem Vollstreckungsschuldner erhoben werden, so etwa bei der Ersatzvornahme nach § 59 Abs. 2 VwVG (§ 42 Abs. 2 PolG). Wird eine rechtmäßig eingeleitete Ersatzvornahme abgebrochen, weil der Vollstreckungsschuldner die geforderte Handlung im letzten Moment ausführt, können ihm immerhin die bis dahin angefallenen Kosten (z. B. für die „Leerfahrt" des Abschleppunternehmers) auferlegt werden. Das Verfahren der Kostenerstattung stellt ein gegenüber dem Vollstreckungsverfahren **eigenständiges Verfahren** dar, das mit dem Erlass eines Kostenbescheides endet (§ 77 Abs. 4 VwVG i.V.m. § 14 Abs. 1 GebG). Die für das Vollstreckungsverfahren geltenden Sonderregelungen (§ 28 Abs. 2 Nr. 5 VwVfG, § 112 JustG) gelten somit nicht für die Kostenerhebung. Dies gilt auch für den Sonderfall des § 59 Abs. 2 S. 1 VwVG (str.). Die für Amtshandlungen nach dem VwVG erhobenen Kosten stellen nach h.M.

keine „*öffentlichen Abgaben oder Kosten*" iS. des § 80 Abs. 2 S. 2 Nr. 1 VwGO dar, so dass die Anfechtungsklage gegen einen Kostenbescheid nach § 80 Abs. 1 VwGO eine aufschiebende Wirkung entfaltet. Anders als das Verwaltungsvollstreckungsgesetz formuliert das Polizeigesetz kein eigenständiges Kostenrecht. Immerhin aber verweisen die polizeigesetzlichen Regelungen zur Sicherstellung (§ 46 Abs. 3 PolG) sowie zur Ersatzvornahme (§ 52 Abs. 1 S. 2 PolG) auf § 77 VwVG, so dass die kostenrechtliche Ermächtigungsnorm des § 77 VwVG i.V.m. § 20 VO VwVG insoweit entsprechende Anwendung findet. Keine kostenrechtliche Ermächtigungsgrundlage sieht das Polizeigesetz demgegenüber für den unmittelbaren Zwang vor (OVG NRW, OVGE 7, 27, 28 f., das allerdings – nicht überzeugend – über eine zivilrechtliche GoA nachdenkt). Insbesondere gestattet der für die Eingriffsverwaltung verbindliche „*Vorbehalt des Gesetzes*" keine analoge Anwendung des § 77 VwVG zur Schließung einer etwaigen Regelungslücke (zu zivilrechtlichen „Behelfslösungen" s. unten Rn. 293a).

Zentrale tatbestandliche Voraussetzung für das Entstehen eines Kostenerstattungsanspruchs nach § 77 VwVG ist das Vorliegen einer „*Amtshandlung*". Amtshandlungen iS. des Gesetzes sind ausschließlich **rechtmäßige Amtshandlungen** (zuletzt OVG NRW, DVBl. 2008, 803 L; s. auch den Kostenerlass bei „unrichtiger Sachbehandlung" nach § 24 Abs. 1 VO VwVG). Die materielle Rechtmäßigkeit eines Kostenbescheides nach § 77 VwVG i.V.m. § 20 VO VwVG hängt somit maßgeblich von der Rechtmäßigkeit der zugrunde liegenden Vollstreckungsmaßnahme ab. Speziell für Kostenbescheide im Anschluss an den sofortigen Vollzug einer Ersatzvornahme kann dies zu einem äußerst verschachtelten Prüfungsaufbau führen.

> **Beispiel:** Autoknacker A hat mit dem Pkw des F einen Unfall verursacht und den Unfallort verlassen. Die Polizei räumt das ausgebrannte Wrack von der Straße und zieht F per Bescheid zu den Kosten der Ersatzvornahme heran. Die materielle Rechtmäßigkeit des Kostenbescheides (vgl. Abb. 10) hängt ab von der Rechtmäßigkeit der Ersatzvornahme im sofortigen Vollzug. Die Rechtmäßigkeit der Ersatzvornahme im sofortigen Vollzug (vgl. Abb. 9) hängt wesentlich davon ab, ob die Behörde „*im Rahmen ihrer Befugnisse gehandelt hat*", also eine entsprechende (hypothetische) Grundverfügung (Beseitigung des Wracks) gegen F hätte erlassen dürfen. Dies wiederum (vgl. Abb. 6) hängt davon ab, ob F im Rahmen einer Grundverfügung als Zustandsstörer hätte in Anspruch genommen werden dürfen, was sich wiederum nach der Auslegung des § 5 Abs. 2 S. 2 PolG („*ausübt*") bestimmt (zur Lösung des Falles oben Rn. 99).

Ob die Rechtmäßigkeit der Vollstreckungsmaßnahme als Voraussetzung der kostenrechtlichen Inanspruchnahme des Vollstreckungsschuldners erneut getrennt von der Frage der Rechtmäßigkeit einer zuvor real ergangenen Grundverfügung beurteilt werden kann (allg. dazu oben Rn. 252), ist streitig. Für den Fall einer bestandskräftigen Grundverfügung ist dies zu bejahen (wie hier BVerwG, NVwZ 2009, 122). Umstritten ist dagegen die rechtliche Bewertung, soweit dem Kostenbescheid eine nicht bestandskräftige Grundverfügung zugrunde liegt. Richtigerweise dürfte einer Klage gegen den Kostenbescheid in diesem Fall eine (weitere) Klage auch gegen die noch anfechtbare Grundverfügung immanent sein, deren Erfolg dann die Rechtfertigung des Kostenbescheides entfallen ließe (lesenswert hierzu *Pietzcker*, FS W.-R. Schenke, S. 1045, 1058). Derartige Fälle dürften in der Praxis allerdings eher selten anzutreffen sein.

Einer differenzierten Bewertung bedarf ferner die kostenrechtliche Inanspruchnahme von **Anscheins- und Verdachtsstörern** (oben Rn. 107). Neben der Rechtmäßigkeit der Amtshandlung wird hier zu verlangen sein, dass die in Anspruch genommenen Personen den Anschein der Gefahr oder die den Gefahrenverdacht begründenden Umstände auch tatsächlich verursacht haben. Eine reine „ex-ante"-Betrachtung vermag hier also die Inanspruchnahme nicht mehr zu rechtfertigen. Ob hiermit im Umkehrschluss stets der kostenrechtliche Durchgriff auf den wahren Verursacher gerechtfertigt werden kann, erscheint allerdings fraglich (hierzu bereits oben Rn. 108).

> **Beispiel:** Das Fahrzeug des A wird durch die später eingeparkten Fahrzeuge des B und des C am Ausparken gehindert. Aufgrund von Zeugenaussagen geht die Polizei davon aus, dass B zuletzt eingeparkt und die Ausfahrtmöglichkeit versperrt hat, tatsächlich war es aber der C. Auch wenn hier auf der Primärebene ein polizeiliches Vorgehen gegen B als „Anscheinsstörer" gerechtfertigt ist, scheidet dessen kostenrechtliche Inanspruchnahme bei der nunmehr anzustellenden ex-post-Betrachtung aus; hieraus kann allerdings nicht gefolgert werden, dass die Kosten der Ersatzvornahme (§ 77 VwVG iVm. § 50 Abs. 2, § 52 PolG) ohne Weiteres dem C auferlegt werden könnten. Denn die durchgeführte Maßnahme (Abschleppen des Fahrzeuges des B) ersetzte selbst dann keine von C geschuldete Maßnahme, wenn man von dessen Verantwortlichkeit ausgeht. C war vielmehr zur Beseitigung des eigenen Fahrzeuges verpflichtet, nicht aber zur Beseitigung des Fahrzeuges des B (anders insoweit OVG NRW, NJW 1993, 2698).

261 Zu den tatbestandlichen Voraussetzungen eines Kostenbescheides zählen ferner die Wahl des richtigen Kostenschuldners sowie die Erstattungsfähigkeit der angesetzten Kosten. Letzteres Rechtmäßigkeitserfordernis bestimmt sich nach Maßgabe der gem. § 77 Abs. 2 VwVG erlassenen Kostenordnung. Aus dem Normtext des § 77 VwVG wird nicht ganz deutlich, ob es sich bei der kostenrechtlichen Inanspruchnahme von der *Rechtsfolgenseite* her um eine gebundene Entscheidung oder eine Ermessensentscheidung handelt. Während die Gesetzesformulierung des Abs. 1 („*werden erhoben*") eher für eine gebundene Entscheidung zu sprechen scheint, dürfte sich aus der kostenrechtlichen Verordnungsermächtigung der Abs. 2 und 4 S. 2 die Zulässigkeit verordnungsgeberisch festzulegender Ermessensspielräume ergeben. Entsprechende Spielräume gewährt die Kostenordnung namentlich durch § 24 Abs. 2 VO VwVG. Die sachlich recht eng gefasste Verordnungsbestimmung kann im Wege der *Analogie ad bonam partem* (zu Gunsten des Bürgers) auch für andere Fallgruppen besonderer Härte fruchtbar gemacht werden. Insoweit kommt § 24 Abs. 2 VO VwVG namentlich als potentielle „Einbruchstelle" für die vom Bundesverfassungsgericht in seiner *Altlasten*-Entscheidung (NJW 2000, 2573; hierzu oben Rn. 100) entwickelten eigen-

tumsrechtlichen Restriktionen der Inanspruchnahme des Zustandsverantwortlichen in Betracht. Im Ergebnis bedeutet dies, dass die Kostenentscheidung nach § 77 VwVG zumindest partiell als **Ermessensentscheidung** anzusehen ist, ein Kostenbescheid also im Einzelfall auch aufgrund eines Ermessensfehlers rechtswidrig sein kann. Soweit im Rahmen der Androhung einer Ersatzvornahme die „*voraussichtlichen Kosten*" der Maßnahme angegeben werden sollen (§ 63 Abs. 4 VwVG/§ 56 Abs. 4 PolG), wird hierdurch die spätere Einforderung tatsächlich entstandener höherer Kosten nicht gehindert. Allerdings bleibt die Behörde verpflichtet, vorhersehbare wesentliche Kostensteigerungen zeitig mitzuteilen; Verstöße gegen diese Pflicht können amtshaftungsrechtlich relevant sein (BVerwG, NJW 1984, 2591).

Die Prüfung der Rechtmäßigkeit eines Kostenbescheides folgt demnach dem in Abbildung 10 dargestellten Schema:

Abb. 10: Rechtmäßigkeit eines Kostenbescheides

Rechtmäßigkeit eines Kostenbescheides nach § 77 VwVG
I. Ermächtigungsgrundlage – Für ordnungsbehördliche Vollstreckungsmaßnahmen: § 77 VwVG i. V. m. § 20 VO VwVG – Für polizeiliche Vollstreckungsmaßnahmen: § 46 Abs. 3 bzw. § 52 Abs. 1 S. 2 PolG i. V. m. § 77 VwVG, § 20 VO VwVG
II. Formelle Rechtmäßigkeit – Zuständigkeit: § 77 VwVG – Die „Vollstreckungsbehörde" – Anhörung: § 28 Abs. 1 VwVfG (kein Fall des Abs. 2 Nr. 5) – Form: § 37 Abs. VwVfG – Begründung: § 39 VwVfG – Bekanntgabe: § 41 VwVfG

III. Materielle Rechtmäßigkeit
– Rechtmäßigkeit der zugrunde liegenden Amtshandlung
  – bei Vollstreckung im sofortigen Vollzug entsprechend Abb. 9
  – bei Vollstreckung im gestuften Verfahren entsprechend Abb. 8
– Richtiger Kostenschuldner
– Erstattungsfähigkeit der angesetzten Kosten (nach § 20 VO VwVG)
– Fälligkeit der angesetzten Kosten mit Entstehung (§ 20 Abs. 4 S. 1 VO VwVG)
– Ordnungsgemäße Ermessensausübung (Härtefallregelung § 24 Abs. 2 VO VwVG)

Eine besondere Fallkonstellation ergibt sich, wenn der Vollstreckungsschuldner die durch Leistungsbescheid eingeforderte Zahlung bereits getätigt, sein Geld aber im Nachhinein wegen der erkannten Rechtswidrigkeit der Maßnahme wieder herausverlangt. Einschlägige Anspruchsgrundlage ist hier § 77 Abs. 4 VwVG i.V.m. § 21 Abs. 1 GebührenG. Zu beachten ist hier,

§ 3. Polizei- und Ordnungsrecht NRW

dass der wirksame Kostenbescheid ungeachtet seiner möglichen Fehlerhaftigkeit Rechtsgrund für die erfolgte Vermögensverschiebung ist (§ 43 Abs. 2 VwVfG), das Geld also nur herausverlangt werden kann, wenn und soweit der Kostenbescheid zuvor bzw. gleichzeitig aufgehoben wird (unklar § 21 Abs. 2 GebG). Der Kostenschuldner muss also primär Anfechtungsklage gegen den (noch nicht bestandskräftigen) Kostenbescheid erheben, was dem Begehren regelmäßig inzident zu entnehmen ist (§ 88 VwGO). Diese Anfechtungsklage kann gem. § 113 Abs. 4 VwGO ausnahmsweise (siehe § 167 Abs. 2 VwGO) sogleich mit einer Leistungsklage auf Rückzahlung des Geldes verknüpft werden. Ist der zugrunde liegende Kostenbescheid bestandskräftig geworden, kommt eine Erstattung (und damit inzidente Rücknahme) gem. § 21 Abs. 1 2. Hs. GebG nur noch „aus Billigkeitsgründen" in Betracht.

VII. Anhang

263 **Literatur:** *Beaucamp*, Verwaltungsrechtliche Fragen rund um das Verkehrszeichen, JA 2008, 612 ff.; *Buschmann/Schiller*, Rechtsstaatliche Regelung für den polizeilichen Todesschuss in NRW, NWVBl. 2007, 249 ff.; *Fischer*, Das polizeiliche Abschleppen von Kraftfahrzeugen, JuS 2002, 446 ff.; *Götz*, Das Urteil gegen Daschner im Lichte der Werteordnung des Grundgesetzes, NJW 2005, 953 ff.; *Grabenwarter*, Androhung von Folter und faires Verfahren – Das (vorläufig) letzte Wort aus Straßburg, NJW 2010, 3128 ff.; *Horn*, Verwaltungsvollstreckung, JURA 2004, 447 ff., 597 ff.; *Jerouschek*, Gefahrenabwendungsfolter – Rechtsstaatliches Tabu oder polizeirechtlich legitimierter Zwangseinsatz, JuS 2005, 296 ff.; *Klenke*, Rechtsfragen im Zusammenhang mit ordnungsbehördlichen Reaktionen auf das verbotswidrige Abstellen von Kfz im öffentlichen Verkehrsraum, NWVBl. 1994, 288 ff.; *Muckel*, Verwaltungsvollstreckung in der Klausur, JA 2012, 272 ff., und 2013, 355 ff.; *Pietzcker*, Der „Rechtswidrigkeitszusammenhang" beim Verwaltungszwang, FS W.-R. Schenke, 2011, S. 1045 ff.; *Werner*, Grundzüge des Verwaltungszwangsverfahrens in NRW, VR 1999, 73 ff.

Klausurbearbeitung: *Beaucamp*, Kosten für die Blockade, JURA 2007, 619 ff.; *Bodanowitz*, Anscheinend falsch geparkt, JuS 1996, 911 ff.; *Burgi/Teuber*, Die Folter im Polizeirecht, NWVBl. 2004, 401 ff.; *Drüen/Krumm*, Die fordernde Selbstmordkandidatin, NWVBl. 2004, 359 ff.; *Dietlein/Jochum*, Streit um Bestattungskosten, NWVBl. 1998, 493 ff.; *Hong*, Altes und Neues zum Abschleppen und zur Bekanntgabe und Anfechtung von Verkehrszeichen, JURA 2012, 473 ff.; *Meister*, Der Pkw mit den abgefahrenen Reifen, JA 2011, 359 ff.; *Muckel*, Kein Auto nach dem Urlaub, NWVBl. 2004, 285 ff.; *Ost*, Abgeschleppt, NWVBl. 2005, Beilage zu Heft 6, 25 ff.; *Puttler*, Rentner Rüstig, JA 2001, 669 ff.; *Sasse*, Der fehlgeschlagene Abschleppschutz, NdsVBl. 2008, 329 ff.; *Seidl/Bartsch*, My Home is my castle – Polizeibesuch unerwünscht, JURA 2011, 297 ff.; *Weber*, Leipziger Ersatzvornahme, JA 2007, 627 ff.

Kontrollfragen:

1. Welche Arten von Zwangsmitteln kennt das Verwaltungsvollstreckungsrecht?
2. Welche Maßnahme verbirgt sich hinter dem Abschleppen eines Pkw?
3. Wie sind die Androhung und Festsetzung eines Zwangsmittels rechtlich einzuordnen?

4. Wodurch unterscheidet sich der sofortige Vollzug vom gestuften Verfahren?
5. Ist die Rechtmäßigkeit der Amtshandlung Voraussetzung für das Entstehen eines Kostenerstattungsanspruchs?

M. Polizeiliches Haftungsrecht

Angesichts der hohen Eingriffsintensität sowie der potentiellen Schadensträchtigkeit polizei- und ordnungsbehördlicher Gefahrenabwehrmaßnahmen stellt sich in den unterschiedlichsten Sachverhaltskonstellationen die Frage nach einem finanziellen Ausgleich der in Anspruch genommenen oder sonst wie durch einen Polizeieinsatz in ihren Rechtsgütern beeinträchtigten Personen. Zu denken ist etwa an: 264
- das Opfer eines *rechtswidrigen Einsatzes*,
- das Opfer eines *rechtswidrigen Unterlassens* der Behörden,
- den in Anspruch genommenen *(Anscheins-)Störer*, der nicht ursächlich für die (Anscheins-)Gefahr war,
- den von der Behörde in Anspruch genommenen *Nichtstörer* oder
- einen durch einen rechtmäßigen Einsatz zufällig geschädigten *Unbeteiligten*.

Zu den elementaren Grundsätzen eines **Rechtsstaates** zählt es, dass jedenfalls *Unrecht*shandlungen des Staates, soweit sie nicht von vornherein zu vermeiden oder zumindest nachträglich „umkehrbar" sind, finanziell ausgeglichen werden. Im Einzelnen erweist sich das einfachgesetzlich formulierte Schadensersatz- und Entschädigungsrecht dabei freilich als äußerst kompliziert. Versucht man die unterschiedlichen Fallkonstellationen systematisch zu differenzieren, stellt sich zum einen die Frage nach möglichen Ausgleichsansprüchen wegen **rechtswidrigen Behördenhandelns**, etwa wegen eines unverhältnismäßigen Polizeieinsatzes, zum anderen die Frage nach möglichen Ausgleichsansprüchen für eine **rechtmäßige Inanspruchnahme** des Bürgers, etwa wegen „an sich" rechtmäßiger Maßnahmen gegen einen Nichtstörer oder Anscheinsstörer.

Gemeinhin wird im juristischen Sprachgebrauch unterschieden zwischen Schadensersatz und Entschädigung. Dabei soll der Schadensersatz den Geschädigten so stellen, als wenn das Schadensereignis nie stattgefunden hätte. Die Entschädigung soll dagegen in der Regel lediglich den erlittenen Vermögensnachteil ausgleichen, während z. B. ein entgangener Gewinn zumeist unberücksichtigt bleibt. Die Entschädigung wird vom Gesetz zumeist im Rahmen der Kompensation rechtmäßiger Beeinträchtigungen vorgesehen, während die Schadensersatzpflicht regelmäßig Reaktion auf eine rechtswidrige Beeinträchtigung ist. Losgelöst von dieser Systematisierung ist freilich für die konkrete Falllösung auf die konkreten Detailregelungen abzustellen, die nicht selten ihre eigene Terminologie bilden. So spricht etwa § 39 Abs. 1 und 2 OBG sowohl mit Blick auf die rechtswidrig als auch mit Blick auf die rechtmäßig beigefügten Schäden von einem „Schadensersatz" bzw. einem „Ersatzanspruch", während die §§ 40 ff. OBG in demselben Kontext wiederum von einem „Entschädigungsanspruch" sprechen. 265

I. Schadensersatz für rechtswidrige Handlungen

266 Schadensersatzansprüche wegen rechtswidriger Handlungen der Polizei- und Ordnungsbehörden können sich auf unterschiedliche Anspruchsgrundlagen stützen. Prüfungsbedürftig ist zum einen der allgemeine und *verschuldensabhängige* „Amtshaftungsanspruch" nach § 839 BGB i. V. m. Art. 34 GG, zum anderen der spezifisch gefahrenabwehrrechtliche und *verschuldensunabhängige* Schadensersatzanspruch aus § 39 Abs. 1 lit. b OBG. Letztgenannter Anspruch wird über § 67 PolG in das Polizeigesetz rezipiert, gilt also entsprechend für rechtswidrige Maßnahmen der Polizeibehörden. Wegen ihrer unterschiedlichen inhaltlichen Ausrichtung sind beide Anspruchsgrundlagen prinzipiell parallel nebeneinander anwendbar.

1. Der Amtshaftungsanspruch des § 839 BGB i. V. m. Art. 34 GG

267 Grundnorm des allgemeinen „Amtshaftungsanspruchs" ist § 839 BGB. Dieser begründet zunächst eine rein **private Haftung** des rechtswidrig handelnden Beamten. § 839 BGB erweist sich insoweit als Relikt des monarchischen Systems der Frühzeit des BGB, als rechtswidrige Maßnahmen des Staates iS. persönlicher Verfehlungen des handelnden Beamten gedeutet werden („*the king can do no wrong*" bzw. „*rex non potest peccare*"). Zu einer wirklichen „Staatshaftung" wird die Regelung des § 839 BGB erst durch die Überleitung dieser (persönlichen) Haftung auf den Staat, wie sie Art. 34 GG anordnet (ebenso bereits Art. 131 WRV). § 839 BGB und Art. 34 GG müssen somit heute grundsätzlich zusammen gelesen werden und begründen einen Schadensersatzanspruch dann, wenn ein Beamter in Ausübung eines ihm anvertrauten öffentlichen Amtes schuldhaft, nämlich vorsätzlich oder fahrlässig, die ihm einem Dritten gegenüber obliegende Amtspflicht verletzt. Die Haftungsüberleitung stellt aus Sicht des Beamten eine **befreiende Schuldübernahme** durch den Staat dar. Zugleich ergibt sich aus der Überleitungskonstruktion des Amtshaftungsanspruches, dass dieser niemals auf die Durchführung einer (dem privaten Beamten gar nicht möglichen!) *amtlichen* Handlung, sondern stets nur auf **finanziellen Ausgleich** (Geldersatz einschließlich des Ausgleichs entgangenen Gewinns sowie eines Schmerzensgeldes) gerichtet sein kann. Jenseits des in § 253 Abs. 2 BGB normierten Schmerzensgeldes besteht nach § 839 BGB / Art. 34 GG ferner ein Anspruch auf Ersatz für immaterielle Schäden im Falle schwerer Persönlichkeitsrechtsverletzungen (LG Frankfurt, JR 2012, 36 ff.: Folterdrohung durch Polizeibeamte). Immerhin kann sich ein Anspruch auf die Beseitigung der rechtswidrigen Folgen eines Polizeieinsatzes aus dem ungeschriebenen, heute gleichwohl gewohnheitsrechtlich anerkannten sog. **„Folgenbeseitigungsanspruch"** ergeben (hierzu unten Rn. 289). Im Folgenden sollen die Grundprobleme einer Subsumtion polizeirechtlicher Fallkonstellationen unter den Amtshaftungsanspruch näher dargelegt werden.

M. Polizeiliches Haftungsrecht

a) Der haftungsrechtliche Beamtenbegriff

Unproblematisch zu bejahen ist in der Regel die Beamteneigenschaft der 268
handelnden Polizei- und Ordnungsbeamten. Dies umso mehr, als die Amtshaftung nicht an den *statusrechtlichen* Beamtenbegriff anknüpft, sondern an die *Rechtsnatur der wahrgenommenen Aufgabe*. Aufgrund dieser Deutung der Amtshaftung als echte „Funktionshaftung" unterfallen auch Angestellte des Ordnungsamtes sowie bloße „Verwaltungshelfer" (z. B. Schülerlotsen) dem sog. „**haftungsrechtlichen Beamtenbegriff**" aus § 839 BGB i. V. m. Art. 34 GG. Auf die Ausgestaltung des „Innenverhältnisses" zwischen Amtswalter und „Dienstherrn" kommt es nicht an, so dass – zumal im Bereich der Eingriffsverwaltung – auch private „Auftragnehmer" dem haftungsrechtlichen Beamtenbegriff unterfallen können, soweit sie gleichsam als „Werkzeug" zur Wahrnehmung einer öffentlichen Funktion herangezogen werden (str.).

> **Beispiel:** F ist angestellter Fahrer in einem Abschleppunternehmen. Auf Anforderung der Polizei soll F ein von der Fahrbahn abgekommenes Fahrzeug bergen. Bei der Bergung versäumt es F, das zur Bergung eingesetzte Drahtseil für den Verkehr erkennbar zu machen. Ein entgegen kommendes Fahrzeug rast in das Seil, die Fahrerin verletzt sich schwer. F handelt hier als „Werkzeug" der Polizei und damit in Ausübung eines öffentlichen Amtes (BGH, NJW 1993, 1258 f.).

Soweit sich die Amtshaftung auf Handlungen von Personen bezieht, die keine Beamten im *statusrechtlichen* Sinne sind (Angestellte, Verwaltungshelfer), wird deren persönliche Haftung, die sich aus § 823 BGB und – wie im vorliegenden Fall – ggf. kumulativ aus § 18 StVG (Verschuldenshaftung des Fahrzeugführers) ergeben kann, ebenfalls durch befreiende Schuldübernahme blockiert (BGH, aaO.). Anderes gilt immerhin für die (verschuldensunabhängige) Haftung des Kfz-Halters nach § 7 StVG, die durch § 839 BGB i. V. m. Art. 34 GG nicht berührt wird.

b) Handeln in öffentlich-rechtlicher Form

Nach h. M. ergibt sich aus dem Tatbestandsmerkmal der „Ausübung eines 269
öffentlichen Amtes", dass nur ein spezifisch *öffentlich-rechtliches* Tätigwerden einen Amtshaftungsanspruch begründen kann (str.). Für das Polizei- und Ordnungsrecht ist ein derartiges öffentlich-rechtliches Tätigwerden regelmäßig zu bejahen. Dennoch können auch hier Zweifelsfragen auftauchen, wenn ein Schadensereignis keinen zweifelsfrei dienstlichen Konnex aufweist.

> **Beispiel:** Um seine jederzeitige Einsatzbereitschaft sicherzustellen, nimmt Polizist P seine Dienstwaffe mit Billigung des Dienstherrn abends mit nach Hause. Der dreijährige Sohn des P findet die Waffe und gibt ungewollt einen Schuss ab, durch den Passant P schwer verletzt wird. Da hier gleichwohl ein enger innerer und äußerer Bezug zur öffentlich-rechtlichen Aufgabenwahrnehmung der P vorliegt, liegt ein Fall der Amtshaftung wegen Verletzung der Obhutspflichten durch P vor (so auch BGH, DVBl. 2000, 482).

An einem dienstlichen Bezug wird es dagegen regelmäßig fehlen, wenn ein Beamter reine Privatfahrten („*Schwarzfahrten*") mit dem Streifenwagen durchführt (str., vgl. BGHZ 124, 15).

c) Amtspflichtverletzung – Drittbezug – Kausalität

270 Zentrale Anspruchsvoraussetzung für einen Amtshaftungsanspruch nach § 839 BGB i. V. m. Art. 34 GG ist die Verletzung einer einem Dritten gegenüber bestehenden Amtspflicht. Hierbei reicht also nicht jegliche Dienstpflichtverletzung; vielmehr muss es gerade um solche Pflichten gehen, die dem Schutze des Geschädigten zu dienen bestimmt sind. Zu den wichtigsten *allgemeinen* Amtspflichten in diesem Sinne zählen etwa:
– die *Pflicht zur sorgfältigen Sachverhaltsermittlung*,
– die *Pflicht, unerlaubte Handlungen bzw. eine ungerechtfertigte Beschädigung privater Güter Dritter zu unterlassen*, sowie
– die *Pflicht zur fehlerfreien Ermessensausübung*.
Im Rahmen des Polizei- und Ordnungsrechtes werden rechtswidrige Maßnahmen regelmäßig auf eine Verletzung drittschützender Amtspflichten rückführbar sein. Auch das *Unterlassen eines Einschreitens* enthält die Verletzung einer drittschützenden Amtspflicht dann, wenn das Entschließungsermessen wegen einer dem Individuum drohenden Gefahr auf Null reduziert war.

> **Beispiel:** Die Ordnungsbehörde hat mehrere Anzeigen wegen gefährlicher Attacken eines von dem 20-jährigen K gehaltenen Kampfhundes erhalten, die sich sowohl gegen Tiere als auch gegen Menschen richteten. Die behördliche Reaktion beschränkte sich auf die Anordnung eines Leinenzwanges, der gleichwohl weitere Übergriffe nicht verhindern konnte. Nachdem der Hund einen kleinen Jungen schwer verletzt, verlangen die Eltern von der Behörde Schadensersatz wegen rechtswidriger Untätigkeit. Eine Amtspflichtverletzung liegt unzweifelhaft vor, da die Behörde längst ein Verbot der Hundehaltung gegen K hätte aussprechen müssen. Die Handlungspflicht bestand auch zum Schutze des verletzten Jungen (LG Köln, NVwZ 1999, 1027 f.).

Lediglich ausnahmsweise kann eine Amtspflichtverletzung trotz der Rechtswidrigkeit einer Maßnahme fehlen, dies etwa dann, wenn der Beamte (pflichtgemäß) auf Anordnung eines Weisungsberechtigten gehandelt hat (§ 59 PolG mit den Einschränkungen in Abs. 2 und 3). Allerdings wird insoweit regelmäßig eine Amtspflichtverletzung des anweisenden Vorgesetzten vorliegen. Ebenso wie im Rahmen allgemeiner Deliktsnormen ist schließlich auch im Kontext der Amtshaftung der *Kausalität einer Amtspflichtverletzung* für einen entstandenen Schaden stets besonderes Augenmerk zu widmen.

d) Verschulden

271 Die problematischste Voraussetzung des Amtshaftungsanspruches ist das Erfordernis des Verschuldens (Vorsatz oder Fahrlässigkeit). Mit diesem Kriterium knüpft die Amtshaftung an die *subjektive Vorwerfbarkeit* des Verhaltens an, die damit strikt von dem Aspekt der festgestellten Rechtswidrigkeit der Handlung zu trennen ist. Anders gewendet entfällt der Amtshaftungsanspruch also trotz festgestellter Amtspflichtverletzung, wenn und soweit dem

handelnden Beamten ein subjektives Verschulden nicht nachgewiesen werden kann bzw. ein solches nicht besteht. Insbesondere setzt ein Verschuldensvorwurf die *Schuldfähigkeit* des Amtswalters voraus (§ 827 BGB).

> **Beispiel:** In der Vorstellung, einen Einbrecher gefasst zu haben, „überwältigt" Polizist P zur Nachtzeit die arglose Witwe W, die gerade mit ihrem Hund „Gassi" geht. Nach Aufdeckung des Sachverhaltes durch einen Kollegen des P stellt sich heraus, dass P unerkannt geisteskrank und daher schuldunfähig war. Ein Amtshaftungsanspruch der W besteht nicht; allerdings begründet das als Landesrecht weiter geltende Preuß. BeamtenhaftungsG vom 1.8.1909 in derartigen Fällen eine unmittelbare Haftung des Landes (vgl. zudem Rn. 277: Anspruch nach § 39 I b OBG/§ 67 PolG).

Ein Verschulden entfällt nach h. M. auch dann, wenn eine bestimmte Rechtsauslegung und -anwendung von einem Kollegialgericht als objektiv rechtmäßig gebilligt wurden. Wird im weiteren Verlauf der gerichtlichen Überprüfung gleichwohl und letztverbindlich die Rechtswidrigkeit der Maßnahme festgestellt, kommt ein Amtshaftungsanspruch dennoch nicht zum Zuge.

e) Sonstige Beschränkungen der Amtshaftung

Zu beachten ist schließlich, dass ein Amtshaftungsanspruch entfällt, wenn 272 und soweit es der Verletzte in vorwerfbarer Weise versäumt hat, mit Rechtsbehelfen gegen die rechtswidrige Maßnahme vorzugehen (§ 839 Abs. 3 BGB). Im Regelfall der fahrlässigen Amtspflichtverletzung ist eine Amtshaftung nach § 839 Abs. 1 S. 2 BGB schließlich auch dann ausgeschlossen, wenn der Geschädigte „*auf andere Weise Ersatz zu verlangen vermag*". Letztgenanntes „**Verweisungsprivileg**" ist mit der Überleitung der privaten Beamtenhaftung auf den Staat sinnlos geworden bzw. zum reinen „Fiskusprivileg" verkommen. Gleichwohl ist von der Fortgeltung der Regelung auszugehen. Immerhin bedarf es nach h. M. einer restriktiven Auslegung. So kommt das Verweisungsprivileg aus verfassungsrechtlichen Gründen (Gleichheitssatz!) nicht zur Anwendung, soweit Polizeibeamte im Rahmen routinemäßiger Streifenfahrten am allgemeinen Straßenverkehr teilnehmen. Nehmen die Beamten auf der Unfallfahrt Sonderrechte iS. des § 35 Abs. 1, 1 a, 5, 5 a StVO in Anspruch („*Blaulicht*"), bleibt es freilich bei der Privilegierung (BGHZ 85, 225, 228; 113, 164, 167). In diesen Fällen kann namentlich die vom Schädiger durch Prämienzahlung erkaufte Kfz-Haftpflichtversicherung eine anderweitige Ersatzmöglichkeit begründen, nicht dagegen eine vom Geschädigten abgeschlossene Kasko-Versicherung. Keine anderweitige Ersatzmöglichkeit ist auch der Entschädigungsanspruch nach § 39 OBG (ggf. i.V.m. § 67 PolG); beide Ansprüche stehen vielmehr nebeneinander (§ 40 Abs. 5 OBG). Wie im Rahmen der allgemeinen deliktischen Haftung ist schließlich auch im Rahmen der Amtshaftung ein mögliches Mitverschulden bei der Schadensentstehung und -abwendung (§ 254 BGB) anspruchsmindernd zu berücksichtigen.

f) Anspruchsberechtigter

Anspruchsberechtigt ist nach der gesetzlichen Konzeption des Amtshaf- 273 tungsanspruchs jeder, der durch die Amtspflichtverletzung einen Schaden erleidet. Dies kann der „Störer" (Handlungs- oder Zustandsverantwortliche) ebenso sein wie der Nichtstörer oder ein völlig Unbeteiligter. Freilich wird beim Störer die Frage eines möglichen Mitverschuldens, aber auch die Kausalitätsfrage besonders sorgfältig zu prüfen sein.

g) Anspruchsgegner

274 Als Anspruchsgegner des Amtshaftungsanspruches benennt Art. 34 GG *„den Staat oder die Körperschaft, in deren Dienst er (scil.: der Beamte) steht"*. Probleme wirft diese Bestimmung dort auf, wo der handelnde Beamte, wie etwa der Landrat als Kreispolizeibehörde, auf Grund einer „Organleihe" für eine andere Körperschaft tätig wird als diejenige, in deren Dienst er steht.

> **Beispiel:** Im Rahmen eines überharten Einsatzes des Landrates als Kreispolizeibehörde gegen Mitglieder einer örtlichen Drogenszene sind mehrere Personen zum Teil schwer verletzt worden. Es stellt sich die Frage, ob die Haftung für die zugrunde liegende Amtspflichtverletzung (Unverhältnismäßigkeit der Maßnahme!) das Land NRW trifft, deren „Angelegenheit" die Polizei ist (§ 1 POG), oder den Kreis als „Anstellungskörperschaft" des Landrates.

Der BGH geht davon aus, dass die Haftung grundsätzlich den Kreis als Anstellungskörperschaft treffe (BGHZ 87, 202 ff.), und hat diesen Ansatz auch für die Organleihe nur bedingt modifiziert (BGHZ 161, 224, 231 f.: Steuerung über die Fachaufsicht hinaus). Diese Auffassung überzeugt nicht. Berücksichtigt man, dass der Landrat über das POG in die Weisungsstruktur des Landes NRW eingebunden ist, erscheint es wenig konsequent, eben diese Eingebundenheit bei der Frage der Einstandspflicht für rechtswidrige Amtshandlungen beiseite zu schieben und den Kreis für Fehler zu belasten, die zu verhindern außerhalb seiner Macht steht.

h) Geltendmachung des Anspruchs

275 Der Amtshaftungsanspruch ist nach Art. 34 GG notwendig vor den ordentlichen Gerichten geltend zu machen (§ 5 Rn. 8).

276 Für die Fallbearbeitung ergibt sich damit folgender Anspruchsaufbau:

Abb. 11: Der Amtshaftungsanspruch

Prüfung des Art. 34 GG i.V.m. § 839 BGB
1. Handeln in Ausübung eines anvertrauten öffentlichen Amtes – „Haftungsrechtlicher" Beamtenbegriff – Öffentlich-rechtlicher Charakter der Tätigkeit (*„hoheitliches Handeln"*)
2. Verletzung der einem Dritten gegenüber obliegenden Amtspflicht – Amtspflicht – Verletzung der Amtspflicht – Drittbezogenheit der Amtspflicht

3. Verschulden – Vorsatz („Wissen und Wollen" einschl. „billigender Inkaufnahme") oder – Fahrlässigkeit („Außerachtlassen der im Verkehr erforderlichen Sorgfalt")
4. Schaden – Vorhandensein eines Schadens – Kausalität zwischen Amtspflichtverletzung und Schaden
5. Keine anderweitige Ersatzmöglichkeit
6. Kein Versäumen von Rechtsbehelfen
7. Kein Mitverschulden
8. Anspruchsgegner (haftender Hoheitsträger)

2. Der Schadensersatzanspruch des § 39 Abs. 1 lit. b OBG

Neben dem oben dargestellten Amtshaftungsanspruch nach § 839 BGB i. V. m. Art. 34 GG formuliert § 39 Abs. 1 lit. b OBG eine weitere, parallel anwendbare Anspruchsgrundlage zum Ersatz der Schäden eines rechtswidrigen Behördeneinsatzes. Ebenso wie der Amtshaftungsananspruch ist auch der aus dieser Norm abzuleitende Anspruch vor den ordentlichen Gerichten geltend zu machen (§ 43 Abs. 1 OBG). Anspruchsverpflichteter ist gem. § 42 OBG der „Träger der ordnungsbehördlichen Kosten" (§ 45 OBG), was im polizeilichen Kontext (§ 67 PolG) zu einer Haftung des Landes als Träger der Polizei führt. Sonderbestimmungen gelten für Haftungsfragen im Rahmen von Vollzugshilfeleistungen (§ 42 Abs. 1 S. 2 und 3 OBG). Von der Amtshaftung nach § 839 BGB i. V. m. Art. 34 GG hebt sich der aus § 39 Abs. 1 lit. b OBG abzuleitende Schadensersatzanspruch vor allem dadurch ab, dass er auf das Erfordernis eines *schuldhaften* Handelns der Beamten verzichtet. Es handelt sich mithin um eine *verschuldensunabhängige Haftung* für rechtswidrige Maßnahmen der Polizei- und Ordnungsbehörden. Dieser nicht unerheblichen Erweiterung des Haftungstatbestandes stehen freilich nicht minder gewichtige Einschränkungen gegenüber. 277

a) Ausschluss von Unterlassungen

Besondere Beachtung verdient insoweit namentlich der Begriff der *„Maßnahme"*. Zwar wird er insofern „weit" interpretiert, als neben klassischen Verfügungen auch Realakte einschließlich der Lichtzeichen einer Ampelanlage (*„feindliches Grün"*) erfasst werden. 278

> **Beispiel:** Infolge eines technischen Fehlers zeigt eine von der Verkehrsbehörde als Sonderordnungsbehörde (§ 12 OBG) errichtete Ampel nach allen Seiten *„Grün"*. Die Fahrzeugführer A und B fahren daraufhin mit ihren PKWs ineinander. Die Lichtsignale stellen *„Maßnahmen"* iS. des § 39 Abs. 1 lit b OBG dar, die der Behörde zuzurechnen sind. Diese Maßnahmen waren im konkreten Fall auch rechtswidrig, so dass ein Ersatzanspruch im Ergebnis zu bejahen ist (BGH, NJW 1987, 1945).

§ 3. Polizei- und Ordnungsrecht NRW

Hinter dem Begriff der „Amtspflichten" nach § 839 BGB i. V. m. Art. 34 GG bleibt der Begriff der „Maßnahme" indes dadurch deutlich zurück, dass **bloße Unterlassungen** nicht mehr als Maßnahmen qualifiziert werden können (str.). Dies gilt auch dann, wenn aufgrund einer Ermessensreduzierung auf Null im Einzelfall eine Rechtspflicht zum polizei- oder ordnungsbehördlichen Eingreifen bestand (oben Rn. 270).

b) Haftungsausschluss

279 Besondere Bedeutung kommt schließlich den speziellen Haftungsausschlussregelungen des § 39 Abs. 2 OBG zu. Ein Haftungsausschluss greift nach Buchstabe a) zunächst dort, wo *„der Geschädigte auf andere Weise Ersatz erlangt hat"*. Die Ausschlussregelung weist deutliche Parallelen zu § 839 Abs. 1 S. 2 BGB auf. Allerdings geht sie einerseits über die amtshaftungsrechtliche Regelung insoweit hinaus, als der Ausschluss auch greift, wenn dem Beamten mehr als nur Fahrlässigkeit zur Last fällt. Andererseits bleibt sie hinter der amtshaftungsrechtlichen Ausschlussregelung insoweit zurück, als die Norm es nicht dabei bewenden lässt, dass der Geschädigte anderweitigen Ersatz *„zu erlangen vermag"*, sondern verlangt, dass er anderweitigen Ersatz (bereits) *„erlangt hat"*. Einen vergleichbaren „realen" Ansatz verfolgt auch die Ausschlussregelung des § 39 Abs. 2 lit. b OBG, die einen Ersatzanspruch ausschließt, *„wenn durch die Maßnahme die Person oder das Vermögen des Geschädigten geschützt worden ist"*. Auch hier reicht also eine entsprechende Zielsetzung allein nicht aus; vielmehr muss das Schutzziel tatsächlich erreicht worden sein. Wurden private Schutzinteressen sowie öffentliche Gefahrenabwehrziele parallel verfolgt, wird der vollständige Ausschluss jeglicher Entschädigung in der Regel unverhältnismäßig sein (OLG Dresden, SächsVBl. 2003, 173) Als ungeschriebene Ausschlussregelung ist im Hinblick auf den Schadensersatz für rechtswidrige Maßnahmen der Vorrang des primären Rechtsschutzes anzusehen. Wer es vorwerfbar versäumt, eine rechtswidrige Maßnahme mit Hilfe des gerichtlichen Rechtsschutzes abzuwehren, kann danach Schadensersatz regelmäßig nicht beanspruchen.

c) Begrenzung der Haftungsfolgen

280 Von der Rechtsfolgeseite her bleibt schließlich zu beachten, dass § 39 OBG eine Entschädigung grundsätzlich „nur für Vermögensschäden gewährt" (§ 40 Abs. 1 OBG). Ansprüche auf Ausgleich eines entgangenen Gewinns bestehen grundsätzlich nur in begrenztem Umfang, nämlich insoweit, als es um den Ausfall des *gewöhnlichen Verdienstes* oder *Nutzungsentgeltes* geht (§ 40 Abs. 1 S. 2 OBG). Auch ein Mitverschulden des Betroffenen ist haftungsmindernd zu berücksichtigen (§ 40 Abs. 4 OBG; hierzu OLG Köln, NJW-RR 1996, 860). Ein Schmerzensgeld kann nicht beansprucht werden. Immerhin bleiben weitergehende Ansprüche aufgrund einer Amtspflichtverletzung gem. § 40 Abs. 5 OBG unberührt.

d) Der Begriff der Rechtswidrigkeit: Handlungs- oder Erfolgsunrecht?
Umstritten ist, ob der Tatbestand des § 39 Abs. 1 lit. b OBG auch dort erfüllt ist, wo eine „an sich" rechtmäßige Maßnahme einen gesetzlich nicht legitimierten Verletzungserfolg zeitigt. 281

> **Beispiel:** Bankräuber R kündigt an, in wenigen Sekunden die erste Geisel zu erschießen. Daraufhin wird er durch den Polizeibeamten P mit einem „finalen Rettungsschuss" getötet. Die Projektilreste beschädigen den neu gestalteten Schalterraum der Bank B sowie ein im Hinterhof der Bank abgestelltes Fahrzeug des Anwohners A. A und B verlangen daraufhin finanziellen Ausgleich vom Land NRW.

Nach überwiegend vertretener Auffassung soll es für die „Rechtswidrigkeit der Maßnahme" iS. des § 39 Abs. 1 lit. b OBG nicht auf eine Rechtswidrigkeit der Handlung ankommen (sog. **Handlungsunrecht**), sondern allein auf die Rechtswidrigkeit des Erfolges (Lehre vom **Erfolgsunrecht**). Auch soweit also die Schussabgabe durch einen Polizeibeamten zur Beendigung einer Geiselnahme rechtmäßig war, wären anderweitige Verletzungserfolge als rechtswidrig iS. der Norm anzusehen und grundsätzlich ausgleichspflichtig. Diese Normauslegung erscheint freilich zweifelhaft und vom Wortlaut der Bestimmung kaum mehr gedeckt. Auch eine analoge Normanwendung (so etwa *Papier*, DVBl. 1975, 567, 572 f.) erscheint wegen der Unvergleichbarkeit der Sachverhalte fragwürdig. Zu befürworten ist dagegen eine analoge Anwendung der für die Inanspruchnahme eines Nichtstörers geltenden Sonderregelung des § 39 Abs. 1 lit. a OBG. Auch hierbei muss freilich die Ausschlussregelung des § 39 Abs. 2 OBG Anwendung finden.

> In vorliegendem **Ausgangsfall** kann daher zwar der (unbeteiligte) Anwohner A, nicht aber die Bank B Entschädigung beanspruchen. So wurde durch den Polizeieinsatz nicht nur das Leben der Geiseln, sondern auch das Vermögen der Bank B vor dem Zugriff des Bankräubers (tatsächlich) geschützt.

e) Haftung für legislatives Unrecht? 281a
Zweifelhaft erscheint, ob § 39 Abs. 1 lit. b OBG auch solche Maßnahmen entschädigen soll, deren Rechtswidrigkeit auf sog. „normativem Unrecht" beruhen.

> **Beispiel:** Im Jahre 2004 verfügte die Ordnungsbehörde der kreisfreien Stadt S die Schließung eines privaten Wettbüros des P. Sie macht geltend, dass der Betrieb gegen das SportwettenG NRW und damit gegen § 284 StGB verstoße. Im März 2006 stellt das BVerfG die Unvereinbarkeit des SportwettenG mit dem Grundgesetz fest. P verlangt Schadensersatz (Fall nach VG Köln, ZfWG 2012, 70).

Zwar bietet der Gesetzeswortlaut prima facie wenig Ansatzpunkte für eine inhaltliche Beschränkung. Gegen die Erstreckung des § 39 Abs. 1 lit. b OBG auf Fälle des legislativen Unrechts spricht indes, dass die Norm eine Positivierung des sog. *„enteignungsgleichen Eingriffs"* darstellt, für den ein ent-

§ 3. Polizei- und Ordnungsrecht NRW

sprechender Haftungsausschluss allgemein anerkannt ist (vgl. nur BGHZ 100, 136). Eine Haftung der örtlichen Ordnungsbehörde erschiene auch insoweit problematisch, als die Behörde grundgesetzwidrige Normen nicht aus eigener Macht unangewendet lassen darf (Art. 100 Abs. 1 GG) und insoweit als Kommune in die Haftung für Handlungen des Landes treten müsste. Losgelöst von zusätzlichen Kausalitätsproblemen sprechen daher die besseren Gründe für eine Ausklammerung „legislativen Unrechts" (so zuletzt explizit OLG Köln, BeckRS 2012, 10395).

282 Für die Fallbearbeitung ergibt sich damit folgender Anspruchsaufbau:

Abb. 12: Der Ausgleichsanspruch nach § 39 Abs. 1 lit. b OBG

Der Ausgleichsanspruch nach § 39 Abs. 1 lit. b OBG/§ 67 PolG
1. Maßnahme der Polizei- oder Ordnungsbehörde – „Weiter" Maßnahmenbegriff – Grundsätzlich keine Sanktionierung von Unterlassungen
2. Rechtswidrigkeit der Maßnahme – Maßgeblichkeit des sog. Handlungsunrechts (str.) – Verschulden nicht erforderlich
3. Schaden – Vorhandensein eines Schadens – Kausalität zwischen rechtswidriger Maßnahme und Schaden
4. Kein anderweitiger Ersatz
5. Kein Mitverschulden
6. Kein tatsächlicher Schutzerfolg durch die Maßnahme
7. Anspruchsgegner / Entschädigungspflichtiger

II. Entschädigung für rechtmäßige Beeinträchtigungen

283 Diffiziler stellt sich die Rechtslage hinsichtlich eines möglichen Ausgleichs der Schäden durch *rechtmäßiges* Polizeihandeln dar. So kennt das Staatshaftungsrecht in dieser Hinsicht zahlreiche ungeschriebene Haftungstatbestände wie namentlich den sog. *„Aufopferungsanspruch"* für immaterielle Schäden oder den Anspruch aus *„enteignendem Eingriff"* für Schäden am Privateigentum. Diese nicht kodifizierten Haftungsnormen werden für das nordrhein-westfälische Polizei- und Ordnungsrecht weitgehend durch den *„besonderen Aufopferungsanspruch"* aus § 39 Abs. 1 lit. a OBG in das geschriebene Recht überführt und verlieren damit in diesem Kontext ihre Prüfungsrelevanz.

1. Inanspruchnahme nach § 19 OBG

Maßgebliche Voraussetzung des Entschädigungsanspruches aus § 39 Abs. 1 lit. a OBG ist die Inanspruchnahme des Geschädigten als Nichtstörer im polizeilichen Notstand (§ 19 OBG). Erfasst ist nach dem eindeutigen Gesetzeswortlaut nur die *rechtmäßige* Inanspruchnahme nach § 19 OBG, während ein *rechtswidriger* Zugriff über die alternative Anspruchsgrundlage des Buchstaben b) zu entschädigen ist. Kein Entschädigungsanspruch steht damit namentlich dem rechtmäßig in Anspruch genommenen Störer zu, wenn und soweit ein Ausgleich nicht ausnahmsweise sondergesetzlich vorgesehen ist (z. B. § 66 Nr. 1 TierseuchenG). Die saubere Abgrenzung von „Störer" und „Nichtstörer" erweist sich hier also erneut als von grundlegender Bedeutung (oben Rn. 104).

284

Keine Anwendung findet § 39 Abs. 1 lit. a OBG richtigerweise auf **freiwillige Helfer** der Polizei- und Ordnungsbehörden. Auch die teilweise vorgeschlagene analoge Anwendung der Norm erscheint insoweit problematisch, zumal die betreffenden Fallkonstellationen regelmäßig von den sozialversicherungsrechtlichen Solidarregelungen (§ 5 Abs. 1 SGB I i. V. m. § 2 Abs. 1 Nr. 13 SGB VII) erfasst sein werden. Von § 39 Abs. 1 lit. a OBG ebenfalls nicht unmittelbar erfasst sind die als Folge eines rechtmäßigen Einsatzes an Rechtsgütern **unbeteiligter Dritter** verursachten Schäden. Bedeutung gewinnt diese Fallgruppe namentlich durch den Umstand, dass Schäden, die einem Unbeteiligten als unvermeidliche Folge eines gezielten Zugriffs auf Verantwortliche entstehen, nach Wortlaut und Systematik des Gesetzes gleichwohl keine inzidente Inanspruchnahme des Unbeteiligten als „Nichtverantwortlichen" enthalten (eingehend oben Rn. 104; str.).

285

> **Beispiel:** Dieb D flüchtet mit dem PKW des P und einer Geisel. Die Polizei drängt das Fahrzeug in den Graben und befreit die Geisel. Polizeirechtlich stellt sich die Maßnahme als unmittelbarer Zwang gegen D dar, nicht aber als (kumulative) Inanspruchnahme des P (oben Rn. 104; zur Frage eines Regresses bei Schäden am Polizeifahrzeug s. unten Rn. 293 a).

Die unübersehbare sachliche Nähe der betreffenden Fallkonstellationen zu der klassischen Inanspruchnahme eines Nichtstörers nach § 19 OBG lässt es gleichwohl sachgerecht erscheinen, die *faktische* Inanspruchnahme eines Unbeteiligten im Wege einer analogen Anwendung des § 39 Abs. 1 lit. a OBG zu entschädigen (a. A. im strafprozessualen Kontext aber LG Magdeburg, BeckRS 2011, 22439: Kein Ersatz für Fahrzeugschäden durch einen erfolglos eingesetzten Drogenhund; anders für Schäden bei Wohnungsdurchsuchung wiederum BGH, Urt. vom 14.3.2013, III ZR 253/12). Eine analoge Normanwendung erscheint schließlich auch dort angezeigt, wo sich eine *ex ante* angenommene Verantwortlichkeit der in Anspruch genommenen Person ex post als unzutreffend herausstellt (**Anscheinsstörer**) und die betroffene Person den Anschein ihrer Gefahrenursächlichkeit nicht zu vertreten hat (zu dieser Konstellation oben Rn. 107; für einen Folgenbeseitigungsanspruch – Rn. 289 – des Anspruchsstörers *Schoch*, JURA 2012, 685, 687).

> **Beispiel:** Um seinem Nebenbuhler, dem Geiger G, eine „Abrechnung" zu verpassen, kündigt A der Polizei in absolut glaubhafter Weise einen unmittelbar bevorstehenden Anschlag durch einen „Terroristen mit Geigenkasten" an. Aufgrund der präzisen Ortsbeschreibung und Zeitangabe kann G „überwältigt" werden, wobei sein Geigenkasten zu Bruch geht. G ist – soweit man ihn nicht bereits als „Nichtstörer" im technischen Sinne einstuft – in analoger Anwendung des § 39 Abs. 1 lit a OBG i.V.m. § 67 PolG zu entschädigen (zur Frage eines Regresses bei A s. unten Rn. 293).

2. Ausschlussgründe

286 Ebenso wie in Bezug auf rechtswidrige Maßnahmen nach Buchstabe b) entfällt ein Entschädigungsanspruch bei der rechtmäßigen Inanspruchnahme als Nichtsstörer dann, wenn *„der Geschädigte auf andere Weise Ersatz erlangt hat"* oder *„durch die Maßnahme die Person oder das Vermögen des Geschädigten geschützt worden ist"* (§ 39 Abs. 2 OBG). Auch hier reicht eine entsprechende Zielsetzung allein nicht aus; vielmehr muss das Schutzziel tatsächlich erreicht worden sein.

> **Beispiel:** Nach einer ernst zu nehmenden Bombendrohung räumt die Polizei die Diskothek des D. Da zahlreiche Gäste nach der polizeilichen Entwarnung gleichwohl nicht in die Disko zurückkehren, bleibt D auf den offenen Rechnungen „sitzen". Der Haftungsanspruch aus § 39 Abs. 1 lit. a OBG ist *„dem Grunde nach"* gegeben. Insbesondere ist eine hinreichende Kausalität von Maßnahme und Schaden zu bejahen und eine „Zustandsverantwortlichkeit" des D zu verneinen. Der Ausschlussgrund des Abs. 2 lit. b) greift nicht ein, da D angesichts des *„Fehlalarms"* tatsächlich nicht geschützt worden ist (OLG Stuttgart, NJW 1992, 1396).

3. Haftungsumfang

287 Hinsichtlich des Haftungsumfanges gelten dieselben Regelungen wie bei dem Haftungsanspruch aus § 39 Abs. 1 lit. b OBG. Neben den unmittelbaren Vermögensschäden kann danach auch der entgangene Gewinn geltend gemacht werden, soweit er nicht über den Ausfall des gewöhnlichen Verdienstes oder Nutzungsentgeltes hinausgeht.

> **Beispiel:** Nach Exmittierung des in eine Wohnung des W eingewiesenen Obdachlosen O kann W von der Ordnungsbehörde Ersatz in Höhe des entgangenen Mietzinses sowie der Mietnebenkosten, aber auch Erstattung der Reinigungskosten sowie Ersatz der von O in der Wohnung angerichteten Schäden verlangen (BGHZ 131, 163, str.).

288 Für die Fallbearbeitung ergibt sich damit folgender Anspruchsaufbau:

M. Polizeiliches Haftungsrecht 445

Abb. 13: Der Ausgleichsanspruch nach § 39 Abs. 1 lit. a OBG

Der Ausgleichsanspruch nach § 39 Abs. 1 lit. a OBG/§ 67 PolG
1. Maßnahme der Polizei- oder Ordnungsbehörde – „Weiter" Maßnahmenbegriff – Grundsätzlich keine Sanktionierung von Unterlassungen
2. Inanspruchnahme nach § 19 OBG – Rechtmäßigkeit der Inanspruchnahme – Analoge Normanwendung auf die „faktische" (rechtmäßige) Inanspruchnahme Unbeteiligter – Analoge Normanwendung auf die Inanspruchnahme des nicht ursächlich gewordenen „Anscheinsstörers"
3. Schaden – Vorhandensein eines Schadens – Kausalität zwischen Maßnahme und Schaden
4. Kein anderweitiger Ersatz
5. Kein Mitverschulden
6. Kein tatsächlicher Schutzerfolg durch die Maßnahme
7. Anspruchsgegner / Entschädigungspflichtiger

III. Der Folgenbeseitigungsanspruch

Eine letzte, höchst prüfungsrelevante Anspruchsgrundlage im polizeilichen Haftungssystem bildet schließlich der als Figur des allgemeinen Verwaltungsrechts entwickelte und bekannte (ungeschriebene) Folgenbeseitigungsanspruch. Er findet Anwendung, soweit spezialgesetzliche Regelungsgrundlagen fehlen. Der Folgenbeseitigungsanspruch findet seine dogmatische Grundlage letztlich im Rechtsstaatsprinzip und in den Grundrechten (str.). Der Folgenbeseitigungsanspruch zielt auf die Beseitigung der rechtswidrigen Folgen eines (rechtmäßigen oder rechtswidrigen) Hoheitshandelns und damit gleichsam auf einen Ausgleich „*in natura*". Da es allein auf die **Rechtswidrigkeit der Folgen** einer Maßnahme ankommt, bleibt deren eigene Rechtmäßigkeit oder Rechtswidrigkeit ohne Bedeutung. Zu beachten bleibt allerdings, dass eine Folgenbeseitigung nicht in Betracht kommt, solange der rechtswidrige Zustand durch einen wirksamen Verwaltungsakt „legalisiert" wird (§ 43 Abs. 2 VwVfG). Insoweit bedarf es also zunächst einer Aufhebung oder Erledigung des betreffenden Verwaltungsakts.

289

Beispiel: Die Ordnungsbehörde hat den Obdachlosen O mit Ordnungsverfügung in eine leer stehende Wohnung des W eingewiesen, obgleich die Voraussetzungen des ordnungsbehördlichen Notstandes (§ 19 OBG) nicht vorlagen. Ein Folgenbeseitigungsanspruch scheitert, solange die Grundverfügung Verbindlichkeit beansprucht.

Da der Folgenbeseitigungsanspruch allein auf die rechtswidrigen Folgen einer Maßnahme abstellt, müssen diese freilich der Behörde zurechenbar sein; dies gilt namentlich dort, wo das Behördenhandeln selbst rechtmäßig erfolgte.

> **Beispiel:** Die Ordnungsbehörde hat den Obdachlosen O rechtmäßig in eine leer stehende Wohnung des Vermieters V eingewiesen. Nach Ablauf der Einweisungsdauer räumt O die Wohnung nicht. Obwohl die ursprüngliche Einweisung eine rechtmäßige Inanspruchnahme des V als Nichtstörer darstellte, ist der nunmehr bestehende rechtswidrige Zustand der Behörde zuzurechnen und ein Folgenbeseitigungsanspruch zu bejahen.

290 Soweit die Wiederherstellung des rechtmäßigen Zustandes zudem ein staatliches Eingriffshandeln gegen Dritte erforderlich macht, muss die Behörde hierzu gesetzlich berechtigt sein. So genügt der Folgenbeseitigungsanspruch als „ungeschriebene", gewohnheitsrechtlich anerkannte Rechtsfigur nicht den eingriffsrechtlichen Voraussetzungen des „Vorbehalts des Gesetzes". Allerdings wird sich die polizei- und ordnungsbehördliche Beseitigung rechtswidriger Zustände regelmäßig auf die polizei- und ordnungsrechtlichen Eingriffsermächtigungen stützen lassen, die somit „inzident" zu prüfen sind.

> **Beispiel:** Die Exmittierung des O aus der Wohnung des W stellt einen staatlichen Eingriffsakt dar, den die Behörde nur auf der Grundlage einer formalgesetzlichen Ermächtigung durchführen darf. Eine entsprechende Ermächtigung findet sich hier in § 14 OBG i.V.m. § 62a VwVG (Zwangsräumung).

291 Da sich der Folgenbeseitigungsanspruch auf die Wiederherstellung eines rechtmäßigen Zustandes richtet, findet er seine Grenze dort, wo die Wiederherstellung des früheren Zustandes für die Behörde unmöglich oder unzumutbar ist. Die Verwaltungsgerichte stellen insoweit freilich zu Recht sehr strenge Anforderungen. Neuere Ansätze gehen zudem dahin, den Folgenbeseitigungsanspruch im Falle wirtschaftlicher Unzumutbarkeit in einen Folgenentschädigungsanspruch umschlagen zu lassen. Nur mit teleologischen Erwägungen begründbar bleibt allerdings die vorherrschende Auslegung, derzufolge auch die behördliche Exmittierung eines bereits vor der Zwangsräumung in die *eigene* Wohnung eingewiesenen Mieters (sog. „*Wiedereinweisung*") einen Akt der „Folgenbeseitigung" darstellen soll (ablehnend aber OLG Köln, NJW 1994, 1012). Für die Durchsetzung des Folgenbeseitigungsanspruchs steht der Verwaltungsrechtsweg offen.

292 Für die Fallbearbeitung ergibt sich folgender Anspruchsaufbau:

Abb. 14: Der Folgenbeseitigungsanspruch (FBA)

Der Folgenbeseitigungsanspruch (FBA)
1. **Rechtsgrundlage** Grundrechte/Gewohnheits- bzw. Richterrecht
2. **Rechtswidrige Folgen hoheitlichen Handelns** – hoheitliches Handeln (auch bei Einschaltung privater Unternehmer) – Fortdauernde und zurechenbare Folgen – Rechtswidrigkeit der Folgen (keine „Legitimation" durch wirksamen VA)
3. **Verletzung eines subjektiven Rechts durch die rechtswidrigen Folgen** – Abzustellen ist auf die Folgen, nicht auf das ursprüngliche Handeln (str.) – Wiederherstellunganspruch nur soweit zur Behebung der Rechtsverletzung notwendig
4. **Rechtliche Zulässigkeit einer Wiederherstellung des rechtmäßigen Zustandes** – FBA kein Eingriffstitel iS. des Vorbehalts des Gesetzes – Eingriffsermächtigung aus dem Polizei- und Ordnungsrecht (durchprüfen!)
5. **Tatsächliche Möglichkeit und Zumutbarkeit einer Wiederherstellung**
6. **Mitverschulden (analog § 254 BGB)**

IV. Der Regress (§ 42 Abs. 2 OBG)

Das polizei- und ordnungsrechtliche Haftungssystem kennt nicht nur Ansprüche des Bürgers gegen die Verwaltung, sondern auch Haftungsansprüche der Verwaltung gegen den Bürger. So kann die Ordnungsbehörde bzw. die Polizeibehörde gemäß § 42 Abs. 2 OBG (ggf. i.V.m. § 67 PolG) in entsprechender Anwendung der Vorschriften des Bürgerlichen Gesetzbuches über die Geschäftsführung ohne Auftrag (GoA) den Ersatz ihrer Aufwendungen *„von den nach §§ 17 und 18 ordnungspflichtigen Personen"* verlangen, wenn sie selbst gem. § 39 Abs. 1 lit. a OBG zu einer Entschädigungszahlung verpflichtet ist. Die gerichtliche Streitentscheidung über Fragen des Regresses obliegt nach § 43 Abs. 2 OBG den Verwaltungsgerichten. Zu beachten ist, dass es sich bei der Regressregelung des § 42 Abs. 2 OBG um eine Eingriffsnorm iS. des Vorbehalts des Gesetzes handelt, die einer Erweiterung durch Analogieschlüsse oder Rechtsfortbildungen nicht zugänglich ist (oben Rn. 41). Insbesondere kann die Tatbestandsvoraussetzung einer Entschädigungspflicht **nach § 39 Abs. 1 lit. a OBG** nicht im Wege der Rechtsfortbildung *praeter legem* auf die (vergleichbaren) Fälle der Entschädigung Unbeteiligter bzw. nicht ursächlich gewordener „Anscheinsstörer" **analog § 39 Abs. 1 lit. a OBG** erweitert werden (str.). Was im Rahmen der Anwendung des § 39 OBG zu Gunsten des Bürgers möglich ist, verbietet sich bei der Anwendung von Eingriffsnormen zu Lasten des Bürgers!

293

> **Beispiel:** Der jugendliche Ausreißer A hält sich ohne Wissen des urlaubsbedingt abwesenden H in dessen Haus auf. Nachdem A aufgespürt worden ist und die Haustüre nicht freiwillig öffnet, bricht die Polizei die Türe ein. Hauseigentümer H verlangt Entschädigung für die zerschlagene Tür. Nach h.M. handelt es sich um eine Zwangsmaßnahme allein gegen A. H kann als faktisch belasteter „Unbeteiligter" analog § 39 Abs. 1 lit. a OBG Entschädigung verlangen. Der Regress gegen A scheitert indes, da die Behörde nicht „nach § 39 Abs. 1 lit. a", sondern lediglich „analog § 39 Abs. 1 lit. a" zur Entschädigung verpflichtet ist (str.).

Ein paralleles Problem ergibt sich, wenn die in Regress genommene Person zwar die Ursache für eine staatliche Entschädigungspflicht gesetzt hat, aus der *ex-ante*-Perspektive aber nicht Störer iS. der §§ 17 und 18 OBG gewesen ist. Ein kostenrechtlicher Perspektivwechsel hin zu einer ex-post-Bestimmung der tatsächlichen Verantwortlichkeit für die Durchführung eines (vergeblichen) Polizeieinsatzes kann nach hiesiger Auffassung nicht überzeugen.

> **Beispiel:** Mieter M ist für eine Übernachtung außer Haus. Zum Schutz vor Einbrechern hat M eine Zeitschaltuhr aktiviert, an der u. a. das Fernsehgerät angeschlossen ist. Als das Gerät um 24 h automatisch eingeschaltet wird, gellen die Hilferufe des gerade laufenden Horrorfilms durch die Flure des Mietshauses. Die von einem Nachbarn des M herbeigerufenen Polizeibeamten brechen in größter Eile die Wohnungstüre des M auf und stehen alsbald vor dem Fernsehgerät. Die Polizei ist dem Hauseigentümer gegenüber analog § 39 Abs. 1 lit a OGB/§ 67 PolG zur Entschädigung verpflichtet. Der Regress scheitert indes an dem Umstand, dass M nach der für die Auslegung der §§ 17 und 18 OBG bzw. §§ 4 und 5 PolG maßgeblichen *ex-ante*-Betrachtung nicht „Störer", sondern „Opfer" der Anscheinsgefahr war, die betreffende Maßnahme also gar nicht gegen ihn gerichtet war (a.A. VG Berlin, NJW 1991, 2854).

Hier ist es Sache des Gesetzgebers, die erforderlichen Rechtsgrundlagen für einen Regress zu schaffen. Vor diesem Hintergrund erweist sich die derzeitige Regelungssystematik der §§ 39 und 42 Abs. 2 OBG als wenig konsistent.

293a Was die Frage möglicher Regressansprüche zwischen unterschiedlichen Verwaltungsträgern angeht, gilt der Grundsatz, dass der Träger einer jeden Behörde die Kosten der von dieser Behörde eingeleiteten und durchgeführten Maßnahme im Verhältnis zu anderen Behörden zu tragen hat (vgl. OVG NRW, NVWBl. 2007, 437 ff.: kein GoA-Anspruch für Feuerwehreinsatz). Der Vollständigkeit halber zu erwähnen sind schließlich Regressmöglichkeiten aufgrund zivilrechtlicher Anspruchsnormen, insbesondere im Rahmen der sog. **Herausforderungsfälle.** So kann die Polizei nach **§ 823 Abs. 1 BGB** sowie § 7 StVG Schäden an Einsatzfahrzeugen auch dann ersetzt verlangen, wenn diese im Rahmen eines Verfolgungseinsatzes von den Beamten selbst herbeigeführt wurden, um eine flüchtige Person zu stellen (Abdrängen des Fluchtfahrzeugs). Voraussetzung bleibt allerdings, dass der Schaden auf der gesteigerten Gefahrenlage beruht und die Risiken der Verfolgung nicht außer

Verhältnis zu deren Zweck standen (BGH, NJW 2012, 1951). Ferner ist auf die Regelung des § 40 Abs. 3 OBG hinzuweisen, der Entschädigungsleistungen nach § 39 Abs. 1 lit. a OBG von der Abtretung etwaiger zivilrechtlicher Ansprüche abhängig macht, die dem Entschädigten gegen Dritte zustehen.

V. Anhang

Literatur: *Hoeft,* Die Entschädigungsansprüche des Störers im allgemeinen Polizei- und Ordnungsrecht, 1995; *Kasten,* Die Haftung der Ordnungsbehörden, JuS 1986, 450 ff.; *Treffer,* Staatshaftung im Polizeirecht, 1993; *Schmitt-Kammler,* Der Aufopferungsgedanke, JuS 1995, 473 ff.; *Schoch,* Entschädigung bei Inanspruchnahme wegen Verdachts- oder Anscheinsgefahr – BGHZ 117, 303, JuS 1993, 724 ff.

Klausurbearbeitung: *Sachs/Blasche,* Das Bild des Feindes, NWVBl. 2005, 78 ff.; *Siekmann,* Bilder einer Ausstellung, NWVBl. 2001, 115 ff.; *Volkmann,* Die verzögerte Räumung, JuS 2001, 888 ff.; *Wernsmann,* Ein aufwendiger Polizeieinsatz, JuS 2003, 582 ff.

Kontrollfragen:

1. Welche Anspruchsgrundlagen sind bei einem Schadensersatzanspruch wegen rechtswidriger Handlungen der Polizei- und Ordnungsbehörden zu prüfen?
2. Kann das Unterlassen eines Einschreitens die Verletzung einer drittschützenden Amtspflicht darstellen?
3. Welche Anspruchsgrundlagen sind bei einer Entschädigung wegen rechtmäßiger Beeinträchtigungen zu erörtern?
4. In welchen Fällen erfolgt eine analoge Anwendung des § 39 Abs. 1 lit. a OBG?
5. Welcher Anspruch dient der Beseitigung der rechtswidrigen Folgen eines (rechtmäßigen oder rechtswidrigen) Hoheitshandelns?
6. Kennt das polizei- und ordnungsrechtliche Haftungssystem auch Haftungsansprüche der Verwaltung gegen den Bürger?

N. Versammlungsrechtliche Bezüge des Polizeirechts

Zu den Aufgaben, die der Polizei – hier speziell den Kreispolizeibehörden – *„durch andere Rechtsvorschriften"* übertragen sind (§ 1 Abs. 4 PolG/§ 10 POG), zählt die Wahrnehmung der Aufgaben nach dem Versammlungsgesetz (hierzu auch die *Verordnung über die Zuständigkeiten nach dem Versammlungsgesetz* vom 2.2.1987, GVBl. NRW S. 62). Das Versammlungsgesetz wurde auf der Grundlage des früheren Art. 74 Abs. 1 Nr. 3 GG als Bundesgesetz erlassen. Von der seit der Änderung des Art. 74 GG nunmehr dem Land zustehenden Gesetzgebungskompetenz hat NRW, anders als der Freistaat Bayern, Niedersachsen, Sachsen und Sachsen-Anhalt, bislang keinen Gebrauch gemacht, so dass die bundesrechtlichen Regeln fortgelten (Art. 125a GG). Das VersG ist gedacht als *„ein in sich geschlossenes und abschließendes Regelwerk, mit dem sichergestellt wird, dass die zur Wahrung der öffentlichen Sicherheit oder Ordnung bei der Durchführung der Versammlung oder des Aufzuges notwendigen Maßnahmen getroffen wer-*

den können" (BVerwG, NJW 1989, 2411). Aus dem abschließenden Charakter des Versammlungsrechts als „spezialisiertem Gefahrenabwehrrecht" folgt im Umkehrschluss, dass **versammlungsbezogene Eingriffe** allein auf der Grundlage des Versammlungsgesetzes, nicht dagegen auf der Grundlage des allgemeinen Polizeirechts zulässig sind (zuletzt BVerfG [K], NVwZ 2005, 80 f.). Man spricht insoweit zumeist von der sog. **Polizeifestigkeit der Versammlungsfreiheit,** womit nichts anderes zum Ausdruck gebracht wird als der Vorrang des speziellen Bundesgesetzes vor dem „allgemeinen" (Polizei-) Gesetz. Der spezielle Schutz öffentlicher Versammlungen findet seine Rechtfertigung in der grundlegenden Bedeutung der Versammlungsfreiheit für ein freiheitlich-demokratisches Gemeinwesen, weshalb entsprechende Freiheitsausübungen einem *privilegierenden Sonderrecht* unterstellt werden. Besonders deutlich wird dieser hohe Rang in der grundrechtlichen Sicherung der Versammlungsfreiheit durch Art. 8 GG, wobei freilich das Versammlungsgesetz nicht im Sinne eines bloßen „Ausführungsgesetzes" zu Art. 8 GG missverstanden werden darf.

So betrifft etwa das VersG nicht jedwede Versammlung, sondern allein *öffentliche* Versammlungen und Aufzüge. Ferner wird die Versammlungsfreiheit in § 1 VersG *jedermann* gewährt, während das Versammlungsgrundrecht des Art. 8 GG ein sog. *„Deutschen*-Grundrecht" ist, Ausländer sich also lediglich auf Art. 2 Abs. 1 GG berufen können. Schließlich ist die *„Friedlichkeit"* der Versammlung gem. Art. 8 GG tatbestandliche Voraussetzung für die Anwendbarkeit des Versammlungsgrundrechtes, nicht aber für die Anwendung des Versammlungsgesetzes, das gerade auch die Frage des Vorgehens gegen unfriedliche (z.B. gewalttätige) öffentliche Versammlungen regelt.

Immerhin aber erfordert die Auslegung und Anwendung des Versammlungsgesetzes einen steten „Durchblick" auf die grundrechtliche Ebene, was nicht selten zu verfassungsorientierten Fortentwicklungen („Kooperationspflicht der Behörden", BVerfGE 69, 315, 356), aber auch zu verfassungskonformen Auslegungen der einfachrechtlichen Normen des Versammlungsgesetzes nötigt (unten Rn. 299 ff.).

I. Begriff der „öffentlichen Versammlung"

296 Über das Verständnis und die Auslegung des einfachgesetzlichen Versammlungsbegriffes konnte bislang Konsens nicht erzielt werden. Gestritten wird zwischen einem „engen", „erweiterten" und „weiten" Begriffsverständnis (hierzu *Wiefelspütz*, NJW 2002, 274 ff.). Vertreter des „engen" Versammlungsbegriffes sehen eine Versammlung nur dort für gegeben an, wo es um kollektive Meinungskundgaben geht, die Gegenstände oder Themen der öffentlichen Meinungsbildung sind. Die Vertreter des weiten Versammlungsbegriffes wollen demgegenüber auf das Erfordernis einer kollektiven Meinungskundgabe ganz verzichten. Richtig dürfte sein, den Versammlungsbegriff entsprechend dem „erweiterten Verständnis" auf solche Zusammenkünfte zu beschränken, die durch eine gemeinschaftliche, auf Kommunikation angelegte Entfaltung (**kollektive Meinungskundgabe**) mehrerer Personen gekennzeichnet sind. Dabei kommen auch *„nonverbale"*

N. Versammlungsrechtliche Bezüge des Polizeirechts

Ausdrucksformen wie Mahnwachen oder Sitzstreiks in Betracht. Selbst Konzertveranstaltungen können in Anbetracht der „Typenfreiheit" des Versammlungsrechts öffentliche Versammlungen darstellen, wenn es in der Gesamtschau nicht vorrangig um Musikkonsum und Unterhaltung, sondern z. B. um die Rekrutierung neuer bzw. die „ideologische Festigung" vorhandener Anhänger bestimmter gesellschaftlicher oder politischer Gruppierungen geht (VGH BW, VBlBW 2010, 468: Skinheadkonzert). Umgekehrt stellen bloße *Ansammlungen* von Personen, z. B. „Gaffer" an einem Unfallort, aber auch bloße *„Events"*, also etwa Massenpartys oder Volksfeste, keine öffentlichen Versammlungen iS. des Versammlungsrechts dar (zur Sicherheit bei Volksfesten *Ley*, NWVBl. 2012, 169). Nach Auffassung der Rechtsprechung bleiben selbst „beiläufige" kollektive Meinungskundgaben unbeachtlich, solange das Schwergewicht der Veranstaltung auf dem Aspekt der „Massenbelustigung" liegt. Die Vereinbarkeit dieser Gesetzesauslegung mit dem Grundrecht der Versammlungsfreiheit ist vom Bundesverfassungsgericht explizit bestätigt worden:

> **Beispiel:** Mit ihrer *„Fuckparade"* wenden sich die Veranstalter des Events gegen die kommerzialisierte *„Love Parade"*. Gleichwohl liegt das Schwergewicht der Veranstaltung auf dem Gebiet der Unterhaltung. Eine öffentliche Versammlung iS. des Versammlungsgesetzes liegt nicht vor (BVerfG, NJW 2001, 2459, 2460, str.).

Weiteres Wesenselement der öffentlichen Versammlung ist deren „vorübergehende Natur", wobei freilich auch mehrtätige Veranstaltungen (z. B. Dauermahnwachen) umfasst sein können (s. *Hermes/Schenkelberg*, Die Polizei 2013, 75). Abgrenzungsprobleme können sich immerhin dann ergeben, wenn der Inhalt der Meinungskundgabe in der bloßen Darstellung der eigenen Lebensführung besteht.

> **Beispiel:** Die Großfamilie G lebt ohne festen Wohnsitz in Wohnwagen. Wegen des Verstoßes gegen örtliche Campingverbote wurde die G wiederholt gezwungen, ihr Zeltdorf abzubauen. Daraufhin campiert die G demonstrativ in der Landeshauptstadt nahe des Landtages, wobei sie die Bürger einlädt, sich ein Bild von dem eigenen Lebensstil zu machen. Nach Auffassung des OVG NRW handelt es sich um eine öffentliche Versammlung (NVwZ-RR 1992, 185), was freilich die Gefahr in sich birgt, dass das Wesen einer Versammlung als „Augenblicksverband" überdehnt wird.

Die Freiheit der Versammlung umfasst auch das Recht, den Versammlungsort frei zu wählen. Hierbei eröffnet das Grundrecht die Nutzung sämtlicher öffentlicher Kommunikationsräume, soweit diese dem Staat und seinen Untergliederungen zuzuordnen sind. Grundrechtlich geschützt sind damit etwa auch Versammlungen in den frei zugänglichen (Einkaufs-) Bereichen eines staatlich getragenen bzw. staatlich beherrschten Flughafens, selbst wenn der Träger als sog. „gemischt-wirtschaftliches Unternehmen" privatrechtlich organisiert ist (BVerfG, NJW 2011, 1201 ff.). Vom Grundrecht der Versammlungsfreiheit nicht mehr gedeckt ist dagegen die Inanspruchnahme von

Eigentumsflächen Privater oder die Nutzung öffentlicher Räume, die ihrer Konzeption nach der Allgemeinheit nur zu ganz bestimmten Zwecken zur Verfügung stehen und entsprechend ausgestaltet sind (zur Autobahn als Versammlungsort Hess.VGH, NJW 2009, 312; dogm. Kritik bei *Sachs*, in: Stern IV/1, S. 1225). Als „mobile" Form der kollektiven Meinungskundgabe (z. B. „Ostermärsche") bilden die in § 1 Abs. 1 VersG erwähnten **öffentlichen Aufzüge** einen Unterfall der öffentlichen Versammlung. Die bloße Anreise zu einem Versammlungsort stellt allerdings grundsätzlich keinen Aufzug iS. des Gesetzes dar (hierzu Rn. 307).

II. Eingriffsmöglichkeiten des Versammlungsgesetzes

298 Das Versammlungsgesetz differenziert – ebenso wie das Grundrecht des Art. 8 GG – zwischen öffentlichen Versammlungen in geschlossenen Räumen (§§ 5 ff.) und solchen „unter freiem Himmel" (§§ 14 ff.), wobei letztere Variante Versammlungen in öffentlichen Kommunikationsräumen (s. Rn. 297) meint, gleichviel ob diese Kommunikationsräume überdacht sind oder nicht. Von praktischer Relevanz sind dabei die Regelungen zu Versammlungen unter freiem Himmel, die im Folgenden übersichtsweise dargestellt werden sollen.

1. Anmeldepflicht

299 Eine erste versammlungsspezifische Intervention bildet die in § 14 VersG vorgesehene Anmeldepflicht für öffentliche Versammlungen und Aufzüge unter freiem Himmel. Die Anmeldung hat nach dem Gesetz „spätestens 48 Stunden vor der Bekanntgabe" und „unter Angabe des Gegenstandes der Versammlung oder des Aufzuges" zu erfolgen. Die Anmeldepflicht enthält **keinen Genehmigungsvorbehalt**. Einer behördlichen *„Anmeldebestätigung"* bedarf es also nicht; eine gleichwohl erfolgte Bestätigung bleibt regelmäßig ohne Regelungswirkung und ist daher kein Verwaltungsakt. Das Anmeldeerfordernis steht in deutlichem Kontrast zu dem in Art. 8 Abs. 1 GG verbürgten Recht aller Deutschen *„sich ohne Anmeldung"* zu versammeln. Mit Blick auf diese höherrangige Freiheitsgewährleistung wird teilweise von der Verfassungswidrigkeit des Anmeldeerfordernisses ausgegangen. Die h. M. sieht in der Regelung des § 14 VersG freilich eine verfassungsgemäße Beschränkung der Versammlungsfreiheit, die indes einer partiellen *verfassungskonformen Auslegung* bedarf. So entfällt die Anmeldepflicht für sog. **„Spontanversammlungen"**, die ungeplant aus einem aktuellen Anlass heraus stattfinden. Denn bei Einhaltung des Anmeldeerfordernisses könnte der Zweck der Versammlung nicht erreicht werden (BVerfGE 69, 315, 350 f.). Zumindest auf die 48-Stunden-Frist ist schließlich zu verzichten bei sog. **„Eilversammlungen"**, die aufgrund des aktuellen Themenbezuges so kurzfristig anberaumt werden, dass die Wahrung der Frist nicht möglich oder zumutbar ist. Diese Versammlungen sind anzumelden, sobald die Möglichkeit hierzu besteht (BVerfGE 85,

69, 74 f.). Schließlich ist § 15 Abs. 2 VersG korrigierend dahin auszulegen, dass die Verletzung der Anmeldepflicht grundsätzlich nicht hinreichen kann, um eine Versammlung oder einen Aufzug aufzulösen (str.).

2. Versammlungsverbot und Auflagen

Nach § 15 Abs. 1 VersG kann die Polizei eine (geplante) Versammlung oder einen (geplanten) Aufzug verbieten oder von bestimmten Auflagen abhängig machen, *„wenn nach den zur Zeit des Erlasses der Verfügung erkennbaren Umständen die öffentliche Sicherheit oder Ordnung … unmittelbar gefährdet ist"*. Maßgeblich ist hierbei eine nach allgemeinen polizeirechtlichen Kriterien durchzuführende **Gefahrenprognose**, die ihrerseits auf einer tragfähigen Tatsachengrundlage beruhen muss. Dabei werden die Eingriffsvoraussetzungen durch das Kriterium der *„Unmittelbarkeit"* der Gefahr stärker eingeengt als im allgemeinen Polizeirecht. Der Eintritt des Schadens muss danach so nahe sein, dass er jederzeit, unter Umständen also sofort erfolgen kann. Dass ein Schadensverlauf lediglich *„nicht ausgeschlossen"* werden kann, reicht für die Annahme einer Gefahr dagegen grundsätzlich nicht hin (BVerfG[K], NJW 2001, 2078, 2079). Obgleich vom Gesetzeswortlaut ausdrücklich abgedeckt, rechtfertigen Gefahren für die **öffentliche Ordnung** *„im Allgemeinen"* ein Versammlungsverbot nicht (BVerfGE 69, 315, 353). Die Behörde ist insoweit grundsätzlich auf die Erteilung von Auflagen verwiesen. Eine andere Bewertung ergibt sich immerhin mit Blick auf Fälle des Abs. 2 (unten Rn. 301). Eine unmittelbare Gefahr für die öffentliche Sicherheit droht insbesondere dort, wo mit höchster Wahrscheinlichkeit von gewalttätigen Auseinandersetzungen bzw. der Begehung von Straftaten auszugehen ist (zur Problematik gewalttätiger Gegendemonstrationen unten Rn. 302).

300

> **Beispiel:** Die AG Hanf, eine studentische Gruppe, lädt zu einem *„Cannabis-Weekend"* bzw. *„Smoke-In"* ein, mit dem für eine Änderung der Drogenpolitik demonstriert werden soll. Da massive Verstöße gegen das Betäubungsmittelgesetz zu erwarten sind, kann die öffentliche Versammlung nach § 15 Abs. 1 VersG verboten werden (Hess. VGH, NVwZ 1994, 717).

Schutzgut der öffentlichen Sicherheit ist auch die Wahrung guter Beziehungen zu auswärtigen Staaten, so dass Demonstrationen, die die Durchführung eines Staatsbesuches beeinträchtigen, u. U. verboten werden können (sehr weitgehend OVG MV, NordÖR 2006, 451; offenlassend BVerfG, NJW 2007, 2167, 2169). Umgekehrt ist darauf zu achten, dass bestimmte außerhalb des Versammlungsrechts reglementierte Handlungsweisen – etwa der Einsatz von Megaphonen zur Binnen- sowie zur Außenkommunikation bei größeren Versammlungen – unmittelbar durch das Grundrecht der Versammlungsfreiheit legitimiert werden, so dass die außerversammlungsrechtlichen Restriktionen (z. B. der Erlaubnisvorbehalt für Lautsprecher nach § 33 Abs. 1 Nr. 1, § 46 Abs. 1 Nr. 9 StVO) suspendiert sind und deren Nichtbeachtung keine Verletzung der öffentlichen Sicherheit begründet (zuletzt OVG Berlin-Brandenburg, NVwZ-RR 2009, 370).

301 Heftig umstritten ist, ob und inwieweit die Kundgabe **nationalsozialistischen Gedankengutes** für sich genommen als unmittelbare Gefahr für die öffentliche Sicherheit oder Ordnung angesehen werden kann oder nicht. Während das OVG NRW in der Verharmlosung der nationalsozialistischen Diktatur und der Verherrlichung ihrer Symbolfiguren eine Verletzung der öffentlichen Ordnung sieht, hat sich das BVerfG einer derartigen Sichtweise mit Blick auf die umfassende Geltung des Grundrechts der Meinungsfreiheit von Anfang an entgegen gestellt (s. BVerfG, NJW 2004, 2814; eingehend *Rühl*, NVwZ 2003, 531 mwN). Zugleich entspricht es gefestigter Rechtsprechung, dass Äußerungen, die von Verfassungs wegen nicht unterbunden werden dürfen, auch nicht Anlass für ein Verbot von Versammlungen sein können. Der Gesetzgeber hat den Konflikt durch eine Erweiterung des Volksverhetzungstatbestandes in Absatz 4 des § 130 StGB sowie durch die Einfügung des neuen § 15 Abs. 2 VersG zu entschärfen versucht, demzufolge Versammlungen verboten oder von Auflagen abhängig gemacht werden können, wenn sie an besonderen, gesetzlich auszuweisenden Gedenkstätten für die Opfer des Nationalsozialismus stattfinden und nach den konkreten Umständen eine Beeinträchtigung der Würde der Opfer zu befürchten ist. Absatz 2 versteht sich dem Wortlaut nach („insbesondere") als Unterfall des Absatzes 1, wobei es hierbei um eine besondere Ausformung des Schutzes speziell der öffentlichen Ordnung geht. Eine Modifikation in der Rechtsfolgenanordnung ergibt sich für Absatz 2 immerhin insoweit, als die Bestimmung nach h. M. auch das **Verbot einer Versammlung** legitimiert, also die für Absatz 1 geltende Regelfolge einer Sanktionierung von Ordnungsverstößen vorrangig durch Auflagen (oben Rn. 300) dispensiert. Ob und inwieweit die Regelung des § 15 Abs. 2 VersG über die bisherige Rechtsprechung des BVerfG hinausgeht, ist nicht ganz eindeutig. So war das Verbot rechtsextremistischer Veranstaltungen schon bislang zulässig, wenn und soweit hierbei nicht an die *Inhalte*, sondern an die *Art und Weise der Durchführung* einer Versammlung angeknüpft wird. In diesem Sinne rechtfertigte namentlich die demonstrative Einschüchterung von Personen, die Identifikation mit Riten und Symbolen der nationalsozialistischen Gewaltherrschaft oder die zeitliche Anknüpfung an besondere Daten schon bislang die Annahme einer Gefahr für die öffentliche Ordnung (BVerfG, NJW 2004, 2814). Immerhin bietet der neue § 130 Abs. 4 StGB nunmehr eine tragfähige Grundlage, um einer Billigung der nationalsozialistischen Gewaltherrschaft in Gestalt der Glorifizierung von Verantwortungsträgern des Regimes wirksam entgegentreten zu können. Zwar handelt es sich insoweit um eine spezifisch „meinungsbezogene" Beschränkung, die damit außerhalb des auf „allgemeine Gesetze" beschränkten Begrenzungsvorbehalts des Art. 5 Abs. 2 GG steht. In seiner Entscheidung vom 4.11.2009 hat das BVerfG diese weitergehende Beschränkung der Meinungsfreiheit indes gebilligt und auf einen ungeschriebenen Begrenzungsvorbehalt gestützt, der dem Grundgesetz immanent sei (NJW 2010, 47 – hierzu § 1 Rn. 38). Versammlungsverbote zur Durchsetzung des § 130 StGB ergehen freilich auf der Grundlage des § 15 Abs. 1 VersG, nicht aber auf der Grundlage des auf Ordnungsverstöße bezogenen Absatz 2.

N. Versammlungsrechtliche Bezüge des Polizeirechts 455

> **Beispiel:** Am Todestag des in den Nürnberger Prozessen als NS-Kriegsverbrecher verurteilten „Stellvertreters des Führers" *Rudolf Hess* soll in dessen Begräbnisort eine Veranstaltung unter freiem Himmel mit dem Thema „Gedenken an *Rudolf Hess*" stattfinden. Die zu erwartende Glorifizierung der Person *Hess* ist in der Gesamtabwägung als Billigung des nationalsozialistischen Regimes und damit als Gutheißen der nationalsozialistischen Gewaltherrschaft zu bewerten und rechtfertigt ein Verbot der Versammlung nach § 15 Abs. 1 VersG (BVerwG, NJW 2009, 98).

Neben § 130 Abs. 4 StGB bleibt im hiesigen Kontext auch die Strafnorm in Abs. 1 derselben Vorschrift zu beachten, wonach sich u. a. strafbar macht, wer in einer Weise, die geeignet ist den öffentlichen Frieden zu stören, zum Hass gegen Teile der Bevölkerung aufstachelt oder die Menschenwürde anderer dadurch angreift, dass er Teile der Bevölkerung beschimpft, böswillig verächtlich macht oder verleumdet.

> **Beispiel:** Die zuständige Versammlungsbehörde verbietet eine Versammlung der P-Partei mit dem Motto „*Stoppt den Synagogenbau - 4 Millionen fürs Volk!*". Das OVG NRW hat das Verbot bestätigt. So grenze das Motto die in Deutschland lebenden Menschen jüdischen Glaubens in böswilliger und verächtlich machender Weise als nicht zum „Volk" gehörend aus der staatlichen Gemeinschaft aus und verletze dadurch in eklatanter Weise den sozialen Wert- und Achtungsanspruch der deutschen Juden und störe damit zugleich das friedliche Miteinander von Juden und Nicht-Juden in Deutschland iS. des § 130 Abs. 1 StGB (s. BeckRS 2004, 21977; vgl. in diesem Kontext zuletzt VG Meiningen, das eine Übertragbarkeit dieser Bewertung auf eine Demonstration mit dem Motto „*Überfremdung stoppen – keine Moschee in E..!*" verneint, vgl. ThürVBl. 2013, 92).

Zu beachten bleibt, dass allein die verfassungswidrige Grundausrichtung einer (noch) nicht verbotenen Partei angesichts des sog. „**Parteienprivilegs**" des Art. 21 Abs. 2 S. 2 GG ein Verbot der von einer entsprechenden Partei veranstalteten Versammlung nicht zu rechtfertigen vermag.

Primärer Adressat einer Verfügung nach § 15 VersG ist der Veranstalter; 302 möglich sind aber auch Verfügungen an einzelne oder alle Versammlungsteilnehmer. Entsprechend allgemeinen polizeirechtlichen Grundsätzen setzt eine Verbotsverfügung schließlich grundsätzlich die (Handlungs-)Verantwortlichkeit des Veranstalters bzw. der Versammlungsteilnehmer für den Gefahreneintritt voraus. Eine Verbotsverfügung wegen zu erwartender Ausschreitungen durch gewalttätige „**Gegendemonstranten**" ist also lediglich unter den engen Voraussetzungen des **polizeilichen Notstandes** (entsprechend § 6 PolG) möglich, wenn und soweit die Gefahr nicht durch Auflagen, das Verbot oder die Auflösung der Gegenversammlung abgewendet werden kann (OVG Lüneburg, NVwZ-RR 2005, 820: *Castor*-Transporte). Zwar ist die Polizei grundsätzlich verpflichtet, die friedlichen Versammlungsteilnehmer als sog. „Nichtstörer" durch eigene Kräfte vor Störungen zu schützen. Diese Pflicht steht freilich unter dem Vorbehalt der Verfügbarkeit entsprechender Einsatzkräfte (BVerfG, NJW 2001, 1411, 1412). Die Auflösung der friedlichen Versammlung wird in diesem Fall freilich regemäßig mit dem Verbot der gewaltbereiten Gegendemonstration zu verbinden sein (VGH BW, NVwZ 1987, 237). Lässt sich die Gewaltbereitschaft im Falle des Aufeinandertreffens von Versammlung und Gegenversammlung nicht eindeutig zuordnen, wird in der Regel allein gegen die zuletzt angesetzte (Gegen-)Versammlung vorzugehen sein. Zu beachten bleibt allerdings, dass nach Auffassung des OVG NRW die friedliche Blockade einer nicht verbotenen (rechtsextremistischen) Versammlung eine legitime Form grundrechtlicher Freiheitsausübung sein kann und erst im Falle der durch § 21 VersG sanktionierten groben Störung („unüberwindliche, dauerhafte Blockade, die nicht zu umgehen ist") die Grenzen des Zulässigen überschreitet (DVBl. 2012, 1514, 1517). Folgerichtig sah das Gericht erst recht keinen Ansatz, um gegen ein „öffentliches Blockadetraining" vorzugehen, zumal dieses seinerseits als „vorgezogene Demonstration" bürgerschaftlichen Engagements zu verstehen sei und insoweit den Schutz der Versammlungsfreiheit genieße (restriktiver aber wohl BVerfG, NJW 1991, 2694, 2695).

Schwierige Detailprobleme ergeben sich schließlich, wenn gewalttätige Ausschreitungen aus dem Schutz der Versammlung heraus begangen werden und sich die Einzeltäter sodann wieder in die Versammlung zurückziehen (sog. *„Genua-*Taktik"). So begründen Exzesse Einzelner noch nicht den Vorwurf der Unfriedlichkeit der Versammlung. Kann den Gefahren derartiger Exzesse nur durch ein Verbot der Versammlung insgesamt wirksam begegnet werden, liegt daher auch hierin die Inanspruchnahme von Nichtstörern (hierzu etwa OVG Nds., NVwZ-RR 2005, 820: *Castor*-Transporte). Man spricht insoweit von einem **„unechten polizeilichen Notstand"**. Das Totalverbot einer Versammlung ist unverhältnismäßig und damit unzulässig, wenn den drohenden Gefahren durch **„Auflagen"** effektiv entgegengewirkt werden kann. Zu denken ist etwa an das Verbot, bestimmte gewaltbereite Personen als „Ordner" einzusetzen. Bei dem Begriff der Auflagen iS. des § 15 Abs. 1 und 2 VersG geht es – entgegen dem missverständlichen Wortlaut – nicht um Nebenbestimmungen iS. des § 36 Abs. 2 Nr. 4 VwVfG, sondern um selbständige versammlungsrechtliche Verfügungen.

3. Auflösung und „Minusmaßnahmen"

303 Soweit bei einer laufenden Versammlung die Voraussetzungen eines Verbotes nach Abs. 1 oder 2 eintreten oder etwaigen Auflagen zuwider gehandelt wird, kann die Versammlung gem. § 15 Abs. 3 VersG aufgelöst werden. Eine verbotene Veranstaltung ist zwingend aufzulösen (§ 15 Abs. 4 VersG). Die Auflösung ist die Beendigung einer laufenden Versammlung mit dem Ziel, die verbleibende Personen*ansammlung* zu zerstreuen. Mit Blick auf Art. 8 GG wird eine Auflösung regelmäßig nur zum Schutz wichtiger Gemeinschaftsgüter und unter strengen Anforderungen an die Gefahrenprognose in Betracht kommen. Nach Auflösung einer Versammlung findet das Versammlungsgesetz keine Anwendung mehr, Maßnahmen gegen die verbleibende *Ansammlung* (z. B. Platzverweisungen) gründen sich folglich auf das Polizeigesetz (unten Rn. 308). Die Auflösungsverfügung als Allgemeinverfügung

N. Versammlungsrechtliche Bezüge des Polizeirechts

muss, schon wegen der Strafbarkeit ihrer Nichtbeachtung (§ 26 VersG), eindeutig und unmissverständlich formuliert werden und für den Betroffenen erkennbar zum Ausdruck bringen, dass die Versammlung aufgelöst ist.

> **Beispiel:** Vor dem Informationsstand einer extremen Partei hat sich eine kleine Gruppe von Demonstranten formiert. Die Polizei fordert die Demonstranten auf, den Platz zu verlassen. Da die Personen nicht reagieren, werden sie von der Polizei in Gewahrsam genommen. Die Maßnahme ist rechtswidrig: Es war keine Auflösung der öffentlichen Versammlung ausgesprochen worden. Eine Ingewahrsamnahme der Teilnehmer war – zumal auf der Grundlage des PolG – unzulässig (BVerfG [K], NVwZ 2005, 80 f.).

Ohne dass dies im Gesetz erwähnt wird, sind nach h. M. unter den tatbestandlichen Voraussetzungen des § 15 Abs. 3 VersG *a maiore ad minus* („Erst-Recht-Schluss") auch weniger eingriffsintensive Maßnahmen als die Auflösung einer Versammlung zulässig und geboten, wenn und soweit bereits durch sie die eingetretene Gefahrenlage abgewehrt werden kann (a. A. *Kniesel/Poscher*, HdbPolR J 26). Als solche **„Minusmaßnahmen"** kommen auch die (polizeilichen) Standardmaßnahmen in Betracht, die in diesem Kontext freilich auf § 15 Abs. 3 VersG zu stützen sind. Im Rahmen der „integrierten" Anwendung der polizeilichen Standardmaßnahmen wird zugleich die (kumulative) Beachtung der dortigen Tatbestandsvoraussetzungen zu verlangen sein. 304

> **Beispiel:** Während einer laufenden Versammlung heben Versammlungsteilnehmer ein Plakat in die Höhe, auf dem der US-Präsident schwer beleidigt wird. Die hierdurch verursachte Gefahrensituation (Verstoß gegen § 103 I StGB) kann bereits durch eine Sicherstellung des Plakates behoben werden, die im Wege des Erst-Recht-Schlusses auf § 15 Abs. 3 VersG i.V.m. § 43 PolG gegründet werden kann.

Die **Einkesselung** einer Versammlung ist als Ingewahrsamnahme der Versammlungsteilnehmer zu deuten (oben Rn. 172) und daher bei einer nicht aufgelösten Versammlung von vornherein unzulässig (OVG NRW, DVBl. 2001, 839 – hierzu auch unten Rn. 308). Für den Ausschluss *einzelner* Teilnehmer von der Versammlung bzw. dem Aufzug stellen § 18 Abs. 3 sowie § 19 Abs. 3 VersG Spezialermächtigungen zur Verfügung, so dass hier ein Rückgriff auf § 15 Abs. 3 VersG oder eine Platzverweisung als „Minusmaßnahme" ausscheidet. Mit dem Ausschluss eines Teilnehmers aus der Versammlung endet für ihn die versammlungsrechtliche Privilegierung. Weitere Maßnahmen gegen die betreffende Person sind also auf der Grundlage des *allgemeinen Polizeirechts* durchzuführen (z.B. Ingewahrsamnahme nach § 35 PolG, unmittelbarer Zwang nach den §§ 50 ff. PolG, einschränkend EGMR, NVwZ 2012, 1089). Spezialgesetzliche Eingriffsermächtigungen formuliert das VersG schließlich im Hinblick auf die Anfertigung von **Bild- und Tonaufnahmen durch die Polizei** (§ 12a). Nach diesen Vorgaben richtet sich auch die Zulässigkeit des Einsatzes von **Aufklärungsdrohnen** zur Beobachtung von Großdemonstrationen. 305

4. Möglichkeiten und Grenzen eines Rückgriffs auf das Polizeirecht

306 Das Versammlungsgesetz verdrängt das allgemeine Polizeigesetz, soweit und solange es um *versammlungsspezifische Eingriffe* geht. Namentlich im Vorfeld einer Versammlung, aber auch nach erfolgter Auflösung einer Versammlung, ergeben sich hieraus mitunter schwierige Abgrenzungsprobleme.

307 a) Kontrolliert die Polizei die Wege zum Versammlungsort und stellt hierbei z. B. Waffen und Helme sicher, handelt es sich grundsätzlich um sog. „**Vorfeldmaßnahmen**", deren Rechtmäßigkeit sich nach dem **Polizeigesetz** und nicht nach dem Versammlungsgesetz bestimmt, da letzteres keine eigenen Regelungen trifft (str.). Etwas anderes gilt allerdings dann, wenn durch die polizeiliche Maßnahme der Zugang zu der Versammlung selbst versperrt oder der unmittelbare Zutritt zum Versammlungsort von einer vorherigen Durchsuchung abhängig gemacht wird (BVerfG, JA 2010, 839 – *Durner*).

308 b) Der privilegierende Schutz des Versammlungsgesetzes entfällt, sobald eine öffentliche Versammlung nach Maßgabe des § 15 Abs. 3 VersG aufgelöst wurde. Die mit der Auflösung einer Versammlung regelmäßig verbundene Aufforderung an die Teilnehmer, sich zu entfernen, stellt nach h. M. keinen eigenständigen Verwaltungsakt dar, sondern lediglich einen Hinweis auf die Rechtslage (§ 18 Abs. 1 i. V. m. § 13 Abs. 2 VersG). Sie ist daher ebenso wenig einer Vollstreckung zugänglich wie die Auflösungsverfügung selbst. Leisten die Teilnehmer der aufgelösten Versammlung dieser Aufforderung keine Folge, kann gegen sie nach Maßgabe des Polizeigesetzes vorgegangen werden (Platzverweisung, Ingewahrsamnahme oder unmittelbarer Zwang zur Durchsetzung der Platzverweisung). Eine **Einkesselung** der verbleibenden Ansammlung ist nicht geeignet, das Auseinanderströmen der betroffenen Personen zu erreichen, und daher in der Regel rechtswidrig (str.). Zu beachten bleibt, dass die Anwendung des Polizeigesetzes blockiert wird, wenn sich die nach der Auflösung verbleibende Personenansammlung erneut zu einer sog. „**Folgeversammlung**" formiert, die mit der aufgelösten Versammlung **nicht identisch** ist. Gegen eine solche Folgeversammlung, die ihrem Wesen nach eine „Spontanversammlung" darstellt, wäre ein Eingreifen wiederum nur nach Maßgabe des Versammlungsgesetzes zulässig. Handelt es sich bei der Folgeversammlung dagegen nur um die (verkappte) Fortsetzung der bereits aufgelösten Versammlung, gilt die Auflösungsverfügung auch ihr gegenüber. Gegen die Teilnehmer der vermeintlichen Folgeversammlung kann dann mit den Mitteln des Polizeigesetzes vorgegangen werden.

> **Beispiel:** Um gegen die Abholzung des F-Forstes zu demonstrieren, haben sich zahlreiche Umweltaktivisten in dem betreffenden Forstgebiet versammelt. Wegen massiver Ausschreitungen hat die Polizei die Versammlung aufgelöst und zahlreiche Teilnehmer in Gewahrsam genommen. Nach ca. 4 Stunden formiert sich in 500 Meter Entfernung zum ursprünglichen Ver-

N. Versammlungsrechtliche Bezüge des Polizeirechts 459

> sammlungsort erneut eine Gruppe von Aktivisten, die lautstark gegen den aus ihrer Sicht überharten Einsatz der Polizeikräfte demonstriert. Eine Identität der Versammlungen ist nach Zeit, Ort und Inhalt nicht festzustellen. Die Auflösungsverfügung gilt nicht gegen die Folgeversammlung, die damit unter den Schutz des Versammlungsgesetzes fällt. Das Polizeigesetz ist nicht anwendbar.

c) Nicht unter den Anwendungsbereich des Versammlungsgesetzes fallen 309
Personen, die als **zufällig Anwesende**, womöglich aber auch als gezielt anwesende Beobachter des Geschehens (z.B. Journalisten, hierzu § 6 Abs. 2 VersG) am Versammlungsort anwesend sind. Allerdings können sich auch zufällig anwesende Personen anlässlich des Geschehens am Versammlungsort spontan zu einer öffentlichen („Gegen-")Versammlung formieren und genießen dann den Schutz des Versammlungsgesetzes.

d) Umstritten ist schließlich, ob die Anwendbarkeit des Versammlungsge- 310
setzes auch durch eine **rechtswidrige Auflösungsverfügung** beendet wird. Dem allgemeinen verwaltungsrechtlichen Grundsatz, demzufolge auch rechtswidrige Verwaltungsakte bis zu ihrer Aufhebung oder Erledigung Wirksamkeit entfalten, entspricht es, die Frage grundsätzlich zu bejahen. Soweit also die Teilnehmer einer rechtswidrig aufgelösten Versammlung ihrer Entfernungspflicht nicht Folge leisten, sind Maßnahmen gegen sie auf der Grundlage des Polizeigesetzes möglich (vgl. BVerfG, DVBl. 1993, 150; a.A. Bad.-Württ. VGH, VBlBW 1986, 299). Immerhin könnte die Durchsetzung einer rechtswidrigen Versammlungsauflösung dann unverhältnismäßig und somit ermessensfehlerhaft sein, wenn die Rechtswidrigkeit unbestritten ist. Dagegen wird man für straf- und ordnungsrechtliche Sanktionen die Rechtmäßigkeit der Auflösungsverfügung verlangen müssen. In jedem Fall unzulässig ist die Durchsetzung einer nichtigen Auflösungsverfügung.

5. Möglichkeiten und Grenzen eines Rückgriffs auf das Zivilrecht

Mit der Erstreckung des Grundrechts der Versammlungsfreiheit auch auf 310a
Versammlungen in öffentlichen Kommunikationsräumen, die der (beherrschenden) Trägerschaft öffentlicher Unternehmen – einschließlich solcher in Privatrechtsform – unterliegen (oben Rn. 297), rückt auch das Zivilrecht als potentiell grundrechtsbeschränkendes Recht in das Blickfeld. So ist nach der neuesten Rechtsprechung des BVerfG namentlich das zivilrechtliche Hausrecht (§ 903 S. 1, § 1004 BGB) durchaus geeignet, Eingriffe in die Versammlungsfreiheit zu rechtfertigen, die sich freilich ihrerseits an den Vorgaben des Verhältnismäßigkeitsgrundsatzes messen lassen müssen (BVerfG, NJW 2011, 1201).

Beispiel: Die zu 80 % staatlich getragene Flughafen-AG sieht in der „Flughafen-Benutzungsordnung" ein Verbot von Trillerpfeifen, Trommeln und Megafonen bei Versammlungen auf dem Flughafengelände vor. Die Anordnung dient der Funktionsfähigkeit des Flughafenbetriebes (Vernehmbarkeit von Durchsagen an die Reisenden) und kann somit auf die zivilrechtlichen Regelungen des Hausrechts gestützt werden. Unzulässig wäre dagegen ein pauschales Verbot jedweder Versammlungen im Flughafenbereich (BVerfG, aaO.).

Zu beachten bleibt, dass eine Missachtung von zivilrechtlichen Benutzungsordnungen nicht ohne weiteres zu Eingriffsmaßnahmen der Versammlungsbehörde berechtigt; unter Umständen können zivilrechtliche Übertretungen allerdings ein Indiz für das Vorliegen einer Gefahr iS. des Versammlungsgesetzes sein.

6. Versammlung in geschlossenen Räumen

310b Soweit Versammlungen in geschlossenen Räumen abgehalten werden, bleibt zu beachten, dass Art. 8 Abs. 1 GG insoweit keinen allgemeinen Begrenzungsvorbehalt formuliert, gesetzlich vorgesehene Eingriffe also nur zum Schutz kollidierender Verfassungsgüter zulässig sein können. Einige der in den §§ 5 ff. VersG positivierten Eingriffsbefugnisse sind vor diesem Hintergrund im Wege einer verfassungskonformen Auslegung zu reduzieren (vgl. BayVGH, BayVBl. 2009, 16: kein allgemeines Zutrittsrecht für Polizeibeamte nach § 12 VersG; hierzu *Riedel*, JURA 2010, 114). Umgekehrt bleiben Meinungsäußerungen, die durch eine nach Art. 5 Abs. 2 GG zulässige Norm mit Strafe bedroht sind, auch in einer derartigen Versammlung verboten und können insoweit auch dort bekämpft werden (BVerfGE 90, 241, 350: Auschwitzlüge). Nicht abschließend geklärt ist die Anwendbarkeit des Versammlungsgesetzes auf nichtöffentliche Versammlungen in geschlossenen Räumen. Wegen der grundsätzlichen Beschränkung des VersG auf öffentliche Versammlungen dürfte eine solche Anwendbarkeit ausgeschlossen sein (vgl. zum Analogieverbot oben Rn. 41). Die Konsequenz, dass nichtöffentliche Versammlungen in geschlossenen Räumen damit dem allgemeinen Sicherheitsrecht unterfallen und womöglich weiterreichenden Eingriffen zugänglich sind als dortige öffentliche Versammlungen, steht augenscheinlich in einem gewissen Kontrast zu der Normsystematik des Art. 8 GG, der Versammlungen in geschlossenen Räumen einem höheren Schutz unterstellt als öffentliche Versammlungen unter freiem Himmel. Hier wird man im Wege einer strikt grundrechtsorientierten Normauslegung und -anwendung für einen restriktiven Umgang mit polizeilichen Eingriffsbefugnissen sorgen müssen (sehr str.).

III. Anhang

Literatur: *v. Coelln*, Die eingeschränkte Polizeifestigkeit nichtöffentlicher Versammlungen, NVwZ 2001, 1234 ff.; *Dietel/Gintzel/Kniesel*, Versammlungsgesetz, 16. Aufl. 2011; *Gröpl*, Grundstrukturen des Versammlungsrechts, JURA 2002, 18 ff.; *Hermanns*, Grundfragen des Rechts der Versammlungsfreiheit, JA 2001, 79; *Hermes/Schenkelberg*, Unterliegt ein Protestcamp der Versammlungsfreiheit des Art. 8 Grundgesetz?, Die Polizei 2013, 75 ff.; *Leist*, Die Änderung des Versammlungsrechts: ein Eigentor?; NVwZ 2005, 500 ff.; *Lembke*, Grundfälle zu Art. 8 GG, JuS 2005, 984 ff. und 1081 ff.; *Lepsius*, Einschränkung der Meinungsfreiheit durch Sonderrecht, JURA 2010, 527 ff.; *Rühl*, „Öffentliche Ordnung" als sonderrechtlicher Verbotstatbestand gegen Neonazis im Versammlungsrecht?, NVwZ 2003, 531 ff.; *Schaefer*, Wieviel Freiheit für die Gegner der Freiheit?, DÖV 2010, 379; *Schoch*, Die Neuregelung des Versammlungsrechts durch § 15 II VersG, JURA 2006, 27 ff.; *Schwabe*, Desaster im Versammlungsrecht: Zwei irreführende Kammerentscheidungen des BVerfG, DÖV 2010, 720 ff.; *Stohrer*, Die Bekämpfung rechtsextremistischer Versammlungen durch den neuen § 15 II VersG, JuS 2006, 14; *Volkmann*, Die Geistesfreiheit und der Ungeist – Der Wunsiedel-Beschluss des BVerfG, NJW 2010, 417.

Klausurbearbeitung: *Arndt/Uhlenbrock*, Einstweiliger Rechtsschutz im Versammlungsrecht, JURA 2002, 488 ff.; *Breder/Przygoda*, Meinungsfreiheit im Eilrechtsschutz – Freie Rede über fragwürdige Helden?, JuS 2010, 1004; *Germann*, Verbot eines Parteitags, JA 2001, 41 ff.; *Heckmann*, Versammlungsrecht und Überlassungsverbot, JuS 2001, 675 ff.; *Kahl*, Versammlungsrecht, JuS 2004, 894 ff.; *Oehmke*, Die Demo, NWVBl. 2005, Beilage zu Heft 6, 29 ff.; *Riedel*, Die Polizei in der Versammlung, JURA 2010, 114 ff.; *Steinhorst*, Die aggressiven Versammlungsteilnehmer, JuS 2005, 813 ff.

Kontrollfragen:

1. Was besagt die sog. „Polizeifestigkeit" des Versammlungsrechts?
2. In welchem Fall erfährt die Regelung des § 14 VersG eine verfassungskonforme Auslegung?
3. Kann die Kundgabe nationalsozialistischen Gedankengutes als Gefahr für die öffentliche Sicherheit oder Ordnung angesehen werden?

O. Antworten zu den Kontrollfragen

I. Abschnitt A.

1. Das staatliche Gewaltmonopol kommt vor allem in der Rechtsweggarantie (Art. 19 Abs. 4 GG) sowie der hiermit verbundenen Etablierung konkreter Rechtswege (Art. 95 GG) zum Ausdruck, ergibt sich aber auch aus dem Wesen der Gesetze (Gesetzesgehorsamspflicht). Die grundsätzliche Friedenspflicht des Bürgers kommt zumal in der Ausnahmebestimmung des Widerstandrechts (Art. 20 Abs. 4 GG) und der Ausklammerung unfriedlicher Versammlungen aus dem Schutzbereich des Grundrechts der Versammlungsfreiheit (Art. 8 GG) zum Ausdruck.

2. Richtigerweise nicht. Denn die privaten Gewaltbefugnisse sind (nur) eine Ausnahme von der bürgerlichen Friedenspflicht und gelten in Situationen, in denen der Staat die Sicherheit seiner Bürger nicht selbst garantieren kann. Aus diesen systematischen Gründen kann sich der Staat nicht selbst auf Notwehrrechte berufen.
3. Nein. Zwar ist das „allgemeine" Sicherheitsrecht der Landesgesetzgebung überantwortet. Gleichwohl verbleiben spezielle Bundeskompetenzen etwa für den Bereich des Grenzschutzes (Art. 73 Nr. 5 GG), der Terrorbekämpfung (Art. 73 Nr. 9a GG), der kriminalpolizeilichen Zusammenarbeit (BKA), des Verfassungsschutzes und Nachrichtendienstes (Art. 73 Nr. 10 GG), aber etwa auch für den Bereich des Waffen- und Sprengstoffrechts.

II. Abschnitt B.

1. In Nordrhein-Westfalen besteht eine Trennung zwischen der Ordnungsverwaltung und der Polizeiverwaltung, die auf dem von den Alliierten in der Nachkriegszeit anvisierten Ziel der „Dezentralisierung" und „Entpolizeilichung" des Gefahrenabwehrrechts beruht; der Einsatz der Polizeibeamten soll auf Eil- und Notfälle beschränkt bleiben.
2. Gem. § 1 OBG sind die Ordnungsbehörden grundsätzlich allein für die allgemeine Gefahrenabwehr zuständig. Gleiches gilt für die Polizei gem. § 1 Abs. 1 S. 1 PolG i.V.m. § 11 Abs. 1 Nr. 1 POG. Eine Tätigkeit der Polizei kommt nur in Betracht, soweit ein Handeln der anderen Behörden – insbesondere der allgemeinen Ordnungsbehörde – nicht oder nicht rechtzeitig möglich erscheint, vgl. § 1 Abs. 1 S. 1, 3 PolG.
3. „Doppelfunktionale" Maßnahmen sind solche, bei der ein und dieselbe Maßnahme der Polizei sowohl präventive als auch repressive (strafprozessuale) Facetten aufweist.
4. Gem. § 1 Abs. 2 PolG ist nur der Polizei die Aufgabe zugewiesen, die privaten Rechte der Bürger zu sichern. Dies sind Rechtspositionen, die nicht zugleich durch öffentlich-rechtliche oder strafrechtliche Normen geschützt sind, somit ausschließlich privater Natur sind (Bsp.: vertragliche Ansprüche, nicht aber Leben, Gesundheit, Freiheit oder Eigentum!).

III. Abschnitt C.

1. Die strikte Geltung des Vorbehalts des Gesetzes führt dazu, dass alle belastenden Maßnahmen der Polizei- und Ordnungsbehörden einer parlamentsgesetzlichen Grundlage bedürfen und fehlende oder unzureichende gesetzliche Eingriffsermächtigungen weder durch Analogieschlüsse noch durch Rechtsfortbildungen „ergänzt" werden können.
2. In der Regel ergehen zunächst „Grundverfügungen" (§ 8 PolG, § 14 OBG), mit denen dem Störer bestimmte Verhaltens-, Duldungs- oder Unterlassungspflichten auferlegt werden. Missachtet der Betroffene die Verfügung, werden (Vollstreckungs-) Maßnahmen durchgeführt. Einige Standardmaßnahmen tragen die Vollstreckung allerdings „in sich" (z. B. Durchsuchung), so dass hier eine Stufung entfällt.
3. Polizeiliche Eingriffsermächtigungen knüpfen bestimmte Handlungsbefugnisse der Polizei (Rechtsfolgeanordnung) an das Vorliegen bestimmter tatbestandlicher Voraussetzungen („Wenn-Dann-Satz").

IV. Abschnitt D. 315

1. Schutzgüter der öffentlichen Sicherheit sind die Individualrechtsgüter, die Unversehrtheit der objektiven Rechtsordnung sowie der Bestand des Staates samt seiner Einrichtungen und Veranstaltungen.
2. Das Schutzgut der öffentlichen Ordnung umfasst die Gesamtheit der ungeschriebenen Regeln, deren Befolgung nach den jeweils herrschenden Anschauungen als unerlässliche Voraussetzung für ein geordnetes menschliches Zusammenleben angesehen wird (Sozialnormen).
3. Eine „Gefahr" ergibt sich bei einem Lebenssachverhalt, der aus der maßgeblichen ex-ante Betrachtung heraus bei ungehindertem Ablauf in absehbarer Zeit mit hinreichender Wahrscheinlichkeit zu einem Schaden an den polizei- oder ordnungsrechtlichen Schutzgütern führt.
4. Die Prognoseentscheidung erfolgt auf Grund einer ex-ante-Betrachtung zum Zeitpunkt des Einschreitens. Maßgeblich ist die Sichtweise eines fähigen, sachkundigen und besonnenen Beamten.
5. Unter einer Anscheinsgefahr versteht man eine Sachlage, die bei der maßgeblichen ex-ante-Betrachtung den Schluss einer drohenden Gefahr zulässt, sich aber im Nachhinein als in tatsächlicher Hinsicht ungefährlich herausstellt. Die Anscheinsgefahr ist Gefahr iS. der gesetzlichen Eingriffsermächtigungen.
6. Eine Scheingefahr liegt vor, wenn der jeweils handelnde Beamte ex ante in vorwerfbar irriger Weise eine tatsächlich nicht vorhandene Gefahrenlage annimmt.
7. Bei einem Gefahrenverdacht fehlt es an einer abschließenden Bewertbarkeit der möglichen Gefahrenlage. Der Gefahrenverdacht ist dann als Gefahr iS. der Eingriffsermächtigungen zu bewerten, wenn ein weiteres Zuwarten und Abklären des Sachverhaltes mit Blick auf das etwa drohende Schadensausmaß nicht möglich ist.

V. Abschnitt E. 316

1. Das Gesetz differenziert zwischen dem sog. „Handlungsstörer", dem sog. „Zustandsstörer" und dem sog. „Nichtstörer" (vgl. §§ 4–6 PolG; §§ 17–19 OBG).
2. Nach der „Theorie der unmittelbaren Verursachung" ist derjenige handlungsverantwortlich, der durch sein Verhalten die konkrete Gefahr unmittelbar herbeigeführt und damit in eigener Person die Gefahrenschwelle überschritten hat. Die Formel bedarf im Einzelfall allerdings wertender Differenzierungen.
3. Die Zustandsverantwortlichkeit knüpft an die Eigentümerstellung bzw. an das Innehaben der tatsächlichen Gewalt an. Deshalb endet sie auch grundsätzlich mit dem Verlust der Eigentümerstellung (Ausnahme: sog. „Dereliktion") bzw. der tatsächlichen Gewalt über die Sache oder das Tier. Nicht abschließend geklärt ist, ob und inwieweit die Zustandsverantwortlichkeit dort zu begrenzen ist, wo der Eigentümer selbst in eine Art „Opferrolle" gerät.
4. Nein. Zu beachten ist, dass gem. § 323 c StGB jedermann in Unglücksfällen zur Hilfeleistung verpflichtet ist. Eine etwaige Untätigkeit am Unfallort anwesender Personen stellt mithin eine selbständige Gefahr für die öffentliche Sicherheit dar (Unversehrtheit der objektiven Rechtsordnung), so dass der Untätige als Handlungsstörer anzusehen ist.
5. Eine Kompensation erfolgt nach h. M. auf der sekundären Ebene des Kostenrechts, indem der „schuldlose" Anscheinsstörer wie ein Nichtstörer entschädigt wird (§ 39 Abs. 1 lit. a OBG analog/§ 67 PolG). Nach a. A. ist eine Inanspruchnahme des „schuldlosen" Anscheinsstörers ohnehin nur nach den Regeln der Nichtstörerinanspruchnahme zulässig.

317 VI. Abschnitt F.

1. Es wird unterschieden zwischen dem sog. „Entschließungsermessen" (ob überhaupt eingeschritten werden soll), dem sog. „Störerauswahlermessen" (gegen wen eingeschritten werden soll) und dem sog. „Handlungsermessen" (mit welchem Mittel eingeschritten werden soll).
2. Der Ausnahmefall einer „Ermessensreduzierung auf Null" liegt vor, wenn jede andere Entscheidung, als diejenige einzuschreiten, rechtswidrig wäre. Namentlich wird dies dort der Fall sein, wo grundrechtlichen Schutzgütern irreparable Schäden drohen.
3. Das Polizei- und Ordnungsrecht kennt keine derartigen Grundsätze. Sie stehen weder mit dem Wortlaut noch mit Sinn und Zweck der polizeilichen Befugnisnormen in Einklang, deren primäres Ziel die effektive Gefahrenabwehr ist.
4. Bei den Ermessensfehlern ist zwischen dem Ermessensnichtgebrauch (schlichte Nichtausübung des Ermessens), dem Ermessensfehlgebrauch (Ermessensausübung unter Zugrundelegung gesetzesfremder Zwecke) und der Ermessensüberschreitung (Überschreitung des Ermessensrahmens) zu unterscheiden (§ 40 VwVfG).
5. Die Ausübung des sog. „Handlungsermessens" hat sich primär am sog. „Verhältnismäßigkeitsgrundsatz" (§ 2 Abs. 1 PolG/§ 15 OBG) zu orientieren. Die konkrete Maßnahme der Behörde muss *geeignet*, *erforderlich* und *zumutbar* sein. Verletzt die Behörde den Grundsatz der Verhältnismäßigkeit, überschreitet sie den ihr eröffneten Handlungsrahmen. Es liegt eine Ermessensüberschreitung vor.

318 VII. Abschnitt G.

1. Nach Ermittlung der einschlägigen Ermächtigungsgrundlage (maßgeblich ist hierbei die Rechtsfolgenseite der Eingriffsnorm) erfolgt die Prüfung der formellen und materiellen Rechtmäßigkeit der Maßnahme.
2. Die jeweilige Generalklausel ist nur einschlägig, wenn keine Befugnisnorm in speziellen Gefahrenabwehrgesetzen ersichtlich ist und wenn auch keine speziellen Eingriffsermächtigungen (Standardermächtigungen, Vollstreckungsermächtigungen) im Polizei- bzw. Ordnungsbehördengesetz ersichtlich sind. Die etwaige Spezialität der Standardmaßnahmen ist am Maßstab der jeweiligen Rechtsfolgeanordnung zu ermitteln.

319 VIII. Abschnitt H.

Da die aus einem Rechtssatz abzuleitenden Ansprüche nicht weiter gehen können als die objektiven Bindungen der Norm, beschränkt sich der Anspruch des Einzelnen grundsätzlich allein auf eine ermessensfehlerfreie Entscheidung über ein mögliches Eingreifen. Ein Anspruch auf Einschreiten besteht immerhin dort, wo das (Entschließungs-) Ermessen der Behörde im Einzelfall „auf Null" reduziert ist.

320 IX. Abschnitt I.

1. Standardmaßnahmen sind Eingriffe, die von den Polizei- und Ordnungsbehörden auf der Grundlage von speziellen Befugnisnormen („Standardermächtigungen") vorgenommen werden. Sie lassen sich in solche zum Zwecke der Gefahren*aufklärung* (z.B. Durchsuchung) und solche der Gefahren*beseitigung* (z.B. Platzverweisung, Aufenthaltsverbot) unterteilen.

O. Antworten zu den Kontrollfragen   465

2. Die Platzverweisung eröffnet die Befugnis, eine Person des Ortes zu verweisen (Entfernungsgebot) und die Befugnis, einer Person das Betreten eines Ortes zu verbieten (Betretungsverbot). Beides wird regelmäßig miteinander kombiniert. Es handelt sich immer nur um kurzfristig geltende Ge- oder Verbote (im Stundenbereich angesiedelt). Längerfristige Aufenthaltsverbote fallen unter § 34 Abs. 2 PolG.
3. Die Vorschrift des § 34 a PolG gibt der Polizei die Befugnis, eine Person von der eine Gefahr für eine in einer bestimmten Wohnung wohnende „gefährdete Person" ausgeht, „aus der Wohnung ... sowie aus deren unmittelbaren Umgebung (zu) verweisen und ihr die Rückkehr in diesen Bereich (zu) untersagen".
4. Eine Ingewahrsamnahme ist das Festhalten einer Person an einem eng umgrenzten Ort gegen oder ohne ihren Willen. Eine solche liegt weder bei einer freiwilligen Unterstellung des Bürgers unter polizeilichen Schutz (sog. „unechter Gewahrsam") noch bei der Verbringung einer Person an einen fremden Ort (sog. „Verbringungsgewahrsam") oder dem kurzfristigen Anhalten einer Person vor.
5. Es ist zu differenzieren zwischen dem sog. „Schutzgewahrsam" (§ 35 Abs. 1 Nr. 1 PolG), dem sog. „Präventiv- oder Unterbindungsgewahrsam" (§ 35 Abs. 1 Nr. 2 PolG), dem sog. „Durchsetzungsgewahrsam" (§ 35 Abs. 1 Nr. 3 und 4 PolG) und der Ingewahrsamnahme zum Schutz privater Rechte (§ 35 Abs. 1 Nr. 5 PolG).
6. Unter dem *Betreten* ist das Eindringen in die betreffenden Räume sowie das dortige Verweilen (einschließlich des „einfachen" Nach- und Umschauens) zu verstehen, unter einer *Durchsuchung* das ziel- und zweckgerichtete Suchen staatlicher Organe nach Personen oder Sachen, die der Inhaber der Wohnung nicht zu offenbaren bereit ist.
7. Richtigerweise nicht: Die Sicherstellung trägt bereits wesensmäßig den zwangsweisen Entzug der Sachherrschaft in sich, so dass sie einer gesonderten Vollstreckung entgegen der wohl h. M. nicht zugänglich ist.

X. Abschnitt J.   321

1. Der Gesetzgeber hatte eine bestimmte Art der Befragung vor Augen, die besser unter dem Stichwort der „Vernehmung" bekannt ist. Deren Eingriffsqualität ergibt sich daraus, dass der Befragte die Befragung zu dulden und zu diesem Zwecke „anzuhalten" hat, § 9 Abs. 1 S. 2 PolG. Der imperative Charakter wird auch an seiner Auskunftspflicht gem. § 9 Abs. 2 PolG deutlich.
2. Eine Vorladung nach § 10 Abs. 1 PolG ist die Aufforderung an eine Person, zur Klärung oder Erörterung von Tatsachen bei einer Behörde oder an einem sonstigen Ort zu erscheinen.
3. Nein, eine Rasterfahndung kann allein durch die Polizei durchgeführt werden (vgl. § 24 OBG).

XI. Abschnitt K.   322

1. Eine ordnungsbehördliche Verordnung ist eine abstrakt-generelle Norm, die für eine unbestimmte Vielzahl von Fällen sowie eine unbestimmte Vielzahl von Personen gilt. Ihre verfassungsrechtliche Zulässigkeit ergibt sich aus Art. 70 LV.
2. Mit einer ordnungsbehördlichen Verordnung können Maßnahmen der Gefahrenabwehr von einer Einzelfallbetrachtung losgelöst durchgeführt und durch sog. „unselbständige Verfügungen" durchgesetzt werden.
3. Der abstrakten Gefahr liegt im Gegensatz zu der konkreten Gefahr ein „hypothetischer" bzw. „gedachter Sachverhalt" zugrunde, bei dessen Eintritt mit hinreichender Wahrscheinlichkeit in absehbarer Zeit mit einem Schaden an den

ordnungsbehördlichen Schutzgütern zu rechnen ist. Es liegt allein eine Änderung des Bezugspunktes der Gefahrenprognose und nicht eine Variation des Wahrscheinlichkeitsgrades des Schadenseintritts vor.

323 XII. Abschnitt L.

1. Es existiert ein abschließender Katalog von Zwangsmitteln: Das Zwangsgeld (mit Ersatzzwanghaft), die Ersatzvornahme und der unmittelbare Zwang.
2. Die Einordnung ist höchst streitig und sehr häufig das Thema von Klausuren! Teilweise wird eine Sicherstellung oder gar unmittelbarer Zwang angenommen. Richtigerweise handelt es sich um eine Ersatzvornahme (ggf. im sofortigen Vollzug).
3. Sowohl die Androhung als auch die Festsetzung stellen eigenständige belastende Verwaltungsakte dar, die ihre Ermächtigungsgrundlage in den einschlägigen Normen des Vollstreckungsrechts finden.
4. Der sofortige Vollzug erlaubt eine Zwangsmittelanwendung ohne vorausgehenden Verwaltungsakt. Zudem muss der Zwangsmitteleinsatz weder angedroht (§ 63 Abs. 1 S. 5 VwVG/§ 56 Abs. 1 S. 3 PolG) noch festgesetzt (§ 64 S. 2 VwVG) werden.
5. Ja! Amtshandlungen nach § 77 VwVG (i. V. m. § 20 VO VwVG) sind ausschließlich rechtmäßige Amtshandlungen. Die Rechtmäßigkeit der zugrunde liegenden Vollstreckungsmaßnahme ist daher materielle Voraussetzung für die kostenrechtliche Inanspruchnahme des Bürgers (vgl. auch § 24 Abs. 1 VO VwVG).

324 XIII. Abschnitt M.

1. Zu prüfen sind in der Regel zum einen der allgemeine und verschuldensabhängige Amtshaftungsanspruch gem. § 839 BGB i. V. m. Art. 34 GG zum anderen der gefahrenabwehrrechtliche und verschuldensunabhängige Schadensersatzanspruch aus § 39 Abs. 1 lit. b. OBG.
2. Ja, soweit das Entschließungsermessen wegen einer dem Individuum drohenden Gefahr auf Null reduziert war. Im Rahmen des Schadensersatzanspruchs nach § 39 Abs. 1 lit. b. OBG können dagegen bloße Unterlassungen nicht als schadensersatzpflichtige „Maßnahme" qualifiziert werden.
3. Einschlägig ist § 39 Abs. 1 lit. a OBG. In ihm gehen sowohl der sog. „Aufopferungsanspruch" für immaterielle Schäden als auch der Anspruch aus „enteignendem Eingriff" für Schäden am Privateigentum inhaltlich auf, so dass eine selbständige Prüfung dieser ungeschriebenen Anspruchsgrundlagen entfällt.
4. Eine analoge Anwendung des § 39 Abs. 1 lit. a OBG erfolgt in den Fällen einer faktischen Inanspruchnahme eines Unbeteiligten sowie bei der Inanspruchnahme eines Anscheinsstörers, sofern dieser den Anschein der Gefahr nicht zu vertreten hat.
5. Der aus dem Rechtsstaatsprinzip und den Grundrechten herzuleitende (ungeschriebene) Folgenbeseitigungsanspruch (FBA).
6. Die Vorschrift des § 42 Abs. 2 OBG eröffnet der Ordnungsbehörde bzw. der Polizei (vgl. § 67 PolG) die Möglichkeit eines Aufwendungsersatzanspruches gegen die „nach §§ 17 und 18 (OBG) ordnungspflichtigen Personen". Eine entsprechende Anwendung der Eingriffsnorm des § 42 Abs. 2 OBG auf die Fälle der Inanspruchnahme Unbeteiligter bzw. nicht ursächlich gewordener „Anscheinsstörer" ist nicht möglich.

XIV. Abschnitt N.

1. Der Grundsatz der „Polizeifestigkeit" des Versammlungsrechts beschreibt die Spezialität des Versammlungsgesetzes vor dem hierdurch derogierten „allgemeinen" Polizeigesetz. *Versammlungsspezifische* Eingriffe sind allein auf der Grundlage des Versammlungsgesetzes zulässig. Das Polizeigesetz bleibt allerdings einschlägig für sog. „Vorfeldmaßnahmen" sowie Maßnahmen nach Auflösung einer Versammlung oder Ausschluss einer Person aus der Versammlung.
2. Von der Anmeldepflicht ausgenommen bleiben sog. *„Spontanversammlungen"*. Die Fristenbindung entfällt bei sog. *„Eilversammlungen"*.
3. Hierüber besteht Streit. Durch eine Erweiterung des Volksverhetzungstatbestandes des § 130 StGB sowie durch die Einfügung eines neuen § 15 Abs. 2 VersG, demzufolge Versammlungen verboten oder von Auflagen abhängig gemacht werden können, wenn sie an besonderen Gedenkstätten für die Opfer des Nationalsozialismus stattfinden und nach den konkreten Umständen mit einer Beeinträchtigung der Würde der Opfer zu rechnen ist, hat der Gesetzgeber versucht, den Konflikt zu entschärfen.

§ 4. Öffentliches Baurecht

Allg. Literaturhinweise: Allgemeine, länderübergreifende **Lehr- und Handbücher zum öffentlichen Baurecht:** *Battis,* Öffentliches Baurecht und Raumordnungsrecht, 5. Aufl. 2006; *Brohm,* Öffentliches Baurecht, 3. Aufl. 2002; *Erbguth,* Bauplanungsrecht, in: Achterberg/Püttner/Würtenberger (Hrsg.), Besonderes Verwaltungsrecht, Bd. I, 2. Aufl. 2000, S. 627 ff.; *Erbguth,* Öffentliches Baurecht, 5. Aufl. 2009; *Finkelnburg/Ortloff/Kment,* Öffentliches Baurecht, Bd. I, 6. Aufl. 2011, Bd. II, 6. Aufl. 2010; *Hoppe/Bönker/Grotefels,* Öffentliches Baurecht, 4. Aufl. 2010; *Hoppenberg/de Witt* (Hrsg.), Handbuch des öffentlichen Baurechts, Loseblatt (Stand: Okt. 2012); *Koch/Hendler,* Baurecht, Raumordnungs- und Landesplanungsrecht, 5. Aufl. 2009; *Krebs,* Baurecht, in: Schmidt-Aßmann (Hrsg.), Besonderes Verwaltungsrecht, 14. Aufl. 2008, S. 451 ff.; *Muckel,* Öffentliches Baurecht, 2010; *Oldiges,* Baurecht, in: Steiner (Hrsg.), Besonderes Verwaltungsrecht, 8. Aufl. 2006, S. 363 ff.; *Peine,* Öffentliches Baurecht, 4. Aufl. 2003; *Schenke,* Bauordnungsrecht, in: Achterberg/Püttner/Würtenberger (Hrsg.), Besonderes Verwaltungsrecht, Bd. I, 2. Aufl. 2000, S. 748 ff.; *Stollmann,* Öffentliches Baurecht, 8. Aufl. 2011; *Stüer,* Handbuch des Bau- und Fachplanungsrechts, 4. Aufl. 2009; *Terwiesche,* Der Bauverwaltungsprozess, 2012; *Tettinger/Erbguth/Mann,* Besonderes Verwaltungsrecht, 11. Aufl. 2012, S. 329 ff. Näher auf das **Baurecht in NRW bezogene Lehrbücher:** *Dürr/Middeke/Schulte Beerbühl,* Baurecht für Nordrhein-Westfalen, 4. Aufl. 2013; *Schroeder,* Baurecht Nordrhein-Westfalen, 2010. **Kommentare:** *Battis/Krautzberger/Löhr,* Baugesetzbuch, 11. Aufl. 2009; *Boeddinghaus,* Baunutzungsverordnung, Kommentar, 5. Aufl. 2005; *Boeddinghaus/Hahn/Schulte,* Bauordnung für das Land Nordrhein-Westfalen, Loseblatt (Stand: Mai 2013); *Brügelmann* u.a., Baugesetzbuch, Kommentar, Loseblatt (Stand: Jul. 2013); *Ernst/Zinkahn/Bielenberg/Krautzberger,* Baugesetzbuch, Kommentar, Loseblatt (Stand: Jan. 2013); *Fickert/Fieseler/Determann,* Baunutzungsverordnung, 11. Aufl. 2008; *Gädtke/Czepuck/Johlen/Plietz/Wenzel,* Landesbauordnung Nordrhein-Westfalen, 12. Aufl. 2011; *Jäde/Dirnberger/Weiß,* Baugesetzbuch, Baunutzungsverordnung, 6. Aufl. 2010; *König/Roeser/Stock,* BauNVO, 2. Aufl. 2003; *Krautzberger/Söfker,* Baugesetzbuch, 12. Aufl. 2010; *Schlichter/Stich/Driehaus/Paetow,* Berliner Kommentar zum Baugesetzbuch, 3. Aufl., Loseblatt (Stand: Nov. 2012); *Schrödter,* Baugesetzbuch, 7. Aufl. 2006; *Thiel/Moog/Klauke,* Baurecht in Nordrhein-Westfalen, Kommentar, Loseblatt (Stand: Dez. 2008). **Fallsammlungen:** *Gubelt/Muckel,* Fälle zum Bau- und Raumordnungsrecht, 6. Aufl. 2007; *Ibler,* Öffentliches Baurecht, 2006; *Seidel/Reimer/Möstl,* Besonderes Verwaltungsrecht. Baurecht, Polizei- und Sicherheitsrecht, 3. Aufl. 2009; *Steiner,* Baurecht mit den Bezügen zum Raumordnungs- und Landesplanungsrecht, 5. Aufl. 2010. **Zeitschriften** (neben den allgemeinen verwaltungsrechtlichen Zeitschriften, insb. auch NVwZ-RR zum Nachweis von Rspr.): Baurecht: Zeitschrift für das gesamte öffentliche und zivile Baurecht (BauR); Bundesbaublatt: Fachzeitschrift für Wohnungswirtschaft und Bauverwaltung; Neue Zeitschrift für Baurecht und Vergaberecht (NZBau); Umwelt- und Planungsrecht, Zeitschrift für Wissenschaft und Praxis (UPR); Zeitschrift für deutsches und internationales Bau- und Vergaberecht (ZfBR).

A. Einführung

I. Das öffentliche Baurecht in NRW in Ausbildung und Prüfung

1 Im rechtswissenschaftlichen Studium und im juristischen Vorbereitungsdienst zählt das Baurecht – neben dem Polizei- und Ordnungsrecht und dem Kommunalrecht – zum traditionellen Bestand an Lehr- und Prüfungsgegenständen aus dem Besonderen Verwaltungsrecht. In der sog. ersten Prüfung gehört heute das „Baurecht im Überblick" zu den **Pflichtfächern** im öffentlichen Recht (§ 11 II Nr. 13 lit. c JAG), ebenso in der zweiten juristischen Staatsprüfung (§ 52 I 1 Nr. 1 JAG). Darüber hinaus ist das öffentliche Baurecht auch Bestandteil einzelner Schwerpunktbereiche, die die einzelnen Fakultäten nach DRiG und JAG gebildet haben, und damit u. U. auch Gegenstand der universitären Schwerpunktbereichsprüfung.

II. Grundlagen: Das Rechtsgebiet des öffentlichen Baurechts in NRW

1. Funktion des öffentlichen Baurechts

2 Das Baurecht hat – grundsätzlich und allgemein gesprochen – die Aufgabe, **die bauliche (und die sonstige, damit zusammenhängende) Nutzung des Bodens** zu regeln.

3 Es unterfällt in **das öffentliche und das private Baurecht.** Das private Baurecht behandelt die zivilrechtlichen Rechtsbeziehungen insbesondere hinsichtlich des Baugeschehens und der Nutzung des Eigentums an Grund und Boden und hat seine Grundlagen vor allem im BGB, etwa in den §§ 903 ff. BGB, und in dem – gemäß Art. 124 EGBGB daneben geltenden – landesrechtlichen NachbG (Hoppe, in: Hoppe/Bönker/Grotefels, Öffentliches Baurecht, § 1 Rn. 1). Es geht aus von der bürgerlich-rechtlichen Baufreiheit, die dem Eigentümer zunächst das Recht gibt, sein Grundstück nach Belieben zu bebauen, enthält zugleich aber auch Beschränkungen im Verhältnis zu anderen Privatrechtssubjekten (vgl. z. B. §§ 907, 909 BGB).

4 Die privatrechtliche Regelung der Nutzung von Grund und Boden allein erlaubt es jedoch nicht, das **öffentliche Interesse an einer geordneten Bodennutzung** hinreichend zur Geltung zu bringen. In einem dicht besiedelten, hoch industrialisierten Gemeinwesen wie der Bundesrepublik berührt die bauliche Nutzung des Bodens durch einzelne Bauherrn vielfältige öffentliche Interessen; diese ergeben sich beispielsweise schon aus der Begrenztheit der zur Verfügung stehenden (privaten) Baufläche, der Abwehr von Gefahren, die von baulichen Anlagen für Nachbarn oder die Allgemeinheit ausgehen können, dem städtebaulichen Bedarf an öffentlichen Flächen (Verkehrsflächen, Grünflächen, Erholungsflächen usw.) oder dem Flächenbedarf für besondere öffentliche Zwecke (Ausweisung von Wasser- und Landschafts-

A. Einführung

schutzgebieten usw.). Den nötigen Ausgleich mit diesen öffentlichen Interessen, der privatrechtlich nicht zu erreichen ist, bezweckt das öffentliche Baurecht.

Das öffentliche Baurecht geht davon aus, dass der Einzelne das Recht hat, sein Grundstück zu bebauen, wenn er die gesetzlichen Voraussetzungen erfüllt (vgl. § 75 I 1 BauO). Ob hinter dieser einfachrechtlichen Annahme eine durch Art. 14 GG verfassungsrechtlich verbürgte **Baufreiheit** steht, ist intensiv und streitig diskutiert worden, doch sollte dieser Streit in seiner Bedeutung nicht überschätzt werden (Tettinger/Erbguth/Mann, BesVerwR, Rn. 816). Art. 14 GG garantiert grundrechtlich das Eigentum, jedoch auf Grund der in Art. 14 I 2 GG niedergelegten Inhalts- und Schrankenbestimmung durch den Gesetzgeber nur nach Maßgabe der – zulässigen – einfachgesetzlichen Ausgestaltung. Danach hat der Gesetzgeber zunächst abstrakt und generell den Inhalt des Eigentums zu bestimmen. Welche Befugnisse dann einem einzelnen Eigentümer in einem bestimmten Zeitpunkt konkret zustehen, ergibt sich aus der Gesamtheit der zu diesem Zeitpunkt geltenden, seine Eigentümerstellung regelnden gesetzlichen Vorschriften (BVerfGE 58, 300 [336]). Das Recht, das eigene Grundstück baulich zu nutzen, ist daher eigentumsgrundrechtlich (nur) in dem durch das einfache Recht – zulässigerweise – gesetzten Rahmen garantiert. Auch vor dem Verlust oder der Einschränkung dieser einmal rechtlich begründeten Position durch eine spätere Änderung der baurechtlichen Vorgaben schützt das Eigentumsgrundrecht den einzelnen Grundrechtsinhaber zunächst; eine solche spätere, einschränkende Rechtsänderung stellt jedoch nach der überzeugenden Rspr. des BVerfG (NVwZ 1999, 979 [979 f.]) keine Enteignung dar, sondern eine erneute, geänderte Inhalts- und Schrankenbestimmung, die im Hinblick auf bestehende individuelle Baurechtspositionen insbesondere am Verhältnismäßigkeitsgrundsatz zu messen ist, dem Gesetz- oder Satzungsgeber aber nicht grundsätzlich verwehrt ist. Dies ist der Grund dafür, dass einerseits aus Art. 14 GG heute nicht mehr ohne weiteres und unmittelbar ein Bestandsschutz für einmal begründete Baurechte abgeleitet wird (vgl. Rn. 180 f.), andererseits das BauGB in gewissen Grenzen an die für den Grundeigentümer nachteilige Veränderung der baulichen Nutzbarkeit des Grundstücks durch Bebauungsplanänderung Entschädigungspflichten knüpft (§§ 39 ff. BauGB), wobei diese Entschädigungsregelungen teils verfassungsgebotene Ausgleichsleistungen, teils aber auch Billigkeitsentschädigung gewähren.

2. Historische Entwicklung des öffentlichen Baurechts

Vereinzelte modern anmutende Bauvorschriften fanden sich schon vor bzw. in dem **19. Jahrhundert**. So enthielt das Preußische Allgemeine Landrecht von 1794 in seinem § 65 I 8 bereits den Grundsatz der Baufreiheit, verbot aber auch in § 66 I 8 das Bauen zum Schaden oder zur Unsicherheit des gemeinen Wesens oder zur Verunstaltung der Städte und öffentlichen Plätze. Der durch Bevölkerungswachstum, Verstädterung und Industrialisierung begründete, wachsende Planungsbedarf führte in der zweiten Hälfte des

19. Jahrhunderts zu ersten, ansatzweise zwischen Baupolizei und Bauplanungsrecht unterscheidenden gesetzlichen Regelungen, namentlich zu dem badischen Ortsstraßengesetz von 1868 und dem preußischen Fluchtliniengesetz von 1875. Von zentraler Bedeutung für die Durchsetzung eines liberal-rechtsstaatlichen Baurechts war das Kreuzberg-Urteil des PrOVG von 1882, in dem das Gericht zu überprüfen hatte, ob der Berliner Polizeipräsident im Wege der Polizeiverfügung Bauverbote und -beschränkungen anordnen durfte, um die Ansicht des Denkmals auf dem Berliner Kreuzberg zu schützen; das PrOVG entschied, die Baupolizei sei nur ermächtigt, Gefahren abzuwehren, nicht aber Wohlfahrtspflege zu betreiben (PrOVGE 9, 353 [376 f.]). Danach war die Baupolizei auf Gefahrenabwehr beschränkt und für Wohlfahrtspflege eine spezialgesetzliche Ermächtigungsgrundlage erforderlich.

7 Die **gesetzliche Ausgestaltung eines öffentlichen Baurechts** erfolgte dann im Wesentlichen **im 20. Jahrhundert**. Zunächst entstanden auf Länderebene erste Bauordnungen noch vorwiegend baupolizeilichen Charakters. Die erste reichseinheitliche Regelung erfolgte 1936 in der Bauregelungsverordnung und der Baugestaltungsverordnung, die das liberale Prinzip materieller Baufreiheit überwanden und Baufreiheit nur nach Maßgabe der Planung gewährten. Nach dem 2. Weltkrieg ergingen zunächst die sog. Trümmergesetze, in Nordrhein-Westfalen das Enttrümmerungsgesetz von 1948 und das Aufbaugesetz von 1952, bevor es an die Schaffung eines neuen Baurechts in der Bundesrepublik ging.

3. Gesetzgebungszuständigkeiten nach dem GG

8 Nach der **grundgesetzlichen Verteilung der Gesetzgebungskompetenzen** hat der Bund Gesetzgebungsbefugnisse nur, soweit das Grundgesetz sie ihm verleiht; i. Ü. bleibt es bei der grundsätzlichen Gesetzgebungszuständigkeit der Länder (Art. 70 I GG). Für das öffentliche Baurecht war die Gesetzgebungszuständigkeit zunächst unsicher und streitig; heute ist gesichert, dass sie teils beim Bund, teils bei den Ländern liegt.

9 Für den Bereich des öffentlichen Baurechts ist die konkurrierende Bundesgesetzgebungskompetenz gemäß Art. 74 I Nr. 18 GG einschlägig, die ungeachtet der Änderungen durch die Föderalismusreform 2006 nach wie vor insbesondere auch das „**Bodenrecht**" erfasst. Die Abgrenzung dieses Kompetenztitels ist im Jahr 1954 durch das sog. Baurechtsgutachten des BVerfG (BVerfGE 3, 407 [423 ff.]) geklärt worden. Danach steht fest, dass weder durch diesen noch durch einen sonstigen Titel eine Bundeskompetenz für die Gesamtmaterie des Baurechts begründet wird. „Bodenrecht" meint vielmehr nur sog. bodenbezogene Regelungen, d.h. solche Vorschriften, die Grund und Boden unmittelbar zum Gegenstand rechtlicher Ordnung haben, also die rechtlichen Beziehungen des Menschen zu Grund und Boden regeln (BVerfGE 3, 407 [424]). Hiervon ausgehend, gestützt auf Art. 74 I Nr. 18 GG („Bodenrecht") hat das BVerfG dem Bund die konkurrierende Gesetzgebungszuständigkeit zugesprochen für:

A. Einführung

– das Recht der städtebaulichen Planung, das dazu dient, die rechtliche Qualität des Bodens und seine Nutzbarkeit festzulegen,
– die Baulandumlegung und die Zusammenlegung von Grundstücken,
– die Erschließung, wovon seit einer Grundgesetzänderung 1994 die Erschließungsbeiträge ausgenommen sind, deren bundesrechtliche Regelung freilich nach Art. 125a I GG fortgilt, sowie
– die auf diese Gebiete bezogene Bodenbewertung.

Seit der Föderalismusreform 2006 ist Art. 72 II GG auf den Kompetenztitel des Art. 74 I Nr. 18 GG nicht mehr anwendbar.

Für die verbleibenden Sachbereiche des öffentlichen Baurechts, namentlich das **Bauordnungsrecht** i. S. v. Baupolizeirecht (BVerfGE 3, 407 [430 ff.]) sind hingegen die Landesgesetzgeber zuständig. In materieller Hinsicht obliegt ihnen die Zuständigkeit für die – von den bodenbezogenen Regelungen des Bauplanungsrechts zu unterscheidenden – objektbezogenen Regeln, d. h. die ordnungsrechtlichen Anforderungen an die konkrete bauliche Anlage, wobei diese Anforderungen herkömmlich v. a. gefahrenabwehrrechtlicher und gestalterischer, zuletzt verstärkt auch sozialpolitisch und ökologisch motivierter Art sind. Außerdem haben die Landesgesetzgeber in formeller Hinsicht die bauaufsichtliche Behördenorganisation und das bauaufsichtliche Verfahren zu regeln.

Die kompetenzrechtlich begründete Unterscheidung von Bauplanungs- und Bauordnungsrecht schließt gewisse **Verknüpfungen und Überlappungen** zwischen beiden Gebieten nicht aus. In formeller Hinsicht stellt v. a. der Umstand eine solche Verknüpfung her, dass die bauplanungsrechtliche Beurteilung einzelner Vorhaben – sofern sie nicht genehmigungsfrei gestellt sind – im bauaufsichtlichen Verfahren erfolgt. In materieller Hinsicht gibt es eine Reihe von Gegenständen, die sowohl von einem städtebaulichen wie auch von einem ordnungsrechtlichen Ansatz her einer Regelung zugänglich sind, so dass es einander eng berührende bauplanungs- und bauordnungsrechtliche Vorschriften gibt; Beispiele hierfür sind die städtebaulichen Regelungen über offene oder geschlossene Bauweise und seitliche Baugrenzen einerseits und die bauordnungsrechtlichen, der Belichtung und Belüftung sowie der Brandbekämpfung dienenden Abstandsregelungen andererseits (vgl. Rn. 73 f., 249 ff.) oder die sowohl in den bauplanungsrechtlichen Vorschriften (vgl. Rn. 193 ff.) wie auch bauordnungsrechtlich geforderte (§ 4 I Nr. 1 BauO) wegemäßige Erschließung.

4. Rechtsgrundlagen

Auf der Grundlage dieser grundgesetzlichen Gesetzgebungskompetenzverteilung unterfällt das öffentliche Baurecht in **die zwei großen Teilgebiete des Bauplanungsrechts und des Bauordnungsrechts**.

a) Bauplanungsrecht

Der Bundesgesetzgeber hat von seiner Gesetzgebungskompetenz erstmals 1960 mit dem Bundesbaugesetz (BBauG) Gebrauch gemacht. Es wurde 1971 ergänzt durch das Städtebauförderungsgesetz (StBauFöG), das ihm das

§ 4. Öffentliches Baurecht

sog. Besondere Städtebaurecht zur Seite stellte; dessen Kernanliegen waren die Sanierung überalterter Baugebiete, die Entwicklung in Randgebieten von Verdichtungsräumen und der Bau neuer Orte. Mit dem neuen **Baugesetzbuch (BauGB)** wurden 1987 das allgemeine und das besondere Städtebaurecht in einem Gesetz zusammengeführt. Zur Bewältigung der besonderen städtebaulichen Probleme nach der Wiedervereinigung ergingen 1990 das Wohnbauerleichterungsgesetz und als dessen Art. 2 das BauGB-MaßnahmeG, zunächst befristet auf 5 Jahre, durch das Investitionserleichterungs- und Wohnbaulandgesetz bis Ende 1997 verlängert; es führte insbesondere Sonderregelungen zur erleichterten Aufstellung von Bebauungsplänen und zur erleichterten Zulassung von Wohngebäuden ein. Zum 1. Jan. 1998 trat eine Neufassung des BauGB in Kraft, die nunmehr eine Zusammenfassung und vollständige Wiedergabe des Bauplanungsrechts darstellte. Eine bedeutendere Novellierung, die v. a. der Umsetzung der EG-Richtlinie zur Umweltprüfung von Plänen und Programmen (sog. Plan-UP-Richtlinie) diente, hat dieses BauGB im Jahre 2004 durch das Europarechtsanpassungsgesetz Bau (EAG Bau) erfahren. Auch das am 1. Jan. 2007 in Kraft getretene Gesetz zur Erleichterung von Planungsvorhaben für die Innenentwicklung der Städte, die am 30. Juli 2011 in Kraft getretene sog. Klimaschutznovelle und zuletzt das Gesetz zur Stärkung der Innenentwicklung in den Städten und Gemeinden und weiteren Fortentwicklung des Städtebaurechts vom 11. Juni 2013 (BGBl. I S. 1548), das im Wesentlichen am 30. Sept. 2013 in Kraft tritt, haben relevante Änderungen gebracht.

Die Klimaschutznovelle hat die gemeindlichen Aufgaben im Bereich der Bauleitplanung um die Bekämpfung des Klimawandels und die Anpassung an den Klimawandel erweitern wollen (vgl. BT-Drs. 17/6076, S. 1). Ob dies mit Art. 84 I 7 GG vereinbar ist (vgl. auch Rn. 27), ist umstritten (krit. Kment, DVBl. 2012, 1125 [1126]; a.A. Battis/Krautzberger/Mitschang/Reidt, NVwZ 2011, 897 [899]).

14 Von Beginn an enthielten BBauG bzw. BauGB eine an die Zustimmung des Bundesrats gebundene Ermächtigung an das zuständige Ministerium zum Erlass bestimmter **Rechtsverordnungen** (heute: § 9a BauGB). Der wichtigste Gegenstand dieser Verordnungsermächtigung sind Vorschriften über mögliche Darstellungen und Festsetzungen in den gemeindlichen Bauleitplänen und über die in den Baugebieten zulässigen baulichen und sonstigen Anlagen; von dieser Ermächtigung ist in der BauNVO Gebrauch gemacht worden, und zwar erstmals mit der BauNVO 1962 und dann in den Novellen 1968, 1977 und 1990, zuletzt geändert durch Art. 2 des Gesetzes zur Stärkung der Innenentwicklung in den Städten und Gemeinden und weiteren Fortentwicklung des Städtebaurechts vom 11. Juni 2013 (BGBl. I S. 1548). Weiter stützt sich auf § 9a Nr. 4 BauGB die Planzeichenverordnung (PlanzV), die Vorgaben für die Ausarbeitung bzw. Gestaltung der Bauleitpläne und die Darstellung ihres Planinhalts macht. Hinzu tritt noch die auf § 199 I BauGB beruhende, hier nicht näher interessierende Wertermittlungsverordnung (WertV).

b) Bauordnungsrecht

Nachdem das Baupolizeirecht in der frühen Bundesrepublik zunächst sehr zersplittert war, entstand 1959 eine erste von Bund und Ländern gemeinsam erarbeitete Musterbauordnung, der später, zuletzt 2002 (dazu Jäde, NVwZ 2003, 668), weitere nachfolgten. Sie war Vorbild neuer Landesbauordnungen in den einzelnen Ländern. Auf dieser Grundlage hat das Land Nordrhein-Westfalen am 25. Juni 1962 seine **Landesbauordnung (BauO)** erlassen. Es erfolgten mehrere Neufassungen in den Jahren 1970, 1985 sowie insbesondere 1995, als eine grundlegende Novellierung mit dem Ziel der Einführung von verfahrensbeschleunigenden Regelungen und einer Ökologisierung der BauO erfolgte (vgl. dazu Stollmann, NWVBl. 1995, 41; Jäde, NWVBl. 1995, 206). Die letzte Neubekanntmachung erfolgte am 1. März 2000. Insbesondere die Änderungsgesetze vom 12. Dez. 2006 und vom 13. März 2007 haben einige nicht unerhebliche Veränderungen gebracht.

Baurecht			
Öffentliches Baurecht			Privates Baurecht
Bauplanungsrecht/ Städtebaurecht		Bauordnungsrecht	
Allgemeines Städtebaurecht	Besonderes Städtebaurecht	Materielles Bauordnungsrecht	Formelles Bauordnungsrecht	
BauGB (BauNVO, PlanzV)		BauO		BGB, NachbG

5. Anhang

Literatur: *Breuer*, Zur Entstehungsgeschichte eines modernen Städtebaurechts in Deutschland, Verw 19 (1986), 305; *Osterloh*, Eigentumsschutz, Sozialbindung und Enteignung bei der Nutzung von Boden und Umwelt, DVBl. 1991, 906; *Broß*, Berührungsbereiche zwischen öffentlich-rechtlichem Baurecht und Zivilrecht, VerwArch 89 (1998), 489; *Konrad*, Ausgewählte Grundprobleme des Baurechts, JA 2000, 608; *Callies*, Öffentliches und privates Nachbarrecht als wechselseitige Auffangordnungen, Verw 34 (2001), 169; *Dähne*, Die so genannte Baufreiheit, JURA 2003, 455; *Battis/Krautzberger/Löhr*, Die Änderungen des Baugesetzbuchs durch das Europarechtsanpassungsgesetz Bau (EAG Bau 2004), NJW 2004, 2553; *Beaucamp*, Öffentliches Baurecht in der Nussschale, JA 2005, 471; *Battis/Krautzberger/Löhr*, Gesetz zur Erleichterung von Planungsvorhaben für die Innenentwicklung der Städte („BauGB 2007"), NVwZ 2007, 121; *Dürr*, Die Klausur im Baurecht, JuS 2007, 328/431/521; *Battis/Krautzberger/Mitschang/Reidt/Stüer*, Gesetz zur Förderung des Klimaschutzes bei der Entwicklung in den Städten und Gemeinden in Kraft getreten, NVwZ 2011, 897; *Krautzberger/Stüer*, BauGB-Novelle 2013. Gesetz zur Stärkung der Innenentwicklung in den Städten und Gemeinden und weiteren Fortentwicklung des Städtebaurechts, DVBl. 2013, 805

Kontrollfragen:

1. Welche Funktion hat das Baurecht generell?

§ 4. Öffentliches Baurecht

2. Worin unterscheiden sich öffentliches und privates Baurecht ihrer prinzipiellen Funktion nach?
3. Worauf stützt sich und wie weit reicht die Gesetzgebungskompetenz des Bundes auf dem Gebiet des öffentlichen Baurechts?
4. In welche beiden großen Bereiche kann man das öffentliche Baurecht einteilen und durch welche Gesetze werden diese jeweils v. a. geregelt?
5. Ergibt sich unmittelbar aus Art. 14 GG ein Anspruch auf Erteilung einer Baugenehmigung?

III. Konzeption und Gang der Darstellung

17 Wie der Blick auf die Verteilung der Gesetzgebungskompetenzen und die Rechtsgrundlagen gezeigt hat, ist das öffentliche Baurecht – anders als die weiteren unmittelbar examensrelevanten Gebiete des Besonderen Verwaltungsrechts, das Kommunal- sowie das Polizei- und Ordnungsrecht – partiell bundesrechtlich geregelt; kennzeichnend ist, dass es sich in die beiden großen Teilbereiche des Bauplanungsrechts und des Bauordnungsrechts aufteilt. Das Bauplanungsrecht ist bundesrechtlich geregelt, weist allerdings bereits deutliche Querbezüge in das Landesrecht hinein auf: Die Bauleitplanung, die gemeindliche Angelegenheit ist, ist eng verwoben mit dem Kommunalrecht; die bauplanungsrechtliche Beurteilung einzelner Vorhaben erfolgt in dem landesrechtlich, durch die BauO geregelten bauaufsichtlichen Verfahren. Der zweite Teilbereich des Bauordnungsrechts ist originär und insgesamt landesrechtlich geregelt. So ist auch das öffentliche Baurecht insgesamt deutlich landesrechtlich beeinflusst. Die vorliegende Darstellung sucht – dem Rahmen eines Lehrbuchs zum öffentlichen Recht in Nordrhein-Westfalen entsprechend – einen **landesrechtlichen Blickwinkel** einzunehmen: Schon in der Darstellung des ersten großen Teilgebiets, des bundesrechtlich geregelten Bauplanungsrechts, gilt deshalb besonderes Augenmerk den Querbezügen zum Landesrecht, namentlich zum Bauordnungsrecht und zum Kommunalrecht; mit Blick auf das zweite große Teilgebiet, das landesrechtlich geregelte Bauordnungsrecht, bietet sich die Möglichkeit einer ganz auf das nordrhein-westfälische Landesrecht konzentrierten Darstellung.

18 Weiterhin bedarf es einer **gegenständlichen Beschränkung auf (Teil-)Gegenstände des öffentlichen Baurechts von hervorgehobener Relevanz für Studium und Examen**. Für die beiden großen Teilgebiete bedeutet das: Das – auch als Städtebaurecht oder Stadtplanungsrecht bezeichnete – **Bauplanungsrecht** unterfällt nach seiner geschichtlichen Entwicklung und heutigen Systematik in einen allgemeinen und einen besonderen Teil. Die vorliegende Darstellung konzentriert sich auf das Allgemeine Städtebaurecht, das seinen zentralen Regelungsgegenstand in der Bauleitplanung, die nach § 1 I BauGB die bauliche und sonstige Nutzung der Grundstücke in der Gemeinde vorzubereiten und zu leiten hat, und einen zweiten wichtigen Regelungsgegenstand in der bauplanungsrechtlichen Zulässigkeit einzelner Vorhaben hat; hinzu treten materielle Regelungen über die Sicherung der Bauleitplanung sowie über die Bodenordnung, die städtebauliche Enteignung und die Erschließung, die im Folgenden allenfalls knapp erörtert werden. Das im Zwei-

ten Kapitel, in §§ 136 bis 191 BauGB, geregelte Besondere Städtebaurecht enthält spezielle Vorschriften zur Bewältigung besonderer städtebaulicher Problemlagen, so z. B. in den Sanierungsvorschriften der §§ 136 ff. BauGB für Gebiete, die städtebauliche Missstände aufweisen, oder in §§ 172 ff. BauGB für Gebiete, die in ihrer städtebaulichen Eigenart oder der Zusammensetzung ihrer Wohnbevölkerung erhalten oder aber städtebaulich umstrukturiert werden sollen; diese – teils besonders intensiv eingreifenden, teils aber auch fördernden – speziellen Regelungen können im Folgenden nur punktuell angesprochen werden (vgl. D. II. 3. zu den städtebaulichen Geboten). Das **Bauordnungsrecht** lässt sich in das formelle und das materielle Bauordnungsrecht unterteilen. Materiellrechtlich enthält es eine Vielzahl von praktisch höchst bedeutsamen Voraussetzungen, die allerdings nur teilweise von besonderer juristischer Problematik und von besonderer Relevanz im Rahmen von Ausbildung und Prüfung sind; auf diese Fragen muss sich das Augenmerk richten und beschränken. Ausführlich zu behandeln sind die formellen Aspekte der Organisation der Bauaufsicht und der bauaufsichtlichen Eingriffsinstrumentarien.

Auf eine – die Systematik des Rechtsgebiets strikt nachzeichnende – Gliederung nach den beiden großen Teilgebieten verzichtend, wendet sich die Darstellung im Folgenden zunächst den **bauplanungsrechtlichen Themenkomplexen** der Bauleitplanung (B.), der bauplanungsrechtlichen Zulässigkeit einzelner Vorhaben (C.) sowie der Sicherung und Verwirklichung der Bauleitplanung (D.) zu. Anschließend behandelt sie **das materielle und das formelle Bauordnungsrecht** (E. und F.). Den Abschluss bilden **Probleme des Rechtsschutzes von Bauherrn und Nachbarn** (G.) mit sowohl bauplanungs- wie auch bauordnungsrechtlichen Bezügen. 19

B. Bauleitplanung

I. Grundlagen

1. Aufgabe und Eigenart der Bauleitplanung

Das BauGB überlässt die bauliche Nutzung der Grundstücke nicht dem Belieben der einzelnen Eigentümer. Vielmehr soll sie auf der Grundlage einer staatlichen Planung, die die verschiedenen privaten und öffentlichen Interessen in Ausgleich bringt, erfolgen. Für das BauGB gilt also der **Grundsatz der Planmäßigkeit der Bebauung** (BVerwG, NVwZ 2004, 220), der in § 1 I BauGB prominent zum Ausdruck kommt. Die Aufgabe, die bauliche und sonstige Nutzung der Grundstücke vorzubereiten und zu leiten, wird dort der Bauleitplanung übertragen. Das bedeutet zwar nicht, dass alle Grundstücke rechtsverbindlich überplant sein müssen; wo rechtsverbindliche Bauleitpläne fehlen, springt das Gesetz durch §§ 34, 35 BauGB planersetzend bzw. ersatzplanerisch ein (vgl. Rn. 147, 163). Der Bauleitplanung wird jedoch ein Primat zugeschrieben, der sie zum Kernstück des Bauplanungsrechts macht. 20

21 Die Bauleitplanung ist, wie schon § 1 I BauGB („Grundstücke in der Gemeinde") verdeutlicht, räumlich auf die gemeindliche Ebene bezogen. Gegenständlich dient sie nicht, wie das die Aufgabe der sog. Fachplanungen (vgl. Rn. 26) ist, der planerischen Bewältigung einzelner, sektoraler Aufgaben- bzw. Problemfelder; vielmehr ist sie Gesamtplanung, die die Nutzung des Gemeindegebiets umfassend, unter Koordination aller auftretenden, eventuell kollidierenden Belange planerisch vorbereitet und leitet (Hoppe, in: Hoppe/Bönker/Grotefels, Öffentliches Baurecht, § 1 Rn. 4 f.). Zusammenfassend kann die Bauleitplanung danach als die **raumbezogene Gesamtplanung auf gemeindlicher Ebene** charakterisiert werden.

22 Die Bauleitplanung ist dabei auf die **Verwirklichung städtebaulicher Vorstellungen** verpflichtet. Dies folgt schon aus der zugrundeliegenden Gesetzgebungskompetenz des Art. 74 I Nr. 18 GG (vgl. Rn. 9) und kommt im Gesetz bereits in § 1 I BauGB (Dürr/Middeke/Schulte Beerbühl, Baurecht NRW, Rn. 7) und weiter in § 1 III BauGB zum Ausdruck (vgl. Rn. 54), wird in § 1 V BauGB inhaltlich konkretisiert und auch in § 9 I BauGB klargestellt. „Städtebau" wird dabei definiert als die hoheitliche, die Regelung der unmittelbaren rechtlichen Beziehungen des Menschen zum Grund und Boden einschließende Gestaltung des lokalen Raums unter überfachlichen und örtlichen Gesichtspunkten (Koch/Hendler, Baurecht, Raumordnungs- und Landesplanungsrecht, § 1 Rn. 10). Auch wenn – wie in dem 2011 noch um den Klimaschutz und 2013 um den Vorrang der sog. Innenentwicklung ergänzten § 1 V BauGB deutlich wird – die Bauleitplanung vielfältige Bezüge auch zu anderen als originär städtebaulichen Belangen aufweist, ist es den Gemeinden danach doch verwehrt, das Instrument der Bauleitplanung für andere als städtebauliche Zwecke einzusetzen (Krautzberger, in: Battis/Krautzberger/Löhr, BauGB, § 1 Rn. 45). Der Bauleitplan steht deshalb nicht zur Verfolgung bestimmter sektoraler (öffentlicher) Anliegen, etwa wettbewerbs-, friedens- oder außenpolitischer Ziele zur Verfügung (Löhr, in: Battis/Krautzberger/Löhr, BauGB, § 9 Rn. 4a) und v. a. auch nicht zur Verfolgung allein privater Interessen, etwa einzelner Grundeigentümer.

23 In der ihr aufgegebenen Verwirklichung städtebaulicher Vorstellungen teilt die Bauleitplanung die **besondere Eigenart auch anderer (raumbezogener) staatlicher Planung.** Planung wird allgemein definiert als „vorausschauendes Setzen von Zielen und gedankliches Vorwegnehmen der zu ihrer Verwirklichung erforderlichen Verhaltensweisen" (Wolff/Bachof/Stober/Kluth, Verwaltungsrecht I, 12. Aufl. 2007, § 56 Rn. 11). Daraus erhellt, dass die planende Verwaltung – innerhalb von Rahmensetzungen und Zielvorgaben – ihre Ziele und die zu deren Erreichung vorzunehmenden Schritte selbst festlegt. Auch die Bauleitplanung stellt eine solche (partiell) autonome Planung dar; zwar ist sie gesetzlichen Vorgaben, allgemein umrissen in § 1 V BauGB, unterworfen, doch bleibt ein Bereich planender Gestaltungsfreiheit. Diese Gestaltungsfreiheit wird benötigt, um im konkreten Planungsfall die vielfältigen, im Einzelfall zu beachtenden – teils konfligierenden, teils einander auch verstärkenden – öffentlichen und privaten Interessen berücksichtigen und zum Ausgleich bringen zu können. Der Gesetzgeber kann diese komplexe Ausgleichsfunktion nicht durch klassische gesetzliche Konditionalpro-

gramme, die im „Wenn"-„dann"-Schema Tatbestand und Rechtsfolge festlegen, determinieren, sondern nur einen gewissen Rahmen und i.Ü. ein Finalprogramm vorgeben (vgl. Brohm, Öffentliches Baurecht, § 11 Rn. 2 f.). Der verbleibende planerische Beurteilungs- und Entscheidungsspielraum der Verwaltung ist der Grund dafür, dass einerseits Bauleitpläne nur einer begrenzten materiellen Rechtskontrolle zugänglich sind (vgl. insbesondere Rn. 76 ff. zur Abwägung und zu Abwägungsfehlern), andererseits das Verfahren der Planaufstellung, in dem die verschiedenen öffentlichen und privaten Interessen eingebracht werden können, rechtlich eine hervorgehobene Rolle spielt (vgl. Rn. 39 ff.).

2. Die Bauleitplanung im System raumbezogener Planung

Die staatliche Raumplanung soll insgesamt eine **geordnete, den verschiedenen öffentlichen und privaten Interessen Rechnung tragende Nutzung von Grund und Boden** sicherstellen. Diesem Ziel dient ein System verschiedener raumbezogener staatlicher Planungen, in das die Bauleitplanung sich als räumliche Gesamtplanung auf Ortsebene einfügt. Sie steht insofern nicht nur – horizontal – neben der Bauleitplanung anderer, benachbarter Gemeinden, mit der sie verfahrensmäßig und inhaltlich abgestimmt sein muss (vgl. Rn. 44, 46, 64); darüber hinaus bedarf sie in diesem System insbesondere der Abgrenzung von und der Koordination mit der überörtlichen räumlichen Gesamtplanung und den sog. Fachplanungen (vgl. hierzu näher Rn. 65 ff.). 24

Die Funktion der **überörtlichen räumlichen Gesamtplanung** liegt in der übergeordneten, zusammenfassenden Planung der Gesamtheit der räumlich bedingten Lebens- und Arbeitsbedingungen (vgl. Hoppe, in: Hoppe/Bönker/Grotefels, Öffentliches Baurecht, § 1 Rn. 12). Sie unterscheidet sich von der Bauleitplanung durch den überörtlichen Charakter und die mangelnde Regelung der unmittelbaren Beziehung von Mensch und Bodennutzung (Koch/Hendler, Baurecht, Raumordnungs- und Landesplanungsrecht, § 1 Rn. 11). Ihre Rechtsgrundlage bildet zunächst das Raumordnungsgesetz (ROG) des Bundes, das auf Grundlage der früheren Rahmenkompetenz des Art. 75 I Nr. 4 GG a.F. erlassen worden ist und heute seine kompetentielle Regelung in Art. 74 I Nr. 31, 72 III 1 Nr. 4, 125b I GG findet; § 2 II ROG gibt bestimmte Grundsätze der Raumordnung vor. Auf Landesebene tritt hinzu das Landesplanungsgesetz (LPlG); es ist die Grundlage für das Landesentwicklungsprogramm (§ 12 LPlG), Landesentwicklungspläne (§ 13 LPlG) und Gebietsentwicklungspläne (§ 14 LPlG) sowie Braunkohlenpläne (§ 24 LPlG), in denen Grundsätze und Ziele der Raumordnung und Landesplanung konkretisierend dargestellt werden. 25

Die Vorgaben der überörtlichen räumlichen Gesamtplanung müssen mit der Garantie gemeindlicher Selbstverwaltung (Art. 28 II GG, Art. 78 Verf) vereinbar sein. Eine landesplanerische Vorgabe, wonach ein Hersteller-Direktverkaufszentrum mit mehr als 5.000 qm Verkaufsfläche nur in Gemeinden mit mehr als 100.000 Einwohnern ausgewiesen werden darf, soll eine unverhältnismäßige und willkürliche, deshalb verfassungswidrige Einschränkung gemeindlicher Selbstverwaltung darstellen (VerfGH NRW, NWVBl. 2009, 474 [476 ff.]).

§ 4. Öffentliches Baurecht

26 Die Funktion der **Fachplanung** ist es hingegen, jeweils einzelne sektorale (raumbedeutsame) Aufgaben- bzw. Problemfelder planerisch zu bewältigen. Das Fachplanungsrecht findet sich in Spezialgesetzen, die etwa die Planung von Bundesfernstraßen, Schienenwegen oder Energieversorgungsanlagen und -leitungen, aber auch von Wasser- oder Naturschutzgebieten regeln. Dabei stehen der Fachplanung als Instrumente insbesondere Planfeststellungsbeschlüsse (vgl. §§ 72 ff. VwVfG sowie z. B. § 17 FStrG; § 31 KrW-/AbfG) und Plangenehmigungen (vgl. allgemein § 74 VI VwVfG sowie z. B. § 17 Ia FStrG; § 31 III KrW-/AbfG) sowie Schutzbereichsausweisungen (z. B. § 19 WHG; §§ 20 ff. LG) zur Verfügung, außerdem (abwägungsrelevante) Fachpläne (z. B. §§ 15, 15a LG) und schließlich bloß informelle, intern bedeutsame Planungsinstrumente (Brohm, Öffentliches Baurecht, § 2 Rn. 2 ff.; zum Verhältnis von Fach- und Bauleitplanung vgl. Rn. 67 ff.).

3. Bauleitplanung als gemeindliche Aufgabe

27 Die Bauleitplanung ist eine **gemeindliche Aufgabe,** so dass über die bauliche Nutzung ortsnah und unter Mitwirkung der Betroffenen entschieden wird (Brohm, Öffentliches Baurecht, § 2 Rn. 1). §§ 1 III, 2 I 1 BauGB spiegeln das wider. Umstritten ist, ob die bundesgesetzliche Zuweisung von Aufgaben der Bauleitplanung an Gemeinden nunmehr an Art. 84 I 7, 85 I 2 GG, die bundesgesetzliche Aufgabenübertragungen auf Gemeinden nunmehr ausdrücklich für unzulässig erklären, zu messen ist (dagegen Battis/Krautzberger/Löhr, NVwZ 2007, 121 [122], mit der Begründung, die Aufgaben oblägen den Gemeinden bereits wegen Art. 28 II GG und nicht erst kraft des BauGB und seiner Änderungen; a.A. Pieroth, in: Jarass/Pieroth, GG, 12. Aufl. 2012, Art. 84 Rn. 7).

28 Verfassungsrechtlich ist die gemeindliche Aufgabe der Bauleitplanung durch die **Garantie kommunaler Selbstverwaltung** gemäß Art. 28 II GG, 78 Verf (vgl. allgemein § 1 Rn. 172 ff.; § 2 Rn. 54 ff.) begründet und geschützt. Sie gewährleistet der einzelnen Gemeinde das Recht, die Angelegenheiten ihrer jeweiligen örtlichen Gemeinschaft eigenverantwortlich zu regeln. Zu diesem örtlichen Wirkungskreis gehört auch die räumliche Gesamtplanung auf Ortsebene; in der überkommenen, auf einzelne gemeindliche Hoheitsrechte rekurrierenden Sprechweise geht es um die sog. gemeindliche Planungshoheit (BVerfGE 56, 298 [312]; 76, 107 [118]; BVerwGE 90, 96 [100]). Ausgehend von der früheren, durch den Rastede-Beschluss des BVerfG (E 79, 127 [146]) allerdings überholten Annahme, den sog. Kernbereich gemeindlicher Selbstverwaltung gegenständlich bestimmen zu können, ist diskutiert worden, ob die Bauleitplanung zu diesem unentziehbaren Kernbereich gehört; das BVerfG hat dies offen gelassen (BVerfGE 56, 298 [312 ff.]; 76, 107 [118 f.]). Gesetzliche Beschränkungen der gemeindlichen Planungshoheit sind richtigerweise nicht ausgeschlossen, sondern im Rahmen des in Art. 28 II 1 GG vorgesehenen Vorbehalts gesetzlicher Regelungen möglich; sie sind jedoch rechtfertigungsbedürftig und nach der Rspr. des BVerfG nur zulässig mit Rücksicht auf überwiegende Gemeininteressen (BVerfGE 79, 127 [153]). Mit Blick auf die gemeindliche Bauleitplanung

B. Bauleitplanung 481

können sie sich insbesondere aus Erfordernissen staatlicher Gesamt- oder Fachplanungen ergeben (vgl. etwa BVerfGE 76, 107 [119 ff.]; BVerwG, NVwZ 2003, 1263 [1264], die auf überörtliche Interessen abstellen).

Aus Art. 28 II GG, 78 Verf folgt für die einzelne Gemeinde ein subjektiv-öffentliches Recht. Dieses ist die Grundlage dafür, dass ihr bei fremden Planungen Beteiligungsrechte (vgl. z. B. § 4 BauGB; § 7 VI ROG) zustehen (BVerwGE 95, 123 [129 ff.]: Ziele der Raumordnung, die unter Missachtung der gemeindlichen Mitwirkungsrechte festgelegt worden sind, brauchen die Gemeinden nicht gegen sich gelten zu lassen), dass sie Rechtsschutzmöglichkeiten und u. U. auch einen Abwehranspruch hat. Diesen definiert das BVerwG so: „Die Gemeinden können in ihrer Planungshoheit beeinträchtigt werden, wenn das Vorhaben eine hinreichend bestimmte Planung nachhaltig stört, wesentliche Teile des Gemeindegebiets einer durchsetzbaren Planung entzieht, oder wenn kommunale Einrichtungen durch das Vorhaben erheblich beeinträchtigt werden." (BVerwGE 81, 95 [106]; 90, 96 [100]).

4. Zweistufiges System der Bauleitplanung

Die gemeindliche Bauleitplanung als örtliche räumliche Gesamtplanung vollzieht sich nach § 1 II BauGB in **zwei Stufen**. Bauleitpläne sind danach der Flächennutzungsplan als vorbereitender und der Bebauungsplan als verbindlicher Bauleitplan. 29

Der **Flächennutzungsplan** erfasst grundsätzlich das gesamte Gemeindegebiet (§ 5 I 1, 2 BauGB). Auf der Grundlage der Ziele der Raumordnung (vgl. § 1 IV BauGB) enthält er eine grobmaschige Planung, indem er etwa i. d. R. nur Bauflächen (vgl. § 1 I BauNVO), überörtliche Verkehrswege und innerörtliche Hauptverkehrszüge usw. darstellt (§ 5 II BauGB). Über eine Darstellung der Art der Bodennutzung in ihren Grundzügen darf der Flächennutzungsplan nicht hinausgehen (BVerwG, NVwZ 2006, 87 [89]). Seinen Darstellungen kommt keine unmittelbare Rechtsverbindlichkeit nach außen, sondern nur eine verwaltungsinterne Wirkung zu (vgl. § 7 BauGB), weshalb er nicht als Satzung, sondern überwiegend als hoheitliche Maßnahme eigener Art ohne Rechtsnormqualität gekennzeichnet wird (BVerwG, NVwZ 1991, 262 [263]; krit. hierzu etwa Krebs, in: Schmidt-Aßmann, BesVerwR, 4. Kap., Rn. 81 f.). 30

Durch das EAG Bau 2004 neu eingeführt wurde die Möglichkeit von sachlichen und jedenfalls, seit der Klimaschutznovelle 2011 zudem auch räumlichen Teilflächennutzungsplänen, die Darstellungen mit den Rechtswirkungen des § 35 III 3 BauGB enthalten, also etwa sog. Konzentrationszonen für bestimmte Anlagen wie z. B. Windenergieanlagen ausweisen (§ 5 IIb BauGB). Derartigen Darstellungen im Flächennutzungsplan wird wegen der ihnen zukommenden Ausschlusswirkung i.S.v. § 35 III 3 BauGB mit Recht Rechtsnormqualität zugesprochen (OVG Rh.-Pf., NVwZ 2006, 1442 [1442 f.]; vgl. auch BVerwG, NVwZ 2002, 869; NVwZ 2004, 614; VGH BW, NVwZ-RR 2006, 232, zur Rechtsnormqualität von verbindlichen Zielen der Raumordnung und Landesplanung im Raumordnungsplan bzw. entsprechender Festlegungen im Regionalplan; Hoppe, DVBl. 2003, 1345; Jeromin, NVwZ 2006, 1374). Folgerichtig nimmt das BVerwG nunmehr die gerichtliche Überprüfbarkeit derartiger Darstellungen des Flächennutzungsplans im Wege der sog. prinzipalen Normenkontrolle gemäß § 47 I Nr. 1 VwGO analog an (vgl. Rn. 109).

31 Regelmäßig auf der Grundlage des Flächennutzungsplans (zum sog. Entwicklungsgebot vgl. Rn. 60 ff.) erlässt die Gemeinde **Bebauungspläne**. Sie ergehen als Satzung (§ 10 I BauGB) und enthalten für einzelne Teile des Gemeindegebiets (vgl. § 9 VII BauGB) die rechtsverbindlichen Festsetzungen für die städtebauliche Ordnung (§ 8 I 1 BauGB).

Zweistufigkeit der Bauleitplanung	
Erste Stufe: Flächennutzungsplan (§§ 1 II, 5 BauGB)	*Zweite Stufe: Bebauungsplan* (§§ 1 II, 8, 9, 10 BauGB)
vorbereitender Bauleitplan	verbindlicher Bauleitplan
gesamtes Gemeindegebiet	Teile des Gemeindegebiets
Darstellung in Grundzügen	rechtsverbindliche Festsetzungen
hoheitliche Maßnahme eigener Art	Satzung
Rechtswirkungen nur für Gemeinde und gegenüber anderen Planungsträgern	Außenwirkung/Verbindlichkeit gegenüber Bürger

5. Rechtliche Eigenart, Inhalt und Gestalt insbesondere von Bebauungsplänen

32 Wie soeben gesehen ist – im Gegensatz zum Flächennutzungsplan – der Bebauungsplan seiner Rechtsnatur nach eine **Satzung** (§ 10 I BauGB). Durch ihre Festsetzungen macht sie rechtsverbindlich städtebauliche Vorgaben für die bauliche und sonstige Nutzung des von ihr räumlich erfassten Teils des Gemeindegebiets.

33 Der Bebauungsplan kann allein textliche Festsetzungen im Satzungstext enthalten, besteht in der Regel jedoch aus **textlichen Festsetzungen** und einer beigefügten **Planzeichnung**. Er muss seinen räumlichen Geltungsbereich festsetzen (§ 9 VII BauGB), was regelmäßig durch zeichnerische Darstellung auf einer Karte geschieht, aber auch durch textliche Umschreibung erfolgen kann. Seine Festsetzungen kann der Bebauungsplan in verschiedener Weise zum Ausdruck bringen; als mögliche Festsetzungsmittel werden genannt Zeichnung, Farbe, Schrift und Text (Löhr, in: Battis/Krautzberger/Löhr, BauGB, § 9 Rn. 2).

> **Beispiel** (für einen Bebauungsplan, der nur aus textlichen Festsetzungen besteht): Die Gemeinde ändert durch Bebauungsplan einen bestehenden Bebauungsplan, der für ein bestimmtes Gebiet ein Kerngebiet (§ 7 BauNVO) festsetzt, um dort die bis dahin gemäß § 7 II Nr. 2 BauNVO zulässigen (sog. kerngebietstypischen) Vergnügungsstätten durch eine auf § 1 V BauNVO gestützte Festsetzung auszuschließen.

34 Für die zu verwendenden Planzeichen macht die auf § 9a Nr. 4 BauGB gestützte **PlanzV** mit ihrer Anlage nähere Vorgaben.

35 Insbesondere die Festsetzungen über Art und Maß der baulichen Nutzung sowie die Bauweise und die überbaubaren bzw. nicht überbaubaren Grund-

B. Bauleitplanung 483

stücksflächen erfolgen unter Heranziehung der auf § 9a Nr. 1 bis 3 BauGB gestützten **BauNVO**. Die Festsetzung der zulässigen Art der baulichen Nutzung geschieht danach – vorbehaltlich der besonderen, durch § 1 IV bis X BauNVO eröffneten Regelungsmöglichkeiten (vgl. Rn. 71) – durch die Ausweisung eines der in § 1 II BauNVO genannten, in § 2 ff. BauNVO näher geregelten Baugebiete (§ 1 III 1 BauNVO); das hat nach § 1 III 2 BauNVO zur Folge, dass die Bestimmungen der §§ 2 bis 14 BauNVO Bestandteil des Bebauungsplans werden. Die Ausweisung eines dieser Baugebiete im Bebauungsplan fungiert damit als – statische – Verweisung auf die entsprechende Regelung der BauNVO. Es ist deshalb grundsätzlich, vorbehaltlich besonderer, ausnahmsweiser Übergangsbestimmungen des Gesetz- bzw. Verordnungsgebers (vgl. etwa § 245a I, II BauGB, § 25b II BauNVO), jeweils die Fassung der BauNVO heranzuziehen, die bei Inkrafttreten des Bebauungsplans galt (BVerwG, BauR 1987, 166).

Andere als bauplanungsrechtliche, auf Landesrecht beruhende Festsetzungen können auf der Grundlage der Ermächtigung des **§ 9 IV BauGB** Eingang in den Bebauungsplan finden. NRW hat von dieser Ermächtigung in § 86 IV BauO Gebrauch gemacht. Danach können auf § 86 BauO gestützte örtliche Bauvorschriften, die etwa besondere Anforderungen baugestalterischer oder denkmalschützender Art aufstellen können, als Festsetzungen in einen Bebauungsplan aufgenommen (und den Verfahrens- und Fehlerfolgenregelungen des BauGB unterstellt) werden. 36

§§ 9 IV BauGB, 86 IV BauO bewirken eine verfahrensmäßige Integration landesrechtlicher Regelungen in den Bebauungsplan, was etwa die Anwendung der Verfahrensvorschriften des BauGB sowie seiner besonderen Fehlerfolgenregelungen (OVG NRW, ZfBR 2001, 55) zur Folge hat. Materiell bleibt der landesrechtliche Charakter unberührt, weshalb insbesondere die landesrechtlichen Abweichungsvorschriften (vgl. §§ 73, 86 V BauO) anzuwenden sind (OVG NRW, ZfBR 2000, 56).

Die Sollvorschriften des **§ 9 VI, VIa BauGB** sehen schließlich die nachrichtliche Übernahme bestimmter anderweitig getroffener Festsetzungen in den Bebauungsplan vor, um so die vollständige Wiedergabe der für seinen räumlichen Geltungsbereich maßgeblichen Nutzungsregelungen zu ermöglichen. § 9 VI BauGB betrifft insbesondere die Übernahme von Planfeststellungsbeschlüssen und Schutzgebietsausweisungen, die ihre Rechtsgrundlage in Fachplanungsgesetzen haben, und erlaubt seit der Klimaschutznovelle 2011 auch die Übernahme von gemeindlichen Regelungen zum Anschluss- und Benutzungszwang auf Grundlage des Kommunalrechts und insbesondere auch des § 16 EEWärmeG. § 9 VIa BauGB regelt besonders die nachrichtliche Übernahme bzw. den Vermerk von Überschwemmungsgebieten und überschwemmungsgefährdeten Gebieten im Bebauungsplan. 37

6. Anhang

38 **Literatur:** *Küstering*, Kommunale Selbstverwaltung und staatliche Planung, DÖV 1981, 689; *Giegerich*, Die Planungshoheit der Gemeinde, JA 1988, 367; *Oebbecke*, Die verfassungsrechtlich gewährleistete Planungshoheit der Gemeinde, in: FS für Werner Hoppe zum 70. Geburtstag, 2000, S. 239; *Emde*, Die Rechtswirkungen von Raumordnungsplänen, JA 2010, 87; *Waechter*, Raumordnungsziele als höherrangiges Recht, DÖV 2010, 493; *Böhm*, Recht der Bauleitplanung, JA 2013, 81

Kontrollfragen:
1. Welches sind die beiden Stufen der Bauleitplanung und was ist ihre jeweilige Rechtsnatur?
2. Inwieweit ist die Bauleitplanung als gemeindliche Aufgabe verfassungsrechtlich geschützt?
3. Was kennzeichnet die Bauleitplanung in Abgrenzung zu anderen raumbedeutsamen Planungen?

II. Das Verfahren der Bauleitplanung

39 Wie gesehen (Rn. 23) kennzeichnet es staatliche Planung, dass sie – weil sie inhaltlich nur begrenzt durch das Recht determiniert sein kann – ein stark verfahrensgesteuerter Prozess ist. Daraus erklärt sich die **intensive rechtliche Ausgestaltung des Verfahrens** zur Aufstellung von Bauleitplänen und die Bedeutung der hieran gestellten formellen Anforderungen, die im Folgenden – mit besonderem Augenmerk auf den Bebauungsplan als den rechtsverbindlichen Bauleitplan – näher dargestellt werden.

1. Zuständigkeit

40 Wie aus § 2 I 1 BauGB, Art. 28 II 1 GG, Art. 78 Verf folgt (vgl. Rn. 27 f.), liegt die **Verbandskompetenz** für die Aufstellung von Bauleitplänen bei der jeweiligen Gemeinde. Die **Organkompetenz**, also die Zuständigkeitsverteilung innerhalb der Gemeinde auf deren einzelne Organe, folgt aus der GO sowie evtl. ergänzend der Hauptsatzung. Danach sind dem Gemeinderat insbesondere vorbehalten abschließende Beschlüsse im Flächennutzungsplanverfahren sowie der Beschluss von Satzungen nach dem BauGB (vgl. § 41 I 2 lit. g GO).

I.Ü. sieht § 4b BauGB ausdrücklich vor, dass die Gemeinde die Vorbereitung und Durchführung bestimmter Verfahrensschritte einem privaten Dritten, typischerweise einem an der Beschleunigung des Verfahrens interessierten Bauträger (vgl. dazu krit. Dürr/Middeke/Schulte Beerbühl, Baurecht NRW, Rn. 57), übertragen kann.

B. Bauleitplanung 485

2. Verfahren der Planaufstellung, insbesondere der Aufstellung von Bebauungsplänen

Bebauungspläne kommen nach dem in §§ 2 ff. BauGB geregelten Verfahren 41 zustande. Die Ausgestaltung dieses Verfahrens hat durch die 2004 im EAG Bau erfolgte Novellierung des BauGB beträchtliche Änderungen und Ergänzungen erfahren.

Anstelle des regulären Aufstellungsverfahrens kommt bei Bebauungsplänen, die eine die Grundzüge der Planung nicht berührende Bebauungsplanänderung oder eine nicht wesentlich bedeutsame bzw. nur Festsetzungen nach § 9 IIa, IIb BauGB (vgl. Rn. 71a) enthaltende Überplanung des bisher unbeplanten Innenbereichs (vgl. Rn. 148 ff.) vornehmen, das sog. vereinfachte Verfahren in Betracht (§ 13 BauGB). Seit dem 1. Jan. 2007 erlaubt darüber hinaus § 13a BauGB für sog. Bebauungspläne der Innenentwicklung – unter näher konkretisierten materiellen und verfahrensmäßigen Vorgaben – die Aufstellung in einem beschleunigten Verfahren, auf das die Vorschriften des vereinfachten Verfahrens nach § 13 II, III 1 BauGB entsprechende Anwendung finden.

Das Verfahren beginnt mit einem ortsüblich bekanntzumachenden sog. **Auf-** 42 **stellungsbeschluss** (§ 2 I 2 BauGB). Er hat die Funktion, die förmliche Eröffnung des Planungsverfahrens zu dokumentieren.

Eine zentrale Neuerung des EAG Bau ist, dass anschließend mit Rücksicht 43 auf die in §§ 1 VI Nr. 7, 1a BauGB genannten Umweltbelange eine **Umweltprüfung** vorzunehmen ist, in der die voraussichtlichen erheblichen Umweltauswirkungen ermittelt und in einem Umweltbericht beschrieben und bewertet werden (§ 2 IV 1 BauGB). Es handelt sich freilich nur um eine verfahrensrechtliche Neuerung, die an dem Gewicht der Umweltbelange in der nach wie vor vorzunehmenden Abwägungsentscheidung nichts ändert (Battis/Krautzberger/Löhr, NJW 2004, 2553 [2554]) und deshalb den Gemeinderat auch nicht hindert, sich über die ermittelten und bewerteten Umweltbelange in einer – abwägungsfehlerfreien – Entscheidung hinwegzusetzen.

Die Umweltprüfung und die daran anknüpfenden Regelungen entfallen, wenn die Ergänzung oder Änderung bzw. Aufstellung eines Bebauungsplans im sog. vereinfachten Verfahren oder im beschleunigten Verfahren durchgeführt wird (§§ 13 III, 13a II Nr. 1 BauGB).

Sobald ein diskussionsfähiges planerisches Konzept vorliegt, findet regelmä- 44 ßig die sog. **frühzeitige Beteiligung der Öffentlichkeit,** zu der nunmehr ausdrücklich auch Kinder und Jugendliche gezählt werden, statt (§ 3 I BauGB). Sie soll die Gemeindeeinwohner über die Planungsabsichten informieren und ihnen – noch vor einer De-facto-Festlegung des Gemeinderats auf eine bestimmte Planung – Gelegenheit zur Äußerung und Erörterung geben; sie findet regelmäßig in Form einer Bürgeranhörung statt. Nach dem BauGB 2004 findet auch, u. U. zeitgleich (§ 4a II BauGB), eine gesonderte **frühzeitige Behördenbeteiligung** statt (§ 4 I BauGB); sie soll die möglicherweise in ihrem Aufgabenbereich berührten Behörden und sonstigen Träger öffentlicher Belange informieren und ihnen Gelegenheit zur Äußerung geben, um

v. a. den Umfang und Detaillierungsgrad der Umweltprüfung festlegen zu können.

Von der frühzeitigen Öffentlichkeits- und Behördenbeteiligung kann im vereinfachten und im beschleunigten Verfahren abgesehen werden (§§ 13 II Nr. 1, 13a II Nr. 1 BauGB).

45 Die Planentwurfsphase mündet in die Fertigung eines **Entwurfs des Bauleitplans** durch die Gemeindeverwaltung selbst oder auch ein privates Planungsbüro. Diesem Entwurf ist bereits eine Begründung beizufügen, die die Grundlage für den vorgeschriebenen Erläuterungsbericht zum Flächennutzungsplan (§ 5 V BauGB) bzw. die Begründung zum Bebauungsplan (§ 9 VIII BauGB) darstellt. Ein gesonderter Teil dieser Planentwurfsbegründung ist der auf der Grundlage der Umweltprüfung nach § 2 IV BauGB zu fertigende Umweltbericht (§ 2a S. 2 Nr. 2 BauGB).

Der Umweltbericht dient auch als Grundlage für das neu eingeführte „Monitoring"-Verfahren (§ 4c BauGB), wonach die Gemeinden die spätere Durchführung der Bauleitpläne im Hinblick auf erhebliche Umwelteinwirkungen zu überwachen haben.

46 Es folgt – nunmehr auf der Grundlage der ausgearbeiteten Planentwürfe mit Begründung – die Phase der **förmlichen Behördenbeteiligung** (§ 4 II BauGB) und der **förmlichen Öffentlichkeitsbeteiligung** (§ 3 II BauGB), die wiederum parallel erfolgen können (§ 4a II BauGB); § 4a III bis VI BauGB trifft hierfür detaillierte ergänzende Regelungen. Bei der förmlichen Behördenbeteiligung sind die Behörden und Träger öffentlicher Belange innerhalb einer Frist von regelmäßig einem Monat (§ 4 II 2 BauGB; vgl. auch § 4a III 3 BauGB) zu einer Stellungnahme mit Blick auf ihren Aufgabenbereich aufgefordert. Die förmliche Öffentlichkeitsbeteiligung, in deren Zentrum die öffentliche Auslegung des Planentwurfs steht, beginnt mit der mindestens eine Woche zuvor erfolgenden ortsüblichen Bekanntmachung von Ort und Dauer der Auslegung (§ 3 II 2 BauGB); diese Bekanntmachung muss die sog. Anstoßfunktion erbringen und deshalb insbesondere den Geltungsbereich des künftigen Plans hinreichend deutlich, zumindest durch eine schlagwortartige geographische Bezeichnung (BVerwG, NVwZ 2001, 203), erkennen lassen. Die Auslegung muss in ihren Modalitäten so erfolgen, dass alle abschreckenden Maßnahmen unterlassen werden; es reicht nicht die bloße Verwahrung und Herausgabe auf Verlangen, wohl aber die Auslegung zu Zeiten des normalen Publikumsverkehrs (BVerwG, NJW 1981, 594; VGH BW, VBlBW 1999, 178; VBlBW 2001, 58). Sie dauert einen Monat; da es sich um keine Ereignisfrist handelt, richtet sich die Berechnung nach §§ 187 II, 188 II 2. Alt BGB (GmS-OGB, BVerwGE 40, 363 [364 ff.]; a. A. Kopp/Ramsauer, VwVfG, 11. Aufl. 2010, § 31 Rn. 16). Durch die Öffentlichkeitsbeteiligung erhält jedermann, ohne Rücksicht auf ein individuelles Interesse, Gelegenheit zur Stellungnahme. Fristgerechte Stellungnahmen sind gemäß § 3 II 4 BauGB vom Gemeinderat zu prüfen (BVerwG, NVwZ 2000, 676). Verfristete Stellungnahmen im Rahmen sowohl der Öffentlichkeits- wie der Behördenbeteiligung können beachtet werden, nach Maßgabe der – in ihrem Anwendungsbereich freilich nach wie vor sehr beschränkten – Präklusionsregelung des § 4a VI BauGB u. U. aber auch unberücksichtigt bleiben.

B. Bauleitplanung

Wird nach der förmlichen Behörden- und Öffentlichkeitsbeteiligung der Planentwurf geändert, erfolgt ein erneutes Auslegungs- und Beteiligungsverfahren, das aber gegenständlich und zeitlich beschränkt durchgeführt werden kann (§ 4a III BauGB). Zu Verfahrensmöglichkeiten im vereinfachten sowie im beschleunigen Verfahren vgl. §§ 13 II Nr. 2 und 3, 13a II Nr. 1 BauGB.

47 Das gemeindliche Verfahren endet mit dem **Beschluss des Gemeinderats,** der beim Flächennutzungsplan ein einfacher Gemeinderatsbeschluss, beim Bebauungsplan ein Satzungsbeschluss ist (§ 10 I BauGB). Das Beschlussverfahren richtet sich, da das BauGB das Verfahren nur bzgl. baurechtlicher Aspekte regelt, nach der GO, insbesondere §§ 47 ff. GO (vgl. näher § 2 Rn. 221 ff.).

48 Der Flächennutzungsplan ist immer genehmigungsbedürftig (§ 6 I BauGB). Bei der **Genehmigung** wird eine bloße Rechtsaufsicht ausgeübt, die aber auch nach §§ 214, 215 BauGB unbeachtliche Fehler (s. dazu Rn. 96 ff.) rügen kann (vgl. §§ 6 II, 216 BauGB). Bei Versäumnis der gesetzlichen Frist gilt die Genehmigung als erteilt (§ 6 IV 4 BauGB). Ob auch diese fingierte – wie die erteilte – Genehmigung wieder aufgehoben werden kann, ist streitig, aber wohl zu bejahen, aus Gründen der Rechtssicherheit aber nur bis zur Bekanntmachung (BVerwG, NJW 1987, 1344). Der Bebauungsplan ist nur ausnahmsweise genehmigungspflichtig (§ 10 II BauGB). Den sog. entwickelten, auch den im Parallelverfahren entwickelten Bebauungsplan (vgl. Rn. 61 f.) hat der Gesetzgeber genehmigungsfrei gestellt, weil dieser Bebauungsplan aus dem – seinerseits genehmigten – Flächennutzungsplan entwickelt worden und insoweit also eine Rechtskontrolle schon erfolgt ist. Der vorzeitige oder selbständige Bebauungsplan (vgl. Rn. 62) hingegen bedarf der Genehmigung, um sicherzustellen, dass eine rechtsverbindliche Bauleitplanung nicht ohne jede staatliche Rechtskontrolle in Kraft treten kann. Auch die früher vorgesehene grundsätzliche Anzeigepflicht für Bebauungspläne ist entfallen; von der Ermächtigung des § 246 Ia 1 BauGB, die Anzeigepflicht beizubehalten, hat der Gesetzgeber in NRW keinen Gebrauch gemacht.

Die Genehmigung des Flächennutzungsplans bzw. ihre Verweigerung ist ein Verwaltungsakt, der die Gemeinde in ihrem Selbstverwaltungsrecht/ihrer Planungshoheit betrifft; die Gemeinde kann daher zulässigerweise Verpflichtungsklage auf Erteilung der Genehmigung erheben.

49 Ggf. im Anschluss an die aufsichtsbehördliche Kontrolle wird das Verfahren durch **Ausfertigung und ortsübliche Bekanntmachung** abgeschlossen. Die Ausfertigung (vgl. allgemein § 2 Rn. 303), die die Einhaltung der Verfahrensvorschriften und die Authentizität des Planes dokumentieren und sicherstellen soll, erweist sich in der Praxis gerade bei Bebauungsplänen als fehleranfällig, weil diese häufig aus mehreren – textlichen und zeichnerischen – Bestandteilen bestehen (vgl. Rn. 33). Es folgt zur Unterrichtung der Bevölkerung die Bekanntmachung in Gestalt einer sog. Ersatzverkündung, bei der nicht der – regelmäßig sehr umfangreiche, auch farbige zeichnerische Bestandteile aufweisende – Bauleitplan selbst, sondern die Erteilung der Genehmigung des Flächennutzungsplans (§ 6 V 1 BauGB) bzw. Bebauungsplans oder der Beschluss über den Bebauungsplan (§ 10 III 1 BauGB) von

§ 4. Öffentliches Baurecht

der Gemeinde ortsüblich bekannt zu machen sind; gemäß § 10 III 5 BauGB tritt diese Regelung für den Bebauungsplan an die Stelle von § 7 IV 1 GO. Für die Durchführung der ortsüblichen Bekanntmachung gilt die allgemeine landesrechtliche Regelung (vgl. § 2 Rn. 304). Mit der Bekanntmachung treten der Flächennutzungsplan bzw. der Bebauungsplan in Kraft (§§ 6 V 2, 10 III 4 BauGB).

3. Änderung, Aufhebung, Außerkrafttreten

a) Anwendung des Aufstellungsverfahrens

50 Nach § 1 VIII BauGB gelten die Vorschriften des BauGB über die Aufstellung von Bauleitplänen gleichermaßen auch für deren **Änderung, Ergänzung und Aufhebung**. Bei der Bebauungsplanänderung kommt dabei u. U. die Anwendung des vereinfachten Verfahrens (§ 13 BauGB) in Betracht.

b) Außerkrafttreten durch Gewohnheitsrecht

51 Außer im förmlichen Bebauungsplanverfahren soll ein Bebauungsplan auch durch **Gewohnheitsrecht** geändert oder aufgehoben (BVerwGE 26, 282) sowie durch sog. **Funktionslosigkeit** unwirksam werden können. Danach soll eine Festsetzung bzw. ein Bebauungsplan insgesamt obsolet, d. h. unwirksam werden, wenn die fraglichen Festsetzungen wegen einer völlig andersartigen Entwicklung gegenstandslos geworden sind und ihre Verwirklichung in evidenter Weise auf unabsehbare Zeit ausgeschlossen ist, so dass das Vertrauen auf ihren Fortbestand nicht mehr schutzwürdig ist (BVerwGE 54, 5; 108, 71). Mit dieser Annahme erscheint jedoch große Zurückhaltung geboten.

> **Beispiele:** Auch Festsetzungen eines Bebauungsplans aus den 1920er Jahren über vordere sowie hintere Baulinien, denen nur zu einem Teil entsprochen wurde, bleiben dennoch wirksam, solange eine Gesamtbetrachtung ergibt, dass die jeweilige Festsetzung die Fähigkeit nicht verloren hat, die städtebauliche Entwicklung noch in einer bestimmten Richtung zu steuern (BVerwG, BauR 2004, 1128 [1128 f.]). Ein Bebauungsplan, der großflächig Verkehrsflächen für eine Stadtautobahn festsetzt, kann funktionslos und obsolet werden, wenn die Verwirklichung dieses Vorhabens innerhalb eines Zeitraums von 10 Jahren ausgeschlossen erscheint (OVG Münster, BauR 2010, 1543 [1544]).

4. Anhang

52 **Literatur:** *Kaltenborn*, Die Änderung von Bebauungsplanentwürfen nach der öffentlichen Auslegung, BauR 1999, 342; *Ley*, Die Berechnung der Fristen bei der öffentlichen Auslegung nach § 3 Abs. 2 Satz 1 und 2 BauGB, BauR 2000, 653; *Rabe*, Fehler in der Bauleitplanung, ZfBR 2001, 229; *Bier*, Gültigkeit von Bebauungsplänen im Hinblick auf die Frage eines „Außer-Kraft-Tretens" wegen Funktionslosigkeit", UPR 2004, 335; *Krautzberger*, Die Umweltprüfung im Bauleitplanverfahren nach dem EAG Bau 2004, UPR 2004, 401; *Erbguth*, Die

B. Bauleitplanung

Rechtmäßigkeit von Bauleitplänen: Neuregelungen durch das EAG Bau, JURA 2006, 9; *Schmidt-Eichstädt*, Erste Fragen und Antworten zur praktischen Anwendung des beschleunigten Verfahrens nach § 13a BauGB 2006/07, BauR 2007, 1148; *Dusch*, Bekanntmachung der Auslegung von Bebauungsplanentwürfen, NVwZ 2012, 1580

Kontrollfragen:
1. Aus welchen Verfahrensschritten besteht das Planaufstellungsverfahren?
2. Was sind die (wesentlichen) Besonderheiten des sog. vereinfachten Verfahren?
3. Welcher Bauleitplan bedarf keiner Genehmigung und was ist der Grund hierfür?

III. Materiellrechtliche Anforderungen an Bauleitpläne, insbesondere Bebauungspläne

1. Erforderlichkeit

Die elementarste Anforderung an die Bauleitplanung – wie an jede staatliche Planung – formuliert § 1 III 1 BauGB mit dem **Erforderlichkeitsgrundsatz**. 53

Objektivrechtlich folgt daraus einerseits das **Verbot der Aufstellung städtebaulich nicht erforderlicher Bauleitpläne** (BVerwG, DVBl. 1996, 264 [265]; BVerwGE 116, 144 [146 f.]). Unzulässig ist also etwa ein Bebauungsplan, dessen Verwirklichung im Zeitpunkt des Inkrafttretens dauerhafte Hindernisse tatsächlicher oder rechtlicher Art entgegenstehen (OVG Rh.-Pf., NVwZ-RR 2008, 514 [515]), oder auch eine ausschließlich privaten Interessen dienende reine „Gefälligkeitsplanung" (OVG Rh.-Pf., NVwZ 1986, 937). Allerdings reicht Angemessenheit der Bauleitplanung nach der planerischen Konzeption der Gemeinde und ist Unabdingbarkeit nicht gefordert. Andererseits ergibt sich aus § 1 III 1 BauGB, dass die Gemeinde kein freies Ermessen hat, sondern einer **Pflicht zur Aufstellung städtebaulich erforderlicher Bebauungspläne** unterliegt. Auch wenn die Erforderlichkeit als gerichtlich voll nachprüfbarer unbestimmter Rechtsbegriff gilt, folgt daraus eine echte, aufsichtsbehördlich oder gerichtlich durchsetzbare Rechtspflicht zu bestimmter Planung allerdings nur in sehr engen Grenzen. Mit Rücksicht auf die Planungshoheit der Gemeinde (Art. 28 II 1 GG) ist die Erforderlichkeit nicht nach objektiven Gegebenheiten zu beurteilen, sondern nach Maßgabe der städtebaulichen Konzeption der Gemeinde, sofern sie eine solche aufweist (BVerwGE 40, 258 [263]). 54

> **Beispiele:** Eine Bauleitplanung, die nur darauf abzielt, einer Entschädigungsforderung zu entgehen, ist nicht erforderlich (VGH BW, NVwZ-RR 2002, 630 [631]). Die Kommunalaufsicht kann eine Gemeinde unter Berufung auf § 1 III 1 BauGB zur Aufstellung eines Bebauungsplans für einen – in einem unbeplanten Bereich entstandenen – Gewerbepark verpflichten, wenn ein qualifizierter städtebaulicher Handlungsbedarf besteht, der wegen der berührten nachbargemeindlichen Belange auch aus dem sog. interkommunalen Abstimmungsgebot (vgl. Rn. 64) folgen kann (BVerwGE 119, 25).

55 In keinem Falle begründet die Erforderlichkeit einer städtebaulichen Planung ein **subjektiv-öffentliches Recht eines Einzelnen** auf deren Vornahme. Ein solches Recht wird nicht durch Gesetz begründet und kann auch nicht durch Vertrag, auch nicht durch Vertrag mit anderen Gebietskörperschaften (BVerwG, NVwZ 2006, 458 [459]), begründet werden (§ 1 III 2 BauGB).

I.Ü. gibt es nach dem BauGB auch keinen Plangewährleistungsanspruch, d.h. keinen Anspruch auf Aufrechterhaltung eines einmal in Kraft gesetzten Bebauungsplans. Eine Veränderung der bauplanungsrechtlichen Situation kann allerdings Entschädigungsansprüche nach §§ 39 ff. BauGB begründen, wenn die bauliche Nutzung eines Grundstücks eingeschränkt oder aufgehoben wird (vgl. dazu ausführlich Schieferdecker, in: Hoppe/Bönker/Grotefels, Öffentliches Baurecht, § 9).

2. Planungsleitsätze

56 Wie auch sonst bei staatlichen Planungen ist im nächsten Schritt zu fragen, ob die – nicht bloß im Rahmen der planerischen Abwägung (vgl. Rn. 76 ff.) zu berücksichtigenden und u.U. auch zu überwindenden, sondern – **strikt zu beachtenden Planungsleitsätze** (vgl. BVerwGE 71, 163 [164 f.]) gewahrt sind. Die bauplanungsrechtlich einschlägigen Planungsleitsätze sind nicht ausdrücklich normiert, werden aber insbesondere aus dem Grundsatz der Planmäßigkeit abgeleitet und gelten als in § 1 BauGB rechtlich abgesichert.

a) Gebot äußerer Planeinheit

57 Das Gebot äußerer Planeinheit schreibt vor, dass für ein bestimmtes Gebiet auf einer Planungsstufe **nur ein Plan** bestehen darf (BVerwGE 50, 114 [117 ff.]). Das setzt rechtliche Einheit voraus, hindert aber nicht den Erlass von Änderungsplänen zu bestehenden Bebauungsplänen.

b) Gebot konkreter Planung

58 Auch wenn der Bebauungsplan kein Verwaltungsakt, sondern Satzung ist, enthält er doch keine abstrakt-generellen Regelungen, sondern konkrete Einzelanweisungen für bestimmte Grundstücke; der Plan trifft seine Regelung konkret-individuell und damit sozusagen im Angesicht der konkreten Sachlage (BVerwGE 50, 114 [119 f.]). Damit hängt sachlich zusammen das **Gebot hinreichender Bestimmtheit**, so dass Betroffene Beschränkungen bzw. Belastungen ihres Grundstücks kennen können.

B. Bauleitplanung

Diese – ihn von anderen Satzungen unterscheidende – Eigenart des Bebauungsplans schlägt sich insbesondere auch nieder in seiner abweichenden Behandlung im Rahmen von Amtshaftungsansprüchen. Anders als bei sonstigen Rechtsnormen soll der Satzungsgeber bzgl. Bebauungsplanfestsetzungen nicht nur Amtspflichten gegenüber der Allgemeinheit, sondern auch drittbezogene Amtspflichten haben, soweit bei der planerischen Abwägung in qualifizierter und zugleich individualisierter Weise auf schutzwürdige Interessen der Betroffenen als Mitglieder eines abgrenzbaren Kreises Dritter Rücksicht zu nehmen ist. Die Ausweisung von Wohnbaugebieten auf Flächen, die wegen der Gefährdung von Leben und Gesundheit unbewohnbar sind, soll deshalb gegenüber dem Grundeigentümer (und seinen Rechtsnachfolgern sowie Nutzungsberechtigten) bestehende Amtspflichten verletzen und Amtshaftungsansprüche auslösen können (vgl. zur Überplanung von sog. Altlasten grundlegend BGHZ 106, 323; dazu Ossenbühl, Staatshaftungsrecht, 5. Aufl. 1998, S. 65 ff.).

c) Gebot positiver Planung

Wegen Verstoßes gegen das Gebot positiver Planung unzulässig ist eine reine **Negativplanung oder Verhinderungsplanung**, deren Zielsetzung allein die Verhinderung eines bestimmten Vorhabens ist, der aber keine – bzw. nur eine vorgeschobene – positive Planungsvorstellung zugrunde liegt. Nicht untersagt sind hingegen einzelne von einer positiven Planungsabsicht getragene negative Festsetzungen.

59

> **Beispiel:** Der Gemeinderat will ein auf einem bislang unbeplanten und ungenutzten Freigelände projektiertes Eros-Center verhindern und stellt deshalb eilig einen Bebauungsplan auf, der ohne zureichende planerische Konzeption, „ins Blaue hinein", dort etwa ein Sondergebiet für Erholungszwecke (§ 10 BauNVO) ausweist; es handelt sich um eine unzulässige Negativplanung. Gegenbeispiel: Ein Bebauungsplan weist für ein bestimmtes Gemeindegebiet ein Gewerbegebiet aus, weil – laut Begründung – v. a. Handwerks- und kleinere Gewerbebetrieb dorthin an- bzw. umgesiedelt werden sollen. Als dort ein großes Drive-In-Lokal errichtet werden soll, das als Gewerbebetrieb zulässig wäre (vgl. § 8 II Nr. 1 BauNVO), schließt die Gemeinde durch Bebauungsplanänderung die Zulässigkeit von Gaststätten gemäß § 1 IX BauNVO aus. Das verstößt jedenfalls nicht gegen das Gebot positiver Planung und kann durch hinreichende städtebauliche Gründe gerechtfertigt sein.

3. Entwicklungsgebot

Eine **Folgerung aus der Zweistufigkeit der Bauleitplanung** (vgl. Rn. 29 ff.) ist das sog. Entwicklungsgebot. Es begründet im Verhältnis von Flächennutzungsplan und Bebauungsplan eine besondere gesetzliche Bindung der Bebauungsplanung.

60

Nach § 8 II 1 BauGB sind Bebauungspläne grundsätzlich aus dem Flächennutzungsplan der Gemeinde zu entwickeln (Regelfall des sog. **entwickelten Bebauungsplans**). „Entwickeln" heißt dabei, dass Grundentscheidungen des Flächennutzungsplans zu beachten sind, die in ihm angelegte Planungskonzeption jedoch fortgeschrieben werden darf und auch etwa unbedeutende Grenzverschiebungen zulässig sind.

61

> **Beispiel:** Der Flächennutzungsplan sieht Grünland vor; in der Folge ist ein Bebauungsplan unzulässig, der ein Wohn- oder Gewerbegebiet ausweist (BVerwGE 48, 70 [75 f.]).

62 Noch keine substantielle **Ausnahme von dem Entwicklungsgebot** stellt die in § 8 III 1 BauGB ausdrücklich eröffnete Möglichkeit des sog. Parallelverfahrens dar; für dieses ist die zeitliche und inhaltliche Übereinstimmung der Verfahren zur Aufstellung (bzw. Änderung) von Flächennutzungsplan und Bebauungsplan kennzeichnend (BVerwG, NVwZ 1985, 485). Eine erste echte Ausnahme vom Entwicklungsgebot ist jedoch der sog. selbständige Bebauungsplan gemäß § 8 II 2 BauGB; er ist nur in Ausnahmefällen zulässig, etwa bei Gebieten mit abgeschlossener oder geringer Siedlungstätigkeit oder wenn nur wenige Bebauungspläne im Gemeindegebiet erforderlich sind. Die zweite Ausnahme bildet der sog. vorzeitige Bebauungsplan (§ 8 IV 1 BauGB); er ist nur zulässig, sofern dringende Gründe bestehen, etwa um erhebliche Nachteile für die Entwicklung der Gemeinde zu verhindern oder um die Verwirklichung eines im dringenden öffentlichen Interesse liegenden Vorhabens zu ermöglichen (OVG NW, BRS 25 Nr. 6).

Eine besondere Abweichungsmöglichkeit für im beschleunigten Verfahren aufgestellte Bebauungspläne der Innenentwicklung sieht § 13a II Nr. 2 BauGB vor.

4. Bindung an andere Planungen

63 Soll das Ziel staatlicher Raumplanung (vgl. Rn. 24 ff.), eine insgesamt geordnete, den verschiedenen öffentlichen und privaten Interessen Rechnung tragende Nutzung von Grund und Boden sicherzustellen, erreicht werden, bedarf die Bauleitplanung der einzelnen Gemeinde sowohl horizontal, im Verhältnis zur nachbargemeindlichen Bauleitplanung, wie auch vertikal, im Verhältnis zur überörtlichen Planung in Gestalt von Raumordnung und Landesplanung sowie Fachplanung, der **inhaltlichen Abstimmung**. Hierfür gibt es teils klare und strikt bindende, der späteren Abwägung vorgehende gesetzliche Vorgaben, teils aber auch komplexere – und mitunter auch unzureichende – gesetzliche Regelungen, die eine Abstimmung durch verfahrensmäßige Verknüpfungen und durch weniger strikte inhaltliche Bindungen anstreben.

a) Horizontale Abstimmung mit nachbargemeindlicher Bauleitplanung

64 Nachdem eine formelle Abstimmungspflicht im Verhältnis benachbarter Gemeinden zueinander bereits durch § 4 I, II BauGB (vgl. Rn. 44, 46) begründet wird, statuiert § 2 II BauGB im Unterschied hierzu eine materielle Pflicht zur Abstimmung nachbargemeindlicher Bauleitpläne, das sog. **Gebot interkommunaler Rücksichtnahme** (BVerwGE 40, 323 [328 ff.]; 84, 209 [215 ff.]). Nachbargemeinden sind dabei nicht nur unmittelbar aneinandergrenzende, sondern alle von den Planungsauswirkungen betroffene Gemeinden. Es handelt sich um eine Bindung, die der Abwägung nach § 1 VII BauGB vorausliegt, in der Sache aber entsprechend eine planerische Rück-

sichtnahme auf die berechtigten Interessen der Nachbargemeinde fordert. In diesem Rahmen gibt der durch das EAG Bau 2004 eingefügte § 2 II 2 BauGB der Nachbargemeinde nun auch das Recht zur Berufung auf die ihr durch Ziele der Raumordnung zugewiesenen Funktionen, womit diese raumordnerische Zuweisung subjektivrechtlich bewehrt wird, sowie das Recht zur Geltendmachung von Auswirkungen auf ihre zentralen Versorgungsbereiche (krit. dazu Hoppe, NVwZ 2004, 282).

> **Beispiel:** Ein Änderungsbebauungsplan, der die Erweiterung des Einkaufszentrums CentrO in Oberhausen um 30.000 qm Geschossfläche ermöglicht, ist am Gebot interkommunaler Rücksichtnahme zu messen. Dieses schützt allerdings nicht den in den Nachbargemeinden vorhandenen Einzelhandel vor Konkurrenz, so dass rein wettbewerbliche oder wirtschaftliche Auswirkungen einen Verstoß nicht begründen; vielmehr liegt ein Verstoß erst bei einem Umschlag von rein wirtschaftlichen in städtebauliche Auswirkungen vor, weil § 2 II BauGB die Nachbargemeinde als Trägerin eigener Planungshoheit vor Auswirkungen auf die städtebauliche Ordnung und Entwicklung, etwa vor Schädigung der verbrauchernahen Versorgung oder der Zentrenstruktur schützt. Solche städtebaulichen Auswirkungen sind jedenfalls nicht anzunehmen, wenn nach einem methodisch einwandfreien Einzelhandelsgutachten Kaufkraftabflüsse von unter 5 % in den Nachbargemeinden zu erwarten sind (vgl. OVG NRW, NVwZ 2005, 1201 [1203 ff.]).

b) Vertikale Abstimmung mit überörtlichen Planungsträgern

aa) Raumordnung und Landesplanung

Eine Bindung der planenden Gemeinde an die überörtliche räumliche Gesamtplanung, also die Raumordnung und Landesplanung, besteht zunächst, soweit diese „Ziele" der Raumordnung vorgibt. Solche Ziele der Raumordnung sind verbindliche räumlich-sachliche Festlegungen, die in Raumordnungsplänen abschließend vorgenommen werden (vgl. die Definition in § 3 Nr. 2 ROG); namentlich der Landesentwicklungsplan und die Gebietsentwicklungspläne legen solche Ziele der Raumordnung für die Gesamtentwicklung des Landes (§ 13 I LPlG) bzw. auf regionaler Ebene (§ 14 I LPlG) fest. Sind Ziele der Raumordnung hinreichend konkret gefasst (BVerwGE 6, 342 [346]), ist die gemeindliche Bauleitplanung schon nach § 4 I ROG, weiter auch nach § 1 IV BauGB strikt, im Rahmen der Abwägung nicht überwindbar (BVerwGE 90, 329 [332 ff.]), daran gebunden. Die Anpassungspflicht des § 1 IV BauGB verlangt von der Gemeinde darüber hinaus auch eine Anpassung ihrer Bauleitpläne an nachfolgend aufgestellte Ziele der Raumordnung. § 21 I LPlG ermächtigt die Landesregierung ausdrücklich, eine Anpassung, u. U. auch erstmalige Aufstellung von Bauleitplänen zu verlangen.

65

> **Beispiel:** Wenn der Landesentwicklungsplan einen bestimmten Kraftwerksstandort als Ziel der Raumordnung festlegt und ein Bebauungsplan ein großes Kohlekraftwerk ca. 5 km südlich davon in der Nähe von Wohnbebauung festsetzt, ist der Bebauungsplan nicht i.S.v. § 1 IV BauGB angepasst (OVG Münster, BauR 2010, 572).

§ 4. Öffentliches Baurecht

66 Von solchen Zielen sind die **Grundsätze der Raumordnung** zu unterscheiden. Dies sind räumlich-strukturelle Planungsdirektiven (vgl. § 3 Nr. 3, 2 II ROG), die in der späteren Abwägung zu berücksichtigen sind.

bb) Verhältnis zur Fachplanung

67 Besonders komplex – und unbefriedigend – ist die Regelung der inhaltlichen Koordination der Bauleitplanung mit den verschiedenen **raumbedeutsamen Fachplanungen**, also z. B. Planfeststellungen für Bundesfernstraßen oder wasser- oder naturschutzrechtlichen Schutzgebietsausweisungen. Insoweit gibt es keine einzelne, eindeutige Vorrang- oder Bindungsregelung, sondern eher ein Normengeflecht zur Vermeidung möglicher Kollisionen, das hier nur kursorisch dargestellt werden kann.

68 Hierdurch wird eine gewisse, freilich **begrenzte Bindung des Fachplanungsträgers an die gemeindliche Bauleitplanung** bewirkt. Dies geschieht primär über § 7 BauGB (s. auch § 38 S. 2, 3 BauGB), der ihn an die Darstellungen des Flächennutzungsplans bindet, wenn er im Aufstellungsverfahren beteiligt worden ist und soweit von ihm kein – bei Veränderung der Sachlage u. U. auch nachträglicher (vgl. BVerwG, NVwZ 2001, 1035 [1038]) – Widerspruch erfolgt ist. Zweck der Regelung ist es, die von verschiedenen Seiten beabsichtigten Bodennutzungen zu harmonisieren, wobei in der Sache bereits der Fachplanung ein allenfalls modifizierter Vorrang eingeräumt wird (vgl. Löhr, in: Battis/Krautzberger/Löhr, BauGB, § 7 Rn. 2). An einer weiteren speziellen Regelung, die eine Bindung an bestehende gemeindliche Bebauungspläne vorsähe, fehlt es; insoweit gilt (nur), dass Fachplanungsträger im Rahmen ihrer fachplanerischen Abwägung auch auf die berührten gemeindlichen Belange, daher auch auf bestehende gemeindliche Bebauungspläne Rücksicht zu nehmen haben (vgl. BVerwGE 70, 242 [244]; DVBl. 1995, 238 [242]).

69 Der tendenzielle **Vorrang von Fachplanungen** wird weiter verstärkt durch § 38 BauGB, der hinsichtlich der Beurteilung von Einzelvorhaben bestimmten, sog. privilegierten Fachplanungen Vorrang vor der Bauleitplanung einräumt, indem er diese Vorhaben von der Anwendbarkeit der §§ 29 bis 37 BauGB ausnimmt (vgl. näher Rn. 124 f.). Es handelt sich primär um eine Regelung zur Zulässigkeit von Einzelvorhaben; insoweit wird eine eventuell bestehende, in der Sache entgegenstehende Bauleitplanung der Gemeinde bedeutungslos gestellt und die Berücksichtigung städtebaulicher Belange ganz in die fachplanerische Entscheidung verlagert (§ 38 S. 1 Hs. 2 BauGB). § 38 BauGB hat aber auch Rückwirkungen auf die gemeindliche Bauleitplanung selbst, weil diese auf gegebene Planfeststellungsbeschlüsse Rücksicht nehmen muss. Die Rspr. geht mit Blick auf die Konkurrenz von gemeindlichen und fachplanerischen Planvorstellungen davon aus, dass grundsätzlich diejenige Planung, die – hinreichend konkret und verfestigt – zeitlichen Vorsprung hat, Vorrang genießt; der sog. Prioritätsgrundsatz gilt als wichtiges Abwägungskriterium bei der Entscheidung zwischen zwei konkurrierenden Planungen (vgl. BVerwGE 100, 388 [394]). Ein vorliegender Planfeststellungsbeschluss lässt danach regelmäßig nur noch eine inhaltlich damit vereinbare gemeindliche Bauleitplanung für dieselbe Fläche zu (BVerwG,

NVwZ 1989, 655 [656]). Eine weitergehende, sachlich neue gemeindliche Überplanung einer solchen Fläche kommt allenfalls wieder in Betracht, wenn die fachplanerische Nutzung dauerhaft aufgegeben wurde und die Fläche aus der besonderen Zweckbindung zu entlassen ist (OVG NRW, NVwZ-RR 2003, 633 [634]).

> **Beispiel:** Ein Bebauungsplan, der neben einer autobahnähnlichen Schnellstraße – teilweise abweichend von dem für diese aufgestellten Planfeststellungsbeschluss – Busbereitstellungsplätze und öffentliche Parkflächen ausweist, entbehrt auf Dauer oder jedenfalls auf unabsehbare Zeit der Vollzugsfähigkeit und ist deshalb unwirksam (OVG NRW, NVwZ-RR 2003, 633 [633 ff.]).

5. Numerus clausus der möglichen bauplanungsrechtlichen Festsetzungen

Die planerische Gestaltungsfreiheit der bauleitplanenden Gemeinde wird schließlich auch noch dadurch gesetzlich eingeschränkt, dass sie kein Festsetzungserfindungsrecht hat, sondern an den **Katalog der möglichen (nicht etwa: notwendigen!) städtebaulichen Festsetzungen** in einem Bebauungsplan gemäß § 9 I bis III BauGB gebunden ist. 70

Die im Flächennutzungsplan zulässigen Darstellungen sind in § 5 BauGB geregelt. Die BauGB-Novelle 2013 hat § 5 II Nr. 2 d) BauGB eingefügt, wonach nunmehr auch die Ausstattung des Gemeindegebiets mit zentralen Versorgungsbereichen dargestellt werden kann; die bislang in informellen Konzepten erfolgende Einzelhandels- und Zentrenplanung der Gemeinden erhält damit ein rechtlich stärker steuerndes Instrument. Rechtlich von besonderer Qualität sind Darstellungen im Flächennutzungsplan nach § 5 IIb BauGB (vgl. Rn. 30, 109).

Danach kann die Gemeinde die **Art der zulässigen baulichen Nutzung** im Bebauungsplangebiet festsetzen, indem sie eines der in der BauNVO definierten Baugebiete ausweist (§ 9 I Nr. 1 BauGB i.V.m. §§ 1 ff. BauNVO). Die möglichen Baugebiete, z. B. reines oder allgemeines Wohngebiet, Misch-, Gewerbe- oder Industriegebiet, sind in § 1 II BauNVO aufgezählt und in §§ 2–11 BauNVO jeweils näher hinsichtlich der dort zulässigen bzw. ausnahmsweise zulässigen baulichen und sonstigen Anlagen umschrieben. Indem der Bebauungsplan für seinen räumlichen Geltungsbereich oder einen Teil davon ein solches Baugebiet ausweist, werden die entsprechenden Regelungen der BauNVO in der aktuell geltenden Fassung (vgl. Rn. 35) Bestandteil dieses Bebauungsplans (§ 1 III 2 BauNVO). Darüber hinaus eröffnet § 1 IV bis X BauNVO der Gemeinde noch weitergehende, ausdifferenzierte Festsetzungsmöglichkeiten, die allerdings den Gebietscharakter wahren müssen (BVerwG, NVwZ 1999, 1338 [1338]). Danach kann der Bebauungsplan z.B. 71

– bestimmte im jeweiligen Baugebiet nach §§ 2 ff. BauNVO zulässige Nutzungen ausschließen oder nur ausnahmsweise zulassen (§ 1 V BauNVO),
– noch differenzierter, aus besonderen städtebaulichen Gründen, einzelne Unterarten der dort genannten Nutzungen abweichend für allgemein zulässig, unzulässig oder ausnahmsweise zulässig erklären (§ 1 IX BauNVO)

– oder auch, ebenfalls soweit aus besonderen städtebaulichen Gründen gerechtfertigt, eine sog. vertikale Gliederung vornehmen, d. h. die Zulässigkeit von Nutzungen differenziert nach Geschossen, Ebenen oder sonstigen Teilen baulicher Anlagen regeln (§§ 9 III BauGB, 1 VII BauNVO; vgl. auch §§ 4a IV, 7 IV BauNVO).

Weitere Möglichkeiten der Feinsteuerung bestehen bzgl. der Stellplätze und Garagen (§ 12 IV bis VI BauNVO) und der Nebenanlagen (§ 14 I 3 BauNVO). Besonders offen für die Konkretisierung im Bebauungsplan ist schließlich das sonstige Sondergebiet nach § 11 BauNVO; hervorgehobene Bedeutung haben hier Sondergebiete für Einkaufszentren, großflächige (Einzel-)Handelsbetriebe, für die § 11 III BauNVO besondere Regelungen trifft.

> **Beispiel:** Ein Bebauungsplan setzt ein Kerngebiet fest und schließt zugleich gemäß § 1 V BauNVO Vergnügungsstätten i. S. v. § 7 II Nr. 2 BauNVO oder auch gemäß § 1 IX BauNVO nur Spielhallen als eine Unterart von Vergnügungsstätten i. S. v. § 7 II Nr. 2 BauNVO aus (BVerwGE 77, 308 [315]; OVG NRW, BauR 1997, 436 [437]) oder ordnet an, dass im Erdgeschoss nur Ladengeschäfte, im zweiten Geschoss nur sonstige Gewerberäume zulässig sind (§ 1 VII BauNVO).

71a Spezielle Festsetzungsmöglichkeiten hinsichtlich der **Art baulicher Nutzung in im Zusammenhang bebauten Ortsteilen** i.S.v. § 34 BauGB (vgl. Rn. 149 ff.) eröffnen § 9 IIa, IIb BauGB. Auf Grund des zum 1. Jan. 2007 eingefügten § 9 IIa BauGB kann zur Erhaltung oder Entwicklung zentraler Versorgungsbereiche in einem Bebauungsplan – auch räumlich differenziert – festgesetzt werden, dass nur bestimmte Arten der nach § 34 I, II BauGB zulässigen baulichen Nutzungen (vgl. dazu Rn. 155 ff.) zulässig oder nicht zulässig sind bzw. nur ausnahmsweise zugelassen werden können. Dies erlaubt eine auf den Ausweis von Baugebieten nach § 9 I Nr. 1 BauGB i. V.m. §§ 1 ff. BauNVO verzichtende, differenzierte Festsetzung der Zulässigkeit von Nutzungen, insbesondere von Einzelhandelsbetrieben. Einem anderen besonderen Steuerungsbedürfnis dient der 2013 hinzugekommene § 9 IIb BauGB, der besondere Festsetzungen zur Zulässigkeit von Vergnügungsstätten erlaubt.

72 Auf welche Weise der Bebauungsplan das **Maß der baulichen Nutzung** festsetzen kann, regelt § 9 I Nr. 1 BauGB i. V. m. §§ 16 ff. BauNVO. § 16 II BauNVO gibt eine Übersicht über die in §§ 18 ff. BauNVO näher geregelten Festsetzungsmöglichkeiten: Grundflächenzahl (§ 19 I BauNVO) oder Größe der Grundfläche (§ 19 II BauNVO), Geschossflächenzahl (§ 20 II BauNVO) oder Größe der Geschossfläche (§ 20 III, IV BauNVO), Baumassenzahl oder Baumasse (§ 21 BauNVO), Zahl der Vollgeschosse (§ 20 I BauNVO i. V. m. § 2 V BauO) und Höhe der baulichen Anlagen (§ 18 BauNVO). § 17 BauNVO enthält bestimmte, auf das jeweilige Baugebiet bezogene Obergrenzen.

73 Die **überbaubaren Grundstücksflächen** können durch Baulinien, Baugrenzen oder Bebauungstiefen festgesetzt werden (§§ 9 I Nr. 2 BauGB, 23 BauNVO). Baulinien sind Linien, auf die gebaut werden muss (§ 23 II 1

BauNVO) und die daher verbindliche „Baufenster" festlegen können. Baugrenzen dürfen grundsätzlich nicht überschritten werden (§ 23 III BauNVO).

Neu ist die Möglichkeit, die Tiefe der Abstandsflächen abweichend von den bauordnungsrechtlichen Vorgaben (vgl. Rn. 249 ff.) zu bestimmen (§ 9 I Nr. 2a BauGB).

Als **Bauweise** können nach §§ 9 I Nr. 2 BauGB, 22 BauNVO insbesondere die offene Bauweise, die Einzelhäuser, Doppelhäuser oder Hausgruppen zulässt, oder die geschlossene, einen seitlichen Grenzabstand grundsätzlich ausschließende Bauweise vorgegeben werden. 74

Die Vielzahl weiterer möglicher Festsetzungen dient u. a. der Ausweisung von Flächen für **Infrastruktur- und sonstige öffentliche Einrichtungen**. So können nach § 9 I Nr. 11 BauGB Verkehrsflächen festgesetzt werden, was auch die Möglichkeit einer isolierten Straßenplanung durch Bebauungsplan eröffnet (vgl. §§ 17 III FStrG, 38 IV StrWG). § 9 I Nr. 15 BauGB erlaubt die Ausweisung von Grünflächen, § 9 I Nr. 22 BauGB die von Gemeinschaftseinrichtungen (Kinderspielplätze etc.) und § 9 I Nr. 24 BauGB auf verschiedene Weise die von baulichen oder technischen Vorkehrungen zum Schutz vor schädlichen Umwelteinwirkungen, z. B. von Lärmschutzwällen. 75

6. Abwägungsgebot (§ 1 VII BauGB)

Die in der Bauleitplanung vorzunehmende gemeindliche Gesamtplanung zur Verwirklichung städtebaulicher Vorstellungen unterliegt – wie gesehen – nur begrenzt strikt zu beachtenden Vorgaben und Beschränkungen (insbesondere: Erforderlichkeitsgrundsatz, Planungsleitsätze, Bindung an Ziele der Raumordnung, Selbstbindung durch Flächennutzungsplan). Danach verbleibt für die einzelne Gemeinde – wie das für staatliche (raumbedeutsame) Planung allgemein kennzeichnend ist (vgl. Rn. 23) – ein beträchtlicher Spielraum stadtplanerischer Gestaltung, innerhalb dessen sie unter **Abwägung der verschiedenen öffentlichen und privaten Belange** Festsetzungen über die bauliche und sonstige Nutzung treffen kann. Auch diese verbleibende planerische Gestaltungsfreiheit kann jedoch – schon wegen ihrer Bedeutsamkeit für betroffene (insbesondere private) Belange – nicht rechtlich völlig unbegrenzt sein. Rechtsstaatliche Planung muss vielmehr dem Gebot gerechter Abwägung genügen (grundlegend: BVerwGE 34, 301 [305, 309]). Die rechtliche Erfassung und Disziplinierung des planerischen Gestaltungsspielraums durch dieses Abwägungsgebot ist eines der Zentralprobleme des Rechts der Bauleitplanung. Das BauGB trägt dem Rechnung, indem es in § 1 VII BauGB bei der Aufstellung der Bauleitpläne eine gerechte Abwägung der öffentlichen und privaten Belange unter- und gegeneinander gebietet. Ergänzend enthält § 1 VI BauGB einen umfangreichen Katalog solcher insbesondere zu berücksichtigender Belange, der seit der Klimaschutznovelle 2011 noch durch § 1a V BauGB um Klimaschutzbelange erweitert worden ist, und fordert die neue „Verfahrensgrundnorm" des § 2 III BauGB, dass die abwägungsrelevanten Belange, das Abwägungsmaterial, ermittelt und be- 76

§ 4. Öffentliches Baurecht

wertet werden. Welche Folgerungen daraus für die rechtlichen, aufsichtsbehördlich und insbesondere gerichtlich durchsetzbaren Grenzen der Abwägung zu ziehen sind, hat die Rspr. des BVerwG (grundlegend: BVerwGE 34, 301; 45, 309) in heute wohl allgemein akzeptierter Weise entwickelt (zur Frage, ob diese bisherige Abwägungsdogmatik mit Blick auf den neuen § 2 III BauGB partiell überholt ist, vgl. Rn. 85).

77 Dabei soll die **Auslegung der unbestimmten Rechtsbegriffe des § 1 V, VI BauGB**, die der Abwägungsentscheidung vorgelagert sind und diese steuern sollen, gerichtlich voll überprüfbar sein (BVerwGE 34, 301 [308]). Die Gemeinde hat also keinen Beurteilungsspielraum etwa in der Frage, was zu den Bedürfnissen der Baukultur, der Wirtschaft oder des Verkehrs gehört.

78 Die Abwägung der jeweils einschlägigen Belange hingegen ist mit planerischem Freiraum verbunden und deshalb einer Begrenzung durch rechtliche Vorgaben nach dem „Wenn"-„dann"-Schema gesetzlicher Konditionalprogramme nicht zugänglich. Vielmehr kann das **Gebot gerechter Abwägung** nur als ein – von einer Bewertung des Planungsziels und der dadurch positiv oder negativ betroffenen öffentlichen und privaten Belange abhängiges – Finalprogramm verstanden werden, aus dem Anforderungen sowohl an den Vorgang wie an das Ergebnis der Abwägung abgeleitet werden. Diese Anforderungen hat das BVerwG grundlegend und bis heute maßgeblich in einem Urteil vom 12. Dez. 1969 formuliert.

BVerwGE 34, 301 (309): „Das Gebot gerechter Abwägung ist verletzt, wenn eine (sachgerechte) Abwägung überhaupt nicht stattfindet. Es ist verletzt, wenn in die Abwägung an Belangen nicht eingestellt wird, was nach Lage der Dinge in sie eingestellt werden muß. Es ist ferner verletzt, wenn die Bedeutung der betroffenen privaten Belange verkannt oder wenn der Ausgleich zwischen den von der Planung berührten öffentlichen Belangen in einer Weise vorgenommen wird, die zur objektiven Gewichtigkeit einzelner Belange außer Verhältnis steht. Innerhalb des so gezogenen Rahmens wird das Abwägungsgebot jedoch nicht verletzt, wenn sich die zur Planung berufene Gemeinde in der Kollision zwischen verschiedenen Belangen für die Bevorzugung des einen und damit notwendig für die Zurückstellung eines anderen entscheidet."

a) Abwägungsfehlerlehre

79 Dieser Entscheidung lässt sich eine **Unterscheidung verschiedener, gerichtlich überprüfbarer Abwägungsfehler** entnehmen, die seither in der Verwaltungsrechtsprechung zugrunde gelegt wird. Das Schrifttum hat daraus eine Abwägungsfehlerlehre entwickelt, die mit den Begriffen Abwägungsausfall, Abwägungsdefizit, Abwägungsfehleinschätzung und Abwägungsdisproportionalität arbeitet.

Abwägungsfehler			
Abwägungs-ausfall	*Abwägungs-defizit*	*Abwägungs-fehleinschätzung*	*Abwägungs-disproportionalität*
Sachgerechte Abwägung hat nicht stattgefunden.	Es sind nicht alle erheblichen Belange in die Abwägung eingestellt worden.	Die Bedeutung einzelner Belange wurde verkannt.	Der Ausgleich zwischen einzelnen Belangen wurde in einer zur objektiven Gewichtigkeit außer Verhältnis stehenden Weise vorgenommen.

Ein **Abwägungsausfall** liegt danach vor, wenn eine Abwägung überhaupt nicht stattgefunden hat. Das kann v. a. der Fall sein, wenn eine Gemeinde sich rechtsirrtümlich (vgl. Rn. 55) vertraglich zum Erlass eines Bauleitplans verpflichtet glaubt.

Von einem **Abwägungsdefizit** spricht man, wenn ein nach Lage der Dinge einzustellender öffentlicher oder privater Belang nicht in die Abwägung eingestellt worden ist.

Ist ein einzelner Belang zwar gesehen, aber in seiner Bedeutung verkannt und deshalb nur defizitär in die Abwägung eingebracht worden, so ist der Fall der **Abwägungsfehleinschätzung** gegeben.

> **Beispiele:** Überplant die Gemeinde ein bestehendes Industriegebiet dergestalt, dass vorhandene Industriegebiete in Zukunft nicht mehr zulässig wären, so hat sie in besonderer Weise die Belange der bereits bestehenden eingerichteten und ausgeübten Gewerbebetriebe zu berücksichtigen (OVG NRW, NWVBl. 2000, 187). Verlässt sich die Gemeinde bei ihrer Planung auf bestimmte Gutachten zur Ermittlung der zu erwartenden Immissionsbelastung und lässt andere Gutachten außer Betracht, so fußt ihre Planung auf einer mangelhaften Prognosegrundlage; dies wirkt sich auf die Abwägungsentscheidung aus, die damit ebenfalls fehlerhaft ist (vgl. OVG NRW, NWVBl. 2001, 185).

Es liegt in der Natur einer Planungsentscheidung, dass sie sich in der Kollision zwischen verschiedenen Belangen für die Bevorzugung des einen und damit notwendig für die Zurückstellung des anderen entscheiden muss. Jedoch soll der Fehler der **Abwägungsdisproportionalität** vorliegen, wenn der Ausgleich zwischen den von der Planung berührten öffentlichen und privaten Belangen in einer Weise vorgenommen wird, die zur objektiven Gewichtigkeit einzelner Belange außer Verhältnis steht. Dabei gilt nach dem BauGB der Grundsatz, dass ein Vorrang weder für öffentliche noch für private Belange besteht; die Gemeinde muss im Einzelfall entscheiden. Allerdings gibt es einzelne sog. Optimierungsgebote, d. h. gesetzliche Vorrangregelungen, die die Gemeinde zur möglichst weitgehenden Berücksichtigung einzelner Belange verpflichten, ohne jedoch – anders als bei Planungsleitsätzen – im Einzelfall eine Zurückstellung in der Abwägung auszuschließen. Ein wichtiges Beispiel hierfür bildet das Trennungsprinzip des § 50 BImSchG, das eine räumliche Trennung von ausschließlich oder überwiegend dem Wohnen dienenden Gebieten und emittierenden Anlagen verlangt (BVerwGE 71, 163 [165]; vgl. auch OVG NRW, NWVBl. 2007, 20). Die frühere Annahme, die sog. Bodenschutzklausel stelle ein Optimierungsgebot dar, dürfte nach der Neufassung von § 1a I BauGB überholt sein; es handelt sich um einen bloßen, ggf. überwindbaren Abwägungsbelang (Bönker, in: Hoppe/Bönker/Grotefels, Öffentliches Baurecht, § 5 Rn. 114). Auch die früher intensiv diskutierte Frage, ob die naturschutzrechtlichen Regelungen über Eingriffe in Natur und Landschaft einen strikten Planungsleitsatz, ein Optimierungsgebot oder einen bloßen Abwägungsgesichtspunkt begründen, ist überholt, da ursprünglich nach § 8a I BNatSchG i.d.F. von 1998, heute nach § 18 I BNatSchG sich der Ersatz und Ausgleich der von Bebauungsplänen vorgesehenen Eingriffe in Natur und Landschaft nun nach dem BauGB richtet und dort § 1a III BauGB klarstellt, dass insoweit lediglich ein in die Abwägung einzustellender und dort auch überwindbarer Belang begründet wird (vgl. Krautzberger, in: Battis/Krautzberger/Löhr, BauGB, § 1a Rn. 23); allerdings bleibt zu beachten, dass § 1a III BauGB weitergehende Festsetzungs- und Regelungsmöglichkeiten (Ausgleich an anderer Stelle, städtebaulicher Vertrag) erlaubt, was u. U. die Durchsetzungsstärke des Belangs in der Abwägung steigert (vgl. auch § 135a II 2 BauGB).

> **Beispiel:** Wenn neben einem großen Wohngebiet ein Industriegebiet zur Unterbringung einer Flachglas-Fabrik vorgesehen wird, um neue Arbeitsplätze zu schaffen, kann das auf einer Fehlgewichtung des gebotenen Schutzes des Wohngebiets im Verhältnis zu den für die Industrieansiedlung sprechenden Belangen beruhen (vgl. BVerwGE 45, 309 [325 ff.]; vgl. auch zum Trennungsgrundsatz Rn. 92).

84 Insbesondere mit Rücksicht auf die Folgen eines Verstoßes (vgl. Rn. 96 ff.) muss danach unterschieden werden, ob ein solcher Abwägungsfehler den **Abwägungsvorgang**, also den Prozess der Gewinnung des Abwägungsmaterials einschließlich der Ermittlung und isolierten Bewertung der Einzelbelange (vgl. OVG NRW, NWVBl. 2000, 187 [188]), oder das **Abwägungsergebnis** betrifft. Allgemein wird angenommen, dass der Abwägungsausfall allein den Abwägungsvorgang betreffe (BVerwGE 45, 309 [315]), während die anderen Abwägungsfehler sowohl beim Abwägungsvorgang wie auch beim Abwägungsergebnis auftreten könnten; allerdings erscheint schon mit Blick auf die Abwägungsfehleinschätzung, jedenfalls aber und insbesondere mit Blick auf die Abwägungsdisproportionalität nahe liegend, dass sie sich allein auf das Abwägungsergebnis beziehen.

85 Diese herkömmliche, auf Abwägungsvorgang und -ergebnis abstellende Abwägungsfehlerlehre ist durch das EAG Bau 2004, namentlich durch die neuen §§ 2 III, 214 I 1 Nr. 1, III 2 BauGB in Frage gestellt worden. Die Gesetzesänderung war von der gesetzgeberischen Vorstellung getragen, gemeinschaftsrechtlichen Vorgaben entsprechend die verfahrensrechtlichen Anforderungen stärken und dabei bislang als materiellrechtlich verstandene, dem Abwägungsvorgang zugerechnete Standards in Verfahrensanforderungen

umgestalten zu wollen; dies kommt darin zum Ausdruck, dass der als Verfahrensvorschrift gefasste § 2 III BauGB über die Ermittlung hinaus auch die Bewertung des Abwägungsmaterials verlangt. Nach der weiteren Intention, der Beachtung dieser Verfahrensvorschriften zumindest eine gewisse indizielle Bedeutung für die Wahrung der materiellen Anforderungen beizumessen, war im Gesetzgebungsverfahren zunächst die Streichung der bisherigen Erheblichkeit bestimmter Mängel im Abwägungsvorgang vorgesehen; nunmehr aber anerkennt § 214 III 2 Hs. 2 BauGB – über die in § 214 I 1 Nr. 1, III 2 Hs. 1 BauGB geregelten Verstöße gegen § 2 III BauGB hinaus – nach wie vor auch Mängel des Abwägungsvorgangs, die unter bestimmten Voraussetzungen erheblich sind (vgl. dazu Rn. 99 ff.). Angesichts dieser – nicht ganz konsistent wirkenden, in ihrer Bedeutung wohl noch nicht abschließend diskutierten – Neuregelungen wird bislang daran festgehalten, dass die gebotene Bewertung der betroffenen öffentlichen und privaten Belange eine materiellrechtliche Anforderung an Abwägungsvorgang und -ergebnis darstellt, insoweit also ungeachtet der Gesetzesnovelle an der überkommenen Abwägungsfehlerlehre festzuhalten ist (vgl. Kraft, UPR 2004, 331; Hoppe, NVwZ 2004, 903 [904 f.]).

b) Inhaltliche Anforderungen des Gebots gerechter Abwägung

Im Einzelfall bleibt die Frage, wann etwa ein Belang zu Unrecht unbeachtet geblieben, die Bedeutung eines Belangs verkannt oder ein zur objektiven Gewichtung einzelner Belange außer Verhältnis stehender Ausgleich vorgenommen worden ist. Es stellt sich die Aufgabe der inhaltlichen **Konkretisierung der Anforderungen an die planende Gemeinde** mit Blick auf die entscheidende Einzelfallabwägung. 86

aa) Die Zusammenstellung des Abwägungsmaterials

Die erste Voraussetzung einer gerechten Abwägung, alle im Einzelfall abwägungsrelevanten öffentlichen und privaten Belange als Abwägungsmaterial einzustellen, erfordert zunächst eine – umfassender gerichtlicher Kontrolle zugängliche (vgl. Rn. 77) – **abstrakt-begriffliche Definition der einschlägigen Belange**. Einzustellen sind grundsätzlich alle städtebaulichen, nicht sonstige Belange (vgl. bereits Rn. 22). Hinsichtlich der öffentlichen Belange gibt § 1 VI BauGB insoweit eine nicht abschließende, aber doch umfangreiche, jüngst noch um den Hochwasserschutz (§ 1 VI Nr. 12 BauGB) sowie die Erhaltung und Entwicklung zentraler Versorgungsbereiche (§ 1 VI Nr. 4 BauGB) ergänzte Liste vor. Als private Belange sind nicht nur private Rechte, sondern auch nicht zu subjektiven Rechten erstarkte private Interessen wie etwa der Schutz vor Verkehrslärm und sonstigen Immissionen zu berücksichtigen. 87

Darüber hinaus bedarf es der Entscheidung darüber, welche Umstände im konkreten Einzelfall „nach Lage der Dinge" (BVerwGE 34, 301 [309]) unter diesen Begriff der öffentlichen und privaten Belange zu subsumieren und einzustellen sind. Nach der Rspr. sind dies **alle mehr als nur geringfügig betroffenen, schutzwürdigen Belange, deren Betroffenheit der Gemeinde bekannt ist oder zumindest hätte bekannt sein müssen** (BVerwG, NVwZ-RR 1994, 490). Nicht eingestellt werden müssen danach (private) Belange, die 88

§ 4. Öffentliches Baurecht

– geringwertig bzw. geringfügig betroffen sind,
– für die planende Gemeinde nicht erkennbar und ihr nicht vorgetragen worden sind,
– rechtlich nicht schutzwürdig sind.

> **Beispiele:** Ein Abwägungsdefizit liegt vor, wenn ein allgemeines Wohngebiet unmittelbar neben einer vorhandenen Großsportanlage vorgesehen wird, ohne die Konfliktsituation zu bedenken (OVG NRW, NVwZ 1983, 618). Eine berechtigte Nichtbeachtung eines – nicht schutzwürdigen – Belangs liegt in der Nichtberücksichtigung bloßer Wettbewerbsvorteile eines Einzelhandelsgeschäfts (BVerwG, NVwZ 1994, 683).

bb) Abwägungsgrundsätze

89   Zur Konkretisierung der Anforderungen des Gebots gerechter Abwägung tragen weiter von Rspr. und Lit. entwickelte sog. **Abwägungsgrundsätze** bei, über deren Systematik und Unterscheidung freilich keine völlige Übereinstimmung besteht.

90   So fordert das **Gebot der Abwägungsbereitschaft**, dass die Gemeinde für alle in Betracht kommenden Planungsvarianten offen sein muss. Sie verstößt hiergegen, wenn sie eine in Betracht kommende Planungsalternative nicht in die Abwägungsentscheidung einbezieht oder von Beginn an auf eine bestimmte Planung festgelegt ist. Das Problem solcher Vorfestlegungen stellt sich insbesondere, wenn eine Gemeinde eine Bauleitplanung von vornherein in Abstimmung etwa mit einem bestimmten privaten Investor vornimmt. Zwar ist es nach § 1 III 2 BauGB unzulässig, vertraglich einen Anspruch auf den Erlass eines Bauleitplans zu begründen (Rn. 55). Aber auch unterhalb dieser Schwelle können, was in der Praxis der Bauleitplanung auch vielfach unverzichtbar und unvermeidlich ist, durch tatsächliche Maßnahmen, Zusagen oder Verträge Vorabbindungen für eine künftige Bauleitplanung begründet werden. Insoweit geht das BVerwG (E 45, 309) davon aus, dass zwar im Einzelfall der Abwägungsvorgang sachwidrig verkürzt werden kann, ein Verstoß gegen das Abwägungsgebot aber nicht zwangsläufig vorliegt; vielmehr soll das durch Vorentscheidung drohende Abwägungsdefizit ausgeglichen werden können, wenn:
– die Vorwegnahme der Entscheidung sachlich gerechtfertigt ist,
– die planungsrechtliche Zuständigkeitsordnung gewahrt ist, d.h. insbesondere die Mitwirkung des Rates nicht verkürzt ist, und
– die vorweggenommene Entscheidung auch inhaltlich nicht zu beanstanden ist.
Verstößt allerdings ein Verwaltungsvertrag gegen diese Anforderungen, ist er unwirksam (§§ 59 I VwVfG i.V.m. 134 BGB); das gilt auch für eine Zusage solchen rechtswidrigen Inhalts (BVerwGE 26, 31; 49, 359).

> **Beispiele:** Übernimmt die planende Gemeinde lediglich den von einem Vorhabenträger ausgearbeiteten Plan, ohne etwaige Alternativen zu prüfen, so könnte in der möglichen faktischen Bindung der Gemeinde zwar ein Abwägungsfehler liegen; die bloße Übernahme der Planung unter Vernachlässigung

> von Alternativen als solche genügt jedoch noch nicht für die Bejahung einer faktischen Bindung der Gemeinde und damit eines Abwägungsfehlers (vgl. BVerwG, DVBl. 1987, 1273). Macht eine Gemeinde die Änderung eines Bebauungsplans in einem verwaltungsrechtlichen Vertrag davon abhängig, dass der bauwillige Eigentümer an Stelle eines nicht mehr festsetzbaren Erschließungsbeitrages an sie einen Geldbetrag für einen gemeinnützigen Zweck leistet, so verletzt sie damit das sog. Koppelungsverbot; der Vertrag ist daher nichtig gemäß § 59 II Nr. 4 VwVfG (BVerwGE 111, 162).

Das **Gebot der Problem- oder Konfliktbewältigung** verlangt von der Gemeinde, bei der Abwägung nach § 1 VII BauGB alle bereits vorgefundenen sowie die durch die vorgesehene Bodennutzung neu aufgeworfenen städtebaulichen Spannungslagen zu berücksichtigen und planerisch zu bewältigen (OVG NRW, NWVBl. 2004, 309). Die Gemeinde soll danach grundsätzlich das bauplanungsrechtliche Konfliktlösungspotential ausschöpfen und einen Konflikttransfer vermeiden (Hoppe, in: Hoppe/Bönker/Grotefels, Öffentliches Baurecht, § 7 Rn. 141 ff.). Sie darf allerdings „planerische Zurückhaltung" in den Fällen üben, in denen ein dem Bebauungsplanverfahren nachfolgendes Verwaltungsverfahren generell geeignet ist, verbleibende Konflikte zu lösen; dann kann die Verlagerung eines lösungsbedürftigen Problems in dieses Verfahren zulässig sein. Dies gilt etwa, wenn Belange von Nachbarn im Baugenehmigungsverfahren über § 15 BauNVO (vgl. Rn. 139) oder in einem Genehmigungsverfahren nach BImSchG berücksichtigt werden können oder der Konflikt zwischen Wohnbebauung und Straßenplanung im Planfeststellungsverfahren bewältigt werden kann. 91

> **Beispiel:** Ein Bebauungsplan, der ein großes Kohlekraftwerk in der Nähe von Wohnbebauung festsetzt, verletzt das Gebot der planerischen Konfliktbewältigung, wenn er große Teile des Plangebiets hinsichtlich ihrer Umweltauswirkungen überhaupt nicht betrachtet und die Lösung der aufgeworfenen Probleme nahezu vollständig in ein nachfolgendes immissionsschutzrechtliches Genehmigungsverfahren verlagert (OVG Münster, BauR 2010, 572).

Das mit Blick auf den Nachbarschutz (vgl. Rn. 315 ff.) entwickelte, in seinem objektiv-rechtlichen Gehalt aber auch bei der Aufstellung der Bebauungspläne zu beachtende **Gebot der Rücksichtnahme** (auf schutzwürdige Individualinteressen) geht davon aus, dass jedes Bauvorhaben auf seine Umgebung Rücksicht nehmen und unzumutbare Auswirkungen auf andere Grundstücke vermeiden muss. Eine zentrale Folgerung aus dem Gebot der Rücksichtnahme ist der Grundsatz der Trennung unverträglicher Nutzungen, der in dem Optimierungsgebot des § 50 I BImSchG seine spezialgesetzliche Positivierung gefunden hat; danach sind z. B. Wohnbebauung und immissionsträchtige gewerbliche Grundstücksnutzungen zu trennen. Gerade dieses Gebot der Rücksichtnahme – wie aber auch das der Konfliktbewältigung – erfährt eine Modifikation in sog. Gemengelagen, d. h. überwiegend bebauten Bereichen mit vorhandenen oder zu erwartenden Immissionskonflikten zwischen emittierenden und schutzbedürftigen Nutzungen, also typischerweise zwischen vorhandenen gewerblichen und Wohnnutzungen; auf 92

Grund der vorgegebenen Situation führt das Gebot der Rücksichtnahme hier zu gesteigerten Duldungspflichten und Belastungen des Situationsbelasteten und entsprechenden Begünstigungen anderer (Hoppe, in: Hoppe/Bönker/ Grotefels, Öffentliches Baurecht, § 7 Rn. 156 ff.).

> **Beispiele:** Das Gebot der Rücksichtnahme kann etwa die Gliederung eines geplanten Gewerbegebiets in der Weise verlangen, dass in der Nachbarschaft eines angrenzenden Wohngebiets nur emissionsarme Betriebe angesiedelt werden dürfen (OVG NRW, BRS 58 Nr. 30). Ferner kann das Gebot der Rücksichtnahme erfordern, dass in der Nähe bestehender immissionsintensiver landwirtschaftlicher Nutzflächen keine Wohngebiete angesiedelt oder Maßnahmen zur Reduzierung der Immissionsbelästigungen getroffen werden (vgl. OVG NRW, DVBl. 2002, 717 [718]).

93 Das **Gebot der Lastenverteilung** schließlich zielt insbesondere auf die Inanspruchnahme von Flächen für öffentliche Einrichtungen oder Verkehrsflächen. Insoweit soll zunächst ein Zugriff auf private Grundstücke nur zulässig sein, wenn keine gleich gut geeigneten Grundstücke der öffentlichen Hand zur Verfügung stehen (BVerfG, NVwZ 2003, 727 [728]; BVerwG, NVwZ 2002, 1506 [1507]; OVG NRW, Urt. v. 03.09.2003 – 7a D 73/01). Wenn Privatgrundstücke benötigt werden, ist keine strikt gleichmäßige Lastenverteilung gefordert, wohl aber ein dem Einzelfall gerecht werdender Interessenausgleich unter Berücksichtigung des Verhältnismäßigkeitsgrundsatzes und des Gleichbehandlungsgebots, der sachlich gerechtfertigten Differenzierungen zugänglich ist (OVG NRW, NWVBl. 2003, 273 [276]).

7. Anhang

94 **Literatur:** *Sarnighausen*, Abwägungsmängel bei Bebauungsplänen in der Praxis, NJW 1993, 3229; *Resch*, Recht der Bauleitplanung – ausgewählte Probleme, JA 1995, 421; *Runkel*, Das Gebot der Entwicklung der Bebauungspläne aus dem Flächennutzungsplan, ZfBR 1999, 298; *Moench*, Neue Formen des großflächigen Einzelhandels in der Bauleitplanung, in: FS für Werner Hoppe zum 70. Geburtstag, 2000, S.459; *Erbguth*, Factory-Outlet-Center: Landesplanungs- und städtebaurechtliche Fragen, verfassungs- wie verwaltungsrechtliche Aspekte, NVwZ 2000, 969; *Mitschang*, Der Planungsgrundsatz der Nachhaltigkeit, DÖV 2000, 14; *Decker*, Besondere Teilaspekte der Abwägungsentscheidung nach § 1 VI BauGB bei Bebauungsplänen – Gebot der Konfliktbewältigung und Trennungsgrundsatz, JA 2002, 697; *Schmidt-Eichstaedt*, Planfeststellung, Bauleitplanung und städtebauliche Entwicklungsmaßnahmen, NVwZ 2003, 129; *Moench*, Die Planungspflicht der Gemeinde, DVBl. 2005, 676; *Kirste*, Das Zusammenwirken von Raum- und Bauleitplanungsrecht, dargestellt am Beispiel der Zulässigkeit von Windenergieanlagen, DVBl. 2005, 993; *Erbguth*, Die Rechtmäßigkeit von Bauleitplänen: Neuregelungen durch das EAG Bau, JURA 2006, 9

Klausurfälle: *Jahn*, Die besorgte Nachbargemeinde, JuS 2000, 590; *Kahl*; Zwei Gemeinden und ein Industriegebiet, JA 2005, 280; *Ingerowski*, Verdichtung der gemeindlichen Planungshoheit zu einer strikten Planungspflicht, JURA 2009, 303; *Richter/Sokol*, Moschee im Gewerbegebiet, JA 2011, 521; *Schmidt*, Zu viele Pläne verderben den Brei, JA 2012, 838

Kontrollfragen:
1. Was folgt aus dem Erforderlichkeitsgrundsatz im Sinne des § 1 III 1 BauGB?
2. Worauf kann sich eine Gemeinde berufen, wenn sie sich gegen einen Bebauungsplan einer Nachbargemeinde zur Errichtung eines großen Einkaufsparks wendet?
3. Wie kann eine Gemeinde im Bebauungsplan die Art der zulässigen Nutzung festsetzen?
4. Welche Fehler bei der Abwägungsentscheidung der Gemeinde sind denkbar und was bedeuten sie?
5. Unter welchen Voraussetzungen darf die Gemeinde sich auf Grund einer Kooperation mit einem privaten Investor von Beginn an auf eine bestimmte Planung festlegen?
6. Was sind sog. Gemengelagen und inwiefern sind Abwägungsgrundsätze hier in besonderer Weise anzuwenden?

IV. Rechtsfehler in der Bauleitplanung und Fehlerfolgen

Ein Verstoß gegen formelle und materielle Rechtmäßigkeitsanforderungen müsste für den Bebauungsplan als Satzung, d.h. als Rechtsnorm, ebenso aber auch für den Flächennutzungsplan grundsätzlich Nichtigkeit zur Folge haben; eine Bestandskraftregelung, die auch für den Fall der Rechtsfehlerhaftigkeit die Rechtswirksamkeit bewahrt, besteht allgemein nur für Verwaltungsakte (vgl. §§ 43 ff. VwVfG). Für Satzungen nach dem BauGB sowie für Flächennutzungspläne gibt es jedoch **besondere Fehlerfolgenregelungen**.

1. Bauplanungsrechtliche Fehler und Fehlerfolgenregelung

Bebauungspläne und sonstige Satzungen ebenso wie Flächennutzungspläne sind bei Verstößen gegen das BauGB rechtsfehlerhaft; solche Fehler sind ggf. auch im Genehmigungsverfahren durch die Aufsichtsbehörde zu rügen (§ 216 BauGB). Für die gerichtliche Kontrolle von Flächennutzungsplänen und Satzungen nach dem BauGB, also insbesondere Bebauungspläne oder auch z.B. Veränderungssperren (§ 16 I BauGB) oder Erhaltungssatzungen (§ 172 BauGB), aber enthalten **§§ 214 ff. BauGB** besondere Regelungen zur Planerhaltung, d.h. zur Erhaltung der Rechtswirksamkeit trotz Rechtsverstößen. Hinter diesen Regelungen steht das Anliegen, die Planungshoheit der Gemeinden und die Rechtssicherheit zu schützen; dem stehen entgegen die Aspekte der Gesetzesbindung (Art. 20 III GG) und der Gewährung effektiven individuellen Rechtsschutzes (Art. 19 IV GG) sowie das Grundrecht aus Art. 14 GG, die punktuell eine einengende Auslegung erfordern. Insgesamt gesehen ergibt sich aus den §§ 214 ff. BauGB eine differenzierte, gestufte Fehlerfolgenregelung, die Rechtsfolgen von Unbeachtlichkeit über Behebbarkeit und Rügepflichtigkeit von Fehlern bis zur Nichtigkeit vorsieht.

Eine – hier nicht näher zu betrachtende – besondere Fehlerfolgenregelung für Bebauungspläne nach § 13a BauGB (vgl. Rn. 41) enthält § 214 IIa BauGB (zur Europarechtswidrigkeit des mit der BauGB-Novelle 2013 aufgehobenen § 214 IIa

Nr. 1 BauGB a.F., vgl. EuGH, NVwZ-RR 2013, 503 [504 f.]; zu verbleibenden europarechtlichen Bedenken vgl. Krautzberger/Stüer, DVBl. 2013, 805 [814]).

a) Unbeachtlichkeit von Fehlern (§ 214 I–III BauGB)

aa) Verfahrens- und Formfehler

97 Die in § 214 I BauGB angeordnete Unbeachtlichkeit von Fehlern erfasst ausdrücklich nur Verfahrens- und Formvorschriften des BauGB. Die Beachtlichkeit von Verstößen gegen **Verfahrens- und Formvorschriften anderer Gesetze,** insbesondere der GO, bleibt daher durch § 214 I BauGB unberührt (vgl. dazu Rn. 104 ff.).

98 **Form- und Verfahrensfehler nach dem BauGB** sind nach § 214 I BauGB nur dann beachtlich, wenn dies ausdrücklich angeordnet ist. Unbeachtlich bleiben danach z.B. Verstöße gegen § 2 I BauGB (Aufstellungsbeschluss) oder gegen §§ 3 I, 4 I BauGB (frühzeitige Öffentlichkeits- und Behördenbeteiligung). Die – abschließende – Aufzählung beachtlicher Fehler in § 214 I 1 Nr. 1 bis 4 BauGB erfasst etwa Verstöße gegen §§ 3 II, 4 II BauGB (förmliche Öffentlichkeits- und Behördenbeteiligung), gegen § 2a BauGB (Begründung zum Bauleitplanentwurf) oder – was nach § 214 I 1 Nr. 4 BauGB ausnahmslos beachtlich ist – das Fehlen eines Beschlusses der Gemeinde über den Flächennutzungsplan oder die Satzung bzw. einer erforderlichen Genehmigung.

Beispiel: Nach § 214 I 1 Nr. 2 Hs. 2 BauGB ist es unbeachtlich, wenn die Gemeinde anstelle des an sich gebotenen Beteiligungsverfahrens nach § 3 II BauGB das vereinfachte Verfahren nach § 13 BauGB (vgl. Rn. 41), also das falsche Beteiligungsverfahren gewählt hat; nur die völlige Unterlassung einer notwendigen Beteiligung soll erheblich sein (BVerwG, BauR 2009, 957 [959]).

bb) Materielle Fehler

99 Es stellt eine Besonderheit der bauplanungsrechtlichen Fehlerfolgenregelung dar, dass sie nicht nur formelle, sondern auch materielle Fehler erfasst. Während Verstöße gegen materielle Vorschriften des BauGB ansonsten beachtlich sind, erklärt § 214 II, III BauGB bestimmte **Verstöße gegen das Entwicklungsgebot und das Abwägungsgebot** für unerheblich. Probleme wirft insbesondere die – deshalb näher zu betrachtende – Regelung zu den Abwägungsfehlern auf. Während § 214 III 1 BauGB insoweit lediglich den maßgeblichen Zeitpunkt festlegt (vgl. BVerwG, BauR 1997, 590 [593]) und damit einer Berücksichtigung nachträglicher rechtlicher oder tatsächlicher Veränderungen entgegensteht, ist für die Unbeachtlichkeit von Abwägungsfehlern § 214 I 1 Nr. 1, III 2 BauGB maßgeblich.

100 Eine Konsequenz aus der Neuregelung des § 2 III BauGB ist, dass **§ 214 I 1 Nr. 1, III 2 Hs. 1 BauGB** Mängel bei der Ermittlung und Bewertung planungsrelevanter Belange unter gewissen Voraussetzungen als beachtlichen Verfahrensmangel ansieht, der dann nicht als Abwägungsmangel geltend gemacht werden kann. Wie § 214 III 2 Hs. 2 BauGB verdeutlicht, soll damit jedoch keineswegs der gesamte Vorgang der Ermittlung und Bewertung des

Abwägungsmaterials erfasst sein; aus diesem Grund wird bislang an der überkommenen Abwägungsfehler- und -fehlerfolgenlehre festgehalten (vgl. Rn. 85).

Danach bleibt für Mängel im Abwägungsvorgang, namentlich für Fälle des Abwägungsausfalls und des Abwägungsdefizits, maßgeblich die Regelung des § 214 III 2 Hs. 2 BauGB, wonach solche Mängel nur erheblich sind, wenn sie offensichtlich und auf das Abwägungsergebnis von Einfluss gewesen sind. Diese Regelung begründet eine Schwächung des Abwägungsgebots (§ 1 VII BauGB) insofern, als zwar ein fehlerhaftes Abwägungsergebnis immer zur Nichtigkeit führen, unter dieser Maßgabe ein Fehler im Abwägungsvorgang aber u. U. für die gerichtliche Kontrolle bedeutungslos bleiben soll; das Abwägungsgebot stellt aber gerade auch Anforderungen an den Abwägungsvorgang, um ein gerechtes Abwägungsergebnis herbeizuführen. Mit Rücksicht auf Art. 20 III GG und Art. 19 IV GG hat deshalb das BVerwG (E 64, 33 [36 ff.]) mit Recht eine verfassungskonforme einschränkende Auslegung dieser Regelung entwickelt; danach sind 101
- offensichtliche Mängel nicht nur sofort erkennbare, sondern auch darüber hinaus objektiv eindeutig nachweisbare Mängel, die sich z. B. aus Akten, Protokollen des Gemeinderats oder sonstigen Unterlagen ergeben; nicht offensichtlich sind die Motive, fehlende oder irrige Vorstellungen Abstimmungsbeteiligter, so dass eine Beweiserhebung hierüber ausgeschlossen sein soll;
- Mängel schon dann von Einfluss auf das Abwägungsergebnis gewesen, wenn nach den Umständen des jeweiligen Falles die konkrete Möglichkeit besteht, dass ohne den Mangel anders geplant worden wäre, was voraussetzt, dass eine andere Planung ernsthaft in Betracht kam.

b) Behebbarkeit von Fehlern

Nach § 214 I bis III BauGB beachtliche Fehler kann die Gemeinde gemäß § 214 IV BauGB im sog. ergänzenden Verfahren beheben. Diese Möglichkeit erstreckt sich auf Verfahrens- und Form-, Festsetzungs- und Abwägungsfehler, setzt aber voraus, dass der zu behebende Fehler nicht von solcher Art und Schwere ist, dass er die Planung als Ganzes in Frage stellt oder die Grundzüge der Planung berührt (BVerwG, BauR 1999, 359 [360]; BVerwGE 110, 193 [201 f.]). Die Fehlerbehebung kommt grundsätzlich auch dann in Betracht, wenn sich die Sach- und Rechtslage inzwischen, nach dem gemäß § 214 III 1 BauGB maßgeblichen Zeitpunkt der ursprünglichen Beschlussfassung, geändert hat (BVerwG, BauR 2008, 1417 [1417 f.]). Sie geschieht durch Nachholung des fehlerhaften Elements. Bis zur Behebung ist der Flächennutzungs- oder Bebauungsplan schwebend unwirksam, kann aber rückwirkend in Kraft gesetzt werden. Außerhalb des Anwendungsbereichs von § 214 IV BauGB ist eine rückwirkende Inkraftsetzung zur Fehlerbehebung unzulässig (BVerwG, NVwZ 2006, 329 [330 f.]). 102

§ 4. Öffentliches Baurecht

c) Rügepflichtigkeit/Unbeachtlichwerden von Fehlern

103 Nach § 214 I bis III BauGB beachtliche, nicht nach § 214 IV BauGB behobene Fehler können schließlich nach Maßgabe von § 215 BauGB unbeachtlich werden. Ist der Hinweis nach § 215 II BauGB erfolgt, besteht eine seit dem EAG Bau einheitliche, seit dem 1. Jan. 2007 von 2 Jahren auf nunmehr ein Jahr verkürzte Rügefrist. Nur wenn innerhalb dieser Frist eine Rüge erfolgt ist, der dann inter-omnes-Wirkung zukommt (BVerwG, DVBl. 1982, 1095 [1096]), bleiben Verfahrens- und Formfehler, Verstöße gegen das Entwicklungsgebot sowie Mängel im Abwägungsvorgang (vgl. § 215 I Nr. 1 bis 3 BauGB) beachtlich; solange sind sie auch von Amts wegen zu überprüfen, falls jemand klagt, ohne genau diesen Fehler zu rügen (VGH BW, VBlBW 2002, 304). Fehler im Abwägungsergebnis unterliegen keiner Rügefrist.

2. Exkurs: Kommunalrechtliche Fehler und Fehlerfolgenregelung

104 Das den Regelungen der GO unterfallende Beschlussverfahren führt im Zusammenhang mit der Bauleitplanung insbesondere bzgl. der **Mitwirkungsverbote** gemäß §§ 31, 43 II GO zu spezifischen Problemen. Im Kern geht es v. a. darum, wann eine Entscheidung über einen Bauleitplan einem Ratsmitglied oder einer anderen in § 31 I GO genannten Person einen unmittelbaren Vorteil oder Nachteil bringen kann.

105 Schon der **Flächennutzungsplan** als vorbereitender Bauleitplan ist wegen seiner starken vorprägenden Wirkung grundsätzlich geeignet, unmittelbare Vor- oder Nachteile für von ihm erfasste Grundstücke herbeizuführen. Bei der erstmaligen Aufstellung eines Flächennutzungsplans wird allerdings ein Mitwirkungsverbot nicht schon darauf gestützt werden können, dass ein Ratsmitglied Grundeigentum im Plangebiet hat; da das gesamte Gemeindegebiet erfasst ist, wären sonst häufig die meisten Ratsmitglieder ausgeschlossen. Anders soll u. U. bei Änderungen für einen abgegrenzten Teil des Gemeindegebiets zu urteilen sein (OVG NRW, NJW 1979, 2632 [2633]).

106 Hinsichtlich einzelner **Bebauungspläne** sind Gemeinderäte ausgeschlossen, die im Plangebiet oder auch angrenzend Grundeigentum haben. Das Mitwirkungsverbot erstreckt sich auf das gesamte Verfahren und erfasst damit auch vorbereitende Beschlüsse wie den Aufstellungsbeschluss oder vorbereitende Beschlüsse in Ausschüssen. Verstöße gegen diese landesrechtliche Verfahrensvorschrift sollen jedoch die Nichtigkeit des Bebauungsplans nur zwingend auslösen, soweit es um die Mitwirkung an bundesrechtlich zwingenden Verfahrensschritten, d. h. insbesondere am Satzungsbeschluss geht; allerdings soll eine unzulässige Mitwirkung befangener Ratsmitglieder in einem früheren Verfahrensschritt im Einzelfall einen Fehler im Abwägungsvorgang begründen und so auch den Satzungsbeschluss fehlerhaft machen können (BVerwGE 79, 200 [203 ff.]).

107 Verstöße gegen kommunalrechtliche Vorschriften unterfallen zwar nicht der besonderen Fehlerfolgenregelung der §§ 214 ff. BauGB, wohl aber – auch in Bezug auf Flächennutzungspläne und Satzungen nach dem BauGB –

B. Bauleitplanung

den **kommunalrechtlichen Fehlerfolgenregelungen**. In Betracht kommen § 7 VI GO, wonach für Verfahrens- und Formfehler i. d. R. eine Jahresfrist zur Geltendmachung besteht, sowie für Verletzungen des Mitwirkungsverbots die speziellen Regelungen der §§ 31 VI, 54 IV GO (vgl. § 2 Rn. 235, 307).

3. Anhang

Literatur: *Pfab*, Die Bedeutung kommunalrechtlicher Verfahrensanforderungen für das Bauleitplanverfahren, JURA 1999, 625; *Dolde*, Das ergänzende Verfahren nach § 215a I BauGB als Instrument der Planerhaltung, NVwZ 2001, 976; *Gaentzsch*, Aktuelle Fragen zur Planerhaltung bei Bauleitplänen und Planfeststellungen in der Rechtsprechung des Bundesverwaltungsgerichts, UPR 2001, 201; *Erbguth*, Rechtsschutzfragen und Fragen der § 214 und § 215 BauGB im neuen Städtebaurecht, DVBl. 2004, 802; *Quaas/Kukk*, Neustrukturierung der Planerhaltungsbestimmungen in §§ 214 ff. BauGB, BauR 2004, 1541; *Stelkens*, Planerhaltung bei Abwägungsmängeln nach dem EAG Bau, UPR 2005, 81; *Hoppe*, Die Abwägung im EAG Bau nach Maßgabe des § 1 VII BauGB 2004, NVwZ 2004, 903

108

Klausurfälle: *Stollmann*, Ärger mit Bebauungsplan Nr. 13, VR 1999, 287; *Bamberger*, Das Minarett im Dorfgebiet, JA 1999, 213

Kontrollfragen:
1. Welche Rechtsfehler in der Bauleitplanung sind unbeachtlich?
2. Dürfen Ratsmitglieder am abschließenden Beschluss über einen Flächennutzungsplan bzw. einen Bebauungsplan, in dessen Plangebiet ihnen Grundeigentum gehört, mitwirken?

V. Rechtsschutz gegen Bauleitpläne

1. Flächennutzungsplan

Der Flächennutzungsplan unterliegt grundsätzlich nicht der **verwaltungsgerichtlichen Normenkontrolle** (§ 47 VwGO). Er ist nicht Satzung (Rn. 30) und unterfällt daher jedenfalls unmittelbar nicht § 47 I Nr. 1 VwGO. Seine Darstellungen enthalten grundsätzlich auch keine Rechtsvorschriften i.S.v. § 47 I Nr. 2 VwGO (BVerwG, NVwZ 1991, 262), so dass auch die landesgesetzliche Eröffnung der prinzipalen Normenkontrolle insoweit ausgeschlossen ist. Abweichend von diesem Grundsatz unterliegen jedoch Darstellungen im Flächennutzungsplan mit Ausschlusswirkung i. S. v. § 35 III 3 BauGB, denen wegen dieser Rechtswirkungen Rechtsnormqualität zuerkannt wird (Rn. 30), nach der jüngeren, überzeugenden Rechtsprechung des BVerwG (BVerwG, NVwZ 2007, 1081; NVwZ 2013, 1011; vgl. auch OVG Rh.-Pf., BauR 2008, 1101 [1101 f.]) der Normenkontrolle. Das BVerwG stützt diese Annahme nicht auf § 47 I Nr. 2 VwGO (so noch OVG Rh.Pf., NVwZ 2006, 1442), sondern auf eine entsprechende Anwendung von § 47 I Nr. 1 VwGO; hierdurch soll eine planwidrige Regelungslücke geschlossen werden, die unter Rechtsschutzgesichtspunkten dadurch entstanden ist, dass

109

im Anwendungsbereich des § 35 III 3 BauGB bereits die Darstellungen des Flächennutzungsplans – wie die Festsetzungen eines Bebauungsplans – Inhalt und Schranken des Eigentums i.S.v. Art. 14 I 2 GG verbindlich bestimmen. Der Rekurs auf eine entsprechende Anwendung von § 47 I Nr. 1 VwGO statt auf § 47 I Nr. 2 VwGO hat zur Folge, dass insoweit nun die Normenkontrolle bundesweit eröffnet ist und nicht nur in solchen Ländern, die – anders als NRW – von der Option des § 47 I Nr. 2 VwGO Gebrauch gemacht haben.

110 I.Ü. kommt als verwaltungsgerichtliche Klageart nach Antragsgegenstand und Klagebegehren allein eine **vorbeugende Unterlassungs- oder Feststellungsklage** in Betracht, die sich gegen eine weitere verbindliche Bauleitplanung auf der Grundlage des Flächennutzungsplans wendet. Vorbeugender Rechtsschutz erfordert jedoch ein besonderes Rechtsschutzinteresse, das nur gegeben ist, wenn ein wirksamer nachträglicher Rechtsschutz nicht möglich oder das Abwarten nachträglichen Rechtsschutzes nicht zumutbar ist. Dieses besondere Rechtsschutzinteresse wird dem einzelnen Bürger abgesprochen, so dass er gegen den Flächennutzungsplan nicht klagen kann (BVerwGE 54, 211 [214 f.]). Hingegen soll die vorbeugende Klage einer Nachbargemeinde zulässig sein können, wenn ihr schwere Nachteile drohen; dahinter steht, dass nach Aufstellung des Bebauungsplans durch Erteilung von Baugenehmigungen die planungsrechtliche Situation sich verfestigen und dann die Nachbargemeinde in ihrer eigenen Bauleitplanung kraft § 2 II BauGB gebunden sein kann (BVerwGE 40, 323 [329 f.]).

2. Bebauungsplan

a) Normenkontrolle

111 Gegen den als Satzung beschlossenen Bebauungsplan ist hingegen gemäß § 47 I Nr. 1 VwGO, der für Satzungen nach dem BauGB und Rechtsverordnungen nach § 246 II BauGB diesen Rechtsbehelf bundesrechtlich zulässt, die verwaltungsgerichtliche Normenkontrolle eröffnet. Der Umstand, dass NRW von der Ermächtigung des § 47 I Nr. 2 VwGO keinen Gebrauch gemacht hat, ist hier also unschädlich.

112 Den Antrag können zunächst Behörden stellen, sofern sie – so die anerkannte ungeschriebene Einschränkung – bei der Wahrnehmung ihrer Aufgaben die fragliche Satzung zu beachten haben (vgl. BVerwG, ZfBR 1989, 272 [272 f.]; OVG NRW, NWVBl. 2009, 435 [436]). Die ausdrücklich geforderte **Antragsbefugnis** natürlicher oder juristischer Personen setzte früher lediglich einen möglichen Nachteil voraus. Hierfür sollte es genügen, dass der Antragsteller in seinen abwägungserheblichen Belangen durch die Norm negativ berührt wurde oder werden würde (BVerwGE 59, 87 [94 f.]). In der seit 1997 geltenden Fassung verlangt § 47 II 1 VwGO nun – in Anlehnung an § 42 II VwGO – die Geltendmachung einer möglichen Verletzung in subjektiv-öffentlichen Rechten. Die damit intendierte Verschärfung gegenüber der früheren Rechtslage ist freilich kaum eingetreten. Die Rspr. erkennt mit Recht ein aus § 1 VII BauGB folgendes subjektiv-öffentliches Recht auf feh-

lerfreie Abwägung eines eigenen privaten, in der konkreten Planungssituation städtebaulich relevanten Belangs an, so dass die hinreichend substantiierte Darlegung der Möglichkeit der fehlerhaften Abwägung eines solchen eigenen privaten Belangs für die Begründung der Antragsbefugnis hinreicht (BVerwGE 107, 215 [220 ff.]; OVG NRW, NVwZ 2005, 1201 [1202]). Danach ist dem betroffenen Grundeigentümer insbesondere mit Blick auf das eigene Grundstück unmittelbar betreffende Festsetzungen (vgl. OVG NRW, NWVBl. 1998, 236) die Antragsbefugnis zuzuerkennen. Darüber hinaus können auch Mieter und Pächter antragsbefugt sein, da in der Abwägung auch ihre – nicht geringfügigen und schützwürdigen – Belange Berücksichtigung verlangen können, z. B. bei einer – mehr als geringfügigen bzw. unwesentlich sich auswirkenden – Veränderung der Verkehrslärmbelastung (BVerwG, BauR 2000, 848 [849 f.]; vgl. auch VGH BW, VBlBW 1998, 307 [307]).

Beispiel: Der Betreiber eines außerhalb des Plangebiets, aber innerhalb derselben Gemeinde gelegenen Wohnheims für geistig behinderte Menschen stellt Normenkontrollantrag gegen einen Bebauungsplan, der durch Ausweisung eines allgemeinen Wohngebiets die Errichtung einer Einrichtung zur Unterbringung und Betreuung von psychisch kranken Menschen ermöglichen soll; er macht geltend, seine Arbeit mit geistig Behinderten sei insbesondere deshalb beeinträchtigt, weil mit sexuellen Übergriffen seitens der psychisch Kranken zu rechnen sei. Die erforderliche Antragsbefugnis besteht, wenn der Antragsteller sich auf einen abwägungserheblichen privaten Belang berufen kann. Zu berücksichtigen sind insoweit nur solche Belange, die in der konkreten Planungssituation einen städtebaulich relevanten Bezug haben. Fehlverhalten von Bewohnern hat nur dann städtebauliche Relevanz, wenn es auf Grund belastbarer Anhaltspunkte dem Bauvorhaben zugerechnet werden kann und nicht bloß individuelles, damit ggf. polizei- und ordnungsrechtlich relevantes Fehlverhalten ist. Mit der gegebenen Begründung ist der Normenkontrollantrag mangels Antragsbefugnis unzulässig (BVerwG, BauR 2012, 621 [622]).

1997 ist zunächst eine Antragsfrist von 2 Jahren eingeführt worden, der später die Frist des § 215 BauGB angepasst worden ist; seit dem 1. Jan. 2007 besteht nun wie bei § 215 BauGB (vgl. Rn. 103) auch für den Normenkontrollantrag eine **Frist von einem Jahr** nach Bekanntmachung (§ 47 II 1 VwGO). Diese Fristbestimmung betrifft nur die Normenkontrolle selbst; die Möglichkeit inzidenter Kontrolle (vgl. Rn. 116, 301) bleibt unberührt. **113**

Zum 1. Jan. 2007 neu eingeführt worden ist die **Präklusionsregelung** des § 47 IIa VwGO (krit. zur Sinnhaftigkeit und Wirksamkeit der Regelung Ziekow, BauR 2007, 1169 [1174 ff.]). Ein (u.a.) gegen einen Bebauungsplan gerichteter Normenkontrollantrag soll – wenn im Rahmen der Beteiligung auf diese Rechtsfolge hingewiesen worden ist (vgl. dazu BVerwG, NVwZ 2011, 309) – unzulässig sein, wenn der Antragsteller nur Einwendungen geltend macht, die er im Rahmen der Öffentlichkeitsbeteiligung nach §§ 3 II, 13 II Nr. 2, 13a II Nr. 1 BauGB hätte geltend machen können, aber nicht oder nur verspätet geltend gemacht hat. Die Präklusion gilt auch mit Blick **113a** auf Einwendungen, die sich der planenden Gemeinde nach Lage der Dinge aufdrängen mussten (VGH München, BauR 2010, 745). Ist der Antrag zulässig, weil der Antragsteller zumindest auch bereits bei der Öffentlichkeitsbeteiligung geltend gemachte Einwendungen vorträgt, so ist er nach § 47 IIa VwGO nicht gehindert, sich auch auf bei der Öffentlichkeitsbeteiligung nicht geltend gemachte Einwendungen zu berufen (OVG NRW, NWVBl. 2009, 145).

114 Hinsichtlich der **Entscheidungsfolgen** ordnet § 47 V 2 VwGO an, dass die Feststellung der Nichtigkeit allgemeinverbindlich und von der Gemeinde öffentlich bekanntzumachen ist. Teilaufhebungen sind möglich, sofern der Bebauungsplan teilbar ist. Erteilte Baugenehmigungen werden von der Entscheidung nicht berührt (§§ 47 V 3, 183 VwGO); jedoch ist ihre Rücknahme gemäß § 48 VwVfG möglich.

115 § 47 VI BauGB eröffnet die Möglichkeit **vorläufigen Rechtsschutzes** durch einstweilige Anordnung (zu den Voraussetzungen, insbes. zum erforderlichen schweren Nachteil vgl. OVG NRW, BauR 2007, 1714).

b) Verwaltungsgerichtliche Inzidentkontrolle

116 I.Ü. bleibt unberührt die **Möglichkeit der inzidenten Kontrolle** eines Bebauungsplans im Rahmen verwaltungsgerichtlicher Klagen, die sich gegen Einzelmaßnahmen auf der Grundlage dieses Bebauungsplans richten. Hauptbeispiel dürfte die Klage auf Erteilung der Baugenehmigung sein, die sich gegen deren Versagung unter Verweis auf entgegenstehende Bebauungsplanfestsetzungen wendet.

c) Verfassungsbeschwerde

117 Schließlich kommt auch eine **Verfassungsbeschwerde** (Art. 93 I Nr. 4a GG i.V.m. §§ 13 Nr. 8a, 90 ff BVerfGG) in Betracht, sofern ein Bebauungsplan unmittelbar den rechtlichen Status eines Grundstücks berührt (BVerfG, DVBl. 1989, 352 [353]). Dies setzt aber die vorherige Erschöpfung des Rechtswegs, d.h. insbesondere die vorherige erfolglose Normenkontrolle nach § 47 VwGO voraus (§ 90 II BVerfGG).

3. Anhang

118 Literatur: *Löhning*, Rechtsschutz gegen Bauleitpläne nach § 47 VwGO nF, JuS 1998, 315; *Rude/Stüer*, Planungsrechtliche Zulässigkeit von Vorhaben – Rechtsschutz, DVBl. 1999, 299; *Uechtritz*, Die Gemeinde als Nachbar – Abwehransprüche und Rechtsschutz von Nachbargemeinden gegen Einkaufszentren, Factory-Outlets und Großkinos, BauR 1999, 572; *Kintz*, Die Normenkontrolle nach § 47 VwGO, JuS 2000, 1099; *Konrad*, Gemeindliche Abwehrrechte gegenüber Planungen, JA 2001, 975; *Kraft*, Gerichtliche Abwägungskontrolle von Bauleitplänen nach dem EAG Bau, UPR 2004, 331; *Leopold*, Unmittelbarer Rechtsschutz gegen Flächennutzungspläne im Rahmen des § 35 III 3 BauGB, VR 2004, 325; *Jeromin*, Rechtsschutz gegen Flächennutzungspläne, NVwZ 2006, 1374; *Schenke*, Rechtsschutz gegen Flächennutzungspläne, NVwZ 2007, 134; *Decker*, Zulässigkeitsprobleme bei der Normenkontrolle gegen Bebauungspläne, JA 2010, 653

C. Bauplanungsrechtliche Zulässigkeit von Einzelvorhaben 513

Übungsfälle: *Wrase*, Niederschlagswasser, VR 2004, 237; *Rossen-Stadtfeld/Ulleweit*, Ein zweifelhaftes Dorfgebiet, JURA 2004, 635; *Kleider*, Europarechtliche Vorgaben für den Rechtsschutz im Bauplanungsrecht, JuS 2011, 815

Kontrollfragen:

1. Wie kann sich eine Gemeinde dagegen wehren, dass eine Nachbargemeinde gerade dabei ist, einen Flächennutzungsplan aufzustellen, von dessen Umsetzung schwere Nachteile auszugehen drohen?
2. Welche drei Möglichkeiten der gerichtlichen Überprüfung eines Bebauungsplans bestehen?

C. Bauplanungsrechtliche Zulässigkeit von Einzelvorhaben

Ein städtebaulicher Perspektivenwechsel – von der Makroperspektive der planenden Gemeinde zur **Mikroperspektive des einzelnen Eigentümers bzw. Bauherrn** – wird vorgenommen, wenn nunmehr der bauplanungsrechtlichen Zulässigkeit einzelner Vorhaben nachgegangen wird. Für ihn ist entscheidend, ob sein konkretes bauliches Vorhaben bauplanungsrechtlich zulässig ist, worüber ggf. im Rahmen des Verfahrens über die Erteilung einer Baugenehmigung gemäß § 75 I 1 BauO zu entscheiden ist. 119

Anspruch auf Genehmigung eines genehmigungsbedürftigen Vorhabens ($ 75 I 1 BauO): Vereinbarkeit mit öffentlich-rechtlichen Vorschriften		
Bauplanungsrecht (§§ 29 ff. BauGB)	Bauordnungsrecht	sonstige öffentl.-rechtl. Vorschriften

I. Überblick

Die Regelungen über die bauplanungsrechtliche Zulässigkeit von einzelnen Vorhaben finden sich in den **§§ 29–38 BauGB**. 120

Innerhalb dieser Bestimmungen sind zunächst systematisch zwei Fragen zu unterscheiden. Die erste Frage ist die nach der **Anwendbarkeit dieser Bestimmungen** mit ihren städtebaulichen Anforderungen auf bestimmte Vorhaben; diese Frage wird allgemein in § 29 I BauGB sowie ergänzend, in einer speziellen Hinsicht in § 38 BauGB beantwortet (dazu II.). Auf die zweite Frage nach den **bauplanungsrechtlichen Anforderungen**, denen einzelne Vorhaben ggf. genügen müssen, geben dann in der Sache die §§ 30 bis 37 BauGB Auskunft. 121

Die spezifischen **bauplanungsrechtlichen Anforderungen an die bauliche oder sonstige Nutzung eines Grundstücks** hängen zunächst ab von der planungsrechtlichen Situation, in der dieses Grundstück sich aktuell befindet. Insofern unterteilt das BauGB das Gemeindegebiet in drei verschiedene Bereiche. Das Grundstück kann sich im räumlichen Geltungsbereich eines sog. qualifizierten Bebauungsplans befinden; die bauplanungsrechtlichen Anforderungen ergeben sich dann aus § 30 I, II BauGB (dazu III.). Es kann sich im 122 nicht qualifiziert beplanten Bereich, aber innerhalb eines im Zusammenhang bebauten Ortsteils, in dem sog. Innenbereich befinden; maßgeblich ist dann § 34 BauGB (dazu IV.). Schließlich kann es sich im sog. Außenbereich befinden und dann nach § 35 BauGB zu beurteilen sein (dazu V.). In jeder dieser drei Konstellationen kann ein Grundstück sich zugleich in einem Gebiet befinden, für das die Aufstellung eines (neuen) Bebauungsplans beschlossen ist, so dass zukünftig andere bauleitplanerische Vorgaben zu erwarten sind; in diesem Fall tritt zu der Beurteilung gemäß der aktuellen bauplanungsrechtlichen Situation ergänzend hinzu die Möglichkeit der Beurteilung eines Vorhabens nach Maßgabe dieses zukünftigen Bebauungsplans gemäß § 33 BauGB (dazu VI.).

> **Beurteilung der bauplanungsrechtlichen Zulässigkeit eines Vorhabens**
>
> Anwendbarkeit der §§ 30 bis 37 BauGB?
> Privilegierte Planfeststellung (§ 38 BauGB)?
> Vorhaben i. S. v. § 29 I BauGB?
> Zulässigkeit nach §§ 30–37 BauGB?
> Zulässigkeit nach §§ 30, 34, 35 BauGB?
> Maßgebliche Bestimmung/Gebiet i. S. v. §§ 30, 34 oder 35 BauGB?
> Vereinbarkeit mit der maßgeblichen Bestimmung der §§ 30, 34 oder 35 BauGB?
> Evtl. (bei Unzulässigkeit nach §§ 30, 34, 35 BauGB und laufendem Bebauungsplanaufstellungsverfahren): Zulässigkeit nach § 33 BauGB?

123 Im Kern unabhängig von den spezifischen, von der jeweiligen Situation abhängigen bauplanungsrechtlichen Anforderungen gilt für Vorhaben, die den §§ 30 bis 37 BauGB unterfallen, generell, dass die **Erschließung** gesichert sein muss (dazu VII. 1.). Ebenfalls übergreifend, für alle Situationen mit Ausnahme des Falls der Beurteilung eines Vorhabens allein nach § 30 I BauGB, gilt schließlich das **Erfordernis des gemeindlichen Einvernehmens** (dazu VII. 2.).

Nur erwähnt, nicht näher dargestellt werden soll die besondere Regelung des § 37 BauGB. Sie ist der Sache nach eine – auch vom Erfordernis gemeindlichen Einvernehmens dispensierende – Befreiungsregelung (OVG NRW, BauR 2004, 463) für Bauvorhaben von Bund und Land, wenn deren besondere öffentliche Zweckbestimmung eine Abweichung von den §§ 30, 34, 35 BauGB erfordert.

> **Beispiel:** Gemäß § 37 II BauGB können bei der Errichtung weiterer baulicher Anlagen auf einem bestehenden Truppenübungsplatz, auch bei Vorhaben von NATO-Verbündeten, Nachbarrechte eingeschränkt werden (OVG NRW, NVwZ-RR 1990, 174 [175 f.]).

C. Bauplanungsrechtliche Zulässigkeit von Einzelvorhaben 515

II. Anwendungsbereich der §§ 30 ff. BauGB

1. Ausgrenzung sog. privilegierter Fachplanungen (§ 38 BauGB)

Nach § 38 S. 1 Hs. 1 BauGB sind die **§§ 29 bis 37 BauGB nicht anzuwen-** 124
den auf die ausdrücklich genannten Genehmigungsverfahren nach dem
BImSchG für öffentlich zugängliche Abfallbeseitigungsanlagen sowie auf
Planfeststellungsverfahren oder sonstige Verfahren mit der Wirkung einer
Planfeststellung, namentlich also Plangenehmigungen, für Vorhaben von
überörtlicher Bedeutung. Hiernach unterfallen nicht der Beurteilung nach
§§ 29 ff. BauGB etwa Planfeststellungen für Bundesfernstraßen nach § 17
FStrG, für Eisenbahnbetriebsanlagen nach § 18 AEG oder für Straßenbahnbetriebsanlagen nach § 28 PBefG, soweit den Vorhaben überörtliche Bedeutung zukommt; hierfür sollen überörtliche Bezüge des fraglichen Vorhabens
genügen (BVerwG, UPR 2001, 33 [34]; NVwZ 2001, 90 [91]; NVwZ 2004,
1240 [1241]).

> **Beispiel:** Die Errichtung eines „FC Bayern München-Ladens" in der Schalterhalle des Münchener Hauptbahnhofs soll wegen der in der Zulassung des
> Ladenlokals liegenden Änderung einer Betriebsanlage der Bahn dem Planfeststellungs- bzw. Plangenehmigungsverfahren gemäß § 18 AEG unterliegen,
> jedoch nur örtliche Bedeutung besitzen, weshalb §§ 30 ff., u. a. auch § 36
> BauGB anwendbar sein sollen (BayVGH, BayVBl. 1999, 147 [147 f.]).

Die Bestimmung zielt auf einen **Vorrang dieser sog. privilegierten Fachpla-** 125
nungen vor dem Baurecht (vgl. bereits Rn. 67 ff.). Städtebauliche Interessen
der Gemeinde sollen im Rahmen des Verfahrens nach Fachplanungsrecht zur
Geltung kommen; zum einen wird die Unanwendbarkeit der §§ 29 bis 37
BauGB von der Beteiligung der Gemeinde an dem einschlägigen Verfahren
abhängig gemacht, und zum anderen wird ausdrücklich die Berücksichtigung städtebaulicher Belange im Fachplanungsverfahren angeordnet (§ 38
S. 1 Hs. 2 BauGB).

2. Vorhaben i. S. v. § 29 I BauGB

I. Ü. richtet sich die planungsrechtliche Zulässigkeit von Einzelvorhaben 126
nach §§ 30 bis 35 BauGB, sofern die **Voraussetzungen des § 29 I BauGB**
gegeben sind. Dieser erfasst neben Aufschüttungen, Abgrabungen und Lagerstätten insbesondere Vorhaben, die die Errichtung, Änderung oder Nutzungsänderung von baulichen Anlagen zum Inhalt haben.

Auch wenn die Voraussetzungen des § 29 I BauGB nicht erfüllt und §§ 30 bis 35
BauGB damit nicht anwendbar sind, können gleichwohl die Festsetzungen eines
Bebauungsplans für die Zulässigkeit eines Vorhabens maßgeblich sein (vgl. OVG
NRW, ZfBR 1997, 46 [47 f.]); der Bebauungsplan fällt ggf. als Satzung unter die
„sonstigen öffentlich-rechtlichen" Vorschriften i. S. v. § 75 I 1 BauO oder kann
eine Verfügung nach § 61 I 2 BauO rechtfertigen.

§ 4. Öffentliches Baurecht

a) Begriff der baulichen Anlage

127 Das BauGB enthält **keine Legaldefinition der baulichen Anlage**. Die in § 2 I BauO enthaltene bauordnungsrechtliche Legaldefinition ist, wenngleich im Ergebnis weitgehende, aber eben nicht völlige Übereinstimmung besteht, nicht übertragbar (BVerwGE 39, 154; 44, 59); dem steht entgegen, dass der Begriff des § 29 I BauGB ein bundesrechtlicher, durch die Gesetzgebungskompetenz des Bundes und den ihr korrespondierenden bodenrechtlichen Regelungszweck bestimmter Begriff ist. Hiervon ausgehend sind für den Begriff der baulichen Anlage i. S. v. § 29 BauGB zwei Merkmale entscheidend: das Merkmal des Bauens und das der bodenrechtlichen Relevanz.

128 Um ein weites, geringe Anforderungen stellendes Begriffselement handelt es sich zunächst beim **„Bauen"**. Es wird definiert als das Schaffen einer künstlichen Anlage, die auf Dauer mit dem Erdboden verbunden ist; hierfür soll die Verbindung kraft eigener Schwere ausreichend sein (vgl. VGH BW, VBlBW 1993, 431 [433]). An einer Anlage fehlt es, wenn keinerlei bauliches Element vorhanden ist. Ob eine Anlage auf Dauer angelegt ist, soll maßgeblich von der durch den Eigentümer beigemessenen Funktion abhängen.

> **Beispiele:** Die Nutzung eines Grundstücks als Einstellplatz ohne jede Befestigung, Einfriedung etc. ist mangels baulichen Elements keine Anlage (BVerwG, BauR 1996, 362). Ein auf einem Weiher schwimmendes, im Teichboden verankertes Wohnboot kann hingegen Anlage sein (BVerwGE 44, 59 [63]). Verkaufsständen, die als Ersatz für eine ortsfeste Anlage dienen, kommt die nötige Dauerhaftigkeit zu, selbst wenn sie täglich neu aufgestellt werden (NdsOVG, BauR 1993, 454). Bei einem auf der Straße abgestellten, aber nur für Urlaubszwecke bestimmten Wohnwagen fehlt die Dauerhaftigkeit der Anlage (Löhr, in: Battis/Krautzberger/Löhr, BauGB, § 29 Rn. 10).

129 Die maßgebliche Einengung nimmt, dem Regelungszusammenhang entsprechend, das weitere **Begriffselement der (möglichen) bodenrechtlichen Relevanz** vor. Es soll gegeben sein, wenn Belange des § 1 VI BauGB in einer Weise berührt werden (können), die geeignet ist, ein Bedürfnis nach einer die Zulässigkeit eines derartigen (nicht unbedingt des konkreten) Vorhabens regelnden verbindlichen Bauleitplanung hervorzurufen (BVerwGE 44, 59 [62]).

> **Beispiele:** Ob Werbeanlagen, die aus Baustoffen hergestellt und unmittelbar mit dem Erdboden verbunden oder auch auf/an anderen baulichen Anlagen angebracht sind, bauliche Anlagen sind, hängt entscheidend davon ab, ob sie im Hinblick auf ihre Größe auf die Umgebung einwirken und dadurch planungsrechtliche Relevanz haben; dies ist z. B. für einen Aluminium-Schaukasten von 1,40 m x 1,95 m an einer Wohnhausfront im allgemeinen Wohngebiet bejaht worden (BVerwGE 91, 234 [237 ff.]). Auch eine Antennenanlage auf dem Gebäudedach ist bodenrechtlich relevant (OVG NRW, NVwZ-RR 2003, 637 [638]). Einer Hütte mit einem Rauminhalt von 10 m^3 auf einem nicht einsehbaren Grundstück im Außenbereich fehlt es hingegen an bodenrechtlicher Relevanz (OVG Rh.-Pf., NVwZ-RR 2001, 289 [290]).

b) Errichtung, Änderung, Nutzungsänderung

Den §§ 30 ff. BauGB unterfällt die **Errichtung, Änderung und Nutzungsänderung** solcher baulicher Anlagen. Problematisch ist insofern letztere, denn es liegt auf der Hand, dass nicht jede Nutzungsänderung etwa der Räume in einem Wohngebäude eine eigenständige Prüfung an §§ 30 ff. BauGB auslösen kann. Leitender Gesichtspunkt ist auch hier wieder die bodenrechtliche Relevanz. Eine relevante Nutzungsänderung liegt nur dann vor, wenn die Funktion der Anlage in einer Weise geändert wird, die zu einer anderen planungsrechtlichen Beurteilung führt, so dass die Genehmigungsfrage sich neu stellt (vgl. BVerwGE 47, 185 [188]).

130

> **Beispiele:** Bodenrechtlich relevante Nutzungsänderungen sind etwa die Umwandlung einer Schank- und Speisewirtschaft in eine Diskothek, selbst wenn keine bauliche Veränderung vorgenommen wird (OVG NRW, NVwZ 1983, 685), die Umnutzung eines Bauernhofs zu einem Wochenendhaus (BVerwGE 47, 185) oder die Nutzung eines Wochenendhauses als dauerhafter Lebensmittelpunkt der Bewohner und damit als Wohngebäude (OVG NRW, BauR 2007, 1009 [1010 f.]); anders hingegen etwa die Umwandlung eines Schreibwaren- in einen Elektrowarenverkaufsladen.

c) Irrelevanz der Genehmigungsbedürftigkeit

Die frühere Abhängigkeit des bauplanungsrechtlichen Vorhabensbegriffs von der bauordnungsrechtlichen Genehmigungsbedürftigkeit des Vorhabens besteht seit dem 1. Jan. 1998 nicht mehr. Nach § 29 I BauGB unterfallen nunmehr **auch genehmigungsfrei gestellte Vorhaben** den §§ 30 ff. BauGB. Der Bundesgesetzgeber hat damit darauf reagiert, dass die Landesgesetzgeber einen weitreichenden Abbau des bauordnungsrechtlichen Genehmigungserfordernisses vorgenommen haben (vgl. Rn. 265), der auch bodenrechtlich relevante Vorhaben genehmigungsfrei gestellt hat (zu den Grenzen dieser Befugnis nach früherer Rechtslage vgl. BVerwGE 72, 300 [323 ff.]). Damit ist die früher gegebene Verknüpfung von Bauordnungs- und Bauplanungsrecht über den Vorhabensbegriff aufgegeben. Diese Verknüpfung wird heute allein noch durch die Verfahrensvorschrift des § 36 BauGB geleistet.

131

3. Anhang

Literatur: *Dolderer*, Die Zulässigkeit von Bauvorhaben, JURA 2004, 752

132

Kontrollfragen:
1. Welche drei planungsrechtlichen Situationen eines Grundstücks sind bei der Beurteilung der Zulässigkeit von Vorhaben – die Anwendbarkeit von §§ 29 ff. BauGB unterstellt – denkbar?
2. Auf welche – ansonsten dem Anwendungsbereich dieser Normen unterfallenden – Vorhaben sind §§ 29 ff. BauGB nicht anzuwenden?
3. Was ist eine „bauliche Anlage" i. S. v. § 29 I BauGB? Darf die Legaldefinition des § 2 I BauO herangezogen werden?

III. Vorhaben im beplanten Innenbereich (§ 30 I, II BauGB)

133 § 30 BauGB repräsentiert, indem er das **Bauen nach Maßgabe eines Bebauungsplans** vorsieht, den Idealfall des Planmäßigkeitsprinzips (vgl. Rn. 20).

1. Anwendungsbereich

134 Für die Anwendbarkeit der Bestimmung stellt § 30 I BauGB darauf ab, dass das Vorhaben im räumlichen **Geltungsbereich eines sog. qualifizierten Bebauungsplans** liegt. In diesem Sinne qualifiziert ist ein Bebauungsplan, der – u. U. auch gemeinsam mit sonstigen baurechtlichen Vorschriften – bestimmte Mindestfestsetzungen enthält (zur Vornahme dieser Festsetzungen und den einzelnen Festsetzungsmöglichkeiten vgl. Rn. 35, 70 ff.), nämlich mindestens Festsetzungen über
 – die Art der baulichen Nutzung (§ 9 I Nr. 1 BauGB i. V. m. §§ 2 ff. BauNVO),
 – das Maß der baulichen Nutzung (§ 9 I Nr. 1 BauGB i. V. m. §§ 16 ff. BauNVO),
 – die überbaubaren Grundstücksflächen (§ 9 I Nr. 2 i. V. m. § 22 BauNVO) und
 – die örtlichen Verkehrsflächen (§ 9 I Nr. 11 BauGB).

135 Unabhängig davon, ob er diese Mindestfestsetzungen gemäß § 30 I BauGB aufweist, erfasst § 30 II BauGB außerdem den sog. **vorhabenbezogenen Bebauungsplan** i. S. v. § 12 BauGB (vgl. auch Rn. 230 f.). Der Gesetzgeber geht davon aus, dass ein solcher Bebauungsplan seiner Funktion entsprechend das Vorhaben detailliert beschreiben wird, so dass ein ergänzender Rückgriff auf §§ 34, 35 BauGB nicht erforderlich und auch nicht zulässig ist.

§ 30 III BauGB stellt klar, dass Vorhaben im Geltungsbereich eines sog. einfachen Bebauungsplans, der die Mindestfestsetzungen gemäß § 30 I BauGB nicht aufweist, nach § 34 oder § 35 BauGB zu beurteilen sind, dabei allerdings auch die Festsetzungen des einfachen Bebauungsplans verbindlich und vorrangig zu beachten sind (BVerwGE 19, 164 [167]).

2. Zulässigkeitsvoraussetzungen

136 Für die Zulässigkeit eines Vorhabens nach § 30 I, II BauGB sind – neben dem Erfordernis der gesicherten Erschließung (s. dazu Rn. 193 ff.) – die **planerischen Festsetzungen** im Bebauungsplan maßgeblich.

a) Vereinbarkeit mit den Festsetzungen des Bebauungsplans

137 Grundsätzlich ist die Zulässigkeit von Vorhaben im Anwendungsbereich von § 30 I, II BauGB davon abhängig, dass **kein Widerspruch zu den Festsetzungen des Bebauungsplans** besteht. Im Rahmen des § 30 I BauGB sind das die genannten Mindest-, u. U. aber auch weitere Festsetzungen, die der Bebauungsplan nach Maßgabe von §§ 9 I bis III, 9a BauGB i. V. m. den Vorschrif-

C. Bauplanungsrechtliche Zulässigkeit von Einzelvorhaben   519

ten der BauNVO enthält. Für die inhaltliche Konkretisierung der Festsetzungen ist grundsätzlich die zum Zeitpunkt des Inkrafttretens des Bebauungsplans geltende Fassung der BauNVO zugrunde zu legen (vgl. Rn. 35).

aa) Art der baulichen Nutzung (§§ 1 bis 15 BauNVO)

Die **generelle, typisierende Normierung der zulässigen Art der baulichen Nutzung** ergibt sich zunächst aus der Festsetzung bestimmter Baugebiete i. S. v. §§ 2 ff. BauNVO sowie ggf. der Inanspruchnahme der weiteren, durch die BauNVO zur Verfügung gestellten, differenzierenden Festsetzungsmöglichkeiten (vgl. Rn. 71). Hiervon ausgehend lässt sich dem Bebauungsplan i. V. m. den ihm inkorporierten Bestimmungen der BauNVO entnehmen, ob das fragliche Vorhaben zu den der Art nach zulässigen baulichen Nutzungen zählt. Weist also z. B. der Bebauungsplan ein allgemeines Wohngebiet i. S. v. § 4 BauNVO aus, so ist anhand von § 4 II BauNVO zu prüfen, ob das Vorhaben zulässig ist, bei einem Gewerbegebiet anhand von § 8 II BauNVO usw. (zu den ausnahmsweise zulässigen Vorhaben gemäß §§ 4 III, 8 III BauNVO usw. vgl. Rn. 142 f.). Darüber hinaus enthält die BauNVO besondere Regelungen über die Zulässigkeit bestimmter (Neben-)Anlagen in den einzelnen Baugebieten. So regelt § 12 BauNVO differenziert die Zulässigkeit von Stellplätzen und Garagen in den verschiedenen Baugebieten. § 13 BauNVO erlaubt in Kleinsiedlungs-, reinen und allgemeinen Wohngebieten Räume, in den Baugebieten nach §§ 4a bis 9 BauNVO auch Gebäude für Freiberufler, also z. B. für Rechtsanwälte, Ärzte oder Architekten, und ähnlich Tätige, z. B. Handels- und Versicherungsvertreter oder Makler, jedoch nicht für handwerklich oder kaufmännisch Tätige (BVerwG, NVwZ 1984, 236 [237]). § 14 BauNVO schließlich lässt unter gewissen Voraussetzungen über die Vorgaben der §§ 2 bis 13 BauNVO hinaus Nebenanlagen zu.

138

Die BauGB-Novelle 2013 hat einige beachtenswerte Änderungen der BauNVO bewirkt. Nach § 3 Abs. 2 Nr. 2 BauNVO sind nunmehr in allgemeinen Wohngebieten den Bedürfnissen der Bewohner des Gebiets dienende Anlagen zur Kinderbetreuung allgemein zulässig (vgl. auch Rn. 139 zu §§ 15 BauNVO, 22 Ia BImSchG). § 14 III BauNVO lässt Solaranlagen und Kraft-Wärme-Kopplungsanlagen als untergeordnete Nebenanlagen auch dann zu, wenn die erzeugte Energie vollständig oder überwiegend in das öffentliche Netz eingespeist wird. Beide Änderungen erfassen nach Maßgabe von § 245a I, II BauGB auch Bebauungspläne, die auf der Grundlage der BauNVO a.F. erlassen worden sind.

Beispiele:
– Ein Gasthof mit Feinschmeckerlokal ist in einem allgemeinen Wohngebiet nicht allgemein zulässig, da er keine der Versorgung des Gebiets dienende Schank- und Speisewirtschaft darstellt (§ 4 II Nr. 2 BauNVO); es kann eine Ausnahme nach § 4 III BauNVO in Betracht kommen.
– Die Zulässigkeit einer Großdiskothek in einem stark gewerblich geprägten Teil eines Mischgebiets ist an § 6 II Nr. 8 BauNVO zu messen, jedoch zu verneinen, da es sich um eine sog. kerngebietstypische Vergnügungsstätte i.S.v. §§ 4a III Nr. 2, 7 II Nr. 2 BauNVO handelt; es bleibt die Ausnahmemöglichkeit nach § 6 III BauNVO.

– Differenziert wird die – teilweise umstrittene – bauplanungsrechtliche Beurteilung der Ausübung der Prostitution vorzunehmen sein. Im Mischgebiet ist sie nach § 6 I BauNVO als gewerbliche Betätigung zulässig, soweit sie das Wohnen nicht wesentlich stört. Eine solche wesentliche Störung wird für die sog. Wohnungsprostitution, die Ausübung des Gewerbes in der Wohnung der Prostituierten nicht typischerweise angenommen; Prostitution in sog. Terminwohnungen, d.h. ständig einem wechselnden Personenkreis überlassenen Räumen, und Bordelle sind hingegen im Mischgebiet unzulässig (BayVGH, BauR 2008, 1851 [1852]). Die teilweise angenommene generelle Qualifikation von zu Prostitutionszwecken genutzten Räumen als Vergnügungsstätten erscheint nicht überzeugend (vgl. Bielenberg, in: Ernst/Zinkahn/Bielenberg, BauGB, § 4a BauNVO Rn. 58a m.w.N.).
– Die Prüfung der Zulässigkeit eines großen Warenhauses von 1800 m² Geschossfläche in einem Gewerbegebiet geht zunächst von § 8 II Nr. 1 BauNVO aus, wonach „Gewerbebetriebe aller Art", also auch Einzelhandelsbetriebe zulässig sind. Nach § 11 III 1 BauNVO sind jedoch sog. großflächige Einzelhandelsbetriebe unter dort näher definierten Voraussetzungen außer in Kerngebieten i.S.v. § 7 BauNVO nur in für sie festgesetzten Sondergebieten i.S.v. § 11 BauNVO zulässig. Das Warenhaus ist ein großflächiger Einzelhandelsbetrieb, da es die nach der jüngeren Rechtsprechung (BVerwG, NVwZ 2006, 452) hierfür maßgebliche Verkaufsfläche von 800 m² überschreitet. Da die bei einer Geschossfläche von 1200 m² ansetzende Regelvermutung des § 11 III 3 BauNVO greift, ist das Warenhaus unzulässig.
– Ein Ärztehaus ist im allgemein Wohngebiet nach § 4 II BauNVO unzulässig; insbesondere handelt es sich nicht um eine Anlage für gesundheitliche Zwecke i.S.v. § 4 II Nr. 3 BauNVO (BVerwGE 102, 351 [353 ff.]; a.A. Dürr, VBlBW 1997, 217 [217 f.]). Es ist auch nicht nach § 13 BauNVO zulässig, da danach im allgemeinen Wohngebiet nur „Räume" für freiberufliche Betätigungen zugelassen sind, was nach der Rspr. voraussetzt, dass weniger als die Hälfte des Gebäudes freiberuflich genutzt wird (BVerwGE 68, 324 [329]; NVwZ 2001, 1284 [1285]). Es bleibt die Möglichkeit einer Ausnahmegenehmigung als nicht störender Gewerbebetrieb nach § 4 III Nr. 2 BauNVO.
– Die Annahme einer freiberuflichen Tätigkeit i.S.v. § 13 BauNVO setzt nicht zwingend voraus, dass diese Tätigkeit auf der Grundlage einer besonders qualifizierten Ausbildung betrieben wird, verlangt aber doch einen gewissen Standard an individueller, namentlich geistiger oder schöpferischer Qualifikation der Arbeit; der Betrieb eines Pudelsalons, eines Bräunungsstudios oder einer Einrichtung zur medizinischen Fußpflege sowie die Ausübung der Wohnungsprostitution genügen diesem Anspruch nicht (OVG NRW, NVwZ-RR 2012, 132 [135]).
– Als Nebenanlagen können etwa ein privater Tennisplatz bei einer großen Villa (BVerwG, NJW 1986, 393 [393 f.]) oder ein Wertstoffcontainer (BVerwG, NVwZ 1999, 298; BauR 2011, 629) gemäß § 14 BauNVO zulässig sein. Nicht nach § 14 I 2 BauNVO, wohl aber nach § 14 I 1 BauNVO kann auch ein Pferdestall zur hobbymäßigen Pferdehaltung in einem Dorfgebiet zulässig sein (OVG NRW, BauR 2013, 63 [65]). Hingegen soll Mobilfunk-Sende- und Empfangsanlagen, jedenfalls soweit sie nicht der Versorgung des Gebiets dienen, der nötige Bezug zu Baugrundstück und -gebiet fehlen (BVerwG, BauR 2000, 703 [703 f.]).

C. Bauplanungsrechtliche Zulässigkeit von Einzelvorhaben 521

Die typisierende Betrachtungsweise der §§ 2–14 BauNVO kann in atypischen Fallkonstellationen eines einschränkenden Korrektivs bedürfen. Als solches fungiert der – eine gesetzliche Ausformung des Rücksichtnahmegebots darstellende – § 15 BauNVO (zur weiteren Frage der nachbarschützenden Wirkung vgl. Rn. 315 ff., 319). Danach kann ein der Art der Nutzung nach grundsätzlich zulässiges Vorhaben im Einzelfall unzulässig sein, wenn ein Widerspruch zu der Eigenart des Baugebiets besteht oder im Verhältnis zur Umgebung unzumutbare Störungen auftreten, wobei bei der Beurteilung allein Gesichtspunkte mit städtebaulicher Erheblichkeit zu berücksichtigen sind (BVerwG, BauR 2007, 1002 [1003]). Auch im Rahmen von § 15 BauNVO ist die Privilegierung von Kinderlärm durch den 2011 neu eingefügten § 22 Ia BImSchG zu berücksichtigen; danach sind von Kindertageseinrichtungen, Kinderspielplätzen und ähnlichen Einrichtungen ausgehende Geräuscheinwirkungen im Regelfall, ohne dass es bei der Beurteilung auf Immissionsgrenz- und -richtwerte ankommt, keine schädliche Umwelteinwirkung. Die mögliche Reichweite des § 15 BauNVO ist jedoch auf Feinkorrekturen beschränkt; es ist nicht das Einzelvorhaben nach § 15 BauNVO unzulässig, sondern der Bebauungsplan abwägungsfehlerhaft, wenn dessen planerische Konzeption Konflikte zwischen benachbarten Nutzungen nicht dem Gebot der Rücksichtnahme entsprechend bewältigt.

139

Beispiele:
- Die Errichtung eines Schweinemaststalls für 100 Schweine in 20 Metern Entfernung zu einer Bäckerei in einem Dorfgebiet verletzt das in § 15 BauNVO verankerte Rücksichtnahmegebot nicht, wenn die Baugenehmigung nur unter Immissionsschutzauflagen (Türen und Fenster geschlossen, Unterdrucklüftung mit hohem Kamin, Dimensionierung des Gebäudes macht Entmistung nur alle 4 Monate erforderlich, etc.) erteilt wird (OVG NRW, BauR 2003, 1850).
- Ob Garagen und Stellplätze im Sinne des § 12 BauNVO im rückwärtigen Gartenbereich hinter Wohnhäusern nach § 15 I 2 BauNVO unzumutbar sind, richtet sich nach den Umständen des Einzelfalls. Eine allgemeine Aussage hierüber lässt sich nicht treffen. Weder die TA Lärm noch die VDI-Richtlinie 2058 sind rechtlich bindend; beide dürfen nicht schematisch, sondern nur unter Verwertung der Umstände des Einzelfalls angewendet werden. Sie geben aber – wenngleich sie für Anlagen, die einer immissionsschutzrechtlichen Genehmigung bedürfen, bestimmt sind – brauchbare Anhaltspunkte (BVerwG, NVwZ 2003, 1516 [1517]).
- Die Stadt will in einem allgemeinen Wohngebiet in Nachbarschaft zu Wohngebäuden einen Kinderspielplatz errichten. Dieser wird wegen der Eigenart der dort vorgesehenen Spielgeräte und der Lagebedingungen Geräuschimmissionen verursachen, die nach der Sportanlagenlärmschutzverordnung (18. BImSchV) und nach der Freizeitlärm-Richtlinie des Länderausschusses Immissionsschutz als unzulässig anzusehen wären; diese Regelwerke sind zwar nicht unmittelbar auf Kindertageseinrichtungen und Kinderspielplätze anwendbar, von der Rechtsprechung bislang jedoch als grundsätzliche Orientierung auch insoweit herangezogen worden. Der Kinderspielplatz ist im allgemeinen Wohngebiet als Anlage für soziale Zwecke nach § 4 II Nr. 3 BauNVO grundsätzlich zulässig (die für 2011

> angekündigte Bauplanungsrechtsnovelle will durch eine Änderung von § 3 BauNVO Kindertageseinrichtungen in einer der Gebietsversorgung angemessenen Größenordnung künftig auch in reinen Wohngebieten, wo Anlagen für soziale Zwecke bislang nur ausnahmsweise zugelassen werden können, generell zulassen). Der Kinderspielplatz ist auch im Einzelfall nach § 15 BauNVO als bauplanungsrechtlich zulässig anzusehen, da wegen § 22 Ia BImSchG die Heranziehung von Immissionsgrenz- und -richtwerten unzulässig ist und die Geräuscheinwirkungen im Regelfall nicht als schädliche Umwelteinwirkung anzusehen sind.
> Zu den bei der Beurteilung nach § 15 I 2 BauNVO zu berücksichtigenden städtebaulich erheblichen Auswirkungen können auch die möglichen Gefahren zählen, die der Nachbarschaft einer diplomatischen Einrichtung durch terroristische Anschläge drohen (BVerwG, BauR 2007, 1002 [1003 f.]).

bb) Sonstige Festsetzungen

140 Weiterhin muss das Bauvorhaben auch den weiteren Festsetzungen des Bebauungsplans insbesondere zum **Maß der baulichen Nutzung** und zu den **überbaubaren Grundstücksflächen**, ggf. zur **Bauweise** usw. entsprechen (zu den Festsetzungsmöglichkeiten vgl. Rn. 72 ff.).

Die der sog. Energiewende geschuldete Sonderregelung des § 248 BauGB erlaubt insoweit bei Maßnahmen an bestehenden Gebäuden zum Zwecke der Energieeinsparung sowie für Anlagen zur Nutzung solarer Strahlungsenergie in, an und auf Dach- und Außenwandflächen geringfügige Abweichungen.

b) Ausnahmen und Befreiungen (§ 31 BauGB)

141 Wenn ein Vorhaben den Festsetzungen des Bebauungsplans nicht entspricht, kann es im Einzelfall doch **nach § 30 i. V. m. § 31 BauGB zulässig** sein. § 31 BauGB dient der Einzelfallgerechtigkeit und der Wahrung des rechtsstaatlichen Übermaßverbots.

aa) Ausnahmen (§ 31 I BauGB)

142 Nach § 31 I BauGB können **Ausnahmen, die nach Art und Umfang im Bebauungsplan ausdrücklich vorgesehen sind**, zugelassen werden. Hinsichtlich der Art der baulichen Nutzung können sich Ausnahmemöglichkeiten danach je nach ausgewiesenem Baugebiet aus §§ 2–9 (jeweils III) BauNVO ergeben; der dritte Absatz der einzelnen Vorschriften gibt jeweils an, welche Nutzungen im fraglichen Baugebiet ausnahmsweise zugelassen werden können. Allerdings kann die Gemeinde nach Maßgabe von § 1 BauNVO im Bebauungsplan u. U. auch abweichend, einschränkend oder erweiternd, Ausnahmemöglichkeiten festlegen, z. B. die dort geregelten Ausnahmen nicht Bestandteil des Bebauungsplans bzw. allgemein zulässig werden lassen (§ 1 VI BauNVO) oder bestimmte nach §§ 2 ff. BauNVO allgemein zulässige Nutzungen nur ausnahmsweise zulassen (§ 1 V BauNVO). Auch hinsichtlich sonstiger Festsetzungen kommen Ausnahmen nach dem Bebauungsplan bzw. der BauNVO in Betracht (vgl. z. B. § 23 II 3, III 3, IV 1 BauNVO).

143 Die Gewährung von Ausnahmen unterliegt jedoch **rechtlichen Grenzen**. Sie ist unzulässig, wenn das Vorhaben im Einzelfall mit § 15 I BauNVO

C. Bauplanungsrechtliche Zulässigkeit von Einzelvorhaben   523

(Rn. 139) als Ausprägung des Rücksichtnahmegebots unvereinbar ist (BVerwG, BauR 2007, 1002 [1003]). Darüber hinaus muss das Regel-Ausnahme-Verhältnis gewahrt bleiben. Ausnahmeentscheidungen dürfen nicht zu einer faktischen Änderung des Bebauungsplans führen; vielmehr soll die Ausnahme noch eine Verwirklichung der im Bebauungsplan niedergelegten Planungsvorstellungen der Gemeinde darstellen (BVerwGE 108, 190 [193 f.]). Nach Maßgabe dieser Planungsvorstellungen ist auch das Ermessen auszuüben, in dem die Ausnahmeerteilung steht (NdsOVG, BauR 1983, 150 [151]); es kann sich freilich u. U. auch auf Null reduzieren.

> **Beispiele:** Für die Errichtung einer Kirche mit einer im Untergeschoss gelegenen Krypta in einem Industriegebiet, für das die Ausnahmen nach § 9 III BauNVO im Bebauungsplan zugelassen sind, kann eine Ausnahme wegen fehlender Gebietsverträglichkeit mit Rücksicht auf die besondere Störempfindlichkeit verweigert werden; es kann jedoch eine Befreiung nach § 31 II BauGB (vgl. Rn. 144 f.) in Betracht kommen (BVerwG, NVwZ 2011, 748). Auch die Gewährung einer Ausnahme für ein Krematorium als kulturelle Anlage in einem Gewerbegebiet nach § 8 III Nr. 2 BauNVO scheidet wegen Gebietsunverträglichkeit aus (BVerwG, NVwZ 2012, 825 [826 ff]).

bb) Befreiungen (§ 31 II BauGB)

Die Befreiung hingegen zeichnet aus, dass sie eine Abweichung von den im Bebauungsplan niedergelegten Planungsvorstellungen der Gemeinde ermöglicht. Um solche Abweichungen – mit Rücksicht auf die Wahrung der gemeindlichen Planungshoheit und die Rechtsbindung der Verwaltung – zu begrenzen, ist früher angenommen worden, dass eine Befreiung nur in atypischen Sonderfällen in Betracht komme. Nachdem die seit dem 1. Jan. 1998 geltende Fassung des § 31 II BauGB die Befreiung nicht mehr auf den „Einzelfall" beschränkt, wird diese Annahme überwiegend nicht mehr aufrechterhalten (vgl. BVerwG, NVwZ 1999, 1110; VGH BW, NVwZ 2004, 357 [359]; a. A. Dürr/Middeke/Schulte Beerbühl, Baurecht NRW, Rn. 109). Vielmehr wird heute postuliert, dass eine Befreiung ihre **entscheidende Grenze in den Grundzügen der Planung** findet (BVerwG, NVwZ 1999, 1110; NVwZ 2000, 679 [680]). Eine Folgerung daraus ist, dass eine Befreiung unzulässig ist, soweit bestimmte Bebauungsplanfestsetzungen gerade im Angesicht der fraglichen Fallgestaltung gemacht wurden; § 31 II BauGB soll vielmehr Fallgestaltungen erfassen, für die sich die planende Gemeinde keine, jedenfalls keine genauen und abschließenden Vorstellungen gemacht hat (OVG NRW, BauR 2004, 1125 [1126]). 144

Im Einzelnen sind die **tatbestandlichen Voraussetzungen einer Befreiung** nach § 31 II BauGB, dass 145
– Grundzüge der Planung nicht berührt sind,
– einer der Gründe des § 31 II Nr. 1–3 BauGB vorliegt und
– die Abweichung auch unter Würdigung nachbarlicher Interessen mit den öffentlichen Belangen vereinbar ist.

I. S. v. § 31 II Nr. 1 BauGB erfordern Gründe des Wohls der Allgemeinheit die Befreiung nicht nur, wenn die Befreiung unabweisbar notwendig, sondern auch, wenn sie vernünftigerweise geboten ist. Am weitreichendsten ist der Befreiungstatbestand der städtebaulichen Vertretbarkeit gemäß § 31 II Nr. 2 BauGB, denn städtebaulich vertretbar ist, was nach § 1 VI, VII BauGB planbar ist, d. h. in einem Bebauungsplan auch alternativ zur gegebenen Planung hätte geplant werden können. Die offenbar nicht beabsichtigte Härte i. S. v. § 31 II Nr. 3 BauGB stellt nicht auf persönliche Verhältnisse des jeweiligen Bauherrn, sondern nur auf objektive, grundstücksbezogene Umstände ab und verlangt insofern einen nachhaltigen Eingriff bzw. ein erhebliches Opfer (vgl. BVerwG, BRS 29 Nr. 165); dies kann etwa gegeben sein, wenn ein Grundstück wegen seiner besonderen topographischen Lage nicht oder nur schwer bebaut werden kann, ohne dass dies plangewollt wäre. Die Beurteilung, dass die Abweichung unter Würdigung nachbarlicher Interessen mit den öffentlichen Belangen vereinbar ist, erfordert eine die Gesamtsituation des Baugebiets würdigende Betrachtung. Unvereinbarkeit soll bestehen, wenn eine Befreiung so tiefgreifende städtebauliche Konflikte hervorrufen würde, dass sie eine neue Planung erfordern würden; solange das Vorhaben sich noch i. S. v. § 34 I 1 BauGB in die nähere Umgebung einfügt (vgl. Rn. 155 ff.), soll regelmäßig auch die Vereinbarkeit noch gegeben sein. Unter diesen Voraussetzungen kann eine Befreiung auch zulässig sein, wenn sie den Nachbarn stärker beeinträchtigt. Sind diese tatbestandlichen Voraussetzungen gegeben, soll ein Ermessensspielraum eröffnet sein; praktisch werden jedoch, sofern die Tatbestandsvoraussetzungen vorliegen, selten eine Ablehnung rechtfertigende Ermessenserwägungen in Betracht kommen.

3. Anhang

Literatur: *Schmidt-Eichstaedt*, Die Befreiung nach § 31 II BauGB und andere Abweichungen, NVwZ 1998, 571; *Rathjen*, Zur Zulässigkeit von Mobilfunksendeanlagen, ZfBR 2001, 304; *Stollmann*, Bauplanungsrechtliche Zulässigkeit nach den §§ 30 Abs. 1, 31, 33 BauGB, VR 2002, 361

Klausurfälle: *Ingerowski*, Baurecht als Mittel zur Bekämpfung terroristischer Gefahren? JuS 2009, 548; *ders.*, Einzelhandel: Auf die Größe kommt es an, JA 2009, *523; Kares/Meurs*, Bienenhaltung im Wohngebiet, JuS 2009, 58; *Sademach*, Die Berufsbildungsstätte im allgemeinen Wohngebiet, JA 2013, 518

Kontrollfragen:
1. Was unterscheidet den sog. qualifizierten vom einfachen Bebauungsplan?
2. Im Erdgeschoss eines bisher für Wohnzwecke genutzten Hauses im räumlichen Geltungsbereich eines qualifizierten Bebauungsplans, der ein allgemeines Wohngebiet ausweist, soll zukünftig eine Bäckerei untergebracht werden. Bauplanungsrechtlich zulässig?
3. Unter welchen Voraussetzungen kann eine Ausnahme i. S. v. § 31 I BauGB gewährt werden?

C. Bauplanungsrechtliche Zulässigkeit von Einzelvorhaben 525

IV. Vorhaben im nicht (qualifiziert) beplanten Innenbereich (§ 34 BauGB)

Solange ein i. S. v. § 30 I, II BauG qualifizierter Bebauungsplan nicht aufge- 147
stellt ist, fungiert § 34 BauGB für den sog. Innenbereich als **gesetzlicher Planersatz** (BVerwG, BauR 1981, 351; ZfBR 1993, 191 [193]). Die Bestimmung begründet zwar wegen der unscharfen normativen Maßstäbe noch keinen gesetzlichen „Ersatzplan", aber doch eine Art Auffangplanung, indem sie im Wesentlichen an die faktischen örtlichen Gegebenheiten anknüpft und davon ausgehend eine gewisse Fortentwicklung zulässt.

1. Anwendungsbereich

a) Kein qualifizierter Bebauungsplan i. S. v. § 30 I BauGB

Vom Anwendungsbereich des § 30 I, II BauGB grenzt sich der des § 34 148
BauGB dadurch ab, dass für das fragliche Gebiet **kein qualifizierter (oder vorhabenbezogener) Bebauungsplan** besteht. Der Anwendungsbereich des § 34 BauGB erfasst danach Gebiete, für die entweder kein wirksamer Bebauungsplan oder aber nur ein sog. einfacher, d.h. die Mindestfestsetzungen nach § 30 I BauGB nicht aufweisender Bebauungsplan besteht (vgl. § 30 III BauGB).

b) Im Zusammenhang bebauter Ortsteil

Dieser nicht qualifiziert beplante Bereich bedarf weiter der **Abgrenzung von** 149
dem sog. Außenbereich (§ 35 BauGB). Diese Abgrenzung – die ihre besondere Bedeutung daraus gewinnt, dass der Innenbereich anders als der Außenbereich (vgl. Rn. 163) nach § 34 BauGB grundsätzlich der Bebauung offen steht (BVerwG, ZfBR 1980, 294 [295]) – ist sehr von Gegebenheiten des Einzelfalls abhängig und entsprechend mit Unsicherheiten belastet. Ihr entscheidendes Kriterium ist das Tatbestandsmerkmal des „im Zusammenhang bebauten Ortsteils", dem das fragliche Grundstück zugehören muss.

aa) Auslegung des gesetzlichen Tatbestandsmerkmals

Die Auslegung des Tatbestandsmerkmals des im Zusammenhang bebauten 150
Ortsteils geht – entsprechend der § 34 BauGB allgemein zugeschriebenen Funktion als Planersatz – aus von der gebotenen Eignung der vorhandenen Bebauung als planersetzender Ordnungs- und Regelungsfaktor. Hieraus erklärt sich die Forderung nach einer gegebenen **Bebauung, die nach der Zahl der vorhandenen Bauten ein gewisses Gewicht hat und Ausdruck einer organischen Siedlungsstruktur ist** (BVerwGE 27, 137 [137 f.]; 31, 22 [26 f.]). Welche Mindestanzahl an Gebäuden dafür erforderlich ist, soll von der Situation abhängig sein. Diese vorhandene Bebauung darf nicht völlig regel- und systemlos sein, vielmehr muss eine funktionsbedingte, organische Siedlungsstruktur vorhanden sein, die den Eindruck der Geschlossenheit und Zusammengehörigkeit erweckt und deshalb mehr als eine bloße Splittersiedlung i. S. v. § 35 III Nr. 7 BauGB darstellt.

§ 4. Öffentliches Baurecht

151　Ein solcher Bebauungszusammenhang ist auch gegeben, wenn **Baulücken**, d. h. einzelne unbebaute oder wegen ihrer besonderen Zweckbestimmung oder Beschaffenheit der Bebauung entzogene Grundstücke vorhanden sind, sofern sie nach der Verkehrsauffassung den Eindruck der Geschlossenheit und Zusammengehörigkeit nicht stören (BVerwGE 41, 227 [233]; 75, 34 [37]). Ist die Baulücke so groß, dass die vorhandene Bebauung keinen prägenden Einfluss mehr auf deren Bebauung ausüben kann, zählen diese Grundstücke nicht mehr zum Innenbereich; ist eine solche große Baulücke ringsum von Innenbereichsgrundstücken umgeben, liegt ein sog. Außenbereich im Innenbereich vor.

152　Die äußere **Begrenzung des Innenbereichs** liegt grundsätzlich unmittelbar hinter dem letzten Haus des im Zusammenhang bebauten Ortsteils; sie ist unabhängig vom Verlauf der Grundstücksgrenzen. Eine hinter dem letzten Haus liegende unbebaute Fläche wird jedoch noch dem Innenbereich zugerechnet, wenn sie bei natürlicher Betrachtungsweise noch als dessen Bestandteil erscheint, weil sie durch natürliche Hindernisse, z. B. eine Böschung, einen Flusslauf oder auch Weg, von der freien Landschaft abgegrenzt ist (BVerwG, BRS 50 Nr. 72; BauR 2000, 1310 [1311]). In jedem Falle endet der Innenbereich an der Gemeindegrenze.

bb) Innenbereichssatzungen (§ 34 IV BauGB)

153　Zur Ausräumung eventueller Unsicherheiten oder städtebaulicher Unzulänglichkeiten hat der Gesetzgeber den Gemeinden die Möglichkeit der **Abgrenzung und Erweiterung des Innenbereichs durch Satzung** gegeben (§ 34 IV BauGB). Im Einzelnen sind drei verschiedene, nach § 34 IV 2 BauGB u. U. aber zu verbindende Typen mit unterschiedlicher Funktion und unterschiedlichen Voraussetzungen zu unterscheiden:
– die Klarstellungssatzung (§ 34 IV 1 Nr. 1 BauGB), die deklaratorisch die Grenzen des Innenbereichs festlegt (vgl. OVG Sachsen-Anh., NVwZ-RR 2001, 426 [427]);
– die Entwicklungssatzung (§ 34 IV 1 Nr. 2 BauGB), deren Funktion es ist, vorhandene Bebauungsansätze, die noch keinen im Zusammenhang bebauten Ortsteil, sondern Splittersiedlungen im Außenbereich darstellen, weiter zu entwickeln;
– die Ergänzungssatzung (§ 34 IV 1 Nr. 3 BauGB), die es erlaubt, einzelne, auch unbebaute Flächen in den Innenbereich einzubeziehen.
Mit Rücksicht auf ihre deutlich konstitutive Funktion unterliegen Satzungen nach § 34 I 1 Nr. 2 und 3 BauGB besonderen formellen und materiellen Voraussetzungen, die sich im Einzelnen in § 34 IV 1 Nr. 2 und 3, IV 3 bis 5, V BauGB finden.

2. Zulässigkeitsvoraussetzungen

154　Die **materielle bauplanungsrechtliche Zulässigkeit eines Innenbereichsvorhabens** erfordert, dass es

C. Bauplanungsrechtliche Zulässigkeit von Einzelvorhaben   527

– ggf. den vorrangig zu beachtenden Vorgaben eines einfachen Bebauungsplans (vgl. § 30 III BauGB) oder ggf. auch einzelnen Festsetzungen einer Innenbereichssatzung nach § 34 IV 1 Nr. 2 und 3 BauGB entspricht,
– sich in die Eigenart der näheren Umgebung einfügt (§ 34 I 1, II BauGB),
– keine schädlichen Auswirkungen auf zentrale Versorgungsgebiete hat (§ 34 III BauGB),
– die Anforderungen an gesunde Wohn- und Arbeitsverhältnisse wahrt und das Ortsbild nicht beeinträchtigt (§ 34 I 2 BauGB) sowie
– seine Erschließung gesichert ist (§ 34 I 1 BauGB; vgl. Rn. 193 ff.).

Die Möglichkeiten der Bauleitplanung für Innenbereiche sind durch die neuen Festsetzungsmöglichkeiten des § 9 IIa 1, IIb BauGB (vgl. Rn. 71a), für die § 13 I BauGB zudem das vereinfachte Verfahren eröffnet (vgl. Rn. 41 ff.), erweitert worden. § 9 IIa BauGB erlaubt der Gemeinde, im Hinblick auf die Erhaltung oder Entwicklung zentraler Versorgungsbereiche in einem (einfachen) Bebauungsplan auch planerisch das Anliegen umzusetzen, das bereits in § 34 III BauGB verankert, nach dieser Regelung freilich jeweils im Einzelfall zu prüfen ist (vgl. Rn. 160).
Für die Erweiterung, Änderung, Nutzungsänderung oder Erneuerung bestehender Gewerbe- oder Handwerksbetriebe (mit Ausnahme von Einzelhandelsbetrieben mit bestimmten beeinträchtigenden bzw. schädlichen Auswirkungen), die sich nicht i. S. v. § 34 I 1 BauGB einfügen, hat der Gesetzgeber die Sonderregelung des § 34 IIIa BauGB geschaffen. Diese Sonderregelung ist seit dem 1. Jan. 2007 auch auf die Erweiterung, Änderung oder Erneuerung zulässigerweise errichteter baulicher Anlagen zu Wohnzwecken erstreckt worden und durch die BauGB-Novelle 2013 noch einmal erweitert worden.

Die Sonderregelung des § 248 BauGB für Maßnahmen an bestehenden Gebäuden zum Zwecke der Energieeinsparung sowie für Anlagen zur Nutzung solarer Strahlungsenergie in, an und auf Dach- und Außenwandflächen (vgl. Rn. 140) findet im nicht beplanten Innenbereich entsprechende Anwendung.

a) Einfügen in die Eigenart der näheren Umgebung

Der Begriff der **näheren Umgebung** meint nicht nur die unmittelbare Nachbarschaft, sondern den Einwirkungsbereich des jeweiligen Vorhabens, d. h. den Bereich der Umgebung, auf den sich das Vorhaben auswirken kann und der andererseits selbst das Baugrundstück prägt (BVerwGE 55, 369 [380]). Die nähere Umgebung ist damit relativ, nämlich bezogen auf das jeweilige Vorhaben, etwa bei emissionsträchtigen Gewerbebetrieben oder Hochhäusern anders als bei Einfamilienhäusern zu bestimmen. Maßgeblich für die Beurteilung des Vorhabens ist die **Eigenart** dieser näheren Umgebung; sie wird bestimmt, indem zunächst die tatsächlich vorhandene Bebauung erfasst, diese sodann, indem nicht prägend wirkende, u. U. auch ganz singulär, als „Fremdkörper" erscheinende Bauten ausgeschieden werden, auf das Wesentliche zurückgeführt (vgl. BVerwGE 84, 322 [325 ff.]) und schließlich u. U. ergänzt wird um früher vorhandene bauliche Nutzungen, sofern mit deren Wiedererrichtung bzw. -aufnahme nach der Verkehrsauffassung noch zu rechnen ist (Stollmann, Öff. Baurecht, § 16 Rn. 31 ff., unter Hinweis auf BVerwG, NVwZ 1982, 312). In diese Eigenart der näheren Umgebung muss das Vorhaben sich **einfügen**, und zwar – nur – nach Art und Maß der bauli-

155

chen Nutzung, Bauweise und zur Überbauung vorgesehener Grundstücksfläche. Dieses Einfügen ist u. U. in zwei Schritten zu untersuchen.

aa) § 34 II BauGB

156 Vorrangig zu prüfen ist **die bzgl. der Art der baulichen Nutzung auf §§ 2 ff. BauNVO verweisende Sonderregelung des § 34 II BauGB.** Danach richtet sich für den Fall, dass die vorhandene Bebauung in der näheren Umgebung einem Baugebiet der BauNVO entspricht, die Zulässigkeit des fraglichen Vorhabens allein danach, ob das Vorhaben in dem betreffenden Baugebiet zulässig wäre; dies ist unter Heranziehung der §§ 2 ff. BauNVO so zu prüfen wie auch im Anwendungsbereich des § 30 I BauGB, und zwar auch unter (entsprechender) Heranziehung der Ausnahme- und Befreiungsmöglichkeiten gemäß § 31 BauGB (§ 34 II Hs. 2 BauGB). Der Gesetzgeber geht davon aus, dass sich das Vorhaben unter dieser Voraussetzung hinsichtlich der Art der baulichen Nutzung in die Umgebung einfügt. Das Merkmal des „Einfügens" muss und darf insoweit nicht mehr gesondert gemäß § 34 I 1 BauGB geprüft werden, wohl aber hinsichtlich der übrigen Merkmale.

bb) § 34 I 1 BauGB

157 Die nach § 34 I 1 BauGB vorzunehmende Prüfung, ob ein Innenbereichsvorhaben sich nach Art und Maß der baulichen Nutzung, der Bauweise und der zur Überbauung vorgesehenen Grundstücksfläche in die nähere Umgebung einfügt, bezieht sich maßgeblich auf **den durch die vorhandene Bebauung gebildeten Rahmen.** Als Grundsatz gilt, dass das Vorhaben sich einfügt, wenn es sich in diesem Rahmen hält, ihn also in den genannten Merkmalen weder über- noch unterschreitet (BVerwGE 55, 369 [385 f.]). Hiervon sind jedoch Ausnahmen in beide Richtungen möglich. Einerseits ist ausnahmsweise ein Überschreiten des vorgegebenen Rahmens unschädlich, wenn die „städtebauliche Harmonie" nicht beeinträchtigt wird, wenn z. B. in einer 2- bis 4-geschossigen näheren Umgebung ein 5-geschossiges Gebäude in einer Bodensenke errichtet werden soll. Andererseits kann aber auch ein Vorhaben, das in jeder einschlägigen Hinsicht den aus seiner Umgebung hervorgehenden Rahmen einhält, sich gleichwohl in seine Umgebung dann nicht einfügen, wenn das Vorhaben es an der gebotenen Rücksichtnahme auf die sonstige Bebauung fehlen lässt; dies wird angenommen, wenn das Vorhaben selbst sich nur formell im Rahmen der vorhandenen Bebauung hält, aber trotzdem belastend, störend oder verschlechternd auf die vorhandene Bebauung einwirkt (sog. „Unruhestifter"), aber auch bei „negativer Vorbildwirkung", wenn ein für sich allein noch akzeptables Vorhaben andere gleichartige Vorhaben nachzuziehen und die Situation zum „Umkippen" zu bringen droht (BVerwGE 44, 302 [305 f.]). Insofern wird die Prüfung des „Einfügens" dirigiert durch das Gebot der Rücksichtnahme, das das BVerwG in diesem Merkmal gesetzlich verankert sieht (BVerwG, NVwZ 1999, 523 [525]; mit Blick auf den daraus folgenden Nachbarschutz vgl. Rn. 322). Erforderlich ist also eine Berücksichtigung der schutzwürdigen Interessen der jeweiligen anderen Nutzungen in der Nachbarschaft, allerdings nicht einseitig, sondern u. U. auch i. S. wechselseitiger Zugeständnisse

C. Bauplanungsrechtliche Zulässigkeit von Einzelvorhaben 529

verschiedener Nutzungen. Dies kommt insbesondere in Gemengelagen zum Tragen, also in Innenbereichen mit Immissionskonflikten zwischen emittierenden und schutzbedürftigen Nutzungen; die insoweit gegebene „Vorbelastung" der Grundstücke kann dazu führen, dass etwa der Inhaber eines Wohnhauses stärkere Immissionen von Gewerbebetrieben hinnehmen muss als in Wohngebieten, andererseits auch dazu, dass sich ein Gewerbetreibender weitergehende Einschränkungen gefallen lassen muss als in Gewerbegebieten.

b) Gesunde Wohn- und Arbeitsverhältnisse/Ortsbild

Neben dem Einfügen in die nähere Umgebung ist nach § 34 I 2 BauGB eigenständig zu untersuchen, ob die **Anforderungen an gesunde Wohn- und Arbeitsverhältnisse** gewahrt werden. Für einzelne einschlägige Gesichtspunkte liefert § 136 III Nr. 1 BauGB Anhaltspunkte. Da aber der Innenbereich grundsätzlich der Bebauung zugänglich sein soll, ist dieses Erfordernis nur als eine äußerste Grenze der Zulässigkeit einer Bebauung zu verstehen (BVerwG, ZfBR 1991, 126 [128]). 158

> **Beispiel:** Eine geplante Wohnnutzung ist danach unzulässig, wenn von einem benachbarten Industriebetrieb oder einer „Altlast", also kontaminiertem Boden, Gesundheitsgefahren ausgehen.

Weiter darf das **Ortsbild nicht beeinträchtigt** werden. Maßgeblich ist allein eine städtebauliche, d. h. auf den durch Bauleitplanung möglichen Schutz des Ortsbildes abstellende Betrachtung (BVerwG, NVwZ 2000, 1169 [1170]). Insofern kann hier – über den vorhandenen Bestand hinaus – auch das städtebaulich erstrebens- und wünschenswerte Ortsbild den Bezugspunkt bilden (OVG NRW, BRS 52 Nr. 66). Eine gewisse Einheitlichkeit oder Gleichartigkeit der Bebauung reicht jedoch nicht; § 34 I 2 BauGB setzt eine aus dem Üblichen herausragende Prägung, eine gewisse Wertigkeit des Ortsbilds voraus (BVerwG, NVwZ 2000, 1169 [1170]). 159

> **Beispiel:** Eine islamische Glaubensgemeinschaft will auf einem unbeplanten Grundstück im Bereich der Ortseinfahrt eines dörflichen Ortsteils von 1.000 Einwohnern, in der Umgebung von Wohnhäusern, landwirtschaftlich mitgenutzten Grundstücken, Räumlichkeiten der Freiwilligen Feuerwehr etc., eine als Kuppelbau mit Minarett geplante, die benachbarten Wohnhäuser ein wenig überragende Moschee errichten. In die nähere Umgebung fügt das Vorhaben sich nach Art und Maß der baulichen Nutzung, der Bauweise und der zu überbauenden Grundstücksfläche ein (§ 34 I 1 BauGB): Als Anlage für kirchliche und soziale Zwecke (vgl. §§ 4 II Nr. 3, 6 II Nr. 5 BauNVO) passt es der Art der Nutzung nach in die als allgemeines Wohn- oder Mischgebiet zu kennzeichnende Umgebung; dass es mit Kuppel und Minarett den durch die benachbarte Wohnbebauung vorgegebenen Rahmen hinsichtlich der Gebäudehöhe geringfügig überschreitet, ist – wie der Vergleich mit christlichen Kirchbauten belegt – als Ausdruck der spezifischen Nutzung des Gebäudes hinzunehmen. Der Einwand, die Moschee störe aufgrund ihrer Fremdartigkeit das Ortsbild des kleinen Orts(teils) (§ 34 I 2 BauGB), ver-

fängt nicht, da nur ein Ortsbild von besonderem Charakter, mit aus dem Üblichen herausragender prägender Wirkung danach geschützt wird (VG Frankfurt, NVwZ-RR 2002, 175; vgl. weiter VG München, BauR 2007, 1188; OVG Berlin-Brandenburg, BauR 2008, 647; VGH BW, BauR 2009, 470; OVG Lüneburg, BauR 2010, 433).

c) Auswirkungen auf zentrale Versorgungsbereiche

160 Durch das EAG Bau 2004 neu eingeführt worden ist § 34 III BauGB, der auf die **Unzulässigkeit von großflächigen Einzelhandelsbetrieben (und ähnlichen Nutzungen) wegen schädlicher Einwirkungen auf zentrale Versorgungsbereiche** abzielt. Die Besonderheit ist, dass über das nach § 34 I 1 BauGB maßgebliche Einfügen in die nähere Umgebung hinaus hier auch großräumigere Auswirkungen, sog. Fernwirkungen etwa auf das mehrere Kilometer entfernte Stadtzentrum mit seinem der Versorgung dienenden Einzelhandel Relevanz gewinnen (krit. hierzu Hoppe, NVwZ 2004, 282; vgl. auch Rn. 71a, 154 zu § 9 IIa 1 BauGB). Danach zu schützende zentrale Versorgungsbereiche sind auf Grund tatsächlicher Verhältnisse oder auch planerischer Festlegungen räumlich abgrenzbare Bereiche einer Gemeinde, denen auf Grund vorhandener Einzelhandelsnutzungen eine Versorgungsfunktion über den unmittelbaren Nahbereich hinaus zukommt (BVerwG, BauR 2008, 315 [316]); das kann auch Nah- und Grundversorgungszentren einschließen (BVerwG, NVwZ 2010, 590 [591]; OVG NRW, BauR 2008, 2025). Für die Beurteilung großflächiger Einzelhandelsbetriebe nach § 34 III BauGB ist die Vermutungsregel des § 11 III 3, 4 BauGB weder unmittelbar noch mittelbar heranzuziehen; vielmehr soll eine alle Umstände des Einzelfalls in den Blick nehmende Prognose hinsichtlich zu erwartender schädlicher Auswirkungen anzustellen sein (BVerwG, NVwZ 2009, 779 [780]; OVG NRW, BauR 2009, 220 [221]). Auch nicht großflächige Einzelhandelsbetriebe können u.U. schädliche Auswirkungen auf einen zentralen Versorgungsbereich auslösen (BVerwG, NVwZ 2010, 590 [592]; OVG Münster, BauR 2009, 1701). Die Bestimmung soll allein städtebaulich nachhaltige Auswirkungen auf zentrale Versorgungsbereiche vermeiden und ist nicht etwa auch den Interessen konkurrierender Betriebe oder Eigentümer zu dienen bestimmt (OVG NRW, BauR 2007, 1550).

Beispiele:

Auf einem Grundstück in einem unbeplanten, weitgehend bebauten, durch Industrie-, Gewerbe-, aber auch großflächige Einzelhandelsbetriebe genutzten Gelände am Rande einer nordrhein-westfälischen Stadt von 150.000 Einwohnern soll ein großflächiges Möbelgeschäft mit einem breiten (Rand-)Sortiment an Bett- und Haushaltswäsche, Geschirr etc. errichtet werden. Im beplanten Innenbereich wäre ein solches Vorhaben nur im Kern- oder im einschlägigen Sondergebiet zulässig (§ 11 III 1 BauNVO). Bei der hier einschlägigen Beurteilung nach § 34 BauGB ist zunächst nach § 34 I 1, II BauGB mit Blick auf die Eigenart der näheren Umgebung maßgeblich, ob es sich nach der Art der Nutzung einfügt, woran es fehlen würde, hätte die

C. Bauplanungsrechtliche Zulässigkeit von Einzelvorhaben 531

nähere Umgebung die Eigenart etwa eines Gewerbe- oder Industriegebiets; dieser Annahme stehen aber die in der näheren Umgebung vorhandenen großflächigen Einzelhandelsbetriebe entgegen. Die schädigenden Fernwirkungen, die ein solcher großflächiger Einzelhandelsbetrieb etwa für das Stadtzentrum mit seiner städtebaulichen Versorgungsfunktion haben kann, sind für § 34 I 1, II BauGB irrelevant und können daher hier nur nach § 34 III BauGB zur Geltung kommen.

E beantragt für sein Grundstück, das am Rande eines Nahversorgungszentrums liegt, einen Bauvorbescheid zur Erweiterung seines Lebensmittelmarktes. Der Antrag wird mit der Begründung abgelehnt, nach dem vom Rat der Stadt als informellem Entwicklungskonzept beschlossenen Nahversorgungs- und Zentrenkonzept sei das Grundstück nicht mehr als Teil des Nahversorgungszentrums vorgesehen. Die Ablehnung ist rechtswidrig, weil die Abgrenzung eines Versorgungsbereichs nicht durch ein städtebauliches Entwicklungskonzept bindend vorgegeben werden kann, sondern sich nach den tatsächlich vorhandenen Gegebenheiten richtet (BVerwG, NVwZ 2009, 781 [782]; OVG NRW, BauR 2009, 216 [219 f.]).

3. Anhang

Literatur: *Schink*, Möglichkeiten und Grenzen der Schaffung von Bauland durch Innen- und Außenbereichssatzungen nach § 34 Abs. 4, 5 und § 35 Abs. 6 BauGB, DVBl. 1999, 367; *Decker*, Die Begriffe des Ortsteils und des Bebauungszusammenhangs in § 34 I BauGB, JA 2000, 60; *Reidt*, Die Genehmigung von großflächigen Einzelhandelsvorhaben – die rechtliche Bedeutung des neuen § 34 Abs. 3 BauGB, UPR 2005, 241; *Gatawis*, Die Neuregelung des § 34 III Baugesetzbuch (BauGB), NVwZ 2006, 272; *Scheidler*, Der Schutz zentraler Versorgungsbereiche vor großflächigen Einzelhandelsbetrieben, NWVBl. 2010, 336; *Schoen*, Zulässigkeit von Einzelhandelsvorhaben im Anwendungsbereich des § 34 BauG,B, BauR 2010, 2034 **161**

Klausurfälle: *Cremer*, Kein Nebenverdienst für den Nachbarn, JURA 2001, 330; *Stollmann*, Ein umtriebiger Erbe, VR 2002, 135; *Kosczynski-Wagner/Lange*, Neubau eines Wohnhauses, VR 2002, 199

Kontrollfragen:

1. Wie wird der „im Zusammenhang bebaute Ortsteil" i. S. v. § 34 I 1 BauGB dem Grunde nach definiert?
2. Wie wird das „Sich-Einfügen in die Eigenart der näheren Umgebung" i. S. v. § 34 I 1 BauGB im Ausgangspunkt und dem Grundsatz nach beurteilt?
3. Wann ist § 34 II BauGB anwendbar und was folgt daraus ggf. für die Prüfung eines Vorhabens?

V. Vorhaben im Außenbereich (§ 35 BauGB)

Nachdem die – auch in der Falllösung vorrangig zu prüfenden – §§ 30, 34 BauGB untersucht worden sind, wirft die Bestimmung des Anwendungsbereichs des § 35 BauGB, die Definition des sog. Außenbereichs, keine Probleme mehr auf. Er definiert sich negativ: Im Außenbereich i. S. v. § 35 **162**

§ 4. Öffentliches Baurecht

BauGB befinden sich alle Grundstücke, die **nicht im räumlichen Geltungsbereich eines wirksamen qualifizierten bzw. vorhabenbezogenen Bebauungsplans** i. S. v. § 30 I, II BauGB und **nicht in einem im Zusammenhang bebauten Ortsteil** i. S. v. § 34 I BauGB liegen (BVerwGE 41, 227 [232 f.]).

163 Für diese im Außenbereich befindlichen Grundstücke hält § 35 BauGB einen **gesetzlichen „Ersatzplan"** bereit. Anders als § 34 BauGB (vgl. Rn. 147) enthält § 35 BauGB nämlich eine generelle gesetzgeberische Planung mit deutlichen normativen Vorgaben. Sie ist im Kern gekennzeichnet durch die Entscheidung, den Außenbereich grundsätzlich von Besiedlung frei zu halten (BVerwG, BRS 36 Nr. 55), und darauf aufbauend die Zuweisung bestimmter sog. privilegierter Vorhaben zum Außenbereich einerseits (§ 35 I BauGB) und das grundsätzliche Bauverbot für sonstige Vorhaben andererseits (§ 35 II BauGB).

164 Im Überblick betrachtet erfordert die **materielle bauplanungsrechtliche Zulässigkeit eines Außenbereichsvorhabens,** dass es ggf. den vorrangig zu beachtenden Vorgaben eines einfachen Bebauungsplans entspricht (vgl. § 30 III BauGB; vgl. BVerwGE 89, 69 [76]), vor allem aber den – im Folgenden näher darzulegenden – ersatzplanerischen Vorgaben des § 35 BauGB genügt, wobei auch seine (ausreichende) Erschließung gesichert sein muss (§ 35 I, II BauGB; vgl. dazu Rn. 193 ff.).

1. Zulässigkeit von Außenbereichsvorhaben gemäß § 35 I, II BauGB

165 Den Grundtatbestand des § 35 BauGB kennzeichnet die **Unterscheidung von sog. privilegierten und sonstigen Vorhaben.** Erstere sind dem Außenbereich vom Gesetzgeber planähnlich zugewiesen und sollen dort generell zulässig sein, solange öffentliche Belange nicht entgegenstehen, d. h. bei einer Abwägung auch unter Berücksichtigung des besonderen Gewichts der Privilegierung nicht überwiegen. Die anderen gelten als im Außenbereich grundsätzlich unerwünscht und sollen nur zugelassen werden können, sofern sie öffentliche Belange erst gar nicht beeinträchtigen.

Die gutachtliche Prüfung der Zulässigkeit eines Außenbereichsvorhabens muss mit § 35 I BauGB ansetzen, der den weitaus großzügigeren Zulässigkeitsmaßstab bereithält.

a) Privilegierte Vorhaben (§ 35 I BauGB)

aa) Die einzelnen Privilegierungstatbestände

166 Die Zulässigkeit nach § 35 I BauGB setzt zunächst die **Zugehörigkeit des Vorhabens zu einem der Privilegierungstatbestände des § 35 I Nr. 1 bis 7 BauGB** voraus. Mit Rücksicht auf die Intention des Gesetzgebers, das Bauen im Außenbereich grundsätzlich zu unterbinden und nur als Ausnahme vorzusehen, bedarf es dabei grundsätzlich einer restriktiven Auslegung.

167 Privilegiert sind danach zunächst **einem land- bzw. forstwirtschaftlichen oder Gartenbaubetrieb dienende Vorhaben** (§ 35 I Nr. 1, 2 BauGB). Der Begriff der Landwirtschaft wird in § 201 BauGB weiter als im normalen Sprachgebrauch, unter Einbeziehung etwa auch von berufsmäßiger Imkerei

C. Bauplanungsrechtliche Zulässigkeit von Einzelvorhaben 533

und Binnenfischerei, definiert. Dass die dort ebenfalls erfasste gartenbauliche Erzeugung in § 35 I Nr. 2 BauGB besonders privilegiert ist, soll für sie die Einschränkung entfallen lassen, dass die baulichen Anlagen nur einen untergeordneten Teil der Betriebsfläche einnehmen dürfen. Der Betrieb muss ernsthaft und auf Dauer angelegt sein und dazu bestimmt sein, seinem Betreiber einen nicht ganz unerheblichen Beitrag zum Lebensunterhalt zu leisten; das erfordert nicht die hauptberufliche Führung des Betriebs, es reicht auch ein Nebenverdienstbetrieb (OVG NRW, NVwZ-RR 2000, 347 [347]; BVerwG, NVwZ 2013, 155 [156 f.]). Dass das Vorhaben einem solchen Betrieb „dienen" muss, verlangt, dass es ihm – auch äußerlich erkennbar – objektiv nach Verwendungszweck, Größe, Gestaltung, Ausstattung und sonstiger Beschaffenheit zu- und untergeordnet ist (BVerwGE 41, 138 [140]). An diesen letzten Merkmalen, der Ernst- und Dauerhaftigkeit des Betriebs und dem „Dienen" des Vorhabens, wird das Hauptproblem dieses Privilegierungstatbestandes diskutiert, nämlich der Ausschluss bloßer Schein- bzw. Freizeitnutzungen.

> **Beispiele:** Ein Vorhaben im Zusammenhang mit dem Selbstverkauf landwirtschaftlicher Produkte ist privilegiert (OVG NRW, BauR 2000, 245). Vorhaben, die einem landwirtschaftlichem Betrieb auf gepachtetem Land dienen, sind nur dann privilegiert, wenn hinreichende Indizien für die Dauerhaftigkeit des Betriebs vorliegen (BVerwGE 41, 138; BauR 1989, 182; OVG NRW, VwRspr. 22, 243; OVG Rh.-Pf., BauR 2008, 794 [795]). Nicht privilegiert ist die Pferdezucht eines Rechtsanwalts, sofern bloße Liebhaberei (OVG NRW, BRS 27 Nr. 67).

Weiter sind **der öffentlichen Versorgung und Abwasserwirtschaft sowie einem ortsgebundenen gewerblichen Betrieb dienende Vorhaben** privilegiert (§ 35 I Nr. 3 BauGB). Ortsgebunden sind solche Betriebe nicht schon, wenn sie an der fraglichen Stelle, etwa aus Rentabilitätsgründen, besonders gut zu betreiben oder zweckmäßig unterzubringen sind, sondern nur, wenn sie ihrem Gegenstand und Wesen nach nur hier und so betrieben werden können (BVerwG, NJW 1975, 550); erfasst sind danach z. B. Bergwerksanlagen, Steinbrüche, Kies- und Sandgruben. Das BVerwG erstreckt dieses Erfordernis der Ortsgebundenheit in restriktiver Auslegung auf alle Vorhaben, auch auf die der öffentlichen Versorgung und Abwasserwirtschaft; auch sie müssen auf einen Standort im Außenbereich aus insbesondere geografischen oder geologischen Gründen angewiesen sein (BVerwGE 96, 95 [98]). 168

Eine generalklauselartige Privilegierung von **nur im Außenbereich auszuführenden Vorhaben** begründet § 35 I Nr. 4 BauGB. Die Verweisung auf den Außenbereich kann ihren Grund haben in besonderen Anforderungen an die Umgebung, so z. B. bei Aussichtstürmen, in nachteiligen Wirkungen auf die Umgebung, so z. B. bei stark emittierenden Vorhaben wie Tierkörperbeseitigungsanstalten, oder in der besonderen Zweckbestimmung, so z. B. bei öffentlichen Wander- und Berghütten. Die hierin begründete besondere Beziehung eines Vorhabens zum Außenbereich macht es „privilegierungsfähig", sofern es – nicht generell oder schlechterdings, sondern mit Rücksicht auf die konkrete örtliche Situation, nach Lage der Dinge (BVerwGE 48, 109 169

§ 4. Öffentliches Baurecht

[111]) – nur hier und so im Außenbereich untergebracht werden kann. Aus dem „soll" im Wortlaut von § 35 I Nr. 4 BauGB wird jedoch abgeleitet, dass es darüber hinaus der „Privilegierungswürdigkeit", einer wertenden Zuweisung zum Außenbereich bedarf; das Vorhaben muss in einer Weise billigenswert sein, die es auch unter Berücksichtigung der städtebaulichen Funktion des Außenbereichs rechtfertigt, es dort bevorzugt zuzulassen (BVerwG, NVwZ 1984, 169 [170]). Die BauGB-Novelle 2013 hat ausdrücklich die Privilegierung solcher Tierhaltungsanlagen nach § 35 I Nr. 4 BauGB ausgeschlossen, die einer Pflicht zur Durchführung einer standortbezogenen oder allgemeinen Vorprüfung oder einer Umweltverträglichkeitsprüfung nach dem UVPG unterliegen; solche größeren Tierhaltungsanlagen werden damit einer Ausweisung in Bebauungsplänen bedürfen.

Beispiele: Es genügt nicht wirtschaftliche Zweckmäßigkeit, sondern nur technische Notwendigkeit (BVerwG, BauR 1976, 344 [346]). Nicht privilegiert sind Wochenendhäuser, da hier auch auf Errichtung im Außenbereich verzichtet werden kann (BVerwGE 18, 247 [252]), oder etwa eine nur Mitgliedern offen stehende FKK-Anlage (BVerwG, DÖV 1979, 213), da nur privaten Zwecken dienend und nicht privilegierungswürdig. Der Bau einer Kapelle im Außenbereich ist nicht allein deshalb privilegiert, weil sie aus religiösen oder weltanschaulichen Gründen gerade für den Errichtungsort gefordert wird (OVG Rh.-Pf., BauR 2007, 72; teils krit. dazu Hohmann, BauR 2007, 858).

170 Die später nacheinander eingefügten Tatbestände des § 35 I Nr. 5, 6, 7 und 8 BauGB haben – teils bloß deklaratorisch, teils erweiternd – auch **Wind- und Wasserenergie-, Biogas-, Kernenergie- und Solaranlagen** privilegiert. Damit sind namentlich auch Windenergieanlagen, auch sog. Windparks, denen die Privilegierung nach § 35 I Nr. 4 BauGB mangels Ortsgebundenheit versagt worden war (BVerwG, DVBl. 1994, 1141 [1142 f.]), dem Außenbereich zugewiesen. Die Neuerrichtung von Kernenergieanlagen zur gewerblichen Stromerzeugung ist im Zuge des sog. Atomausstiegs 2011 ausgenommen worden. Zugleich ist die Privilegierung von Solaranlagen in, an und auf Dach- und Außenflächen von zulässigerweise genutzten Gebäuden, wenn die Anlage dem Gebäude baulich untergeordnet ist, eingefügt worden.

bb) Kein Entgegenstehen öffentlicher Belange

171 Möglicherweise entgegenstehende **öffentliche Belange** können sich, ohne dass die Aufzählung abschließend wäre, aus dem – auch auf § 35 I BauGB anwendbaren – § 35 III BauGB ergeben. Hervorzuheben ist zunächst § 35 III 1 Nr. 1 und 2, III 2 und 3 BauGB, wonach andere Planungen, insbesondere der Flächennutzungsplan, soweit er hinreichend konkrete, standortbezogene gegenteilige Festlegungen aufweist (so einschränkend BVerwG, NVwZ 1984, 367; NVwZ 1998, 960), und insbesondere auch der Ausweis besonderer (anderer) Standorte für Anlagen der fraglichen Art als öffentliche Belange in Betracht kommen (zu derartigen Darstellungen im Flächennutzungsplan vgl. Rn. 30). Weiter ist – als gesetzliche Ausformung des Gebots der Rücksicht-

C. Bauplanungsrechtliche Zulässigkeit von Einzelvorhaben 535

nahme (vgl., auch mit Blick auf den Nachbarschutz, Rn. 315 ff.) – § 35 III 1 Nr. 3 BauGB bedeutsam, wonach schädliche Umwelteinwirkungen i.S.d. § 3 I BImSchG als öffentlicher Belang entgegenstehen können; als solche schädliche Umwelteinwirkungen sind alle Immissionen, die nach Art, Ausmaß oder Dauer geeignet sind, Gefahren, erhebliche Nachteile oder erhebliche Belästigungen für die Allgemeinheit oder die Nachbarschaft hervorzurufen, für die Betroffenen grundsätzlich nicht zumutbar (vgl. BVerwGE 52, 122 [127]). Als ein nicht in § 35 III BauGB genannter Belang ist das sog. Planungserfordernis anerkannt, das in absoluten Ausnahmefällen besteht, wenn ein Vorhaben insbesondere auf Grund seiner Auswirkungen auf die vorhandene Umgebung nicht mehr nach dem in § 35 BauGB enthaltenen Konditionalprogramm beurteilt werden kann, sondern bauleitplanerischer Steuerung bedarf (vgl. BVerwG, BauR 2012, 1883 [1885 f.], zu einem großen Kohlekraftwerk).

> **Beispiele:** Kein entgegenstehender Belang ist die Darstellung aller für eine landwirtschaftliche Nutzung zur Verfügung stehenden Außenbereichsflächen als Fläche für die Landwirtschaft, da es an einer qualifizierten Standortzuweisung fehlt (OVG NRW, UPR 1985, 297 [298]). Der Errichtung von Windenergieanlagen kann der Ausweis von Konzentrationszonen im Flächennutzungsplan entgegenstehen (BVerwG, BauR 2003, 828 [831 ff.]; OVG NRW, BRS 64 Nr. 101). Je nach den Umständen des Einzelfalls kann einer Windkraftanlage das als öffentlicher Belang zu beachtende Rücksichtnahmegebot auch wegen der optisch bedrängenden Wirkung auf bewohnte Nachbargrundstücke entgegenstehen (OVG NRW, NWVBl. 2007, 59; BauR 2011, 252 [253 f.]).

Ein Entgegenstehen öffentlicher Belange liegt noch nicht vor, wenn sie nachteilig betroffen sind; maßgeblich ist vielmehr eine **Abwägung zwischen dem Vorhaben und den betroffenen öffentlichen Belangen, bei der der vom Gesetzgeber vorgenommenen Privilegierung besonderes Gewicht beizumessen ist** (BVerwGE 28, 148 [151]; 48, 109 [114]). Nur im Einzelfall höherwertige öffentliche Belange sollen einem privilegierten Vorhaben entgegenstehen können. Grundsätzlich aber werden privilegierte Vorhaben als im Außenbereich zulässig angesehen. 172

cc) Schonungsgebot und Rückbauverpflichtung

Weitere besondere Zulässigkeitsvoraussetzungen, die u.a. auch für die nach § 35 I BauGB zulässigen Vorhaben gelten, errichten **das sog. Schonungsgebot** (§ 35 V 1 BauGB) sowie die sog. **Rückbauverpflichtung** (§ 35 V 2, 3 BauGB), die – außer für Vorhaben nach § 35 I Nr. 1, 7 BauGB – mit dem EAG Bau 2004 neu eingeführt worden ist (vgl. BVerwG, NVwZ 2013, 805 [806 ff.], zur Zulässigkeit weitergehender landesrechtlich begründeter Sicherungen der Rückbauverpflichtung). 173

§ 4. Öffentliches Baurecht

b) Sonstige (nicht privilegierte) Vorhaben (§ 35 II BauGB)

aa) Beurteilung nach § 35 II, III, V 1 BauGB

174 Entsprechend dem Grundsatz, dass nach dem BauGB das Bauen im Außenbereich grundsätzlich unerwünscht ist, sind im Gegensatz zu den privilegierten Vorhaben die sonstigen Vorhaben **im Außenbereich grundsätzlich unzulässig**. Im Kern beruht dies darauf, dass ihnen regelmäßig kein Durchsetzungsvermögen gegenüber öffentlichen Belangen zugesprochen wird.

175 Nach § 35 II BauGB können sie nur im Einzelfall zugelassen werden, wenn nach der auch hier vorzunehmenden Abwägung zwischen dem Vorhaben und öffentlichen Belangen **keine Beeinträchtigung öffentlicher Belange** festzustellen ist. Dabei ist es nicht angängig, i. S. einer planerischen, wertenden Abwägung nachteilige Einwirkungen des Vorhabens auf einzelne öffentliche Belange um zu erwartender sonstiger Vorteile willen hinzunehmen. Vielmehr ist ausschlaggebend, ob nach den Umständen des Einzelfalls eine Beeinträchtigung eines öffentlichen Belangs vorliegt (Krautzberger, in: Battis/Krautzberger/Löhr, BauGB, § 35 Rn. 46 f.). In Betracht kommende öffentliche Belange sind in § 35 III 1, 2 BauGB beispielhaft aufgeführt. Danach können etwa entgegenstehende Darstellungen eines Flächennutzungsplans, solange die örtlichen Gegebenheiten ihre Verwirklichung nicht von vornherein ausschließen (BVerwGE 48, 81 [84 f.]), weitergehend als bei privilegierten Vorhaben (vgl. Rn. 171 f.) ein Vorhaben verhindern (§ 35 III 1 Nr. 1 BauGB). Der – das Gebot der Rücksichtnahme gesetzlich verankernde – § 35 III 1 Nr. 3 BauGB unterbindet Vorhaben, die schädliche Umwelteinwirkungen hervorrufen oder ihnen ausgesetzt sind, um im Außenbereich einerseits Immissionsbelastungen durch nicht privilegierte Anlagen, andererseits aber auch immissionsschutzrechtliche Abwehransprüche gegen privilegierte Anlagen zu vermeiden. Über § 35 III BauGB hinaus erkennt die Rechtsprechung etwa auch das Erfordernis vorheriger Bauleitplanung als öffentlichen Belang an.

> **Beispiel:** Die Errichtung eines Fabrikverkauf-Centers („Factory-Outlet-Center") mit 61 Einzelbetrieben in einer Entfernung von 9 Fahrminuten von der benachbarten Gemeinde begründet einen qualifizierten Abstimmungsbedarf nach § 2 II BauGB und eine Konfliktlage von so hoher Intensität, dass § 35 BauGB zur Konfliktbewältigung nicht ausreicht, sondern ein Planungserfordernis besteht, denn nur die Bauleitplanung ist offen für eine alle betroffenen Belange einbeziehende Abwägung. Damit steht dem Vorhaben der ungeschriebene öffentliche Belang des Planungserfordernisses im Sinne des § 35 II BauGB entgegen (BVerwG, NVwZ 2003, 86). Eine im Außenbereich liegende Gaststätte mit Innen- und Außengastronomie kann gegen das vom Tatbestandsmerkmal der öffentlichen Belange umfasste Gebot der Rücksichtnahme verstoßen, wenn ihr Freiluftbereich bis auf wenige Meter an den Ruhebereich der Wohngrundstücke eines angrenzenden faktischen reinen Wohngebiets heranreicht; die insoweit vorzunehmende Zumutbarkeitsprüfung kann nicht nur auf die TA-Lärm abstellen, die auf Freiluftgaststätten nicht anwendbar ist und die besondere Lästigkeit der von der Außengastronomie ausgehenden Immissionen nicht hinreichend erfasst (BVerwG, BauR 2010, 2070; OVG NRW, BauR 2010, 585).

C. Bauplanungsrechtliche Zulässigkeit von Einzelvorhaben

Außerdem unterliegen auch Vorhaben nach § 35 II BauGB dem **Schonungsgebot** des § 35 V 1 BauGB.   176

Sind die tatbestandlichen Voraussetzungen im Einzelfall – ausnahmsweise – gegeben, besteht das dem Wortlaut von § 35 II BauGB nach anzunehmende Ermessen i.Erg. nicht mehr. Nach der Rspr. besteht vielmehr ein **Rechtsanspruch auf Zulassung**. Begründet wird dies mit dem Hinweis auf die in Art. 14 GG gewährte Baufreiheit (vgl. Rn. 5), die es nicht zulassen soll, die Baumöglichkeit noch von einem Verwaltungsermessen abhängig zu machen (vgl. BVerwGE 18, 247 [250 f.]).   177

bb) Außenbereichssatzung (§ 35 VI BauGB)

Eine abweichende, **großzügigere Beurteilung von nicht privilegierten Vorhaben**, die Wohnzwecken oder u. U. auch kleineren Handwerks- und Gewerbebetrieben dienen, kann durch eine sog. Außenbereichssatzung der Gemeinde gemäß § 35 VI BauGB begründet werden. Sie wirkt – anders als die ihr korrespondierenden sog. Innenbereichssatzungen nach § 34 IV BauGB (Rn. 153) – nicht auf Gebietsabgrenzung bzw. -charakter ein, sondern lässt den Außenbereichscharakter unberührt, erleichtert aber die Bebauung, indem sie das Entgegenhalten bestimmter öffentlicher Belange i. S. v. § 35 III BauGB ausschließt.   178

2. Sonderregelungen für bestehende Anlagen

Ein besonderes Problem tritt auf, wenn **eine bereits bestehende bauliche Anlage ersetzt, umgebaut oder in ihrer Nutzung geändert werden muss**, weil sie sonst funktionslos würde. Dies gilt keineswegs nur, aber besonders im Außenbereich, weil Bau-, Änderungs- oder Nutzungsänderungsvorhaben dort – anders als nach §§ 30, 34 BauGB – einer restriktiven Regelung unterfallen und nach § 35 I, II BauGB häufig ausgeschlossen sein werden. Gerade mit Blick auf Anlagen im Außenbereich stellt sich deshalb die Frage nach besonderen Regelungen, die dem Bedürfnis nach Anpassung bestehender Anlagen Rechnung tragen, indem sie das aus § 35 II BauGB folgende grundsätzliche Bauverbot überwinden.   179

a) Aktiver Bestandsschutz kraft Art. 14 GG

Die frühere Rspr. ging von einem **unmittelbar aus Art. 14 GG ableitbaren Bestandsschutz** aus. Dieser sollte nicht nur als passiver Bestandsschutz Abrissverfügungen und Nutzungsuntersagungen unterbinden (vgl. Rn. 292, 294), sondern auch einen – hier interessierenden – sog. aktiven Bestandsschutz vermitteln. Danach sollte der Schutz des Art. 14 GG für eine funktionsfähige bauliche Anlage ausnahmsweise auch – unter Überwindung einfachgesetzlicher Hindernisse – die Zulässigkeit einer Erweiterung oder einer Wiedererrichtung begründen können, wenn sonst die dazugehörigen Anlagen in ihrer Gesamtheit funktionslos würden (vgl. etwa BVerwGE 72, 362 [363]; NJW 1986, 2126 [2126 f.]; vgl. Muckel, Öffentliches Baurecht, § 7 Rn. 141 ff.).   180

181 Von dieser früheren Rspr. hat sich das BVerwG inzwischen ausdrücklich distanziert (BVerwG, DÖV 1998, 600; BVerwGE 106, 228 [234]; vgl. auch BVerfG, NVwZ-RR 1996, 483). Danach gibt es keinen unmittelbaren Anspruch auf Zulassung von Änderungs- oder Erweiterungsvorhaben aus Art. 14 GG. Dies wird zutreffend damit begründet, dass nach Art. 14 I 2 GG **Inhalt und Schranken des Eigentums, damit auch Ansprüche auf aktiven Bestandsschutz durch den Gesetzgeber festgelegt** werden. Mit Recht werden die vom Gesetzgeber getroffenen einschlägigen Regelungen als mit den verfassungsrechtlichen Anforderungen des Art. 14 GG vereinbar, sogar darüber hinausgehend beurteilt (vgl. Bönker, in: Hoppe/Bönker/Grotefels, Öffentliches Baurecht, § 8 Rn. 253). Einen auf eigentumsrechtlichen Bestandsschutz gestützten Anspruch auf Zulassung eines Vorhabens jenseits dieser gesetzlichen Regelungen gibt es deshalb nicht.

b) Begünstigte/teilprivilegierte Vorhaben (§ 35 IV BauGB)

182 Mit Rücksicht auf den verfassungsgebotenen Bestandsschutz sieht das BauGB eine **einfachrechtliche Begünstigung bestimmter Neuerrichtungs-, Änderungs-, Nutzungsänderungs- und Erweiterungsvorhaben** vor. Diese bleiben nicht privilegierte Vorhaben i. S. v. § 35 II BauGB, denen jedoch nach § 35 IV BauGB eine Begünstigung oder Teilprivilegierung zukommt. Diese gesetzlichen Begünstigungstatbestände sind im Laufe der Zeit erheblich ausgeweitet worden, insbesondere um den aus dem Strukturwandel in der Landwirtschaft folgenden Bedürfnissen nach Nutzungsänderungen Rechnung zu tragen.

183 § 35 IV BauGB nimmt diese Begünstigung oder Teilprivilegierung in der Weise vor, dass den Vorhaben **bestimmte öffentliche Belange nicht entgegengehalten werden können**, nämlich der Widerspruch zu Darstellungen eines Flächennutzungs- oder Landschaftsplans, eine Beeinträchtigung der natürlichen Eigenart der Landschaft sowie die Entstehung, Verfestigung oder Erweiterung einer Splittersiedlung; diese Belange sind ohne Rücksicht auf ihr Gewicht schlechthin unbeachtlich (BVerwG, NVwZ 2013, 884 [884 f.]). Auch wenn die sonstigen öffentliche Belange davon unberührt bleiben und nicht beeinträchtigt sein dürfen (BVerwG, NVwZ-RR 1994, 372 [372 f.]), sind damit zentrale Zulassungshindernisse ausgeräumt.

183a Unter im Einzelnen näher geregelten Voraussetzungen sind in dieser Weise folgende **Vorhaben** begünstigt:
– nach § 35 IV 1 Nr. 1 BauGB die Nutzungsänderung eines Gebäudes, das einem land- oder forstwirtschaftlichen Betrieb gedient hat (§ 35 I Nr. 1 BauGB), um auf diese Weise Landwirten angesichts des Strukturwandels den Übergang zu neuen, nicht privilegierten Nutzungen zu ermöglichen; gemäß § 245b II BauGB, § 1 BauGB-AG ist dabei in NRW die Sieben-Jahres-Frist nach § 35 IV 1 Nr. 1 lit. c) BauGB nicht anzuwenden; § 35 IV 2 BauGB begünstigt nunmehr in begründeten Ausnahmefällen auch die Neuerrichtung eines künftig anders zu nutzenden Gebäudes nach § 35 IV Nr. 1 BauGB;

C. Bauplanungsrechtliche Zulässigkeit von Einzelvorhaben 539

- nach § 35 IV 1 Nr. 2 BauGB die Errichtung von Ersatzwohngebäuden für ursprünglich materiell und formell rechtmäßig errichtete und vom Eigentümer länger bewohnte Gebäude;
- nach § 35 IV 1 Nr. 3 BauGB der alsbaldige Wiederaufbau eines Gebäudes nach einer Naturkatastrophe, nicht aber etwa bei Verfall aufgrund mangelhafter Pflege (BVerwGE 62, 32 [35]);
- nach § 35 IV 1 Nr. 4 BauGB die (Nutzungs-)Änderung von erhaltenswerten, das Bild der Kulturlandschaft prägenden Gebäuden;
- nach § 35 IV 1 Nr. 5 BauGB die Erweiterung von Wohngebäuden zur Befriedigung von eigenen Wohnbedürfnissen des Eigentümers und seiner Familie;
- nach § 35 IV 1 Nr. 6 BauGB schließlich die Erweiterung von zulässigerweise errichteten Gewerbebetrieben (zur erforderlichen Wahrung eines funktionalen und räumlichen Zusammenhangs mit dem vorhandenen Betrieb vgl. BVerwG, NVwZ 2013, 884 [885 f.]); die Erweiterung muss dabei im Verhältnis sowohl zum vorhandenen Gebäude wie auch zum Betrieb angemessen sein, was bei einem Umfang von etwa 25 bis 30 % noch angenommen wird; diese Angemessenheitsgrenze kann auch durch mehrfache Erweiterungen nicht unterlaufen werden (Krautzberger, in: Battis/Krautzberger/Löhr, BauGB § 35 Rn. 115).

Für derart teilprivilegierte Vorhaben ergeben sich **ergänzende Anforderungen** 184 **und Sicherungsvorkehrungen aus § 35 V 1, 3, 4 BauGB.** Zunächst unterliegen auch diese Vorhaben dem sog. Schonungsgebot (§ 35 V 1 BauGB). Außerdem gibt § 35 V 3, 4 BauGB der Baugenehmigungsbehörde auf, durch Baulast (§ 83 BauO; vgl. Rn. 261) bzw. auf andere Weise sicherzustellen, dass die gemäß § 35 IV 1 Nr. 1 g) BauGB übernommene Verpflichtung zur Unterlassung von Neubebauung als Ersatz für die aufgegebene Nutzung eingehalten und dass die Anlage nur in der vorgesehenen Art genutzt wird. Als geeignete Sicherungsmittel kommen etwa Nebenbestimmungen zur Baugenehmigung, vertragliche Vereinbarungen oder auch Grunddienstbarkeiten in Betracht (Krautzberger, in: Battis/Krautzberger/Löhr, BauGB § 35 Rn. 116). Auf diese Weise soll der Missbrauch bestimmter Begünstigungstatbestände verhindert werden.

3. Anhang

Literatur: *Guldi*, Die angemessene Erweiterung eines Gewerbebetriebes im Außen- 185 bereich, NVwZ 1996, 849; *Diehr/Geßner*, Die Abwehrrechte landwirtschaftlicher Betriebe gegen heranrückende Wohnbebauung, NVwZ 2001, 985; *Hendrischke*, Landwirtschaft im Bauplanungsrecht, UPR 2002, 133; *Zimmermann*, Rechtliche Probleme bei der Errichtung seegestützter Windenergieanlagen, DÖV 2003, 133; *Stollmann*, Bauplanungsrechtliche Zulässigkeit von Vorhaben nach § 35 BauGB, JuS 2003, 855; *Schlacke*, § 35 III 3 BauGB: Bauplanungsrechtliche Zulässigkeit von Windenergieanlagen im Außenbereich, JA 2004, 202; *Stüer/Stüer*, Planerische Steuerung von privilegierten Vorhaben im Außenbereich. Werden Flächennutzungspläne und Raumordnungspläne zu Rechtssätzen?, NUR 2004, 341; *Gatz*, Rechtsfragen der Windenergienutzung, DVBl. 2009, 737; *Scheidler*, Windräder in Deutschland – zur Diskussion in Rechtsprechung und Literatur, NWVBl. 2009,

§ 4. Öffentliches Baurecht

409; *Weidemann/Krappel*, Der passive Bestandsschutz im Baurecht – offene verfassungsrechtliche Fragen, NVwZ 2009, 1207; *Schmehl*, Rechtsfragen von Windenergieanlagen, JURA 2010, 832; *Sydow*, Neues zur planungsrechtlichen Steuerung von Windenergiestandorten, NVwZ 2010, 1534

Klausurfälle: *Rieger*, Suchttherapie durch Landwirtschaft, JuS 1998, 1148; *Erbguth/Schlacke*, Windenergieanlagen im Außenbereich, JuS 2004, 985; *Beaucamp*, Schwierigkeiten in der Vergrößerung eines Wohngebäudes, JuS 2005, 636; *Droege*, Geflügelmast und Naherholung, JuS 2007, 250; *Braun*, Hundegebell im Außenbereich, JURA 2009, 793; *Gerbig*, Bauplanungsrecht – Geflügelmast im Außenbereich, JuS 2009, 836; *Schoberth*, Baurecht – Die zerstörte Schwarzwaldhütte, JuS 2010, 239; *Preuß*, Genehmigung einer Biogasanlage, JA 2013, 42

Kontrollfragen:

1. Wann liegt ein Grundstück im Außenbereich i. S. d. § 35 BauGB?
2. Wie soll der Außenbereich nach der gesetzgeberischen Konzeption (baulich) genutzt werden?
3. Wann stehen öffentliche Belange einem Vorhaben i. S. d. § 35 I BauGB nicht entgegen?
4. Schweinezüchter S beabsichtigt die Errichtung eines Zuchtbetriebes für ca. 500 Schweine im Außenbereich der Gemeinde G. Ist es für die bauplanungsrechtliche Zulässigkeit seines Vorhabens von Bedeutung, ob S das Futter für seinen Betrieb selbst erzeugt oder ausschließlich zukauft?

VI. Zulässigkeit von Vorhaben während der Planaufstellung (§ 33 BauGB)

1. Anwendungsbereich

186 Seiner aktuellen bauplanungsrechtlichen Situation nach befindet sich ein Grundstück entweder im räumlichen Geltungsbereich eines qualifizierten oder vorhabenbezogenen Bebauungsplans, im unbeplanten Innen- oder im Außenbereich; entsprechend richtet sich die Zulässigkeit von Vorhaben nach §§ 30, 34 oder 35 BauGB. Zugleich kann das Grundstück aber auch im **räumlichen Geltungsbereich eines zukünftigen, derzeit im Aufstellungsverfahren befindlichen Bebauungsplans** liegen. In diesem Falle kann die künftig zu erwartende Überplanung nach dem BauGB in zweifacher Weise auf die bauplanungsrechtliche Beurteilung von Vorhaben auf dem Grundstück einwirken. Einerseits können nach §§ 30, 34, 35 BauGB derzeit zulässige Vorhaben mit Blick auf die künftige Bauleitplanung, mit der sie dann nicht mehr vereinbar sind, „gesperrt" sein; dies ist ggf. die Aufgabe der Instrumente der Sicherung der Bauleitplanung (vgl. Rn. 212 ff.). Andererseits können aber auch nach §§ 30, 34, 35 BauGB derzeit an sich unzulässige Vorhaben im Vorgriff auf den künftigen, das Vorhaben dann zulassenden Bebauungsplan zugelassen werden; dies – und nur dies – ist die Funktion des § 33 BauGB. § 33 BauGB steht deshalb nicht etwa als weiterer Planbereich und Genehmigungs- (und Versagungs-)tatbestand neben §§ 30, 34, 35 BauGB; insbesondere begründet er nie die Unzulässigkeit eines Vorhabens. Vielmehr hat er allein die **Funktion eines zusätzlichen, ggf. positiv wirkenden Zulässigkeits-**

C. Bauplanungsrechtliche Zulässigkeit von Einzelvorhaben

tatbestandes, der verhindern soll, dass der Bürger mit seinen Bauabsichten unter der Dauer des Verfahrens zur Aufstellung des Bebauungsplans leidet (vgl. BVerwG, NVwZ 1986, 647 [648]).

In der Fallbearbeitung sind deshalb zunächst die §§ 30, 34, 35 BauGB zu untersuchen. Ist das fragliche Vorhaben nach diesen Bestimmungen unzulässig, ist evtl. als weiterer Zulässigkeitstatbestand § 33 BauGB in Betracht zu ziehen.

**Zulässigkeit von Vorhaben
nach Maßgabe der bauplanungsrechtlichen Situation des Grundstücks**

Planbereiche bzw. Genehmigungstatbestände	Geltungsbereich eines qualifizierten bzw. vorhabenbezogenen Bebauungsplans (§ 30 I, II BauGB)	Innenbereich (§ 34 BauGB)	Außenbereich (§ 35 BauGB)
+ (evtl.) Zusätzlicher Zulässigkeitstatbestand	Geltungsbereich eines künftigen Bebauungsplans (§ 33 BauGB)		

2. Zulässigkeitsvoraussetzungen

Dieser zusätzliche Zulässigkeitstatbestand des § 33 BauGB macht das Bauen im Vorgriff auf den künftigen Bebauungsplan zunächst davon abhängig, dass ein **Aufstellungsbeschluss** gemäß § 2 I 2 BauGB für das Gebiet vorliegt (§ 33 I BauGB). **187**

Weiter muss die sog. **formelle Planreife** gegeben sein. Dies erfordert nach § 33 I Nr. 1 BauGB grundsätzlich die erfolgte Durchführung der förmlichen Öffentlichkeits- und Behördenbeteiligung. Ausnahmen hiervon sind nach dem neugefassten § 33 II, III BauGB in den Fällen der §§ 4a III 1, 13, 13a BauGB möglich, doch wandelt sich die sonst gebundene Entscheidung dann in eine Ermessensentscheidung. **188**

Darüber hinaus muss auch die sog. **materielle Planreife** gegeben sein, d. h. es müssen die Planungsarbeiten einen Stand erreicht haben, der die Annahme rechtfertigt, dass künftige Festsetzungen des Bebauungsplans dem Vorhaben nicht entgegenstehen werden (§ 33 I Nr. 2 BauGB). Insoweit ist ein strenger Maßstab anzulegen; es muss die sichere Prognose gerechtfertigt sein, dass der vorliegende Planentwurf mit seinem konkret vorgesehenen Inhalt in Kraft treten wird (OVG NRW, NVwZ-RR 2001, 568 [Leitsatz 1; 568 f.]). **189**

Der Antragsteller muss ein **schriftliches Anerkenntnis der künftigen Festsetzungen** für sich und seine Rechtsnachfolger abgeben (§ 33 I Nr. 3 BauGB). **190**

Schließlich muss auch hier die **Erschließung** gesichert sein (§ 33 I Nr. 4 BauGB; vgl. Rn. 193 ff.). **191**

3. Anhang

192 Literatur: *Steiner*, Bauen nach künftigem Bebauungsplan (§ 33 BauGB), DVBl. 1991, 739; *Bartholomäi*, Die vorzeitige Zulässigkeit nach § 33 BauGB, BauR 2001, 725; *Scheidler*, Bauplanungsrechtliche Zulässigkeit von Vorhaben während der Planaufstellung, BauR 2006, 310

Kontrollfragen:

1. Kann § 33 BauGB die Unzulässigkeit eines Vorhabens begründen?
2. Ist bereits auf Grund eines Aufstellungsbeschlusses, wenn nach den Planungsabsichten der Gemeinde der künftige Bebauungsplan das fragliche Vorhaben zulassen soll, ein Anspruch auf Zulassung des Vorhabens nach § 33 BauGB begründet?

VII. Weitere, übergreifende Zulässigkeitsvoraussetzungen

1. Erschließung

193 Die Sicherung der (ausreichenden) Erschließung ist – wie gesehen – im Kern übereinstimmend **Voraussetzung für die Zulässigkeit eines Vorhabens nach allen einschlägigen Vorschriften** (§§ 30, 33, 34, 35 BauGB). Entsprechend der begrenzten Bundesgesetzgebungskompetenz werden damit die bodenrechtlich erforderlichen Maßnahmen zur Baureifmachung der Grundflächen vorausgesetzt, und zwar hier im engeren Sinne einer auf das einzelne Grundstück bezogenen Erschließung, die die Nutzung des Vorhabens ohne nachteilige Folgen für die Benutzer und die Allgemeinheit sichern soll (vgl. Brohm, Öffentliches Baurecht, § 26 Rn. 3 f., der davon einen weiterreichenden, gebietsbezogenen Erschließungsbegriff in den – die Beitragsfähigkeit solcher Maßnahmen regelnden – §§ 123 ff. BauGB unterscheidet).

Vom bauplanungsrechtlichen Erschließungserfordernis zu unterscheidende und dieses nicht konkretisierende (vgl. BVerwG, NVwZ 1989, 353), gefahrenabwehrrechtlich begründete Erschließungserfordernisse ergeben sich i.Ü. auch aus dem materiellen Bauordnungsrecht (vgl. § 4 I BauO).

194 In der Sache verlangt die grundstücksbezogene Erschließung mindestens den **Anschluss des Grundstücks an das öffentliche Straßennetz, die Energie- und Wasserversorgung sowie die Abwasserbeseitigung.** Wegemäßig ist das Grundstück erschlossen, wenn öffentliche Fahrzeuge (Feuerwehr, Polizei, Post etc.) das Gebäude erreichen können (BVerwG, BauR 2000, 1173) und der zu erwartende Verkehr nicht zu einer Überlastung der Straße führt (vgl. BVerwGE 64, 186 [195]; 68, 352 [358 f.]). Geringere Anforderungen werden u. U. für privilegierte Vorhaben im Außenbereich gestellt, wo eine Erschließung im üblichen Sinn, etwa mit Anschluss an die Kanalisation, oft unmöglich ist (vgl. BVerwGE 74, 19 [25 f.]); entsprechend verlangt § 35 I BauGB hier nur eine „ausreichende" Erschließung.

C. Bauplanungsrechtliche Zulässigkeit von Einzelvorhaben   543

> **Beispiel:** Die zu einem geplanten Fachmarkt im unbeplanten Innenbereich führende Straße muss den durch den Markt ausgelösten Zu- und Abfahrtsverkehr „im Regelfall" bewältigen können. Überlastungen der Straße dürfen also nur im Ausnahmefall und nicht regelmäßig zur Hauptverkehrszeit zu befürchten sein (vgl. BVerwG, NVwZ 1997, 389).

Der maßgebliche Zeitpunkt für das Vorhandensein und die Nutzbarkeit der Erschließungsanlagen ist die Fertigstellung des Bauvorhabens (vgl. § 123 II BauGB). Im Zeitpunkt der Beurteilung bzw. Zulassung des Vorhabens ist allein **die gesicherte Erschließung** gefordert, die voraussetzt, dass nach objektiven Kriterien (Ausweisung der Mittel im Haushalt der Gemeinde, Bereitstellung der erforderlichen Flächen, Stand und Fortgang der Erschließungsarbeiten) nach aller Erfahrung damit gerechnet werden kann, dass die Erschließungsanlagen spätestens bis zur Fertigstellung des anzuschließenden Vorhabens benutzbar sein werden (BVerwG, DVBl. 1977, 41 [43]; DVBl. 1986, 685). 195

Ein **Anspruch auf Herstellung der erforderlichen Erschließungsanlagen**, auf Grund dessen dann auch die gesicherte Erschließung anzunehmen ist (Löhr, in: Battis/Krautzberger/Löhr, BauGB, § 30 Rn. 17), besteht grundsätzlich nicht (vgl. § 123 III BauGB). Nach der Rspr. kann sich die im Ermessen stehende Erschließungsaufgabe der Gemeinde jedoch in bestimmten Fällen zu einer Erschließungspflicht verdichten (vgl. BVerwG, NVwZ 1993, 1102 [1102 f.]; BVerwGE 64, 186 [189]; 88, 166 [169]; 92, 8 [12]). § 124 BauGB ordnet jetzt ausdrücklich an, dass die Gemeinde die Erschließung selbst durchzuführen hat, wenn sie einen qualifizierten Bebauungsplan erlassen hat und das zumutbare Angebot eines Dritten, die dort vorgesehene Erschließung vorzunehmen, ablehnt. 196

2. Gemeindliches Einvernehmen (§ 36 BauGB)

a) Funktion und Anwendungsbereich

Nach § 36 I 1 BauGB wird über die bauaufsichtliche **Genehmigung von Vorhaben nach §§ 31, 33, 34, 35 BauGB** durch die Bauaufsichtsbehörde im Einvernehmen mit der Gemeinde entschieden. Des Einvernehmens bedarf es also immer, wenn das Vorhaben nicht abschließend nach § 30 BauGB, also entsprechend den Vorgaben eines qualifizierten bzw. vorhabenbezogenen Bebauungsplans genehmigt wird. 197

Zweck dieser Regelung ist die **Sicherung der gemeindlichen Planungshoheit**. Hintergrund dafür ist der Umstand, dass die Gemeinde zwar Trägerin der Bauleitplanung ist, die Zulassung von Einzelvorhaben aber der staatlichen Bauaufsicht obliegt, deren Aufgaben die – insoweit staatlichem Weisungsrecht unterworfene – Gemeinde oder auch eine andere Behörde wahrnimmt (vgl. Rn. 256 ff.). Im Anwendungsbereich des § 30 I, II BauGB ist der Planungshoheit dadurch Rechnung getragen, dass die Gemeinde bereits abschließend planerische Vorgaben für das Einzelvorhaben gemacht hat und außerdem im Genehmigungsverfahren als Bauaufsichtsbehörde oder gemäß 198

§ 72 I 3 BauO beteiligt ist. Für die anderen Fälle sieht § 36 BauGB eine mitentscheidende Beteiligung der Gemeinde am bauaufsichtlichen Genehmigungsverfahren vor. Dies soll die Gemeinde zunächst vor einer Missachtung von Vorgaben eines Bebauungsplans bzw. von die gemeindliche Planungshoheit schützenden Gesetzesvorschriften schützen und ihr im Rahmen von Ermessenstatbeständen eine begrenzte Geltendmachung planerischer Vorstellungen erlauben; v. a. aber soll sie die Möglichkeit erhalten, durch Maßnahmen zur Sicherung der Bauleitplanung (Rn. 212 ff.) und die Durchführung eines Bauleitplanverfahrens die bauplanungsrechtlichen Voraussetzungen der Zulässigkeit eines Vorhabens auch noch zu verändern (BVerwG, NVwZ 1986, 556).

§ 36 I 3 BauGB verpflichtet außerdem die Länder sicherzustellen, dass bei Vorhaben nach § 30 I BauGB die Gemeinden rechtzeitig Gelegenheit zu Maßnahmen der Sicherung der Bauleitplanung erhalten. Diese Regelung trägt der weitreichenden Freistellung solcher Vorhaben vom Baugenehmigungsverfahren Rechnung (vgl. Rn. 265). In NRW ist das Anliegen insbesondere in § 67 BauO umgesetzt.

199 Das Einvernehmenserfordernis gilt im Rahmen des **bauaufsichtlichen Verfahrens** (§ 36 I 1 BauGB), was das Baugenehmigungsverfahren, aber auch die Teilgenehmigung und den Bauvorbescheid einschließt, soweit darin über die Zulässigkeit nach §§ 31, 33 bis 35 BauGB entschieden wird (VGH BW, BauR 1999, 381 [382]). Weiterhin gilt es gleichermaßen, wenn **in einem anderen Verfahren außer im Rahmen der Bergaufsicht** über die Zulässigkeit von Vorhaben im Sinne von § 29 I BauGB entschieden wird (§ 36 I 2 BauGB); das zielt v. a. auf immissionsschutzrechtliche Genehmigungsverfahren nach §§ 4 ff. BImSchG, wo es ungeachtet der Konzentrationswirkung des § 13 BImSchG des gemeindlichen Einvernehmens bedarf (HessVGH, NVwZ-RR 1995, 60 [60 f.]), und auf Planfeststellungsverfahren für Vorhaben von nur örtlicher Bedeutung (BayVGH, BayVBl. 1999, 147 [147 f.]).

200 Umstritten ist, ob auch **Fälle sog. Identität von Bauaufsichtsbehörde und Gemeinde** erfasst sind. Das BVerwG (E 28, 268 [271 f.]; 45, 207 [212 ff.]; DVBl. 2005, 192) sieht das Einvernehmenserfordernis allein auf den Fall zugeschnitten, dass es sich bei der Baugenehmigungsbehörde nicht um die Gemeinde bzw. eine Behörde der Gemeinde handelt, weil es andernfalls seinem Zweck nach eines Einvernehmens nicht bedürfe; die mit der Baugenehmigungsbehörde identische Gemeinde soll deshalb die Versagung der Baugenehmigung nicht auf fehlendes gemeindliches Einvernehmen stützen und sich ggf. auch gegenüber der Widerspruchsbehörde darauf nicht berufen können (so jetzt BVerwG, DVBl. 2005, 192 [193]). Dagegen spricht, dass die Tätigkeit als Bauaufsichtsbehörde gemäß §§ 60 I BauO, 9 OBG eine Pflichtaufgabe zur Erfüllung nach Weisung ist (Rn. 258), während die Entscheidung über das Einvernehmen eine weisungsfreie Selbstverwaltungsaufgabe darstellt. Lässt man das Einvernehmenserfordernis entfallen, wird zum einen die kommunalverfassungsrechtlich geregelte, u. U. beim Gemeinderat liegende Zuständigkeit hierfür (vgl. Brohm, Öffentliches Baurecht, § 18 Rn. 13) ausgeschaltet; zum anderen könnte nach einer Versagung der Baugenehmigung im Widerspruchsverfahren die Widerspruchsbehörde die Bau-

C. Bauplanungsrechtliche Zulässigkeit von Einzelvorhaben 545

genehmigung erteilen, wenn sie anders als die gemeindliche Baugenehmigungsbehörde das Vorhaben für zulässig hält, woran sie bei geltendem Einvernehmenserfordernis gehindert ist. Aus diesen Gründen erscheint es überzeugender, auch in Fällen der Identität von Gemeinde und Baugenehmigungsbehörde vom Einvernehmenserfordernis auszugehen (ausführlicher Hellermann, JURA 2002, 589 [590]). Das Problem hat freilich mit dem Fortfall des Vorverfahrens in NRW an praktischer Bedeutung eingebüßt (vgl. Rn. 205, 300b).

b) Die gemeindliche Entscheidung über das Einvernehmen

Die rechtlichen **Vorgaben für die gemeindliche Entscheidung über das Einvernehmen** sehen in verfahrensrechtlicher Hinsicht eine Frist von 2 Monaten vor; nach Ablauf dieser Frist, hinsichtlich derer weder Verlängerung noch Wiedereinsetzung in den vorigen Stand in Betracht kommen (BayVGH, NVwZ-RR 2001, 364 [365]), wird die Erteilung des Einvernehmens fingiert (§ 36 II 2 BauGB). In materieller Hinsicht stellt § 36 II 1 BauGB klar, dass eine Versagung des Einvernehmens nur aus Gründen der bauplanungsrechtlichen Rechtswidrigkeit gemäß §§ 31, 33, 34, 35 BauGB zulässig ist; soweit diese Bestimmungen Ermessen einräumen, kann die Gemeinde dies eigenständig ausüben (BayVGH, NVwZ 1996, 919 [919 f.]). 201

Das erteilte Einvernehmen, mit dem die Gemeinde dem beantragten Vorhaben zustimmt, ist nach h. M. nicht Verwaltungsakt, sondern bloß **verwaltungsinterner Mitwirkungsakt** (BVerwGE 22, 342 [344 f.]; 28, 145 [146 ff.]). Die Baugenehmigung wird damit im Anwendungsbereich des § 36 BauGB zu einem sog. mehrstufigen Verwaltungsakt, der die vorherige verwaltungsinterne Erteilung des Einvernehmens voraussetzt. 202

Was die **Rechtswirkungen für das (Bau-)Genehmigungsverfahren** angeht, so ist die Genehmigungsbehörde nach Erteilung des gemeindlichen Einvernehmens frei, das Vorhaben ihrerseits zu genehmigen, nach ganz h. M. jedoch durch die positive Entscheidung der Gemeinde nicht gebunden; ebenso wie sie von der Einholung des Einvernehmens von vornherein absehen kann, wenn sie die Genehmigung ohnehin ablehnen will, kann sie auch nach dessen Einholung die Baugenehmigung ablehnen (BVerwG, UPR 1992, 234 [235]). Versagt hingegen die Gemeinde ihr Einvernehmen zu einem beantragten Vorhaben, ist hierdurch die Baugenehmigungsbehörde gebunden; sie darf die beantragte Baugenehmigung nicht erteilen, selbst wenn die Versagung des Einvernehmens offenkundig rechtswidrig ist (BVerwGE 22, 342 [345]; BVerwG, NVwZ 1986, 556 [557]). 203

Eine ohne das erforderliche gemeindliche Einvernehmen erteilte Baugenehmigung kann von der Gemeinde unter Berufung auf ihre Planungshoheit mit verwaltungsgerichtlicher Klage angegriffen werden und ist allein wegen dieses fehlenden Einvernehmens aufzuheben, unabhängig davon, ob das Einvernehmen rechtmäßig oder auch rechtswidrig verweigert worden ist oder die Gemeinde im konkreten Einzelfall in ihrer Planungshoheit, etwa in konkreten Planungsvorstellungen beeinträchtigt ist (vgl. BVerwG, BauR 2008, 1844; OVG NRW, NWVBl. 2008, 228). Umgekehrt hat die Gemeinde keinen gerichtlich durchsetzbaren Anspruch auf Aufhebung einer Baugenehmigung mehr, wenn sie ihr Einvernehmen erteilt hat

§ 4. Öffentliches Baurecht

oder die Einvernehmensfiktion eingetreten ist; das gilt jedenfalls für solche Umstände, die bereits im Zeitpunkt der ausdrücklichen oder fiktiven Einvernehmenserteilung vorlagen und eine Einvernehmensverweigerung gerechtfertigt hätten (OVG NRW, NWVBl. 2008, 228 [229 f.]).

c) Folgen eines (rechtswidrig) verweigerten gemeindlichen Einvernehmens

aa) Rechtsschutz des Bürgers

204 Nach Versagung des erforderlichen Einvernehmens kommt **eine Klage des Bauherrn gegen die Gemeinde auf Erteilung des Einvernehmens** nicht in Betracht. Eine Verpflichtungsklage scheidet schon auf Grund der Qualifikation des Einvernehmens als bloß interner Mitwirkungsakt (Rn. 202) aus, ebenso nach ganz h. M. auch eine Leistungsklage wegen des Fehlens jeglicher Außenwirkung der Einvernehmensentscheidung.

205 Der Bauherr kann vielmehr, auch soweit die Versagung der Baugenehmigung allein auf der Verweigerung des Einvernehmens beruht, nur **Verpflichtungsklage auf Erteilung der Baugenehmigung** gegen die Baugenehmigungsbehörde erheben. Soweit ein Vorverfahren stattfindet, ist auch die Widerspruchsbehörde noch durch das fehlende Einvernehmen an der Genehmigungserteilung gehindert (nach BVerwG, DVBl. 2005, 192 [193] soll das allerdings nicht gelten, wenn Gemeinde und Genehmigungsbehörde identisch sind; vgl. Rn. 200); in NRW ist allerdings das Vorverfahren insoweit nunmehr entfallen (vgl. Rn. 300b). Das vom Bauherrn erstrittene Verpflichtungsurteil überwindet das fehlende Einvernehmen kraft der Erstreckung der Rechtskraft dieses Urteils auf die notwendig beigeladene Gemeinde gemäß §§ 121 i. V. m. 63 Nr. 3, 65 VwGO (vgl. BVerwG, NVwZ-RR 2003, 719).

bb) Kommunalaufsichtliches Einschreiten

206 Daneben besteht die Möglichkeit, einer rechtswidrigen Versagung des gemeindlichen Einvernehmens mit den **Mitteln der Kommunalaufsicht nach §§ 119 ff. GO** (vgl. § 2 Rn. 115 ff.) zu begegnen (BVerwGE 22, 342 [347]; BVerwG, NVwZ 1986, 556 [557]). Es handelt sich freilich um ein weithin als wenig praktikabel und zu zeitaufwendig beurteiltes Verfahren.

Ein subjektives Recht des Bauherrn auf kommunalaufsichtliches Einschreiten besteht nicht. Umgekehrt kann die Gemeinde, wenn das von ihr verweigerte Einvernehmen durch kommunalaufsichtliche Ersatzvornahme ersetzt wurde, diese Maßnahme der Kommunalaufsicht anfechten, da sie ihr gegenüber einen Verwaltungsakt darstellt.

cc) Ersetzung gemäß § 36 II 3 BauGB

207 Weil der verwaltungsgerichtliche Rechtsschutz und die Kommunalaufsicht nur unzureichend einer unberechtigten Einvernehmensversagung zu begegnen vermögen, sieht seit dem 1. Jan. 1998 § 36 II 3 BauGB die Möglichkeit der **Ersetzung eines rechtswidrig versagten Einvernehmens der Gemeinde durch die nach Landesrecht zuständige Behörde** vor. In NRW hat das Landesrecht zunächst nur eine besondere Regelung für Vorhaben öffentlicher Bauherrn in § 80 II BauO getroffen und ansonsten in § 2 III BauGB DVO

C. Bauplanungsrechtliche Zulässigkeit von Einzelvorhaben 547

die Kommunalaufsichtsbehörden zuständig gesehen. Die abweichende Regelung im Bürokratieabbaugesetz I vom 13. März 2007 (GV. NRW. S. 133; geändert durch Gesetz vom 28. Okt. 2008, GV. NRW. S. 644), nach der die jeweils zuständige Bauaufsichtsbehörde – oder ggf. eine sonst zuständige Genehmigungsbehörde (vgl. OVG Münster, BauR 2009, 1565 [1566], für den Fall einer Genehmigung nach § 13 BImSchG) – auch für die Ersetzung des rechtswidrig versagten gemeindlichen Einvernehmens zuständig war, ist mit dem 31. Dez. 2012 ausgelaufen (vgl. Gesetz vom 16. Nov. 2010, GV. NRW, S. 602). Bis eine – angekündigte – Nachfolgeregelung hierzu in der BauGB DVO erlassen ist, gilt wieder die Zuständigkeit der Kommunalaufsichtsbehörden.

Die **Rechtmäßigkeit der Ersetzungsentscheidung**, die der Gemeinde gegenüber eine als Verwaltungsakt zu qualifizierende Regelung trifft (BayVGH, NVwZ-RR 2001, 364 [365]), setzt in formeller Hinsicht jedenfalls die Anhörung der Gemeinde voraus (vgl. näher § 2 Nr. 4 lit. a IV Bürokratieabbaugesetz I); die Anwendung des kommunalaufsichtlichen Beanstandungsverfahrens ist ausdrücklich ausgeschlossen (§ 2 Nr. 4 lit. a II Bürokratieabbaugesetz I). In materieller Hinsicht ist die Rechtswidrigkeit der Versagung des Einvernehmens gefordert. Die Ersetzung einer Einvernehmensversagung, die allein ermessensfehlerhaft ist, ohne dass eine Ermessensreduzierung auf Null vorliegt, wird mit Rücksicht auf den der Gemeinde als Selbstverwaltungskörperschaft zustehenden Ermessensspielraum (vgl. Rn. 201) nicht zulässig sein. Umstritten ist, ob § 36 II 3 BauGB der Ersetzungsbehörde Ermessen einräumt; entgegen der Annahme einer gebundenen Entscheidung, die auf den intendierten Schutz der Rechte des Bauinteressenten verweist (BGH, NVwZ 2011, 249 [250]; OVG Rh.-Pf., NVwZ-RR 2000, 85 [86]; Dippel, NVwZ 1999, 921 [924]), wird man nach dieser Norm aus entstehungsgeschichtlichen Gründen und mit Rücksicht auf die Planungshoheit der Gemeinde eine Ermessensentscheidung anzunehmen haben (VG Frankfurt, NVwZ-RR 2001, 371 [373]; Söfker, in: Ernst/Zinkahn/Bielenberg, BauGB, § 36 Rn. 41; wohl auch Schmaltz, in: Schrödter, BauGB, § 36 Rn. 20). § 2 Nr. 4 lit. a I Bürokratieabbaugesetz I begründet jedoch explizit eine Verpflichtung der Bauaufsichtsbehörde. 208

Mit Blick auf den **Rechtsschutz der Gemeinde** wird wohl überwiegend davon ausgegangen, dass die Ersetzungsentscheidung als Verwaltungsakt unmittelbar verwaltungsgerichtlich anzugreifen sei (HessVGH, NVwZ 2001, 823 [824]; Muckel, Öff. Baurecht, § 7 Rn. 161; vgl. auch BVerwGE 91, 227 [228 f.]). Diese Annahme führt allerdings, da die Gemeinde ggf. auch eine daraufhin ergangene Baugenehmigung angreifen müsste, um deren Bestandskraft zu verhindern, zu einer problematischen Doppelspurigkeit des prozessualen Vorgehens. Die besseren Gründe sprechen dafür, eine Klage gegen die Ersetzungsentscheidung nach § 44a VwGO für ausgeschlossen zu halten und die Gemeinde auf das Vorgehen gegen die Baugenehmigung zu verweisen. Dieser Beurteilung korrespondiert die Regelung in § 2 Nr. 4 lit. a III Bürokratieabbaugesetz I; danach gilt die unter Ersetzung des Einvernehmens erteilte Baugenehmigung zugleich als Ersatzvornahme i.S.v. § 123 GO, ist aber als solche ausdrücklich nicht gesondert anfechtbar. Auf die Klage 209 einer Gemeinde gegen die Baugenehmigung hin sind die bauplanungsrechtlichen Voraussetzungen, die – wie sich aus § 36 I BauGB ergibt – auch dem Schutz der Gemeinde dienen, in vollem Umfang nachzuprüfen (BVerwG, NVwZ 2011, 61 [64]).

Die Rspr. hat früher angenommen, dass die rechts- (bzw. amtspflicht-)widrige Versagung des Einvernehmens für den Bauherrn Amtshaftungsansprüche bzw. Entschädigungsansprüche wegen enteignungsgleichen Eingriffs gegen die Gemeinde, insbes. bzgl. des dadurch verursachten Verzögerungsschadens, begründet (vgl. BGHZ 65, 182 [188 f.]; 99, 262 [273]). Die Ersetzungsmöglichkeit nach § 36 II 3 BauGB hat fraglich gemacht, ob neben oder gar anstelle der Gemeinde die Ersetzungsbehörde bzw. die hinter ihr stehende Körperschaft wegen der versäumten Ersetzung ersatzpflichtig wird (vgl. dazu Hellermann, JURA 2002, 589 [594 f.]). Der BGH hat nunmehr entschieden, dass der Gemeinde bei der Verweigerung des gemeindlichen Einvernehmens keine den Bauwilligen schützenden Amtspflichten obliegen, wenn die Baugenehmigungsbehörde das rechtswidrig verweigerte Einvernehmen ersetzen kann, so dass die Gemeinde nicht amtshaftungspflichtig ist; auch im Hinblick auf das Institut des enteignungsgleichen Eingriffs liege der Eingriffstatbestand allein im außengerichteten Handeln der Baugenehmigungsbehörde, nämlich in der Ablehnung des Bauantrags und der unterlassenen Ersetzung des Einvernehmens, so dass diese alleinverantwortlich sei (BGH, NVwZ 2011, 249 [250 f.]; NVwZ 2013, 167 [168]).

3. Anhang

210 **Literatur:** *Gloria*, Der Anspruch auf Erschließung, NVwZ 1991, 720; *Sarnighausen*, Zur Erschließung und Zugänglichkeit von Baugrundstücken im Baurecht des Bundes und der Länder, NVwZ 1993, 424; *Konrad*, Das gemeindliche Einvernehmen nach § 36 BauGB – Klausurtypische Probleme, JA 2001, 588; *Hellermann*, Das gemeindliche Einvernehmen (§ 36 BauGB), JURA 2002, 589; *Beutling/Pauli*, Klagerecht der Gemeinde bei Ersetzung ihres Einvernehmens nach § 36 BauGB, BauR 2010, 418; *Jeromin*, Gemeindliches Einvernehmen – Planungshoheit, Ersetzung und Haftungsfolgen, BauR 2011, 456; *Dippel*, Das gemeindliche Einvernehmen gem. § 36 BauGB in der jüngeren Rechtsprechung – alle Fragen schon geklärt?, NVwZ 2011, 769; *Schoch*, Schutz der gemeindlichen Planungshoheit durch das Einvernehmen nach § 36 BauGB, NVwZ 2012, 777

Klausurfälle: *Konrad*, Grün und der Öko-Strom, JA 2002, 788; *Klinger*, Ärger um das atomare Zwischenlager, JuS 2003, 1191; *Sikora*, Ärger mit dem Einvernehmen, JA 2005, 40; *Rabe*, Die Außenbereichssatzung Eichhof, DVP 2008, 286; *Meyer*, Maßloses Wohnen im Außenbereich, JA 2009, 378; *Heinig/König*, Windrad oder Denkmalschutz?, JuS 2009, 1011; *Koehl*, Beschwerde gegen die Sperrung eines Feldwegs, JuS 2010, 155

Kontrollfragen:

1. Was bedeutet „Erschließung" i. S. v. §§ 30 ff. BauGB?
2. Welche Möglichkeiten, die Erteilung der beantragten Baugenehmigung zu erwirken, hat a) der antragstellende Bürger und haben b) staatliche Behörden, wenn die Gemeinde ihr erforderliches Einvernehmen nach § 36 BauGB zu Unrecht verweigert?

D. Sicherung und Verwirklichung der Bauleitplanung/ Kooperation mit Privaten

Zwischen die gemeindliche Bauleitplanung einerseits und die Vorgaben für die bauplanungsrechtliche Zulässigkeit einzelner Vorhaben andererseits schieben sich einzelne **städtebauliche Instrumente der Sicherung und der Verwirklichung der Bauleitplanung sowie der Kooperation mit Privaten** zu diesem Zweck. Ihre Funktion soll es sein, einmal eine in der Entstehung befindliche oder auch eine bestehende Bauleitplanung gegenüber Störung durch tatsächliche Veränderungen im Plangebiet zu sichern, andermal dazu beizutragen, dass eine Bauleitplanung – die ja zunächst nur damit unvereinbare Vorhaben untersagt und damit vereinbare Vorhaben als sog. Angebotsplanung zulässt, aber nicht etwa aus sich heraus tatsächlich verwirklicht – in einzelnen Vorhaben auch realisiert wird.

211

I. Sicherung der Bauleitplanung

1. Veränderungssperre und Zurückstellung

Zurückstellung (§ 15 BauGB) und Veränderungssperre (§§ 14, 16 ff. BauGB) verfolgen den Zweck, **einen zukünftigen Bebauungsplan dadurch zu schützen, dass Vorhaben verhindert werden, die zwar nach der aktuellen bauplanungsrechtlichen Lage zulässig sind, den zukünftigen Festsetzungen aber widersprechen.** Beide Sicherungsinstrumente schützen also mit Rücksicht auf die hierfür benötigte Zeit den Planungsprozess. Dabei setzen sie nicht voraus, dass zum Zeitpunkt des Genehmigungsantrags für ein solches Vorhaben bereits ein Bebauungsplanverfahren in Gang ist. Vielmehr ist es in der Praxis durchaus häufig so, dass die Gemeinde sich erst, nachdem sie als Baugenehmigungsbehörde, bei der Einholung ihres Einvernehmens oder auf der Grundlage von § 36 I 3 BauGB von einem einzelnen beabsichtigten oder beantragten Vorhaben Kenntnis erlangt hat, zu einer diesem entgegenstehenden Umplanung und deren Sicherung veranlasst sieht.

212

Zurückstellung und Veränderungssperre sind insofern sozusagen das Gegenstück zu § 33 BauGB, der mit Blick auf einen künftigen Bebauungsplan für diesem entsprechende Vorhaben einen zusätzlichen Zulässigkeitstatbestand bietet (vgl. Rn. 186).

a) Veränderungssperre (§§ 14, 16 ff. BauGB)

Die Veränderungssperre ergeht als **Satzung** (§ 16 I BauGB). Ihrem Inhalt nach kann sie für einen bestimmten künftigen Planbereich – oder auch einen Teilbereich davon (BVerwG, NJW 1977, 400 [401]) – festlegen, dass Vorhaben i. S. v. § 29 BauGB nicht durchgeführt, bauliche Anlagen nicht beseitigt und erhebliche bzw. wesentlich wertsteigernde Veränderungen nicht vorgenommen werden dürfen (§ 14 I Nr. 1 und 2 BauGB).

213

§ 4. Öffentliches Baurecht

Auf die Veränderungssperre als eine Satzung nach dem BauGB sind §§ 214 ff. BauGB, soweit einschlägig, anwendbar. Außerdem ist sie gemäß § 47 I Nr. 1 VwGO mit der Normenkontrolle angreifbar (vgl. z. B. ThürOVG, NVwZ-RR 2002, 415).

214 Die materiellen **Voraussetzungen** für den Erlass einer Veränderungssperre ergeben sich aus § 14 I BauGB. Es bedarf danach:
– eines wirksamen Bebauungsplanaufstellungsbeschlusses i. S. v. § 2 I 2 BauGB, der freilich in der gleichen Ratssitzung wie der Satzungsbeschluss über die Veränderungssperre gefasst werden kann (BVerwG, ZfBR 1989, 171 [171 f.]), sowie
– der Erforderlichkeit der Veränderungssperre zur Sicherung der Planung. Daran fehlt es, wenn der Inhalt der Planung noch in keiner Weise abzusehen ist; nach dem Stand der Planung muss ein Mindestmaß an zukünftigem Planungsinhalt absehbar sein, das geeignet ist, die Entscheidung über die Vereinbarkeit eines fraglichen Vorhabens mit der beabsichtigten Planung zu steuern (BVerwG, NVwZ 2010, 42 [43]).

> **Beispiele:** Eine – durch die beabsichtigte Errichtung einer Windenergieanlage veranlasste – Veränderungssperre, die der Gemeinde erst die Zeit für die Entwicklung eines Planungskonzepts geben soll, ist mangels beachtlichen Sicherungsbedürfnisses unwirksam (BVerwG, NVwZ 2004, 858 [860 f.]). Unzulässig ist auch eine Veränderungssperre zur Sicherung eines künftigen Bebauungsplans, wenn dieser große Teile des Gemeindegebiets, ca. 560 ha, umfassen soll, bislang aber nicht einmal grob die für die künftigen Nutzungen vorgesehenen Bereiche gekennzeichnet sind und es in Wahrheit nur um die Freihaltung von Windenergieanlagen geht (BVerwG, NVwZ 2004, 984 [985 f.]).

215 Ihren **Wirkungen** nach zielt die Veränderungssperre auf die Verhinderung von Vorhaben, die der beabsichtigten zukünftigen Bauleitplanung zuwiderlaufen. Dabei ist zu differenzieren:
– Grundsätzlich bewirkt die Veränderungssperre – in ihrem satzungsmäßig beschlossenen räumlichen und gegenständlichen Umfang – ein generelles, materiellrechtliches Verbot von Vorhaben und Maßnahmen nach § 14 I Nr. 1 und 2 BauGB.
– Nach der Bestandsschutzregelung des § 14 III BauGB bleiben bestimmte Vorhaben, insbesondere vor Inkrafttreten der Veränderungssperre bereits genehmigte, auch durch Bauvorbescheid (vgl. BVerwGE 69, 1 [3 ff.]) bereits bestätigte Vorhaben zulässig.
– § 14 II BauGB eröffnet schließlich die Möglichkeit der Zulassung von Ausnahmen durch die Baugenehmigungsbehörde im Einvernehmen (vgl. Rn. 197 ff.) mit der Gemeinde, wenn überwiegende öffentliche Belange nicht entgegenstehen. Das ist regelmäßig der Fall, wenn das Vorhaben die künftige Bauleitplanung nicht beeinträchtigt, insbesondere wenn es mit Blick auf den künftigen Bebauungsplan nach § 33 BauGB genehmigungsfähig ist (Krautzberger, in: Battis/Krautzberger/Löhr, BauGB, § 14 Rn. 19).

D. Sicherung und Verwirklichung der Bauleitplanung 551

Beispiel: Die Stadt S hat am Stadtrand durch formell und materiell rechtmäßigen, qualifizierten Bebauungsplan ein Mischgebiet ausgewiesen, um dort – unter Erhaltung der gewachsenen dörflichen Strukturen – zur Bekämpfung der Arbeitslosigkeit gewerbliche Betriebe anzusiedeln. Als die Fast-Food-Kette K den Bauantrag für eine große Drive-in-Filiale in diesem Mischgebiet stellt, regt sich erheblicher Widerstand. Das Bauordnungsamt lehnt nach vier Monaten den Bauantrag als bauplanungsrechtswidrig ab. Vier Wochen später beschließt der Gemeinderat den Aufstellungsbeschluss für eine Änderung des bestehenden Bebauungsplanes, durch die im Interesse der gewollten Ansiedlung von Handwerks- und ähnlichen Gewerbebetrieben Schank- und Speisewirtschaften ausdrücklich ausgeschlossen werden sollen, und noch in derselben Sitzung eine Veränderungssperre zur Sicherung des künftigen Bebauungsplanes. Wie ist der Bauantrag danach bauplanungsrechtlich zu beurteilen? Das Vorhaben ist nach dem geltenden Bebauungsplan zulässig (vgl. § 6 II Nr. 3 BauNVO). Es steht ihm jedoch die formell und materiell rechtmäßige Veränderungssperre entgegen; insbesondere liegt der erforderliche Bebauungsplanaufstellungsbeschluss vor und ist die Veränderungssperre zur Sicherung des Inhaltes des künftigen Plans geboten (§ 14 I 1 BauGB), da die hinreichend konkrete planerische Vorstellung eines Ausschlusses von Schank- und Speisewirtschaften gemäß § 1 V BauNVO besteht. § 14 III BauGB greift nicht ein, da das Vorhaben nicht genehmigt wurde; auf die Fälle einer verzögerten Behandlung bzw. unberechtigten Ablehnung eines Bauantrags ist die Regelung nicht anwendbar (vgl. VGH BW, BauR 2000, 1159 [1161]). In dieser Konstellation bleibt die Möglichkeit einer Ausnahme nach § 14 II BauGB, auf die unter Ermessensreduktion auf Null ein Anspruch bestehen soll, wenn das Vorhaben nicht den Planungsabsichten der Gemeinde zuwiderläuft (BVerwG, NJW 1968, 2350 [2350 f.]; NVwZ 1990, 58; ZfBR 1993, 33 [34]). Ist das – wie wohl hier – der Fall, bleiben nur Ersatz- bzw. Entschädigungsansprüche aus Amtshaftung und § 39 OBG wegen der rechtswidrigen Behandlung des Bauantrags.

Für die **Geltungsdauer** der Veränderungssperre sieht § 17 I 1 BauGB eine **216** Höchstdauer von zwei Jahren vor, auf die der Zeitraum einer evtl. vorangegangenen Zurückstellung i. S. v. § 15 I BauGB (§ 17 I 2 BauGB), ggf. auch einer sog. faktischen Zurückstellung durch verzögerliche Behandlung oder rechtswidrige Ablehnung von Baugesuchen (BVerwG, NJW 1971, 445 [445 f.]) anzurechnen ist; daraus können sich individuell unterschiedliche Laufzeiten einer Veränderungssperre ergeben. Die Veränderungssperre kann durch Satzung erstmalig um ein Jahr (§ 17 I 3 BauGB), bei besonderen Umständen um ein weiteres Jahr (§ 17 II BauGB) verlängert werden. Auch der Neuerlass einer außer Kraft getretenen Veränderungssperre ist zulässig (§ 17 III BauGB), setzt ab dem dritten Jahr aber wiederum wegen § 17 II BauGB besondere Umstände voraus. Bei Fortfall ihrer Voraussetzungen ist die Veränderungssperre außer Kraft zu setzen (§ 17 IV BauGB). Sie endet jedenfalls mit Inkrafttreten des Bebauungsplans (§ 17 V BauGB).

Mit Rücksicht auf die Beschränkung der baulichen Nutzbarkeit des Grundeigentums gewährt § 18 BauGB einen Entschädigungsanspruch gegen die Gemeinde, wenn die Veränderungssperre einschl. einer evtl. vorangegangenen Zurückstellung den Zeitraum von vier Jahren überschreitet. Darüber hinaus gewährt der BGH

§ 4. Öffentliches Baurecht

einen Anspruch wegen enteignungsgleichen Eingriffs, wenn die Veränderungssperre bereits vor dieser Frist rechtswidrig wird, etwa wegen nicht unerheblicher Verzögerung der Planung aus sachwidrigen Gründen, soweit der Betroffene die Schäden nicht durch zumutbare Inanspruchnahme von Primärrechtsschutz hätte abwenden können (vgl. BGH, NVwZ 1992, 1119 [1121]; DVBl. 2001, 1619 [1621 f.]).

b) Zurückstellung (§ 15 BauGB)

217 Im Gegensatz zur Veränderungssperre handelt es sich bei der Zurückstellung um eine Einzelmaßnahme, einen **Verwaltungsakt mit verfahrensrechtlicher Wirkung**. Sie gilt einem einzelnen Vorhaben i. S. v. § 29 I BauGB. Sie ist auf Antrag der Gemeinde zu erlassen, wenn eine Veränderungssperre zulässig wäre, aber nicht beschlossen ist und die Gefahr einer Störung der Planung durch das Vorhaben besteht (§ 15 I 1 BauGB). Dem Inhalt und der Wirkung nach macht die Zurückstellung das Bauvorhaben nicht materiell rechtswidrig. Vielmehr entfaltet die Zurückstellung, wenn ein Baugenehmigungsverfahren für das fragliche Vorhaben läuft, nur die formelle Wirkung, vorläufig eine Entscheidung über den Antrag zu hindern. Für den Fall, dass kein Baugenehmigungsverfahren durchzuführen ist, sieht § 15 I 2, 3 BauGB eine – der Zurückstellung gleichgestellte – vorläufige Untersagung vor. Die Zurückstellung ist auf eine Höchstdauer von 12 Monaten begrenzt.

Das EAG Bau hat ergänzend die Möglichkeit eingeführt, auf Antrag der Gemeinde nach § 35 I Nr. 2 bis 6 BauGB zu beurteilende Vorhaben zurückzustellen, wenn die Gemeinde einen Flächennutzungsplan aufstellen, ändern oder ergänzen will, um die Rechtswirkungen des § 35 III BauGB zu erreichen (§ 15 III BauGB). Nach § 15 III 4 BauGB kann die Zurückstellung nunmehr bei Vorliegen besonderer Umstände bis zu 2 Jahre betragen.

2. Grundstücksteilung (§ 19 BauGB)

218 Die Regelung über die Grundstücksteilung verfolgt den **Zweck, eine dem Bebauungsplan widersprechende Parzellierung von Grundstücken zu verhindern**. Die früheren Regelungen über das Erfordernis einer Teilungsgenehmigung, die bereits 1998 grundlegend geändert worden waren, sind mit dem EAG Bau 2004 entfallen. Geblieben ist die materiellrechtliche Vorschrift, dass die Grundstücksteilung, d. h. regelmäßig die dem Grundbuchamt gegenüber abgegebene Erklärung des Eigentümers, dass ein Grundstücksteil selbständig eingetragen werden soll (vgl. § 19 I BauGB), keine den Bebauungsplanfestsetzungen widersprechenden Verhältnisse hervorrufen darf (§ 19 II BauGB).

Unklar bleiben die Rechtsfolgen eines Verstoßes gegen § 19 II BauGB. Zwar kennt auch das Bauordnungsrecht die Erforderlichkeit einer Teilungsgenehmigung (§ 8 BauO); die Regelung erfasst jedoch nicht Versagungsgründe nach dem BauGB. Die Annahme, die Bauaufsichtsbehörde könne ggf. die Rückgängigmachung der Grundstücksteilung anordnen (OVG Berlin, BRS 65 Nr. 204), ist nach der Fassung der maßgeblichen Ermächtigungsgrundlage des § 61 I BauO (vgl. dazu Rn. 283 ff.) in NRW schwerlich überzeugend (Dürr/Middeke/Schulte Beerbühl, Baurecht NRW, Rn. 173a).

3. Vorkaufsrecht (§§ 24 ff. BauGB)

Die Regelungen über das Vorkaufsrecht (§ 24 ff. BauGB) sind im Zweiten 219
Teil des BauGB, der der Sicherung der Bauleitplanung gilt, verortet, stehen
aber schon zwischen Sicherungs- und Verwirklichungsfunktion. Sie dienen
dem **Zweck der Verhinderung einer nicht plangerechten Nutzung durch
mögliche Erwerber und zugleich auch schon der Vorbereitung einer plangerechten Nutzung**. Ein Vorkaufsrecht der Gemeinde kann als allgemeines
Vorkaufsrecht von Gesetzes wegen bestehen (§ 24 BauGB) und weiter als
besonderes Vorkaufsrecht durch Satzung begründet werden (§ 25 BauGB).
Nach Maßgabe des § 27a BauGB kann es von der Gemeinde auch zugunsten Dritter ausgeübt werden. Seine Ausübung ist begrenzt zunächst dadurch,
dass das Wohl der Allgemeinheit dies rechtfertigen muss (§§ 24 III 1, 25 II 1
BauGB; vgl. dazu BVerwG, NVwZ 2010, 593 [594]); außerdem bestehen
Ausschließungsgründe (§ 26 BauGB) und Abwendungsgründe (§ 27
BauGB), insbesondere wenn der Erwerber eine plangerechte Nutzung gewährleisten kann. Die Ausübung des Vorkaufsrechts (vgl. § 28 BauGB) erfolgt durch privatrechtsgestaltenden Verwaltungsakt, gegen den die Anfechtungsklage statthaft ist. Mit der Ausübung kommt ein Kaufvertrag mit der
Gemeinde zustande; es gelten die Regelungen des BGB entsprechend (§ 28
II 2 BauGB).

4. Anhang

Literatur: *Hauth*, Die Konkretisierung der Planung und deren Nachweis als Vor- 220
aussetzung für den Erlaß einer Veränderungssperre, BauR 1989, 271; *Hager/Kirchberg*, Veränderungssperre, Zurückstellung von Baugesuchen und faktische Bausperren, NVwZ 2002, 400; *dies.*, Haftungsfragen bei Veränderungssperre,
Zurückstellung von Baugesuchen und faktischer Bausperre, NVwZ 2002, 538;
Schäling, Die selbstständige andere Veränderungssperre als Mittel einer dauerhaften Planungssicherung?, NVwZ 2003, 149; *Rieger*, Rechtsschutz gegen die Zurückstellung von Baugesuchen, BauR 2003, 1512; *Witt*, Die Teilung von
Grundstücken nach § 19 BauGB in der Fassung des EAG-Bau, NordÖR 2005, 286

Klausurfälle: *Schmid*, Der Lebensmittelmarkt in der Altstadt, JuS 1994, 865;
Steck, Ein Baugesuch, NWVBl. 1994, 157; *Bauer/von Cube/Heinig*, Eine unbeliebte Spielhalle, JuS 2006, 152

Kontrollfragen:
1. Unter welcher Voraussetzung ist ein noch nicht realisiertes Vorhaben von der
   Verbotswirkung einer Veränderungssperre aus Bestandsschutzgründen verschont?
2. Was ist die Wirkung und Rechtsfolge einer Zurückstellung i. S. v. § 15 BauGB?

II. Verwirklichung der Bauleitplanung (einschließlich Kooperation mit Privaten)

Weiter enthält das BauGB eine Reihe von **Instrumenten der Vorbereitung** 221
und Erleichterung, teils auch der zwangsweisen Durchsetzung der Planver-

wirklichung. Der Sache nach zählen hierzu insbesondere auch die Regelungen über eine Kooperation mit Privaten.

1. Erschließung (§§ 123 ff. BauGB)

222 Die Erschließung, die grundstücksbezogen bauplanungsrechtliche Voraussetzung der baulichen Nutzung eines Grundstücks ist (vgl. Rn. 193 ff.), wird in §§ 123 ff. BauGB übergreifend als gebietsbezogene Erschließung behandelt. In diesem Sinne ist sie zu verstehen als die für **die Baureifmachung eines Gebiets erforderliche erstmalige Herstellung der örtlichen öffentlichen Straßen, Wege, Plätze und Grünanlagen, der Versorgungsanlagen für Elektrizität, Gas, Wärme und Wasser sowie der Anlagen zur Abwasserableitung**; nicht erfasst sind Anlagen überörtlichen Charakters sowie sog. Erschließungsfolgeeinrichtungen wie Schulen, Krankenhäuser, Sportplätze etc. (Finkelnburg/Ortloff, Öffentliches Baurecht I, S. 375 f.). Die sog. Erschließungslast liegt grundsätzlich als Selbstverwaltungsaufgabe bei der jeweiligen Gemeinde (§ 123 I BauGB); sie kann die Erschließung freilich nach § 11 I S. 2 Nr. 1 BauGB durch öffentlich-rechtlichen Vertrag auf einen Dritten übertragen (vgl. Rn. 228). Über das Ob und Wie der Erschließung eines Gebiets entscheidet die Gemeinde nach pflichtgemäßem, insbesondere durch §§ 123 II, 125 BauGB gebundenem Ermessen. Dieses Ermessen kann sich durch eigenes Verhalten der Gemeinde so reduzieren, dass – obgleich ein Rechtsanspruch auf Erschließung grundsätzlich nicht besteht (§ 123 III BauGB) – die Erschließungslast sich zur Erschließungspflicht verdichtet (vgl. Rn. 196). Zur Finanzierung des Erschließungsaufwands werden nach Maßgabe der §§ 127 ff. BauGB (zur Gesetzgebungskompetenz vgl. Rn. 9) die Grundstückseigentümer durch Erschließungsbeitrag herangezogen.

2. Umlegung (§§ 45 ff. BauGB)

223 Die Umlegung ist ein **öffentlich-rechtliches Grundstückstauschverfahren** mit dem Ziel, Grundstücke so neu zu ordnen, dass nach Lage, Form und Größe für die bauliche und sonstige Nutzung zweckmäßig gestaltete Grundstücke entstehen (§ 45 S. 1 BauGB). Eine solche Umlegung kommt nach § 45 S. 2 BauGB nur in Bereichen nach §§ 30, 34 BauGB in Betracht. Sie wird von der Gemeinde in eigener Verantwortung durchgeführt (§ 46 I BauGB). Vollzogen wird sie – sehr verkürzt dargestellt – in der Weise, dass alle Grundstücke im Umlegungsgebiet zunächst die Umlegungsmasse bzw. nach Abzug bestimmter Flächen die Verteilungsmasse bilden (§ 55 BauGB). Aus dieser Verteilungsmasse erhalten die betroffenen Grundeigentümer nach Maßgabe des Umlegungszwecks, im Einzelnen festgelegt in einem Umlegungsplan, nach Möglichkeit Grundstücke in gleicher oder gleichwertiger Lage wie die von ihnen eingeworfenen Grundstücke (§ 59 I BauGB), ansonsten u. U. einen Geldausgleich (§ 59 II BauGB). Nach dem sog. Surrogationsprinzip setzt sich das Eigentum an den alten ungebrochen an den neuen Grundstücken fort (§ 63 I 1 BauGB). Das so geregelte Grundstückstauschverfahren ist,

D. Sicherung und Verwirklichung der Bauleitplanung

obgleich es durch zielgerichteten hoheitlichen Rechtsakt auf Eigentumsobjekte in ihrem Bestand zugreift, Inhalts- und Schrankenbestimmung i. S. v. Art. 14 I 2 GG und keine Enteignung i. S. v. Art. 14 III GG (BVerfGE 104, 1 [9 f.]; vgl. auch bereits BGHZ 100, 148 [151]).

3. Städtebauliche Gebote (§§ 175 ff. BauGB)

Die städtebaulichen Gebote sind – in erster Linie – **Instrumente der Planverwirklichung mittels hoheitlichen Zwangs**. Zentrale allgemeine Rechtmäßigkeitsvoraussetzungen finden sich in § 175 I BauGB, der eine vorherige Erörterung und Beratung mit dem Ziel der freiwilligen Durchführung der Maßnahme vorschreibt, sowie in § 175 II BauGB, der materiellrechtlich die städtebauliche Erforderlichkeit der alsbaldigen Durchführung, beim Baugebot unter Berücksichtigung eines dringenden Wohnbedarfs, verlangt; das setzt städtebauliche Gründe voraus, die in ihrem Gewicht über die für die Aufstellung des Bebauungsplans maßgeblichen Gründe hinausgehen (BVerwG, NVwZ 1990, 60 [60 f.]). Im Einzelnen kennt das BauGB vier verschiedene städtebauliche Gebote:

– Durch das Baugebot kann der Eigentümer eines Grundstücks im Geltungsbereich eines Bebauungsplans zur Bebauung seines unbebauten Grundstücks oder zur Anpassung vorhandener Gebäude oder baulicher Anlagen (§ 176 I BauGB), der Eigentümer eines nicht oder geringfügig bebauten Innenbereichsgrundstücks zu dessen baulicher Nutzung (§ 176 II BauGB), u. U. verbunden mit einem Bauantragsgebot (§ 176 VII BauGB), verpflichtet werden. Praktisch wichtige Einschränkungen folgen aus der Unzulässigkeit des Baugebots bei objektiver wirtschaftlicher Unzumutbarkeit (§ 176 III BauGB) und dem Übernahmeanspruch des Eigentümers gegen die Gemeinde im Falle subjektiver Unzumutbarkeit (§ 176 IV BauGB).

– Das Modernisierungs- und Instandsetzungsgebot (§ 177 BauGB) zielt auf die Beseitigung von Missständen und die Behebung von Mängeln baulicher Anlagen (Bönker, in: Hoppe/Bönker/Grotefels, Öffentliches Baurecht, § 14 Rn. 164); hier geht es also weniger um Planverwirklichung als um Durchsetzung gesetzlicher Anforderungen.

– Mit dem Pflanzgebot (§ 178 BauGB) kann die bebauungsplangemäße Bepflanzung eines Grundstücks verlangt werden.

– Das Rückbau- und Entsiegelungsgebot (§ 179 BauGB) schließlich kann verpflichten zu dulden, dass bauliche Anlagen, die – nicht behebbar – Bebauungsplanfestsetzungen widersprechen oder Missstände oder Mängel aufweisen, beseitigt sowie dauerhaft nicht mehr genutzte Flächen wieder nutzbar gemacht werden.

4. Städtebauliche Enteignung (§§ 85 ff. BauGB)

Die städtebauliche Enteignung stellt ein **Instrument der Entziehung konkreter (Grund-)Eigentumspositionen zu städtebaulichen Zwecken**, insbesondere auch zur Planverwirklichung zur Verfügung. Nach den gesetzlich fixierten

§ 4. Öffentliches Baurecht

Enteignungszwecken kann insbesondere auch eine sog. planakzessorische Enteignung vorgenommen werden, um eine bebauungsplangemäße Nutzung eines Grundstücks vorzubereiten oder herbeizuführen (§ 85 I Nr. 1 BauGB). Weiter ist die Enteignung insbesondere nur zum Wohl der Allgemeinheit und unter Beachtung des Verhältnismäßigkeitsgrundsatzes zulässig (vgl. § 87 I BauGB). Der Junktimklausel des Art. 14 III 2 GG entsprechend regeln §§ 93 ff. BauGB die Entschädigung.

Verwaltungsakte im Rahmen der städtebaulichen Enteignung sind gemäß § 217 I BauGB nur durch Antrag auf gerichtliche Entscheidung durch die bei den Landgerichten gebildeten Kammern für Baulandsachen anfechtbar.

> **Beispiel:** Eine Gemeinde erlässt einen – im Normenkontrollverfahren rechtskräftig bestätigten – Bebauungsplan, der ein Sondergebiet „Waldorf-Schule" ausweist, und verpflichtet sich gegenüber dem Waldorf-Schulträgerverein e. V. vertraglich zur Bestellung eines Erbbaurechts an den Grundstücken zwecks Errichtung eines Schulgebäudes; bzgl. des letzten fehlenden, trotz Verhandlungen freiwillig nicht an die Gemeinde veräußerten Grundstücks beantragt diese die Enteignung. Diese ist durch § 85 I Nr. 1 BauGB gedeckt und genügt auch dem Wohl der Allgemeinheit (§ 87 I BauGB) im Rahmen des Normzwecks des zugrunde liegenden Enteignungsgesetzes, da die Schulversorgung, auch durch private Ersatzschulen, zumindest auch eine städtebauliche Aufgabe ist und die Erfüllung dieses Gemeinwohlzwecks auch durch den privaten Träger, insbesondere auch durch gesetzliche Regelung und staatliche Aufsicht, gesichert ist (BGHZ 105, 94; zu den Grenzen städtebaulicher Enteignung zugunsten Dritter vgl. auch BVerfGE 74, 264).

5. Zusammenarbeit mit Privaten

226 Einer allgemeinen, auch in anderen Verwaltungsbereichen beobachtbaren Tendenz zur sog. funktionalen Privatisierung, bei der Private als Verwaltungshelfer in die Wahrnehmung einer im Außenverhältnis nach wie vor staatlichen Aufgabe einbezogen werden, entsprechend spielt auch die **Einbeziehung Privater in die Erfüllung der städtebaulichen Aufgaben der Gemeinden** eine zunehmende Rolle. Im Kern geht es darum, das Eigeninteresse Privater an der Vornahme und anschließenden Umsetzung gemeindlicher Bauleitplanungen nutzbar zu machen, um sie zur Einbringung ihres Knowhows, ihres Arbeitseinsatzes und Kapitals und damit zur Entlastung der Gemeinde zu bewegen. Hierin gründet zugleich das zentrale Problem solcher Kooperation: Weder darf die Gemeinde ihr gesetzlich zwingend auferlegte Aufgaben und Leistungen von privaten Gegenleistungen abhängig machen, noch darf sie, indem sie Hoheitsrechte ausverkauft, also nach privaten Interessen ausübt, ihre Abwägungsfreiheit verlieren. Zugleich ist eine solche Kooperation jedoch eine Chance zur schnelleren, erfolgreicheren Durchführung und Realisierung städtebaulicher Planungen.

Kurz hingewiesen sei auf eine durch das BauGB-Änderungsgesetz vom 21. Dez. 2006 in das Besondere Städtebaurecht eingeführte Regelung zur Einbeziehung Privater. Nach § 171f BauGB können nach Maßgabe des Landesrechts Gebiete

D. Sicherung und Verwirklichung der Bauleitplanung

festgelegt werden, in denen in privater Verantwortung standortbezogene Maßnahmen zur Stärkung oder Entwicklung von Innenstadtbereichen, Stadtteilzentren, Wohnquartieren, Gewerbezentren oder sonstigen für die städtebauliche Entwicklung bedeutsamen Bereichen durchgeführt werden. Die Regelung steht in sachlichem Zusammenhang mit dem städtebaulichen Anliegen der Erhaltung und Entwicklung zentraler Versorgungsbereiche (vgl. § 1 VI Nr. 4 BauGB). Sie ist angeregt durch bereits bestehende landesgesetzliche Regelungen zu Business Improvement Districts (BID's) etc. (zu deren Fortgeltung vgl. § 246 III BauGB).

a) Städtebauliche Verträge (§ 11 BauGB)

Der **Abschluss von städtebaulichen Verträgen zwischen Gemeinde und Privaten** war bereits vor der gesetzlichen Regelung zunächst in der Vorgängervorschrift des § 6 BauGB-MaßnahmeG, jetzt in § 11 BauGB als **grundsätzlich zulässig** anerkannt (vgl. bereits BVerwGE 23, 213 [216]). Die gesetzliche Regelung erkennt diese Befugnis deklaratorisch an (§ 11 I 1 BauGB) und enthält, ohne andere städtebauliche Verträge auszuschließen (§ 11 IV BauGB), Regelungen für bestimmte Typen solcher Vereinbarungen, die schon zuvor anerkannte Rechtsgrundsätze fixieren.

In § 11 I 2 BauGB werden **bestimmte mögliche Vertragstypen** besonders hervorgehoben und geregelt:

- § 11 I 2 Nr. 1 BauGB regelt – unter besonderer Betonung der fortbestehenden Verantwortung der Gemeinde für das Planaufstellungsverfahren – Vereinbarungen über die private Vorbereitung und Durchführung städtebaulicher Maßnahmen wie die „freiwillige Umlegung" oder die Ausarbeitung des Planentwurfs; in der Sache geht es hier v. a. um die Schaffung neuer Baugebiete in Kooperation mit privaten Bauträgern. Seit der Baurechtsnovelle 2013 fallen auch Erschließungsverträge (vgl. Rn. 222), die bis dahin in § 124 BauGB a.F. speziell geregelt waren, hierunter.
- Unter die in § 11 I 2 Nr. 2 BauGB genannten Verträge zur Förderung und Sicherung der mit der Bauleitplanung verfolgten Ziele fallen v. a. die sog. Einheimischen-Modelle, die sicherstellen sollen, dass die künftigen Baugrundstücke durch Einheimische bebaut werden (vgl. BVerwGE 92, 56 [57 ff.]; BayVGH, NJW 1999, 208).
- § 11 I 2 Nr. 3 BauGB gilt v. a. den sog. Folgekostenverträgen in Bezug auf Infrastrukturaufwendungen, vor allem jenseits der erschließungsbeitragsfähigen Aufwendungen, unter Einschluss auch der verwaltungsinternen Personal- und Sachkosten (BVerwG, DVBl. 2006, 455 [457]), als Folge der geplanten städtebaulichen Maßnahme.
- § 11 I 2 Nr. 4 BauGB nennt schon seit 2004 klimabezogene Verträge, deren Gegenstand die Nutzung von Netzen und Anlagen der Kraft-Wärme-Kopplung sowie von Solaranlagen für die Wärme-, Kälte- und Elektrizitätsversorgung ist; seit der Klimaschutznovelle 2011 werden darüber hinaus sämtliche Anlagen und Einrichtungen für die Erzeugung und Nutzung erneuerbarer Energien, Anlagen und Einrichtungen der Fern- und Nahwärmeversorgung und Kraft-Wärme-Kopplung erfasst.

558 § 4. Öffentliches Baurecht

– § 11 I 2 Nr. 5 BauGB, ebenfalls 2011 eingefügt, schließlich stellt klar, dass in städtebaulichen Verträgen auch Vereinbarungen über die energetische Qualität von Gebäuden getroffen werden können.

228a § 11 I 3 BauGB regelt nunmehr ausdrücklich, dass städtebauliche Verträge auch mit **Eigen- und Beteiligungsgesellschaften der Gemeinde** geschlossen werden können. Der Gesetzgeber hat damit die Beurteilung der füheren Rechtslage korrigiert, wonach von der Gemeinde beherrschte Gesellschaften nicht als Dritte galten, auf die namentlich die Erschließung durch Vertrag übertragen werden könnte (BVerwG, NVwZ 2011, 690 [692 ff.]).

229 § 11 II BauGB betont noch einmal generelle materiellrechtliche Grenzen, nämlich die erforderliche **Angemessenheit der vereinbarten Leistungen und das Koppelungsverbot**, das eine vertragliche Vereinbarung über eine gesetzlich ohnehin gegenleistungsfrei zustehende Leistung untersagt. § 11 I 3 BauGB stellt klar, dass unbeschadet des Angemessenheitsgebots eine Eigenbeteiligung der Gemeinde nicht erforderlich ist, wenn der Vertragspartner Kosten oder sonstige Aufwendungen trägt oder übernimmt.

b) Vorhabenbezogener Bebauungsplan (§ 12 BauGB)

230 Der heutige § 12 BauGB geht auf Regelungen für das Gebiet der neuen Bundesländer und § 7 BauGB-MaßnahmeG über den Vorhaben- und Erschließungsplan zurück. Nach § 12 BauGB gibt es nicht mehr eine spezielle Satzung neben dem Bebauungsplan, sondern eine **besondere Form des Bebauungsplans, die nicht mehr nur Angebotsplanung, sondern auf kurzfristige Realisierung eines bestimmten Vorhabens angelegt ist** (Bönker, in: Hoppe/Bönker/Grotefels, Öffentliches Baurecht, § 13 Rn. 138). Dies geschieht durch die Einschaltung eines privaten Investors/Bauträgers, der bereit und in der Lage ist, die Aufschließung des Baugebiets einschließlich der Erschließungsmaßnahmen auf eigene Kosten durchzuführen.

231 Das Konzept des § 12 BauGB besteht aus den drei Elementen des **Vorhaben- und Erschließungsplans des Investors, des Durchführungsvertrags zwischen Gemeinde und Investor sowie der gemeindlichen Satzung über den vorhabenbezogenen Bebauungsplan**. Der Vorhaben- und Erschließungsplan ist zwischen Investor und Gemeinde abzustimmen (§ 12 I 1 BauGB) und bildet die Grundlage für die Inangriffnahme des Bebauungsplanverfahrens. In dem Durchführungsvertrag, einem städtebaulichen Vertrag i. S. v. § 11 BauGB, verpflichtet sich der Aufgabenträger ganz oder teilweise zur Durchführung des Vorhabens und seiner Erschließung sowie zur Tragung der Planungs- und Erschließungskosten (§ 12 I 1 BauGB). Erst auf dieser Grundlage darf der Beschluss über den vorhabenbezogenen Bebauungsplan erfolgen. Für diesen gelten grundsätzlich dieselben Regelungen wie für den regulären Bebauungsplan. In verfahrensrechtlicher Hinsicht ergibt sich eine Abweichung insofern, als § 12 II 1 BauGB einen zu bescheidenden Antrag auf Einleitung des Bebauungsplanverfahrens kennt. In materieller Hinsicht ist eine Besonderheit des vorhabenbezogenen Bebauungsplans, dass der Vorhaben- und Erschließungsplan zu seinem Bestandteil wird (§ 12 III 1 BauGB) und weiter keine Bindung an die Festsetzungsmöglichkeiten nach § 9 BauGB, BauNVO besteht (§ 12 III 2 BauGB), also Festsetzungserfindungsfreiheit

D. Sicherung und Verwirklichung der Bauleitplanung

herrscht; hierin kommt zum Ausdruck, dass dieser Plan auf ein ganz konkretes Vorhaben bezogen ist. Vorhaben- und Erschließungsplan, Durchführungsvertrag und vorhabenbezogener Bebauungsplan müssen dabei aufeinander abgestimmt sein und dürfen sich nicht widersprechen (OVG NRW, NWVBl. 2006, 376 [378]). Der neu eingefügte § 12 IIIa BauGB erlaubt nunmehr eine stärkere Vorhabensteuerung durch den Durchführungsvertrag; für den Bereich des Vorhaben- und Erschließungsplans ist danach im vorhabenbezogenen Bebauungsplan auch eine allgemeine Festsetzung der baulichen und sonstigen Nutzung insbesondere durch Ausweis eines Baugebiets nach BauNVO möglich, wenn die Zulässigkeit unter entsprechender Anwendung von § 9 II BauGB zugleich auf solche Nutzungen beschränkt wird, zu deren Durchführung sich der Vorhabenträger im Durchführungsvertrag verpflichtet. Dass der vorhabenbezogene Bebauungsplan darüber hinaus auch auf einen ganz bestimmten Vorhabenträger bezogen ist, zeigt die Regelung über den Wechsel des Vorhabenträgers (§ 12 V BauGB).

> **Beispiel:** Ein vorhabenbezogener Bebauungsplan beschränkt sich darauf, ein kleines Mischgebiet und drei kleine allgemeine Wohngebiete mit einigen konkretisierenden Festsetzungen auszuweisen, so dass er noch unterschiedliche bauliche Nutzungen zulässt; das in Rede stehende konkrete Projekt des Vorhabenträgers wird im Bebauungsplan nur in einer Vorbemerkung zur Planbegründung kurz erwähnt, i.Ü. nicht geregelt und nur im Durchführungsvertrag detailliert beschrieben. Ein solcher vorhabenbezogener Bebauungsplan ist von der früheren Rechtsprechung als nicht hinreichend bestimmt angesehen worden (BVerwGE 119, 45 [51 ff.]). Nach Maßgabe von § 12 IIIa BauGB wäre ein solcher vorhabenbezogener Bebauungsplan nunmehr zulässig.

Im Hinblick auf die Beurteilung von Einzelvorhaben bzw. des Vorhabens ist der vorhabenbezogene Bebauungsplan gemäß § 30 II BauGB dem qualifizierten Bebauungsplan gleichgestellt mit der Besonderheit, dass das Vorhaben dem Bebauungsplan, nicht nur dessen Festsetzungen, nicht widersprechen darf.

6. Anhang

Literatur: *Schlichter*, Überlegungen zum Baugebot – Vergangenes, Gegenwärtiges, Zukünftiges –, in: FS für Felix Weyreuther, 1993, S. 349; *Menke*, Der vorhabenbezogene Bebauungsplan, NVwZ 1998, 577; *Turiaux*, Der vorhabenbezogene Bebauungsplan gemäß § 12 BauGB, NJW 1999, 391; *Erbguth/Witte*, Biete Planung, suche Grundstück – Möglichkeiten und Grenzen städtebaulicher Verträge, DVBl. 1999, 435; *Brohm*, Städtebauliche Verträge zwischen Privat- und Öffentlichem Recht, JZ 2000, 321; *Christ*, Die Umlegung als Instrument des privatnützigen Ausgleichs der Eigentümerinteressen, DVBl. 2002, 1517; *Birk*, Städtebauliche Verträge, 4. Aufl. 2002; *Mitschang*, Die Kompensation von Eingriffen in Natur und Landschaft durch städtebauliche Verträge, BauR 2003, 183; *ders.*, Eingriffsbewältigung durch städtebaulichen Vertrag, BauR 2003, 337; *Stock*, Städtebauliche Grundstücksordnung, ZfBR 2004, 536; *Kuschnerus*, Der vorhabenbezogene Bebauungsplan im Lichte der jüngeren Rechtsprechung, BauR 2004, 946; *Lege*, Stadtumbau und städtebauliche Gebote, NVwZ 2005, 880; *Oerder*, Praktische

Probleme beim vorhabenbezogenen Bebauungsplan gemäß § 12 BauGB, BauR 2009, 744

Klausurfälle: *Wallrabenstein/Breder,* Wohnungsbau und die Folgen, JuS 2011, 353; *Valta,* Vollstreckte Fensterläden sind teuer!, JA 2011, 680

Kontrollfragen:

1. Erfasst die Erschließung i. S. v. §§ 123 ff. BauGB auch die Schaffung von Kindergärten, Schulen oder Sportplätzen in einem neuen Baugebiet?
2. Begründet die Umlegung gemäß §§ 45 ff. BauGB eine Enteignung?
3. Ist der vorhabenbezogene Bebauungsplan in seinen Festsetzungsmöglichkeiten ebenso geregelt wie sonstige Bebauungspläne?

E. Materielles Bauordnungsrecht

233 Der Verteilung der Gesetzgebungskompetenzen entsprechend (vgl. Rn. 8 ff.) treten zu den bodenbezogenen Regelungen des Bauplanungsrechts des Bundes, die dem Einfügen des Bauvorhabens in die Umgebung gelten, sog. **objektbezogene Anforderungen des – materiellen – Bauordnungsrechts** des Landes hinzu. Dies sind Regelungen des besonderen Polizei- oder Gefahrenabwehrrechts. Sie regeln ordnungsrechtliche Anforderungen zur Abwehr von Gefahren, aber auch zur Verhütung von Verunstaltungen sowie zur Sicherung sozialer und auch ökologischer Standards für ein gesundes Wohnen und Arbeiten (Hoppe, in: Hoppe/Bönker/Grotefels, Öffentliches Baurecht, § 1 Rn. 9).

I. Allgemeine Vorschriften

1. Anwendungsbereich der BauO

234 Den **Anwendungsbereich sowohl der materiell- wie auch der formellrechtlichen Bestimmungen der BauO** bestimmt § 1 BauO. Nach § 1 I BauO gelten die Vorschriften dieses Gesetzes für bauliche Anlagen und Bauprodukte (vgl. die Definition in § 2 IX BauO sowie weiter §§ 20 ff. BauO) sowie für Grundstücke und andere Anlagen und Einrichtungen, soweit einschlägige Anforderungen gestellt werden (vgl. z. B. §§ 8, 9 I BauO bzgl. Grundstücken, § 13 BauO bzgl. Werbeanlagen). Bestimmte Anlagen und Einrichtungen wie z. B. Anlagen des öffentlichen Verkehrs sind nach § 1 II BauO ausdrücklich vom Anwendungsbereich ausgenommen, weil für sie spezielle Regelungen vorhanden sind; die mangelnde Einschlägigkeit solcher speziellen Regelungen kann u. U. die Anwendbarkeit der BauO indizieren (vgl. OVG NRW, BauR 1997, 1000 [1002]).

235 Von zentraler Bedeutung für die Anwendung der BauO ist der **Begriff der baulichen Anlage.** Nach der Legaldefinition des § 2 I 1 BauO sind bauliche Anlagen mit dem Erdboden verbundene, aus Bauprodukten hergestellte An-

E. Materielles Bauordnungsrecht

lagen, wobei nach § 2 I 2 BauO die geforderte Erdverbundenheit auch gegeben ist, wenn die Anlage durch eigene Schwere auf der Erde ruht, auf ortsfesten Bahnen begrenzt beweglich ist oder zur überwiegend ortsfesten Verwendung bestimmt ist. § 2 I 3 Nr. 1 bis 7 BauO nennt weiter eine Reihe von fingierten baulichen Anlagen. Der Begriff geht damit über typische Hochbauten wie etwa Wohn- oder Parkhäuser deutlich hinaus.

> **Beispiele:** Bauliche Anlagen i. S. v. § 2 I BauO sind etwa auch mit Bauprodukten angelegte Plätze, etwa ein Tennisplatz (BayVGH, BRS 32 Nr. 121), großflächige Werbeträger, auch wenn sie nur mittelbar, durch Anbringen an einer Hauswand, mit dem Erdboden verbunden sind (OVG Hbg., NVwZ-RR 2002, 562 [563]), ebenso Parabolantennen (HessVGH, BRS 60 Nr. 102), Container (OVG NRW, BRS 60 Nr. 138) und Wohn- bzw. Verkaufswagen, wenn zur ortsfesten Verwendung bestimmt (OVG Berlin, BRS 30 Nr. 181).

Der Begriff der baulichen Anlage i. S. v. § 2 I BauO ist zwar weithin deckungsgleich, aber keineswegs völlig identisch mit dem bauplanungsrechtlichen Begriff der baulichen Anlage i. S. v. § 29 I BauGB. Mit Rücksicht auf den – der begrenzten Gesetzgebungskompetenz entsprechenden – Gesetzeszweck ist für die bauliche Anlage i. S. v. § 29 I BauGB die bodenrechtliche Relevanz erforderlich (vgl. Rn. 127 ff.).

§ 2 II bis X BauO enthält weiter eine Reihe von Begriffsdefinitionen, die für die Anwendung einzelner Bestimmungen der BauO zugrunde zu legen sind (Gebäude, Gebäude geringer bzw. mittlerer Höhe, Hochhäuser, Vollgeschosse, Aufenthaltsräume, Stellplätze usw.).

2. Allgemeine Anforderungen (§ 3 BauO)

Sozusagen als Basisnorm des materiellen Bauordnungsrechts fungiert § 3 BauO, der **allgemeine sachliche Anforderungen** an bauliche Anlagen und sonstige Anlagen und Einrichtung sowie an die Verwendung von Bauprodukten stellt. Diese Anforderungen, in denen der Gefahrenabwehr-, aber auch der ökologische Schutzzweck der BauO zum Ausdruck kommt, sind in einer Vielzahl von weiteren Einzelvorschriften der BauO konkretisiert und ergänzt, die vorrangig anzuwenden sind. Im Verhältnis zu diesen Spezialregelungen ist § 3 BauO eine subsidiäre Auffangregelung.

§ 3 I 1 BauO stellt insoweit eine der allgemeinen polizeilichen Generalklausel vergleichbare **bauordnungsrechtliche Generalklausel** auf, die freilich keine Ermächtigungsgrundlage, sondern nur eine Regelung materiellrechtlicher Mindeststandards enthält. Danach sind v. a. bauliche Anlagen so anzuordnen, zu errichten, zu ändern und instand zu halten, darüber hinaus auch in ihrer Benutzung zu ändern und abzubrechen (§ 3 IV BauO), dass die öffentliche Sicherheit und Ordnung nicht gefährdet wird. Die Auslegung dieser Bestimmung erfolgt – entsprechend ihrem gefahrenabwehrrechtlichen Charakter – unter ergänzender Heranziehung allgemeiner polizei- und ordnungsrechtlicher Grundsätze. Dies gilt insbesondere für den Begriff der öffentlichen Sicherheit und Ordnung (vgl. § 3 Rn. 50 ff., 54 ff.) sowie den Ge-

236

237

fahrenbegriff (vgl. § 3 Rn. 59 ff.). Erforderlich ist grundsätzlich eine konkrete Gefahr im polizeirechtlichen Sinne (Grotefels, in: Hoppe/Bönker/Grotefels, Öffentliches Baurecht, § 15 Rn. 12), die vorliegt, wenn im konkreten Einzelfall bei ungehindertem Geschehensablauf in überschaubarer Zukunft hinreichend wahrscheinlich mit dem Schadenseintritt zu rechnen ist (vgl. OVG NRW, BRS 57 Nr. 245).

> **Beispiel:** Die – bauplanungsrechtlich zulässige – Nutzung einer Sporthalle für eine Paintballanlage könnte gegen § 3 I BauO verstoßen, wenn der Spielbetrieb die öffentliche Ordnung deshalb verletzte, weil er mit dem Gebot zur Wahrung der Menschenwürde (Art. 1 I GG) unvereinbar wäre. Das ist jedoch nicht generell anzunehmen, sondern – jedenfalls – dann nicht der Fall, wenn Jugendlichen und bloßen Zuschauern der Zugang und die Einsichtnahme verwehrt wird und das Paintballspiel nach vorhandenen Regelwerken ausgeübt wird (vgl. VG Minden, NVwZ-RR 2008, 378 [379 f.]; BayVGH, ZfBR 2013, 271 [272 ff.]).

238 Diese Anforderungen inhaltlich konkretisierend, verlangt § 3 I 2 BauO grundsätzlich, vorbehaltlich des § 3 I 3 BauO, die Beachtung der **allgemein anerkannten Regeln der Technik**. Als solche Regeln gelten nach § 3 III BauO auch – und primär – die von der obersten Bauaufsichtsbehörde öffentlich bekannt gemachten sog. Technischen Baubestimmungen, aber auch andere Regelwerke für den Entwurf und die Ausführung baulicher Anlagen, wie sie von fachlich kompetenten privaten Instituten und Verbänden entwickelt werden (ausführlich zur Problematik Brohm, Öffentliches Baurecht, § 5 Rn. 9 ff.).

3. Abweichungen (§ 73 BauO)

239 Nach § 73 BauO sind allgemein **Abweichungen von den bauordnungsrechtlichen Anforderungen** zulässig. Voraussetzung ist, dass sie unter Berücksichtigung des Zwecks der jeweiligen Anforderung und unter Würdigung der nachbarlichen Interessen mit den öffentlichen Belangen vereinbar sind (§ 73 I 1 BauO). Eine konkretisierende Regelung für Abweichungen von den Abstandsflächenregelungen des § 6 BauO (vgl. Rn. 249 ff.) enthält nunmehr § 73 I 2 BauO. Die Abweichung von einer technischen Anforderung, wie sie aus der BauO oder auch den von ihr inkorporierten Technischen Baubestimmungen oder sonstigen technischen Regelwerken (vgl. Rn. 238) folgt, setzt den Nachweis voraus, dass deren Zweck auf andere Weise entsprochen wird (§ 73 I 4 BauO); das bedeutet eine Öffnung auch für neuartige technische Lösungen. Unter der Voraussetzung des § 73 I 1 BauO sind Abweichungen zuzulassen, wenn sie der Einsparung von Wasser oder Energie dienen (§ 73 I 3 BauO); ansonsten steht ihre Gewährung im Ermessen.

In verfahrensrechtlicher Hinsicht wird über eine Abweichung im Rahmen des Baugenehmigungsverfahrens entschieden; der Bauantrag enthält konkludent den Antrag auf Gewährung evtl. erforderlicher Abweichungen. Bedarf ein Vorhaben keiner Baugenehmigung, ist eine evtl. erforderliche Abweichung schriftlich zu beantragen (§ 73 II BauO). Vor der Gewährung von Abweichungen sind die Angrenzer nach Maßgabe des § 74 BauO zu benachrichtigen.

E. Materielles Bauordnungsrecht

4. Anhang

Kontrollfragen:
1. Was ist eine bauliche Anlage i. S. d. BauO?
2. Wie ist das Verhältnis des Bauordnungsrechts zum allgemeinen Polizei- und Ordnungsrecht zu charakterisieren?

II. Ausgewählte, einzelne bauordnungsrechtliche Anforderungen

Jenseits dieser allgemeinen Bestimmungen enthält das Bauordnungsrecht eine **Vielzahl einzelner materieller Anforderungen** an die Beschaffenheit der Baugrundstücke, die Gestaltung baulicher Anlagen, die Bauprodukte, die Einrichtung der Baustellen usw. Diese Einzelregelungen erfordern häufig zwar beträchtlichen technischen Sachverstand, ohne aber besondere rechtliche Probleme aufzuwerfen. Im Folgenden sollen nur einige ausgewählte, aus juristischer Perspektive bedeutsame Einzelregelungen betrachtet werden.

1. Verunstaltungsverbot (§ 12 BauO)

Eine generelle Anforderung an die Baugestaltung ergibt sich aus dem Verunstaltungsverbot des § 12 BauO. Es gilt zwar – auf Grund seines bauordnungsrechtlichen Schutzzwecks, einer nach Baugebieten und Anlagen typisierenden Betrachtungsweise und der vorhandenen umfangreichen Kasuistik – als hinreichend bestimmt (BVerfG, NVwZ 1985, 819 [819 f.]). Anerkanntermaßen ist jedoch verfassungsrechtlich jedenfalls eine **enge Auslegung des Verunstaltungsbegriffs** geboten. § 12 BauO erlaubt der Bauaufsichtsbehörde insbesondere nicht, eigene ästhetische Vorstellungen dem Bauherrn aufzuzwingen. Es ist vielmehr auf den für ästhetische Eindrücke offenen Betrachter, den sog. gebildeten Durchschnittsmenschen abzustellen. Verunstaltung soll erst vorliegen, wenn dieser in seinem ästhetischen Empfinden nicht bloß beeinträchtigt ist, weil er den Eindruck als unschön empfindet, sondern wenn er in seinem ästhetischen Empfinden verletzt ist und die Anlage als hässlich empfindet. In dieser Beurteilung steht der Behörde auch kein Beurteilungsspielraum zu; vielmehr unterliegt sie umfassender gerichtlicher Kontrolle (vgl. BVerwGE 2, 172 [175 f.]; OVG NRW, NVwZ 1993, 89 [90]).

I. Ü. kennt das Verbot seinem Tatbestand nach zwei Konstellationen. Zum einen darf das fragliche **Objekt selbst nicht verunstaltet** wirken (§ 12 I BauO). Zum anderen darf von ihm **keine verunstaltende Wirkung auf seine Umgebung**, auf das Straßen-, Orts- und Landschaftsbild ausgehen (§ 12 II BauO).

> **Beispiele:** Eine unauffällige Hütte im Außenbereich wirkt u. U. schon deshalb nicht verunstaltet, weil sie für den Durchschnittsbetrachter überhaupt sichtbar sein muss, um ihn in seinem ästhetischen Empfinden verletzen zu können. Der Austausch von Sprossenfenstern gegen Einscheiben-Fenster in einer bzgl. der Fassadengliederung anspruchsvollen Umgebung kann verunstaltend wirken (BayVGH, BRS 35 Nr. 135).

2. Werbeanlagen (§ 13 BauO)

244 Zu den bauordnungsrechtlich konfliktträchtigen Anlagen zählen **Werbeanlagen (und Warenautomaten)**. Die einschlägige Regelung des § 13 BauO erfasst solche Anlagen auch unabhängig davon, ob es sich um bauliche Anlagen i. S. v. § 2 I 1 BauO handelt, als andere Anlagen i. S. v. § 1 I 2 BauO. Auf welche Anlagen § 13 BauO anwendbar ist, ergibt sich zunächst aus der Legaldefinition der Werbeanlagen in § 13 I BauO. § 13 VI BauO nimmt dann bestimmte Anlagen, u. a. Litfaßsäulen und Wahlwerbung in Wahlkampfzeiten, von der Anwendbarkeit der Bestimmung ausdrücklich aus. Schließlich erstreckt § 13 V BauO die Anwendbarkeit von § 13 I bis III BauO auch auf Warenautomaten. Dabei sind die einschränkenden Vorschriften des § 13 BauO auch dann anwendbar, wenn eine an sich etwa nach § 65 I BauO genehmigungsfreie Anlage zu Werbezwecken aufgestellt wird (OVG NRW, NWVBl. 2007, 57).

> **Beispiele:** Die Bemalung eines Gasthauses in der Düsseldorfer Altstadt mit blauen Rauten auf weißem Grund als Hinweis auf das bayerische gastronomische Angebot ist Werbeanlage (OVG NRW, NWVBl. 1999, 22). Nicht nur solche PKW-Anhänger, die speziell zu Werbezwecken in den Verkehr gebracht werden, sondern auch solche, die zwar bestimmungsgemäß am Straßenverkehr teilnehmen, dann aber so geparkt werden, dass sie die Funktion einer ortsfesten Werbeanlage erfüllen, können ortsfeste Werbeanlagen sein (OVG NRW, BauR 2004, 67). Fahnenmasten, die nach § 65 I Nr. 22 BauO an sich genehmigungsfrei errichtet werden können, unterfallen als Werbeanlagen den Regelungen des § 13 BauO, wenn sie zusammen mit den angebrachten Fahnen Teile von Werbeanlagen sind (OVG NRW, NWVBl. 2007, 57).

245 Danach erfasste Werbeanlagen und Warenautomaten unterliegen mehrfachen **Beschränkungen**. Nach § 13 II BauO dürfen sie nicht verunstaltend wirken (vgl. Rn. 242) oder Sicherheit und Ordnung des Verkehrs gefährden; außerdem ist eine störende Häufung unzulässig. Weitergehende Verbote gelten nach § 13 III, IV BauO für Werbeanlagen, nach § 13 V BauO partiell auch für Warenautomaten, in bestimmten Gebieten.

> **Beispiel:** Mega-Light Werbeanlagen sind – ebenso wie Prismenwende- und Diaprojektionsanlagen – grundsätzlich geeignet, einzelfallabhängig, je nach Stand- oder Anbringungsort konkrete Straßenverkehrsgefährdungen nach § 13 II 1 Alt. 2 BauO NW zu verursachen; sie führen zu einer visuellen Ab-

E. Materielles Bauordnungsrecht 565

lenkung von Kraftfahrzeugführern, die durch Erzeugung eines Überraschungseffekts und die Weckung von Neugier (auf das nächste Bild) hervorgerufen und verstärkt wird, und sie können bei Dunkelheit beampelte Kreuzungen dominieren und die Lichtzeichen überlagern (OVG NRW, NVwZ-RR 2002, 821).

Weitergehende bauordnungsrechtliche Anforderungen können nach § 86 I Nr. 1, 2 BauO durch örtliche Bauvorschriften (vgl. Rn. 246) begründet werden. Auch außerhalb des Bauordnungsrechts finden sich einschränkende Regelungen; z. B. begründet § 9 VI FStrG ein Anbauverbot entlang Bundesautobahnen und Bundesfernstraßen, und § 33 I StVO enthält einschlägige Verbote mit Blick auf Störungen des Verkehrs.

3. Örtliche Bauvorschriften (§ 86 BauO)

Eine **Ermächtigung der Gemeinden zur weitergehenden positiven Gestal-** 246
tungspflege, die auch eine gewisse planerische Gestaltungsfreiheit einschließt (OVG NRW, NVwZ-RR 2001, 14 [16]), ergibt sich aus § 86 BauO. Nach Maßgabe dieser gesetzlichen Ermächtigung können die Gemeinden durch als Satzung erlassene örtliche Bauvorschriften, sog. Gestaltungssatzungen, nähere Vorgaben zur Baugestaltung machen. Gemäß §§ 9 IV BauGB, 86 IV BauO können örtliche Bauvorschriften als Festsetzungen in den Bebauungsplan aufgenommen werden (vgl. Rn. 36).

Abweichungen i. S. v. § 73 BauO (vgl. Rn. 239) von örtlichen Bauvorschriften erfordern das Einvernehmen der Gemeinde (§ 86 V BauO).

4. Stellplatzpflicht (§ 51 BauO)

Bei der Errichtung und bei wesentlichen (Nutzungs-)Änderungen von Anla- 247
gen, bei denen ein Zu- und Abgangsverkehr zu erwarten ist, besteht die **Verpflichtung zur Herstellung sog. notwendiger Stellplätze und Garagen** (§ 51 I, II BauO). Sie entfällt u. U. beim Dachgeschossausbau (§ 51 IX BauO). Unter einengenden Voraussetzungen kann sie durch gemeindliche Satzung auch bzgl. bereits bestehender baulicher Anlagen begründet werden (§ 51 IV Nr. 1 BauO). Der – nicht nachbarschützende – Zweck dieser bauordnungsrechtlichen Verpflichtung ist es, die öffentlichen Verkehrsflächen für den fließenden Verkehr frei zu halten und den ruhenden Verkehr auf Privatgrundstücke zu verweisen (vgl. OVG NW, BRS 56 Nr. 159; NVwZ-RR 1999, 365 [366]). Zu diesem Zweck müssen grundsätzlich die notwendigen Stellplätze und Garagen auf dem Baugrundstück oder einem Grundstück in dessen näherer Umgebung hergestellt werden (vgl. i. e. § 51 III BauO). Die Konkretisierung dieser Stellplatzpflicht erfolgt i. d. R. durch Nebenbestimmung zur Baugenehmigung; dabei kann auch die Herstellung in angemessener Frist nach Fertigstellung der Anlage gestattet werden (§ 51 I 3 BauO). § 51 VIII BauO hindert die spätere Zweckentfremdung notwendiger Stellplätze und Garagen.

§ 4. Öffentliches Baurecht

Bei der Herstellung von Stellplätzen und Garagen in Erfüllung dieser Verpflichtung sind die Vorgaben des § 51 VII BauO zu beachten, die unzumutbare Störungen der Umgebung verhindern wollen, außerdem die Abstandsregelung des § 6 XI BauO. Darüber hinaus sind in technischer Hinsicht die Vorgaben der GarVO und auch die bauplanungsrechtlichen Vorgaben gemäß §§ 12, 15 BauNVO (vgl. Rn. 138 f.) einschlägig.

Die Verpflichtung zur Herstellung von Stellplätzen und Garagen ist eine grundsätzlich zulässige Inhalts- und Schrankenbestimmung des Eigentums (BVerfG, BauR 2009, 1119).

248 Die Herstellung notwendiger Stellplätze oder Garagen kann durch eine Satzung nach § 51 IV Nr. 2 BauO verboten oder eingeschränkt oder aus anderen Gründen, z. B. bei historischer Bausubstanz, nicht oder nur unter großen Schwierigkeiten möglich sein. In diesen Fällen tritt, wie § 51 V BauO näher regelt, an die Stelle der Stellplatzpflicht die im Ermessen der Bauaufsichtsbehörde stehende **Möglichkeit der Stellplatzablösung**, d. h. des Verzichts auf die Herstellung der notwendigen Stellplätze oder Garagen gegen Leistung eines Ablösebetrages. Auch dies kann durch eine Nebenbestimmung zur Baugenehmigung geregelt werden, geschieht häufig aber durch einen öffentlich-rechtlichen Vertrag.

Der Ablösebetrag ist nach Maßgabe von § 51 VI BauO zweckgebunden zu verwenden für die Herstellung anderweitigen Parkraums oder Investitionsmaßnahmen zur Verbesserung des ÖPNV oder des Fahrradverkehrs. Auf die Beachtung dieser Verpflichtung zur zweckgebundenen Verwendung hat der einzelne Bauherr jedoch kein subjektiv-öffentliches Recht (BayVGH, BauR 2004, 1051).

5. Abstandflächenregelung (§ 6 BauO)

249 Eine praktisch sehr bedeutsame und sehr detaillierte – hier nur in Grundzügen zu besprechende – Regelung ist die Ende 2006 novellierte Abstandflächenregelung des § 6 BauO. Ihr Regelungsgehalt besteht im Kern in der **Bestimmung der von der Bebauung freizuhaltenden Flächen vor Außenwänden** von Gebäuden. Die Regelung dient sowohl dem Schutz des fraglichen Gebäudes selbst wie auch dem benachbarter Gebäude, indem sie ausreichende Versorgung mit Luft und Tageslicht, Brandschutz und auch nötige Bewegungsfreiheit, einen ausreichenden, erdrückende oder beengende Wirkungen von Gebäuden ausschließenden Sozialabstand (OVG NRW, BauR 2004, 314 [314 f.]) sichert; sie verfolgt damit sowohl gefahrenabwehrende wie auch soziale Anliegen.

> **Beispiele:** Von einem 36 Meter hohen Mobilfunkmast gehen regelmäßig Wirkungen wie von einem Gebäude aus, so dass die Abstandsflächenregelung gemäß § 6 X 1 BauO entsprechend anzuwenden ist (OVG NRW, BauR 2012, 1370 [1371]). Ein Biergarten ist hingegen auch dann nicht nach § 6 X 1 Nr. 2 BauO abstandflächenrelevant, wenn er mit Einrichtungsgegenständen wie Tischen, Stühlen und Sonnenschirmen ausgestattet wird, die 1 m hoch oder höher sind (OVG NRW, NVwZ-RR 2011, 970 [971]).

E. Materielles Bauordnungsrecht

Die **Berechnung der zu wahrenden Abstandfläche** erfolgt, wie § 6 IV BauO 250 näher regelt, grundsätzlich nach der Höhe der Außenwand. In Abhängigkeit hiervon bestimmt dann § 6 V BauO die Tiefe der Abstandfläche unterschiedlich je nach Baugebiet und Nutzungszweck der benachbarten Fläche. Für benachbarte Baugrundstücke in Wohngebieten ist danach etwa grundsätzlich ein Abstand von 0,8 der ermittelten Höhe der Außenwand zu wahren, für andere, intensiverer baulicher Nutzung zugängliche Baugebiete gelten geringere Abstände. Immer muss der Abstand grundsätzlich mindestens 3 Meter betragen (§ 6 V 5 BauO).

Eine wichtige Sonderregelung ist **das bislang sog. Schmalseitenprivileg**, das 251 durch § 6 VI BauO i. d. F. des Änderungsgesetzes vom 12. Dez. 2006 deutlich ausgeweitet worden ist. Die Anwendung ist nicht mehr auf höchstens zwei Grundstücksgrenzen beschränkt, und die Regelung ist auch nicht mehr auf nur eine Wand je Grundstücksgrenze anwendbar. Nach der Neuregelung genügt gegenüber jeder Grundstücksgrenze und gegenüber jedem Gebäude auf demselben Grundstück auf einer Länge der Außenwände von nicht mehr als 16 Metern ein Abstand von 0,4, in Kerngebieten 0,25 der ermittelten Höhe der Außenwand; ein Mindestabstand von 3 Metern muss gewahrt bleiben.

Die gebotenen Abstandflächen müssen **regelmäßig auf dem eigenen** 252 **Grundstück** liegen (§ 6 II 1 BauO). Jedoch ist die teilweise Einbeziehung von öffentlichen Verkehrs-, Grün- oder Wasserflächen zulässig (§ 6 II 2 BauO). Außerdem kann eine Abstandfläche auch – durch Baulast (vgl. Rn. 261) gesichert – auf Nachbargrundstücke übernommen werden (§ 6 II 3 BauO).

Die bauordnungsrechtliche Abstandregelung ist schließlich gemäß § 6 I 2 253 BauO offen für **Modifikationen auf Grund bauplanungsrechtlicher Vorgaben** (vgl. OVG Münster, BauR 2009, 771). Wenn danach an die Grenze gebaut werden muss, namentlich weil im Bebauungsplan eine geschlossene Bauweise festgesetzt ist, oder wenn an die Grenze gebaut werden darf und die Grenzbebauung auch des Nachbargrundstücks gesichert ist, ist ein Grenzabstand nicht erforderlich (§ 6 I 2 lit. a und b BauO). In letzterem Fall ist die früher erforderliche sog. öffentlich-rechtliche Anbausicherung durch Baulast nicht mehr zwingend vorgeschrieben; ist bereits ein Gebäude ohne Grenzabstand vorhanden, soll dies als Sicherung gelten (OVG NRW, BRS 57 Nr. 137; BauR 2001, 77; BRS 69 Nr. 130). I.Ü. erlaubt § 9 I Nr. 2a BauGB jetzt die Festsetzung eines von § 6 V BauO abweichenden Maßes der Tiefe der Abstandsflächen im Bebauungsplan (vgl. Rn. 73).

Nach § 73 I 2 BauO i.d.F. des Änderungsgesetzes vom 12. Dez. 2006 sind Abweichungen (vgl. dazu allgemein Rn. 239) von § 6 BauO zulässig, wenn in der Folge nachbarliche Interessen nicht stärker oder nur unwesentlich stärker beeinträchtigt werden.

6. Anhang

Literatur: *Sarnighausen*, Garagen und Stellplätze im Baunachbarrecht, NVwZ 254 1996, 7; *Gubelt*, Das neue Bauordnungsrecht in Nordrhein-Westfalen, NVwZ 2000, 1013; *Boeddinghaus*, Abstandsflächen bei Hochhäusern und anderen typi-

§ 4. Öffentliches Baurecht

schen Hausformen, BauR 2000, 1286; *Neuhausen*, Zur Änderung des § 51 BauO NW, BauR 2000, 329; *Dietlein*, Zur baurechtlichen Problematik sog. Himmelsstrahler, BauR 2000, 1682; *Otto*, Neue Regelungen für die Stellplatzpflicht und ihre Ablösung in der Landesbauordnung Nordrhein-Westfalen, ZfBR 2001, 21; *Boeddinghaus*, Sozialabstand, BauR 2004, 763; *Waechter*, Abstandsklage, nachbarliches Gemeinschaftsverhältnis und planungsrechtliche Schicksalsgemeinschaft, BauR 2009, 1237

Klausurfälle: *Lange*, Werbeanlage für ein Kieswerk, VR 1994, 317; *Dolderer*, Standortprobleme eines Mittelständlers – Wohnruhe oder Arbeitsplätze?, JuS 2000, 279; *Sydow*, Der Himmelsstrahler, JURA 2002, 196; *Lange/Kosczynski-Wagner*, Neubau eines Wohnhauses, VR 2002, 199; *Jahndorf/Suttmann*, „Sturm auf die Werbefahne", NWVBl. 2004, 240

Kontrollfragen:

1. Landwirt M betreibt nebenberuflich einen Bioladen und beabsichtigt nun, einen alten Heuwagen zu Reklamezwecken mit einer ca. 40 m^2 großen, bedruckten Plastikplane zu bespannen, die für seinen Bioladen wirbt. M möchte den so gestalteten Heuwagen dauerhaft auf einer seiner Weiden an der Bundesstraße 68 außerhalb der im Zusammenhang bebauten Ortsteile der Stadt Bielefeld abstellen. Was ist dabei zu beachten?
2. Welchen Zwecken dienen die Abstandflächenregelungen der BauO?

F. Formelles Bauordnungsrecht

255 Das formelle Bauordnungsrecht (zur Unterscheidung von formellem und materiellem Bauordnungsrecht vgl. Rn. 10) regelt die **Organisation der Bauaufsicht und das bauaufsichtliche Verfahren.** Da dieses Verfahren über den Vollzug des materiellen Bauordnungsrechts hinaus insbesondere auch die Prüfung der bauplanungsrechtlichen Anforderungen an Vorhaben einschließt, verklammert das formelle Bauordnungsrecht – am deutlichsten im Baugenehmigungsverfahren – verfahrensmäßig das Bauordnungs- und das Bauplanungsrecht.

I. Organisation der Bauaufsicht

1. Bauaufsichtsbehörden (§ 60 BauO)

256 Die **Oberste Bauaufsichtsbehörde** ist nach § 60 I Nr. 1 BauO das für die Bauaufsicht zuständige Ministerium. Dies ist in NRW das Ministerium für Bauen und Verkehr.

257 Die **Oberen Bauaufsichtsbehörden** bestimmt § 60 I Nr. 2 BauO. Für die kreisfreien Städte und die Kreise sowie in den Fällen des § 80 BauO, d. h. bei Vorhaben von öffentlichen Bauherrn, die nach dieser Bestimmung nicht genehmigungsbedürftig sind, sind dies die Bezirksregierungen. I. Ü. sind die Landräte als untere staatliche Verwaltungsbehörde Obere Bauaufsichtsbehörde.

F. Formelles Bauordnungsrecht

Die **Unteren Bauaufsichtsbehörden** schließlich sind nach § 60 I Nr. 3 lit. a und b BauO die kreisfreien Städte, die Großen kreisangehörigen Städte und die Mittleren kreisangehörigen Städte i. S. v. § 4 GO (s. § 2 Rn. 78), für die übrigen kreisangehörigen Gemeinden die Kreise. Insbesondere mit Blick auf diese der kommunalen Ebene zugehörigen Unteren Bauaufsichtsbehörden ist bedeutsam, dass sie nach § 60 I, II 1 BauO als Ordnungsbehörden bzw. in Wahrnehmung von Aufgaben der Gefahrenabwehr tätig werden. Sie sind also insoweit Sonderordnungsbehörden i. S. v. § 12 I OBG und unterliegen dem Weisungsrecht gemäß § 9 OBG. Die Tätigkeit als Untere Bauaufsichtsbehörde fällt damit in den Bereich der Pflichtaufgaben zur Erfüllung nach Weisung i. S. v. § 3 II 1 GO (vgl. § 2 Rn. 96 f.).

258

2. Zuständigkeitsverteilung

Hinsichtlich der **sachlichen Zuständigkeit** ergibt sich aus § 62 BauO, dass grundsätzlich, vorbehaltlich abweichender spezieller Regelungen die Untere Bauaufsichtsbehörde für den Vollzug der BauO zuständig ist. Solche abweichenden Zuständigkeitsregelungen enthalten z. B. §§ 78 I 1, 80 I 2, II 1 BauO.

259

Für die **örtliche Zuständigkeit** gibt es in der BauO keine Sonderregelung. Sie folgt daher aus der allgemeinen Regelung des § 3 I Nr. 1 VwVfG, richtet sich also nach der Belegenheit des fraglichen Grundstücks.

260

II. Bauordnungsrechtliche Instrumentarien

1. Baulast (§ 83 BauO)

Die Baulast ist ein bauordnungsrechtliches Instrument zur **dinglichen, öffentlich-rechtlichen Sicherung grundstücksbezogener, nicht schon gesetzlich begründeter Verpflichtungen** des Grundstückseigentümers. Sie wird herbeigeführt durch eine öffentlich-rechtliche Willenserklärung des Grundstückseigentümers gegenüber der Bauaufsichtsbehörde; mit der Eintragung in das von der Bauaufsichtsbehörde geführte Baulastenverzeichnis wird sie wirksam (vgl. § 83 I, II BauO). Sie bindet auch den Rechtsnachfolger (§ 83 I 3 BauO) und geht nur durch Verzicht der Bauaufsichtsbehörde unter (§ 83 III BauO). Die so begründeten Verpflichtungen können mit den bauaufsichtlichen Eingriffsbefugnissen durchgesetzt werden. In der Sache können Baulasten im öffentlichen Interesse zu sichernde grundstücksbezogene Verpflichtungen zum Gegenstand haben (vgl. BVerwG, NVwZ 1995, 377 [377 f.]). Hauptanwendungsfeld ist die Ermöglichung der Abweichung von bauordnungsrechtlichen Anforderungen, regelmäßig im Zusammenwirken von Nachbarn; insofern ist die Baulast rechtlich strikt zu unterscheiden von evtl. zugrunde liegenden privatrechtlichen Vereinbarungen zwischen diesen.

261

§ 4. Öffentliches Baurecht

> **Beispiele:** Die bauordnungsrechtlich geforderte wegemäßige Erschließung eines Grundstücks kann bei einem nicht unmittelbar an einer befahrbaren öffentlichen Verkehrsfläche liegenden Grundstück durch öffentlich-rechtlich, d. h. durch Baulast gesicherte Zufahrt (über ein anderes Grundstück) zu einer öffentlichen Verkehrsfläche herbeigeführt werden (§ 4 I Nr. 1 BauO). Eine durch die gesetzlich vorgeschriebene Abstandfläche untersagte Grenzbebauung eines Grundstücks kann ermöglicht werden, indem ein Grundstücksnachbar die Abstandfläche durch Baulast auf sein Grundstück übernimmt (§ 6 II 3 BauO). Die Grenzbebauung des Nachbargrundstücks kann, muss aber nicht mehr durch Baulast gesichert werden (§ 6 I 2 lit. b BauO).

2. Instrumente präventiver Rechtmäßigkeitskontrolle

262 Der Eigentümer hat ein – grundrechtlich abgesichertes – Recht auf bauliche Nutzung seines Grundstücks, wenn er die materiellrechtlichen Voraussetzungen des geltenden Baurechts erfüllt (zur sog. Baufreiheit vgl. Rn. 5). Das öffentliche Baurecht unterwirft freilich die Ausübung dieser Freiheit in breitem Umfang einem **Verbot mit Erlaubnisvorbehalt**, um auf diese Weise durch präventive Rechtskontrolle vorab die Vereinbarkeit des Vorhabens mit dem öffentlichen Baurecht überprüfen zu lassen. Für den betroffenen Eigentümer ist das ambivalent: Einerseits wird ihm verfahrensrechtlich eine zeit-, arbeitskraft- und geldraubende Belastung auferlegt; andererseits erhält er mit der Genehmigung eine bestandskräftige Entscheidung über die Zulässigkeit seines Vorhabens, die Rechts- und Planungssicherheit schafft und dem Bauherrn das Risiko des Bauens partiell abnimmt.

Im Folgenden werden die Baugenehmigung und – als deren Varianten – Bauvorbescheid und Teilbaugenehmigung näher dargestellt. Daneben kennt die BauO noch weitere Genehmigungen, insbesondere die Typengenehmigung, eine von der Obersten Bauaufsichtsbehörde erteilte allgemeine Genehmigung für in derselben Ausführung mehrfach zu errichtende bauliche Anlagen, insbesondere Fertighäuser, die die Baugenehmigung partiell vorwegnimmt, aber nicht entbehrlich macht (§ 78 BauO), sowie die Genehmigung sog. Fliegender Bauten, z. B. Zirkuszelte oder Karussells (§ 79 BauO).

a) Baugenehmigung

263 Das **zentrale baurechtliche Instrument präventiver Rechtmäßigkeitskontrolle** ist die Baugenehmigung. Sie ist die bauaufsichtsbehördliche Erklärung, dass dem beabsichtigten Vorhaben das im Zeitpunkt der Entscheidung geltende öffentliche Recht nicht entgegensteht (BVerwG, DVBl. 1964, 184; BVerwG, BRS 18 Nr. 49).

aa) Genehmigungsbedürftigkeit

264 Eine Baugenehmigung ist nur erforderlich und rechtmäßig, und ein Anspruch auf Baugenehmigung besteht nur, wenn das fragliche Vorhaben genehmigungsbedürftig ist. Insoweit gilt nach § 63 I 1 BauO, soweit nicht §§ 65 bis 67, 79 und 80 BauO anderes bestimmen, der **Grundsatz der Genehmigungspflichtigkeit**. Diese erfasst bauliche Anlagen und andere Anlagen

F. Formelles Bauordnungsrecht

und Einrichtungen i. S. v. § 1 I 2 BauO; insofern gewinnen v.a. die mit Blick auf den Anwendungsbereich der BauO erörterten Bestimmungen der §§ 1 I, 2 I BauO (Rn. 234 f.) zentrale Bedeutung für das formelle Bauordnungsrecht, namentlich das Baugenehmigungsverfahren. Genehmigungspflichtig sind die Errichtung, die Änderung und der Abbruch sowie grundsätzlich auch die – bloße, ohne bauliche Veränderung auskommende – Nutzungsänderung; denn Gegenstand der Baugenehmigung ist die bauliche Anlage in ihrer durch die Nutzung bestimmten Funktion als Einheit, so dass eine Änderung der festgelegten bzw. vorausgesetzten Nutzung immer eine – grundsätzlich erneut genehmigungsbedürftige – Funktionsänderung darstellt (BVerwGE 47, 185 [188]). Eine im Bürokratieabbaugesetz I vom 13. März 2007 (GV. NRW. S. 133) vorgesehene Sonderregelung, nach der die Nutzungsänderung abweichend von § 63 I 1 BauO in der Regel nur der schriftlichen Anzeige unter Beifügung der erforderlichen Bauvorlagen bedurfte, ist mit dem 31. Dez. 2012 ausgelaufen.

Die Baugenehmigungsbedürftigkeit eines Vorhabens entfällt nicht eigentlich wegen, geht aber auf in der Planfeststellungsbedürftigkeit des Vorhabens bzw. der Erforderlichkeit einer immissionsschutzrechtlichen Anlagengenehmigung und einiger weiterer Genehmigungen (vgl. § 63 II, III BauO). Dies beruht auf dem Umstand, dass Planfeststellungsbeschlüsse und z. B. immissionsschutzrechtliche Anlagengenehmigungen mit sog. Konzentrationswirkung ausgestattet sind, also alle nach anderen Rechtsvorschriften erforderlichen Genehmigungen und deshalb auch die Baugenehmigung einschließen (vgl. § 75 I 1 Hs. 2 VwVfG; § 13 BImSchG). Baurechtliche Normen sind dann in diesem Planfeststellungs- bzw. Genehmigungsverfahren als sonstiges öffentliches Recht mit zu prüfen (vgl. § 6 I Nr. 2 BImSchG).

Liegt ein Vorhaben i. S. v. § 63 I 1 BauO vor, ist anschließend dessen ausnahmsweise **Genehmigungsfreiheit gemäß §§ 65, 66, 67 BauO** zu untersuchen. Zunächst enthält § 65 BauO eine umfangreiche Regelung der Genehmigungsfreiheit von baulichen Anlagen und sonstigen Anlagen und Einrichtungen i.S.v. § 1 I 2 BauO: In § 65 I BauO findet sich ein Katalog von Vorhaben, deren Errichtung oder Änderung genehmigungsfrei ist; § 65 II BauO stellt bestimmte Änderungen, Nutzungsänderungen sowie Auswechslungs- und Instandhaltungsmaßnahmen genehmigungsfrei; § 65 III BauO lässt den Abbruch bzw. die Beseitigung bestimmter Anlagen und Einrichtungen genehmigungsfrei zu; § 65 IV BauO betont dabei ausdrücklich, dass die Genehmigungsfreiheit nicht von der Beachtung des materiellen Baurechts und sonstiger öffentlich-rechtlicher Vorschriften dispensiert. Weiter enthält § 66 BauO eine Regelung über die Genehmigungsfreiheit der Errichtung und Änderung bestimmter Anlagen, z. B. Wärmepumpen, Wasserversorgungs- und Abwasseranlagen. Die bei ihrer erstmaligen Einführung sehr umstrittene, baurechtlich bedeutsamste Ausnahme stellt das Freistellungsverfahren des § 67 BauO dar. Es erfasst die Errichtung oder (Nutzungs-)Änderung von Wohngebäuden mittlerer und geringer Höhe (vgl. § 2 III 1, 2 BauO) einschließlich Nebengebäuden und -anlagen (§ 67 I 1, 2 BauO) sowie diesen dienende Garagen und Stellplätze nach Maßgabe von § 67 VII BauO. Materielle Voraussetzung ist, dass ein solches Vorhaben sich im räumlichen

Geltungsbereich eines qualifizierten oder vorhabenbezogenen Bebauungsplans befindet (wobei nach § 67 VIII BauO unschädlich sein soll, wenn nach Durchführung des Vorhabens die Nichtigkeit des Bebauungsplans festgestellt wird), dass es dessen Voraussetzungen nicht widerspricht und die Erschließung gesichert ist (§ 67 I 1 Nr. 1, 2 BauO); auch den sonstigen baurechtlichen und weiteren öffentlich-rechtlichen Vorschriften muss das Vorhaben entsprechen (§ 67 V 8 i. V. m. § 65 IV BauO). Hinzu treten verfahrensrechtliche Regelungen: Der Bauherr muss Bauvorlagen für das Vorhaben bei der Gemeinde – mit einer Erklärung über die Beachtung der Brandschutzanforderungen – einreichen (§ 67 II 1 BauO), bei bestimmten Vorhaben müssen noch weitere Nachweise vorliegen (vgl. § 67 IV 1, 2, VII 2, 4 BauO). Wenn die Gemeinde nicht innerhalb eines Monats nach Eingang der Bauvorlagen erklärt, dass ein Baugenehmigungsverfahren durchgeführt werden soll (§ 67 I 1 Nr. 3, III 1 BauO), kann der Bauherr einen Monat nach Eingang der Bauvorlagen, u. U. nach entsprechender Mitteilung der Gemeinde auch früher, mit dem Vorhaben beginnen (§ 67 II 2 bis 4 BauO), nachdem er zuvor die Angrenzer informiert hat (§ 67 IV 3 BauO). Unter diesen Voraussetzungen und auf diesem Wege ist also die Möglichkeit zur Errichtung auch von Wohngebäuden ohne präventive Rechtskontrolle im Baugenehmigungsverfahren eröffnet, was zugleich die Bedeutung der repressiven Kontrolle, u. U. auch auf Nachbarklagen hin, insoweit erhöht (vgl. Rn. 282 ff., 333). Ob er diese – um der Erleichterung und Beschleunigung des Bauens willen eröffnete – Möglichkeit ergreift und dafür den Nachteil in Kauf nimmt, den durch die Baugenehmigung vermittelten Bestandsschutz zu verlieren, hat der Bauherr insofern in der Hand, als er von sich aus die Durchführung eines Baugenehmigungsverfahrens beantragen kann (vgl. § 67 I 3 BauO).

> **Beispiel:** Die Anbringung einer Fotovoltaikanlage auf dem Dach einer im Außenbereich gelegenen Reithalle ist nach § 65 I Nr. 44 BauO grundsätzlich genehmigungsfrei zulässig. Die auf dem Dach angebrachte Solarenergieanlage bildet freilich mit diesem Gebäude baukonstruktiv und funktional eine untrennbare Einheit. Die Errichtung der Solarenergieanlage ist deshalb nach früherer Rechtslage als genehmigungsbedürftig angesehen worden, wenn sie zugleich zu einer Nutzungsänderung des Gebäudes führte, indem die gewonnene Energie überwiegend in das öffentliche Netz eingespeist wurde, und damit zu der bisherigen landwirtschaftlichen Nutzung des Gebäudes eine – möglicherweise anderen oder weitergehenden bauplanungsrechtlichen Anforderungen unterworfene – gewerbliche Nutzung des Dachs hinzutrat (OVG NRW, NWVBl. 2011, 58). Hiervon abweichend stellt nunmehr § 65 Abs. 2 Nr. 3 BauO n.F. auch die mit solchen Solaranlagen verbundene Nutzungsänderung des Gebäudes baugenehmigungsfrei. Hinsichtlich der bauplanungsrechtlichen Zulässigkeit ist § 35 I Nr. 8 BauGB zu beachten (vgl. Rn. 170).

Die weiteren, in § 63 I 1 BauO genannten Ausnahmen von der Baugenehmigungspflicht gelten sog. Fliegenden Bauten (§ 79 BauO) sowie den Vorhaben öffentlicher Bauherrn, die statt einer Baugenehmigung u. U. einer Zustimmung bedürfen. Keine Ausnahme von § 63 I 1 BauO, d. h. keine Genehmigungsfreiheit, sondern nur eine Modifikation des Baugenehmigungsverfahrens begründet die – ihrem sachlichen Anliegen nach insbesondere mit § 67 BauO verwandte – Regelung über das sog.

F. Formelles Bauordnungsrecht

vereinfachte Verfahren (§ 68 BauO). Es kommt für die genehmigungsbedürftige Errichtung und Änderung von baulichen Anlagen und Einrichtungen, soweit sie nicht nach § 68 I 3 BauO hiervon ausgeschlossen sind, außerdem auf Antrag des Bauherrn nach § 67 I 3 BauO auch für genehmigungsfreie Vorhaben zur Anwendung. Das vereinfachte Verfahren sieht verfahrensmäßige Erleichterungen für den Bauherrn insbesondere im Hinblick auf vorzulegende Nachweise vor; korrespondierend ist aber auch materiellrechtlich die Baugenehmigung in ihrer Reichweite beschränkt auf die Prüfung der Vereinbarkeit mit bestimmten Anforderungen (vgl. OVG Rh.-Pf., NVwZ-RR 1992, 289 [290]; BayVGH, BayVBl. 2000, 377 [377]; OVG NRW, NVwZ-RR 2002, 564 [565]).

bb) Verfahrensrechtliche Voraussetzungen bzw. Anforderungen

Formelle **Voraussetzung des Anspruchs auf Erteilung einer Baugenehmigung** – bzw. der Rechtmäßigkeit einer erteilten Baugenehmigung – ist die Stellung eines schriftlichen und vom Bauherrn unterschriebenen, mit allen erforderlichen Bauvorlagen versehenen Bauantrags bei der zuständigen Bauaufsichtsbehörde (vgl. i. e. § 69 BauO). Die Bauvorlagen müssen von einem die nötige Sachkunde und Erfahrung aufweisenden (vgl. §§ 70 I 2, 58 I BauO), i. S. v. § 70 BauO bauvorlageberechtigten Entwurfsverfasser stammen und unterzeichnet sein. Nach dem Gesetz sind die für die Beurteilung des Bauvorhabens erforderlichen Unterlagen, für Sonderbauten i. S. v. § 68 I 3 BauO ausdrücklich auch ein Brandschutzkonzept, einzureichen (§ 69 I 2 BauO); i.Ü. ergeben sich Art und Umfang der einzureichenden Bauvorlagen v. a. aus der BauPrüfO, ergänzend u. U. auch aus Sonderbauordnungen wie der GarVO oder der HochhVO. Sind die Bauvorlagen unvollständig oder mangelhaft, soll die Bauaufsichtsbehörde gemäß § 72 I 2 BauO den Bauantrag – ohne Entscheidung in der Sache – zurückweisen (OVG NRW, NWVBl. 2001, 353 [354]). Fehlt der Bauantrag, darf eine Baugenehmigung nicht erteilt werden; sie wäre rechtswidrig (zum Umgang mit bloß formell rechtswidrigen, d.h. materiell rechtmäßigen, jedoch ohne erforderliche Baugenehmigung errichteten baulichen Anlagen vgl. Rn. 291 ff.).

Mit dem Bauantrag wird das **Baugenehmigungsverfahren** eingeleitet, das mit einer innerhalb einer Woche vorzunehmenden Vorprüfung von Bauantrag und Bauvorlagen beginnt (§ 72 I 1 BauO). Unmittelbar nach deren Abschluss sind Bauantrag und Bauvorlagen der Gemeinde – zum Zwecke der Entscheidung über ihr Einvernehmen i. S. v. § 36 BauGB (vgl. Rn. 197 ff.) oder auch über eine Bebauungsplanaufstellung und Maßnahmen zur Sicherung der Bauleitplanung (vgl. Rn. 212 ff.) – zuzuleiten (§ 72 I 3 BauO). Weiterhin sind – nach Möglichkeit gleichzeitig, u. U. auch unter Einberufung einer sog. Antragskonferenz – evtl. landesrechtlich erforderliche Entscheidungen oder Stellungnahmen anderer Stellen öffentlicher Verwaltung einzuholen; nach einer Frist von – vorbehaltlich besonderer Regelungen – ein bzw. zwei Monaten gelten sie als erteilt bzw. darf die Bauaufsichtsbehörde ohne diese entscheiden (§ 72 II, III BauO). Eine Angrenzerbenachrichtigung sieht die Soll-Vorschrift des § 74 BauO nur vor, wenn eine Abweichung von bauordnungsrechtlichen Anforderungen zugelassen werden soll (§ 73 BauO) und die Berührung öffentlich-rechtlich geschützter nachbarlicher Belange zu erwarten ist.

266

267

§ 4. Öffentliches Baurecht

268 Nach § 75 I 2 BauO bedarf die Baugenehmigung in formeller Hinsicht der **Schriftform, jedoch keiner Begründung**. Mit ihr ist eine Ausfertigung der mit Genehmigungsvermerk versehenen Bauvorlagen zuzustellen (§ 75 I 3 BauO).

cc) Materielle Rechtmäßigkeits- bzw. Anspruchsvoraussetzungen

269 Nach § 75 I 1 BauO ist die Baugenehmigung zu erteilen, wenn **dem Vorhaben öffentlich-rechtliche Vorschriften nicht entgegenstehen**. Die Vereinbarkeit mit den einschlägigen öffentlich-rechtlichen Vorschriften ist danach Voraussetzung der materiellen Rechtmäßigkeit einer erteilten Baugenehmigung, und zugleich begründet die Übereinstimmung mit den öffentlich-rechtlichen Vorschriften einen – gebundenen, nicht im Ermessen stehenden – Anspruch auf Erteilung der begehrten Baugenehmigung.

Im vereinfachten Genehmigungsverfahren besteht ein eingeschränktes Prüfungsprogramm (§ 68 I 4 BauO). Erkennt die Bauaufsichtsbehörde im Verfahren die Unvereinbarkeit des Vorhabens mit gesetzlichen, z.B. bauordnungsrechtlichen Anforderungen, die außerhalb dieses Prüfungsprogramms liegen, so ist sie nicht befugt, dieses Prüfungsprogramm zu erweitern und den Bauantrag aus materiellrechtlichen Gründen abzulehnen. Wenn ohne ins Einzelne gehende Prüfung jedoch erkennbar ist, dass das Vorhaben deswegen offensichtlich nicht verwirklicht werden darf, kommt eine Ablehnung aus verfahrensrechtlichen Gründen wegen mangelnden Sachbescheidungsinteresses in Betracht (OVG Rh.-Pf., BauR 2009, 799 [800 f.]).

270 Nach § 75 III 1 BauO wird die Baugenehmigung **ohne Rücksicht auf privatrechtliche Hinderungsgründe** erteilt. Die Bauaufsichtsbehörde muss also privatrechtliche Rechtsverhältnisse nicht beachten. Allerdings kann sie bei offensichtlichen privatrechtlichen Hindernissen für das beantragte Vorhaben den Bauantrag aus verfahrensrechtlichen Gründen wegen fehlenden Sachbescheidungsinteresses ablehnen (BVerwGE 42, 115 [116 f.]; 50, 282 [285 f.]).

271 Die Bestimmung des **Umfangs der von der Bauaufsichtsbehörde zu prüfenden öffentlich-rechtlichen Vorschriften** ist Sache des jeweiligen Landesrechts (BVerwGE 99, 351 [353]). § 75 I 1 BauO ist danach grundsätzlich umfassend in dem Sinne zu interpretieren, dass sämtliche öffentlich-rechtliche Zulässigkeitsvoraussetzungen des Bauvorhabens zu prüfen sind (OVG NRW, DÖV 2004, 302 [303]). Unstreitig und klar ist, dass die Übereinstimmung mit den bauplanungsrechtlichen und den bauordnungsrechtlichen Anforderungen zu prüfen ist. Ein Bauvorhaben kann aber einer Vielzahl weiterer einschlägiger öffentlich-rechtlicher Regelungen unterliegen, z.B. nach Denkmalschutz-, Naturschutz-, Gaststätten- oder Immissionsschutzrecht, die grundsätzlich ebenfalls von der Bauaufsichtsbehörde zu prüfen sind. Problematisch ist dies jedoch, soweit diese anderen öffentlich-rechtlichen Gesetze eigenständige Genehmigungsverfahren vorsehen; das Verhältnis der Baugenehmigung zu solchen anderen Genehmigungen ist für verschiedene Landesbauordnungen unterschiedlich und auch für die BauO des Landes NRW nicht einheitlich bestimmt worden. Der Annahme, dass auch insoweit eine umfassende Prüfung der Genehmigungsvoraussetzungen und Ersetzung solcher Genehmigungen durch die Baugenehmigung erfolge (sog. „Konzentrationsmodell"), steht § 75 III 2 BauO entgegen, wonach die

F. Formelles Bauordnungsrecht

Baugenehmigung anderweitig begründete Genehmigungspflichten etc. unberührt lässt. Klärungsbedürftig bleibt, ob die Baugenehmigung ohne Rücksicht auf diese sonstigen Genehmigungserfordernisse zu erteilen ist (sog. „Separationsmodell") oder aber als „Schlusspunkt" der für ein genehmigungspflichtiges Vorhaben durchzuführenden öffentlich-rechtlichen Zulässigkeitsprüfung erst erteilt werden darf, wenn die sonstigen Genehmigungen vorliegen (sog. „Schlusspunkttheorie"). Entsprechend einer auch in anderen Bundesländern zu beobachtenden Abkehr von der früher weithin vertretenen Schlusspunkttheorie (vgl. z. B. BayVGH, NVwZ 1994, 304 [305]; VGH BW, NVwZ-RR 1997, 156 [156 f.]) hat der 7. Senat des OVG NRW im Jahr 2001, begründet v. a. mit dem Hinweis auf § 75 III 2 BauO, das Separationsmodell zugrunde gelegt (OVG NRW, NVwZ-RR 2002, 564 [567]). Dem hat nunmehr der 10. Senat des Gerichts (OVG NRW, DÖV 2004, 302 [303 f.]; NWVBl. 2010, 230 [233]) widersprochen: § 75 III 2 BauO NRW betreffe nur die erteilte Baugenehmigung; hingegen umschreibe § 72 I 1 Nr. 2 BauO verfahrens- und materiellrechtlich das Prüfprogramm im Baugenehmigungsverfahren und schließe das Separationsmodell aus. In der Folge soll das sog. „Koordinationsmodell" i. S. eines „Sternverfahrens" gelten, wonach die Baugenehmigung als „Schlusspunkt" der für ein genehmigungspflichtiges Vorhaben durchzuführenden öffentlich-rechtlichen Zulässigkeitsprüfung zu erteilen ist. Sonstige Genehmigungserfordernisse stehen als sonstige öffentlich-rechtliche Vorschriften entgegen; erst nach Genehmigungserteilung durch die zuständige Behörde soll die Baugenehmigung erteilt werden dürfen und damit das Vorhaben umfassend legalisieren.

Für einen wichtigen Anwendungsfall, die Erforderlichkeit einer Genehmigung der Gemeinde für Vorhaben in einem förmlich festgelegten Sanierungsgebiet (vgl. § 136 ff. BauGB), ist das Problem durch das EAG Bau 2004 dadurch entschärft worden, dass die Genehmigung gemäß § 145 I 2 BauGB nunmehr durch die Bauaufsichtsbehörde im Einvernehmen mit der Gemeinde erteilt wird, wenn ein baurechtliches Genehmigungsverfahren durchzuführen ist.

> **Beispiel:** Die Baugenehmigung für die Errichtung eines im Außenbereich und zugleich im Landschaftsschutzgebiet liegenden Vorhabens ist gemäß § 75 I 1 BauO zu verweigern, auch wenn weder bauplanungsrechtliche (§ 35 BauGB) noch bauordnungsrechtliche Vorschriften entgegenstehen, solange eine erforderliche landschaftsschutzrechtliche Genehmigung von der zuständigen Behörde nicht erteilt ist (OVG NRW, DÖV 2004, 302).

So wie § 31 BauGB u. U. über entgegenstehende bauplanungsrechtliche Vorschriften hinweghelfen kann (vgl. Rn. 144 f.), erlaubt § 73 I BauO u. U. sog. **Abweichungen von bauordnungsrechtlichen Anforderungen.** Der Bauantrag schließt konkludent den Antrag auf evtl. erforderliche Entscheidungen gemäß § 73 I BauO ein. Die Gewährung von Abweichungen steht nach § 73 I 1 BauO regelmäßig im Ermessen der Bauaufsichtsbehörde.

Die Abweichung von örtlichen Bauvorschriften erfordert gemäß § 86 V BauO darüber hinaus das Einvernehmen der Gemeinde (Rn. 246).

§ 4. Öffentliches Baurecht

273 Die **Zulässigkeit von Nebenbestimmungen** richtet sich nach der allgemeinen Vorschrift des § 36 I VwVfG; die Baugenehmigung, auf die ein gebundener Anspruch besteht, darf danach nur mit Nebenbestimmungen versehen werden, soweit sie durch Rechtsvorschrift zugelassen sind oder dazu dienen, einen sonst gegebenen Versagungsgrund zu beseitigen. Als Nebenbestimmungen kommen insbesondere die Bedingung (§ 36 II Nr. 2 VwVfG) oder die Auflage (§ 36 II Nr. 4 VwVfG) in Betracht. Während die Bedingung die Wirksamkeit der Baugenehmigung von einem bestimmten – zukünftigen, in seinem Eintritt ungewissen – Ereignis abhängig macht, ohne eine eigene – evtl. durchsetzbare – Sachregelung zu treffen, begründet die Auflage eine sachlich auf den Hauptverwaltungsakt der Baugenehmigung bezogene und rechtlich von ihm abhängige, aber doch eigene, zusätzliche Verpflichtung zu einem Tun, Dulden oder Unterlassen; die Auflage gilt deshalb überwiegend als Verwaltungsakt, der eigenständig durchsetzbar ist (vgl. Maurer, Allgemeines Verwaltungsrecht, 17. Aufl. 2009, § 12 Rn. 9 ff.). Die – gerade mit Blick auf die Baugenehmigung besonders relevante – frühere Qualifikation von Nebenbestimmungen, die nicht – wie die normale Auflage – eine zusätzliche Leistungspflicht begründen, sondern die eigentliche Genehmigung qualitativ verändern, als sog. modifizierende Auflagen darf inzwischen als aufgegeben betrachtet werden; derartige Regelungen werden nicht mehr als Nebenbestimmung, sondern als inhaltliche Modifikation des Verwaltungsakts, also der Baugenehmigung, gegenüber dem Antrag angesehen, anders gewendet: als Gewährung einer vom Bauantrag abweichenden Baugenehmigung (vgl. Maurer, Allgemeines Verwaltungsrecht, 17. Aufl. 2009, § 12 Rn. 16).

Hintergrund dieser früheren Diskussion ist das Rechtsschutzproblem (vgl. Rn. 304 f.). Die Rechtsfigur der modifizierenden Auflage wollte die – in Bezug auf Auflagen anerkannte – isolierte Anfecht- und Aufhebbarkeit für bestimmte Regelungen, die sich als Auflage präsentierten, in der Sache aber den Inhalt des Hauptverwaltungsakt qualitativ veränderten, vermeiden. Indem die früher als Baugenehmigung mit modifizierender Auflage gekennzeichneten Regelungen jetzt als partielle Ablehnung der beantragten Baugenehmigung bei gleichzeitiger Erteilung einer so nicht beantragten Baugenehmigung angesehen werden, ist klargestellt, dass Rechtsschutz insoweit nur durch Verpflichtungsklage auf Erteilung einer Baugenehmigung entsprechend dem ursprünglichen Bauantrag erlangt werden kann.

Beispiele: Eine (aufschiebende) Bedingung liegt in der Nebenbestimmung zu einer Baugenehmigung, zunächst noch Einstellplätze für Kraftfahrzeuge zu schaffen (BVerwGE 29, 261 [265]). Bei der einer Baugenehmigung nach § 35 IV 1 Nr. 2 BauGB beigefügten Nebenbestimmung, durch die dem Bauherrn aufgegeben wird, den bisher bestehenden Bau, an dessen Stelle der Ersatzbau treten soll, abzubrechen, handelt es sich um eine selbständige Auflage (OVG NRW, NVwZ-RR 2004, 478 [479]). Die baurechtliche Genehmigung eines Transportbetonwerks u. a. mit der „besonderen Auflage", einen bestimmten Lärmpegel nicht zu überschreiten, ist früher als „modifizierende Auflage" gekennzeichnet worden (BVerwG, DÖV 1974, 380), ebenso die Baugenehmigung für die Errichtung eines Gebäudes mit einem Satteldach statt eines Flachdachs (VGH BW, BRS 28 Nr. 113).

F. Formelles Bauordnungsrecht

> **Anspruch auf Erteilung einer Baugenehmigung**
>
> Anspruchsgrundlage: § 75 I 1 BauO
>
> Genehmigungsbedürftigkeit (§ 63 I BauO)
>
>   Bauliche Anlage (etc.) i. S. v. §§ 1 I 1 und 2, 2 I BauO
>
>   Keine Ausnahme von der Baugenehmigungspflicht (§§ 65 bis 67, 79, 80 BauO)
>
> Vorliegen der Genehmigungsvoraussetzungen
>
>   Formelle Voraussetzungen: Ordnungsgemäßer Bauantrag bei der zuständigen Behörde
>
>   Materielle Voraussetzungen: kein Entgegenstehen öff.-rechtl. Vorschriften
>
>   Bauplanungsrecht
>
>   Bauordnungsrecht
>
>   Sonstige öff.-rechtl. Vorschriften

dd) Rechtswirkungen und Rechtsbeständigkeit

Die Baugenehmigung ist ein **Verwaltungsakt mit feststellender und (rechts-) gestaltender bzw. verfügender Wirkung.** Sie enthält zum einen die verbindliche, bestandskraftfähige Feststellung der Übereinstimmung des beantragten Vorhabens mit den einschlägigen öffentlich-rechtlichen Vorschriften. Zum anderen entfaltet sie gestaltende Wirkung, indem sie das gesetzlich begründete präventive Verbot des Bauens (vgl. Rn. 262) aufhebt und das Bauen gestattet (vgl. § 75 V BauO). Weiter vermittelt sie auch über ihre Ausnutzung hinaus in ihrer Feststellungsfunktion dem ihr entsprechend errichteten Bauwerk und seiner bestimmungsgemäßen Nutzung Bestandsschutz, auch wenn nachträglich materielle Baurechtswidrigkeit eintritt oder sich herausstellt (Brohm, Öffentliches Baurecht, § 28 Rn. 26; vgl. näher Rn. 291 ff.).

Die Bestandskraft der Baugenehmigung wird allerdings dadurch relativiert, dass gemäß § 61 II 1 BauO auch nach ihrer Erteilung sog. nachträgliche Anforderungen gestellt werden können, um dabei nicht voraussehbare Gefahren oder unzumutbare Belästigungen von der Allgemeinheit oder den Nutzern abzuwenden.

Die in einer Baugenehmigung enthaltene umfassende Feststellung der Vereinbarkeit des Bauvorhabens einschließlich der ihm zugedachten Nutzung mit den für die bauaufsichtliche Prüfung einschlägigen öffentlich-rechtlichen Vorschriften kann für nachfolgende Genehmigungsverfahren Bindungswirkung entfalten. Welche Behörde die insoweit maßgebliche Entscheidung zu treffen hat, soll danach entschieden werden, zu welchem in die originäre Zuständigkeit der beteiligten Behörden fallenden Regelungsgegenstand der stärkere Bezug besteht /(BVerwGE 74, 315 [324]). Hinsichtlich der typischerweise mit der bestimmungsgemäßen Nutzung einer Gaststätte in einer konkreten baulichen Umgebung verbunden0den Immissionen besteht der stärkere Bezug zur Zuständigkeit der Bauaufsichtsbehörde; die Festellung der Vereinbarkeit mit § 15 I 2 BauNVO in der Baugenehmigung entfaltet deshalb Bindungswirkung für die gaststättenrechtliche Beurteilung nach § 4 I Nr. 3 GastG

(BVerwGE 80, 259 [262]). Die Baugenehmigung muss deshalb bereits alle für den Nachbarschutz notwendigen Regelungen enthalten und kann diese nicht der nachfolgenden Gaststättenerlaubnis überlassen (BVerwG, BauR 2011, 1642 [1643]).

275 Die Baugenehmigung, über die ohne Rücksicht auf privatrechtliche Hinderungsgründe entschieden wird (Rn. 270), bewirkt allerdings auch **keine Veränderung privatrechtlicher Positionen** (vgl. § 75 III 1 BauO). Privatrechtlich begründete Bauhindernisse bleiben also ggf. bestehen.

276 Als nicht personen-, sondern grundstücksbezogene, dingliche Genehmigung hat die Baugenehmigung **Rechtswirkung auch für und gegen den Rechtsnachfolger** (§ 75 II BauO).

277 Die Baugenehmigung kann nicht beliebig „auf Vorrat" gehalten werden, sondern hat eine **begrenzte Geltungsdauer**. Nach § 77 BauO erlischt sie, wenn nicht innerhalb von drei Jahren nach ihrer Erteilung mit der Bauausführung begonnen wird oder wenn diese um ein Jahr unterbrochen worden ist; es besteht freilich auf Antrag der Anspruch auf eine – auch rückwirkende – Verlängerung, wenn das Vorhaben weiterhin den Voraussetzungen des § 75 I 1 BauO genügt. Insbesondere die privilegierenden Wirkungen des § 14 III BauGB (vgl. Rn. 215) werden dadurch zeitlich begrenzt. Ein Verwaltungsakt, der das Erlöschen der Baugenehmigung feststellt, kann auf eine konkludente Erlassbefugnis nach § 77 I BauO oder jedenfalls auf § 61 I 2 BauO gestützt werden (offengelassen in OVG NRW, BauR 2012, 927 [927]).

> **Beispiel:** Die gesamte Baugenehmigung erlischt gemäß § 77 I BauO durch Zeitablauf, wenn der Bauherr zwar die Ausführung des bauaufsichtsbehördlich genehmigten Vorhabens begonnen hat, dieses jedoch in einem wesentlichen Teil anders errichtet als genehmigt, z.B. die Eindeckung des Dachs in einer falschen, d.h. einer anderen als der bauaufsichtlich festgesetzten Farbe vornimmt (vgl. OVG NRW, NVwZ-RR 2001, 14 [15], dort allerdings im Ergebnis offen gelassen).

278 Die Baugenehmigung, auch die rechtswidrige, nicht nichtige Baugenehmigung entfaltet ihre Rechtswirkungen, solange sie nicht ihre Wirksamkeit gemäß § 43 II VwVfG verliert. Die **Rücknahme einer rechtswidrigen Baugenehmigung** erfolgt nach der allgemeinen Regelung des § 48 VwVfG. Sie unterliegt danach einer Frist von einem Jahr seit Kenntnis der zugrundeliegenden Tatsachen und der Rechtswidrigkeit der Baugenehmigung (§ 48 IV 1 VwVfG). Die Entscheidung über die Rücknahme erfolgt nach pflichtgemäßem Ermessen unter Abwägung der widerstreitenden Interessen. Wegen des durch die Rücknahme entstehenden Vermögensschadens ist der Bauherr gemäß § 48 III VwVfG zu entschädigen.

Daneben kommen in Fällen der rechtswidrigen, später zurückgenommenen Erteilung einer Baugenehmigung auch Amtshaftungsansprüche des Bauherrn in Betracht (vgl. ausführlich Schieferdecker, in: Hoppe/Bönker/Grotefels, Öffentliches Baurecht, § 19 Rn. 25 ff.).

b) Bauvorbescheid und Teilbaugenehmigung

Im Interesse einer rationellen, u. U. beschleunigten Durchführung der präventiven Rechtskontrolle bietet die BauO **Möglichkeiten einer abgeschichteten Prüfung** der Zulässigkeit von baugenehmigungspflichtigen Vorhaben. Die Instrumente des Bauvorbescheids und der Teilbaugenehmigung bieten dem Bauherrn die Möglichkeit, statt sogleich das umfassende Baugenehmigungsverfahren zu durchlaufen vorab einzelne – auf unterschiedliche Weise abgeschichtete – Fragen eines Bauvorhabens zu klären. 279

Mit dem Antrag auf einen **Bauvorbescheid (§ 71 BauO)** kann der Bauherr eine vorgezogene Entscheidung über Teilaspekte der Zulässigkeit seines Vorhabens herbeiführen. Eine solche Bauvoranfrage kann sich auf jede von der Bauaufsichtsbehörde zu beurteilende Frage richten (vgl. OVG NRW, NWVBl. 2002, 234; BauR 2002, 932 [932 f.]). Ein besonders wichtiger Unterfall ist der Antrag auf eine sog. Bebauungsgenehmigung, d. h. einen Bauvorbescheid, der die bauplanungsrechtliche Zulässigkeit des Vorhabens klärt; so kann der Bauherr relativ schnell und kostengünstig, ohne umfassende Bauvorlagen (vgl. § 71 II, III BauO) die grundsätzliche Bebaubarkeit seines Grundstücks klären. Ggf. besteht, weil das dem Wortlaut des § 71 I 1 BauO zu entnehmende Ermessen sich nur auf den Zeitpunkt der Erteilung beziehen soll, ein Anspruch des Bauherrn auf den Bauvorbescheid; anderes soll allerdings gelten, wenn von vornherein feststeht, dass das Vorhaben aus anderen als den nach der Bauvoranfrage zu klärenden rechtlichen Gründen nicht realisierbar ist (BVerwGE 61, 128 [130 f.]). Der Bauvorbescheid enthält dann eine vorgezogene Entscheidung über die aufgeworfene Teilfrage der späteren Baugenehmigung mit – im Gegensatz zu dieser (vgl. Rn. 274) – allerdings nur feststellender, nicht rechtsgestaltender Wirkung, so dass mit der Ausführung noch nicht begonnen werden kann. Der Bauvorbescheid entfaltet jedoch Bindungswirkung, so dass bei der späteren Entscheidung über die Baugenehmigung nicht erneut oder anders entschieden werden darf. Dies gilt auch bei späterer Änderung der Rechtslage, z. B. bei einer Änderung des Bebauungsplans oder dem Erlass einer Veränderungssperre (vgl. Rn. 215). Die Geltungsdauer des Bauvorbescheids beträgt zunächst zwei Jahre (§ 71 I 2 BauO) und kann auf Antrag verlängert werden (§§ 71 II, 77 II BauO). Zuvor kann der Vorbescheid nur durch Rücknahme oder Widerruf (§§ 48 f. VwVfG) beseitigt werden. 280

Anstelle eines Bauvorbescheids kommt auch eine Zusicherung (§ 38 VwVfG) in Betracht (zur Unterscheidung vgl. OVG NRW, BRS 47 Nr. 137). Die Zusicherung nimmt freilich noch nicht bindend einen Teil der späteren Baugenehmigung vorweg, sondern sagt nur deren Erteilung zu und entfaltet insbesondere keine Bindungswirkung bei nachträglicher Änderung der Sach- oder Rechtslage (§ 38 III VwVfG).

Beispiel: Es wird zunächst noch keine Baugenehmigung (zu dieser Konstellation vgl. Rn. 271), sondern eine Bebauungsgenehmigung für die Errichtung eines im Außenbereich und zugleich im Landschaftsschutzgebiet liegenden Vorhabens beantragt. Materiellrechtlich ist der Bauvorbescheid – anders als

> die Baugenehmigung – wegen des gemäß § 71 I 1 BauO auf die bauplanungsrechtliche Zulässigkeit begrenzten Prüfprogramms nicht „Schlusspunkt", sondern nur Zwischenschritt der bauaufsichtlichen Prüfung und deshalb im Falle bauplanungsrechtlicher Zulässigkeit des Vorhabens zu erteilen; der Antrag kann jedoch wegen mangelnden Sachbescheidungsinteresses zurückgewiesen werden, wenn nach Vorprüfung durch die Bauaufsichtsbehörde offensichtlich ist, dass eine für das Vorhaben erforderliche anderweitige Genehmigung etc. nicht erteilt werden kann (OVG NRW, DÖV 2004, 302 [305]).

281 Die **Teilbaugenehmigung** (§ 76 BauO) unterscheidet sich von dem Bauvorbescheid dadurch, dass sie eine teilweise Baugenehmigung für bestimmte Teile oder Abschnitte eines Vorhabens mit feststellender und gestaltender Wirkung darstellt, so dass sie den Baubeginn ermöglicht (§ 76 I 1 BauO). Ihre Erteilung setzt voraus, dass der Bauantrag nach § 75 BauO bereits gestellt ist und eine gesicherte Prognose über die grundsätzliche Zulässigkeit des Gesamtvorhabens möglich ist (OVG NRW, NVwZ-RR 1997, 401). Mit Rücksicht auf ihre weitreichende Wirkung sieht § 76 I 1 BauO eine Ermessensentscheidung vor. Die Teilbaugenehmigung entfaltet Bindungswirkung hinsichtlich der abschließend genehmigten Bauteile oder -abschnitte und begründet darüber hinaus ein Vertrauen auf die Erteilung der endgültigen Baugenehmigung (OVG NRW, BRS 35 Nr. 150). Allerdings erlaubt § 76 II BauO u. U. die Stellung nachträglicher zusätzlicher Anforderungen; außerdem kann die Teilbaugenehmigung durch Rücknahme oder Widerruf (§§ 48, 49 VwVfG) aufgehoben werden.

3. Eingriffsrechte der Baurechtsbehörden

282 Zu den Instrumenten präventiver Rechtskontrolle treten hinzu Mittel der **repressiven Rechtmäßigkeitskontrolle**, die der Bauaufsichtsbehörde ein Einschreiten wegen Baurechtswidrigkeit ermöglichen. Grundlage hierfür ist die der Bauaufsichtsbehörde obliegende Bauüberwachung. Sie ist in § 81 BauO als laufende Bauüberwachung während der Errichtung genehmigter Vorhaben und in § 82 BauO in Gestalt der Bauzustandsbesichtigung besonders ausgestaltet. Allgemein formuliert § 61 I 1 BauO die behördliche Aufgabe, bei Errichtung, Änderung, Abbruch, Nutzung, Nutzungsänderung und Instandhaltung baulicher Anlagen und anderer Anlagen und Einrichtungen i. S. v. § 1 I 2 BauO über die Wahrung öffentlich-rechtlicher Vorgaben zu wachen; § 61 VI BauO begründet zu diesem Zweck ein Recht zum Betreten von Grundstücken und baulichen Anlagen einschließlich Wohnungen. Näher interessieren die bei festgestellten Verstößen gegen öffentlich-rechtliche Vorschriften in Betracht kommenden bauaufsichtlichen Eingriffsmaßnahmen.

a) Die Ermächtigungsgrundlage des § 61 I 2 BauO

283 Neben einzelnen speziellen, die Kennzeichnung und Verwendung von Bauprodukten betreffenden Regelungen (§ 61 IV, V BauO) findet sich die **zen-**

F. Formelles Bauordnungsrecht   581

trale Regelung bauaufsichtlicher Ordnungsverfügungen in § 61 I 2 BauO. Es handelt sich um eine Bestimmung (sonder-)ordnungsrechtlichen Charakters, für deren Auslegung und Anwendung deshalb ergänzend auf die Grundsätze des allgemeinen Polizei- und Ordnungsrechts (vgl. § 3, insbesondere Rn. 49 ff., 75 ff.) zurückzugreifen ist, z. B. hinsichtlich des Gefahrbegriffs (vgl. OVG NRW, NWVBl. 2002, 388 [389 f.]) oder des Störerbegriffs und der Störerauswahl.

Mit Rücksicht darauf, dass nicht ausdrücklich eine Befugnis begründet 284
wird und die Eingriffsvoraussetzungen nicht näher geregelt sind, wird die Rechtsnatur dieser Bestimmung als **Ermächtigungsgrundlage** mitunter bezweifelt, weshalb insoweit auf die ordnungsbehördliche Generalklausel des § 14 OBG zurückzugreifen sein soll (vgl. Krebs, in: Schmidt-Aßmann, Bes VerwR, 4. Kap. Rn. 225). Überwiegend und überzeugend gilt jedoch § 61 I 2 BauO selbst als gesetzliche Ermächtigungsgrundlage, so dass die ordnungsbehördliche Generalklausel insoweit als subsidiär zurückzutreten hat (vgl. OVG NRW, NVwZ-RR 1998, 159).

Tatbestandlich setzt die Bestimmung einen im Rahmen des § 61 I 1 BauO 285
beachtlichen **Verstoß gegen öffentlich-rechtliche Vorschriften** – oder darauf gestützte Anordnungen – voraus, also einen baurechtswidrigen Zustand. Wichtig ist dabei die **Unterscheidung von formeller und materieller Baurechtswidrigkeit**. Als formell baurechtswidrig oder illegal gilt ein Vorhaben, für das die baurechtlich erforderliche förmliche Genehmigung nicht vorliegt; dies kann der Fall sein, weil die Genehmigung von Anfang an fehlt, nachträglich unwirksam geworden, insbesondere zurückgenommen oder widerrufen worden ist oder auch weil das Vorhaben von einer erteilten Genehmigung wesentlich abweicht (OVG NRW, BRS 32 Nr. 88). Materiell illegal ist ein Vorhaben, das materiellrechtlichen Vorgaben nicht entspricht. Von dieser Unterscheidung ausgehend werden die Anforderungen an die Baurechtswidrigkeit mit Blick auf verschiedene Maßnahmen im Lichte des Verhältnismäßigkeitsgrundsatzes unterschiedlich gefasst (vgl. Rn. 291 ff.).

Ggf. hat die Bauaufsichtsbehörde die nach pflichtgemäßem Ermessen er- 286
forderlichen Maßnahmen zu treffen. Mit Blick auf die Rechtsfolgen eröffnet § 61 I 2 BauO also Ermessen, und zwar grundsätzlich **Entschließungs- und Auswahlermessen**, das i. S. v. § 40 VwVfG pflichtgemäß auszuüben ist.

Als nach pflichtgemäßem Ermessen zur Herstellung baurechtsgemäßer 287
Zustände zu ergreifende, **erforderliche Maßnahmen** kommen Verfügungen unterschiedlichen Inhalts in Betracht. Typische Maßnahmen sind Stilllegungsverfügungen, Nutzungsuntersagungen und Abrissverfügungen (s. näher Rn. 291 ff.). Daneben kommt etwa auch in Fällen, in denen eine bauliche Anlage anfänglich legal errichtet worden ist, durch mangelnde Instandhaltung aber in ihrem Zustand rechtswidrig geworden ist (vgl. § 3 I 1 BauO), eine Verpflichtung zu Maßnahmen der Bauunterhaltung in Betracht (VGH BW, VBlBW 1988, 111 [111 f.]). Ausgeschlossen ist hingegen in Fällen formell baurechtswidrig durchgeführter Bauvorhaben eine Verpflichtung zur Stellung eines Bauantrags, um auf diese Weise formell rechtmäßige Zustände herzustellen, weil weder § 61 I 2 BauO noch eine sonstige Vorschrift der BauO hierzu ermächtigen, die Antragstellung vielmehr nach allgemeinen

verwaltungsrechtlichen Grundsätzen in das Belieben des Bauherrn gestellt ist. Die Behörde kann also nur mit anderen Mitteln, insbesondere Baueinstellung oder Nutzungsuntersagung vorgehen, und der Bauherr hat es in der Hand, diese durch Stellung des Bauantrags abzuwenden. Die Bauaufsichtsbehörde kann allerdings Bauvorlagen anfordern, die erforderlich sind, um zu prüfen, ob eine Gefährdungslage vorliegt, die ein Einschreiten wegen materieller Baurechtswidrigkeit erfordern könnte (OVG NRW, NWVBl. 2003, 223 [224]; vgl. auch HessVGH, BauR 1983, 241). Bei mehreren Verantwortlichen schließlich kann eine – an einen von ihnen adressierte – Verfügung auch von Duldungsverfügungen gegen die anderen begleitet werden.

288 Adressat der Ordnungsverfügung ist **der für den baurechtswidrigen Zustand Verantwortliche**, d. h. der Störer; dies kann sowohl der Handlungsstörer (§ 17 OBG) wie auch der Zustandsstörer (§ 18 OBG) sein (vgl. § 3 Rn. 75 ff.). Regelmäßig wird der Bauherr, u. U. bei fehlender Identität auch der Eigentümer als Verantwortlicher heranzuziehen sein. Auch der Verwalter einer Wohnungseigentümergesellschaft kann mit Rücksicht auf die ihm insoweit zustehenden Handlungsbefugnisse als Störer in Anspruch genommen werden, wenn die Gefahr von einem im Gemeinschaftseigentum stehenden Gebäudeteil ausgeht (OVG NRW, NVwZ-RR 2011, 351 [352]). Bei mehreren Verantwortlichen folgt die Störerauswahl grundsätzlich den allgemeinen ordnungsrechtlichen Grundsätzen (vgl. § 3 Rn. 124 ff.).

289 Bauaufsichtliche Ordnungsverfügungen haben grundsätzlich **Geltung auch gegen den Rechtsnachfolger**, weil es sich ihrem Gehalt nach um sach-, nicht personenbezogene Verwaltungsakte handelt (BVerwG, BRS 24 Nr. 193; BRS 25 Nr. 205; OVG NRW, NVwZ 1987, 427). Die gegen den früheren Eigentümer gerichtete Verfügung ist also auch für dessen Einzel- oder Gesamtrechtsnachfolger rechtsverbindlich und auch ihm gegenüber tauglicher Grundverwaltungsakt für allfällige Maßnahmen der Verwaltungsvollstreckung.

b) Anwendung auf bestimmte (Standard-)Maßnahmen

290 Die wichtigsten Verfügungstypen, sozusagen die „**baupolizeilichen Standardmaßnahmen**" der Stilllegungsverfügung, der Nutzungsuntersagung sowie der Abrissverfügung haben in anderen Landesbauordnungen zumeist gesonderte Regelungen gefunden. Auch in NRW gelten für sie – ungeachtet des Umstands, dass auch sie auf die bauordnungsrechtliche Generalklausel des § 61 I 2 BauO gestützt werden – unterschiedliche Voraussetzungen.

aa) Stilllegungsverfügung

291 Die Stilllegungsverfügung bewirkt eine frühzeitige **Untersagung der (weiteren) Ausführung eines (auch nur formell) illegalen Vorhabens** während der Bauausführung. Dieses Instrument hat mit der weitreichenden Freistellung von Vorhaben von der Baugenehmigungspflicht an Bedeutung gewonnen. Bei genehmigungspflichtigen Vorhaben reicht tatbestandlich und grundsätzlich auch im Rahmen des Ermessens bereits die formelle Illegalität; die Baueinstellung wegen fehlender Baugenehmigung ist grundsätzlich nicht unverhältnismäßig, da sie jederzeit aufgehoben werden kann. Die Stilllegungsver-

fügung ist allerdings unverhältnismäßig und ermessensfehlerhaft, wenn der Bauantrag gestellt ist, das Vorhaben aus Sicht der Baugenehmigungsbehörde genehmigungsfähig ist und der Erteilung der Baugenehmigung auch sonst nichts im Wege steht (OVG NRW, NVwZ-RR 2002, 564).

bb) Nutzungsuntersagung

Die Nutzungsuntersagung unterbindet eine baurechtswidrige Nutzung einer Anlage. Nach überwiegender Auffassung reicht auch für diese Anordnung tatbestandlich bereits die formelle **Illegalität der Nutzung** (NdsOVG, NVwZ-RR 2002, 822 [823]; HessVGH, NVwZ-RR 2002, 823 [824]; wohl auch OVG NW, NWVBl. 2007, 23 [24]; a. A. VGH BW, NVwZ 1997, 601 [602]), die darauf beruhen kann, dass bereits die Errichtung ungenehmigt erfolgte oder aber eine von der erteilten Genehmigung nicht mehr gedeckte Nutzungsänderung ohne schriftliche Anzeige bzw. Baugenehmigung (vgl. Rn. 264) vorgenommen worden ist. Auch diese Anordnung kann nämlich – nach erfolgter Anzeige bzw. Erteilung der erforderlichen Genehmigung – jederzeit wieder rückgängig gemacht werden. Allerdings ist mit Recht auch hier die Anordnung als ermessensfehlerhaft angesehen worden, wenn der Bauantrag gestellt ist, das Vorhaben aus Sicht der Baugenehmigungsbehörde genehmigungsfähig ist und der Erteilung der Baugenehmigung auch sonst nichts im Wege steht (OVG NRW, NWVBl. 2003, 223 [224]). 292

Der richtige Adressat der **Nutzungsuntersagung bei vermieteten Gebäuden** ist nicht der Eigentümer, sondern der jeweilige Mieter, da er als Handlungsstörer für die rechtswidrige Nutzung verantwortlich ist (OVG NRW, NWVBl. 1993, 232 [233]; vgl. allerdings auch OVG Rh.Pf., BauR 2010, 2099 [2100]). Allerdings kommt auch ein Vermietungsverbot in Betracht (OVG NRW, BRS 59 Nr. 220; BauR 2003, 677 [678]). 293

cc) Abrissverfügung

Die Abrissverfügung, die die Beseitigung eines bereits errichteten Vorhabens aufgibt und damit besonders gravierende, irreversible Belastungen auferlegt, wirft in verschärfter Form die Frage nach der Auslegung der **tatbestandlichen Voraussetzung der Baurechtswidrigkeit** auf. Unter dem Einfluss des Verhältnismäßigkeitsprinzips verfolgen hier die Gerichte eine einengende Interpretation, die verschiedene Konstellationen unterscheidet: 294
– In der **Situation formeller Illegalität, aber materieller Legalität** führt zwar das Fehlen der Genehmigung bei bestehender Genehmigungspflicht zur Baurechtswidrigkeit; das Verhältnismäßigkeitsprinzip steht jedoch regelmäßig der Abrissverfügung entgegen, weil sogleich die Wiedererrichtung genehmigt werden müsste. Es kommen deshalb nur die milderen Mittel der Stilllegung und der Nutzungsuntersagung in Betracht, und i.Ü. können durch nachträgliche Genehmigung baurechtsgemäße Zustände hergestellt werden. Streitig ist, ob dies auch gilt, wenn die Baugenehmigung bestandskräftig abgelehnt worden ist; dies wird zu Recht mit der Begründung angenommen, dass die bestandskräftige Ablehnung nicht verbindlich die materielle Baurechtswidrigkeit feststellt (BVerwGE 48, 271 [274 ff.]). Ausnahmsweise soll allein wegen formeller Illegalität die Entfernung eines

Baukörpers angeordnet werden können, wenn diese den Bauherrn nicht wesentlich härter trifft als ein Nutzungsverbot oder das Nutzungsverbot einer Beseitigung praktisch gleichkommt; in jedem Fall muss dann aber die Beseitigung ohne erheblichen Substanzverlust oder andere hohe Kosten möglich sein (OVG NRW, NWVBl. 2006, 136).
- In der **Situation formeller Legalität, aber materieller Illegalität** enthält die Baugenehmigung die rechtsverbindliche Feststellung, dass das Vorhaben mit den öffentlich-rechtlichen Vorschriften übereinstimmt. Insofern besteht Vertrauensschutz, und eine Abrissverfügung ist nur möglich, sofern die Baugenehmigung zuvor – bestandskräftig oder sofort vollziehbar – zurückgenommen wird (OVG NRW, NVwZ 1988, 942 [943 f.]).
- Nur in der **Situation formeller und materieller Illegalität**, d. h. im Fall der sog. doppelten Baurechtswidrigkeit, werden unter dem Gesichtspunkt des Bestandsschutzes und des Verhältnismäßigkeitsprinzips keine Bedenken erhoben; nur in diesem Falle soll also eine Abrissverfügung tatbestandlich zulässig sein (BVerwG, BRS 39 Nr. 170; Brohm, Öffentliches Baurecht, § 29 Rn. 8; a. A. Mampel, BauR 1996, 13). Dies konkretisierend gilt eine Abrissverfügung auch dann als unverhältnismäßig, wenn das Vorhaben nur irgendwann einmal baurechtmäßig war, da dann Anspruch auf Genehmigung bestanden hätte (BVerwG, BRS 33 Nr. 90). Dies kommt treffend in der Formulierung zum Ausdruck, eine Abrissverfügung sei zulässig, wenn das Vorhaben seit seiner Errichtung im Widerspruch zu materiellem Baurecht steht und nicht durch eine Baugenehmigung gedeckt ist (VGH BW, NVwZ-RR 1997, 464 [465]).

295 Im Rahmen des danach eröffneten, pflichtgemäß auszuübenden **Ermessens** sind alle in Betracht kommenden öffentlichen und privaten Belange einzustellen und gegeneinander abzuwägen. Dabei soll eine **Abrissverfügung in Bezug auf materiell rechtswidrige Schwarzbauten regelmäßig zulässig** sein, und zwar auch in Bezug auf größere, finanziell aufwändige Schwarzbauten (BVerwG, NVwZ-RR 1997, 273 [273 f.]); denn der Bauherr, der seine Anlage ohne erforderliche Baugenehmigung errichtet, handelt grundsätzlich auf eigenes Risiko (Brohm, Öffentliches Baurecht, § 29 Rn. 12).

296 Einschränkungen des Ermessensspielraums können sich zunächst aus dem **Verhältnismäßigkeitsprinzip** ergeben. Die Abrissverfügung ist danach etwa unzulässig, wenn ein milderes Mittel zur Wiederherstellung baurechtmäßiger Zustände in Betracht kommt, z. B. die Gewährung einer Ausnahme oder Befreiung, die bloße Nutzungsuntersagung oder ein Teilabbruch. Ebenso kann sie unzulässig sein bei zu erwartender Legalisierung des Zustands durch eine anstehende Bebauungsplanänderung (zurückhaltend allerdings bei bloßer Aussicht auf Legalisierung BVerwG, BRS 44 Nr. 193; OVG NRW, BRS 47 Nr. 193). Unverhältnismäßig kann die Abrissverfügung auch sein, wenn ein Vorhaben einerseits nur geringfügig gegen materielles öffentliches Recht verstößt, andererseits aber durch den Abriss großer wirtschaftlicher Schaden entstünde (NdsOVG, BRS 40 Nr. 226).

297 Weitere Einschränkungen können aus dem **Gleichheitssatz** (Art. 3 I GG) folgen. Dem mit einer Abrissverfügung überzogenen Eigentümer einer for-

mell und materiell rechtswidrigen baulichen Anlage, der geltend macht, dass die Behörde in gleich gearteten Fällen den Abriss nicht verlangt hat, kann nicht ohne weiteres entgegengehalten werden, dass es „keine Gleichheit im Unrecht" gebe. Zwar muss die Behörde nicht gegen alle einschlägigen Vorhaben gleichzeitig vorgehen; sie darf nach objektiven Kriterien differenzieren. Wenn sich jedoch für die ungleiche Behandlung von gleich gelagerten Fällen, die in räumlicher Nähe zueinander liegen, keinerlei rechtfertigender Grund findet, verstößt die Abrissverfügung gegen Art. 3 I GG (BVerwG, BRS 58 Nr. 209; VGH BW, NVwZ-RR 1997, 465 [466]).

> **Beispiel:** Der Eigentümer E eines mit einem kleinen Reihenhaus bebauten Grundstücks beschließt, dem Beispiel seiner Nachbarn zu folgen und das Haus durch einen eingeschossigen Anbau zu vergrößern, und zwar ohne die erforderliche Baugenehmigung einzuholen und in Widerspruch zu einschlägigen Festsetzungen eines einfachen Bebauungsplans über die überbaubare Grundstücksfläche. Längere Zeit nach Fertigstellung des Anbaus erfährt die Bauaufsichtsbehörde davon. Bei seiner Anhörung beklagt sich der E darüber, dass gegen seine Nachbarn mit ihren ebenfalls formell und materiell baurechtswidrigen Anbauten nicht vorgegangen werde. Die Bauaufsichtsbehörde hält den E wegen der formellen und materiellen Illegalität seines Anbaus insoweit für nicht schutzwürdig und unterlässt es, das betreffende Gebiet auf weitere gleichartige Anbauten hin zu untersuchen und insoweit den Erlass von Ordnungsverfügungen zu erwägen. E wird durch schriftliche Ordnungsverfügung aufgegeben, seinen Anbau wieder zu beseitigen. Die Prüfung der materiellen Rechtmäßigkeit dieser Ordnungsverfügung führt zunächst zu der Frage, ob das Tatbestandsmerkmal des Widerspruchs zu öffentlich-rechtlichen Vorschriften erfüllt ist, was voraussetzt, dass das Vorhaben seit seiner Errichtung im Widerspruch zu materiellem Baurecht steht und nicht durch eine Baugenehmigung gedeckt ist; dies ist hier der Fall. Die Ermessensausübung erweist sich jedoch als fehlerhaft, weil wegen der Ungleichbehandlung des E im Verhältnis zu seinen Nachbarn gegen Art. 3 I GG verstoßend, da sich für die ungleiche Behandlung der gleich gelagerten, räumlich nah beieinander liegenden Fälle keinerlei rechtfertigender Grund findet.

Umstritten ist, ob die behördliche Eingriffsbefugnis durch **Verwirkung bzw. Duldung** verloren gehen kann. Für die Annahme von Verwirkung könnten jedenfalls bloßer Zeitablauf und bloße Untätigkeit nicht reichen, vielmehr wären darüber hinaus die Schaffung einer Vertrauensgrundlage durch die Behörde (vgl. OVG NRW, NWVBl. 1991, 193 [193 f.]) und die Schaffung eines Vertrauenstatbestandes durch den Eigentümer, insbesondere durch Investitionen in das Vorhaben zu fordern (vgl. VGH BW, BRS 32 Nr. 186; BRS 39 Nr. 61). Der Annahme von Verwirkung wird aber grundsätzlich entgegengehalten, dass es sich bei der behördlichen Eingriffsbefugnis nicht um ein verwirkbares subjektives Recht, sondern um eine im öffentlichen Interesse wahrzunehmende Kompetenz handele (vgl. BayVGH, BRS 22 Nr. 210; NdsOVG, BRS 64 Nr. 198). Richtigerweise verliert die Bauaufsichtsbehörde daher auch durch langjährige Duldung eines bekannten, formell und materiell rechtswidrigen Zustandes grundsätzlich nicht die Eingriffsbefugnis. Jedoch soll das Gebrauchmachen von einer Eingriffsbefugnis ermessensfeh-

298

lerhaft sein können, wenn eine Behörde sich damit in Widerspruch zu ihrem früheren Verhalten setzt und schutzwürdiges Vertrauen des Betroffenen verletzt, insbesondere wenn dieser auf Grund eines Vertrauenstatbestandes nicht unerhebliche und schwer rückgängig zu machende Vermögensdispositionen getroffen hat (OVG Rh.-Pf., NVwZ-RR 2012, 749 [751]).

299 Richtiger Adressat der Abrissverfügung ist grundsätzlich der **Eigentümer**. Bei Miteigentum muss die Abrissverfügung nicht gegen alle Miteigentümer gerichtet werden; sie ist allerdings nur vollstreckbar, wenn gegen die anderen zumindest eine Duldungsverfügung ergeht (vgl. NdsOVG, NJW 2011, 2228 [2228 f.], zur Entbehrlichkeit einer Duldungsverfügung, wenn die Miteigentümer Rechtsnachfolger eines Voreigentümers geworden sind, demgegenüber die Abrissverfügung ergangen war). Vermietung steht dem Abriss nicht entgegen, weil die Abrissverfügung ein Kündigungsgrund ist; auch hier ist ggf. eine Duldungsverfügung gegen den Mieter in Betracht zu ziehen.

4. Anhang

300 Literatur: *Mampel*, Formelle und materielle Illegalität? – Zu den Voraussetzungen von Abbruchverfügungen, BauR 1996, 13; *ders.*, Bauordnungsverfügungen, BauR 2000, 996; *Uechtritz*, Grenzen des baurechtlichen Bestandsschutzes bei Nutzungsunterbrechungen, DVBl. 1997, 347; *Konrad*, Baueinstellung, Beseitigungsanordnung und Nutzungsuntersagung, JA 1998, 691; *Guckelberger*, Rechtsnachfolgeprobleme im Baurecht, VerwArch 90 (1999), 499; *Neuhausen*, Zur Änderung des § 67 BauO NW, BauR 2000, 326; *Wenzel*, Voraussetzungen für die Eintragung von Baulasten, BauR 2002, 569; *Serong*, Anspruch auf Bewilligung einer Baulast?, BauR 2004, 433; *Dolderer*, Die Zulässigkeit von Bauvorhaben, JURA 2004, 752; *Schoch*, Eingriffsbefugnisse der Bauaufsichtsbehörden, JURA 2005, 178; *Frenz*, Der Baugenehmigungsanspruch, JuS 2009, 902; *Mehde/Hansen*, Das subjektive Recht auf Bauordnungsverfügungen im Zeitalter der Baufreistellung – Eine Bilanz, NVwZ 2010, 14; *Weber*, Bauvorbescheid und vorläufiger Rechtsschutz, DVBl. 2010, 958; *Böhm*, Bauordnungsrecht, JA 2013, 481

Klausurfälle: *Lange*, Das lose Treppengeländer, VR 1998, 314; *Pünder*, Der rechtswidrige Bauvorbescheid und seine Folgen, JuS 2000, 682; *Sydow*, Der Himmelsstrahler, JURA 2002, 196; *Kube*, Der untersagte Fahrschulbetrieb, VBlBW 2003, 246; *Beljin*, Lärm aus der Gaststätte, JURA 2004, 56; *Kötter/Schüler*, Die Mobilfunkantenne, JURA 2004, 772; *Koch*, (Original-)Assessorexamensklausur – Öffentliches Recht: Baurecht – Ein Requisitenverleih auf dem Lande, JuS 2007, 1128; *Lange*, Die Schwimmhalle im Wohngebiet, DVP 2008, 418; *Muckel/Ogorek*, Ärger im Paradies, JA 2011, 281: *Proppe*, Die mobile Werbeanlage, JA 2011, 860

Kontrollfragen:

1. Wie hat die Bauaufsichtsbehörde im Verfahren zur Erteilung einer Baugenehmigung im Hinblick auf öffentlich-rechtliche Vorschriften anderer Gesetze, die eigene Genehmigungserfordernisse aufstellen, zu verfahren?
2. Wie unterscheiden sich Baugenehmigung und Bauvorbescheid sowie Bauvorbescheid und Teilbaugenehmigung?
3. Ein Bauherr hat auf seinem Grundstück zwar im Einklang mit materiellem Baurecht, jedoch ohne die erforderliche Baugenehmigung einen größeren Anbau

G. Rechtsschutz in bauaufsichtlichen Streitigkeiten   587

errichtet und betreibt darin ein kleines Einzelhandelsgeschäft. Wie kann die Bauaufsichtsbehörde vorgehen?
4. Gegen den Eigentümer eines baurechtswidrig errichteten Wochenendhauses ist eine bestandskräftig gewordene Abrissverfügung ergangen. Nachdem der Eigentümer gestorben ist, will die Bauaufsichtsbehörde den Abriss nunmehr gegen den Erben durchsetzen. Wie kann sie vorgehen?

G. Rechtsschutz in bauaufsichtlichen Streitigkeiten

Der verwaltungsgerichtliche Rechtsschutz in Streitigkeiten von Bauherrn 300a
oder Nachbarn mit Bauaufsichts- bzw. Baugenehmigungsbehörden folgt grundsätzlich den allgemeinen **Vorgaben der VwGO sowie des JustG**, das mit Wirkung vom 1. Jan. 2011 u.a. das bis dahin einschlägige AGVwGO abgelöst hat (zu verwaltungsprozessualen Problemen in der Fallbearbeitung vgl. allgemein § 5). Nach deren Maßgabe besteht Rechtsschutz sowohl in Hauptsacheverfahren wie auch in Verfahren des einstweiligen Rechtsschutzes.

Eine – in ihrer Sinnhaftigkeit sehr umstrittene – Besonderheit stellt die seit 300b
einigen Jahren eingeführte **Entbehrlichkeit des Vorverfahrens für Entscheidungen der Bauaufsichts- und Baugenehmigungsbehörden** dar. § 68 I 2 VwGO lässt entsprechende landesgesetzliche Ausnahmen vom Vorverfahrenserfordernis zu. Die zunächst versuchsweise nur für die Modellregion Ostwestfalen-Lippe getroffene Regelung ist durch das Bürokratieabbaugesetz I vom 13. März 2007 (GV. NRW. S. 133) für Verwaltungsakte der Bauaufsichts- und Baugenehmigungsbehörden, die seit dem 15. April 2007 dem Adressaten bekannt gegeben worden sind, befristet bis zum 31. Dez. 2010, auf das ganze Land NRW erstreckt worden. Das am 1. Nov. 2007 in Kraft getretene Bürokratieabbaugesetz II vom 9. Okt. 2007 (GV. NRW. S. 393) hat durch Änderung des damaligen § 6 AGVwGO ein Vorverfahren noch weitergehend entbehrlich gemacht. Dem inhaltlich entsprechend ordnet nunmehr § 110 I, III 1 und 2 Nr. 7 JustG die Entbehrlichkeit des Vorverfahrens für Verwaltungsakte und Ablehnungsbescheide namentlich auch der Bauaufsichts- und Baugenehmigungsbehörden an, die im Zeitraum vom 1. Okt. 2007 bis zum 31. Okt. 2012 bekannt gegeben werden.

I. Rechtsschutz des Bauherrn

Im Streit um bauaufsichtliche Einzelmaßnahmen kommt für den Grundei- 301
gentümer bzw. Bauherrn einerseits ein auf Erteilung einer bauaufsichtlichen Genehmigung, andererseits ein gegen repressive Maßnahmen gerichtetes Vorgehen in Bezug auf ein konkretes Bauvorhaben bzw. eine bestimmte bauliche Anlage oder Einrichtung in Betracht.

Dabei kann sowohl die auf Baugenehmigung wie auch die gegen Eingriffsmaßnahmen gerichtete verwaltungsgerichtliche Klage auch zur mittelbaren oder Inzidentkontrolle eines Bebauungsplans führen (vgl. bereits Rn. 116). Wenn im Streit um eine Baugenehmigung das Vorhaben mit den Festsetzungen eines einschlägigen Bebauungsplans unvereinbar erscheint, stellt sich die Frage der Rechtmäßigkeit dieser Bebauungsplanfestsetzung und der Beachtlichkeit möglicher Fehler. Entsprechend kann auch die Anfechtung einer bauaufsichtlichen Eingriffsmaßnahme, z. B. Abrissverfügung, die mit dem Widerspruch zu Festsetzungen eines Bebauungsplans begründet ist, zur inzidenten Überprüfung der Fehlerhaftigkeit dieses Bebauungsplans führen. I.Ü. kann der Eigentümer sich auch unmittelbar, mit einem Normenkontrollantrag gemäß § 47 VwGO, gegen Bebauungspläne wenden (vgl. bereits Rn. 111 ff.).

1. Vorgehen mit dem Ziel einer antragsgemäßen Baugenehmigung

a) Verpflichtungsklage auf Erteilung einer Baugenehmigung

302 Ist ein Bauantrag – ganz oder teilweise – abgelehnt worden, kann der antragstellende Bauherr dagegen, da die begehrte Baugenehmigung ein Verwaltungsakt i. S. v. § 35 VwVfG ist, mit der **Verpflichtungsklage (§ 42 I VwGO)** vorgehen. Maßgebender Zeitpunkt für die Beurteilung der Sach- und Rechtslage ist die letzte mündliche Verhandlung. Die rechtswidrige Ablehnung der beantragten Baugenehmigung verletzt den Bauherrn zugleich in einem subjektiven Recht, nämlich in seinem Anspruch aus § 75 I 1 BauO, i.Ü. auch in seiner grundrechtlichen Baufreiheit. Da § 75 I 1 BauO eine gebundene Entscheidung vorsieht, ergeht im Erfolgsfalle grundsätzlich ein Verpflichtungsurteil, bei fehlender Spruchreife, wenn etwa eine erforderliche Ausnahme i. S. v. § 31 I BauGB ermessensfehlerhaft verweigert worden ist, ohne dass eine Ermessensreduzierung auf Null vorläge, ein Bescheidungsurteil (§ 113 V 2 VwGO).

303 Gerade auch bei dem auf Erteilung einer Baugenehmigung gerichteten Rechtsschutz kann die Umstellung auf einen **Fortsetzungsfeststellungsantrag nach Erledigung** des ursprünglichen Verpflichtungsbegehrens bedeutsam werden. Ein solcher Antrag kommt gemäß § 113 I 4 VwGO analog in Betracht, wenn sich das Verpflichtungsbegehren durch eine zwischenzeitliche Änderung der Sach- oder Rechtslage erledigt hat, etwa durch Erlass der begehrten Baugenehmigung während des laufenden Prozesses oder auch durch eine den Anspruch auf Baugenehmigung nunmehr ausschließende Änderung der Rechtslage; die Fortsetzungsfeststellungsantrag ist i.Ü., in einer doppelten Analogie zu § 113 I 4 VwGO, auch zulässig, wenn eine solche Erledigung noch vor Klageerhebung eintritt. Das berechtigte Interesse an der Feststellung, dass die Ablehnung der Baugenehmigung rechtswidrig gewesen ist, wird sich in Bausachen häufig darauf stützen wollen, durch die verwaltungsgerichtliche Klärung einen Amtshaftungsprozess vorbereiten zu wollen; die jüngere Rechtsprechung lässt diesen Grund jedoch aus prozessökonomischen Erwägungen heraus nur noch hinreichen, wenn das Verwaltungsgericht sich im Zeitpunkt der Erledigung bereits mit der Sache befasst hat, nicht jedoch, wenn die Klage erst nach Erledigung eingereicht wird (BVerwGE 81, 226 [227]).

> Beispiel: Ein Grundeigentümer stellt Mitte 2006 einen Bauantrag für die Errichtung eines Hotels mit Gaststätte auf seinem unbebauten Grundstück. Der Bauantrag wird, obgleich ihm keine öffentlich-rechtlichen, insbesondere auch keine bauplanungsrechtlichen Regelungen entgegenstehen, Ende 2006 abgelehnt. Kurz nachdem Widerspruch erhoben worden ist, erlässt die Stadt im Februar 2007 einen Aufstellungsbeschluss für eine Bebauungsplanänderung und eine Veränderungssperre. Bald darauf tritt die Bebauungsplanänderung, die das Vorhaben ausschließt, in Kraft. Der Widerspruch wird zurückgewiesen. Das auf Erteilung der Baugenehmigung gerichtete Begehren kann der Eigentümer nicht mehr weiterverfolgen, da es auf Grund der zwischenzeitlichen Rechtsänderung unbegründet geworden ist. Die in Erwägung zu ziehende Erhebung einer Fortsetzungsfeststellungsklage (§ 113 I 4 VwGO in doppelt analoger Anwendung) wird im Hinblick auf das erforderliche Fortsetzungsfeststellungsinteresse jedenfalls nicht gestützt durch das Anliegen, durch die verwaltungsgerichtliche Klärung der Rechtswidrigkeit der Verweigerung der Baugenehmigung einen Amtshaftungsprozess vorbereiten zu wollen, in dem Planungskosten und andere fehlgeschlagene Investitionen in das Projekt eingefordert werden sollen.

b) Vorgehen gegen Nebenbestimmungen

Besondere Rechtsschutzprobleme entstehen, wenn der begehrten Baugenehmigung **belastende Nebenbestimmungen**, insbesondere Bedingungen (§ 36 II Nr. 2 VwVfG) oder Auflagen (§ 36 II Nr. 4 VwVfG) beigefügt werden (vgl. Rn. 273). Nach früher vorherrschender Auffassung war Rechtsschutz gegen Bedingungen durch eine Verpflichtungsklage auf Erteilung einer unbeschränkten Baugenehmigung, Rechtsschutz gegen Auflagen, die als selbständig durchsetzbare Verwaltungsakte gelten, hingegen durch eine gegen diese gerichtete Anfechtungsklage zu erlangen (BVerwGE 29, 261 [265]; 36, 145 [154]; 41, 78 [81]). Die Beurteilung des Rechtsschutzes gegen Nebenbestimmungen ist im weiteren Verlauf jedoch unsicher geworden und unterschiedlich beurteilt worden (vgl. Maurer, Allgemeines Verwaltungsrecht, 17. Aufl. 2009, § 12 Rn. 22 ff.). Nach der jüngeren Rechtsprechung des BVerwG soll gegen belastende Nebenbestimmungen eines Verwaltungsakts, also auch der Baugenehmigung, generell die Anfechtungsklage gegeben sein und die Frage der isolierten Aufhebbarkeit grundsätzlich erst im Rahmen der Begründetheit der Klage zu prüfen sein (BVerwGE 112, 221 [224]); die Qualifikation als Bedingung oder Auflage ist danach insoweit irrelevant geworden. 304

Mit der **Aufgabe der Figur der sog. modifizierenden Auflage** für bestimmte Regelungen, die sich als Auflage präsentieren, in der Sache aber den Inhalt des Hauptverwaltungsakts qualitativ verändern, und ihrem Verständnis als partielle Ablehnung der beantragten Baugenehmigung bei gleichzeitiger Erteilung einer so nicht beantragten Baugenehmigung (vgl. Rn. 273) ist klargestellt, dass Rechtsschutz insoweit nur durch Verpflichtungsklage auf Erteilung einer Baugenehmigung entsprechend dem ursprünglichen Bauantrag erlangt werden kann. 305

2. Vorgehen gegen Eingriffsmaßnahmen

306 Gegen Maßnahmen der repressiven Bauaufsicht, namentlich gegen Ordnungsverfügungen gemäß § 61 I 2 BauO kann der Eigentümer, da es sich um Verwaltungsakte i. S. v. § 35 VwVfG handelt, mit der **Anfechtungsklage** vorgehen. Für die Beurteilung der Rechtmäßigkeit der Verfügung soll grundsätzlich der Zeitpunkt der letzten Verwaltungsentscheidung maßgeblich sein (BVerwG, NVwZ 1993, 476 [477]; ausführlich und krit. dazu Schenke, Verwaltungsprozessrecht, 13. Aufl. 2012, Rn. 782 ff.). Eine Ausnahme soll aber gelten, wenn sich die Sach- oder Rechtslage nachträglich zugunsten des Klägers geändert hat; in diesem Fall soll auf den Zeitpunkt der letzten mündlichen Verhandlung des Gerichts abzustellen sein (BVerwG, NJW 1986, 1186 [1187]).

3. Anhang

307 **Klausurfälle:** *Baumeister/Sennekamp*, Immobilienanlage mit Hindernissen – Rechtsschutzfragen beim Bauen mit und ohne Genehmigung, JURA 1999, 259; *Braun/Kettner*, Vom Winde verweht, Isolierte Anfechtung von Nebenbestimmungen im öffentlichen Baurecht, VR 2005, 25

Kontrollfragen:
1. Kommt es für die Zulässigkeit des verwaltungsgerichtlichen Vorgehens eines Bauherrn gegen eine belastende Nebenbestimmung der ihm erteilten Baugenehmigung darauf an, ob es sich dabei um eine Bedingung oder um eine Auflage handelt?
2. Unter Missachtung der Baugenehmigung hat Bauherr B ein Gebäude unter Verstoß gegen die bauordnungsrechtliche Abstandflächenregelung errichtet. Es ergeht eine Abrissverfügung, gegen die B Anfechtungsklage erhebt. Im Prozess trägt B vor, sein Nachbar habe inzwischen die fragliche Abstandfläche durch Baulast gesichert auf sein Grundstück übernommen. Ausgang der Klage?

II. Verwaltungsgerichtlicher Nachbarschutz

308 Dem Nachbarn, der sich gegen ein ihn störendes Bauvorhaben wenden will, stehen – neben dem hier primär interessierenden öffentlichen Nachbarrecht und verwaltungsgerichtlichen Nachbarschutz – auch **das private Nachbarrecht und der zivilgerichtliche Rechtsschutz** zur Seite. Die – durch das öffentliche Recht nicht verdrängten – Rechtsgrundlagen hierfür bieten vor allem §§ 906 ff., 1004 und § 823 BGB sowie das NachbG (Rn. 3). Dies begründet eine komplizierte Gemengelage von privat- und öffentlich-rechtlichen Regelungen zur Bewältigung nachbarschaftlicher Konflikte um störende Immissionen (dazu ausführlich Brohm, Öffentliches Baurecht, § 31). In der Rechtsprechung haben sich immerhin gewisse Ansätze zur Koordinierung herausgebildet, indem die Maßstäbe für die Annahme einer – regelmäßig abzuwehrenden – wesentlichen Beeinträchtigung i. S. v. § 906 I 1 BGB an den öffentlich-rechtlichen Maßstäben der Erheblichkeitsschwelle des § 3 I BImSchG orientiert worden sind (vgl. BGHZ 111, 63 [65]; BVerwGE 79, 254 [258]); § 906 I 2, 3 BGB hat das inzwischen mit dem Verweis auf Grenz- und Richtwerte in – öffentlich-rechtlichen – Gesetzen und Rechtsverordnungen sowie allgemeinen Verwaltungsvorschriften nach § 48 BImSchG aufgenommen. Auch die Frage der Ortsüblichkeit wesentlicher Beeinträchtigungen, die u. U. gemäß § 906 II BGB zur Duldungspflicht führt, wird richtigerweise nicht allein nach den tatsächlichen Verhältnissen (so BGH, BauR 1983, 181 [182]), sondern unter Berücksichtigung öffentlich-rechtlicher, insbesondere bauplanungsrechtlicher Vorgaben etwa in Gestalt von Bebauungsplanfestsetzungen beurteilt werden müssen (so zu Recht Brohm, Öffentliches Baurecht, § 31 Rn. 7).

I. Ü. können auch im zivilrechtlichen Nachbarstreit nachbarschützende öffentlich-rechtliche Normen (vgl. Rn. 314 ff.) als Schutzgesetze i. S. v. § 823 II BGB bzw. im Rahmen von § 1004 BGB herangezogen werden (BGHZ 66, 354 [356 f.]).

Die Grundlage für die **Anerkennung eines öffentlich-rechtlichen, verwaltungsgerichtlich durchsetzbaren Nachbarschutzes** im Baurecht liegt in gesetzlichen Regelungen über die Zulässigkeit bestimmter Anlagen etc., denen rechtliche Bedeutung nicht nur für das Verhältnis von Behörde und Bauherr bzw. Eigentümer, sondern auch eine drittschützende Wirkung zugunsten des Nachbarn zugesprochen wird. Grundlegend für die Bestimmung dieser dritt- oder nachbarschützenden Wirkung ist die sog. Schutznormtheorie; danach begründet eine Norm ein subjektives Recht des Nachbarn, soweit sie zumindest auch den Interessen dieses Nachbarn zu dienen bestimmt ist (vgl. BVerwGE 22, 129 [130]). Daraus folgt die Möglichkeit verwaltungsgerichtlichen Rechtsschutzes des Nachbarn: Die Baugenehmigung kann ein Verwaltungsakt mit Doppelwirkung sein, der den Bauherrn begünstigt, den Nachbarn in seinen durch drittschützende Normen begründeten Rechten jedoch belastet, so dass für diesen die Nachbarklage in Gestalt einer Anfechtungsklage eröffnet ist; in anderen Fällen kommt eine Nachbarklage in Gestalt einer Verpflichtungsklage in Betracht, die auf bauaufsichtliches Einschreiten gegen eine Nachbarrechte verletzende bauliche Anlage oder Nutzung gerichtet ist. Der Rechtsstreit wird hier also – anders als im privaten Nachbarrechtsstreit – nicht zwischen den Privaten, sondern zwischen dem Nachbarn und der Bauaufsichtsbehörde ausgetragen, während der Bauherr als Dritter betroffen ist. Derartige Nachbarklagen betreffen danach der Sache nach dreipolige Rechtsbeziehungen und werfen damit, weil die VwGO ursprünglich und eigentlich auf zweipolige Verhältnisse ausgerichtet ist, spezifische Probleme auf. 309

1. Begriff des Nachbarn

Nachbar i. S. d. baurechtlichen Nachbarschutzes ist keineswegs nur der **Angrenzer**. Die Angrenzereigenschaft, die einen formellen Begriff des Nachbarn kennzeichnet, ist u. U. gemäß § 74 BauO für die Beteiligung im Baugenehmigungsverfahren von Bedeutung (Rn. 267), begrenzt jedoch nicht die materiellrechtlichen Abwehrrechte. 310

311 Mit Blick auf den baurechtlichen Nachbarschutz, in einem materiellen Sinn gilt als Nachbar **jeder, der von der Errichtung oder Nutzung der baulichen Anlage in seinem subjektiv-rechtlich geschützten Interesse betroffen wird** (vgl. BVerwGE 28, 131 [134]). Die Bestimmung des Kreises der Nachbarn eines Bauvorhabens ist danach von rechtlichen und tatsächlichen Faktoren abhängig. Einerseits ist aus den einschlägigen Normen zu ermitteln, welchem Kreis von Dritten sie jeweils subjektiv-öffentliche Rechte verleihen wollen. Andererseits kann die Betroffenheit als Nachbar auch in tatsächlicher Hinsicht von dem konkreten baulichen Vorhaben, von seinem tatsächlichen Auswirkungsbereich abhängen.

312 Ob im Baurecht **nur der dinglich Berechtigte oder auch der obligatorisch Berechtigte** abwehrberechtigter Nachbar sein kann, ist nicht abschließend geklärt. Ausgehend davon, dass das öffentliche Baurecht grundstücksbezogen ist, sollen grundsätzlich nur dinglich am Nachbargrundstück Berechtigte baurechtlichen Nachbarschutz genießen (BVerwG, NVwZ 1998, 956 [956]), weil sie das Grundstück sozusagen repräsentieren (vgl. OVG Berlin, NVwZ 1989, 267 [267 f.]). Obligatorisch Berechtigte sollen hingegen grundstücksbezogene baurechtliche Positionen nicht geltend machen können, sondern sich ggf. an den Eigentümer als ihren Vermieter halten. Soweit die Kritik hieran (Brohm, Öffentliches Baurecht, § 30 Rn. 9) sich darauf stützt, dass das BVerfG auch die Rechtsposition des Mieters dem grundrechtlichen Eigentumsschutz unterstellt hat (BVerfGE 89, 1 [8]), überzeugt dies kaum, denn dadurch kann das Mietrecht doch nur als obligatorische Position, also im Verhältnis von Vermieter und Mieter, grundrechtlich geschützt, nicht aber um die Befugnis zur Geltendmachung grundstücksbezogener Positionen gegenüber Dritten – u. U. sogar gegen den Willen des Grundeigentümers – erweitert werden. Soweit der baurechtliche Nachbarschutz sich nicht auf grundstücksbezogene, sondern auf andere, z. B. Leben und Gesundheit vor Immissionen schützende Normen stützt, sollen allerdings auch nicht dinglich Berechtigte sich darauf berufen können, ebenso u. U. auch auf Art. 2 II 1 GG, wenn einfachrechtliche Schutzvorschriften fehlen und eine schwere und unerträgliche Beeinträchtigung vorliegt (Brohm, Öffentliches Baurecht, § 30 Rn. 9).

Dass im Normenkontrollverfahren gegen einen Bebauungsplan auch dem Mieter oder Pächter eines Grundstücks die Antragsbefugnis, also ein (möglicherweise verletztes) subjektives Recht zugesprochen wird, hat seinen Grund darin, dass § 1 VI BauGB ein subjektives Recht auf fehlerfreie Abwägung eigener, relevanter Belange entnommen wird und diese Belange nicht notwendig grundstücksbezogen sein müssen (vgl. Rn. 112).

2. Nachbarschützende baurechtliche Normen

313 Die Zulässigkeit baurechtlicher Nachbarklagen setzt bereits die **Klagebefugnis** (§ 42 II VwGO) und ihre Begründetheit eine **subjektive Rechtsverletzung** (§ 113 I 1, V 1 VwGO) voraus. Für ihren Erfolg ist daher – wie auch in den Überlegungen zum Nachbarbegriff schon deutlich geworden ist – von zen-

traler Bedeutung, ob und inwieweit eine verletzte Norm dritt- bzw. nachbarschützend ist.

Für den Aufbau der Prüfung der Begründetheit einer baurechtlichen Nachbarklage folgt daraus, dass entweder – in einem am Wortlaut von § 113 I 1, V 1 VwGO orientierten Aufbau – erst die objektive Rechtmäßigkeit und dann die subjektive Rechtsverletzung geprüft werden kann oder aber die Prüfung auch unmittelbar auf drittschützende Normen beschränkt werden kann, also auf die Prüfung, ob die Baugenehmigung gegen drittschützende Normen verstößt bzw. ob ein auf eine drittschützende Norm gestützter Anspruch auf bauaufsichtliches Einschreiten besteht.

Maßgeblich ist nach der **Schutznormtheorie**, ob eine Norm nicht nur im Interesse der Allgemeinheit erlassen wurde, sondern auch dazu dient, den Nachbarn zu schützen. Es genügt also nicht eine bloß reflexhafte Begünstigung eines Dritten; entscheidend ist vielmehr die Schutzintention des Gesetzgebers. Sie ist durch Auslegung, insbesondere nach Wortlaut sowie Sinn und Zweck der Norm zu ermitteln; in letzterer Hinsicht ist entscheidend, ob eine Regelung gemeinwohlorientierte, etwa allgemein städtebauliche Zwecke oder aber nachbarschützende, dem Ausgleich zwischen Bauherrn und Nachbarn dienende Zwecke verfolgt. Die Rechtsprechung hat dabei früher verlangt, dass der Kreis der durch eine Norm geschützten Personen hinreichend bestimmt und abgrenzbar sein müsse (BVerwGE 27, 29 [32 f.]). Weil diese Beurteilung sich z. B. bei Immissionen als schwierig und unbefriedigend erwiesen hat (krit. etwa Wahl, JuS 1984, 577 [585 f.]), wird heute jedoch nur noch verlangt, dass sich aus individualisierenden Tatbestandsmerkmalen der Norm ein Personenkreis entnehmen lässt, der sich von der Allgemeinheit unterscheidet (BVerwG, BauR 1987, 70 [71 f.]). 314

a) Gebot der Rücksichtnahme

Vorab ist auf einen **allgemeinen Ansatz- und Bezugspunkt für die Herleitung von baurechtlichem Nachbarschutz** in Gestalt des sog. Gebots der Rücksichtnahme einzugehen. Seine Bedeutung erklärt sich insbesondere aus der historischen Entwicklung der Rechtsprechung zum baurechtlichen Nachbarschutz, die anfangs in der Zuerkennung nachbarschützender Wirkung insbesondere bauplanungsrechtlicher Normen sehr restriktiv war, was partiell einer rechtswidrigen Baugenehmigungspraxis Vorschub leistete. Dieser Entwicklung hat das BVerwG zunächst unter Rückgriff auf Grundrechte (vgl. Rn. 327), dann vor allem unter Rückgriff auf das Gebot der Rücksichtnahme (insbesondere BVerwGE 52, 122 [125 ff.]) entgegensteuern wollen (vgl. hierzu Koch/Hendler, Baurecht, Raumordnungs- und Landesplanungsrecht, § 27 Rn. 15 ff.). 315

Dieses Gebot war zunächst als ein nicht gesetzlich verankerter, sondern selbständiger, das Baurecht allgemein umfassender **objektivrechtlicher Grundsatz** entwickelt worden (grundlegend Weyreuther, BauR 1975, 1 [4 ff.]). Als solcher soll es verlangen, dass die verschiedenen Gebietsarten und Nutzungen bauplanungsrechtlich in einer Weise einander zugeordnet werden, die auf die jeweils andere Grundstücksnutzung Rücksicht nimmt und so zu nebeneinander verträglichen Nutzungen kommt (BVerwGE 29, 286 [288 f.]; 45, 309 [327]). Inzwischen ist allerdings die Vorstellung von 316 einem solchen selbständigen, allgemeinen Gebot der Rücksichtnahme aufgegeben worden; vielmehr soll es sich nur in einzelnen Tatbestandsmerkmalen bestimmter einfachrechtlicher Regelungen finden und zu deren Auslegung heranzuziehen sein (vgl. BVerwG, NVwZ 1987, 409 [410]).

317 Als Auslegungstopos gewinnt das Rücksichtnahmegebot seine praktische Bedeutung gerade darin, einzelnen – zunächst und aus sich heraus bloß objektiv-rechtlich zu verstehenden – bauplanungsrechtlichen Regelungen **nachbarschützenden Charakter** zuzuerkennen (Brohm, Öffentliches Baurecht, § 18 Rn. 29). Diese Funktion übernimmt das Gebot der Rücksichtnahme nach der einschlägigen Rspr. freilich nicht in dem – dem objektivrechtlichen Verständnis zugrundegelegten – weiten, einem allgemeinen Umgebungsschutz dienenden Umfang. Nachbarschutz vermittelt es vielmehr nur in sachlich eingeschränktem Umfang und ausnahmsweise, **soweit in qualifizierter und zugleich individualisierter Weise auf schutzwürdige Interessen eines erkennbar abgegrenzten Kreises Dritter Rücksicht zu nehmen ist** (BVerwGE 67, 334 [338 f.]). Die Funktion des Gebots der Rücksichtnahme beschränkt sich demnach heute praktisch darauf, mit dieser eingeschränkten Reichweite in einzelnen bauplanungsrechtlichen Rechtssätzen nachbarschützende Gehalte festzumachen.

b) Einzelne bauplanungsrechtliche Regelungen und Festsetzungen

318 Bauplanungsrechtlich begründeter Nachbarschutz kann zunächst begehrt werden gegen Vorhaben im Geltungsbereich eines Bebauungsplans. Nachbarschützende Norm ist insoweit nicht § 30 BauGB selbst, sondern ggf. die einzelne **Festsetzung des anwendbaren Bebauungsplans**, auf deren Verletzung der Nachbar sich dann berufen kann. Bei entsprechend weit reichendem Drittschutz der Norm kann das auch ein Nachbar sein, dessen Grundstück selbst nicht im räumlichen Geltungsbereich des Bebauungsplans liegt (sog. „plangebietsüberschreitender Nachbarschutz"). Bestehen und Reichweite des Nachbarschutzes ist deshalb mit Blick auf einzelne Festsetzungen zu untersuchen:
– Eine Sonderrolle nimmt insoweit die **Festsetzung der Art der baulichen Nutzung** ein, die **schon kraft Bundesrechts regelmäßig nachbarschützend** sein soll. Begründet wird dies damit, dass diese Festsetzung dem Interessenausgleich zwischen Bauherrn und Nachbarn bzw. dem Ausgleich der wechselseitig garantierten Nutzungsbeschränkungen und -berechtigungen zwischen den Grundstücken im Planbereich dient, die dadurch in ein Austauschverhältnis gebracht bzw. zu einer bodenrechtlichen Schicksalsgemeinschaft zusammengefasst werden, wo Vorteile des einen und Nachteile des anderen einander korrespondieren (BVerwGE 94, 151 [155 ff.]). Den in einem Bebauungsplangebiet zusammengeschlossenen Eigentümern wird daher insoweit ein sog. Gebietserhaltungsanspruch zuerkannt (OVG NW, NWVBl. 2006, 460). Dies gilt freilich nur, soweit der Eigentümer selbst die einschlägigen bauplanungsrechtlichen Vorgaben einhält; er kann nicht von anderen die Einhaltung gegebener Nutzungsbeschränkungen verlangen, die er selbst nicht beachtet (OVG NRW, BauR 2010, 436 [437 f.]).

G. Rechtsschutz in bauaufsichtlichen Streitigkeiten   595

– I. Ü. ist der Drittschutz abhängig von der durch Auslegung zu ermittelnden **Funktion, die die satzunggebende Gemeinde der einzelnen Festsetzung beigemessen hat,** und deshalb abschließend nur für den einzelnen Bebauungsplan zu ermitteln. Nachbarschützende Wirkung ist etwa bejaht worden für Festsetzungen zum Schutz vor schädlichen Umwelteinwirkungen (§ 9 I Nr. 24 BauGB), die zum Schutz eines bestimmten Wohngebiets bestimmt sind, weil sie als Ausdruck des Rücksichtnahmegebots verstanden werden (BVerwG, NJW 1989, 467 [468]). Bei Festsetzungen über die Bauweise und die überbaubare Grundstücksfläche (§ 9 I Nr. 2 BauGB; vgl. Rn. 73 f.) ist ausschlaggebend, ob sie nur aus städtebaulichen Gründen oder zum Schutz der Nachbarn erfolgt sind, was z. B. bei der Festsetzung einer offenen Bauweise (OVG Schleswig, NVwZ-RR 2007, 158: Nachbarschutz nur für den unmittelbar angrenzenden Grundstückseigentümer) oder von Baugrenzen und -linien der Fall sein kann (vgl. Bönker, in: Hoppe/Bönker/Grotefels, Öffentliches Baurecht, § 18 Rn. 48 ff.). Festsetzungen über das Maß der baulichen Nutzung (§ 9 I Nr. 1 BauGB; vgl. Rn. 72) sollen nur ausnahmsweise nachbarschützend sein, wenn sie gerade eine umgebungsverträgliche Bebauung sicherstellen sollen (OVG NRW, BRS 32 Nr. 156), regelmäßig aber nicht, weil sie die Grundstücksnutzung und damit auch den Schutz der Umgebung vor unerwünschter baulicher Ausnutzung nur unvollkommen regeln können (Bönker, in: Hoppe/Bönker/Grotefels, Öffentliches Baurecht, § 18 Rn. 47).

Bei einem nach § 30 BauGB i. V. m. den einschlägigen Festsetzungen eines Bebauungsplans zulässigen Vorhaben kann dessen im Einzelfall zu überprüfende Unvereinbarkeit mit **§ 15 I BauNVO** (vgl. Rn. 139) nachbarschützende Wirkung haben. Dies gründet darauf, dass § 15 I BauNVO als Ausprägung des Gebots der Rücksichtnahme auf die Nachbarschaft angesehen wird (BVerwGE 67, 334 [338]). 319

Wenn ein Vorhaben über **§ 31 BauGB** zugelassen wird, kommt im Falle der Erteilung einer Ausnahme (§ 31 I BauGB) Nachbarschutz in Betracht, soweit von einer nachbarschützenden Festsetzung abgewichen wird. Eine Befreiung (§ 31 II BauGB) ist für den Nachbarn angreifbar, soweit von nachbarschützenden Festsetzungen befreit wird (BVerwG, BRS 46 Nr. 173), aber auch darüber hinaus, soweit die gebotene Würdigung nachbarlicher Interessen nicht erfolgt ist. 320

Bei Genehmigung im Vorgriff auf einen Bebauungsplan (vgl. Rn. 186 ff.) ist **§ 33 BauGB** selbst nicht nachbarschützend. Wohl aber kann der Nachbar den Verstoß gegen eine nachbarschützende Festsetzung des zugrundegelegten künftigen Bebauungsplans geltend machen (OVG NRW, NWVBl. 1991, 267). 321

Bei nach **§ 34 BauGB** genehmigten Vorhaben wird Nachbarschutz bejaht, soweit in dem Tatbestandsmerkmal des „Einfügens" (§ 34 I BauGB) das Gebot der Rücksichtnahme verankert ist (BVerwGE 55, 369 [385]; NJW 1986, 393 [393]). Dabei soll der Nachbarschutz im unbeplanten Innenbereich nicht weiter gehen als im beplanten Bereich (HessVGH, NVwZ-RR 2009, 99 [100]). Im Rahmen von § 34 II BauGB besteht Nachbarschutz, 322 soweit die heranzuziehenden Regelungen in einem beplanten Baugebiet nachbarschützend wären (BVerwG, DVBl. 1994, 284 [286]); der über § 34 II BauGB vermittelte Nachbarschutz beinhaltet damit über das Gebot der Rücksichtnahme hinausgehend wie im beplanten Gebiet einen Gebietserhaltungsanspruch (OVG NRW, BauR 2003, 1011 [1013]). § 34 III BauGB hat, da die Norm nicht auch den Interessen konkurrierender Betriebe oder Eigentümer zu dienen bestimmt ist (vgl. Rn. 160), keinen nachbarschützenden Charakter (OVG NRW, BauR 2007, 1550).

323 Bei der Anwendung des § 35 BauGB kommt Nachbarschutz insbesondere den Eigentümern sog. privilegierter Vorhaben zu, weil insoweit § 35 I BauGB einen gesetzlichen Ersatzplan darstellt, der gerade diese Vorhaben in den Außenbereich verweisen und damit auch gegenüber Beeinträchtigungen durch benachbarte sonstige Vorhaben schützen will. I. Ü. wird Nachbarschutz nur zurückhaltender anerkannt, nämlich insoweit, wie das über das Tatbestandsmerkmal der öffentlichen Belange einfließende Gebot der Rücksichtnahme Drittschutz gewährt.

324 Den Anforderungen an die **Erschließung** von Bauvorhaben schließlich wird nachbarschützende Wirkung grundsätzlich abgesprochen, weil sie allein im Interesse der Allgemeinheit bestehen (BVerwGE 50, 282 [285]; OVG NRW, BauR 1983, 445 [446]).

c) Materielles Bauordnungsrecht

325 Welchen der zahlreichen Vorschriften des materiellen Bauordnungsrechts nachbarschützende Wirkung zukommt, ist jeweils im Wege der **Auslegung insbesondere nach Wortlaut und Zweck** zu ermitteln. Nachbarschützende Wirkung wird zunächst der bauordnungsrechtlichen Generalklausel des § 3 I 1 BauO (vgl. Rn. 236 ff.) zugesprochen (OVG NRW, NVwZ 1983, 356 [357]). Wegen der erheblichen Bedeutung für den Nachbarn sind weiter etwa die Regelungen über die gegenüber Nachbargrundstücken einzuhaltenden Abstandflächen (§ 6 BauO; vgl. Rn. 249 ff.) als drittschützend anerkannt (OVG NRW, NWVBl. 1994, 418 [420]). Das gilt ebenso für Bestimmungen über den Brandschutz oder den Immissionsschutz, soweit sie dem Schutz der Nachbarschaft vor Brandgefahren oder Gesundheitsgefahren und -nachteilen dienen sollen (Bönker, in: Hoppe/Bönker/Grotefels, Öffentliches Baurecht, § 18 Rn. 66 f.). Auch die Regelung des § 51 VII 1 BauO über die umgebungsschonende Anordnung und Ausführung von Stellplätzen und Garagen ist drittschützend (vgl. OVG NRW, BRS 38 Nr. 184). Nicht nachbarschützend ist hingegen die bauordnungsrechtliche Verpflichtung zur Errichtung der notwendigen Stellplätze gemäß § 51 BauO, die allein dem öffentlichen Interesse an der Entlastung öffentlicher Verkehrsflächen vom ruhenden Verkehr dient (VGH BW, BauR 2009, 470 [472]).

d) Verfahrensrechte

326 Verwaltungsverfahrensrechtliche Vorschriften sollen subjektive Rechte nur begründen, soweit sie nicht allein der im allgemeinen Interesse liegenden Ordnung des Verfahrensablaufs, insbesondere der umfassenden Information der Behörde dienen, sondern dem betroffenen Bürger **in spezifischer Weise**

und unabhängig vom materiellen Recht eine eigene, selbständig durchsetzbare verfahrensrechtliche Rechtsposition gewähren sollen (OVG NRW, NWVBl. 1993, 179 [179]). Ein solcher – vom materiellen Recht unabhängiger – subjektivrechtlicher Schutz durch Verfahrensvorschriften wird im Baurecht nur in wenigen Fällen angenommen. Insbesondere den Regelungen über die Öffentlichkeitsbeteiligung im Bebauungsplanaufstellungsverfahren (Rn. 46) wird für die betroffenen Nachbarn Drittschutz zuerkannt. Ob danach Nachbarrechte schon allein deshalb verletzt sind, weil ein Großvorhaben ohne die gemäß § 1 III BauGB erforderliche Bauleitplanung durchgeführt worden ist, ist streitig: Während das BVerwG (NVwZ 1983, 92 [92]) dies unter Hinweis auf § 2 VI BBauG a. F. bzw. den heutigen § 1 III 2 BauGB verneint hat, hat das OVG NRW (BauR 1982, 554 [555]) dies zutreffend bejaht, denn es wird kein Anspruch auf Bauleitplanung, sondern allein ein Abwehranspruch gegen die Durchführung eines Vorhabens ohne zugrunde liegendes, Nachbarinteressen schützendes Verfahren der Bauleitplanung. Die Errichtung einer baulichen Anlage ohne erforderliche Baugenehmigung (BayVGH, NVwZ 1989, 269 [270]), auch die Durchführung des Baugenehmigungsverfahrens ohne vorgeschriebene Angrenzerbeteiligung (BVerwGE 62, 243 [246]) verletzt hingegen nicht ohne weiteres Nachbarrechte, sondern erst bei Verletzung materieller Nachbarrechte.

Nach § 4 I 1, III UmwRG haben Individualkläger abweichend von der früheren Rechtslage ein subjektives Recht auf Durchführung einer erforderlichen Umweltverträglichkeitsprüfung, das sie im Hauptsacheverfahren gegen eine Baugenehmigung, aber auch schon im Verfahren nach § 80 V VwGO durchsetzen können (OVG Magdeburg, NVwZ 2009, 340 [342]).

e) Grundrechte

Ungenügendem einfachrechtlichen Nachbarrechtsschutz hat das BVerwG schließlich schon recht früh unter **Rückgriff auf die Grundrechte des Nachbarn**, namentlich Art. 2 II 1, 14 GG abzuhelfen versucht. Danach sollte namentlich Art. 14 GG verletzt sein, wenn die Baugenehmigung bzw. ihre Ausnutzung die vorgegebene Grundstücksituation nachhaltig verändern und dadurch den Nachbarn schwer und unerträglich, d. h. die Grenze der Sozialbindung überschreitend treffen (vgl. BVerwGE 32, 173 [179]; 36, 248 [249]; 44, 244 [247 f.]; 54, 211 [222]). Dieser Ansatz ist jedoch von Beginn an praktisch kaum bedeutsam geworden und durch das Gebot der Rücksichtnahme bzw. die darauf gestützte Anerkennung des Drittschutzes baurechtlicher Normen überholt worden. Inzwischen hat das BVerwG zutreffend erkannt, dass neben den einfachrechtlich begründeten Nachbarrechten, die Inhalt und Schranken des Eigentums i. S. v. Art. 14 I 2 GG bestimmen, kein Raum mehr für Nachbarschutz unmittelbar aus Art. 14 GG ist (BVerwGE 89, 69 [78]; 101, 364 [373]; zustimmend Koch/Hendler, Baurecht, Raumordnungs- und Landesplanungsrecht, § 27 Rn. 43 f.; Bönker, in: Hoppe/Bönker/Grotefels, Öffentliches Baurecht, § 18 Rn. 70).

> **Beispiel:** Der Eigentümer E eines mit einem Einfamilienhaus und zwei Stellplätzen bebauten Grundstücks hat die Baugenehmigung für einen Um- und Anbau in dem ursprünglich als Keller genehmigten Untergeschoss seines Hauses und die künftige Nutzung als DVD/Video-Filmverleih mit ca. 8000 Filmkassetten erhalten; zusätzliche Stellplätze sind im Bauantrag nicht vorgesehen und werden in der Baugenehmigung nicht gefordert. Im räumlichen Geltungsbereich desselben qualifizierten Bebauungsplans der Stadt S, der hinsichtlich der Art der Nutzung die Festsetzung „allgemeines Wohngebiet" enthält und weiter die in § 4 III BauNVO vorgesehenen Ausnahmen ausschließt, ca. 200 Meter von E's Haus entfernt, am Ende einer ruhigen Sackgasse liegt das Wohnhaus von Nachbar N. N erhebt Anfechtungsklage gegen die Baugenehmigung, weil es an den erforderlichen Stellplätzen fehle und der erhebliche Zu- und Abfahrtsverkehr die Wohnruhe in dem allgemeinen Wohngebiet beeinträchtige. Die Begründetheit seiner – zulässigen – Klage setzt einen Verstoß der Baugenehmigung gegen nachbarschützende Normen voraus. Zwar verstößt die Baugenehmigung – zum einen – gegen § 51 I 1, II 1 BauO, weil die Verpflichtung zur Herstellung erforderlicher Stellplätze wegen der wesentlichen Nutzungsänderung fehlt; dieser Bestimmung kommt jedoch keine nachbarschützende Wirkung zu, da sie allein dem öffentlichen Interesse dient, den fließenden Verkehr nicht durch den ruhenden Verkehr zu beeinträchtigen und den öffentlichen Verkehrsraum zu entlasten (OVG NRW, NVwZ-RR 1995, 561). In Betracht kommt – zum anderen – ein Verstoß gegen die gemäß § 29 BauGB anwendbare Bestimmung des § 30 I BauGB i.V.m. der Festsetzung der Art der Nutzung „Allgemeines Wohngebiet" (§ 4 BauNVO) im Bebauungsplan. Die Nutzungsänderung ist danach unzulässig, weil es sich um keinen der Versorgung des Gebietes dienenden Laden handelt (§ 4 II Nr. 2 BauNVO) und Ausnahmen nach § 4 III BauNVO ausgeschlossen sind. Dieser Festsetzung kommt schon kraft Gesetzes („Austauschverhältnis", „bau- und bodenrechtliche Schicksalsgemeinschaft") auch nachbarschützende Wirkung zu, so dass die Anfechtungsklage aus diesem Grund begründet ist.

3. Vorgehen gegen eine Baugenehmigung

a) Nachbarklage

328 Will der Nachbar gegen eine Baugenehmigung vorgehen, stehen ihm in der Hauptsache grundsätzlich der Widerspruch, der in NRW freilich wegen der Entbehrlichkeit des Vorverfahrens nach § 110 I, III 1 und 2 Nr. 7 JustG entfällt (vgl. Rn. 300b), und die **Anfechtungsklage** (§ 42 I VwGO) als Rechtsbehelfe zur Verfügung. Sie entsprechen seinem auf Aufhebung eines Verwaltungsakts gerichteten Begehren.

329 Ein besonderes verfahrensrechtliches bzw. prozessuales Problem kann im Hinblick auf die zu beachtende Widerspruchsfrist, soweit noch Widerspruch zu erheben gewesen ist, bzw. die **Klagefrist** entstehen, wenn dem Nachbarn – wie häufig – die Baugenehmigung nicht bekannt gemacht worden ist. Ohne amtliche Bekanntgabe wird die einmonatige Widerspruchsfrist des § 70 I 1 VwGO bzw. die Klagefrist des § 74 I 2 VwGO nicht in Gang gesetzt. Nach der Rspr. des BVerwG (E 44, 294 [299 ff.]; 78, 85 [89]) muss sich der Nachbar im Rahmen des nachbarschaftlichen Gemeinschaftsverhältnisses jedoch

ab dem Zeitpunkt, da er von der erteilten Baugenehmigung sichere Kenntnis erlangt hat oder erlangen musste, nach Treu und Glauben so behandeln lassen, als sei ihm die Genehmigung – allerdings ohne ordnungsgemäße Rechtsbehelfsbelehrung – amtlich bekannt gemacht worden; danach soll ihm die Berufung auf die fehlende Bekanntgabe regelmäßig nach einem Jahr ab sicherer Kenntnis verwehrt sein (vgl. §§ 70 II, 58 II VwGO).

Das grundsätzliche **Erfordernis eines Vorverfahrens** (§ 68 I 1 VwGO) entfällt nach heutiger Rechtslage entsprechend den Vorgaben des § 110 I 1, III 1 und 2 Nr. 7 JustG (vgl. Rn. 300b). Unabhängig davon hat es schon nach bisheriger Rechtslage entfallen können, wenn der Abhilfe- oder Widerspruchsbescheid erstmalig eine Beschwer für den Nachbarn enthalten hat (§ 68 I 2 Nr. 2 VwGO), weil dem Bauherrn erst auf seinen Widerspruch hin die Baugenehmigung erteilt worden ist. In diesem Fall hat der Nachbar nicht Widerspruch, sondern unmittelbar Anfechtungsklage zu erheben. Deren Gegenstand ist dann der Abhilfe- oder Widerspruchsbescheid (§ 79 I Nr. 2 VwGO). 330

Im Anfechtungsprozess stellt sich die **Frage des maßgeblichen Zeitpunkts für die Beurteilung der Sach- und Rechtslage**. Grundsätzlich ist im Anfechtungsprozess der Zeitpunkt der letzten Verwaltungsentscheidung, regelmäßig also, soweit es stattfindet, der Entscheidung im Widerspruchsverfahren, maßgeblich. Bei baurechtlichen Nachbarklagen ist jedoch auf den Zeitpunkt der Erteilung der Baugenehmigung abzustellen; spätere, für den Bauherrn nachteilige Veränderungen der Sach- und Rechtslage dürfen nicht mehr berücksichtigt werden (BVerwG, NVwZ 1993, 1184 [1185]; OVG NRW, NWVBl. 2008, 228 [229], dort auch zur Anfechtungsklage einer Gemeinde). Umgekehrt sind dem Bauherrn günstige Veränderungen bis zur letzten mündlichen Verhandlung des Gerichts zu berücksichtigen (BVerwG, NVwZ 1998, 1179 [1179]; OVG NRW, NWVBl. 2002, 306 [307]). 331

b) Vorläufiger Rechtsschutz

Nach **§ 212a I BauGB** haben Rechtsmittel Dritter gegen die Zulassung eines Vorhabens, also insbesondere (Nachbarwidersprüche und) Nachbarklagen gegen die Baugenehmigung keine aufschiebende Wirkung. Die effektive Durchsetzung nachbarlicher Interessen wird deshalb häufig neben dem Hauptsacheverfahren ein Vorgehen im vorläufigen Rechtsschutz verlangen. Neben dem an die Behörde gerichteten Antrag auf Aussetzung der Vollziehung gemäß §§ 80a I Nr. 2, 80 IV VwGO kommt insbesondere der verwaltungsgerichtliche Rechtsbehelf eines **Antrags auf Aussetzung der Vollziehung** (§ 80a III 1, I Nr. 2 VwGO) bzw. **auf Anordnung der aufschiebenden Wirkung** (§ 80a III 2, 80 V VwGO) in Betracht (zum Streit um die richtige Antragsart bzw. Rechtsgrundlage vgl. Schenke, Verwaltungsprozessrecht, 13. Aufl. 2012, Rn. 989). Nach vorherrschender Auffassung ist ein solcher Antrag auch schon vor Erhebung des Hauptsacherechtsbehelfs zulässig (vgl. Schenke, Verwaltungsprozessrecht, 13. Aufl. 2012, Rn. 992; jedenfalls für den Regelfall möglicherweise a.A. OVG NRW, NVwZ-RR 1996, 184). Umstritten ist, ob der Antrag zwingend einen vorherigen, erfolglosen Antrag an die Behörde auf Aussetzung der Vollziehung voraussetzt (so NdsOVG, 332

DVBl. 1993, 123; OVG Rh.-Pf., NVwZ 1994, 1015, die § 80a III 2 VwGO als eine Rechtsfolgenverweisung auf § 80 VI VwGO verstehen) oder aber eine unmittelbare Antragstellung an das Verwaltungsgericht zulässig ist (so VGH BW, DVBl. 1994, 1018; HessVGH, NVwZ 1993, 491 [492]); letztere Auffassung, die die Anwendung des § 80 VI VwGO auf Kosten- und Abgabenangelegenheiten beschränkt, erscheint entstehungsgeschichtlich, aber auch nach Sinn und Zweck vorzugswürdig. Die Begründetheit des Antrags hängt davon ab, ob das Suspensivinteresse des Nachbarn das Vollzugsinteresse des Bauherrn überwiegt. Diese Interessenabwägung richtet sich in erster Linie nach den Erfolgsaussichten des Rechtsbehelfs in der Hauptsache (vgl. § 80 IV 3 VwGO). Bestehen ernstliche Zweifel an der Rechtmäßigkeit der Baugenehmigung, überwiegt regelmäßig das Suspensivinteresse (vgl. OVG NRW, NWVBl. 1994, 332 [332]).

Der Widerspruch eines Nachbarn gegen eine Baugenehmigung soll entgegen § 212a I BauGB dann aufschiebende Wirkung haben, wenn die Behörde zu Unrecht das Baugenehmigungsverfahren gewählt hat, also anstelle der Baugenehmigung z.B. eine immissionsschutzrechtliche Genehmigung hätte erteilt werden müssen (OVG Lüneburg, NVwZ-RR 2011, 139 [140 f.]).

4. Vorgehen mit dem Ziel bauaufsichtlichen Einschreitens

333 Mit dem Begehren, die Bauaufsichtsbehörde zu verpflichten, mit repressiven Mitteln gegen ein rechtswidriges Vorhaben vorzugehen, muss der Nachbar nach erfolglosem Antrag – und Widerspruchsverfahren, soweit dieses Erfordernis nicht entfallen ist (vgl. Rn. 300b) – in der Hauptsache **Verpflichtungsklage** (§ 42 I VwGO) erheben. Die erforderliche Klagebefugnis (§ 42 II VwGO), d.h. ein möglicher Anspruch auf Einschreiten gemäß § 61 I 2 BauO ist im Falle einer möglichen Verletzung nachbarschützender Normen gegeben. Daran fehlt es, wenn eine vorangegangene Nachbarklage gegen die Baugenehmigung rechtskräftig abgewiesen worden ist, und zwar selbst dann, wenn die Baugenehmigung später auf die Klage eines anderen Nachbarn hin aufgehoben worden ist (OVG NRW, BauR 2012, 468). Wenn die Begründetheitsprüfung ergibt, dass die Verweigerung bauaufsichtlichen Einschreitens gegen eine nachbarschützende Norm verstößt, ist die Klage erfolgreich. Da § 61 I 2 BauO Ermessen vorsieht, ergeht jedoch lediglich ein Bescheidungsurteil (§ 113 V 2 VwGO), es sei denn, die Sache ist wegen Ermessensreduktion auf Null spruchreif, so dass ein Verpflichtungsurteil ergehen kann (§ 113 V 1 VwGO).

333a Im Dreiecksverhältnis von Bauaufsichtsbehörde, Bauherr und Nachbar wirft insbesondere die Frage nach einer solchen **Ermessensreduktion nach erfolgreicher Nachbarklage gegen die Baugenehmigung** besondere Probleme auf. Die frühere Annahme, der Nachbar habe dann unter dem Gesichtspunkt der Folgenbeseitigung einen unbedingten Anspruch darauf, dass der Abbruch des gleichwohl errichteten Bauvorhabens angeordnet werde, findet heute zumindest ganz überwiegend keine Gefolgschaft mehr. Grundsätzlich wird jedoch angenommen, dass eine Ermessensreduktion zu Gunsten des Nachbarn vorliegt, wenn durch die Verletzung nachbarschützender Normen eine gegenwärtige, erheblich ins Gewicht fallende Beeinträchtigung besteht (OVG Berlin, UPR 2003, 154 [154 f.]; VGH BW, BauR 2003, 1716 [1717 f.]). Eine Ermessensreduktion soll insbesondere dann nicht eintreten, wenn eine Befreiung oder eine Abweichung von der nachbarschützenden Vorschrift in Betracht kommt, übergeordnete, sich aus der Sache selbst ergebende öffentliche Interessen einem Einschreiten entgegenstehen oder sich die Abweichung von der nachbarschützenden Vorschrift im Bagatellbereich hält; außerdem ist der Anspruch auf bauaufsichtliches Einschreiten eingeschränkt, soweit der Einschreitenspflicht der Behörde ihrerseits rechtliche Schranken entgegenstehen (OVG Rh.-Pf., NVwZ-RR 2012, 749 [751]).

Das Vorgehen von Nachbarn mit dem Ziel, dass die Bauaufsichtsbehörde mit repressiven Mitteln gegen ein rechtswidriges Vorhaben vorgeht, hat mit der weitreichenden bauordnungsrechtlichen **Freistellung von Vorhaben von der Baugenehmigungspflicht** noch an Bedeutung gewonnen. Hinsichtlich solcher Vorhaben ist eine schärfere, zur Ermessensreduktion neigende Beurteilung bejaht worden, weil der mangelnde Schutz der Nachbarrechte durch die präventive Rechtskontrolle kompensiert werden müsse (VGH BW, NVwZ-RR 1995, 490 [491]). Richtigerweise wird der Nachbar eines solchen Vorhabens freilich nicht besser zu stellen sein als der eines – auch formell rechtswidrigen – Schwarzbaus, sondern hinsichtlich der Ermessensreduktion derselbe Maßstab anzulegen sein.

333b

5. Anhang

Literatur: *Pecher*, Die Rechtsprechung zum Drittschutz im öffentlichen Baurecht, JuS 1996, 887; *Kraft*, Entwicklungslinien im baurechtlichen Nachbarschutz, VerwArch 89 (1998), 264; *Mampel*, Zum Anspruch Dritter auf bauaufsichtliches Einschreiten, DVBl. 1999, 1403; *ders.*, Drittschutz durch das bauplanungsrechtliche Gebot der Rücksichtnahme, DVBl. 2000, 1830; *Muckel*, Der Nachbarschutz im öffentlichen Baurecht – Grundlagen und aktuelle Entwicklungen, JuS 2000, 132; *Dürr*, Die Entwicklung des öffentlichen Baunachbarrechts, DÖV 2001, 625; *Schoch*, Nachbarschutz im öffentlichen Baurecht, JURA 2004, 317; *Otto*, Ausdehnung des Nachbarrechtsschutzes durch Berufung auf Gemeinschaftsrecht, ZfBR 2005, 21; *Voßkuhle/Kaufhold*, Das baurechtliche Rücksichtnahmegebot, JuS 2010, 497; *Wolf*, Drittschutz im Bauplanungsrecht, NVwZ 2013, 247

334

Klausurfälle: *Förster/Sander*, Nachbarprobleme im Außenbereich, JuS 1999, 892; *Dolderer*, Standortprobleme eines Mittelständlers. Wohnruhe oder Arbeitsplätze?, JuS 2000, 279; *von Hübbenet*, Ein neidischer Nachbar, JURA 2004, 207; *Kötter/Schüler*, Die Mobilfunkantenne, JURA 2004, 772; *Zilkens*, Schwierige Nachbarschaft, JA 2006, 127; *ders.*, Forensiknähe, JuS 2006, 338; *Möller*, Hotel Alpenglühn, JuS 2011, 340; *Hecker*, Der Tannenbaumverkauf, JA 2012, 521; *Heckel*,Bootsschuppen am Bodenseeufer, JuS 2011, 904; *Hartmann/Sendt*, Tante Emmas Laden, JuS 2012, 917

Kontrollfragen:

1. Unter welchen Voraussetzungen vermittelt eine Norm ein subjektives Recht eines Nachbarn, der sich gerichtlich gegen ein Bauvorhaben wenden will?
2. Unter welchen Voraussetzungen vermittelt das baurechtliche Gebot der Rücksichtnahme Drittschutz?

H. Antworten auf die Kontrollfragen

335 **Zu A. II.:**

1. Das Baurecht hat grundsätzlich die Aufgabe, die bauliche und die damit zusammenhängende sonstige Nutzung des Bodens gesetzlich zu regeln.
2. Das private Baurecht, das sich v. a. im BGB sowie im NachbarG findet, regelt die bürgerlich-rechtlichen Rechtsbeziehungen, die insbesondere im Zusammenhang mit dem Baugeschehen und der Nutzung des Eigentums an Grund und Boden entstehen können; ausgehend von der zivilrechtlichen Baufreiheit des Grundstückseigentümers beschränkt es diese im Interesse eines Interessenausgleichs im Verhältnis zu anderen Privatrechtssubjekten. Das öffentliche Baurecht regelt demgegenüber das öffentliche Interesse an einer geordneten Bodennutzung und schafft den erforderlichen Ausgleich einer baulichen Nutzung mit den gesetzlich geschützten öffentlichen Interessen.
3. Im Bereich des öffentlichen Baurechts hat der Bund eine konkurrierende Gesetzgebungskompetenz gemäß Art. 74 I Nr. 18 GG. Diese Bundeskompetenz erfasst nicht umfassend das öffentliche Baurecht, sondern lediglich das „Bodenrecht", d. h. solche Regelungen, die unmittelbar die rechtlichen Beziehungen des Menschen zu Grund und Boden regeln wie insbesondere das Bauplanungsrecht. Für die übrigen Regelungsbereiche des öffentlichen Baurechts, wie v. a. für das Bauordnungsrecht und die Bauaufsicht, bleibt es bei der Gesetzgebungskompetenz der Länder.
4. Zum öffentlichen Baurecht gehören die beiden Regelungsbereiche des Bauplanungsrechts sowie des Bauordnungsrechts. Das Bauplanungsrecht ist insbesondere in dem Baugesetzbuch (BauGB) sowie der Baunutzungsverordnung (BauNVO), das Bauordnungsrecht v. a. in der Landesbauordnung (BauO) geregelt.
5. Aus Art. 14 I GG ist der Grundsatz der Baufreiheit herzuleiten, der seine Schranken jedoch nach Art. 14 I 2 GG in den die Eigentümerstellung regelnden gesetzlichen Bestimmungen findet. Dazu zählen insbesondere die Vorschriften des öffentlichen Baurechts, so dass die bauliche Nutzung eines Grundstücks auch im Hinblick auf die Eigentumsfreiheit aus Art. 14 I GG nur im Rahmen der – verfassungsgemäßen – baurechtlichen Vorschriften möglich ist. Art. 14 GG rechtfertigt somit keine baurechtswidrige Errichtung eines Gebäudes.

Zu B. I.:

1. Die erste Stufe ist der Flächennutzungsplan, der überwiegend als hoheitliche Maßnahme eigener Art ohne Rechtsnormqualität eingestuft wird; Darstellungen im Flächennutzungsplan mit Ausschlusswirkung i.S.v. § 35 III 3 BauGB wird inzwischen Rechtsnormqualität zuerkannt. Der (verbindliche) Bebauungsplan, die zweite Stufe, ergeht als Satzung (§ 10 I BauGB).
2. Die Bauleitplanung als Ausdruck gemeindlicher Planungshoheit ist durch die Garantie gemeindlicher Selbstverwaltung (Art. 28 II GG, Art. 78 Verf) geschützt. Ob sie zum sog. Kernbereich des Selbstverwaltungsrechts gehört, ist in der früheren Rspr. des BVerfG nicht abschließend beantwortet worden. Jedenfalls sind Einschränkungen durch staatliche Akte rechtfertigungsbedürftig, aber auf gesetzlicher Grundlage möglich, insbesondere wenn sie überwiegenden überörtlichen Interessen dienen.

H. Antworten auf die Kontrollfragen

3. Die Bauleitplanung wird als raumbezogene Gesamtplanung auf gemeindlicher Ebene charakterisiert. Im Unterschied zu den sog. Fachplanungen ist sie somit umfassend und nicht sektoral begrenzt. Im Unterschied zu den überörtlichen Planungen ist sie auf das Gebiet der jeweils betroffenen Gemeinde beschränkt.

Zu B. II.:

1. Das Verfahren beginnt mit dem Eröffnungsbeschluss, der Umweltprüfung und der frühzeitigen Öffentlichkeits- und Behördenbeteiligung. Nach Erstellung eines Planentwurfs folgt sodann die Phase der förmlichen Öffentlichkeits- und Behördenbeteiligung, an die sich schließlich der Beschluss des Planes durch den Gemeinderat und ggf. die Genehmigung durch die Aufsichtsbehörde anschließt.
2. Im vereinfachten Verfahren kann von der frühzeitigen Öffentlichkeits- und Behördenbeteiligung abgesehen werden, und die Umweltprüfung entfällt. Zudem kann das Verfahren der förmlichen Öffentlichkeits- und Behördenbeteiligung abweichend gestaltet werden.
3. Genehmigungsfrei ist der sog. entwickelte Bebauungsplan (vgl. § 10 II BauGB). Eine Genehmigung ist hier entbehrlich, da der Flächennutzungsplan, der die Planungsgrundlage für den entwickelten Bebauungsplan bildet, genehmigungspflichtig ist, so dass es auch bei dem entwickelten Bebauungsplan nicht zu einer vollkommen genehmigungsfreien Planung durch eine Gemeinde kommt.

Zu B. III.:

1. Aus dem Erforderlichkeitsgrundsatz (§ 1 III 1 BauGB) folgt zunächst das Verbot der Aufstellung städtebaulich nicht erforderlicher Bauleitpläne, was nicht verlangt, dass die Aufstellung des jeweiligen Bauleitplans unabdingbar sein muss, wohl aber, dass die Bauleitplanung insgesamt angemessen sein muss. Weiter folgt aus dem Erforderlichkeitsgrundsatz für die Gemeinde die Pflicht zur Aufstellung städtebaulich erforderlicher Bebauungspläne nach Maßgabe der städtebaulichen Konzeption der jeweiligen Gemeinde.
2. Eine von den Auswirkungen der Bauleitplanung einer Nachbargemeinde betroffene Gemeinde kann sich auf das Gebot der interkommunalen Rücksichtnahme (§ 2 II 2 BauGB) berufen, das eine materielle Pflicht zur Abstimmung nachbargemeindlicher Bauleitpläne aufstellt.
3. Nach §§ 9 I Nr. 1, 9a Nr. 1 lit. a BauGB, § 1 III 1 und 2 BauNVO können im Bebauungsplan die in § 1 II BauNVO genannten Baugebietsarten festgesetzt werden, wodurch die entsprechenden Vorschriften der §§ 2 bis 14 BauNVO Bestandteil des Bebauungsplans werden. Im Rahmen des § 1 IV bis X BauNVO haben die Gemeinden noch darüber hinausgehende Festsetzungsmöglichkeiten, die jedoch dem grundsätzlich festgesetzten Gebietscharakter entsprechen müssen.
4. Es werden folgende Abwägungsfehler unterschieden: (1) Abwägungsausfall, d.h. eine sachgerechte Abwägung hat überhaupt nicht stattgefunden; (2) Abwägungsdefizit, d.h. nicht alle abwägungserheblichen Belange sind in die Abwägung eingestellt worden; (3) Abwägungsfehleinschätzung, d.h. bei der Abwägung wurde die Bedeutung eines oder mehrerer Einzelbelange verkannt; (4) Abwägungsdisproportionalität, d.h. der Ausgleich zwischen einzelnen Belangen wurde in einer Weise vorgenommen, die zur objektiven Gewichtigkeit der Belange außer Verhältnis steht.
5. Ausnahmsweise darf eine Gemeinde sich von vornherein in Abstimmung mit einem privaten Vorhabenträger auf eine bestimmte Planung festlegen, wenn (1) die Vorwegnahme der Entscheidung sachlich gerechtfertigt ist, (2) die Zuständigkeitsordnung im Planungsverfahren (Mitwirkung des Rates) gewahrt bleibt

und (3) die vorweggenommene Entscheidung sich auch inhaltlich nicht beanstanden lässt.
6. Sog. Gemengelagen sind überwiegend bebaute Bereiche mit vorhandenen oder zu erwartenden Immissionskonflikten zwischen emittierenden und schutzbedürftigen Nutzungen, also typischerweise zwischen vorhandenen gewerblichen und Wohnnutzungen. Auf Grund dieser vorgegebenen Situation erfahren v. a. das Gebot der Rücksichtnahme und auch das Gebot der Konfliktbewältigung eine Modifikation i. S. v. gesteigerten Duldungspflichten und Belastungen des Situationsbelasteten und entsprechenden Begünstigungen anderer.

Zu B. IV.:
1. Unbeachtliche Fehler sind einerseits Form- und Verfahrensfehler nach dem BauGB, soweit sie nicht im Katalog des § 214 I BauGB genannt sind, und andererseits bestimmte Verstöße gegen das Entwicklungsgebot und das Abwägungsgebot gemäß § 214 II, III BauGB. Außerdem sind gemäß § 31 VI GO auch Verstöße gegen das Mitwirkungsverbot, die keinen Einfluss auf das Abstimmungsergebnis haben, unbeachtlich.
2. Bei der erstmaligen Aufstellung eines Flächennutzungsplans besteht grundsätzlich kein Mitwirkungsverbot für die Ratsmitglieder, so dass sie am Beschluss mitwirken dürfen. Bei Bebauungsplänen sind die betroffenen Ratsmitglieder dagegen beim Satzungsbeschluss von der Mitwirkung auszuschließen.

Zu B. V.:
1. Da der Flächennutzungsplan weder eine Satzung noch ein Verwaltungsakt ist, kommt als Rechtsschutzmöglichkeit allein eine allgemeine Leistungsklage in Form der vorbeugenden Unterlassungsklage in Betracht. Das hierfür erforderliche besondere Rechtsschutzinteresse liegt jedoch nur dann vor, wenn ein wirksamer nachträglicher Rechtsschutz der Nachbargemeinde nicht möglich ist oder ihr nicht zumutbar ist.
2. Der Bebauungsplan ist eine Satzung, gegen die nach § 47 I Nr. 1 VwGO eine Normenkontrolle statthaft ist, wenn sich der Antragsteller nach § 47 II VwGO auf die Möglichkeit der Verletzung subjektiv-öffentlicher Rechte berufen kann. Zudem kann ein Bebauungsplan im Rahmen aller anderen verwaltungsgerichtlichen Klagen inzident gerichtlich auf seine Rechtmäßigkeit hin überprüft werden, sofern die darin angegriffenen Maßnahmen zumindest u. a. auf dem Bebauungsplan beruhen. Außerdem kommt eine gerichtliche Überprüfung noch im Rahmen einer Verfassungsbeschwerde in Betracht, wenn der Bebauungsplan unmittelbar den rechtlichen Status eines Grundstücks berührt.

Zu C. II.:
1. Das Grundstück kann sich im räumlichen Geltungsbereich eines qualifizierten (oder auch eines vorhabenbezogenen) Bebauungsplans befinden, so dass § 30 BauGB einschlägig ist, es kann sich im nicht qualifiziert beplanten Innenbereich i.S.v. § 34 BauGB oder ansonsten im sog. Außenbereich (§ 35 BauGB) befinden.
2. Nach § 38 S. 1 Hs. 1 BauGB sind die §§ 29 ff. BauGB auf die dort genannten, sog. „privilegierten Fachplanungen" nicht anwendbar. Hierbei handelt es sich um Planfeststellungsverfahren sowie Verfahren mit den Rechtswirkungen der Planfeststellung für Vorhaben von überörtlicher Bedeutung, außerdem um Verfahren für die Errichtung und den Betrieb öffentlich zugänglicher Abfallbeseitigungsanlagen nach dem BImSchG.

H. Antworten auf die Kontrollfragen

3. Die landesrechtliche Definition des § 2 I BauO darf auf den bundesrechtlichen Begriff der „baulichen Anlage" in § 29 I BauGB aus Gründen der Gesetzgebungskompetenz nicht übertragen werden, wenngleich zwischen den Begriffen weitgehende, aber nicht vollständige Übereinstimmung besteht. Bei der Definition einer „baulichen Anlage" i. S. v. § 29 I BauGB sind zwei Merkmale entscheidend, nämlich das „Bauen" und die bodenrechtliche Relevanz der Anlage. „Bauen" ist das Schaffen einer künstlichen Anlage, die auf Dauer mit dem Erdboden verbunden ist, u. U. auch nur durch eigene Schwere. Bodenrechtliche Relevanz ist anzunehmen, wenn Belange des § 1 VI BauGB in einer Weise berührt werden (können), die geeignet ist, ein Bedürfnis nach einer die Zulässigkeit eines derartigen Vorhabens regelnden verbindlichen Bauleitplanung hervorzurufen.

Zu C. III.:

1. Ein sog. qualifizierter Bebauungsplan liegt vor, wenn die in § 30 I BauGB genannten Mindestfestsetzungen (Art und Maß der baulichen Nutzung, überbaubare Grundstücksflächen und örtliche Verkehrsflächen) enthalten sind. Ansonsten liegt bloß ein sog. einfacher Bebauungsplan vor (vgl. § 30 III BauGB).
2. Die bauplanungsrechtliche Zulässigkeit hängt nach § 30 I BauGB i. V. m. dem Bebauungsplan bzw. § 4 II Nr. 2 BauNVO davon ab, ob es sich um einen der Versorgung des Gebiets dienenden Laden handelt; hiervon dürfte auszugehen sein. Ansonsten käme eine ausnahmsweise Zulassung nach § 4 III Nr. 2 BauNVO in Betracht.
3. Die Gewährung einer Ausnahme setzt zunächst voraus, dass die Ausnahme im Bebauungsplan zugelassen ist. Außerdem muss bei der Ermessensentscheidung über die Ausnahme die Planungskonzeption der Gemeinde bzw. das Regel-Ausnahme-Verhältnis gewahrt bleiben.

Zu C. IV.:

1. Ein im Zusammenhang bebauter Ortsteil i. S. v. § 34 I 1 BauGB setzt eine gegebene Bebauung voraus, die nach der Zahl der vorhandenen Bauten ein gewisses Gewicht hat und Ausdruck einer organischen Siedlungsstruktur ist; es muss eine funktionsbedingte, organische Siedlungsstruktur vorhanden sein, die den Eindruck der Geschlossenheit und Zusammengehörigkeit erweckt.
2. Die nach § 34 I 1 BauGB vorzunehmende Prüfung, ob ein Innenbereichsvorhaben sich in die nähere Umgebung einfügt, bezieht sich maßgeblich auf den durch die vorhandene Bebauung gebildeten Rahmen. Als Grundsatz gilt, dass das Vorhaben sich einfügt, wenn es sich in diesem Rahmen hält, ihn also weder über- noch unterschreitet. Hiervon sind jedoch Ausnahmen in beide Richtungen möglich.
3. Die Sonderregelung des § 34 II BauGB ist anwendbar, wenn die vorhandene Bebauung in der näheren Umgebung nach der Art der Nutzung einem Baugebiet der BauNVO entspricht. In diesem Fall ist § 34 II BauGB als spezielle Regelung im Verhältnis zu § 34 I 1 BauGB vorrangig zu prüfen. Die Zulässigkeit des Innenbereichsvorhabens bzgl. der Art der Nutzung richtet sich allein danach, ob das Vorhaben in dem betreffenden Baugebiet zulässig wäre; dies ist allein unter Heranziehung der §§ 2 ff. BauNVO so zu prüfen wie auch im Anwendungsbereich des § 30 I BauGB, und zwar auch unter (entsprechender) Heranziehung der Ausnahme- und Befreiungsmöglichkeiten gemäß § 31 BauGB (§ 34 II Hs. 2 BauGB).

Zu C. V.:

1. Ein Grundstück befindet sich dann im Außenbereich i. S. d. § 35 BauGB, wenn es weder im Geltungsbereich eines wirksamen Bebauungsplanes i. S. d. § 30 I, II BauGB noch in einem im Zusammenhang bebauten Ortsteil i. S. d. § 34 BauGB liegt (Negativdefinition des Außenbereichs).
2. Der Außenbereich soll nach der im Gesamtgefüge des § 35 BauGB zum Ausdruck kommenden gesetzgeberischen Konzeption grundsätzlich nicht bebaut werden, um eine weitere Zersiedelung der Landschaft zu verhindern. Eine Ausnahme zu diesem in § 35 II BauGB geregelten grundsätzlichen Bauverbot besteht lediglich für die in § 35 I BauGB erfassten sog. privilegierten Vorhaben, sofern öffentliche Belange nicht entgegenstehen.
3. Öffentliche Belange stehen einem privilegierten Vorhaben nach § 35 I BauGB nicht bereits dann entgegen, wenn sie durch das Vorhaben nachteilig betroffen sind. Es ist vielmehr im Einzelfall eine Abwägung zwischen dem Vorhaben und den betroffenen öffentlichen Belangen vorzunehmen, wobei aufgrund der grundsätzlichen Privilegierung der Vorhaben i. S. d. § 35 I BauGB durch den Gesetzgeber diese nur in Ausnahmefällen hinter den betroffenen öffentlichen Belangen zurücktreten.
4. Bei dem Vorhaben des Schweinezüchters S könnte es sich um einen landwirtschaftlichen Betrieb und somit um ein privilegiertes Vorhaben i. S. d. § 35 I Nr. 1 BauGB handeln. Grundsätzlich stellt Viehzucht nach § 201 BauGB nur in der Form der Wiesen- und Weidewirtschaft einen nach § 35 I Nr. 1 BauGB privilegierten landwirtschaftlichen Betrieb dar. Dabei ist auch die Viehhaltung in Ställen zulässig, solange der überwiegende Anteil des Futters selbst erzeugt wird (§ 201 BauGB). Demgegenüber stellt die hier vorliegende fabrikartige Massentierhaltung unabhängig von der Art der Futtermittelerzeugung per se schon keine Landwirtschaft i. S. d. § 201 BauGB dar und ist daher auch nicht nach § 35 I Nr. 1 BauGB privilegiert. Allerdings kann das geplante Vorhaben wegen der von ihm u. U. ausgehenden Geruchsimmissionen nach § 35 I Nr. 4 BauGB privilegiert sein.

Zu C. VI.:

1. § 33 BauGB kann niemals die Unzulässigkeit eines ansonsten zulässigen Vorhabens bewirken. Die Vorschrift hat lediglich die Funktion eines zusätzlichen Zulässigkeitstatbestandes mit positiver Wirkung im räumlichen Geltungsbereich eines in der Aufstellung befindlichen künftigen Bebauungsplans.
2. Der Aufstellungsbeschluss ist notwendige, jedoch nicht hinreichende Voraussetzung für die Zulässigkeit des Vorhabens nach § 33 BauGB. Weiter erforderlich sind sog. formelle und materielle Planreife, schriftliches Anerkenntnis der künftigen Festsetzungen durch den Antragsteller und gesicherte Erschließung.

Zu C. VII.:

1. Erschließung i. S. v. §§ 30 ff. BauGB verlangt (mindestens) den Anschluss des Grundstücks an das öffentliche Straßennetz, an die Energie- und Wasserversorgung sowie an die Abwasserbeseitigung.
2. Der Bürger kann sich lediglich mit Klage auf Erteilung der Baugenehmigung gegen die Versagung des gemeindlichen Einvernehmens wehren; eine separate Klage gegen die Gemeinde auf Erteilung des Einvernehmens kommt nicht in Betracht, da dem Einvernehmen nach h. M. jede Außenwirkung fehlt. I.Ü. wäre auch eine Klage auf kommunalaufsichtliches Einschreiten unzulässig. Die Bau-

genehmigungsbehörde darf ohne gemeindliches Einvernehmen bzw. dessen Ersetzung gemäß § 36 II 3 BauGB die Baugenehmigung nicht erteilen. Nach dem Auslaufen der entsprechenden Regelung im Bürokratieabbaugesetz I (bis zu einer wohl zu erwartenden Nachfolgeregelung) ist sie auch nicht mehr berechtigt (und zugleich verpflichtet), ein rechtswidrig verweigertes gemeindliches Einvernehmen zu ersetzen. Die Zuständigkeit für die Ersetzung liegt derzeit (wieder) bei der Kommunalaufsichtsbehörde. Diese kann i.Ü. auch mit den Mitteln der Kommunalaufsicht nach §§ 119 ff. GO vorgehen.

Zu D. I.:

1. Noch nicht realisierte Vorhaben, die der Sache nach von der Verbotswirkung einer Veränderungssperre erfasst werden, bleiben nach der Bestandsschutzregelung des § 14 III BauGB zulässig, wenn sie vor Inkrafttreten der Veränderungssperre bereits genehmigt bzw. durch Bauvorbescheid bereits bestätigt worden sind.
2. Die Zurückstellung ist ein Verwaltungsakt mit verfahrensrechtlicher Wirkung. Sie macht das Bauvorhaben nicht materiell rechtswidrig. Vielmehr entfaltet sie, wenn ein Baugenehmigungsverfahren für das fragliche Vorhaben läuft, nur die formelle Wirkung, vorläufig eine Entscheidung über den Antrag zu hindern. Ist kein Baugenehmigungsverfahren durchzuführen, sieht § 15 I 2, 3 BauGB eine vorläufige Untersagung vor.

Zu D. II.:

1. Die Erschließung i.S.v. §§ 123 ff. BauGB meint die für die Baureifmachung eines Gebiets erforderliche erstmalige Herstellung der örtlichen öffentlichen Straßen, Wege, Plätze und Grünanlagen, der Versorgungsanlagen für Elektrizität, Gas, Wärme und Wasser sowie der Anlagen zur Abwasserableitung, erfasst jedoch nicht sog. Erschließungsfolgeeinrichtungen wie Kindergärten, Schulen oder Sportplätze in einem neuen Baugebiet.
2. Die Umlegung gemäß §§ 45 ff. BauGB stellt, obgleich sie durch zielgerichteten hoheitlichen Rechtsakt auf Eigentumsobjekte in ihrem Bestand zugreift, eine Inhalts- und Schrankenbestimmung i.S.v. Art. 14 I 2 GG und keine Enteignung i.S.v. Art. 14 III GG dar, weil sie primär nicht dem Gemeinwohl, sondern den privaten Interessen der Eigentümer dient (vgl. BVerfGE 104, 1 [9 f.]).
3. Anders als sonstige Bebauungspläne ist der vorhabenbezogene Bebauungsplan nicht an die Festsetzungsmöglichkeiten nach § 9 BauGB, BauNVO gebunden (§ 12 III 2 BauGB), so dass hier Festsetzungserfindungsfreiheit herrscht; hierin kommt zum Ausdruck, dass dieser Plan auf ein ganz konkretes Vorhaben bezogen ist.

Zu E. I.:

1. Nach der Legaldefinition des § 2 I 1 BauO sind bauliche Anlagen mit dem Erdboden verbundene, aus Bauprodukten hergestellte Anlagen; nach § 2 I 2 BauO ist die geforderte Erdverbundenheit auch gegeben, wenn die Anlage durch eigene Schwere auf der Erde ruht, auf ortsfesten Bahnen begrenzt beweglich ist oder zur überwiegend ortsfesten Verwendung bestimmt ist. I.Ü. nennt § 2 I 3 Nr. 1 bis 7 BauO weiter eine Reihe von fingierten baulichen Anlagen.
2. Das materielle Bauordnungsrecht, das ordnungsrechtliche Anforderungen zur Abwehr von Gefahren regelt, ist als besonderes Gefahrenabwehr-, also Polizei- und Ordnungsrecht zu charakterisieren. Seine Regelungen sind daher im Verhältnis zum OBG vorrangig anwendbar, wobei die Auslegung dieser Bestim-

§ 4. Öffentliches Baurecht

mungen unter ergänzender Heranziehung allgemeiner polizei- und ordnungsrechtlicher Grundsätze erfolgt. I.Ü. bleiben die Vorschriften des allgemeinen Polizei- und Ordnungsrechts subsidiär anwendbar.

Zu E. II.:

1. Der dauerhaft zu Werbezwecken aufgestellte Heuanhänger ruht durch eigene Schwere auf dem Boden und stellt daher nach § 2 I 1 und 2 BauO eine bauliche Anlage dar, die nicht nach § 65 I Nr. 33–36 BauO genehmigungsfrei ist, so dass M für ein dauerhaftes Abstellen des Anhängers jedenfalls eine Baugenehmigung benötigen würde. Da es sich bei dem Anhänger jedoch um eine Werbeanlage i. S. d. § 13 BauO handelt, muss M beachten, dass eine solche Anlage nach § 13 III 1 BauO außerhalb von im Zusammenhang bebauten Ortsteilen grundsätzlich unzulässig ist, sofern nicht eine Ausnahme nach § 13 III 2 Nr. 1–5 BauO vorliegt (hier u. U. Nr. 1). Zudem müsste M im Hinblick auf den geplanten Standort der Anlage (entlang einer Bundesstraße) prüfen, ob er auf seiner Weide die Regelungen des § 9 FStrG (hier insbesondere das Verbot des § 9 VI FStrG) überhaupt einhalten kann.
2. Die Abstandflächenregelungen des § 6 BauO dienen der Belichtung, der Belüftung, dem Brandschutz sowie dem Sozialabstand eines Gebäudes und dessen Nachbargebäuden.

Zu F. II.:

1. Grundsätzlich bestimmt sich der Umfang des behördlichen Prüfprogramms im Rahmen des baurechtlichen Genehmigungsverfahrens nach dem Landesrecht. Inwieweit nach der BauO Genehmigungserfordernisse nach anderen Gesetzen (z. B. DSchG, GastG etc.) zu prüfen sind, ist i. e. unklar und streitig: Nach dem sog. „Konzentrationsmodell" prüft die Baugenehmigungsbehörde das Vorhaben umfassend nach allen öffentlich-rechtlichen Vorschriften, und die Baugenehmigung ersetzt alle notwendigen öffentlich-rechtlichen Genehmigungen; dem steht aber § 75 III 2 BauO entgegen. Wird das sog. „Separationsmodell" zugrunde gelegt, so ergeht die Baugenehmigung ohne Rücksicht auf andere Genehmigungserfordernisse. Nach dem „Koordinationsmodell" bzw. der sog. „Schlusspunkttheorie" darf die Baugenehmigung erst erteilt werden, wenn alle übrigen notwendigen Genehmigungen ebenfalls vorliegen. Obwohl Gerichte in anderen Bundesländern die Schlusspunkttheorie aufzugeben scheinen, hat das OVG NRW sie jüngst – von einer eigenen früheren Entscheidung abweichend – zugrunde gelegt.
2. Die Baugenehmigung ist die bauaufsichtsbehördliche Erklärung, dass dem beabsichtigten Vorhaben im Zeitpunkt der Erteilung öffentlich-rechtliche Vorschriften nicht entgegenstehen; sie hat daher in Bezug auf das Vorhaben umfassenden Charakter und über die feststellende hinaus auch gestaltende, insbesondere das Bauen gestattende Wirkung. Mit dem in § 71 BauO geregelten Bauvorbescheid ist es möglich, eine Entscheidung nur über Teilaspekte eines Vorhabens einzuholen; ein Bauvorbescheid erwächst in Bestandskraft, so dass der Bauherr grundsätzlich eine gesicherte Rechtsposition erlangt und die bereits durch den Bauvorbescheid entschiedenen Aspekte bei Erteilung der Baugenehmigung nicht erneut zu prüfen sind. Die in § 76 BauO normierte Teilbaugenehmigung bezieht sich im Gegensatz zum Bauvorbescheid auf gewisse, meist räumlich getrennte Teile oder Abschnitte eines Vorhabens; in Bezug auf diese Abschnitte hat die Teilbaugenehmigung wie die Baugenehmigung einen umfassenden und abschließenden, auch gestaltenden Charakter.

H. Antworten auf die Kontrollfragen

3. Die Bauaufsichtsbehörde kann eine Ordnungsverfügung gemäß § 61 I 2 BauO erlassen. Jedoch kommt eine Abrissverfügung nicht in Betracht, weil diese formelle und materielle Illegalität voraussetzt, allein das Fehlen der erforderlichen Baugenehmigung also nicht hinreicht. Es kommt jedoch nach h. M. eine Nutzungsuntersagung in Betracht.
4. Die Bauaufsichtsbehörde muss keine neue Abrissverfügung erlassen, da die gegen den verstorbenen Eigentümer bestandskräftig ergangene Verfügung Geltung auch gegen den Erben als (Gesamt-)Rechtsnachfolger hat. Auf diese Verfügung als Grundverwaltungsakt gestützt kann die Behörde also mit Mitteln der Verwaltungsvollstreckung gegen den Erben vorgehen.

Zu G. I.:

1. Nach der neueren Rechtsprechung des BVerwG kommt für die Anfechtung belastender Nebenbestimmungen von Verwaltungsakten allein die Anfechtungsklage in Betracht, wobei es für die Zulässigkeit dieser Klagen nicht mehr von Belang ist, ob die Nebenbestimmung als Bedingung oder als Auflage zu qualifizieren ist. Die Frage, ob die Nebenbestimmung durch die Anfechtungsklage im Einzelfall isoliert aufhebbar ist, betrifft erst die Begründetheit der Klage.
2. Die zulässige Anfechtungsklage ist, da bei einer nachträglichen Änderung der Sach- oder Rechtslage zugunsten des Klägers auf den Zeitpunkt der letzten mündlichen Verhandlung des Gerichts abzustellen ist, als begründet zu beurteilen; auf Grund der nachträglichen Übernahme der Baulast durch den Nachbarn ist die materielle Baurechtswidrigkeit entfallen (vgl. § 6 II 3 BauO). Für die beklagte Behörde kommt ein sofortiges Anerkenntnis in Betracht.

Zu G. II.:

1. Nach der Schutznormtheorie vermittelt eine Norm dem Nachbarn dann ein subjektives Recht, wenn die Norm zumindest auch den Interessen gerade dieses Nachbarn zu dienen bestimmt ist und dieser nicht bloß reflexhaft von der Norm begünstigt wird.
2. Das Gebot der Rücksichtnahme vermittelt erst dann Nachbarschutz, wenn in qualifizierter und zugleich individualisierter Weise auf schutzwürdige Interessen eines erkennbar abgegrenzten Kreises Dritter Rücksicht zu nehmen ist.

§ 5. Anhang: Verwaltungsprozessuale Probleme in der Fallbearbeitung

Literaturhinweise: *Augsberg*, Verwaltungsprozessrecht, 2010; *Gersdorf*, Verwaltungsprozessrecht, 4. Aufl. 2009; *Hufen*, Verwaltungsprozessrecht, 8. Aufl. 2011; *Keller/Menges*, Die VwGO in Fällen, 2010; *Martini*, Verwaltungsprozessrecht, 5. Aufl. 2011; *Pietzner/Ronellenfitsch*, Das Assessorexamen im Öffentlichen Recht, 12. Aufl. 2010, *Schenke*, Verwaltungsprozessrecht, 13. Aufl. 2012; *Schmitt Glaeser/Horn*, Verwaltungsprozeßrecht, 15. Aufl. 2000; *Stern/Blanke*, Verwaltungsprozessrecht in der Klausur, 9. Aufl. 2008; *Mann/Wahrendorf*, Verwaltungsprozessrecht, 4. Aufl. 2013; *Würtenberger*, Verwaltungsprozessrecht, 3. Aufl. 2011, *ders.*, Prüfe dein Wissen: Verwaltungsprozessrecht, 3. Aufl. 2007

Die Bearbeitung verwaltungsrechtlicher Fragestellungen ist im Examen – nicht anders als in der beruflichen Praxis – regelmäßig eingebunden in die Prüfung der Erfolgsaussichten eines verwaltungsgerichtlichen Rechtsbehelfs. Vorrangig geht es hierbei um das sog. Hauptsacheverfahren (Klageverfahren), nicht selten aber auch um Verfahren des einstweiligen Rechtsschutzes (Aussetzungsverfahren nach § 80 Abs. 5 VwGO sowie einstweiliges Anordnungsverfahren nach § 123 VwGO). Im Folgenden wird es darum gehen, die betreffenden **Verfahrensarten** und die hierauf bezogenen **landesspezifischen Besonderheiten** zumindest kursorisch darzustellen.

Generell gilt, dass bei der Bearbeitung verwaltungsrechtlicher Aufgaben zwischen der Zulässigkeit und der Begründetheit eines Rechtsbehelfs zu differenzieren ist. Während sich die „Zulässigkeitsprüfung" mit der Frage befasst, ob der Richter überhaupt in der Sache entscheiden wird, widmet sich die Begründetheitsprüfung der Frage, wie der Richter in der Sache zu entscheiden hat. Gelangt die Zulässigkeitsprüfung zu dem Ergebnis, dass das Gericht nicht zur Sache entscheiden darf, sind die materiellen Fragen der Begründetheit im Rahmen eines sog. „Hilfsgutachtens" zu prüfen.

A. Das Hauptsacheverfahren

„Normalfall" der verwaltungsrechtlichen Klausur ist die verwaltungsgerichtliche Klage. Dieses sog. Hauptsacheverfahren weist in der Praxis freilich den Nachteil einer häufig recht langen Verfahrensdauer auf. Aus diesem Grunde kommt neben dem Hauptsacheverfahren den Verfahren des einstweiligen Rechtsschutzes (sub B und C) große Bedeutung zu.

§ 5. Verwaltungsprozessuale Probleme

Für das „**Hauptsacheverfahren**" ergibt sich folgendes Prüfungsschema:

Abb. 1: Das Hauptsacheverfahren

Erfolgsaussichten einer Klage	
A. Zulässigkeit der Klage	
1. Eröffnung des Verwaltungsrechtswegs	6. Klagegegner
2. Statthafte Klageart	7. Beteiligtenfähigkeit
3. Klagebefugnis	8. Prozessfähigkeit
4. Vorverfahren (entfällt in NRW in der Regel)	9. Zuständiges Gericht
5. Klagefristen	10. Rechtsschutzbedürfnis
B. Begründetheit der Klage	

Erläuterungen

I. Zulässigkeit einer verwaltungsgerichtlichen Klage

1. Verwaltungsrechtsweg

3 Die Eröffnung des Verwaltungsrechtswegs stellt regelmäßig den ersten Prüfungspunkt innerhalb der Zulässigkeit dar. Besondere **landesrechtliche Eigenheiten** bestehen insoweit **nicht**.
Der Verwaltungsrechtsweg wird eröffnet:
– entweder über eine „aufdrängende Sonderzuweisung"
– oder über die Generalklausel des § 40 Abs. 1 S. 1 VwGO.

a) Aufdrängende Sonderzuweisung

4 Zunächst ist zu prüfen, ob der Rechtsstreit aufgrund einer Spezialvorschrift den Verwaltungsgerichten zugewiesen ist (lex-specialis-Grundsatz). Die klausurrelevanteste aufdrängende Sonderzuweisung enthält § 126 BBG (für Bundesbeamte) bzw. § 54 Abs. 1 BeamtStG (für Landesbeamte), wonach für alle Klagen der Beamten bzw. ihrer Dienstherren aus dem Beamtenverhältnis der Verwaltungsrechtsweg eröffnet ist.

Weitere spezialgesetzliche Zuweisungen ergeben sich aus § 32 WPflG, § 82 SoldG, § 71 DRiG, § 54 BaFöG.

b) Generalklausel

5 Sofern keine aufdrängende Sonderzuweisung besteht, kann der Verwaltungsrechtsweg gem. § 40 Abs. 1 S. 1 VwGO eröffnet sein. Hierzu bedürfen folgende Voraussetzungen der Prüfung:
– Streitigkeit öffentlich-rechtlicher Art,
– nichtverfassungsrechtlicher Charakter der Streitigkeit,
– Fehlen einer abdrängenden Sonderzuweisung.

aa) Öffentlich-rechtliche Streitigkeit

Eine Streitigkeit ist öffentlich-rechtlich, wenn die dem angegriffenen oder begehrten Handeln zugrundeliegende, sog. streitentscheidende Norm öffentlich-rechtlicher Natur ist. Davon ist nach der modifizierten Subjektstheorie („Sonderrechtslehre") auszugehen, wenn die Vorschrift ausschließlich einen Hoheitsträger (in dieser Funktion) berechtigt oder verpflichtet. Eine darüber hinausgehende Diskussion der (heute obsoleten) Interessen- und Subordinationstheorie erübrigt sich.

Wenn sich die streitentscheidende Norm nicht zweifelsfrei ermitteln lässt, erfolgt die Zuordnung der Streitigkeit zum öffentlichen oder privaten Recht anhand folgender „Hilfskriterien":

– Hat eine Behörde (vgl. § 1 Abs. 2 VwVfG) in hoheitlicher Form gehandelt (insbes. im Rahmen der Eingriffsverwaltung durch Verwaltungsakt), ist die Streitigkeit stets als öffentlich-rechtlich einzustufen.
– Erfolgt das Behördenhandeln in mehreren Stufen (z.B. Subventionsvergabe, Vergabe einer Stadthalle), kann eine Abgrenzung nach der sog. Zwei-Stufen-Theorie erforderlich sein. Danach richtet sich die Frage nach dem „Ob" der Vergabe (1. Stufe) stets nach öffentlichem Recht; das „Wie" der Vergabe (2. Stufe) kann dagegen öffentlich-rechtlich oder zivilrechtlich ausgestaltet sein.
– Existieren für ein Handeln der Verwaltung sowohl im öffentlichen als auch im privaten Recht Rechtsgrundlagen, ist das Handeln als öffentlich-rechtlich einzuordnen, wenn es im Zusammenhang mit der Erfüllung öffentlicher Aufgaben steht (Klausurenbeispiel bei *Dietlein/Heyers*, NWVBl. 2000, 77ff.: Äußerungen des Bürgermeisters).
– Sofern hinreichende Anhaltspunkte fehlen und sich ein öffentliches Rechtsverhältnis auch nicht aus Indizien ergibt, besteht schließlich eine Vermutung für eine öffentlich-rechtliche Rechtsbeziehung. Im Zweifel ist damit von einer öffentlich-rechtlichen Streitigkeit auszugehen.

bb) Streitigkeit nichtverfassungsrechtlicher Art

Darüber hinaus muss die Streitigkeit nichtverfassungsrechtlicher Art sein. Das Merkmal „verfassungsrechtlich" ist hier i.S. einer „doppelten Verfassungsunmittelbarkeit" zu verstehen, so dass eine verfassungsrechtliche Streitigkeit lediglich dann vorliegt, wenn Verfassungsorgane (einschließlich ihrer Organteile) oder am Verfassungsleben unmittelbar Beteiligte (z.B. Parteien hinsichtlich Art. 21 GG) um die Anwendung und Auslegung von Verfassungsrecht streiten.

cc) Keine abdrängende (Sonder-)Zuweisung zu einem anderen Gericht

Schließlich darf die Streitigkeit keinem anderen Gericht ausdrücklich zugewiesen sein. Abdrängende Sonderzuweisungen zu den ordentlichen Gerichten enthalten etwa:

– § 23 EGGVG (Repressive Maßnahmen der Justizbehörden, z.B. der Polizei als Strafverfolgungsbehörde nach der StPO; bei präventivem

§ 5. Verwaltungsprozessuale Probleme

Handeln zur Gefahrenabwehr nach dem PolG ist dagegen der Verwaltungsrechtsweg eröffnet)
- § 43 Abs. 1 OBG (Entschädigungsansprüche nach den §§ 39 bis 42 OBG)
- § 49 Abs. 6 S. 3 VwVfG (Entschädigung für Widerruf eines Verwaltungsakts).

Bedeutsam ist dabei § 17 Abs. 2 GVG, wonach das jeweilige Gericht den Rechtsstreit grundsätzlich unter allen in Betracht kommenden rechtlichen Gesichtspunkten entscheidet, also auch Anspruchsgrundlagen zu prüfen hat, die außerhalb der konkreten Zuweisung stehen. Allerdings vermag sich § 17 Abs. 2 GVG nicht gegen die verfassungsrechtlichen Spezialzuweisungen aus Art. 14 Abs. 3 und Art. 34 GG durchzusetzen (vgl. § 17 Abs. 2 S. 2 GVG).

Weitere abdrängende Sonderzuweisungen zu „besonderen" Verwaltungsgerichten ergeben sich namentlich aus § 33 FGO (Finanzgerichte) sowie § 51 SGG (Sozialgerichte).

2. Statthafte Klageart

9 Zentraler Gegenstand der Zulässigkeitsprüfung ist die Frage nach der statthaften Klageart.

Die statthafte Klageart wird zweckmäßigerweise an zweiter Stelle geprüft, weil sie die weitere (Zulässigkeits-)Prüfung beeinflusst (insbes. Klagebefugnis, Vorverfahren, Frist, Klagegegner). Die statthafte Klageart richtet sich nach dem Klagebegehren, mithin nach dem Rechtsschutzziel des Klägers (vgl. § 88 VwGO). Dieses Ziel ist gegebenenfalls durch Auslegung zu ermitteln. **Landesspezifische Besonderheiten** ergeben sich insoweit, als der Landesgesetzgeber von der Möglichkeit des § 47 Abs. 1 Nr. 2 VwGO, die Rechtsschutzform eines „allgemeinen" Normenkontrollverfahrens zum OVG einzuführen, keinen Gebrauch gemacht hat. Die Normenkontrolle ist demnach nur insoweit statthaft, als Satzungen, die nach den Vorschriften des BauGB erlassen worden sind (Bebauungspläne) oder Rechtsverordnungen nach § 246 Abs. 2 BauGB in Streit stehen. Im Übrigen stellt sich das System der verwaltungsgerichtlichen Klagearten wie folgt dar:

a) Anfechtungsklage

10 Begehrt der Kläger die Aufhebung eines Verwaltungsakts, ist die Anfechtungsklage statthaft (§ 42 Abs. 1, 1. Fall VwGO). Maßstab für die Frage, ob der Angriffsgegenstand Verwaltungsaktqualität aufweist, ist § 35 VwVfG. Im Falle des Gesetzesvollzugs durch **nordrhein-westfälische Behörden** (einschl. der Gemeinden und Gemeindeverbände) ist stets das VwVfG NRW, nicht aber das VwVfG des Bundes anwendbar (str.).

b) Verpflichtungsklage

11 Begehrt der Kläger die Verurteilung der Behörde zum **Erlass eines Verwaltungsakts**, ist die Verpflichtungsklage statthaft (§ 42 Abs. 1Var. 2 VwGO). Begrifflich lässt sich hier zwischen der Versagungsgegenklage (Klage auf Vornahme eines beantragten, von der Verwaltung abgelehnten Verwaltungs-

A. Das Hauptsacheverfahren 615

akts) und der Untätigkeitsklage (Klage auf Vornahme eines Verwaltungsakts, wenn die Behörde nach Beantragung untätig bleibt, d.h. kein Ablehnungsbescheid ergeht) unterscheiden.

c) Fortsetzungsfeststellungsklage

Hat sich ein angefochtener Verwaltungsakt nach Klageerhebung erledigt, kann im Wege der Fortsetzungsfeststellungsklage nachträglich die Feststellung der Rechtswidrigkeit des Verwaltungsaktes begehrt werden (§ 113 Abs. 1 S. 4 VwGO). Die Erledigung muss nach Klageerhebung, aber vor dem Urteilsausspruch eingetreten sein (vgl. § 113 Abs. 1 S. 1 i.V.m. § 113 Abs. 1 S. 4 VwGO). Das ursprüngliche Klagebegehren – die Aufhebung des Verwaltungsaktes – ist mit dessen Erledigung gegenstandslos geworden. 12

Über den gesetzlichen Regelfall hinaus ist die Fortsetzungsfeststellungsklage analog auf drei vergleichbare Konstellationen anzuwenden, wobei sich spezielle Anforderungen an das Rechtsschutzbedürfnis (unten Rn. 30) sowie z.T. an die besonderen Sachentscheidungsvoraussetzungen des Vorverfahrens (unten Rn. 19) und der Klagefrist (unten Rn. 24) ergeben:

– Zur Zeit der Erledigung war die Anfechtungsklage noch nicht erhoben (z. B. Versammlungsauflösung, s. § 3 Rn. 303). Wie im Ausgangsfall richtet sich das Klagebegehren auf die Feststellung, dass der Verwaltungsakt rechtswidrig gewesen ist.
– Das im Rahmen einer Verpflichtungsklage ursprüngliche Klagebegehren auf Erlass eines Verwaltungsaktes hat sich nach Klageerhebung, aber vor dem Urteilsausspruch erledigt. Das Klageziel der Fortsetzungsfeststellungsklage besteht nunmehr in der Feststellung, dass die Ablehnung oder Unterlassung des beantragten Verwaltungsaktes rechtswidrig gewesen ist.
– Zur Zeit der Erledigung war die Verpflichtungsklage nicht erhoben. Das Klageziel der Fortsetzungsfeststellungsklage ist insoweit identisch zur vorigen Fallgruppe (§ 113 Abs. 1 S. 4 VwGO; ggf. „doppelt" analog).

d) Allgemeine Leistungsklage

Die allgemeine Leistungsklage (in der VwGO nicht explizit geregelt, aber vorausgesetzt u. a. in den §§ 43 Abs. 2, 111 VwGO) kann: 13
– auf die Vornahme einer Handlung gerichtet sein, die nicht im Erlass eines Verwaltungsaktes besteht und den Erlass eines solchen auch nicht voraussetzt (setzt das begehrte Verwaltungshandeln [z. B. eine Geldleistung] den Erlass eines Verwaltungsaktes voraus [Bewilligungsbescheid], muss zunächst Verpflichtungsklage erhoben werden);
– auf das Unterlassen einer anfänglichen oder wiederholten (drohenden) Beeinträchtigung durch die Verwaltung gerichtet sein;
– als Annexantrag mit einer Anfechtungsklage verbunden werden, wenn der Kläger neben der Aufhebung eines Verwaltungsakts die Erbringung einer Leistung begehrt, § 113 Abs. 4 VwGO (Bsp.: Rückzahlung eines aufgrund Leistungsbescheides entrichteten Geldbetrages).

e) Feststellungsklage

14 Das Klagebegehren der Feststellungsklage ist auf die Feststellung des Bestehens oder Nichtbestehens eines Rechtsverhältnisses oder der Nichtigkeit eines Verwaltungsakts gerichtet (§ 43 Abs. 1 VwGO). Unter Rechtsverhältnis i.S. des § 43 Abs. 1 VwGO sind die rechtlichen Beziehungen zwischen verschiedenen Rechtssubjekten anzusehen, die sich aus der Anwendung einer Norm auf einen konkreten Sachverhalt ergeben. Von feststellungsfähigen Rechtsverhältnissen abzugrenzen sind „abstrakte Rechtsfragen", die keinen zulässigen Gegenstand der Feststellungsklage darstellen. Als besondere Voraussetzung der Feststellungsklage statuiert § 43 Abs. 2 S. 1 VwGO den Grundsatz der Subsidiarität gegenüber der „Gestaltungs- oder Leistungsklage". Gemeint sind hiermit nach h.M. die speziellen VA-Klagen (Anfechtungsklage, Verpflichtungsklage, str.).

3. Klagebefugnis

15 Anfechtungs- und Verpflichtungsklagen sind gemäß § 42 Abs. 2 VwGO – soweit gesetzlich nichts anderes bestimmt ist – nur zulässig, wenn der Kläger geltend macht, durch den Verwaltungsakt oder seine Ablehnung oder Unterlassung in seinen Rechten verletzt zu sein (Klagebefugnis). Dafür ist nach h.M. die „Möglichkeit" der Verletzung eines subjektiven Rechts des Klägers erforderlich („Möglichkeitstheorie"). Die Möglichkeit entfällt nur dort, wo eine Rechtsverletzung offensichtlich und nach jeder nur erdenklichen Betrachtungsweise ausscheidet. Unzulässig ist damit insbesondere die sog. Popularklage. § 42 Abs. 2 VwGO ist nach st. Rspr. auch auf die übrigen Klagearten (analog) anzuwenden.

Daraus ergibt sich für die einzelnen Klagearten:

– Bei der Anfechtungsklage muss die Möglichkeit bestehen, dass der Kläger durch den Verwaltungsakt in eigenen Rechten verletzt ist. Dies ist im Falle der Klage gegen einen belastenden Verwaltungsakt in der Regel unproblematisch zu bejahen (sog. Adressatentheorie). Ist der Kläger nicht Adressat des ihn belastenden VA (etwa Nachbarklage), kann die für die Klagebefugnis erforderliche Möglichkeit der Verletzung eigener Rechte nur dadurch dargetan werden, dass er geltend macht, der Verwaltungsakt verstoße gegen eine Rechtsnorm, die nicht nur den Interessen der Allgemeinheit, sondern zumindest auch seinen Interessen zu dienen bestimmt ist (sog. Schutznormtheorie).

– Auch bei der Verpflichtungsklage gilt nach h.M. die Möglichkeitstheorie. Der Kläger muss geltend machen, möglicherweise einen Anspruch auf Erlass des begehrten Verwaltungsakts zu haben. Normen des (objektiven) Rechts vermitteln solche Ansprüche, wenn sie zumindest auch dem Interesse des Einzelnen zu dienen bestimmt sind (zur polizeilichen Generalklausel als Anspruchsnorm oben § 2 Rn. 45 ff.).

– Bei der Fortsetzungsfeststellungsklage muss der Kläger geltend machen, durch den (erledigten) Verwaltungsakt in seinen subjektiven Rechten verletzt (worden) zu sein, § 42 Abs. 2 VwGO analog. Im Rahmen der

A. Das Hauptsacheverfahren

Verpflichtungskonstellation der Fortsetzungsfeststellungsklage nach erledigter Ablehnung oder Unterlassung des Verwaltungsakts muss der Kläger möglicherweise einen Anspruch auf Erlass des begehrten Verwaltungsaktes gehabt haben.
– Für die Klagebefugnis bei der allgemeinen Leistungsklage muss die Möglichkeit eines Anspruchs auf Vornahme bzw. Unterlassen der Verwaltungsmaßnahme bestehen, § 42 Abs. 2 VwGO analog.
– Für die Feststellungsklage bedeutet die analoge Anwendung des § 42 Abs. 2 VwGO, dass es dem Kläger um die Verwirklichung seiner Rechte geht, sei es, dass er an dem streitigen Rechtsverhältnis selbst beteiligt ist (dies wird in der Regel der Fall sein), oder dass von dem Rechtsverhältnis eigene Rechte des Klägers abhängen (BVerwGE 99, 64 ff.; str.).
– Für die verwaltungsgerichtlichen Normenkontrolle nach § 47 Abs. 1 Nr. 1 VwGO finden sich in § 47 Abs. 2 S. 1 VwGO ähnliche Vorgaben.

4. Vorverfahren

Für die Zulässigkeit einer Anfechtungs- oder Verpflichtungsklage in Form 16 der Versagungsgegenklage ist gemäß § 68 Abs. 1 S. 1 VwGO grundsätzlich die vorherige ordnungsgemäße Durchführung eines Vorverfahrens (Widerspruchsverfahren) erforderlich. Der Widerspruch ist entweder bei der Behörde einzulegen, die den Ausgangs-VA erlassen hat, oder bei der Behörde, die den Widerspruchsbescheid zu erlassen hat (§ 70 Abs. 1 VwGO).

a) Hält die (Erlass-) Behörde den Widerspruch für begründet, so hilft sie 17 ihm ab, § 72 VwGO (sog. Abhilfebescheid). Anderenfalls ergeht ein Widerspruchsbescheid. Diesen erlässt grundsätzlich die nächsthöhere Behörde (§ 73 Abs. 1 S. 2 Nr. 1 VwGO). Eine Ausnahme hiervon gilt grundsätzlich für den Bereich der kommunalen Selbstverwaltungsangelegenheiten (Nr. 3). Hier ist die Selbstverwaltungskörperschaft in der Regel zugleich Widerspruchsbehörde. Einen weiteren, praktisch bedeutsamen Ausnahmefall normiert – vermittelt über die Öffnungsklausel des § 73 Abs. 1 S. 3 VwGO – die landesrechtliche Vorschrift des § 111 JustG. Danach ist abweichend von der Grundkonzeption des § 73 Abs. 1 S. 1 VwGO für die **in NRW verbliebenen Fälle**, in denen ein Vorverfahren durchzuführen ist, die Behörde, die den Verwaltungsakt erlassen oder dessen Vornahme abgelehnt hat, auch für die Entscheidung über den Widerspruch zuständig.

b) **Landesrechtliche Besonderheiten** ergeben sich ferner mit Blick auf § 68 18 Abs. 1 S. 2, 1. Hs. VwGO, der dem (Landes-)Gesetzgeber die Möglichkeit eröffnet, auf das Vorverfahren als Zulässigkeitsvoraussetzung zu verzichten (hierzu *Dolde/Porsch*, VBlBW 2008, 428). Von dieser Ermächtigung hat Nordrhein-Westfalen etwa in Bezug auf gemeindliche Klagen gegen Maßnahmen der allgemeinen Kommunalaufsicht Gebrauch gemacht (§ 126 GO). Mit dem Inkrafttreten des **Bürokratieabbaugesetzes II** am 01.10.2007 wurde § 6 AG VwGO dahingehend geändert, dass gem.

§ 5. Verwaltungsprozessuale Probleme

Abs. 1 das **Vorverfahren** grundsätzlich, wenngleich zeitlich befristet entfällt. Die folgenden Absätze sehen sodann Ausnahmen von diesem Grundsatz vor. Insbesondere entfällt das Vorverfahren gem. Abs. 3 bei Drittwidersprüchen im Regelfall nicht. Die Regelung wurde zwischenzeitlich mit Wirkung zum 1. Januar 2011 inhaltsgleich in das **Justizgesetz** (dort § 110) übernommen und verlängert (LT-Drs. 16/178: Erlasszeitraum bis 31.12.2013; zu den Folgen eingehend *Johlen*, NWVBl. 2013, 91 ff.). Entsprechendes gilt für den überwiegenden Teil der Klagen aus dem Beamtenverhältnis (§ 104 LBG NRW).

19 c) Unabhängig hiervon ist ein Vorverfahren bei der Fortsetzungsfeststellungsklage nach h.M. in jedem Fall obsolet, wenn die Erledigung des Verwaltungsakts vor Ablauf der Widerspruchsfrist oder während eines noch nicht abgeschlossenen Widerspruchsverfahrens eintritt (hierzu BVerwG NVwZ 2000, 63, 64; str.): Die mit dem Widerspruch begehrte Aufhebung des Verwaltungsakts kann nach dessen Erledigung nicht mehr erfolgen. Auch kann die Verwaltung nicht verbindlich die Rechtswidrigkeit eines Verwaltungsaktes feststellen.

20 d) Bei der allgemeinen Leistungs- und der Feststellungsklage ist ein Vorverfahren grundsätzlich nicht erforderlich. Unabhängig von der jeweiligen Rechtsschutzform bleibt ein Vorverfahren erforderlich, soweit dieses spezialgesetzlich vorgeschrieben ist (z.B. § 126 Abs. 2 BBG).

21 e) **Landesrechtliche Besonderheiten** ergeben sich schließlich mit Blick auf die Wirkungen eines etwa erforderlichen Widerspruchs. Nach den Vorgaben der VwGO haben Anfechtungsklage und Widerspruch grundsätzlich aufschiebende Wirkung (§ 80 Abs. 1 S. 1 VwGO). Dieser Suspensiveffekt entfällt gem. § 112 JustG für Rechtsbehelfe gegen Maßnahmen in der Verwaltungsvollstreckung. Diese landesrechtliche Beschränkung ist auf § 80 Abs. 2 S. 1 Nr. 3 VwGO zurückzuführen („Die aufschiebende Wirkung entfällt in für Landesrecht durch Landesgesetz vorgeschriebenen Fällen") und ergibt sich nicht aus der vordergründig einschlägigen Vorschrift des § 80 Abs. 2 S. 2 VwGO, da hiervon allein die Verwaltungsvollstreckung nach Bundesrecht betroffen ist.

5. Klagefrist

22 Die Anfechtungsklage muss innerhalb eines Monats nach Zustellung des Widerspruchsbescheids erhoben werden (§ 74 Abs. 1 VwGO). Zu beachten ist, dass die Klagefrist einen Monat und nicht vier Wochen beträgt. Die Berechnung erfolgt gemäß § 57 Abs. 2 VwGO, § 222 Abs. 1 ZPO, §§ 187 ff. BGB.

Besondere Regelungen gelten, sofern eine förmliche Zustellung erforderlich ist, der Bürger geschäftsunfähig bzw. beschränkt geschäftsfähig oder anwaltlich vertreten ist (§§ 3–5 LZG). Eine Heilung von Zustellungsmängeln kann nach § 8 LZG eintreten.

A. Das Hauptsacheverfahren

Ist ein Vorverfahren nach § 68 VwGO oder anderen Bestimmungen (s. oben Rn. 18) entbehrlich, läuft die Klagefrist vom Zeitpunkt der Zustellung (§ 74 Abs. 1 S. 1 VwGO) bzw. Bekanntgabe des Verwaltungsakts (§ 74 Abs. 1 S. 2 VwGO). Die Bekanntgabe eines schriftlichen Verwaltungsakts kann auch durch normalen Brief erfolgen. Der Verwaltungsakt gilt dann als am dritten Tag nach der Aufgabe des Briefes bekannt gemacht, es sei denn, er ist (tatsächlich) später zugegangen (§ 41 Abs. 2 VwVfG NRW). Fehlt es an einer ordnungsgemäßen Rechtsbehelfsbelehrung (zu den Anforderungen an eine ordnungsgemäße Rechtsbehelfsbelehrung vgl. § 58 Abs. 1 VwGO), beträgt die Klagefrist abweichend von § 74 Abs. 1 VwGO gem. § 58 Abs. 2 VwGO ein Jahr. Sofern eine Bekanntgabe an den Kläger gar nicht erfolgt ist, beginnt keine Klagefrist zu laufen; insofern kann das Klagerecht allenfalls der prozessualen Verwirkung unterfallen (vgl. hierzu BVerwG NJW 1988, 839, 840).

> **Beachte:** Die nach Abschaffung des Widerspruchsverfahrens in NRW (oben Rn. 18) üblich gewordene Verbindung der Rechtsbehelfsbelehrung mit der Empfehlung, vor einer Klageerhebung Kontakt mit der Behörde aufzunehmen, um etwaige Unstimmigkeiten zu beseitigen, stellt die Ordnungsgemäßheit der Belehrung nicht in Frage; hierzu Johlen, NWVBl. 2013, 91, 92 mwN.).

Für die Verpflichtungsklage verweist, sofern es sich um eine Versagungsgegenklage handelt, § 74 Abs. 2 VwGO wiederum auf Abs. 1 mit der Folge entsprechender Anwendung. Die Untätigkeitsklage hingegen kann grundsätzlich nicht vor Ablauf von drei Monaten seit dem Antrag auf Vornahme des Verwaltungsaktes erhoben werden (§ 75 S. 2 VwGO). 23

Bei der Fortsetzungsfeststellungsklage ist erneut zu unterscheiden: Ist der erledigte Verwaltungsakt vor Eintritt der Erledigung in Bestandskraft erwachsen, ist die Klage unzulässig. Bei Erledigung vor Eintritt der Bestandskraft unterliegt die Klage dagegen keiner Fristbindung: Es besteht kein Grund für eine zeitliche Beschränkung der Klage, da der erledigte Verwaltungsakt nicht mehr in Bestandskraft erwachsen kann (vgl. BVerwG, NVwZ 2000, 63). Diese Erwägungen sind auch auf die Fortsetzungsfeststellungsklage in der Verpflichtungssituation zu übertragen. 24

Die allgemeine Leistungsklage und die Feststellungsklage sind nicht fristgebunden. 25

6. Klagegegner

Landesrechtliche Besonderheiten ergeben sich seit dem 1. Januar 2011 nicht mehr. Während zuvor noch gemäß § 78 Abs. 1 Nr. 2 VwGO i.V. mit § 5 Abs. 2 S. 1 AG VwGO die Behörde, die den angefochtenen Verwaltungsakt erlassen bzw. den beantragten Verwaltungsakt unterlassen hat, richtiger Klagegegner bei der Anfechtungs- und der Verpflichtungsklage war, wurde diese Ausnahme vom Rechtsträgerprinzip nicht in das **Justizgesetz** übernommen. Alle Klage sind damit nunmehr **gegen den Rechtsträger** zu richten. 26

§ 5. Verwaltungsprozessuale Probleme

Mit dieser Gesetzesänderung entfällt nicht zuletzt die früher häufig diskutierte Frage nach der Auslegung des § 44 VwGO im Falle einer Verbindung von Anfechtungs- und Leistungsklage.

7. Beteiligtenfähigkeit

27 Kläger und Beklagter sowie etwaige weitere Beteiligte (vgl. § 63 VwGO) müssen beteiligtenfähig i. S. des § 61 VwGO sein. Unproblematisch ist dies bei natürlichen und juristischen Personen (des privaten und des öffentlichen Rechts), § 61 Nr. 1 VwGO.

Nach § 61 Nr. 2 VwGO sind Vereinigungen, soweit ihnen ein Recht zustehen kann, ebenfalls beteiligtenfähig. § 61 Nr. 2 VwGO meint dabei Vereinigungen von juristischen oder natürlichen Personen i. S. der Nr. 1. Im verwaltungsrechtlichen Organstreit (insbesondere Kommunalverfassungsstreit) wird § 61 Nr. 2 VwGO nach h. M. analog auf Organe und Organteile der betreffenden Hoheitsträger (Gemeinden) angewendet, soweit ihnen wehrfähige Innenrechtspositionen zustehen.

Von der **Ermächtigung in § 61 Nr. 3 VwGO**, nach der auch Behörden fähig sind, am Verfahren beteiligt zu sein, macht der **Landesgesetzgeber** nunmehr **keinen Gebrauch**.

8. Prozessfähigkeit

28 Prozessfähigkeit ist die Fähigkeit, selbst oder durch Bevollmächtigte (vgl. § 67 VwGO) Verfahrenshandlungen vorzunehmen. Dies sind gemäß § 62 VwGO die nach bürgerlichem Recht Geschäftsfähigen (Nr. 1) sowie die beschränkt Geschäftsfähigen, soweit sie durch Vorschriften des bürgerlichen oder öffentlichen Rechts für den Gegenstand des Verfahrens als geschäftsfähig anerkannt sind (Nr. 2), vgl. §§ 112, 113 BGB. Für Vereinigungen handeln nach § 62 Abs. 3 ihre gesetzlichen Vertreter, Vorstände oder besonders Beauftragte.

Die gerichtliche Vertretung des Landes ist in der Landesverfassung nicht ausdrücklich geregelt. Hinsichtlich der Vertretung in Rechtsstreitigkeiten wird aus dem Ressortprinzip (Art. 55 Abs. 2 LVerf) gefolgert, dass die gerichtliche Vertretungsbefugnis bei den zuständigen Ministern, also im Falle der Polizei beim Innenminister liegt. Dieser kann die Vertretungsbefugnis durch Erlass delegieren (vgl. etwa Erlass zur Vertretung des Landes Nordrhein-Westfalen vor den Verwaltungsgerichten bei Feststellungs- und allgemeinen Leistungsklagen in Abschlepp- und Sicherstellungsangelegenheiten im Bereich der Polizei). Sind Gemeinden Beteiligte eines verwaltungsgerichtlichen Verfahrens, werden diese prozessual durch den Bürgermeister als gesetzlichem Vertreter der Gemeinde (§ 63 Abs. 1 GO) vertreten.

9. Zuständiges Gericht

Die Zuständigkeit des angerufenen Gerichts sollte in der Klausur nur bei bestehenden Zweifeln ausführlicher geprüft werden. 29

Da die (örtliche) Zuständigkeit in seltenen (kaum klausurrelevanten) Fällen von der Klageart abhängt (vgl. § 52 Nr. 2 und 3 VwGO), erscheint es zweckmäßig, die Zuständigkeit nach Feststellung der statthaften Klageart zu prüfen. Sachlich ist grundsätzlich das Verwaltungsgericht zuständig (vgl. § 45, zu den Ausnahmen §§ 47, 48 und 50 VwGO). Die örtliche Zuständigkeit (Gerichtsstand) ist in § 52 VwGO geregelt. Wichtig sind die besonderen Gerichtsstände der Belegenheit der Sache (Nr. 1) und des (dienstlichen) Wohnsitzes des Beamten (Nr. 4) sowie der allgemeine Gerichtsstand des (Wohn-) Sitzes des Beklagten (Nr. 5). Die Standorte der **nordrhein-westfälischen Verwaltungsgerichte** sind aufgeführt in § 17 JustG.

10. Rechtsschutzbedürfnis

Voraussetzung für die Zulässigkeit einer Klage ist schließlich, dass der Kläger ein berechtigtes Interesse an einer Sachentscheidung des Gerichts hat (Rechtsschutzbedürfnis). Die Frage des Rechtsschutzbedürfnisses bedarf in der Regel lediglich bei den Feststellungsklagen (einschließlich der Fortsetzungsfeststellungsklage) einer gesonderten Prüfung: 30
- Das für die (allgemeine) Feststellungsklage von § 43 Abs. 1 VwGO vorausgesetzte berechtigte Interesse ist jedes als schutzwürdig anzuerkennende Interesse rechtlicher, wirtschaftlicher oder auch ideeller Art.
- Für die Fortsetzungsfeststellungsklage verlangt § 113 Abs. 1 S. 4 VwGO ein berechtigtes Interesse an der Feststellung, dass der Verwaltungsakt (bzw. dessen Ablehnung oder Unterlassung) rechtswidrig gewesen ist. Ein solches Interesse ist für drei Fallgruppen anerkannt: Wiederholungsgefahr, Rehabilitationsinteresse sowie Vorbereitung eines Amtshaftungs- oder Entschädigungsprozesses. Zur Vorbereitung eines Amtshaftungs- oder Entschädigungsprozesses besteht ein Rechtsschutzbedürfnis für die Fortsetzungsfeststellungsklage allerdings nur dann, wenn sich die Maßnahme erst nach Klageerhebung erledigt hat und der angestrebte Prozess nicht offenbar aussichtslos ist. Lediglich in Ausnahmefällen kann sich ein besonderes Rechtsschutzbedürfnis allein aus dem Verweis auf den grundrechtsverletzenden Charakter der Maßnahme ergeben.
- Bei allen anderen Klagearten ist das Rechtsschutzbedürfnis indiziert; es fehlt lediglich dann, wenn der Kläger sein Ziel auf einem anderen Weg umfassender, einfacher, schneller oder kostengünstiger erreichen kann.

11. Objektive Klagehäufung

Der Kläger kann mehrere Klagebegehren in einer Klage verfolgen. Eine solche Klagehäufung ist gemäß § 44 VwGO zulässig, wenn sich sämtliche Begehren gegen denselben Beklagten richten, miteinander in Zusammenhang stehen und dasselbe Gericht zuständig ist. 31

II. Begründetheit einer verwaltungsgerichtlichen Klage

32 Das Gelingen verwaltungsrechtlicher Klausuren hängt erfahrungsgemäß insbesondere von einem korrekten Einstieg in die Begründetheitsprüfung ab. Nachfolgend seien daher zumindest die Obersätze für die einzelnen Klagearten kurz dargestellt:

1. Anfechtungsklage

33 Die Klage ist begründet, soweit der Verwaltungsakt rechtswidrig und der Kläger dadurch in seinen Rechten verletzt ist (§ 113 Abs. 1 S. 1 VwGO). Beide Erfordernisse bedürfen einer gesonderten Prüfung, da sich aus der Rechtswidrigkeit eines Verwaltungsakts nicht notwendig zugleich eine Rechtsverletzung des Klägers ergibt (beispielhaft BVerwG, NVwZ 1984, 401). Der „drittbetroffene" Kläger kann nur Verstöße gegen solche Normen rügen, die zumindest auch seinem Schutz zu dienen bestimmt sind (oben Rn. 15).

2. Verpflichtungsklage

34 Die Klage ist begründet, soweit die Ablehnung (Versagungsgegenklage) bzw. Unterlassung (Untätigkeitsklage) des Verwaltungsakts rechtswidrig und der Kläger dadurch in seinen Rechten verletzt ist. Wenn der Kläger einen Anspruch auf Erlass des begehrten Verwaltungsakts hat, spricht das Verwaltungsgericht die Verpflichtung der Verwaltungsbehörde aus, die beantragte Amtshandlung vorzunehmen (§ 113 Abs. 5 S. 1 VwGO, sog. „Spruchreife").

Beschränkt sich der durch die Norm gewährte Anspruch auf eine fehlerfreie Ermessensentscheidung, ist neben den tatbestandlichen Voraussetzungen der Norm zu prüfen, ob eine bereits erfolgte behördliche Ermessensentscheidung (§ 40 VwVfG) den gesetzlichen Anforderungen des § 114 VwGO genügt. Ist dies der Fall, ist der Anspruch des Klägers auf ermessensfehlerfreie Bescheidung seines Antrages durch Erfüllung erloschen; die Klage ist unbegründet. Andernfalls ergeht ein Bescheidungsurteil (§ 113 Abs. 5 S. 2 VwGO) Ausnahmsweise hat der Kläger auch bei Ermessensnormen einen Anspruch auf ein konkretes Verwaltungshandeln (mit der Folge, dass ein Vornahmeurteil ergeht), wenn eine sog. Ermessensreduzierung auf Null vorliegt, die Vornahme der begehrten Handlung also die einzige ermessensfehlerfreie Entscheidung ist.

3. Fortsetzungsfeststellungsklage

35 Die Fortsetzungsfeststellungsklage in ihrer (Regel-) Form als „kupierte" Anfechtungsklage ist begründet, soweit der Verwaltungsakt rechtswidrig gewesen und der Kläger dadurch in seinen Rechten verletzt worden ist (§ 113 Abs. 1 S. 1 VwGO analog). Die sich anschließende Prüfung entspricht jener der Anfechtungsklage. Im Falle der Fortsetzungsfeststellungs-

klage in der Verpflichtungskonstellation ist zu prüfen, ob der Kläger einen Anspruch auf den seinerzeit begehrten Verwaltungsakt gehabt hätte. Die sich anschließende Prüfung folgt dann den Grundsätzen der Verpflichtungsklage.

4. Allgemeine Leistungsklage

Die allgemeine Leistungsklage ist begründet, soweit der Kläger einen Anspruch auf Vornahme der Handlung bzw. auf Unterlassen hat. Wichtige allgemeine (ungeschriebene) Anspruchsgrundlagen sind der öffentlich-rechtliche Erstattungsanspruch, der (Vollzugs-)Folgenbeseitigungsanspruch sowie der öffentlich-rechtliche Unterlassungsanspruch. 36

5. Feststellungsklage

Die Feststellungsklage ist begründet, soweit das Rechtsverhältnis, welches der Kläger als bestehend oder nichtbestehend festzustellen begehrt, tatsächlich besteht bzw. nicht besteht (Feststellungsklage nach § 43 Abs. 1, 1. Fall VwGO). 37

Die Nichtigkeitsfeststellungsklage (§ 43 Abs. 1, 2. Var. VwGO) ist begründet, wenn der Verwaltungsakt gemäß § 44 VwVfG nichtig ist.

B. Das „Aussetzungsverfahren" (80 V-er Verfahren)

Das Aussetzungsverfahren ist dem einstweiligen Rechtsschutz zuzuordnen. Es ist kein Klage-, sondern ein Antragsverfahren. Dementsprechend ist zwischen der Zulässigkeit und der Begründetheit des Antrags zu unterscheiden. Der Sache nach geht es im Aussetzungsverfahren regelmäßig darum, die aufschiebende Wirkung (Suspensiveffekt) eines Widerspruchs oder einer Klage wiederherzustellen bzw. erstmals herzustellen. Relevant wird diese Rechtsschutzform daher dort, wo der Suspensiveffekt von Gesetzes wegen oder kraft behördlicher Vollzugsanordnung nach § 80 Abs. 2 S. 1 Nr. 4 VwGO entfällt. 38

> **Beispiel:** R möchte gegen die Festsetzung eines Zwangsgeldes durch die Ordnungsbehörde vorgehen. Da einem Rechtsbehelf nach h. M. keine aufschiebende Wirkung zukommt (§ 112 JustG), wird er die Anordnung der aufschiebenden Wirkung begehren (teilw. aA. *Ekardt/Beckmann*, VerwArch. 2008, 241).

Ausnahmsweise kann über das Aussetzungsverfahren auch die gerichtliche Anordnung der sofortigen Vollziehbarkeit eines von einem „Drittbetroffenen" angefochtenen Verwaltungsakts begehrt werden (§ 80a Abs. 3 VwGO).

§ 5. Verwaltungsprozessuale Probleme

Für das „**Aussetzungsverfahren**" ergibt sich folgendes Prüfungsschema:

Abb. 2: Das Aussetzungsverfahren

Erfolgsaussichten eines Antrags auf Aussetzung der sofortigen Vollziehbarkeit § 80 Abs. 5 VwGO	
A. Zulässigkeit des Antrags	
1. Eröffnung des Verwaltungsrechtswegs	5. Beteiligten- und Prozessfähigkeit
2. Statthafte Antragsart	6. Zuständiges Gericht
3. Antragsbefugnis	7. Rechtsschutzbedürfnis
4. Antragsgegner	8. Antragsfrist
B. Begründetheit des Antrags	

Erläuterungen

I. Zulässigkeit des Antrags

1. Verwaltungsrechtsweg

39 Für den einstweiligen Rechtsschutz nach § 80 Abs. 5 VwGO ist der Verwaltungsrechtsweg eröffnet, wenn dies auch im Hauptsacheverfahren gem. § 40 Abs. 1 S. 1 VwGO (bzw. einer Spezialzuweisung) der Fall ist.

2. Statthafte Antragsart

40 Der Antrag nach § 80 Abs. 5 VwGO ist statthaft, wenn der Antragsteller die Wiederherstellung oder (erstmalige) Anordnung der aufschiebenden Wirkung von Widerspruch oder Anfechtungsklage gegen einen belastenden Verwaltungsaktes erstrebt. Die Abgrenzung zum Verfahren der einstweiligen Anordnung erfolgt über § 123 Abs. 5 VwGO (unten Rn. 51). Im Sinne einer „Faustformel" kann die Statthaftigkeit der Antragsart dann bejaht werden, wenn im Hauptsacheverfahren die Anfechtungsklage gem. § 42 Abs. 1, 1. Alt. VwGO einschlägig wäre und der Suspensiveffekt von Widerspruch und Klage (§ 80 Abs. 1 VwGO) entfällt oder leerläuft.

Im Einzelnen sind folgende Anwendungsfälle zu unterscheiden:
– Antrag auf Anordnung der aufschiebenden Wirkung des Widerspruchs oder der Anfechtungsklage in den Fällen des § 80 Abs. 2 S. 1 Nr. 1 bis 3 VwGO
– Antrag auf Wiederherstellung der aufschiebenden Wirkung des Widerspruchs oder der Anfechtungsklage im Fall des § 80 Abs. 2 S. 1 Nr. 4 VwGO
– Antrag auf Feststellung der aufschiebenden Wirkung gem. § 80 Abs. 5 S. 1 VwGO analog im Falle eines faktischen Vollzugs durch die Behörde
– Annexantrag nach § 80 Abs. 5 S. 3 VwGO, sofern der Antragsteller die Rückgängigmachung der unmittelbaren Folgen eines bereits vollzogenen Verwaltungsaktes im Verfahren nach § 80 Abs. 5 VwGO begehrt.

B. Das „Aussetzungsverfahren" (80 V-er Verfahren)

> Beachte: **Nordrhein-Westfalen** hat von der Ermächtigung des § 80 Abs. 2 S. 1 Nr. 3 VwGO durch § 112 JustG Gebrauch gemacht hat. Danach kommt auch Rechtsbehelfen gegen landesrechtliche Maßnahmen der Vollstreckungsbehörden und der Vollzugsbehörden in der Verwaltungsvollstreckung keine aufschiebende Wirkung zu.

3. Antragsbefugnis

Auch der einstweilige Rechtsschutz gem. § 80 Abs. 5 VwGO erfordert die Möglichkeit, dass der Antragsteller durch den Verwaltungsakt in seinen eigenen Rechten verletzt ist, § 42 Abs. 2 VwGO analog. 41

4. Antragsgegner

Der Antragsgegner bestimmt sich nach § 78 Abs. 1 Nr. 1 VwGO analog: der Rechtsträger, dessen Behörde den angegriffenen Verwaltungsakt erlassen hat. 42

5. Beteiligten- und Prozessfähigkeit

Die Beteiligten- und Prozessfähigkeit bestimmt sich – ebenso wie im Hauptsacheverfahren – nach §§ 61, 62 VwGO. 43

6. Rechtsschutzbedürfnis

Das Rechtsschutzbedürfnis für den Antrag nach § 80 Abs. 5 VwGO setzt voraus, dass der Rechtsbehelf nicht offensichtlich (z.B. wegen eindeutiger Versäumung der Klagefrist) unzulässig ist. 44
Ein behördliches „Vorverfahren" auf Aussetzung der Vollziehung gem. § 80 Abs. 4 VwGO ist gem. § 80 Abs. 6 S. 1 VwGO (beachte aber wiederum die Ausnahmen gem. § 80 Abs. 6 S. 2 VwGO) nur in den Fällen des § 80 Abs. 2 S. 1 Nr. 1 VwGO erforderlich (Abgabenbescheide). Soweit zur Anerkennung eines Rechtsschutzbedürfnisses darüber hinaus teilweise gefordert wird, dass der ASt. Widerspruch eingelegt bzw. Anfechtungsklage erhoben hat, da die Anordnung oder Wiederherstellung der aufschiebenden Wirkung eines noch nicht erhobenen Rechtsbehelfs unmöglich sei (wird teilweise als eigenständiger Prüfungspunkt „Hauptsacherechtsbehelf" erörtert), überzeugt dies nicht (s. hierzu auch § 80 Abs. 5 S. 2 VwGO).

7. Antragsfrist

Der Antrag ist grundsätzlich nicht fristgebunden. Ausnahmen bestehen u. a. in den Vorschriften §§ 17e Abs. 2 S. 2 FStrG, 29 Abs. 6 S. 3 PBefG, 18e Abs. 2 S. 2 AEG, 14e Abs. 2 S. 2 WaStrG. 45

II. Begründetheit des Antrags

Entsprechend dem weiten Anwendungsfeld des Aussetzungsverfahrens ist auch hinsichtlich der Begründetheitsprüfung zwischen den verschiedenen möglichen Begehren zu differenzieren:

1. Antrag auf Anordnung oder Wiederherstellung der aufschiebenden Wirkung gem. § 80 Abs. 5 S. 1 VwGO

46 Der Antrag hat in der Sache Erfolg, wenn das private Aussetzungsinteresse des Antragstellers das öffentliche Vollzugsinteresse überwiegt. Im Rahmen der hiernach erforderlichen Interessenabwägung trifft das Gericht eine eigene Abwägungsentscheidung. Regelmäßig wird sich das Gericht hierbei an den Erfolgsaussichten des Rechtsbehelfs in der Hauptsache orientieren. So besteht an der Vollziehung eines ersichtlich rechtswidrigen Verwaltungsaktes prinzipiell kein öffentliches Interesse, so dass hier das private Aussetzungsinteresse regelmäßig überwiegt. Umgekehrt ergibt sich aus der Rechtmäßigkeit des zugrunde liegenden Verwaltungsaktes regelmäßig noch kein besonderes Vollzugsinteresse. Dieses muss vielmehr gesondert begründet werden (BVerfG, NVwZ 1996, 58, 59).

In verwaltungsrechtlichen Prüfungsarbeiten steht die Rechtmäßigkeit des zu vollziehenden Verwaltungsakts regelmäßig im Zentrum der Begründetheitsprüfung. Die Prüfung des Aussetzungsantrages nach § 80 Abs. 5 VwGO deckt sich insoweit weitgehend mit dem Prüfungsaufbau der Anfechtungsklage.

Soweit sich der Aussetzungsantrag gegen eine behördliche Vollzugsanordnung nach § 80 Abs. 2 S. 1 Nr. 4 VwGO richtet, ist im Rahmen der Begründetheit ferner zu prüfen, ob die Anordnung in formell ordnungsgemäßer Weise, also insbesondere von der zuständigen Behörde und unter Wahrung des Begründungserfordernisses nach § 80 Abs. 3 VwGO, erfolgt ist. Dabei ist nur zu prüfen, ob die Begründung abstrakt geeignet ist, die sofortige Vollziehung zu rechtfertigen, nicht geprüft wird deren materielle Richtigkeit. Die behördliche Vollzugsanordnung setzt dagegen nach h. M. keine vorherige Anhörung nach § 28 Abs. 1 VwVfG voraus.

2. Antrag auf Feststellung der aufschiebenden Wirkung gem. § 80 Abs. 5 S. 1 VwGO analog

47 Der Antrag ist begründet, wenn dem Rechtsbehelf (Widerspruch oder Anfechtungsklage) entgegen der Auffassung der Behörde aufschiebende Wirkung zukommt.

III. Annexantrag auf (vorläufige) Vollzugsfolgenbeseitigung, § 80 Abs. 5 S. 3 VwGO

In der Begründetheit ist die Prüfung der Voraussetzungen eines Vollzugsfolgenbeseitigungsanspruchs (vgl. oben § 3 Rn. 289 ff.) vorzunehmen. Ein solcher Anspruch ergibt sich nicht aus § 80 Abs. 5 S. 3 VwGO, die Norm regelt vielmehr nur dessen prozessuale Durchsetzung.

C. Die einstweilige Anordnung nach § 123 VwGO

In allen nicht durch § 80 Abs. 5 sowie § 80 a VwGO erfassten Fällen ist einstweiliger Rechtsschutz über das Verfahren der einstweiligen Anordnung nach § 123 VwGO zu gewähren.

Für das **einstweilige Anordnungsverfahren** ergibt sich folgendes Prüfungsschema

Abb. 3: Die einstweilige Anordnung gem. § 123 VwGO

Erfolgsaussichten eines Antrags auf einstweilige Anordnung nach § 123 VwGO
A. Zulässigkeit des Antrags
1. Eröffnung des Verwaltungsrechtswegs 4. Antragsgegner 2. Statthafte Antragsart 5. Beteiligten- und Prozessfähigkeit (Sicherungs- und Regelungsanordnung) 6. Zuständiges Gericht 3. Antragsbefugnis 7. Rechtsschutzbedürfnis
B. Begründetheit des Antrags
1. Darlegung und Glaubhaftmachung 2. Glaubhaftmachung des Anordnungs- des Anordnungsanspruchs grundes   3. Keine Vorwegnahme der Hauptsache

Erläuterungen

I. Zulässigkeit des Antrags

1. Verwaltungsrechtsweg

Bei einem Antrag auf Erlass einer einstweiligen Anordnung nach § 123 VwGO ist der Verwaltungsrechtsweg eröffnet, wenn dies auch im Hauptsacheverfahren gem. § 40 Abs. 1 S. 1 VwGO (bzw. einer Spezialzuweisung) der Fall ist.

2. Statthaftigkeit des Antrags

51 Das einstweilige Anordnungsverfahren ist gegenüber dem Aussetzungsverfahren subsidiär (§ 123 Abs. 5 VwGO). Ein Antrag nach § 123 VwGO kommt daher nur in Betracht, wenn vorläufiger Rechtsschutz nicht nach den §§ 80, 80a VwGO gewährt werden kann. Da das Aussetzungsverfahren dort einschlägig ist, wo in der Hauptsache die Anfechtungsklage gem. § 42 Abs. 1, 1. Alt VwGO zu erheben ist, greift das Verfahren nach § 123 VwGO regelmäßig dort, wo es im Hauptsacheverfahren um eine Verpflichtungs-, allgemeine Leistungs- oder Feststellungsklage geht. Im Rahmen der Prüfung der Statthaftigkeit ist ferner danach zu differenzieren, ob der Antragsteller den Erlass einer Sicherungsanordnung (§ 123 Abs. 1 S. 1 VwGO) oder einer Regelungsanordnung (§ 123 Abs. 1 S. 2 VwGO) begehrt. Für die Unterscheidung kann folgende Grundregel herangezogen werden:
– Die Sicherungsanordnung soll Veränderungen der vorhandenen Rechtsposition (status quo) verhindern. In der Begründetheit des Antrags ist die materielle Prüfung des Sicherungsanspruchs vorzunehmen. Es kommen alle subjektiv-öffentlichen Rechte in Betracht.
– Die Regelungsanordnung soll den Rechtskreis des Antragstellers erweitern. In der Begründetheit ist eine materielle Prüfung des Regelungsanspruchs vorzunehmen.

> **Beispiel:** Zur Sicherung des Anspruchs auf ermessensfehlerfreie Beförderungsentscheidung ist die Sicherungsanordnung einschlägig; die vorläufige Zulassung zum Studium erfolgt dagegen über die Regelungsanordnung. Im Detail ist die Abgrenzung freilich höchst anfechtbar, so dass die Rechtsprechung in der Regel auf eine Differenzierung verzichtet.

3. Antragsbefugnis

52 Für den Antrag auf Erlass einer einstweiligen Anordnung ist in analoger Anwendung des § 42 Abs. 2 VwGO eine Antragsbefugnis erforderlich. Der Antragsteller muss die Möglichkeit des Bestehens eines Anordnungsanspruchs und eines Anordnungsgrundes geltend machen.

4. Antragsgegner

53 Der Antragsgegner bestimmt sich nach dem Klagegegner in der Hauptsache. Damit kommt für alle Konstellationen des Antrags nach § 123 VwGO das Rechtsträgerprinzip zum Tragen, welches seit dem 1. Januar 2011 auch für die Verpflichtungsklage gilt.

5. Beteiligten- und Prozessfähigkeit

Die Beteiligten- und Prozessfähigkeit bestimmt sich – ebenso wie im Hauptsacheverfahren – nach §§ 61, 62 VwGO.

54

6. Zuständiges Gericht

Grundsätzlich zuständig ist das Gericht des ersten Rechtszuges als Gericht der Hauptsache, §§ 123 Abs. 2 S. 1, 123 Abs. 2 S. 2, 1. Hs., 45, 52 VwGO, § 17 JustG.

55

7. Rechtsschutzbedürfnis

Das allgemeine Rechtsschutzbedürfnis für den Erlass einer einstweiligen Anordnung setzt grundsätzlich voraus, dass sich der Antragsteller zunächst erfolglos an die Behörde gewandt hat. Ferner darf das Hauptsacheverfahren nicht offensichtlich unzulässig sein. Ein Rechtsschutzbedürfnis fehlt auch, wenn sich die Hauptsache erledigt hat, da die einstweilige Anordnung nur der vorläufigen Sicherung oder Regelung und nicht der Klärung der materiellen Rechtslage dient. Will der Antragsteller den Erlass eines künftigen Verwaltungsaktes verhindern („vorbeugende Unterlassungsklage" als Hauptsacheverfahren), so muss die Verweisung auf nachträglichen Rechtsschutz (Anfechtungsklage) unzumutbar sein.

56

Beispiel: Dienstherr D möchte unter Missachtung des beamtenrechtlichen Leistungsprinzips den ihm politisch nahe stehenden P befördern. Konkurrent K wird hier die Beförderung unterbinden müssen, da Beförderungsentscheidungen grundsätzlich nicht rückgängig gemacht werden können (zu möglichen Durchbrechungen des Grundsatzes der „Ämterstabilität" s. aber BVerwG, JA 2011, 479 – *Muckel*).

II. Begründetheit des Antrags

Im Rahmen der Begründetheit des Antrags auf Erlass einer einstweiligen Anordnung ist zwischen der Glaubhaftmachung des Anordnungsanspruchs und der des Anordnungsgrundes zu unterscheiden.

57

1. Darlegung und Glaubhaftmachung des Anordnungsanspruchs

Der jeweilige Anordnungsanspruch ist mit dem im Hauptsacheverfahren geltend zu machenden materiell-rechtlichen Anspruch identisch. Anders als im Klageverfahren genügt im Anordnungsverfahren allerdings seine bloße Glaubhaftmachung (§ 123 Abs. 3 VwGO i.V.m. §§ 920 Abs. 2, 294 ZPO).

58

§ 5. Verwaltungsprozessuale Probleme

Dies bedeutet indes nur, dass sich die Beteiligten in tatsächlicher Hinsicht aller Beweismittel einschließlich der eidesstattlichen Versicherung bedienen können, wohingegen eine Beweisaufnahme, die nicht sofort stattfinden kann, unstatthaft ist. Die Prüfung der Rechtsfragen erfährt keine Erleichterung!

> **Beachte:** Da in der verwaltungsrechtlichen Klausur regelmäßig unstreitige Sachverhalte zu prüfen sind, entspricht die Prüfung an dieser Stelle insoweit der Begründetheitsprüfung im Hauptsacheverfahren.

2. Glaubhaftmachung des Anordnungsgrundes

59 Bei der Glaubhaftmachung des Anordnungsgrundes ist zwischen der Sicherungs- und der Regelungsanordnung zu unterscheiden:
– Bei der Sicherungsanordnung muss die Gefahr bestehen, dass die Verwirklichung des Rechts durch eine drohende Veränderung des bestehenden Zustandes vereitelt oder wesentlich erschwert werden könnte. Es ist eine umfassende Güter- und Interessenabwägung vorzunehmen. Dabei ist u.a. zu berücksichtigen, ob dem Antragsteller ein Abwarten bis zur Entscheidung in der Hauptsache zugemutet werden kann oder ob die drohenden Schäden irreparabel sind.
– Bei der Regelungsanordnung muss die vorläufige Regelung zur Abwehr wesentlicher Nachteile dienen, die dem Antragsteller durch die Streitigkeit des Rechtsverhältnisses erwachsen können. Auch hier ist eine umfassende Güter- und Interessenabwägung vorzunehmen. Ein weiteres Zuwarten muss für den Antragsteller mit wesentlichen Nachteilen verbunden sein, die über das übliche Maß einer zeitlichen Verzögerung der Befriedigung von Ansprüchen wesentlich hinausreichen.

3. Gerichtliche Entscheidung

60 Nach h. M. bezieht sich das Ermessen des Gerichts im Rahmen der gerichtlichen Entscheidung nicht auf den Erlass der einstweiligen Anordnung „an sich", sondern nur noch auf deren Inhalt (§ 123 Abs. 3 VwGO i. V. m. § 938 ZPO).
Dabei sind verschiedene Punkte zu beachten:
– Eine vollständige oder teilweise Vorwegnahme der Hauptsache ist grundsätzlich unzulässig und mit Blick auf Art. 19 Abs. 4 GG allenfalls dort denkbar, wo dem Antragsteller andernfalls unzumutbare Nachteile drohen oder das Recht des Antragstellers ansonsten vereitelt werden würde.
– Durch eine einstweilige Anordnung darf grundsätzlich nicht mehr gewährt werden, als der Antragsteller durch eine Klage in der Hauptsache erreichen könnte. Nach h.M. ist in Ausnahmefällen aber auch eine vorläufige Verpflichtung der Behörde möglich, obwohl in der Hauptsache nur ein Bescheidungsurteil in Betracht kommen würde.

Sachverzeichnis

Die fett gedruckten Zahlen markieren den jeweiligen Abschnitt des Bandes (**1** = Verfassungsrecht, **2** = Kommunalrecht, **3** = Polizei- und Ordnungsrecht, **4** = Öffentliches Baurecht, **5** = Verwaltungsprozessrecht). Die Standardzahlen verweisen auf die jeweilige Randnummer im Text.

Abgeordnetenentschädigung **1** 101
Abgeordnetenrechte **1** 103
Abrissverfügung **4** 180, 287, 290, 294 ff.
Abschleppen eines PKWs
– Abgrenzung zur Sicherstellung **3** 199, 245
– Halteverbotschild als Grundverfügung **3** 256 f.
Abstandflächen **4** 11, 247, 249 ff., 325
Abwägung **4** 43, 64, 66, 68 f., 76 ff., 226
– Abwägung bei Außenbereichsvorhaben **4** 165, 172, 175
– Abwägungsfehler **4** 79 ff., 106, 139
– Abwägungsfehlerfolgen **4** 99 ff.
– Abwägungsgebot **4** 76 ff.
– Abwägungsgrundsätze **4** 89 ff.
– subjektives Recht auf fehlerfreie Abwägung **4** 112, 312
Abwasserwirtschaft **4** 168
Abweichungen **4** 36, 239, 246, 261, 267
Adäquanztheorie **3** 78
Allgemeine Handlungsfreiheit **1** 37
Allgemeine Leistungsklage
– Begründetheit **5** 36
– Klagebefugnis **5** 15
– Klagefrist **5** 25
– Klagegegner **5** 26
– Rechtsschutzbedürfnis **5** 30
– Statthaftigkeit **5** 13
– Vorverfahren **5** 20
Altlasten **4** 58, 158
Amtshaftung
– bei rechtswidrigem Handeln der Polizei- und Ordnungsbehörden **3** 267
– im Baurecht **4** 58, 205, 209, 278, 303
– im Kommunalrecht **2** 141 ff.
– Prüfungsschema **3** 276

Androhung von Zwangsmitteln (s. Zwangsmittel)
Anfechtungsklage
– Begründetheit **5** 33
– gegen Nebenbestimmungen zur Baugenehmigung **4** 304
– Klagebefugnis **5** 15
– Klagefrist **5** 22
– Klagegegner **5** 26
– maßgeblicher Zeitpunkt **4** 306
– Statthaftigkeit **5** 10
– Rechtsschutzbedürfnis **5** 30
– Vorverfahren **5** 16 ff.
Angelegenheiten der örtlichen Gemeinschaft **1** 181; **2** 64
Angrenzer **4** 239, 265, 267, 310, 326
Anscheinsgefahr **3** 62
Anscheinsstörer **3** 105 ff.
– Entschädigung **3** 285
– Verursachungsbeitrag **3** 106 ff.
Anschluss- und Benutzungszwang **2** 369 ff.
Anspruch auf polizeiliches/bauaufsichtliches Eingreifen **3** 148 ff.; **4** 313, 333
Anstalt öffentlichen Rechts **2** 424
Äquivalenztheorie **3** 78
Art der baulichen Nutzung **4** 35, 134, 138 f., 142, 155 f., 318
Aufenthaltsverbot **3** 163 ff.
– Abgrenzung zum Platzverweis **3** 157
– Tatbestandliche Voraussetzungen **3** 165 f.
– Vollziehung **3** 167
Aufopferungsanspruch **3** 283
Aufsicht (s. Staatsaufsicht)
Aufstellungsbeschluss **4** 42, 98, 106, 187, 214
Auftragsangelegenheiten (s. staatliche Auftragsangelegenheiten)

Ausgleichsanspruch
- nach § 39 Abs. 1 lit. a OBG 3 283 ff.
- nach § 39 Abs. 1 lit. b OBG 3 277 ff.
Ausgleichsaufgaben 2 29
Ausländerbeirat 2 171
Ausländerwahlrecht 1 75
Ausnahmen
- im Rahmen von § 34 II BauGB 4 156
- von Bebauungsplanfestsetzungen 4 142 f., 296, 302, 320
- von einer Veränderungssperre 4 215
Ausschüsse
- des Rates (s. Ratsausschüsse)
- Parlamentarische Ausschüsse 1 110 ff.
Außenbereich 4 122, 149, 162 ff.
Außenbereichssatzung 4 161, 178
Aussetzungsverfahren 5 38 ff.
- Begründetheit 5 45 ff.
- Prüfungsschema 5 38
- Zulässigkeit 5 39 ff.
Austauschmittel 3 134

Bauantrag 4 224, 239, 266 f., 272, 281, 287
Bauaufsicht (s. auch Baugenehmigung; Bauordnungs-/Baupolizeirecht)
- Bauaufsichtsbehörden 4 256 ff.
- Eingriffsrechte der Bauaufsicht 4 282 ff.
- Rechtsschutz gegen Maßnahmen der Bauaufsicht 4 301 ff.
Baufreiheit 4 3, 5, 177, 262, 302
BauGB-Maßnahmegesetz 4 13, 227, 230
Baugebot 4 224
Baugenehmigung
- Baugenehmigungsbehörde 4 184, 200, 266
- Baugenehmigungsfreiheit 4 198, 265
- Nebenbestimmungen 4 273, 304 f.
- Prüfungsschema 4 273
- Rechtsschutz 4 116, 301 ff.
- und gemeindliches Einvernehmen 4 197 ff.
- Verfahren 4 267 f.
- Voraussetzungen 4 119, 269 ff.
Baugesetzbuch
- Entstehung und Entwicklung 4 13
- Gesetzgebungszuständigkeit 4 9
- Regelungsgegenstände 4 18
Baugrenzen 4 11, 73, 318

Baulast 4 184, 252 f., 261
Bauleitplanung 4 20 ff., 175, 326 (s. auch Bebauungsplan; Flächennutzungsplan)
Bauliche Anlage
- i. S.d. Bauordnungsrechts 4 234 f., 264
- i. S. d. Bauplanungsrechts 4 126 ff.
Baulinien 4 73, 318
Baunutzungsverordnung 4 14, 35, 71 ff., 137 ff., 142, 156, 319
Bauordnungs-/Baupolizeirecht 4 10, 15, 255
Baurechtsgutachten des BVerfG 4 9
Baureifmachung 4 193, 222 (s. auch Erschließung)
Bauüberwachung 4 282
Bauvorbescheid 4 199, 215, 279 f.
Bauvorlagen 4 266, 287
Bauweise 4 35, 74
Beanstandung
- durch Bürgermeister 2 254 f.
- durch Kommunalaufsichtsbehörde 2 120
Beauftragte 2 249
Bebauungsplan 4 29, 31 ff., 39 ff. (s. auch Planaufstellung)
- Ausnahmen und Befreiungen vom Bebauungsplan 4 141 ff.
- einfacher Bebauungsplan 4 135, 148, 154, 164
- qualifizierter Bebauungsplan 4 134, 147 f., 162, 186, 196 f., 265
- Rechtsnatur 4 32
- Rechtsschutz 4 111 ff., 301
- vorhabenbezogener Bebauungsplan 4 135, 148, 162, 186, 197, 230 f., 265
Befangenheit von Ratsmitgliedern 2 232; 4 104 ff.
Befreiung 4 144 f., 154, 156, 296, 320
Befugnisnormen 3 42
- Spezialitätsgrundsatz 3 43 f.
Behördenbeteiligung 4 44, 46, 98, 188
Beigeordnete 2 244 f.
Beleihung 2 420
Benutzungszwang (s. Anschluss- und Benutzungszwang)
Bergaufsicht 4 199
Berufsfreiheit 1 41
Bestandsschutz 4 5, 180 ff., 215, 265, 274

Sachverzeichnis

Bestimmtheit
- der Einzelfallmaßnahme 3 133
- der ordnungsbehördlichen Verordnung 3 235

Beteiligtenfähigkeit (s. Zulässigkeit einer verwaltungsgerichtlichen Klage)
Bezirke 2 83, 158
Bezirksvorsteher 2 83
Biogasanlage 4 170
Bodenordnung 4 18, 223 (s. auch Umlegung)
Bodenrecht/bodenrechtliche Relevanz 4 9, 127, 129 f., 193
Bodenschutzklausel 4 83
Braunkohlenpläne 4 25
Bürger 2 173 ff.
Bürgerbegehren 2 188 ff.
Bürgerentscheid (s. Bürgerbegehren)
Bürgergesellschaft 2 165
Bürgermeister 2 241 ff.
- Beanstandung 2 254 ff.
- Direktwahl 2 160, 181
- Ehrenamtliche Bürgermeister 2 247
- Haftung 2 270
- Höchstaltersgrenze 2 243
- Organstellung 2 241
- Verwaltungsvorstand 2 246
- Wählbarkeitsvoraussetzungen 2 243
- Wahlbeamter 2 242
- Widerspruch 2 252
- Vertretung der Gemeinde 2 259 ff.
- Vertretung des Bürgermeisters 2 248
Bürgermeisterverfassung 2 151, 153

Conditio-sine-qua-non-Formel (s. Äquivalenztheorie)

Daseinsvorsorge 2 325, 381
Datenerhebung 3 223 ff.
Datenschutzbeauftragter 1 159
Datenschutzrechtliche Befugnisnormen 3 210 ff.
- Systematik 3 211
Deutsche Gemeindeordnung 2 155 f.
Dienstaufsicht
- bei der Polizei 3 19
Dienstleistungskonzession 2 333
Direktdemokratische Elemente 1 73 ff., 162 ff.; 2 188 ff.
Doppelfunktionale Maßnahmen 3 31
Doppelspitze (s. kommunale Doppelspitze)

Doppelstörer 3 125
Drei-Elemente-Lehre 1 1
Dringlichkeitsentscheidungen 2 252
Drittschutz
- baurechtlicher 4 308 ff.
- polizeirechtlicher 3 148 f.
Duldung 4 298
Durchführungsvertrag 4 231
Durchsuchung 3 183 ff.
- von Personen 3 184 ff.
- von Sachen 3 188 ff.
- von Wohnungen 3 191 ff.
Dynamische Rezeption (s. Rezeption)

EAG Bau 2004 4 13, 30, 41, 43, 64, 85, 160, 173, 217 f., 271
Effizienz der Gefahrenabwehr 3 21
Ehe und Familie 1 45
Eigenbetrieb 2 332, 424
Eigengesellschaft 2 333
Eigensicherungsmaßnahmen 3 32
Eigentumsfreiheit 1 41; 4 5, 96, 177, 180 f., 223, 312, 327
Eilkompetenz 3 26
Einfügen in die nähere Umgebung 4 154 ff., 160, 322
Einheimischen-Modelle 4 228
Einstweilige Anordnung 5 49 ff.
- Begründetheit 5 57 ff.
- Normenkontrollverfahren 4 115
- Prüfungsschema 5 49
- Zulässigkeit 5 50 ff.
Einstweiliger Rechtsschutz
- Aussetzungsverfahren 5 38 ff.
- Einstweilige Anordnung 5 49 ff.
- im Baurecht 4 332
Einvernehmen, gemeindliches 4 123, 197 ff., 212, 215, 246, 267, 271 f.
Einwohner 2 169 ff.
- Zulassung zu kommunalen Einrichtungen 2 335 ff.
Einzelhandel 4 138, 154, 160 (s. auch Versorgungsbereiche, zentrale)
Enteignender Eingriff 3 283
Enteignung 4 5, 18, 223, 225
Enteignungsgleicher Eingriff 4 205, 216
Entpolizeilichung 3 15 f.
Entschädigung
- für Abgeordnete 1 101
- für Anscheinsstörer 3 285
- für Nichtstörer 3 103, 284
- gemäß § 18 BauGB 4 216

634 Sachverzeichnis

- wegen enteignungsgleichen Eingriffs 4 205, 216
- wegen städtebaulicher Enteignung 4 225

Entwicklungsgebot 4 31, 60 ff., 99, 103

Erkennungsdienstliche Behandlung 3 221 ff.

Erkennungsdienstliche Maßnahmen 3 220

Ermessen 3 46; 4 286
- Auswahlermessen in sachlicher Hinsicht 3 127 ff.
- Entschließungsermessen 3 120 ff.
- Ermessensreduzierung auf Null 3 121; 4 143, 145, 333
- Handlungsermessen 3 127 ff.
- intendiertes 3 123
- Opportunitätsprinzip 3 118
- Störerauswahlermessen 3 75, 124 ff.

Ermessensfehler 3 135 ff.
- Ermessensfehlgebrauch 3 137
- Ermessensnichtgebrauch 3 136
- Ermessensüberschreitung 3 138

Ersatzvornahme (s. Vollstreckung; Zwangsmittel)

Ersatzzwangshaft (s. Vollstreckung; Zwangsmittel)

Erschließung 4 9
- als bauplanungsrechtliche Zulässigkeitsvoraussetzung 4 11, 123, 136, 154, 164, 191, 193 ff., 265, 324
- durch Privaten 4 222, 230 f.
- bauordnungsrechtliche Anforderungen 4 11, 193
- Erschließungsbeitrag 4 9, 90, 222, 228
- Erschließungsaufgabe/-last/-pflicht 4 196, 222
- gebietsbezogene Erschließung 4 18, 222

Fachaufsicht
- bei der Polizei 3 19
- im Kommunalrecht (s. Staatsaufsicht)

Fachplanung 4 21, 26, 28, 37, 67 ff., 124 f.

Festsetzung von Zwangsmitteln (s. Zwangsmittel)

Feststellungsklage
- Begründetheit 5 37

- Klagebefugnis 5 15
- Klagefrist 5 25
- Klagegegner 5 26
- Rechtsschutzbedürfnis 5 30
- Statthaftigkeit 5 14
- Vorverfahren 5 20

Finaler Rettungsschuss 1 36; 3 131, 244

Finanzausgleich 1 201 ff.

Fiskalisches Handeln 3 115

Flächennutzungsplan 4 29 ff., 40, 45, 47 ff., 68, 70, 95, 105, 109 f., 171, 175, 217 (s. auch Entwicklungsgebot)

Fliegende Bauten 4 262, 265

Folgenbeseitigungsanspruch 3 289 ff.; 4 333
- Prüfungsschema 3 292

Folgekostenverträge 4 228

Forstwirtschaft/-licher Betrieb 4 167, 183

Fortsetzungsfeststellungsklage 4 303
- Begründetheit 5 35
- Klagebefugnis 5 15
- Klagefrist 5 24
- Klagegegner 5 26
- Rechtsschutzbedürfnis 5 30
- Statthaftigkeit 5 12
- Vorverfahren 5 19

Fraktionen
- des Landtages 1 105
- des Rates (s. Ratsfraktionen)

Fraktionsausschluss 1 107; 2 216

Fraktionsdisziplin 1 106

Fraktionszwang 1 106

Frankfurter Dokumente 1 1

Freies Mandat 1 93

Freistellungsverfahren 4 265

Freiwillige Selbstverwaltungsaufgaben 2 31, 92 ff.

Freizügigkeit 1 47

Friedenspflicht 3 3

Gartenbaubetrieb 4 167

Gebietsentwicklungspläne 4 25, 65

Gebietsreform 2 158

Gefahr
- Abgrenzung zur Belästigung 3 60
- abstrakte 3 73, 233
- Begriff 3 59 ff.; 4 237, 283
- dringende 3 68
- erhebliche 3 67
- gegenwärtige 3 66
- gemeine 3 71
- latente 3 72

– im Verzug 3 69
– Verursachung 3 78, 91
Gefährdungshaftung 3 277
Gefahrenabwehr 3 3; 4 4, 6, 233, 236 f., 258
Gefahrenprävention 3 29
Gefahrenprognose 3 61 f.
– ex-ante-Betrachtung 3 62
Gefahrenschwelle, abgestufte 3 61
Gefahrenverdacht 3 64
Gemeinde
– Aufgaben 1 179 ff.; 2 63 ff., 89 ff.; 4 27, 200, 222
– Aufgabentypen 2 94 ff.
– Begriff 2 77 ff.
– Einrichtungen (s. öffentliche Einrichtungen)
– Finanzierung 2 84 ff.
– Gebiet 2 74, 82
– Kategorien 2 78 f.
– Name 2 81
– Planungshoheit 4 28, 48, 54, 96, 144, 198, 203, 208
– Rechtsstellung in der EU 2 17 ff., 77 ff.
Gemeindebezirke 2 83
Gemeindefinanzen 1 198 ff.; 2 84 ff.
Gemeindegebiet 2 74, 82
Gemeindehaushaltsrecht (s. Gemeindefinanzen)
Gemeindeinterne Organisation 2 149 ff.
– Bezirke 2 83
Gemeindekategorien 2 78 f.
Gemeindeordnung
– Entstehung und Reformen 2 152 ff.
Gemeindeverbände 1 194 ff.; 2 24 ff., 43 ff.
Gemeindeverfassungen 2 151
Gemeingebrauch 2 330
Gemischtwirtschaftliches Unternehmen 2 333
Generalklausel 3 45 f.; 4 284
– bauordnungsrechtliche Generalklauseln 4 237, 283, 290, 325
– Prüfungsschema 3 141 ff.
– Verwaltungsrechtsweg 5 5 ff.
Gesamtplanung, überörtliche räumliche 4 25, 65
Geschäfte der laufenden Verwaltung 2 257 f.
Geschäftsführung ohne Auftrag, öffentlich-rechtliche 3 259
Gesetzesgehorsamspflicht 3 3

Gesetzesvorbehalt (s. Vorbehalt des Gesetzes)
Gesetzgebung 1 129 ff.
Gesetzgebungskompetenz im Baurecht 4 9 f., 127, 193
Gestaltungssatzung 4 246 (s. auch Örtliche Bauvorschriften)
Gestrecktes Verfahren (s. Vollstreckung; Zwangsmittel)
Gestuftes Verfahren (s. Vollstreckung; Zwangsmittel)
Gesunde Wohn- und Arbeitsverhältnisse 4 154, 158
Gewahrsam (s. Ingewahrsamnahme)
Gewaltmonopol 3 1 ff.
Gewaltschutzgesetz 3 168
Gleichheitsrechte 1 50; 4 297
Gleichstellungsbeauftragte 1 190
Gliedstaaten 1 8
Gottesbezug 1 58 ff.
Grenzabstand 4 74, 253
Grenzüberschreitender Einsatz 3 38
Grunddienstbarkeit 4 184
Grundrechtsverwirkung 1 52
Grundstücksteilung 4 218

Haftung
– im Baurecht (s. Amtshaftung; Entschädigung; Planungsschadensrecht)
– im Kommunalrecht (s. Amtshaftung)
– im Polizei- und Ordnungsrecht 3 264 ff.
Handlungsstörer (s. Handlungsverantwortlichkeit)
Handlungsverantwortlichkeit 3 76 ff.; 4 288
– für das Verhalten Dritter 3 86 ff.
Hauptsacheverfahren 5 2 ff.
– Prüfungsschema 5 2
Haushaltsgesetzgebung 1 132
Häusliche Gewalt 3 168
Hausverbot im Gemeinderatssaal 2 231
Höchstpersönliche Pflicht 3 111
Hoheitsträger als Adressat von Gefahrenabwehrmaßnahmen 3 113 ff.
Homogenität 1 13, 69 ff.
Hundegesetz 3 230
Hypothetischer Verwaltungsakt 3 254

Identitätsfeststellung 3 219 ff.
Illegalität, formelle/materielle 4 285, 291 f., 294

Immunität 1 96 ff.
Indemnität 1 96 ff.
Informationelle Standardermächtigungen (s. datenschutzrechtliche Befugnisnormen)
Informationelle Selbstbestimmung 1 37; 3 210
Ingewahrsamnahme 3 171 ff.
– Abgrenzung zur Freiheitsbeschränkung 3 172
– Durchsetzungsgewahrsam 3 177
– Ketteningewahrsamnahme 3 176
– Präventiv- bzw. Unterbindungsgewahrsam 3 175 f.
– Schutzgewahrsam 3 174
– Sondertatbestände 3 179
– Tatbestandliche Voraussetzungen 3 173 ff.
– Unechter Gewahrsam 3 172
– Verbringungsgewahrsam 3 172, 177
– Verfahrensrechtliche Voraussetzungen 3 180 ff.
– Zum Schutz privater Rechte 3 178
Inkompatibilität 2 179
Innenbereich, nicht qualifiziert beplanter 4 41, 122, 148 ff.
Innenbereichssatzung 4 153
Innerorganisatorischer Störungsbeseitigungsanspruch 2 230
Interkommunale Rücksichtnahme 4 24, 64, 110
Interorganstreit 2 273
Investitionserleichterungs- und Wohnbaulandgesetz 4 13

Justizielle Rechte 1 51

Kampfhundeverordnung 3 230 ff., 234
Kernenergieanlage 4 170
Kirche 1 61 ff.
Klagebefugnis (s. Zulässigkeit einer verwaltungsgerichtlichen Klage)
Klagefrist (s. Zulässigkeit einer verwaltungsgerichtlichen Klage)
Klagegegner (s. Zulässigkeit einer verwaltungsgerichtlichen Klage)
Kommunale Arbeitsgemeinschaften 2 50
Kommunale Doppelspitze 2 159
Kommunale Einrichtungen (s. öffentliche Einrichtungen)

Kommunale Gemeinschaftsarbeit 2 50 ff.
Kommunale Satzungen 2 286 ff.
Kommunale Selbstverwaltung
– Begriff und Funktion 1 172 ff.; 2 13 ff.
– Europarechtliche Absicherung 2 17 ff.
– Geschichtliche Entwicklung 2 152 ff.
– Rechtsschutz der Gemeinden 2 145 ff.
– Selbstverwaltung als Verwaltungsorganisationstyp 1 172 ff.; 2 9 ff.
– Verfassungsrechtliche Garantien 1 172 ff.; 2 25, 31 f., 54 ff., 92 ff., 386 ff.; 4 28
Kommunalisierung 1 191
Kommunalrechtliches Vertretungsverbot 2 236 ff.
Kommunalunternehmen 2 50, 424
Kommunalverband Ruhrgebiet 2 50
Kommunalverfassungsbeschwerde 1 242 ff.; 2 54, 75, 125
Kommunalverfassungsstreit 2 272 ff.
Kommunalwahlen 2 176 ff.
– Bürgermeisterwahl 2 181
– Direktmandat 2 138
– EU-Ausländer 2 178
– Inkompatibilität 2 179
– Ratswahl 2 182
– Sperrklausel 2 185 f.
– Wahlgrundsätze 2 183 ff.
– Wahlprüfungsverfahren 2 187
Kommunen (s. Gemeinden)
Konnexitätsprinzip 1 206; 2 84
Konzentrationsmodell 4 271
Konzentrationswirkung 4 199, 264
Konzentrationszonen 4 30, 171
Koordinationsmodell 4 271
Koppelungsverbot 4 229
Koppelungsvorschrift 3 46
Kostenrecht (s. Vollstreckung)
Kreisausschuss 2 41 f.
Kreise 2 24 ff.
– Aufgaben 2 26 ff.
– Aufgabentypen 2 30 ff.
– Bestand und Rechtsstellung 2 24 ff.
– Finanzierung 2 36
– Kreisorgane 2 37 ff.
– Selbstverwaltung 2 25
– Staatsaufsicht 2 35

Kreisorgane 2 37 ff.
Kreistag 2 38 f.
Kreisumlage 2 36
Kreuzberg-Erkenntnis 3 16; 4 6

Landesbauordnung
- Entstehung und Entwicklung 4 15
- Gesetzgebungszuständigkeit 4 10
- Regelungsgegenstände 4 10, 233, 255

Landesentwicklungsplan 4 25, 65
Landesentwicklungsprogramm 4 25
Landesgrundrechte 1 21 ff., 33 ff.
Landesplanung/-sgesetz 4 25, 63, 65
Landesrechnungshof 1 156 ff.
Landesregierung 1 121 ff.
Landesverfassungsgericht (s. Verfassungsgerichtshof)
Landesverwaltung 2 12
Landrat 2 40
Landschaftsverbände 2 43 ff.
- Landschaftsausschuss 2 49
- Landschaftsverbandsdirektor 2 48
- Landschaftsversammlung 2 47
Landtag 1 84 ff.
Landtagsabgeordnete 1 93
Landtagspräsident 1 120
Landtagswahl 1 85 ff.
Landwirtschaft/-licher Betrieb 4 167, 182 f.
Lastenverteilungsgebot 4 93
Latenter Störer 3 81
Leistungsklage (s. allgemeine Leistungsklage)

Magistratsverfassung 2 151, 153
Maß der baulichen Nutzung 4 35, 72, 134, 140, 155, 157, 318
Menschenwürde 1 34; 3 52
Minderheitenenquete 1 114
Minister 1 121
Ministerpräsident 1 121 ff.
Misstrauensvotum, konstruktives 1 125
Mitbestimmung 1 76
Mitglieder des Rates (s. Ratsmitglieder)
Mittelbare Staatsverwaltung 2 11
Mitwirkungsverbot im Rat (s. Befangenheit)
Modernisierungs- und Instandsetzungsgebot 4 224
Monitoring-Verfahren 4 45
Musterbauordnung 4 15

Nachbargemeinde 4 24, -64, 110
Nachbar 4 310 ff.
Nachbargesetz 4 3, 308
Nachbarschutz (s. Drittschutz)
Nebenbestimmungen 4 247, 273, 304 ff.
Negativplanung 4 59
Neues Steuerungsmodell 2 163
Nicht-So-Störer 3 124, 126
Nichtstörer 3 102 ff.
- Entschädigung 3 103, 284
Norddeutsche Ratsverfassung 2 151
Normenkontrolle
- abstrakte 1 224 ff.
- konkrete 1 233 ff.
- von Bauleitplänen/Satzungen nach BauGB 4 109, 111 ff., 213, 301, 312
Notstandspflichtiger (s. Nichtstörer)
Notstandsverordnung 1 146 ff.
Notwehr und Nothilferechte 3 4
Nutzungsänderung 4 126, 130, 183, 154, 182, 264 f., 282, 292 f., 296
Nutzungsuntersagung 4 287, 292 ff.

Oberbürgermeister (s. Bürgermeister)
Oberstadtdirektor (s. Stadtdirektor)
Objektive Klagehäufung 5 31
Öffentliche Belange 4 76 ff., 87 f., 129, 145, 165, 171, 174 f., 183, 239, 295, 323 (s. auch Abwägung)
Öffentliche Einrichtungen 2 325 ff.
- Anschluss- und Benutzungszwang 2 369 ff.
- Benutzungs- und Entgeltverhältnis 2 360 ff.
- Organisationsform 2 363 ff.
- Zulassung 2 335 ff.
Öffentliche Ordnung 3 55; 4 237
Öffentliche Sicherheit 3 50 ff.; 4 237
Öffentliche Unternehmen 2 384
Öffentliche Versorgung 4 168
Öffentlichkeitsarbeit 1 151 ff.
Öffentlichkeitsbeteiligung 4 44, 46, 98, 188, 326
Öffentlich-rechtliche Vereinbarungen 2 52
Örtliche Bauvorschriften 4 36, 245 f., 272
Opferrolle des Zustandsverantwortlichen 3 100
Opportunitätsprinzip 3 118
Optimierungsgebot 4 83, 92

Ordnungsgewalt im Rat 2 229 f.
Ordnungsverwaltung 3 22 ff.
Organisationshoheit 2 422
Organisationsprivatisierung 2 419, 426 ff.
Organleihe 2 34, 105 f., 256; 3 18 f.
Organstreitverfahren 1 216
Ortsbild 4 154, 159
Ortsgebundenheit 4 168, 170
Ortsteil, im Zusammenhang bebauter 4 122, 149 ff.

Parallelverfahren 4 48, 62
Pflanzgebot 4 224
Pflichtaufgaben zur Erfüllung nach Weisung 2 33, 96 ff.; 4 200, 258
Pflichtwidrigkeit und Risikosphäre 3 83
Planaufstellung
 – Aufstellungsverfahren 4 23, 41 ff.
 – Zulässigkeit von Vorhaben während der Planaufstellung 4 186 ff.
Planeinheit, Gebot äußerer 4 57
Planerhaltung 4 96
Planfeststellung/-sbeschluss 4 26, 37, 67, 69, 91, 124, 199, 264
Plangenehmigung 4 26, 124
Planmäßigkeit, Grundsatz der 4 20, 56, 133
Planreife 4 188 f.
Planung 4, 23
Planungshoheit, gemeindliche 4 28, 48, 54, 96, 144, 198, 203, 208
Planungsleitsatz 4 56, 83
Planungsschadensrecht 4 5, 55
Planzeichenverordnung 4 14, 34
Platzverweisung 3 156 ff.
 – Abgrenzung zum Aufenthaltsverbot 3 157
 – Abgrenzung zum Verbringungsgewahrsam 3 157
 – Abgrenzung zur Sicherstellung 3 159
 – Durchsetzung 3 159
 – Tatbestandliche Voraussetzungen 3 160 f.
 – Verfahrensrechtliche Aspekte 3 162
Plebiszitäre Elemente (s. direktdemokratische Elemente)
Polizeilicher Notstand 3 102
Polizeiverwaltung 3 18 ff.
Pouvoir constituant 1 12 ff.
Präventives Polizeihandeln (s. Gefahrenprävention)

Preußische Städteordnung 2 152
Preußisches Fluchtliniengesetz 4 6
Private Belange/Interessen 4 20, 22 ff., 54, 76, 87 f., 112, 226, 295 (s. auch Abwägung; Normenkontrolle)
Privatisierung
 – auf kommunaler Ebene 2 418 ff.
 – städtebaulicher Aufgaben 4 226
Privilegierte Vorhaben 4 163, 165 ff., 323
Prozessfähigkeit (s. Zulässigkeit einer verwaltungsgerichtlichen Klage)
Prüfungsschema
 – Amtshaftungsanspruch 3 276
 – Anspruch auf Baugenehmigung 4 273
 – Ausgleichsanspruch nach § 39 Abs. 1 lit. a OBG/§ 67 PolG 3 288
 – Ausgleichsanspruch nach § 39 Abs. 1 lit. b OBG/§ 67 PolG 3 282
 – Aussetzungsverfahren 5 38
 – Bauplanungsrechtliche Zulässigkeit von Vorhaben 4 122
 – Einstweilige Anordnung 5 49
 – Folgenbeseitigungsanspruch 3 292
 – Generalklausel 3 141 ff.
 – Hauptsacheverfahren 5 2
 – Kostenbescheid 3 262
 – Ordnungsbehördliche Verordnung 3 236
 – Vollstreckung im gestuften Verfahren 3 253
 – Vollstreckung im sofortigen Vollzug 3 255
Public Private Partnership 2 419

Rasterfahndung 3 225 ff.
Rat 2 202 ff.
 – Ausschüsse 2 207 ff.
 – Beschlüsse 2 221 ff.
 – Fraktionen 2 213 ff.
 – Geschäftsordnung 2 203
 – Mitglieder 2 227 f.
 – Organstellung 2 203
 – Verfahren 2 221 ff.
 – Vorsitz 2 205, 252
 – Wahl 2 182
 – Zusammensetzung 2 205 ff.
 – Zuständigkeiten 2 217 ff.
 – Ratsbürgerentscheid 2 188
Raumordnung 4 25, 28, 30, 63 ff.
Rechtsaufsicht 2 110 ff., 115 ff.

Rechtsfehler in der Bauleitplanung
4 95 ff.
Rechtsnachfolge 3 109 ff.
- Abstrakte und konkretisierte Verantwortlichkeit 3 110
- im Baurecht 4 190, 261, 276, 289
- Nachfolge kraft Dinglichkeit 3 112; 4 276
- Nachfolgefähigkeit 3 111
- Nachfolgetatbestand 3 112
Rechtsschutz
- Bauherr 4 301 ff.
- Bauleitpläne 4 96, 109 ff., 301
- Bürgerbegehren 2 197 ff.
- Einvernehmen, gemeindliches 4 204 f., 209
- Kommunale Satzung 2 317 ff.
- Kommunalverfassungsbeschwerde 2 54, 75, 124 ff.
- Kommunalverfassungsstreit 2 272 ff.
- Nachbar 4 308 ff. (s. auch Drittschutz)
- Staatshaftung (s. Amtshaftung)
- Verwaltungsgerichtlicher Rechtsschutz 2 128 ff., 350 ff., 412 ff.
- Wahlprüfungsverfahren 2 187
Rechtsschutzbedürfnis (s. Zulässigkeit einer verwaltungsgerichtlichen Klage)
Rechtsstaat 1 79
Rechtsverordnungen auf kommunaler Ebene 2 294 f.
Rechtswidrige Verursachung (s. Theorie der rechtswidrigen Verursachung)
Regeln der Technik, allgemein anerkannte 4 238
Regiebetrieb 2 332, 424
Regionalverband Ruhr 2 50
Regress 3 293 ff.
Religionsfreiheit 1 42 ff.
Repressives Polizeihandeln 3 29
Rezeption, dynamische 1 23 ff.
Richtervorbehalt 3 180, 196
Rückbau- und Entsiegelungsgebot 4 224
Rückbauverpflichtung 4 173
Rücksichtnahmegebot 4 92, 139, 157, 171, 175, 315 ff., 322 f., 327

Sachkundige Bürger 2 212
Satzungen
- auf kommunaler Ebene (s. kommunale Satzungen)

- auf Landesebene 1 149 ff.
Schadensersatz
- im Kommunalrecht (s. Amtshaftung)
- im Polizei- und Ordnungsrecht 3 266 ff.
Scheingefahr 3 63
Schlusspunkttheorie 4 271
Schmalseitenprivileg 4 251
Schonungsgebot 4 173, 176, 184
Schule 1 46
Schusswaffengebrauch 3 244
Schutz privater Rechte 3 34 f.
Schutzgebietsausweisungen 4 4, 26, 37, 67
Schutznormtheorie 3 149; 4 314; 5 15
Schutzpflicht, grundrechtliche 3 3
Selbstgefährdung 3 52
Selbstverwaltung (s. kommunale Selbstverwaltung)
Separationsmodell 4 271
Sicherheitsrecht
- Gesetzgebungskompetenz 3 7 ff.
- in Nordrhein-Westfalen 3 15
- Verwaltungszuständigkeit 3 12 ff.
Sicherstellung 3 197 ff.
- Tatbestandliche Voraussetzungen 3 200 ff.
- Verfahrensfragen 3 206
- Verhältnismäßigkeit 3 205
- Verwertung/Vernichtung 3 207 f.
- Vollstreckung 3 198
Singularsukzession 3 109
Sofortiger Vollzug (s. Vollstreckung)
Sonderaufsicht 2 113 ff.
Sonderbenutzung 2 356 ff.
Sonderzuweisung
- abdrängende 5 8
- aufdrängende 5 4
Sonderzuweisungen an Ordnungs- und Polizeibehörde (s. Spezialzuständigkeit)
Sonstige Vorhaben i. S. v. § 35 II BauGB 4 163, 165, 174 ff., 323
Sozialadäquanz 3 61, 84
Soziale Grundrechte 1 53
Sozialstaat 1 78
Sperrklausel 2 185 f.
Spezialzuständigkeit 3 36, 295
Splittersiedlung 4 150, 153, 183
Staatliche Auftragsangelegenheiten 2 33, 92 f., 102 ff.
Staatsaufsicht 2 35, 107 ff.; 4 206

Staatshaftung im Kommunalrecht (s. Amtshaftung)
Staatsziele 1 54 ff.
Stadtdirektor 2 159
Städtebauförderungsgesetz 4 13
Städtebauliche Gebote 4 224
Städtebauliche Verträge 4 227 ff.
Standardmaßnahmen 3 154 ff.
– Verhältnis zur Generalklausel 3 43 f.
Statthafte Klageart (s. Zulässigkeit einer verwaltungsgerichtlichen Klage)
Stellplätze 4 71, 138, 235, 247 f., 265, 325
Stichwahl 2 183
Stilllegungsverfügung 4 287, 291, 294
Störer (s. Handlungsverantwortlichkeit, Zustandsverantwortlichkeit)
Störermehrheit 3 124; 4 288
Störungsbeseitigungsanspruch
– Innerorganisatorischer 2 230
Strafverfolgung (s. repressives Polizeihandeln)
Subsidiaritätsgrundsatz
– im Verhältnis Polizei und Ordnungsbehörde 3 25
– Schutz privater Rechte 3 34
Subsidiaritätsklausel
– Art. 93 I Nr. 4b Hs. 2 GG 2 126
– § 107 I 1 Nr. 3 GO 2 405 f., 415
Süddeutsche Ratsverfassung 2 151
Suspensiveffekt 4 332; 5 38

Technische Baubestimmungen 4 238
Teilbaugenehmigung 4 262, 279, 281
Teilprivilegierte/begünstigte Vorhaben 4 182 ff.
Teilungsgenehmigung 4 218
Theorie der rechtswidrigen Verursachung 3 82
Theorie der unmittelbaren Verursachung 3 79
Tilburger Modell 2 163
Trennungsprinzip 4 83, 92
Trümmergesetze 4 7

Überbaubare Grundstücksfläche 4 35, 73, 134, 140, 318
Überhangmandate 1 88
Übermaßverbot (s. Verhältnismäßigkeitsgrundsatz)
Umlegung 4 9, 223
Umweltprüfung 4 13, 43 ff.

Unbestimmte Rechtsbegriffe
– der polizei- und ordnungsrechtlichen Generalklausel 3 45
Universalsukzession 3 109, 112
Unmittelbare Gefährdung 3 70
Unmittelbare Staatsverwaltung 2 11
Unmittelbare Verursachung (s. Theorie der unmittelbaren Verursachung)
Unmittelbarer Zwang (s. Vollstreckung; Zwangsmittel)
Untersuchung, körperliche 3 184
Untersuchungsausschuss 1 113

Veränderungssperre 4 96, 212 ff., 280
Verbandskompetenz der Gemeinde 2 63
Verdachtsstörer (s. Anscheinsstörer)
Verfassungsänderung 1 131, 169
Verfassungsbeschwerde 1 253; 4 117
Verfassungsgerichtshof 1 127, 209 ff.
Verfassungshoheit 1 11
Verfassungsorgane 1 83 ff.
Verhaltensstörer (s. Handlungsverantwortlichkeit)
Verhältnismäßigkeitsgrundsatz 3 128 ff.; 4 5, 93, 225, 285, 291, 294, 296
Vernehmung 3 213 ff.
– Tatbestandliche Voraussetzungen 3 214
– Verhältnismäßigkeit 3 215
– Vollstreckung 3 215
Verordnungen
– der Ordnungsbehörden 3 230 ff.
– Form und Verfahren 3 232
– Materielle Rechtmäßigkeit 3 233 ff.
– Prüfungsschema 3 236
– Zuständigkeit 3 231
Verordnungsgebung 1 135 ff.
Verpflichtungserklärungen des Bürgermeisters 2 264 ff.
Verpflichtungsklage
– Begründetheit 5 34
– Klagebefugnis 5 15
– Klagefrist 5 23
– Klagegegner 5 26
– Rechtsschutzbedürfnis 5 30
– Statthaftigkeit 5 11
– Vorverfahren 5 16 ff.
Verrichtungsgehilfe 3 88
Versammlungsrecht 3 295 ff.
– Anmeldpflicht 3 299
– Auflage 3 300 ff.
– Auflösung 3 303

Sachverzeichnis

- Eilversammlung 3 299
- Einkesselung 3 305, 308
- Folgeversammlung 3 308
- Nationalsozialistisches Gedankengut 3 301 f.
- Rückgriff auf Polizeirecht 3 304, 306 ff.
- Spontanversammlung 3 299
- Versammlungsbegriff 3 296
- Versammlungsverbot 3 300 ff.
- Vorfeldmaßnahmen 3 307
- Zuständigkeit 3 295

Versorgungsbereiche, zentrale 4 64, 160
Vertretbare Handlung 3 111
Vertretung der Gemeinde 2 259 ff.
Vertretungsverbot (s. Kommunalrechtliches Vertretungsverbot)
Verunstaltungsverbot 4 6, 233, 242 f., 245
Verwaltungshelfer 2 333
Verwaltungsstrukturreform 2 12, 97
Verwaltungsvorstand 2 246
Verwaltungszwang (s. Vollstreckung)
Verwirkung 3 134
Volksbegehren 1 165 f.
Volksentscheid 1 167
Volksgesetzgebung 1 164 ff.
Volksinitiative 1 163
Volkszählungsurteil 3 210
Vollstreckung 3 238 ff.
- Ersatzvornahme 3 243
- Ersatzzwangshaft 3 242
- Gestuftes bzw. gestrecktes Verfahren 3 246 ff.
- Kosten 3 259 ff.
- Prüfungsschema gestuftes Verfahren 3 253
- Prüfungsschema Kostenbescheid 3 262
- Prüfungsschema sofortiger Vollzug 3 255
- Sofortiger Vollzug 3 254 ff.
- Unmittelbarer Zwang 3 244
- Zwangsgeld 3 242

Vollverfassung 1 5
Vollzugshilfe 3 27 f.
Vorbehalt des Gesetzes 3 3, 40 f., 45, 112, 210, 230, 239, 290
Vorführung 3 216 ff.
Vorhaben i. S. v. § 29 BauGB 4 126 ff.
Vorhaben- und Erschließungsplan 4 230 f.
Vorkaufsrecht 4 219

Vorladung 3 216 ff.
Vorrang des Gesetzes 3 235

Wahlen auf kommunaler Ebene (s. Kommunalwahlen)
Wählergruppen im Rat 2 213
Wahlprüfung 1 77, 90; 2 187
Wahlrechtsgrundsätze 1 86
Wahlsystem 1 87
Wahlverbote 1 92
Wasserenergieanlage 4 170
Weisungsfreie pflichtige Selbstverwaltungsaufgaben 2 32, 95
Werbeanlage 4 129, 234, 244 f.
Wertermittlungsverordnung 4 14
Widerspruch gegen Ratsbeschlüsse 2 252
Widmung 2 329
Windenergieanlage 4 170
Wirtschaftliche Betätigung von Gemeinden 2 381 ff.
- Europarechtliche Anforderungen 2 392, 394 ff.
- Kommunalrechtliche Statthaftigkeit 2 399 ff.
- Konkurrentenrechtsschutz 2 412 ff.
- Privatisierung und Organisationsformenwahl 2 419
- Überörtliche Wirtschaftsbetätigung 2 407 ff.
- Vergaberechtliche Aspekte 2 388 ff.

Wirtschaftsverfassung 1 66 f.
Wissenschaftsfreiheit 1 44 ff., 65
Wohnbauerleichterungsgesetz 4 13
Wohnung 1 48; 3 191
Wohnungsdurchsuchung (s. Durchsuchung)
Wohnungsverweisung 3 168 ff.
- Tatbestandliche Voraussetzungen 3 169

„Zero-Tolerance"-Konzept 3 1
Zulässigkeit einer verwaltungsgerichtlichen Klage 5 3 ff.
- Beteiligtenfähigkeit 5 27
- Klagebefugnis 5 15 ff.
- Klagefrist 5 22 ff.
- Klagegegner 5 26
- Prozeßfähigkeit 5 28
- Rechtsschutzbedürfnis 5 30
- Statthafte Klageart 5 9 ff.
- Verwaltungsrechtsweg 5 3 ff.
- Vorverfahren 5 16 ff.

– Zuständiges Gericht 5 29
Zulassung zu kommunalen Einrichtungen 2 335 ff.
Zurückstellung 4 212, 216 f.
Zusammenarbeit mit Privaten 4 226
Zusicherung 4 280
Zustandsstörer (s. Zustandsverantwortlichkeit)
Zustandsverantwortlichkeit 3 90 ff.; 4 288
Zwangsgeld (s. Vollstreckung; Zwangsmittel)

Zwangsmittel 3 241 ff.
– Androhung 3 247
– Anwendung 3 251
– Ersatzvornahme 3 243
– Ersatzzwangshaft 3 242
– Festsetzung 3 248 ff.
– Gestuftes bzw. gestrecktes Verfahren 3 246 ff.
– Unmittelbarer Zwang 3 244
– Zwangsgeld 3 242
Zweckveranlasser 3 80
Zweckverbände 2 51